Charles Callan Tansill

Die Hintertür zum Kriege

Das Drama der internationalen Diplomatie
von Versailles bis Pearl Harbour

Pour le Mérite

Titelseitengestaltung: Jirka Buder
Übersetzung in die deutsche Sprache: Hans Steinsdorff

Die Deutsche Bibliothek – CIP-Einheitsaufnahme

Tansill, Charles Callan:
Die Hintertür zum Kriege : das Drama der internationalen Diplomatie von Versailles bis Pearl Harbour /
Charles Callan Tansill. – Selent : Pour le Mérite, 2000
Einheitssacht.: Backdoor to war <dt.>
ISBN 3-932381-11-4

ISBN 3-932381-11-4

Pour le Mérite – Verlag für Militärgeschichte
Postfach 52, D-24236 Selent

Gedruckt in Österreich

Vorwort

Der Waffenstillstand des 11. November 1918 machte dem Ersten Weltkrieg ein Ende, leitete aber eine Bücherschlacht ein, die noch heute andauert. Die Geschichtsschreiber der Alliierten luden die Verantwortung für den Ausbruch des bewaffneten Konflikts ohne weiteres den Staatsmännern der Zentralmächte auf die Schultern. Deutsche Historiker antworteten mit einem Strom von Büchern und Broschüren, die die Regale so mancher Bibliothek füllten, und in vielen anderen Ländern ließen die „Revisionisten" durch Monographien, die der Kriegsschuldthese der Alliierten entgegentraten, die ohnedies steigende Flut weiter anschwellen. Während so um die geschichtliche Wahrheit über die Entstehung des Ersten Weltkrieges noch leidenschaftlich gestritten wurde, brach im Jahre 1939 der Zweite Weltkrieg aus, und die Gelehrten wandten sich der Frage zu, wo für diese jüngste Offenbarung kriegerischen Wahnsinns die Verantwortung zu suchen sei.

Für die meisten Amerikaner unterlag es kaum einem Zweifel, daß Hitler durch seine Grenzüberschreitung im Polenkonflikt den Zweiten Weltkrieg bewußt hervorgerufen habe. Seit 1933 war er in der amerikanischen Presse beißend kritisiert worden. Die Zügellosigkeit seiner Reden, sein zweifelhaftes Programm zur Erneuerung Deutschlands und die Verrücktheiten einiger seiner fanatischen Anhänger hatten in zahlreichen amerikanischen Kreisen einen persönlichen Haß gegen ihn erzeugt, der die im ersten Jahrzehnt des zwanzigsten Jahrhunderts gegen Kaiser Wilhelm II. empfundene starke Abneigung weit überstieg. In amerikanischen Augen bedeutete Hitler zweifellos eine Schuld, die auch von den besten Absichten und den besten Köpfen Deutschlands niemals getilgt werden konnte. Wie unmittelbar er die amerikanisch-deutschen Beziehungen eisig erstarren machte, zeigt sich ohne weiteres, wenn man die freundliche Würdigung der Regierung Brünings durch die amerikanische Presse mit den scharfen Angriffen vergleicht, die sie nach dem Februar 1933 gegen die nationalsozialistischen politischen Gruppen richtete.

Jeder Punkt in Hitlers Expansionsprogramm rief in vielen amerikanischen Zeitungen ganze Spalten von Anklagen hervor. Das Mißtrauen ging so tief und verbreitete sich so weit, daß aus Zeitschriften, die vordem Deutschland freundlich gesinnt gewesen waren, auch die letzte Spur amerikanischen guten Willens schwand. Flüchtlinge kamen in Scharen über den Atlantik und berichteten, ganz gleich, welcher Abstammung und welchen Glaubensbekenntnisses sie waren, über weithin herrschende Rechtlosigkeit und die Verleugnung der Freiheiten, die die amerikanische Lebensweise wesentlich bestimmen.

Von 1933 bis 1939 wuchs allmählich in weiten Schichten Amerikas die Bereitschaft für einen Krieg an irgendeiner Grenze in der Fremde. Als Hitler Deutschland wiederbewaffnete und sich rüstete, hinter seine vermessenen Ankündigungen Gewalt zu setzen, da sagten sich auf der westlichen Halbkugel immer mehr Menschen, daß sein Streben nach Macht sie ebenso bedrohe wie seine europäischen Nachbarn. Die alten Anhänger Woodrow Wilsons waren ihrem Ideal von der „Einen Welt" allezeit treu geblieben, und es war ihre glühende Überzeugung, daß es Amerikas Mission sei, zur Bewahrung des Weltfriedens handelnd beizutragen. Sie wurden kräftig unterstützt von vielen „Liberalen" und „Intellektuellen", die glaubten, die moderne Forschung habe die alten Grenzen von Zeit und Raum überwunden und die Völker der Erde so nahe zusammengerückt, daß eine Art Weltregierung internationale Notwendigkeit geworden sei.

Einige Gelehrte, so Charles A. Beard, haben hervorgehoben, daß den „Einweltlern" in der Zeit von 1933 bis 1937 aus Kundgebungen des Präsidenten nur wenig Ermutigung zugeflossen sei. Sie unterschätzten die Bedeutung der Hinwendung der Regierungsspitze zu der explosiven Nichtanerkennungsdoktrin, für die Henry L. Stimson so emsig eintrat. Sie war eine Bombe, deren lange Zündschnur mehrere Jahre hindurch gefährlich sprühte und die sich schließlich in die Flamme des Zweiten Weltkrieges entlud. Es war völlig angemessen, daß Stimson 1940 Kriegsminister wurde. Niemandem kam dieser Titel mehr zu als ihm. Der Eintrag, den er am 25. November 1941 in sein Tagebuch machte, beleuchtet das: Was Japan angehe, so sei „die Frage, wie wir es dahin bringen können, den ersten Schuß abzugeben, ohne daß wir uns selbst zu großer Gefahr aussetzen". Am folgenden Tag beantwortete Außenminister Hull diese Frage, indem er Japan ein Ultimatum unterbreitete, von dem er wußte, daß Tokio es nicht annehmen konnte. Der japanische Angriff auf Pearl Harbour erfüllte die kühnsten Erwartungen des Rooseveltschen Kabinetts. Es war nun leicht, Japan der Heimtücke zu zeihen und darüber zu frohlocken, daß die Erschütterung durch die Tragödie unter den Amerikanern alles Trennende der Meinungen weggefegt hatte. Mehrere Jahre vergingen, ehe nachdenkliche und nachforschende Köpfe ernstlich begannen, Vorgeschichte und Hintergrund von Pearl Harbour in Zweifel zu ziehen. Als der Bericht des Armee-Außenkommandos von Pearl Harbour mutig auf das fragwürdige Verhalten des Stabschefs General George C. Marshall hinwies, eilte Minister Stimson zu seiner Verteidigung herbei. Mit der bequemen Begründung, bei schlechter Gesundheit zu sein, weigerte er sich später, vor dem gemeinsamen Ausschuß des Kongresses[1] zu erscheinen, der die Tragödie von Pearl Harbour untersuchte.

Während der Vorarbeiten zu diesem Bericht über die amerikanische Außenpolitik der Vorkriegsjahre hatte ich glücklicherweise zu den vertraulichen Akten des Department of State mit ihrer überreichen Korrespondenz Zugang. Bis heute hat kein anderer Historiker dieses Material völlig ausgenutzt. Ich möchte Dr. C. Bernard Noble, dem Leiter der Abteilung für historisch-politische Forschung im Außenamt, und seinen tüchtigen Gehilfen, Mr. Richard Humphrey und Dr. Taylor Parks, für die mir erwiesene hilfreiche Liebenswürdigkeit meine Wertschätzung aussprechen.

In der Kongreßbücherei habe ich aus der großzügigen Hilfe, die dort Tradition ist und sich jetzt in Dr. Luther Evans verkörpert, unermeßlichen Gewinn gezogen. Nicht minder verpflichtet fühle ich mich Mr. Verner W. Clapp, dem ersten Unterbibliothekar, Mr. David C. Mearns, dem Leiter der Manuskriptabteilung, sowie Mr. Archibald B. Evans, Dr. Charles P. Powell, Dr. Elizabeth McPherson, Mr. John de Porry, Miß Katherine Brand und Mr. David Cole.

Im Bundesarchiv fühle ich mich für Unterstützung dem Bundesarchivar Mr. Wayne Grover, Dr. Philip Hamer und Dr. Carl Lokke verpflichtet. Besonderen Dank schulde ich Mrs. Kieran Carroll, deren Gewandtheit und Liebenswürdigkeit die Arbeit im Nationalarchiv zu einem Vergnügen machte. Erwähnen möchte ich auch Dr. Almon Wright, Mrs. Natalia Summers und Mrs. William A. Dowling, deren Schönheit und Charme es einem ein wenig schwer machte, seine Aufmerksamkeit auf die archivarische Forschung zu richten.

In der Georgetown-Universität hat mir mein Kollege Dr. Tibor Kerekes unendlich geholfen, während der Bibliothekar, Mr. Phillips Temple, alle Mühe der Beschaffung dokumentarischer Daten gewidmet hat, auf denen einige Kapitel meines Buches beruhen.

Für Anregung und Unterstützung in jedem Stadium der Vorarbeiten zur Niederschrift fühle ich mich meinem alten Freund Dr. Harry Elmer Barnes tief verpflichtet.

Überhaupt haben mir viele persönliche Freunde sehr geholfen: der ehemalige Senator Burton K. Wheeler, Richter Bennet Champ Clark, Dr. Walter A. Foote, Hauptmann Miles DuVal, Ehrwürden Henry F. Wolfe, Dr. Louis M. Sears, Dr. Reinhard H. Luthin, Dr. Rocco Paone, Dr. Carmelo Bernardo, Oberst Joseph Rockis, Dr. John Farrell, Dr. Eugene Bacon, Mr. Edwin H. Stokes, Mr. Anthony Kubek, Mr. Louis Carroll, Miß Mary Ann Sharkey, Miß Susan Sharkey, Mr. William R. Tansill, Mr. Charles B. Tansill, Mr. Raymond T. Parker, Mrs. B. R. Parker, Miß Grace Lee Tansill, Mrs. Mary Ann Sharkey, Mrs. C. Bernard Purcell, Mr. Fred G. Tansill, Mrs. Grace M. Carpenter, Miß Hazell Harris, Miß Amy Holland und Ehrwürden Herbert Clancy, S.J.

Nicht vergessen kann ich die von meinem lieben Freund Dr. Gerald G. Walsh, S.J., empfangenen Anregungen. Seine umfassende Gelehrsamkeit hat oft darauf geachtet, daß ich nicht vom Pfad der Objektivität abwich.

Ich habe dieses Buch denen gewidmet, die im Verlauf dreier Jahrzehnte meine Schüler waren. Sie waren eine starke Brücke, auf der ich manche Tiefe der Entmutigung überschreiten konnte.

Zuletzt und am meisten danke ich meiner Frau, Helen C. Tansill, die mich auf allen Pfaden der Forschung, der Deutung, der Zusammenstellung und der Ausführung begleitet hat, auf einem Weg, der ohne passende Kameradschaft womöglich unaussprechlich traurig gewesen wäre.

Charles Callan Tansill

Historische Einführung

Die Entstehung der englisch-amerikanischen Freundschaft

Das Hauptziel der amerikanischen Außenpolitik war seit 1900 die Erhaltung des Britischen Empire. Engere Bande zwischen Großbritannien und den Vereinigten Staaten wurden das erstemal im Jahre 1898 geknüpft, als England erkannte, daß seine Politik der Isoliertheit es um die Möglichkeit gebracht hatte, einen zuverlässigen Verbündeten zu finden, auf den es sich im Kriegsfalle verlassen könnte. Die Kanonen, die Admiral Dewey in der Bucht von Manila den Sieg brachten, verkündeten dröhnend, daß im Fernen Osten eine neue Autorität erschienen war, und es entging der britischen Regierung nicht, daß sich Amerika zu einem nützlichen Wächter der lebenswichtigen Verbindungslinien des Empire machen ließe. Außenminister der Vereinigten Staaten war John Hay; da fiel es dem britischen Außenamt nicht schwer, mit Amerika zu einer ebenso engen wie formlosen Verständigung zu gelangen.

Die erste Note über die Politik der Offenen Tür vom 6. September 1899 war ein Probestück englisch-amerikanischen Zusammenwirkens, wobei Alfred E. Hippisley ein interessantes Beispiel dafür lieferte, wie hilfreich ein britischer Regierungsbeamter bei der Abfassung amerikanischer diplomatischer Noten sein konnte. Auf Theodore Roosevelt machte die zunehmende anglo-amerikanische Übereinstimmung sichtlich Eindruck, und als gewisse europäische Mächte im Krieg Großbritanniens gegen die Buren in Südafrika zu intervenieren drohten, da schlug er einen Ton an, der in den Jahren vor dem Ausbruch des zweiten Weltkrieges sehr vertraut werden sollte: „Die wahre Freiheit und der wahre Fortschritt sind mit dem Gedeihen der Völker englischer Zunge verknüpft ... Ich trete sehr stark dafür ein, daß Amerika nicht tatenlos zusieht ..., falls der europäische Kontinent diese Gelegenheit zu dem Versuch ergreifen sollte, das Britische Empire zu zerschlagen."[1]

Japan erhält zur Expansion in der Mandschurei das Signal zu freier Fahrt

Im Fernen Osten hatte diese gleichlaufende englisch-amerikanische Politik mit dem englisch-japanischen Bündnis vom 30. Januar 1902 als dem Eckstein eines achtunggebietenden imperialistischen Gefüges eine deutliche projapanische Tendenz. Es war unvermeidlich, daß das amerikanische Außenamt Japan in einem Kampf begünstigte, der, wie Washington annahm, mit der Befreiung Nordchinas aus russischen Fesseln enden würde. Die amerikanische Presse war ebenso japanfreundlich. Am Abend des 8. Februar 1904 griff die japanische Flotte überraschend die russische Flotte im Hafen von Port Arthur an und eröffnete so den Krieg nach dem gleichen Muster, das es im Dezember 1941 gegen die Vereinigten Staaten anwandte.

Es war ein „heimtückischer Angriff" auf die russische Flotte, aber im Jahre 1904 fand die amerikanische Presse wegen dieser japanischen Kriegslist kein Wort des Tadels. Die „New York Times" lobte die „rasche, schneidige und tapfere Waffentat der Japaner",[2] während der „St. Louis Globe-Democrat" den „Schneid und die Intelligenz" der wendigen Söhne Nippons rühmte.[3] Der „Cleveland Plain Dealer" wurde bei der Beschreibung der japanischen Heldentat lyrisch: „Wie Drake im Hafen von Cadiz den Bart des Königs von Spanien versengte, so haben die tatkräftigen Inselkommandanten den Bart des Zaren auflodern lassen".[4] Andere amerikanische Zeitungen drückten ähnliche Gefühle aus, und die öffentliche Meinung stellte sich schnell hinter Japan. Sie schwankte in dieser Haltung nicht, bis die Friedenskonferenz von Portsmouth den ehrgeizigen Charakter der japanischen Ziele enthüllte.

Die Bestimmungen des Vertrages von Portsmouth verschafften Japan zwar wesentliche Vorteile und erhoben es zur Vormacht im Fernen Osten, aber die japanische Öffentlichkeit war entrüstet darüber, daß Japan keine Kriegsentschädigung zugesichert erhalten hatte. In mehreren japanischen Städten kam es zu Ausschreitungen, und Amerikaner mußten sorgfältig vor Gewalttaten geschützt werden.[5] Die Briten waren zu schlau gewesen, als daß sie Roosevelt bei der Festsetzung der Friedensbedingungen helfend an die Hand gegangen wären. Die Rolle des Friedensstifters hatte für das britische Außenamt nichts Anziehendes.

Präsident Roosevelt mußte bald entdecken, daß seine Politik des „Gleichgewichts der gegnerischen Kräfte" völlig fehlgeschlagen war.[6] Ihre diplomatischen Differenzen mit Rußland lebendig zu erhalten, waren die japanischen Staatsmänner zu klug. Überdies kam dem britischen Außenamt eine Verständigung zwischen Japan und Rußland sehr gelegen. England rüstete sich für einen möglichen Konflikt mit Deutschland, und da war es ein offenbarer Vorteil, starke Verbündete zu haben, deren Beistand mit chinesischem Gebiet bezahlt werden konnte. Am 30. Juli 1907 schlossen Japan und Rußland offene und geheime Verträge von weittragender Bedeutung, durch die sie die beiderseitigen Einflußsphären in der Mandschurei und der Mongolei gegeneinander abgrenzten.[7] Als Japan und Rußland die politische Kontrolle über diese beiden chinesischen Provinzen nach und nach ausdehnten, begann die Offene Tür in ihren rostigen Angeln zu knarren. Präsident Roosevelt hatte nicht den Wunsch, sie mit amerikanischer Hilfe gut geölt zu erhalten. In der Tat war die Offene Tür, soweit sie ihn anging, zum großen Teil eine Fiktion. Um dem gerecht zu werden, schloß er mit Japan am 30. November 1908 das sogenannte Root-Takahira-Abkommen. Der wichtigste Artikel dieser Übereinkunft galt der Erhaltung des „bestehenden Status quo ... im Gebiet des Stillen Ozeans". In der Mandschurei bedeutete der Status quo für Japan nur eines: schließliche politische und wirtschaftliche Kontrolle. Für Präsident Roosevelt muß diese dehnbare Formel von der Erhaltung des Status quo einen ähnlichen Sinn gehabt haben, und es ist die Ansicht eines hervorragenden Gelehrten, daß das Root-Takahira-Abkommen Japan „freie Hand in der Mandschurei" gegeben habe als Gegenleistung für einen Verzicht auf Angriffsabsichten gegen die Philippinen.[8]

Es leuchtet ein, daß Roosevelt, über den Streit Washingtons mit Tokio wegen der Einwanderung nach Kalifornien tief besorgt, bereit war, durch Hinnahme japanischer Herrschaft über ein weites Gebiet Nordchinas die Sicherung des Friedens zu erkaufen. Im Dezember 1910 schrieb er in einem Brief an Präsident Taft offen, die Regierung solle keinen Schritt tun, der Japan fühlen ließe, daß „wir seine Interessen in Nordchina bedrohen". Im besonderen Hinblick auf die Mandschurei erklärte er: „Sollten die Japaner einen Kurs einschlagen, der uns zuwider ist, so können wir ihn nicht stoppen, es sei denn, wir wären bereit, zum Kriege zu schreiten ... Unsere Interessen in der Mandschurei sind wirklich unwesentlich und nicht solcher Art, daß die amerikanische Bevölkerung einverstanden wäre, wenn wir ihretwegen das geringste Risiko eines Zusammenstoßes liefen".[9]

Der im Jahre 1910 von Theodore Roosevelt gegenüber der Mandschurei eingenommene Standpunkt war realistisch, und die Regierung Tafts hätte ihn mit Vorteil beibehalten können. Indessen, Taft hatte von dem, was im Fernen Osten zu tun sei, seine eigenen Vorstellungen. Als überzeugter Anhänger der „Dollar-Diplomatie" übernahm er ein weitstrebendes Programm, das vorsah, die amerikanische Politik im Osten mit einer festen Finanzbasis zu unterbauen und so dort amerikanisches Interesse und amerikanisches Prestige zu stärken. Er bemühte sich, die Großkapitalisten zu hohen Investitionen in China zu bewegen. Ein wichtiger Schritt auf dem Wege zur Verwirklichung dieses Planes war im November 1909 der Vorschlag, die mandschurischen Eisenbahnen mit den Vereinigten Staaten als einer der an dem Konsortium zu beteiligenden Mächte unter internationale Kontrolle zu nehmen.[10]

Dieser Vorschlag rief das britische Außenamt auf den Plan, und Sir Edward Greys höflich-abschlägiger Bescheid verriet, daß die sogenannte anglo-amerikanische Parallelpolitik im Fernen Osten nur angerufen werden konnte, wenn sie britische Ziele erreichen half. Aber der britische Außenminister mußte einige versöhnliche Gesten machen. Amerika war zu stark, als daß man es auf die Dauer hätte vor den Kopf stoßen können. Im Jahre 1909 nahm die britische Regierung nach einer Reihe von Noten, in denen sich Grey immer mit der gleichen Unverfrorenheit von einer Position zur andern bewegte, endlich die Schlichtung des alten Zanks um die nordatlantischen Fischereigebiete durch Schiedsspruch an. Zwei Jahre später entsprach Grey einem amerikanischen Druck und trug zu einem vorteilhaften Abschluß der langen Geschichte des Streits um den Pelzrobbenfang bei.[11] Offenbar machte er das Deck des britischen Staatsschiffes klar für einen möglichen Konflikt mit Deutschland. Freundschaftliche Beziehungen zu den Vereinigten Staaten waren eine nationale Notwendigkeit geworden.

Sir Edward Grey trägt einen diplomatischen Erfolg davon

In seinen Beziehungen zu den Vereinigten Staaten war Sir Edward Grey außerordentlich erfolgreich. Er verdankte seine glänzende Leistung weder der Gabe gewandter Rede noch ungewöhnlicher Fähigkeit, zwingende diplomatische Noten zu verfassen, sondern er fand den Weg mitten in die Herzen der Amerikaner, weil auf seinem einnehmenden Antlitz in großen Lettern Ehrlichkeit geschrieben zu stehen schien. Nicht eine Spur dialektischen Scharfsinns war auf seinem offenen Gesicht zu bemerken, keine Züge der Verschlagenheit, die auf einen ränkevollen Geist hätten schließen lassen. Er zog die meisten Amerikaner sofort an; sie glaubten, in Augen, die während langer diplomatischer Gespräche selten zwinkerten, Biederkeit und Charakter zu sehen. Theodore Roosevelt erschien er als ein Naturbursche, der mehr an das ungebundene Leben auf seinem Landsitz dachte als daran, an den vielverschlungenen Fäden des Netzes internationaler Intrigen zu weben, die so viele Wände im Hause Downing Street Nr. 10 überzogen. Oberst House, dem unmittelbaren Berater des Präsidenten, schien er ein Mann einfacher Neigungen und ruhigen Vergnügens zu sein. In den Augen der amerikanischen Öffentlichkeit war er ein Mann, auf den man sich verlassen konnte. Als der Gewittersturm von 1914 über Europa hinwegraste, erblickten viele in Grey einen Furchtlosen, der den Blitzen des Kaisers kühn trotzte, obwohl die Donnerkeile ganz Britannien vernichten konnten. Aber die britische Bevölkerung wurde des verherrlichten Blitzableiters müde, und im Jahre 1916 wurde er von seinem gefährlichen Posten abberufen.

Während der ersten Jahre der Regierung Wilsons erzielte Grey mit dilettantischen Diplomaten wie Bryan, Außenminister Lansing und Oberst House erstaunliche Erfolge. Schnell erkannte er, wie wichtig es war, die Bryansche Politik der Schiedsgerichtsverträge mehr als bisher zu unterstützen. Das trug ihm nicht nur die Bewunderung des „Great Commoner" ein, sondern er sicherte sich auch für den Fall eines etwaigen künftigen amerikanischen Windstoßes auf der Luvseite festen Ankergrund.[12] In dieser Beziehung war er unermeßlich viel gewandter als das deutsche Auswärtige Amt, das für die Bryanschen „Beruhigungsverträge" wenig übrig hatte. Hätte das deutsche Auswärtige Amt eine solche Konvention geschlossen, so hätte es im Jahre 1917 keine amerikanische Intervention gegeben, und die Geschichte der amerikanischen Außenpolitik wäre nicht durch die vielen Fehler Präsident Wilsons vor und während der Konferenz von Versailles verdorben worden.

Es war ein Glück für die Briten, daß die Deutschen so unzulängliche Diplomaten waren, und ein doppeltes Glück, daß Grey der Liebling so vieler Amerikaner war. Diese herzlichen Beziehungen machten sich im Sommer 1914 gut bezahlt, als der Kriegsschatten die europäische

Landschaft zu verdunkeln begann. Es war offenkundig, daß die amerikanische öffentliche Meinung England und Frankreich freundlich gesinnt war, während sie auf Deutschland mit tiefem Mißtrauen blickte. Die vielen Bande, die Amerika mit Großbritannien verknüpften, wurden von der Masse der Amerikaner leicht wahrgenommen. Das politische Einverständnis der letztvergangenen Jahre war, wenn auch nach britischen Bedingungen zustande gekommen, ein nicht zu übersehender Faktor. Es wurde ergänzt durch enge Geschäftsbeziehungen, die Tausende von Amerikanern überall in den weiten Gebieten des Empire mit Engländern in vorteilhafte Verbindung gebracht hatten. Das amerikanische politische System wurzelt in britischer Praxis, und die gesetzlichen Einrichtungen der Vereinigten Staaten tragen deutlich britisches Gepräge. Aber die geistigen Bande waren noch weit wirksamer als irgendwelche andere Beziehungen. Shakespeare, Milton, Scott, Dickens, Burns, Wordsworth und viele andere englische und schottische Dichter hatten an die Tür des amerikanischen Herzens geklopft und waren freundlich aufgenommen worden. Auf britische Geistesgüter hatte es nie einen amerikanischen Zoll gegeben, nie ein Embargo britischer Ideale. Das amerikanische Gemüt hatte 1914 eine tiefe Grundlage britischen Denkens, und es war der britischen Propaganda ein leichtes, den Durchschnittsamerikaner davon zu überzeugen, daß der Krieg Großbritanniens „unser Krieg" sei.

Die britische Regierung nutzte die freundliche amerikanische Haltung wohlgeübt zu weitgreifenden kriegerischen Praktiken aus und begann nach dem August 1914 amerikanische Schiffe unter so fadenscheinigen Vorwänden wegzunehmen, daß selbst der anglophile Präsident die Geduld verlor und verlangte, daß etwas zum Schutz der amerikanischen Rechte getan werde. Im Jahre 1916 trat ein Gesetz in Kraft, das den Bau einer keiner andern Flotte unterlegenen Seestreitmacht vorschrieb. Aber Präsident Wilson hatte keine wirkliche Neigung, unsere Marinestärke zu gebrauchen, um die Briten zur Achtung des historischen amerikanischen Prinzips der Freiheit der Meere zu zwingen. Statt auf Großbritannien einen Druck auszuüben, trieb er in einen Streit mit Deutschland über die Führung des Tauchbootkrieges.

Das amerikanische Außenamt vergreift sich im Ton

Die Vereinigten Staaten gerieten bekanntlich mit Deutschland deshalb in bewaffneten Konflikt, weil das Außenamt die deutsche U-Boot-Kriegführung als inhuman und illegal verurteilte. Nicht so bekannt ist, daß sich Robert Lansing, der Rechtsberater des State Department, bei seiner Auseinandersetzung mit dem deutschen Auswärtigen Amt über den U-Boot-Krieg in einem schweren Irrtum befand. Am 4. Februar 1915 gab das deutsche Auswärtige Amt die Errichtung einer Kriegszone um Großbritannien bekannt. In dieser Zone würden nach dem 18. Februar alle „feindlichen Handelsschiffe" ohne besondere Rücksicht auf die Sicherheit von Passagieren und Mannschaft versenkt werden. Am 10. Februar 1915 protestierte das amerikanische Außenamt in einer scharfen Note gegen die Versenkung jedes Kauffahrteischiffes ohne die übliche vorherige Durchsuchung und kündigte warnend an, daß die deutsche Regierung für jeden einem amerikanischen Bürger zugefügten Schaden „voll verantwortlich gemacht" werden würde.[13]

Professor Borchard hat klar dargelegt, daß diese scharfe Note vom 10. Februar 1915 auf einer unrichtigen Auslegung internationalen Rechts beruhte. Nach einer Untersuchung des Hintergrunds der Kontroverse um die U-Boot-Kriegführung bemerkt er: „Somit ist klar, daß sich der erste amerikanische Protest vom 10. Februar 1915 mit ihrer herausfordernden Wendung auf die falsche Voraussetzung gründete, daß die Vereinigten Staaten das Vorrecht besäßen, nicht nur für amerikanische Schiffe und ihre Besatzung zu sprechen, sondern auch für amerikanische Bürger auf Schiffen der Verbündeten oder anderen Schiffen. Kein neutrales Land sonst ist diesem Irrtum verfallen".[14]

Es ist bemerkenswert, daß ausgerechnet Lansing als Rechtsberater des Außenamtes eine Note entworfen hat, die in ihrer Auslegung des Völkerrechts so offenkundig falsch war, denn bevor Lansing seine offizielle Stellung im Außenamt übernahm, war er viele Jahre auf dem Gebiet internationalen Rechtes praktisch tätig gewesen. Er war mit den amerikanischen Präzedenzfällen und amerikanischer Praxis völlig vertraut, und es ist verblüffend, wenn man erfährt, daß an einem der Hauptkreuzwege der amerikanischen Geschichte ein maßgebender Jurist dem Präsidenten und dem Außenminister ein Rechtsgutachten lieferte, dessen sich ein Neuling hätte schämen müssen.

Kaum hatte sich Lansing bei der Auslegung internationalen Rechts hinsichtlich von U-Boot-Angriffen auf *unbewaffnete* Handelsschiffe der alliierten Mächte fundamental geirrt, da beging er bei der Rechtsbeurteilung von Angriffen auf *bewaffnete* Handelsschiffe einen neuen Fehler. Lansings und somit Präsident Wilsons Schlußfolgerung war, daß deutsche U-Boote bewaffnete Kauffahrteischiffe der Verbündeten nicht versenken dürften, bevor sie sie gewarnt und Passagieren und Mannschaft genug Zeit gelassen hätten, das Schiff unversehrt zu verlassen. Das deutsche Auswärtige Amt beeilte sich, darauf hinzuweisen, daß bewaffnete Handelsschiffe dieses Verfahren dazu ausnützen würden, auf das U-Boot zu feuern und es zu zerstören. Eine kurze Zeit, von Januar bis Februar 1916, nahm Lansing, seit Juni 1915 Außenminister, die deutsche Beweisführung an, und das Außenamt war bereit, darauf zu beharren, daß Handelsschiffe der Alliierten entweder unbewaffnet sein müßten oder die Folgen zu tragen hätten. Auf Drängen des Obersten House jedoch verließ Lansing den richtigen Standpunkt, den er soeben eingenommen hatte, und behauptete abermals nachdrücklich, bewaffnete Handelsschiffe seien keine Kriegsschiffe und könnten also nicht ohne weiteres versenkt werden.[15] So wurden der Präsident „und das Repräsentantenhaus wie der Senat" infolge des endgültigen Gutachtens des Außenministers Lansing „verleitet, einen Standpunkt einzunehmen, der weder rechtlich noch im gesunden Menschenverstand eine Stütze hatte. Und von dieser hohlen Plattform aus verteidigte Wilson die Immunität bewaffneter britischer Handelsschiffe und an Bord befindlicher amerikanischer Bürger".[16]

Somit ist klar, daß Amerika im Jahre 1917 in den Krieg hineintrieb, weil der Erste Rechtsberater des Außenamtes entweder fundamentale Auslegungsfehler machte, die schon ein Student des internationalen Rechts leicht hätte vermeiden können, oder weil er mit Deutschland Krieg wollte und deshalb absichtlich unrichtige Gutachten verfaßte. Diese Tatsachen zerstören völlig die alte populäre These, daß Amerika aus Protest gegen deutsche Unmenschlichkeiten auf hoher See in den Krieg gezogen sei.

Der Eintritt Amerikas in den Ersten Weltkrieg stellte ein Beispiel auf, das im Jahre 1941 die Vereinigten Staaten in einen zweiten Weltkrieg führte. Hätte Amerika 1917 nicht in den europäischen Krieg eingegriffen, so hätte der Erste Weltkrieg mit einem Patt geendet, und ein neues Gleichgewicht der Kräfte in Europa wäre daraus hervorgegangen. Die amerikanische Intervention erschütterte das alte europäische Gleichgewicht völlig und senkte in den dunkeln Boden von Versailles die Saat zum unvermeidlichen künftigen Konflikt. Die Vereinigten Staaten hatten ein tiefes Interesse daran, die politische Struktur von 1919 zu erhalten. Sie zu errichten, waren ja Tausende von Amerikanern und ein ungeheures amerikanisches Vermögen geopfert worden. Nicht ohne schwere Besorgnis konnte Amerika zusehen, wie sie niedergerissen wurde. Als Diktatoren die Grundlagen dieses Gebäudes zu schwächen begannen, äußerte die Regierung Roosevelts hierüber ihre zunehmende Mißbilligung. Das Pfuschwerk von 1919 mußte um jeden Preis erhalten bleiben, und im Jahre 1941 zog Amerika wiederum in den Krieg, um ein politisches Gebäude zu retten, dessen Hauptstützen in der Sumpfluft der Enttäuschung bereits verfault waren. Die zweifelhafte politische Struktur von 1919 ist der Gegenstand der nächsten Seiten dieses Kapitels.

Die Alliierten brechen den Waffenstillstands-Vorvertrag

In der Zeit unmittelbar vor dem Ausbruch des Zweiten Weltkrieges pflegten Präsident Franklin Delano Roosevelt und Außenminister Hull dauernd von der Heiligkeit der Verträge zu reden. Internationale Kontrakte dürften niemals gebrochen werden. Sie wiederholten damit nur einen Teil des Rituals, das nach 1919 sehr populär wurde. In Deutschland aber konnten eine Menge Menschen die Tatsache nicht vergessen, daß der Versailler Vertrag der Grundstein eines auf dem unsichern Sand des Verrats errichteten Gebäudes war. Widerstrebend hatten Lloyd George und Clemenceau einem Vorwaffenstillstands-Abkommen zugestimmt, das sie verpflichtete, den Friedensvertrag nach den Richtlinien der berühmten Vierzehn Punkte abzufassen.[17] Der Vertrag von Versailles war ein bewußter Bruch dieses Versprechens, und ihm entsproß der Zweite Weltkrieg.

Man sollte im Gedächtnis behalten, daß sich Woodrow Wilson in den Vertragsbruch schickte. Seine glühenden Bewunderer haben behauptet, Lloyd George und Clemenceau, Meister ihres düstern Handwerks, hätten ihn in diese unsaubere Sache hineingegaunert. In seinem „Erik Dorn" übernimmt Ben Hecht diese Ansicht und schreibt von Wilson in Paris als von einer „Jungfer mit langem Gesicht, die in ein schlechtes Haus geraten ist und tapfer ein Glas Limonade verlangt".[18] In Wahrheit ließ Wilson sein Glas Limonade mit einem kräftigen Schuß des starken Branntweins der Täuschung versetzen, und die ganze Welt hat für einen sogenannten Staatsmann zahlen müssen, der Frieden versprach, während er an einem Kriegsgewebe wob.

Die Geschichte dieses Verrats begann am 5. Oktober 1918, als Prinz Max von Baden an Wilson eine Note richtete mit dem Ersuchen, auf der Grundlage der Vierzehn Punkte einen Friedensschluß herbeizuführen. Drei Tage darauf fragte der Präsident an, ob die deutsche Regierung diese Punkte als Basis für einen Vertrag annehme. Am 12. Oktober übermittelte Prinz Max die Versicherung, er bezwecke bei einem Eintritt in eine Diskussion nur noch, daß man sich auf die „praktischen Einzelheiten der Anwendung" der Vierzehn Punkte einige. Zwei Tage später fügte Präsident Wilson zwei neue Bedingungen hinzu. Es werde kein Waffenstillstandsvertrag unterzeichnet werden, der nicht „absolut ausreichende Sicherheitsvorkehrungen zur Aufrechterhaltung der gegenwärtigen militärischen Überlegenheit" der alliierten und assoziierten Armeen enthalte. Auch müsse in Berlin eine repräsentative demokratische Regierung gebildet werden. Nachdem die deutsche Regierung diese Bedingungen angenommen hatte, unterrichtete der Präsident am 30. Oktober Prinz Max, daß er nun bereit sei, mit den assoziierten Regierungen die Bedingungen des vorgeschlagenen Waffenstillstandes zu erörtern. Diese Diskussion führte unter den Verbündeten zu der Übereinkunft, die Vierzehn Punkte mit zwei Ausnahmen zu akzeptieren. Hinsichtlich der „Freiheit der Meere" behielten sie sich für die Friedensverhandlungen „völlige Freiheit" vor. In der Reparationsfrage einigten sie sich darauf, daß Deutschland Entschädigung zu leisten habe „für alle Schäden, die Deutschland durch seinen Angriff zu Lande, zur See und in der Luft der Zivilbevölkerung der Alliierten und ihrem Eigentum zugefügt hat". Diese Bedingungen wurden am 5. November der deutschen Regierung übermittelt und sofort angenommen. Am 11. November wurde im Wald von Compiègne ein Waffenstillstand unterzeichnet, der Deutschland den alliierten Mächten auf Gnade und Ungnade auslieferte. Mit der Einstellung der Feindseligkeiten kam die Frage des Friedensschlusses nach vorn.[19]

Die redliche Absicht der alliierten Regierungen, den Friedensvertrag in Übereinstimmung mit den Vierzehn Punkten festzusetzen, war in aller Form verbürgt worden. Kaum aber war die Tinte unter dem Waffenstillstandsvertrag getrocknet, da unternahm es Lloyd George ganz offen, das Vorwaffenstillstands-Abkommen in einen Fetzen Papier zu verwandeln. Während der Londoner Konferenz vom 1. bis zum 3. Dezember half der verschlagene Waliser eine Entscheidung durchsetzen, die eine interalliierte Kommission mit der Aufgabe vorschlug, „zu prüfen, bis zu welcher Höhe die feindlichen Länder Reparationen und Entschädigung zahlen können, und hierüber zu berichten". Das Wort „Entschädigung" ließ sich leicht so ausdehnen, daß es die „Kriegskosten" einbegriff. „Obwohl das Vorwaffenstillstands-Abkommen eine solche Erweiterung mit aller Klarheit ausschloß", verhielt sich Lloyd George „gegenüber Prinzipien und Verträgen offenbar gleichgültig" und begab sich auf einen schlüpfrigen Weg, der „schnell von der Höhe hinab in den Sumpf der britischen Dezemberwahlen führte".[20]

Reparationen und Büberei

In seinen Wahlversprechungen verriet Lloyd George völlige Mißachtung des Vorwaffenstillstands-Abkommens. Seine Versicherungen vor der britischen Wählerschaft widersprachen direkt der von ihm Oberst House gegenüber eingegangenen Verpflichtung, sich von den Vierzehn Punkten leiten zu lassen. Am 11. Dezember 1918 verkündete er in Bristol seinen gierig lauschenden Zuhörern munter dieses: „Wir schlagen vor, die Zahlung der gesamten Kriegs-kosten [von Deutschland] zu verlangen".[21] Der Geist, der die Wahlen beherrschte, äußerte sich schrill in einer Rede, die Eric Geddes in der Guildhall von Cambridge hielt: „Wir werden die Zitrone auspressen, bis die Kerne quietschen".[22]

Auf der Pariser Friedenskonferenz schlug Lloyd George am 22. Januar 1919 die Ernennung einer Kommission für „Reparation und Entschädigung" vor. Präsident Wilson konnte errei-chen, daß das Wort „Entschädigung" weggelassen wurde, aber es war das nur ein vorüber-gehender Sieg. Die Franzosen stützten eifrigst die von Lloyd George eingenommene Position, während ihre Pläne zur Verstümmlung Deutschlands von den Briten befürwortet wurden. Dieses gemeinsame Vorgehen gegen das Vorwaffenstillstands-Abkommen wurde mit aller Energie von John Foster Dulles bekämpft, dem Rechtsberater der amerikanischen Mitglieder der Reparationskommission. Er bestand auf genaue Einhaltung der vor dem Waffenstillstand gegebenen Zusage, und Präsident Wilson erklärte unzweideutig, Amerika sei „mit seiner Eh-re gebunden, der geforderten Einbeziehung von Kriegskosten in die Reparationen die Zu-stimmung zu versagen ... Dies wäre sichtlich unvereinbar mit dem, was wir bewußt den Feind haben erwarten lassen".[23]

Indessen, Lloyd George und Clemenceau umgingen seelenruhig die amerikanische Stel-lung durch den einfachen Trick, die Kategorien der zivilen Schäden zu erweitern, so daß sie dort riesige Summen unterbringen konnten, die eigentlich zu den „Kriegskosten" ge-hörten. Lloyd George bestand darauf, daß Pensionen und Trennungsgelder in den Repa-rationsplan aufgenommen würden, und Clemenceau beeilte sich, ihn zu unterstützen. Bei-den war klar, daß die ausdrücklichen Bestimmungen des Vorwaffenstillstands-Abkom-mens diese Posten ausschlossen. Hätte Präsident Wilson an dem festgehalten, was er sei-nen Finanzexperten versichert hatte, so hätte er diesen durchsichtigen Plan zum Wortbruch der Alliierten sofort zurückweisen müssen. Als aber nun eben diese Sachverständigen auf die klar zutage liegende Bedeutung der Anträge Lloyd Georges hinwiesen und feststellten, daß sie der Logik widersprächen, überraschte sie Wilson aufs äußerste mit den gereizten Worten: „Logik! Logik! Ich gebe keinen Pfifferling auf Logik! Ich gedenke die Pensionen her-einzunehmen".[24]

Nicht genug damit, daß er eine ungerechtfertigte Last hinzupackte, die dazu beitrug, Deutschland das finanzielle Rückgrat zu brechen, folgte Wilson auch noch auf andern Wegen himmelschreiender Torheit der Führung Lloyd Georges. Auf der Konferenz des Rates der Vier am 5. April 1919 schlug der britische Premierminister vor, die Alliierten sollten „ihren An-spruch" im Friedensvertrag „geltend machen": Deutschland solle „seine Verpflichtung" an-erkennen, „für alle Kriegskosten" aufzukommen. Als Oberst House bemerkte, daß einer sol-chen Klausel das Vorwaffenstillstands-Abkommen entgegenstehe, murmelte Clemenceau be-ruhigend, es sei das großenteils nur eine „Frage des ersten Entwurfs".[25]

Nun, diese Anregung beim Entwerfen stellte sich schließlich als der erbittert umkämpfte Ar-tikel 231 heraus, der Deutschland mit der Verantwortung belud, „alle Verluste und Schäden" verursacht zu haben, „die die alliierten und assoziierten Regierungen und ihre Landsleute in-folge des ihnen durch den Angriff Deutschlands aufgezwungenen Krieges erlitten haben". Die „Kriegsschuldklausel" erregte in allen Volksschichten Deutschlands tiefen, sich weit ver-breitenden Haß, weil sie als fundamental unredlich empfunden wurde. Und um dem Unrecht und der Beleidigung auch noch den Hohn hinzuzufügen, wiederholte der Artikel die Worte des Vorwaffenstillstands-Abkommens mit ihrer betrügerisch ausgelegten Formel, die die Re-parationen auf zivile Schäden beschränkte. Die Leichtigkeit, mit der diese Worte zum Vorteil der Alliierten verdreht worden waren, hatte unverhüllt angekündigt, daß sie Deutschland nicht schützen würden.

Diesen beiden amerikanischen Kapitulationen folgte eine dritte: sie bedeutete die völlige Preisgabe des Standpunktes, daß Deutschland kein „Vergeltungsvertrag" auferlegt werden solle. Die amerikanischen Sachverständigen hatten sich sehr auf die Bildung einer Repara-tionskommission verlassen, die weitreichende Vollmachten haben würde, zu schätzen, was Deutschland zur Befriedigung der interalliierten Ansprüche leisten könne, und die dement-sprechend Art und Zeitpunkt dieser Zahlungen würde modifizieren können. Aber Clemen-ceau wünschte, daß die Kommission nicht mehr sei als eine weitere Addiermaschine, dazu bestimmt, die von Deutschland zu zahlenden Summen zu registrieren. Zu unabhängigen Urteilen sollte sie kein Recht erhalten. Gegen die amerikanische Forderung, die Reparationszahlungen auf nicht mehr als dreißig Jahre auszudehnen, erhoben die Franzosen, weil sie fünfzig Jahre für erforderlich hielten, Einspruch.[26]

Im Verlauf der hitzigen Debatte im Rat der Vier am 5. April 1919 war Oberst House so abgestumpft, daß er nicht merkte, wie die Franzosen die amerikanische Stellung stürmten, bis ihn einer der französischen Sachverständigen darauf aufmerksam machte. Norman Davis schrie ihm zu, die französische Fahne trage die Inschrift: „Grundlage für die Reparationen sollen die interalliierten Forderungen sein, nicht die deutsche Leistungsfähigkeit." Obwohl dieses französische Schlagwort direkt die Prinzipien verletzte, für die die amerikanischen Sachverständigen drei Monate lang gekämpft hatten, strich der verwirrte Oberst die amerikanische Flagge und hißte die zweifelhafte französische Trikolore. Dadurch verhöhnte er „den Buchstaben wie den Geist des Vorwaffenstillstands-Abkommens".[27] Und als Präsident Wilson die Kapitulation bestätigte, erwies er auch noch eine besondere Gunst einem damals völlig unbekannten Mann: Adolf Hitler, der jede Veranschaulichung interalliierter Unehrlichkeit warm begrüßte als eines der besten Mittel, die nationalsozialistische Bewegung vorwärtszutreiben.

Die Finanzexperten in Versailles unterließen es, eine besondere Summe für die deutsche Schuld am Ausbruch des Weltkrieges festzusetzen. Im Jahre 1921 halfen sie dem ab, indem sie die Gesamtsumme auf rund 33 Milliarden Dollar berechneten. Ein Drittel davon war für die Schädigungen am Eigentum der Verbündeten veranschlagt und „die Hälfte bis zwei Drittel für Pensionen und ähnliche Leistungen. Kurz, Wilsons Entscheidung verdoppelte die Rechnung, ja verdreifachte sie vielleicht".[28] Vermutlich hätte Deutschland höchstens 10 Milliarden Dollar zahlen können. Aber als Wilson einwilligte, die Rolle von Shakespeares Shylock zu spielen, und einen Plan vollenden half, der dem erschöpften Körper eines vom Kriege ausgezehrten Volkes das Pfund Fleisch abpressen sollte, da wies er den Weg zu einem Finanzchaos, das nun Deutschland und Europa unaufhaltsam überfluten sollte. Auch trug er zu mehreren Kapiteln des Buches „Mein Kampf" bei.

Die Kolonialfrage

Mit der Frage der Kolonien befaßte sich der fünfte der Vierzehn Punkte. Er versprach einen „freien, vorurteilslosen und absolut unparteiischen Ausgleich kolonialer Ansprüche". Auf der Pariser Konferenz wurde kein Versuch unternommen, eine „absolut unparteiische" Regelung herbeizuführen. Lange vor dem Zusammentritt der Konferenz hatte sich in den Köpfen prominenter britischer, französischer und amerikanischer Publizisten die Meinung gebildet, daß Deutschland alle Rechte auf die während des Krieges von den Alliierten eroberten Kolonien verwirkt habe. Das landläufige Argument dafür war, deutsche Kolonialverwalter hätten die Eingeborenen grausam behandelt. Professor Thorstein Veblen schrieb über dieses Thema mit gewohnter päpstlicher Unfehlbarkeit: „Für die deutsche Kolonialpolitik stehen Kolonien zu ihrem imperialen Vormund oder Herrn im Verhältnis eines Stiefkindes oder eines verdingten Dieners, mit denen man nicht viel Federlesens macht und nach Gutdünken verfährt".[29] In Großbritannien machte Edwyn Bevan geltend, die Rückgabe der Kolonien „würde Deutschland nicht zufriedenstellen, sondern nur seinen Appetit auf koloniale Expansion rege erhalten; sie würde durchaus unsichere Verhältnisse wiederherstellen".[30]

Im Jahre 1917 bat die von Dr. Sidney E. Mezes geleitete Untersuchungskommission Dr. George L. Beer, eine Studienreihe über die Kolonialfrage, besonders über die deutsche Kolonialpolitik, auszuarbeiten. Beer hatte lange als hervorragender Sachkenner der englischen Handelspolitik vom sechzehnten bis zum achtzehnten Jahrhundert gegolten. In einer imposanten Reihe von Bänden hatte er die englische Auffassung von Kolonialverwaltung dargestellt.[31] Nach Ausbruch des Weltkrieges „sympathisierte er sehr entschieden mit den Alliierten, besonders mit dem Britischen Empire".[32]

Es war nur natürlich, daß Beer trotz seiner angeblichen historischen Objektivität die deutsche Kolonialpolitik schärfstens verurteilte. Im Februar 1918 übergab er Dr. Mezes sein Manuskript „Deutsche Kolonien in Afrika". Auf Grund der Prüfung einer ansehnlichen Menge von Daten kam er zu dem Schluß, daß es Deutschland an Verständnis „für die Pflichten kolonialer Treuhänderschaft" völlig gemangelt habe.[33] Deshalb sollte es seine Kolonien verlieren.

Dr. Beer begleitete die amerikanische Delegation zur Pariser Friedenskonferenz als Kolonialsachverständiger, und es ist offenkundig, daß er die Ansicht Wilsons beeinflußte. Am 10. Juli 1919 erklärte Wilson, die deutschen Schutzgebiete seien „nicht regiert, sondern ohne Rücksicht auf die Interessen, ja die einfachen Menschenrechte ihrer Einwohner nur ausgebeutet worden".[34]

Diese Anklage des Präsidenten war völlig grundlos. Ein gewissenhaft arbeitender amerikanischer Gelehrter, der nach Kamerun reiste, um sich von den dortigen Vorkriegsverhältnissen ein zutreffendes Bild zu verschaffen, faßte seine Meinung folgendermaßen zusammen: „Ich komme zu dem Schluß, daß Deutschlands koloniale Leistung in der kurzen Zeit von dreißig Jahren einen ungewöhnlichen Rekord darstellt und es als erfolgreiche Kolonialmacht in einen sehr hohen Rang erhebt – eine Ansicht, die sich von der im Jahre 1919 gebildeten durchaus unterscheidet ... Ich glaube, daß die Zivilverwaltung Deutschlands, wenn es nach dem Krieg als Kolonialmacht hätte weiterbestehen können, bei einem Vergleich mit der besten Kolonialverwaltung, die die Welt heute kennt, günstig abgeschnitten hätte".[35]

Die Deutschen waren empört, als die verbündeten Regierungen es ablehnten, die alten Schutzgebiete als wesentlichen Kreditposten in die Reparationsrechnung einzusetzen. Einige Deutsche hatten den Wert der Kolonien auf 9 Milliarden Dollar geschätzt. Wäre diese Schätzung auf die Hälfte zurückgeführt worden, so hätte sich immer noch eine Summe ergeben, die dazu beigetragen haben würde, die auf den geschwächten deutschen Rücken geladene ungeheure Finanzlast zu erleichtern. „Außerdem wäre Deutschland die Demütigung erspart geblieben, daß ihm alle seine Überseebesitzungen unter dem heuchlerischen Deckmantel humanitärer Gründe genommen wurden".[36] Diese unnötige Demütigung half den Weg bereiten zur Tragödie von 1939. Was die Nürnberger Dokumente über Hitlers Angriffspläne enthüllen, ist nur das letzte Kapitel eines umfangreichen und niederdrückenden Buches, das mit Versailles anhebt.

Das polnische Problem: Danzig, der polnische Korridor und Oberschlesien

In der Diskussion der Polen angehenden Fragen wurde Präsident Wilson von Robert H. Lord beraten, in dem man wegen, seiner Geschichte der zweiten Teilung Polens eine Autorität für die Beurteilung des polnischen Problems von 1919 erblickte. Sein Mangel an Objektivität war so schlagend wie der Professor Beers. Was er hervorbrachte, war zum sehr großen Teil eher ein Fall hysterischen als historischen Gelehrtentums.[37]

Als der Präsident seine Vierzehn Punkte verfaßte, schlugen einige Sachverständige der amerikanischen Untersuchungskommission vor, einen unabhängigen polnischen Staat zu errichten mit Grenzen „gemäß einem vernünftigen Ausgleich zwischen nationalen und wirtschaftlichen Erwägungen und unter gebührender Berücksichtigung der Notwendigkeit eines entsprechenden Zugangs zur See".[38] Präsident Wilson änderte im dreizehnten der Vierzehn Punkte die Formulierung dieses Vorschlages zugunsten einer stärkeren Betonung des ethnographischen Faktors: „Es sollte ein unabhängiger polnischer Staat errichtet werden, der die von unzweifelhaft polnischer Bevölkerung bewohnten Gebiete einzuschließen hätte, und es sollte ihm ein freier und sicherer Zugang zur See zugebilligt werden."

a) Danzig

Mit der Absicht, Polen einen Zugang zur Ostsee zu geben, wurde die Hafenstadt Danzig in den Brennpunkt des Problems gerückt. Um den Präsidenten in dieser schwierigen Sache der polnischen Grenzen zu orientieren, verfaßten die amerikanischen Sachverständigen im Januar und Februar 1919 zwei Berichte.[39] Was Danzig angeht, so gestanden sie es aus wirtschaftlichen Gründen Polen zu. Bequemerweise übersahen sie die Tatsache, daß die Einwohnerschaft Danzigs zu 97 Prozent deutsch war. Am 23. Februar kabelte Oberst House an Wilson, der in den Vereinigten Staaten war, über die Danziger Frage: „Auch unsere Sachverständigen glauben, dies [die Abtretung Danzigs an Polen] wäre die beste Lösung".[40] Der Präsident jedoch war nicht willens, diesen Vorschlag zu bestätigen, und so wurde die Danziger Frage zurückgestellt, bis am 17. März Lloyd George darüber mit Oberst House und Clemenceau in einen lebhaften Meinungsaustausch geriet. Zwei Tage darauf verweigerte der britische Premierminister dem Vorschlag, sowohl Danzig als auch den Kreis Marienwerder an Polen abzutreten, rundheraus seine Zustimmung. Daß die Mitglieder der polnischen Kommission und eine Schar von Experten für die Abtretung waren, machte auf ihn keinen besonderen Eindruck.[41]

Trotz des Druckes, den Oberst House und Dr. Mezes (der Schwager des Obersten) ausübten, beeilte sich Präsident Wilson, Lloyd George zu unterstützen (28. März). Am 5. April erzielten er und Lloyd George eine allseitige Verständigung dahin, Danzig mit dem Danziger Gebiet unter einem Kommissar des Völkerbundes zu einer freien Stadt mit örtlicher Autonomie zu machen, es aber durch Zollunion mit Polen zu verbinden und Polen Vorrechte im Hafen einzuräumen. Die auswärtigen Angelegenheiten der freien Stadt kamen unter polnische Kontrolle.[42]

Diese ausgedehnte polnische Kontrollgewalt über Danzig war für die Deutschen tief aufreizend. Dann und wann schienen Maßnahmen der polnischen Behörden auf dem Gebiet der auswärtigen Beziehungen unnötig provokativ; ebenso verhielt es sich mit der Festsetzung von Ausfuhrabgaben. Wirtschaftlich hatte die polnische Kontrolle über Danzig die ernstesten Folgen. Durch Änderung des Zolltarifs konnte Polen den Handel der freien Stadt beeinträchtigen, und die Kontrolle über die Eisenbahnen ermöglichte es ihm, den Konkurrenzhafen Gdingen zu begünstigen.[43]

Diese Lage ließ Stresemann, einen der gemäßigtsten deutschen Staatsmänner, im September 1925 den Ausspruch tun, „die dritte große Aufgabe Deutschlands" sei „die Rückgewinnung Danzigs".[44] Im Jahre 1931 fühlte Heinrich Brüning, der ruhige, keineswegs aggressive Zentrumsführer, bei gewissen europäischen Regierungen vor, ob sie eine Gebietsrevision auf Kosten Polens begünstigen würden. Aber das deutsche Drängen nach Rückgewinnung verlorenen Gebietes hörte mit dem 26. Januar 1934 plötzlich auf. An diesem Tage schloß Hitler mit Marschall Pilsudski den wohlbekannten Nichtangriffspakt.[45] Polen bezahlte das Abkommen mit der sofortigen Einwilligung in ein Programm, das die „Nazifizierung" Danzigs zum Ziele hatte. Als nach Pilsudskis Tod polnische Staatsmänner sich um französische und britische Gunst bewarben und so seinen Schritt rückgängig zu machen suchten, öffneten sie die Schleusen, durch die sich die nationalsozialistische und sowjetische Flut ergoß, um ganz Polen zu überschwemmen.

b) Der polnische Korridor

Ein durch deutsches Gebiet zur Ostsee führender polnischer Korridor war klar vorgesehen vom dreizehnten Punkt des Wilsonschen Programms, der ausdrücklich besagte, daß Polen „ein freier und sicherer Zugang zur See zugebilligt" werden sollte. Dieses „Wegerecht" sollte sich auf einen Streifen durch ein „von unzweifelhaft polnischer Bevölkerung bewohntes Gebiet" erstrecken. Die amerikanischen Sachverständigen umrissen in ihren Berichten vom Januar und Februar 1919 eine breite Schneise durch die deutschen Provinzen Posen und Westpreußen. Sie gaben zu, daß der Korridor den 1.600.000 Deutschen in Ostpreußen große Erschwernisse aufbürden würde, erachteten aber die Wohltat, die er Millionen Polen erwiese, für wichtiger.[46]

Der Korridor selbst war ein Keil, der sich 45 Meilen lang zur Ostsee erstreckte und an der Küste 20 Meilen, in der Mitte 60 Meilen und im Süden 140 Meilen breit war. Der Verkehr durch den Korridor wurde von den polnischen Behörden erschwert: „Statt das vorhandene ausgezeichnete System von Eisenbahn-, Straßen-, Fluß- und Kanalverbindungen zu erhalten und zu entwickeln, warfen sie es sofort größtenteils zum alten Eisen, entschlossen, den Handelsverkehr aus seiner natürlichen und historischen Richtung abzulenken." Über die Verhältnisse im Korridor im Jahre 1933 schrieb Professor Dawson: „Es ist richtig, daß täglich ein paar Transitzüge den Korridor durchqueren. Da sie aber unterwegs Fahrgäste und Güter weder absetzen noch aufnehmen, könnte dieses jetzt polnische Gebiet, soweit es sich um Verkehr und Transport handelt, unbewohnt sein".[48] Der Verkehr auf den durch den Korridor führenden Landstraßen war ebenfalls sehr unbefriedigend. Im Jahre 1931 stellte Oberst Powell fest, daß für den Fahrzeugverkehr nur die Hauptstraßen offen waren, aber auch dieser Verkehr wurde „durch jeden Kniff, den polnische Findigkeit nur ausdenken kann, behindert. Ich spreche aus persönlicher Erfahrung, denn ich bin mit meinem Wagen viermal durch den Korridor gefahren".[49]

In den Jahren 1938 und 1939 suchte Hitler vergeblich von der polnischen Regierung das Recht zu sichern, durch den Korridor eine Eisenbahnlinie und eine Autobahn zu bauen. Im Vertrauen auf britische Unterstützung wies das polnische Außenamt im Frühjahr 1939 jeden Gedanken an solche Konzessionen zurück. Hierüber aufgebracht, begann Hitler bei der Sowjetregierung wegen eines Vertrages vorzufühlen, der die vierte Teilung Polens bedeutete. Die polnischen Diplomaten hatten die einfache Lektion nicht gelernt, daß Konzessionen eine Katastrophe verhüten können.

c) Oberschlesien

Die Entscheidung der Pariser Friedenskonferenz über Oberschlesien war eines der deutlichsten Zeichen dafür, daß einige der amerikanischen Sachverständigen von Hysterie und nicht von objektiver Geschichte geleitet wurden. Das gilt besonders von Professor Robert H. Lord. Er vertrat nachdrücklich die Meinung, daß Oberschlesien ohne Volksabstimmung Polen zu übergeben sei. Die deutsche Delegation unterzog, nachdem ihr der Vertrag übergeben worden war, den Artikel über Oberschlesien zwingender Kritik. Lloyd George ließ sich von den deutschen Argumenten überzeugen, Präsident Wilson jedoch schenkte Professor Lord immer noch einige Beachtung, als dieser einwandte, Oberschlesien unterstehe erst seit zwei Jahrhunderten der Staatsgewalt Deutschlands. Mr. Lamont entgegnete, jedenfalls habe dieses Gebiet „vierhundert Jahre lang nicht zu Polen gehört". Auch jetzt noch schwankte Wilson, aber sein Glaube an den heftig protestierenden Professor Lord erhielt einen weiteren Stoß, als sich der Gelehrte gegen eine Volksabstimmung in Oberschlesien wandte. Lloyd George erwiderte treffend mit der Frage, weshalb denn „in Allenstein, Schleswig und Klagenfurt, nicht aber in Schlesien" Volksbefragungen abgehalten werden sollten.[50] Darauf mußte Professor Lord die Antwort schuldig bleiben und konnte seine Position nicht mehr halten. So wurde in den Vertrag eine Bestimmung aufgenommen, die in Oberschlesien die Volksbefragung vorsah.

Aber diese Volksabstimmung wurde in einer Atmosphäre des Terrors abgehalten. Die internationale Kommission, die die Verwaltung des Abstimmungsgebietes übernahm, setzte sich aus drei Mitgliedern zusammen: General Le Rond (Frankreich), Oberst Sir Harold Percival (Großbritannien) und General de Marinis (Italien). Frankreich schickte sofort 8.000 Mann Truppen in das Gebiet, um sich die Beherrschung Oberschlesiens zu sichern, und sorgte dann für die Ernennung Le Ronds zum Chef der Zivilverwaltung. Die alliierten Regierungen hatten am 16. Juni 1919 in Paris der deutschen Delegation zugesagt, daß die internationale Kommission auf „völlige Unparteilichkeit der Abstimmung" bestehen werde. Aber sie brachen auch hierin ihr Wort. Den Polen wurde im Abstimmungsgebiet jedes nur mögliche Zugeständnis gemacht. Trotzdem war das Ergebnis der Volksbefragung am 16. Juni 1919 für Franzosen und Polen ein schwerer Schlag: 707.554 oder 59,6 Prozent der Abstimmungsberechtigten hatten sich für Deutschland entschieden, während 478.802 oder 40,4 Prozent unter polnische Verwaltung zu kommen wünschten.[51] Berücksichtigt man die von den Franzosen vor der Abstimmung angewandte, durch nichts zu rechtfertigende Taktik, so ist der deutsche Erfolg erstaunlich. Einen der besten Berichte über die Lage in Oberschlesien von 1919 bis 1920 hat Professor René Martel in seiner Monographie „The Eastern Frontiers of Germany" gegeben: „Am 4. April 1919 nahm der polnische Oberste Nationalrat Oberschlesiens Fühlung mit Korfanty auf. Adelbert Korfanty, früher Journalist und volkstümlicher politischer Führer, war der Mann des Handelns, nach dem Dmowski Ausschau gehalten hatte, damit er den Aufstand vorbereite und organisiere ... Am 1. Mai 1919 bekundeten die polnischen Geheimbünde ihre patriotischen Gefühle durch Verfolgung der Deutschen. Der Terror hatte begonnen ... Die Geheimbünde, die Korfanty aufgebaut hatte ..., blieben bis zur Volksabstimmung bestehen ... Deutsche wurden gefoltert, verstümmelt, hingerichtet, ihre Leichen geschändet; Dörfer und Schlösser wurden geplündert, niedergebrannt oder in die Luft gesprengt. Die deutsche Regierung hat hierüber eine Reihe Weißbücher mit Photographien veröffentlicht ... Die so im Bilde festgehaltenen Szenen übertreffen an Entsetzlichkeit die schlimmsten vorstellbaren Scheußlichkeiten".[52]

Als der blutige polnische Aufruhr endlich unterdrückt war, beauftragte der Völkerbund mit der Teilung Oberschlesiens eine Kommission, die er aus Vertretern Belgiens, Brasiliens, Chinas, Japans und Spaniens gebildet hatte. Zu beachten ist die unneutrale Zusammensetzung dieses Gremiums. Seine Entscheidung spiegelte denn auch seine Parteilichkeit. Polen erhielt nahezu fünf Sechstel des strittigen Industriegebiets, ferner „80 Prozent des Kohlenreviers ..., außerdem alle Eisenerzgruben, fast alle Zink- und Bleigruben und die große Mehrzahl der von der Montanindustrie abhängigen Werke".[53]

Über diese Farce von Volksabstimmung schreibt Sir Robert Donald: „Schlimmer als der materielle Verlust waren die den Deutschen zugefügten Unbilden und Ungerechtigkeiten. Es ist durchaus möglich, daß sich die Deutschen in das Unvermeidliche geschickt hätten, wenn die Alliierten kraft keines andern Rechts als des Gesetzes der brutalen Gewalt Oberschlesien Polen zugeschlagen hätten ... Aber über Deutschland die tragische Posse der Volksabstimmung zu verhängen mit allen ihren Begleiterscheinungen von Trug, gebrochenen Verpflichtungen, Massakern und grausamen Ausschreitungen in einer Atmosphäre politischer Fäulnis, das hieß dem Unrecht die Beleidigung, dem bewaffneten Raub die moralische Tortur hinzufügen".[54]

Trotz Wilsons Versicherung, daß der Frieden kein Vergeltungsfrieden sein solle, war Deutschland beraubt und schwer mißhandelt worden. Nach diesen eindringlichen Beispielen interalliierter Unehrlichkeit war es für die nationalsozialistischen Politiker nicht schwer, Expansionspläne zu schmieden, ohne sich über die üblichen Prinzipien internationalen Rechts groß Gedanken zu machen. Das Recht beruht auf Logik, in Versailles aber hatte Wilson offen die Rechtswissenschaft für untauglich erklärt, indem er urteilte: „Logik! Logik! Ich gebe keinen Pfifferling auf Logik!" Hitler hätte sich nicht wegwerfender ausdrücken können.

Die Besetzung des Rheinlandes

Präsident Wilson befand sich in Paris nicht immer auf der unrechten Seite des diplomatischen Zauns. In der Sache der Besetzung des Rheinlandes nahm er eine starke Haltung an, die die Ausführung eines weitstrebenden französischen Planes völlig verhinderte. Eines der französischen Hauptziele im Jahre 1919 war die Lostrennung des ganzen linken Rheinufers von Deutschland und die Errichtung autonomer profranzösischer Republiken. Obwohl Oberst House eifrig für dieses Programm eintrat, weigerte sich Wilson, es zu akzeptieren.[55] Unterstützt von Lloyd George vermochte er durchzusetzen, daß in den Versailler Vertrag eine gemäßigte Bestimmung aufgenommen wurde: „Das deutsche Gebiet westlich des Rheins wird einschließlich der Brückenköpfe für eine Periode von fünfzehn Jahren vom Inkrafttreten dieses Vertrages an von alliierten und assoziierten Truppen besetzt werden".[56]

Die letzten Truppen der amerikanischen Okkupationsarmee verließen das Rheinland im Februar 1923; alliierte Truppen blieben bis 1930. Die bloße Tatsache, daß deutscher Boden für ein Jahrzehnt besetzt wurde, rief in den Herzen der meisten Deutschen Groll hervor. Er wuchs zur Empörung, als Frankreich eine beträchtliche Anzahl seiner farbigen Kolonialtruppen in rheinische Privathäuser einquartierte. Ihr beleidigendes und zuweilen brutales Verhalten gegen die deutschen Frauen wurde als die Absicht Frankreichs aufgefaßt, Deutschland aufs äußerste zu demütigen. Im Dezember 1921 übersandte General Henry T. Allen Außenminister Hughes eine Beschwerde, die eine Abordnung deutscher Arbeiter bei der Oberkommission vorgebracht hatte: „Wir fürchten uns, die Wohnung zu verlassen und zur Arbeit zu gehen und Frauen und Töchter mit diesen Menschen allein zu lassen. Das bedrückt uns mehr als Wohnungsnot und Lebensmittelknappheit".[57] Felix Morley kam während eines Urlaubsaufenthaltes in Frankreich zu einem sehr scharfen Urteil über das französische Benehmen: „Wenn England und Amerika Frankreich sich selbst überließen, befände sich nach einer Woche kein Franzose mehr auf deutschem Boden".[58] Drei Jahre danach richtete der amerikanische Konsul in Köln gegen die französischen Praktiken im Rheinland eine bittere Anklage. Er berichtete dem Außenminister, daß gelegentlich deutsche Beamte mit Handschellen gefesselt und deutsche Polizisten geschlagen und mit Fußtritten traktiert würden. In Aachen seien Zivilisten und Beamte „mit der Reitpeitsche geschlagen" worden.[59] Diese Beleidigungen blieben in der Erinnerung manches Deutschen haften und trugen dazu bei, das Klima für die Auffassung zu erzeugen, daß viele Punkte in Hitlers Expansions- und Vergeltungsprogramm berechtigt seien.

Die Hungerblockade

Mit der Unterzeichnung des Waffenstillstandes vom 11. November 1918 wurde nicht die interalliierte Blockade Deutschlands aufgehoben. Viele Monate lang nach Beendigung des Krieges erlaubten die Regierungen der Verbündeten keine Lebensmittelverladungen zu den Millionen hungernder Menschen in Deutschland. Dieses gefühllose Verhalten der Alliierten in Paris entsetzte die Arbeiterpartei Englands, und sie rief die Bewegung „Rettet die Kinder" ins Leben. Geldsammlungen zum Kauf von Lebensmitteln wurden veranstaltet, „als infolge der Blockade hager und bleich der Hunger durch die Straßen tausender deutscher Städte schlich".[60]

In Paris trat Präsident Wilson „immer wieder für freie Ausfuhr von Nahrungsmitteln für die halbverhungerte Bevölkerung Mitteleuropas ein, aber immer wieder legte sich die französische Regierung quer. Diese französische Politik erfüllte Henry White, der in Deutschland kleine Enkelkinder hatte und von seiner Tochter über die verzweifelte Lage der Bevölkerung viel hörte, mit ohnmächtiger Empörung".[61]

Im Februar 1919 wurde George E.R. Geyde auf eine Inspektionsreise nach Deutschland geschickt. Er hat die Wirkung der Blockade auf das deutsche Volk geschildert: „Die Verhältnisse in den Krankenhäusern waren erschreckend. Während der Kriegsjahre waren von den Patienten ständig durchschnittlich ein Zehntel infolge Mangels an Fett, Milch und gutem Mehl gestorben ... Im Kinderkrankenhaus sahen wir schreckliche Bilder, so die ‚Hungerbabies‘ mit gräßlich geschwollenen Köpfen ... Natürlich drängte unser Bericht auf sofortige Öffnung der Grenzen für Fett, Milch und Mehl ... aber die schreckliche Blockade wurde, weil die Franzosen darauf bestanden, aufrechterhalten".[62]

Geydes anschauliche Schilderung wird durch einen in den letzten Jahren von dem früheren Präsidenten Hoover veröffentlichten Bericht nachdrücklich bestätigt. Hoover war im Jahre 1919 von Präsident Wilson mit der Lebensmittelverteilung an die notleidende Bevölkerung Europas beauftragt worden. Als er in London eintraf, erlitt er einen schweren Schock: „Ich traf mit Ministern der Verbündeten zusammen, um Programm und Organisation zu erörtern. Die Sitzung war eine einzige Enthüllung von Intrigen, Nationalismus, Egoismus, Herzlosigkeit und Mißtrauen ... So sehr ich die Engländer schätze, so verrieten sie doch eine äußerst aufreizende Eigenschaft: Sie waren Meister darin, jedes nationale Handeln so in fromme Worte zu wickeln, daß man sich tatsächlich schämte, nicht alles unterstützen zu können ... Binnen weniger Stunden entdeckte ich, daß die größte Hungersnot seit dem Dreißigjährigen Krieg keine unmittelbare Sorge zu machen schien. Sie [die verbündeten Regierungen] waren entschlossen, die Lebensmittelblockade nicht nur gegen Deutschland und die andern Feindstaaten aufrechtzuerhalten, sondern auch gegen die neutralen und befreiten Völker ... Am 1. Februar [1919] ... schrieb ich ihm [Präsident Wilson]: ‚Sehr geehrter Herr Präsident: Nach göttlichem und menschlichem Gesetz gibt es kein Recht, jetzt, wo wir Überfluß an Lebensmitteln haben, Menschen weiter hungern zu lassen.‘ Der Präsident griff die Angelegenheit gebührend auf ..., und die Großen Vier ordneten an, daß das von mir vorgeschlagene Abkommen sofort auf die Deutschen angewendet werde.

Um die Deutschen mit der Vereinbarung bekannt zu machen, wurde eine von einem britischen Admiral, Sir Rosslyn Wemyss, geführte Delegation ernannt ... Arrogant sagte er zu mir: ‚Junger Mann, ich begreife nicht, weshalb ihr Amerikaner diese Deutschen füttern wollt.‘ Meine dreiste Antwort war: ‚Alter Mann, ich verstehe nicht, weshalb ihr Briten Frauen und Kinder verhungern lassen wollt, nachdem sie geprügelt worden sind.‘ ... Als sich das Nahrungstor für Deutschland öffnete, begegnete ich auf der Seite der Alliierten und auch in einigen Teilen Amerikas sofort so lebhaftem Haß, daß ich mich gezwungen sah, zur Rechtfertigung meines Unternehmens eine Erklärung zu veröffentlichen ... Wir hatten vier Monate Zeit verloren, und die Probleme in Deutschland hatten sich unterdessen vervielfacht ... Die Aufrechterhaltung der Nahrungsmittelblockade bis zum März 1919 – vier Monate nach dem Waffenstillstand – war ein staatspolitisches Verbrechen und ein Verbrechen gegen die Zivilisation überhaupt ... Völker können die Unbilden eines Krieges philosophisch ertragen. Aber wenn sie die Waffen niederlegen und im festen Vertrauen darauf, daß ihre Frauen und Kinder zu essen haben werden, sich ergeben, und wenn sie dann finden müssen, daß diese schlimmste Angriffswaffe weiter gegen sie angewendet wird – dann erlischt der Haß niemals".[63]

Endlich wurden gemäß den Bedingungen des Brüsseler Abkommens vom 14. März 1919 für die Verschiffung von Lebensmitteln Vorkehrungen getroffen, aber ehe diese Vorräte verfügbar waren, hatten Tausende von Deutschen die Qualen langsamen Verhungerns durchgemacht. In Versailles hatten die Großen Vier für die Deutschen zu einem langen Rosenkranz von Haß und Verzweiflung die eisernen Perlen geschmiedet. Nach 1919 glitten diese Perlen zahllose Male durch die Finger vieler unglücklicher Menschen, deren Gesundheit durch Unterernährung zerrüttet war. Sie vergaßen nicht, noch vergaben sie.

Die deutsche Reaktion auf den Versailler Vertrag

Am 7. Mai 1919 wurden der deutschen Delegation in Paris die Bedingungen des Vertrages von Versailles förmlich vorgelegt. Als Johannes Giesberts die lange Anklageschrift durchlas, brach er in die Worte aus: „Dieser schamlose Vertrag hat mich zerbrochen, denn ich habe bis heute an Wilson geglaubt. Ich hielt ihn für einen Ehrenmann, und jetzt schickt uns dieser Schurke einen solchen Vertrag".[64] Am 12. Mai spielte Konstantin Fehrenbach, einer der Führer der Zentrumspartei, auf einer Massenversammlung in Berlin darauf an, welche Haltung die kommende Generation der Deutschen zu dem Vertrag einnehmen werde, und schloß seine Rede mit Worten der Warnung, die später von Hitler verwirklicht wurden: „Der Wille, die Sklavenketten zu brechen, wird ihr von Kindheit an eingepflanzt sein".[65]

Die Ketten wurden durch den Kellogg-Briand-Pakt bekräftigt. Er gab den Ungerechtigkeiten von Versailles den formellen Segen, und die Fesseln konnten nur noch mit Gewalt gebrochen werden. Als Hitler sie eine nach der andern sprengte, hallte das in der ganzen Welt wider, und die Minister Stimson und Hull unterrichteten feierlich die amerikanische Öffentlichkeit, daß ein wildgewordener deutscher Elefant im Porzellanladen des Weltfriedens die kostbarsten Teller zerschlage. In Nürnberg wurden Männer gehängt, weil sie die Sprengung der mit nationalem Haß legierten Ketten geplant hatten. Kein Wort fiel über die Pseudo-Staatsmänner, die in Paris den Hexentrank bereitet hatten, durch den die Gemüter der Deutschen vergiftet wurden. Über die Folgen ihrer verbrecherischen Stümperei wird in den nächsten Kapiteln berichtet werden.

Kapitel I

Amerika und die Weimarer Republik

Amerika lehnt Kriegsverbrecherprozesse ab

In den ersten Jahren nach dem Weltkrieg verhielt sich die amerikanische Regierung gegenüber der Weimarer Republik vorsichtig abwartend. Im Außenamt hegte man die entschiedene Befürchtung, daß Funken aus Sowjetrußland im zerrütteten Gebälk Deutschlands leicht Nahrung finden und einen Brand hervorrufen könnten, der alle Merkmale alter deutscher Lebensform verzehren würde. Äußerungen gewisser Deutscher, die unter dem Kaiser bedeutende diplomatische Posten innegehabt hatten, verstärkten diese Besorgnisse. Im Oktober 1919 wies Graf Bernstorff darauf hin, wie wichtig es sei, zwischen Deutschland und Rußland enge Beziehungen herzustellen: „Rußland ist das Land mit den besten Voraussetzungen, uns Nutzen zu bringen. Rußland braucht Kapital und Intelligenz, womit unsere Industrie es versorgen kann. Vor allem aber werden wir jetzt, wo der Bolschewismus in Deutschland im Entstehen ist, zu leiblichen Vettern der Russen. Wir müssen mit den Bolschewiken zu einer Einigung kommen".[1]

Die steigende Unruhe in Deutschland äußerte sich auf manche unerfreuliche Weise. Im November 1919 kam es in Heidelberg zu einer großen Demonstration, bei der sich Antisemitismus und ausschweifender Nationalismus deutlich bemerkbar machten.[2] Im April 1921 erreichte die antisemitische Stimmung in bestimmten deutschen Städten einen Höhepunkt, obwohl katholische Bischöfe, wie der Kardinal von München-Freising, dem nachdrücklich entgegentraten.[3] Nach 1933 nutzte Hitler nur Vorurteile aus, die in Deutschland seit langem bestanden hatten.

Die hitzigen nationalistischen Äußerungen wurden teilweise durch das vernehmliche Gespräch hervorgerufen, das Staatsmänner der Alliierten darüber führten, deutsche politische und militärische Führer als Kriegsverbrecher vor Gericht zu stellen. Das veranlaßte den Exkaiser, Wilhelm II., sich brieflich an Präsident Wilson zu wenden und sich als Opfer für die anderen Deutschen anzubieten: „Wenn die alliierten und assoziierten Regierungen ein Opfer haben wollen, so mögen sie mich nehmen statt der neunhundert Deutschen, die nichts anderes verbrochen haben, als ihrem Vaterland im Krieg zu dienen".[4] Eine wirkliche Notwendigkeit für dieses Angebot bestand nicht. Die amerikanische Regierung war unbedingt gegen jeden Kriegsverbrecherprozeß. Am 6. Februar 1920 gab Außenminister Lansing dem amerikanischen Botschafter in Paris folgende Anweisung: „Die amerikanische Regierung hat den Vertrag noch nicht ratifiziert; sie schließt sich der Forderung der Alliierten nicht an und stützt es in keiner Weise, daß die Alliierten auf sofortige Erfüllung dieser Forderung [auf Auslieferung deutscher Kriegsverbrecher] bestehen".[5]

Die Alliierten gegen Bezahlung der Kosten für die amerikanische Besetzungsarmee

Die Verbündeten gaben bald den Plan auf, Deutschen als Kriegsverbrechern den Prozeß zu machen. Sie waren über die Haltung, die Lansing in dieser Sache einnahm, offenbar höchlichst verärgert, verrieten sie doch in der Angelegenheit der Bezahlung der Kosten für die amerikanische Besetzungsarmee nicht den geringsten Geist von Zusammenarbeit. Die Regierung Wilsons hatte erwartet, daß diese Zahlungen sofort aus den deutschen Reparationen geleistet werden würden, doch blockierten die Alliierten das jahrelang. Im Jahre 1923 äußerte der britische Vertreter in der Reparationskommission Zweifel darüber, ob die Vereinigten Staaten, nachdem sie den Versailler Vertrag abgelehnt hätten, berechtigten Anspruch auf Bezahlung der Kosten für die Rheinlandbesetzung geltend machen könnten.[6] Wegen ähnlicher Erklärungen geriet George B. Lockwood, der Sekretär des Republikanischen Nationalkomitees, dermaßen in Zorn, daß er seiner Entrüstung über die Lage in einem Brief an Außenminister Hughes Ausdruck gab. Er sei sicher, daß dieses „Gefeilsche, diese Winkelzüge, diese Doppelzüngigkeit und unverhüllte Unredlichkeit, die die Haltung Großbritanniens und der anderen alliierten Mächte bei der Behandlung der Ansprüche Amerikas gekennzeichnet haben", den starken Wunsch verrieten, die Vereinigten Staaten um jede Bezahlung der Besatzungskosten „zu prellen".[7]

Am 25. Mai 1923 unterzeichneten die Regierungen Belgiens, Großbritanniens, Frankreichs und Italiens mit den Vereinigten Staaten ein Abkommen, das die Rückerstattung der Kosten der amerikanischen Besetzungsarmee verteilt auf zwölf Jahre, und zwar aus deutschen Reparationsmitteln, vorsah.[8]

Zwar hatten die alliierten Regierungen endlich in diesen über eine lange Periode sich erstreckenden Zahlungsplan eingewilligt, doch bemerkte Außenminister Hughes, daß sie in ihrem eigenen Fall darauf bestanden hätten, die Zahlungen für die Besatzungskosten „tatsächlich in voller Höhe sofort bei Fälligkeit" zu erhalten. Ihm schien, „sie hätten das für diese Kosten empfangene Geld gerecht verteilen müssen; statt dessen behielten sie diese Gelder und ließen uns leer ausgehen".[9]

Frankreich rückt in das Ruhrgebiet ein

In der Reparationssache erwies es sich als äußerst schwer, die französische Regierung zufriedenzustellen. Gemäß dem Versailler Vertrag wurde eine Reparationskommission gebildet, die die Höhe der von Deutschland geschuldeten Summe festsetzen und einen Plan „zur Tilgung der gesamten Verpflichtung innerhalb von dreißig Jahren vom 1. Mai 1921 an" ausarbeiten sollte. Bis zu diesem Tag hatte die deutsche Regierung Zahlungen im Wert von 5 Milliarden Dollar zu leisten. Anfang 1921 machte Deutschland geltend, daß es diese Summe in Gestalt von Gold, Effekten, Kohle und anderen Gütern gezahlt habe, aber die Reparationskommission erklärte, tatsächlich sei nur die Hälfte der Summe gezahlt worden. Darauf wandte sich die deutsche Regierung an die Vereinigten Staaten mit der Bitte, „in der Reparationsfrage zu vermitteln und die an die Alliierten ... zu zahlende Summe festzusetzen".[10] Außenminister Hughes lehnte es ab, sich in diesen Streit hineinziehen zu lassen, riet aber der deutschen Regierung, „den alliierten Regierungen unmittelbar klare, bestimmte und ausreichende Vorschläge zu unterbreiten, die in jeder Beziehung ihren wahren Verpflichtungen entsprechen".[11]

Am 28. April 1921 gab die Reparationskommission bekannt, daß die deutsche Gesamtschuld auf 132 Milliarden Goldmark oder rund 33 Milliarden Dollar festgesetzt worden sei. Der Zahlungsplan wurde am 5. Mai der deutschen Regierung zugeleitet und sofort angenommen.[12] Zwar wurde die erste Rate von 250 Millionen Dollar am 31. August gezahlt, doch deutete das Sinken des Markkurses auf fundamentale finanzielle Schwierigkeiten in Deutschland. Im Verlaufe des Jahres 1922 bat die deutsche Regierung um ein Moratorium von zweieinhalb Jahren. Großbritannien war geneigt, das Ersuchen zu begünstigen. Frankreich widersetzte sich erbittert. Schließlich erklärte die Reparationskommission unter französischem Druck Deutschland als im Verzug, und Poincaré bestand auf Repressalien.

Die amerikanische Regierung war an diesem deutschen Problem stark interessiert. Zwischen Deutschland und den Vereinigten Staaten war durch eine am 2. Juli 1921 von Präsident

Harding unterzeichnete Erklärung der Friedenszustand herbeigeführt worden.[13] Dem folgte am 25. August 1921 ein Vertrag, der am 11. November desselben Jahres in Kraft trat.[14] Beide Vertragsinstrumente enthielten Bestimmungen, durch die sich die Vereinigten Staaten die Beanspruchung aller der Rechte, Privilegien, Entschädigungen und Reparationen „ausdrücklich vorbehielten", die ihnen nach dem Waffenstillstandsvertrag und dem Versailler Vertrag zustanden. Sonderfrieden mit Deutschland bedeute nicht den Verlust irgendeines der von Amerika hart errungenen Rechte.

Diese Rechte waren wertlos in einem Deutschland mit zerstörter Wirtschaftsstruktur. Daher sahen die amerikanischen Vertreter im Ausland die Entschlossenheit Poincarés, auf pünktliche Zahlung unmöglicher Reparationen zu drängen, mit scharfer Mißbilligung an. In Rom erörterte Botschafter Child die Lage mit Barthou, dem Sprachrohr Poincarés. Er berichtete Außenminister Hughes, Barthou habe „ein so starkes antideutsches Vorurteil, daß es jedes vernünftige Urteil unmöglich macht". Es könnte „für die Welt erforderlich sein, die Notwendigkeit eines Vorgehens unabhängig von der französischen Regierung durch Appelle an die öffentliche Meinung zu erwägen".[15]

Im folgenden Monat schrieb Botschafter Herrick, der sich gewöhnlich durchaus frankophil zeigte, an Außenminister Hughes und beklagte im Zusammenhang mit dem auf Deutschland ausgeübten Druck die Haltung Poincarés: „Es besteht jetzt bestimmt keine Hoffnung, auf Poincaré persönlich irgendwelchen Eindruck zu machen. Er hat nichts gelernt und nichts vergessen, nicht aus Mangel an Intelligenz, sondern vielmehr mit bestimmter Absicht ... Er hat seine politische Rolle und sein Ansehen auf seine aggressive Politik gegründet. Wenn Sie dem wirksam Halt gebieten wollen, so müssen Sie meiner Ansicht nach durch eine entsprechende öffentliche Äußerung die Meinung der vernünftigen Franzosen stützen."[16] Hughes indessen antwortete, ein Appell an das französische Volk über den Kopf seiner Regierung hinweg sei ein gefährliches Verfahren: „Frühere Bemühungen dieser Art haben mehr Ärger als Nutzen gebracht."[17]

Im Januar 1923 rückten französische Truppen bis Dortmund in das Ruhrgebiet ein. Die britische Regierung betrachtete diese Aktion als illegal und lehnte es ab, sie zu unterstützen. Die Besetzung des Ruhrgebietes mußte die deutsche Industrie lähmen und die Reparationsleistungen wie den britischen Handel mit Deutschland ernstlich treffen. Um der französischen Politik des Drucks zu begegnen, legten die deutschen Arbeiter ihre Werkzeuge nieder. Gruben und Fabriken schlossen die Tore, Telefon, Telegraf und Eisenbahn stellten den Dienst ein. Sämtliche Reparationszahlungen an die alliierten Regierungen hörten auf.

Der amerikanische Handelsattaché in Berlin erblickte in dieser französischen Invasion einen Versuch, „Deutschland als Großmacht" auf immer „zu entmannen".[18] Der amerikanische Botschafter urteilte ähnlich: „Die Bevölkerung ist als unterworfene und fremde Rasse behandelt worden; ihr Wirtschaftsleben wird dauernd gestört und ist größtenteils vernichtet worden; nutzlose Truppen sind hier und da in ihren Dörfern einquartiert worden. Anscheinend ist alles getan worden, was Feindseligkeit erwecken muß, und nichts, was beschwichtigen könnte. Infolgedessen ist die Bevölkerung des Rheinlandes heute wild antifranzösisch."[19]

Im Urteil Herbert Hoovers hatte die französische Unterdrückungspolitik weltweite Wirkung. Der französische Eingriff in den Kohlenhandel des Ruhrgebiets brächte den Kohlenhandel der ganzen Welt aus dem Gleichgewicht und würde das Leben überall erschweren.[20] Die anschaulichste Schilderung des französischen Terrorismus im Industriegebiet gibt George E.R. Geyde in „The Revolver Republic": „In Essen sah ich eines Morgens einen Jungen, der bitterlich schluchzte, weil ihn ein französischer Offizier, vor dem er nicht vom Bürgersteig heruntergegangen war, verprügelt hatte, und in Recklinghausen verfolgten Franzosen mit ihren Reitpeitschen ein paar Männer, die dort Zuflucht gesucht hatten, bis ins Theater, schlossen die Vorstellung von ‚König Lear' und trieben sämtliche Zuschauer hinaus ... Am Abend des 11. März wurden bei Buer ein französischer Jäger-Unteroffizier und ein Stationsvorsteher der Regiebahn[21] tot aufgefunden ... Am nächsten Morgen wurde in Buer die Ausgangssperre verhängt ... Der Befehl, von 19 Uhr an nicht mehr das Haus zu verlassen, war an einem Sonntag angeschlagen worden, als bereits viele Einwohner auf einem Tagesausflug unterwegs waren. Als sie, alle ahnungslos, heimkehrten, wurden sie mit Reitpeitschen geschlagen, mit Kolbenstößen traktiert und von französischen Soldaten, die dabei auf sie schossen, durch die Straßen gejagt. Ein Arbeiter namens Fabeck wurde erschossen, als er mit seiner jungen Frau auf die Straßenbahn wartete."[22]

Diese Unterdrückungstaktik trug schließlich ihre Frucht: am 17. September 1923 kam es zu einer Übereinkunft, durch die Deutschland zusagte, die Politik des passiven Widerstandes aufzugeben. Aber der Siegespreis war hoch. Die britische Regierung hatte die Besetzung des rheinisch-westfälischen Industriegebietes mit dem Zusammenbruch der deutschen Wirtschaftsstruktur in der Folge unwillig mit angesehen, und die Meinung in den neutralen Ländern war scharf kritisch. In Frankreich bewirkte das Sinken des Franc-Kurses, daß gemäßigtere Auffassungen das Übergewicht erhielten. So war Erörterungen der Weg geebnet, die zur Annahme des Dawesplanes führten. Das interalliierte Abkommen hierüber wurde am 30. August 1924 in London unterzeichnet, und alsbald danach begannen die französischen Truppen das Ruhrgebiet zu räumen.[23]

Präsident Hoover schlägt ein Reparations-Moratorium vor

Der Dawesplan war für das kranke Deutschland nur ein finanzielles Beruhigungspulver, kein Heilmittel. Über die Höhe der Gesamtschuld an Reparationen schwieg er. So war die alte Summe von 33 Milliarden Dollar, die die Reparationskommission festgesetzt hatte, als Forderung technisch noch in Kraft. Es hätte aber den sogenannten Finanzsachverständigen klar sein müssen, daß Deutschland nicht weiter auf unbestimmte Zeit jährlich gewaltige Reparationszahlungen leisten konnte. Sie hätten sich ebenso sagen müssen, daß keine Großmacht sich damit abfände, in den finanziellen und politischen Fesseln zu verharren, in die der Plan Deutschland geschmiedet hatte. Hierüber machte die „Commercial and Financial Chronicle" einige treffende Bemerkungen: „Das vorgeschlagene Verfahren hat in der Geschichte nicht seinesgleichen. Deutschland wird ebenso übernommen und verwaltet wie eine Gesellschaft, die ihre Zahlungsverpflichtungen nicht mehr erfüllen kann, vom Gericht übernommen und dem Konkursverwalter übergeben wird ... In Wahrheit sind die inneren Angelegenheiten ausländischer Kontrolle unterstellt worden, wie es weder in unserer Zeit noch in der Vergangenheit jemals geschehen ist ... Noch nie bisher ist vorgeschlagen worden, vom Vermögen einer Nation so völlig Besitz zu ergreifen."[24]

Die Zahlungen gemäß dem Dawesplan erhöhten sich jährlich, bis sie, im fünften Jahr, 2.500 Millionen RM erreichten. Die deutsche Regierung konnte sie nur dank dem großen Umfang von Auslandsanleihen aufbringen. Mit diesen Anleihen begann es im Jahre 1924, als sich amerikanische Finanziers auf ihrer eifrigen Jagd nach Kreditsuchenden Europa zuwandten. Nach Dr. Hoepker-Aschoff, dem preußischen Finanzminister von 1925 bis 1926, sprachen jede Woche mehrere Vertreter amerikanischer Banken in seinem Amt vor und suchten ihm eine Anleihe aufzudrängen. Deutsche Beamte wurden „mit ausländischen Anleiheangeboten förmlich überschwemmt".[25] Ob wirklich eine Anleihe benötigt wurde, machte dabei nicht viel aus. Eine kleine bayrische Stadt suchte 125.000 Dollar, um ihr Kraftwerk auszubauen. Ein amerikanischer Finanzagent überzeugte den Bürgermeister sehr rasch davon, daß es besser sei, 3 Millionen Dollar anzulegen. Damit konnte er nicht nur das Kraftwerk erweitern, sondern auch den Bau mehrerer unproduktiver Institute finanzieren. Der Möglichkeit der Rückzahlung wurde wenig gründliche Überlegung geschenkt.[26]

Aber Reparationen mußten gezahlt werden, und das war nur möglich durch fremde Anleihen. Von 1924 bis zum 30. Juni 1931 gaben amerikanische Banken folgende Anleihen:

Dawes- und Young-Anleihen . . . . 875.000.000 RM
An Länder und Gemeinden . . . . 860.000.000 RM
Für gemeinnützige Einrichtungen . . . . 1.073.000.000 RM
An Gemeindebanken . . . . 188.000.000 RM
An private Kreditnehmer . . . . <u>2.269.000.000 RM</u>
                                                     5.265.000.000 RM

Diese großen amerikanischen Anleihen machten 55 Prozent der Deutschland in dieser Zeit geliehenen Gesamtsumme aus. Es liegt auf der Hand, daß für die amerikanischen Geschäftsleute von der Fortdauer der deutschen Zahlungsfähigkeit sehr viel abhing, und sie prüften mit stärkstem Interesse, wie die Anleihen in Deutschland verwendet wurden. Die größte Leistung auf dem Gebiet des Wiederaufbaus war die völlige Umgestaltung der Eisen- und Stahlindustrie. Der Bergbau machte bedeutende technische Fortschritte, und mit Riesenschritten ging es in der Koks- und Gaserzeugung und der Ausnutzung von Nebenprodukten vorwärts. Die chemische Industrie erhöhte ihre Vorkriegsproduktion mindestens um 25 Prozent, und ähnlich schossen die Elektroindustrien empor.[27]

Aber die furchtbare Last der Reparationszahlungen und der Zinsen für die ausländischen Anleihen war für die gebrechliche deutsche Finanzstruktur zuviel.[28] Man versuchte es nun mit einem neuen finanziellen Linderungsmittel. Am 7. Juni 1929 übergab eine von Owen D. Young geführte Sachverständigengruppe der Reparationskommission und den betreffenden Regierungen ein Finanzabkommen, das der Einfachheit halber Youngplan genannt wurde. Es sah eine Herabsetzung der gesamten Reparationsschuld auf 8.032.500.000 Dollar vor. Die Zahlungsperiode war auf achtundfünfzig und ein halbes Jahr begrenzt. Die Reparationskommission verschwand. An ihre Stelle trat die Bank für Internationalen Zahlungsausgleich, die mit umfassenden Vollmachten ausgestattet war. Um Deutschland entgegenzukommen, wurden die ausgedehnten finanziellen und politischen Kontrollrechte, die der Dawesplan erteilt hatte, aufgehoben.[29]

Der Youngplan trat im Jahre 1930 in Kraft, aber er war ein Wundermittel, das eine vor dem Zusammenbruch stehende kranke Welt nicht zu heilen vermochte. Einige schrieben die verzweifelte Lage ungenügendem Goldangebot zu, andere einem Überfluß an Silber. Man beschuldigte die Technik, weil sie ermöglicht habe, die Erzeugung industrieller und landwirtschaftlicher Produkte so weit zu treiben, daß der Weltmarkt mit billiger Ware überschwemmt werde. Aristide Briand wies auf einen wirtschaftlichen Zusammenschluß Europas als das beste Mittel hin, die Schwierigkeiten zu überwinden, die den Kontinent zu verschlingen drohten. Aber der österreichische Außenminister, Dr. Johann Schober, äußerte die Ansicht, daß es nicht ratsam sei, so schnell vorzugehen. Der beste Schritt auf dem Wege zu einer schließlichen europäischen Föderation wäre vielleicht eine österreichisch-deutsche Zollunion! Im März 1931 kündigten die Regierungen Österreichs und Deutschlands die Verwirklichung dieses Vorschlags mit einer zwingenden Darlegung der Ziele des geplanten Wirtschaftszusammenschlusses in aller Form an.

Großbritannien war dieser deutsch-österreichischen Übereinkunft nicht abgeneigt, aber Frankreich gab vor, dahinter stäken politische Absichten, und drückte heftige Mißbilligung aus. Die Weigerung Frankreichs, der Österreichischen Kreditanstalt, der Hauptbank des Landes, eine dringend benötigte Anleihe zu gewähren, trug dazu bei, das Vertrauen zu diesem Institut zu untergraben. Das wiederum zog die deutsche Wirtschaftsstruktur in Mitleidenschaft, die unter der Last einer sehr ungünstigen Handelsbilanz bereits wankte.[30]

Die folgende Tabelle zeigt den schnellen Niedergang der deutschen Ausfuhr:

Monatsdurchschnitt in Millionen Reichsmark

	Einfuhr	Ausfuhr	Bilanz
1931	560,7	799,8	239,1
1933	350,3	405,9	55,6
1934	371,0	347,2	−23,8

In der Erkenntnis, daß Österreich und Deutschland in eine Periode wahnsinniger Finanzentwicklung geraten waren, schlug Präsident Hoover am 20. Juni ein einjähriges Weltmoratorium vor, das am 1. Juli beginnen und sich auf „Tilgung wie auf Verzinsung aller zwischenstaatlichen Schulden und Reparationsschulden erstrecken sollte ... ausgenommen staatliche Verpflichtungen an Privatgläubiger". Er machte jedoch klar, daß dieses Moratorium nicht „die Streichung der Schulden" an die Vereinigten Staaten bedeute.[31]

Als Frankreich die Annahme dieses Vorschlages hinauszögerte, verschlechterte sich die Lage in Europa rasend schnell. „In den siebzehn Tagen, um die Frankreich den Hooverplan aufhielt, entzogen ein Ansturm auf die deutschen Banken und die Kündigung kurzfristiger Kredite dem Lande rund 300 Millionen Dollar. Eine Zeitlang waren in Deutschland alle Banken geschlossen. Der Hooverplan hätte Deutschland in diesem Jahr 406 Millionen Dollar gerettet."[32]

Reichskanzler Brüning wird zum Rücktritt gezwungen

Angesichts des Finanzchaos in Deutschland entschloß sich Außenminister Stimson, sich von der Lage aus der Nähe ein Bild zu verschaffen und nach Berlin zu reisen. Die deutsche Presse „begrüßte ihn, ohne daß der geringste Mißton dies beeinträchtigt hätte, herzlich und ergriff die Gelegenheit, in Leitartikeln die Dankbarkeit Deutschlands ... für die freundliche Haltung Amerikas auszudrücken".[33]

Stimson hatte eine lange Unterredung mit Reichskanzler Dr. Brüning. Im Gespräch entdeckten sie bald, daß sie an der Westfront einander gegenübergelegen hatten und die Divisionen, zu denen ihre Einheiten gehörten, wiederholt zusammengeprallt waren. Das gemeinsame soldatische Band umschloß sie sofort zu einem engen persönlichen Verhältnis, und der Besuch bei Hindenburg verlief hierin nicht viel anders. Der Präsident der Weimarer Republik wirkte auf Stimson als ein „starken Eindruck machender, feiner alter Herr".[34]

Allein, es gehörte mehr dazu als Stimsons guter Wille, die Weimarer Republik zu retten. Die Unterlassung der verbündeten Regierungen, die Abrüstungszusage des Versailler Vertrages zu erfüllen, die schwere Last des Youngplanes mit den daraus folgenden erdrückenden Steuern und die Schwierigkeit, für Fertigwaren einen Markt zu sichern, ließ die Lage in Deutschland fast als hoffnungslos erscheinen. Im Frühjahr 1932 sah Brüning, daß großzügige Konzessionen der Alliierten dringend notwendig waren, um der Flut des Nationalsozialismus, die drohend zu steigen begann, Einhalt zu gebieten.

Das einzige Mittel, den Schatten Hitlers zu vertreiben, war die Stärkung der Regierung Brünings. Frankreich jedoch weigerte sich, diese einfache Tatsache zu sehen. Ja, es sprechen Zeugnisse dafür, daß gewisse französische Staatsmänner heimlich darauf ausgingen, das Kabinett Brünings zu stürzen. Brüning selber hat bekundet: „Ein Umstand, der zu Hitlers Aufstieg wesentlich beitrug, ... war die Tatsache, daß er im Jahre 1923 und später aus dem Ausland (aus Frankreich, Polen und der Tschechoslowakei) große Geldsummen erhielt und gut dafür bezahlt wurde, daß er den passiven Widerstand im Ruhrgebiet sabotierte ... In späteren Jahren wurde er zu dem Zweck, in Deutschland Unruhe hervorzurufen und es zur Revolution zu treiben, von Leuten bezahlt, die sich einbildeten, dies könnte Deutschland auf die Dauer schwächen und den Fortbestand irgendeiner konstitutionellen Zentralregierung unmöglich machen."[35]

Diese Erklärung Brünings wird zum Teil bestätigt durch den folgenden Abschnitt des spannenden Buches von Louis P. Lochner „What about Germany?": „Wenn es einen ausländischen Diplomaten gegeben hat, der Hitler und seine Bewegung gründlich falsch beurteilte, so war es André François-Poncet, der französische Botschafter in Berlin. Was ich von den Vorgängen weiß, die sich gegen Ende der Brüningschen Ära hinter den Kulissen abspielten, zwingt mich zu dem Schluß, daß kein anderer Diplomat für die Erhebung Adolf Hitlers zur Macht unmittelbarer verantwortlich ist als dieser ausgezeichnete, immer geistreiche französische Politiker. Nach François-Poncet war der unbestechliche Kanzler Heinrich Brüning im verschlagenen Spiel der internationalen Politik zu gescheit und zu erfahren. Hitler andererseits sei ein Narr und politischer Dilettant ... War der nationalsozialistische Führer an der Macht, so würde es, meinte er, viel leichter sein, zu Vereinbarungen zu gelangen, die für Frankreich günstig wären."[36]

Jedenfalls trug die französische Regierung im Frühjahr 1932 wesentlich zu Brünings Sturz bei. Im Februar 1932 trat in Genf die Abrüstungskonferenz zusammen. Brüning legte ihr ein Programm vor, von dem er glaubte, daß es in Deutschland günstig wirken werde. Ramsay MacDonald und Außenminister Stimson drückten zu dem Vorschlag Brünings ihre Zustimmung aus, Tardieu jedoch nahm seine Zuflucht zu der üblichen französischen Verzögerungstaktik. Als Brüning mit leeren Händen nach Berlin zurückgekehrt war, berief ihn Hindenburg zu sich ins Reichspräsidium und kritisierte ihn so scharf, daß dem Kanzler nur der Rücktritt blieb.[37]

Als Brüning stürzte, war das Schicksal der Weimarer Republik besiegelt. Und die Schuld daran lastete nicht nur auf den Schultern Frankreichs. Walter Lippmann faßte die Lage in einem klaren Kommentar zusammen: „Nun Brüning gestürzt ist, wird man ihm in der ganzen Welt seinen Tribut entrichten, und überall wird großes Bedauern herrschen, daß ein so erfahrener und aufrechter Staatsmann nicht mehr der Sprecher Deutschlands ist. Er ist der beliebteste und verläßlichste Mann Europas ... Nur fehlte es ihm in den anderen Ländern an Männern von gleichem Format, mit denen er hätte zusammenarbeiten können ... Zwar scheint es, daß er durch Intrigen der (deutschen) Nationalisten gestürzt worden ist, aber was seine Stellung untergrub und die Intrigen gegen ihn ermöglichte, war das Versäumnis Frankreichs, Großbritanniens und der Vereinigten Staaten, auch nur einen einzigen konstruktiven Schritt zur Wiederherstellung internationalen Vertrauens und von Handel und Kredit zu tun, die davon abhingen."[38]

Das Abrüstungsproblem bleibt eine Drohung

Der Sturz der Regierung Brünings unterstrich die Schwierigkeiten, die das Abrüstungsproblem umgaben. Es war die alte Geschichte von gebrochenen Versprechungen der alliierten Regierungen. Sie hatten die einleuchtende Entschuldigung, daß die Fassung des Artikels 8 der Völkerbundsatzung zweideutig sei: „Die Mitglieder des Völkerbundes erkennen an, daß die Aufrechterhaltung des Friedens die Verringerung der nationalen Rüstungen zu dem niedrigsten Stand erfordert, der mit der nationalen Sicherheit und der Aufgabe zu vereinbaren ist, internationale Verpflichtungen durch gemeinsames Handeln zur Geltung zu bringen." Bei Erörterung dieser Phraseologie bemerkte Lord Davies treffend: „Hier hat man es mit dem Versuch eines Kompromisses zu tun – einem Versuch zur Quadratur des Kreises –, als Grundlage für die Herabsetzung der Rüstungen zwei miteinander unvereinbare Prinzipien zu verbinden, nämlich die alte Doktrin von der absoluten Selbstverteidigung ... mit dem Alternativgedanken an eine Polizeifunktion."[39]

Es war unvermeidlich, daß die Politiker diesen Artikel verschieden auslegten. André Tardieu behauptete, der Wortlaut des Artikels binde Frankreich an keinen Abrüstungsplan. Wenn es auch eine „rechtliche Verpflichtung" gebe, die Deutschland unterschrieben habe, so sei doch Frankreich an nichts dergleichen gebunden außer an das Bestreben, seine Rüstungen zu vermindern.[40] Aristide Briand stimmte hierin mit Tardieu nicht überein. Er meinte, Frankreich sei durch Artikel 8 gebunden, einen Abrüstungsplan anzunehmen. Es habe diese Verpflichtung durch eine wesentliche Verringerung seiner Rüstung teilweise erfüllt, könne aber nicht weitergehen, solange nicht andere Nationen hinreichende Schritte getan hätten, Frankreichs Sicherheit zu verbürgen.[41]

Die amerikanische Ansicht über die Abrüstung wurde von Professor James T. Shotwell deutlich umrissen: „Deutschland ist entwaffnet worden mit der Abmachung ..., daß die anderen Signatarstaaten unter entsprechender Berücksichtigung dessen, wozu Deutschland gezwungen worden ist, ihre Rüstung begrenzen."[42] Im Jahre 1933 machte Norman Davis vor der Konferenz zur Herabsetzung und Begrenzung der Rüstungen den amerikanischen Standpunkt schlagend klar: „Es wäre weder gerecht noch klug gewesen, auch war es nicht beabsichtigt, hätten die Zentralmächte in Sachen der Rüstung für alle Zeiten einer Sonderbehandlung unterworfen werden sollen. Vielmehr besteht und hat bestanden auf der Seite der anderen Mächte und Vertragspartner die entsprechende Verpflichtung, ihre Rüstungen in Etappen auf einen Stand herabzusetzen, der von den unbedingten Erfordernissen der Selbstverteidigung bestimmt wird."[43]

Im März 1933 legte Premierminister Ramsay MacDonald der Abrüstungskonferenz seinen Plan vor. Die von ihm vorgeschlagene Stärke der europäischen Armeen rief in Deutschland Unwillen hervor: Tschechoslowakei 100.000, Frankreich 200.000 für das Mutterland und 200.000 für Übersee, Deutschland 200.000, Italien 200.000 für das Mutterland und 50.000 für Übersee, Polen 200.000, Rußland 500.000.[5]

Um den Standpunkt des Reichskanzlers Hitler in der Abrüstungssache genau kennenzulernen, entschloß sich Präsident Roosevelt, Norman H. Davis nach Berlin zu entsenden, damit er in einer Unterredung die Lage erkunde. Am Nachmittag des 8. April 1933 hatte Davis mit Hitler eine lange Konferenz. Der Kanzler bezog sich sofort auf die im Versailler Vertrag getroffenen Vorkehrungen. Er betrachte sie „als dazu bestimmt, Deutschland für immer in einem Zustand der Inferiorität zu erhalten und in den Augen der Welt zu diskreditieren". Es sei lächerlich, wenn Frankreich vor Deutschland Furcht habe. Frankreich sei die schwerstbewaffnete Nation der Welt; Deutschland habe nur die ihr vom Versailler Vertrag gestattete klägliche Streitmacht. Der einzige Grund, weshalb „Frankreich sich vor Deutschland überhaupt fürchten könnte, sei das Bewußtsein, daß es Unrecht begehe mit dem Versuch, Deutschland auf immer unter Vertragsbedingungen zu zwingen, die keine Nation mit Selbstachtung dulden könne." Hitler schloß, er wünsche „keinen Krieg, aber die Deutschen könnten nicht ewig unter den Bestimmungen eines Vertrages leben, der ungerecht sei und völlig auf der falschen Voraussetzung von Deutschlands Kriegsschuld beruhe".[45]

Mit diesen unheilverkündenden Worten im Ohr eilte Davis nach Genf zur Abrüstungskonferenz, um den Plan MacDonalds zu diskutieren, dessen Begrenzungen der Heeresstärken Deutschland niemals annehmen würde. Am 25. April erhielt er von Außenminister Hull gemessene Instruktionen: „Lassen Sie sich bitte von der klaren Politik der Vereinigten Staaten leiten, indem Sie konsequent auf sofortige und praktische wirkliche Abrüstung drängen. Unser letztes Ziel ist ein doppeltes: Erstens Herabsetzung der gegenwärtigen jährlichen Rüstungsausgaben in allen Staatshaushaltplänen und, zweitens, in möglichst wenig Jahren Erreichung eines Rüstungsstandes für Heimatkräfte mit Polizeifunktion ... Den MacDonald-Plan halten wir für einen entschiedenen und ausgezeichneten Schritt auf dem Wege zum letzten Ziel, aber nur für einen Schritt, dem weitere folgen müssen."[46]

Um die Lösung des Abrüstungsproblems zu beschleunigen, begaben sich die Premierminister MacDonald und Herriot eilig nach Washington. Es kam aber wenig dabei heraus. Am 26. April hatte Präsident Roosevelt mit Herriot eine lange Unterredung, in der viele wichtige Fragen erörtert wurden. Herriot äußerte die Meinung, „die gefährlichste Stelle Europas" sei der polnische Korridor. Sofort bemerkte der Präsident, er könne „nicht verstehen, weshalb sich nicht technische Einrichtungen treffen ließen, die Deutschland und Ostpreußen – durch Luftverkehr oder durch eine Hochbahn oder notfalls durch eine Untergrundbahn – enger miteinander verbänden". Darauf aber reagierte Herriot schleunigst mit einer Lobpreisung des zwischen den beiden Grenzen bestehenden Bahn- und Straßenverkehrs. Dann legte er, unwillentlich, den Finger auf die wahre Schwierigkeit, die jede Verständigung zwischen Deutschland und Polen behinderte, indem er von dem „künstlerischen Temperament" der Polen sprach, davon, „wie mühevoll es deshalb sei, mit ihnen zu verhandeln und wie selbst die Franzosen ... es jedesmal äußerst schwer gefunden hätten, sie, wenn sie in Erregung gerieten, in Schranken zu halten und zu beruhigen". Als die Konferenz beendet war, hatte Herriot „nicht einen einzigen Vorschlag zur Überwindung der Korridor-Gefahr gemacht, auch schien er sich keinerlei Lösung des Problems vorzustellen".[47]

Diese „gefährlichste Stelle Europas" war im Jahre 1939 eine der Hauptursachen des Konflikts. Im Jahre 1933 hatte Herriot erkannt, daß das „künstlerische Temperament" der Polen es unmöglich mache, ihnen eine realistische Lösung des Korridor-Problems nahezulegen. Dasselbe Temperament trat womöglich noch stärker im Sommer 1939 hervor, als der polnische Botschafter in Paris weder für Bonnet noch für Daladier zu sprechen war. Wen die Götter vernichten wollen, den schlagen sie mit Verrücktheit.

Im Jahre 1933 erblickte Hitler in der polnischen Forderung auf eine Armee von 200.000 Mann ein offenbares Zeichen von Verrücktheit. Nur zu gut erinnerte er sich der blutigen Raubzüge der irregulären Banden Korfantys vor und nach der oberschlesischen Volksabstimmung. Eine polnische Armee von 200.000 Mann war zusammen mit einem russischen Heer von einer halben Million eine äußerst gefährliche Drohung gegen die deutsche Ostgrenze. Der Plan MacDonalds wurde in Berlin nicht begrüßt. Man mußte ihn zugunsten einer größeren deutschen Armee verbessern.

Allein, jede Erörterung einer Verstärkung der deutschen Streitkräfte stieß in Washington auf augenblickliche Opposition. Am 6. Mai hatte Dr. Schacht mit Roosevelt eine Unterredung. Der

Präsident eröffnete ihm sofort, „die Vereinigten Staaten bestünden darauf, daß es in der deutschen Rüstung beim Status quo zu bleiben habe". Gleichzeitig wurde Schacht davon unterrichtet, daß die amerikanische Regierung „jede Anstrengung unterstützen werde, die Offensivwaffen aller anderen Nationen auf den deutschen Stand hinunterzubringen". Am Ende der Unterredung gab der Präsident „so deutlich wie möglich" zu verstehen, daß er „Deutschland als das einzige denkbare Hindernis für einen Abrüstungsvertrag" betrachte; „er hoffe, daß Dr. Schacht diese Auffassung alsbald Hitler übermittle".[48]

Hitler reagierte, indem er zu einer Rede über die Abrüstungsfrage auf den 17. Mai den Reichstag einberief. Um auf die Erklärung des deutschen Reichskanzlers einzuwirken, erließ Roosevelt am 16. Mai eiligst eine Botschaft „an die Oberhäupter aller Länder, die an der allgemeinen Abrüstungskonferenz oder an der internationalen Wirtschaftskonferenz beteiligt sind". Er sprach darin die Hoffnung aus, daß „durch praktische Abrüstungsmaßnahmen" der Friede gesichert werde und daß „unser gemeinsamer Kampf gegen das Wirtschaftschaos uns alle zum Sieg führe". Die praktischen Maßnahmen schlössen ein „die völlige Abschaffung aller Offensivwaffen". Darüber hinaus sollten alle Nationen „einem feierlichen und klaren Nichtangriffspakt beitreten".[49]

Hitler beantwortete die Vorschläge Roosevelts am 17. Mai sehr allgemein. Er gestand zu, daß die Anregungen des Präsidenten einige Punkte enthielten, die er, Hitler, als Mittel zur Überwindung „der internationalen Krise" unterstützen könne. Obwohl Deutschland in der Sache der Abrüstung nach wie vor „auf tatsächliche Gleichberechtigung" bestehe, werde es, um seine Ziele zu erreichen, „nicht zur Gewalt" greifen.[50]

Diese versöhnlichen Bemerkungen brachten vielen Amerikanern sofortige Erleichterung. Der „Cincinnati Enquirer" meinte, Hitler habe die Verantwortung für eine wirkliche Abrüstung auf andere Schultern gelegt,[51] während der „Christian Science Monitor" den Glauben ausdrückte, daß der Weltfrieden beträchtlich gestärkt worden sei.[52]

Durch diese Anzeichen einer Verständigung ermutigt, gab Norman H. Davis am 22. Mai bekannt, die amerikanische Regierung sei bereit, sich im Falle einer Bedrohung des Weltfriedens mit anderen Regierungen zu beraten, und sie werde nichts unternehmen, was die Anstrengungen anderer Nationen zur Unterdrückung der Tätigkeit von Aggressoren behindern könnte.[53] Die Vereinigten Staaten waren auf dem Wege zur kollektiven Sicherheit.

Die amerikanische Presse über Hitler im Jahre 1933

Während sich das Außenamt der Vereinigten Staaten in seinem Verhältnis zu Deutschland sehr vorsichtig bewegte, war die Meinung der amerikanischen Presse über Hitler geteilt. Nach der Ernennung Hitlers zum Reichskanzler am 30. Januar 1933 äußerten einige Blätter die Meinung, daß die konservativen Elemente im Kabinett seinen heftigen Eifer für radikale Handlungen dämpfen würden. Hierfür ist die folgende Stelle eines Kommentars der „New York Times" bezeichnend: „Es wäre sinnlos, wollte man versuchen, das tiefe Unbehagen zu verbergen, das die Nachricht aus Berlin bei allen Freunden Deutschlands hervorrufen muß. An die Spitze der deutschen Republik ist ein Mann gestellt worden, der sie öffentlich verhöhnt und geschworen hat, sie zu vernichten, sobald er die persönliche Diktatur errichtet hätte, die sich zum Ziel gesetzt zu haben er sich gerühmt hat. Sollte er die wilden Worte seiner Wahlreden in politisches Handeln umzusetzen suchen, so hätte er eine Mehrheit des Kabinetts, die er hat akzeptieren müssen, entschieden gegen sich ... Von allen Sicherungen ist die beste, daß Präsident Hindenburg Oberster Befehlshaber bleibt und bereit ist, Hitler gegebenenfalls so schnell abzusetzen, wie er ihn berufen hat."[54]

Die „Boston Evening Transcript" neigte der Ansicht zu, daß die Verantwortung den neuen Kanzler bereits ernüchtert habe: „Je mehr Macht in Hitlers Hände übergeht, desto mehr Nüchternheit zieht in seinen Kopf ein."[55] Nach den deutschen Wahlen vom 5. März, die Hitler eine Reichstagsmehrheit sicherten, sprach das deutliche Verlangen, hinter dem Regen in Deutschland auch wieder Sonnenschein zu entdecken, aus den Leitartikeln vieler Zeitungen. Die „New York Sun"[56] war des Glaubens, der Wahlausgang zeige, daß sich das deutsche Volk nach einem Regiment der „starken Hand" sehne[57]. Das „Public Ledger" in Philadelphia[58] und die

„Los Angeles Times"[59] suchten Trost darin, daß Hitler jede innere Unordnung unterdrücken werde, während das „Milwaukee Journal"[60] der Auffassung zuneigte, die Mehrheit für Hitler könnte für „das deutsche Volk" eine gute Sache sein. Die „Atlanta Constitution"[61] hielt für möglich, daß der Wahlsieg Hitlers zur Festigung der Verhältnisse auf dem europäischen Kontinent beitragen werde.[62]

Aber es gab auch viele Zeitungen, die schwere Befürchtungen äußerten, Paul Blocks „Pittsburgh Post Gazette" schrieb düster vom Ende der Demokratie in Deutschland.[63] Das „Nashville Banner" trat der Ansicht entgegen, daß die Wahl vom 5. März die wahre Meinung des deutschen Volkes spiegele[64], und die „Washington News" erklärten rundheraus, die Märzwahlen seien „Schwindel"[65].

Die Hoffnung, daß sich Präsident Hindenburg als bändigende Kraft erweisen könnte, die den neuen Kanzler, falls er radikale Schritte tun wollte, zügeln werde, zerrann schnell, als Hitler die Vorlage eines Ermächtigungsgesetzes einbrachte, das die gesetzgebende Gewalt auf ihn übertrug und ihm erlauben würde, „den Präsidenten von unnötiger Arbeit zu entlasten". Am Vormittag des 23. März 1933 kam dieser Entwurf vor den jetzt in der Krolloper versammelten Reichstag. Während der Debatte über die Vorlage drangen die Gewalttat androhenden Sprechchöre der Sturmabteilungen, die das Gebäude eingeschlossen hatten, zu den Ohren der ängstlich beunruhigten Abgeordneten: „Wir wollen das Ermächtigungsgesetz – oder ...!" Nachdem das Gesetz von einer überwältigenden Mehrheit angenommen worden war, ließ sich Hindenburg überreden, es zu unterzeichnen, und bewies so seine Bereitwilligkeit, die Weimarer Republik, die zu verteidigen er geschworen hatte, zu zerstören.[66]

Bestimmte amerikanische Zeitungen reagierten auf die Annahme des Ermächtigungsgesetzes augenblicklich mit bitterer Kritik. Ihre Ansicht wurde von der „Sun" in Baltimore schneidend scharf ausgedrückt: „Man kann dem Schluß nicht entrinnen, daß die Diktatur Hitlers eine böse, sadistische und brutale Sache ist, mit deren erklärten Bestrebungen zu sympathisieren zum größten Teil unmöglich ist."[67]

Die amerikanischen Diplomaten blicken auf Deutschland mit schwerer Besorgnis

Depeschen amerikanischer Vertreter in Berlin bekräftigten die düsteren Ahnungen der pessimistischen amerikanischen Zeitungen. Generalkonsul in Berlin war George S. Messersmith. Er schrieb viele lange Berichte, die sich mit der nationalsozialistischen Regierung kritisch auseinandersetzten. Am Abend des 10. Mai wurden auf dem weiten Platz zwischen Staatsoper und Universität zwanzigtausend Bücher „jüdischer und marxistischer Autoren" verbrannt. Dieser pyrotechnischen Schaustellung folgten Druckmaßnahmen, die viele Personen mit jüdischem Blut zwangen, wichtige öffentliche oder halböffentliche Stellungen zu verlassen. Schriftsteller, Künstler, Pädagogen, Ärzte und Gelehrte begannen in wachsenden Scharen aus Deutschland zu fliehen. In gewissen Gegenden tauchten Konzentrationslager für politische Gefangene auf, aber Messersmith beeilte sich, dem hinzuzufügen, es bestehe „kein Grund zu der Annahme, daß die Menschen in diesen Lagern mißhandelt würden".[68]

Die kritischen Kommentare des Generalkonsuls wurden ergänzt durch die weniger scharfen Bemerkungen George A. Gordons, des amerikanischen Geschäftsträgers in Berlin. Gordon fürchtete, im Auswärtigen Amt stehe eine Umwälzung bevor, was einige unangenehme Aussichten zur Folge haben könnte. Er äußerte sich dann über die Annäherung zwischen dem nationalsozialistischen Deutschland und dem faschistischen Italien. Goebbels sowohl als auch Göring arbeiten stark darauf hin, dieser Übereinstimmung Festigkeit und Dauer zu verleihen. Ganz anders sei die Lage im Verhältnis zu Rußland. Zwischen „Hitlerismus und Bolschewismus" bestehe ein grundlegender Gegensatz: „Der Bolschewismus ist wesentlich eine *internationale* Bewegung, die sich auf eine einzige Klasse, das Proletariat, gründet und auf die internationale Solidarität des Proletariats. Sein Endziel ist die Weltrevolution und die Errichtung eines kommunistischen Weltstaates. Der Hitlerismus ist wesentlich eine *nationale* Bewegung ... Er glaubt, daß freundliche internationale Beziehungen und allgemeiner Frieden nicht durch Koordinierung aller Nationen auf proletarischer Basis und durch Auslöschung ihrer nationalen Unterschiede gesichert werden könnten."[69]

Mitte Juni aber nahmen die Berichte Gordons eine düstere Färbung an. Gewisse Zeichen, so schrieb er, deuteten darauf, daß die nationalsozialistischen Führer glaubten, die Zeit sei gekommen, „entsprechend ihrer Lehre vom ‚totalen Staat', in dem kein Raum für andere Parteien als die NSDAP sei, die sämtlichen übrigen Parteien zu verschlucken ... Aus vielen Teilen des Landes werden Verhaftungen katholischer Führer und das Verbot katholischer Blätter gemeldet."[70]

Am Abend des 22. Juni suchte Dr. Brüning die amerikanische Botschaft auf und gab seiner großen Sorge Ausdruck über die „kürzlichen Ereignisse und besonders über die apathische Haltung Hindenburgs und seiner unmittelbaren Umgebung". Der Präsident habe gegen die zahllosen Gewalttaten „nicht das geringste" unternommen, und es sei zu befürchten, daß die gesetzlosen Elemente in der NSDAP „auf die Dauer über Hitler die Oberhand gewinnen würden".[71]

Aber Hitler zeigte sich in seinem Widerstand gegen den Schrei einiger Nationalsozialisten nach Beschleunigung der über Deutschland wegspülenden revolutionären Flut bald erstaunlich hart. Er wies Goebbels zurecht, „der unlängst mehr als dem üblichen aufstachelnden Gerede über eine unmittelbar bevorstehende zweite Revolution gefrönt hat". Hitler sei entschieden gegen eine solche Bewegung, die zu nichts führen würde als zu „chaotischen Ergebnissen". Er habe sich allem Anschein nach „für den kühneren und staatsmännischeren Kurs entschieden, die Ungesetzlichkeiten und Ausschreitungen seiner Anhänger zu zügeln".[72]

Messersmith teilte Gordons Ansicht, daß Hitler entschlossen sei, den Exzessen seiner unruhigen Anhänger entgegenzutreten. Seine Zusicherungen an deutsche Geschäftsleute seien entschieden und wirkungsvoll gewesen. Die Auflösung der politischen Parteien könne unter Umständen auch gute Folgen haben. Es lasse sich nur sagen, „daß gegenwärtig die Aussichten entschieden besser und ermutigender sind als irgendwann seit dem 5. März".[73]

Präsident Roosevelt „torpediert" die Weltwirtschaftskonferenz

Die Alliierten waren sich seit dem Sturz Brünings darüber klar, daß das Reparationssystem sein Ende gefunden hatte. Dies wurde auf der Konferenz, die vom 16. Juni bis zum 8. Juli 1932 in Lausanne tagte, offen zugegeben. Der neue Reichskanzler, Franz v. Papen, bot zur Liquidation aller Reparationsansprüche eine vernünftige Summe. Sein Vorschlag wurde unter bestimmten Vorbehalten angenommen und die Abfindungssumme auf 714 Millionen Dollar festgesetzt.[74]

Nach der Lösung dieses wichtigen Problems wandte sich die deutsche Regierung der Aufgabe zu, irgendeinen Weg zu finden, auf dem sie den vor der Bankkrise des Juli 1931 eingegangenen hohen öffentlichen und privaten Schuldverpflichtungen gerecht werden könnte. Die „Reflationspolitik" Hitlers hatte eine eindrucksvolle Erhöhung der Kohlenförderung und der Eisenerzeugung bewirkt und eine nicht minder eindrucksvolle Verringerung der Erwerbslosigkeit. Trotzdem ging der Überschuß der deutschen Ausfuhr ständig zurück, und damit schwand jede Möglichkeit, den Zahlungsdienst an den Auslandsanleihen fortzusetzen. Als sich die Lage der deutschen Wirtschaft verschlechterte, führte Reichsbankpräsident Dr. Schacht mit den Vertretern von fünf Gläubigerstaaten in Berlin eine Konferenz herbei.[75] Sie trat am 29. März 1933 zusammen. Nach fünftägigen Erörterungen gaben die Gläubigervertreter eine Erklärung heraus, die einhellig die Meinung vertrat, daß ein weiterer Rückgang der Reichsbankreserven die Funktionen der Reichsbank beeinträchtigen könnte und daß eine Erhöhung der Reserven erforderlich sei, um die Bank „in ihren erfolgreichen Bemühungen zu stärken, die Stabilität der deutschen Währung aufrechtzuerhalten". Die Erklärung schloß, indem sie nachdrücklich die Hoffnung aussprach, daß die dauernde Lösung des deutschen Transfer-Problems „eine der wichtigsten und dringendsten Aufgaben der Weltwirtschaftskonferenz sein werde", die in London bevorstehe.[76]

Es war den Bankkreisen klar, daß Dr. Schacht im Begriff stand, zum Schutz der Reichsbankreserven zeitweilige Maßnahmen zu treffen. Er konnte dann abwarten, welche Lösung die Weltwirtschaftskonferenz bieten werde. Am 9. Juni schließlich ordnete er ein Transfer-Moratorium für den Zinsen- und Tilgungsdienst an Auslandsschulden von rund 17 Milliarden Reichsmark an.[77] John Foster Dulles sandte als Vertreter der amerikanischen Banken Dr. Schacht ein scharfes Protesttelegramm.[78] Schacht seinerseits, wie gesagt, wartete ab, was die Londoner Konferenz gegen die Wirtschaftskrankheit unternehmen werde, die Europa heimsuchte. Viel Zeit zum Nachdenken blieb ihm nicht. Am 12. Juni trat die Konferenz zusammen. Die Vertreter Großbritanniens, Frankreichs und Italiens waren mit Rücksicht auf Präsident Roosevelt darauf bedacht, sich auf eine milde Ausgangsformel über die Finanzpolitik zu einigen. Raymond Moley hielt die betreffende Erklärung für „völlig harmlos". Sie besagte nichts weiter, als daß „für den internationalen Valutenverkehr als Maßstab schließlich wieder das Gold eingesetzt werden würde, daß aber jedes Land sich das Recht vorbehalte, zu entscheiden, wann es zum Goldstandard zurückkehren und seine Währung stabilisieren werde".[79]

Als die Erklärung Präsident Roosevelt vorgelegt wurde, versagte er abrupt seine Zustimmung und „torpedierte" dadurch die Konferenz. Ganz Europa „brach" hierüber „in Groll und Entrüstung aus"[80], und die Sachverständigendelegationen verließen entmutigt London. Am 27. Juli vertagte sich die Konferenz formell, ohne über die wichtigsten Probleme – in den Fragen der Kreditpolitik, des Preisniveaus, der Begrenzung des Zahlungsmittelumlaufs, des Zahlungsausgleichs, der Tarife, der Quoten, der Subventionen und der Wiederaufnahme internationalen Kreditverkehrs – irgendein Übereinkommen erzielt zu haben.[81] Um es mit einer vertrauten Redewendung zu sagen, die Woodrow Wilson in anderem Zusammenhang gebraucht hatte: Präsident Roosevelt „zerriß das Herz der Welt" – und verbrachte sein übriges Leben mit dem Versuch, es wieder zusammenzufügen.

Nach dem Scheitern der Weltwirtschaftskonferenz an der Aufgabe, auf die Fragen, die nach Regelung schrien, eine Antwort zu finden, führte Schacht seine Verhandlungen mit den amerikanischen Banken fort und erreichte schließlich ein Kompromiß, wonach die Dawes-Anleihe (1924) und die Young-Anleihe (1930) von dem Moratorium ausgenommen wurden, das er am 9. Juni verkündet hatte. Andere Konzessionen betrafen die Zinszahlungen an amerikanische Banken. Allein, die Lage blieb deutlich unbefriedigend. Der Zusammenbruch der Londoner Konferenz hatte den Plänen der europäischen Regierungen über eine Beilegung der politischen und wirtschaftlichen Schwierigkeiten einen schweren Schlag versetzt.

Der Viermächtepakt erweist sich als Fehlschlag

Das Scheitern der Londoner Weltwirtschaftskonferenz wirkte unmittelbar auf die politische Lage auf dem Kontinent zurück, trug es doch dazu bei, die politische Übereinstimmung zu sabotieren, die durch den am 15. Juli 1933 in Rom unterzeichneten Viermächtepakt erreicht worden war. Der Plan zu diesem Pakt scheint von dem britischen Premierminister MacDonald ausgegangen zu sein, denn er erörterte ihn im März 1933 in Genf. Dann griff Mussolini die Sache auf und übermittelte versuchsweise am 18. März den Regierungen Großbritanniens, Frankreichs und Deutschlands den Entwurf eines Viermächteabkommens. Der Entwurf sah nicht nur die Zusammenarbeit der vier Mächte zur Bewahrung des europäischen Friedens vor; er erkannte auch das Bedürfnis nach einer Revision der Friedensverträge an. Besonders hingewiesen wurde darauf, daß den Kolonialbestrebungen Deutschlands und Italiens irgendwie Rechnung getragen werden müsse. Das Problem des polnischen Korridors sollte durch Rückgabe eines Geländestreifens an Deutschland, der Ostpreußen „mit dem übrigen Reiche" verbände, gelöst werden. Die britische Regierung runzelte über diese Vorkehrungen die Stirn, und sie wurden schließlich gestrichen.[82]

Während die Verhandlungen über den Viermächtepakt in den betreffenden europäischen Hauptstädten langsam fortschritten, hatte der italienische Botschafter in London, Grandi, eine Unterredung mit Norman Davis über das Abrüstungsproblem. Er äußerte die Ansicht, der beste Weg zur Beschleunigung einer Einigung in dieser und in anderen Fragen sei eine Zusammenkunft zwischen Daladier, Hitler, MacDonald und Mussolini. Sie könne nur herbeigeführt werden durch eine Initiative der Vereinigten Staaten.[83] Der Präsident entsprach diesem Antrag nicht, aber die Verhandlungen schritten so schnell fort, daß das Viermächteabkommen am 7. Juni in Rom paraphiert wurde. Es war eine Bekräftigung des Kellogg-Briand-Paktes.

Die vier Mächte erklärten ihren Willen, „in allen sie angehenden Fragen einander zu konsultieren" und „alles zu tun, um im Rahmen des Völkerbundes zur Erhaltung des Friedens eine Politik wirksamer Zusammenarbeit zwischen allen Mächten zu verfolgen". Die hohen vertragschließenden Parteien würden ebenso „alle Anstrengungen machen, den Erfolg der Abrüstungskonferenz zu sichern; für den Fall, daß nach Beendigung der Konferenz Fragen offenbleiben sollten, die sie besonders betreffen, behalten sie sich das Recht vor, diese Fragen gemäß dem gegenwärtigen Abkommen unter sich nochmals zu prüfen". Dieses Konsultativabkommen schloß auch „alle wirtschaftlichen Fragen ein, die für Europa und besonders für seine wirtschaftliche Wiederherstellung allgemeines Interesse haben".[84]

Eine Woche nach der Paraphierung des Abkommens in Rom hatte der britische Botschafter in Paris, Lord Tyrrell, eine Unterredung mit dem amerikanischen Botschafter Jesse Straus. Nach einer weitschweifigen Lobrede auf Daladier äußerte Tyrrell „schwere Befürchtungen über die Zukunft". Hitler stehe in Deutschland einer ungeheuren Aufgabe gegenüber und werde „scheitern, wenn er nicht Mittel und Wege fände, seine vielen Versprechungen wahrzumachen ... Dann könnte die Gefahr eines kommunistischen Aufstandes den Frieden Europas bedrohen." Er war unglücklich darüber, daß in Deutschland eine Diktatur herrsche, da die einzige stabile Regierungsform „die demokratische sei, und darüber, daß dieses mittelalterliche Regiment, das Deutschland jetzt zu erdulden habe, nicht von Dauer sein könne ... Er drückte die Meinung aus, daß ... sowohl England als auch die Vereinigten Staaten für das Emporkommen des Hitlerismus verantwortlich seien."[85]

Die Befürchtungen Lord Tyrrells wurden von vielen Politikern geteilt. Sie hatten zu dem Viermächteabkommen, das am 15. Juli 1933 in Rom unterzeichnet wurde, nicht viel Vertrauen. Dadurch, daß es den Kellogg-Briand-Pakt bekräftigte, garantierte es bloß die Bestimmungen des Versailler Vertrages, in dem nur wenige ein vollkommenes Friedensinstrument erblickten. Mussolini hatte realistisch gehandelt, als er in seinen ersten Entwurf Vorkehrungen zur Auseinandersetzung mit dem Problem des polnischen Korridors und den Kolonialwünschen der deutschen und der italienischen Regierung aufnahm. Die Weigerung Großbritanniens und Frankreichs, dem zuzustimmen, verwandelte den Viermächtepakt von vornherein in ein Stück wertloses Papier.

William E. Dodd geht als amerikanischer Botschafter nach Berlin

In den Akten des Obersten House in der Bibliothek der Yale University finden sich genug Beweise dafür, daß William E. Dodd auf nachdrückliche Empfehlung durch Oberst House und Daniel C. Roper, einen ehemaligen Steuerkommissar, zum amerikanischen Botschafter in Deutschland ausgewählt wurde.[86] Ebensowenig ist daran zu zweifeln, daß dies eine unglückliche Wahl war. Der Oberst vergegenwärtigte sich nicht, daß Dodd von amerikanischer Außenpolitik wenig wußte und womöglich noch weniger von den europäischen Problemen. Seine Kenntnisse in der deutschen Sprache waren so begrenzt, daß er im Gespräch immer wieder innehielt. In Berlin fühlte er sich vom ersten bis zum letzten Tag unbehaglich. Als amerikanischer Liberaler hatte er eine tiefe Abneigung gegen jede Seite der nationalsozialistischen Bewegung. Wäre er so sprachgewandt gewesen wie George Bancroft, so hätte ihn das gezwungen, auf seine Worte zu achten, so daß nicht scharfe Ecken und Kanten in das weitgespannte Gefüge seiner Diskurse hätten hineinstoßen können.

Es leuchtet ein, daß ein bedeutenderer Mann besser am Platze gewesen wäre. Das diplomatische Handwerk ist ein Beruf, der durchdringende Augen verlangt, Augen, die zwischen den Zeilen der internationalen Beziehungen zu lesen vermögen, und scharfe Ohren, die schnell die Untertöne der Intrige heraushören. Der Geschichtsprofessor Dodd aber glich im Dickicht Berlins einem im Wald verirrten Kind. Oberst House hatte sich durch das gleiche Düster mit Sicherheit bewegt. Aber der nationalsozialistische Wolf war weit gefährlicher als der Hohenzollern-Adler. Wenn man das Tagebuch Dodds liest, so verrät sich einem gelegentlich die Qual, die sein Denken durchzuckte, wenn er eine Lage abzuschätzen suchte, die jeder Definition spottete. Dauernd hoffte er einen gemeinsamen kulturellen Nenner zu finden, der alle Schwierigkeiten lösen würde. Daß die nationalsozialistischen Führer Kultur mit ganz anderen Augen ansahen als er, scheint er nicht bemerkt zu haben. Er war im Berlin der Vorkriegszeit eine bedauerliche Fehlbesetzung, und seine Ernennung zum Botschafter einer der ersten Mißgriffe der Regierung Roosevelts.

Der Präsident erzählt eine Phantasiegeschichte

Mit Rücksicht darauf, daß Botschafter Dodd in Berlin oft über den Dienst an amerikanischen Anleihen zu verhandeln haben werde, hielt es der Präsident für angebracht, ihn in das Weiße Haus einzuladen und ihm eine Geschichte vorzusetzen, von der Dodd nicht vermuten konnte, daß sie erfunden war. Roosevelt unterrichtete ihn davon, daß Schacht im Frühjahr 1933 nach den Vereinigten Staaten gekommen sei, um mit Persönlichkeiten der amerikanischen Regierung über die Rückzahlung von Anleihen zu verhandeln, die der deutschen Regierung, deutschen Gemeinden, deutschen Gesellschaften und deutschen Staatsangehörigen gegeben worden waren. Als Schacht das Weiße Haus aufgesucht habe, um beim Präsidenten vorzusprechen, sei man mit ihm kurz angebunden verfahren. Nachdem Roosevelt dies mit Behagen im einzelnen geschildert hatte, erzählte er die folgende, offenkundig unwahre Geschichte.

„Er beschrieb die Arroganz, mit der Dr. Hjalmar Schacht im Mai aufgetreten sei, als er, Präsident der Deutschen Reichsbank, gedroht habe, die Zahlung der nächsten August fälligen Zinsen und Tilgungsraten für mehr als eine Milliarde Dollar amerikanischer Kredite einzustellen. Der Präsident sagte, er habe Außenminister Hull angewiesen, Schacht zu empfangen, ihn dann aber unter dem Vorwand, in die Suche nach bestimmten Schriftstücken vertieft zu sein, drei Minuten unbeachtet allein stehen zu lassen, in welcher Zeit Hulls Sekretär die nervösen Reaktionen des Deutschen beobachten sollte. Dann sollte Hull eine Notiz des Präsidenten entdecken, die ernstlichen Widerstand gegen jegliche Nichterfüllung deutscher Verbindlichkeiten anzeigte. Er sollte sich nun Schacht zuwenden, ihm das Dokument übergeben und während der begrüßenden Worte beobachten, wie das Gesicht des Deutschen die Farbe wechseln würde. Das, sagte der Präsident, sollte dem Deutschen etwas sein arrogantes Benehmen heimzahlen. Wie Hull ihm berichtet habe, sei die Wirkung sogar noch stärker gewesen als erwartet."[87]

Diese Geschichte findet sich mit einigen Hinzufügungen in den „Memoirs" von Cordell Hull wieder. Es ist leicht, ihre Unwahrheit darzutun. Cordell Hull schreibt: „Am 8. Mai kündigte der in Washington zu offiziellem Besuch weilende ... Präsident der Deutschen Reichsbank, Dr. Schacht, an, daß seine Regierung die Transferierung von Zahlungen für deutsche Auslandsschulden in der Gesamthöhe von 5 Milliarden Dollar, wovon rund 2 Milliarden Dollar auf amerikanische Gläubiger kamen, einstellen werde. Am nächsten Tag bat ich Dr. Schacht zu mir ins Amt, entschlossen, mit ihm ein paar deutliche Worte zu reden. Ich fand Schacht einfach und ungekünstelt und durchaus zugänglich ... Sobald sich Schacht an der Seite meines Schreibtisches gesetzt hatte, ging ich direkt auf die Sache los und sagte einigermaßen unwillig: ‚Mich hat bisher noch nichts so tief befremdet wie gestern nachmittag Ihre Ankündigung. Meine Regierung tut das äußerste, was in ihren Kräften steht, die Nation aus dem Abgrund einer furchtbaren Depression herauszubringen ... Eben in dem Augenblick, wo wir dabei sind, einen wirklichen Fortschritt zu erzielen, kommen Sie hier herüber, halten vertrauliche Besprechungen mit unseren Beamten ab ... und lassen plötzlich von unserer Türschwelle aus die Nachricht verbreiten, daß Deutschland diese Zahlungen eingestellt hat ...' Ich sei empört über einen so unverhüllten Versuch, die amerikanische Regierung in ein derartig anrüchiges Vorgehen hineinzuziehen. Ich sagte: ‚Jeder sollte sich über die möglichen ernsten Folgen einer solchen Handlungsweise klar sein.' Dr. Schacht versicherte, daß er diese Reaktion weder vorausgesehen habe noch begreife. ‚Ich bedaure außerordentlich', sagte er. Ich übergab Dr. Schacht ein Memorandum, worin es hieß: ‚Der Präsident hat mich angewiesen, Ihnen zu erklären, daß er über Ihre Bekanntgabe der Entscheidung der deutschen Regierung, den Transfer für im Ausland übernommene Verpflichtungen oder im Ausland zu leistende Zahlungen einzustellen, äußerst empört ist.'"[88]

Wenn man die Erinnerungen Cordell Hulls liest, so fällt auf, daß er nichts von einem „arroganten Auftreten" Dr. Schachts erwähnt, wie der Präsident es Dr. Dodd geschildert hatte.

Vielmehr spricht er von Dr. Schachts Benehmen als „einfach und ungekünstelt". Auch findet sich in Hulls Memoiren keinerlei Bestätigung der Geschichte des Präsidenten von der Unhöflichkeit, mit der Dr. Schacht im Amtszimmer des Außenministers behandelt werden sollte. Indessen, die „Memoirs" Cordell Hulls sind zum Teil ebenso erfunden wie die Geschichte des Präsidenten Roosevelt. Tatsächlich geriet Außenminister Hull – oder sein genialer „Geist", Oberstleutnant Andrew Berding – in ein heilloses Durcheinander, als er über diesen „Schacht-Zwischenfall" schrieb. Erstens und vor allem trifft es nicht zu, daß Dr. Schacht am 8. Mai bekanntgegeben habe, „seine Regierung" werde „die Transferierung von Zahlungen für deutsche Auslandsschulden ... einstellen". Diese Ankündigung kam einen Monat später, am 9. Juni. Schon am 19. Januar 1933 erklärte der Reichswirtschaftsminister, Professor Warmbold, daß „Tilgungszahlungen auf die hauptsächlichen Privatschulden im Ausland im Jahre 1933 unmöglich sein werden".[89] Dr. Schacht trat dieser Erklärung mit der Versicherung entgegen, daß „alle ausländischen Handelsschulden voll bezahlt werden" würden.[90] Am 8. Mai erschien in der amerikanischen Presse eine Nachricht des Inhalts, daß der deutsche „Schuldendienst durch Exportrückgang gefährdet sei".[91] Ähnliche Ankündigungen waren am 19. Januar und am 10. April vorausgegangen. Schacht war zu endgültigen Maßnahmen nicht entschlossen, bevor er nach Berlin zurückgekehrt und mit den Vertretern der Hauptgläubigerländer konferiert hatte (29. Mai – 2. Juni).

Am 9. Mai lag für Außenminister Hull gar kein Grund vor, Dr. Schacht zu sich ins Amt zu rufen und ihn wegen Nichterfüllung der deutschen Zahlungsverpflichtungen gegenüber amerikanischen Kreditgebern mit „ein paar deutlichen Worten" zu überfallen. Es war auch nichts über einen Antrag auf Zahlungseinstellung bekanntgegeben worden, und so sind die von Präsident Roosevelt und Außenminister Hull erzählten farbigen Geschichten reine Flüge der Phantasie.

Botschafter Dodd kannte den Präsidenten nicht genau genug, daß er fähig gewesen wäre, die Linie zwischen Wahrhaftigkeit und Lügenhaftigkeit zu ziehen. So überlieferte er jene Geschichte getreulich der Nachwelt und steuerte dadurch eine Illustration mehr zu der moralischen Verfassung der Regierungsspitze bei. Nachdem Dodd sich die dubiosen Auslassungen des Präsidenten über Dr. Schacht angehört hatte, begab er sich am 3. Juli nach New York zu einer Besprechung mit einer Gruppe führender Bankiers. Sie hatten zur Regelung der finanziellen Schwierigkeiten mit Deutschland kein Patentrezept in Bereitschaft; sie drückten nur die Hoffnung aus, daß es dem Botschafter gelingen werde, die deutsche Regierung von einer „offenen Nichterfüllung" zurückzuhalten. Um dies zu erleichtern, erklärten sie sich bereit, den Zinsfuß ihrer Anleihen von sieben auf vier Prozent herabzusetzen.[92]

Danach holte sich Dodd Rat ein über andere Probleme, die die deutsch-amerikanischen Beziehungen störten. Eine der schwersten, auf künftiges Unheil deutenden Belastungen war die antisemitische Kampagne, die die nationalsozialistische Regierung entfesselt hatte. Der Präsident hatte im Gespräch hierüber zu Dodd bemerkt: „Die deutschen Behörden behandeln die Juden schändlich, und die amerikanischen Juden sind darüber erregt. Doch das ist ... keine Regierungsangelegenheit. Wir können da nichts tun, außer für amerikanische Bürger, die zufällig davon betroffen werden sollten. Wir müssen sie schützen, und alles, was durch inoffiziellen und persönlichen Einfluß geschehen kann, die allgemeine Verfolgung zu mildern, sollte getan werden."[93]

Am nächsten Tag suchte Dodd Raymond Moley auf, der „über das amerikanische Verhalten zu den deutschen Juden völlig anderer Ansicht" war „als der Präsident". Dodd hörte sich Moleys Bemerkungen einige Augenblicke an und unterbrach ihn dann mit einer völlig aus dem Rahmen fallenden Frage nach der Wirkung des Walkerschen Zolltarifs von 1846. Moley geriet durch diesen plötzlichen Themenwechsel aus der Fassung, und weil er nun nach einer Antwort suchte, stand für Dodd fest, daß Moley ein intellektuelles Leichtgewicht sei, der „seine vertraulichen Beziehungen zu Roosevelt nicht lange" werde „aufrechterhalten können".[94]

In der ersten Juliwoche bereitete sich Dodd in New York auf die Abreise nach Deutschland vor. Er hatte mit einigen hervorragenden Juden lange Besprechungen, darunter mit dem Rabbi Stephan S. Wise und mit Felix Warburg. Sie legten ihm dringend nahe, sich um eine sofortige Änderung der von der nationalsozialistischen Regierung gegenüber den Juden eingeschlagenen Politik zu bemühen, und Dodd versicherte ihnen, er werde „jeden möglichen persönlichen Einfluß gegen eine ungerechte Behandlung" dieser unglücklichen Minderheit ausüben.[95]

Dodd eilte nun zu einer Zusammenkunft mit Oberst House nach Beverly Farm bei Boston. Zur Judenfrage bemerkte der Oberst: „Sie müssen versuchen, die Leiden der Juden zu lindern. Sie sind gewiß ein Unrecht und schrecklich. Aber man sollte die Juden nicht das wirtschaftliche und geistige Leben Berlins beherrschen lassen, wie das lange Zeit der Fall gewesen ist." In New York bekam Dodd bei Charles R. Crane über den Antisemitismus in Deutschland wieder eine andere Meinung zu hören. Der alte schwache Mann verriet eine überraschende Abneigung gegen alle Juden. Seine abschließenden Worte zu Dodd waren schneidend grausam: „Lassen Sie Hitler seinen Willen."[96]

Bei Dodd war einer der letzten Besucher vor seiner Abreise nach Berlin George Sylvester Viereck. Viereck war Dodd aus der Zeit von 1914 bis 1917 als deutscher Propagandist bekannt; der neue Botschafter hielt ihn sich als „eine seltsame Art von Journalisten, gegen die man am besten nicht zu offen war", vom Leibe. Nachdem er sich von Viereck getrennt hatte, wurde er zum Pier gefahren, wo eine Menge Reporter darauf bestanden, ihn zu fotografieren. Zögernd bot er sich den Kameras dar. Vielleicht verfolgte ihn die „seltsame" Persönlichkeit Vierecks, denn „wir hoben, der Ähnlichkeit mit dem Hitlergruß nicht achtend ..., die Hand".[97] In den kommenden Monaten sollte er noch oft seine Hand erheben, aber nicht zum Hitlergruß, sondern eine Führung verwünschend, die er schnell verabscheuen lernte.

Kapitel II
Der Ferne Osten
in Gärung

Dreifache Offensive gegen Japan

Während die Regierung Roosevelts ihr diplomatisches Hauswesen hinsichtlich des Deutschen Reiches in Ordnung brachte, drohte die Lage im Fernen Osten ständig, ihr aus der Hand zu gleiten. Stimson hatte ein unglückseliges Erbe hinterlassen, doch begann die Politik des Druckes auf Japan zwei Jahrzehnte vor ihm. Die Dollar-Diplomatie unter Taft stellte Japans Position in der Mandschurei in Frage, und unter Woodrow Wilson wurde gegen Nippon eine dreifach zugespitzte Offensive eröffnet. Die erste Phase begann, als Japan im Januar 1916 China die berühmten einundzwanzig Fragen vorlegte. In Verbindung hiermit schickte der amerikanische Gesandte in Peking, Paul Reinsch, dem Außenamt eine Reihe von Berichten, die so kritisch gefaßt waren, daß sie dazu beitrugen, im amerikanischen Denken eine feste Vorstellung von japanischer Bosheit zu erzeugen, die schließlich einen Krieg wahrscheinlich machte.[1] Diese Eventualität verstärkte sich, als Außenminister Bryan am 11. Mai 1915 Tokio eine Nichtanerkennungsnote übersandte. Sie wurde später von Stimson aus den alten Akten des State Department hervorgegraben und zu einer Handgranate gemacht, die alle Hoffnungen auf friedliche Beziehungen zwischen Japan und den Vereinigten Staaten zerstörte.

Als Amerika im Jahre 1917 in den Weltkrieg eingriff, war das eingleisige Denken Präsident Wilsons auf Europa gerichtet. Japan wurde über Nacht unser kleiner brauner Bruder auf einem Kreuzzug gegen die finsteren Pläne der Zentralmächte. Es wurde nun umworben statt gescholten, und die Hilfe, die es den Alliierten gewährte, konnte in Gestalt einer neuen Vereinbarung über seine besondere Stellung in der Mandschurei bezahlt werden. Großbritannien, Frankreich und Rußland hatten bereits im ersten Vierteljahr 1917 mit Japan geheime Verträge unterzeichnet, durch die sie ihre Unterstützung der Forderung Japans zusagten, die deutschen Rechte in Schantung und die deutschen Inseln nördlich des Äquators in seinem Besitz zu belassen.[2] Beim Eintritt Amerikas in den Krieg begab sich Balfour nach Washington und unterrichtete offenbar Präsident Wilson wie Außenminister Lansing über die britischen Geheimverträge.[3] „Man kommt", wie Professor Griswold scharfsinnig bemerkt, „nicht an dem Schluß vorbei, daß diese [Verträge] über Schantung zu den Enthüllungen Balfours gehörten."[4]

Tatsächlich gibt Lansing in seinem „Tagebuch" offen zu, daß er die Bestimmungen des britisch-japanischen Geheimvertrages kannte: „Das Problem der endgültigen Verfügung über den Kolonialbesitz Deutschlands sollte als ungeregelt angesehen werden ... Was die pazifischen Inseln angeht, so habe ich im vergangenen Sommer erfahren, daß zwischen Großbritannien und Japan ein Geheimabkommen besteht, wonach Japan nach dem Kriege die deutschen Besitzungen nördlich des Äquators behalten soll."[5]

Am 2. November 1917 unterzeichneten Lansing und der Vicomte Ishii das wohlbekannte Lansing-Ishii-Abkommen. Es stellte ausdrücklich fest: „Gebietsnähe schafft zwischen Ländern besondere Beziehungen. Infolgedessen erkennt die Regierung der Vereinigten Staaten an, daß Japan in China, vor allem in dem Teil, dem seine Besitzungen nahe liegen, besondere Interessen hat." Professor Griswold bemerkt zu diesem Abkommen: „Die diplomatische Übung hat der Wendung ‚besondere Interessen' ebenso politische wie wirtschaftliche Bedeutung beigelegt ... Die weltpolitische Lage zur Zeit des Abschlusses des Abkommens war derart, daß man annehmen muß, Lansing sei sich über den politischen Charakter seiner Konzession im klaren gewesen und habe ihn verheimlicht ... Tatsache ist, daß Lansing von der Existenz der Geheimverträge wußte, mit denen verglichen seine Formel verblaßte und die die in dem übrigen Teil des Abkommens ausgesprochenen Erwartungen in Phantasie verwandelten ... Waren Lansing die Verpflichtungen der Alliierten Japan gegenüber bekannt, so besagte selbst die Phrase ‚besondere Interessen' immer noch mindestens eine vorläufige Anerkennung dieser Verpflichtungen."[6]

Vergegenwärtigt man sich diese Tatsachen, so ergibt sich klar, daß der Präsident in Paris eine höchst zweifelhafte Politik verfolgt hat. Während der Beratungen der Friedenskonferenz richtete er trotz seiner Einwilligung in den Geheimvertrag, der Großbritannien zur Unterstützung der japanischen Ansprüche auf wirtschaftliche Beherrschung dieser Provinz verpflichtete, einen entschiedenen Angriff auf die japanische Stellung in Schantung. Das Lansing-Ishii-Abkommen hatte jene Zustimmung formell verzeichnet. So muß Wilsons Vorgehen und sein Ableugnen jeder Kenntnis der Geheimverträge die japanischen Politiker überzeugt haben, daß er die Lehren Machiavellis anwende.

Eine andere Phase der Offensive des Präsidenten gegen Japan hängt mit der Intervention zusammen, die die Alliierten im Jahre 1918 in Sibirien unternahmen. Im Frühjahr 1918 drängten die Verbündeten die Vereinigten Staaten, einem Vorschlag zuzustimmen, wonach Japan als „ein Mandatar der Mächte" nach Sibirien eine Expeditionsstreitmacht entsenden sollte. Am 19. März wandte sich Lansing in einer scharfen Denkschrift gegen eine solche Intervention: „In Anbetracht der feindlichen Haltung, die das russische Volk gegen eine japanische Besetzung Sibiriens so gut wie sicher einnähme, und der prodeutschen Stimmung, die die Folge wäre ... schiene es unklug und nicht angebracht, den Wunsch nach einer japanischen Intervention zu unterstützen."[7] Am 10. April erklärte Lansing in einem weiteren Memorandum: „Ich übernehme die volle Verantwortung für die gegenwärtige Politik, die eine Intervention durch die Japaner als Mandatare ablehnt."[8] Und zwei Monate später vermerkte er wieder: „Japan beginge einen schweren Fehler, wenn es allein ein Expeditionskorps entsendete. Ich meine, daß man dies, falls es verhindert werden kann, nicht zulassen sollte."[9]

Bald jedoch zeigte sich, daß die Entsendung irgendeiner Art Expeditionsstreitmacht nach Sibirien notwendig war, um ein Zusammenwirken mit den tschechoslowakischen Truppen möglich zu machen, die sich auf dem Marsch nach Wladiwostok befanden. Wegen der Nähe Japans zu diesem Hafen lag es auf der Hand, Tokio um einen beträchtlichen Beitrag zu ersuchen. Am 6. Juli fand im Weißen Haus eine wichtige Konferenz des Präsidenten mit dem Außenminister, dem Kriegsminister und dem Marineminister im Beisein des Generals March und des Admirals Benson statt. Nach eingehender Erörterung der Lage im Fernen Osten wurde beschlossen, in Wladiwostok eine „militärische Streitmacht von ungefähr 7.000 Amerikanern und 7.000 Japanern zu dem Zweck zu versammeln, die Verbindungslinien der gegen Irkutsk vorrückenden Tschechoslowaken zu sichern".[10]

An demselben Tage hatte Oberst House mit Vicomte Ishii eine Unterredung über die Lage in Sibirien. Nach der Besprechung schrieb House an Präsident Wilson: „Es ist schon seit langem meine Ansicht, daß man Japan, sofern man dem Recht seiner Bürger auf Ausbreitung in benachbarten asiatischen unterentwickelten Ländern nicht mehr Beachtung schenkt, werde Rechenschaft ablegen müssen – und das mit Recht."[11]

Nach zahlreichen Besprechungen, die sich mit dem Fernen Osten befaßten, wurde endlich beschlossen, eine kleine Streitmacht von 9.000 Mann unter General William S. Graves zu gemeinsamen Operationen mit einer interalliierten Expeditions-Streitmacht nach Sibirien zu schicken. Das Korps hatte die Aufgabe, den Tschechen beizustehen, nachhaltige aufrichtige russische Bemühungen um Selbstregierung und Selbstverteidigung zu unterstützen und militärische Vorratslager der Alliierten zu sichern. Es stand vom August 1918 bis zum April 1920 in Sibirien. Seine einzige Leistung war die Bewahrung der sibirischen Seeprovinzen vor der erbarmungslosen Herrschaft des roten Rußland.[12]

Den dritten Stoß seiner Offensive gegen Japan führte Wilson durch finanziellen Druck. Während der Regierung Tafts waren gewisse amerikanische Banken stark gedrängt worden, sich an der Anleihe für die chinesische Hukuang-Bahn zu beteiligen. Das bedeutete die Mitgliedschaft Amerikas in einem Bankenkonsortium, in dem vier Mächte vertreten waren. Der Status dieser Teilhaberschaft wurde in den Abkommen vom 10. November 1910 und vom 20. Mai 1911 sorgfältig definiert.[13] Am 18. und am 20. Juni 1912 traten Japan und Rußland der Bankengruppe bei, so daß zu dem Konsortium nun sechs Mächte gehörten. Allein, die amerikanischen Bankiers waren „verstimmt", weil sie „aus ihren Bemühungen noch keinerlei Gewinn hatten ziehen können". Anfang März machten sie der Regierung Wilsons klar, daß sie sich mit der „bloßen Zustimmung" des State Department nicht zu begnügen gedächten. Eine unerläßliche Bedingung „für ihr weiteres Verbleiben in dem chinesischen Geschäft sei, daß die amerikanische Regierung sie dazu auffordere".[14] Statt dem zu folgen, trat Präsident Wilson für ein Ausscheiden Amerikas aus dem Konsortium ein mit der Begründung, daß ein gemeinschaftlicher Druck der Banken verständlicherweise durch unglückliche Umstände bis zu gewaltsamer Einmischung in die finanziellen, ja sogar in die politischen Angelegenheiten des großen östlichen Staates [Chinas] gehen könnte.[15]

Mit dem Ausbruch des Weltkrieges schieden Deutschland und Rußland aus dem Konsortium aus, während die Kriegskosten Großbritannien und Frankreich so schwer belasteten, daß sie China keinerlei Anleihe geben konnten. Schnell trat Japan in die Bresche und lieh China 320 Millionen Yen.[16] Die politische Bedeutung dieser Anleihe war so klar, daß die britische und die französische Regierung dem amerikanischen Außenamt zu verstehen gaben, es sei ratsam für die Vereinigten Staaten, in das Konsortium zurückzukehren.[17] Außenminister Lansing reagierte mit einem bedeutsamen Vorschlag. Er legte in einem Brief an Präsident Wilson die Finanzschwierigkeiten Chinas dar und bemerkte, „angesichts der gegenwärtigen Umstände und der Lage in China" sei es vielleicht klug, ein neues Viermächte-Bankenkonsortium zu bilden.[18] Am folgenden Tag stimmte der Präsident dieser Anregung unter der Bedingung zu, daß gegen die Möglichkeit „ungerechter Abmachungen", wie sie nach den Bestimmungen des früheren Konsortiums in Betracht gezogen worden seien, Vorkehrungen getroffen würden.[19]

Am 22. Juni lud Außenminister Lansing die Vertreter wichtiger Bankengruppen ein, um mit ihnen die Bildung eines neuen Konsortiums zu erörtern. Die Banken folgten der Aufforderung sofort, und am 8. Oktober unterbreitete das Außenamt förmlich den Regierungen Großbritanniens, Frankreichs und Japans den ausführlichen Vorschlag für ein neues Konsortium.[20] Am 17. März 1919[21] nahm die britische Regierung den Vorschlag an, aber Frankreich und Japan zögerten. Die japanische Presse war gegen das neue Konsortium, weil es für Japan den Verlust der „Früchte" bedeuten würde, die es in den letzten Jahren „angesammelt" habe.[22] Die japanische Regierung hegte ähnliche Befürchtungen und instruierte ihren Finanzvertreter in Paris, Odagiri, den Chef der amerikanischen Finanzvertretung, Thomas W. Lamont, davon zu unterrichten, daß „alle Rechte und Optionen, die Japan in der Mandschurei und der Mongolei besitzt, wo Japan besondere Interessen hat, von der Vereinbarung ausgeschlossen werden sollten".[23]

Lamont informierte Odagiri sofort, daß jeder Versuch, die Mandschurei und die Mongolei aus dem Wirkungskreis des neuen Konsortiums auszuschließen, „unzulässig" sei.[24] Außerdem schrieb er an J.P. Morgan and Company, es sei nicht zu hoffen, daß Japan auf seine Position verzichten werde, wenn nicht „die Vereinigten Staaten und Großbritannien in dieser Sache eine sehr rigorose Haltung einnehmen".[25] Aus Peking kam vom amerikanischen Gesandten die Warnung, die Japaner spielten ihr „übliches Spiel" der Täuschung. Wahrscheinlich „wird man Ihnen versichern, daß sie das Konsortium mit günstigen Augen betrachteten und ihm zu gegebener Zeit beitreten würden. Inzwischen benutzen sie ihren Einfluß, die Chinesen dagegen aufzuhetzen."[26]

Um auf die japanische Regierung einen Druck auszuüben, spielte das amerikanische Außenamt mit dem Gedanken eines Dreimächte-Konsortiums, aber Großbritannien und Frankreich waren gegen einen solchen Schritt.[27] Ein unangemessener Druck könnte Japan in ein Bündnis mit Deutschland treiben.[28]

Um ihren Wunsch begreiflich zu machen, die Mandschurei und die Mongolei aus dem Rahmen des vorgeschlagenen Konsortiums herauszulassen, wies die japanische Regierung darauf hin, daß diese Gebiete für die nationale Verteidigung von lebenswichtigem Interesse seien. Die jüngste Entwicklung in Rußland sei in Tokio ein Gegenstand „großer Sorge". Die Lage in Sibirien könnte plötzlich eine Wendung nehmen, durch die „die Sicherheit Japans" bedroht und möglicherweise schließlich ganz Ostasien das Opfer der „finsteren Umtriebe extremistischer Kräfte" werden würde.[29]

Außenminister Lansing verstand die japanischen Befürchtungen wegen der steigenden Flut des Bolschewismus. Zu dem japanischen Wunsch, in Sibirien hinreichende Kräfte zu stationieren, um diese Flut aufzuhalten, bemerkte er in seinem Tagebuch: „Ich glaube, daß sie [die Japaner] weitere Truppen nach Sibirien schicken und versuchen werden, Seminoffs [weiße] Kräfte zu verstärken. Ich vermag nicht zu sehen, wie die japanische Regierung angesichts der sehr akuten Gefahr für Japan im Falle, daß die Bolschewiken in der Mandschurei Fuß fassen und mit den koreanischen Revolutionären zusammenarbeiten sollten, eine andere Politik machen könnten. Es wäre sicherlich richtig, unter den gegebenen Umständen keinen Einspruch zu erheben, wenn Japan genügende Kräfte entsendet, um dem bolschewistischen Vormarsch entgegenzutreten, denn die Ausbreitung des Bolschewismus im Fernen Osten wäre eine schreckliche Bedrohung der Zivilisation."[30]

Genau zu der Zeit, wo über das Konsortium verhandelt wurde, machte Lansing in sein Tagebuch eine andere bezeichnende Eintragung: „Ich habe wenig Nachsicht mit diesen Leuten, die sich wegen verborgener und verruchter Pläne Japans dauernd am Rande der Hysterie befinden. Sie bilden sich die unsinnigsten Dinge ein und berichten sie als Tatsachen. Ich würde zu der Ansicht neigen, daß einige dieser Feinde Japans geistig nicht in Ordnung sind, wenn sie nicht sonst bei klarem Verstand wären. Unglücklicherweise hören viele Amerikaner auf sie, wo doch die Vernunft sie davor warnen müßte, ohne bessere Beweise solche Geschichten zu glauben."[31]

Botschafter Morris in Tokio schloß sich der Auffassung Lansings an und zeigte für die Vorstellungen der Japaner, ihr Land brauche in Nordchina starke Verteidigungsbastionen, sympathisierendes Verständnis. Er glaubte, es sei die „feste, fundamentale und beharrliche Absicht" der japanischen Regierung, die Verbindungslinien mit ihren Rohstoff- und Nahrungsmittelquellen zu sichern. Amerika sollte dem japanischen Gesichtspunkt „Beachtung" schenken. „Tun wir das nicht, ist die Möglichkeit, die vorhandenen Probleme zu lösen, gering."[32]

Finanzleute drücken sich schroffer aus als Diplomaten. Lamont meinte, es wäre „eine armselige Politik, der japanischen Regierung in dieser Sache weiteres Zögern zu gestatten. Meiner Ansicht nach sollten sie den Gruppen der Amerikaner, Briten und Franzosen auf den Knien dafür danken, daß sie die japanische Gruppe eingeladen haben, ihr Partner zu werden, und daß sie sich in der Angelegenheit so geduldig zeigen. Meine Gesellschafter und ich stimmen darin überein, daß es das beste wäre, sie abrupt vor die entscheidende Frage zu stellen und sie, wenn sie nicht wollen, ihrer Wege gehen zu lassen."[33]

Das amerikanische Außenamt schwenkte auf den Standpunkt Lamonts ein, und das britische Außenamt tat desgleichen. Unter diesem Druck machte die japanische Regierung einige Konzessionen, und am 15. Oktober 1920 wurde das Abkommen über das neue Konsortium endlich unterzeichnet.[34] Die Anzahl der Ausnahmen, auf denen Japan bestand, war bedeutend, und das kühlte die Chinesen in ihrer Haltung gegenüber dem Konsortium ab. Im Januar 1921 wurde dem chinesischen Außenministerium das Abkommen über das neue Konsortium notifiziert, doch hat Peking niemals darauf geantwortet. In seinem „Preliminary Report on the New Consortium for China" sagte Lamont in seiner drastischen Art: „Wenn die führenden Mächte, mit deren Billigung das neue Konsortium aufgebaut worden ist, bei der gegenwärtigen Pekinger Regierung, der Regierung im Süden und bei allen Gruppen Chinas einschließlich der Tutschuns energische diplomatische Vorstellungen erhöben und erklärten, daß dieser ganze Unsinn eines Operettenkrieges aufhören und die Regierung zur Sache kommen müsse, so möchte ich glauben, daß die Wirkung überraschend wäre."[35]

Aber die in dem neuen Konsortium vertretenen vier Mächte waren nicht geneigt, den unverblümten Rat Lamonts anzunehmen. Sie begnügten sich damit, am Rande zu bleiben, während der Rivalitätskampf zwischen den politischen Gruppen Chinas die nationale Struktur des Landes unterwühlte. Wären Lamonts mutige Worte durch irgendeine effektive Intervention in die Tat umgesetzt worden, so hätte sich möglicherweise noch eine Chance geboten, China zu retten. Aber die an dem Konsortium beteiligten Mächte taten nichts als auf günstige Gelegenheiten warten, die nie kamen. Von den schnell wechselnden Regierungen in China gemieden, brachte das Konsortium nichts zustande. Das nationalistische China wies jeden Gedanken, auch den geringsten Teil seiner Souveränität an internationale Bankiers abzutreten, verächtlich von sich. Überdies war ein kräftiger kommunistischer Gärungsherd unablässig am Werke, und der mächtigste Führer in dem turbulenten Kanton, Sun Yat-sen, neigte stark zur äußersten Linken. Der Kreml zögerte nicht, das auszunutzen.

Sun Yat-sen gibt der chinesischen Revolution einen roten Einschlag

Die Weigerung der Washingtoner Konferenz (1921/22), das ihr von der chinesischen Abordnung vorgelegte Programm anzunehmen, ließ in China Gefühle tiefen Grolls offenbar werden. Die politische Teilung in Nord und Süd bedeutete nicht, daß Kanton und Peking über die Forderungen an die Mächte verschiedene Ansichten gehabt hätten. Allen gemeinsam war die Feindschaft gegen Amerika und Europa, und ein gewandter Politiker konnte sie benutzen, das Problem der chinesischen Uneinigkeit zu lösen. Moskau erkannte das schnell und entsandte fähige Agenten, um die Lage zum Vorteil Rußlands auszubeuten. Im August 1922 wurde Adolf Joffe mit dem Auftrag nach China geschickt, zu den Intellektuellen vertrauliche Beziehungen zu pflegen und gegen die „kapitalistischen Mächte" und die „imperialistischen Nationen" zu wettern. Er sagte für den Augenblick, wo China die Zeit gekommen glaube, sich des „fremden Imperialismus" zu entledigen, den Beistand Rußlands zu.[36] Im Januar 1923 traf Joffe in Schanghai mit Sun Yat-sen zusammen und hatte den leichtgläubigen Chinesen bald in seiner Hand.[37] Es gehörte zur sowjetischen Technik, die Schuld an den Leiden Chinas der Verruchtheit des westlichen Imperialismus zuzumessen. Sun Yat-sen lernte diese Lektion schnell: am 22. Juli 1923 klagte er in einem Interview mit Fletcher S. Brockman heftig die Wesensart des Westens an.[38]

Joffes Propaganda wurde von einem ändern verschlagenen kommunistischen Agitator unterstützt: Mihail Borodin. Er traf im Oktober 1923 in Kanton ein. Sein scharfer Intellekt entschädigte für seine wenig einnehmende Erscheinung, und seine Laufbahn als kommunistischer Agitator in Schottland und als Lehrer einer Handelsschule in Chicago hatte ihm Einblick in westliches Denken ermöglicht. In China war er eifrig darauf bedacht, die Autorität Sun Yatsens zu stärken, indem er aus der schwerfälligen Kuomintang[39] eine effektive zentralisierte politische Maschine machte. Die Parteimitgliedschaft wurde ein beschränktes Privileg, die Parteidisziplin rücksichtslos gestärkt. Somit wurden die eigentlichen Zügel der Herrschaft in die Hände des Zentral-Exekutivkomitees gelegt, das die nationale Regierung aufbauen und kontrollieren würde.

Ihrer politischen Überzeugung verliehen Sun Yat-sen und seine Anhänger in der im Januar 1924 veröffentlichten „Erklärung des ersten Nationalkongresses" aufwühlenden Ausdruck. Sie liest sich wie ein unverfälschtes moskowitisches Memorandum. Ausplünderung mit der Waffe und schamlose Ausbeutung durch fremde imperialistische Staaten hätten China auf einen halbkolonialen Status hinabgedrückt. Als Hauptwerkzeuge der Unterwerfung hätten die ungleichen Verträge, die ausländische Zollkontrolle, die Praxis der Exterritorialität und die Aufteilung Chinas in Einflußsphären gedient. Alle diese Privilegien müßten aufgehoben, die ungleichen Verträge widerrufen werden.[40]

Mit Hilfe russischer Rubel und russischer Instruktoren errichtete Sun Yat-sen zur Ausbildung der Offiziere für die geplante Armee die Whampoa-Militärakademie. Der erste Schritt zur Aufstellung der Armee war die Bildung von „Arbeitertrupps", die die Freiwilligenorganisation der Kaufleute in Kanton erbarmungslos zerschlugen. Sun Yat-sen hatte von Rußland gelernt, daß sich proletarische Reformen beflügeln lassen, wenn sie von Gewehrkugeln getragen werden. Was er seinen Sowjetherren schuldete, hat er in der widerlichen phrasenhaften Redeweise des glühenden kommunistischen Konvertiten offen bekannt: „Rußland glaubt an Menschenliebe und Rechtschaffenheit, nicht an Gewalt und den Grundsatz der Nutzbarkeit. Es ist ein Vorkämpfer der Gerechtigkeit und glaubt nicht an das Prinzip der Unterdrückung einer Mehrheit durch eine Minderheit."[41]

Dieses flammende Glaubensbekenntnis zu Moskau hinderte den Kreml nicht, durch seine Agenten auch mit Peking Beziehungen zu unterhalten. Ihre Tätigkeit im Norden führte zu dem Vertrag vom 31. Mai 1924, in dem Rußland auf die Sonderrechte und Privilegien verzichtete, die die zaristische Regierung in China genossen hatte, darunter auf seinen Anteil an der Entschädigung aus der Zeit des Boxeraufstandes und auf das Recht der Exterritorialität.[42]

Der Vertrag mit Peking war aber nur eine leere Geste. Während Vertreter Moskaus ihn schlossen, machten andere Emissäre Sun Yat-sen zum Einfall in den Norden reif. Borodin arbeitete fieberhaft an Plänen für eine Vereinigung Chinas durch die Kuomintang. Bald würden Rot-Rußland und Rot-China fähig sein, den Westmächten entgegenzutreten und sie zur Einwilligung in beider Forderungen zu zwingen. Dieses enge Zusammenwirken Borodins und der Kuomintang-Führer verriet sich deutlich in dem „Manifest an Sowjetrußland", das Sun Yat-sen kurz vor seinem Tode verfaßte: „Ich lasse eine Partei zurück, die, wie ich immer gehofft habe, durch das geschichtliche Werk der endgültigen Befreiung Chinas und anderer ausgebeuteter Länder vom Joche des Imperialismus mit euch [Sowjetrußland] aufs engste verbunden sein wird ... Deshalb beauftrage ich die Kuomintang, das Werk der revolutionären nationalen Bewegung fortzuführen, damit China ... frei werde. Zu diesem Zweck habe ich die Partei instruiert, ständig mit euch in Fühlung zu bleiben."[43]

Nach dem Tode Sun Yat-sens am 12. März 1925 stieg der Einfluß Borodins so weit, daß er den Gang der revolutionären Bewegung in Südchina wesentlich bestimmte. Im September 1925 inspirierte er einen Handstreich, durch den Tschiang Kai-schek an die Spitze der Streitkräfte der Kuomintang gestellt wurde. Tschiang war nach Moskau[44] geschickt worden, um die kommunistische Ideologie und revolutionäre Technik zu studieren, war als Günstling Sun Yatsens zurückgekehrt und stand später in enger Verbindung mit Borodin. Das bedeutete, daß er im Jahre 1925 sowohl fremdenfeindlich als auch antichristlich war. Als 1926/27 die Armee der Kuomintang nach dem Norden marschierte, äußerte sich der antichristliche Zug der Partei deutlicher in nationalistischen Angriffen auf christliche Einrichtungen und Bekehrte. Die Missionare wurden als „Imperialisten" angeklagt, die zum Christentum übergetretenen Chinesen als „Hunde der Imperialisten" verwünscht.[45] Solche Schmähungen waren die Spezialität des kommunistischen Außenministers der Kuomintang, Eugene Tsch'en, dessen geschäftige Zunge nicht müde wurde, die Fremden zu beschimpfen.

Der Zunder des Grolls über die Privilegien der Ausländer in China wurde durch den von den Kommunisten angestifteten Schanghaier Zwischenfall vom 30. Mai 1925 zur Flamme entfacht. Agitierende Studenten drangen in die internationale Niederlassung ein, um gegen die angeblich schlechte Behandlung chinesischer Arbeiter in japanischen Fabriken zu protestieren. Als der Mob den Agitatoren aus der Hand glitt, feuerten auf sie indische und chinesische Polizisten, die unter dem Befehl des Polizeiinspektors der Louza-Station standen. Die geringen Verluste ließen erkennen, wie sehr sich die Polizei zurückgehalten hatte, aber kommunistische Elemente bliesen den Vorfall gewaltig auf.

Den Hintergrund des Zwischenfalls umriß der amerikanische Konsul in Nanking in einem Bericht an Außenminister Kellogg folgendermaßen: „Einige Wochen vor dem Zwischenfall vom 30. Mai hielt ein amerikanischer College-Professor, der gerade eine Reise durch Rußland beendet hatte, in Nanking eine Reihe von Vorträgen über den Bolschewismus. Er malte den Kommunismus in den rosigsten Farben und erklärte dem Sinne nach, das System sei zwar noch nicht vollkommen verwirklicht worden, lasse aber schon erkennen, daß es vom wirtschaftlichen wie vom sozialen Standpunkt aus das idealste sei, das der Mensch bisher entwickelt habe ... Da er unter dem Protektorat amerikanischer Missionare eingeführt worden war und vor vielen Chinesen Vorträge gehalten und mit ihnen konferiert hatte, war die Wirkung seiner Erklärungen äußerst unglücklich."

In seinem abschließenden Bericht über die Ursachen des Zwischenfalles vom 30. Mai bemerkt Konsul Davis: „Man glaubt, daß die gegenwärtige Bewegung unmittelbar und absichtlich von Sowjetrußland hervorgerufen worden ist, indem es die glimmenden fremdenfeindlichen Gefühle in China – die sich ohne diese schändliche Einmischung aller Wahrscheinlichkeit nach allmählich beruhigt hätten – zu heller Flamme angefacht hat."[46]

Die Londoner Finanzkreise wurden von diesem Ausbruch der Gewalttätigkeit in Unruhe gestürzt. Der Leiter der britischen Gruppe des Konsortiums für China, Sir Charles Addis, meinte, daß „sofortiges gemeinschaftliches Handeln der Mächte geboten" sei.[47] Lamont empfahl diesmal kein so entschiedenes Rezept. Er versicherte dem Londoner Vertreter der Interessen Morgans, daß er „ziemlich enge Fühlung mit Washington" gehalten, aber keine „besonderen Vorschläge gemacht habe, denn obwohl wir die Lage für ernst ansehen, halten wir uns doch nicht für zuständig, auf einen Ausweg zu verweisen".[48]

Senator Borah greift den fremden Imperialismus in China an

Kenner der fernöstlichen Angelegenheiten aus unmittelbarer Erfahrung hielten mit der Empfehlung umfassender Maßnahmen, die zu jedem möglichen Fall in China passen würden, ebenso zurück wie Lamont. Thomas F. Millard, der eine Zeitlang Ratgeber im chinesischen Außenministerium gewesen war, fürchtete, die chinesischen Radikalen könnten die Dinge zu weit treiben. Er legte seine Meinung in einem Brief an W.W. Yen dar: „Ich traf im Dezember in China ein und begann sofort die Lage zu untersuchen. Vor meiner Abreise aus Amerika hatte ich gehofft, die Reorganisation in Peking, die dem Staatsstreich im vergangenen Herbst folgte, werde die Chance bieten, daß etwas Konstruktives geschehe. Aber nachdem ich mich hier eine Weile umgetan hatte, bemerkte ich, daß dies nicht der Fall ist ... Es scheint jetzt, daß China politisch einer Entfremdung mit Amerika zuneigt, wodurch alles, was in Washington erreicht worden ist, verlorenginge, und vielleicht wird sich die amerikanische Regierung durch die Macht der Umstände gezwungen sehen, ihre Chinapolitik in einigen Punkten zu ändern ... Ich frage mich etwas betroffen, was sich Chinas Intellektuelle eigentlich denken – wohin streben sie nach Ihrer Meinung? ... Mir scheint, daß viele chinesische Intellektuelle auf den Gedanken verfallen sind, die Exterritorialverträge durch ein Ultimatum aufzuheben in der Hoffnung, sie ‚loszuwerden', wie die Türkei davon losgekommen ist ... Ich bitte Sie, der Sie eigentlich fähig sein sollten, etwas vorauszublicken, die Lage zu überdenken. Wenn Sie [die Verträge] aufkündigen, dann natürlich brauchen Sie sich wegen Ihres Kredits keine Sorgen mehr zu machen, denn er schwände mit einem solchen Vorgehen völlig dahin. Beabsichtigen Sie aber im Ring verantwortlichen Regierens auszuharren, dann brauchen Sie beträchtliche ausländische Finanzhilfe. Wo kann man die jetzt bekommen? Nur in einem Land – in Amerika."[49]

Danach schrieb Millard an Senator Borah und riet ihm davon ab, den Gedanken einer sofortigen Aufhebung aller exterritorialen Rechte in China zu fördern. China sei „auf diesen Wechsel jetzt nicht vorbereitet, und es ist so gut wie sicher, daß ein unvermittelter Übergang die herrschende Verwirrung bloß vermehren würde ... Es ist jetzt zweifelhaft, ob die hiesigen radikalen Elemente willens sein werden, vor einer völligen und sofortigen Aufkündigung haltzumachen: sie sind aufgeweckt genug, zu wissen, daß sie eben jetzt die Mächte in der Zwickmühle haben ... Das diplomatische Korps in Peking ist in seiner Bestürzung und Einfältigkeit fast bemitleidenswert."[50]

Borah schrieb zurück, er sei nur dafür, „auf die exterritorialen Rechte in China zu verzichten, sobald dies tunlich ist ... Ich war und bin mir klar darüber, daß sich dies nicht mit einem Schlag und über Nacht machen läßt."[51] Aber Borah war ein grundsätzlicher Gegner des fremden Imperialismus in China und ergriff jede Gelegenheit, ihn anzuklagen. Als die Hankauer Handelskammer dem amerikanischen Außenamt kabelte, daß sich die Moskauer Dritte Internationale „zugegebenermaßen auf den Osten konzentriert, um Chaos hervorzurufen", äußerte er heftig die Meinung, die Unruhe in China sei auf den westlichen Imperialismus zurückzuführen: „Die amerikanische Handelskammer in China ist ein Teil des imperialistischen Verbandes, der das chinesische Volk unterdrückt und ausbeutet."[52]

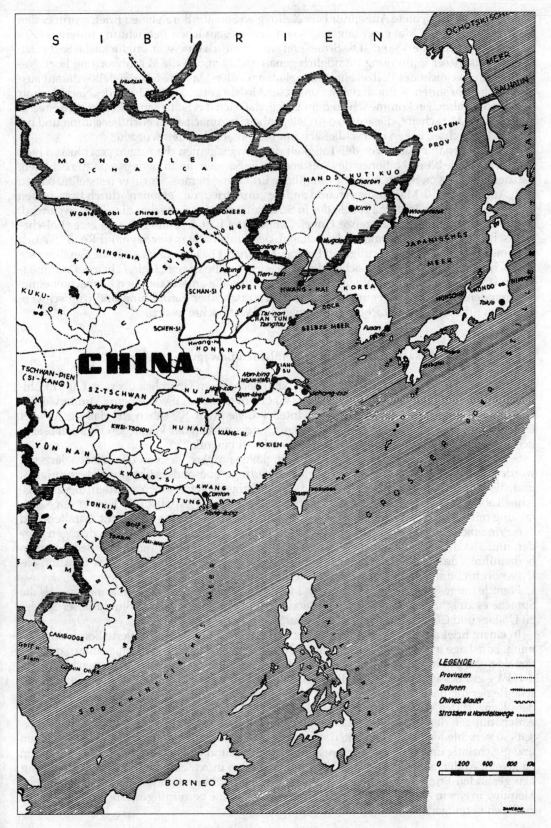

Am 21. August richtete Außenminister Kellogg an Senator Borah einen Brief, worin er den Zwischenfall des 30. Mai einer angemessenen und wesentlichen Betrachtung unterzog. Zusammenfassend bemerkte er: „Die Schießerei war natürlich eine sehr unglückliche Sache. Ich vermag aus dieser Entfernung unmöglich genau zu sagen, wo die Verantwortung liegt. Natürlich kann sie nicht der Polizei allein aufgeladen werden, da der Mob zweifellos darauf ausging, Unheil zu stiften."[53] Borah nahm von dieser Ansicht entschieden Abstand: „Nach den mir berichteten Tatsachen komme ich zu dem Urteil, daß sich das Schießen in keiner Weise rechtfertigen läßt. Mir scheint, diese ganze Angelegenheit ist zunächst mit Nichtbeachtung und bedauerndem Achselzucken und schließlich mit Brutalität behandelt worden."[54]

Während Senator Borah vor der Tätigkeit der Sowjetagenten die Augen geschlossen hielt und fortfuhr, die bösen Nationen des Westens für die Sünden des Imperialismus zu züchtigen, gab der Stadtrat von Schanghai eine öffentliche Erklärung heraus, worin er feststellte, daß zu dem Aufruhr des 30. Mai Studenten und andere „unzufriedene Personen" durch Brandreden aufgewiegelt hätten. In dem Prozeß, der in Schanghai stattfand, machte die Anklage geltend, daß die Studenten, die „das ganze Unheil" angestiftet hätten, „sämtlich von einer bolschewistischen Universität stammen – der Schanghaier Universität in der Seymour Road".[55] Auch der amerikanische Bevollmächtigte in Peking, Ferdinand L. Mayer, wies auf die Gefahren sowjetischer Intrigen hin. Er war sicher, daß „die Sowjets" die Lage in China „in jeder nur möglichen Weise ausbeuten".[56] In einem Punkte waren sich alle amerikanischen Beobachter einig: die fremdenfeindliche Bewegung verbreitete sich rasch über ganz China und trug schwere Gefahren für die althergebrachten Privilegien der Westmächte in sich.

Ursachen der fremdenfeindlichen Bewegung in China

Der amerikanische Gesandte MacMurray kam nach einem Überblick über die Lage in China zu dem Schluß, daß die Unruhe in China zu einem großen Teil von einem „Minderwertigkeitskomplex" herrühre, unter dem viele Intellektuelle litten. Sie sähen ein, daß sie „bei der Organisation ihres nationalen Lebens versagen, und sind sich der kläglichen Figur, die sie in den Augen der fremden Nationen machen, krankhaft bewußt".[57]

Senator Borah glaubte, dieser „Minderwertigkeitskomplex" sei von der Tatsache erzeugt worden, daß die Westmächte China „ungleiche Verträge", besonders über die Exterritorialität und die Zollautonomie, auferlegt hätten. Großzügige Konzessionen würden dieser Lage schnell abhelfen. In einem Brief an die „Baltimore Sun" vom 11. August 1925 legte er seine Auffassung mit allem Nachdruck dar „Exterritorialität widerspricht dem Geist des Zeitalters und den Prinzipien der Souveränität ... Was ich vorschlage und worauf ernstlich gedrungen werden muß, ist dies: daß die ausländischen Mächte ehrlich ... helfen, indem sie Bedingungen herbeiführen, unter denen die Exterritorialität aufgehoben werden könnte. Diese Schritte sollten sofort und unmißverständlich getan werden ...

Fremde Interessen beuten in China den Menschen und sein Leben ... schlimmer aus, als die Sprache es zu schildern vermöchte. Nirgend sonst in der Welt wird das Blut hilfloser Kinder zu Dollars und Cents gemünzt wie in China."[58]

In einem Brief an den Außenminister der Nationalisten-Regierung äußerte Borah die Meinung, „die Lage in China" sei „nicht eine Folge augenblicklicher Ursachen, sondern des Nationalgefühls in China, daß es ein Recht auf gleiche Behandlung unter den Nationen hat".[59] Um den Weg zur besten Ausprägung dieses Nationalgefühls freizumachen, sollte die amerikanische Regierung nach Borahs Ansicht zu einer unabhängigen Politik übergehen und sich aus dem Konzert der Mächte zurückziehen: „Meiner Meinung nach sind die Zwecke, Ziele und Anschauungen der Vereinigten Staaten einerseits und Großbritanniens und Japans andererseits so verschieden und divergent, daß es ganz unmöglich ist, mit ihnen zusammenzugehen und gleichzeitig unsere eigenen Interessen zu schützen und China Gerechtigkeit widerfahren zu lassen. Andererseits können die Vereinigten Staaten durch eine kühne, unabhängige, auf den gesunden Prinzipien von Gerechtigkeit und Fairneß beruhende Politik die öffentliche Meinung in einem Ausmaß hinter sich bringen, daß sie eine vernünftige Fernostpolitik durchzusetzen vermögen."[60]

Der Einfluß Senator Borahs auf die chinesischen Intellektuellen, die erbittert für Zollautonomie und Aufhebung der Exterritorialität kämpften, läßt sich schwer schätzen. Zweifellos lasen viele seine Erklärungen mit großem Interesse und schöpften aus seinen scharfen Anklagen gegen die „ungleichen Verträge" Mut. Tschungting T. Wang vom Generaldirektorium für die chinesisch-russischen Verhandlungen versicherte Borah in einem Brief, daß „die Stimme eines großen Staatsmannes eines großen Landes, das sich für internationale Gerechtigkeit und menschliche Prinzipien einsetzt, nicht verfehlen kann, uns in unserem Kampf um die Wiederherstellung unserer verlorenen Rechte ungeheuer zu stärken".[61] Ähnlich ist ein Brief gehalten, den Harry Hussey, ein prominenter Architekt Pekings, an Borah sandte: „Ihre Äußerungen haben mehr denn alles andere dazu beigetragen, die Chinesen in Schranken zu halten, als es hier in China sehr gefährlich aussah. Bevor Sie gesprochen hatten, waren die Chinesen verzweifelt ... Ihre Rede hat ihnen gezeigt, daß sie einen Freund in Amerika haben, und dies haben sich die konservativen Elemente so zunutze gemacht, daß sie die anderen unter Kontrolle bekommen konnten."[62]

Die Kuomintang fordert Zollautonomie

Der Zwischenfall von Schanghai war nur der Auftakt zu der Reihe fremdenfeindlicher Ausschreitungen in China, die im Sommer 1925 begannen. Gleichzeitig organisierten die Führer der Kuomintang einen Boykott gegen britische Waren. Er dauerte vom Juni 1925 bis zum Oktober 1926.[63] Der Gouverneur von Hongkong glaubte, daß die gegen die Briten gerichtete Unruhe auf „bolschewistische Intrige" zurückgehe.[64] Richtig ist jedenfalls, daß damals der linke Flügel der Kuomintang im Süden besonders aktiv war und daß die Konservativen in der Partei über die Zukunft Chinas besorgt wurden.

Um sich für ihr Streben, ganz China unter Kontrolle zu bekommen, eine breite Grundlage im Volk zu schaffen, stellten die Führer der Kuomintang ein Programm auf, dessen Hauptpunkte die Zollautonomie und die Aufhebung der Exterritorialität waren. Im Jahre 1928 schloß die amerikanische Regierung mit China ein Abkommen, wonach vom 1. Januar 1929 an die Zollautonomie in Kraft treten sollte. Was die Aufhebung der Exterritorialität betrifft, so waren die Verhandlungen ein Fehlschlag, und dies vergrößerte und steigerte Ausmaß und Heftigkeit der chinesischen Anklagen gegen den westlichen Imperialismus.

Die Chinapolitik der Vereinigten Staaten und die amerikanischen Missionare

Im Jahre 1925 lebten in China ungefähr fünftausend protestantische Missionare. Die amerikanischen Missionsgesellschaften gaben dort jährlich rund 10 Millionen Dollar aus; ihr Eigentum in China hatte nach der niedrigsten Schätzung einen Wert von 43 Millionen Dollar.[65] Es ist klar, daß diese wichtige Gruppe von Amerikanern, die sich zur Geltung zu bringen wußten, auf die Politik des Außenamtes entschiedenen Einfluß ausübte. Während der Regierung Coolidges waren die Missionen stark prochinesisch und sandten nach Washington eine Menge Denkschriften zu dem Zweck, auf die amtliche Auffassung einzuwirken. Die religiöse Presse nahm an dieser prochinesischen Kampagne lebhaft teil.

Am 20. August 1925 mißbilligte das „Christian Century" die angebliche Tatsache, daß die Fernostpolitik des Außenamtes in hohem Maße von einer „kleinen Koterie von Berufssachverständigen" beherrscht werde. Das Blatt sprach die Hoffnung aus, die Regierung Coolidges werde endlich den Rat dieser kleinen Bande befangener Experten ablehnen und die prochinesische Politik des Senators Borah übernehmen.[66] Im September trat dieselbe Zeitschrift nachdrücklich für die Aufhebung der Exterritorialität ein, die eine „Frucht des westlichen Imperialismus" sei und nur mit Waffengewalt aufrechterhalten werden könne.[67] Der Präsident der Yenching-Universität, Reverend J.L. Stuart, unterstützte diese Auffassung sofort.[68] Bald forderten der Bundesrat der christlichen Kirchen in Amerika und die meisten der großen Missionsgesellschaften, daß zur Abschaffung der veralteten Praxis der Exterritorialität etwas unternommen werde.[69]

Diese prochinesische Missionsmeinung rief in einigen Kreisen scharfe Kritik hervor. Im Juni 1926 äußerte der Redakteur der „Far Eastern Review", George Bronson Rea, die Ansicht, der Missionseinfluß in Amerika sei so stark, daß „die Wahl unseres Gesandten für Peking von einer Eignung bestimmt wird, die den Vorstellungen der Missionsleitungen entspricht". Er war überzeugt, daß diese Missionszentralen in Washington einen „Einfluß" ausübten, „dem entgegenzuhandeln kein Präsident, Staatsmann oder Politiker wagen würde. Sie können ihre Pläne nur dann erfolgreich entwickeln, wenn in Amerika eine Atmosphäre der Sympathie mit China bewahrt wird, denn sollte die öffentliche Meinung ... China abhold werden, würden die freiwilligen Beiträge, von deren dauerndem und wachsendem Zustrom die Existenz der Bewegung überhaupt abhängt, mit einem Schlage aufhören." Dieser missionarische Einfluß tue nicht nur dem amerikanischen Handel entschieden Abbruch, sondern sei tatsächlich für die fremdenfeindliche Unruhe verantwortlich, die sich über ganz China ausbreite. „Jeder erfahrene Kenner der chinesischen Angelegenheiten führt den gegenwärtigen Ausbruch fremdenfeindlicher Gefühle auf die Hysterie zurück, die von übereifrigen Missionaren und pädagogischen Verbesserern hervorgerufen worden sei."[70]

Rodney Gilbert, ein wohlbekannter Journalist in China, teilte Reas Ansicht. Würde sich die freundschaftliche missionarische Haltung in eine etwas kritischere wandeln, so würde sehr bald „die Flut unsagbaren Unsinns, die sich ein Jahr lang über Chinas Rechte und Bestrebungen nach Hause ergossen hat, in Amerika wie in England mit einem Male abgedämmt sein".[71]

Entwicklung der amerikanischen Politik gegenüber dem China der Nationalisten

Mit der zunehmenden Verschlechterung der politischen, wirtschaftlichen und sozialen Verhältnisse in China nach 1925 wurde es für die Missionsgesellschaften schwieriger, mit ihrer prochinesischen Anschauung die Politik des amerikanischen Außenamtes wesentlich zu beeinflussen. Das Problematischste in der chinesischen Gleichung war die politische Unbekannte. Als am 25. Oktober 1925 in Peking die Sonder-Zollkonferenz zusammentrat, stand das Regime des Präsidenten Tuan K'i-jui sichtlich auf schwachen Füßen. Die Pekinger Regierung wurde weitgehend von Tschang Tso-lin und Marschall Feng Yü-hsiang kontrolliert. Tschang war der Herr der Mandschurei, Feng beherrschte Nordwestchina. Aber ihre Position wurde bald von anderen Kriegsherren bedroht, als sich zeigte, daß günstige Beschlüsse der Sonder-Zollkonferenz erhöhte Einnahmen der Pekinger Regierung bedeuten würden.

Wu P'ei-fu und Sun K'uan-fang erhoben gegen die Verhandlungen der Mächte mit der „illegalen" Pekinger Regierung prompt Einspruch. Tschang Tso-lin wurde gezwungen, sich nach Mukden zurückzuziehen, und trotz den Vorkehrungen im Boxer-Protokoll wurden die Verkehrslinien zwischen Peking und der Küste von den Truppen der einander befehdenden Kriegsherren unterbrochen. Indessen, die militärische Lage in China blieb äußerst flüssig. Im März 1926 vereinigte Tschang Tso-lin seine Streitkräfte mit denen Wu P'ei-fus, seines erbitterten Feindes von gestern, und bald waren beide Armeen im Besitz Pekings. Der Präsident, Tuan K'i-jui, trat zurück, und einige Monate hindurch gab es in China nichts, was einer Zentralregierung geähnelt hätte. Angesichts dieser politischen Ungewißheit vertagte sich die Sonder-Zollkonferenz, und der fortdauernde Parteienkampf ließ es den Mächten geraten erscheinen, auf Versuche zur Wiederaufnahme der Diskussion zu verzichten.[72]

Eine drohende Botschaft des Außenministers der Kantoner Regierung war ein beißender Angriff auf die „Gespensterregierung in Peking", diese Schöpfung „eines Paars mittelalterlicher Militaristen und eines Bündels mandarinischer Staatsbuben und Staatskulis".[73] Zwei Wochen später richtete er seine Kanonen gegen die amerikanische Politik, die es versäumt habe, die Tatsache anzuerkennen, daß die Lage in China „revolutionär" und nicht „evolutionär" sei. Es müsse drastische Abhilfe geschaffen werden. Die alten „ungleichen Verträge" seien aufzuheben und neue Vereinbarungen zu treffen, die sich „mit der wahren Unabhängigkeit und Souveränität Chinas vertragen."[74]

Auf diese Bomben des reizbaren und unverschämten Tsch'en antwortete der amerikanische Gesandte in Peking mit einem langen sorgfältigen Bericht über die Lage in China an das

Außenamt. Seit 1918 habe es in Peking „kein Regime gegeben, das einen auch nur einigermaßen einleuchtenden Anspruch hätte erheben können, eine legal gebildete Regierung zu sein". Gleichwohl hätten es die Mächte bisher für vorteilhaft gehalten, „jede der Gruppen, die nacheinander im Besitz der Hauptstadt waren und sich erbötig machten, die Verpflichtungen einer chinesischen Regierung zu erfüllen, wenigstens de facto anzuerkennen". Es habe sich offenbar gelohnt, sich mit einer Zentralregierung abzugeben, „von der wir wußten, daß sie eine Fiktion war", solange sie „eine konservative Kraft blieb", die legitime ausländische Interessen schützte. Seit kurzem aber habe sich die Lage in China bis zu einem Grad des Zerfalls geändert, wo die Mächte nicht mehr erwarten könnten, „daß auf irgendein neues Regime konservative oder gar freundliche Tendenzen Einfluß gewinnen würden". Die Zentralregierung in Peking sei nichts weiter gewesen als „ein Pfand in einem phantastischen Spiel zwischen militärischen Rivalen ohne Treuebindungen und ohne Grundsätze". Es wäre daher müßig, von einer Sonder-Zollkonferenz irgend etwas zu erwarten. Die Beschlüsse einer solchen Konferenz könnten nicht von „einer Zentralregierung ausgeführt werden, die ein politisches Nichts ist und es auf Jahre hinaus bleiben muß".

Man sollte sich auch vergegenwärtigen, daß über Nordchina der rote Schatten Rußlands liege. Marschall Feng Yü-hsiang, „in Moskau in revolutionären Methoden frisch geschult", könne jederzeit nach Peking zurückkehren, und dann wäre sein erster Schritt, alle mit den Vereinigten Staaten und ändern „kapitalistischen Mächten" bestehenden Verträge „durch eine Erklärung, die er veranlassen würde", aufzuheben. Die amerikanische Regierung würde vermutlich klug handeln, „wenn sie die Fiktion von einer Zentralregierung in Peking fallenließe".[75]

Außenminister Kellogg war nicht geneigt, MacMurrays Anregung zu befolgen, das Außenamt solle jede Hoffnung aufgeben, daß eine Sonder-Zollkonferenz Ergebnisse zeitigen könne. Überdies glaubte er, es wäre ein Fehler, „China öffentlich zu notifizieren, daß es keine Regierung habe". Ein solcher Schritt „brächte die Feindschaft des chinesischen Volkes gegen uns auf, gäbe anderen Nationen die Möglichkeit, die Schuld am Fehlschlag der Konferenz uns zuzuschieben, und versähe sie ... mit der Entschuldigung, die sie suchen, um die Konferenz verlassen zu können ... Der Schritt, den Sie vorschlagen, würde nach meinem sicheren Gefühl in den Vereinigten Staaten nicht verstanden und sehr wahrscheinlich mit Mißfallen aufgenommen werden".[76]

Rote Berater in den Armeen der Kuomintang

Während Außenminister Kellogg und Gesandter MacMurray über die amerikanische Politik in China Noten wechselten, kündigte der schnelle Vormarsch der Kuomintang-Armeen eine gründliche Veränderung des fernöstlichen politischen Bildes an. Im Oktober 1926 waren die wichtigen Städte Hankau, Hanyang und Wutschang erobert worden, und im Dezember bereitete sich ein Stoß auf Schanghai vor.

Es ist bezeichnend, daß der Feldzugsplan der Kuomintang-Streitkräfte von dem bolschewistischen General Blücher (von den Chinesen General Ga-Lin genannt) und seinem Stab ausgearbeitet worden war. In jedem der zehn Korps hatten „ein oder mehrere Russen zu militärischen oder zu Propagandazwecken strategische Positionen inne". Den Soldaten waren „zivile Propagandisten" vorausgeschickt worden, „die den Bauern und dem Stadtvolk die Prinzipien Dr. Suns und Lenins predigten, ungeheure Mengen von Plakaten, Broschüren und Handzetteln verteilten, das Volk, die Willigen wie die Unwilligen, zu Bauern- und Arbeitervereinigungen organisierten und örtliche Sowjetregierungen einsetzten".[77]

Dieser rote Anstrich des Zuges der Kuomintang nach dem Norden machte der britischen Regierung offenbar wenig ernstliche Sorgen. Schon im Frühjahr 1926 schien das britische Außenamt „zu einer baldigen Anerkennung der Kantoner Regierung zu neigen". MacMurray glaubte, es sei dies vor allem auf Handelserwägungen zurückzuführen. Durch Besänftigung des roten Regimes in Kanton würde man dem „Streik und Boykott" gegen britische Waren „ein Ende bereiten".[78] Als das britische Außenamt im September die Frage der Anerkennung aufwarf, antwortete Außenminister Kellogg, die amerikanische Regierung sei bereit, „mit jeder repräsentativen Regierung Chinas Beziehungen aufzunehmen und zu verhandeln, die imstande scheint, Verpflichtungen, die sie eingeht, zu erfüllen". Sie habe jedoch nicht die Absicht, „mit einzelnen Provinzen oder Provinzgruppen" zu verhandeln.[79]

Peking und Kanton, fordern Revision der bestehenden Verträge

Im Sommer 1926 war die Regierung in Kanton so weit, gegen die sogenannten „ungleichen Verträge" mit den Westmächten entscheidend vorzugehen. Im September 1926 wurde bekannt, der erste Schritt in dieser Richtung werde die Erhebung von Zuschlagsteuern auf in Südchina eingeführte ausländische Waren sein. MacMurray war der Ansicht, daß die Westmächte auf eine solche Maßnahme mit einer gemeinschaftlichen „entschlossenen" Aktion gegen „diese Methode indirekter Aufkündigung der Verträge" antworten sollten.[80] Der amerikanische Geschäftsträger in Peking stimmte mit dem Gesandten überein. „Vielleicht könnte eine Seeblockade oder irgendeine andere ausführbare Gewaltmaßnahme" die Kantoner Regierung zur Vernunft bringen.[81]

Außenminister Kellogg jedoch war dagegen, durch eine gemeinschaftliche Intervention die Einhaltung der bestehenden Verträge zu erzwingen. Er wollte über einen formellen Protest in Kanton nicht hinausgehen.[82] Selbst diesen Protest wollte er nicht scharf gehalten haben, weil die britische Regierung, damit ihre Beschwichtigungspolitik gegenüber der roten Nationalregierung in Kanton fortführend, geneigt war, den Beschluß der Kuomintang über die Erhebung von Zuschlagsteuern hinzunehmen. Downing Street schlug vor, die Mächte sollten in ihren Noten nur auf Garantien gegen eine Erhöhung der Steuerraten bestehen. Das ging selbst dem friedfertigen Department of State zu weit; es lehnte die britische Anregung ab. Am 3. November wurde der amerikanische Generalkonsul in Kanton beauftragt, gegen die Erhebung der Zuschlagsteuer als vertragswidrig zu protestieren. Die übrigen Westmächte schlossen sich diesem Schritt sofort an.[83]

Dem dreisten Vorgehen Kantons folgte ein ähnlicher Schritt der Pekinger Regierung. Sie unterrichtete im Oktober 1926 Belgien und Japan, daß sie entschlossen sei, eine Revision der mit ihnen bestehenden Verträge zu verlangen. Am 6. November gab Peking bekannt, daß es den chinesisch-belgischen Vertrag von 1865 aufgekündigt habe.[84]

MacMurray in Peking war es klar, daß diese Prozedur auch gegen die mit den Vereinigten Staaten bestehenden Verträge durchgeführt werden würde, „wenn wir nicht in der Zwischenzeit sehr deutlich zu erkennen geben, daß wir nicht gewillt sind, eine solche Behandlung unserer Rechte zu dulden".[85] MacMurray entwickelte anschließend die These, daß es in China zwei miteinander rivalisierende Anschauungen über die Revision der „ungleichen Verträge" gebe: eine evolutionäre und eine stark revolutionäre. Die erste Schule hänge der Auffassung an, eine Vertragsrevision müsse von China und den Westmächten gemeinsam durchgeführt werden, und China habe der Welt zu beweisen, daß es fähig sei, der Verantwortlichkeit einer souveränen Nation gerecht zu werden. Gemäß dieser Theorie habe die Washingtoner Konferenz gehandelt, und dies sei „die Anregung zu der Sonderkonferenz über die Zölle und die Kommission über die Exterritorialität gewesen". Die Unterlassung Chinas aber, seine „Möglichkeiten wirksam" zu gebrauchen, habe, verbunden mit dem Zögern der Mächte, die Washingtoner Verträge ins Werk zu setzen, den „zerstörenden Einflüssen der Sowjets" durch jene revolutionäre Anschauung das Tor geöffnet. China habe auf dem russischen Weg zur Zurückweisung vertraglicher Verpflichtungen bereits einen bedeutenden Schritt getan. Es sei ratsam für die Vereinigten Staaten, eine „freundliche Warnung" auszusprechen, ehe China auf diesem zweifelhaften Pfad den nächsten Schritt tue.[86]

Außenminister Kellogg war nicht geneigt, an Kanton oder an Peking eine wirkliche Drohung zu richten. Die Folge war, daß die Angelegenheit der Zuschlagsteuern nicht durch Konferenzen der Westmächte mit den beiden chinesischen Regierungen geregelt wurde. Statt dessen gab die Pekinger Regierung ihre Verachtung für die Westmächte zu erkennen, indem sie Sir Francis Aglen aus dem Amt des Generalzollinspektors entließ. Dies veranlaßte MacMurray zu einem Kabeltelegramm an Außenminister Kellogg, worin er die Gefahren hervorhob, die sich hinter der Entlassung Sir Francis' abzeichneten. Es sollte auf der Hand liegen, daß weitere schwache Proteste gegen Vertragsverletzungen „fruchtlos" bleiben würden und daß „der fremde Handel künftig keinen Schutz vor den willkürlichen Erpressungen der lokalen Behörden" mehr haben werde.[87]

Dieser düstere Ausblick beunruhigte Kellogg nicht sonderlich. Das State Department sei sich über „die zunehmende Schwierigkeit, die völlige Anerkennung der Rechte amerikanischer Bürger in China zu erhalten", bereits klar geworden. Es sei aber nicht möglich, „die militärischen und die Marinestreitkräfte der Vereinigten Staaten einzusetzen, um die Beachtung der von den bestehenden Verträgen garantierten Rechte zu erzwingen". Die einzige Politik Amerikas gegenüber China sei eine Politik „der Geduld und der Wachsamkeit".[88]

Großbritannien macht Amerika die Führung in China streitig

Die Regierungen in Kanton und in Peking erwarteten von Washington mehr als Geduld und Wachsamkeit. Sie wünschten eine wirksame Vermittlung zwischen den Mächten und China mit dem Ziele großzügiger Konzessionen in den Fragen der Zollhoheit und der Abschaffung der Exterritorialitätsrechte. Das britische Außenamt merkte, woher der politische Wind in China wehte, und entschloß sich, einen Versuchsballon steigen zu lassen. Am 24. Dezember 1926 überreichte der britische Botschafter in Washington Außenminister Kellogg die Abschrift eines Telegramms an den britischen Gesandten in Peking. Es enthielt eine Feststellung der Prinzipien, die nach der Ansicht des britischen Außenamtes künftig die Politik der Westmächte in China leiten sollten. Der erste Grundsatz hob hervor, wie wichtig es sei, den Gedanken aufzugeben, „daß die wirtschaftliche und politische Entwicklung Chinas nur unter fremder Leitung gesichert werden könne". Die Mächte „sollen ihre Bereitwilligkeit erklären, sein [Chinas] Recht zum Genuß der Zollfreiheit für den Augenblick anzuerkennen, wo es selbst einen neuen Nationaltarif aufgestellt und veröffentlicht hat". Nach dieser tiefen Verbeugung vor den unverantwortlichen Elementen, die damals China ausmachten, fuhr die Denkschrift fort, die Mächte müßten „ausdrücklich auf jede Absicht Verzicht leisten, einem unwilligen China fremde Kontrolle aufzuzwingen". Ein abschließendes Gebot besagte, die Mächte sollten auch „ihre herkömmliche Haltung, starr auf dem genauen Buchstaben der Vertragsrechte zu bestehen, mildern".[89]

Das Department of State war von diesem britischen Versuch, den „amerikanischen Donner" in China zu entwenden, peinlich überrascht[90] und fürchtete die heimische Kritik wegen der Unterlassung des Außenministers, eine effektive Politik zu umreißen und zu verfolgen. MacMurray in Peking kommentierte die britische Denkschrift mit ätzender Schärfe. Während es für die Mächte ratsam sein möge, sich gegenüber China weniger „quengelnd und kleinlich aufzuführen", sei doch die von den Briten vorgeschlagene allgemeine Formel, bei einer „Nichtbeachtung von Verpflichtungen durch die Chinesen in allen Angelegenheiten, die die Mächte möglicherweise nicht einhellig als lebenswichtig betrachten, durch die Finger zu sehen ... eine Einladung an die Chinesen, den Grundsatz der Nichtanerkennung bis zu welchem Punkt immer zu treiben, der sich als Grenze der westlichen Toleranz erweisen mag". Jedoch die Tatsache allein, daß solche radikalen Konzessionen von einem Land vorgeschlagen worden seien, das im Handel mit China noch vorherrsche, zwinge die Vereinigten Staaten, eine ähnliche Haltung einzunehmen.[91]

In diesem Punkte sollte sich MacMurrays Beurteilung der Lage bald als treffend erweisen, denn Außenminister Kellogg schloß sich unverzüglich dem britischen Vorgehen an, und Peking wurde unterrichtet, daß die Grundsätze der britischen Empfehlungen „seit langer Zeit zur Politik der Regierung der Vereinigten Staaten gehört" hätten. Das Außenamt sei bereit, die erste Gelegenheit zu ergreifen, „mit einer repräsentativen chinesischen Regierung zu verhandeln, um die bestehenden amerikanischen Verträge im Hinblick auf einen Verzicht auf die exterritorialen Privilegien amerikanischer Staatsbürger in China und auf die Gewährung des Rechtes an China zu revidieren, für Erzeugnisse amerikanischen Ursprungs einen eigenen Zolltarif aufzustellen".[92]

MacMurray bat Außenminister Kellogg, mit der Gewährung wichtiger Konzessionen an unverantwortliche Gruppen in China nicht so schnell vorzugehen. Eine solche Politik „brächte uns" bei den Chinesen „weder Bedeutung noch Achtung ein ... Sie würde in der Tat nur dazu ermutigen, uns und andere Ausländer nicht nur aller außerordentlichen Rechte, sondern auch der ordentlichen Rechte zu berauben".[93] Kellogg verwarf den klugen Rat und formulierte die amerikanische Politik in genauer Übereinstimmung mit den chinesischen Wünschen, wie sie ihm bei den täglichen Unterredungen mit dem chinesischen Gesandten in Washington, Dr. Alfred Sze, vorgetragen wurden. Am 27. Januar 1927 schließlich gab er bekannt, daß die amerikanische Regierung völlig bereit sei, „die Verhandlungen über die ganze Angelegenheit der Zölle und der Exterritorialität fortzusetzen" und sie „im Namen der Vereinigten Staaten allein" zu beginnen.[94] Erörterungen mit den Regierungen sowohl Kantons als auch Pekings würden erwartet. Indessen, es währte nicht lange, und der Erfolg des Zuges des Kuomintang-Heeres nach Norden machte eine Erwägung der Wünsche Pekings überflüssig.

Der Kongreß für eine Politik der Vertragsrevision

Die prochinesische Politik Außenminister Kelloggs wurde im Kongreß stark unterstützt. Die Porter-Resolution vom Januar 1927 ersuchte den Präsidenten, mit den „gebührend akkreditierten Vertretern der Republik China" unverzüglich in Verhandlungen einzutreten zu dem Zweck, Verträge zu schließen, die zwischen den beiden Ländern Beziehungen „auf der Grundlage der Gleichheit und Gegenseitigkeit" herstellen würden. Mitglieder beider Parteien traten für diese Entschließung ein. Conally von Texas meinte, die Unruhe in China gehe „bis auf den Opium-Krieg im Jahre 1842 zurück ... Von diesem Tag bis heute ... haben die Mächte China ihren Willen aufgezwungen."[95] Carroll L. Beedy von Maine äußerte die gleiche Sympathie für China: „Ich wünsche, daß mein Land das Äußerste tue, China von dem Fluch der ungleichen Verträge und der fremden Mißwirtschaft zu befreien."[96] Am 21. Februar nahm das Repräsentantenhaus den Entschließungsantrag mit der überwältigenden Mehrheit von 262 gegen 43 Stimmen an.[97] Der Entwurf ging dann an den Senat, wo er in einem Fach des Büros des Ausschusses für auswärtige Angelegenheiten verstaubte.

Während der Debatte des Repräsentantenhauses über die Porter-Resolution setzte sich die amerikanische Presse zum großen Teil leidenschaftlich für die Annahme ein. Besonders die „Sun" in Baltimore drängte auf sofortige und fördernde Beratung. Das chinesische Volk sei von den Westmächten auf jede nur mögliche Weise „tyrannisiert und vergewaltigt" worden. Die lange Zeit der Unterdrückung sei nun vorüber, und China werde endlich den ihm zustehenden Platz unter den Nationen der Welt gesichert erhalten.[98] Die „Washington Post" meinte, der einzige ehrenvolle Weg für Amerika sei, „sich der chinesischen Nation als eines Freundes anzunehmen und sie als gleichberechtigt zu behandeln".[99] Auch die New Yorker „World"[100], das Louisviller „Courier-Journal"[101] und der „Kansas City Star"[102] gaben das Echo zu diesen Gefühlen der Freundschaft. Die „Chicago Tribune" jedoch trat den prochinesischen Angriffen auf die „ungleichen Verträge" entgegen. Der Aufschrei gegen „Ausbeutung" der Chinesen „durch die Fremden" sei „in sehr beträchtlichem Maße eine innenpolitische Sache und eine gefährliche Devise". Die Porter-Resolution verrate entweder eine „bodenlose Unkenntnis der notorischen tatsächlichen chinesischen Verhältnisse" oder sei „das Theater einer wohlfeilen Politik zur Befriedigung einer Gefühlsduselei in diesem Lande, die vor den Tatsachen die Augen verschließt".[103]

Die „Chicago Tribune" war besonders wegen des roten Einschlages der Kantoner Regierung besorgt. Die Kantoner unterhielten „engste Beziehungen zu Moskau", und die Amerikaner sollten sich vergegenwärtigen, daß Sun Yat-sen in seinen letzten Jahren eng mit kommunistischen Agenten zusammengearbeitet habe.[104] Auch die „New York Times" verhielt sich gegen Kanton kritisch. Die Fremdherrschaft in China sei eine Mythe außer „insoweit, als die Kantoner unter dem Einfluß Sowjetrußlands stehen".[105]

Der Zwischenfall von Nanking und seine Rückwirkungen

Als die Armeen der Kantoner Regierung unter Tschiang Kai-schek im Frühjahr 1927 nordwärts marschierten, durchbrach der fremdenfeindliche Geist nach jahrelanger Entwicklung alle Dämme. Am 24. März 1927 kam es in Nanking zu einem schweren Zwischenfall. Als einige Trupps der Nationalarmee an der amerikanischen Gesandtschaft vorbeizogen, begrüßte sie der amerikanische Konsul, John K. Davis, mit einer Ansprache. Die Antwort war, daß ihn die Soldaten „in der wüstesten Art" verwünschten. Ein Unteroffizier schrie: „Ihr seid alle gleich ... Ihr Amerikaner habt jahrelang unser Blut getrunken und seid davon reich geworden. Wir haben jetzt damit zu tun, Fengsche Soldaten zu töten, werden aber bald damit anfangen, alle Fremden in Nanking umzubringen, ganz gleich, aus welchem Land sie sind."[106]

Diese Drohung wurde bald wahrgemacht. Der Vizepräsident der Nankinger Universität, Dr. John E. Williams, wurde durch einen „mutwillig" auf ihn abgefeuerten Schuß durch den Kopf getötet. Sieben amerikanische Missionare kamen im Konsulat an und brachten erschreckende Geschichten von unprovozierten Gewalttaten mit. Konsul Davis beschloß, die im Konsulat anwesenden Amerikaner zu dem als Secony Hill bekannten Anwesen der Standard Oil Company zu bringen, wo die auf dem Jangtsekiang liegenden Kanonenboote einigen Schutz geben konnten. Kaum waren sie dort, da kam eine Bande Soldaten an und konnte nur mit Mühe beschwichtigt werden. Andere Banden eröffneten auf die Flüchtlinge von Secony Hill das Feuer, und es hätte bald Tote gegeben, wenn nicht die Kanonenboote die Bedrohten durch einen „Vorhang von Granaten" gedeckt hätten. Am nächsten Morgen konnte die ganze Gruppe an Bord der Schiffe gehen, die auf dem Fluß warteten, und in Sicherheit gebracht werden.

Bei den Nankinger Exzessen wurden sechs Ausländer getötet: ein Amerikaner, drei Engländer, ein Italiener und ein französischer Priester. Zehn Missionsgebäude wurden niedergebrannt, die Wohnungen der Missionare geplündert. Das amerikanische, das britische und das japanische Konsulat wurden zerstört.

Der amerikanische Konsul in Nanking berichtete an das Außenamt, die für die Gewalttaten verantwortlichen Soldaten seien „reguläre Kuomintang-Truppen" gewesen und hätten „auf Befehl gehandelt". Gesandter MacMurray war „völlig überzeugt", daß „dieser Feldzug der Terrorisierung und Beschimpfung der Ausländer" von der Kantoner Regierung „nicht nur begünstigt und geleitet, sondern sogar vorbereitet" worden sei.[107]

Aus Tokio kam die Mitteilung, daß die Nankinger Ausschreitungen nur Teil eines umfassenden radikalen Plans zur Beseitigung Tschiang Kai-scheks seien. Der japanische Außenminister bemerkte zu Botschafter Mac Veagh, er halte „harte Maßnahmen" der Mächte gegen Tschiang nicht für angebracht, weil man damit „den Radikalen unter den Kantonern" in die Hände spielen würde.[108] Das britische Außenamt teilte diese Meinung. Es empfehle sich, Tschiang zu stützen, in der Hoffnung, daß er fähig sei, den Kern eines gemäßigten Elements zu bilden, das gegen die extremistische Gruppe in der Nationalisten-Regierung gerichtet wäre". Man sollte zuerst bei dem linksradikalen Außenminister der Kantoner Regierung, Eugene Tsch'en, Wiedergutmachungsforderungen erheben. Diesem Schritt müßten Konsultationen unter den Vertretern der Mächte über die Anwendung von Sanktionen gegen Kanton vorausgehen.[109]

Als der Schatten von Sanktionen auf den Schreibtisch Außenminister Kelloggs fiel, war er sogleich wegen der Möglichkeit eines wirklichen fernöstlichen Sturms tief besorgt. Seine erste Reaktion war, MacMurray zu instruieren, daß das Außenamt nicht für die Anwendung „drastischer Sanktionen gegen die Nationalisten" sei.[110] Er werde nicht weitergehen als bis zur Überreichung gleichlautender Protestnoten Amerikas, Frankreichs, Großbritanniens, Italiens und Japans an Tsch'en. Diese Noten wurden schließlich am 11. April von den Konsuln der fünf Mächte in Hankau gleichzeitig überreicht. Sollten es die „nationalistischen Autoritäten" unterlassen, diesen Bedingungen „unverzüglich nachzukommen", so sähen sich die Mächte gezwungen, „solche Maßnahmen" zu treffen, wie sie von ihnen für „angemessen" gehalten würden.[111]

Die Mächte erachteten die Antworten Eugene Tsch'ens übereinstimmend für „nicht befriedigend", und so trat wieder die Sanktionsfrage in den Vordergrund. Außenminister Kellogg schreckte vor einem solchen Weg zurück und suchte eifrig nach einem Alternativvorschlag. Das japanische Außenamt hatte einen bereit: es machte geltend, daß die Zeit gekommen sei, zwischen Tschiang Kai-schek und dem kriegerischen Eugene Tsch'en eine Spaltung herbeizuführen. Kellogg griff schnell nach diesem diplomatischen Rettungsring und verkündete, die beste Politik wäre, „Eugene Tsch'ens Note unbeantwortet zu lassen und die Entwicklung abzuwarten". Es sollte nichts unternommen werden, was Tschiang Kai-schek in Verlegenheit brächte.[112]

MacMurray drückte die Hoffnung aus, daß solche Sorgen nicht zu einem Bruch in der gemeinschaftlichen Politik der Anwendung von Druckmaßnahmen gegen die Kantoner Regierung führen würden. Zöge sich Amerika aus dem Konzert der Mächte zurück, so wäre die unvermeidliche Folge ein neues englisch-japanisches Bündnis, das die Lage im Fernen Osten beherrschen würde.[113] Kellogg erwiderte, er habe nicht beschlossen, sich in seinem Verhalten zur Nationalistischen Regierung „gänzlich" von einer Zusammenarbeit mit den Mächten „zurückzuziehen". Das Außenamt stehe nach wie vor zu den Verpflichtungen, die es in der Sache der Exterritorialität und der Revision des chinesischen Zolltarifs übernommen habe, werde aber ebenso auf einer Politik „gemäßigten Handelns" in China beharren. Die Zeit sei vorüber, wo fremde Länder „chinesisches Gebiet an sich nehmen oder mit Gewalt für ihren Handel besondere Einflußsphären behaupten konnten".[114]

Als die Vertreter der Mächte in Peking eine Denkschrift vorbereiteten, die im Zusammenhang mit der von ihnen vorgeschlagenen Chinapolitik wieder die Annahme des Sanktionsprinzips empfahl, las ihnen Außenminister Kellogg den Text über die Torheit, die Anwendung von Gewalt als ein Mittel zu erwägen, die Kantoner Regierung zur Einwilligung in die Wiedergutmachungen zu zwingen. Amerika sei gegen „drastische Aktionen" und gehe nicht einmal mehr so weit, gemeinsam mit den andern Mächten Eugene Tsch'en eine zweite gleichlautende Note zu überreichen.[115]

Angesichts der amerikanischen Politik der Untätigkeit fielen die Pläne der Mächte für entschiedenes Handeln gegen die Nationalisten-Regierung schnell in sich zusammen. Damit war, im April 1927, das Signal für Tschiang Kai-schek gegeben, mit den kommunistischen Elementen in der Kuomintang zu brechen und Pläne zur Errichtung eines konservativeren Regimes zu machen, das von den Westmächten mit günstigeren Augen betrachtet werden würde.

Außenminister Kellogg und die rote Gefahr in China

Bis zum April 1927, als Tschiang Kai-schek Mihail Borodin und andere kommunistische Führer ausbootete, war die Kuomintang einer von Moskau vorgezeichneten Linie gefolgt. Das lag für ausgekochte Beobachter des Fernen Ostens klar zutage, aber Präsident Coolidge und das Außenamt schienen gegenüber der kommunistischen Drohung gleichgültig. Der Präsident selber hielt an dem Ton freundlicher Beziehungen fest, ganz gleich, welche Färbung die führende Gruppe der Nationalisten annahm. Bei einem Essen der United Press Association am 25. April erklärte er, seine Regierung „wünsche nicht, einen Kurs der Aggression gegen das chinesische Volk zu steuern". Schließlich werde sich die Unruhe in China „legen und eine Autorität emporsteigen, die zweifellos bereit sein wird, jedes Unrecht, das wir erlitten haben, in angemessener Weise gutzumachen".[116]

Diese naive Haltung ging den amerikanischen Geschäftsleuten in den chinesischen Vertragshäfen auf die Nerven. Im April 1927 gab die amerikanische Handelskammer in Schanghai eine Erklärung heraus, die die Aufmerksamkeit auf die Verbindung von chinesischem Nationalismus und russischem Kommunismus lenkte: „Militarismus, Straßenräuberei und Bolschewismus haben alles, was noch mit Gesetz und Ordnung eine entfernte Ähnlichkeit hatte, im größten Teil Chinas vernichtet ... Wir glauben, daß eine sofortige gemeinschaftliche Aktion der Mächte zur Wiederherstellung der Sicherheit für Leben und Eigentum der Ausländer in den Vertragshäfen ... zum schließlichen Wohle des chinesischen Volkes auf ganz China eine tiefgreifende Wirkung ausüben wird."[117]

Rodney Gilbert stimmte mit der Ansicht der amerikanischen Handelskammer in Schanghai überein und beklagte, daß die Regierung Coolidges die Politik vereinten Druckes auf China aufgegeben hatte. Über Peking bemerkte er: „Die ganze Gemeinde, Verwaltung wie Geschäftswelt, ist angeekelt und entmutigt über alle Begriffe."[118]

Im Oktober 1927 ließ George Bronson Rea in einer Rede vor der Handelskammer der Vereinigten Staaten das durch weite Gebiete Chinas schleichende Gespenst des Bolschewismus erscheinen: „Wenn wir zugeben, daß Sowjetrußland ein Recht habe, in die inneren Angelegenheiten Chinas einzugreifen und sich chinesischer Armeen zu bedienen ... um seinen Krieg gegen die Interessen der anderen Mächte zu fördern, dann haben die Mächte ... das gleiche Recht, zum Schutz ihrer Interessen in die inneren Verhältnisse Chinas einzugreifen."[119]

Die amerikanische Handelskammer in Schanghai war überzeugt, daß die chinesische nationalistische Bewegung „von den Sowjets inspiriert und organisiert" worden sei.[120] Dieselbe Ansicht drückte der „North China Herald" in seiner Sonderbeilage „China im Chaos" aus: „Wer auch immer Verhandlungen [zwischen den Mächten und China] fordert, er bekommt es mit selbsternannten Volksvertretern zu tun, die die notorischen Strandräuber und Plünderer dieses unglücklichen Landes sind, während unmittelbar hinter ihnen die bolschewistischen Agitatoren stehen."[121]

Der „North China Herald" nahm den Bruch Tschiangs mit den Kommunisten (April 1927) wegen dessen bolschewistischer Vergangenheit mißtrauisch auf: „Die Ausländer, die in der Revolte gegen die Sowjetbefehle oder in der rücksichtslosen Unterdrückung der kommunistischen Arbeitergruppen einen Beweis für einen ernsten Gesinnungswandel erblicken ... sind für die Grundmotive hinter dieser Wandlung blind. Wir haben weder in der Förderung des bolschewistischen Programms noch in der Revolte dagegen jemals etwas anderes sehen können als kalte, berechnende Heuchelei."[122]

Diese gegen Tschiang Kai-schek gerichtete Anklage der Heuchelei fand in den Vereinigten Staaten wenig Zustimmung. Die Regierung Coolidges war entschlossen, von ihm das beste zu glauben, und im Frühjahr 1928 bereit, seine Regierung anzuerkennen. Am 30. März 1928 wurde durch einen Notenaustausch der Nankinger Zwischenfall beigelegt. Es brauchte nur noch die förmliche Anerkennung zu folgen. MacMurray warnte das Außenamt vor einem solchen Schritt: „Was die Wahrscheinlichkeit angeht, daß die Nationalisten eine in dem Sinne verantwortliche Regierung errichten werden, daß sie wirklich imstande ist, ihre inneren wie ihre internationalen Verpflichtungen zu erfüllen, so erscheint mir das als äußerst problematisch; auch erwarte ich es nicht in absehbarer Zukunft."[123]

Außenminister Kellogg schenkte dem Rat des Gesandten MacMurray nur selten Beachtung. Diesmal ging er einfach darüber hinweg und schloß am 25. Juli 1928 mit der Regierung Tschiang Kai-scheks einen Vertrag, der in bestimmter Form die chinesische Zollautonomie vorsah.[124] Als MacMurray über den Status der Regierung Tschiangs Instruktionen erbat, unterrichtete ihn Außenminister Kellogg unverzüglich dahin: „Die Unterzeichnung des Vertrages vom 25. Juli mit Vertretern der Nationalregierung hat technisch die Anerkennung dieser Regierung herbeigeführt, und es bedarf nicht der Ratifikation durch den Senat, um die Anerkennung wirksam werden zu lassen."[125]

Der erbitterte Kampf, die Einigung Chinas zu erreichen und die Anerkennung der Nationalistischen Regierung durch die Westmächte zu sichern, schien gewonnen. Aber die rote Hefe, die Tschiang selber tief in den chinesischen Teig gesenkt hatte, hörte zu gären nie auf und sollte schließlich nicht nur den Staatsmann Tschiang, sondern ganz China vernichten.

Kapitel III

Fortdauernde Spannung mit Japan deutet auf unvermeidlichen Krieg

Einwanderungsgesetzgebung und Japan

Wenn amerikanische Politiker von dem turbulenten chinesischen Schauplatz auf die stille Landschaft Japans blickten, dann fühlten sie nicht Erleichterung, sondern betrachteten das ruhige Bild Alt-Nippons mit Argwohn. Der gelassene Gang der Dinge im Inselreich rührte nicht wenigen Amerikanern, denen die stets bewegte Atmosphäre der Demokratie Lebensluft und der gleichmäßige Rhythmus der Regierung des Mikado fremd waren, empfindlich an die Nerven. Seit 1913 war Japan fast ununterbrochenen Angriffen des Department of State ausgesetzt gewesen. Die Regierung Wilsons hatte gegen Tokio an mehreren Fronten eine anhaltende Offensive geführt, und unter der im Jahre 1921 ans Ruder gelangten republikanischen Regierung war die Washingtoner Konferenz einberufen worden zu dem ausgesprochenen Zweck, japanischen Expansionsplänen Halt zu gebieten. Die Stimmung in den Vereinigten Staaten war entschieden japanfeindlich. So konnte es nicht ausbleiben, daß sich am diplomatischen Horizont das Gewölk von Mißhelligkeiten zwischen den beiden Ländern zusammenzog. Die erste Gewitterdrohung erhob sich aus der Einwanderungsfrage.

Nach der Beendigung des Weltkrieges regte sich in den Vereinigten Staaten immer stärker die Befürchtung, daß sich aus den erschöpften und verarmten Ländern Europas eine riesige Einwanderungswoge über die amerikanischen Küsten ergießen werde. Um dem vorzubeugen, nahm der Kongreß am 19. Mai 1921 ein Gesetz an, das die Anzahl der Fremden jeder Nationalität, denen die Vereinigten Staaten Aufnahme gewähren würden, auf jährlich 3 Prozent der im Jahre 1910 „in den Vereinigten Staaten ansässigen gebürtigen Ausländer der betreffenden Nationalität" beschränkte. Einige Monate später wurde die Einwanderungsquote auf je 2 Prozent der im Jahre 1890 gezählten Amerikaner ausländischer Geburt herabgesetzt.[1] Gegen die erwartete Einwanderungsflut war ein hoher Damm errichtet worden.

Bald zeigte sich, daß die neue Einwanderungsgesetzgebung Japan gegenüber mehr bedeutete als eine bloße Ergänzung des Gentlemen's Agreement mit Tokio, das seit 1907 die Immigration japanischer Arbeiter geregelt hatte. Im Jahre 1921 kam im äußersten Westen eine Bewegung auf mit dem Ziel, jede weitere Einwanderung japanischer Arbeiter gesetzlich auszuschließen. Die Handhabe dazu bot ein in einer Entscheidung des Obersten Gerichtshofes vom Jahre 1922 stehender Satz, der den Japanern die Einbürgerungsfähigkeit absprach. Er ermöglichte der Bundeslegislative den Entwurf eines Gesetzes, dessen Wirkung sich praktisch allein gegen die japanische Einwanderung richtete.[2]

Das mit diesem Entwurf geforderte Gesetz verbot die Einwanderung nicht einbürgerungs-fähiger Ausländer. Im Dezember 1923 wurde die Vorlage im Kongreß eingebracht. Der japa-nische Botschafter übermittelte sofort einen scharfen Protest: es sei für seine Regierung eine Notwendigkeit, sich zu vergewissern, „ob Japan als Nation für berechtigt angesehen wird oder nicht, die gleiche Achtung und die gleiche Rücksicht zu beanspruchen wie andere Na-tionen".[3]

Am 8. Februar sandte Außenminister Hughes an den Abgeordneten Albert Johnson, den Vorsitzenden des Repräsentantenhaus-Ausschusses für Einwanderungsfragen, ein langes Schreiben, worin er das beantragte Gesetz als unvereinbar mit dem Vertrag von 1911 kriti-sierte. Es würde auch „großenteils die von der Washingtoner Konferenz über Rüstungsbe-schränkung geleistete Arbeit zunichte machen, die unser Verhältnis zu Japan so sehr verbes-sert hat". Sicherlich sei es „nicht der Mühe wert, eine befreundete Nation, zu der wir die herz-lichsten Beziehungen hergestellt haben, dermaßen vor den Kopf zu stoßen".[4]

Während dieser Protestbrief ruhig im Schreibtisch Mr. Johnsons schlummerte, ging der No-tenwechsel zwischen Außenminister Hughes und Botschafter Hanihara über die Einwande-rungssache weiter. Hanihara betonte, seine Regierung wolle nicht „das souveräne Recht irgendeines Landes in Frage stellen, die Einwanderung in sein Gebiet zu regeln". Sie könne jedoch die Notwendigkeit einer Maßnahme nicht einsehen, die „nicht nur den berechtigten Stolz einer befreundeten Nation ernstlich verletzen müßte ... sondern auch die Frage nach Treu und Glauben und damit die Ehre ihrer Regierung hineinzöge". Eine Annahme des Gesetz-entwurfes könnte zu „ernsten Folgen" führen, die man hoffentlich durch eine andere Art der Einschränkung vermeiden werde.[5]

Als Außenminister Hughes die Korrespondenz dem Kongreß übersandte, erklärte Senator Lodge, die Wendung „ernste Folgen" sei eine „versteckte Drohung", die mit sofortiger Ver-abschiedung des Gesetzentwurfes beantwortet werden sollte. Beide Häuser des Kongresses handelten danach. Darauf versicherte Hanihara in einem Schreiben an Hughes, es sei ihm nicht möglich, zu „verstehen, wie die beiden Worte im Zusammenhang gelesen als etwas wie eine Drohung ausgelegt werden konnten".[6] Hughes pflichtete der Ansicht des Botschafters bei und schrieb Senator Lodge, daß ein nicht wiedergutmachender Schaden zugefügt wor-den sei, „nicht Japan, sondern uns". Es sei höchst unklug gewesen, in den Herzen vieler Ja-paner ein Gefühl bitteren Grolls gegen die Vereinigten Staaten zu erwecken: „Ich mag nicht daran denken, welche Ernte aus dieser Saat hervorgehen wird."[7]

Japanische Einladung an die Vereinigten Staaten zu Kapitalanlagen in der Mandschurei

Die amerikanische Presse machte sich über die Saat des Hasses, die durch die Annahme des Ausschließungsgesetzes in die japanischen Herzen gesenkt worden war, zum großen Teil kei-ne besonderen Gedanken. Nach dem „San Francisco Examiner" empfand Kalifornien „tiefe und triumphierende Genugtuung" darüber, daß der Schutz der Interessen der Westküste nun offenbar gesichert sei.[8] Andere Blätter im Westen und in den Staaten der Rocky Mountains äu-ßerten sich ähnlich. Dieses feindselige Gefühl gegen Japan saß so tief und war so weit ver-breitet, daß es die japanisch-amerikanischen Beziehungen bis zur Tragödie von Pearl Harbour vergiftete. Wie sehr die Abneigung der öffentlichen Meinung gegen Japan zur Fortdauer der Spannung zwischen den beiden Ländern beitrug, zeigte sich deutlich in den Verhandlungen zwischen der japanischen Regierung und dem Haus Morgan über die Gewährung einer An-leihe zur Entwicklung der durch die Südmandschurische Bahn erschlossenen Möglichkeiten.

Am 29. Oktober 1927 berichtete das „New York Journal of Commerce", daß die Südmand-schurische Bahn eine amerikanische Anleihe von 40 Millionen Dollar suche. Sie solle zum Aus-bau der Kohlengruben von Fuschun und zur Vervollkommnung bestimmter agrarischer Kul-tivierungsmaßnahmen dienen wie zu gewissen Rückvergütungsoperationen beitragen. Ar-thur N. Young vom Amt des Wirtschaftsberaters des Außenministers schrieb sofort an Kellogg und an den Leiter der Fernostabteilung des Außenamtes, Nelson T. Johnson, und lenkte ihre Aufmerksamkeit auf diese Pressemeldung. Dazu bemerkte er: „Das Außenamt hat bisher die Haltung eingenommen, gegen eine solche Finanzierung deshalb Einwendungen zu erheben, weil sie auf eine Benutzung amerikanischen Kapitals zu dem Zweck hinausliefe, die japanische Durchdringung der Mandschurei zu fördern, und weil wir den Standpunkt vertreten haben, daß es unerwünscht ist, mit Hilfe amerikanischer Gelder in dritten Ländern Unternehmungen zu fördern, die den amerikanischen Interessen abträglich sein könnten."[9]

Nelson Johnson antwortete Young unverzüglich. Er habe Außenminister Kellogg aufgesucht, und dieser habe ihm versichert, daß er sich „ganz klar auf die Haltung besinne, die wir in der Frage der Finanzierung der Südmandschurischen Bahn eingenommen haben, und daß wir, wenn die Sache spruchreif wird, bei dieser Haltung bleiben werden".[10]

T.W. Lamont vom Bankhaus Morgan war der Meinung, daß das Außenamt seinen Standpunkt in der Frage der Gewährung von Anleihen zur Entwicklung der von der Südmandschurischen Bahn eröffneten Möglichkeiten revidieren sollte. In einem Brief an den Staatssekretär des Außenamtes, Olds, beurteilte er auf Grund einer kürzlichen Reise in die Mandschurei die allgemeinen Aussichten dort folgendermaßen: „Ich habe beobachtet ... daß heute die Mandschurei in ganz China wohl das einzige Gebiet mit gefestigten Verhältnissen ist und daß sie, da die Japaner dort sind, in den chinesischen Angelegenheiten eher eine stabilisierende Kraft als ein Störungsnest sein wird. Die Japaner entwickeln die Mandschurei in der Hauptsache nicht im militärischen Sinne, sondern wirtschaftlich. Sie tun dies nicht zum Nutzen der japanischen Kolonisten, denn es wandern nur wenig Japaner in die Mandschurei ein. Tatsächlich wirkt sich die Entwicklung zugunsten der Chinesen aus. Angesichts der wechselvollen Verhältnisse und der Kriegswirren in einem großen Teil Chinas strömen jetzt Chinesen zu Tausenden in die Südmandschurei, um dem Bandenunwesen, der Straßenräuberei und den Plünderungen zu entrinnen, denen sie anderwärts ausgesetzt sind."[11]

Als Tschiang Kai-schek von dem Anleihegesuch hörte, beunruhigte ihn das tief. Er ließ den amerikanischen Botschaftsrat in Peking, Mayer, wissen, daß „die Chinesen eine Anleihe der oben beschriebenen Art allgemein als eine Abkehr von der traditionellen amerikanischen Haltung China gegenüber betrachten würden, da ein solcher Schritt die japanischen Anstrengungen, die Mandschurei zu beherrschen, unmittelbar unterstützen würde". Daran schloß Tschiang den Hinweis, daß er in der Mandschurei „nach geeigneter Anlage suchendes amerikanisches Kapital mehr als willkommen heiße und dazu jede mögliche Erleichterung" böte.[12]

Tschiang Kai-scheks Angebot war insoweit, als er über die Mandschurei keine Kontrolle hatte, etwas voreilig. Daß Lamont gefunden hatte, die Mandschurei sei die einzige chinesische Provinz, wo Leben und Eigentum gesichert seien, war bezeichnend genug. Wie schnell sich dies unter der Herrschaft Tschiangs ändern würde, davon zeugten die Vorkommnisse in Nanking, Hankau und Tsinan.

Am 21. November verlangte Außenminister Kellogg von der Gesandtschaft in Peking eine Beurteilung der Lage. Er wollte vor allem wissen, „welche Reaktion auf eine solche amerikanische Anleihe für die Mandschurische Bahn an die japanische Regierung in China zu erwarten wäre ..." Ferner wünschte er „jede" der Gesandtschaft „etwa zur Verfügung stehende Information über eine Diskriminierung des amerikanischen Handels und eine Opposition Japans gegen den Bau von Eisenbahnen in der Mandschurei durch China" zu erhalten. Die Antwort Mayers war besonders bedeutsam: „Vom rein menschlichen Standpunkt aus wäre es für China vorteilhaft, wenn sich Amerika an der Entwicklung der Mandschurei durch Japan indirekt beteiligte. Bei unseren nationalen Idealen ... scheint es sicher, daß wir, im Besitze gewisser Kontrollrechte als Gläubiger, auf Japan einen für China heilsamen Einfluß ausüben würden ... Ich darf darauf aufmerksam machen, daß Japan seine Stellung in der Mandschurei in jedem Fall weiter festigen wird, und zwar im Hinblick auf einen schließlichen Konflikt mit Rußland ... Die Mächte können und, wie ich fest glaube, werden China in seiner gegenwärtigen Anarchie, die für sie – zumal wenn der russische Einfluß nicht abgedämmt wird – womöglich noch verheerender ist, nicht endlos weitertreiben lassen. Das ist international zu gefährlich ... Aus ethischen Gründen können wir den mandschurischen Plänen Japans in Anbetracht der Maßnahmen, die wir in unserer entsprechenden lebenswichtigen Zone, dem Antillenmeer, getroffen haben, nicht entgegentreten."[13]

Drei Tage darauf sandte Mayer an Kellogg einen weiteren Bericht. Abermals schlug er einen realistischen Ton an, der dem gefühlsbeherrschten Außenminister unangenehm gewesen sein muß. Im Hinblick auf die Rückwirkung, die die Gewährung einer Anleihe zum Ausbau der Südmandschurischen Bahn in China hätte, bemerkte er mit Schärfe: „Vermutlich gäbe es in ganz China über die Vereinigten Staaten große Enttäuschung, aber was hat uns schließlich die sogenannte besonders freundschaftliche Haltung der Chinesen jemals eingebracht? Sie hat unsere Handelsinteressen nicht gefördert ... noch hat sie uns vor den Greueln und Beleidigungen Nankings bewahrt."[14]

Weiteren realistischen Rat erhielt Außenminister Kellogg aus Tokio. Botschafter MacVeagh äußerte die Befürchtung, die japanische Regierung „würde eine Verweigerung der Anleihe durch das Außenamt als Beweis des Mißtrauens gegen die japanischen Absichten in der Mandschurei auffassen ... Japan liegt außerordentlich viel daran, die nötige finanzielle Hilfe gerade von Amerika statt aus anderer Quelle zu erhalten; es glaubt, daß eine finanzielle Beteiligung der Amerikaner in der Mandschurei es ihm erleichtern wird, das Land so zu entwickeln, daß es für Menschen jeder Nationalität einschließlich der Chinesen ein einladender und sicherer Fleck Erde wird ... Ich sage mir seit langem, daß wir die nächste Gelegenheit ergreifen sollten, die Japaner von unserem ehrlichen Wunsch zu überzeugen, ihnen, wenn rechtlich möglich, zu helfen ... Ich glaube, auf Lamont hat der ernste Wunsch der japanischen Banken Eindruck gemacht, ihren Geschäften eine gesunde Grundlage zu geben ... Lamont schien mir auch überzeugt zu sein, daß Japan eifrig und ernstlich einen Weg zu finden sucht, wie es China bei der Lösung seiner Probleme helfen könnte."[15]

Einige amerikanische Zeitungen traten offen für die Anleihe ein. Die „New York Times" wies auf die ausgezeichnete Leistung der Verwaltung der Südmandschurischen Bahn hin und bemerkte, nur wenige amerikanische Verkehrsgesellschaften könnten es besser machen.[16] Selbst die „San Francisco Chronicle" sah für das Außenamt keinen Grund gegen die Anleihe.[17]

Allein, die heftigen Proteste der verschiedenen politischen Gruppen in China gegen die Anleihe beeinflußten die amerikanische Meinung in so abweisendem Sinne, daß Lamont dem Außenamt berichtete, es wäre unklug, die Verhandlungen fortzusetzen.[18] Die japanische Regierung setzte der chinesischen Opposition eine Einladung zu einer internationalen Kapitalanlage in den vielen von der Südmandschurischen Bahn betriebenen Industrien entgegen. Der Präsident der Südmandschurischen Bahn, Jotaro Yamamoto, verlieh der Überzeugung Ausdruck, dieser Schritt werde der Welt unzweideutig zeigen, daß es Japan mit seiner Versicherung, nicht nach dem Besitz mandschurischen Gebiets zu streben, ernst sei. Es sei an der Zeit, „Worte in Taten umzusetzen und Mißtrauen zu zerstreuen".[19]

Peking protestierte gegen diesen zweiten japanischen Versuch, die Investierung amerikanischen Kapitals in der Mandschurei zu erreichen, auf der Stelle.[20] Abermals wirkte die offizielle chinesische Opposition auf amerikanische Bankinteressen ein, und die amerikanische Regierung ließ die Gelegenheit, die japanische Politik durch „Kreditkontrolle" zu lenken, ungenutzt entschlüpfen. Noch immer sprach das kriegszerrüttete revolutionäre China die amerikanischen Sympathien stark an.

Der Zwischenfall von Tsinan

In einigen wenigen Fällen sahen auch die Amerikaner China mit realistischen Augen. Das gilt besonders von den Vorkommnissen in Tsinan. Dort kam es am 9. Mai zu verbreiteten Plünderungen durch Soldaten der nationalistischen chinesischen Armee. Darauf griffen japanische Truppen gegen sie ein. Vier Tage später übersandte der japanische Kommandeur in Tsinan an Tschiang Kai-schek ein Ultimatum, das die sofortige Zurückziehung der chinesischen Streitkräfte aus der Stadt forderte.[21] Als Tschiang dem nicht entsprach, griffen japanische Truppen in Tsinan die chinesischen an, wobei es beträchtliche Verluste an Leben und Eigentum gab.

Die Nationalisten-Regierung rief, weil Japan angegriffen habe, den Völkerbund an. Japan antwortete, indem es auf seine wesentlichen Interessen in der Provinz Schantung und die dort wohnende große Anzahl japanischer Staatsangehöriger hinwies, die des Schutzes bedürften.[22] Auf die Pekinger und Tientsiner „Times" machte diese Erklärung einen guten Eindruck: „Die Erklärung ist ein Muster ihrer Art ... China hat einen großen Teil des Vertrauens verloren, das man einmal in die Glaubwürdigkeit der unwahrhaftigen Propaganda seiner unreifen und aufgeregten Emissäre gesetzt hatte."[23]

Während sich der Völkerbund mit dem Streitfall befaßte, versicherte die japanische Regierung den Mächten, daß sie ihre Truppen aus Schantung zurückziehen werde, sobald dort Ruhe und Ordnung wiederhergestellt seien. Alles hänge von dem Verlauf der Verhandlungen zwischen Japan und der nationalistischen chinesischen Regierung ab. Diese Verhandlungen führten nach vielen Unterbrechungen mit einem am 28. Mai 1929 unterzeichneten Abkommen zu einem diplomatischen Sieg Chinas. Japan willigte ein, binnen zweier Monate seine Truppen aus Schantung abzuziehen; mit der Regelung des Ersatzes für die durch die Tsinaner Vorkommnisse verursachten Schäden wurde eine chinesisch-japanische Kommission beauftragt.[24]

Die Haltung der amerikanischen Presse zu dem Zwischenfall von Tsinan war bezeichnenderweise zu einem großen Teil projapanisch. Die „Washington Post" hielt es für angebracht, ehe über die angebliche japanische Aggression Aufregung entstehe, „der Frage nachzugehen, wie und wann die Nationalistenpartei das Recht erworben habe, sich als die Regierung Chinas zu bezeichnen".[25] Die „New York Herald Tribune" meinte, der Zwischenfall lasse erkennen, „daß in China selbst der Anschein nationaler Kontrolle durch eine verantwortliche Regierung geschwunden" sei.[26] „Tsinan hat die Lehre von Nanking unterstrichen", schrieb der „Philadelphia Inquirer", „Jede betroffene Macht sollte eine feste Haltung zeigen."[27] Die „San Francisco Chronicle" drückte mit ihrer Ansicht die in ganz Amerika verbreitete Meinung aus: „Japan sah sich gezwungen, seine Leute und sein Eigentum in Schantung zu schützen."[28]

Russische Lektion für den Kriegsherrn der Mandschurei

Die Zwischenfälle in Nanking und Tsinan wurden von der Hochflut des chinesischen Nationalismus hervorgerufen, der sich nach Norden ergoß, als Tschiang Kai-schek China mit bewaffneter Hand zu einigen suchte. Abgedämmt durch amerikanische und japanische militärische Stärke, wurde der Strom gegen die russische Stellung in der Mandschurei abgelenkt. Nach geringem Vorfluten brach er sich abermals.

Die Spannung zwischen China und Rußland ging aus einander widerstreitenden Behauptungen über die Verwaltung der Ostchinesischen Bahn hervor. Das chinesisch-sowjetische Abkommen von 1924 sah eine gemeinsame Verwaltung der Bahn als eines Geschäftsunternehmens vor. Unter anderem enthielt es eine Klausel, die die Verbreitung von Propaganda gegen die politischen und sozialen Einrichtungen des einen wie des andern Landes verbot. Im Januar 1926 brach zwischen Tschang Tso-lin, dem Kriegsherrn der drei Ostprovinzen, und Iwanoff, dem Generaldirektor der Ostchinesischen Bahn, ein Streit aus. Zunächst handelte es sich um Iwanoffs hartnäckige Forderung nach pünktlicher Bezahlung der Kosten für die Truppentransporte Tschangs. Im Frühjahr 1927 erfuhr Tschang, daß die Russen das Abkommen von 1924 brächen, indem sie bolschewistische Propaganda trieben. Daraufhin ließ er durch Truppen seiner Armee in der russischen Botschaft eine Razzia unternehmen, wobei eine Menge Dokumente gefunden wurden, „die zur Genüge bewiesen, daß Mitglieder der Botschaft unter Verletzung vertraglicher Verpflichtungen kommunistische Literatur verteilten".[29]

Wütend verließ der sowjetische Gesandte Peking, aber die russischen Konsulate in der Mandschurei und in Nordchina blieben. Sie waren nach wie vor Brennpunkte der kommunistischen Propaganda in Nordchina, doch ehe Tschang weiter dagegen vorgehen konnte, wurde er am 4. Juni 1928 durch eine Bombe tödlich verwundet. Sein Sohn, Tschang Hsueh-liang, hegte wegen kommunistischer Propaganda tiefen Argwohn, und so ließ er am 27. Mai 1929 durch seine Truppen das Sowjetkonsulat in Harbin durchsuchen. Dabei wurden zweiundvierzig Konsulatsbeamte verhaftet. In den Konsulatsgebäuden beschlagnahmte Dokumente bestätigten den chinesischen Verdacht, daß Sowjetbeamte der Ostchinesischen Bahn emsig damit beschäftigt waren, bolschewistische Literatur zu verbreiten.[30]

Am 1. Juni 1929 stellte die Sowjetregierung in Abrede, daß im Keller des Konsulats jemals Versammlungen der Dritten Internationale abgehalten worden seien. Die chinesische Politik wurde der „Sturheit und Schamlosigkeit" bezichtigt; sie handle nach dem „Gesetz des Dschungels". Die Sowjetregierung erwarte „mit unerschöpflicher Geduld" eine Note mit den gehörigen Erklärungen.[31] Tschang antwortete mit neuen Razzien. Am 10. Juli übernahm er das Telegrafennetz der Ostchinesischen Bahn. Die Sowjetvereinigungen wurden aufgelöst, die Büros der sowjetischen Handelsflotte und der Fernöstlichen Handelsorganisation geschlossen, der russische Generaldirektor der Bahn durch einen chinesischen Vertrauensmann ersetzt.

Am 13. Juli kritisierte das sowjetische Außenamt diese Razzien als eine „schändliche Verletzung des chinesisch-russischen Vertrages von 1924". Der Regierung Tschang Hsueh-liangs in Mukden und der Nationalistischen Regierung Tschiang Kai-scheks wurde warnend gesagt, daß „eine äußerst ernste Lage entstanden" sei. Schließlich wurde die Einberufung einer Konferenz „zur Regelung aller mit der Ostchinesischen Bahn zusammenhängenden Fragen" gefordert.[32]

Das chinesische Außenamt legte in einer am 16. Juli der Sowjetregierung übersandten Note die Gründe für die Razzien dar. Sie hob die Tatsache hervor, daß Sowjetbeamte in China seit Jahren damit beschäftigt seien, unter Verletzung des Vertrages von 1924 kommunistische Propaganda zu treiben.[33] Moskau erwiderte sofort, diese chinesischen Beschuldigungen seien falsch und die Note „inhaltlich unbefriedigend und im Ton heuchlerisch". Alle Mittel, „die mit der Ostchinesischen Bahn zusammenhängenden Streitigkeiten und Konflikte durch Verhandlungen beizulegen, seien bereits erschöpft. Daher sei es für die Sowjetregierung notwendig, ihre sämtlichen Vertreter von chinesischem Boden abzuberufen und „alle Bahnverbindungen zwischen China und der UdSSR abzubrechen".[34]

Es war nun klar, daß es, wenn man nicht schnell irgendeine Friedensformel fand, in Nordchina Krieg geben würde. Für Außenminister Stimson war schon der bloße Gedanke an Krieg bestürzend. Sowohl China als auch Rußland gehörten dem Kellogg-Briand-Pakt an, der den Krieg als Mittel nationaler Politik geächtet hatte. Nun sah allerdings der Pakt keine internationale Konsultation vor und verlangte nicht, daß irgendein Staat oder eine Staatengruppe gegebenenfalls zur Aufrechterhaltung des Weltfriedens Schritte unternehme, doch Stimson war entschlossen, den toten Worten des Paktes einen Lebensfunken einzuhauchen. Er brannte darauf, im finstern Dschungel internationaler Intrige den Schutzmann zu spielen. Als Polizeiknüppel würde die aufgerüttelte Weltmeinung dienen. In ihr erblickte er eine der mächtigsten Autoritäten der Erde.[35]

Am 18. Juli lenkte Stimson die Aufmerksamkeit der chinesischen und der russischen Regierung auf die Verpflichtungen, die sie durch den Kellogg-Pakt übernommen hätten.[36] Für den Rest der Welt war klar, daß chinesische und russische Staatsmänner den Text des Vertrages ebenso leicht zu lesen vermochten wie Außenminister Stimson, und niemand bezweifelte, daß ihnen die Bedeutung des Paktes wohlvertraut war. Der chinesische Außenminister versicherte rasch Mr. Stimson, daß seine Regierung „nicht die Absicht" habe, „in dem gegenwärtigen Streit Gewalt anzuwenden". Die russische Antwort auf Stimsons Mahnung war gleicherweise beteuernd: „Die Unterzeichnung des Kellogg-Paktes durch uns war nicht bloß eine diplomatische Geste. Wenn wir Frieden sagen, dann meinen wir auch Frieden."[37]

Trotz dieses friedlichen Geredes dauerte die Spannung wegen der Verwaltung der Ostchinesischen Bahn fort. Am 17. November schließlich rückte, nach einer Reihe kleinerer Zwischenfälle, eine russische Armee in die Mandschurei ein und zwang bald ihren Willen Tschang Hsueh-liang auf, der von Tschiang Kai-schek keine Hilfe erhielt. Es hatte keine Kriegserklärung gegeben, aber das friedliche Schauspiel in der nordchinesischen Ebene war äußerst rauh gewesen, selbst für rotrussische Begriffe.[38]

Stimson war ein eifriger Verfechter der richtigen Form internationalen Betragens und weigerte sich entschieden, die russischen militärischen Operationen als scherzhaftes Theater aufzufassen. Wenn er nicht aufpaßte, konnten die fröhlichen Moskowiter auf diese Weise am Ende ganz Nordchina überrennen. Um den Übermut zu dämpfen und der wilden Posse Schranken zu setzen, konsultierte er die Regierungen Deutschlands, Frankreichs, Großbritanniens, Italiens und Japans mit der Absicht, auf Rußland einen Kollektivdruck auszuüben. Deutschland und Japan lehnten Stimsons Einladung ab, aber Frankreich, Großbritannien und Italien folgten seiner Initiative, und am 2. Dezember 1929 wurde beiden streitenden Parteien eine gemeinschaftliche Note der vier Mächte überreicht.[39] China erklärte prompt, daß es niemals vom Buchstaben und dem Geist des Kellogg-Briand-Paktes abgewichen sei. Die russische Antwort deutete die Auffassung an, daß die Aktion Stimsons viel Lärm um nichts gemacht habe. Der

Streit mit China werde durch „unmittelbare Verhandlungen" zwischen den beiden Mächten beigelegt werden. Was die Vereinigten Staaten betraf, so drückte der Außenkommissar seinen Unwillen darüber aus, daß Stimson sich das Recht angemaßt habe, den Pakt von Paris anzurufen. Dieser Vertrag gebe „keinem einzelnen Staat und keiner Staatengruppe irgendein Recht, seine Einhaltung zu erzwingen". Überdies könne die Sowjetregierung nicht umhin, ihr Erstaunen darüber auszudrücken, daß „die Regierung der Vereinigten Staaten es für angängig erachtet, den Sowjets, zu denen sie aus eigenem Willen keine Beziehungen unterhält, Ratschläge zu erteilen".[40]

Die russische Zurückweisung konnte Stimsons Friedenseifer nicht abkühlen. So besorgt war er um den Frieden, daß er bereit war, für ihn zu kämpfen. Er erkannte klar, daß sein Eintreten für den Pakt von Paris nur eine Bücherschlacht war. Künftig konnte jede weitere Intervention in Streitigkeiten, wie sie sich im Fernen Osten dauernd erhoben, bewaffneten Konflikt bedeuten. Dies durfte keinem Staatsmann entgehen. Im Jahre 1931 aber richtete Stimson gegen das Eingreifen Japans in der Mandschurei ein anhaltendes Worttrommelfeuer, das vielen wie ein Ruf zu den Waffen klang. Ein Jahrzehnt später fanden eben diese grellen Töne ihren Ausdruck in einem Chor des Krieges.

Der Hintergrund des mandschurischen Zwischenfalls

a) Beunruhigung Japans über die Ausbreitung des Kommunismus in China

Aus dem Verlauf des Konflikts zwischen China und Sowjetrußland im Jahre 1929 ergaben sich für Japan wichtige Folgerungen. Vor allem stand fest, daß Rußland die Bestimmungen des chinesisch-russischen Abkommens von 1924, die die Verbreitung kommunistischer Propaganda in China verboten, verletzt hatte. Die ungeheure Menge von Material, das die chinesische Polizei im russischen Konsulat in Harbin beschlagnahmt hatte, ließ darüber keinen Zweifel. Die russischen Ableugnungen hatten für die Japaner keine Überzeugungskraft, und die Tatsache, daß Tschang Hsueh-liang gegen die russischen Streitkräfte allein hatte kämpfen müssen, deutete darauf, daß Tschiang Kai-schek entweder zu schwach war, die mandschurischen Grenzen wirklich zu schützen, oder daß ihn die Züchtigung des Kriegsherrn der drei Nordprovinzen durch die Russen nicht sonderlich störte. Die japanischen Bollwerke in Nordchina waren in sichtlicher Gefahr.

Dies schien den japanischen Staatsmännern offenbar, als sie sahen, daß sich Tschiang Kai-schek mit kommunistischen Armeen nicht messen konnte. Im Dezember 1930 mobilisierte Tschiang Truppen in den Provinzen Hunan, Hopeh und Kiangsi und schickte sie gegen die Kommunisten. Es dauerte nicht lange, und die Roten vernichteten das XVIII. Korps unter General Tschang Huei-tsan und zwangen das L. Korps zu schnellem Rückzug. Im Februar 1931 wurden General Ho Ying-tschin drei Korps unterstellt, um die Roten anzugreifen, aber im Mai mußten auch diese Streitkräfte zurückweichen. Im Juli führte Tschiang Kai-schek selber eine große Armee gegen die Front von Nanchang, erreichte jedoch nichts Entscheidendes.[41] Die rote Drohung wurde täglich mächtiger, und die japanischen Befürchtungen wuchsen rasch. Als einziges Mittel, ihre Sicherheit zu garantieren, blieb den Japanern, in der Mandschurei ausreichende Verteidigungsvorkehrungen zu treffen. Sie mochten dabei einige schemenhafte Rechte der Souveränität Chinas über die Mandschurei verletzen, doch hatten diese Rechte seit 1912 nicht erfolgreich geltend gemacht werden können und würden bald von den Russen ausgelöscht werden, wenn Japan nicht handelte. Für Japan war Expansion in der Mandschurei ein unumgängliches nationales Gebot.

b) Schwierigkeiten um die mandschurischen Bahnen

Expansion in der Mandschurei konnte Krieg mit China und schließlich Konflikt mit Rußland bedeuten. Diese Möglichkeiten beunruhigten die japanischen Staatsmänner sehr, weil sie sich vor der Tatsache sahen, daß drei Viertel der Angestellten der Ostchinesischen Bahn „Russen waren und diese sämtliche Schlüsselstellungen innehatten".[42] Die feste Kontrolle über den Betrieb der Bahn gab Rußland in Nordchina einen wirtschaftlichen und militärischen Vorteil, der augenfällig die japanischen Interessen bedrohte. Schließlich würde die Bahn gekauft oder mit Gewalt genommen werden müssen.

Eisenbahnen waren die lebenswichtigen Brücken des Inselreichs in Nordchina. Dessen waren sich die japanischen Staatsmänner schon im Jahre 1905 bewußt gewesen. In dem Geheimprotokoll zu dem chinesisch-japanischen Vertrag vom 22. Dezember 1905 hatte die chinesische Regierung zugesagt, „in der Nähe" der Südmandschurischen Bahn „oder parallel" zu ihr keine Bahn zu bauen.[43] Jahrelang machte Japan geltend, diese Bestimmungen schlössen den Bau von Parallelbahnen innerhalb von je zweihundert Meilen beiderseits ihrer Hauptlinie aus. Als aber die Souveränität Chinas über die Mandschurei unter Kriegsherren wie Tschang Tso-lin und seinem Sohn, Tschang Hsueh-liang, zu einer Fiktion verblaßt war, gab die japanische Regierung ihre negative Haltung auf und ging mit ihnen im Transportwesen geschäftliche Abmachungen ein. Die Südmandschurische Bahn sowie gewisse japanische Banken gaben den Tschangs Anleihen und stellten ihnen Ingenieure zum Bau von Eisenbahnen, die reichen Gewinn brachten.[44] Mit diesem Kapital begannen dann die Tschangs mit dem Bau von Parallellinien zur Südmandschurischen Bahn.[45] Im Dezember 1930 nahm die japanische Regierung den Standpunkt ein, daß sie gegen den Bau solcher gleichlaufender Linien nichts einwenden würde, solange die neuen Bahnen ihre eigene große Hauptlinie nicht beeinträchtigten.[46]

Allein, diese verbindliche Haltung änderte sich, nachdem Tschang Hsueh-liang trotz japanischer Warnungen Tschiang Kai-schek seine Treue erklärt hatte. Japan war nicht gewillt, eine nationalistische Woge mit ihren Begleiterscheinungen von Gewaltausbrüchen wie in Hankau, Nanking und Tsinan in die Mandschurei hereinschlagen zu lassen. Im Jahre 1927 hatte, wie schon vermerkt, Lamont berichtet, die Mandschurei sei „in ganz China wohl das einzige Gebiet mit gefestigten Verhältnissen", und Tausende von Chinesen strömten dorthin, „um dem Bandenunwesen, der Straßenräuberei und den Plünderungen zu entrinnen, denen sie anderwärts ausgesetzt sind". Die Mandschurei war in der Tat eine Freistätte geworden, wo Scharen von Einwanderern Sicherheit gefunden hatten unter einem Kriegsherrn, der japanischen Weisungen folgte. Als sich dieser Kriegsherr der Kontrolle der Ostchinesischen Bahn bemächtigte und dadurch unverantwortlicherweise eine russische Invasion heraufbeschwor, war es für Japan höchste Zeit, zum Schutze seiner gewaltigen wirtschaftlichen Interessen in der Mandschurei Schritte zu tun.[47] Hinzu kam, daß derselbe Kriegsherr keine Neigung verriet, die hohen japanischen Anleihen (143 Millionen Yen) zu tilgen, die seinem Vater und ihm den Bau jener ihnen so nötige Einkünfte bringenden Bahnlinien ermöglicht hatten. Es war schwierig, freundschaftliche Beziehungen zu einem Herrscher aufrechtzuerhalten, der immer japanfeindlicher handelte.

c) Reibungen wegen der Nischihara-Anleihen

Einer der wesentlichsten Gründe der Spannung zwischen Japan und China war, daß die nationalistische chinesische Regierung es unterließ, die hohen Anleihen zurückzuzahlen, die japanische Finanzleute China gewährt hatten. Im Jahre 1930 hatten die ungesicherten Anleihen Japans an China einschließlich der Zinsen die Summe von 953 Millionen Dollar erreicht. Die Nankinger Regierung verhielt sich gegen einen beträchtlichen Teil dieser Schuldverpflichtungen gleichgültig, besonders gegen die sogenannten Nischihara-Anleihen 1917/18.[48] Die chinesische Regierung verwendete diese Anleihen zu Bahnbauten, zur Erweiterung des Telegrafennetzes, zur Reorganisation der Verkehrsbank, zur Bezahlung der militärischen Kosten für Chinas Teilnahme am Weltkrieg und für andere ähnliche Zwecke. Die Nationalistische Regierung weigerte sich, diese Schulden anzuerkennen; japanischem Druck schenkte sie wenig Beachtung. Japan war nicht reich genug, eine völlig ungedeckte chinesische Schuld von nahezu einer Milliarde Dollar abzuschreiben. Die Gleichgültigkeit des offiziellen Chinas diesen Verpflichtungen gegenüber erregte in vielen japanischen Kreisen zunehmende Verärgerung und sollte zu ernsten Schwierigkeiten führen.

d) Antijapanische Erziehungspläne in China

Die japanische Regierung war aufs tiefste beunruhigt über japanfeindliche Erziehungspläne, die von der Nankinger Regierung inspiriert wurden. Sie verschärften nicht nur hüben und drüben die zunehmende gegenseitige Erbitterung, sondern bereiteten auch den Weg zum Kriege. Aufreizend für die Japaner war vor allem, daß diese Schulprogramme nach Kräften in der Mandschurei gefördert wurden. In der Grundschule in Schanghai wurden die Kinder nach folgender Methode unterrichtet: „a) Aufsatz: Die Kinder sollen antijapanische Abhandlungen und Verse schreiben; b) Schönschreiben: Die Kinder sollen antijapanische Losungen abschreiben; c) Zeichnen: Die Kinder sollen Bilder zeichnen, die von Japanern begangene Greuel und tragische Szenen in Tsinan darstellen."

Für die Propaganda war vorgeschrieben: „a) Lehrer und Schüler sollen antijapanische patriotische Propaganda-Abteilungen in Gruppen zu fünf organisieren, die unter freiem Himmel Ansprachen halten können; b) Die Massen sollen gelehrt werden, ihr ganzes Leben lang Japan als den größten Feind zu betrachten; c) Die Massen sollen zu der Verpflichtung aufgerufen werden, unsere nationale Schande auszulöschen und das Land zu retten."[49]

In dem Jahrzehnt von 1930 bis 1940 wurde dieses Programm mit zunehmendem Nachdruck verfolgt, und Japan machte seine Aufhebung in der Liste der Erfordernisse für bessere chinesisch-japanische Beziehungen zu einem der Hauptpunkte. In China beachtete man die Liste kaum.

e) Die Rechtsgültigkeit der Verträge vom 25. Mai 1915

Die Weigerung der nationalistischen chinesischen Regierung, die am 25. Mai 1915 unterzeichneten Verträge als legal anzuerkennen, war eine Hauptquelle tiefer Erbitterung, die schließlich am 18. September 1931 zum Ausbruch von Feindseligkeiten führte. Diese aus den Einundzwanzig Forderungen hervorgegangenen Verträge hatten den japanischen Interessen in der Mandschurei eine feste Grundlage gegeben.[50] Nanking machte geltend, sie seien hinfällig, weil die Regierung Yüan Schih-k'ais sie unter Zwang unterzeichnet habe. Tokio beharrte auf der Gültigkeit der Verträge und argumentierte logisch, daß Deutschlands Haß auf die Versailler Friedensbedingungen als einen diktierten Vertrag dessen harte Bestimmungen nicht hinfällig machten.

Japan mußte die Mandschurei als Verteidigungsbollwerk und als Schlußstein seines Wirtschaftsgefüges wesentlich erscheinen. So hofften die japanischen Staatsmänner, das amerikanische Außenamt werde anerkennen, daß Nordchina für Japan ebenso wichtig sei wie das Antillengebiet für die Vereinigten Staaten. Amerika hatte nach Haiti und der Dominikanischen Republik Streitkräfte entsandt, um dort Regierungen einzusetzen, die amerikanischen Wünschen entsprächen.[51] Diese bewaffnete Intervention war so jungen Datums und so wirksam, daß sich, wie schon vermerkt, der amerikanische Geschäftsträger in Peking veranlaßt gesehen hatte, Außenminister Kellogg einen Bericht zu senden, der mit dem beachtlichen Hinweis schloß: „Aus ethischen Gründen können wir den mandschurischen Plänen Japans in Anbetracht der Maßnahmen, die wir in unserer entsprechenden lebenswichtigen Zone, dem Antillenmeer, getroffen haben, nicht entgegentreten."[52]

Im Jahre 1931 merkte Japan, daß es von den Mukdener und Nankinger chinesischen Nationalisten an die Wand gedrückt wurde. Sie suchten gemeinschaftlich die Verträge von 1915 zu einem Stück Papier zu entwerten. Aber eben diese Verträge waren für Japan zur Verteidigung seiner ungeheuern Interessen in der Mandschurei wesentlich. Es würde eher darum kämpfen als sie aufgeben. Wie nahe es vor dem Konflikt stand, war ihm nicht klar.

Im Jahre 1930 ging ein großer Teil (17,7 Prozent) des japanischen Außenhandels nach China. So mußte jede Unterbrechung dieses Exports die Wirtschaft des Inselreiches schwer treffen. In den Jahren 1923, 1925, 1927 und 1928 ergingen chinesische Boykotterklärungen gegen Japan, und nach dem Mukdener Zwischenfall im Spätsommer 1931 wurde ein neuer Boykott verhängt.[53] Hinter den meisten dieser Boykotts stand als Organisator die Kuomintang, die von der antijapanischen Propaganda wirksamen Gebrauch machte. Nach dem „Lytton-Bericht" begingen die Chinesen während der Perioden, in denen der Handel mit Japan verboten war, eine große Anzahl „illegaler Handlungen". Da die Kuomintang und die chinesische Regierung großenteils identisch waren, meinte Japan, daß für den Wirtschaftsdruck auf das Inselreich in Wahrheit Tschiang Kai-schek und seine Ratgeber verantwortlich seien.

Der Lytton-Ausschuß leugnete auf Grund einer Prüfung des über die Anwendung von Boykotts vorliegenden Materials nicht das Recht „des einzelnen Chinesen, es abzulehnen, japanische Waren zu kaufen, sich japanischer Banken zu bedienen, japanische Schiffe zu benutzen oder für japanische Unternehmer zu arbeiten", warf aber die Frage auf, ob die Anwendung dieser Wirtschaftswaffe „mit freundlichen Beziehungen vereinbar" sei.[54] Sicher ist, daß die chinesischen Wirtschaftsrepressalien gegen Japan dazu beitrugen, die Kluft zwischen den beiden Ländern zu erweitern.

f) Die Ermordung des Hauptmanns Nakamura

In der mit Feindseligkeit geladenen Atmosphäre, die sich im Sommer 1931 entwickelt hatte, bedurfte es zur Explosion nur eines Funkens. Für ihn sorgte die Ermordung des Hauptmanns Nakamura am 27. Juni 1931. Nakamura war, begleitet von drei Dolmetschern und Beratern, im Sommer mit militärischem Auftrag in die Mandschurei entsandt worden. Als in Harbin chinesische Beamte seine Pässe prüften, gab er sich als landwirtschaftlicher Sachverständiger aus. Nachdem er mit der Ostchinesischen Bahn eine Strecke gereist war, wurde er „von chinesischen Soldaten unter Kuan Yuheng, dem Kommandeur des 3. Regiments der Reklamations-Armee, verhaftet". Am 27. Juni wurden er und seine Begleiter „von chinesischen Soldaten erschossen; ihre Leichen wurden verbrannt, um die Spuren der Tat zu verwischen".[55]

Die Japaner beharrten dabei, daß „die Tötung des Hauptmanns Nakamura und seiner Begleiter ungerechtfertigt gewesen sei und anmaßende Mißachtung der japanischen Armee und Nation verrate; sie behaupteten, daß die chinesischen Behörden in der Mandschurei eine amtliche Untersuchung der Umstände verschleppten, daß sie zögerten, für den Vorfall die Verantwortung zu übernehmen, und daß ihre Versicherung, sie machten alle Anstrengungen, den Tatbestand aufzuklären, unaufrichtig seien".[56]

Wahr ist jedenfalls, daß bei den Bemühungen, „den Tatbestand aufzuklären", lange Verzögerungen eintraten, und zweifellos wurde die Geduld der Japaner „auf eine harte Probe" gestellt. Wahr ist auch, daß der Fall Nakamura „mehr als jeder andere einzelne Zwischenfall den Groll der Japaner vertieft und ihr Verlangen heftig gesteigert hat, zur Lösung der zwischen China und Japan wegen der Mandschurei bestehenden Schwierigkeiten Gewalt anzuwenden".[57]

Bei der Prüfung der Lage in China beobachtete die Lytton-Kommission besorgt die wachsende Stärke des Kommunismus. Die Armeen der Nationalistischen Regierung waren mit ihren im Jahre 1930 gegen die Kommunisten unternommenen Operationen erfolglos geblieben. Im Jahr darauf wurde berichtet, daß Tschiang Kai-schek, als sich der Zwischenfall von Mukden ereignete, die Kommunisten gegen Fukien zurücktrieb. Indessen, sie waren geschmeidig ausweichende und um Aushilfen nicht verlegene Gegner. Im Herbst 1931 nahmen sie ihre Offensive wieder auf, und bald „wurde zuverlässig berichtet, daß große Teile der Provinzen Fukien und Kiangsi sowie Teile Kwantungs völlig sowjetisiert seien".[58]

Japan war sich der Gefahr, daß die rote Flut über ganz China hinwegrollen könnte, wohl bewußt. Die im Jahre 1932 der Lytton-Kommission überreichten Dokumente wiesen mit Nachdruck auf die kommunistische Drohung und das offenbare Unvermögen der chinesischen Nationalistischen Regierung hin, dieser Gefahr Herr zu werden.[59] Es schien Tokio, daß die japanischen Interessen in Nordchina zwischen den Mühlsteinen des chinesischen Nationalismus und des russischen Bolschewismus zerrieben würden. Ein Appell an den Völkerbund versprach wenig Erfolg. Die chinesischen Nationalisten hatten bei den Westmächten ein geneigtes Ohr gefunden. Die meisten waren gesonnen, den von der Nankinger Regierung vorgebrachten Fiktionen und Prätentionen Glauben zu schenken. Die japanische Stellung in Nordchina war in großer Gefahr, entweder von den Roten durchsickert oder von den chinesischen Nationalisten, deren Patriotismus sich in „flammenden Haß" verwandelt hatte,[60] erfolgreich angegriffen zu werden.

Das Dilemma, dem sich Japan gegenübersah, ist klar und überzeugend von George Sokolsky gekennzeichnet worden, der im Jahre 1931 als Vermittler zwischen China und Japan diente: „Es muß hier daran erinnert werden, daß im Jahre 1931 die letzten Anstrengungen unternommen wurden, zwischen den beiden Ländern [China und Japan] einen Ausgleich herbeizuführen. Ein Instrument bei diesen Versuchen war ich. Ich reiste von China nach Japan und hatte Unterredungen mit Baron Schidehara, dem Außenminister, und anderen. Ich kann sagen, daß die Haltung der Japaner verbindlich war, die der Chinesen im großen und ganzen widerstrebend ... Zwei Kräfte waren am Werk, den Streit zwischen China und Japan wachzuhalten: Sowjetrußland und der Völkerbund. Sowjetrußland war seit 1924 planmäßig und aktiv damit beschäftigt, den Haß des chinesischen Volkes gegen alle Fremden, außer gegen die Russen, aufzuwühlen, besonders gegen die Briten und die Japaner. Und das Völkerbundssekretariat entfaltete in China eine weit sich verbreitende Tätigkeit durch seinen Agenten, Dr. Ludwig Rajchmann, der sich die meiste Zeit in China aufhielt. Rajchmann war leidenschaftlich antijapanisch, obwohl Japan dem Völkerbund angehörte und Rajchmann Angestellter der Liga war. Rajchmann ist Pole und jetzt bei den Vereinten Nationen."[61]

Außenminister Stimson fährt schweres Geschütz auf

Einer der Gründe für Japans „Verbindlichkeit" gegenüber China im Jahre 1931 war die Gebrechlichkeit seiner Finanzstruktur. Ein Krieg mit China konnte sehr ernste Folgen haben. Am 18. September 1931 veröffentlichte die amerikanische Presse auszugsweise einen Bericht Dr. Harold G. Moultons vom Brookings-Institut über die wirtschaftlichen Verhältnisse im japanischen Reich. Um das Gutachten hatte der japanische Finanzminister gebeten. Es kam zu dem Schluß: „Sollen ernste wirtschaftliche und finanzielle Schwierigkeiten in Japan abgewendet werden, so sind militärische Einsparungen, Fortführung friedlicher Beziehungen zu den Vereinigten Staaten und scharfe Einschränkung der gegenwärtigen Bevölkerungsraten samt und sonders unerläßlich ... Ein ausgeglichener Haushaltplan und Steuerherabsetzungen sind nur möglich, wenn die militärischen Ausgaben gekürzt werden."[62]

Infolgedessen fand sich die japanische Regierung nur äußerst zögernd bereit, ein Programm zur Expansion in der Mandschurei zu unterstützen. Nachdem bekannt geworden war, daß die japanische Kwantung-Armee gewisse nordchinesische Städte besetzt hatte, berichtete Hugh Byas aus Tokio, daß die japanische Regierung diese plötzlichen Truppenbewegungen „nicht vorausgesehen" habe und nicht habe verhüten können.[63] Byas hatte, wie viele andere alte Beobachter des Fernen Ostens, zu den friedlichen Absichten des japanischen Außenministers, Baron Schideharas, großes Vertrauen. Außenminister Stimson teilte diese Meinung und war zunächst darauf bedacht, auf die japanische Regierung keinen zu starken Druck auszuüben, weil er fürchtete, daß eine solche Politik den japanischen Militaristen in die Hände spielen könnte.

Drei Tage nach dem Zusammenstoß zwischen japanischen und chinesischen Truppen bei Mukden bat der Generalsekretär des Völkerbundes, Sir Eric Drummond, den amerikanischen Gesandten in Genf, Hugh Wilson, die Ansichten Außenminister Stimsons einzuholen, „besonders über eine Anrufung des Kellogg-Paktes in dieser Sache".[64] Stimson antwortete vorsichtig. Er sei „über die tatsächliche Lage unzureichend unterrichtet", glaube aber, daß es ratsam sei, keine Schritte zu tun, die die nationalistischen Gefühle der Japaner „gegen das Foreign Office" aufbringen könnten. Das Department of State beobachte „die Entwicklung der Ereignisse" und die Berührung „des Kellogg-Briand-Friedenspaktes sowie des Neunmächtevertrages" durch sie „mit Sorge".[65]

Am 23. September wurde Norman H. Davis in Genf wegen der Lage in der Mandschurei ein wenig hysterisch und versuchte über das transatlantische Telefon direkt mit Präsident Hoover zu sprechen. Das Gespräch wurde Stimson übergeben. Davis äußerte schwere Befürchtungen. Die Situation im Fernen Osten sei „mit Dynamit geladen", das jeden Augenblick explodieren könne, wenn die Regierungen der Großmächte nicht äußerste Sorgsamkeit obwalten ließen. Davis hatte eine Menge Vorschläge bereit. Er halte es vor allem für wichtig, daß „die Vereinigten Staaten einen sehr drastischen Schritt tun, im Völkerbundsrat Platz nehmen und helfen, diese Sache in Ordnung zu bringen". Ferner sollte das Außenamt einen Entschließungsantrag unterstützen, der die Ernennung einer Kommission zur Untersuchung des mandschurischen Zwischenfalles forderte.

Stimson nahm beide Vorschläge kühl auf. Er war dagegen, einen amerikanischen Beauftragten zur Teilnahme an den Beratungen des Völkerbundsrates zu ermächtigen, und dachte „nicht im Traum" daran, für die beantragte Untersuchungskommission einen Vertreter zu ernennen.[66]

Wenn Stimson auch nicht bereit war, Norman Davis' weitgehende Vorschläge anzunehmen, so war er doch darauf bedacht, Willen zur Zusammenarbeit zu beweisen. So sandte er am 24. September an China und Japan gleichlautende Noten, worin er der starken Hoffnung Ausdruck gab, daß sich die streitenden Parteien von „Handlungen" zurückhielten, die einer friedlichen Regelung des mandschurischen Konflikts vorgreifen würden.[67] Nachdem er zehn Tage auf eine Wirkung der Noten gewartet hatte, riet er Drummond, dafür zu sorgen, daß der Völkerbund „seine ganze Autorität und alle Druckmittel gebrauche, die in seiner Kompetenz" lägen, um Japan zu zwingen, daß es im Fernen Osten Frieden halte. Die amerikanische Regierung werde sich ihrerseits „bemühen, die Aktion des Völkerbundes zu verstärken, und keinen Zweifel daran lassen, daß ihr Interesse an der Sache nicht geschwunden ist".[68]

Der japanische Luftangriff auf Tschingtschau am 8. Oktober veranlaßte Stimson, zur Bewahrung des Friedens kräftigere Mittel anzuwenden. Er zog jetzt Sanktionen gegen Japan in Betracht, um es zu zwingen, „die feierlichen Friedensverträge zu achten".[69] Am 10. Oktober versicherte er sich der Zustimmung des Präsidenten zu dem Vorschlag, an allen Sitzungen des Völkerbundsrates, die sich mit der Durchführung des Kellogg-Briand-Paktes befaßten, einen amerikanischen Vertreter teilnehmen zu lassen, und ermächtigte den amerikanischen Konsul in Genf, Prentiss Gilbert, an diesen Sitzungen teilzunehmen, wenn eine Aufforderung an ihn erginge. Bevor er von der Liga Bescheid haben konnte, ersuchte er Gilbert, Sir Eric Drummond die Anrufung des Kellogg-Paktes durch den Völkerbundsrat vorzuschlagen.[70]

Drummond parierte die Anregung geschickt, indem er andeutete, wie wirkungsvoll es für die Vereinigten Staaten wäre, wenn diesen Schritt sie täten, aber Stimson bestand darauf, daß der Völkerbund die Initiative zur Anrufung des Kellogg-Paktes ergreife. Die amerikanische Regierung sollte „sich im Hintergrund halten" und nicht als Blitzableiter dienen, der die volle Ladung des japanischen Grolls auf sich zöge. Die japanischen Versicherungen guten Willens gegenüber den Vereinigten Staaten tat er mit der vulgären, aber bezeichnenden Bemerkung ab: „Mumpitz!"[71]

Am 17. Oktober beschloß der Völkerbundsrat im Beisein Gilberts die gemeinschaftliche Anrufung des Kellogg-Paktes. Nachdem sich Stimson vergewissert hatte, daß die Liga handeln werde, übersandte er am 20. Oktober China und Japan gleichlautende Noten, durch die er sie an ihre Verpflichtungen aus dem Pakt erinnerte.[72] Am 24. Oktober unternahm der Rat einen weiteren Schritt, indem er Japan aufforderte, „sofort mit der Zurückziehung seiner Truppen in die Bahnzone [der Südmandschurischen Bahn] zu beginnen" und diese Bewegung am 16. November abzuschließen.[73]

Der amerikanische Geschäftsträger in Tokio, Edwin Neville, hielt die Weisung der Liga für unangebracht und unwirksam und ersuchte das Außenamt in Washington, sich jeder Unterstützung zu enthalten. Eine amerikanische Kooperation in diesem besonderen Fall würde „den amerikanischen Einfluß in Japan schwächen" und zur Beilegung des mandschurischen Streits „nicht das geringste bewirken".[74]

Stimson würdigte diesen Rat nur wenig. Am 5. November überreichte Botschafter Forbes dem japanischen Außenminister eine Denkschrift, die dem Text der Völkerbundsentschließung folgte, nur daß sie für die Zurückziehung der japanischen Truppen keine Zeitgrenze nannte.[75] Am 19. November verstärkte Stimson sein Sperrfeuer gegen Japan durch ein weiteres Geschütz. In einer Unterredung mit dem japanischen Botschafter Debutschi erklärte er diesem warnend, es könnte sein, daß die amerikanische Regierung den diplomatischen Schriftwechsel zwischen dem britischen und dem amerikanischen Außenamt veröffentliche, um gegen die Handlungen der japanischen Militaristen die Weltmeinung mobilzumachen.[76]

Nach diesem direkten Vorstoß gegen Japan wandte sich Stimson wieder dem Völkerbund zu, um in Genf die politische Grundlage des amerikanischen Vorgehens zu erläutern. Der Ton seiner Noten hatte sich unter dem Druck Präsident Hoovers gemildert. Als Stimson in einer Kabinettssitzung davon sprach, man müsse Japan „mit allen Mitteln außer tatsächlichem Gebrauch der bewaffneten Macht" in seine Schranken zwingen, bedeutete ihm der Präsident, „dies wäre schlechthin der Weg zum Kriege selbst, und dergleichen wünsche er keinesfalls".[77]

So instruierte denn Stimson Botschafter Dawes, er solle bestimmte Mitglieder des Völkerbundsrates wissen lassen, daß zwar die amerikanische Flotte nichts unternähme, was einem etwa gegen den japanischen Handel durchgeführten Embargo zuwiderliefe, daß sich aber die Vereinigten Staaten an keiner wirtschaftlichen Sanktion beteiligen würden. Im übrigen werde Amerika helfen, die öffentliche Meinung gegen Japan zu mobilisieren und es ablehnen, „unter militärischer Gewalt abgeschlossene Verträge" anzuerkennen.[78]

Unter der Wirkung dieses amerikanischen Drucks rang Schidehara verzweifelt um eine Mäßigung der Politik der Militaristen in Tokio. Am 27. November gelang es ihm, dem Vormarsch in der Mandschurei auf kurze Zeit Einhalt zu tun. Zwei Wochen später jedoch stürzte das japanische Kabinett, und die Friedensgesten hörten auf. Am 2. Januar 1932 wurde Tschingtschau genommen. Japan hatte die Mandschurei erobert.

Bevor die Dinge so weit gediehen waren, hatte Elihu Root, von den aktiven Maßnahmen Stimsons gegen die japanische Expansion in der Mandschurei aufs tiefste beunruhigt, dem Außenminister einen langen Protestbrief geschrieben. Root war von 1905 bis 1909 Außenminister gewesen und hatte das Root-Takahira-Abkommen ausgehandelt, das Japan in der Mandschurei freie Hand gab. Jetzt warnte Elihu Root Außenminister Stimson davor, „sich in Maßnahmen des Völkerbundes verstricken zu lassen, an denen uns zu beteiligen wir Japan gegenüber kein Recht haben". Er spielte auch auf Japans jahrealte besondere Interessen in der Mandschurei an und schrieb von der Notwendigkeit für Japan, sich politisch gegen „den auf sein Herz gerichteten Dolch" zu schützen.

Root war Realist und wollte keinen Krieg mit Japan. Stimson war Pazifist und liebte den Frieden so sehr, daß er jederzeit bereit war, für ihn zu kämpfen. Er bekannte sich aus ganzem Herzen zu der Parole: Dauernder Krieg für einen dauernden Frieden. In seiner Antwort an Root drückte er den Glauben aus, daß seine Dazwischenkunft in der Mandschurei notwendig gewesen sei, um das ganze Gebäude der Friedensverträge zu retten. Er sah sich als den Atlas, auf dessen gebückten Schultern der Weltfrieden in schwankendem Gleichgewicht ruhte. „Ein neuer Vorstoß Japans riefe in Amerika zweifellos weithin ablehnende, ja feindliche Gefühle hervor und starken Druck auf uns, irgendwie zu handeln." Als Mann der Tat sei er nicht geneigt, sich in die Muschel der Neutralität zurückzuziehen.[79]

Die beste Politik wäre vielleicht, so meinte Stimson, sich um irgendeine Art dreifachen Drucks (Frankreichs, Großbritanniens und der Vereinigten Staaten) auf Japan zu bemühen. Nachdem er die britische und die französische Regierung in allgemeinen Linien mit dieser neuen Offensive gegen Japan vertraut gemacht hatte, richtete er, ohne auf seinen einleitenden Schritt die formellen Antworten abzuwarten, am 7. Januar an China und Japan gleichlautende Noten, worin er die Theorie der Nichtanerkennung entwickelte. Die amerikanische Regierung werde kein Abkommen anerkennen, „das die vertraglichen Rechte der Vereinigten Staaten oder seiner Bürger in China beeinträchtigen würde, einschließlich der Rechte, die sich auf die Souveränität, die Unabhängigkeit und die territoriale und administrative Integrität der Republik China sowie auf die internationale, als Politik der offenen Tür bekannte Chinapolitik beziehen".[80] Die Nichtanerkennung würde sich auch auf jede Änderung im Fernen Osten erstrecken, die „durch Mittel bewirkt worden wäre, welche den Bedingungen und Verpflichtungen des Pariser Paktes widersprächen".

Nach dieser schweren Salve in Richtung Japans wartete Stimson die Antwort der britischen Regierung ab. Er war überzeugt, daß das Foreign Office mit einem Schuß reagieren werde, der rings um den Erdball vernommen werden würde. Diese Erwartung wurde erfüllt, nur donnerte das Geschütz des britischen Außenamtes gegen das amerikanische Mißtrauen in die japanische fernöstliche Politik: „Die Regierung Seiner Majestät hat es nicht für notwendig erachtet, an die japanische Regierung eine förmliche Note in der Art der amerikanischen Note zu richten."[81]

Die Londoner „Times" lobte die Haltung des britischen Außenamtes: „Auch scheint es nicht die unmittelbare Aufgabe des Foreign Office zu sein, die ‚administrative Integrität' Chinas zu verteidigen, solange diese Integrität nicht mehr ist als ein Ideal. Es gab sie im Jahre 1922 nicht, und es gibt sie heute nicht."[82]

Frohlockend über diese jüngste Demonstration der Unsinnigkeit des Gedankens, daß Großbritannien und die Vereinigten Staaten im Fernen Osten eine gleichlaufende Politik zu verfolgen pflegten, richtete das japanische Außenamt am 16. Januar 1932 an Stimson eine Note, die sich „fast wörtlich" der kritischen Sätze der „Times" bediente.[83]

Von diesem Stachel berechneter Unverschämtheit empfindlich getroffen, hängte sich Stimson an das transatlantische Telefon und führte mit dem britischen Außenminister, Sir John Simon, eine Reihe von Gesprächen. Es lag ihm außerordentlich daran, zu einer gemeinsamen Anrufung des Artikels 7 des Neunmächtevertrages die britische Mitwirkung zu sichern.

Sir John war es nicht gewöhnt, Staatsgeheimnisse am Telefon zu erörtern, noch dazu wenn er „einen der Anrufe" in Genf „in einer Telefonzelle des Völkerbundsgebäudes entgegennehmen mußte". Es war ihm nicht möglich gewesen, „für eine stenographische Aufnahme der Unterredung zu sorgen, und so konnte er nicht den genauen Wortlaut des Gesprochenen studieren und seine Bedeutung auf die Folgerungen hin abwägen".[84] Das alles war so unförmlich und ungewöhnlich, daß Sir John es ablehnte, sich zu Stimsons mit starken Worten sich aufdrängendem Anliegen zu äußern, und schließlich wurde dem amerikanischen Außenminister klar, daß das alte Schlagwort von den „über den Ozean einander gereichten Händen" ausschließlich für das Foreign Office gelte, daß es praktisch nur angewendet werde, wenn Uncle Sam John Bull unter die Arme greifen könne.[85]

Die nächsten zwei Monate mußte Stimson ohne jede britische Hilfe die Verantwortung für die Nichtanerkennungspolitik allein tragen. Allmählich aber drängten gewisse Umstände das Foreign Office auf die Linie des Department of State. Großbritannien hatte in Schanghai ausgedehnte Geschäftsinteressen, und als die Japaner am 28. Januar 1932 gegen die dort stehende chinesische 19. Armee eine Offensive eröffneten, erhielt die Lage ein anderes Aussehen. Das Foreign Office handelte jedoch nicht sofort, um die Bedrohung der britischen Großunternehmen abzuwenden, und Stimson mußte seine Ein-Mann-Offensive gegen Japan noch eine ganze Zeit fortführen. Am 23. Februar tat er dies mit einem langen Schreiben an den Vorsitzenden des Senatsausschusses für auswärtige Angelegenheiten, Senator Borah. Abermals verfocht er leidenschaftlich die Nichtanerkennungstheorie und dehnte sie jetzt auf Verletzungen sowohl des Neunmächtevertrages als auch des Kellogg-Paktes aus.[86]

Der Brief Stimsons wurde in Tokio kühl aufgenommen. Botschafter Forbes berichtete, der britische und der französische Botschafter meinten, daß seine Wirkung „äußerst schädlich" gewesen sei. Sie habe sich „im Augenblick" zweifellos in der Richtung bewegt, „die von innen her auf eine Besserung dieser schwierigen Lage hinarbeitenden Einflüsse" zum Schweigen zu bringen. Viele Zeitungen sähen den Brief als „ausgesprochen aufreizend" an, und in dem Gerede über „einen neuen Weltkrieg" betrachte man die Vereinigten Staaten als „den wahrscheinlichen Gegner". Beide Botschafter drückten die starke Hoffnung aus, daß Stimson aufhören werde, Briefe „solch provozierender Art" zu schreiben, und Botschafter Forbes stimmte dem freimütig zu.[87]

Stimson jedoch, wie üblich mit Rechtschaffenheit gepanzert, schenkte diesem scharfen Pfeil seines eigenen Botschafters kaum Beachtung. Die Zeit und der britische Großhandel arbeiteten für ihn. Am 16. Februar richtete der Völkerbundsrat an Japan einen Appell zu dem Zweck, es von einem allgemeinen Angriff auf Schanghai abzuhalten. Japan wurde als der für den fernöstlichen Konflikt verantwortliche Teil bezeichnet und an seine Verpflichtungen aus der Völkerbundssatzung und dem Neunmächtevertrag erinnert.[88] Am 11. März tat die Völkerbundsversammlung einen kühneren Schritt: sie stimmte einer Entschließung zu, die erklärte, es sei „Pflicht der Mitglieder des Völkerbundes, keine Lage, keinen Vertrag und kein Abkommen anzuerkennen, die durch Mittel herbeigeführt werden könnten, welche der Satzung des Völkerbundes oder dem Pariser Pakt widersprächen".[89]

Endlich hatte Außenminister Stimson den Völkerbund in eine förmliche Billigung seiner Nichtanerkennungstheorie hineinmanövriert. Es war ein verhängnisvoller Schritt in eine Sackgasse von Befürchtungen und vergeblichen Anstrengungen, und seine unausweichliche Folge war die Verwicklung Amerikas in den Zweiten Weltkrieg.[90]

Kapitel IV

Der Weg
in die Sackgasse

Die amerikanische Presse über die Stimsondoktrin

Als Außenminister Stimson am 7. Januar 1932 stolz seine Nichtanerkennungspolitik verkündete, war er überzeugt, daß er sich auf die Unterstützung eines großen Teils der amerikanischen Presse verlassen könne. Die alte Tradition, sich abseits zu halten, war langsam und stetig von begeisterten „Einweltlern" untergraben worden, die darauf versessen waren, daß Amerika die schwere Last mittrage, die der Weltkrieg auf den schwachen Rücken Europas geladen hatte. Die New Yorker Presse, voran die „Times", hatte die Offensive angeführt. Stimson hatte diesen Konflikt wachsam beobachtet und war zu dem Schluß gelangt, daß die alte amerikanische Ordnung zusammengebrochen sei. Seine Nichtanerkennungsnote wirkte wie ein aufrüttelnder Ruf an alle Internationalisten, ein neues politisches Gebäude zu errichten, dessen weite Geräumigkeit einen riesigen Beitrag an amerikanischem Baumaterial erfordern würde und dessen Unterhaltung dem amerikanischen Steuerzahler niederdrückende Lasten auferlegen sollte.

Die „New York Times" war schnell bei der Hand, Stimsons Aufforderung zu beantworten. Sie gab offen zu, daß in früheren Jahren eine „so ungeschminkte Sprache wie die Stimsons als unfein und undiplomatisch gegolten hätte".[1] In dem neuen internationalen Zeitalter, das soeben angekündigt worden sei, bedeute die Note Stimsons eine aufrichtige Einladung zu gemeinschaftlichem Handeln gegen die Verruchtheit, die ihr häßliches Haupt in der Mandschurei erhoben habe. Dies die Gefühle, denen die „Times-Dispatch" in Richmond Ausdruck gab. Sie war sicher, daß die Nichtanerkennungsdoktrin Japan zu einer „Paria-Nation" machen werde.[2] Die Pittsburger „Post-Gazette" teilte diese Meinung[3], und die „Los Angeles Times" summte dieselbe muntere Melodie[4]. Die „Indianapolis News" hob die „Rechtzeitigkeit" der Note Stimsons hervor[5], während der „Boston Daily Globe" darüber in Verzückung geriet, daß Stimson der Gesinnung Ausdruck verliehen habe, „die von jedem Friedensfreund überall in der Welt erwartet worden" sei[6].

Der „Cleveland Plain Dealer" lobte die Politik Stimsons[7], die „Chicago Daily News"[8] und der „Kansas City Star"[9] fielen in den Chor der Zustimmung ein. Die „Chicago Tribune" jedoch konnte die Art, wie der Außenminister gemeinsam mit dem Völkerbund operiert hatte, nicht billigen und äußerte die Befürchtung, Amerika habe „Japan einen Grund zur Beschwerde gegeben, der zu vermeiden gewesen wäre".[10] Auch der „Philadelphia Record" und die „Washington Post" sprachen ihre Besorgnis aus über jegliche innige Verbindung mit der Genfer Liga.[11]

Im Süden erhob die „Atlanta Constitution" ihre warnende Stimme: „Die Vereinigten Staaten bewegen sich auf gefährlichem Boden, wenn sie sich so weit in die mandschurische Lage verwickeln, daß sie zusammen mit anderen Nationen Japan Warnungsnoten schicken, die gleichbedeutend sind mit Drohungen. Es ist das nicht unsere Sache, solange nicht eines von unseren Rechten verletzt worden ist."[12]

Die Hearst-Presse wies sofort auf die Gefährlichkeit des fahrenden Rittertums Stimsons hin: „Die asiatische Schatzkammer braucht uns oder das Außenamt nicht in Wallung zu bringen. Japan tut in der Mandschurei nur, was die nordamerikanische Union tat, als sie Mexiko Texas wegnahm."[13] Die „New York Daily News" waren gleichermaßen kritisch: „Als Frank B. Kellogg Außenminister war, pflegte man ihn Gschaftelhuber zu nennen. Um Mr. Kellogg Gerechtigkeit widerfahren zu lassen, muß jetzt eingeräumt werden, daß er in seinen üppigsten Tagen als freiwilliger Raterteiler an Außenminister Henry L. Stimson nicht herankam."[14]

Einige Zeitschriften, die die sogenannten „liberalen Elemente" im Osten vertreten, kritisierten die Note Stimsons scharf. Die „New Republic" meinte, die Nichtanerkennungsdoktrin werde „so wirkungsvoll sein, wie wenn man zu jemandem, der seines Nachbarn Haus eingeäschert hat, sagen würde: ‚Ich weigere mich, von dem Brand Kenntnis zu nehmen, und werde meine Briefe nach wie vor an die alte Adresse schicken.'" Die der Politik Stimsons innewohnende Kriegsgefahr wurde klar erkannt: „Wenn Mr. Hoover und Außenminister Stimson auf diesem Kurs beharren und Japan nicht nachgibt, werden wir uns wahrscheinlich vor die nackte Wahl gestellt sehen, zu kämpfen oder eine derbe diplomatische Niederlage hinnehmen zu müssen."[15]

Das kommunistische Parteiorgan, der „Daily Worker", war sicher, daß die Politik Stimsons zum letzten Ziel habe, die kommunistische Bewegung in China zu zerschlagen. Am 22. Februar veröffentlichte das Blatt einen Aufruf an die amerikanische Arbeiterklasse: „Arbeiter! Krieg im Fernen Osten bedeutet Krieg gegen die schuftenden Massen der Welt! Er bedeutet die Gefahr eines Weltkrieges im Interesse der Profitjäger! Hände weg von China! Verteidigt die Sowjetunion!"[16]

Als sich die Krise im Fernen Osten durch den japanischen Angriff auf Schanghai am 28. Januar zuspitzte, erreichte die Aufregung der amerikanischen Presse ihren Gipfel. College-Professoren, die im Frieden so oft unbesiegbar wie im Kriege unsichtbar sind, eilten an die Setzmaschinenfront und eröffneten gegen die japanische Regierung ein Worttrommelfeuer. Besonders groß war die professorale Kampfeslust an der Harvard-Universität. Ihr Präsident, Lowell, und zwanzig Mitglieder seiner Fakultät bildeten eine Scharfschützengruppe, die die japanische Stellung aus jeder Ecke bestrich. Lowell war vor allem darauf versessen, daß der Völkerbund gegen den widerspenstigen Mann aus Nippon wirtschaftliche Sanktionen verhänge, und er nährte die Hoffnung, daß die amerikanische Regierung diese Aktion mit Begeisterung und wirkungsvoll unterstützen werde.[17] Die Princeton-Universität forderte Präsident Hoover auf, „ohne Rücksicht auf materielle Kosten und die politische Lage" angemessen zu handeln.[18] Die Cornell- und die John-Hopkins-Universität trugen zu dem Boykottgeschwätz bei[19], und schließlich leiteten Präsident Lowell und Newton D. Baker eine Riesenpetition von College-Präsidenten und -Professoren ein, die zugunsten eines kollektiven Wirtschaftsdruckes auf Japan scharfe Töne anschlug.[20]

Es dauerte nicht lange, und das Komitee für die fernöstliche Krisis beteiligte sich aktiv an diesem Zeitvertreib, Japan durchzuhecheln. Sein Hauptbeitrag war eine Petition mit Zehntausenden von Unterschriften. Zu ihrem Sprecher machte sich Professor Tyler Dennett durch eine Erklärung mit der fürchterlichen Warnung, wenn man Japan auf seinem Marsch in die Mandschurei nicht tatsächlich Einhalt gebiete, werde die ganze Zivilisation überhaupt „in das Mittelalter zurückgestoßen" werden.[21]

Im Süden unterstützten das Louisviller „Courier-Journal" und der „News and Observer" die Rufe nach wirtschaftlichen Sanktionen nachdrücklich.[22] Dem gleich taten es in anderen Landesteilen der „Boston Herald", das „Milwaukee Journal" und der „Cleveland Plain Dealer".[23] Die Zeitungen der Scripps-Howard-Gruppe sprachen ihre „herzliche Übereinstimmung" mit dem Geist dieser Petitionen aus, rieten aber dem Außenamt warnend, sich vor irgendwelchen Schritten zur Anwendung wirtschaftlicher Druckmaßnahmen gegen Japan der englisch-französischen Mitwirkung zu vergewissern.[24]

Allein, bald zeigte sich, daß diese Stimmen für Wirtschaftssanktionen in dem Chor der Mißbilligung untergingen, der überall im Lande anschwoll. Die New Yorker „Sun" brandmarkte
Sanktionen als eine „Einladung zum Krieg".[25] Die „Herald Tribune" verglich den geforderten
Boykott mit Giftgas; es könne gegen den Feind abgeblasen, aber auch den Urhebern ins Gesicht zurückgeweht werden.[26] Walter Lippmann gab in der „Herald Tribune" der Befürchtung
Ausdruck, daß weiterer Druck auf Japan zum Kriege führen werde: „Dem Gedanken an Krieg
sollte man klar und entschieden entsagen, selbst bis zu dem Punkt, daß man, wenn es für notwendig gehalten werde, amerikanische Bürger vom Kriegsschauplatz wegholt."[27]

Heftig wandten sich die „New York Daily News" gegen die Sanktionspetitionen: „Wir hoffen, die amerikanische Bevölkerung wird darauf dringen, daß ihre Regierung ... dieser törichten und herausfordernden Petition Mr. Bakers und der dazugehörigen College-Präsidenten keine Beachtung schenkt."[28] Einen ähnlichen Ton schlug die New Yorker „Evening Post"
an: „Uns scheint etwas nicht zu stimmen, wenn es möglich ist, daß sich eine Handvoll dok-
trinärer Bürger daranmacht, diplomatische Anträge zu verfertigen, die das ganze übrige Amerika in den Krieg treiben können."[29]

In Philadelphia protestierte das „Evening Bulletin" lebhaft gegen einen Boykott[30], der
„Record" äußerte die Ansicht, es habe in der langen amerikanischen Geschichte niemals eine
„gedankenlosere und gefährlichere Bewegung" gegeben[31], und das „Public Ledger" betonte,
ein tatsächlicher Boykott wäre das Vorspiel zum Krieg gegen Japan[32]. Die „Boston Evening
Transcript" bemerkte, Präsident Lowell beabsichtige, die Vereinigten Staaten die Rolle eines
Schutzmanns „des Universums" übernehmen zu lassen[33], während die „Washington Post" auf
die Gefahren einer solchen Ambition hinwies: „Die vorgeschlagene Bindung zöge die Vereinigten Staaten in fremde Verwicklungen hinein, die ungezählten amerikanischen Söhnen das
Leben kosten könnten."[34]

Die Frank-E.-Gannett-Gruppe der Blätter im oberen Staate New York verhielt sich zu dem
Gedanken wirtschaftlicher Sanktionen entschieden feindlich[35], und die Hearst-Presse unterstützte diesen Standpunkt wärmstens[36]. Im Mittelwesten schnitzte die „Chicago Tribune" ein
paar scharfe Pfeile gegen die amerikanischen Pazifisten, die „Amok laufen". Die „Doktoren
der Philosophie und die Pazifisten" brächten Amerika in eine äußerst gefährliche Lage.[37] Die
„Detroit Free Press" bezeichnete die Boykottbewegung als wirkungslos, verbrecherisch und
gefährlich[38], während der „Cincinnati Enquirer" meinte, „die Vereinigten Staaten sollten sich
um ihre eigenen Angelegenheiten kümmern"[39]. Im äußersten Westen brachte die „Spokesman
Review" in Spokane einen Leitartikel unter dem bezeichnenden Titel: „Gelüstet es sie nach einem neuen Krieg?"[40] Der „San Francisco Examiner" übertraf diese Überschrift an Deutlichkeit:
„Bakers japanischer Boykott ein sicherer Weg zum Krieg."[41]

Die „liberale Presse" war der Verhängung wirtschaftlicher Sanktionen über Japan offen
feindlich. Die „Nation" meinte, daß ein Boykott „ein zu explosiver Einfall" sei, „als daß man
damit spielen dürfte"[42], und veröffentlichte in ihren Spalten einen trefflichen Artikel von Professor Edwin E. Borchard, der die feste Überzeugung ausdrückte: „Ein solcher Plan enthält keinen Frieden."[43] Die „New Republic" hatte für alles, was sich einem Boykott näherte, nichts als
scharfe Kritik übrig. Amerika könne „nicht gemeinschaftlich mit dem Völkerbund eine Anstrengung machen, Japan zur Ordnung zu bringen, ohne zum Kriege zu schreiten".[44]

Die Geschäftspresse zögerte nicht, sich dem Aufschrei gegen einen wirtschaftlichen Druck
auf Japan anzuschließen. Die „Commercial and Financial Chronicle" vertrat die Ansicht, daß
die Forderung gewisser Kreise, Wirtschaftssanktionen anzuwenden, „ebenso verwerflich wie
bedauerlich" sei.[45] „Bradstreet's" wandte sich gegen das „leichtfertige Gerede" über einen
Boykott[46], und andere Wirtschafts-Zeitschriften, so das „Journal of Commerce" und „Commerce and Finance", äußerten sich gleichermaßen kritisch[47].

Dieses Trommelfeuer von Kritik machte auf Außenminister Stimson wenig Eindruck. Er
führte seine Politik, Japan zuzusetzen, fort und überredete den Präsidenten, die Flotte für die
Wintermonate auf das Jahr 1932 in den Pazifik zu schicken. Dort wurde sie zwischen Kalifornien und den Hawaii-Inseln mit sorgfältig ausgearbeiteten Manövern beschäftigt. Die Zurschaustellung amerikanischer Stärke ermunterte offenbar am 11. März 1932 die Völkerbundsversammlung dazu, die erwähnte, vorsichtig formulierte Nichtanerkennungs-Ent-
schließung zu fassen.[48] Aber diese verspätete Aktion beeinflußte die japanische Politik in der

Mandschurei nur wenig. Zwar unterzeichnete Japan am 5. Mai ein Abkommen, das zur Zurückziehung seiner Truppen aus Schanghai führte, doch rührte es sich nicht aus der Mandschurei weg. Die Stimsondoktrin hatte es nicht nur nicht fertiggebracht, der japanischen Flut in Nordchina Einhalt zu tun, sondern sie erregte amerikafeindliche Gefühle, die es als schwer erscheinen ließen, gute Beziehungen aufrechtzuerhalten. Für die japanischen Staatsmänner war es augenscheinlich, daß sich hinter der fernöstlichen Lage ein unvermeidlicher Konflikt zwischen Kommunismus und Kapitalismus abzeichnete, und so vermochten sie nicht zu begreifen, weshalb das amerikanische Außenamt auf einer Politik beharrte, die die japanische Unterstützung in jenem unausweichlichen Kampf unmöglich machen könnte. Im Hinblick hierauf war besonders bedeutungsvoll, was Admiral Toyoda in einem Brief an Botschafter Forbes aussprach. Er äußerte sich über die ernsten politischen Verhältnisse in China und drückte dann die Meinung aus, daß der pazifische Raum Zeuge folgenschwerer Zusammenstöße zwischen Kapitalismus und Kommunismus sein werde. Die Natur dieses Konfliktes werde jeden Gedanken an ein Kompromiß ausschließen: „Wir, oder die unmittelbar nach uns kommen, werden sich zu entscheiden haben zwischen dem sino-russischen Kommunismus und dem angelsächsischen Kapitalismus. Wenn China unter kommunistische Herrschaft fallen sollte und Japan seine gegenwärtige Politik beibehält, was es sicherlich tun wird, dann ist die Möglichkeit gegeben, daß es gezwungen sein wird, als Vorposten des angelsächsischen Kapitalismus die Rolle von Iki und Tsuschima zu spielen."[49]

Stimson hilft Japan aus dem Völkerbund vertreiben

Stimson schloß immer seine Augen vor jedem und allem, was den wirklichen Interessenkonflikt im Fernen Osten erkennen ließ, und ignorierte auch die klugen Worte des Admirals Toyoda völlig. Er war versessen darauf, Japan für seine defensiven Bewegungen in der Mandschurei, die für ihn nur Teil eines Expansionsplanes waren, zu züchtigen. In einer langen Unterredung mit dem japanischen Botschafter, Debutschi, am 4. April übte er scharfe Kritik an der Art, wie Japan seine Grenzen in der Mandschurei erweitert habe. Der Hauptzweck dieser Unterredung war für ihn, Debutschi eine „hübsch feste Haltung" zu zeigen, „so daß er seiner Regierung nicht berichten konnte, ich hätte irgendwie verraten, daß ich vor den Schritten, die sie unternehmen, oder den Argumenten, die sie vorbringen, zurückweiche".[50] Einige Wochen danach, am 10. Juni, mußte sich Debutschi eine weitere lange Vorlesung über die Missetaten seiner Regierung in Nordchina anhören. Das japanische Außenamt bereite offenbar Pläne vor, den Marionettenstaat Mandschukuo anzuerkennen, und habe als einleitenden Schritt angeordnet, dort die Kontrolle über die chinesische Seezollbehörde zu übernehmen. Dies betrachte er, Stimson, „mit großer Sorge".[51]

Um sich mit dem japanischen Vorrücken in Nordchina auseinanderzusetzen, griff Stimson zu dem weiteren Mittel, Joseph C. Grew als Botschafter nach Tokio zu schicken. Als Grew im Juni 1932 in Japan eintraf, wurde er von der Presse freundlich begrüßt, und der Kaiser zeigte sich so liebenswürdig, wie es die Harthörigkeit Mr. Grews erlaubte. Indessen, die Schatten des mandschurischen Abenteuers fielen über die Schwelle der amerikanischen Botschaft, und Grew erkannte bald, daß sie trotz allen seinen Anstrengungen, sie durch eine neue japanisch-amerikanische Verständigung zu vertreiben, wahrscheinlich dunkler und länger werden würden.

Das Haupthindernis auf dem Wege zu freundlichen Beziehungen war die Stimsondoktrin selbst. Die japanische Regierung war entschlossen, den widerstreitenden Meinungen in Amerika und Europa zum Trotz Mandschukuo anzuerkennen. Sichere Kontrolle über Nordchina erschien den japanischen Staatsmännern unabhängig von Parteiungen als nationale Notwendigkeit. Als Quelle wichtiger Rohstoffe und als Markt für Verbrauchsgüter hatte die Mandschurei für Japan besondere Bedeutung. Die Präsidenten Theodore Roosevelt und Woodrow Wilson hatten gewisse Teile Nordchinas bereitwillig als japanische Einflußsphäre betrachtet, und die Texte der zwischen Root und Takahira sowie zwischen Lansing und Ischii ausgehandelten Abkommen waren in ihrer Unbestimmtheit ein so fruchtbarer Boden, daß die japanischen Bestrebungen üppig gediehen. Nachdem Theodore Roosevelt üreist die Panama-Birne gepflückt hatte, vermochte er sich den japanischen Argumenten für einen Bissen aus der mandschurischen Melone nicht zu verschließen, und Woodrow Wilson konnte, vertieft in die Vorbereitungen eines Kreuzzuges gegen das böse Deutschland, nicht allzu genau den Absichten nachgehen, die die Japaner in der Mandschurei verfolgten. Ermutigt durch diese freundlichen Gesten amerikanischer Präsidenten, rückten japanische Truppen in viele Teile Nordchinas ein. Als nun plötzlich Stimson ein rotes Haltsignal aufleuchten ließ, traf die japanische Regierung keine ernstlichen Anstalten, es zu beachten. Ihre mandschurische Maschine hatte zuviel Schwung bekommen, als daß sie von einem amerikanischen Verkehrsschutzmann noch hätte aufgehalten werden können, der nur auf der Blechpfeife der Nichtanerkennung trillerte.

Die Bemühungen europäischer Staatsmänner waren ebenso vergeblich wie die Stimsons. Die gemäß der Völkerbundsentschließung vom 10. Dezember 1931 ernannte Lytton-Kommission traf am 29. Februar 1932 zu einer Reihe von Besprechungen mit japanischen Staatsmännern und Vertretern verschiedener japanischer Organisationen in Tokio ein. Vom 20. April bis zum 4. Juni studierte die Kommission die mandschurische Lage an Ort und Stelle und kehrte dann zu kurzem Aufenthalt nach Tokio zurück. Schließlich begab sie sich nach Peiping, um ihre Aufgabe, einen förmlichen Bericht zu verfassen, abzuschließen.

Während die Kommission in Tokio weilte, sprach ihr amerikanisches Mitglied, Generalmajor Frank R. McCoy, offen mit Botschafter Grew. Er versicherte ihm, die Kommission sei der Meinung, daß das Vorgehen Japans in der Mandschurei auf zwei falschen Voraussetzungen beruhe: auf dem Argument der Selbstverteidigung und dem der Selbstbestimmung. Auch sei die Kommission überzeugt, daß die Bildung eines Marionettenstaates wie Mandschukuos „eine eiternde Wunde hervorriefe, die künftige Kriege unvermeidlich machen würde". Obwohl Botschafter Grew diese Ansichten teilte, wies er Außenminister Stimson warnend darauf hin, daß ein Protest der Vereinigten Staaten wegen einer Anerkennung Mandschukuos durch Japan der Militärclique in Tokio direkt in die Hände spielen würde. Schweigen würde sich diplomatisch gut bezahlt machen.[52]

Allein, die Aufgabe, Stimson zum Schweigen zu bringen, war ebenso schwer, als hätte man den Sturz der Wassermassen des Niagarafalls aufhalten wollen. Er war so erfüllt von rechtschaffenem Zorn, daß er am 8. August in New York vor dem Rat für auswärtige Angelegenheiten eine neue Sprengladung gegen Japan loslassen mußte. Wie Grew vorhergesehen hatte, reagierte Japan auf diese jüngste Attacke Stimsons weithin mit Bitterkeit. Die Heftigkeit der Reaktion veranlaßte Grew, Stimson zu warnen: „Wir sollten unsere Augen für alle möglichen künftigen Fälle offenhalten."[53] Die Politik der dauernden Nadelstiche könnte schließlich zu einem gefährlichen Ausbruch führen.

Am 3. September schickte Grew ein neues Warntelegramm. Die japanische Regierung habe die feste Absicht, „das mandschurische Unternehmen hinter sich zu bringen". Die japanische Öffentlichkeit sei überzeugt, daß „der ganze Kurs des Vorgehens in der Mandschurei von höchstem, lebenswichtigem nationalem Interesse" sei, und sie sei entschlossen, „jedem Widerstand", wenn nötig mit der Waffe, entgegenzutreten.[54] Nachdem Grew dieses Telegramm an das Außenamt abgesandt hatte, vertraute er seinem Tagebuch an, daß sich der japanische Groll in Wahrheit auf einen einzigen Amerikaner konzentriere: auf Außenminister Stimson. Jeder, dem er in Japan begegne, sei „durchaus freundlich" zu ihm, und seine persönlichen Beziehungen zu den japanischen Beamten seien „die besten". Aber Stimson habe mit seiner Politik ständigen feindseligen Drucks ganz Japan aufgebracht.[55] Es war für einen Diplomaten nicht schwer, das unvermeidliche Ergebnis einer solchen Taktik vor Augen zu sehen.

In einigen japanischen Kreisen wurde die Hoffnung ausgesprochen, daß ein Wechsel in der Regierung in Washington auch einen Wechsel in der fernöstlichen Politik bringen werde. Aber Stimson hatte noch ungefähr sechs Monate Dienstzeit als Außenminister vor sich, und es bestand die unheildrohende Möglichkeit, er werde in dieser Periode die Schablone seiner Politik so festlegen, daß ein neuer Außenminister sie nicht mehr auszuwechseln vermochte. Über eines konnte sich in Japan jedermann mit absoluter Gewißheit klar sein: Stimson würde von seinem Standpunkt nicht zurückweichen, ganz gleich, welches die Folgen wären. Amerika mußte nicht unbedingt bis zum offenen Konflikt mit Japan getrieben werden, aber die Straße zum Krieg würde weit offen liegen, und eine Einladung zu Feindseligkeiten wäre für die unruhigen Überlegungen des designierten Präsidenten gegeben.

Um dafür zu sorgen, daß diese Verlockung nicht leer in der Luft schwebe, hatte Stimson der Entsendung Generalmajor R. McCoys in die Lytton-Untersuchungskommission zugestimmt. Wenn die Kommission den japanischen Angriff in Nordchina mit scharfen Worten kennzeichnete, würde einen Teil der Verantwortung für eine solche Anklage General McCoy tragen.

Am 1. Oktober 1932 wurde in Genf der Bericht der Untersuchungskommission veröffentlicht. Er enthielt einige interessante Zugeständnisse, beschrieb kurz das Anwachsen der Kommunistischen Partei und wies auf das Unvermögen Tschiang Kai-scheks hin, sie zu unterdrücken.[56] Nichts jedoch wurde über die sowjetische Einsickerung in die Provinz Sinkiang und die Einverleibung der Äußeren Mongolei gesagt. Der Schuldige in China hatte Japan zu sein, nicht Rußland. Um das zu beweisen, drückte der Bericht in sehr positiven Sätzen die Meinung aus, daß Japan den Mukdener Zwischenfall vom 18. September benutzt habe, einen weitreichenden nordchinesischen Expansionsplan auszuführen. Zwar wurde eingeräumt, daß Japan in der Mandschurei „besondere Interessen" habe, doch fügte der Bericht hinzu, diese Interessen rechtfertigten nicht die Bildung eines halbunabhängigen Staates wie Mandschukuo, der unter japanischer Kontrolle stünde. Daher empfahl der Bericht, der Mandschurei „ein großes Maß von Autonomie" zuzuerkennen, das „mit der Souveränität und administrativen Integrität Chinas" vereinbar wäre.[57]

Der Lytton-Bericht verzeichnete die Tatsache, daß die Japaner am 9. März 1932 den neuen Staat Mandschukuo errichtet und Henry Pu-yi, den Knabenkaiser Chinas, als Regenten eingesetzt hatten. Er gab aber keinen Hinweis, wer den Regenten entthronen oder die schwere Verantwortung auf sich nehmen solle, die japanische Armee aus Mandschukuo zu vertreiben, damit die Mandschurei ihren früheren Status wiedererlangen könne. Indirekt war die Entscheidung, daß die Souveränität Chinas über die drei Provinzen fortbestehe, eine Bestätigung des Nichtanerkennungsprinzips Stimsons. Vor der Tatsache der japanischen Beherrschung der Mandschurei schloß die Kommission bequemerweise die Augen; sie nahm einfach an, daß die Farce der Nichtanerkennung Japan auf die Knie zwingen werde. Als Japan am 15. September Mandschukuo in aller Form anerkannte, versetzte das der Lytton-Kommission einen gelinden Stoß, und Außenminister Stimson fühlte sich ob dieser Mißachtung seiner Doktrin tief gekränkt.

Zwei Monate später, am 19. November, raunte Matsuoka, der Führer der japanischen Delegation in Genf, Hugh Wilson und Norman Davis ein paar warnende Worte zu. Die feindselige Stimmung der japanischen Öffentlichkeit gegenüber den Vereinigten Staaten sei „gefährlich". Die Vermutung verstärke sich, daß die amerikanische Regierung mehrere Versuche unternommen habe, „die Entwicklung der Mandschurei durch die Japaner aufzuhalten und über die dortigen Eisenbahnen die Kontrolle zu gewinnen". Die einen weiten Kreis umfassende einflußreiche öffentliche Meinung in Japan, die vordem eine freundliche Gesinnung gezeigt habe, sei „in rascher Änderung" begriffen. Das japanische Volk habe sich sehr geduldig verhalten, doch sei ein Punkt erreicht, wo diese Eigenschaft aufhöre, eine Tugend zu sein, und die zurückgedrängte Erbitterung könnte „plötzlich und ungestüm" alle Schranken durchbrechen.[58]

Matsuoka hatte viele Jahre in den Vereinigten Staaten als Student verbracht, und unter den Japanern war von ihm bekannt, daß er „sich benahm und dachte wie ein Amerikaner".[59] Auf einen durchschnittlichen Außenminister wäre seine Warnung nicht ganz ohne Wirkung geblieben, Stimson aber beachtete sie nicht. Unbekümmert brüstete er sich vor Hugh Wilson, er sei mit „der Persönlichkeit und den Methoden" Matsuokas vertraut und habe vorausgesehen, daß er sich das Air eines „gewandten Advokaten" geben werde.[60] Wäre Stimson mit etwas mehr Scharfblick gesegnet gewesen, dann hätte er erkannt, daß sich Matsuoka keinen müßigen Drohungen hingab. Aus seinen Worten hatten Erfahrung und Klugheit gesprochen. Aber Stimson klammerte sich noch an den Gedanken, daß er den japanischen Außenminister mit dem Polizeiknüppel der Nichtanerkennung in die Unterwerfung hineinprügeln könne. Ob sich der japanische Außenminister darunter krümmte und die japanische Presse seine Politik immer heftiger anklagte, kümmerte ihn wenig. Die Japaner würden die Medizin schlucken müssen, wie bitter sie auch schmeckte.

Einigen amerikanischen Publizisten schien die Politik Stimsons entschieden schlecht beraten. Raymond L. Buell kritisierte die Haltung der Regierung Hoovers gegenüber Japan scharf:

Wenn die Vereinigten Staaten „aus Rechtlichkeit Japan die Gelegenheit zu verwehren suchen, sich durch eine Politik der Gewalt notwendige Hilfsquellen zu verschaffen, werden sie dann ihre Zolltarife herabsetzen, damit Japan sein Bevölkerungsproblem durch Industrialisierung lösen kann"? Die Regierung der Vereinigten Staaten sollte ein Zollgespräch herbeiführen, um eine Berichtigung der bestehenden hohen Sätze zu erwägen, und, um der japanischen Meinung entgegenzukommen, mit den Flottenmanövern im Pazifik aufhören.[61]

Diese Anregungen Buells fanden im Außenamt kein günstiges Echo.[62] Stimson war dagegen, mit dem Druck auf Japan nachzulassen. Glücklicherweise rief er damit in Japan nicht ein entsprechend feindliches Verhalten hervor. Ganz im Gegenteil! Japan war eifrig bemüht, sich versöhnlich zu zeigen. Am 29. September erklärte der japanische Botschafter dem Leiter der Fernöstlichen Abteilung des Außenamtes, Hornbeck, „alle Bankiers, Kaufleute und Industriellen" seien auf „herzliche und freundschaftliche Beziehungen zu den Vereinigten Staaten" bedacht. Niemand in Japan wage es, „an die Möglichkeit eines Krieges mit den Vereinigten Staaten zu denken". Abschließend bemerkte der Botschafter, angesichts der „neuerlichen Annäherung zwischen Rußland und China liegt den Japanern mehr denn je an der Freundschaft der Vereinigten Staaten und an herzlichen Beziehungen zu ihnen".[63]

Unterdessen befaßte sich der Völkerbund mit den Folgerungen aus dem Lytton-Bericht. Am 6. Dezember überwies ihn die Vollversammlung an einen Ausschuß von neunzehn Mitgliedern. Unter ihnen erregten sich die Vertreter mehrerer kleiner Staaten über Japan wegen seiner militärischen Operationen in der Mandschurei aufs äußerste. Sie glichen ihre militärische Schwäche durch Kaskaden starker kritischer Worte aus. Stimsons wachsames Ohr fing diese scharfen Akzente hurtig auf, und er gab sie dem japanischen Botschafter wieder, als er am 5. Januar 1933 mit Debutschi sprach. Er ließ die Fälle japanischer Mißachtung gewisser Vertragsbestimmungen Revue passieren und bemerkte dann bissig, daß es für Japan eigentlich „keinen andern Kurs" gebe, als „aus dem Völkerbund und dem Kellogg-Pakt auszuscheiden".[64]

Nachdem Stimson dem japanischen Botschafter diese Lektion erteilt hatte, nahm er sich am 9. Januar Zeit zu einem Besuch Hyde Parks, des Wohnsitzes Roosevelts. Er fand den designierten Präsidenten in sehr empfänglicher Stimmung, und es kostete ihn keine Mühe, Roosevelt zu überzeugen, daß seine, Stimsons, Doktrin eine der Säulen der Außenpolitik der neuen Regierung sein sollte. Drei Tage danach eröffnete er Botschafter Debutschi, daß der designierte Präsident an seiner, Stimsons, Politik festhalten werde.[65] Am 16. Januar wurde diese Neuigkeit den amerikanischen Vertretern im Ausland mitgeteilt, und am nächsten Tag erklärte Roosevelt auf einer Pressekonferenz in Hyde Park, daß Amerika hinter dem Prinzip der „Heiligkeit der Verträge" stehen müsse.[66] Immer, wenn es dazu kam, daß Japan strenger Zucht unterworfen wurde, waren alle Parteigrenzen in Amerika verschwunden.

Am Tage nach dieser bedeutungsvollen Verkündigung hatte der japanische Botschafter eine Unterredung mit Staatssekretär William R. Castle. Nach dem üblichen Höflichkeitsaustausch wagte Debutschi die Erklärung, er habe beabsichtigt, „die Aufreizung der japanischen Gefühle durch die Tatsache" zu erörtern, „daß unsere [die amerikanische] Flotte in den Gewässern der Hawaii-Inseln geblieben sei". Castle, von dem Ton der Kompromißlosigkeit gegenüber Japan angesteckt, bemerkte kühl, daß „die Dispositionen der amerikanischen Flotte eine Sache seien, die allein der Entscheidung der amerikanischen Regierung unterliege". Debutschi räumte das ohne Zögern ein und fügte liebenswürdig hinzu, sein Hauptwunsch in dieser Angelegenheit sei, die amerikafeindlichen Gefühle in Japan herabzustimmen; die Anwesenheit der amerikanischen Flotte in den Gewässern der Hawaii-Inseln aber „halte solche Gefühle wach". Castle „überhörte diese Bemerkung" und feuerte dann auf den sich zurückziehenden Botschafter eine neue Breitseite von Worten: „Ich sagte ihm, mir scheine, daß die Japaner alles täten, was in ihrer Macht stehe, in Amerika antijapanische Gefühle zu entfachen."[67]

Es ist offenbar, daß im amerikanischen Außenamt eine Stimmung kaum verhüllter Feindseligkeit gegen Japan vorherrschte. Eine von Hornbeck verfaßte Denkschrift beleuchtete das besonders. In ihr äußert sich Hornbeck nach allgemeiner Erwähnung der amerikanisch-japanischen Spannung zu gewissen Vorschlägen, wie sich dieser unheilverkündende Zustand bessern ließe. Es war angeregt worden, „daß sich ein prominenter amerikanischer Staatsmann und ein prominenter Japaner, zum Beispiel der amerikanische Außenminister und sein japanischer Kollege, irgendwo zwischen dem amerikanischen Festland und Japan, vielleicht in Honolulu, zu einer Aussprache treffen sollten". Sie könnten „ausführlich und offen die Beziehungen zwischen beiden Ländern erörtern und eine Abmachung treffen, die darauf zielen würde, die Aufrechterhaltung des Friedens zu sichern".

Diese Anregung, die einen unvermeidlich an den im Sommer 1941 von Prinz Konoye gemachten Vorschlag erinnert, wurde von Hornbeck verworfen, weil sie „aller Wahrscheinlichkeit nach als unzeitig fruchtlos bliebe" und daher mehr schaden als nutzen würde. Außenminister Stimson jedoch war von dem Gedanken an die vorgeschlagene Begegnung einen Augenblick angezogen und machte am 28. Januar 1933 auf der Denkschrift Hornbecks den folgenden bestätigenden Vermerk: „Das ist eine sehr nützliche Analyse, und ich stimme mit ihr zum größten Teil überein. Der einzige Punkt, in dem ich einer abweichenden Meinung zuneige, ist im letzten Stück das, was ich für etwas ultrakonservativ halte. Ich beschäftige mich selber mit dem Gedanken, ob nicht eine Geste entweder in der Einwanderungsfrage oder durch eine Begegnung möglich wäre."[68]

Selbst wenn es Stimson mit seinem Wunsch, Japan gegenüber eine verbindliche Geste zu machen, ernst gewesen sein sollte, so war doch sichtlich die Zeit gegen ihn. In wenigen Wochen, am 4. März 1933, trat die Regierung Roosevelt ihr Amt an, und es wäre für einen abgehenden Außenminister höchst ungewöhnlich gewesen, einen wichtigen diplomatischen Schritt zu tun, der sich mit der bereits umrissenen Politik seines Nachfolgers nicht völlig hätte in Einklang bringen lassen. Jedenfalls unternahm Stimson nichts, die japanischen Staatsmänner zu beschwichtigen, die jetzt entschlossen waren, in Genf radikal zu handeln. Die Erklärung, die Roosevelt am 17. Januar in Hyde Park für die „Heiligkeit der Verträge" abgegeben hatte, war auf die Japaner ohne besonderen Eindruck geblieben. Sie wußten, daß das britische und das französische Imperium mit dem Blut, dem Schweiß und den Tränen von Millionen Menschen in eroberten Ländern aufgebaut worden waren. Woher diese ganze plötzliche Zurschaustellung internationaler Tugendhaftigkeit? Wie Matsuoka klug bemerkte: „Die Westmächte haben die Japaner das Pokerspiel gelehrt, erklärten es aber, nachdem sie die meisten Chips gewonnen hatten, für unmoralisch und gingen zum Kontrakt-Bridge über."[69] Für die meisten japanischen Politiker stand fest, daß das Gewissen der Westmächte nur Fremde anbellte.

Matsuoka verläßt den Völkerbund

Matsuoka war nicht geneigt, sich in der Genfer Vollversammlung Vorlesungen über öffentliche Moral anzuhören, und am 23. Februar unterrichtete Botschafter Grew Staatssekretär Stimson, daß das japanische Kabinett den Standpunkt seines Hauptdelegierten völlig teile. Es betrachte die japanische Stellung in der Mandschurei als ein wesentliches Glied der „Lebensbrücke" des Inselreichs. Die Japaner seien entschlossen, eher zu kämpfen, als dem Druck des Völkerbundes nachzugeben.[70] Dieser entschiedenen japanischen Haltung zum Trotz marschierte die Liga vorwärts und billigte am 24. Februar mit überwältigender Mehrheit der Vollversammlung den Bericht des Neunzehner-Ausschusses, der den Lytton-Bericht beraten und bestätigt hatte.[71]

Matsuoka reagierte auf diese kritische Aktion des Völkerbundes unverzüglich. Nachdem er feierlich erklärt hatte, daß seine Regierung „die Grenze ihrer Bemühungen um Zusammenarbeit mit dem Völkerbund erreicht" habe, schritt er in starrer Haltung aus dem Plenarsaal hinaus. Die übrigen Mitglieder der japanischen Delegation, außer Frederick Moore, folgten ihm. Moore blieb kurze Zeit auf seinem Platz. Versammlung und Zuschauer blickten gebannt auf ihn, was er wohl tun werde. Der anspannenden Situation, der einzige Vertreter Japans in der Völkerbundsversammlung zu sein, müde, erhob er sich und verließ langsam den Saal mit dem Bewußtsein, daß in der Weltpolitik eine schwere Krise eingetreten war.[72]

Auch Hugh Wilson war, als Vertreter der Vereinigten Staaten, bei dem Auszug der japanischen Delegation in der Versammlung anwesend. Wie Frederick Moore war er sich klar darüber, daß die Weltpolitik eine Krise erreicht hatte, und er wußte, daß diese Krise durch Stimsons Nichtanerkennungspolitik beschleunigt worden war. In seinen Erinnerungen erzählt er die Geschichte von dem verhängnisvollen Auszug Matsuokas aus dem Plenarsaal des Völkerbundspalastes: „Die Schlußsitzung der Versammlung wird mir unauslöschlich im Gedächtnis bleiben ... Matsuoka sprach an diesem Tage in der Vollversammlung mit einer leidenschaftlichen Überzeugung, die von seiner sonst üblichen geschäftsmännischen Art weit entfernt war. Er wies auf die Gefahr hin, die es bedeute, eine große Nation an den Pranger zu stellen. Er warnte die Versammlung davor, Japan aus seiner Freundschaft mit dem Westen in die unausweichliche Entwicklung zu einer einzigartigen, auf sich selbst angewiesenen Ostposition zu treiben ... Zum erstenmal erhoben sich in mir die ernstesten Zweifel an der Weisheit des Kurses, den die Völkerbundsversammlung und mein Land verfolgten. Ich begann mir vorzustellen, welche Erbitterung und welchen Groll diese öffentliche Verurteilung in einem stolzen und mächtigen Volk hervorrufen mußte, und ich fragte mich und frage mich noch, ob eine solche Behandlung klug sei ... Verurteilung schafft eine Gemeinschaft der Verurteilten, die aus der Umfriedung hinausgezwungen worden sind und nichts zu verlieren haben, wenn sie alle Gesetze internationaler Ordnung und internationalen Vertrauens verletzen ... Es regten sich in mir nicht nur Zweifel wegen der Anklage, sondern mir schien auch zum erstenmal die Nichtanerkennungspolitik fragwürdig. Je mehr ich darüber nachdachte, desto klarer wurde mir, daß wir in eine Sackgasse hineingegangen waren."[73]

Professor Borchard von der Yale-Universität stimmte mit Hugh Wilson völlig überein. Für ihn und Phoebe Morrison lief die Doktrin der Nichtanerkennung hinaus auf „eine ziemlich plumpe Weigerung, den Tatsachen ins Gesicht zu sehen, indem man politischen Ansichten eine fiktive legale Rechtfertigung gibt. Im internationalen Gesetz ist kein Raum für eine Doktrin, die so bar jedes konstruktiven Wertes ist ... Die Doktrin der Nichtanerkennung liefert keinen konstruktiven Beitrag für eine in Unordnung geratene Welt, sondern schließt im Gegenteil Elemente zu weiteren Gleichgewichtsstörungen ein."[74]

Indessen, dem designierten Präsidenten Franklin D. Roosevelt erschien Stimson als so etwas wie ein moderner Lancelot, der, die Nichtanerkennungsdoktrin als schneidige Waffe führend, verzweifelt mit den Mächten des Bösen kämpfte. In sich selbst erblickte Roosevelt einen König Arthur des zwanzigsten Jahrhunderts. An seiner Tafel drängten sich die Ritter, die bereit waren, sich aufzumachen, um der gläubigen amerikanischen Öffentlichkeit einen New Deal aufzuerlegen. Noch vor gar nicht langer Zeit hatte Irvin S. Cobb unheilverkündend von einem doppelten Deal zu raunen begonnen, aber nur wenige Ohren wollten auf so böse Töne hören.

Diese neue Ordnung würde, so nahm man an, dem Innern gelten. Einige der Ritter Roosevelts fürchteten sich vor schweifenden Abenteuern entlang dem weit entrückten Horizont des Fernen Ostens. Rexford G. Tugwell war kein Ritter ohne Furcht und Tadel; er fürchtete sehr, daß überall hinter der Nichtanerkennungspolitik der Krieg lauere, und er machte seinen Genossen heftige Vorwürfe, weil sie Roosevelt vor den sichtbaren Gefahren der Stimsonschen Doktrin nicht warnten.[75]

Ein Günstling Roosevelts, der seinen Chef davor warnte, die Stimsonsche Doktrin zu übernehmen, war auch Raymond Moley. Aber der gewählte Präsident brachte ihn schnell zum Schweigen mit der Bemerkung: „Ich hatte für die Chinesen immer die tiefste Sympathie. Wie können Sie von mir erwarten, daß ich in der japanischen Frage nicht mit Stimson gehe?"[76]

Wenn man die anschaulichen Seiten von Westbrook Peglers „Fair Enough" liest und die wiederholten Versicherungen bedenkt, daß der Reichtum der Delanos zum Teil durch zweifelhafte Schmuggelunternehmen an der chinesischen Küste erworben worden sei, so scheint es nur allzu wahr, daß Roosevelt tief im dunkeln Boden des Ostens wurzelte. Das Geld der Delanos hatte dazu geholfen, ihm eine luxuriöse Lebensweise zu ermöglichen, und für den gesellschaftlichen und finanziellen Hintergrund gesorgt, der einem Präsidentschaftsaspiranten so nützlich war. Möglich, daß in ihm ein Funke der Dankbarkeit für die Chinesen glühte, die zu seinem Vorteil ausgebeutet worden waren. Eines ist gewiß: er begann seine erste Präsidentenzeit mit ausgesprochenem Mißtrauen in die nordchinesische Politik Japans. Das zeigte sich deutlich in einer Kabinettssitzung am 7. März 1933, in der die Möglichkeit einer Verwicklung Amerikas in einen fernöstlichen Krieg mit aller Klarheit ins Auge gefaßt wurde.[77] Unter dem wehenden Banner der Stimsonschen Nichtanerkennungsdoktrin tat die neue Regierung bereits die ersten Schritte auf dem Weg zum Krieg.

Präsident Roosevelt und das Prinzip der kollektiven Sicherheit

Bei einer eingehenden Kritik der Nichtanerkennungsdoktrin Außenminister Stimsons kommt es wesentlich auf die gefährlichen Folgerungen an, die er in den frommen Text des Kellogg-Briand-Paktes hineingelesen haben wollte. Der allgemeine Grundsatz der Nichtanerkennung geht, was das amerikanische Außenamt betrifft, auf zahlreiche diplomatische Noten zurück, die einer idealen panamerikanischen Politik Ausdruck verleihen. Seine klassische Formulierung erhielt das Nichtanerkennungsprinzip in der bekannten Note, die Außenminister Bryan am 11. Mai 1915 an Japan richtete. Durch sie teilte Bryan Tokio mit, daß die amerikanische Regierung keinen Vertrag und keine Abmachung zwischen China und Japan anerkennen werde, der die politische oder die territoriale Integrität Chinas oder die internationale Politik der Offenen Tür beeinträchtige.[78] Der Pariser Pakt und der am 5. Januar 1929 geschlossene wichtige Vertrag über ein interamerikanisches Schiedsgericht ächteten ausdrücklich den Krieg als Mittel nationaler Politik und stützten somit entschieden die Nichtanerkennungspolitik. Diesen Verträgen folgten die Note Stimsons vom 7. Januar 1932 über den Fernen Osten und die Erklärung vom 3. August 1932, mit der die Vereinigten Staaten und achtzehn weitere Republiken der Neuen Welt bekanntgaben, daß sie Gebietserwerbungen durch Eroberung nicht als rechtskräftig anerkennen würden.[79] Die Regierung Hoovers war bereit, diesen Erklärungen dadurch Inhalt zu geben, daß sie im Hinblick auf Lateinamerika die imperialistische Politik früherer Regierungen beendete. Nach der Zurückziehung der nordamerikanischen Streitkräfte aus Lateinamerika war es für Roosevelt nur noch ein kleiner Schritt zu der im Jahre 1936 ausgesprochenen Annahme der Doktrin absoluter Nichteinmischung in lateinamerikanische Angelegenheiten.

Allein, das von Außenminister Bryan im Jahre 1915 verkündete Nichtanerkennungsprinzip trug nicht die Kriegsfolgerung in sich, und was den Kellogg-Briand-Friedenspakt angeht, so gab es im Jahre 1928 nur wenige, die glaubten, er könne als ein Mittel benutzt werden, Völker in den Krieg zu treiben. Es bedurfte der kampflustigen Augen Außenminister Stimsons, in dem friedlichen Text des Pariser Paktes eine kriegerische Bedeutung zu erblicken, und seines Angriffsgeistes, die inaggressive Erklärung Bryans vom 11. Mai 1916 in ein Trompetensignal zum Angriff zu verwandeln.

Erfahrenen Diplomaten war es klar, daß die Art, wie Stimson die Nichtanerkennungsformel anwandte, so herausfordernd war, daß nicht Frieden, sondern Krieg das Ergebnis seiner Anstrengungen sein werde. Die Welt war aber nicht bereit, künftigen Frieden mit sofortigem Krieg zu erkaufen. Botschafter Grew in Tokio zweifelte immer mehr an dem Wert der wütenden Aktionen Stimsons, den japanischen Marsch in die Mandschurei aufzuhalten. Ihm schien, daß „der Friedensmechanismus, den die Welt ... in den letzten vierzehn Jahren zu schaffen versucht hat", im Grunde „ungesund" sei. Wie konnten Staatsmänner, so fragte sich Grew, wirklich erwarten, die Flutströme nationaler ehrgeiziger Bestrebungen durch papierene Deiche wie den Pariser Pakt abzudämmen? Hätte ein solcher Pakt der Bewegung Halt gebieten können, die im Jahre 1898 Amerika in den Konflikt mit Spanien trieb? Moralische Sanktionen hätten geringe Wirkung auf Nationen, die mit ihren Raubplänen fertig seien. Und wenn der moralische Bann „unwirksam" sei, wie wolle da Amerika „den Kellogg-Pakt durchsetzen"? Gewiß nicht mit Waffengewalt, denn das „widerspräche eben dem Prinzip, für das der Kellogg-Pakt eintritt". Weder der Abbruch diplomatischer Beziehungen, noch die Verhängung wirtschaftlichen Boykotts könne Nationen aufhalten, die sich die breite Straße hinunter zum Kriege bewegen. Der künftige Weltfrieden lasse sich nur bewahren, indem man die Konfliktursachen beseitige, nicht aber durch Versuche, ihr Maß zu verringern oder ihre Wirkungen zu mildern.[80]

Zu derselben Zeit, da Botschafter Grew diese weisen Erkenntnisse in sein Tagebuch eintrug, verfaßte er einen ganz anders gestimmten Bericht an Außenminister Stimson. Japan sei eine bösartige Nation ohne wirkliches Verständnis für moralische Verpflichtungen. Da dem so sei, „schiene es kaum gerechtfertigt, wenn die Welt es für ausgemacht hielte, daß sich Japan nach Buchstaben und Geist internationaler Verträge richten werde". Diese „bedenkenlose Mißachtung des verpfändeten Worts" sei das „Erzeugnis von Jahrhunderten" und lasse sich darauf zurückführen, daß es in Japan „nichts gegeben hat, was den im alten römischen Recht enthaltenen abstrakten Regeln der Justiz entspräche". Infolge dieser Unkenntnis des römischen Rechts „sehen die Japaner Verträge und Abkommen natürlich nicht so an wie westliche Völker".[81]

Während Mr. Grew diesen kritischen Kommentar über die „unmoralischen" Japaner schrieb, verfaßte sein Botschaftsrat, Mr. Neville, ein gleichermaßen kaustisches Memorandum über die treulosen Chinesen. Ihm war klar, daß die chinesische Regierung von den auf der Washingtoner Konferenz von 1921/22 eingegangenen Verpflichtungen viele nicht erfüllt hatte. Überdies werde die Drohung Rot-Rußlands von Tag zu Tag mächtiger: „In dieser Atmosphäre von Mißtrauen und Argwohn, die verschlimmert wird durch die weltweite Wirtschaftskrise und die inneren Probleme industrieller und sozialer Unzufriedenheit, blickten sich die Japaner um. Zu den normalen Schwierigkeiten in China kam, daß sie einem scharfen Boykott unterworfen wurden; die Lage in der Mandschurei schien schlechter als je, weil die Chinesen geliehenes Geld benutzt hatten, zum Nachteil der japanischen Linie eigene Bahnen in Betrieb zu nehmen; ihre vielen Abmachungen mit den Chinesen blieben unausgeführt, und im Hintergrund stand offenbar wieder eine Macht: Sowjetrußland. Die Washingtoner Zusicherungen waren nicht erfüllt worden, und die Konferenz zur Ergänzung des Flottenvertrages hatte die tatsächlichen Verhältnisse, denen sich Japan gegenübersah, ignoriert. So handelte Japan 1931 allein ... Die Briten hatten in Schanghai allein gehandelt und Briten und Amerikaner 1927 zusammen allein in Nanking ... Nach der japanischen Aktion im September 1931 appellierten die Chinesen an den Völkerbund wegen einer angeblichen Aggression Japans und forderten Abhilfe gemäß der Genfer Satzung ... Die Chinesen sind nicht in der Lage, sich auf irgendeine der Washingtoner Vereinbarungen zu berufen. Sie haben die dort von ihnen übernommenen Verpflichtungen nicht erfüllt und erscheinen nicht mit reinen Händen vor Gericht."[82]

Außenminister Stimson wäre mit dieser Anschuldigung der chinesischen Regierung nicht einverstanden gewesen, und so fuhr der Leiter der Fernöstlichen Abteilung des Außenamtes fort, Japan Nadelstiche zu versetzen. Auf der Rückreise von dem Genfer Zusammenbruch kam Matsuoka durch die Vereinigten Staaten; er hoffte, von Präsident Roosevelt zu einer Unterredung empfangen zu werden. Als das Außenamt hiervon Nachricht erhielt, schrieb Hornbeck sofort ein Memorandum, worin er als angezeigt erscheinen ließ darauf hinzuweisen, „daß es unerwünscht wäre, wenn der neue Präsident Mr. Matsuoka eine Unterredung gewährte". Wenn Matsuoka „mit dem Präsidenten sprechen sollte, so wäre es für die Öffentlichkeit nur natürlich, anzunehmen, daß Matsuoka versucht habe, den Präsidenten von der Gerechtigkeit der japanischen Sache zu überzeugen".[83] Aus Gründen, auf die man nur schließen kann, hielt es Mr. Hornbeck für richtig, die amerikanische Öffentlichkeit nicht Matsuokas Argumenten auszusetzen. Sie konnten zu zwingend sein und so die repressive Politik des Außenamtes widerlegen. Infolge des Rates Hornbecks erhielt Matsuoka keine Möglichkeit, in der Angelegenheit Mandschukuo die Sache Japans privat darzustellen.

Während das Außenamt alles tat, jede verbindliche Geste Japan gegenüber zu verhindern, sprach die Studentenschaft der Meiji-Universität in Tokio Roosevelt zu seiner Wahl ihre „herzlichen Glückwünsche" aus. „Die Tatsache, daß sich die japanische Öffentlichkeit über Ihren Sieg gefreut hat, ist, so glauben wir, ein klarer Beweis dafür, welch große Bedeutung wir Ihrer Regierung beilegen ... Wir hoffen, daß Sie die mandschurischen Wirren neu wägen und prüfen und erkennen, daß die Sache nicht so einfach ist, wie man glauben möchte."[84]

Auch die japanische Presse äußerte den heißen Wunsch, daß die Regierung Roosevelts die mandschurische Lage verständnisvoll betrachten und dadurch die Grundlage schaffen möge „für eine Wiederherstellung freundschaftlicher Beziehungen zwischen den beiden Nationen". Matsuoka selber war hierin durchaus optimistisch. Nach seiner Meinung war alles Gerede von Krieg zwischen den beiden Ländern „lächerlich". Wenn Japan in naher Zukunft zum Kriege schritt, dann mit Sowjetrußland, und in diesem Falle, so sagte Matsuoka, wäre er „nicht überrascht, die Vereinigten Staaten an der Seite Japans zu sehen".

Es kann kein Zweifel darüber bestehen, daß Japan einen Krieg mit den Vereinigten Staaten nicht wünschte. Matsuoka hatte recht, wenn er glaubte, daß der nächste Kriegsgegner Japans logischerweise Rußland wäre, aber Logik war nicht die Grundlage der Regierung Roosevelts. Der Wunsch, der Stalin am meisten am Herzen lag, war, Japan und die Vereinigten Staaten in einen Krieg zu verwickeln; ein solcher Krieg würde den japanischen Damm beseitigen, der die rote Flut daran hinderte, die weiten Ebenen Chinas zu überschwemmen. Wie dieser Wunsch erfüllt wurde, darüber berichten die folgenden Kapitel über die japanisch-amerikanischen Beziehungen.

Kapitel V

Vergebliche
japanische Friedensgesten

Amerika kommt dem Völkerbund entgegen

Japanische Freundschaftsgesten hinüber nach den Vereinigten Staaten riefen dort keine entsprechende Antwort hervor. Es zeigte sich bald, daß die Regierung Roosevelts bereit war, mit dem Völkerbund, der soeben das Verhalten Japans in Nordchina gerügt hatte, begrenzt zusammenzuarbeiten. Außenminister Hull zögerte nicht, von Genf dazu aufgefordert, zur Teilnahme an den Sitzungen des Beratenden Ausschusses der Liga, der sich mit den fernöstlichen Fragen zu befassen hatte, einen Vertreter zu ernennen. Hugh Wilson trug in diesem Ausschuß dazu bei, für die Anwendung der Nichtanerkennungspolitik auf Mandschukuo gewisse Empfehlungen abzufassen. Außenminister Hull billigte sie mit wenigen Ausnahmen. Auf diese mittelbare Art gab das Außenamt zu erkennen, daß es die Stimsonsche Politik übernommen hatte. Es achtete aber darauf, dies nicht mit den Fanfaren explosiver Noten zu unterstreichen, wie das für die Praxis Stimsons von 1931 bis 1932 so bezeichnend gewesen war.

Eine entschiedene Neigung, mit dem Völkerbund zusammenzuarbeiten, dem er im Jahre 1932 öffentlich seine Verachtung zu erkennen gegeben hatte, zeigte Präsident Roosevelt in der Abrüstungsfrage. In seiner Pressekonferenz am 10. Mai 1933 gab er offen zu, daß seine Regierung bereit sei, „an Konsultativpakten teilzunehmen", die dazu beitrügen, „vom Kriege bedrohten Nationen" Sicherheit zu verbürgen. Er hielt diesen Schritt für einen „sehr wesentlichen Fortschritt" über die Politik Außenminister Stimsons hinaus. Das Außenamt war jetzt bereit, bis zu einer „bestimmten und autoritativen Festlegung seiner Verpflichtungen" zu gehen.[1]

Dieser Enthüllung ließ Norman Davis, der Leiter der amerikanischen Delegation auf der Genfer Abrüstungskonferenz, eine Erklärung des Inhalts folgen, daß die Vereinigten Staaten bereit seien, nicht nur ihre „Rüstung wesentlich herabzusetzen", sondern auch im Falle einer wirklichen Bedrohung des Weltfriedens andere Staaten zu konsultieren. Sollte der Völkerbund auf Grund solcher Beratungen beschließen, über eine Aggressor-Nation wirtschaftliche Sanktionen zu verhängen, so enthielte sich die amerikanische Regierung „jeder Handlung, die dahin wirken könnte, eine solche gemeinschaftliche Anstrengung zu vereiteln".[2]

Japan sichert sich Jehol als einen Teil Mandschukuos

Während die Regierung Roosevelts ihre Bereitwilligkeit zu erkennen gab, mit dem Völkerbund zusammenzuarbeiten, rückten japanische Truppen in die Provinz Jehol ein. Vorausgegangen war dieser Bewegung ein japanischer Angriff auf Schanhaikwan, offenbar „dazu bestimmt, die kürzlich nach Norden gesandten chinesischen Streitkräfte aus Jehol auszusperren". Nach Ansicht des britischen Außenamtes „hatte die Ausrufung des Staates Mandschukuo, an der der Gouverneur von Jehol teilnahm, die Provinz einbegriffen". Deshalb war der britische Außenminister, Sir John Simon, nicht sicher, ob die formelle Einverleibung Jehols in Mandschukuo „vom Völkerbund als mehr denn ein wesentlicher Bestandteil seiner [Japans] Aktion betrachtet werden würde, die Mandschurei in einen neuen Staat zu verwandeln".[3]

Es war Sir John Simon und Außenminister Hull klar, daß es eine wirkliche chinesische Zentralregierung nicht gab. Die Lytton-Kommission mochte in allgemeinen Wendungen von einer solchen Regierung sprechen und Japan für die Errichtung Mandschukuos verurteilen – für realistische Beobachter lag es auf der Hand, daß in Nordchina Japan die einzige festigende Kraft war. Angesichts der chaotischen Verhältnisse in China war es für Japan eine Notwendigkeit gewesen, seine Interessen vor der drohenden Flut des Kommunismus und den unmäßigen Forderungen miteinander rivalisierender chinesischer Kriegsherren zu schützen. Botschafter Johnson in Peiping sah die Lage in der richtigen Perspektive und berichtete Außenminister Hull, China habe „keine wirkliche Nationalarmee, die imstande wäre, dem Willen der Regierung im ganzen Lande Geltung zu verschaffen oder unter einheitlichem Befehl einer modernen Macht wirksamen Widerstand zu leisten, obwohl über zwei Millionen Mann unter Waffen stehen. Sie sind die Werkzeuge rivalisierender Militaristen, die die Nation wiederholt in einen Bürgerkrieg gestürzt haben und deren feierlichste Gelübde, die Nationalregierung zu unterstützen, gewöhnlich wertlos sind."[4]

Als diese chinesischen Militaristen, deren Heere weiten Gebieten Chinas Verwüstung gebracht hatten, nach Jehol hineinmarschierten, entschloß sich die japanische Regierung, sie zu vertreiben. Nach Matsuoka standen in dieser von Mandschukuo beanspruchten Provinz über 100.000 Mann chinesischer Truppen. Wenn sie nicht sofort abzögen, müßten sie mit Gewalt hinausgeworfen werden.[5]

Im amerikanischen Außenamt verfaßte die Abteilung für fernöstliche Angelegenheiten eine besondere Denkschrift über die „Möglichkeit chinesisch-japanischer Feindseligkeiten im Raum Tientsin-Peiping". Nach Erörterung der Tätigkeit der chinesischen Truppen an der mandschurischen Grenze heißt es in dem Memorandum: „Die Japaner erklären nicht unverständlicherweise, daß die Aktivität Chinas in diesem Zusammenhang herausfordernd sei und daß ihr, wenn sie andauere, durch japanische militärische Operationen in China selbst begegnet werden müsse." Zur Frage, wie sich zu alldem Amerika verhalten solle, bemerkt dann die Denkschrift: „Man ist hier der Meinung, daß für die amerikanische Regierung in dieser Sache keine Initiative in Betracht kommt. Die fremde Macht, für die in dem betreffenden Gebiet am meisten auf dem Spiele steht, ist Großbritannien."[6]

In der Tat berührte der japanische Vormarsch nach Nordchina britische und französische Interessen ernstlich, doch schien es sehr schwer, auf der Grundlage einer gemeinschaftlichen Politik ein Abkommen zu sichern. Wieder wandte sich Europa in einer fernöstlichen Krise an Amerika, damit es die Führung übernehme, aber die Regierung Roosevelts lehnte es ab, auf einen diplomatischen Ast weit hinauszukriechen, wie das für Außenminister Stimson so bezeichnend gewesen war. Am 22. April wies das französische Außenministerium den amerikanischen Geschäftsträger in Paris, Mr. Marriner, darauf hin, daß es für die Vereinigten Staaten, England und Frankreich wohl ratsam wäre, „sich zu besprechen, um zu entscheiden", was im Hinblick auf den japanischen Vormarsch in Nordchina „unternommen werden sollte". Es sei „lebenswichtig", daß die drei Mächte „gemeinschaftlich handelten".[7]

Außenminister Hull war nicht bereit, in eine gemeinschaftliche fernöstliche Politik einzuwilligen, und entschieden dagegen, in dieser Angelegenheit initiativ zu werden. In Anbetracht „der Mitgliedschaft Großbritanniens im Völkerbund und der ausgedehnten englischen Interessen in Nordchina sollte die Führung bei jeder Vermittlungsaktion der Mächte den Briten überlassen bleiben".[8] Diese Entscheidung Hulls wurde nachdrücklich von dem Leiter der Fernöstlichen Abteilung des Außenamtes, Hornbeck, unterstützt. Er legte in einem eindringlichen Memorandum über die Krise in China dar, daß in weiten Gebieten des unglücklichen Landes nach wie vor Chaos herrsche. „Sowohl die politischen als auch die militärischen Führer Chinas" hätten bisher „noch keinen Beweis dafür erbracht, daß sie unter sich zu irgendeiner Art

Einigkeit oder Solidarität gekommen" seien. Eine „fünffache Revolution" sei im ganzen Lande im Gange, und das habe die Behörden gehindert, durch Zielklarheit, Zentralisation der Regierungsgewalt und eigene Verantwortlichkeit Festigkeit zu zeigen. Angesichts dieses Unvermögens lohne es sich nicht, eine Vermittlung zu versuchen.[9]

Die europäischen Mächte mit ihren ausgedehnten Interessen im Fernen Osten ließen sich durch die ablehnende Haltung Außenminister Hulls nicht abschrecken. Sie drängten weiter auf irgendeine internationale Aktion zu dem Zweck, die japanischen Armeen in der Mandschurei zum Halten zu bringen, aber das Department of State blieb neutral, und Hornbeck definierte neuerlich die Politik der Regierung Roosevelts in einer Denkschrift: „Die Interessen, die in dem jetzt die Aufmerksamkeit beanspruchenden Gebiet durch den japanischen Vormarsch am meisten bedroht werden, sind britische Interessen. Die Initiative zu einer gemeinschaftlichen Aktion könnte, wenn sie ohne Beziehung auf den Völkerbund von einer Großmacht ausgehen soll, am besten von der britischen Regierung ergriffen werden oder, in zweiter Linie, von den Franzosen oder den Italienern ... Wir haben wiederholt erklärt, daß der Antrieb eher von ihnen als von uns kommen müsse ... Seit dem 18. September 1931 ... sind wir von Zeit zu Zeit initiativ geworden, um eine Aktion zu veranlassen ... Sehr selten haben wir von den andern betroffenen Großmächten eine günstige Antwort erhalten."[10]

Es war klar, daß die europäischen und chinesischen Versuche, die Vereinigten Staaten in irgendeine Art gemeinschaftlicher Aktion gegen Japan hineinzuziehen, nicht zum Ziele führen würden. Nachdem es der chinesischen Regierung nicht einmal gelungen war, dem amerikanischen Außenminister eine Note zu entlocken, die Japan des Angriffs in Nordchina beschuldigt hätte, entschloß sie sich am 31. Mai 1933, den bekannten Waffenstillstand von Tangku zu unterzeichnen. Zu dieser Zeit hatten die Japaner die Provinz Jehol unter fester Kontrolle und großenteils Nordost-Hopeh besetzt. Die Waffenstillstandsbedingungen bestimmten: 1. Die chinesischen Truppen sind aus dem Nordosten der Provinz Hopeh zurückzuziehen. Die Grenze dieses zu räumenden Gebiets, die „entmilitarisierte Zone", erstreckte sich im allgemeinen einige Meilen „nordöstlich der Bahnlinie Peiping–Tientsin" von Nordwest nach Südost. 2. Die japanische Armee soll berechtigt sein, sich durch Kontrollen zu vergewissern, ob die chinesische Regierung diese Bedingung erfüllt. 3. Die japanische Armee soll sich auf die Große Mauer zurückziehen, und chinesische Polizei soll in der „entmilitarisierten Zone" für die Aufrechterhaltung der Ordnung sorgen.[11]

Das Ergebnis des Waffenstillstandes von Tangku war die Ausdehnung der japanischen Kontrolle nicht nur auf Jehol, sondern auch auf den Nordosten der Provinz Hopeh. Die Polizeiaufgaben in diesem Teil der Provinz waren zwar formell chinesischen Kräften anvertraut worden, doch konnte sich jeder vorstellen, daß in diesem Gebiet in Wirklichkeit die japanische Autorität herrschte. Diese ganze Regelung war nur ein Vorspiel zur Bildung der autonomen antikommunistischen Regierung von Ost-Hopeh, die im Herbst 1935 unter japanischer Leitung vor sich ging. Davon wird in anderem Zusammenhang die Rede sein.

Außenminister Hull verwirft den Gedanken einer japanischen Mission des guten Willens

Die Tatsache, daß Außenminister Hull keine Erklärung herausgab, die den Waffenstillstand von Tangku verurteilte, wurde von einigen japanischen Politikern als ein Zeichen dafür gedeutet, daß die Regierung Roosevelts in der feindlichen Haltung gegen Japan, die Außenminister Stimson so oft angenommen hatte, nicht verharren werde. Schon am 2. Mai bemerkte Matsuoka in einer freundlichen Unterredung mit Botschafter Grew, „daß seiner Meinung nach die Entwicklung guter Beziehungen zwischen den Vereinigten Staaten und Japan der Eckstein der japanischen Politik sein sollte".[12] Einen Monat danach zeigte sich, daß die japanische Öffentlichkeit die Auffassung des Außenministeriums teilte. Als Admiral Montgomery M. Taylor, der Befehlshaber der amerikanischen asiatischen Flotte, Japan besuchte, wurde er von jedermann mit ungewöhnlicher Herzlichkeit empfangen. Die amerikanische Botschaft erblickte darin einen starken Beweis für „die auffallende Besserung der japanischen Haltung gegenüber den Vereinigten Staaten". Japan wende sich von Großbritannien Amerika zu: „Jahrelang haben die Japaner sichtlich die Briten als ihre besten Freunde in der Familie der Nationen betrachtet. Viele von ihnen sind jetzt zu dem Schluß gekommen, daß ein Konflikt der Handelsinteressen dieser Freundschaft jederzeit ein Ende bereiten kann. Infolgedessen blicken sie auf die Vereinigten Staaten als die Macht, die den Platz ihrer früheren Verbündeten einnehmen sollte.“[13]

Mit dem ernsten Wunsch, die Beziehungen zu den Vereinigten Staaten zu verbessern, hatte das japanische Außenministerium bereits im Dezember 1932 die Entsendung einer Freundschaftsmission nach den Vereinigten Staaten erwogen, und bei einer förmlichen Unterredung mit Hirota im September 1933 fand Botschafter Grew den japanischen Außenminister äußerst freundlich gestimmt. Hirota war gerade dem zurückhaltenden Utschida nachgefolgt und bemühte sich besonders, Grew zu überzeugen, daß der Polarstern seiner Politik die Herstellung eines herzlichen Verhältnisses zu den Vereinigten Staaten sein werde. Grew zweifelte nicht an der Aufrichtigkeit dieser Versicherungen. Er fand, daß es ein Vergnügen sei, mit einem Außenminister zusammenzukommen, mit dem man „die Dinge wirklich durchsprechen“ konnte.[14]

Die Gelegenheit zu einer offenen Diskussion der schwebenden Angelegenheiten bot sich, als Grew einige Tage später dem Außenminister in dessen Wohnung einen Besuch abstattete. Hirota kam alsbald darauf zu sprechen, daß er die Entsendung einer Freundschaftsmission nach den Vereinigten Staaten als einen Beweis für die Aufrichtigkeit seines Wunsches erwäge, „zwischen den Vereinigten Staaten und Japan engere Beziehungen zu entwickeln“. Grew riet sofort von einem solchen Schritt ab. Er glaube, daß durch inoffizielle Besuche vornehmer japanischer Staatsmänner wie des Fürsten Tokugawa weit mehr zu erreichen sei als durch die angeregte Mission.[15] Außenminister Hull teilte diese Meinung und gab den Wink, der beste Weg für Japan, die Freundschaft der Vereinigten Staaten zu gewinnen, sei die Beseitigung jeder Möglichkeit einer gegen die amerikanischen Interessen in Mandschukuo gerichteten Diskriminierung.[16]

Zunehmende russisch-japanische Spannung im Fernen Osten

Einer der Gründe für die japanische Annäherung an die Vereinigten Staaten war die Überzeugung Tokios, daß ein Krieg zwischen Japan und Rußland fast unvermeidlich sei. Im Jahre 1933 hatten die Sowjets die Äußere Mongolei so fest in der Hand, daß sie als Basis für eine weitere russische Durchdringung Nordchinas benutzt werden konnte. Von Tag zu Tag nahm die Bedrohung der japanischen Interessen in der Inneren Mongolei und in Mandschukuo deutlichere Umrisse an. Um dem mit Zuversicht begegnen zu können, war es für Japan ratsam, freundliche Beziehungen zu den Vereinigten Staaten zu pflegen. Die amerikanische Regierung würde die Gefahren kommunistischer Expansion selber zu erkennen vermögen und dem großen Feind des Kapitalismus mit Japan eine gemeinsame Front entgegenstellen.

Am meisten lag Joseph Stalin am Herzen, ein Mittel zu finden, durch das jedem engeren Verhältnis zwischen den Vereinigten Staaten und Japan vorgebeugt werden könnte. Eine solche Union vermochte gegen die rote Flut, die sich bereits in die Äußere Mongolei und die Provinz Singkiang ergossen hatte, einen wirksamen Damm zu errichten. Das Schicksal Chinas würde durch die Haltung Amerikas entschieden werden, und Rußland wußte, daß ein freundliches Kopfnicken Washingtons nach Moskau der Waagschale zu seinen Gunsten den Ausschlag gäbe.

Anfang März 1933 erhielt Botschafter Grew „aus zuverlässiger sowjetrussischer Quelle“ eine Aufzeichnung über die sowjetisch-japanischen Beziehungen. Der „Gewährsmann“ der Botschaft versicherte Mr. Grew, daß Japan Vorbereitungen treffe zu „einem Krieg mit den Sowjets oder mit den Vereinigten Staaten oder mit beiden“. Als Schutz gegen diese Kriegsdrohung brauche „die Sowjetunion dringend die Wiederaufnahme diplomatischer Beziehungen zu den Vereinigten Staaten. Sie sei imstande, die alten russischen Schulden an amerikanische Bürger zu bezahlen, könne aber darein nicht einwilligen, weil die Tilgung der einen Schuldverpflichtung die Rückzahlung sämtlicher Schulden notwendig machen würde.“[17]

Vier Monate später näherte sich die russische Regierung den Vereinigten Staaten abermals. Der Sowjetbotschafter in China, Bogomoloff, äußerte dem amerikanischen Botschafter Johnson gegenüber, „das Fehlen freundlicher Beziehungen zwischen Sowjetrußland und den Vereinigten Staaten schwäche" die Position Rußlands im Fernen Osten „sehr". Vertraulich fügte er hinzu, daß in dem gleichen Mangel an freundlichen Beziehungen „eine Schwäche auch der fernöstlichen Stellung der Vereinigten Staaten liege". Die Absicht war klar: Amerika sollte mit Rußland diplomatische Beziehungen aufnehmen, damit nicht die japanische Regierung im Falle eines Krieges die amerikanische Öffentlichkeit überzeugen könnte, daß Japan „nicht Sowjetrußland, sondern das Sowjetregime bekämpft".[18]

Im Oktober 1933 sandte Botschafter Grew dem Außenamt eine sorgfältige Beurteilung der fernöstlichen Lage, worin er zu dem Schluß gelangte, es sei „nicht unwahrscheinlich", daß Japan entschlossen sei, „in einem günstigen Augenblick das russische Hindernis aus dem Wege seiner ehrgeizigen Bestrebungen wegzuräumen". Dieser Zeitpunkt könnte im Jahre 1935 gekommen sein. Einer der Hauptgründe eines solchen japanisch-russischen Zusammenstoßes sei die Furcht Japans vor dem Kommunismus. In Japan würden „kommunistische Gedanken" aufs äußerste verabscheut, und man treffe drastische Maßnahmen, „sie im Lande auszutilgen. Japan betrachtet sich als das Bollwerk gegen eine Ausbreitung des Kommunismus nach Süden und Osten. Genügend herausgefordert, könnten die Japaner ohne weiteres dazu gebracht werden, nach Sibirien hineinzumarschieren, um ein Regime völlig zu vernichten, das sie fürchten und hassen."[19]

Furcht vor dem Kommunismus, die die Beziehungen zwischen Japan und Sowjetrußland so stark färbte, war der Regierung Roosevelts fremd. Sie entschied sich, den russischen Annäherungsversuchen entgegenzukommen. Trotz der Einverleibung der Äußeren Mongolei durch Rußland und der sowjetischen Durchsetzung Singkiangs lehnte das Department of State es ab, in Japan ein Bollwerk gegen weiteres russisches Eindringen in Nordchina zu sehen. Statt dessen entschloß sich das Außenamt, Sowjetrußland anzuerkennen, und gab damit der kommunistischen Bewegung in China einen ungeheuren Auftrieb. Am 16. November 1933 wurde die Anerkennung Sowjetrußlands mit den ihr innewohnenden, bis zu einer gemeinschaftlichen Politik gegen Japan reichenden Folgerungen in aller Form ausgesprochen. Damit gab die Regierung Roosevelts klar zu erkennen, daß sie dem japanischen Angebot einer Annäherung auf Grund gemeinsamer Feindschaft gegen den Kommunismus den Rücken gekehrt hatte. Offenbar war es im Fernen Osten eher Japan als Rußland, das an die Kandare genommen werden mußte.

Japanische Freundschaftsgesten werden von den Vereinigten Staaten zurückgewiesen

Der Präsident hatte die Entscheidung, im Fernen Osten Rußland und nicht Japan zu begünstigen, gegen die Meinung dort wirkender amerikanischer Diplomaten getroffen. Im Oktober 1933 verfaßte der Botschaftsrat der amerikanischen Botschaft in Tokio, Edwin L. Neville, eine lange, sehr realistische Denkschrift über die Lage in China. Es sei klar, daß „die Errichtung des gegenwärtigen Regimes in der Mandschurei Japaner und Russen an einer langen Grenze Auge in Auge gegenüberstellen muß. Sie brauchen dort keine chinesischen Interessen mehr zu berücksichtigen. Solange die Sowjetregierung keine Militärmacht war, sahen die Japaner ihre nationalen Interessen in der Mandschurei nicht ernstlich bedroht. Als aber zu den Problemen, mit denen sich die Japaner im Mutterland auseinanderzusetzen hatten, die militärische Tüchtigkeit der Sowjets hinzukam, gelangten sie zu dem Schluß, daß in diesem Gebiet wenigstens die politischen Schwierigkeiten mit den Chinesen beseitigt werden müßten ... Was die Vereinigten Staaten angeht, so scheint es nicht wahrscheinlich, daß sich das amerikanische Volk in diesem Teil der Welt bereitwillig auf neue Unternehmungen einließe ... Im Lichte der russischen Tätigkeit in der Äußeren Mongolei und des Verhaltens der Sowjetagenten in China innerhalb der Großen Mauer ist es fraglich, ob ein russischer militärischer Sieg ... für die Integrität Chinas von irgendwelchem Wert wäre".[20]

Mr. Neville sah klar die Drohung des russischen Vordringens in Nordchina und wies auf das Trügerische des Glaubens hin, daß ein russischer militärischer Sieg über die Japaner die politische und verwaltungsmäßige Einheit Chinas wiederherstellen würde. Indessen, Botschafter Grew hatte kein Auge für das, was hinter der Politik der Regierung Roosevelts, Sowjetrußland anzuerkennen, als Konsequenz lag. Die Kurzsichtigkeit seiner Auffassung wird von der folgenden Eintragung in sein Tagebuch illustriert: „Der Präsident hat seine Karten gut ausgespielt: er hat kein Wort über die Mandschurei gesagt, aber mit dem Ausbau der Flotte begonnen und Sowjetrußland anerkannt; dadurch erreicht er eine völlig neue und freundlichere Orientierung der japanischen Politik gegenüber den Vereinigten Staaten."[21]

Es muß sehr überraschen, daß Mr. Grew am 30. November allen Ernstes seinem Tagebuch anvertrauen konnte, die Anerkennung Rußlands durch Roosevelt habe die japanische Regierung gezwungen, „eine völlig neue und freundlichere Orientierung" ihrer Politik gegenüber den Vereinigten Staaten vorzunehmen. Seit dem März 1933 hatte die japanische Regierung alles getan, Amerika zu versöhnen und die Billigung des Department of State zu gewinnen. Es ist daher einigermaßen erschreckend, zu sehen, daß Botschafter Grew das überreiche Beweismaterial nicht hat zur Kenntnis nehmen wollen, aus dem der gute Wille Japans klar hervorging, und daß er einen Ton der Unfairneß anschlug, den bald nachdrücklicher Außenminister Hull gebrauchen sollte.

Hirota jedoch war so verschwenderisch mit seinen freundlichen Gesten, daß Grew zugeben mußte, der Außenminister tue „aufrichtig sein Äußerstes, die Beziehungen Japans zum Ausland auf der ganzen Linie zu verbessern". Angesichts dieser freundschaftlichen Haltung wäre es für Außenminister Hull nicht ratsam, eine neue Note mit Beziehung auf die Stimsonsche Nichtanerkennungsdoktrin hinausgehen zu lassen. Amerika würde „kein Prinzip durch schweigende" Beibehaltung seines Standpunktes opfern.[22]

Im Laufe der Wochen machten die friedlichen Äußerungen der führenden Männer Japans auf Grew immer mehr Eindruck. Der Kaiser sei ein „sanfter und friedfertiger Charakter". Fürst Saionji, Graf Makino und viele andere Mitglieder des Adels seien erfüllt vom „Grauen vor dem Krieg". Der Premierminister sei „friedfertiger als kriegslustig", während Hirota alles in seiner Macht liegende tue, die japanischen Beziehungen zu andern Ländern zu verbessern. Bei einem kürzlichen Essen im Tokio-Klub habe Baron Hayaschi, einer der Günstlinge des Kaisers, mit eindrucksvollem Ernst dem Wunsch der japanischen Regierung Stimme verliehen, einen Krieg zu vermeiden: „Wir wollen Frieden!"[23]

Eine bedeutungsvolle Geste dieser Politik war, daß Hirota einen neuen Botschafter nach den Vereinigten Staaten sandte. Am 13. Februar 1934 trat Hiroschi Saito in Washington sein Amt an. Er hatte die amerikanische Geschichte eingehend studiert und war sicher, „die amerikanische Bevölkerung zu kennen". Seine bisherigen Erfahrungen in Konsulaten an der pazifischen Küste und als Sekretär der Botschaft in Washington hatten ihn mit amerikanischen Gewohnheiten und amerikanischem Denken innig vertraut gemacht. Nach Frederick Moore kam ihm „kein amerikanischer Berufsdiplomat gleich".[24]

Auf Saito wartete in Washington als erste Aufgabe der Versuch, Außenminister Hull zur Aushandlung eines neuen Vertrages mit Japan zu bewegen. Im Verlaufe solcher Verhandlungen fände sich vielleicht eine Formel, die die Ursachen künftiger Reibungen zwischen beiden Ländern beseitigen würde. Jedenfalls würden diese Unterredungen eine Gelegenheit bieten, alle strittigen Fragen freimütig zu erörtern. Sie könnten zu einer amerikanisch-japanischen Verständigung führen, die für die Bewahrung des Friedens im Osten von ungeheurer Bedeutung wäre. Japan war über die russischen Bestrebungen in Nordchina tief besorgt. Wenn Hull diese japanischen Besorgnisse als bequemen diplomatischen Hebel ergriff, würde er die Möglichkeit haben, die Lage in der allgemeinen Richtung amerikanischer Wünsche zu gestalten. Ein solches Vorgehen würde freilich eine diplomatische Kunstfertigkeit höchsten Ranges erfordern. Wahrscheinlich hielt Außenminister Hull eine derartige Aufgabe als für sich zu schwierig, lehnte er es doch rundheraus ab, im Hinblick auf einen neuen Vertrag mit Japan ein Gespräch zu beginnen[25], Verhandlungen, die zu einem freundlichen Einvernehmen hätten führen können.

Schließlich willigte Hull in einen Austausch diplomatischer Noten ein, die die üblichen Wunschäußerungen enthalten würden. Hirota suchte freundschaftlichen Geist hineinzubringen, indem er sich darauf bezog, daß Japan und die Vereinigten Staaten achtzig Jahre hindurch „immer ein Verhältnis der Freundschaft und Herzlichkeit unterhalten" hätten. Nach Erwähnung der zunehmend wichtigen Handelsbeziehungen sprach er die Überzeugung aus, daß „alle zwischen den beiden Nationen schwebenden Fragen in befriedigender Weise geregelt werden" würden. Es sei der aufrichtige Wunsch der japanischen Regierung, daß „zwischen ihr und ihrem großen Nachbar jenseits des Stillen Ozeans, den Vereinigten Staaten, das fried-lichste und freundlichste Verhältnis fest begründet werden möge".

Die Antwort Hulls war äußerlich herzlich, aber hinter jedem Abschnitt lauerte der Schat-ten der Stimsonschen Doktrin.[26] Wenn er zu ausgiebigen diplomatischen Gesprächen über ei-nen förmlichen Vertrag mit Japan Gelegenheit gegeben hätte, so hätte er möglicherweise eine Antwort finden können auf die Fragen, die sich in dem Angriff auf Pearl Harbour donnernd entluden. Seine Note war in freundlichen Wendungen abgefaßt, wich jedoch der Sache der ja-panischen Expansion in Nordchina aus. Hull wußte, daß diese Frage tief in dem zarten Ge-webe der japanisch-amerikanischen Beziehungen wie ein kleines Krebsgeschwür saß. Es konnte radikal durch Krieg beseitigt oder durch die Röntgenstrahlen einer freundschaftlichen Verständigung unter Kontrolle gebracht werden. Er entschied sich dafür, das Geschwür wach-sen zu lassen, bis Krieg die einzige Abhilfe war. Seine Verantwortung für dieses Ergebnis wird jedem der Geschichtsforschung Beflissenen ersichtlich, der den diplomatischen Schriftwech-sel sorgfältig prüft.

Japan verkündet für den Fernen Osten eine Monroedoktrin

Von den strittigen Fragen, die die japanisch-amerikanischen Beziehungen störten, war die wichtigste die Kontroverse über den Status Mandschukuos. Als dem japanischen Außenamt von Saito berichtet wurde, daß Außenminister Hull auf eine Diskussion der zwischen beiden Ländern schwebenden Angelegenheiten nicht eingehen wolle, beugte sich Hirota widerstre-bend der Erkenntnis, daß es vergeblich sei, auf eine Verständigung zu hoffen, die alle Ursa-chen der Spannung ausräumen würde. Gleichwohl blieb er noch immer dabei, nach den Ver-einigten Staaten hinüber freundliche Gesten zu machen. Eine der bedeutungsvollsten war ei-ne Feier zur Erinnerung an den ersten amerikanischen Konsul in Japan. Am 22. April brachte ein japanischer Zerstörer Botschafter Grew nach dem Hafen Schimoda, wo ihn lange Reihen Schulkinder mit lauten Banzai-Rufen begrüßten. Es wurden viele Reden gehalten, die die al-te Tradition herzlicher Beziehungen zwischen Japan und den Vereinigten Staaten hervorho-ben. Die Zeremonie machte auf Grew Eindruck; er fand sie „rührend".[27]

Allein, diese Funken freundlicher Beziehungen wurden bald erstickt durch die Reaktion auf eine am 17. April von Amau, dem Leiter des Informations- und Nachrichtenbüros des ja-panischen Außenamtes, der einheimischen Presse übergebene Erklärung über die japanische Chinapolitik. Die vom Außenamt formulierte Erklärung stellte fest, daß Japan „in Ostasien ei-ne besondere Verantwortung" trage, und besagte dann, daß es, um dieser Verantwortung ge-recht zu werden, für die japanischen Streitkräfte zuzeiten notwendig sein könnte, aus eigenem Entschluß zu handeln, ohne sich um die Mitwirkung anderer Nationen zu bemühen. Daher sei es für Japan nur natürlich, „jedem Versuch Chinas entgegenzutreten, den Einfluß eines an-deren Landes zu benutzen, um sich Japan zu widersetzen". Anleihen zu politischen Zwecken oder zur Lieferung von Kriegsmaterial würden als verdächtig gelten.[28]

Botschafter Grew sandte über die Erklärung Amaus unverzüglich ein Telegramm an Außenminister Hull, und Maxwell M. Hamilton von der Fernöstlichen Abteilung des Außen-amtes verfaßte schleunigst eine Denkschrift über die Lage. Falls die japanische Regierung dem Department of State eine Abschrift der Erklärung Amaus übersende, sollte die Empfangsbe-stätigung „sehr kurz" sein „und nur darauf hindeuten, daß wir unsern traditionellen und kon-sequenten Kurs weiter zu verfolgen beabsichtigen, auswärtige Beziehungen in Übereinstim-mung mit den sich entwickelnden Prinzipien internationalen Rechts und den Verträgen zu unterhalten, an denen die Vereinigten Staaten teilhaben".[29]

Am 20. April sandte Botschafter Grew an Außenminister Hull einen Eilbericht über die Ver-kündung der japanischen Monroedoktrin für den Fernen Osten und legte eine Abschrift der am 17. April vom japanischen Außenamt herausgegebenen offiziösen Erklärung bei.[30] Am 21. April interpretierte Botschafter Saito in einem Interview mit Constantine Brown diese Publikation. Die japanische Regierung würde die Verpachtung oder den Verkauf von Flugzeugen an China als „einen unfreundlichen Akt" ansehen. Die Nationen des Westens hätten „nicht die entfern-teste Ahnung", wie man „die Chinesen behandeln müsse. Die japanische Regierung habe beschlossen, zu verhindern, daß die gegenwärtigen Wirren durch Anleihen gefördert werden, die westliche Staaten den verschiedenen chinesischen Führern gewähren, um ihren eigenen Bestrebungen zu dienen."[31]

Diese japanischen Erklärungen klangen durch die stillen Gänge des amerikanischen Außenamtes wie eine Alarmglocke, und Staatssekretär Phillips ersuchte den japanischen Botschafter um einen förmlichen Besuch und eine Erläuterung der Aktion des japanischen Außenamtes. Die Antworten Saitos auf die Fragen des Staatssekretärs waren beunruhigend unbestimmt. Er sei im Zweifel, ob die Erklärung Amaus „in präziser Form" abgegeben worden sei, und daher sei es schwer, sie hinreichend zu interpretieren. Phillips beklagte sich, daß Saito in dieser Lage „wenig behilflich" sei, und die Unterredung endete entschieden unbefriedigend.[32]

Vom 21. bis zum 24. April äußerten einige britische Zeitungen starke projapanische Ansichten. Die Londoner „Daily Mail" erklärte mit Nachdruck, es sei schwer einzusehen, „weshalb Japans Interessenübergewicht in China bestritten werden sollte"[33], und die Londoner „Morning Post" bemerkte scharf: „Die Interventionen sowohl in Schanghai als auch in der Mandschurei sind, wie immer man über die angewendeten Methoden denken mag, von China herausgefordert, wenn nicht durch die Anarchie und Mißregierung, die jedes ausländische Interesse bedrohten, Japan aufgezwungen worden."[34]

Der britische Außenminister, Sir John Simon, hatte seine Meinung weit vorsichtiger ausgesprochen als die britische Presse. Seine öffentliche Erklärung erschien dem Leiter der Fernost-Abteilung im amerikanischen Außenamt, Hornbeck, als „ein wenig zweideutig", und der britische Botschafter in Washington, Sir Ronald Lindsay, räumte in einem Gespräch mit Hornbeck ein, daß sich Sir John, wenn auf ihn eingeredet werde, „sehr zurückhaltend" auszudrücken pflege. Hornbeck erwiderte, „wir seien der Ansicht, daß eine als gemeinsame Front erscheinende Parallelaktion der betroffenen Mächte ihre offenbaren Vorteile hätte, beabsichtigten aber nicht, mit Vorschlägen für eine gemeinschaftliche oder gleichzeitige Aktion voranzugehen oder uns in eine führende Position bringen zu lassen".[35]

Während sich das amerikanische Außenamt um eine der fernöstlichen Lage angemessene Formel bemühte, suchte Hirota in einer Unterredung mit Botschafter Grew jeden etwaigen Argwohn durch die ausdrückliche Erklärung zu zerstreuen, daß „Japan nicht beabsichtige, eine Sonderstellung zu beanspruchen und die Rechte und Verantwortlichkeiten, auf die die Unterzeichner des Neunmächtevertrages ein Anrecht hätten, zu schmälern". Das Außenministerium bemühe sich ehrlich, „der Politik des Kaisers zu folgen", und es liege ihm sehr daran, „mit allen Ländern, vornehmlich mit den Vereinigten Staaten, freundschaftliche Beziehungen herzustellen".[36]

Diese verbindlichen Worte machten auf Grew keinen tiefen Eindruck. Er vertraute seinem Tagebuch an, daß seiner Ansicht nach aus der Erklärung Amaus „genau die Politik spricht, die Japan verfolgen möchte".[37] Hornbeck stimmte damit überein[38], verfaßte aber eine Denkschrift, in der er dem Außenminister zu einer vorsichtigen Politik riet: „Angesichts der bisherigen Ereignisse bin ich persönlich dafür, auf die japanische Erklärung nicht zu antworten ... Die amerikanischen Interessen in China sind meiner Meinung nach, wenn überhaupt so bedeutend, jedenfalls nicht bedeutender als die Interessen Großbritanniens, Rußlands und vielleicht Frankreichs. Ich glaube nicht, daß die Vereinigten Staaten den Kopf herausstrecken und sich zum Vortrupp der Opposition gegen Japan machen sollten."[39]

Außenminister Hull schenkte Hornbecks Denkschrift wenig Beachtung. Am 28. April schickte er nach Tokio ein Aide-mémoire, worin er den Standpunkt derjenigen Mitglieder des Außenamtes klar umriß, die für dauernden Druck auf Japan eintraten. Er wies auf die Verträge hin, in denen Amerikas Rechte in China festgelegt waren, und schloß daran die massive Feststellung, daß die Verträge an und für sich nur geändert oder außer Kraft gesetzt werden könnten „durch ein Verfahren, das von den Vertragspartnern vorgeschrieben oder anerkannt worden ist, oder auf das sie sich geeinigt haben".[40]

Das Aide-mémoire traf in Tokio am 29. Juli ein. Obwohl es Sonntag war und außerdem der Geburtstag des Kaisers, bat Grew Außenminister Hirota, ihn sofort zu empfangen. Hirota entsprach dem Ersuchen. Nachdem er die Erklärung Hulls langsam gelesen hatte, bemerkte er, Amaus schlecht gewählte Worte hätten „ein großes Mißverständnis" verursacht. Er benahm sich

„durchaus freundlich" und verriet kein Zeichen der Verärgerung darüber, daß das Aide-mémoire der Erklärung des Sprechers des japanischen Außenamtes so unmittelbar entgegentrat.[41]

Es ist klar, daß Hirota angesichts der zunehmenden russischen Drohung gegen die japanische Dominanz in der Mandschurei noch immer verzweifelt um Amerikas guten Willen warb. Japan war wegen der kommunistischen Bedrohung einer der Schlagadern seines Reiches tief beunruhigt, und der Inhalt der Erklärung Amaus hatte auf Moskau gezielt, nicht auf Washington. Japan hatte im Jahre 1917 sorgenvoll mit angesehen, wie die Bolschewiken die Kontrolle über Rußland gewannen, und zu dem Einmarsch in Sibirien war es durch die Notwendigkeit getrieben worden, die kommunistische Flut aufzuhalten. Als die Bolschewiken ihre Herrschaft über Rußland festigten, wuchsen die japanischen Befürchtungen. Die Lytton-Kommission hatte das in ihrem Bericht bereitwillig anerkannt: „Als die Sowjetregierung und die Dritte Internationale eine Politik zu treiben begonnen hatten, die gegen die imperialen Mächte gerichtet war, welche auf Grund bestehender Verträge zu China Beziehungen unterhielten, erschien es als wahrscheinlich, daß sie China in seinem Kampf für die Wiedergewinnung seiner souveränen Rechte unterstützen würden. Angesichts dieser Entwicklung erwachten die alten Besorgnisse und der alte Argwohn Japans gegen seinen russischen Nachbarn von neuem."[42]

Das japanische Mißtrauen wurde bestätigt, als am 12. Dezember 1932 Rußland und China einen Vertrag unterzeichneten, der zwischen beiden Ländern die diplomatischen Beziehungen wiederherstellte. Dieses Abkommen könnte, so befürchtete man in Tokio, das Signal zu gemeinschaftlichem russisch-chinesischem Druck auf die japanische Stellung in Nordchina sein. Der japanische Außenminister, Utschida, faßte eine solche Möglichkeit fest ins Auge. In einer Rede vor dem Parlament bemerkte er unheilahnend: „Sollte die rote Bewegung im Jangtsetal und in Südchina, die unter der Tätigkeit der Kommunisten und den Verwüstungen durch kommunistische Armeen lange gelitten haben, infolge der chinesisch-russischen Annäherung an Stärke gewinnen, so wäre das eine ernste Bedrohung des Friedens im Osten, vor der Japan entschieden auf der Hut sein muß."[43]

Die Errichtung des japanisch kontrollierten Staates Mandschukuo war eine der Maßnahmen Tokios, der russischen Drohung zu begegnen. Um seine mandschurische Position zu verbessern, erhob Japan Henry Pu-yi vom Regenten zum Kaiser und krönte ihn am 1. März 1934 in aller Form.[44] Es war das eine augenfällige Einladung zur internationalen Anerkennung der Regierung Mandschukuos. Die Londoner „Times" ging darauf mit der Erklärung ein, daß einige Länder mit ausgedehnten Handelsinteressen im Fernen Osten es bald notwendig finden würden, „ihre Geschäftstätigkeit in der Mandschurei mit einer Politik der Anerkennung in Einklang zu bringen".[45] Das „New York Journal of Commerce" stimmte dem von ganzem Herzen zu und lobte die Regierung von Mandschukuo als „die stabilste und tüchtigste, deren sich seit langer Zeit irgendein Teil Chinas erfreut hat".[46] T.J. League, ein Mann, der viele Jahre in China verbracht hatte, schrieb an Hornbeck, um ihn über den wahren Status Mandschukuos aufzuklären: „Die Mandschurei war zu keiner Zeit Bestandteil der ‚chinesischen Rumpfpolitik'. Sie erscheint jetzt wie früher als eine ausgeprägte, völlig von China getrennte Einheit für sich ... Ich möchte Ihnen nahelegen, daß es klug wäre, der russischen Propaganda gegen Japan nicht den geringsten Glauben zu schenken; sie ist und war seit einiger Zeit bösartig ... Eine Anerkennung Mandschukuos würde das meiste davon abmildern und für die ganze Lage eine völlig andere und günstigere Atmosphäre schaffen. Ich persönlich glaube, daß es Japan mit seinen Vorstellungen und Absichten redlich meint."[47]

Während die Großmächte mit der Anerkennung des Staates Mandschukuo unschlüssig zögerten, stärkte Rußland schleunigst seine fernöstliche Position. Es traf besondere Maßnahmen, um die Ansiedlung in den sibirischen Küstenprovinzen zu fördern. Kolchosenbauern wurden von den Agrarsteuern befreit, und die Arbeiterlöhne wurden verlockend erhöht, ebenso die von der Regierung für Fischereiprodukte gezahlten Preise.[48]

Japan beobachtete diese russische Aktivität mit tiefem Argwohn und verdoppelte seine Anstrengungen, die Ostchinesische Bahn durch Kauf in die Hand zu bekommen. Die Sowjetunion setzte den Preis auf 160 Millionen Yen fest. Hirota lehnte ab und bot 120 Millionen Yen. Im August 1934 brachen die Verhandlungen völlig zusammen, und zurück blieb zwischen den beiden Ländern eine ernste Spannung.[49] In einer volkstümlichen Zeitschrift veröffentlichte

Oberstleutnant Saiitschi Aoki einen Artikel, der darauf hinwies, daß Krieg drohe.[50] Stalin erwiderte diese Warnung mit der herausfordernden Erklärung: „Wir fürchten uns nicht vor Drohungen und sind bereit, jeden Schlag mit einem Schlag zu beantworten."[51]

In der Erwartung, in naher Zukunft Krieg führen zu müssen, vollendete Japan im Jahre 1933 den Bau von insgesamt 1060 Meilen neuer Bahnen in Nordchina und trieb dann mehrere neue Militärstraßen zur mandschurischen Grenze vor.[52] Im November 1934 billigte das japanische Kabinett den höchsten bisher verzeichneten Militäretat. Rußland parierte, indem es seine Heeresausgaben von 1573 Millionen Rubel im Jahre 1929 auf 1795 Millionen Rubel im Jahre 1934 vermehrte.[53]

Daß die Anerkennung Sowjetrußlands durch Roosevelt die moskowitische Stellung im Fernen Osten beträchtlich gestärkt und dadurch die Schwierigkeiten vergrößert hatte, denen Japan bei seinen Bemühungen um die Beherrschung der Mandschurei begegnen mußte, sprang in die Augen. Es war Japan klar, daß Rußland weit vorausschauende Pläne verfolgte, China kommunistisch zu machen und so schließlich einen großen Teil Asiens unter Kontrolle zu bekommen. Die Natur des internationalen Kommunismus an sich ließ ein stabiles Verhältnis zu Rußland unmöglich erscheinen, und so wandte sich Japan im Mai 1934 abermals an die Vereinigten Staaten in der Hoffnung, gegen die Feinde des Kapitalismus eine gemeinsame Front bilden zu können. Da die Anerkennung Rußlands durch Roosevelt jeglichen Hinweis auf die kommunistische Gefahr als untunlich erscheinen ließ, richtete der japanische Botschafter an Außenminister Hull eine Note, worin er die Grundlagen untersuchte, auf denen eine japanisch-amerikanische Verständigung herbeigeführt werden könnte. Die Note legte Gewicht auf eine Politik, die China davon abhielte, sich auf seinen alten Kunstgriff zu verlassen, Amerika gegen Japan auszuspielen. Wesentlich wäre eine gemeinschaftliche „Aktion der Regierungen", die „Mißtrauen und Befürchtungen zwischen den Vereinigten Staaten und Japan" zerstreuen würde. Dies wäre in Form einer gemeinsamen Erklärung möglich, die den Wunsch hervorhöbe, „zum gegenseitigen Vorteil beider Länder den Handel zu fördern und die Befolgung des Prinzips gleicher Handelsmöglichkeiten im pazifischen Raum zu sichern". Die Erklärung könnte auch die bindende Verpflichtung jeder Nation enthalten, „die territorialen Besitzungen sowie die Rechte und Interessen des andern zu achten", und würde „noch einmal ihre Entschlossenheit feststellen", zueinander „immer ein Verhältnis des Friedens und der Freundschaft aufrechtzuerhalten".[54]

Stirnrunzeln Washingtons über das japanische Verständigungsangebot

Es lag auf der Hand, daß Botschafter Saito nach einer gemeinsamen politischen Erklärung angelte, ähnlich den Abkommen zwischen Root und Takahira im Jahre 1908 und zwischen Lansing und Ischii im Jahre 1917. Indessen, Hull erachtete die japanische Freundschaft nicht für einen lohnenden Köder. Er hatte bereits förmliche Verhandlungen mit dem Ziel eines Vertrages zwischen beiden Nationen zurückgewiesen und lehnte es jetzt ab, sich in eine praktische Vereinbarung hineinziehen zu lassen, die verkünden würde, daß Amerika die besondere Stellung Japans in Nordchina akzeptiert habe. Eine solche Übereinkunft hätte die Geschichte der amerikanischen pazifischen Beziehungen geändert und die Tragödie von Pearl Harbour aus dem Bereich des Möglichen verbannt. Allein, wieder hielt die Schranke der Stimsonschen Doktrin die beiden Völker getrennt und verhinderte einen gütlichen Vergleich, der auf Frieden gedeutet hätte.[55]

Zum zweitenmal von Außenminister Hull abgewiesen, wandte sich Japan nun an Deutschland. Im Sommer 1934 machte ein japanisches Geschwader in deutschen Gewässern einen Freundschaftsbesuch, und dieser Geste folgte die Entsendung von Fachleuten des Militärs und der Marine. Der nächste Punkt im Katalog der Freundschaft waren Handelsabmachungen.[56] Als sich die Liste der Gunsterweisungen verlängerte und die Handelsvorteile offenbar wurden, nahm Polen an der japanisch-deutschen Annäherung Interesse. Die Möglichkeiten, die der Handel mit Mandschukuo versprach, brachten manchen europäischen Staatsmann zu der Überlegung, ob es sich eigentlich lohne, an der Stimsonschen Nichtanerkennungsdoktrin festzuhalten.

Andere wirtschaftliche Tatsachen störten den Ausgleich zu internationaler Freundschaft. Im Jahre 1933 begannen japanische Textilwaren die Märkte zu überschwemmen, die lange Zeit von britischen Produkten beherrscht worden waren. Das war vornehmlich der Fall in Indien, Ägypten und Ostafrika. Im Jahre 1934 war die Lage so ernst geworden, daß sich britische und japanische Industrielle in London zu einer Konferenz trafen, um über eine Aufteilung des Textilhandels beider Länder zu beraten. Es wurde keine Einigung erzielt, und diese Stockung veranlaßte den britischen Handelsminister, Walter Runciman, zu einem Bericht, der der Erklärung eines Wirtschaftskrieges an Japan gleichzukommen schien.[57] Handelskriege sind oft das Vorspiel zum bewaffneten Konflikt.

Die Vereinigten Staaten erlebten die japanische Handelsinvasion im Jahre 1934, als die Einfuhr japanischer Baumwollstoffe von 1.116.000 Quadratyards[58] im Jahre 1933 auf 7.287.000 Quadratyards stieg. Im ersten Vierteljahr 1935 erreichten diese Importe die erschreckende Zahl von 12.771.000 Quadratyards, und die Baumwollspinnereien Neu-Englands sahen für das nächste Jahr den Bankrott vor der Tür. Doch das allgemeine Bild des amerikanischen Handels mit Japan war entschieden beruhigend. Die japanische Gesamtausfuhr nach den Vereinigten Staaten war 1934 beträchtlich niedriger als im Jahr vorher, während der Wert der amerikanischen Ausfuhr nach Japan von 143 Millionen Dollar im Jahre 1933 auf 210 Millionen Dollar im Jahre 1934 stieg. Das schnelle Anwachsen des Handels mit Japan ging zum Teil darauf zurück, daß die japanischen Spinnereien einen großen Teil der amerikanischen Baumwollernte verarbeiteten. Diese Menge stieg von 15 Prozent der Ernte im Jahre 1929 auf 30 Prozent im Jahre 1934. Während viele Länder ihre Importe amerikanischer Baumwolle verringerten, kaufte Japan von diesem wichtigen Rohprodukt ständig mehr und fügte so der Wirtschaftskette, die die beiden Länder zusammenhielt, ein weiteres Glied hinzu. Verglichen mit diesem schnell zunehmenden Handel glich die Offene Tür in China der zum füllhorngleichen Schrank der guten alten Mutter Hubbard.[59]

Die Offene Tür und die Mandschurei

Bei dem jährlich sich erweiternden japanischen Markt und dem ständig wachsenden Verbrauch amerikanischer Baumwolle durch japanische Spinnereien schien die wirtschaftliche Basis für ein japanisch-amerikanisches Abkommen fest gegründet. Außenminister Hull jedoch konnte seine Augen nicht von dem mandschurischen Schauplatz abwenden, wo sich, wie weithin behauptet wurde, die Offene Tür unter japanischem Druck langsam schloß. Für Japan war Mandschukuo die vorderste Verteidigungslinie gegen einen russischen Angriff. Der war wohl in allernächster Zukunft nicht zu erwarten, aber die kommunistischen Bäche und Flüsse in China würden sich nach und nach zu einem mächtigen Strom vereinigen, der gegen alle japanischen Vorposten in Mandschukuo anbranden würde und kaum aufzuhalten wäre. Wurden die mandschurischen Bollwerke nicht sorgfältig gefestigt, um die rasch steigenden Wasserfluten abzudämmen, so mußten sie verschlungen und ein Aufbauwerk von Jahrzehnten vernichtet werden.

Es war dieses drängende Problem nationaler Verteidigung, was den japanischen Politikern die schwerste Sorge bereitete, und hier lag der eigentliche Grund, weshalb das japanische Außenamt im April 1934 die ostasiatische Monroedoktrin verkündete. Hirota wußte, daß die amerikanische Monroedoktrin stets auf der breiten Grundlage der nationalen Verteidigung geruht hatte. Er wußte auch, daß Theodore Roosevelts Raubpolitik in Panama vor allem von dem gleichen Motiv bestimmt worden war. Die amerikanische Regierung hatte selbst noch im Jahre 1912 die Monroedoktrin als Abschreckungsmittel heraufzitiert, und zwar gegen die Erwerbung einer großen Landstrecke nahe der Magdalenenbucht durch eine japanische Korporation. Die Bucht gehörte zu mexikanischem Gebiet, wenn aber eine japanische Körperschaft sie kontrollierte, bestand die Möglichkeit, daß sie als Flottenbasis für künftige Operationen gegen die Vereinigten Staaten benutzt wurde. Unter dem Druck des amerikanischen Außenamtes gab die japanische Gesellschaft ihren Plan auf, und der Senat nahm, um andere japanische Gesellschaften auf jeden Fall zu warnen, eine Entschließung gegen die Übereignung strategischen Geländes auf beiden amerikanischen Kontinenten an nichtamerikanische Gesellschaften an, die als Agenten für eine fremde Macht arbeiten könnten.[60]

Die japanische Regierung hatte damals bereitwillig anerkannt, daß die amerikanische Regierung die Übergabe irgendeines Stückes mexikanischen Grenzgebietes an fremde Gesellschaften nicht zulassen konnte. Erwägungen nationaler Verteidigung hatten für jeden amerikanischen Staatsmann mexikanischer Politiker, die wegen des Yankee-Diktats in Dingen wirtschaftlicher Verträge mit Bürgern anderer Länder grollen mochten. Als Japan im April 1934 verkündete, daß es das Petroleum in Mandschukuo seiner mittelbaren Kontrolle unterstelle, da übernahm es nur eine Seite aus dem Buch amerikanischer Nationalverteidigung. Tokio wußte, daß diese Maßnahme China nicht gefallen werde und ebensowenig anderen Ländern, die den Reichtum Nordchinas ausbeuten zu können gehofft hatten. Aber für Japan handelte es sich um ein nationales Gebot.

Am 21. Februar 1932 erließ die Regierung von Mandschukuo für die Mandschurische Petroleumgesellschaft ein Statut, das den Verkauf und die Verteilung von Petroleum in Mandschukuo für die neue Gesellschaft monopolisierte. Das Aktienkapital gehörte völlig der Regierung von Mandschukuo und japanischen Anteilinhabern. Es gab für keine ausländische Erdölgesellschaft eine Möglichkeit, an der Leitung oder dem Gewinn der Mandschurischen Petroleumgesellschaft teilzunehmen.

Diese feste Kontrolle über das Erdölgeschäft in Mandschukuo mochte die Ölgesellschaften fremder Länder treffen, weil sie dadurch um den Kleinhandel gebracht wurden, den sie in langen Jahren entwickelt hatten. Im Jahre 1932 verfügten von dem in die Mandschurei eingeführten Erdöl die amerikanische Standard Vacuum Oil Company und die Texas Oil Company über 55 Prozent. Britische, russische und holländische Teilhaber kontrollierten 35 Prozent der übrigen Menge, während der japanische Anteil nur die restlichen 10 Prozent betrug.[61] Es ist klar, daß Japan entschlossen war, dieses Verhältnis zugunsten seiner Bürger zu berichten. Erdöl ist wesentlich für die moderne Kriegführung. Die Regierung von Mandschukuo handelte nur aus gesundem Menschenverstand, wenn sie dafür sorgte, daß die Ölvorräte im Lande unter ihre Kontrolle kamen.

Zwar wurde die Einschränkungspolitik Mandschukuos als unvereinbar mit der Politik der Offenen Tür kritisiert, doch zeigte sich bald, daß die amerikanischen Petroleuminteressen nicht ernstlich beeinträchtigt würden. Der Wert der amerikanischen Petroleumausfuhr nach Mandschukuo stieg von 782.000 Dollar im Jahre 1936 auf 3.436.000 Dollar im folgenden Jahr. Im Jahre 1938 stiegen die Exporte weiter an, doch das Außenamt versicherte, diese günstige Entwicklung erkläre sich daraus, daß Mandschukuo Vorräte für den Kriegsfall anlege. Das mag für 1938 zutreffen, nicht aber für die ersten dreißiger Jahre. Der Wert des amerikanischen Exporthandels nach der Mandschurei im Jahre 1932 bezifferte sich nur auf 1.186.000 Dollar. Nach der Gründung Mandschukuos als japanisches Protektorat stieg der amerikanische Handel auf 2.691.000 Dollar im Jahre 1933 und erreichte 1935 die beachtliche Höhe von 4.188.000 Dollar. Wenn auch die Offene Tür in Mandschukuo langsam geschlossen wurde, so blieb immer noch ein Spalt, breit genug, einen wachsenden amerikanischen Handel hindurchzulassen.[62]

Allein, das amerikanische Außenamt war von dieser günstigen Handelsstatistik nicht befriedigt. Hull sandte wegen des der Mandschurischen Petroleumgesellschaft erteilten Monopols nach Tokio eine Reihe scharfer Proteste[63], und die öffentliche Meinung in Amerika war über die Bevorzugung japanischer Bürger bei ihren Geschäftsunternehmungen in Mandschukuo aufgebracht. Seit 1899 hatten viele Amerikaner ihre Phantasie mit glühenden Visionen von einem gewaltigen Exporthandel für Chinas fruchtbare Millionen gekitzelt.[64] Obwohl daraus nie etwas geworden war, nährten sie ihre Illusionen weiter und übersahen darüber die weit größeren Möglichkeiten des Handels mit Japan. Die amerikanisch-japanische Spannung wegen der japanischen Handelspolitik in Mandschukuo war völlig sinnlos. Außenminister Hull war entschlossen, sich um die Aufrechterhaltung eines Handelsprinzips – des Prinzips der Offenen Tür – selbst dann zu bemühen, wenn die Teilaufkündigung dieses Prinzips eine Erweiterung des amerikanischen Handels bedeutete. Und er schien die unheilvolle Tatsache nicht zu bemerken, daß seine Noten einen Herd verhaltenen Grolls erzeugten, der später in die Flammen eines Krieges ausbrechen konnte.

Kapitel VI

Moskau formt
das politische Schicksal
des Fernen Ostens

Verschmähte diplomatische Gelegenheiten

Als Außenminister Hull im Juni 1934 einen japanischen Ölzweig zurückwies, verriet er deutlich seine Abneigung, einen solchen Schößling im Boden amerikanischen Wohlwollens zu pflegen, damit er die reiche Frucht dauernden guten Einvernehmens trage. Trotz der Mißachtung dieser ihrer freundwilligen Geste mühte sich die japanische Regierung noch immer, mit den Vereinigten Staaten zu einer engen Verständigung zu kommen. In dem neuen Kabinett Okadas, das am 8. Juli sein Amt antrat, blieb Hirota als Außenminister, und Saionji, Makino und andere Gemäßigte „saßen fest im Sattel". Ein hervorragender japanischer Liberaler äußerte zu Botschafter Grew: „Wenn die Vereinigten Staaten das Kabinett in ihrem Interesse hätten zusammenstellen können, würden sie seine Mitglieder nicht besser haben aussuchen können."[1]

Diese günstigen Faktoren wurden von Außenminister Hull, der es zuzeiten liebte, die Salbe der Diplomatie mit einem Schuß scharfen Essigs zu würzen, völlig übersehen. Premierminister Okada bekam das Hullsche Rezept allmählich so satt, daß er fand, es sei zwecklos, nach den Vereinigten Staaten hinüber freundliche Gesten zu machen. Ebensogut konnte er den Forderungen einer mächtigen Gruppe in Japan nachgeben, die auf Flottenparität mit den Vereinigten Staaten und Großbritannien drängte.

Japan kündigt das Washingtoner Flottenabkommen

Mit dem Washingtoner Flottenabkommen vom 6. Februar 1922 hatten sich die japanischen Militaristen innerlich nie abfinden können. Der untergeordnete Rang, der der Friedensstärke ihrer Flotte auferlegt worden war, nagte an ihnen. Überdies sagten sie sich, daß die Parität mit den Vereinigten Staaten und Großbritannien die Wahrscheinlichkeit bewaffneten Eingreifens einer der beiden Mächte gegen die japanische Expansion in Nordchina wesentlich verringern würde.

Nach der Washingtoner Konferenz war die Lage in China ein Jahrzehnt hindurch für die Politiker der Großmächte eine entscheidende Frage erster Ordnung gewesen. Eine Zeitlang hatte es geschienen, daß Tschiang Kai-schek imstande sein könnte, ein bestimmtes Maß von Frieden einem Lande zu bringen, das seit den letzten Tagen des Kaiserreichs in Chaos versunken war. Aber der Wirbelsturm des Nationalismus war zu heftig gewesen, als daß der Nachfolger Sun Yat-sens ihn hätte zu nutzbringender Kraft bändigen können; die Amerikaner hatten 1927 in Nanking und die Russen 1929 an der Ostchinesischen Bahn seine zerstörende Gewalt erfahren. Im Jahre 1931 hatten sich die Japaner entschlossen, die Mandschurei in ein bald gepriesenes zyklonfestes Bollwerk zu verwandeln, das Sicherheit bieten würde gegen jeden aus China oder sogar von den sibirischen Steppen kommenden Sturm. Stimson jedoch blickte auf die japanischen Wetterkarten mit übertriebenem Argwohn und erhob gegen die Vorkehrungen, die die wachsamen Männer Nippons trafen, mit Schärfe Einspruch. Nicht nur verärgerten seine wiederholten Proteste die japanischen Staatsmänner, sondern sie entnahmen auch aus den amerikanischen Flottenmanövern in den Gewässern der Hawaii-Inseln eine versteckte Drohung gegen ihre Position im Fernen Osten. Würde Gleichheit der Flottenstärken erreicht, so könnte das bei amerikanischen Außenministern, die vom Frieden redeten, während sie die Straße zum Krieg hinunterwanderten, als Maulkorb wirken.

Es ist bemerkenswert, daß man, während Stimson seinem Lieblingszeitvertreib nachging, nach Japan aufreizende Noten zu schicken, die eigene Flottenstärke weit unter die vom Washingtoner Abkommen erlaubten Grenzen sinken ließ. Am 4. März 1933 betrug sie ungefähr nur 65 Prozent der Vertragsstärke, während Japan seine Flotte bis zu 95 Prozent des vertraglichen Pegels hinaufgerüstet hatte. Wenn Japan durch die Kündigung des Washingtoner Flottenabkommens seine Rüstung zur See von allen Schranken befreien konnte und die Vereinigten Staaten in der Sache des Kriegsschiffsbaus gleichgültig blieben, so würde es nicht lange dauern, und Japan hätte die tatsächliche Parität erreicht. In diesem Falle würden es die amerikanischen Staatsmänner unterlassen, die Politik Stimsons heraufzubeschwören.

Allein, im Juni 1933 zerstörte Roosevelt diese Hoffnungen der japanischen Marine, indem er aus den Mitteln des National Industrial Recovery Act zum Bau neuer Kriegsschiffe die große Summe von 238 Millionen Dollar anwies. Nun sahen sich die japanischen Admirale in einem schrecklichen Dilemma: sie standen „vor der wenig beneidenswerten Entscheidung, entweder nächstes Jahr [1934] die Verträge zu widerrufen und mit sehr viel reicheren Nationen ein hoffnungsloses Wettrüsten um die Seeherrschaft zu beginnen oder die Fortdauer des gegenwärtigen Stärkeverhältnisses zu akzeptieren und einer empörten Öffentlichkeit die Stirn zu bieten".[2] Die führenden Männer der Marine sagten sich, daß sie durch weitere Hinnahme des gegenwärtigen Stärkeverhältnisses „das Gesicht verlören", und das durfte nicht sein. Ihr Druck auf Hirota wurde so stark, daß der Außenminister am 17. September 1934 Botschafter Grew eröffnete, Japan habe endgültig beschlossen, „vor dem 31. Dezember 1934 bekanntzugeben, daß es das Washingtoner Flottenabkommen aufkündige".[3]

Als im Oktober 1934 in London die Vorverhandlungen über eine Erneuerung des Flottenabkommens von 1930 begannen, erhoben die Japaner sofort die Forderung auf Parität. Ihre Hauptargumente waren „Prestige und offenbare Schicksalsbestimmung". „Offenbare Schicksalsbestimmung" war im neunzehnten Jahrhundert jahrzehntelang eine beliebte amerikanische Losung gewesen, Außenminister Hull jedoch war entrüstet, als japanische Staatsmänner sie auf die Expansion in der Mandschurei anwendeten. Für ihn stand fest, daß der wahre Grund der japanischen Forderung auf Parität der Wunsch sei, „im Osten eine überwältigende Überlegenheit zu erlangen" und sich „Vorzugsrechte und Privilegien" zu verschaffen.[4] Die „schwere Besorgnis", mit der das britische Außenamt eine Japan zufriedenstellende Lösung zu finden sich bemühte, kümmerte ihn nicht, und den Vorschlag eines dreiseitigen Nichtangriffspaktes für den Fernen Osten nahm er kühl auf. Für die amerikanische Delegation in Genf sei es das beste, in den Japanern nicht die Hoffnung zu erwecken, daß sie „Konzessionen oder die Schließung eines neuen Vertrages an Stelle des Washingtoner Abkommens zu erwarten hätten".[5]

Norman Davis mußte entdecken, daß die Briten nicht für die Entweder-Oder-Attitüde Hulls eingenommen waren. Es kam ihnen sehr darauf an, „die Gespräche mit den Japanern" fortzusetzen, wenn auch keine Lösung in Sicht sei. Hull gab dem britischen Druck zögernd nach und willigte ein, daß „die Gespräche nicht brüsk abgebrochen" werden sollten, doch instruierte er Davis, „nichts zu tun, was die Verlegenheit der Japaner verringern könnte, während die Zeit der Anklage heranrückt". Die Japaner waren Hull herzlich zuwider geworden, und er verkehrte jetzt mit ihnen durchaus wie ein Lehnsherr.[6]

Angesichts dieser unnachgiebigen Haltung blieb dem japanischen Außenamt nichts anderes übrig, als Hull am 29. Dezember 1934 davon zu unterrichten, daß es beschlossen habe, das Washingtoner Flottenabkommen vom 6. Februar 1922 zu kündigen. Die durch diesen Vertrag festgelegten Rüstungsgrenzen verloren Ende Dezember 1936 ihre Gültigkeit. So gab es noch eine geringe Möglichkeit, daß Gespräche in Genf zu einem gütlichen Vergleich führen und das japanische Kabinett veranlassen würden, seine Entscheidung zu überprüfen. Die Briten setzten sich für weitere Bemühungen ein, für eine Übereinkunft in der Sache der Flottenstärken einen gemeinsamen Nenner zu finden, aber Hull glaubte, daß man den Japanern diplomatische Lektionen eher nach der Begleitmelodie rednerischer Kopfnüsse als durch ermutigende Worte erteilen müsse.[7] Unglücklicherweise war das auch die Ansicht Roosevelts.

Darin unterschied sich seine Auffassung gründlich von der seines Vetters Theodore Roosevelt. Im Winter 1910 gab Theodore Roosevelt nach reiflicher Prüfung aller Faktoren der fernöstlichen Lage Präsident Taft für das Verhalten zu dem japanischen Vordringen in der Mandschurei einen gesunden, realistischen Rat: „Unser lebenswichtiges Interesse beruht darin, die Japaner aus unserm Lande herauszuhalten und uns zugleich ihr Wohlwollen zu bewahren. Das lebenswichtige Interesse der Japaner wiederum richtet sich auf die Mandschurei und auf Korea. Es liegt daher in unserem ureigenen Interesse, im Hinblick auf die Mandschurei keinen Schritt zu tun, der in den Japanern, ob mit oder ohne Grund, die Meinung hervorrufen könnte, daß wir ihnen feindlich gegenüberstünden oder, wenn auch in noch so geringem Maße, ihre Interessen bedrohen würden."[8]

Japan ruft eine nordchinesische Autonomiebewegung ins Leben

Theodore Roosevelt war es während seiner Präsidentschaft völlig klar gewesen, daß Japan die Mandschurei als Bollwerk zur Verteidigung und als Schlußstein seines Wirtschaftsgebäudes ansah. Japan konnte seine dortige Stellung nicht aufgeben, und jeder Versuch, es zum Rückzug aus der Mandschurei zu zwingen, mußte zum offenen Kriege führen. Indem Präsident Franklin D. Roosevelt und Außenminister Hull die Stimsonsche Formel übernahmen, öffneten sie eine Pandorabüchse fernöstlicher Unruhen. Als sie die Doktrin Stimsons auf Japan anwandten, jedoch zur Einverleibung der Äußeren Mongolei durch Sowjetrußland stillschwiegen, ließen sie aus ihrer Pandorabüchse alle Übel heraus, die nun an der mandschurischen Grenze umherstrichen und Unzufriedenheit schürten.

Chaos und Kommunismus waren immer eng vertraute Genossen; als Japan auf die unbeständigen Verhältnisse in Nordchina blickte, da sprang ihm in die Augen, daß russische Agenten emsig am Werke waren, Zwietracht zu säen. Sie würden die Bauern gegen das wankende Regime Tschiang Kai-scheks aufwiegeln, und wenn das Feuer der Revolution das schwache Gebäude der Nankinger Regierung vernichtet hätte, würden kommunistische Heere unter Mao Tse-tung und Tschu Teh die Revolutionsflammen sehr schnell hinter einem schweren Eisernen Vorhang austreten. Das Rezept war einfach und höchst wirksam. Blieb Japan in Nordchina untätig, so würde es nicht lange dauern und riesige Massen fanatischer Kommunisten belagerten unmittelbar die Mandschurei und Korea. Japan mußte entweder seine Grenzen in China vortreiben oder zusehen, wie seine Truppen ins Meer geworfen wurden.

Nach den Bedingungen des Waffenstillstandes von Tangku vom 31. Mai 1933 hatten die chinesischen Truppen aus dem Nordosten der Provinz Hopeh zurückgezogen werden müssen. Diese „entmilitarisierte Zone" war nominell China unterstellt worden. Polizei „unter der Kontrolle chinesischer" Beamter, die „den Japanern nicht unsympathisch" gegenüberstanden, hatte in diesem Gebiet der Provinz unzulänglich für Ordnung gesorgt.[9] Als die Verhältnisse unsicher blieben, entschlossen sich die Japaner, die Ordnung durch Gewalt wiederherzustellen und das von ihnen kontrollierte Gebiet zu erweitern. So rückten japanische Truppen in die entmilitarisierte Zone Hopehs ein und zwangen einige Wochen danach die chinesischen Vertreter zur Annahme eines neuen Waffenstillstandsvertrages. Nach den Bestimmungen dieses am 6. Juli 1935 von dem Führer der japanischen Armee in Nordchina, General Umedzu, und dem chinesischen Kriegsminister, General Ho Ying-tschin, unterzeichneten Abkommens, waren die chinesischen Truppen aus der Provinz Hopeh herauszuziehen, worauf „die Auflösung und Unterdrückung gewisser chinesischer Organisationen, gegen die die Japaner Einwendungen erhoben", folgen sollte. Ein weiterer wichtiger Punkt schrieb das Verbot „jeder fremdenfeindlichen und antijapanischen Tätigkeit in China überhaupt" vor.[10]

Dieses wichtige Abkommen war Ausdruck der Politik, auf die Hirota im Spätsommer 1935 Gewicht legte. Nachdem er durch den Kauf der Ostchinesischen Bahn am 23. März eine mögliche Reibungsursache zwischen Japan und Sowjetrußland beseitigt hatte, richtete er seine ganze Aufmerksamkeit auf Nordchina. Im Oktober verkündete er für einen gütlichen Vergleich mit China drei Hauptbedingungen: 1. Anerkennung Mandschukuos; 2. Unterdrückung der antijapanischen Tätigkeit; 3. Zusammenarbeit bei der Durchführung eines antikommunistischen Programms. Als die Nankinger Regierung es ablehnte, diesen Vorschlag ernstlich in Erwägung zu ziehen, gab Japan am 24. November das Bestehen einer starken Unabhängigkeitsbewegung bekannt, die für die fünf Nordprovinzen Tschahar, Hopeh, Schansi, Schantung und Suiyan die Autonomie anstrebe. Es kam nicht dazu, daß sich diese Provinzen zu einer autonomen Einheit zusammenschlossen, doch errichteten die Japaner die „Antikommunistische autonome Regierung von Ost-Hopeh". Sie wurde einem Chinesen, Yin Ju-keng, unterstellt, der mit den japanischen Bestrebungen sympathisierte. Darauf wurde „unter der nominellen Kontrolle der chinesischen Regierung" der „Politische Rat von Hopeh und Tschahar" gebildet. An seiner Spitze war die japanische Marionette General Sung Tsche-yuan. Schließlich errichteten die Japaner „in dem Teil von Tschahar nördlich der Großen Mauer (der ungefähr neun Zehntel der Provinz umfaßt) ein ‚unabhängiges' mongolisches Regime unter der nominellen Führung des Mongolenfürsten Teh Wang".[11] Diese politischen Bewegungen waren anscheinend nur ein Vorspiel zur Errichtung einer wirklichen autonomen Regierung der fünf Provinzen.

Amerika und Großbritannien protestieren gegen die japanische Politik

Großbritannien verfolgte die plötzliche Ausdehnung des japanischen Einflusses in Nordchina mit sichtlicher Unruhe. James L. Garvin, ein ausgezeichneter britischer politischer Beobachter, lenkte die Aufmerksamkeit darauf, daß im Fernen Osten „etwas Bedeutsames und Düsteres geschehen sei"[12], und der britische Außenminister, Sir Samuel Hoare, beklagte, daß sich Ereignisse zugetragen hätten, „die, was auch immer als Wahrheit sich dahinter verbergen mag, der Vermutung den Anstrich von Wahrscheinlichkeit geben, daß der japanische Einfluß darauf zielt, die innenpolitische Entwicklung und die Verwaltung Chinas zu bestimmen".[13]

Außenminister Hull ging über die vorsichtige Ausdrucksweise seines britischen Kollegen weit hinaus. Am 3. Dezember gab er an die Presse eine Erklärung, die die Haltung des Department of State erkennen ließ: „In China und um Nordchina spielt sich ein politischer Kampf ab, der in seiner Art ungewöhnlich ist und weitreichende Wirkungen haben kann ... Ungewöhnliche Entwicklungen in irgendeinem Teil Chinas gehen rechtmäßigerweise und notwendig nicht nur Regierung und Volk von China an, sondern jede der vielen Mächte, die in China geschäftliche Interessen haben ... Politische Störungen und Druckmaßnahmen rufen Unsicherheit und Besorgnisse hervor ... Sie machen es schwer, Vertragsrechte wahrzunehmen und Vertragsverpflichtungen zu erfüllen ... In den internationalen Beziehungen muß ... das Vertrauen zu Prinzipien und verbindlichen Zusagen herrschen."[14]

Amerikanische Silberkäufe machen China zu schaffen

Während Außenminister Hull auf so hoher Ebene im Hinblick auf eine Hilfe für China sprach, trugen Unternehmungen des amerikanischen Schatzamtes dazu bei, den chinesischen Widerstand gegen die japanische Expansion in Nordchina zu untergraben. Infolge amerikanischer Silberkäufe strömte massenhaft Silber aus China in die Vereinigten Staaten, und dies führte zu einer ernsten Schrumpfung der Bankreserven und infolgedessen zu einem Sinken der Verbrauchsgüterpreise. Die chinesische Regierung begegnete dem mit einer Steuer auf Silberausfuhr, doch wurden große Mengen aus dem Lande geschmuggelt, und bald war der Außenhandel demoralisiert.[15] Nachdem China vergeblich auf eine erhoffte Anleihe gewartet hatte, sah es sich schließlich am 3. Dezember gezwungen, die Verstaatlichung des Silbers zu verordnen. Alle Besitzer von Silber mußten es gegen Noten eintauschen, die von drei Regierungsbanken als gesetzliche Zahlungsmittel ausgegeben wurden.

Die amerikanische Silberpolitik verursachte in weiten Gebieten Chinas schwere wirtschaftliche Not, schwächte seinen Widerstand gegen japanische Eingriffe und brachte viele seiner „verantwortlichen Wirtschaftsführer zu der Meinung, daß sich ihre Geschäftsinteressen wahrscheinlich in besserer Obhut befänden, wenn sie der japanischen Aufsicht anvertraut wären, als wenn damit vierzehn amerikanische Senatoren ihren Hokuspokus trieben".[16] Statt daß man den amerikanischen Export nach China erhöht hätte, wurde durch den Silberkauf ein jähes Sinken der Ausfuhr bewirkt.[17]

Außenminister Hull gibt zu, daß die Operationen des Schatzamtes zu „einer verheerenden Silberflucht aus China in die Vereinigten Staaten" führten, und er beklagt, daß Finanzminister Morgenthau erst im Mai 1936 wirkliche Hilfe gewährte.[18] In diesen Monaten finanzieller Verwirrung in China schritt Japan auf dem Wege fort, seine Kontrolle über weite Gebiete Nordchinas zu festigen.

Japan fordert abermals Flottenparität

Gemäß den Bestimmungen des Londoner Flottenabkommens von 1930 wurde für 1935 eine Konferenz zu dem Zweck vorbereitet, eine Übereinkunft herbeizuführen, die alle Fragen der Beschränkung der Rüstungen zur See regeln würde. Als sich die Konferenz am 9. Dezember 1935 in London versammelt hatte, traten die Japaner sofort mit ihrem üblichen Plädoyer für Parität hervor. Es sei entscheidend wichtig, durch Zurückführung des bestehenden Verhältnisses von 5:5:3 auf die Relation 3:3:3 eine „gemeinsame obere Grenze" festzulegen. Dies könne durch Abwrackung einer beträchtlichen Anzahl amerikanischer und britischer Kriegsschiffe erreicht werden.[19]

Admiral Nagano verteidigte die japanische Position mit der Versicherung, daß bei dem Wunsch nach der gemeinsamen oberen Begrenzung „nicht daran gedacht" sei, „Japan eine Möglichkeit zum Angriff zu verschaffen. Im Gegenteil, Japan wünsche, jeder der Mächte einen Angriff unmöglich zu machen." Unter dem Verhältnis 5:5:3 aber könne die amerikanische Flotte, wenn in östlichen Gewässern versammelt, „die japanische Sicherheit bedrohen". Norman Davis erwiderte, er glaube nicht, daß die japanischen Vorschläge „sehr fair" seien. Nach Darlegung der Gründe für die Festlegung des Verhältnisses 5:5:3 bemerkte er, es sei notwendig, einen Modus vivendi zu finden, der „sowohl die gemeinsame obere Begrenzung vermiede wie das feste Stärkeverhältnis". Admiral Standley meinte, daß sich möglicherweise eine befriedigende zeitweilige Regelung treffen ließe, wenn man die bestehenden Flottenstärken mit gewissen qualitativen Beschränkungen zugrunde legte und eine Präambel hinzufügte, die erklären würde, daß „eine angemessene Flotte das souveräne Recht jeder Nation" sei. Die Japaner nahmen diesen Vorschlag zu weiterer Erwägung an.[20]

Im Verlaufe seiner Bemerkungen hatte Norman Davis seine Befriedigung über „die Besserung der japanisch-amerikanischen Beziehungen in den letzten drei Jahren" ausgedrückt und dem japanischen Volk und seinem Drang nach Fortschritt seine Hochachtung ausgesprochen. Die Vereinigten Staaten bewunderten dies, doch hätten sie den Wunsch, solche Eigenschaften „in friedlicher Art" betätigt zu sehen. Auch Mr. Phillips erwähnte die „schnell wachsende Freundschaft" zwischen den Vereinigten Staaten und Japan und fügte hinzu, es sei zu befürchten, daß „die Parität uns darin sicherlich zurückwerfen und Mißtrauen erzeugen würde".[21]

Indessen, die Japaner beharrten weiter auf Parität und weigerten sich, die Neubauprogramme zu diskutieren, die Frankreich, Großbritannien und Italien vorlegten. Am 15. Januar 1936 lehnten die Westmächte die Forderung auf Parität ab. Darauf zog sich Japan förmlich von der Konferenz zurück.[22] Die kollektive Sicherheit zerbröckelte im Pazifik, noch ehe Mussolinis Legionen in Afrika bewiesen, daß sie hoffnungslos überholt war.

Präsident Roosevelt erteilt den bösen Diktatoren eine Lektion

Als das System kollektiver Sicherheit in Afrika und in China zusehends zerfiel, kam Präsident Roosevelt der Gedanke, daß er durch Worte der Warnung an die Diktatoren in Deutschland, Italien und Japan die Auflösung verhindern könnte. Die nationalsozialistische Regierung in Deutschland war im Jahre 1936 unzähligen Amerikanern widerwärtig geworden, und Mussolinis Marsch nach Abessinien hatte bei einer großen und einflußreichen Gruppe von Publizisten und Professoren, die glaubten, die amerikanischen Grenzen hätten sich allmählich auf jeden Erdteil ausgedehnt, heftigen Anstoß erregt. Über die japanische Bewegung nach Nordchina hinein regten sich vor allem die begeisterten „Einweltler" auf, die bequemerweise vergaßen, daß sich Rußland die Äußere Mongolei praktisch einverleibt hatte und rasch die Provinz Sinkiang durchsetzte. Das Außenamt hatte in Moskau gegen die kommunistische Propaganda in den Vereinigten Staaten protestiert, sich zu dem Vordringen der roten Flut über die Ebenen Nordchinas jedoch gleichgültig verhalten. Dabei war Rußland mit seinem riesigen Kräftereservoir im grenzenlosen Sibirien eine viel ernstere Drohung für China als die japanischen Armeen, die verzweifelt kämpfen mußten, um sich in den Randgebieten des chinesischen Festlandes festklammern zu können. Aber Präsident Roosevelt und Außenminister Hull ließen nicht ab, die Probleme Ostasiens mit den kurzsichtigen Augen Henry Stimsons zu betrachten, der 1931/32 die Lage verhext hatte und noch immer die Köpfe hoher maßgebender Beamter verwirrte.

Am 3. Januar 1936 hielt der Präsident vor dem Kongreß eine Rede, in der er den bösartigen Diktatoren ein scharfes Halt gebot. Sie hätten sich in Aggressionen verstrickt, und das könnte zu einem zweiten Weltkrieg führen. Nach einem Lob auf seine eigene Regierung wegen ihrer „gutnachbarlichen Politik" nahm er sich streng die Führer anderer Nationen vor. Sie hätten „jene Geduld" vermissen lassen, „die notwendig ist, um durch friedliche Verhandlungen oder durch einen Appell an die feineren Instinkte der Weltgerechtigkeit vernünftige und legitime Ziele zu erreichen". Wie muß der Präsident, der wohl wußte, daß keine Vermittlung des Völkerbundes die Ungerechtigkeiten von Versailles auszugleichen vermochte, seine Miene in der Gewalt gehabt haben, als er diesen tönenden Unsinn von sich gab. Aber er schwelgte in seiner Rolle, irrenden Nationen zu predigen, und eilte in seiner Rede weiter, sie mit Worten zu züchtigen: „Sie [Deutschland, Italien und Japan] sind ... ungeduldig in den alten Glauben an das Gesetz des Schwertes zurückgefallen oder in die phantastische Vorstellung, daß sie, und sie allein, auserwählt seien, eine Mission zu erfüllen ... Ich bin mir klar darüber, daß sich diese Worte, die ich absichtlich gewählt habe, in keiner Nation, die sie auf sich beziehen, als populär erweisen werden."[23]

Botschafter Grew im fernen Tokio hielt die Drohworte des Präsidenten für eine Übung in „mutiger Staatskunst". Er wußte, daß diese anzügliche Ermahnung den Vorstoß Japans nach China hinein nicht aufhalten werde, doch erhoffte er von ihr eine Verlangsamung der japanischen Expansionsbewegungen. Daß die Rede ein weiterer Schritt in der Richtung auf einen Krieg mit Japan war, das zuzugeben, war er nicht aufrichtig genug.

Die japanische Reaktion auf die Attacke des Präsidenten fand bezeichnenden Ausdruck in einer Rede Hirotas. Er sprach sein Bedauern darüber aus, daß amerikanische Staatsmänner ständig redeten, als hätten sie einen Auftrag von Gott: „Es ist beklagenswert, daß es im Ausland angesehene Staatsmänner gibt, die entschlossen scheinen, anderen ihre Privatüberzeugungen aufzunötigen, wie die Welt geordnet werden sollte, und als Friedensstörer anklagen, wer sich ihren Diktaten widersetzt."[24]

In New York bemühte sich Botschafter Saito mit einer Rede vor der Japanischen Gesellschaft, die Chinapolitik Tokios zu rechtfertigen, indem er sie mit der amerikanischen Monroedoktrin verglich.[25] Das erregte den raschen Zorn des Senators Pittman, der die Triftigkeit eines solchen Vergleichs leugnete: „Wir suchen die Republiken Lateinamerikas zu erhalten, nicht zu zerstören."[26]

Obwohl Botschafter Grew nicht die Augen davor schloß, daß die vielzitierte Bemerkung Pittmans „äußerst chauvinistisch" war, bedauerte er sie nicht, weil er glaubte, „ihr Reinergebnis" werde „nützlich sein". Man müsse der japanischen Regierung klarmachen, daß die amerikanische Geduld immer ihre Grenze gehabt habe. Ja, wenn die Japaner in die Geschichte der

Vereinigten Staaten blickten, dann würden sie entdecken, „daß die amerikanische Bevölkerung zu den am leichtesten entflammbaren in der Welt" gehöre. Irgendein kleiner Zwischenfall im Fernen Osten könnte den Zunder amerikanischen Grolls in Brand setzen und so einen langen und verheerenden Krieg hervorrufen.[27] Grew übersah bei dieser Betrachtung, daß andererseits Äußerungen wie die des Senators Pittman sehr dazu beitrugen, in Japan gleichsam einen Holzstoß grimmiger Abneigung aufzuschichten, der durch die Funken scharfer kritischer Äußerungen amerikanischer Beamter in Flammen gesetzt werden konnte.

Der chinesische Nationalismus macht gemeinsame Sache mit dem Kommunismus

Während die Chauvinisten der Vereinigten Staaten Anklage gegen die japanische Chinapolitik erhoben, tat das japanische Kabinett sein Bestes, zu Amerika freundliche Beziehungen zu unterhalten. In der ersten Märzwoche 1936 ernannte der Kaiser Hirota zum Premierminister. Diese Wahl kam Grew erwünscht; er sah in Hirota einen „starken und vertrauenswürdigen" Mann. Als Antwort auf eine Reihe Fragen des Botschafters wiederholte der neue Premier die Punkte seiner Chinapolitik, die er im Oktober des letzten Jahres verkündet hatte: 1. Anerkennung Mandschukuos durch China; 2. Unterdrückung antijapanischer Tätigkeit; 3. Zusammenarbeit bei der Verwirklichung eines antikommunistischen Programms. Mit der Ausführung dieser Politik würde Japan „ausländische Rechte und Interessen einschließlich des Prinzips der Offenen Tür nicht beeinträchtigen". Abschließend unterstrich Hirota neuerlich seinen aufrichtigen Wunsch, „gute Beziehungen" zu den Vereinigten Staaten zu dem leitenden Grundsatz seines Friedensprogramms machen zu können.[28]

Der japanische Botschafter in London, Yoschida, äußerte sich bei einem Besuch in Washington in der gleichen verbindlichen Weise. Er schloß seine freundlichen Worte mit dem Ausdruck der Hoffnung, daß die Amerikaner das Bedürfnis „der ungeheuer zahlreichen und schnell wachsenden Bevölkerung Japans" nach mehr Raum bald einsehen möchten.[29] Dieser Landhunger könne am besten durch einen großen Streifen Nordchinas befriedigt werden.

Außenminister Hull dämpfte Yoschidas Eifer durch die kühle Bemerkung, die Amerikaner hätten den Eindruck gewonnen, daß Japan nach der „absoluten wirtschaftlichen Beherrschung erst Ostasiens und dann anderer Teile strebe, die es gerade dazu für geeignet" halte. Dies würde schließlich „sowohl die politische wie die militärische Beherrschung" bedeuten, und das Endergebnis „der ganzen Bewegung wäre die Ausschließung von Ländern wie der Vereinigten Staaten vom Handel mit allen den Teilen Chinas, die so unter die Herrschaft ... Japans gebracht" worden wären. Hull verbreitete sich dann über die wohltätige Wirkung, die sein Programm wechselseitigen Handels verspreche, indem es darauf ziele, die Zollschranken niederzureißen und so „die allmähliche Wiederherstellung eines Handels von rund 20 Milliarden Dollar zu ermöglichen". Wenn die japanische Regierung ihre selbstsüchtige Politik in Nordchina aufgäbe und in der Sache des gegenseitigen Güteraustausches der amerikanischen Führung folgte, dann sähe es sich bald durch starke neue Ströme eines reichen Handels belohnt.[30]

Den japanischen Politikern waren alle diese Punkte des Hullschen Programms wechselseitigen Handels wohlvertraut, und sie hatten sämtliche Argumente für einen unbeschränkten Handel sorgfältig geprüft. Indessen, das Problem, dem sie sich in Nordchina gegenübersahen, war vor allem ein Problem der Verteidigung gegen Rußland. Die Bedeutung der Mandschurei als einer Rohstoffquelle und als eines Marktes für japanische Waren lag auf der Hand. Weniger fiel in die Augen die Wichtigkeit dieser Provinz als eines Bollwerks gegen die rote Flut, die bereits die gesamte Äußere Mongolei überschwemmt hatte. In den Jahren von 1936 bis 1938 wuchs die Sowjetarmee im Fernen Osten zu einer achtunggebietenden Streitmacht von mehr als 300.000 erfahrenen Soldaten an.[31] Dieses Heer konnte sich nicht nur der Mongolei als Sprungbretts zu Angriffshandlungen bedienen, sondern es war auch seit 1935 imstande, sich durch Aushebungen in der Provinz Sinkiang zu verstärken. Nach Alexander Barmine, dem die Versorgung Sinkiangs mit Sowjetwaffen oblag, war dort von chinesischer Kontrolle auch keine Spur mehr zu bemerken. Im Jahre 1935 war Sinkiang „außer dem Namen nach eine Sowjetkolonie" geworden.[32]

Es ist bezeichnend, daß die amerikanische Regierung wegen der Einverleibung der Äußeren Mongolei und Sinkiangs niemals an Sowjetrußland eine Protestnote gerichtet hat. Die amerikanischen Sorgen um die Erhaltung der chinesischen territorialen Integrität fanden ihren Ausdruck einzig und allein in bissigen Noten an Japan. Vertrauen zu den guten Absichten Rußlands war ein wesentliches Element der Fernostpolitik der Regierung Roosevelts.

Die Beamten des Department of State sahen nicht nur über die schnelle Ausdehnung der russischen Macht durch die Kontrolle über die Äußere Mongolei und Sinkiang hinweg; sie schlossen auch bewußt die Augen vor dem, was sich hinter der Aufstellung einer kommunistischen Armee in Schansi abzeichnete. Nach dem kommunistischen Zusammenbruch im Jahre 1927 zogen sich Mao Tse-tung und Tschu Teh in günstigere Bauerngegenden der Provinzen Kiangsi und Kwantung zurück und hoben sorgsam neue Truppen aus. Im August 1931 erhielten die chinesischen Kommunisten von Moskau den Auftrag, eine aktionsfähige Sowjetregierung zu errichten: „In möglichst kurzer Zeit muß in dem sichersten Gebiet eine zentrale Sowjetregierung gebildet werden." Gemäß dieser Weisung trat im November 1931 in Juitschin in der Provinz Kiangsi der Erste Kongreß der chinesischen Sowjets zusammen und verkündete eine Verfassung nach russischem Muster. Bevor der Kongreß seine Sitzungen schloß, wählte er ein ständiges Zentral-Exekutivkomitee, und dieses stellte sofort ein Kabinett zusammen, dem so ergebene Kommunistenführer angehörten wie Mao Tse-tung, Tschu Teh und Tschou En-lai. Dieses Kabinett wurde ermächtigt, durch Verordnungen mit Gesetzeskraft zu regieren. Das von dem Kongreß aufgestellte Programm hatte einen ausgesprochen kommunistischen Einschlag: es sah die Enteignung des landwirtschaftlichen Großgrundbesitzes und die Verstaatlichung aller Ausländern gehörenden Industrien vor.[33]

Im September 1932 berichtete die Kommunistische Partei Chinas stolz der Komintern, daß sie eine Rote Armee von 26 Korps und 15 örtlichen Divisionen aufgestellt habe. Sie hatte auch „eine gut ausgerüstete GPU-Abteilung" gebildet, um jede „gegenrevolutionäre Bewegung" zu unterdrücken. Im folgenden Jahr teilte der chinesische Delegierte Wang Ming mit, daß die roten Streitkräfte zu einer Armee von 350.000 Mann ausgebildeter Truppen und einer Partisanenstreitmacht von 600.000 Mann angewachsen sei. Diese Militärmacht beherrschte eine Gesamtbevölkerung von sechzig Millionen.[34]

Aber die chinesische Rote Armee fühlte sich in Kiangsi und Kwantung nicht sicher genug, und so machte sie sich im Oktober 1934 auf den Langen Marsch, der sie schließlich in die Provinzen Kansu und Schensi brachte.[35] Im Jahre 1935 wurde in Nord-Schensi schnell ein Sowjetgebiet organisiert. Für Rußland war der neue Bereich der chinesischen kommunistischen Armee von großer Bedeutung. Angelehnt an die Grenzen der Inneren Mongolei würde sie ein Bollwerk gegen den geplanten japanischen Vormarsch in diese Provinz abgeben, und nahe sowjetrussischem Gebiet könnte sie von dort mit dem für kriegsähnliche Operationen so dringend nötigen Nachschub versorgt werden. Als ein Werkzeug der russischen Politik war die Armee bewundernswert gut plaziert und bereit, auf Befehl Moskaus zu schlagen.

Der Kreml jedoch war zu schlau, als daß er damals die chinesische Rote Armee als Offensivwaffe benutzt hätte. Es bedeutete eine bessere Strategie, mit den nationalistischen Armeen Tschiang Kai-scheks einen Waffenstillstand herbeizuführen und dann einen Kreuzzug gegen die japanischen Eindringlinge zu predigen. Waren sie hinausgeworfen, brauchte man nur den Waffenstillstand zu brechen, was ohne weiteres geschehen würde, und die vom Krieg erschöpften und erschütterten Streitkräfte Tschiang Kai-Scheks konnten zerschlagen werden. Dann war ganz China der roten Flut preisgegeben.

Also wäre es für die chinesischen Kommunisten eine patente Politik, sich schnellstens mit der Nankinger Regierung zu verständigen und Tschiang Kai-schek als ahnungsloses Werkzeug zu benutzen. Der erste Zug in diesem Spiel war die Verwirklichung eines von Mao Tse-tung geprägten Wortes: „Alle Parteien und Klassen vereinigen sich zum Kampf gegen die Japaner und die Verräter ... Wir sind gegen einen Bürgerkrieg."[36] Andere kommunistische Führer gaben diesen Trompetenruf Mao Tse-tungs weiter, und als im Dezember 1936 Tschiang Kai-schek in Sian von Tschang Hsueh-liang gefangengesetzt wurde, griff Moskau schnell ein und sorgte für seine Freilassung.[37] Noch war er ein wichtiger Aktivposten der Sowjets, der sorgfältig ausgebeutet werden mußte. Nutzte er nichts mehr, konnte man ihn als „faschistischen Militaristen" erschießen.

Japan rückt näher an Deutschland heran

Angesichts des wachsenden Einvernehmens zwischen Tschiang Kai-schek und den chinesischen Kommunistenführern schloß Japan am 25. November 1936 den bekannten Antikominternpakt. Er war ein Konsultativabkommen, das die vertragschließenden Parteien verpflichtete, „einander über die Tätigkeit der Kommunistischen Internationale zu unterrichten".[38] Ein geheimes „Zusatzabkommen" bestimmte: Würde einer der hohen vertragschließenden Parteien das Ziel eines unprovozierten Angriffs oder einer Angriffsdrohung durch die Union der Sozialistischen Sowjet-Republiken, durfte die andere vertragschließende Partei keine Maßnahmen ergreifen, die geeignet wären, die Lage Sowjetrußlands zu erleichtern. Das geheime Zusatzabkommen sah auch gegenseitige Konsultationen zu dem Zweck vor, die gemeinsamen Interessen zu schützen.[39]

In einer Erklärung über den Zweck des Antikominternpaktes wies das japanische Außenamt auf die weite Verbreitung der kommunistischen Propaganda und die Anstrengungen der kommunistischen Agenten hin, eine weltumfassende Revolution hervorzurufen, um die rote Herrschaft über dem ganzen Erdglobus zu errichten. Die Erklärung lenkte die Aufmerksamkeit auf die Umwege, auf denen die russische Regierung in den chinesischen Provinzen Äußere Mongolei und Sinkiang dominierenden Einfluß gewonnen hatte. Um dieser zunehmenden Bedrohung der japanischen Sicherheit entgegenzutreten, sei es für notwendig gehalten worden, mit Deutschland den Antikominternpakt einzugehen. Es bedeute dies aber nur einen ersten Schritt zu dem Versuch, den anderen Mächten praktisch zu beweisen, wie wichtig es für sie sei, an einem allgemeinen Antikominternpakt teilzunehmen.[40]

In einem Gespräch mit dem amerikanischen Geschäftsträger, Mr. Dickover, versicherte der japanische stellvertretende Außenminister, daß der Vertrag „keinerlei geheimes militärisches Abkommen" enthalte.[41] Die russische Regierung indes glaubte sicher zu sein, daß zwischen Deutschland und Japan eine Art Militärbündnis zustande gekommen sei, und der Sowjetbotschafter in Tokio eröffnete Botschafter Grew „mit beträchtlicher Aufregung", daß sich diese Allianz auch gegen die reichen britischen und holländischen Kolonien im Fernen Osten richte. Der Behauptung fehlte jede tatsächliche Grundlage, und Botschafter Grew selber nahm solches Gerede mit aller Vorsicht auf.

Japan erstrebt einen gütlichen Vergleich mit China

Die ominösen Versicherungen des russischen Botschafters, Japan und Deutschland seien ein Abkommen mit dem Ziel eingegangen, schließlich einige der besten britischen und holländischen fernöstlichen Besitzungen an sich zu ziehen, konnten Botschafter Grew nicht beunruhigen. Er war glücklich, daß es am Neujahrstage 1937 zwischen Japan und den Vereinigten Staaten „keine laufenden Streitigkeiten von erster Bedeutung" gebe.[42] Ein paar Wochen später hatte er eine „lange vertrauliche" Unterredung mit Amau, dem Sprecher des japanischen Außenamtes. Das Gewicht ihres Gesprächs lag auf dem befriedigenden Stand des japanisch-amerikanischen Verhältnisses.[43] Allein, Grew fürchtete, daß die Lage zu gut sei, als daß sie dauern könnte. In Japan fühle man sich immer „ein wenig, als lebte man auf einem Vulkan; man weiß nie, wann es zu einem Ausbruch kommt".[44]

Grew glaubte, daß die Verbesserung der japanisch-amerikanischen Beziehungen großenteils Hirota zu verdanken sei. Der Premier hatte in der Tat die größten Anstrengungen gemacht, die japanische Presse zu zügeln, und Amau hatte tapfer dafür gekämpft, daß die japanische Öffentlichkeit Amerika in freundlicherem Licht sehe. Allein, der entscheidende Faktor blieb die Lage in Nordchina. Angesichts einer schnell stärker werdenden kommunistischen Drohung hatte Japan in einigen Gebieten Nordchinas seinen Einfluß auszudehnen versucht, und darüber war es zu wachsender Spannung mit der Regierung Tschiang Kai-scheks gekommen. Daraus konnte sich leicht ein bewaffneter Konflikt entwickeln, wenn nicht eine Formel für einen gütlichen Vergleich gefunden wurde.

Im Sommer 1936, zu einer Zeit, wo chinesischer Mob japanische Bürger mißhandelte, bemühte sich Hirota besonders um eine Aussöhnung mit China. Am 24. August wurden in

Tschengtu zwei japanische Reporter ermordet; zwei weitere Japaner wurden „aus ihrem Hotel gezerrt und brutal geschlagen".[45] Dem japanischen Außenamt erschien es als offenkundig, daß diese Ausschreitungen des Pöbels die Folge „der antijapanischen Agitation" seien, zu der „von der Kuomintang aufgehetzt" werde „und die die Nationalregierung" dulde. Dem Zwischenfall von Tschengtu folgten bald viele andere unglückliche Vorkommnisse ähnlicher Art. Am 17. September wurde in Swatow in ein von zwei Japanern betriebenes Restaurant eine Handgranate geworfen und am 18. September in Hankau ein Beamter Mandschukuos „im Zug von Gesindel belästigt und einiger Wertsachen beraubt". An demselben Tage und ebenfalls in Hankau wurde ein Polizist des japanischen Konsulats, „als er die Grenze der japanischen Konzession abschritt", von ein paar Chinesen getötet. Wenige Tage später, am 23. September, erschossen in Schanghai chinesische Revolvermänner einen japanischen Matrosen und verwundeten zwei andere. Infolge dieser unprovozierten Angriffe auf japanische Bürger gab am 28. September das japanische Außenministerium eine Erklärung heraus, worin es hieß, daß man die Verhandlungen mit China „nicht treiben lassen" könne. China stehe „jetzt am Kreuzweg, wo es sich entscheiden muß, ob es Japan die Hand reichen will oder nicht".[46]

Die chinesische Regierung antwortete, indem sie Außenminister Hull bat, Japan zu ersuchen, „sich China gegenüber gemäßigt und verbindlich zu verhalten"[47], und die britische Regierung beauftragte ihren Botschafter in Tokio, bei Außenminister Arita ähnliche Vorstellungen zu erheben[48]. Das japanische Außenamt suchte die Lage dadurch zu beruhigen, daß es am 2. Oktober den Entschluß bekanntgab, den Leiter der Ostasiatischen Abteilung, Kuwaschima, zu Besprechungen mit Botschafter Kawagoe nach China zu entsenden. Der Sprecher des Außenamtes erklärte zu diesem Schritt, es sei wichtig für die japanische Regierung, Tschiang Kai-schek ihre „wahren Absichten" zu übermitteln.[49]

Nach den Mitteilungen der chinesischen Botschafter in Paris und in London hatten sich die „wahren Absichten" des japanischen Außenamtes als eine Reihe weitgehender „Forderungen" und „Wünsche" herausgestellt. Die japanische Regierung lege besonderes Gewicht auf die „Forderungen", die sich mit der Aktion gegen den Kommunismus und der Autonomiebewegung in den fünf Nordprovinzen befaßten.[50]

Am 1. Oktober unterrichtete der japanische Außenminister den britischen Botschafter von der „Entschlossenheit" Japans, „Nordchina für Mandschukuo sicher zu machen".[51] Zwei Tage später teilte das japanische Außenministerium der amerikanischen Botschaft mit, „die einzige Forderung, auf der es wegen der Gefahr künftiger Zwischenfälle bestehen werde, sei die Unterdrückung antijapanischer Propaganda und Agitation".[52]

Indessen, die Agitation gegen die Japaner nahm an Intensität zu, zweifellos von Kommunisten angefacht, die auch nicht den bloßen Gedanken an einen Ausgleich zwischen Tschiang Kai-schek und der japanischen Regierung aufkommen lassen wollten. Am 30. Oktober schrieb David Berger an Außenminister Hull, um ihm einige Informationsbrocken zukommen zu lassen, die er im Gespräch mit einem „Beamten des Nankinger Finanzministeriums" aufgelesen hatte. Nach diesem chinesischen Gewährsmann mache sich in Nanking „jetzt ein Verlangen danach bemerkbar, was man eine sowjetische Orientierung der chinesischen Außenpolitik nennen könnte".[53]

Sowjetische Orientierung der chinesischen Außenpolitik bedeutete eine Erweiterung der Kluft zwischen China und Japan. Am 3. Dezember vertraute der Erste Sekretär der japanischen Botschaft in Nanking, Suma, Botschafter Johnson an, daß er während des letzten Monats „im Verhalten der Chinesen zu den Japanern eine deutliche Wendung zum Schlechten" bemerkt habe, „und daß selbst Soldaten und Offiziere der eigenen Truppen General Tschiangs jetzt auf eine antijapanischere Haltung drängen".[54]

Diese kriegerische Haltung der Chinesen verursachte dem britischen Außenamt beträchtliche Sorgen. Anthony Eden bat den chinesischen Botschafter in London zu sich und ersuchte ihn, „auf seine Regierung nachdrücklich dahin einzuwirken, daß sie sich nicht übernehme". Sollte sich Nanking „allen Vorschlägen gegenüber" als „völlig störrisch" erweisen, „so würde das die öffentliche Meinung in Japan zugunsten stärkerer Maßnahmen festigen und zusammenschließen". In Tokio äußerte sich der chinesische Botschafter zu Grew so prahlerisch, daß er den Eindruck hervorrief: „China ‚sticht' augenblicklich ‚der Hafer', und es wird sich im Widerstand gegen die japanischen Vorschläge sehr wahrscheinlich übernehmen."[55]

Tschiang Kai-schek begrüßt kommunistische Hilfe gegen Japan

Einer der Hauptgründe, denen die chinesische Ruhmredigkeit entsprang, war der Zusammenschluß der Nationalisten und der Kommunisten. Diese Vereinigung erhöhte die militärische Stärke der chinesischen Position, aber die Initiative würde bei den kommunistischen Streitkräften liegen. Sie würden nach ihrem Willen und nur für kommunistische Ziele kämpfen. In Japan wurde das klar erkannt, und man sah mit wachsender Unruhe die rote Flut weiter vordringen. Nach Botschafter Grew faßte der Gedanke Wurzel, daß die Regierung „bei ihrer Auseinandersetzung mit China nur einen Grundsatz" zu verfolgen brauche: „jeder entschieden kommunistischen Bewegung in China entgegenzutreten und jede Bewegung in China, die entschieden antikommunistisch ist, zu unterstützen. Immer mehr erscheint so die Chinapolitik einfach als Teilfrage des großen Problems der russischen und kommunistischen Drohung."[56]

Hornbeck verstand diese Auffassung und legte sie am 16. Januar in einer Denkschrift für die Fernostabteilung des Außenamtes nieder. Nach Erörterung der Lage in der Provinz Schensi bemerkte er: „Es besteht die ernste Gefahr, daß sich die aufrührerischen Truppen in Sian (und die Provinztruppen in Kansu) mit den großen kommunistischen Armeen vereinigen, die die benachbarten Gebiete besetzt halten, und in Nordchina eine machtvolle kommunistische Front errichten. Eine solche Entwicklung würde den inneren Frieden Chinas gefährden und die chinesisch-japanischen Beziehungen stören."[57]

Es unterlag kaum einem Zweifel, daß die Nationalisten und die Kommunisten über Ziele und Vorgehen eine befriedigende Verständigung erreicht hatten. Obwohl Tschiang Kai-schek für gemeinsame Operationen den Kommunisten harte Bedingungen gestellt und ihre Befolgung verlangt hatte, deuteten „zuverlässige Anzeichen" darauf, daß sich „eine Aussöhnung nach privat vereinbarten Richtlinien" anbahne[58], und das verstärkte die Befürchtungen der japanischen Staatsmänner.

Japanische Versuche, China zu versöhnen

Das japanische Parlament war von den Anstrengungen des Ministeriums Hirota, aus der Sackgasse in den japanisch-chinesischen Beziehungen herauszukommen, nicht befriedigt. Am 23. Januar 1937 trat die Regierung Hirotas zurück, und am 2. Februar übernahm General Hayaschi das Amt des Premierministers. Dem Parlament gab er sofort die Versicherung, daß er China gegenüber eine friedliche Politik verfolgen werde: „Ich halte nichts von einer kampflustigen Außenpolitik." Er legte seine Ansichten dar und bemerkte: „Es wäre sehr zu bedauern, wenn China den Irrtum beginge, zu glauben, daß Japan einer Aggressionspolitik anhänge."

Allem Anschein nach beabsichtigte das Kabinett Hayaschis nicht, auf den weitgehenden „Forderungen" der vergangenen Regierung zu bestehen. Bei neuen Verhandlungen mit China sollte nur auf zwei Punkte Gewicht gelegt werden: 1. auf die Herabsetzung des chinesischen Zolltarifs und 2. auf die Einrichtung eines Luftverkehrsdienstes zwischen China und Japan. Dieses Versöhnungsprogramm wurde von der japanischen Presse unterstützt. Sie hob hervor, daß die Regierung „nicht den Wunsch habe, die territoriale Integrität Chinas als eines unabhängigen Staates zu verletzen. Damit ist der Kontrast des gegenwärtigen Tons der Presse zu ihrem früheren offenbar."[59]

Als Botschafter Grew den neuen japanischen Außenminister, Naotake Sato, zu einem ersten Gespräch aufsuchte, unterrichtete ihn Sato, daß er eine besondere Anstrengung machen werde, in den chinesisch-japanischen Beziehungen eine „merkliche Besserung" herbeizuführen. Was Amerika betraf, so kannte Grew Naotake Sato „recht gut" und meinte, daß die Beziehungen „die besten" sein würden.[60]

Eine der ersten Handlungen der japanischen Ausgleichspolitik war die Entsendung einer Wirtschaftskommission unter Kenji Kodama, dem früheren Präsidenten der Bank von Yokohama. Kodama stand im Ruf einer Autorität in chinesischen Angelegenheiten und war auch in China populär. Die Handelsmission hielt sich zwei Tage, vom 16. bis zum 17. März, in

Nanking auf und wurde von Tschiang Kai-schek empfangen, der versicherte, daß er „die freundschaftliche Hilfe und den Rat Japans" wünsche. Ferner erklärte Tschiang, die chinesischen Industriellen würden „zweifellos" den Rat japanischer Industriefachleute annehmen und „in ihre Fußstapfen treten, damit sich Chinas Zivilisation und Wirtschaft zum Besten der Stetigkeit östlichen Friedens und östlicher Wohlfahrt auf die gleiche Stufe mit Japan erhebe".[61]

Aber diese freundschaftlichen Worte bedeuteten wenig, als die Japaner zu erreichen versuchten, daß sie in fördernde Taten umgesetzt würden. Am 24. März berichtete Botschafter Johnson, die japanische Wirtschaftsmission habe nichts ausgerichtet, weil „die Chinesen darauf bestanden zu haben scheinen, daß eine Wiederherstellung normaler politischer Beziehungen notwendig sei, bevor man sich auf ein konkretes Programm ‚wirtschaftlicher Zusammenarbeit' einigen könne".[62] Im April war Botschafter Johnson hinsichtlich einer Besserung der japanisch-chinesischen Beziehungen offen pessimistisch. Die chinesische Haltung gegenüber Japan habe sich in den letzten Monaten deutlich „versteift", und das chinesische Außenamt beharre darauf, daß vor Wirtschaftsverhandlungen die politische Position Japans in Nordchina grundlegend geändert werden müsse.[63]

Die Nankinger Regierung wußte, daß Japan nicht in der Lage war, den Waffenstillstandsvertrag von Tangku vom 31. März 1933 widerrufen oder den Politischen Rat von Hopeh und Tschahar von 1935 aufheben zu können. Diese Maßnahmen waren zur Abwehr des rasch steigenden Einflusses Sowjetrußlands in Nordchina getroffen worden, Japan schien es bedeutsam, daß die Nationalistische Regierung über die russische Kontrolle der Äußeren Mongolei und Sinkiangs nicht im geringsten beunruhigt war. Weshalb wohl widersetzte sich der chinesische Nationalismus erbittert jeder japanischen Ausbreitung in Nordchina, wenn er dem russischen Imperialismus in demselben Gebiet mit sichtlicher Gleichgültigkeit gegenüberstand? War Tschiang Kai-schek unter die Herrschaft Rußlands geraten, dann war es für Japan äußerst gefährlich, ihm Konzessionen zu machen.

Premierminister Hayaschi aber hoffte noch immer auf eine befriedigende Regelung mit China und glaubte, daß wirtschaftliche Vereinbarungen das Vorspiel zu einer politischen Verständigung sein könnten. Diese freundliche Haltung jedoch versagte als Köder für den chinesischen guten Willen. Wie Botschafter Grew aus Tokio berichtete: „Chinas Haltung hat sich infolge der versöhnlichen Gesten Japans versteift."[64] Die Gesten hörten nicht auf, als China sie ohne entsprechende Erwiderung ließ. Am 10. Mai versicherte Außenminister Sato den ausländischen Pressevertretern in Tokio, daß Japan „keine Exklusivrechte verlange und glaube, in der wirtschaftlichen Welt Seite an Seite [mit China] friedlich leben zu können".[65]

Im Mai vermerkte Botschafter Grew: Das japanische „Vermittlungsprogramm hat Rückschläge erlitten, und der Außenminister, der Hauptverfechter dieser Politik, hat es notwendig gefunden, Erklärungen herauszugeben, die eine festere Haltung Japans zeigen ... In Nordchina lebte die antijapanische Agitation wieder auf, und es kam zu mehreren Zwischenfällen, die den japanischen Behörden schwere Sorgen bereitet haben sollen."[66] Die Schwierigkeiten würden dadurch vermehrt, daß General Sung Tsche-yuan in Ost-Hopeh keine Neigung zur Zusammenarbeit verrate. Im Frühherbst 1936 habe er versprochen, „mit den Japanern wirtschaftlich zusammenzuarbeiten, dann aber gezögert, die von den Japanern für eine solche Zusammenarbeit ausgearbeiteten Vereinbarungen zu unterzeichnen. Die Japaner wünschen zunächst eine gewisse wirtschaftliche Entwicklung, wie den Bau von Eisenbahnen, Eisenerzförderung und Baumwollanpflanzungen, um die Voraussetzungen für die Errichtung japanischer Industriebetriebe zu schaffen." Tschiang Kai-schek selber habe den Wunsch ausgesprochen, „in Nordchina den Status quo aufrechtzuerhalten und nichts gegen die dortige japanische Position zu unternehmen", aber der Widerstand seiner „Untergebenen" mache seine Position „schwierig".[67]

In der letzten Maiwoche 1937 trat das Ministerium Hayaschi zurück, ohne sein Programm wirtschaftlichen Ausgleichs mit China verwirklicht zu haben. Am 4. Juni übernahm Prinz Konoye das Amt des Premiers. Außenminister wurde wieder Hirota. In einem Gespräch mit Botschafter Grew am 7. Juni erklärte er, sein früheres Dreipunkte-Programm für einen gütlichen Vergleich mit China „sei unter den gegenwärtigen Verhältnissen zu abstrakt, und er habe deshalb vorgeschlagen, für die verschiedenen zwischen Japan und China schwebenden

Probleme konkrete Lösungen zu suchen".[68] Grew meinte, China sei „in der glücklichen Lage, die Gewährung wirtschaftlicher Konzessionen verweigern zu können, die Japan dringend braucht, jedoch mit Waffengewalt zu erzwingen offenbar nicht begierig ist".[69]

Sowjetrußland stiftet zwischen China und Japan Krieg an

Aus den diplomatischen Berichten, die das amerikanische Außenamt im Sommer 1937 aus Nanking und aus Tokio erhielt, geht klar hervor, daß es viele chinesische Beamte auf einen Krieg zwischen Japan und China angelegt hatten. Im Juni 1937 hatte der Zweite Sekretär der amerikanischen Botschaft in Tokio, Andrews, eine Unterredung mit seinem Kollegen von der chinesischen Botschaft, Dr. Mar. Nachdem Botschafter Grew den Bericht über dieses Gespräch gelesen hatte, vermerkte er, daß Dr. Mar „einen wilden und übertriebenen Optimismus zeigte und so das übersteigerte Sicherheitsgefühl widerspiegelte, das sich infolge der Geschehnisse des vergangenen Jahres in einer chinesischen Beamtengruppe entwickelt hat".[70] China, nicht Japan, war auf den Ausbruch von Feindseligkeiten vorbereitet.

Der japanische Botschafter in China hielt den versöhnlichen Ton fest, wobei er die Auffassung hervorhob, daß „die Zeit einer ‚Verständigung' zwischen Japan und China kommen werde". Diese friedlichen Worte veranlaßten den amerikanischen Generalkonsul in Schanghai, Gauss, nach Washington zu berichten, man glaube in gut unterrichteten Kreisen, „daß die Japaner kaum eine starke Haltung annehmen oder in Nordchina aggressive Maßnahmen treffen würden, während die Frage einer englisch-japanischen Verständigung untersucht werde".[71]

Offenbar hielten im Juni und Juli 1937 viele Beobachter den Ausbruch eines Krieges zwischen China und Japan für ganz unwahrscheinlich. Das Ministerium Konoyes schien eifrig darauf bedacht, die friedliche Politik der vorangegangenen Kabinette fortzuführen. So waren die Regierungen der Großmächte sichtlich überrascht, als sie die Nachricht erhielten, daß es in der Nähe Peipings zu bewaffneten Zusammenstößen gekommen sei. In der Nacht zum 8. Juli waren bei der berühmten Marco-Polo-Brücke japanische Truppen in ein heftiges Gefecht mit Einheiten der chinesischen 29. Armee verwickelt worden.[72] Ein neues Drama hatte mit unheilverkündenden Fanfaren angehoben. Es sollte mit einer Linie Eiserner Vorhänge enden, die Rußlands Herrschaft über den Fernen Osten verkündeten. Die ganze Welt sah dem Schauspiel interessiert zu, aber nur wenige erkannten im Fortgang des Dramas, daß es nach einem russischen Szenarium angelegt war. Chinesen, Japaner und Amerikaner würden sich über die fernöstliche Bühne nach den Linien eines verschlungenen Musters bewegen, das sich schließlich als klares moskowitisches Motiv offenbaren sollte. Nie hatte das Moskauer Theater ein wirkungsvolleres Puppenspiel in Szene gesetzt.

Kapitel VII

Mussolini blickt begehrlich nach Abessinien

W ährend Japan mit ständig treibender Kraft in der Mandschurei vordrang, um die Grenzen des japanischen Kaiserreiches zu erweitern, prüfte Mussolini die Karte von Afrika sorgfältig auf den Plan hin, Italien zu einem Imperium zu machen. Dieser Traum war älter als Mussolini. Seit der zweiten Hälfte des neunzehnten Jahrhunderts hing Italien ihm nach. In Erfüllung gehen konnte er aber nur, wenn eine Großmacht dazu ihre Unterstützung lieh.

Großbritannien erkennt die italienischen Bestrebungen in Nordostafrika an

Die kolonialen Bestrebungen Italiens äußerten sich zuerst in der Unternehmung des Missionars Sapeto. Er landete im Jahre 1838 in Massaua und erwarb am 15. November 1869, nach gründlicher Erforschung des Gebietes nahe der Enge zwischen dem Golf von Aden und dem Roten Meer, für die italienische Rubbatino-Gesellschaft an der Bucht von Assab eine Konzession. Im März 1882 stimmte die Gesellschaft einem Verkauf ihrer Rechte an die italienische Regierung zu. Das Parlament billigte den Kauf am 5. Juli 1882. Damit hatte Italien in aller Form eine Politik kolonialer Ausdehnung in Afrika eingeschlagen.[1]

Nachdem die britische Regierung die italienische Souveränität über Assab anerkannt hatte, richtete das italienische Außenamt seinen Blick auf einen weiteren afrikanischen Umkreis und besetzte im Februar 1885 den Hafen Massaua. Von dieser Pforte aus erweiterte Italien seine Einflußsphäre schnell, bis es kraft des im Mai 1889 geschlossenen Vertrages von Ucciali nominell das Protektorat über Abessinien übernahm. Die Rechtsgrundlage für diese Schutzherrschaft war der Artikel 17 des Vertrages, doch wich der amharische Text des Dokumentes von der italienischen Fassung ab und unterstellte nicht ausdrücklich die abessinischen auswärtigen Angelegenheiten der italienischen Kontrolle. Da nur der Vertrag mit amharischem Text unterzeichnet worden war, hatten die nachdrücklichen Versicherungen des Kaisers Menelik von der Unabhängigkeit seines Landes eine feste legale Basis.[2]

Die britische Regierung unterstützte die italienischen Ansprüche. Am 24. März und am 15. April 1891 schlossen Großbritannien und Italien ein Abkommen, durch das die italienische Kontrolle über einen großen Teil Nordostafrikas anerkannt wurde.[3] Allein, die französische Regierung widersetzte sich heftig dem italienischen Vordringen in Abessinien und ermutigte Menelik, gegen die italienische Auslegung des Vertrages von Ucciali zu protestieren und eigene Ansprüche auf ein Gebiet bis Khartum geltend zu machen. Diese aggressive Haltung bestimmte die Briten, einen weiteren Vertrag mit Italien zu schließen (5. Mai 1894), durch den die Provinz Harar unter italienische Kontrolle kam. Es widersprach das direkt dem im Jahre 1888 über dasselbe Gebiet geschlossenen britisch-französischen Vertrag.[4]

Italien verläßt den Dreibund

Der britischen Anerkennung der Bestrebungen Italiens, einen großen Teil Abessiniens unter Kontrolle zu bekommen, folgten Anstrengungen Frankreichs und Rußlands, die Unabhängigkeit des nordostafrikanischen Kaiserreichs zu bewahren. Frankreich ließ Kriegsmaterial nach Abessinien strömen und ermutigte im Februar 1893 Menelik, den Vertrag von Ucciali zu kündigen. Im Jahr darauf rückten italienische Truppen in Nordabessinien, Tigré, ein und blieben eine Zeit erfolgreich. Es war dies jedoch nur das Vorspiel zu einer vernichtenden Niederlage: am 1. März 1896 wurden sie bei Adoa völlig geschlagen. Im Vertrag von Addis Abeba mußte Italien die Unabhängigkeit Abessiniens anerkennen. Trotzdem hielten ehrgeizige Staatsmänner in Rom die Hoffnung Italiens auf eine schließliche Beherrschung des weiten Gebietes wach. In Erfüllung gehen konnte die Hoffnung aber nur, wenn sich Frankreich und Großbritannien freundlich dazu stellten. Delcassé machte einige diplomatische Gesten. Sie führten zu der geheimen französisch-italienischen Übereinkunft vom Dezember 1900. Der französische Beitrag war, daß Tripolis als künftige italienische Kolonie vorgemerkt wurde.[5] Zwei Jahre später, am 1. November 1902, nahm dieser politische Flirt einen ernsteren Charakter an. Italien sagte zu, neutral zu bleiben, falls Frankreich in einen nichtprovozierten Krieg verwickelt würde.[6]

Die französisch-italienische Entente machte sich im Frühjahr 1906, als die Konferenz von Algeciras tagte, für Frankreich wie für Großbritannien gut bezahlt. Sie zeigten sich erkenntlich, indem sie am 13. Dezember 1906 eine dreiseitige Abmachung trafen, durch die dem Anschein nach die Unabhängigkeit Abessiniens anerkannt wurde. Aber hinter der Fassade diplomatischer Doppelzüngigkeit gaben die französischen und britischen Staatsmänner im Hinblick auf das italienisch-britische Abkommen von 1891 mit allen seinen stillschweigenden Folgerungen auf eine italienische Kontrolle Abessiniens ihre wohlwollende Duldung zu erkennen. Als sich Rußland im Oktober 1909 dazugesellte, indem es mit Italien den Vertrag von Racconigi schloß, war der Weg nach Tripolis offen.[7] Durch diese Reihe diplomatischer Handelsgeschäfte gestärkt, forderte Italien im Jahre 1911 die Türkei zum Krieg heraus. Im Oktober des folgenden Jahres sicherte es sich Libyen und schloß damit den Konflikt ab.[8]

Italien hatte seine diplomatischen Ziele erreichen können, indem es den Dreibund durch die Tripleentente aufwog. Aber sein Eingreifen in den Weltkrieg brachte ihm keinerlei reiche Siegesbeute. In Versailles bereiteten im Jahre 1919 alliierte Staatsmänner unwissentlich den Weg, der zum Faschismus führte. Als Orlando und Sonnino wegen Präsident Wilsons Appell an das italienische Volk in hellem Zorn vorübergehend die Friedenskonferenz verließen, „kamen die Briten und die Franzosen überein, die afrikanischen Kolonien Deutschlands unter sich zu teilen, und ließen Italien links liegen. Später nahm Italien dieses Abkommen unter der Voraussetzung an, daß es anderwärts einen Ausgleich erhalten werde, doch war davon nie recht etwas zu bemerken. Hier ist der Grund für Italiens anhaltende Verbitterung über die abschließende Regelung, für den Raub Abessiniens im Jahre 1935 und für Mussolinis ‚Dolchstoß in den Rücken' des Jahres 1940."[9]

Großbritannien sucht Mussolini zu beschwichtigen

Im November 1919 machte die italienische Regierung eine energische Anstrengung, aus Großbritannien einige afrikanische Konzessionen herauszuholen, die den Italien auf der Pariser Friedenskonferenz aufgezwungenen bitteren Trank ein wenig versüßen würden. Nach dem italienischen Vorschlag sollte Großbritannien die Errichtung eines Dammes über den Tanasee eingeräumt werden, obwohl der See in der abessinischen Einflußsphäre Italiens liegen würde. Ferner sollte Großbritannien das Recht erhalten, vom Tanasee nach dem Sudan eine

Autostraße zu bauen. Dafür forderte Italien das Recht, eine Eritrea und Somaliland verbindende, westlich von Addis Abeba entlangführende Eisenbahn zu bauen und zu betreiben. Außerdem wollte Italien das ausschließliche Recht haben, Westabessinien wirtschaftlich zu nutzen.

Die britische Regierung lehnte ab, weil sie gegen jede italienische Kontrolle der Nilquellen war.[10] Im Jahre 1925 jedoch änderte das Foreign Office seine Auffassung, und es kam am 14. und 20. Dezember zu einem Notenwechsel des britischen Botschafters in Rom, Sir Ronald Graham, mit Mussolini, durch den die italienischen Vorschläge von 1919 angenommen wurden. Großbritannien unterstützte also den italienischen Plan, von Eritrea durch Abessinien nach Somaliland eine Bahn zu bauen, und erkannte Italien das ausschließliche Recht zu, die Hilfsquellen Westabessiniens wirtschaftlich auszubeuten. Offenbar betrachtete die britische Regierung die anglo-italienischen Abmachungen von 1891 als noch in Kraft.[11]

Die französische Regierung legte gegen dieses britisch-italienische Abkommen unverzüglich Verwahrung ein. Darauf richteten Großbritannien und Italien schleunigst Noten an das Generalsekretariat des Völkerbundes, worin sie die Harmlosigkeit ihrer Absichten gegenüber Abessinien versicherten. Aber es war klar, daß „der Notenaustausch zwischen England und Italien vom Jahre 1925 ... auch nach den von den beiden Regierungen über Abessinien abgegebenen Erklärungen in Geltung blieb ... und daß das ausschließliche wirtschaftliche Recht, das Italien vor 1923 in Abessinien beanspruchte ... erst von Großbritannien und danach von Frankreich völlig bestätigt wurde".[12]

Durch die britische Unterstützung ermutigt, schritt Mussolini weiter vorwärts und schloß am 2. August 1928 mit Abessinien einen Freundschaftspakt, der den Bau einer Autostraße vom Hafen Assab nach Dessie vorsah. Als jedoch der Bau dieser Straße die abessinische Grenze erreicht hatte, wurde er angehalten. Die italienische Regierung mußte bald entdecken, daß „der Vertrag von 1928 ..., mit Ausnahme der Klausel über Vermittlung und Schlichtung durch Schiedsgerichtsspruch, völlig toter Buchstabe geblieben war ... Daß Abessinien seine wirtschaftlichen Verpflichtungen gegenüber Italien nicht erfüllte, war Grund zu einer der heftigsten Klagen der italienischen Regierung über Abessinien."[13]

Italiens Bevölkerungsüberschuß und Kolonialanspruch

Die italienischen Interessen in Abessinien stützten sich auf die Behauptung, daß Italien Kolonien vor allem als Ventil für die Übervölkerung des Mutterlandes dringend nötig habe. Im Jahre 1913 waren über 700.000 Italiener ausgewandert. Durchschnittlich verließen jährlich eine halbe Million Italiener ihre Heimat. Das von den Emigranten nach Hause geschickte Geld bildete in der internationalen Zahlungsbilanz Italiens einen bedeutenden Posten. Aber diese Massenauswanderung mit ihrem goldenen Strom von Geldsendungen wurde durch einschränkende Gesetze der Vereinigten Staaten und vieler anderer Länder gedrosselt. Da nun das hergebrachte Ventil für den Bevölkerungsüberschuß so gut wie geschlossen war, wurde es für Italien lebenswichtig, Kolonien zu erwerben, die nicht nur gern Einwanderer aufnehmen, sondern auch wichtige Rohstoffe für die heimische Industrie liefern würden. Abessinien aber mit seiner zahlreichen Bevölkerung konnte überdies zu einem bedeutenden Markt für italienische Güter entwickelt werden.

Der Zwischenfall von Walwal deutet auf Krieg

Eine Tatsache, die den empfindlichen Ausgleich mit Abessinien dauernd störte, war die aggressive Haltung, die die Stammesangehörigen des Kaisers Haile Selassie entlang den Grenzen Eritreas und Somalilands in ihren Beziehungen zu italienischen Bürgern annahmen. Selbst nach seinem Eintritt in den Völkerbund im Jahre 1923 war Abessinien „für alle angrenzenden Länder und besonders für Italien ein schlechter Nachbar geblieben ... Daß die Italiener unter den Einfällen abessinischer Banden zu leiden hatten, kann nicht bezweifelt werden."[14] Falls Italien in einen europäischen Krieg verwickelt wurde, mußten die unruhigen Banden zu einer wirklichen Bedrohung des italienischen Kolonialreichs werden. Mussolini wies am 14. Mai 1935 auf diese Gefahr hin: Er wünsche nicht, daß Abessinien „dauernd wie eine Pistole auf uns gerichtet ist, die im Falle europäischer Wirren unsere Stellung in Ostafrika unhaltbar machen würde".

Vom Standpunkt der italienischen Imperialisten gesehen, war die Sache gegen Abessinien gewichtig genug, einen Krieg zu rechtfertigen, und sie erwogen sorgfältig den Vorteil, der aus einem solchen Konflikt erwüchse. Es bedurfte nur eines Funkens, den Zunder zu entflammen, der sich seit 1896 angehäuft hatte. Er entsprang Reibungen, die der Zwischenfall von Walwal im Dezember 1934 verursachte.

Seinen Ursprung hatte dieser Zwischenfall in einem Streit um das Eigentumsrecht an den Brunnen von Walwal. Es ist zu bemerken, daß „die Italiener seit einigen Jahren Walwal in Besitz gehabt hatten und daß es, ohne irgendeine Protestbekundung Abessiniens, durch sie befestigt worden war".[15] Wenn auch der Kaiser behauptete, Walwal liege innerhalb der abessinischen Grenzen, so war doch unbestritten, daß Italien diesen strategischen Punkt wenigstens fünf Jahre hindurch besetzt gehalten hatte.[16]

Die Feindseligkeiten bei Walwal hätten zum unmittelbaren Ausbruch eines wirklichen Krieges führen können, wenn nicht den Weg zum offenen Konflikt mehrere Schranken versperrt hätten. Für Italien waren es gewaltige Hindernisse: 1. Die Verpflichtungen gemäß der Völkerbundssatzung; 2. Die Verpflichtungen gemäß dem Kellogg-Pakt; 3. Die in dem Dreimächtevertrag von 1906 freiwillig gegebenen Zusagen; 4. Die in dem italienisch-abessinischen Schiedsvertrag von 1928 enthaltenen Verfahrensvorschriften. Indessen, Mussolini machte sich wegen dieser papiernen Schranken wenig Sorgen. Seit 1933 hatte er einen schließlichen Krieg mit Abessinien ins Auge gefaßt und dafür Vorbereitungen getroffen.[17] Im Augenblick zwar würde er eine Verbeugung in der Richtung einer friedlichen Schlichtung des Streits machen, doch würde er, während er sich zum bewaffneten Konflikt rüstete, dafür bis dahin schon eine überzeugende Entschuldigung finden.

Kaiser Haile Selassie brannte darauf, solche Pläne Mussolinis umzustürzen, und so bot er prompt in Übereinstimmung mit dem Vertrag von 1928 schiedsgerichtliche Schlichtung an. Als das italienische Außenamt ablehnte und sofortige Wiedergutmachung forderte, lenkte Abessinien am 14. Dezember die Aufmerksamkeit des Völkerbundes auf die möglichen Folgen des Zwischenfalls von Walwal. Am 16. Dezember versorgte Mussolini den Völkerbund mit seiner Version über den Zwischenfall. Ungefähr drei Wochen später, am 3. Januar 1935, appellierte Abessinien förmlich an die Liga und forderte die Anwendung des Artikels 11 der Satzung.[18] Der Völkerbundsrat mußte in seiner nächsten Sitzung am 11. Januar in dem italienisch-abessinischen Streit irgend etwas unternehmen.

Um dem zuvorzukommen und mit der Absicht, sich Italiens Unterstützung für einen etwaigen Druck auf Deutschland zu sichern, reiste Laval nach Rom und erzielte mit Mussolini eine Übereinkunft. Gemäß dem so zustande gekommenen Vertrag vom 7. Januar 1935 machte Italien einige Konzessionen in Hinsicht auf Tunis. Es selbst erhielt 2.500 Aktien der Dschibuti-Bahn, einen beträchtlichen Gebietsstreifen zur Vergrößerung Italienisch-Libyens, einen ähnlichen Gebietszuwachs für Eritrea und die Insel Dumeira im Roten Meer. Als Gegenleistung stimmte Mussolini einem für den Fall einer Bedrohung des europäischen Status quo gedachten Konsultativabkommen zu.

Aber die veröffentlichten Bestimmungen dieses Vertrages verrieten von dem Ergebnis der römischen Gespräche nur die Hälfte. Es ist augenscheinlich, daß Mussolini und Laval am 7. Januar 1935 auch eine geheime Abmachung getroffen haben. Als Mussolini von Ward Price gefragt wurde, ob ihm in Abessinien freie Hand gegeben worden sei, antwortete er dunkel: „Es trifft zu, daß durch die Verständigung vom 7. Januar alle strittigen Fragen zwischen uns und Frankreich geregelt worden sind."[19] General Bono äußerte sich weniger orakelhaft: „Die Gespräche mit Monsieur Laval lassen uns hoffen, daß uns bei einer etwaigen Aktion gegen Abessinien, soweit Frankreich in Betracht kommt, keine Hindernisse in den Weg gelegt werden würden."[20] Die stillschweigenden Folgerungen aus dem französisch-italienischen Vertrag waren völlig klar: „Für die italienische Mitwirkung in Europa war Laval bereit, alles zu opfern, sogar, wie die Ereignisse bewiesen, den Völkerbund selbst. Mussolini begriff das und war entschlossen, jede darin liegende Möglichkeit auszubeuten."[21]

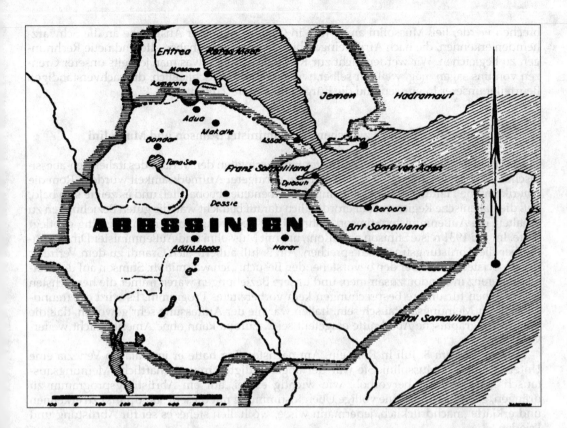

Als sich am 11. Januar der Völkerbundsrat versammelte, hatte Mussolini bestimmte taktische Verzögerungsmittel zur Hand. Er äußerte sich über die Schwierigkeiten mit Abessinien in versöhnlichem Ton und schien bereit zu sein, sich an die Verfahrensvorschriften des italienisch-abessinischen Vertrages von 1928 zu halten. Die folgenden zwei Monate waren großenteils von diplomatischen Scheingefechten ausgefüllt, ohne daß es zu praktischen Schritten gekommen wäre, die den Streit einer Beilegung nähergebracht hätten. Am 17. März unterbreitete Abessinien der Genfer Liga den Antrag, gemäß Artikel 15 der Völkerbundssatzung die Lage zu untersuchen. Allein, die Liga war über andere Ereignisse schwer beunruhigt. Am 16. März hatte Deutschland die Klauseln des Versailler Vertrages widerrufen, die die Stärke seiner Streitkräfte beschränkten. Dieser herausfordernde Schritt bewirkte die Konferenz von Stresa, auf der Frankreich, Großbritannien und Italien nach einer Formel zur Bewahrung des europäischen Friedens suchten. Für eine langwierige Diskussion des italienisch-abessinischen Streitfalls war unter solchen Umständen keine Zeit. Als aber Wochen verstrichen und man in der Sache einer schiedsgerichtlichen Beilegung des Zwischenfalles von Walwal nicht weiterkam, sah sich der Völkerbund am 25. Mai gezwungen, zwei Entschließungen anzunehmen. Die eine forderte die streitenden Parteien auf, die vier Schiedsrichter zu benennen, aus denen sich gemäß den Vorschriften des Vertrages von 1928 die dort vorgesehene Schlichtungskommission zusammenzusetzen hatte, und bis zum 25. August eine Regelung herbeizuführen. Nach der zweiten Resolution mußte der Völkerbundsrat zusammentreten, falls durch das Schiedsverfahren kein annehmbares Ergebnis erzielt werden sollte.[22]

Wie viele Politiker vorausgesehen hatten, endete – am 9. Juli – der Versuch, über den Zwischenfall von Walwal schiedsrichterlich zu entscheiden, mit einem niederschmetternden Fehlschlag, als das abessinische Mitglied des Schiedsgerichts darauf verwies, daß Walwal auf abessinischem Gebiet liege. Kaum hatten die Abessinier diese Erklärung abgegeben, da verließ der italienische Vertreter mit sichtlichem Unwillen die Sitzung, und der Streit nahm ein ernsteres Aussehen an. Die italienische Regierung hatte wochenlang zur Vorbereitung möglicher Feindseligkeiten eiligst militärische Vorräte nach Afrika gebracht. Daß bald Krieg ausbrechen werde, ließ Mussolini am 8. Juni in Cagliari mit einer Ansprache an die Schwarz-hemden erkennen, die nach Afrika eingeschifft wurden: „Wir haben alte und neue Rechnungen zu begleichen. Wir werden nicht zur Kenntnis nehmen, was man jenseits unserer Grenzen von uns sagen mag, weil wir selber, wir allein und ausschließlich, die sachverständigen Beurteiler unserer Interessen und die Bürgen für unsere Zukunft sind."[23]

Gute Beziehungen zwischen Außenminister Stimson und Mussolini

Präsident Roosevelt und Außenminister Hull verfolgten den Verlauf des italienisch-abessinischen Streits mit großem Interesse. Mit nicht geringerer Aufmerksamkeit wurde in Rom die amerikanische Haltung zu dem abessinischen Abenteuer beobachtet, und es zeigte sich bald, daß die italienische Regierung außerordentlich darauf bedacht war, die guten Beziehungen zu erhalten, die Außenminister Stimson während der Regierung Hoovers so sorgfältig gepflegt hatte. Im Juli 1931 reiste Stimson nach Rom, um mit Mussolini und Außenminister Dino Grandi über die Abrüstungsfragen zu sprechen. Am 3. Juli äußerte sich Grandi zu dem Vertreter der Associated Press über den bevorstehenden Besuch: „Ich war mit Mr. Stimson auf der Flottenkonferenz in London zusammen, und unsere Beziehungen waren immer die herzlichsten ... Wir haben für unsere Besprechungen kein vorbereitetes Programm. Es wird ein freundschaftlicher Meinungsaustausch sein. Italien war nie der Auffassung sehr gewogen, daß die Welt in geographische Abschnitte eingeteilt sei ... Europa kann ohne Amerika nicht weiterkommen."[24]

Stimson traf am 8. Juli in Rom ein. Am nächsten Tag hatte er im Palazzo Venezia eine Unterredung mit Mussolini. Sie war der angekündigte „freundschaftliche Meinungsaustausch". Als Stimson hervorhob, wie wichtig es sei, auf ein Abrüstungsprogramm zu drängen, gab Mussolini seine völlige Übereinstimmung mit diesem Standpunkt zu erkennen und erklärte „nachdrücklich, jedermann wisse, wo Italien stehe: es sei für Abrüstung und Frieden".[25]

Nach einem angenehmen Wochenende mit Mussolini in Nettuno, wozu ein etwas aufregender Ausflug im Rennboot gehörte, kehrte Stimson zu weiteren Unterredungen mit führenden Männern Italiens nach Rom zurück. Grandi machte seinem Besucher klar, daß Italien „die französische Hegemonie" in Europa fürchte und sich ihr widersetze. Es sei für ein „Gleichgewicht der Kräfte" Schulter an Schulter „mit Großbritannien".

Mussolini zeigte sich dem amerikanischen Außenminister und Mrs. Stimson „von seiner anziehenden Seite" und wurde beiden „sehr" sympathisch.[26] Grandi machte auf sie den gleichen guten Eindruck, und vor seiner Abreise aus Rom gab Stimson an die Presse eine ungemein freundliche Erklärung: „Wir nehmen in unserer Erinnerung die Liebenswürdigkeit mit, die uns nicht nur von der italienischen Regierung, sondern überall auch von der Bevölkerung erwiesen worden ist und die uns von der reinen Sympathie zwischen den Völkern Italiens und Amerikas überzeugt hat. Dieses gegenseitige Verständnis ist ein gutes Zeichen für die künftigen Beziehungen zwischen den beiden Ländern."[27]

Um die herzlichen Beziehungen zu festigen, reiste Dino Grandi im November 1931 zu einem kurzen Besuch nach den Vereinigten Staaten. Am Tag, bevor er in See ging, veröffentlichte die Londoner „Times" einen scharfsinnigen Überblick über die italienisch-amerikanischen Beziehungen. Grandi habe als Mitglied der italienischen Abordnung, die nach dem Weltkrieg zur Regelung des Problems der Kriegsschulden nach Washington entsandt wurde, „einen ausgezeichneten persönlichen Eindruck" gemacht. Im Jahre 1931 nun befinde sich Grandi in der glücklichen Lage, daß „zwischen Italien und den Vereinigten Staaten keine Streitfragen" schwebten. Die kürzlich verfügten Beschränkungen der italienischen Einwanderung in die Vereinigten Staaten hätten unfreundliche Gefühle hervorrufen können, aber Mussolini habe dies verhütet, indem er seine Gegnerschaft gegen das alte System bekundete, durch das Italien alljährlich ein großer Teil seiner Bevölkerung verlorengegangen sei. Um die Italiener an ihre Heimat zu binden, habe er neue Pläne „zu intensiverer und nach wissenschaftlichen Erkenntnissen betriebener Landwirtschaft und Urbarmachungsprojekte" in Angriff genommen. Alles in allem sei daher „für die politische Zusammenarbeit zwischen den beiden Ländern, an deren Förderung Signor Mussolini so sehr gelegen ist, ein befriedigender Hintergrund gegeben."[28]

Dino Grandi erklärte den amerikanischen Pressekorrespondenten, er gehe nach den Vereinigten Staaten „als Botschafter meines Landes, aber auch als Italiener, um dem großen amerikanischen Volk die Gefühle tiefer und unwandelbarer Freundschaft aller Italiener auszudrücken".[29] Er traf am 16. November in New York ein und wurde von Staatssekretär William R. Castle erwartet. Auf der Bahnfahrt nach Washington äußerte Grandi freimütig seine Ansichten. Über Frankreich bemerkte er zu Castle, die französischen Staatsmänner wünschten „absolute Sicherheit", doch sei es äußerst schwierig, dieses Ziel zu erreichen. Die Abrüstung sei eine so vielschichtige Frage, daß er es für klug gehalten habe, Washington zu besuchen, um zu sehen, wie weit die amerikanische Regierung „auf der [nächsten Genfer] Konferenz" zu gehen wünsche. Italien werde in dieser Hinsicht „so weit" gehen wie Amerika.

Castle unterrichtete Grandi, Außenminister Stimson glaube, daß „auf einen Erfolg [in der Sache der Abrüstung] wenig Hoffnung sei, wenn nicht vorher die politischen Fragen Europas geregelt werden könnten, angefangen mit dem polnischen Korridor". Grandi stimmte dem zu, äußerte aber die Befürchtung, daß diese Fragen „jetzt nicht ohne Krieg" zu lösen seien. Italien verhalte sich zu den Friedensverträgen von 1919 revisionistisch, aber jede einschneidende Revision müsse auf einige Jahre zurückgestellt werden. Er habe das auch Reichskanzler Brüning eröffnet und ihm vorgeschlagen, in diesem Sinne Frankreich gegenüber eine förmliche Verpflichtung einzugehen, doch habe Brüning erklärt, daß jede solche Regelung seinen sofortigen Sturz bedeuten würde. Er, Brüning, werde sich aber bemühen, „dem Gerede von diesen erhofften Revisionen" Einhalt zu tun.

Grandi neigte „zu der französischen Auffassung, daß es vielleicht geradesogut wäre, wenn die Nationalsozialisten für eine Zeit ans Ruder kämen, weil sie es nicht wagen würden ... die deutsche Außenpolitik ernstlich zu ändern, und wenn dann das deutsche Volk sähe, daß auch sie an Hilfe von draußen appellieren müßten, so würde es sich möglicherweise beruhigen und versuchen, aus den gegebenen Umständen das Beste herauszuholen".[30]

Alsbald nach seiner Ankunft in Washington hatte Grandi eine dreistündige Unterredung mit Präsident Hoover. Sie erörterten viele Einzelheiten zur Reparationsfrage und zum Abrüstungsproblem. Der Geist der Aufrichtigkeit, in dem die Gespräche geführt wurden, machte in Italien großen Eindruck. Virginio Gayda war überzeugt, diese freundschaftliche Atmosphäre sei „ein weiterer Beweis dafür, daß die italienische und die amerikanische Außenpolitik in den auf der Tagesordnung stehenden Punkten auf das glücklichste übereinstimme". Besondere Genugtuung herrsche über „das unbegrenzte Feld der Washingtoner Gespräche, und das Wort des Außenministers ‚der Himmel ist die Grenze' finde in der gesamten italienischen Presse Widerhall".[31]

Als sich Grandi am 27. November zur Rückreise anschickte, vermochte er „keine Worte zu finden für die tiefen Eindrücke und teueren Erinnerungen", die er in die Heimat mitnehme.[32] Ein italienisch-amerikanisches Einvernehmen war hergestellt. Auf der Genfer Abrüstungskonferenz im Frühjahr 1932 spielte Grandi seine dementsprechende Rolle vortrefflich. Allein, Frankreich blockierte das so verzweifelt nötige Abkommen und bereitete so den Weg zum Sturz der Regierung Brünings und zum schließlichen Aufstieg Hitlers zum Amt des Reichskanzlers.[33]

Das Versagen der Abrüstungskonferenz vor der Aufgabe, die drängenden Probleme zu lösen, entmutigten Außenminister Stimson tief, an der Haltung Italiens aber fand er nichts zu tadeln. In den letzten Tagen der Amtszeit Stimsons als Außenminister begab sich der italienische Botschafter, Augusto Rosso, in das Department of State, um Abschiedsworte zu überbringen. Nach der üblichen Begrüßung „dankte Stimson dem Botschafter und sagte, daß im Falle Italiens" seine Genugtuung über die guten Beziehungen zwischen den beiden Ländern „begleitet gewesen sei von der persönlichen Freude, die ihm aus seinen unmittelbaren Begegnungen nicht nur mit Signor Mussolini, sondern auch mit den Herren erwachsen sei, die ihn vertreten hätten".[34] Offenbar war es Stimson niemals peinlich gewesen, mit dem italienischen Diktator zusammenzutreffen und Gespräche zu führen, und als er am 4. März 1933 sein Amt verließ, war das amerikanische Verhältnis zu Italien das denkbar herzlichste. Unter der Regierung Roosevelts sollte es bald eine völlige Wandlung erleiden.

Der neue Ton

Das von Außenminister Stimson herbeigeführte italienisch-amerikanische Einvernehmen schmolz unter der idealistischen Glut des Außenministers Hull bald dahin. Die Schwierigkeiten kündigten sich grob an, als der nicht zum Schweigen zu bringende General Hugh S. Johnson vor der National Association of Manufacturers am 7. Dezember 1933 eine seiner typischen Reden hielt. Er würzte seine farbigen Ausführungen mit der folgenden Geschichte aus der Zeit des Weltkrieges. Ein italienischer Beamter sei wieder einmal mit der üblichen Bitte im Sinn an Alexander Legge herangetreten, den Beauftragten für Einkäufe der Alliierten. Ehe er sein Anliegen habe vorbringen können, sei Legge herausgeplatzt: „Guten Morgen, sonniges Italien! Wann werden diese eure Kerle zu laufen aufhören und mit Kämpfen anfangen?"

Der italienische Botschafter erblickte in dieser Geschichte eine schwere Herabsetzung der Leistung Italiens im Weltkrieg und ersuchte den Stellvertretenden Außenminister um eine Erklärung.[35] Alles, was Mr. Phillips zu tun wußte, war, daß er dem Botschafter die faule Ausrede übersandte, die Worte General Johnsons seien „möglicherweise nicht korrekt wiedergegeben worden". Jedenfalls habe der General nicht beabsichtigt, die italienische Regierung oder „das italienische Volk" zu beleidigen.[36]

Die unüberlegten Äußerungen General Johnsons beeinflußten die Entwicklung der italienisch-amerikanischen Beziehungen kaum, aber sie spiegelten den deutlichen Stimmungsumschwung, der nach dem Amtsantritt Roosevelts in Washington eingetreten war. Unter der Präsidentschaft Hoovers hatte es keine wichtigen Beamten mit der Neigung gegeben, unbesonnen loszupulvern. Nach dem 4. März 1933 war ein neuer, roher Zug in das Washingtoner Bild gekommen.

Ursprünge der Achse Rom – Berlin

In den ersten Jahren der Regierungszeit Präsident Roosevelts traten im diplomatischen Bild Roms einige Veränderungen ein, die der in Washington vor sich gegangenen Wandlung entsprachen. Am 14. und 15. Juni 1934 fand in Venedig zwischen Hitler und Mussolini eine wichtige Begegnung statt. Viele Beobachter glaubten sogar, die verlustreiche Säuberungsaktion der NSDAP zwei Wochen später gehe auf diese Gespräche zurück. Der amerikanische Botschafter neigte zu der Ansicht, „Mussolini" habe „zweifellos Hitler als notwendig angeraten, zur Bewahrung seiner Autorität drastische Schritte zu tun".[37] Es ist durchaus wahrscheinlich, daß der Duce empfahl, harte Maßnahmen zu treffen, um der Partei Disziplin aufzuzwingen, aber es ist nicht wahrscheinlich, daß er zu dem blutigen Verfahren riet, nach dem Hitler vorging. Man kann reinen Tisch machen, ohne daß die Öffentlichkeit sich dagegen wendet und ohne die von der nationalsozialistischen Führung begangenen blutigen Ausschreitungen.

Während einige Politiker Spekulationen nachhingen, wieweit Mussolini für diese Säuberungsaktion des 30. Juni verantwortlich sei, war sich in Europa jeder Regierungsbeamte darüber klar, daß die Begegnung in Venedig eine Verständigung angekündigt habe, hinter der sich für den Frieden des Kontinents eine schwere Drohung abzeichne. In den Vereinigten Staaten hatte die neue Verbindung viele Befürchtungen hervorgerufen, und diese Sorgen trugen dazu bei, das von Stimson so sorgfältig und unverdrossen hergestellte italienisch-amerikanische Einvernehmen zu untergraben. Die amerikanische Abneigung gegen Hitler hatte rasch zugenommen, nachdem er Kanzler geworden war, und erreichte nach der Säuberung der Partei einen Höhepunkt. Freundliche Gesten Mussolinis zu dem deutschen Regierungschef hinüber erweckten in vielen amerikanischen Kreisen mit Sicherheit größtes Mißvergnügen. Es währte nicht lange, und Mussolini und Hitler galten als zwei Erbsen in derselben schwarzen Schale. Der italienisch-abessinische Streit bereitete diesem Umschwung der amerikanischen Meinung den Weg.

Anthony Eden eröffnet sich Hugh Wilson

Der Völkerbundsrat hatte am 25. Mai zwei Entschließungen angenommen, von denen er eine Formel für die Beilegung des italienisch-abessinischen Streits erhoffte. Aber Anthony Eden bezweifelte ernstlich, daß man bald zu einer Lösung dieses Problems kommen werde. Während eines Essens mit dem amerikanischen Botschafter in Genf, Hugh Wilson, wurden er und sein parlamentarischer Gehilfe, Lord Cranborne, recht redselig. Eden befand sich in einer schwierigen Lage. Die öffentliche Meinung Großbritanniens war für feste Haltung gegenüber Italien, aber Eden fürchtete, daß kräftiges Handeln die Front von Stresa gefährden könnte. Außerdem mußte sich Eden mit Laval auseinandersetzen, der „Edens Beharrlichkeit in der abessinischen Angelegenheit nicht begreifen könne und bereit zu sein scheine, eine Formel anzunehmen, die es dem Völkerbund ermöglichen würde, sein Gesicht zu wahren, und im übrigen Mussolini freie Hand zu lassen."

Eden zeigte sich besonders von der Haltung Beneschs enttäuscht. Er habe feststellen müssen, daß sich der tschechoslowakische Staatsmann „nur für die österreichische Frage interessiere, sich sträube, Italien unter Druck zu setzen oder sonst etwas zu tun, was das geringste Risiko einschließe, daß die kontinentale Gliederung umgeworfen werde".

Edens Haltung gegenüber Hitler und Deutschland sei bedeutsam. Während er das von Hitler in seiner letzten Rede verkündete Programm „mit tiefer Skepsis" betrachtete, sei er doch entschlossen, die Möglichkeiten zur Erhaltung des Friedens „voll auszuschöpfen". Ihm liege sehr daran, Deutschland in den Völkerbund zurückzubekommen, und er habe in seiner Unterredung mit Hitler zugesichert, daß „die Briten bereit seien, falls die Deutschen das wünschten, den Versailler Vertrag von der Völkerbundssatzung zu trennen". Diese Erklärung, so fügte Wilson hinzu, sei so radikal, daß sie „äußerst vertraulich" behandelt werden sollte.

Aus unmittelbarer Beobachtung der Genfer Szene war Botschafter Wilson zu dem Schluß gelangt, daß Laval und Eden „ein treffliches Gespann" seien. Er hatte den Eindruck gewonnen, daß sich Laval „zu der Art von Außenminister" entwickle, „wie Briand einer war, aber vielleicht mit einem stärkeren Sinn für die politische Wirklichkeit und praktischeren Methoden, seine Politik auszuführen und anzuwenden. Er wie Eden sind politisch im Aufsteigen, und sie haben voreinander ausgesprochene Achtung."[38]

Verzögerung der schiedsrichterlichen Behandlung des Zwischenfalles von Walwal

Für Prentiss Gilbert in Genf war es klar, daß die schiedsrichterliche Beilegung des Zwischenfalles von Walwal eine lange Verzögerung erleiden werde. Die abessinische Regierung hatte ihre Vertreter für die Schiedskommission benannt, aber diese Wahl hatte auf Gilbert keinen sehr günstigen Eindruck gemacht. Monsieur de la Pradelle erfreue sich nicht „des besten Rufes", und Pitman Potter sei wenig befähigt, „Gegenstände zu behandeln, die mit aktuellen außenpolitischen Angelegenheiten im praktischen Bereich zu tun haben". Gilbert erschien er als „einer von den Männern, die an den Weihnachtsmann glauben".[39]

Wie dem auch gewesen sein mag – bald zeigte sich, daß Mussolini dem Zwischenfall von Walwal wenig Wichtigkeit beimaß. Er hatte Größeres im Sinn. Seine Ziele enthüllten sich zum Teil bei einer Unterredung zwischen dem amerikanischen Botschafter Long und dem Staatssekretär im italienischen Außenministerium, Suvich. Der italienische Diplomat sprach offen die Hoffnung aus, „der Völkerbund werde sich kraft seiner schiedsrichterlichen Gewalt für berufen halten, Italien ein Mandat über Abessinien anzubieten. Dies wäre für Abessinien, das ein zurückgebliebenes und rechtloses Land sei, das Beste ... Italien könne es sich nicht leisten, seine Truppen von dort abzuziehen; in Wirklichkeit sei es notwendig, noch mehr Soldaten nach Abessinien zu schicken, um die italienischen Kolonisten" vor den Überfällen bewaffneter Abessinier zu schützen.[40]

Mit den Überfällen aus Abessinien in das angrenzende italienische Kolonialgebiet beschäftigte sich im „Giornale d'Italia" eine Reihe von Leitartikeln Virginio Gaydas, die vom 18. bis zum 20. Juni erschienen. Darin wurde der italienischen Öffentlichkeit klargemacht, daß diese Zustände nicht endlos fortdauern könnten. Offenbar laute die einzige Alternative: ein Mandat über Abessinien oder Krieg.[41]

Mussolini lehnt einen Vorschlag Anthony Edens ab

Anthony Eden war nicht der Meinung Virginio Gaydas, daß es im italienisch-abessinischen Streit nur die Wahl gebe zwischen einem italienischen Mandat über Abessinien oder Krieg. Ein solches Mandat böte Mussolini einen zu starken Anreiz, seine weitreichenden Pläne für koloniale Expansion energisch zu betreiben. Vielleicht ließ sich der Duce mit einem großen Bissen aus dem abessinischen Apfel befriedigen. Mit solchen Vorstellungen begab sich Eden nach Rom, und es kam zwischen ihm und dem italienischen Diktator zu einer folgenschweren Unterredung. Großbritannien, so schlug Eden vor, sei bereit, mit Zeila in Britisch-Somaliland Abessinien einen Ausgang zur See anzubieten, dazu einen schmalen Landstreifen, der diesen Hafen mit abessinischem Territorium verbände. Dafür sollte Abessinien einen Teil des Ogaden an Italien abtreten und außerdem italienischen Bürgern bestimmte wirtschaftliche Konzessionen gewähren.

Mussolini verwarf Edens Vorschlag auf der Stelle. Für ihn gebe es keine Beilegung des Streits mit Abessinien ohne Annexion aller „der Teile Äthiopiens, die nicht zum eigentlichen Abessinien gehören". Überdies wünsche er „Abessinien zu kontrollieren". Wenn er, um diese Ziele zu erreichen, zum Kriege schreiten müsse, werde er bestrebt sein, den Namen Abessiniens „von der Landkarte auszulöschen".[42]

Wie Eden auf diese offene Erklärung reagiert hat, ist unklar geblieben. In Rom suchten italienische Regierungsbeamte die Annahme aufrechtzuerhalten, Eden habe mit seinem Besuch bezweckt, Mussolini „beschwichtigend ‚auf die Schulter zu klopfen', um eine etwaige Verstimmung zu mildern, die durch die selbständigen englischen Verhandlungen mit Deutschland über ein Flottenabkommen hervorgerufen worden sein könnte ... Man glaubt allgemein, daß sich der Gedankenaustausch zwischen Eden und Mussolini als befriedigend erwiesen habe."[43]

Der amerikanische Geschäftsträger in Genf telegraphierte eiligst, er habe aus maßgebender Quelle erfahren, daß sich Mussolini entschlossen habe, „über Abessinien ein Protektorat zu errichten"; von dieser Absicht sei Eden unterrichtet worden. Ein russischer Diplomat habe die Bemerkung gemacht, „seine Regierung habe anfangs geglaubt, daß Mussolini ‚pokere', sei jetzt aber zu der Ansicht gekommen, daß es ihm ‚ernst gewesen' sei".[44]

Die italienische Presse kritisierte Edens Vorschläge als ungenügend, während sich die französischen Blätter ablehnend verhielten, weil Zeila mit dem Hafen Dschibuti konkurrieren würde, was eine Verletzung des dreiseitigen Vertrages von 1906 wäre. In Rom beklagte sich Virginio Gayda, daß Edens Konzessionen „weder den offen bekannten Absichten der britischen Regierung entsprächen, noch dem Bedürfnis Italiens nach Sicherheit und kolonialer Ausdehnung".[45]

Kirk, der amerikanische Geschäftsträger in Rom, besprach die Lage mit Chambrun, dem französischen Botschafter. Chambrun vertraute ihm an, daß er „vor seiner letzten Fahrt nach Paris von Mussolini ermächtigt worden sei, der französischen Regierung zu erklären, er [der Duce] sei entschieden für eine friedliche Lösung des Konflikts mit Abessinien, wenn Prestige und Interessen gesichert werden könnten". Chambrun glaubte, es sei „wesentlich, eine Geste zu machen, durch die Ehre und Ansehen Italiens gewahrt würden. Dies könne durch die Abtretung Adoas geschehen, denn sie würde es Mussolini ermöglichen, den Triumph seine Regierung über die Niederlage der früheren zu verkünden."[46]

Der Kaiser von Abessinien sucht die Intervention Amerikas

Während sich die europäischen Hauptmächte sorgenvoll bemühten, im italienisch-abessinischen Streit eine Lösung zu finden, übergab Kaiser Haile Selassie dem amerikanischen Geschäftsträger in Addis Abeba eine Note, durch die er die amerikanische Regierung ersuchte,

den Kelloggpakt geltend zu machen, um den italienischen Marsch nach Abessinien hinein anzuhalten. Außenminister Hull antwortete mit einer kühlen und vorsichtig gefaßten Note:
„Meine Regierung hofft, daß die Schiedskommission, die sich mit dem Streitfall befaßt, imstande ist, zu einer die beiden unmittelbar beteiligten Regierungen befriedigenden Entscheidung zu gelangen ... Meine Regierung würde nur ungern glauben, daß eine der beiden Mächte, um sich mit diesem Streitfall auseinanderzusetzen, zu andern als friedlichen Mitteln greifen könnte."[47]

Am 6. Juli wurde diese Instruktion an die Presse gegeben und verursachte viele Gerüchte
über die amerikanische Politik gegenüber Abessinien. Außenminister Hull setzte die europäischen Großmächte über seinen Standpunkt klar ins Bild, doch tat er das nicht auf die dramatische Weise des Außenministers Stimson. Einige des internationalen Rechts beflissene
Männer meinten, er fasse die Sache zu vorsichtig an. So richtete Professor Quincy Wright unverzüglich einen Brief an Hull, worin er die Ansicht äußerte, „wenn wir unsererseits es unterließen, etwas zu unternehmen, so wäre dies für die Sache des Friedens und der Achtung vor
dem Pariser Pakt ein so schwerer Schlag, daß ich hoffe, Sie werden es möglich finden, einer
etwaigen Einladung des Völkerbundes zur Konsultation zu folgen".[48]

Unter dem Druck von Enthusiasten, wie Professor Wright, bat Außenminister Hull den italienischen Botschafter zu sich und erklärte ihm, daß die amerikanische Regierung „an der Erhaltung des Friedens in der ganzen Welt stärkstens interessiert" sei. Deshalb fühle er „sich gedrängt, dem italienischen Botschafter unsere zunehmende Besorgnis über die Lage vor Augen
zu führen, die sich aus dem Streit Italiens mit Abessinien entwickelt, und unsere ernste Hoffnung, daß ein Weg zu einer friedlichen Lösung des Problems gefunden werde".[49]

Am Nachmittag des folgenden Tages sprachen der britische und der französische Botschafter förmlich im Department of State vor und nahmen ähnliche Erklärungen wie die an
Rosso entgegen. In einem langen Gespräch mit dem britischen Botschafter machte Phillips auf
einen Artikel in der „Boston Evening Transcript" aufmerksam, worin stand, „in London" sei
man „fast einhellig zu dem Schluß gekommen, daß der Briand-Kellogg-Pakt infolge der brüs-
ken Weigerung der amerikanischen Regierung, ihn anzurufen, tot sei". Es sei wichtig für die
britische Regierung, so betonte Phillips, zur Kenntnis zu nehmen, daß „dieser Eindruck dem
Sinn unserer Note an den Kaiser völlig zuwiderläuft".[50]

Um dies ganz klarzumachen, gab Hull am 12. Juli die Erklärung heraus, daß „der Pariser
Pakt jetzt nicht weniger" binde als „zu der Zeit, wo sich ihm die 63 Nationen anschlossen, die
Partner dieses Paktes sind ... Die Vereinigten Staaten und die anderen Nationen sind an der
Aufrechterhaltung des Paktes interessiert und an der Unverbrüchlichkeit der dadurch einge-
gangenen Verpflichtungen."[51]

Der frühere Kriegsminister Newton D. Baker war von dieser am 12. Juli der Presse übergebenen Erklärung begeistert. Er hatte es seit langem für „äußerst wünschenswert" gehalten,
„daß unser Land dem Völkerbund bekanntgebe, die Vereinigten Staaten würden mit ihm bei
jeder Maßnahme, ausgenommen Krieg, zusammenarbeiten, die zu treffen er für richtig befindet, um seiner Satzung unter den Mitgliedern Geltung zu verschaffen". Für ihn stand fest,
daß Vorsicht niemals den Sieg für den Weltfrieden davontragen werde. Er war überzeugt:
„Soll die Welt gerettet werden, dann muß es durch Wagemut geschehen."[52]

Italien ist auf die Bürde des weißen Mannes in Afrika erpicht

Außenminister Hull sah sehr bald, daß eine Politik des „Wagemuts" die Vereinigten Staaten in einen Krieg verwickeln könnte. Mussolini war entschlossen, sein Abenteuer in Abessinien auszukosten, wie hoch auch der Preis sein mochte. Aus London kam die Nachricht, daß
wenig Hoffnung geblieben sei, den europäischen Frieden zu bewahren. Natürlich werde
Großbritannien „seine Bemühungen, einen Krieg zu verhüten", fortsetzen, aber die Aussichten auf einen Erfolg seien gering.[53] In Paris suchte Straus Laval auf. Dieser versicherte, er
sei „darauf bedacht, daß ein Krieg" zwischen Italien und Abessinien „vermieden werde".
Dazu schlug er eine Formel vor, durch die, so berichtete Straus, Italien ein Mandat über Abessinien erlangen würde. Die italienische Regierung erhielte nach dieser Formel nicht nur Ge-

bietskonzessionen und wirtschaftliche Vorteile, sondern auch eine gewisse „Verwaltungs-kontrolle" über Abessinien. Wenn diese Konzessionen nicht sofort gemacht würden, so füg-te Laval nach Strausens Bericht hinzu, schritte Mussolini zum Krieg. Auf die Frage, welche Wirkungen das auf Europa hätte, habe Laval einfach erwidert: „Das ist Mussolinis Sache – nicht meine."[54]

Aus Rom kam die indirekte Nachricht von H.V. Kaltenborn, Mussolini habe ihn informiert, daß noch eine Friedensmöglichkeit bestehe, doch könne dieser Frieden nur nach seinen Be-dingungen zustande kommen. Er plane in Wahrheit eher „ein koloniales Unternehmen in gro-ßem Stil als einen Eroberungsfeldzug". Zu dem kolonialen Unternehmen könnten gewisse „militärische Operationen" gehören, „um Italiens Prestige Genüge zu tun und es zur Schwä-chung der Macht des Negus instand zu setzen". Sei aber dieser Zweck erfüllt, so werde „das koloniale Unternehmen stufenweise ausgeführt werden".[55]

Die japanische Regierung, von dem Aussehen des italienischen „kolonialen Unterneh-mens" offenbar sehr sympathisch berührt, gab sofort bekannt, saß sich Japan in der abessini-schen Frage neutral verhalte. Die italienische Presse zollte dieser „unzweideutigen" Erklärung als einer Freundschaftsgeste Beifall. Der Vorgang wurde weithin als Anzeichen einer neuen po-litischen Gruppierung gedeutet.[56]

Weitere Nachrichten aus Rom trafen in der Form von Antworten Mussolinis auf Fragen ein, die Mrs. William B. Meloney von der „New York Herald-Tribune" formuliert hatte. Mussoli-ni erklärte, daß „der gute Wille auf der italienischen Seite von Abessinien mit hartnäckiger Ob-struktion beantwortet worden" sei. „Der verräterische Angriff auf Walwal ... war nur der jüng-ste Beweis eines Geistes ständiger Feindseligkeit, der ein halbes Jahrhundert angedauert hat." Es liege auf der Hand, daß die Grenzen des italienischen Kolonialreiches verteidigt werden müßten. Überdies sei Italien jetzt zu der klaren Erkenntnis „der zivilisatorischen Mission ge-kommen, die es in Abessinien zu erfüllen hat, und zwar nicht für sich, sondern für die ganze westliche Welt".[57]

Einigen Nationen der westlichen Welt kam der übertriebene Eifer Mussolinis, in Abessi-nien die Bürde des weißen Mannes zu tragen, ein wenig verdächtig vor. Um ihren Einwen-dungen zu begegnen, gewährte der Duce am 16. Juli einem Korrespondenten des „Echo de Pa-ris" ein Interview, in dem er die erfrischende Äußerung tat, er „suche in Abessinien nur Ita-lien das zu verschaffen, was britische und französische Kolonisatoren in ihren Jahrhunderten den eigenen Ländern verschafft hätten". Dann gab er, als Bonbon für die Staatsmänner Frank-reichs und Großbritanniens, die Versicherung, er werde nach wie vor „die österreichische Un-abhängigkeit als den beherrschenden Faktor seiner Außenpolitik ansehen".[58] Deutschland war wegen dieses Stoßes gegen seine Ambitionen nicht beunruhigt, und in Berlin äußerte Bülow zu Botschafter Dodd, er glaube, daß ein Druck auf Italien „für die Anwendung des Kellogg-paktes Schaden anrichten könnte". Hitlers Regierung achte, so berichtete Dodd, sorgfältig dar-auf, jeden Schritt zu vermeiden, der zu einer Spannung mit Italien führen könnte.[59]

Präsident Roosevelt drängt Mussolini, den Schiedsspruch anzunehmen

Der Völkerbund behandelte, wie Frankreich und Deutschland, den italienisch-abessini-schen Streit ausgesprochen vorsichtig. Der Rat nahm zwar eine Entschließung an, die für die auf den 4. September anberaumte Tagung eine allgemeine Prüfung der Lage in Abessinien vorsah, begrenzte aber durch eine zweite Resolution das Schiedsverfahren über den Zwischenfall von Walwal sehr eng. Um der Aktion des Völkerbundes Nachdruck zu verlei-hen, sprach Präsident Roosevelt am 1. August in einer öffentlichen Erklärung die Hoffnung „des Volkes und der Regierung der Vereinigten Staaten" aus, „daß eine freundschaftliche Lö-sung [für die Beilegung der italienisch-abessinischen Kontroverse] gefunden werde und der Frieden erhalten bleibe".[60]

Kaiser Haile Selassie war über diese Äußerung von Friedenshoffnung im Weißen Hause hocherfreut, doch meinte man in diplomatischen Kreisen Addis Abebas, die Vereinigten Staa-ten hätten „eine sehr vorsichtige Haltung angenommen, darauf berechnet, in der italienisch-abessinischen Angelegenheit um jeden Preis eine Aktion oder ein positives Eingreifen in den

Streit zu vermeiden".[61] Diese Auffassung wurmte Außenminister Hull, und er beauftragte seine Botschafter in London und in Paris, „alle erhältlichen Informationen zu schicken, um unserer Regierung die Entscheidung darüber zu ermöglichen, ob nicht eine weitere Aktion [Amerikas] ... als einer Signatarmacht des Pariser Paktes ... eher eine günstige als eine nachteilige Wirkung hätte".[62]

Als daraufhin der amerikanische Geschäftsträger in Paris berichtete, sowohl die französische als auch die britische Regierung sei der Meinung, daß eine positive Aktion der Vereinigten Staaten tatsächlich dazu beitrüge, den Angriffsplänen Mussolinis Einhalt zu tun, wurde in das Weiße Haus eine Konferenz einberufen. Der Präsident schlug eine sofortige Botschaft an Mussolini vor. So beauftragte Hull am 18. August den amerikanischen Geschäftsträger in Rom, Mr. Kirk, dem Duce den Ausdruck der ernsten Hoffnung der amerikanischen Regierungsspitze zu übermitteln, daß „der Streitfall zwischen Italien und Abessinien ohne Anwendung von Waffengewalt beigelegt werde".[63]

Kirk entledigte sich seines Auftrags am folgenden Tag. Mussolini versicherte, er wisse „den Charakter der Botschaft und die Freundwilligkeit, die sie ausdrücke, zu schätzen", aber er habe bereits für den Konflikt mit Abessinien, der jetzt unvermeidlich sei, eine Million Mann mobilgemacht. Italien werde ohne Rücksicht auf die Aktion des Völkerbundes zur Verwirklichung seiner Pläne schreiten. Sollte sich die Opposition anderer Länder bis zu wirklicher Intervention entwickeln, werde Italien „entsprechende Schritte unternehmen".[64]

Angesichts dieser italienischen Herausforderung suchten Frankreich und Großbritannien fieberhaft nach irgendeiner Lösung außer der kriegerischen. Vom 15. bis zum 18. August hatten in Paris über die abessinische Lage Verhandlungen zu dritt stattgefunden, und es waren Mussolini Vorschläge gemacht worden, die die Souveränität Abessiniens zu einem Schatten verblassen ließen. Allein, der Duce wollte den ganzen abessinischen Apfel, von der Schale bis zum Gehäuse, und er lehnte das von Eden und Laval angefertigte Flickwerk ab. Darauf versetzte Ramsay MacDonald Europa in Schrecken mit der Erklärung, die Lage sei „die ernsteste, der wir uns seit 1914 gegenübergesehen haben".[65]

Die Wahrheit der Feststellung MacDonalds wurde in den meisten europäischen Kreisen nicht angezweifelt; somit war offenbar Großbritannien in dieser explosiven internationalen Lage der beunruhigendste Faktor. Die Italiener waren „nach wie vor überzeugt", daß sich Großbritannien „nur von selbstsüchtigen Interessen" leiten lasse und daß seine „beteuerte Besorgnis um den Völkerbund reine Heuchelei" sei.[66] Virginio Gayda veröffentlichte im „Giornale d'Italia" eine Artikelreihe, worin er im Hinblick auf den Dreiervertrag von 1906 Großbritannien der Unredlichkeit bezichtigte[67], und die übrige italienische Presse war voll von ähnlichen Anschuldigungen.

Das Weiße Haus rügt die Dollar-Diplomatie

Die Lage wurde plötzlich noch verwickelter, als am 31. August 1935 aus Addis Abeba die Nachricht eintraf, der Kaiser habe einer Tochtergesellschaft der Standard Oil Company (der African Exploration and Development Company) eine Konzession zur Ausbeutung der Erdöl- und Mineralschätze in einem großen Teil des Landes erteilt. Diese Zulassung sei von einem britischen Staatsangehörigen, Francis Rickett, gesichert worden, und es gingen viele Gerüchte um, daß in dem Unternehmen bald britisches Kapital angelegt werden würde. Obwohl verschiedene Gesellschaften der Standard-Oil-Gruppe jede Kenntnis von der Konzession in Abrede stellten, erklärte der Kaiser rundheraus, daß er sie jener Gesellschaft gewährt habe.[68]

Das britische Außenamt griff sofort ein und beauftragte seinen Gesandten in Addis Abeba, „den Kaiser zu unterrichten, daß ihm die Regierung Seiner Majestät für ihren Teil rät, die Konzession zu versagen".[69] Der amerikanische Geschäftsträger in London, Atherton, berichtete, im Foreign Office gelte Rickett als ein „unsteter Abenteurer", und man halte „die Berichte über einen solchen Handel in einem solchen Augenblick für ‚wahrhaft bedauerlich'".[70] Dies wurde von Theodore Marriner in Paris bestätigt. Er informierte Hull, „in der Presse und in halbamtlichen Kreisen" herrsche „hier allgemein die Ansicht, daß die gemeldete abessinische Erdöl-

und Mineralkonzession, obwohl eine offizielle britische Beteiligung dementiert worden sei, die britische Position in Genf schwächen, die italienische These entsprechend stärken und Sanktionen wahrscheinlich unmöglich machen werde".[71]

Außenminister Hull war über die Nachrichten von der abessinischen Konzession an die Standard Oil Company nicht minder besorgt als Eden. Am 3. September suchten zwei Vertreter der Gesellschaft das Außenamt auf und hatten eine lange Unterredung mit dem Leiter der Nahost-Abteilung, Wallace Murray. Murray teilte ihnen offen mit, daß die Konzession nicht nur die amerikanische Regierung „in große Verlegenheit gebracht" habe, sondern auch die andern Regierungen, die „sich angestrengt und redlich um die Bewahrung des Weltfriedens bemühen, der durch den italienisch-abessinischen Streit ernstlich bedroht ist". Nach Bemerkungen über die delikate Position der britischen Regierung in den gegenwärtigen Schwierigkeiten betonte er, daß „die amerikanische Regierung nicht weniger als die britische Regierung den dringenden Wunsch hat, jeden Verdacht von sich abzuwenden, daß sie selbstsüchtig handle, wenn der Weltfrieden auf dem Spiel steht". Nachdem er darauf gedrungen hatte, daß nur ein „sofortiges unbedingtes Abrücken von der Konzession den Erfordernissen der Situation gerecht werden könne", nahmen die Vertreter der Standard Oil schließlich diesen seinen Rat an. Außenminister Hull fügte ein paar Worte der Weisheit über die ethische Seite der Außenpolitik hinzu, und die Repräsentanten einer der größten amerikanischen Gesellschaften verließen das Außenamt mit besserer Kenntnis von den Querströmungen, die die Führung der amerikanischen Außenpolitik beeinträchtigten. Ihre Abreise aus Washington wurde durch ein paar gewichtige Worte aus dem Weißen Haus beschleunigt, die besagten, daß „die Dollar-Diplomatie von der amerikanischen Regierung nicht länger anerkannt wird".[72]

Für Kaiser Haile Selassie jedoch, der durch schleunige Gewährung der Konzession das ganze diplomatische Feuerwerk in Gang gesetzt hatte, war diese großartig klingende Erklärung einigermaßen verwirrend. Er hatte nicht irgendeinem Druck der bösen Wallstreet nachgegeben, sondern im Gegenteil seine Gunst den amerikanischen Großunternehmern aufgedrängt in der glühenden Hoffnung, eine solche Aktion werde das amerikanische Interesse an Abessinien verstärken. Außenminister Hull hatte es schwer, ihm in dem neuen diplomatischen Code die Vorteile auseinanderzusetzen, die die Rechtschaffenheit dem Reichtum voraushabe, aber schließlich begriff der Kaiser und blickte mit neuer Hoffnung auf das Verfahren des Völkerbundes. Indessen, diese Erwartungen sollten sehr bald enttäuscht werden.[73]

Kapitel VIII

Großbritannien und Frankreich scheuen einen Krieg wegen Abessinien

Vergebliche Bemühungen Frankreichs um britische Hilfsversprechungen

Am 2. September hatten Anthony Eden und Pierre Laval, um sich auf die Tagung des Völkerbundsrates vorzubereiten, über den italienisch-abessinischen Streit eine lange Unterredung. Eden suchte Laval „den britischen Standpunkt mit den stärksten Worten" nahezubringen, „indem er darauf hinwies", daß die Haltung der britischen Regierung „überall im Lande von der öffentlichen Meinung gestützt werde, von der Kirche, von der Friedens- und der Völkerbundsgesellschaft und von der Arbeiterpartei wie von den Liberalen. Wenn Mussolini seine Pläne nicht ändere, erhebe sich unausweichlich die Sanktionsfrage; Sanktionen aber könnten Krieg bedeuten." Großbritannien sei für den Fall einer solchen Krise „bereit, das Seinige zu tun". Nach dieser vieldeutigen Erklärung fuhr Eden fort: „Wenn Großbritannien jetzt so weit gehe, sein Teil bereitwillig beizutragen und die mit Sanktionen verknüpften Risiken auf sich zu nehmen, so müsse sich doch Frankreich sagen, daß dies, wenn auch keine Garantie, so doch mindestens ein zuverlässiges Präzedens sei für etwaige künftige Schwierigkeiten infolge einer deutschen Aggression." Laval entgegnete, er habe sich bis jetzt noch nicht entschieden, ob er Großbritannien, „sollte die Angelegenheit bis zu Sanktionen gegen Italien auf die Spitze getrieben werden, um bestimmte Zusicherungen für andere Fälle ersuchen werde".[1]

Zwei Tage darauf frühstückte Hugh Wilson in Genf mit Eden. Eden teilte ihm mit, die Vertreter einer Anzahl „kleiner Staaten" hätten ihm versichert, daß sie in der Sache des italienisch-abessinischen Streitfalls sehr für „die Anwendung der Völkerbundssatzung" seien. Als er jedoch versucht habe, aus ihnen eine bestimmte Zusage auf Unterstützung herauszuholen, seien sie ausgewichen. Dann kam er auf die Pariser Politik zu sprechen. Die französischen Staatsmänner wollten offenbar ein diplomatisches „Geschäft" machen. In Paris habe ihn Laval gefragt, wie sich Großbritannien im Falle von Wirren in Österreich verhielte. Er, Eden, habe nur erwidert, daß das Zustandekommen einer gemeinsamen Aktion für das künftige Handeln Großbritanniens sicherlich ein Präzedens wäre. Als Laval in ihn gedrungen sei, sich bestimmter zu erklären, habe Eden mit der Bemerkung pariert: „Ich bin nicht in der Lage, ihnen eine amtliche Antwort geben zu können."

Darauf unterrichtete Eden vertraulich Wilson darüber, was er über die Unterredung zwischen Laval und Mussolini erfahren hatte. Laval habe ihm erzählt, „daß er Mussolini, soweit Frankreich in Betracht komme, freie Hand nur für wirtschaftliche Maßnahmen zugesichert ha-

121

be. Andererseits habe ihm unmittelbar danach Mussolini gesagt, daß die Franzosen eingewilligt hätten, ihm in Abessinien volle Handlungsfreiheit zu lassen."

Gegen Ende des Frühstücks „äußerte sich Eden in Tönen höchster Würdigung darüber, daß
Außenminister Hull die Socony Vacuum Company veranlaßt hat, auf die Konzession zu verzichten". Dies habe „die Luft ungeheuer gereinigt und ‚freue' ihn ‚mehr als irgend etwas sonst
in dieser trostlosen Lage'".[2]

Die Walwal-Schiedskommission weicht der Sache aus

Vor dem Zusammentritt des Völkerbundsrates am 4. September ging ein Bericht von der
Schiedskommission ein, die ernannt worden war, um die Schuld am Ausbruch der Feindseligkeiten bei Walwal festzustellen. Die Kommission gab am 3. September die einstimmig getroffene Entscheidung bekannt, daß weder Italien noch Abessinien für den Zwischenfall verantwortlich sei.[3] Am folgenden Tag bemerkte der italienische Botschafter in Washington in einem kurzen Gespräch mit Wallace Murray im Außenamt, der Wortlaut des Schiedsspruches
„schließe offenbar eine Verantwortung Italiens" für den „Zwischenfall von Walwal überhaupt
aus", während er gleichzeitig darauf hinweise, daß es „für die Verantwortung Abessiniens an
Beweisen fehle". Diese Formulierung sei „für Italien durchaus befriedigend".[4]

Laval möchte Mussolini beschwichtigen

Einen Tag nach der Bekanntgabe des Schiedsspruches über den Zwischenfall von Walwal
unterbreitete Baron Aloisi dem Völkerbund eine lange Anklageschrift gegen das Reich Haile
Selassies. Einige Abschnitte befaßten sich mit Sklaverei, Menschenfresserei und Ritualmor-
den. Der Vertreter Abessiniens wies diese Anschuldigungen mit Heftigkeit zurück[5], worauf die
Liga einen Fünferausschuß mit der Aufgabe ernannte, „die italienisch-abessinischen Beziehungen im Hinblick auf eine friedliche Lösung als Ganzes zu untersuchen"[6].

Während der Arbeiten des Ausschusses setzte der Völkerbundsrat die Erörterung des italienisch-abessinischen Streits fort, und es kam zwischen Laval und Anthony Eden zu intensi-
ven Unterredungen. Im Verlaufe eines dieser Gespräche bemerkte Eden, „wenn man zuließe,
daß Mussolini mit seinem Vorgehen ‚Erfolg habe', wäre Hitler der nächste". Laval zeigte sich
bereit, die britischen Bestrebungen zu unterstützen, wenn er von Eden hinreichende Garantien gegen einen möglichen deutschen Angriff erhalte. Die Erklärung, die britische Regierung
werde „ihr Teil von Verpflichtungen als Mitglied des Völkerbundes erfüllen", gehe nicht weit
genug, Frankreich zu befriedigen.

Für die Briten war die Lage in Genf alles andere als beruhigend. Lord Vansittart machte klar,
daß „Großbritannien zwar bereit" sei, „Sanktionen anzuwenden, wenn es von den andern
Mächten entsprechend unterstützt würde, daß es aber nicht allein vorgehen könne. Es sei
denkbar, daß es Sanktionen beantrage, um der britischen öffentlichen Meinung zu genügen;
fände es dabei aber keine Unterstützung, so sehe er die Möglichkeit voraus, daß Großbritannien aus dem Völkerbund austrete."[7]

Das britische Sanktionsgerede war Laval höchst unangenehm. In einer Sitzung des vom
Völkerbundsrat zur Untersuchung des italienisch-abessinischen Streits ernannten Ausschusses bemerkte er: „Seiner Überzeugung nach sei die einzige Art, Italien ohne die Gefahr schwerer europäischer Verwicklungen zu behandeln, wenn man es wenigstens einen Sieg in Abessinien davontragen lasse. Zu diesem Zeitpunkt und nicht eher ... könnte sich Frankreich vermutlich an außerordentlichen Maßnahmen beteiligen ... Er glaube, daß Italien dann ein Angebot annähme, das auf den Vorschlägen beruhen würde, die er zusammen mit Großbritannien in Paris gemacht habe. Eden stimmte dieser Meinung stillschweigend zu."[8]

Botschafter Wilson hielt es für wahrscheinlich, daß diese Formel in Genf angenommen werden würde. Nach Eröffnung von Feindseligkeiten durch Mussolini würde „zwischen England, Frankreich und Italien auf Kosten Abessiniens ein Kompromiß zustande kommen". Natürlich sei es immer noch möglich, daß eine starke Front gegen Italien gebildet und aufrech-

terhalten werde. „Würden Sanktionen beschlossen und von den europäischen Staaten wirksam durchgeführt, dann könnte das in Europa, ja in der ganzen Welt unermeßliche Folgen haben. Ein Glaube an Beständigkeit könnte gewonnen werden, ein Gefühl von Solidarität und Sicherheit könnte erwachen, und dies alles könnte viel dazu beitragen, nicht nur die politischen, sondern auch die wirtschaftlichen Probleme zu lösen."[9]

Der britische Botschafter in Rom bezweifelte sehr, daß im Falle eines Krieges gegen Abessinien über Italien Sanktionen verhängt werden würden. Er neigte zu der in diplomatischen Kreisen verbreiteten Ansicht, daß Italien möglicherweise zum Siege marschieren und dann eine französisch-britische Vermittlung annehmen werde.[10]

Von den Worten jedoch, mit denen sich Ciano am 7. September an die amerikanische Bevölkerung wandte, deutete keines darauf, daß Italien mit einem kurzen Krieg und einer anschließenden Vermittlung durch europäische Großmächte rechnete. Er verwies auf die weitverbreitete Sklaverei in Abessinien und hob den Drang Italiens hervor, diese düsteren Zustände zu beseitigen. Zu dem Ideal der Menschlichkeit geselle sich der Glaube an die Sendung Italiens, die riesigen Hilfsquellen Abessiniens zum Wohle der ganzen Welt zu erschließen. Dies werde eine titanische Aufgabe sein, die sich nicht in kurzer Zeit bewältigen lasse.[11]

Trotz der Verkündigung so hochtönender Ziele aus dem Munde Cianos klammerte sich Laval noch immer an den Glauben, daß Friedensgespräche eine reale Grundlage erhalten würden, „wenn man es in Abessinien zu militärischen Operationen kommen ließe, um Mussolini zufriedenzustellen, der zu erkennen beginne, daß sich die Welt gegen ihn gekehrt habe, und zwar nicht wegen der Sache Abessiniens, sondern in Opposition gegen die Politik der faschistischen Partei".[12]

Breckinridge Long in Rom war es klar, daß diese militärischen Operationen bald vor sich gehen würden. Italien hatte südlich des Suezkanals über 200.000 Mann stehen. Sie zurückzuziehen, so meinte er, käme einer verheerenden Niederlage gleich. Alles deute auf „eine wohlberechnete, wohlvorbereitete, kalte, harte und unbarmherzige Verfolgung vorgefaßter Pläne mit einer Armee und einer Flotte, die beinahe fanatisch ... einem einzigen Mann ergeben sind ... Ich bin zu der festen Überzeugung gelangt, daß kein Kompromiß möglich ist, außer zu Mussolinis Bedingungen ... Die alte Freundschaft zwischen Italien und England ist dahin, um in Menschenaltern nicht wiederzuerstehen".[13]

Der Riß zwischen Italien und Großbritannien wurde deutlich sichtbar am 12. September, als sich der britische Außenminister, Sir Samuel Hoare, an die Vollversammlung des Völkerbundes wandte. Er ließ keinen Zweifel, daß die britische Regierung angesichts der kritischen Lage, der sich die Liga infolge der Schwierigkeiten zwischen Italien und Abessinien gegenübersehe, eine Aktion des Völkerbundes „mit standhafter Pflichttreue" unterstützen werde. „Gemäß ihren klaren, ausdrücklichen Verpflichtungen tritt die Liga, und mit ihr mein Land, für die kollektive Aufrechterhaltung der Völkerbundssatzung in ihrer Gesamtheit ein und besonders für festen kollektiven Widerstand gegen jede unprovozierte Angriffshandlung."[14]

Außenminister Hull lehnt die Vermittlerrolle ab

Zwei Tage bevor Sir Samuel dem Duce diese Herausforderung ins Gesicht schleuderte, fragte Kaiser Haile Selassie den amerikanischen Gesandten in Addis Abeba, ob die Vereinigten Staaten bereit wären, „zwischen Italien und Abessinien zu vermitteln, vorausgesetzt, daß Italien eine solche Vermittlung annähme".[15] Hull antwortete unverzüglich, daß eine amerikanische Vermittlung „nicht tunlich" sei „in einem Augenblick, wo sich die berufenen Gremien des Völkerbundes ... darum bemühen, gemäß den betreffenden Bestimmungen der Völkerbundssatzung zu einer Lösung zu gelangen".[16] Am nächsten Tag gab Hull, um abessinische Empfindlichkeiten zu besänftigen, eine Erklärung an die Presse, durch die er die Haltung der amerikanischen Regierung gegenüber einem unprovozierten Krieg verkündete. Die Erklärung schlug einen Ton an, der bald Millionen Amerikanern sehr vertraut werden sollte: „Eine Drohung mit Feindseligkeiten irgendwo kann nur eine Drohung sein gegen die politischen, wirtschaftlichen, rechtlichen und sozialen Interessen aller Nationen."[17]

Großbritannien und Frankreich suchen nach einer Lösung des abessinischen Problems

Die Erklärung Außenminister Hulls vom 13. September enthielt viele allgemeine still-schweigende Folgerungen, die einigen glühenden „Einweltlern" ungemein zugesagt haben müssen, aber London lag sehr daran, daß sich Washington bestimmter äußere. Hoare war, wie Prentiss Gilbert aus Genf berichtete, zu dem Punkt gelangt, wo er glaubte, daß Großbritannien handeln müsse, weil, „die Wirkungsmöglichkeiten des italienischen Abenteuers in Afrika eine Bedrohung des Empire" seien. Der nötige Druck auf Italien könnte in der Form „gestaffelter wirtschaftlicher Sanktionen" ausgeübt werden. Ihre Anwendung käme aber nur in Betracht, wenn mehrere dem Völkerbund angehörende bedeutende Nationen einer gemein-schaftlichen Aktion zustimmten. In seinem Gespräch mit Hoare habe Laval bemerkt, „wenn Italien nicht wirklich etwas gegeben werden könne, sei es zwecklos, ihm etwas anzubieten". Er sei bereit gewesen, sich sogar mit „einer Besetzung Abessiniens durch Italien" abzufinden. Darauf habe Hoare geantwortet, daß die Hinnahme „einer italienischen Besetzung Abessi-niens die Einwilligung in einen Krieg bedeute". Er könne „keinen solchen Vorschlag" anneh-men. Als darauf Laval wegen gewisser förmlicher „britischer Verpflichtungen in Europa" in Hoare gedrungen sei, habe der britische Außenminister die unbestimmte Antwort gegeben, daß sein Land „auf dem Kontinent keine Verpflichtungen übernehme, die über den allgemei-nen Begriff einer Völkerbundsaktion hinausgingen".[18]

Hoares unverbindliche Antwort brachte Laval zu der Erkenntnis, daß er „nichts tun dürfe, was die britische Haltung zum Völkerbund verwässern könnte". Andererseits aber mußte er „zu einem gewissen Maß von Vorsicht raten und die Warnung durchklingen lassen, sich nicht zu tief in Wirrnisse zu begeben, solange es sich nicht als unvermeidlich erwiesen" habe. Hugh Wilson glaubte, daß „Briten und Franzosen langsam zusammenkommen".[19]

Diese Ansicht schien von einer Information bestätigt zu werden, die Botschafter Long in Rom zu Ohren kam. Er hatte „aus französischer diplomatischer Quelle" erfahren, Mussolini sei „rundheraus erklärt worden, daß eine Lösung durch Verhandlungen gefunden werden müsse, und zwar, ehe die Waffen gesprochen haben". Die französische Diplomatie begünsti-ge eine Regelung, die darin bestünde, daß Italien, Frankreich und Großbritannien „sich über die legitimen Bestrebungen Italiens in Abessinien einigen und ihren Vorschlag dem Negus unterbreiten würden". Sollte Haile Selassie „ablehnen, dann könnten die Italiener Gewalt an-wenden". Aus den letzten Genfer Nachrichten sei freilich zu schließen, daß Hoare diesen Lö-sungsvorschlag verwerfen werde.

Falls sich Großbritannien und Frankreich gegen die italienischen Interessen in Abessinien weiterhin gleichgültig verhielten, könnte die Möglichkeit einer italienisch-deutschen Annä-herung feste Umrisse annehmen. Zwar gäben die meisten römischen Persönlichkeiten zu, daß Italien „aus militärischen, historischen, rassischen, religiösen und psychologischen Gründen die Freundschaft Frankreichs" vorzöge, doch sage man sich auch, daß Mussolini, wenn Laval Italien den Rücken zukehren sollte, sich höchstwahrscheinlich „anderswo Verbündete su-chen" würde.[20]

Botschafter Long für Abtretung abessinischen Gebietes an Mussolini

Die gefährliche Lage, die sich infolge der italienisch-abessinischen Sackgasse in Europa entwickelte, bestimmte Botschafter Long, eine Lösung der Schwierigkeiten anzuregen. Sein Plan beruhte auf dem Gedanken, man müsse Italien, um es vom Kriege zurückzuhalten, die Möglichkeit geben, seinen afrikanischen Besitz zu ergänzen. Überdies scheine es notwen-dig, Deutschland zu einem aktiven Partner in einem neuen europäischen Konzert zu machen.[21]

Dieser klug durchdachte und vernünftige Plan des Botschafters Long für eine umfassen-de Regelung fand bei Außenminister Hull nicht das geringste Gehör. Er erwähnt ihn nicht einmal in seinen „Memoirs". Um auf das Außenamt einzuwirken, daß es sich rühre, schick-te der Botschafter eine lange Depesche nach Washington, worin er auf den zunehmenden Widerstreit zwischen Italien und Großbritannien hinwies. Das frühere freundschaftliche Verhältnis sei völlig verschwunden. Es sei unmöglich, „sich heute vorzustellen, daß Italien und England in den nächsten Jahren zu einer freundschaftlichen Zusammenarbeit gelangen könnten, die irgendwie ihren Beziehungen in den vergangenen Jahrzehnten entspräche". Es sei daher notwendig, daß die Vereinigten Staaten einen kühnen Schritt täten. Werde der dem Außenminister vorgelegte Plan nicht bald aufgegriffen, so werde binnen kurzem eine ganze Serie ernster „Zwischenfälle" folgen. Mussolini gäbe sich dann kaum mit der Eroberung Abessiniens zufrieden. Nach der Besetzung Addis Abebas würde er seinen Blick auf andere Gebiete Afrikas und Kleinasiens richten. Europa müsse durch gegenseitige, wirklich effektive Nichtangriffspakte sofort stabilisiert werden; andernfalls wäre eine Reihe von Kriegen unvermeidlich. Die Welt nähere sich einer Periode der Expansionen und Explosionen. Ein Sicherheitsventil gegenseitigen Vertrauens und guten Willens sei die einzige Alternative zum Unheil.[22]

Laval macht eine Verbeugung zu Großbritannien hinüber

Während Botschafter Long fieberhaft nach einer Lösung des italienisch-abessinischen Streitfalls suchte, hielt Premierminister Laval in der Vollversammlung des Völkerbundes eine Rede, in deren Verlauf er sich über den Kanal hinüber tief verneigte. Er äußerte sich über bestimmte Verpflichtungen Frankreichs sehr deutlich: „Frankreich ist der Völkerbundssatzung treu. Es wird sich seinen Verpflichtungen nicht versagen ... Die rückhaltlose Hingebung, mit der wir uns zum Völkerbund bekannt haben, entsprang einer aufrichtigen Begeisterung und war das Ergebnis einer wohlerwogenen Meinung ... Mit dem gleichen Eifer haben die Vertreter Frankreichs vom Protokoll des Jahres 1924 bis zur Abrüstungskonferenz die Doktrin der kollektiven Sicherheit unterstützt. Diese Doktrin ist und wird bleiben die Doktrin Frankreichs. Die Völkerbundssatzung ist nach wie vor unser internationales Gesetz.

Jeder möge wissen, daß es zwischen Frankreich und Großbritannien in ihren Bemühungen um eine friedliche Lösung [des italienisch-abessinischen Streitfalls] keine Uneinigkeit gibt. Unsere Verpflichtungen stehen in der Völkerbundssatzung. Frankreich wird diesen Verpflichtungen nicht ausweichen."[23]

Anthony Eden war über die Rede Lavals hocherfreut. Am Abend des 13. September sprach er sich bei einem Essen mit Hugh Wilson darüber offen aus: „Die Dinge gestalteten sich so, wie Großbritannien es anstrebe; die Franzosen schwenkten auf die englische Linie ein ... Eden und Cranborne waren über den außerordentlichen Ernst der Lage offenbar tief beunruhigt ... Eden äußerte sich dann über Sanktionen und bemerkte kurz, zu Beginn wären wohl jedenfalls solche die geeignetsten, die nicht in den Seehandel eingriffen und keine Flottenaktionen mit sich brächten oder das Verhalten amerikanischer Kriegsschiffe berühren könnten ... Im Hinblick auf die Vereinigten Staaten sagte Eden, seine Regierung habe beschlossen, in diesem Stadium wegen der Frage der Neutralität usw. nicht an uns heranzutreten. Die Briten möchten weder voreilig handeln noch so, daß die amerikanische Regierung möglicherweise in Verlegenheit geriete. Sie würden deshalb die Diskussion mit unserer Regierung aufschieben, bis ein bestimmtes Programm vorliege und von der amerikanischen Regierung geprüft werden könne. Er hoffe auf eine ‚wohlwollende' Haltung auf unserer Seite."[24]

Edens Genugtuung über Lavals Rede wurde von andern Mitgliedern der britischen Regierung und vielen britischen Zeitungen geteilt. Typisch war der Kommentar der „Times": „Wenn Signor Mussolini nicht jedes Gefühl für Proportionen verloren hat, dann müßten die festen Worte M. Lavals, dessen eifrige Bemühungen um ein Übereinkommen mit ihm in ihrer Gründlichkeit und Aufrichtigkeit so offenkundig waren, dem italienischen Regierungschef ohne weiteres sagen, daß für sein Land durch rechtzeitige Zusammenarbeit mit Großbritannien und Frankreich weit mehr zu gewinnen ist als durch eine unverständliche Politik, der sie sich nur widersetzen können."[25]

In Paris fand Lavals Rede weithin Unterstützung, und die Presse äußerte die Ansicht, der Premier habe „eine schwierige Kurve genommen, die Sache des Friedens gefördert und Frankreichs Prestige erhöht".[26]

Großbritannien wünscht, daß Amerika wesentliche Verantwortlichkeiten übernehme

Dem britischen Außenamt schien vor allem daran zu liegen, zu erfahren, wie sich die amerikanische Regierung zur Verhängung von Sanktionen über Italien verhielte. Im Verlaufe eines Gesprächs, das Sir Samuel Hoare mit dem amerikanischen Geschäftsträger, Atherton, im Foreign Office hatte, machte der Außenminister über den Gang der letzten Ereignisse mancherlei Bemerkungen und verriet dabei ein gewisses Mißtrauen gegen Laval. Er hatte gefunden, der französische Premier sei „ein loser Schwätzer. Wenn es auch nichts Schriftliches zwischen Mussolini und Laval gebe, so bezweifle er (Hoare) doch keinen Augenblick, daß Laval bei den Italienern von der französischen Politik eine ganz bestimmte Auffassung hinterlassen habe ... Sir Samuel stellte jedoch fest, daß die Franzosen diesen Ausflug bei den Briten wieder gutgemacht hätten. Frankreich habe sich entschieden auf die Seite des Völkerbundes gestellt.

... Gleichzeitig mit der Konsultierung der Völkerbundsmächte nach einem Angriffsakt seien auch die der Liga nicht angehörenden Mächte zu konsultieren. Er, der Außenminister, stelle im gegenwärtigen Augenblick zwar ‚kein Ersuchen‘, doch werde er mich auf dem laufenden halten, da ja die amerikanische Regierung nach ihrer Haltung ... gefragt werden würde. Sir Samuel wiederholte, daß die Sanktionen gemäß den Entschließungen von 1921 gradweise verhängt würden. Zuerst werde an die Völkerbundsmitglieder und die Nichtmitglieder die Frage zu stellen sein, ob sie sich des Verkaufs von Waffen, Munition und Kriegsgerät an Italien enthalten würden, und zweitens, ... ob sie auch darein willigen würden, nicht mehr von Italien zu kaufen."

Nach diesen Feststellungen über die Völkerbundspolitik ging Sir Samuel zur Frage einer möglichen Aktion gemäß den Bestimmungen des Pariser Paktes über. „Als eine weitere entscheidende Methode, die Weltmeinung ... gegen eine italienische Aggression zu konzentrieren, müsse" ein baldiger Appell „an alle Unterzeichnermächte des Pariser Paktes ... ins Auge gefaßt werden".[27]

Vor Empfang dieses Londoner Telegramms hatte Außenminister Hull mit seinen Beratern im Department of State mehrere Besprechungen gehabt und dabei die Meinung geäußert, daß die amerikanische Regierung ihre Position im Hinblick auf den Handel mit Italien klar bestimmen sollte, bevor die Liga wegen der Sanktionen Schritte unternehme. Auf diese Weise werde offenbar sein, daß Amerika seine Entscheidung unabhängig von einem von der Liga vorgeschriebenen Kurs getroffen habe.[28]

Anthony Eden beargwöhnt Rußland

Während man sich im Außenamt überlegte, welcher Kurs im Falle von Sanktionen gegen Italien einzuschlagen sei, sandte Hugh Wilson über seine Gespräche mit dem französischen Vertreter in Genf, Massigli, und mit Anthony Eden einen ebenso interessanten wie enthüllenden Bericht. Am 12. September frühstückte Wilson mit Massigli. Der Franzose teilte Wilson streng vertraulich mit, daß die Sache mit den Sanktionen gegen Italien „Laval sehr gegen den Strich gehe, aber er habe ihre Unvermeidlichkeit und die Tatsache erkannt, daß der Gang der Ereignisse die Franzosen sehr wohl dazu bestimmen könnte, mit England in dieser Richtung weiterzumachen". Sollten Sanktionen angewendet werden, müßten sie „schnell und wirksam" sein. Es fiele schwer, dieses Ideal zu verwirklichen, wenn sich die Vereinigten Staaten nicht anschlössen. Wilson erklärte sofort, er habe „keine Ahnung, welche Stimmung in den Vereinigten Staaten herrschen werde, wenn es soweit sei, und ob eine solche gemeinschaftliche Aktion politisch ausführbar wäre".

Massigli bemerkte dann, er fürchte sehr, daß Frankreich und Großbritannien es mit einem „Verrückten" zu tun hätten. Auf Mussolini scheine kein Argument und keine Drohung auch nur den geringsten Eindruck zu machen. Als Chambrun in Rom dem Duce die Gefahr eines Konfliktes mit den Briten auseinandergesetzt habe, die drohe, wenn er auf seinem Kurs beharre, habe er entgegnet, „er sei gerüstet und entschlossen, wenn sie es wünschten, mit ihnen seine Kräfte zu messen; er sei überzeugt, sie im Mittelmeer schlagen zu können: ‚Je m'en fous des Anglais‘."

Am nächsten Tag, dem 13. September, nahm Wilson das Frühstück mit Eden ein. Eden sei tief beunruhigt gewesen und habe gemeint, „daß es zu spät sein werde, Feindseligkeiten Einhalt zu gebieten". Über Rußland sagte er, daß sich „Litwinow recht ‚böse' verhalte". Er habe das Gefühl, „daß das kürzliche Eingreifen der Sowjets zur Unterstützung des Völkerbundsrates und die allgemeinen Bekundungen einer starken Haltung Rußlands in Wahrheit nicht so sehr der Menschenliebe wie der Hoffnung entsprängen, daß die Verwirrung der Lage schließlich zu einer Schwächung der kapitalistischen Staaten führen und einen günstigen Boden für kommunistische Erfolge bereiten werde".[29]

Anthony Eden hatte allen Grund, beunruhigt zu sein und Feindseligkeiten für unvermeidlich zu halten. Am 17. September hatte Botschafter Long in Rom eine bedeutsame Unterredung mit Mussolini und erkannte alsbald, daß der Duce „endgültig und unwiderruflich entschlossen" war, „in Abessinien zu dem aufzubrechen, was er hartnäckig ein koloniales Unternehmen nennt". Der Duce versicherte Long, daß er den Konflikt auf Abessinien zu beschränken wünsche. Er habe kein Verlangen, ihn auf Europa übergreifen zu sehen. Sollte aber „irgendwer dazwischentreten, so sei er darauf vorbereitet. Er habe in Italien eine Armee von einer Million Mann stehen, und er habe eine angemessene Flotte und eine unzweifelhaft überlegene Luftstreitmacht, und er werde keine Einmischung dulden. Er ist sehr aufgeregt ... wegen der Sanktionen und erwähnte besonders das Vorgehen Frankreichs in Marokko, die Chaco-Affäre, die Verletzungen des Versailler Vertrages durch Deutschland, die britische Aktion im Irak vor vier Jahren und Japans Tätigkeit in Mandschukuo und Nordchina. In keinem dieser Fälle sei von Sanktionen die Rede gewesen. Und aufgebracht fügte er hinzu: ‚Nur weil es sich um mich und um Italien handelt, sind, wenn wir Unrecht ausgleichen und uns legitim ausdehnen wollen, Sanktionen auf einmal Sanktionen'."

Er gab freimütig zu, auf einen Krieg loszusteuern, und zögerte nicht, zu erklären, daß er einen großen Teil Abessiniens zu erobern und zu behaupten hoffe. Die Aufrichtigkeit, die er ausgestrahlt habe, sei erfrischend gewesen, und seine allgemeine Haltung machte auf Botschafter Long einen tiefen Eindruck: „Man kann mit Mussolini nicht sprechen, ... ohne sich seiner kühnen Entschlossenheit und der Unwiderruflichkeit seiner bereits getroffenen Entscheidungen völlig bewußt zu werden. Er ist ruhig, seine Stimme ist biegsam, sein Sichgeben liebenswürdig und seine freundliche Haltung gegen die Vereinigten Staaten unverkennbar."[30]

Botschafter Long widerrät Sanktionen

Botschafter Long war wegen der weit um sich greifenden Wirkungen des italienisch-abessinischen Streits dermaßen besorgt, daß er am 18. September an Außenminister Hull kabelte, er hoffe, „die amerikanische Regierung wird sich, wenn in Genf Sanktionen auf die Tagesordnung kommen, dem nicht zugesellen. Es gäbe sonst daheim manche bedauernswerte schwere Rückschläge und hier unnötige Komplikationen." Long war der festen Überzeugung, daß sich Amerika aus den europäischen Verwicklungen heraushalten und „unabhängig vom Programm irgendeiner andern Regierung oder anderer Regierungsgruppen" handeln sollte.[31]

Die Telegramme Longs veranlaßten den Stellvertretenden Außenminister, Phillips, zu einer langen Unterredung mit dem Leiter der Nahost-Abteilung des Außenamtes, Wallace Murray, über die Sanktionsangelegenheit. Murray wies darauf hin, daß Sir Samuel Hoare in der letzten Zeit bei drei Gelegenheiten – am 20. und 28. August und am 16. September – mit dem amerikanischen Geschäftsträger in London „die Sanktionsfrage und die Möglichkeit entweder einer *Konferenz* der Signatarmächte des Kelloggpaktes oder einer *Konsultation* der Signatarmächte des Kelloggpaktes [oder unter diesen Mächten]" erörtert habe. Er meinte, das Außenamt sollte sich gegenüber *Konferenz-* oder *Konsultations*vorschlägen „große Reserve" auferlegen.[32]

Während Mr. Phillips die mit Sanktionen gegen Italien verknüpften Probleme überdachte, erhielt er aus Genf ein Telegramm des Inhalts, Mussolini sei an Frankreich mit besonderen Vorschlägen für eine Allianz gegen Deutschland herangetreten. Das habe das französische Außenamt angespornt, von Großbritannien für den Fall eines Krieges genaue Hilfsversprechungen zu verlangen, darunter „die Zusicherung, daß im Falle einer deutschen Unternehmung britische Landstreitkräfte auf den Kontinent geschickt würden, einschließlich besonderer Abmachungen über Anzahl, Art und Verwendung dieser Streitkräfte". Außerdem wünschten die Franzosen „einen gegenseitigen Luftpakt". Solange dies „oder etwas Ähnliches nicht garantiert sei, wollten die Franzosen Sanktionen gegen Italien nicht in Betracht ziehen".[33]

Die italienische Presse bekam von den französischen Vorschlägen für eine Allianz mit Großbritannien bald Wind, und die ganze Sache wurde von ihr als von geringer Bedeutung abgetan. Sie äußerte Zweifel „über die tatsächlichen Verpflichtungen, die England auf dem Kontinent eingehen wolle oder könne, und darüber, ob die Franzosen mit allgemeinen Versicherungen zufriedenzustellen seien". Großbritannien habe in der Vergangenheit „den ungewissen Wert seines Beitrages zur Sicherheit auf dem Kontinent" demonstriert. Ohne Italien „könne es keine kollektive Sicherheit geben".[34]

Außenminister Hull definiert den amerikanischen Standpunkt

Angesichts dieser Telegramme hielt es Hull für erforderlich, die Außenpolitik der Vereinigten Staaten klar zu formulieren. Am 20. September unterrichtete er Botschafter Long, daß der in dem römischen Telegramm vom 12. September dargelegte Plan für das Department of State nicht annehmbar sei. Die amerikanische Auffassung des Weltfriedensproblems habe bereits in den von ihm, Hull, der Presse übergebenen Erklärungen schlagenden Ausdruck gefunden, und er würde „Vorgänge" tief bedauern, „die darauf deuten würden, daß wir zu den Organen, die sich um eine befriedigende Lösung der gegenwärtigen Streitfrage bemühen, das Vertrauen verloren hätten".[35]

Nachdem Hull den Vorschlag Botschafter Longs für eine Lösung des italienisch-abessinischen Konflikts abgelehnt hatte, instruierte er Atherton in London, die amerikanische Regierung werde sich „an der Verhängung von Sanktionen über irgendeine in den Streit zwischen Italien und Abessinien verwickelte Nation nicht beteiligen". Was eine Aktion des Völkerbundes angehe, so sei es für die Vereinigten Staaten unmöglich, „sich hierüber schlüssig zu werden, bevor sie völlig in Kenntnis gesetzt sind über die Gründe und Grundlagen einer solchen kollektiven Aktion der Liga und über die besonderen Maßnahmen, die ausgeführt werden sollten".[36]

Der Fünferausschuß macht einen vergeblichen Vorschlag

Damit der Ungewißheit über eine gerechte Beilegung des italienisch-abessinischen Streits ein Ende gemacht werde, unterbreitete der Fünferausschuß des Völkerbundes am 18. September beiden Mächten einen Vorschlag zu sorgfältiger Erwägung. Er sah im Grunde ein Protektorat der Liga über Abessinien vor, da dem Kaiser vier vom Völkerbund zu ernennende Ratgeber zur Seite gestellt werden sollten. Andererseits wurden Italiens „besondere Interessen an der wirtschaftlichen Entwicklung Äthiopiens" ausdrücklich anerkannt.

Um sich über die Vorgänge während der Beratungen des Ausschusses zu informieren, sprach Hugh Wilson auch mit dem polnischen Außenminister, Josef Beck. Oberst Beck mißbilligte jedes scharfe Vorgehen gegen Italien. Sanktionen könnten es aus dem Völkerbund treiben, und ohne Italien könnte die Liga zerfallen. Dann verbreitete sich Beck über die internationale Lage und zeichnete dabei auch ein vignettenhaftes Bildnis Hitlers: „In internationalen Angelegenheiten sei Hitler einfach, aber es sei die Einfachheit gesunden Menschenverstandes. Beispielsweise habe er zu Beck gesagt: ‚Es gibt zwischen Polen und Deutschland nicht eine einzige Frage, die einen Krieg wert ist.' Er habe in diese Erklärung den Korridor ausdrücklich einbegriffen. Beim Lesen der deutschen Geschichte und der Geschichte Europas der letzten zweihundert Jahre, so habe Hitler noch bemerkt, habe er den gleichen Fehler bis zum Überdruß sich wiederholen sehen: die Eroberung von Gebieten mit fremder Bevölkerung; das Ergebnis sei in jedem Fall ein erbitterter Feind in der Flanke ... ‚Aber Sie skizzieren ja', warf ich ein ‚das Porträt eines sehr intelligenten Mannes'. Beck hob die Arme empor und meinte, daß er sein Leben lang nicht begreifen werde ‚was zum Teufel' Hitler in Deutschland eigentlich anstrebe ...

Als sich jedoch das Gespräch der Außenpolitik zuwandte, sagte Beck nachdrücklich, niemand solle den Irrtum begehen und Hitler unterschätzen: Hitler sei, wenn das Gespräch auf Fragen der auswärtigen Beziehungen komme, ein gedankenvoller, schlichter, gerader Mann, voll von gesundem Menschenverstand. Beck beschrieb Hitler ungefähr so, wie Sir John Simons es getan hat: als einen einfachen, aufrichtigen, hart arbeitenden Mann ohne Gedanken an sich selbst oder an Luxus."[37]

Offenbar hatte Wilson dem Polen eine Menge Bemerkungen über Hitler entlockt, aber sehr wenig Informationen über die Arbeit des Fünferausschusses. Als dessen Plan veröffentlicht wurde, sprach der italienische Botschafter in Washington, Rosso, darüber mit Phillips. Er ließ keinen Zweifel über die Ansicht seiner Regierung, daß der Plan den italienischen Bestrebungen in Abessinien „viel zu wenig entgegenkomme". Es sei kaum zu hoffen, daß er angenommen werde.[38]

Das amerikanische Außenamt befaßt sich mit dem Sanktionsproblem

Angesichts der Wahrscheinlichkeit, daß Italien den Vorschlag des Fünferausschusses ablehnen werde, untersuchte das Department of State schleunigst die Tragweite einer Sanktionspolitik überhaupt. Noch einmal legte Wallace Murray ein Referat über die politische Seite von Konferenzen und Konsultationen vor. Ihm schien, die Regierung sollte sich, „falls Amerika als eine der Signatarmächte des Pariser Paktes zur Einberufung einer Konferenz oder zur Teilnahme aufgefordert werde, große Zurückhaltung" auferlegen. Da die europäischen Mächte von der italienisch-abessinischen Situation unmittelbarer berührt würden, sei es offenbar „eher an ihnen als an den Vereinigten Staaten, wenn erforderlich, eine Konferenz einzuberufen". Berufe eine europäische Macht zur Erörterung der Sanktionsfrage eine Konferenz ein, so sollte sich das Außenamt an den Bericht des Senatsausschusses über den Pariser Pakt erinnern: „Der Ausschuß setzt ferner voraus, daß der Vertrag weder ausdrücklich noch stillschweigend Sanktionen vorsieht. Sollte eine Signatarmacht des Vertrages ... dessen Bestimmungen verletzen, so besteht weder ausdrücklich noch stillschweigend eine Verpflichtung oder Bindung für irgendeinen andern Unterzeichner des Vertrages, sich an Straf- oder Zwangsmaßnahmen gegen die Nation zu beteiligen, die den Vertrag verletzt hat."

Falls sich die amerikanische Regierung entscheide, eine Politik des Boykotts italienischer Waren einzuschlagen, so könnte sie, um einen solchen Beschluß wirksam auszuführen, folgendermaßen vorgehen: 1. Privatorganisationen könnten einen Boykottfeldzug gegen italienische Güter eröffnen; 2. die Regierung könnte einzelne Personen auffordern, nichts mehr von Italien zu kaufen; 3. sollte Italien gegen den amerikanischen Handel diskriminierende Maßnahmen zu treffen suchen, so wäre es möglich, ihm ebenso wie Deutschland die Meistbegünstigung zu versagen; 4. als drastischere Maßnahme könnte eine Anwendung der Bestimmungen des Artikels 338 des Zollgesetzes von 1930 in Betracht gezogen werden.[39] Auch das Büro des Wirtschaftsberaters im Department of State verfaßte einen ausführlichen Bericht. Zur Frage der Wirkung von Sanktionen auf das italienische Kriegspotential wies das Referat auf die Schlüsselstellungen hin, die bestimmte Einfuhrgüter im italienischen Wirtschaftsgefüge einnähmen. Diese Importe umfaßten: Maschinen, Apparate und Teile davon (Hauptquelle Deutschland); Mineralöle (Hauptquelle Rumänien); Kohle und Koks (Hauptquelle Deutschland); Kupfer (Hauptquellen Vereinigte Staaten und Chile); Baumwolle (60 Prozent aus den Vereinigten Staaten); Salpeter (einzige Quelle Chile).

Hieraus schloß der Bericht: „Solange Italien seine Einfuhren zu bezahlen vermag, können Wirtschaftssanktionen entscheidend wirksam nur dann gemacht werden, wenn ... die Hauptlieferanten strategischen Materials sie tatsächlich allgemein anwenden ... Was das wichtigste strategische Material angeht, so hat Italien wahrscheinlich für Fälle ungewöhnlichen Bedarfs Vorräte gestapelt."[40]

Nach gründlicher Prüfung dieser Berichte beauftragte Hull den amerikanischen Vertreter in London, dem britischen Außenamt mitzuteilen, daß sich die amerikanische Regierung „an der Verhängung von Sanktionen über eine der in den schwebenden Streit zwischen Italien und Abessinien verwickelten Nationen nicht beteiligen würde". Was eine Kollektivaktion gemäß der Völkerbundssatzung betreffe, so wäre es für die Vereinigten Staaten „aus offenbaren Gründen selbstverständlich unmöglich", an einem solchen gemeinschaftlichen Vorgehen teilzunehmen, ohne vorher „über die Gründe" einer derartigen Maßnahme „völlig in Kenntnis gesetzt zu werden".[41]

Italien lehnt den Vorschlag des Fünferausschusses ab

Während Außenminister Hull das britische Außenamt wissen ließ, daß die amerikanische Regierung an keinem Konzert zur Verhängung von Sanktionen über Italien teilnehmen werde, beschleunigte Mussolini seine Vorbereitungen zum Krieg in Äthiopien. Kurze Zeit glaubte Botschafter Long, die Versammlung der britischen Flotte im Mittelmeer habe bewirkt, daß die italienische Presse in ihren Kommentaren über die britische Politik „einen gemäßigten Ton" angenommen habe[42], im Gespräch mit dem Staatssekretär im Außenministerium, Suvich, erfuhr er jedoch, daß der Vorschlag des Fünferausschusses „nicht annehmbar" sei. Long bemerkte dann auf gut Glück, er glaube in den italienischen Äußerungen der letzten vierundzwanzig Stunden „einen versöhnlichen Ton" entdeckt zu haben, aber Suvich „zog nur zweifelnd die Schultern hoch und erwiderte, er wisse davon nichts".[43]

Die Pariser Presse hatte in den italienischen Äußerungen offenbar keine versöhnliche Note bemerkt, und die Spannung stieg schnell. Chambrun, so verbreitete sie, sollte zu Mussolini mit aller Deutlichkeit gesprochen haben, und im „Echo de Paris" schrieb Pertinax, Laval habe den Duce wissen lassen, daß „die Meinung, Frankreich werde, was Artikel 16 [der Völkerbundssatzung] betrifft, nicht so weit gehen wie Großbritannien, unrichtig" sei.[44]

Allein, diese französischen Beteuerungen zerstreuten das britische Mißtrauen nicht völlig. In einer Unterredung, die Sumner Welles und Botschafter Bingham am 20. September mit dem Stellvertreter des britischen Außenministers hatten, wies Lord Vansittart auf die Beharrlichkeit hin, mit der die britische öffentliche Meinung darauf bestehe, „die verpflichtenden Bestimmungen der Völkerbundssatzung anzuwenden". Das beunruhigte Bingham; er fürchtete, daß ein „größerer Zwischenfall" zu ernsten britisch-italienischen Spannungen führen könnte. Es war klar, daß Vansittart ähnliche Sorgen hatte. Sie würden, so berichtete Bingham, noch vermehrt durch die innere Ungewißheit, die in Großbritannien darüber herrsche, wie weit nach der Völkerbundssatzung und, nebenbei bemerkt, nach der britischen These hierüber zu handeln die Franzosen sich gebunden fühlten.[45]

Das britische Unbehagen verstärkte sich noch, als die italienische Regierung am 21. September ihre Ablehnung der Vorschläge des Fünferausschusses bekanntgab. Auf Malta wurden hastige Vorbereitungen für einen möglichen Konflikt mit Italien getroffen. Man sah die Lage als „äußerst ernst" an.[46] Die britischen Vertreter in Genf bezeichneten den Ton der italienischen Ablehnung als „ungewöhnlich schroff", gaben aber zu, daß die Note geschickt formuliert sei und „einige Elemente" enthalte, „die ... in Verlegenheit setzen".[47] Anthony Eden war besonders beunruhigt wegen der möglichen Wirkungen der italienischen Antwort an den Fünferausschuß; er vertraute Hugh Wilson an, „die Sache stehe so schlecht wie nur möglich".[48]

Am 23. September versuchte Kaiser Haile Selassie, den Weg Italiens zum Kriege zu blockieren, indem er die Vorschläge des Fünferausschusses annahm. Dieser Schritt schien in Rom unmittelbar zu wirken. Am nächsten Tag enthielt die italienische Presse „keine Angriffe gegen England", und der kriegerische Ton, den sie noch kurz vorher angeschlagen hatte, war beträchtlich gemildert.[49] Die Genfer Atmosphäre klärte sich plötzlich. Ein Mitglied der britischen Delegation teilte Prentiss Gilbert mit, Laval habe „die Briten definitiv davon unterrichtet ..., daß Frankreich jeden Standpunkt vertreten werde, den die Briten in Genf einnehmen könnten, und daß er [Laval] hierüber auch Rom informiert habe". Wahrscheinlich machte diese Nachricht alsbald in den Genfer diplomatischen Kreisen die Runde, denn Prentiss Gilbert berichtete, „die ganze äußere Situation hier war heute davon beherrscht, daß sich Briten und Franzosen auf eine gemeinschaftliche Politik geeinigt hätten". Infolge dieser Gerüchte und gegenseitigen vertraulichen Mitteilungen sei „in den innern Kreisen der drei hauptsächlich betroffenen Mächte offenbar eine fast dramatische Wendung eingetreten". Man höre jetzt Ratschläge zur Mäßigung, und die Aufmerksamkeit richte sich auf „die verheerenden Folgen für Finanz und Handel", die ein europäischer Krieg unvermeidlicherweise nach sich zöge.[50] England machte eine versöhnliche Geste: Der britische Botschafter in Rom ließ sich bei Mussolini melden und erklärte ihm, „Sir Samuel Hoare habe den Wunsch, er, Mussolini, möge verstehen, daß Englands ganzes Verhalten keine Bekundung von Feindseligkeit gegen Italien oder irgendwie aggressiv gewesen sei, sondern einfach ein Ausdruck der Treue Englands zu den Prinzipien des Völkerbundes".[51]

Allein, dieses britische Schattenboxen machte auf Mussolini keinen sonderlichen Eindruck. Botschafter Long glaubte, daß „hinter weiteren Verhandlungen unmöglich ein Erfolg zu sehen" sei. „Am Ende jeder Hypothese" stoße er „auf den bisher unveränderten Schluß, daß er [Mussolini] seine Sache ausfechten und, wenn unvermeidlich, eher auf diesem Wege stürzen wird als durch eine schmähliche Kapitulation vor der Macht, die er herausgefordert hat."[52]

Mussolini bietet eine Friedensformel an

Obwohl sich Mussolini zum Krieg mit Abessinien entschlossen hatte, war er doch klug genug, einige Friedensgesten zu machen. Als Gegenmaßnahme gegen die Vorschläge des Fünferausschusses unterbreitete er einen neuen Plan, dessen Hauptpunkte forderten: 1. Das Recht, „westlich von Addis Abeba" Land zu erwerben, das die italienischen Kolonien Eritrea und Somaliland verbände; 2. ein Abkommen, durch das der Vorschlag, Abessinien einen Ausgang zur See zu geben, dergestalt verwirklicht werden würde, daß dieser Korridor statt durch britisches oder französisches Gebiet durch italienisches Territorium liefe; 3. die Entwaffnung und Demobilmachung eines großen Teils der äthiopischen Armee und die Unterstellung der verbleibenden Streitkräfte unter das Kommando italienischer Offiziere.

Während der Fünferausschuß diese Vorschläge prüfte, blieb die Lage in Genf gespannt. Die Sanktionsangelegenheit bereitete den Ligamitgliedern schwere Sorgen. Der Schweizer Vertreter, G. Motta, sprach sich Hugh Wilson gegenüber dahin aus, daß er Wirtschaftssanktionen „für die Schweiz für besonders gefährlich halte; er fürchte die Folgen. Würden die Mächte im Falle von Sanktionen die Schweiz vor Italien schützen?" Seiner Ansicht nach wäre es „unvermeidlich, daß ihre Anwendung eine Bitterkeit und einen Haß nach sich zöge, unter denen die Beziehungen zwischen den beiden Ländern ein Menschenleben lang zu leiden hätten".[53]

Für eine kurze Zeit wurden Mottas Besorgnisse verringert. Unvermittelt klang in den italienisch-britischen Beziehungen ein freundlicherer Ton auf. In Genf schien es außer Zweifel, daß Mussolini eine vernünftigere Haltung angenommen habe[54], in Rom hob die Presse die „freundschaftlichen Beziehungen zwischen Italien und England" hervor[55], und in London meinte man, daß die Spannung „im Augenblick nachgelassen" habe[56].

Großbritannien sucht amerikanische Unterstützung

Sogar in Addis Abeba regte sich die Hoffnung, daß der Konflikt vermieden werden könne. Offenbar glaubte der Kaiser, Großbritannien werde auf eine „gerechte Lösung" für Abessinien bestehen. Übrigens hatte er sein Vertrauen zum Völkerbund nicht verloren. Er äußerte zu dem amerikanischen Gesandten, daß er das Schicksal seines Landes „in die Hand des Gewissens der Welt gelegt habe und zu jedem Opfer bereit sei, das vernünftigerweise von ihm erwartet werden könne".[57]

Das Maß seines Opfers würde von der Stärke des Kollektivdruckes abhängen, den Großbritannien gegen Italien aufzubringen vermöchte. Um sich über die genaue Stärke dieser Front Gewißheit zu verschaffen, beschloß das britische Außenamt, zu erkunden, wie sich die Vereinigten Staaten zu einer gemeinschaftlichen Aktion verhalten würden. Im Verlaufe einer Unterredung, die am 25. September zwischen Sir Samuel Hoare und Botschafter Bingham stattfand, fragte der Außenminister Bingham offen, ob Außenminister Hull „die Möglichkeit einer Beratung unter den Signatarmächten des Kellogg-Paktes" in Betracht gezogen habe.

Bingham antwortete zurückhaltend, daß er „hierüber keine Information" besitze. Hoare beeilte sich, dem Botschafter zu versichern, daß er nicht beabsichtige, „der Regierung der Vereinigten Staaten eine bestimmte Handlungsweise" aufzunötigen, doch hoffe er, daß es ihr möglich sei, Schritte zu tun, „die dazu beitrügen, einen Krieg zwischen Italien und Abessinien räumlich und zeitlich zu begrenzen". Bingham äußerte die Meinung, er halte es „nicht für wahrscheinlich", daß das Department of State, falls es zum Krieg käme, für ein gemeinschaftliches Vorgehen bei der Anwendung von Sanktionen gegen Italien zu haben wäre. Er wisse aber, daß Außenminister Hull daran interessiert sei, „Ausmaß und Zeit eines Krieges zu beschränken", und daß er „im Falle einer einmütigen Kollektivaktion anderer Mächte" entsprechenden Methoden Beachtung schenken würde. Sir Samuel Hoare hörte aufmerksam diese nicht allzu ermutigende Erklärung über die Haltung des Department of State an und bemerkte, daß die britische Regierung nach dem Ausbruch von Feindseligkeiten die Politik verfolgen würde, „einen wirtschaftlichen Druck herbeizuführen ... der, ohne daß man zu wirklichen Sanktionen schritte, so stark wie möglich wäre". Er hoffe sehr, daß die Vereinigten Staaten „einer solchen Anstrengung, soweit sie es für angemessen erachten mögen, ihren Beistand leihen würden".[58]

Die Antwort Außenminister Hulls auf das Vorfühlen Hoares war die mittelbare Zusicherung einer Teilunterstützung. Die amerikanische Regierung „würde eine Aufforderung zur Konsultation durch diplomatische Kanäle im Hinblick auf eine Geltendmachung des Paktes [von Paris] nicht ablehnen, aber wir sind der Meinung, daß eine Konsultation ... als Eingriff in die ausdrücklichen Obliegenheiten des Völkerbundes erscheinen könnte ..., und sie wäre deshalb wohl unerwünscht". Doch Hull beeilte sich, darauf hinzudeuten, wie Amerika helfen könnte, falls die italienisch-abessinische Krise zum Krieg führen sollte. Italien sei wie andere europäische Länder seinen Verpflichtungen aus der ihm von den Vereinigten Staaten gewährten großen Anleihe nicht nachgekommen, und es könne deshalb, nach dem Johnson-Gesetz, aus amerikanischen Quellen weitere Anleihen und Kredite nicht erhalten. Außerdem würde die Export-Import-Bank keine Kredite zur Finanzierung der Warenausfuhr nach Italien gewähren. Ferner würden die Privatinstitute in den Vereinigten Staaten schnell dazu übergehen, „Kredite an Italiener einzuschränken". Und schließlich würde die vor kurzem vom Kongreß gefaßte Neutralitäts-Entschließung ein Embargo auf die Ausfuhr von Waffen, Munition und Kriegsgerät nach Italien bewirken, wenn es Kriegführender werden sollte.[59]

Es war Hoare und andern Mitgliedern der britischen Regierung völlig klar, daß die Vereinigten Staaten auf Italien indirekt einen ungeheuren wirtschaftlichen Druck auszuüben vermochten, ohne bis zu wirklichen Sanktionen gehen zu müssen. Diese augenscheinliche Tatsache muß ihnen zum Trost gereicht haben, als sie dessen dringend bedurften. Großbritannien litt an einem leichten Fall von „Kriegspsychose". Prentiss Gilbert kabelte aus Genf, die britische Regierung werde bald „anfragen", ob die amerikanische Regierung gegen „eine Erweiterung des britischen Flottenbauprogramms, das dem Parlament vorgelegt werden sollte", Einwendungen zu erheben hätte. Die aufgebrachte britische öffentliche Meinung habe eine Verzögerung der Annahme „des geplanten Abkommens mit Frankreich" verursacht, „das vermutlich britische Verpflichtungen auf dem Kontinent einschloß". Weitverbreitetes „Mißtrauen gegen das Verhalten der Franzosen in der gegenwärtigen Lage und Unzufriedenheit mit dem Zustand der Beziehungen zu Rom über Paris hat die Briten dazu getrieben, mit Rom wieder unmittelbaren Kontakt herzustellen".

Der britische Botschafter sei instruiert worden, bei Mussolini vorzusprechen und Klage darüber zu führen, daß sein abessinisches Programm zu expansiv sei. Wenn er sich versöhnlicher und bereit zeigte, mit der britischen Regierung „ein Abkommen auszuarbeiten", so würde versucht werden, „herauszufinden, wieviel von Addis Abeba zu bekommen wäre". Inzwischen habe der Duce das britische Vorhaben gestört mit dem Hinweis, daß ja die abessinische Frage auf der Konferenz von Stresa nicht aufgeworfen worden sei, obwohl die Briten ihre afrikanischen Sachverständigen als Berater hinzugezogen hätten. „Das damalige britische Verhalten" habe er „als stillschweigendes Einverständnis mit seiner Unternehmung" gedeutet. Einige britische Beamte gaben im Gespräch mit Prentiss Gilbert zu, sie fänden „dieses Argument Mussolinis unwiderlegbar".[60]

Mussolini bewegt sich auf den Krieg zu

Für die meisten europäischen Beobachter unterlag es in der letzten Septemberwoche keinem Zweifel mehr, daß Mussolini die letzten Vorbereitungen zum Kriege traf. Am 26. September hatte er eine Unterredung mit Jules Sauerwein vom „Matin" und unterrichtete ihn davon, daß ungefähr in zehn Tagen die Operationen beginnen würden. Er rechne mit der Verhängung wirtschaftlicher Sanktionen, glaube aber, daß sie „nicht wirksam genug sein würden, seine Operationen zu stören".[61]

In einer ausführlichen Depesche an Außenminister Hull untersuchte Botschafter Long sorgfältig die Lage in Rom und kam zu dem Schluß, es liege „kein Anzeichen dafür vor, daß die Italiener eine Beschränkung ihres afrikanischen Programms erwägen. Es trifft zwar zu, daß die Anwesenheit der britischen Flotte im Mittelmeer in einigen Kreisen ein Gefühl des Unbehagens hervorgerufen hat ... doch fehlt es bis jetzt an einem Beweis dafür, daß das Land als Ganzes nicht bereit wäre, sich hinter die Entschlossenheit der Regierung zu stellen, eher allen Drohungen zu trotzen, als eine diplomatische Niederlage hinzunehmen, die für das italienische Prestige verhängnisvoll wäre."[62]

In Genf schien die allgemeine Haltung gegen einen italienischen Vormarsch nach Abessinien hinein fester zu werden. Man glaubte, daß der Völkerbund, nachdem die italienischen Truppen einen „unblutigen Sieg" über äthiopische Streitkräfte davongetragen hätten, sich aufraffen werde, „Italien zum Angreifer zu erklären und Sanktionen zu verhängen". Gleichzeitig könnte eine Friedensoffensive eröffnet werden, die vortreffliche Erfolgsaussichten hätte. Bei der abschließenden friedlichen Regelung könnte Italien „solche Gebietskonzessionen und wirtschaftlichen Vorrechte erhalten, die sich nach und nach zu einer verlockenden Position entwickeln ließen, freilich auch dann noch nicht oder überhaupt nie eine Kontrolle über Abessinien, die das Interesse des britischen Empire an der Unabhängigkeit Abessiniens bedrohen würde".[63]

Diese Spekulationen Botschafter Wilsons beachteten zu wenig die wirklichen Ziele Mussolinis. Nichts als die völlige Kontrolle über Abessinien würde den Duce zufriedenstellen. Am 28. September wurde in Rom eine Erklärung veröffentlicht, die den italienischen Standpunkt völlig klarmachte. Die Vorschläge des Fünferausschusses hätten das „Bedürfnis Italiens nach Ausdehnung und Sicherheit" außer acht gelassen. „Alle ehrlichen Menschen in der ganzen Welt haben die Berechtigung der Ablehnung der Vorschläge des Ausschusses durch Italien anerkannt." Der Duce sei entschlossen, sein eigenes Programm auszuführen, und bereit, den Folgen ins Gesicht zu sehen. Kaiser Haile Selassie habe kürzlich die Mobilmachung seiner Streitkräfte beendet „mit der erklärten Absicht, die Grenzen der italienischen Kolonien anzugreifen". Italien werde der Gewalt mit Gewalt begegnen.[64]

Außenminister Hull bietet Abessinien „moralische Unterstützung" an

Der Kaiser war offenbar eher bereit, dem Frieden mit Frieden zu begegnen. In diesem Sinne wandte er sich abermals an den amerikanischen Gesandten in Addis Abeba. Engert appellierte unverzüglich an Außenminister Hull, „zu handeln, indem Sie dem italienischen Botschafter Ihre Enttäuschung darüber ausdrücken, daß sich sein Land von der gesamten Nachkriegsorganisation zur Erhaltung des Friedens bewußt abkehrt".[65] Hulls Antwort war eine glatte Weigerung, in der abessinischen Wirrnis eine kühne Stellung einzunehmen. Alles, wozu sich Amerika jetzt bereit zeigte, war das Versprechen, den Kaiser „moralisch zu unterstützen". Er sollte durch die Versicherung des Department of State über Wasser gehalten werden, daß die Vereinigten Staaten „nach wie vor ihre Unterstützung durch angemessene Aktionen leihen werden, die wir je nach den Umständen in den uns gezogenen Grenzen unternehmen können".[66]

Großbritannien enttäuscht die Franzosen

Während Außenminister Hull den hungrigen Kaiser mit ein paar moralischen Brosamen zu befriedigen suchte, bemühte sich Sir Samuel Hoare, mit ähnlicher schmaler Kost Laval zu beruhigen. Am 10. September hatte die französische Regierung in einer Note an Sir Robert Vansittart die genaue Frage gestellt, was sie im Falle „einer Verletzung der Völkerbundssatzung und von Gewaltanwendung" durch einen europäischen Staat, „sei dieser Staat Mitglied des Völkerbundes oder nicht", von Großbritannien erwarten könnte. Die Antwort des britischen Außenamtes wurde am 29. September veröffentlicht. Sie bewegte sich vorsichtig in allgemeinen Begriffen und war für Frankreich alles andere als befriedigend. Hoare berief sich besonders auf die Versicherungen in seiner am 11. September in der Völkerbundsversammlung gehaltenen Rede und wiederholte seine damalige Erklärung: „Die Liga, und mit ihr mein Land, tritt für die kollektive Aufrechterhaltung der Völkerbundssatzung in ihrer Gesamtheit ein und besonders für festen kollektiven Widerstand gegen jede unprovozierte Angriffshandlung."[67]

Die britische Presse stimmte im wesentlichen darin überein, daß Hoares Antwort „für jede britische Regierung die einzig mögliche" sei. Die meisten Blätter äußerten die Meinung, daß sich „keine britische Regierung an ein bestimmtes Handeln in einem unbestimmten hypothetischen Zukunftsfall binden" könne.[68] Die französische Presse drückte außer radikalen Zeitungen wie der sozialistischen „République" und Léon Blums „Populaire" tiefe Enttäuschung über die vagen Versprechungen der Note Hoares aus. Nichts als „eine harte und feste schriftliche Garantie für den Versailler Vertrag mit allen seinen Bestimmungen" würde sie zufriedenstellen.[69]

Aus Rom kam die Nachricht, daß der französische Marine-Attaché „definitiv" erklärt habe, Laval „würde militärischen Sanktionen nicht zustimmen". Der deutsche Botschafter in Rom äußerte, daß sich Deutschland „an *keiner* Sanktion gegen Italien beteiligen" würde.[70] In Paris deutete die vorherrschende Haltung auf eine „zu entschiedener Ablehnung jedweder Maßnahme gegen Italien sich verdichtende öffentliche Meinung".[71] Am 3. Oktober waren selbst die am weitesten links stehenden Gruppen in Frankreich gegen Sanktionen. Marcel Deat, der Führer der Neosozialisten, erklärte öffentlich, daß seine Anhänger „für keinerlei Anträge auf Verhängung von Sanktionen, die etwa vor die Kammer kämen, stimmen" würden. Und Léon Blums heftige Äußerungen gegen Italien waren nach und nach zu einem Geflüster über „friedliche Sanktionen" geworden.[72]

Am 2. Oktober warfen italienische Kampfflugzeuge Bomben auf nordabessinische Dörfer, und am Tag darauf erging Befehl für den allgemeinen Vormarsch der italienischen Streitkräfte hinein nach Äthiopien. Als die italienischen Truppen die Grenze überschritten, stimmten sie eine Marschweise an mit dem Text: „Aus dem Backenbart des Kaisers werden wir eine kleine Bürste machen, um damit die Schuhe Benito Mussolinis zu putzen." Der trotzige Hohn dieses Marschliedes galt mindestens ebenso der britischen Regierung, von der die italienische Armee sehr wohl wußte, daß Mussolini ihr eine eiskalte Dusche verabfolgt hatte.[73]

Kapitel IX

Amerika greift dem Völkerbund mit Wirtschaftsmaßnahmen gegen Italien vor

Senator Nye erregt einen diplomatischen Skandal

Als sich die Legionen Mussolinis zum Einmarsch nach Abessinien versammelten, begannen viele Amerikaner auf ein Neutralitätsgesetz zu drängen, das die westliche Halbkugel gegen den möglichen Ausbruch eines zweiten Weltkrieges absondern würde. Der Kreuzzug von 1917 hatte die Welt für die Demokratie nicht sicher gemacht, und in den ersten Jahren der Ära Roosevelts ging eine Woge der Enttäuschung über die Vereinigten Staaten hinweg. Unter ihr verschwanden für die Öffentlichkeit die Maßstäbe, die patriotische Geschichtsschreiber während der zweiten Präsidentschaft Wilsons gebraucht hatten. Der Durchschnittsamerikaner begann plötzlich die Kosten des Weltkrieges zu überrechnen und war tief bestürzt ob der Entdeckung, daß die ungeheuren Opfer von Menschenleben und nationalem Reichtum, die jener Kampf gefordert hatte, vergeblich gebracht worden waren. Durch die amerikanische Intervention war das alte Gleichgewicht der Kräfte, das europäische Staatsmänner behutsam hergestellt hatten, völlig zerstört worden, und nach Beendigung des Krieges hatten sich die Vereinigten Staaten aus einer Position zurückgezogen, in der sie dem neuen internationalen Gebäude, das unter den Windstößen der Ungewißheit und Unsicherheit erzitterte, möglicherweise Festigkeit hätten geben können. Als Hitler die deutschen Grenzen abschritt und die Erde unter seinen Füßen erbeben machte, schüttelte Angst den europäischen Kontinent und rüttelte am Weißen Haus in Washington. Indessen, Präsident Roosevelt verfügte über keine Zauberformel, die den bangen Millionen jenseits des Atlantiks Beruhigung bringen würde. Er dachte an eine Wiederwahl im Jahre 1936 und wagte es nicht, die starke isolationistische Stimmung zu mißachten, die in den meisten amerikanischen Kreisen so offenkundig war.

Zu den isolationistischen Führern, die überzeugt waren, daß die Amerikaner von Fahrten in stürmischen europäischen Gewässern keinen Gewinn erwarten könnten, gehörte der Senator Nye. Die große Parade des Jahres 1917 hatte zu deutlich gezeigt, daß die Wege des Ruhms nur zu Gräbern führen. Am besten konnte eine Wiederholung dieser wahnsinnigen Balgerei mit ihren schrecklichen Folgen verhütet werden, wenn man den Amerikanern die finsteren Kräfte vor Augen führte, die sie in den Konflikt hineingezogen hatten. Der Mann auf der Straße, sagte sich Nye, mußte mit den Ränken der Wallstreet bekannt gemacht werden, damit er seine Ohren vor den Kriegstrommeln verschließe, die für den Armen Takte des Todes schlagen und für den Wohlhabenden Wirbel des Reichtums.

Senator Nye wurde in seinen Ansichten kräftig bestärkt durch einen Artikel, den im März 1934 die Zeitschrift „Fortune" unter dem Titel „Waffen und die Männer dahinter" veröffentlichte. Auf vielen düstern Seiten wurde hier die Geschichte der lichtscheuen Geschäfte und gewundenen Methoden der großen europäischen Rüstungsfabrikanten und ihrer Bemühungen erzählt, Kriege anzuzetteln, die ihre Gewinne in schwindelnde Höhen emporschnellen lassen würden.[1] Nye druckte diesen Aufsatz im „Congressional Record" ab, damit er mit aller Wucht auf empfängliche Kongreßmitglieder wirke. Zweifellos trug er dazu bei, daß der Senat am 12. April einen Entschließungsantrag Nyes annahm, der die Ernennung eines Senatsausschusses zur Untersuchung der Tätigkeit der Rüstungsindustriellen und Kriegsmaterialhändler verlangte.[2]

Vizepräsident Garner ernannte Nye zum Vorsitzenden des Komitees, und der Vorsitzende des außenpolitischen Senatsausschusses, Pittman, willigte ein. Es war ganz ungewöhnlich, daß in einem von den Demokraten beherrschten Senat auf einen so wichtigen Posten ein Republikaner berufen wurde. Außenminister Hull mißbilligte diese Entscheidung der demokratischen Mehrheit: „Hätte ich mir träumen lassen, daß ein isolationistischer Republikaner ernannt werden würde, so wäre ich dem sofort entgegengetreten ... Die Ernennung Nyes war ein verhängnisvoller Mißgriff, weil der Ausschuß ... die Untersuchung auf das Unterfangen ausdehnte, zu beweisen, daß die Amerikaner in den ersten Weltkrieg von amerikanischen Bankiers und Rüstungsfabrikanten hineingezogen worden seien."[3]

Trotzdem sagte Hull dem Ausschuß jede Unterstützung zu, und Präsident Roosevelt ersuchte am 18. Mai den Senat dringend, den Mitgliedern des Komitees reichliche Mittel zur Verfügung zu stellen, damit sie ihre Aufgabe so gründlich ausführen könnten, wie die große Bedeutung der strittigen Sache es verlange.[4] Am 4. September begann der Ausschuß mit seinen Vernehmungen, und bald wurde eine recht schmutzige Geschichte aufgeblättert. Einige besonders bewegte Kapitel berichteten von hochbezahlten Lobbyisten, die ihren Einfluß dazu benutzten, lukrative Lieferungsverträge zu sichern. Mehrere Zeugen wiesen darauf hin, daß die Rüstungsindustriellen, was das Geschäft angehe, glühende „Einweltler" seien. Enge Bande verknüpften diese „Todeshändler" zu einem internationalen Trust. Innerhalb dieses Kreises zirkulierten ganz offen Geschäftsgeheimnisse, Patente wurden ausgetauscht, der Handel in bestimmte begünstigte Kanäle geleitet.

Es stellte sich auch heraus, daß einige amerikanische Offiziere des Heeres und der Marine den Rüstungsfirmen große Gefälligkeiten erwiesen hatten und daß die Verwaltungen von Armee und Marine diesen Gesellschaften fördernde Ermunterung hatten zuteil werden lassen, um die Ausführung eines „Bereitschaftsprogramms" zu beschleunigen. Dies ging so weit, daß Rüstungsfabrikanten erlaubt wurde, die Zeichnungen von Gerät zu kopieren, das in Regierungslaboratorien geprüft und vervollkommnet worden war. Nach diesen Plänen hergestellte Dinge wurden ungehemmt an ausländische Regierungen verkauft.[5]

Einige der Skandale, die die amerikanische Öffentlichkeit bestürzten, stiegen aus den Geheimakten des Department of State empor. Außenminister Hull hatte dem Nye-Komitee großzügig Geheimakten zugänglich gemacht in der Annahme, daß ihr Inhalt dem Späherblick der Zeitungsreporter verborgen bleiben werde. Allein, das Unvermeidliche geschah, und dies und jenes sickerte durch. Die argentinische Regierung sah sich veranlaßt, gegen gewisse Behauptungen zu protestieren, die einen argentinischen Admiral betrafen. Das chinesische Außenamt dementierte, daß eine große Weizenanleihe in die hohle Hand von Rüstungsfabrikanten gelenkt worden sei. Und Lord Vansittart kämmte seinen reichen Wortschatz durch, um die richtigen Wendungen zu finden für den Ausdruck höchster Entrüstung über Anspielungen darauf, daß König Georg V. auf Polen einen Druck ausgeübt habe zu dem Zweck, einer wohlbekannten britischen Firma einen Lieferungsvertrag zu sichern.[6] Und auf einen Wink des Foreign Office beklagte sich der britische Botschafter in Washington über die Publikation der Korrespondenz der britischen Regierung mit dem Haus Morgan aus den Jahren 1914 bis 1917. Die amerikanische Öffentlichkeit sollte über die engen Beziehungen zwischen dem amerikanischen Großunternehmertum und England in Unkenntnis bleiben.

Außenminister Hull geriet durch dieses Trommelfeuer von Protesten in größte Verlegenheit und suchte in seine Bemühungen, den Nye-Ausschuß „in vernünftigen Grenzen zu halten", den Präsidenten einzuspannen. Indessen, Präsident Roosevelt hatte kein Interesse daran, das

Geheimnis der Dokumente des Hauses Morgan zu wahren. Er erklärte sich zwar für den 19. März zu einer Konferenz mit dem Nye-Ausschuß bereit, übte aber auf ihn nicht den geringsten Druck aus.[7] Die Historiker werden ihm für die Zurückhaltung, die er sich in diesem Falle auferlegte, ewig dankbar sein, grub doch nun das Nye-Komitee ein riesiges Tatsachenmaterial aus, das für die Geschichtsschreibung von großem Wert ist.

Diese Dokumente deckten klar die Wirtschaftskräfte auf, die dazu beigetragen hatten, jene feindliche Stimmung gegen Deutschland zu erzeugen, die schließlich zur amerikanischen Intervention im Jahre 1917 führte. Ein wesentlicher Teil des Materials enthüllte die reiche Gelderente, die einige Firmen durch den bewaffneten Konflikt in die Scheuern bringen konnten.[8] Die verblüffenden Zahlen hierüber beschleunigten die im Gange befindliche Bewegung, gesetzlich die amerikanische Neutralität zu sichern und Kriegsgewinne auszuschließen.

Die Offensive gegen die amerikanische Neutralität

Die Bestrebungen, die amerikanische Neutralität zu sichern, stießen bald auf die erbitterte Opposition vieler amerikanischer Publizisten und Politiker, die meinten, der Kellogg-Pakt habe das alte Konzept der Neutralität aufgehoben. Sie vertraten ihre Auffassung mit Ungestüm und griffen jeden heftig an, der des Glaubens war, daß sich Amerika noch immer aus dem nie endenden Zyklus europäischer Kriege heraushalten könne. Ihre sorgfältig geplante Offensive gegen das Fortbestehen der herkömmlichen Neutralitätspolitik begann lange bevor die Untersuchungsergebnisse des Nye-Ausschusses die amerikanischen Gemüter beunruhigte. Die Kampagne war im Grunde eine Fortführung des Kampfes für den Versailler Vertrag. Dieser Vertrag war teilweise amerikanischen Ursprungs und hatte in den Vereinigten Staaten zahlreiche Verteidiger. Zwar gaben viele ohne weiteres zu, daß er ein paar schreiende Ungerechtigkeiten enthalte, doch wollten sie wegen dieser Unvollkommenheiten nicht das ganze Dokument verwerfen. Nach der Ablehnung des Vertrages durch den Senat widmete eine Gruppe prominenter Amerikaner ihre ganzen Kräfte dem Ziel, durch irgendeinen unschuldig aussehenden Pakt, dessen weittragende stillschweigende Folgerungen am Ende ihren Zwecken dienstbar gemacht werden könnten, die Vereinigten Staaten mit ihren früheren Verbündeten in ein enges Einvernehmen zu bringen. Das Ergebnis dieser Bestrebungen war der Kellogg-Briand-Pakt.

Die britische und die französische Regierung beobachteten aufmerksam und der Bedeutung des Vorganges sich wohl bewußt die Anstrengungen dieser international gesinnten Amerikaner. Es wurde immer schwieriger, die Beute des Weltkrieges festzuhalten. Konnten die Vereinigten Staaten an einen allgemeinen Vertrag gebunden werden, der den Verzicht auf Krieg aussprach, so war für die Aufrechterhaltung des Status quo ihre moralische Unterstützung gesichert. Wenn eine durch die Pariser Vorortverträge gelähmte Nation die Fesseln sprengte, oder wenn eine der Habenichts-Mächte das 1919 errichtete politische Gebäude mit Waffengewalt umzustürzen versuchte, dann wurde er als Vertragsbrecher und bösartiger Feind des Weltfriedens angeklagt. Der Kellogg-Pakt war lange vor 1928 im Werden.

Damit der Pakt den imperialen Interessen Großbritanniens und Frankreichs entspräche, bestanden die Außenämter der beiden Länder auf bestimmten Vorbehalten zu seinem allgemeinen Inhalt. Die französische Regierung ließ keinen Zweifel darüber, daß der vorgeschlagene Friedenspakt das Recht zu legitimer Verteidigung und die Erfüllung der in der Völkerbundssatzung niedergelegten Verpflichtungen nicht beeinträchtigen dürfe. Dasselbe hätte zu gelten von den Verpflichtungen nach dem Vertrag von Locarno und den Bündnisverträgen. Außenminister Kellogg gab am 28. April 1928 in einer Rede vor der Amerikanischen Gesellschaft für internationales Recht seine Billigung dieser Vorbehalte zu erkennen. Am 19. Mai akzeptierte die britische Regierung die französischen Vorbehalte und nahm die Gelegenheit wahr, einige ihrer eigenen Vorbehalte anzumelden. Es gebe „gewisse Gebiete in der Welt", deren Wohlfahrt und Integrität für die Sicherheit des Empire „von besonderem und lebenswichtigem Interesse" seien. Eine Einmischung in die Angelegenheiten dieser Gebiete könne „nicht geduldet" werden. Ihr Schutz gegen einen Angriff sei „für das britische Empire eine Maßnahme der Selbstverteidigung". Daher verstehe sich, daß die britische Regierung an einem neuen allgemeinen Friedenspakt „nur unter der klaren Voraussetzung teilnehmen" kön-ne, „daß der Vertrag ihre diesbezügliche Handlungsfreiheit nicht schmälert".[9]

In einem schneidenden Kommentar zu den britischen und französischen Vorbehalten be-merkt Professor Borchard: „Wenn man die Fülle und Dehnbarkeit dieser Qualifikationen und Interpretationen bedenkt, so fällt es schwer, unter den Kriegen, die seit einem Jahrhundert Nationen unter sich ausgefochten haben oder wahrscheinlich in Zukunft ausfechten werden, auch nur einen zu finden, auf den diese Vorbehalte nicht angewendet werden könnten. Weit davon entfernt, den Krieg zu ächten, bedeuten sie die entschiedenste Billigung bestimmter Kriege, die jemals verkündet worden ist."[10]

Es war klar, daß die britischen Vorbehalte absichtlich verschwommen gefaßt waren. Nach wie vor konnten britische Staatsmänner jeder „Einmischung" in die Angelegenheiten undefi-nierter weiter „Gebiete in der Welt", deren Wohlfahrt und Integrität die britische Regierung als „lebenswichtig" für die Interessen des Empire betrachtete, mit Waffengewalt entgegentre-ten. Indem Außenminister Kellogg diese Formel annahm, unterschrieb er einen Vorbehalt, der den Friedenspakt zu einer kläglichen Geste aushöhlte. Schon schwangen die vorher ange-nommenen französischen Vorbehalte über einem Dokument, von dem man glaubte, es sei ei-ne Siegeshymne des Friedens, als Obertöne des Krieges. Mit der Billigung des britischen Vor-behalts waren weitere hinzugekommen.[11]

Die den Pakt charakterisierende Begleitmusik bekam eine noch kriegerischere Note, als Außenminister Kellogg ausdrücklich selber die Auffassung vertrat, daß Kriege, die ein Land gemäß seinen Verpflichtungen laut der Völkerbundsatzung oder des Vertrages von Locarno oder in Erfüllung von Bündnisverträgen führe, durch den Pariser Pakt nicht geächtet seien.[12] Nach dieser umfassenden Feststellung war es für die europäischen Staatsmänner nichts als na-türlich, zu argumentieren, daß nun die amerikanische Regierung an Entscheidungen der Li-ga über Aggressoren gebunden sei und sich einer von Genf verfügten gemeinschaftlichen Ak-tion nicht entgegenstellen könne.[13] Es ist bemerkenswert, daß Senator Borah dazu beitrug, die-ser europäischen Auffassung feste Gestalt zu geben. In einem Interview mit Kirby Page erklärte er kühn: „Eine weitere wichtige Folge eines solchen Vertrages [des vorgeschlagenen Pariser Paktes] wäre, daß bei einer gemeinschaftlichen Aktion gegen ein Land, das sich einer fla-granten Verletzung dieses Ächtungsabkommens schuldig gemacht hätte, die Vereinigten Staa-ten um Unterstützung angegangen werden würden ... Es ist völlig unvorstellbar, daß Ameri-ka im Falle eines Bruches eines mehrseitigen Vertrages, zu dessen Unterzeichnern es gehört, untätig beiseite stünde."[14]

Man muß sich vergegenwärtigen, daß Borah als Vorsitzender des Senatsausschusses für auswärtige Angelegenheiten an den Verhandlungen für den Pariser Pakt aktiv teilnahm. Vor der Unterzeichnung des Vertrages dankte ihm Außenminister Kellogg in einem Brief für sei-ne „Mitarbeit und große Hilfe".[15] Borah antwortete, indem er Kellogg dazu beglückwünsch-te, „nicht nur den Vertrag überhaupt, sondern diesen in der Form gesichert zu haben, in der er jetzt zweifellos angenommen werden wird. Ich erblicke in dem Vertrag ein großes und un-zweideutiges Werk für die Sache des Friedens und in der Gewandtheit, mit der Sie die Ver-handlungen geführt haben, einen Beweis höchster Staatskunst."[16]

Kellogg aber äußerte jetzt Befürchtungen wegen „einer bedeutenden Bewegung in Ameri-ka gegen den Vertrag ... Ich meine, wir alle sollten das im Auge behalten."[17] Borah hätte sehr daran interessiert sein müssen, dieser Strömung entgegenzutreten, gehörte er doch, wie ihm Kellogg bescheinigte, in mancher Hinsicht zu den Urhebern des Vertrages: „Ich glaube, die Leute in Europa wissen, wie sehr Sie geholfen haben. Viele Anregungen zu seiner Form [der des Vertrages] sind von Ihnen gekommen, und Ihr erster offener Brief an die New Yorker ,Times', worin Sie den vorgeschlagenen Vertrag erläutern, war unermeßlich wertvoll."[18]

In der zweiten Augustwoche beklagte sich Kellogg in einem Brief an Borah einigermaßen beunruhigt über die „Unterstellungen" in bestimmten Blättern: „Ausgerechnet jetzt greifen ge-wisse Zeitungen ... alle Unterstellungen auf, die ihnen nur einfallen können, und Frank Si-monds hat sich dem Haufen zugesellt. Er sagt, wir hätten moralische Verpflichtungen über-nommen. Ich weiß von keinen moralischen Verpflichtungen, ganz gleich, welcher Fall eintre-ten mag, Sanktionen anzuwenden oder eine positive militärische Aktion zu unternehmen ... Es entmutigt mich, wenn ich solche Unterstellungen lese."[19]

Die Anspielungen in der Presse hatten ihren guten Grund. Borahs Interview mit Kirby Page am 25. März hatte offenbart, daß nach der Überzeugung des Vorsitzenden des außenpolitischen Senatsausschusses Amerika im Falle einer schweren Verletzung des vorgeschlagenen Paktes nicht „untätig beiseite stünde". Nicht lange, und der nächste Außenminister, Henry L. Stimson, verfocht leidenschaftlich genau dieselbe Auffassung. Borah war in seinem ganzen Verhalten zu dem vorgeschlagenen Kriegsächtungspakt unglaublich naiv. Er hatte 1919/1920 zu den Hauptgegnern des Versailler Vertrages gehört und auf seine Ablehnung durch den Senat wesentlich mit hingewirkt. Und jetzt setzte er alle seine Kräfte daran, im Senat einen Vertrag durchzubringen, der das Unrecht von Versailles „einfrieren" würde. Die sogenannten Versailler Fesseln konnten nur durch eine radikale und umfassende friedliche Revision oder, und demnach so gut wie gewiß, nur durch einen bewaffneten Konflikt gesprengt werden. So fand sich Borah in der seltsamen Lage, daß er mit seinem Vorhaben, den Krieg zu ächten, zugleich darauf hinarbeitete, jene Fesseln zu verewigen. Die von dem vorgeschlagenen Pakt umschlossenen stillschweigenden Folgerungen schienen ihm zu entgehen, obwohl einige ausgezeichnete Publizisten ihn warnten, so im Dezember 1929 Professor Borchard in einem Brief, der schloß: „Ich kann nur Dankbarkeit darüber empfinden, daß wir der Kampagne für einen Beitritt zum Völkerbund nicht erlegen sind – einer Kampagne, die zu erneuern man jetzt im Begriff ist ... Wir wären eine Partei entweder für oder gegen diese Transaktionen [in den damals schwebenden europäischen Streitfragen] geworden und hätten uns unentrinnbar in die Maschen der europäischen Politik verstrickt. Wenn ich das britische Weißbuch richtig verstanden habe, so meinen sie [die Engländer], daß dies durch unsere Unterschrift unter den Kellogg-Pakt erreicht worden sei. Ich bin immer überzeugt gewesen, daß wesentlich dies ihre Absicht war, als sie den Kellogg-Pakt unterzeichneten."[20]

Senator Capper hatte bereits die Ansicht erkennen lassen, daß der Kellogg-Pakt unsere historische Neutralitätspolitik von Grund aus ändern werde. Im Februar 1928 brachte er einen Resolutionsentwurf ein, der verlangte, die Verschiffung „von Waffen, Munition, Gerät und anderen der Kriegführung dienenden Handelsartikeln" nach einem Land zu verbieten, von dem der Präsident erklärt hatte, daß es den Kellogg-Pakt verletzt habe.[21] Wenn dieser Entschließungsantrag auch vom Senat abgelehnt wurde, so war er doch ein starker Beweis dafür, daß prominente Republikaner und Demokraten bereit waren, in Verbindung mit dem Kellogg-Pakt einer Politik der Parteinahme zu folgen.

Zahlreiche Akademiker unterstützten eine solche Politik. Professor Clyde Eagleton war überzeugt, daß „der Kellogg-Pakt nur respektiert werden wird, wenn wir bewußt und fest gegen einen Verletzer des Paktes Partei ergreifen"[22], und Professor Charles Fenwick pries den Pakt, weil er das amerikanische Interesse daran zeige, daß er auch „von andern Staaten" eingehalten werde, und die Absicht, „aus unserer traditionellen Neutralitätshaltung" herauszutreten, falls andere ihn brechen sollten[23].

Um dieses „Einweltler"-Konzept von Krieg und Frieden (ohne den Mittelgrund der Neutralität) ins Werk zu setzen, vertraten gewisse Publizisten die Auffassung, daß der Kellogg-Pakt als Vorkehrung auch internationale Konsultationen einschließe. David Hunter Miller glaubte dessen ganz sicher sein zu können. Sollte Krieg drohen, „so wird die Regierung der Vereinigten Staaten unvermeidlicherweise konsultiert werden, wenn nicht in Genf, dann sicherlich von den in Genf einflußreichsten Mächten ... Keine Regierung der Vereinigten Staaten könnte sich gegen einen solchen Appell gleichgültig verhalten; auch dürfte sie es in einem solchen Fall nicht ablehnen, durch Zusammenarbeit mit dem Völkerbund den Frieden zu bewahren." Konsultation unter den Signatarmächten des Pariser Paktes wohne den Bestimmungen des Paktes selbst inne.[24]

Außenminister Stimson war der gleichen Ansicht; er vertrat sie am 8. August vor dem Council on Foreign Relations unmißverständlich und nachdrücklich.[25] Seiner Meinung nach war Neutralität ein veraltetes amerikanisches Konzept. Internationale Zusammenarbeit, so lautete das neue Schlagwort des Department of State. Die Regierung Roosevelts ging nicht so weit wie Außenminister Stimson; dazu war sie zu vorsichtig. In Genf aber versprach am 22. Mai 1933 Norman Davis nicht nur Konsultation, sondern auch Zusammenarbeit mit andern Mächten durch Unterlassung jeder amerikanischen Aktion, die eine gemeinschaftliche Anstrengung, einen Aggressor-Staat zu bestrafen, vereiteln könnte.[26]

John Bassett Moore, Amerikas führende Autorität auf dem Gebiet des internationalen Rechts, war über die Erklärung Norman Davis' bestürzt. Die Bindung der Vereinigten Staaten an einen umfassenden Konsultativpakt „würde die schwerste Gefahr bilden, der das Land jemals ausgesetzt gewesen ist, eine Gefahr, die eine Bedrohung unserer Unabhängigkeit einschlösse ... Sie würde die letzte Spur von Macht, unser eigenes Schicksal zu bestimmen, auslöschen ... Von allen vorstellbaren Plänen ist der ‚Konsultativpakt' der schädlichste."[27]

Dieser „Appell an die Vernunft" des Richters Moore hatte in einigen demokratischen Kreisen beträchtliches Gewicht und übte während der italienisch-abessinischen Krise auf das Verhalten des Außenamtes deutlichen Einfluß aus. Vor dem Ausbruch dieses Konflikts aber spielte sich der Kampf um die Bewahrung der amerikanischen Neutralitätspolitik in den Kongreßsälen ab.

Der Präsident nimmt ein Neutralitätsprogramm des Kongresses an

Es ist eine banale Wahrheit, daß die Politik oft seltsame Bettgenossen macht. Dies traf sicherlich auf Borah und Stimson zu. Zeitweilig waren sie in ihrer Haltung zum Weltfriedensproblem Antipoden, bei andern Gelegenheiten wiederum standen sie Schulter an Schulter und unterstützten einander kräftig. Borah war mit Stimson der Meinung, daß es klug wäre, die Kriegsschulden der Alliierten des Weltkrieges zu streichen.[28] Anfang 1933 stand Borah abermals neben Stimson. Präsident Hoover hatte am 10. Januar den Kongreß durch eine Botschaft um die Ermächtigung ersucht, über Kriegsmaterial ein Embargo zu verhängen. Es bezog sich das auf den zwischen Bolivien und Paraguay wütenden Krieg. Allein, die Botschaft enthielt als Einlage Außenminister Stimsons einen Resolutionsentwurf, der weitreichende Folgerungen in sich schloß. Borah ließ sich überreden, den Entschließungsantrag einzubringen, und am 19. Januar wurde er ohne Aussprache angenommen. Am nächsten Tag beantragte Senator Bingham nochmalige Abstimmung und blockierte dadurch die abschließende Beratung.[29]

Nach dem Resolutionsentwurf sollte der Präsident ermächtigt werden, wann immer er in einem Teil der Welt eine bedrohliche Lage bemerkt zu haben glaubte, die durch Verladung von Kriegsmaterial dorthin verschärft werden würde, ein Waffenembargo zu verkünden. Dieses Embargo sollte in Kraft gesetzt werden „gegen das Land oder die Länder, die er [der Präsident] bezeichnet".

Die ungeheure Entscheidungsgewalt, die dadurch der Präsident erhalten würde, alarmierte die geschäftlichen Interessen Amerikas. Vertreter der Winchester Repeating Arms Company und anderer ähnlicher Gesellschaften eilten nach Washington und wandten sich energisch gegen das geplante Gesetz. Unter ihrem Druck wurde der Rahmen des Entwurfs enger gezogen. Die Handelssperre sollte nun nicht mehr für „einen Teil der Welt", sondern nur noch für „ein amerikanisches Land" gelten.[30] Doch selbst in dieser abgeschwächten Form blieb dem Entwurf die Zustimmung des Kongresses versagt.[31]

Als Hull im März 1933 die Leitung des Außenamtes übernahm, verriet er alsbald seinen Ärger über die Unterlassung des Kongresses, ein Neutralitätsgesetz zu beschließen, das den Präsidenten mit umfassenden Vollmachten ausgestattet hätte. Hierin waren er und Stimson der gleichen Auffassung. Im April 1935 erklärte er dem Präsidenten offen, daß er kein Gesetz der Art wünsche, „für das Isolationisten wie Nye eintreten und das der Exekutive Hände und Füße bände und jeden künftigen Angreifer wissen ließe, ... daß er seinem auserkorenen Opfer den Krieg erklären kann, während wir dafür sorgen würden, daß unsere Bürger dieses sein Opfer nicht mit Waffen ausrüsten könnten".[32]

Allein, Hull vermochte die schwungvolle Energie der Senatoren Nye und Clark nicht zu lähmen. Sie beantragten eine Reihe von Vorkehrungen, die eine wahre Neutralitätspolitik sichern würden. Darauf baten der Präsident und der Außenminister den Vorsitzenden des außenpolitischen Senatsausschusses, Senator Pittman, die Anträge durch ablehnende Berichterstattung zu „erledigen", doch der Senator kam dem nicht nach. Nun wurde Norman Davis zu ihm geschickt, und der Senator willigte ein, die Nye-Clark-Resolution zu „ersticken", worauf Hull vor dem außenpolitischen Senatsausschuß erschien und seine Ansichten darlegte.

Anschließend übersandte er dem Ausschuß den Entwurf zu einem Gesetz nach seinem Geschmack. Selbstverständlich war in dem Entwurf dafür gesorgt, daß es im Ermessen des Präsidenten stünde, in Kriegszeiten eine Handelssperre für Waffen zu verfügen.[33]

Das Außenamt befürchtete, daß es dem starken isolationistischen Block im Senat gelingen könnte, die Beratung des beantragten Gesetzes aufzuschieben, und so bat Hull am 19. August Präsident Roosevelt, auf Senator Pittman einen Druck auszuüben, damit er gegen die Obstruktionisten den richtigen Kampfgeist zeige. Indessen, Pittman schien in dieser Sache dem Weißen Haus gegenüber besonders harthörig zu sein: denn in der Resolution des außenpolitischen Ausschusses, über die er Bericht erstattete, war von einer Ermächtigung des Präsidenten zu einem Waffenembargo nichts zu finden. Als die Vorlage nach ihrer Annahme durch beide Häuser des Kongresses dem Präsidenten zur Billigung zugeleitet wurde, wies Außenminister Hull auf mehrere Klauseln hin, die ihm nicht gefielen. Aber der Präsident schob die Einwände beiseite und stimmte dem Gesetz am 31. August zu.

Am 24. September trat das neue „National Munitions Control Board" zu seiner ersten Sitzung zusammen. Jeder Hersteller, Exporteur und Importeur von Waffen, Munition und Kriegsgerät mußte sich jetzt im Außenamt registrieren lassen. Die Ausfuhr ihrer Ware wurde künftig durch ein Lizenzsystem kontrolliert, und in Kriegszeiten trat automatisch eine vom Präsidenten zu verkündende Sperre für diesen Handel mit den Ländern ein, die sich im Kriege befanden. Nichts war hier in das Ermessen des Präsidenten gestellt. Wohl aber konnte der Präsident durch Proklamation die amerikanischen Bürger warnen, daß sie, wenn sie auf Schiffen Kriegführender reisten, dies auf eigene Gefahr täten. Auch konnte er die Einfahrt von Unterseebooten der Kriegführenden in amerikanische Hoheitsgewässer sperren oder beschränken und den Transport von Menschen und Kriegsmaterial von amerikanischen Häfen zu Schiffen der Kriegführenden auf hoher See verbieten.[34]

Amerikas Reaktion auf den italienisch-abessinischen Krieg

Das Neutralitätsgesetz hatte eine neue Politik der Friedenssicherung eingeleitet, von der erhofft wurde, daß sie Amerika vor der Geißel des Krieges auch wirklich bewahren werde. Diese Politik sollte bald auf die Probe gestellt werden. Am 3. Oktober marschierten Mussolinis Legionen nach Äthiopien hinein. Die üblichen Kriegserklärungen wurden unterlassen. Das bestimmte Hull, nach London, Paris, Rom, Genf zu telegrafieren, um Nachrichten über tatsächliche Feindseligkeiten zu erhalten. Bingham in London antwortete: „Die Regierung Seiner Majestät ist der Auffassung, daß ein Kriegszustand nicht besteht."[35] Von der vorsichtigen Haltung Großbritanniens ein wenig verwirrt, sandte Hull ein zweites Telegramm nach London: „Beruht diese Haltung auf Rechtsüberlegungen, oder geht sie auf schwebende praktische Erwägungen im Völkerbundsrat zurück?"[36]

Während Hull auf Antwort von Bingham wartete, schlug Stanley K. Hornbeck, der Leiter der Fernöstlichen Abteilung des Außenamtes, Mr. Phillips vor, dem britischen Außenamt und dem Generalsekretär des Völkerbundes eine Botschaft dahingehend zu übermitteln, daß man die amerikanische Regierung nicht ersuchen solle, bei der Verhängung von Sanktionen mitzuwirken.[37]

Der Vorschlag von Dr. Hornbeck wurde mit einem „Lächeln der Mißbilligung" aufgenommen. Gleichwohl betrieb er ihn nachdrücklich weiter. Er wußte nur zu gut, daß Europa auf die Mitwirkung Amerikas bei einem Vorgehen gegen Italien durch Druckmaßnahmen brannte, und war sich über die Gefahren klar, die eine solche Aktion mit sich brächte. Während das Department of State die Probleme erörterte, die sich unausweichlich aus dem Krieg ergeben würden, traf aus Paris die Nachricht ein, daß Laval und Eden über den weiteren Kurs wichtige Besprechungen gehabt hätten. Laval habe die Meinung geäußert, „es könnte möglich sein, mit wirtschaftlichen Maßnahmen auszukommen". Eden habe pariert: „Wenn solche Maßnahmen ergriffen würden, müßten sie, um zu wirken, kräftig, fest und lückenlos sein und sofort getroffen werden."[38]

Die aus den europäischen Hauptstädten im amerikanischen Außenamt einlaufenden Berichte zeigten sehr bald, daß zwischen Italien und Abessinien tatsächlicher Kriegszustand herrschte. In Anbetracht dessen funkte Präsident Roosevelt von Bord des Kreuzers „Houston" an Außenminister Hull, er glaube, man sollte unverzüglich öffentlich bekanntmachen, daß die Vereinigten Staaten die beiden Länder als im Kriegszustand befindlich betrachteten.[39] Hull stimmte zu, obwohl einige seiner Berater, wie Hugh Wilson, meinten, Amerika sollte die Entscheidung des Völkerbundes abwarten. Am 5. Oktober wurde das Embargo für alle Sendungen von Waffen und Kriegsmaterial nach den kriegführenden Ländern öffentlich verkündet. Gleichzeitig wurde eine Erklärung herausgegeben, die alle amerikanischen Bürger davon in Kenntnis setzte, daß diejenigen, „die sich freiwillig auf Transaktionen irgendwelcher Art mit einem der Kriegführenden einlassen, dies auf eigene Gefahr tun".[40]

Diese Erklärung ging über den Buchstaben des Neutralitätsgesetzes hinaus. Hull hatte sie entworfen, um vom „Handel jeder Art mit Italien" abzuschrecken. Der Präsident und er waren hierin einheiliger Meinung gewesen, nicht aber über die Veröffentlichung einer Warnung an die amerikanischen Bürger, sich vor Reisen auf italienischen Schiffen zu hüten. Hull hielt eine solche Warnung für überflüssig, doch der Präsident bestand darauf. Er fürchtete, „es könnte leicht zu ärgerlichen Episoden kommen, wenn Amerikaner weiter italienische Schiffe begünstigen".[41]

Aus Deutschland berichtete Dodd, das Auswärtige Amt beobachte den italienisch-abessinischen Krieg genau. Was die mögliche Verhängung von Sanktionen angehe, so glaube er, daß sich Deutschland dadurch „nicht gebunden fühlen würde", da es dem Völkerbund nicht mehr angehöre und an Genfer Entscheidungen nicht mehr teilhabe. Die deutsche Regierung hoffe, „den normalen Handel mit Italien aufrechtzuerhalten".[42]

In Paris wuchs die Abneigung, gegen Italien mit starken Maßnahmen vorzugehen. Selbst die am weitesten links stehenden Blätter unterstützten diese Ansicht. Die kommunistische Presse verkündete mit Emphase: „Wir lehnen es ab, uns durch Signor Mussolinis Narrheit in einen Krieg schleifen zu lassen." In den führenden Zeitungen trat die Tendenz hervor, „England von einem Drängen auf Sanktionen abzuraten".[43]

Nach sorgfältiger Prüfung der französischen Presse gelangte die italienische Regierung zu dem Schluß, daß sich „Frankreich entschieden" habe, „Italien zu unterstützen, ohne sich England zu entfremden". Infolgedessen „wird Italien ohne Unterbrechung weiter nach Abessinien hineinmarschieren und inzwischen nach einem vorteilhaften Kompromiß streben … Militärische Sanktionen sind offenbar aufgegeben, und Wirtschaftssanktionen, wie man sie möglicherweise verhängen wird, werden vermutlich so begrenzt sein, daß sie wirkungslos bleiben."[44]

Hugh Wilson in Genf hoffte, Außenminister Hull werde in der Angelegenheit des italienisch-abessinischen Konflikts jede Aktion aufschieben. Die Lage sei ausgesprochen „kitzlig". Eine Erklärung, daß nach der Auffassung Washingtons Kriegszustand bestehe, „könnte die Entscheidung des Völkerbundsrates beeinflussen und uns für das Vorgehen, das er beschließt, mitverantwortlich machen".[45]

Zu der entgegengesetzten Ansicht war an demselben Platz Prentiss Gilbert gekommen. Er hatte mit einem britischen Beamten gesprochen, der den Standpunkt einnahm, je eher Amerika handle, „desto besser". Die Aktion des Völkerbundes „werde nicht dazu beitragen, die Situation zu klären, wohingegen eine zeitige Aktion unsererseits durch Anerkennung der tatsächlichen Lage nicht nur hülfe, die Atmosphäre zu reinigen, sondern auch … die britische Position stärken würde".[46]

Es war die britische Position, die Außenminister Hull für das Wichtigste hielt. Am 5. Oktober wies er James C. Dunn an, bei der Botschaft in London über die Haltung des Foreign Office telefonisch Erkundigungen einzuholen. Er erfuhr, die britische Regierung glaube, „daß man sich in Genf zwar augenblicklich nicht auf Sanktionen einigen mag, daß es aber schließlich doch zu Sanktionen kommen werde". Was die Anerkennung des Kriegszustandes zwischen Italien und Abessinien betreffe, so habe die britische Regierung bis jetzt noch keine Entscheidung getroffen.[47]

Während sich die britische Regierung mit dem juristischen Problem des Krieges herumschlug, führten der britische Generalstab und die britische Admiralität mit französischen Militärs wichtige Gespräche über mögliche Operationen in dem Falle, daß Frankreich infolge von Maßnahmen des Völkerbundes angegriffen würde. Dabei wurde die Ansicht geäußert,

142

„daß durch Verhältnisse, die sich möglicherweise aus wirtschaftlichen Sanktionen ergäben, militärische Sanktionen heraufbeschworen werden könnten".[48] Die Bedeutung dieser Unterredungen wurde unterstrichen durch die Antwort der französischen Regierung auf die britische Anfrage, wie sich Frankreich verhielte, wenn Großbritannien von einer dritten Macht angegriffen werden sollte, „gegen die Sanktionen ins Auge gefaßt sind". Die Franzosen sagten für diesen Fall unter den folgenden drei Bedingungen Beistand zu:

1. Die Verpflichtung zum Beistand muß gegenseitig sein. Sie muß Großbritannien binden, unter ähnlichen Umständen Frankreich zu helfen.

2. Die vorgeschlagenen Vorbeugungsmaßnahmen müssen gemeinsam beraten werden.

3. Die Verpflichtungen müssen gelten, ganz gleich, ob der angreifende Staat Mitglied des Völkerbundes ist oder nicht.[49]

Der Völkerbund erklärt Italien für eine Angreifer-Nation

Während der englisch-französischen Militärbesprechungen über Auswirkungen des italienisch-abessinischen Streits befaßte sich der Völkerbund mit dem gleichen dornigen Problem. Eden in Genf dachte nicht an Beschwichtigung. Er wurde in seiner hartnäckigen Haltung von vielen maßgebenden Gruppen in Britannien kräftig unterstützt. Besonders die Geistlichkeit der Kirche von England bestand darauf, daß die britische Regierung zum Völkerbund halte. Die Erzbischöfe von York[50] und Canterbury äußerten in offenen Briefen leidenschaftlich die Meinung, daß Treue zur Liga eine moralische Verpflichtung sei.[51] Canon F.R. Barry schlug bei einer Predigt in der Westminster-Abtei ähnliche Töne an, freimütig der Tatsache ins Gesicht blickend, daß eine Unterstützung des Völkerbundes in dieser Europa aufrührenden Krise für Großbritannien schwere Folgen haben könnte.[52] Kurz bevor die Völkerbundsversammlung Italien als Angreifer-Staat bezeichnete, erhielt Anthony Eden einen Brief vom Erzbischof von York und mehreren Bischöfen, Theologiedekanen und anderen Vertretern der Kirche Englands, die ihn ihres glühenden Beistandes versicherten, „ganz gleich, welche Aktion notwendig sein sollte, um die Satzung des Völkerbundes zu verteidigen".[53]

Auch viele Mitglieder des Gewerkschaftskongresses sprachen sich rückhaltlos dafür aus, dem Völkerbund die Treue zu halten, und gleich zu Beginn der Konferenz der Arbeiterpartei am 30. September wurde die Forderung erhoben, Wirtschaftssanktionen anzuwenden.[54] Offenbar war die britische Öffentlichkeit bereit, die Genfer Liga selbst um den Preis eines Krieges zu unterstützen. In Frankreich sah es anders aus. Als das sich wieder erhebende Deutschland die Nordgrenze Frankreichs zu überschatten begann, scheute Laval mehr und mehr davor zurück, es zu einem ernstlichen Bruch mit Mussolini kommen zu lassen. Zu Anfang traten die am weitesten rechts stehenden Verbände wie das Croix de feu, die Camelots du Roi und die Solidarité Française am nachdrücklichsten für freundschaftliche Beziehungen zum Italien Mussolinis ein, allmählich aber wandten sich die Kräfte der äußersten Linken in die gleiche Richtung. In den meisten Kreisen war man keineswegs kriegslustig. Im allgemeinen spiegelten die Ansichten eine tiefe Skepsis gegenüber dem britischen Idealismus. Vielen Franzosen schien die plötzliche britische Begeisterung für den Völkerbund eigennützige Sorgen um britische imperiale Interessen zu maskieren. Sie fanden es ausgesprochen naiv, „wenn sie ihre Gefühle durch die unvermittelte Bekehrung einer Nation beeinflussen ließen, die sich von so starker Hinneigung zum Völkerbund überwältigt sieht in einem Augenblick, wo die Liga für ihre nationalen Interessen von Nutzen sein kann. Zwischen der bisherigen Nachsicht und der gegenwärtigen Strenge der englischen Haltung gegenüber Verletzungen der Genfer Satzung sehen die Franzosen einen Kontrast, der ihnen ungewöhnlich vorkommt ... Ist es nicht aufreizend, mit anzusehen, wie sich England wieder zum Völkerbund gesellt, nachdem es durch sein langes Abseitsstehen zugelassen hat, daß unser Sieg [im Weltkrieg] verplempert wurde und der deutsche Nationalismus sich ausbreitete?"[55]

Indessen, das französische Widerstreben gegen einen starken Druck auf Mussolini hinderte den Völkerbund nicht, zur Tat zu schreiten, um der italienischen Expansion in Abessinien Einhalt zu gebieten. Am 5. Oktober trat in Genf der Völkerbundsrat zusammen und ernannte einen Ausschuß von sechs Mitgliedern mit dem Auftrag, am Nachmittag des 7. Oktober über den italienisch-abessinischen Streit zu berichten. An diesem Tage versammelte sich der Rat wieder, um den Bericht entgegenzunehmen. Der Ausschuß hatte das folgende ominöse Urteil gefällt: „Nach Prüfung der oben festgestellten Tatsachen ist das Komitee zu dem Schluß gelangt, daß die italienische Regierung unter Mißachtung ihrer Verpflichtungen nach Artikel 12 der Völkerbundssatzung ihre Zuflucht zum Kriege genommen hat." Der Rat billigte diesen Bericht, der Italien für eine Angreifer-Nation erklärte, und überwies die Sache dem Plenum.[56]

Es unterlag kaum einem Zweifel, daß die am 9. Oktober zusammentretende Vollversammlung die Entscheidung des Rates bestätigen werde, und so begann in Genf die Sanktionsfrage groß heraufzusteigen. Am 8. Oktober hatten Hugh Wilson und der Wirtschaftssachverständige des französischen Außenamtes, Coulondre, eine lange Unterredung. Coulondre wollte wissen, ob Kupfer und Erdöl in den Begriff „Kriegsgerät" eingeschlossen werden könnten und somit von dem amerikanischen Waffenembargo betroffen würden. Wilson sagte, er glaube nicht, daß dieses „strategische Material" unter die Terminologie des Neutralitätsgesetzes falle. Darauf bemerkte Coulondre, daß Handelssperren und Lieferungsbeschränkungen nur effektiv gemacht werden könnten, „wenn die Vereinigten Staaten daran teilnähmen". Hugh Wilson meinte, ein solches Zusammenwirken wäre „möglicherweise außerordentlich schwierig". Nach kurzem Nachdenken über die entmutigende Erklärung äußerte Coulondre die optimistische Meinung, daß sich die französische und die britische Regierung auf eine „echte Entente" zubewegten.[57]

In London sprach Sir Samuel Hoare mit Botschafter Bingham über dieses anglo-französische Einvernehmen. Der britische Außenminister war über die französische Kooperation einigermaßen im Zweifel und neigte zu der Ansicht, „daß die französische Regierung nicht bis zu wirklichen militärischen Sanktionen oder einer Blockade gehen werde, doch war er überzeugt, die Franzosen würden die Briten bis an diese Grenze heran unterstützen". Es könnte sein, daß wirtschaftliche Sanktionen die Sache schaffen würden. Wenn man eine wirksame gemeinschaftliche Aktion zustande brächte zu dem Zweck, den italienischen Export zu boykottieren, so würde der Krieg nicht länger als fünf Monate dauern.[58]

Daß sich aus dem Konflikt mit Abessinien ein europäischer Krieg entwickeln könnte, wies Mussolini von der Hand. Er versicherte dem Chefredakteur des „Paris Soir", daß er den Wunsch habe, sich mit Großbritannien zu verständigen: „Diese Meinungsverschiedenheit Englands mit uns ist wirklich sinnlos und ein Konflikt zwischen den beiden Ländern unvorstellbar. Wir wünschen britische Interessen weder direkt noch indirekt zu beeinträchtigen."[59]

Allein, solche versöhnliche Gesten berührten die Völkerbundsversammlung nicht. Am 11. Oktober billigte sie die Ratsentscheidung vom 7. Oktober. Außerdem ernannte sie einen Koordinationsausschuß, der sich mit der Angelegenheit möglicher Sanktionen gegen Italien zu befassen hatte.[60]

Botschafter Long berichtete, die römische Presse sei „über das Vorgehen der Liga empört". Sie äußere die Ansicht, „daß Italien in Genf nach Methoden verurteilt worden" sei, „die kein Gerichtshof eines zivilisierten Landes bei der Verfolgung des abscheulichsten Verbrechens anwenden würde".[61] Angesichts solcher im Grunde gegen Großbritannien gerichteten Erbitterung glaubte Long dem Department of State raten zu müssen, sich auf die „Möglichkeit eines plötzlichen Ausbruchs von Feindseligkeiten" gefaßt zu machen. Sollte es tatsächlich zu einem bewaffneten Konflikt kommen, so wäre es nicht klug, die militärische Stärke Italiens gering anzuschlagen. „Die der Lage innewohnenden Möglichkeiten weisen daraufhin, daß wir uns künftig auf freundschaftlicher Basis mit einem bedeutenderen Italien werden befassen müssen."[62]

Außenminister Hull beharrt auf selbständiger Politik

Das amerikanische Außenamt war sich der Tragweite des italienisch-abessinischen Streits völlig bewußt. Am 9. Oktober sandte Außenminister Hull an Hugh Wilson ein Telegramm, worin er hervorhob, es sollte dem Völkerbund inzwischen „immer klarer" geworden sein, daß Amerika jeden Schritt, „den Frieden zu bewahren", getan habe. Das Außenamt werde „keine

Maßnahme" unbeachtet lassen, „die wir in Übereinstimmung mit unserer Politik ergreifen könnten". Die Liga müsse sich jedoch vergegenwärtigen, daß die amerikanische Regierung ihren Kurs „je nach der Entwicklung der Umstände unabhängig" verfolgen möchte.[63]

Botschafter Wilson erörterte diese Weisung mit Anthony Eden. Eden sagte, er sei „besonders darauf bedacht gewesen, keinen Schritt zu tun, der die Vereinigten Staaten hätte in Verlegenheit bringen können, und er sei schon vor diesem unserm Gespräch zu dem Schluß gelangt, daß es uns unangenehm wäre, wenn man eine Einladung an uns ergehen ließe". Von Laval hatte Wilson die prompte Zusicherung erhalten, daß sich Frankreich, „wenn die Frage einer Einladung aufgeworfen werden würde, einem solchen Schritt" widersetzen würde.[64] Im weiteren Verlauf seines Gesprächs mit Wilson bemerkte Eden, man könnte den Druck auf Italien durch eine gemeinschaftliche Aktion der Unterzeichnermächte des Kellogg-Paktes verstärken. Er vermöge nicht einzusehen, „daß sich ein solcher Schritt mit der Arbeit in Genf überschnitte, wenn er durch diplomatische Kanäle erfolgt". Um zu erläutern, was er im Auge hatte, legte er einen Plan dar, der darauf zielte, gegen Italien Sanktionen in einer Weise anzuwenden, daß der Krieg sehr bald beendet wäre.

Während Eden an Zwang dachte, hoffte Laval noch immer, daß es „möglich" sei, „eine Übereinkunft zu erreichen, die von Italien angenommen werden könnte". Diese Hoffnung beruhte auf einer vertraulichen Information, Mussolini sei bereit, „einen Vorschlag zu akzeptieren, der beträchtlich hinter dem zurückbliebe, was er früher gefordert hat".[65]

Allein, aus Rom wurde berichtet, daß die Stellung Mussolinis in Italien stärker sei als je zuvor. Die Ansicht sei weit verbreitet, „daß die gegenwärtige Sache über jede innerpolitische Frage hinausgehe und die Existenz Italiens selbst einschließe. Mussolini wird heute von Personen unterstützt, die früher mit Freuden seinem Sturz zugesehen oder vielleicht sogar dazu beigetragen hätten."[66]

In Genf fuhren die Briten fort, auf wirksame Sanktionen zu drängen. Damit war bis zu den Wahlen zu rechnen. Infolgedessen „ist zu erwarten, daß sich das Gewicht des englischen Druckes auf die italienisch-abessinische Krise eher verstärken als abnehmen wird, bis die Wahlen vorüber sind".[67]

Dies zeigte sich in einem Gespräch zwischen Sir Samuel Hoare und Botschafter Bingham. Sir Samuel war versessen darauf, Italien das ganze Gewicht des internationalen Mißfallens über seinen Angriff auf Abessinien fühlen zu lassen. Dabei könnten die Signatarmächte des Kellogg-Paktes eine wichtige Rolle spielen. Die Liga könnte sie zum Handeln aufrufen, aber das würde möglicherweise in den Vereinigten Staaten Verdruß erwecken. Man könnte aber auch den Weg einer Reihe von Besprechungen „unter den diplomatischen Vertretern der Unterzeichner des Paktes" beschreiten. Wie indessen diese Gespräche in Gang zu bringen wären, darüber schwieg Hoare. Die dritte Möglichkeit sei vielleicht „eine vom Präsidenten der Vereinigten Staaten veranlaßte Aktion".[68]

Als diese Anregungen Präsident Roosevelt erreichten, geriet er wegen der einzuschlagenden Prozedur ein wenig in Verlegenheit. Er befand sich auf einer Kreuzfahrt und hatte an Bord seines Schiffes „keine vollständige Kopie" des Kellogg-Paktes. Es war ihm aber „keine Bestimmung in Erinnerung, kraft deren die Signatarmächte gegen eine Nation, die den Pakt verletzt hat, eine Aktion unternehmen könnten, außer vielleicht einen Proforma-Protest".[69]

Hull funkte sofort zurück, daß der Pariser Pakt keine Vorschrift über eine bestimmte Methode enthalte, ihn anzurufen. Aber frühere Außenminister (darunter Stimson) hätten „inoffiziell die Ansicht ausgedrückt, daß der Pakt stillschweigend zur Konsultation ermächtige und sie verlange, und es ist unsere Meinung, daß für eine Konsultation im gegenwärtigen Stadium ... nicht mehr in Betracht kommt als ein gemeinschaftlicher ... Appell aller Signatarmächte an die kriegführenden Länder, sich an ihre rechtlichen und moralischen Verpflichtungen zu halten und von weiteren Feindseligkeiten abzustehen".[70]

Mit Billigung des Präsidenten sandte Außenminister Hull an Botschafter Bingham eine lange Instruktion über die Haltung der amerikanischen Regierung. Das Außenamt sei „dem Gedanken, alle Signatarmächte des Paktes an ihre Verpflichtungen zu erinnern, prinzipiell günstig gesinnt" und habe in diesem Streitfall bereits entsprechend gehandelt. Was eine Konsultation unter den Paktmächten über den italienisch-abessinischen Streit angehe, so hätte sie vor Ausbruch der Feindseligkeiten stattfinden müssen. Also sei „der richtige Augenblick für eine gemeinschaftliche Anrufung des Paktes ... vorübergegangen". In Anbetracht dessen, was „die Vereinigten Staaten bereits dramatisch und nachdrücklich getan haben, bezweifle ich, daß es klug wäre, wenn eine neuerliche Initiative von Amerika ausginge".[71]

Die ablehnende Haltung des Präsidenten gegen eine förmliche Anrufung des Pariser Paktes hinderten ihn und Außenminister Hull jedoch nicht, eifrige Anstrengungen zu machen mit dem Ziel, sogar noch vor der wirklichen Verhängung von Sanktionen durch Mitglieder des Völkerbundes Italien unter wirtschaftlichen Druck zu setzen. Auf einer Pressekonferenz am 10. Oktober wurde Hull gefragt, ob er für eine genaue Erklärung sorgen werde, was „der Präsident mit den Worten gemeint hat, daß amerikanische Interessenten, die mit Kriegführenden Handel treiben, dies auf eigene Gefahr täten". Hull erwiderte, es sollte jeder sich selbst sagen können, welche „Folgerungen" die Erklärung des Präsidenten enthalte. Zwar seien Amerikanern gewöhnliche Handelstransaktionen mit den kriegführenden Ländern nicht gesetzlich verboten, doch werde die Warnung des Präsidenten vor den mit solchen Geschäftsbeziehungen verbundenen Risiken den Umfang dieses Handels verringern.[72]

Dieser sanfte, indirekte Weg, den Fluß der amerikanischen Güter nach Italien zu hemmen, genügte dem Verlangen des Präsidenten noch nicht, dem italienisch-abessinischen Krieg ein Ende zu machen. Er stellte Hull die Suggestivfrage, ob es denn nicht möglich wäre, allen Verschiffungen von verarbeitetem Kupfer und Stahl Einhalt zu tun, indem man solche Produkte in die Liste von „Waffen, Munition und Kriegsgerät" aufnehme. Als Hull ihn davon unterrichtete, daß nach der Meinung seiner Berater im Außenamt das Neutralitätsgesetz „derartige Erweiterungen der Embargoliste nicht zulasse", drängte er auf Veröffentlichung aller Namen der Amerikaner, die, wenn auch unter eigener Gefahr, auf Schiffen der Kriegführenden reisten oder mit den Kriegführenden Handel trieben. Hull sprach hierüber mit Handelsminister Roper und riet dann dem Präsidenten, eine solche Veröffentlichung zu unterlassen. Sie wäre „unklug". Es sei angebracht, langsam vorzugehen, um sich nicht „die Kritik und die sichere Gegnerschaft der Kaufleute und Reisenden" zuzuziehen.[73]

Großbritannien beschränkt Italiens Redefreiheit

Das amerikanische Interesse, gegen Italien Sanktionen in Kraft zu setzen, wurde kurze Zeit durch einen britischen Eingriff in die Redefreiheit Italiens abgelenkt. Am 12. Oktober gab das Columbia-Broadcasting-System eine Pressenachricht über die Weigerung der britischen Postbehörde heraus, eine Rede Baron Aloisis in Genf über die Radiotelefonverbindung zwischen London und New York zu übertragen. Nach Artikel 27 der Madrider Vereinbarung von 1932 konnte ein Funkübertragungsdienst nur aufgehoben werden, nachdem „alle vertragschließenden Regierungen" durch das Berner Büro von der Absicht eines solchen Schrittes unterrichtet worden waren. Die britische Regierung hatte sich nicht die Mühe genommen, dem zu entsprechen, und Francis C. de Wolf im Department of State kennzeichnete das als „ein wenig anmaßend". Dieser Zwischenfall sei „ein weiterer Beweis dafür, wie klug es war, eine besondere Verbindung zwischen New York und Paris einzurichten".[74]

Dr. Irving Stewart, ein Mitglied der Kommission für den Nachrichtenverkehr, faßte die Sache ernster auf. Er sah in der britischen Maßnahme einen direkten Bruch des Artikels 26 des Madrider Vertrages. Es könnte daher für die Federal Communications Commission notwendig sein, von Außenminister Hull schriftlich zu fordern, daß „die britische Regierung" auf diesen Vertragsbruch „aufmerksam gemacht" werde. Gewissen Herren im Außenamt, die schnell bei der Hand waren, wegen der Verletzung von Verträgen gegen Italien vorzugehen, war dieser Vorschlag höchst anstößig. Großbritannien durfte in einer solchen Sache niemals auf eine Stufe mit Italien gestellt werden. So ließ man denn Dr. Stewart schleunigst wissen, es sei vorzuziehen, jede Erörterung dieser Frage „auf einer rein unförmlichen Basis" zu halten, weil ihr weiter Komplex „Angelegenheiten mit heiklen Konsequenzen" einschließe. Dr. Stewart sah, daß Großbritannien nicht nach gewöhnlichen Maßstäben beurteilt werden dürfe, und versprach, daß er „alles tun werde, was in seiner Macht stehe", die Kommission von einem Protestschreiben an das Außenamt zurückzuhalten.[75] Damit konnte der Zwischenfall in den umfangreichen Regierungsakten sicher beigesetzt werden.

Amerika weigert sich, eine Parallelpolitik mit Großbritannien zu verfolgen

Während die Federal Communications Commission den Rundfunk-Zwischenfall begrub, schlugen sich die Sachverständigen des Außenamtes mit dem sehr lebendigen Problem der Sanktionen gegen Italien herum. Sie wußten, daß die Völkerbundssatzung die Liga als solche zu Sanktionen nicht verpflichtete. Die Ausführung derartiger Maßnahmen war der Verantwortlichkeit der einzelnen Mitglieder des Völkerbundes überlassen. Jedes einzelne Mitglied war zur Anwendung von Sanktionen verpflichtet, sobald es durch seine Stimmabgabe seine Ansicht bekannt hatte, daß Italien „unter Verletzung der Völkerbundssatzung zum Krieg geschritten ist".[76] Außer Italien, Österreich, Ungarn und Albanien hatten alle Ratsmitglieder den Entschließungsvertrag gebilligt, durch den Italien zum Angreifer erklärt wurde, und sich damit indirekt für die Anwendung von Sanktionen ausgesprochen. In der Vollversammlung am 10. Oktober hatte Italien gegen den Tadelsantrag gestimmt, während sich Österreich und Ungarn der Stimme enthielten. Somit war sich die Liga in der Billigung von Maßnahmen gegen die italienische Aggression fast völlig einig.

In Europa kam der Haltung Deutschlands die größte Bedeutung zu. Von Dodd traf eine beruhigende Nachricht ein: „Ungeachtet des Mißtrauens der Franzosen ... das, wie ich höre, in gewissem Maße in den Vereinigten Staaten geteilt wird, Deutschland könnte, die kritische Lage ausnutzend, binnen kurzem losbrechen, steht es gegenwärtig tatsächlich außerhalb der Szene."[77]

Die Nachrichten aus Frankreich klangen verhalten optimistisch. Am 15. Oktober hatte Henry Morgenthau jr. eine Unterredung mit Laval gehabt. Der französische Premier nährte noch immer die Hoffnung, für den italienisch-abessinischen Streit eine Lösung zu finden. Frankreich beabsichtige „weder militärische Sanktionen noch eine Blockade". Ihm lag besonders deshalb an einem Erfolg seiner Versöhnungspolitik, weil, wenn die Dinge zum Äußersten getrieben würden und Mussolini stürzte, die „große Gefahr heraufzöge, daß die Kommunisten die Herrschaft in Italien übernähmen – ein Schlag, den sich Europa schwerlich leisten könne".[78]

Im Oktober 1935 war die Gefahr eines Sturzes Mussolinis gering. Die Entscheidung des Völkerbundes, über Italien Sanktionen zu verhängen, hatte, wie Long berichtete, mehr dazu beigetragen, „die Nation um die Regierung zusammenzuschließen ... als irgendeiner der bisher zu einer ‚friedlichen Lösung' des Streitfalls unternommenen Schritte". In Rom sei man jetzt überzeugt, daß Großbritannien an Krieg denke, um Italiens Kraft „für immer zu lähmen".[79] Im Gespräch mit dem früheren Senator von Kansas, Allen, habe Mussolini die Meinung geäußert, die britische Regierung suche Italien „zum Krieg zu provozieren".[80] Ihm, Long, sei mitgeteilt worden, daß soeben ein Telegramm von Dino Grandi über eine Diskussion mit Chamberlain eingetroffen sei. Chamberlain habe bemerkt, „daß es sich nicht mehr um den Krieg in Abessinien und um die Unterstützung durch den Völkerbund handle, sondern die Sache sei für England zu einer Prestigefrage geworden".[81]

Aber Großbritannien hatte in Wirklichkeit nicht die Absicht, zum Kriege zu schreiten. In London herrschte die starke Hoffnung, daß wirtschaftliche Sanktionen Italien auf die Knie zwingen würden. Am 15. Oktober veröffentlichte die amerikanische Presse eine Erklärung über die finanziellen Einschränkungen, die Italien aufzuerlegen der Völkerbund bereit war. Danach wurden alle Anleihen an oder für die italienische Regierung sowie an Personen und Gesellschaften auf italienischem Gebiet gesperrt. Das gleiche galt für „alle Bankkredite und sonstigen Kredite". Herbert Feis im Außenamt hielt diese Maßnahme für „sehr drastisch".[82]

Obwohl sich die britische Regierung darüber klar war, daß die Sanktionspolitik schließlich zum Kriege mit Italien führen könnte, wies sie ihre Delegation in Genf an, „hart und unablässig" auf die Anwendung von Sanktionen zu drängen.[83] Im italienischen Außenamt wurde befürchtet, daß der britische Druck unmittelbar die amerikanische Politik beeinflussen könnte. Am 16. Oktober beklagte sich der italienische Botschafter in Washington im Gespräch mit Phillips, daß die Federal Reserve Bank kürzlich die bedeutenderen Banken in New York City durch Rundschreiben um Angaben über alle Kredit- und Bankoperationen mit italienischen Bank- und Handelshäusern ersucht habe. Er, der Botschafter, erblicke in dieser Aktion eine der vielen Äußerungen eifriger Anstrengungen der amerikanischen Regierung, vom Handel mit Italien abzuschrecken. Zwar sei er überzeugt, daß der Völkerbund den Vereinigten Staaten „nicht diktiere", doch „reagiere" das Department of State „auf die in Genf sich entwickelnde Lage sehr empfänglich". Als der Botschafter schließlich bemerkte, er nehme an, daß die britische Regierung mit den Vereinigten Staaten „über ihr Programm" in enger Fühlung stehe, „stellte" Mr. Phillips das eiligst „in Abrede": „Ich erklärte ihm mit Bestimmtheit, daß wir im Zusammenhang mit der Tätigkeit des Völkerbundes von keiner Regierung angegangen worden sind."[84]

Die Versicherung Mr. Phillips war ausgesprochen unaufrichtig. An demselben Tage, wo er sie abgab, hatte Anthony Eden eine seiner vertraulichen Unterredungen mit Botschafter Hugh Wilson, und wieder ging es um die alte Frage einer Konsultation unter den Ländern, die dem Völkerbund nicht angehörten. Wilson meinte, es wäre besser, wenn eine Aktion oder eine Kundgebung der Nichtmitgliederstaaten als Ergebnis diplomatischer Erörterungen erschiene statt einer förmlichen Konferenz. Darauf regte Eden an, daß Frankreich und die Vereinigten Staaten die Initiative ergreifen sollten, den Kellogg-Pakt anzurufen. Er sei „von diesem Gedanken ganz begeistert" gewesen. „Ungeheur dienlich" wäre es, so habe Eden hinzugefügt, „wenn Deutschland irgendwie mit herangezogen werden könnte."[85]

Außenminister Hull nahm diesen Vorschlag kühl auf und kabelte am 17. Oktober Prentiss Gilbert in Genf, die amerikanische Regierung handle „aus eigener Initiative und getrennt und unabhängig von allen andern Regierungen und Friedensorganisationen".[86]

Als Botschafter Wilson eine Abschrift dieser Weisung zu Gesicht bekommen hatte, benutzte er die nächste Gelegenheit, sie mit Anthony Eden zu besprechen. Eden beruhigte den Botschafter: zweifellos werde sich der Völkerbund mit einer Botschaft an die Vereinigten Staaten wenden, jedoch in einer Form, „die keine Verlegenheit bereiten könnte". Über die politische Lage in Europa bemerkte Eden, das „ganze Verhältnis zwischen Frankreich und England werde zunehmend unbefriedigender". Er habe aus Frankreich Briefe erhalten, die andeuteten, daß England unpopulärer sei als irgendwann seit Faschoda. In Großbritannien sei eine allgemeine Stimmung gegen Frankreich und sein „Zaudern, sich gemeinschaftlichem Handeln anzuschließen", in schnellem Wachsen.[87]

Die Botschaft der Liga, von der Eden gesprochen hatte, erging in Form einiger Dokumente über den italienisch-abessinischen Streit, zu denen sich zu äußern Amerika gebeten wurde. Außenminister Hull antwortete am 26. Oktober. Wieder legte er den Nachdruck auf die „selbständige Politik", die die Vereinigten Staaten im Hinblick auf den abessinischen Krieg verfolgten. Die amerikanische Regierung beobachte mit sympathisierendem Interesse die vereinten Anstrengungen der andern Nationen, den Frieden zu bewahren, werde aber an diesem Konzert nicht teilnehmen. Sie sei jedoch jederzeit bereit, „überall in der Welt zugunsten des Friedens ihren moralischen Einfluß geltend zu machen".[88]

Italien hofft, sich die amerikanische Freundschaft zu erhalten

In Frankreich sprachen einige Blätter von der Art des „Jour" offen ihre Enttäuschung über die Antwort Hulls aus. Bailby schrieb, „wenn Amerika verspricht, seinen moralischen Einfluß zugunsten des Friedens geltend zu machen", so liege auf der Hand, „daß es nicht weiter zu gehen wünscht". Diese Entscheidung lasse „das Tor zum Transport von Gütern durch Deutschland und Österreich offen und versetze somit die Sanktionsländer in eine beklagenswert schwächere Position".[89]

Premierminister Laval jedoch unterrichtete Botschafter Straus, daß er „mit der Erklärung über die amerikanische Stellung sehr zufrieden" sei. Er glaube, der Frieden könnte erhalten werden, wenn man Italien „über den südlich des achten Breitengrades gelegenen Teil Äthiopiens eine Art Kontrolle" gewährte. Ebenso nützlich wäre es, wenn Italien einen Gebietsstreifen an der Nordgrenze Eritreas erhielte. Hinsichtlich der Sanktionen nehme er an, daß sie „fast unverzüglich" verhängt werden und auf „wirtschaftliche Maßnahmen" beschränkt bleiben würden. Es sei äußerst wichtig, „die Regierung Mussolinis zu erhalten, um die Ausbreitung des Kommunismus zu verhindern".[90]

In Italien wurde die Antwort Hulls an die Liga als „volle Bekräftigung der vom Kongreß beschlossenen Neutralitätspolitik" betrachtet. Die italienische Meinung verhalte sich „gegen Amerika" nach wie vor „freundlich".[91] Die Hoffnungen vieler Italiener wurden belebt durch einen Artikel des bekannten Zeitungskorrespondenten G. Marcosson, hinter dessen Ausführungen über die Unmöglichkeit, gegen Italien Sanktionen durchzusetzen, gewichtige Sachkenntnis stand. Nach Marcossons Überzeugung ließ der Umstand, daß Österreich und Ungarn die Politik des Druckes auf Italien nicht gutgeheißen hatten, den zeitigen Zusammenbruch des Sanktionssystems voraussehen. Deutschen Ausfuhrgütern werde ein bequemer Weg nach Italien offenstehen, und Rußland werde trotz gegenteiliger Versprechungen Mussolini mit den so dringend benötigten Rohstoffen Erdöl, Roheisen und Mangan versorgen.[92]

Aber der italienische Optimismus erhielt einen schweren Schlag, als am 30. Oktober Präsident Roosevelt und Außenminister Hull durch öffentliche Erklärungen daran erinnerten, daß sie die amerikanischen Bürger „vor Transaktionen jeder Art mit einem der kriegführenden Länder, es sei denn, sie handelten auf eigene Gefahr", gewarnt hatten. Der Präsident sprach hierzu die Hoffnung aus, daß sich die amerikanischen Geschäftsleute nicht durch die Möglichkeit reicher Kriegsgewinne verlocken lassen würden, und Mr. Hull warnte vor „zeitweiligen und riskanten Kriegsprofiten".[93]

Dieser Rat aus dem Munde der Vollkommenheit wurde in einigen bedeutenden Ländern nicht eben günstig aufgenommen. Der japanische Botschafter in Rom eröffnete seinem amerikanischen Kollegen, daß seine Regierung „die Sanktionspolitik nicht unterstützen" und „die jüngste Botschaft der Liga hierüber nicht einmal beantworten" werde.[94] Die spanische Regierung war sich über ihre Politik noch nicht klar[95], während der polnische Botschafter in Washington den amtierenden Außenminister, Phillips, davon unterrichtete, daß seine Regierung eine baldige Durchführung von Sanktionen ablehne[96]. Die Löcher in den Embargodeichen wurden ständig größer.

Vielen amerikanischen Diplomaten im Ausland war es klar, daß das britische Programm der Druckmaßnahmen gegen Italien nicht die erwartete Unterstützung fand. Die Möglichkeit, in einen Krieg hineingezogen zu werden, hatte auf einige Länder abschreckend gewirkt; andere standen der Art und Weise, wie die britischen Staatsmänner die Sache angefaßt hatten, kritisch gegenüber. Botschafter Long war der Ansicht, daß die Italiener durch den Einfall in Abessinien den Kellogg-Pakt verletzt hätten, mit dieser Hinwendung zum Krieg aber nicht allein stünden. Großbritanniens „Flottendrohung gegen Italien war ebenfalls eine Verletzung der Völkerbundssatzung und ein ausreichender Beweis dafür, daß es bereit war und ist, seinen durch Unterzeichnung des Kellogg-Paktes ausgesprochenen Verzicht auf den Krieg, als ein Mittel der nationalen Politik zu mißachten".[97]

Es war für Botschafter Long nicht einfach, die italienische Politik scharf zu kritisieren. Er war in Rom mit so unveränderter Höflichkeit behandelt worden, daß es ihm leichtfiel, für die Verletzung des Kellogg-Paktes Entschuldigungen zu finden. Seit dem 11. Oktober sah sich die italienische Regierung der Drohung mit Sanktionen gegenüber. Am 18. November sollte dieser Wirtschaftskrieg beginnen, und überall auf der Halbinsel graute es den Menschen vor seiner Wirkung auf die italienische Lebensweise. Man hatte weithin erkannt, daß Amerika durch sein Waffenembargo, seine Einschränkungen der Bankkredite und seine wiederholten Warnungen vor den Gefahren des Handels mit kriegführenden Nationen Maßnahmen getroffen hatte, die die italienischen Kriegsanstrengungen ernstlich beeinträchtigen konnten. Gleichwohl hatte die italienische Regierung keine feindliche Haltung gegen die Vereinigten Staaten aufkommen lassen. Wenn die Italiener auch „über die amerikanische Politik etwas klagen, so deuten sie sie im großen und ganzen doch großzügig und blicken im allgemeinen sehr freundlich auf die Vereinigten Staaten". Noch hegten sie die Hoffnung, daß dem abessinischen Krieg „nicht die Freundschaft Amerikas" zum Opfer fallen werde, „und zwar denken sie so nicht nur wegen des Vorteils, der ihnen in diesem Kampf daraus erwüchse, sondern auch aus Tradition". Botschafter Long schloß seine sorgfältige Darlegung mit dem Rat: „Ich empfehle der amerikanischen Regierung nachdrücklich, neutral zu bleiben und sich aus diesem Krieg herauszuhalten ... Ich empfehle, daß wir einen Kurs bewußten, wohlüberlegten Unsfernhaltens verfolgen."[98]

Das amerikanische Außenamt setzt Italien unter Druck

Die Empfehlungen Botschafter Longs waren, jedenfalls bei Präsident Roosevelt und Außenminister Hull, vergeudete Worte. Die anglo-amerikanische Entente, die Mr. Phillips energisch abgeleugnet hatte, arbeitete in der wirksamsten Weise. Das Department of State hatte erschöpfend das Problem der Wirtschaftssanktionen studiert und war zu dem Ergebnis gelangt, daß sie nur dann richtig funktionieren würden, wenn bestimmte wichtige Rohstoffe und Schlüsselprodukte von den amerikanischen Exporten nach Italien ausgeschlossen werden könnten. Das Embargo auf „Waffen, Munition und Kriegsgerät" war zu eng umgrenzt, als daß es die italienischen Kriegsanstrengungen wirklich schwer zu treffen vermochte. Das amerikanische Programm mußte erweitert werden.

Um dem Völkerbund den größtmöglichen Dienst zu erweisen, gab Außenminister Hull am 15. November eine Erklärung heraus, die in Wirklichkeit eine Erklärung des Wirtschaftskrieges an Italien war: „Die Amerikaner haben ein Anrecht darauf, zu wissen, daß es bestimmte Waren gibt, wie Erdöl, Kupfer, Lastwagen, Traktoren, Eisenschrott und Stahlschrott, die zwar nicht eigentlich ,Waffen, Munition oder Kriegsgerät', aber doch wesentliches Kriegsmaterial sind, und daß nach den letzten Handelsberichten der Regierung die Ausfuhr dieser Güter nach Italien zu Kriegszwecken beträchtlich gestiegen ist. Diese Art Handel läuft der Politik der Regierung, wie sie durch offizielle Erklärungen des Präsidenten und des Außenministers bekanntgegeben worden ist, und ebenso dem Geist des unlängst beschlossenen Neutralitätsgesetzes direkt zuwider."[99]

Es war die Absicht Außenminister Hulls, in einem Kreuzzug gegen Aggressor-Nationen Amerika die Aufgabe der Vorhut zuzuweisen. Weder er noch der Präsident hatte die Vollmacht, sich mit andern Ländern zu militärischen Sanktionen zusammenzuschließen, die dem Marsch der italienischen Armeen nach Äthiopien hinein Einhalt tun würden, aber sie konnten den „Geist" des Neutralitätsgesetzes anrufen, um ein schnelles Vorrücken der Kriegsmaschine Mussolinis nach Möglichkeit zu sabotieren. Sie waren darin dem Völkerbund um mehrere Schritte voraus. Außenminister Hulls Erklärung vom 15. November kam drei Tage vor dem Inkrafttreten der von der Liga verhängten Sanktionen heraus. Überdies ging die betreffende Liste der mit dem Bann belegten Exportgüter über die danach von den Völkerbundsmitgliedern veröffentlichte Liste hinaus. Das amerikanische Schema schloß einen so wichtigen Posten ein wie Erdöl. Der Völkerbund griff niemals so weit, und niemals auch schlug er in seinen Erklärungen den Ton der Selbstgerechtigkeit an, den Außenminister Hull so laut erschallen ließ. Unbedingten Anhängern der Liga klang er wie ein Sammelruf zum Frieden; für realistische Beobachter, die sich leidenschaftslos mit den Zusammenhängen der internationalen Beziehungen befaßten, war er ein Trompetensignal zu den Waffen, dessen Obertöne durch die Gänge des State Department nachhallten, bis sie durch die Tragödie von Pearl Harbour zu einem Kriegschor anschwollen.

Kapitel X

Mussolini macht die Politik kollektiver Sicherheit zum Gespött

Außenminister Hull verteidigt die amerikanische Politik

Außenminister Hulls Presseerklärung vom 15. November überzeugte Mussolini, daß die Vereinigten Staaten in Wirklichkeit den Nationen zugerechnet werden mußten, die für Wirtschaftssanktionen gegen Italien eintraten. Als Botschafter Long diesen Stimmungswechsel dem Außenamt berichtete, setzte Hull zungenfertig auseinander, daß Amerika eine „in Geist und Absicht" des Neutralitätsgesetzes gründende „unabhängige Politik" treibe.[1] Am 22. November bediente er sich in einer langen Unterredung mit dem italienischen Botschafter des gleichen Arguments. Er versicherte Signor Rosso, einer der Hauptgründe für die umfassenden Hinweise in der Erklärung vom 15. November sei die offenkundige Tatsache, daß sich die amerikanische Bevölkerung „fast wild gegen Krieg" wende „und aus dem gegenwärtigen Krieg unter allen Umständen herausbleiben" wolle. Fühlung mit kriegführenden Nationen aber könnte die Ansteckungskeime eines bewaffneten Konflikts verbreiten, und so sei die Regierung Roosevelts zu dem Entschluß gekommen, Amerika von solchen Berührungen nach Möglichkeit zu isolieren. Auf das Außenamt sei ein „schwerer Druck" dahin ausgeübt worden, in die Embargoliste „eine Reihe hauptsächlicher und wesentlicher Kriegsmaterialien" aufzunehmen, aus denen Kriegsgerät hergestellt werden könnte. Schließlich habe die Regierung diesem Verlangen etwas entgegenkommen müssen.

Mr. Hull lenkte dann die Aufmerksamkeit Botschafter Rossos auf die bedeutenden Opfer, die der Weltkrieg Amerika aufgebürdet habe, und kam dabei auf die hohen Anleihen zu sprechen, die die Regierung Wilsons während des Krieges Italien gewährt habe, und darauf, daß diese Anleihen später „auf eine nominelle Summe" herabgesetzt worden seien. Viele Amerikaner fragten sich, weshalb sich die italienische Regierung jetzt auf ein kostspieliges imperialistisches Abenteuer einlasse, statt diesen überfälligen finanziellen Verpflichtungen nachzukommen. Was ihn, Hull, selbst betreffe, so fühle er sich gezwungen, sein Erstaunen darüber auszudrücken, daß sich „die italienische Regierung angesichts aller derartiger Umstände über die amerikanische Regierung in einer so harten Sprache beschwert, wie sie es tut".[2] Die Position der Vereinigten Staaten sei sehr klar: „Sie ist gegen eine abnormale Ausfuhr von ausgesprochenem Kriegsmaterial zu Kriegszwecken."

Seine Erläuterungen waren weit davon entfernt, die italienische Regierung befriedigen zu können. Der Völkerbund hatte als den Tag, an dem die Sanktionen in Kraft treten sollten, den 18. November bestimmt, und Mussolini hegte wegen der zu erwartenden Wirkung auf die italienische Lebenshaltung mancherlei Befürchtungen. Die Sanktionen waren in vier Gruppen geteilt. Es waren dies: 1. ein Waffenembargo für Munition und Kriegsgerät; 2. ein Embargo für die italienische Ausfuhr; 3. eine Handelssperre für die Ausfuhr nach Italien; 4. ein Finanzboykott gegen Italien. Der Finanzboykott traf Italien, wenn er auch eine harte Maßnahme war, nicht ernstlich. Das Embargo für den italienischen Export bewirkte ein scharfes Sinken des Handels mit Frankreich und Großbritannien, aber die Vereinigten Staaten kauften im März 1936 so viel wie im Januar 1935, und Deutschland, Österreich und Ungarn schafften Mussolini Luft. Obwohl die Goldreserven der Bank von Italien vom November 1935 bis zum März 1936 rasch zusammenschrumpften, blieb doch noch ein ausreichender Saldo für Käufe zu einem kurzen Krieg.[3] Das Handelsverbot für Exporte nach Italien war nicht so drastisch und umfassend wie einige europäische Staatsmänner es gewünscht hatten. Kohle, Erdöl und Kupfer waren von diesem Embargo nicht betroffen. In dem Vierteljahr vom Oktober bis zum Dezember 1935 stieg der amerikanische Anteil an Italiens Erdölkäufen auf 17,8 Prozent. Ähnlich verhielt es sich mit der amerikanischen Kupferausfuhr; sie stieg von 1.329.000 Dollar in der Zeit vom November 1934 bis zum März 1935 auf 2 201.000 Dollar in der gleichen Zeit ein Jahr später. Trotz den inständigen Beschwörungen Präsident Roosevelts und Außenminister Hulls zeigten die amerikanischen Geschäftsleute keine Neigung, auf Ausfuhren zu verzichten, die hohe Gewinne brachten.[4]

Im November 1935 konnte die italienische Regierung keineswegs sicher sein, daß die Sanktionen ihre Kriegsanstrengungen nicht zu lähmen vermöchten. In Genf herrschte noch immer eine starke Stimmung dafür, Erdöl auf die Embargoliste zu setzen. Auch bestand die Möglichkeit, daß es Außenminister Hull gelang, die amerikanischen Erdölgesellschaften zur Einstellung ihrer Exportlieferungen zu bringen. Botschafter Long glaubte, daß Mussolini, wenn der Völkerbund über die Ausfuhr von Erdöl nach Italien den Bann aussprach, „eher kämpfen als sich unterwerfen würde".[5]

Auch Laval fürchtete diese Möglichkeit und verhielt sich „gegen eine Verschärfung der Sanktionen ausgesprochen lau". Auf einem Empfang in Paris bemerkte Madame Laval zu dem italienischen Botschafter „mit nicht unbestimmten Worten, wie entschieden sie dagegen sei, daß zwischen Frankreich und Italien irgendein Antagonismus hervorgerufen werde". „Hohe Regierungsbeamte" meinten, „sie gebe die Ansicht ihres Gatten wieder."[6]

Angesichts der von Mussolini ausgehenden Kriegsdrohung wandte sich Großbritannien sofort an die Vereinigten Staaten um Rat. Am 5. Dezember fragte der britische Botschafter Außenminister Hull, ob eine Möglichkeit bestehe, daß die amerikanische Regierung „eine wirksame Aktion" unternehme, um erhöhte Erdöllieferungen nach Italien zu unterbinden, falls der Völkerbund ein Ölembargo verhänge oder die britische Regierung sich entschließe, damit unabhängig vorzugehen.[7] Hulls Antwort war recht vorsichtig. Das Außenamt sei zwar entschieden gegen eine Verschiffung von Kriegsmaterial an die Kriegführenden „in abnormalen Mengen", doch müsse es „dem Urteilsvermögen der Interessierten überlassen bleiben, vorauszusehen, wie sich der Kongreß gegen diese abnormalen Exporte verhalten und was er tun" werde.

Diese orakelhafte Antwort befriedigte Sir Ronald Lindsay nicht, und er sprach zwei Tage darauf abermals im Department of State vor, um seine Frage zu wiederholen. Hull war über eine solche Hartnäckigkeit einigermaßen verärgert und bemerkte im Verlauf des Gesprächs, ob denn der Völkerbund auf amerikanische Zusicherungen warte, bevor er handle. Ehe Sir Ronald etwas erwidern konnte, wies Hull darauf hin, daß die amerikanische Regierung „so weit gegangen" sei, wie sie könne. Sie besitze „keine gesetzliche Ermächtigung, ein Ölembargo" zu verhängen. Wenn der Völkerbund entschlossen sei, Schritte zu unternehmen, um Erdöl auf seine Embargoliste zu setzen, dann müsse er das ohne Berufung auf eine amerikanische Aktion tun.[8]

Sir Ronald war über Ton und Inhalt der Bemerkungen Hulls verblüfft und murmelte schließlich, er habe „nicht die Absicht, weitere Fragen zu stellen". Es war ihm deutlich, daß dem Department of State an einem Abenteuer anglo-amerikanischer Parallelpolitik im Augenblick nichts lag.

Das Hoare-Laval-Abkommen

Wenn Außenminister Hull ihm nicht das Rückgrat stärkte, war John Bull ein sehr geschmeidiges Wesen. Zuzeiten konnte er hohen Prinzipien Gehör schenken, in andern Fällen wiederum fiel es ihm nicht schwer, sich den sanften Tönen der Intrige zuzuneigen. In Genf hatte das Foreign Office sein Sprachrohr in Anthony Eden, der ebenso untadelig redete wie er sich kleidete. In Paris hatten die Briten einen Sachverständigen für Abessinien, Mr. Maurice Peterson, der in so gewöhnlichen realistischen Worten tuschelte, daß Pierre Laval in ihm eine verwandte Seele erblickte und ihn mit Monsieur de Saint-Quentin[9] zusammenbrachte. Während der ersten Oktoberwochen, als Eden davon redete, gegen die italienische Aggression fest zu bleiben, waren Peterson und Saint-Quentin eifrig mit einem Plan beschäftigt, nach dem die Ansprüche Mussolinis auf Abessinien zu einem großen Teil anerkannt wurden. Von dieser Betriebsamkeit sickerte schließlich so viel durch, daß der Londoner „Daily Herald" einen Beschwichtigungsplan veröffentlichen konnte, der vermutlich die Ansichten des interessanten Paares wiedergebe. Er sah effektiv nicht weniger vor als die italienische Herrschaft über das Reich Haile Selassies.[10]

Dieser Plan war für die Zeit bis nach den britischen Wahlen diplomatisch eingemottet worden. Nachdem Baldwin am 14. November wohlbehalten in sein Amt zurückgekehrt war, nahm Peterson seine Arbeit mit Saint-Quentin wieder auf. Am 4. Dezember hatte Laval mit dem italienischen Botschafter eine bedeutsame Unterredung, und am folgenden Tag veröffentlichte die „New York Times" den Entwurf eines Friedensplanes für Abessinien.[11] Offenbar war es für die Pläne Lavals schwierig, geheim zu bleiben.

Am 7. Dezember reiste Sir Samuel Hoare nach Paris, um mit Laval zu sprechen. Im Verlauf der Unterredung sagte Sir Samuel, wenn man dem wankenden Gebäude Abessiniens nicht bald eine Friedensplattform unterschiebe, werde es unter den Hammerschlägen Marschall Badoglios einstürzen. Laval pflichtete der düsteren Prognose des britischen Außenministers eilig bei. Mit einem Male wurde Abessinien zum „kranken Mann Afrikas", und eine größere Operation war notwendig, sein Leben zu retten. Sie wurde am 8. Dezember vorgenommen. Die Chefchirurgen waren Hoare und Laval.

Lavals große Sorge war im Dezember 1935 die Gefahr einer italienisch-deutschen Annäherung. Sie mußte verhindert werden, selbst wenn Mussolinis Bedingungen schwer sein würden. Es würde viel besser sein, eine große Anzahl rückständiger Äthiopier unter italienische Verwaltung zu bringen, als Mussolini Hitler in die Arme zu treiben und so den Weg zu einem zweiten Weltkrieg zu bereiten. Die Verhältnisse im Abessinien des Kaisers Haile Selassie waren ausgesprochen primitiv, und das Los des gewöhnlichen Eingeborenen Armut und Schutzlosigkeit. Die Möglichkeit, daß sein Leben unter italienischer Herrschaft gehoben werden würde, grenzte an Wahrscheinlichkeit.

Der Ansicht Lavals hat Sir Winston Churchill in seiner Studie über den Hintergrund des Zweiten Weltkrieges verständnisvollen Ausdruck gegeben: „So sagten sich die Franzosen, daß sie sich nicht der starken Gefühle wegen, die in England plötzlich gegen Mussolini emporgebrandet waren, Italien auf die Dauer entfremden lassen durften ... Zwei Divisionen, das war alles, was wir zu Anfang nach Frankreich schicken konnten, wenn Deutschland es überfiel. Man kann den Standpunkt, den Laval damals einnahm, durchaus verstehen."[12]

Furcht vor Deutschland war ein beständiger Faktor in Lavals Beurteilung der europäischen Lage und für die Abstimmung seiner Politik, und in Hoare stiegen nach wenigen Stunden Pariser Aufenthalts die gleichen Besorgnisse auf. So gab er schließlich dem Werk Saint-Quentins und Maurice Petersons seinen Segen. Das Ergebnis dieses Einverständnisses wurde bald bekannt als das Hoare-Laval-Abkommen zur Beilegung des italienisch-abessinischen Streits. Danach sollte Abessinien an Italien 60.000 Quadratmeilen abtreten und dafür einen Streifen eritreischen Gebiets mit einem Zugang zur See erhalten. Die Südhälfte Abessiniens, ein Gebiet von 160.000 Meilen, würde Italien, dem dort bestimmte wirtschaftliche Vorrechte zugesprochen wurden, als Einflußsphäre vorbehalten bleiben. Daneben sollte Italien ein bestimmtes Maß politischer Kontrolle zugebilligt werden, das praktisch italienischer Herrschaft gleichkam.[13] Sir Samuel war vor Mussolini in voller Flucht.[14]

Hoares moralischer Rückzug sollte zu seinem persönlichen werden. Nach der Veröffentlichung des Abkommens mit Laval eilte der britische Außenminister zu einer dringend nötigen Erholungspause in die Schweiz, Fotos zeigten ihn dort als begeisterten Schlittschuhläufer. Aber das Pech verfolgte ihn. Als er auf dem Eise eine schwierige Figur lief, stürzte er und brach sich das Nasenbein. Daß man beim Eislaufen hinfallen kann, ist eine alte Geschichte. Für Hoare indes schien sie eine neue Bedeutung anzunehmen. Er sollte sofort nach England zurückkehren und dem Parlament erklären, wie er dazu gekommen sei, Partner eines Abkommens zur Beschwichtigung Mussolinis zu werden. Premierminister Baldwin stimmte mit Hoares Entscheidung überein und wollte die Sache eine Zeitlang Schulter an Schulter mit ihm unter der bekannten Devise verfechten: „Männer, nicht Maßnahmen!" Die aufgebrachte britische öffentliche Meinung jedoch zwang ihn sehr bald, das Banner mit diesem Wahlspruch wieder einzurollen und vor dem Parlament offen zu bekennen, daß die Vorschläge des Abkommens mit Laval „unbedingt und völlig tot" seien, und es auch zu keinem Versuch kommen werde, „sie wieder auszugraben".[15]

Baldwin entschloß sich, das Hoare-Laval-Abkommen preiszugeben, nachdem in der britischen Presse ein Proteststurm losgebrochen war. Der Londoner „Star" nannte die Abmachung eine Travestie, die „jeden Menschen mit Rechtsgefühl entsetzt", die „Post" in Yorkshire erblickte in dem Abkommen eine Verletzung „der internationalen Moral", die „Liverpool Daily Post" fand es „shocking", und der „Manchester Guardian" schrieb, es sei „unglaublich, daß die Regierung einen Plan angenommen hat, der alles, was dem Land an Duldung jemals zugemutet worden ist, derart weit hinter sich läßt".[16] Das Blatt der Arbeiterpartei, der „Daily Herald", verurteilte das Abkommen mit besonders heftigen Worten. Er nannte es einen „Vertrauensbruch – eine Verschwörung zum Zwecke einer Verschwörung mit dem Aggressor gegen den Völkerbund".[17] Für die „News Chronicle" war die Vereinbarung ein „schmählicher Verrat der Völkerbundssatzung"[18], und der „Daily Telegraph" wie die „Morning Post" äußerten sich ähnlich[19]. Harold Laski schleuderte eine beißende Beurteilung Sir Samuel Hoares in die Spalten des Daily Herald: „Er ist eben der Durchschnittstory an der Macht statt ohne Macht ... Sir Samuel handelte in der Krise genauso, wie der alte Torygeist es ihm befahl ... Er denkt in Machtbegriffen."[20]

Am 16. Dezember wurde ein geheimer Zusatzartikel zu dem Hoare-Laval-Abkommen veröffentlicht. Es lief praktisch darauf hinaus, daß die abessinische Regierung am Bau einer Bahn vom Hafen Assab ins Landesinnere gehindert werden sollte. Die „Times" sah diesen Artikel als etwas an, das „selbst mit der zynischsten Auslegung der zivilisatorischen Mission Italiens nicht mehr in Einklang zu bringen" sei.[21]

Die zu den Konzernen der Lords Beaverbrook und Rothermere gehörenden Blätter begünstigten im allgemeinen das Hoare-Laval-Abkommen, doch äußerte sich die Mehrheit der britischen Zeitungen mit so scharfer Kritik, daß sich Hoare gezwungen sah, zurückzutreten und Eden zum Außenminister ernannt wurde. Baldwin machte damit eine Verbeugung vor der öffentlichen Meinung, überzeugend aber war die Geste nicht. Im Juni 1936 kehrte Hoare als Erster Lord der Admiralität in das Kabinett zurück. Dazu wurde erklärt, daß sein ungewöhnliches Verwaltungstalent nicht ignoriert werden könne.

In Italien wurde die erbitterte britische Reaktion auf das Abkommen zwischen Laval und Hoare den „Umtrieben des Antifaschismus, des Freimaurertums und des Kommunismus" zugeschrieben. Alles das gab es in Deutschland nicht, und damit war zu einer Verständigung mit Berlin der Weg bereitet. Die italienische Presse räumte offen ein, daß die Männer der deutschen Regierung „keine Liebe zu Italien" hätten, aber man sagte sich, daß Hitler den faschistischen Staat als ein „Bollwerk gegen den Kommunismus" respektiere „und als ein unentbehrliches Element für die Sicherheit Europas ... Man glaubt, daß die beiden Länder in einem gewissen Sinne schicksalverbunden seien, denn beide hätten dieselben mächtigen ausländischen und internationalen Feinde, und beide strebten ähnlichen nationalen Zielen zu."[22]

Gegen Großbritannien nahmen wegen seiner Politik die feindlichen Gefühle ständig zu. Selbst ein so gemäßigtes und optimistisches Blatt wie der „Osservatore Romano" meinte, die Lage sei „äußerst gefährlich" geworden.[23] Die Sanktionen hatten die italienischen Kriegsanstrengungen nicht verhindert, und in Rom gebe es „reichlich Kohlen und reichlich Lebensmittel". Die Italiener seien, so berichtete Botschafter Long weiter, „für jedes kritische Ereignis gewappnet" und bereit „zu jedem Schritt, den ihr Führer beschließen mag".[24]

Präsident Roosevelt weist Italien zurecht

Der in Italien herrschende kriegerische Geist erfüllte Präsident Roosevelt mit tiefer Besorgnis. Am 3. Januar 1936 sprach er in einer Rede vor dem Kongreß Italien und die andern Habenichts-Nationen direkt an. Sie hätten „die notwendige Geduld" vermissen lassen, „vernünftige und legitime Ziele durch friedliche Verhandlungen oder einen Appell an das empfindliche Gerechtigkeitsgefühl der Welt zu erreichen". Nach diesem Verweis stellte er den ungestümen und habgierigen Nationen das friedliche und moralische Amerika gegenüber.[25]

Diese Predigt über amerikanische Tugenden versetzte viele italienische Journalisten in Wut. Sie wiesen auf die Jahre hin, die Mussolini in der Sache einer fairen Verteilung von Kolonialgebiet vergeblich auf Gerechtigkeit gewartet habe: „Reiche Nationen (wie die Vereinigten Staaten, die dank früherer Expansion und Eroberung, durch die die Eingeborenen ausgerottet wurden, alles besitzen, was sie brauchen, und die, um ihren hohen Lebensstandard zu schützen, zum Schaden der armen Nationen Einwanderung und Einfuhr drosselten) haben es leicht, Autokratien zu verurteilen ... Was die Herrlichkeit demokratischer Regime angeht ... wie steht es da mit Roosevelt selbst, der ... im Kampf gegen das Verbrechen so gründlich gescheitert ist, daß sich Amerikas Nationalheld [Lindbergh] gezwungen sah, für sein Kind auf dieser Seite des Atlantik Sicherheit zu suchen?"[26]

Diese abfälligen Töne über Amerika wurden allerdings bald gedämpft in dem Maße, wie die italienische Presse über die Leistungsfähigkeit der Kriegsmaschine des Landes wachsenden Optimismus spiegelte. Der amerikanische Marine-Attaché in Rom berichtete, daß sich die italienische Flotte „in einem Zustand sehr großer Leistungsfähigkeit" befinde und daß „die Moral der Mannschaften hoch und die Haltung der Offiziere ruhig und gelassen" sei.[27] Oberst William J. Donovan stellte nach der Rückkehr von einer kurzen Fahrt nach Eritrea fest: „Der Nachschubdienst sei ausgezeichnet, die Moral hoch, Gesundheitszustand ebenso wie die hygienischen Einrichtungen glänzend, die Leistungsfähigkeit erstklassig, und die bis jetzt erreichten militärischen Positionen seien gesichert und leicht zu halten."[28] In Rom verstärkte sich das Gefühl, daß das afrikanische Abenteuer glücklich beendet werden könne, weil die italienische militärische Stärke einen solchen Grad erreicht habe, daß die Briten eine Intervention nicht wagen würden. Dieser Optimismus wurde durch glühende Berichte von Erfolgen in den grimmigen Kämpfen bestätigt, die vom 19. bis zum 23. Januar 1936 in Tembyen getobt hatten.

Die Botschaft Präsident Roosevelts an den Kongreß wurde am Abend des 3. Januar über alle amerikanischen Sender ausgestrahlt. Nachdem sich Roosevelt besonders mit den internationalen Beziehungen beschäftigt hatte, wandte er sich der Angelegenheit eines neuen Neutralitätsgesetzes zu. Die vorgeschlagene Novelle ging über die automatische Handelssperre für den Export von Waffen, Munition und Kriegsgerät an Kriegführende hinaus; nach ihr sollte der Präsident ermächtigt sein, das Embargo auf die den „normalen Handel" überschreitende Ausfuhr anderer „zur Kriegführung" verwendeter Produkte und Materialien auszudehnen, wenn seiner Ansicht nach dadurch „die Neutralität der Vereinigten Staaten erhalten" oder ohne eine solche Erweiterung der Embargoliste der Krieg verlängert werden würde. Die Entscheidung, welche Materialien hierunter fallen würden, müsse dem Ermessen des Präsidenten überlassen bleiben.[29]

Einige hervorragende Publizisten erblickten in dem Gesetzentwurf von Pittman und McReynolds eine Gefahr für die amerikanischen Freiheitsrechte. Richter John Bassett Moore schrieb, es sei unklug, „einem einzigen Mann diese unbegrenzte Entscheidungsgewalt zu geben ... Die Ausstattung mit einer solchen Vollmacht würde die schlimmste Form von Diktatur begründen, die jemals errichtet worden ist."[30]

Eine große Anzahl italienisch-amerikanischer Organisationen verstärkte die Gegenströmung gegen eine Erweiterung der Embargo-Vollmachten des Präsidenten. Briefe und Telegramme strömten in die Büros einflußreicher Kongreßmitglieder. Die Liga für die Neutralität Amerikas gab den Rahmen für eine Versammlung in Boston ab, wo Gouverneur Curley in einer stark politisch gefärbten Rede Mussolini als Friedensfreund und Retter des Christentums pries. Andere Redner lobten den Duce mit ähnlich blumigem Überschwang.[31]

Als der Angriff auf die beantragte Novelle zum Neutralitätsgesetz an Stärke zunahm, eilte der Verleger der sehr bekannten Zeitung „Il Progresso", Mr. Generoso Pope, zu einer Unterredung mit Präsident Roosevelt nach Washington. Der Präsident beruhigte ihn: „Gene, Amerika wünscht aufrichtig, neutral zu bleiben; und ich bitte Sie, den Italienern zusagen ..., daß unsere Neutralität in keiner Weise eine Diskriminierung auf Kosten Italiens und zugunsten irgendeiner anderen Nation einschließen wird." Auf die Frage Popes, ob es nicht bei dem bestehenden Neutralitätsgesetz bleiben könne, antwortete der Präsident: „Das wäre vielleicht eine gute Lösung." Danach legte Mr. Pope dieselbe Frage dringend dem Außenminister vor, und Hull, „versicherte ihm, daß er persönlich nichts gegen diesen Gedanken habe, falls der Kongreß ihn akzeptiere".[32]

Ob nun infolge dieser Kampagne oder nicht, jedenfalls lehnte der Kongreß den Teil des Neutralitätsgesetzes ab, durch den die Embargo-Vollmachten des Präsidenten hatten erweitert werden sollen. Es verbot nur die Gewährung von Anleihen und Krediten an die Kriegführenden und machte die bisher dem Ermessen des Präsidenten überlassene Ausdehnung des Waffenembargos auf Staaten, die im Verlaufe eines Krieges darein verwickelt würden, obligatorisch. Schließlich nahm das Gesetz von seiner Geltung jede amerikanische Republik aus, die sich mit einem nichtamerikanischen Staat im Krieg befände „und in einem solchen Krieg nicht mit einem nichtamerikanischen Staat zusammenarbeitet".[33]

Somit ist klar, daß sich die italienisch-amerikanische „pressure group" angestrengt bemühte, jede Neutralitätsgesetzgebung zu verhindern, die Mussolinis „afrikanisches Abenteuer" ernstlich hätte beeinträchtigen können, und es ist die Meinung eines guten Kenners der damaligen Lage, daß diese Gruppe „den Kurs der amerikanischen Neutralität merklich beeinflußt" habe.[34]

Josef Beck verliert das Vertrauen zum Völkerbund

Die italienischen Siege im Frühjahr 1936 verstärkten die Anstrengungen der Italienischamerikaner, Ergänzungen zum Neutralitätsgesetz zu verhindern, die den Präsidenten mit weiteren Vollmachten ausgestattet hätten. Den europäischen Staatsmännern zeigten sie an, daß die Eroberung Abessiniens durch Italien unvermeidlich war. Nun erkannte man auch mit schmerzlichem Bedauern, daß es ein Fehler gewesen war, das Hoare-Laval-Abkommen fallenzulassen, durch das dem Kaiser Haile Selassie ein beträchtlicher Teil seines Reiches möglicherweise hätte gerettet werden können. Der amerikanische Geschäftsträger in London berichtete, „die für die britische Außenpolitik verantwortlichen Männer" würden „sich immer klarer darüber, daß zwar die von Hoare angewendeten Methoden falsch, das allgemeine Ziel seiner Politik jedoch im Grunde richtig gewesen" sei. Der frühere britische Außenminister habe erkannt, daß Deutschland aus einem Bruch der Front von Stresa großen Nutzen zöge. Seine Konzessionen an Italien hätten auf der Überzeugung beruht, daß Europa es sich nicht leisten könne, sich Mussolini zu entfremden. Eden beginne die Wahrheit einiger Argumente Hoares einzusehen, und sein Eifer für Sanktionen schwinde rasch.[35]

Hugh Wilson in Genf sah, wie der Schatten Deutschlands die Gedanken vieler Völkerbundsdelegierter verdüsterte. Er war betroffen über „die Tatsache, daß fast jeder, mit dem ich gesprochen habe, das deutsche Problem ernster auffaßt als das abessinische ... Massigli sagt, die Franzosen fragten sich mit großer Sorge, ob nicht Deutschland in naher Zukunft die Bestimmungen über das Rheinland aufkündigen werde."[36]

Es bedurfte für die französischen Politiker keines Besonderen Scharfblicks, vorauszusehen, daß Hitler aus einer Abkühlung des britisch-italienischen Verhältnisses Nutzen zöge, und so konnte Massigli den deutschen Einmarsch in das Rheinland vorhersagen. Der britische Druck auf Polen wegen der Sanktionen hatte auch Oberst Beck in Warschau in Bedrängnis gebracht. Er ließ Laval wissen, daß er „zum Völkerbund als einem Instrument zur Förderung des Friedens das Vertrauen verloren" habe.[37]

Wirkungen des Maffey-Berichts

Dem jungen, unter der Brutwärme des britischen Drängens auf Sanktionen ausgeschlüpften italienischen Haß wurde mit dem Maffey-Bericht ein Sitz geboten, auf dem er sich bequem niederhocken konnte. Dieses vertrauliche britische Dokument vom 18. Juni 1935 wurde später teilweise vom „Giornale d'Italia" veröffentlicht, und die italienische Presse erblickte in ihm eine Rechtfertigung der Pläne für Abessinien. Sir John Maffey, der Ständige parlamentarische

Staatssekretär im britischen Kolonialministerium, war zum Vorsitzenden eines Ausschusses ernannt worden, der die wesentlichen Seiten des italienisch-abessinischen Streits untersuchen sollte. Eden räumte ein, daß der Bericht dieses Sonderausschusses mit der Feststellung schloß, es gebe „in Abessinien keine bedeutenden britischen Interessen", „ausgenommen den Tanasee, das Quellgebiet des Blauen Nils und gewisse Weiderechte der Stämme". In den ersten Monaten des Jahres 1935 handelten die britischen Minister, als stimmten sie mit dem Untersuchungsergebnis dieses „Maffey-Berichts" überein, „ja, sie schienen sich über ihre Verpflichtungen gegen den Völkerbund hinsichtlich des italienisch-abessinischen Streits wenig Gedanken zu machen ... Es kann nicht wundernehmen, daß Mussolini zu dem Schluß gelangte, der britische Löwe sei friedlich und dusele absichtlich vor sich hin."

Indessen, der Schlummer des Löwen wurde rauh unterbrochen, als am 27. Juni 1935 die Ergebnisse einer „Friedensabstimmung" bekannt gegeben wurden, die einige Privatinstitute unter den Auspizien der Völkerbundsunion vorgenommen hatten. Rund elfeinhalb Millionen hatten auf fünf Fragen ihre Meinung bekundet. Auf die Frage, ob es ratsam sei, „militärische Maßnahmen" zu ergreifen, um der Aggression Einhalt zu tun, hatten sich 74 Prozent für „militärische Sanktionen" ausgesprochen.

Dieser hohe Anteil der Ja-Stimmen schreckte die Regierung Baldwins auf, die es noch vor kurzem abgelehnt hatte, wegen der deutschen Wiederbewaffnung Sanktionen in Betracht zu ziehen. Die Politik des Foreign Office war mehr von jeweiliger Zweckmäßigkeit als von Grundsätzen geleitet, aber es war nicht einfach, sich plötzlich „das Ansehen des Gralsritters der kollektiven Sicherheit zu geben".[38] Als nun die britische Regierung in Verbindung mit der italienischen Expansion in Äthiopien einen Anlauf dazu nahm, ließ sich Mussolini, gegen die Motive dieser Haltung argwöhnisch, von der Rezitation bestimmter Friedensformeln nicht beeindrucken.

Um sein Mißtrauen gegen die britische Politik zu rechtfertigen, ließ er passende Abschnitte des Maffey-Berichts in der italienischen Presse veröffentlichen. Sie handelten von der „Unwürdigkeit Abessiniens, Mitglied des Völkerbundes zu sein, seinem Übelwollen gegenüber Italien und der Drohung, die es gegen alle angrenzenden Kolonien" richte. Die italienische Regierung hatte „die britische Regierung rechtzeitig über die Lage in Abessinien unterrichtet" und ihren Wunsch nach Zusammenwirken ausgedrückt. Warum wurde eine Zusammenarbeit verweigert und warum unterließ es die britische Regierung, „auf die Tatsache einzugehen, daß, wie der Maffey-Bericht zeigte, Abessinien die Prinzipien des Völkerbundes und die Pflichten gegen ihn verletzt hatte?"

Angesichts der im „Giornale d'Italia" veröffentlichten Auszüge aus dem Maffey-Bericht glaubten die meisten Italiener, daß die britische Aktion in dem abessinischen Streit bestimmt werde von der „Abneigung gegen den Faschismus, der Entschlossenheit, die französisch-italienische Allianz zu zerstören, dem Wunsch, die absolute Hegemonie im Mittelmeer aufrechtzuerhalten, und Edens persönlichem Ehrgeiz, später seiner erbitterten Feindschaft gegen Mussolini". Die Italiener waren „bestürzt über die in ihren Augen verbrecherische und ebenso selbstmörderische Politik Englands".[39]

Aus England erhielt Präsident Roosevelt von Sir Leo Chiozza Money, dem früheren parlamentarischen Staatssekretär im Schiffahrtsministerium, einen Brief mit mehreren Dokumenten, die auf die italienische Durchdringung Äthiopiens ein günstiges Licht warfen. Dazu schrieb er, für ihn sei erwiesen, daß die Italiener in Abessinien „den Boden urbar machen, lehren und heilen, Krankenhäuser bauen und Polikliniken gründen, Brunnen bohren, Sklaven befreien ... und, mit den Worten Major Fiskes (eines Amerikaners, nebenbei bemerkt), in 100 Tagen mehr tun als in 1.000 Jahren getan worden ist."[40]

Botschafter Long in Rom erkannte die Bedeutung der italienisch-abessinischen Sackgasse für die europäische Mächtekonstellation. Die italienische Regierung hatte klargemacht, daß „eine Fortdauer der gegenwärtigen Völkerbundspolitik unter britischer Führung und mit französischer Unterstützung Italien bestimmen werde, seine ganze Außenpolitik zu revidieren". Die starke Konzentration der britischen Flotte im Mittelmeer werde von Mussolini äußerst übel vermerkt; einem Vorschlag, von London durch ein Ultimatum eine Verringerung der britischen Kriegsschiffe in den mittelländischen Gewässern zu fordern, habe er sorgfältige Aufmerksamkeit geschenkt.[41]

Die Möglichkeit, daß Mussolini einen solchen Schritt tat, wurde verstärkt durch eine Reihe glänzender Siege der italienischen Armeen in Äthiopien. Am 15. Februar gewann Marschall Badoglio bei Amba Aradam eine entscheidende Schlacht, in der die Streitkräfte Ras Mulugetas dermaßen zerschlagen wurden, daß die Niederlage zu einer nationalen Katastrophe wurde. Am 27. Februar trieben die Italiener die Abessinier aus ihren stark befestigten Stellungen in Tembyen, und am 12. April wurde die italienische Fahne am Nordufer des Tanasees gehißt. Kaiser Haile Selassie war sich der erschütternden Wirkung dieser Niederlage durchaus bewußt und griff mit dem verzweifelten Versuch, die italienische Flut aufzuhalten, am 31. März beim Aschangisee das italienische I. Korps an. Nach fünftägigen erbitterten Kämpfen flohen die Truppen des Kaisers in wilder Unordnung die Straße nach Dessie hinunter. Die schließliche Eroberung Abessiniens durch die Italiener war Gewißheit.[42]

Großbritannien will Erdöl auf die Embargoliste gesetzt haben

Die italienischen Siege im Februar 1936 schienen die britische Regierung zu einem letzten Versuch anzuspornen, die über Italien verhängten Wirtschaftseinschränkungen zu verschärfen und das lange angedrohte Erdölembargo zu verhängen. Am 2. März unterrichtete der Leiter der italienischen Delegation in Genf, Bova Scoppa, den französischen Außenminister, Flandin, davon, daß Mussolini die Verhängung von Erdölsanktionen sehr übel vermerken würde. Flandin teilte dies Eden mit, worauf der britische Außenminister erklärte, er habe vom Kabinett die Weisung, eben diese Maßnahme durchzusetzen. Flandin wandte sich dermaßen heftig gegen einen solchen Schritt, daß Eden telefonisch mit Premierminister Baldwin sprach und eine Verschiebung der Aktion erreichte.[43] Am nächsten Tag, dem 3. Mai, beschloß der Ausschuß der Dreizehn, beide Kriegsparteien zu offenen Verhandlungen über die „endgültige Wiederherstellung des Friedens" aufzufordern. Man erwartete die Antworten der beiden Regierungen rechtzeitig für die auf den 10. März anberaumte Sitzung des Ausschusses.

Mussolini war nicht geneigt, der Aufforderung des Dreizehnerkomitees viel Aufmerksamkeit zu schenken. Er gedachte Frieden nach seinen Bedingungen zu schließen, nachdem die italienischen Armeen den abessinischen Widerstand gebrochen hatten. Frankreich vermochte das militärische Menetekel an der äthiopischen Wand zu lesen und entzifferte: Politik der Nichteinmischung. Flandin war entschlossen, sich eher mit Mussolini zu verständigen, als ihn zu reizen, und wurde dafür von Virginio Gayda gelobt.[44] An demselben Tage pries der Duce in einer Ansprache an das Kabinett die amerikanische Regierung, weil sie das „wiederholte Ansuchen des Völkerbundes" wegen einer Handelssperre für den Ölexport nach Italien unbeachtet gelassen habe.[45]

In Rom war der Unwille über die Möglichkeit eines Erdölembargos sehr stark gewesen, und Mussolini hatte mehrere Male zu verstehen gegeben, daß er eine solche Aktion als fast gleichbedeutend mit einer Kriegserklärung ansähe. Er war daher für Flandins Druck auf Eden äußerst dankbar. Bald jedoch wandte er seine Dankbarkeit auch Hitler zu, als nämlich der deutsche Führer am 7. März seine Truppen ins Rheinland einmarschieren ließ und damit den Vertrag von Locarno liquidierte. Wieder machte Deutschland das europäische Staatssystem in seinen Grundlagen erbeben und bewirkte, daß Frankreich sich verzweifelt bemühte, die Front von Stresa aufrechtzuerhalten. Es galt jetzt, Mussolini eher den Hof zu machen als ihn zu schelten.

Mussolini macht eine friedfertige Geste

Im März sah das italienische Außenamt mit einem Blick, daß sich die europäische Szene plötzlich gründlich verändert hatte. Nun, da der Sieg in Äthiopien gewiß war, konnte Italien eine leichte Friedensgeste machen. Am 8. März ließ Mussolini den Dreizehnerausschuß wissen, daß er seine Aufforderung zur Wiederherstellung des Friedens im Prinzip annehme, jedoch sei Voraussetzung für Verhandlungen über eine Einstellung der Feindseligkeiten die Anerkennung der Tatsache, daß Abessinien die „Aggressor-Nation" sei. Außerdem müsse das

Friedensprogramm, wenn es für Italien annehmbar sein solle, die Zusicherung einer Garantie für „Sicherheit und Vertragsrechte" enthalten, und schließlich sei zweifelsfrei festzustellen, daß Verhandlungen von der „militärischen Lage" als Basis auszugehen hätten.[46]

Engert in Addis Abeba zog diese Friedensbedingungen ins Lächerliche und dementierte nachdrücklich die Berichte über italienische militärische Erfolge. In den jüngsten Hauptkämpfen sei der italienische Plan, die abessinische Armee einzuschließen, gescheitert, und die italienischen „Streitkräfte, besonders die Alpini", hätten „schwere Verluste erlitten". Die moralische Verfassung der abessinischen Soldaten sei „ausgezeichnet und von den italienischen Lügen nicht berührt worden". Mussolinis Legionen befänden sich „in einer bedenklichen Lage, und ihre Verbindungslinien" würden „von äthiopischen Streifscharen beherrscht, die davon vollen Gebrauch machen ... Abessinien ist entschlossen, den Eindringling aus seinem Gebiet hinauszuwerfen."[47]

Mussolini kannte die Lage in Abessinien weit besser als der amerikanische Gesandte in Addis Abeba, und er baute darauf, daß die Zeit auf seiner Seite stehe. In Rom zeigte er sich zur Zusammenarbeit geneigt und gab zu verstehen, daß er für eine Regelung der Schwierigkeiten wegen des Rheinlandes sei, und zwar „mit einer solchen Zurschaustellung von Stärke gegen Deutschland, daß sich das Reich des Ernstes weiterer Brüche des Versailler Vertrages bewußt werden würde".[48]

Diese anscheinend versöhnliche Haltung blieb auf das Dreizehnerkomitee, das am 23. März in London zusammentrat, nicht ohne Wirkung. Nach Prüfung der Antworten Italiens und Abessiniens auf die Aufforderung des Ausschusses zur Wiederherstellung des Friedens beauftragte das Komitee seinen Vorsitzenden, „die Schritte zu tun, die erforderlich sein mögen, die beiden Parteien zusammenzubringen ... und eine schnelle Einstellung der Feindseligkeiten herbeizuführen". An demselben Tag richtete Mussolini einen erbitterten Angriff gegen die Sanktionen.[49] Der Weg zum Frieden war noch immer durch Schranken versperrt, die nur ein italienischer Sieg zu beseitigen vermochte.

Der Sieg konnte nicht mehr lange auf sich warten lassen. Die italienischen Armeen waren auf dem Marsch zu ihm, und die Flotte lag bereit, sich zu bewähren. Auf den amerikanischen Marine-Attaché in Rom, Kapitän zur See L.N. McNair, machten „die materiellen Vorbereitungen in Gestalt der Ausrüstung sowie die moralische und die geistige Vorbereitung von Mann und Offizier der italienischen Flotte" großen Eindruck. Innerhalb der letzten sechs Monate habe sich die Lage im östlichen Mittelmeer entschieden zugunsten Italiens gewandelt.[50]

Großbritannien stellt sich freundlicher zu Hitler

England sah die Zunahme der militärischen Stärke Italiens nicht gern und war in dem Bestreben, die neue Konstellation im Mittelmeer auszugleichen, auch dazu geneigt, Hitler zu umwerben. „Unter den Engländern" gab es, „einschließlich hoher Offizierskreise der Armee, ausgesprochen prodeutsche Gruppen".[51] Konnte man sich auf ein gewisses Maß deutscher Unterstützung verlassen, so enthob das die britische Regierung der Notwendigkeit, Italien zu beschwichtigen. In Paris aber wurden „die Beziehungen zwischen Italien und Großbritannien" für „so gespannt" gehalten, daß man glaubte, sie seien „heute die eigentliche schwere Gefahr am europäischen Horizont".[52] Aus Berlin berichtete Dodd von der Möglichkeit einer Annäherung zwischen Deutschland und Großbritannien. Mehrere gut unterrichtete und erfahrene Beobachter seien der Meinung, „die Briten könnten binnen kurzem zu wählen haben, entweder dem französischen Rat zu folgen und sich mit den Italienern auszusöhnen ... oder den offenbaren anderen Alternativweg zu gehen und sich faktisch mit Deutschland zu verbünden".[53] War Hitler flink, so konnte er, nach Botschafter Dodds Ansicht, ein ausgezeichnetes Geschäft abschließen.

Die britischen Staatsmänner waren mit dem alten Ausspruch wohlvertraut, daß, wer mit dem Teufel essen will, einen langen Löffel benutzen muß. Sie befürchteten, Hitler würde für eine etwaige diplomatische Stützung der britischen Position in Genf einen hohen Preis verlangen, und Neville Chamberlain betonte, „daß keine Forderung auf Abtretung britischer Kolonien an Deutschland auch nur einen Augenblick in Erwägung gezogen werden würde".[54]

Nach einem Bericht Prentiss Gilberts war aber die britische Regierung zu der freundlichen Geste bereit, „die Kriegsschuldklausel des [Versailler] Vertrages zu beseitigen". Großbritannien „läßt es nicht zu, daß Deutschland noch einmal auf die ‚Anklagebank' gesetzt wird". Auch sollte eine Anstrengung gemacht werden, „Frankreich die nötige Sicherheit zu bieten, während Deutschland volle Gleichberechtigung zugestanden werden müsse". Immer aber sei, welchen diplomatischen Handel die europäische Lage auch erfordere, daran zu denken, daß Italien niemals die Beherrschung Abessiniens erlaubt werden sollte.[55]

Die Punkte der Denkschrift des britischen Kabinetts, die Prentiss Gilbert Außenminister Hull enthüllt hatte, wurden von Botschafter Bingham bestätigt. Es konnte nun keinem Zweifel mehr unterliegen, daß das britische Außenamt über die Vereitelung des Hoare-Laval-Abkommens sehr unglücklich war. In einem Gespräch mit Bingham gab der britische Staatssekretär im Foreign Office freimütig zu, er sei „mehr denn je überzeugt, daß die gemeinschaftlichen Vorschläge Hoares und Lavals von großem Vorteil gewesen wären, vor allem für Abessinien selbst, aber in der Tat auch für die ganze Welt, und er glaube, daß schließlich die öffentliche Meinung zu der gleichen Ansicht gelangen werde".[56]

Der Völkerbund versucht, dem italienisch-abessinischen Krieg ein Ende zu setzen

Wenn Großbritannien das Hoare-Laval-Abkommen für so vorteilhaft hielt, so ging das auf die Erfolge zurück, die die italienischen Armeen im März und April 1936 errungen hatten. Am 15. April erschien Baron Aloisi in Genf und regte bei dem Vorsitzenden des Dreizehnerausschusses an, „auf der Basis der tatsächlichen militärischen Lage, wie sie sich nach sechs Monaten militärischer Operation darbietet", Friedensverhandlungen zu eröffnen. Die abessinische Delegation widersprach dem auf der Stelle und empfahl statt dessen, härtere Sanktionen zu verhängen. Anthony Eden nahm diese drastische Anregung günstig auf und gab in der Sitzung des Völkerbundsrates am Nachmittag des 20. April die Bereitwilligkeit der britischen Regierung zu erkennen, den Druck auf Italien „durch Verordnung weiterer wirtschaftlicher und finanzieller Sanktionen, die zur Erfüllung der auf uns allen in diesem Streit liegenden Verpflichtungen für notwendig erachtet werden, zu verstärken".

Paul Boncour war durchaus anderer Meinung als Eden. Frankreich sei entschlossen, an einer Politik der Verständigung festzuhalten. Die italienische Regierung habe zu verstehen gegeben, daß sie die gegenwärtige politische Struktur Europas zu stützen wünsche. Diese Haltung sollte ermutigt statt verhöhnt werden. Der russische Delegierte, Potemkin, rügte die Neigung des Völkerbundes, Aggressoren „mit Duldsamkeit, wenn nicht gar Milde" zu behandeln, während Madariaga auf die Schwierigkeit hinwies, eine Nation zu beschwichtigen, die von der Liga als Brecher der Völkerbundssatzung verurteilt worden sei. Schließlich nahm der Rat eine harmlose Resolution an, die den Appell des Dreizehnerausschusses an die beiden Kriegführenden erneuerte, „sofort die Feindseligkeiten zu beenden und im Rahmen des Völkerbundes den Frieden wiederherzustellen".[57]

Dieser Beschluß war eine offenbare Niederlage Edens. So berichtete denn auch Wilson aus Genf: „Die Gezeiten haben gewechselt. Nachdem das allgemeine Bestreben dahin gegangen war, die Sanktionen unter britischer Führung gegen französisches Widerstreben zu verschärfen, hat jetzt die Ebbe eingesetzt, und die Briten erkennen, daß sie vorsichtig manövrieren müssen, damit die bestehenden Sanktionen nicht mit weggerissen werden." Die britische Regierung habe „auf den Faktor Zeit gesetzt. Wenn der Widerstand Abessiniens völlig gebrochen ist, ehe gegen Ende Mai dort die Regenperiode beginnt, dann bedeutet das eine verheerende Niederlage der britischen Politik". Nach Beendigung der Ratssitzung traf Wilson mit Eden zusammen, und der britische Premier bemerkte sauer: „Die Dinge laufen schlecht. Wir haben unser Bestes getan, aber ich fürchte, es [die Kollektivanstrengung gegen Italien] zerbröckelt."[58]

Großbritannien wirbt weiter um Hitler

Trotz des offenbaren Zerfalls der Ligafront gegen Italien arbeitete Eden weiter fieberhaft daran, sie intakt zu erhalten. Dabei blickte er abermals nach Berlin um Unterstützung. Straus in

Paris erfuhr, es gebe „in Großbritannien gewisse Persönlichkeiten", die „den gefährlichen Kurs einschlügen, Hitler" zur Inszenierung „eines baldigen nationalsozialistischen Coups in Österreich zu ermutigen". Sie spielten diese verwegene Rolle, „um Mussolini zu zeigen, daß er einen Irrweg" verfolge.[59]

In Berlin wurden solche freundlichen britischen Gesten begrüßt, und das Auswärtige Amt bedauerte, wie Ferdinand L. Mayer, der amerikanische Geschäftsträger in Berlin, berichtete, den Zusammenbruch der kollektiven Sicherheit in Genf, weil er „das britische Prestige stark berühre". Die jüngsten englisch-deutschen Gespräche in London „verliefen völlig zufriedenstellend; denn die deutschen Vertreter ... haben die Briten so hilfreich gefunden, wie deren vertragliche Verpflichtungen es eben noch zuließen ... Es wurde darauf angespielt, wie nachteilig es für die Briten sei, an Frankreichs Schürzenband zu hängen. Dies wirke gegen die Interessen des britischen Empire, gegen die Interessen des Völkerbundes und gegen den Versuch, an dem England wie Deutschland so sehr interessiert seien, bessere allgemeine europäische Beziehungen und Verhältnisse herbeizuführen. Aus dem, was ich bei meinen gestrigen Gesprächen im Auswärtigen Amt hörte, geht klar hervor, daß man sich sagt, die Briten würden früher oder später das Gemeinsame der englisch-deutschen Interessen gegenüber dem italienischen Imperialismus erkennen."[60]

Während die Briten „freundliche Gesten zu Hitler" machten[61], bestürmten die italienischen Armeen die Tore von Addis Abeba. Am 2. Mai verließen der Kaiser und seine Familie in Eile die Hauptstadt, und drei Tage später rückte die italienische Vorhut dort ein, ohne auf Widerstand zu stoßen. Unverzüglich verkündigte Mussolini „dem italienischen Volk und der Welt, daß der Friede wiederhergestellt" sei.[62]

Die Einnahme Addis Abebas und die Flucht des Kaisers waren für die Welt ein unmißverständliches Zeichen, daß das italienische Abenteuer in Äthiopien zum Erfolg geführt hatte. Die britische Politik hatte eine schwere Niederlage erlitten, und die britische Presse hob diese Tatsache hervor. Großbritannien habe vor den Drohungen Mussolinis gekuscht, und ebenso könnte, schrieb der „Daily Herald", „die Liga jederzeit durch den nächsten besten brüllenden Stier zum Schweigen gebracht werden, wenn er nur, macht sie ein böses Gesicht, mit dem Kriege droht".[63] Die „Daily Mail" fand es an der Zeit, die Edensche Politik zu revidieren: „Der richtige Kurs für Großbritannien ist, durch das Geschehene einen Strich zu machen und sobald wie möglich bekanntzugeben, daß es mit Sanktionen und den Strafbestimmungen der Völkerbundssatzung nichts mehr zu tun haben will. Freundschaft mit Italien ist für dieses wie für uns lebenswichtig."[64]

Bezeichnend war, daß die Opposition in Großbritannien noch immer die Aufrechterhaltung der Sanktionen forderte. Sie wurde deshalb scharf angegriffen von der „Morning Post": „Der Krieg ist vorbei; die italienischen Armeen sind im Besitz Äthiopiens, aber unsere Sozialisten sagen, daß die Sanktionen fortdauern müßten ... Sie haben die Schließung des Suezkanals für italienische Transporte verlangt, und gestern mußte ihnen Eden rundheraus erklären, daß eine solche Maßnahme unvermeidlich zum Krieg mit Italien führen würde ... Die Opposition, die alles getan hat, Großbritannien zu entwaffnen, scheint bereit zu sein, diesem Risiko ins Gesicht zu sehen. Es ist eine bemerkenswerte Tatsache, daß ausgerechnet die Leute, die am hartnäckigsten auf die Abrüstung hingearbeitet haben, jetzt am hartnäckigsten daraufhinarbeiten, uns in einen Krieg zu verwickeln."[65]

Die Opposition in Frankreich spielte das gleiche düstere Spiel. Die linksradikale Presse rief nach „Rache an Italien" und danach, „die Ausbeutung seiner Eroberung durch Aufrechterhaltung und weitere strenge Anwendung der Völkerbundsprinzipien zu verhindern ... Gewisse Organe der äußersten Linken sind wild vor Empörung und drängen auf eine sofortige Kraftprobe in einer Krise, die die Genfer Mächte hinauszuschieben gehofft hatten."[66]

Die britischen und die französischen Staatsmänner ließen sich durch das Geschrei der kriegerischen Opposition nicht in einen Konflikt stoßen. Einige Engländer sagten sich, daß es höchste Zeit sei, die Richtung der britischen Außenpolitik gründlich zu ändern. Zu den hervorragendsten Vertretern dieser neuen Auffassung gehörte Lord Lothian. Es sei angezeigt, so meinte er, aus der Satzung des Völkerbundes jede Verpflichtung herauszunehmen, wonach „wir überall in der Welt zum Kriege schreiten müssen, was wir wie die Dominions ... gar nicht wollen". Die Liga sollte ein Instrument für internationale Versöhnung sein „und kein internationales Kriegsbüro". Darüber hinaus müßte Großbritannien zu seinen Feinden aus der Zeit des Weltkrieges eine neue Haltung annehmen. Es liege eigentlich auf der Hand, daß „ein starkes Deutschland die beste Sicherheit für Frieden und Stabilität sein wird. Sicherlich aber kann es in Europa und in Afrika solange keine Stabilität geben, wie wir die Versuche durchgehen lassen, jenes gegen Deutschland gerichtete System der Einkreisung und der Ungleichheit aufrechtzuerhalten, das fünfzehn Jahre lang die Wurzel der europäischen Ruhelosigkeit war und die Hauptursache für das Entstehen des nationalsozialistischen Staates ... Verschwindet erst einmal das System universaler kollektiver Sicherheit, so ist die nächstliegende beste Grundlage ein regionales Gleichgewicht, und wenn erst Deutschland seinen rechtmäßigen Platz in Europa eingenommen hat und neben Rußland, Italien und Frankreich Mitglied eines erneuerten Völkerbundes mit revidierter Satzung geworden ist, dann könnte es möglich sein ... jenen fünfundzwanzigjährigen Frieden zu sichern, von dem Herr Hitler redet."[67]

Amerika lehnt es ab, eine realistische Politik einzuschlagen

Daß Europa mit einer Friedensperiode gesegnet werden würde, war kaum wahrscheinlich, solange die Großmächte am Prinzip der Nichtanerkennung festhielten. Es verging einige Zeit, ehe die britischen Staatsmänner das erkannten. Am 9. Mai 1936 unterzeichnete der König von Italien einen Erlaß, durch den bekanntgegeben wurde, daß das ehemalige Kaiserreich Äthiopien von italienischen Truppen erobert worden und infolgedessen „unter die volle, ungeteilte Souveränität des Königreichs Italien" gekommen sei. Kaiser Haile Selassie antwortete auf diese Proklamation am Tag darauf mit dem telegrafischen Ersuchen an den Generalsekretär des Völkerbundes, in der Sache des italienisch-abessinischen Streits in aller Form das Nichtanerkennungsprinzip anzunehmen.[68] Der Völkerbundsrat wich der Aufforderung geschickt aus, indem er die Stellungnahme zur Frage der Nichtanerkennung auf die nächste Sitzung am 15. Juni vertagte. Bis dahin würde der Krieg in Abessinien die Endphase erreicht haben, so daß eine realistische Entscheidung herbeigeführt werden könnte.

An demselben Tage, dem 12. Mai, eröffnete der britische Botschafter in Rom dem Duce, daß seine Regierung das italienische Regime in Abessinien „nicht anerkennen" werde. Man war sich in London völlig klar darüber, daß Mussolini dies sehr übel vermerken werde, und das britische Kabinett hielt die Lage für „außerordentlich ernst".[69]

Der britische Schritt war unnötig provozierend. Das Foreign Office hielt unter Edens Führung an einer Politik fest, die entschieden wirklichkeitsfremd war. Aber Mussolini, den Sieg schon in der Faust, begnügte sich damit, diese Herausforderung mit Worten zu überhören. Die Legionen Marschall Badoglios hatten sich als weit wirksamer erwiesen als die Sanktionen der Liga. Italien konnte einen großen politischen und diplomatischen Erfolg verzeichnen, und schließlich würde sich das Stirnrunzeln Anthony Edens in das dünne Lächeln der Einwilligung verwandeln.

In Amerika jedoch weigerte man sich entschieden, in der abessinischen Angelegenheit eine realistische Politik einzuschlagen. Außenminister Hull schenkte der Tatsache wenig Beachtung, daß in Europa das politische Gewicht Italiens dringend notwendig war, um die Waage gegen den rasch stärker werdenden Druck Hitlers ins Gleichgewicht zu bringen. Hull hatte in diesem Augenblick eine großartige Gelegenheit, durch ein leichtes ermutigendes Kopfnicken zu Mussolini hinüber dazu beizutragen, daß die Front von Stresa vor dem Zerfall bewahrt blieb. Statt dessen hielt er an der alten Stimsonschen Nichtanerkennungsformel mit einer Hartnäckigkeit fest, die noch verstärkt wurde durch die Überzeugung von der Rechtschaffenheit solchen Tuns. Er würde auf diesem Standpunkt verharren, und beileibe nicht durch einen Anflug von Wirklichkeitssinn die Welt retten.

Am 12. Mai suchte der italienische Botschafter in Washington das Außenamt auf, um Außenminister Hull auseinanderzusetzen, daß Italien in Abessinien eine zivilisatorische Mission zu erfüllen habe. Hull fand diese Darlegung „etwas weitschweifig" und erhielt von dem, was sie besagte, keinen günstigen Eindruck.[70] Der Botschafter war von dem Ausbleiben jeder freundlichen Reaktion bei Hull betroffen, sprach daher noch bei Staatssekretär Phillips vor und bemerkte stockend, die Annexion Abessiniens sei „bei weitem die beste Lösung des Problems, und er glaube, Genf werde die geschaffenen Tatsachen zur gehörigen Zeit anerkennen". Auf die Frage, „welche Stellung die Vereinigten Staaten unter den gegebenen Umständen einnehmen würden", erwiderte Phillips hastig, die amerikanische Regierung habe sich „noch nicht entschieden, welchen Kurs" sie einschlagen werde.[71] Das waren sehr unbestimmte Worte, doch hatte sich Mr. Phillips recht freundlich gegeben, und so verließ Botschafter Rosso das Außenamt mit einem leichten Hoffnungsgefühl im Herzen.

Eden empfiehlt die Aufhebung der Sanktionen

Des Sieges in Äthiopien gewiß, bemühten sich die Italiener eifrig, darzutun, wie versöhnlich sie sich gegen die Länder verhalten konnten, die das afrikanische Programm Mussolinis mit Mißtrauen betrachtet hatten. In Addis Abeba war Marschall Badoglio zu Mr. Engert überhöflich. Er plauderte von seinem Besuch in den Vereinigten Staaten, wo er das Glück gehabt habe, mit Präsident Roosevelt, dem damaligen Gehilfen des Marineministers, zusammenzutreffen, und sprach von seinem „lieben Freund General Pershing".[72]

Mussolini war nicht minder in guter Form. In einem am 24. Mai im „Intransigeant" erschienenen Interview suchte er die britischen Befürchtungen zu zerstreuen: Er wolle „nichts von England. Ich bin zu allen nur möglichen Zusicherungen hierüber bereit".[73] In London unterstrich Dino Grandi Mussolinis Wunsch nach „besserem Einvernehmen mit Großbritannien und wiederholte die Versicherung, daß Italien nichts gegen britische Interessen vorhabe".[74]

Am 28. Mai gewährte Mussolini dem römischen Korrespondenten der „Daily Mail" ein Interview und floß über von Beteuerungen, daß „die Interessen Großbritanniens, was den Tanasee angeht, streng respektiert werden" würden. Auf die Frage nach den englisch-italienischen Beziehungen antwortete er, eine Annäherung zwischen den beiden Ländern sei nicht nur wünschenswert, sondern tatsächlich „notwendig"; er werde alles in seiner Macht Stehende tun, „sie herbeizuführen".[75]

Aber alle diese Versicherungen blieben bei denen ohne Wirkung, die, wie Sir Alfred Zimmern, Professor Gilbert Murray und Lord Hugh Cecil, eifernd für die Beibehaltung der Sanktionen eintraten. Indessen, sie überzeugten Neville Chamberlain, den Schatzkanzler. Am 10. Juni verurteilte er in einer Rede vor dem Klub 1900 die Fortdauer der Sanktionen als den „Gipfel des Wahnsinns". Die britischen politischen Führer sollten ihre Augen „der Wirklichkeit" öffnen. Die Sanktionspolitik sei „durchprobiert worden, und sie hat den Krieg nicht verhüten können, sie hat dem Krieg nicht Einhalt tun können, und sie hat das Opfer des Angriffs nicht retten können". Eine solche Politik sollte aufgegeben werden.

Offenbar bereitete sich das britische Kabinett in seinem Verhalten gegen Italien auf eine Schwenkung vor. Dies wurde noch deutlicher, als es Sir Samuel Hoare als Ersten Lord der Admiralität wieder in sich aufnahm. Am 18. Juni gab Anthony Eden im Parlament bekannt, daß er in Genf die Aufhebung der gegen Italien in Kraft befindlichen Sanktionen anraten werde. Die „Morning Post" begrüßte diese Erklärung wärmstens: „Die Politik der Sanktionen gegen Italien ist eine Beleidigung des gesunden Menschenverstandes und eine Bedrohung des europäischen Friedens geworden."[76] Ähnlich äußerte sich die „Daily Mail": „Die ‚Daily Mail' hat von Anfang an die Ansicht verfochten, daß die Sanktionspolitik geistlos und unheilvoll sei."[77] Die „News Chronicle" aber kritisierte die Kursänderung als „würdelose Unterwerfung"[78], und der „Daily Herald" nannte den Frontwechsel eine „vollständige und bedingungslose Kapitulation".[79]

Australien und Kanada folgten der Führung Londons, und weitere Völkerbundsmitglieder schlossen sich eiligst an. Einige Monate später, am 16. Dezember, wurde im Parlament die Frage nach Anerkennung oder Nichtanerkennung aufgeworfen, und Eden antwortete, die Regierung halte nach wie vor am Nichtanerkennungsprinzip fest.[80] Es sei daher „nicht die Absicht der Regierung Seiner Majestät, die Eroberung Abessiniens de jure anzuerkennen". Dabei verschwieg Anthony Eden sorgfältig die Tatsache, daß sich das Kabinett bereits entschieden hatte, die italienische Kontrolle über Abessinien de facto anzuerkennen. Dies wurde bald danach durch einen Rechtsstreit vor dem Gericht des Lordkanzlers enthüllt[81], und später, am 17. März 1938, räumte es während einer Debatte im Unterhaus der Staatssekretär des Foreign Office zögernd ein[82].

Am 16. April 1938 wurde in Rom ein anglo-italienisches Abkommen unterzeichnet, das auf die volle Anerkennung der italienischen Souveränität über Abessinien hinauslief.[83] Die Bühne war fertig für die Genfer Liga. Am 10. Mai erklärte Lord Halifax im Völkerbundsrat, daß sich das britisch-italienische Abkommen ausschließlich mit Angelegenheiten zwischen den beiden Nationen befasse. Litwinow zog das in Zweifel, und die explosible Diskussion erhitzte sich noch mehr durch einen Appell Kaiser Haile Selassies, der Eroberung Abessiniens die Anerkennung zu versagen. Allein, die meisten Ratsmitglieder unterstützten die britische Ansicht, wobei der polnische Delegierte so weit ging, sich gegen das Nichtanerkennungsprinzip als „eine Quelle von Konflikten" zu wenden. Zwar wurde in dieser Sitzung nicht abgestimmt, aber es war klar, daß eine Mehrheit im Rat bereit war, das Prinzip aufzugeben, für das Stimson leidenschaftlich und hartnäckig gekämpft hatte.[84]

Nach Professor Malbone W. Graham, der die Lage mit dem Präsidenten des Völkerbundsrates, Mr. Munters, besprach, wurde in Genf offen zugegeben, daß die Entscheidung, die Nichtanerkennungsdoktrin aufzugeben, auf Drängen von Lord Halifax zustande gekommen war.[85] Unter dem Eindruck dieses britischen Beispiels von Versöhnungspolitik erkannten mehrere Völkerbundsmitglieder die italienische Herrschaft über Abessinien in aller Form an, indem sie für ihre Missionschefs Beglaubigungsschreiben ausstellten, durch die sie bei „Seiner Majestät dem König von Italien, Kaiser von Äthiopien" akkreditiert wurden.[86]

Nun war alles vorbereitet, die Versicherung Edens, daß es „nicht die Absicht der Regierung Seiner Majestät" sei, „die Eroberung Abessiniens de jure anzuerkennen", völlig preiszugeben. Am 2. November 1938 brachte Premierminister Chamberlain im Unterhaus einen Antrag des Inhalts ein, daß „dieses Haus die Absicht begrüßt", das britisch-italienische Abkommen vom 16. April 1938 „in Kraft zu setzen". Nach lebhafter Debatte wurde der Antrag mit überwältigender Mehrheit angenommen, und das Oberhaus tat desgleichen.[87] Anthony Eden mußte seine mutigen Worte vom 16. Dezember 1936 zurückschlucken, und nichts deutet darauf, daß ihm dies allzusehr die Luft nahm.

Die Vereinigten Staaten machen das Nichtanerkennungsprinzip geltend

In Amerika wurde die Aktion der britischen Regierung mit großem Interesse, wo nicht mit Zustimmung verfolgt. Nach Mussolinis Verkündigung der Annexion Abessiniens gab Botschafter Long eine herzliche Erklärung ab, die dem Duce wohltat und von der italienischen Regierung und Presse mit „aufrichtigen Freundschaftsbeteuerungen für die Vereinigten Staaten"[88] erwidert wurde. Am 16. Juni versicherte Graf Ciano, seit kurzem Außenminister, seinem amerikanischen Kollegen, daß er „alles tun" werde, „die zwischen unsern beiden Ländern bestehenden freundschaftlichen Beziehungen zu fördern".[89] Vier Tage darauf gab Präsident Roosevelt bekannt, daß der Kriegszustand zwischen Italien und Abessinien beendet und das Waffenembargo außer Kraft getreten sei.[90]

Allein, das Department of State hatte nicht die Absicht, die Annexion Abessiniens durch Italien anzuerkennen. Als im August 1936 William Phillips Botschafter Breckinridge Long ablöste, war sein Beglaubigungsschreiben nur an den „König von Italien" gerichtet. Im Oktober sandte Mussolini einen neuen Botschafter nach Washington, Fulvio Suvich. Sein Beglaubigungsschreiben enthielt zwei Titel: „König von Italien, Kaiser von Äthiopien". Aber Präsident Roosevelt achtete ängstlich darauf, ihn nur als Botschafter des „Königs von Italien" zu empfangen.[91]

Die britische Regierung war weit realistischer. Am 14. Januar 1938 unterrichtete der Premierminister Präsident Roosevelt davon, daß er bereit sei, „wenn möglich mit Ermächtigung des Völkerbundes, die italienische Eroberung Abessiniens de jure anzuerkennen (worauf Signor Mussolini großen Wert legt) und entsprechende weitere Schritte zu tun", wenn er finde, „daß die italienische Regierung ihrerseits zu einem Beweis der Aufrichtigkeit ihres Wunsches bereit ist, zur Wiederherstellung des Vertrauens und freundschaftlicher Beziehungen beizutragen".[92] Der Präsident antwortete prompt, er sei von dieser Erklärung „betroffen". In einem Augenblick, „wo die Achtung vor Vertrags Verpflichtungen für die internationalen Beziehungen so lebenswichtig scheint ..., und zu einer Zeit, wo unsere beiden Regierungen Maßnahmen zur Stärkung des internationalen Rechts und der Ordnung im Fernen Osten in Erwägung gezogen haben ... kann ich nicht umhin, mir zu sagen ..., daß eine Preisgabe des Prinzips der Nichtanerkennung durch die Regierung Seiner Majestät auf die öffentliche Meinung in den Vereinigten Staaten eine ernste Wirkung ausüben würde."[93]

Indessen, die britische Regierung schenkte dem Plädoyer Präsident Roosevelts wenig Beachtung. Am 16. April 1938 schloß sie mit Italien ein Abkommen, das die italienische Annexion Abessiniens besonders anerkannte. Die Nichtanerkennungspolitik war tief in der Gruft der Zweckmäßigkeit beigesetzt worden. Die Regierung Roosevelts jedoch hielt an der Stimsonschen Doktrin fest. Am 19. April äußerte der Präsident im Hinblick auf das anglo-italienische Abkommen: „Die amerikanische Regierung hat den Abschluß eines Übereinkommens begrüßt, weil es den Wert friedlicher Verhandlungen beweist." Aber er setzte den vielsagenden Vorbehalt hinzu, daß er sich nicht anmaße, „über den politischen Charakter" eines solchen Abkommens zu urteilen.[94] Ein paar Wochen später erklärte Außenminister Hull, daß die Grundsätze der amerikanischen Außenpolitik keine Änderung erfahren hätten.[95] Präsident Roosevelt bekräftigte dies, indem er zum Geburtstag Victor Emanuels am 11. November 1938 ein Glückwunschtelegramm nach Rom sandte, das nur an den „König von Italien" gerichtet war.[96]

Diese Konsequenz war nicht mehr als das Steckenpferd kleiner Geister. Die Regierung Roosevelts klammerte sich starrköpfig an eine Formel, die dazu angetan war, eher Krieg als Frieden zu stiften. Sie diente keinem nützlichen Zweck. Es verhielt sich damit so, wie Herbert Briggs schreibt, eine hervorragende Autorität auf dem Gebiet des internationalen Rechts: „Man kann wohl mit Sicherheit den Schluß ziehen: die Politik der Nichtanerkennung, wie sie heute praktiziert wird, hat nur geringen Wert sowohl als Sanktion wie als Beweis dafür, daß die Regel, wonach Eroberung einen Rechtstitel schafft, überholt sei ... Als Lösung des jahrhundertealten Problems aufgefaßt, wie Kriege entstehen und wie sie verhütet werden können, kommt sie einem etwas einfältig vor."[97]

Überblickt man die ganze Geschichte des italienisch-abessinischen Streits, so zeigt sich, daß die Politik Großbritanniens schlimmer war als „einfältig". Einfältigkeit muß nicht zum Krieg führen. Die hartnäckig feindliche Haltung des Foreign Office gegen die Erwerbung Abessiniens durch Italien jedoch wies deutlich in diese Richtung. Als Mussolini seine Legionen in ein Land marschieren ließ, das hoffnungslos rückständig war und intelligenter Führung unter einem hochzivilisierten Staat schreiend bedurfte, gab die britische Regierung vor, aus Prinzipiengründen tief besorgt zu sein.[98] Die Kompromißpolitik Sir Samuel Hoares im Dezember 1935 bewies, daß die vorherigen feierlichen, auf Prinzipien sich berufenden Proteste nichts gewesen waren als reiner Trug.[99] Die französische Regierung ließ sich nicht einen Augenblick von den frommen Plattheiten Edens zum Narren machen, und Mussolini erblickte in ihnen eine Beleidigung seiner Intelligenz. Das britische Beharren auf Sanktionen zerstörte die Front von Stresa vollends. Diese fundamentale Wandlung in der politischen Gruppierung Europas kann direkt auf jenen Eden zurückgeführt werden, der als ein in der modernen Welt der Intrige verlorener Lancelot posiert hatte. Seine und der Regierung Baldwins unglückselige Rolle ist klar umrissen worden von Winston Churchill: „Die Regierung Seiner Majestät war unklugerweise als Verfechter einer Weltsache hervorgetreten. Sie hatte mit viel wackeren Worten fünfzig Nationen vorwärts geführt ... Ihre Politik war lange Zeit mehr von dem Wunsch bestimmt worden, mächtige Träger der öffentlichen Meinung daheim zu befriedigen, als von dem Bestreben, die Realitäten der europäischen Lage zu erkennen. Durch die Entfremdung Italiens hatte sie Europa völlig aus dem Gleichgewicht geworfen und nichts für Abessinien erreicht."[100]

Mit dem Zusammenbruch der Front von Stresa öffnete sich weit der Weg zur Schaffung und Ausdehnung der Achse Rom–Berlin. Hitler lächelte freundlich, wenn Eden die Stirn runzelte, und Mussolini lernte schnell die zusagende Luft Berlins dem kalten Nebel Londons vorziehen. Dieser Nebel falscher Auffassungen verbarg den Augen der meisten Briten die nackte Tatsache, daß hinter der nächsten Ecke ein zweiter Weltkrieg lauerte. Dank der Engstirnigkeit Edens und anderer seinesgleichen im italienisch-abessinischen Streit sollte sich ihm Europa bald gegenübersehen.

Kapitel XI

Botschafter Dodd findet Berlin für einen Wilsonschen Demokraten unangenehm

Das Deutsche Reich macht Amerika eine freundliche Geste

Während die Regierung Roosevelts einen reichen Schatz aufrichtiger italienischer Freundschaft rasch verschleuderte, entwickelte sich in den deutsch-amerikanischen Beziehungen eine ernstere Krise. Das Frühjahr und die ersten Sommerwochen des Jahres 1933 hindurch schien der Horizont licht. Botschafter Dodd fand nach seinem Eintreffen in Berlin am 13. Juli die Deutschen „sehr freundlich".[1] Der Außenminister, Konstantin v. Neurath, dem er zwei Tage später vorgestellt wurde, erwies sich als „außerordentlich angenehm". Es währte nicht lange, und Louis P. Lochner von der Associated Press übermittelte Dodd von einem der Freunde Reichskanzler Hitlers die Anfrage, ob er sich als der neue Botschafter mit dem Führer zu einem „stillen, vertraulichen Frühstück" treffen wolle, bei dem die deutsch-amerikanischen Beziehungen freimütig besprochen werden könnten. Dodd wies diese freundliche Geste zurück, willigte aber in einen Besuch im Familienkreise Professor Henry Woods von der Johns-Hopkins-Universität ein. Wie er dann in seinem Tagebuch vermerkte, unterhielt er sich bei den Woods „gut", wenn auch „der Ton ganz hitlerisch" gewesen sei.[2]

Am 17. Juli sandte Dodd an Außenminister Hull eine lange Depesche über die Wirtschaftsverhältnisse im Reich. Der Innenminister, Dr. Frick, scheue keine Mühe, die Lage zu bessern. Er habe gegen Eingriffe unverantwortlicher NSDAP-Funktionäre in wirtschaftliche Angelegenheiten einen „strengen Befehl" erlassen: Die deutsche Revolution sei beendet, und die Nationalsozialistische Deutsche Arbeiterpartei werde künftig alle Anstrengungen auf die „gesetzmäßige Aufbauarbeit" richten. Zweifellos, so berichtete Dodd, unterstütze Hitler diese konservative Bewegung stärkstens; das Programm des Kanzlers sei ein „ermutigender Schritt".[3]

Weit rückhaltloser und in den höchsten Tönen der Zustimmung äußerte sich Lord Rothermere: „Von allen historischen Wandlungen unserer Zeit war dieser Umsturz Deutschlands unter Hitler der rascheste, vollständigste und bedeutsamste. Das deutsche Volk ist von der Stimmung eines Kreuzzuges beseelt ... Es wäre fruchtlos und ungerecht, diese Wiedergeburt des deutschen Geistes zu beklagen ... Für Deutschland ist es eine Gunst des Schicksals, einen Führer gefunden zu haben, der alle jungen Kräfte des Landes zusammenzuschließen vermag."[4]

Die verbindliche Haltung der nationalsozialistischen Regierung zeigte sich auch bei dem folgenden Zwischenfall. Ein junger amerikanischer Student aus New York hatte sich seiner kommunistischen Überzeugung gebrüstet und war prompt verhaftet worden. Der amerikanische Generalkonsul in Berlin, George S. Messersmith, erhielt erst nach längeren Bemühungen Zutritt zu ihm. Nachdem er den Sachverhalt festgestellt hatte, ermächtigte er die amerikanischen Journalisten Mowrer und Knickerbocker, den Vorfall an ihre Zeitungen zu kabeln. Botschafter Dodd vermerkte in seinem Tagebuch, daß Mr. Messersmith es leider unhöflicherweise unterlassen habe, die Botschaft zu unterrichten. Es stellte sich heraus, daß der junge Kommunist „ein leichtfertiger Bursche" war, Dodd intervenierte, und der Verhaftete wurde sofort freigelassen und nach New York zurückgeschickt.[5]

Am 3. August war Dodd bei dem Journalisten-Veteranen Karl v. Wiegand zu Besuch. Der erfahrene Pressemann enthüllte seinem Gast manche Seite der Diplomatie, die dem Botschafter unbekannt gewesen war. Obwohl Wiegand „mit der Hitlergruppe sympathisierte", machte er auf Dodd einen „äußerst günstigen" Eindruck.[6]

Noch hatte sich Dodd günstigen Eindrücken von Deutschland und den Deutschen nicht verschlossen, und sogar Mr. Messersmith war zuweilen fähig, dies oder jenes auf der deutschen Bühne zu bemerken, was ihn nicht abstieß. Im August 1933 schien es Messersmith, daß der politischen Führung sehr daran liege, die amerikanische öffentliche Meinung freundlicher zu stimmen. Als eine Gruppe junger amerikanischer Pfadfinder München besuchte, sei sie so freundlich empfangen worden, daß ihr Führer geäußert habe, Hitler sei dabei, „den wahren Sozialismus zu verwirklichen". Kadetten des United States Coast Guard Service, die durch Berlin kamen, wurden, wie der Generalkonsul weiter berichtete, von der Stadt eingeladen. Während eines ihnen zu Ehren gegebenen Essens drückte einer der Gastgeber in einer Ansprache an die Kadetten die Hoffnung aus, daß sie, wenn wieder daheim in Amerika, ihre Landsleute „über die Geschichten von Gewalttaten gegen Personen außerhalb der nationalsozialistischen Bewegung eines Besseren belehren würden". Messersmith wies Außenminister Hull auch auf eine Erklärung hin, die Ridder, der Inhaber der „New Yorker Staats-Zeitung", einem Reporter des „Berliner Tageblatts" zur Verfügung gestellt hatte: er habe „in Deutschland eine Atmosphäre der Redlichkeit angetroffen, ob es sich nun um das politische, das wirtschaftliche oder das kulturelle Gebiet" handle.[7]

Am 12. August sandte Botschafter Dodd Präsident Roosevelt einen Brief, worin er die deutsche außenpolitische Situation schilderte. Zwischen Deutschland und Großbritannien habe sich über der Abrüstungsfrage ein scharfer Widerstreit entwickelt. Die Lage sei so gespannt, daß ihm der britische Militärattaché in Berlin über eine kürzliche Unterredung mit Winston Churchill berichten zu müssen geglaubt habe, die darauf hinausgelaufen sei, „daß seine Regierung bereit ist, wenn von Frankreich darum angegangen, gegen Deutschland äußerste Gewalt anzuwenden". Es schien Dodd klar, daß die deutsche Regierung alles tat, sich Amerika geneigt zu machen. Dazu gehöre die Tatsache, daß jede revolutionäre Änderung, sobald sie gefestigt sei, „etwas nach rechts" zurückschwinge. Wegen dieses zunehmenden Konservativismus in der Partei war Dodd überzeugt, daß sich die Lage in Berlin „entspannen" würde, wenn der Präsident die Briten und die Franzosen „zurückhalten" könnte.[8]

Dodd lehnt es ab, dem Nürnberger Parteitag beizuwohnen

Trotz den verbindlichen Gesten der Nationalsozialisten hütete sich Dodd vor jedem Schritt, der andeuten könnte, daß er die Regierung Hitlers billige. Das antisemitische Programm der Nationalsozialisten enthielt in seiner Konsequenz vieles, was den Botschafter anwiderte[9]; außerdem war er völlig darüber unterrichtet, daß über Amerika eine Woge antihitlerischer Stimmung hinwegging. Angesichts dessen bat er um Weisung, wie er sich zu der Einladung zum Nürnberger Parteitag, der für die erste Septemberwoche bevorstand, verhalten solle[10]. William Phillips, der amtierende Außenminister, antwortete, er halte es „nicht für ratsam, daß das Department of State in dieser Angelegenheit eine Initiative ergreift oder direkt handelt. Sie kennen die Verwicklungen der örtlichen Lage besser als das Department, und ich überlasse es Ihrem Urteil, die Frage mit einem Minimum von Peinlichkeit für Sie und für die Regierung zu lösen." Im übrigen riet Phillips dem Botschafter, seinen französischen und seinen britischen Kollegen zu konsultieren.[11]

Allein, Dodd wünschte nicht, die Verantwortung für ein Handeln nach eigenem Urteil zu übernehmen. Der britische Geschäftsträger, mit dem er schon gesprochen hatte, wußte selber noch nicht, was er tun werde, und der französische Botschafter konnte ihm keinen Wink geben, wie seine Regierung über die Sache denke. Nachdem sich Dodd mit diesen diplomatischen Unentschiedenheiten genügend abgeplagt hatte, sah er sich genötigt, das Department of State neuerlich um Weisung zu bitten.[12] Mr. Phillips verhielt sich spröde. Er war der Meinung, „die amerikanische Regierung sollte in dieser Angelegenheit nicht vorangehen. Die Briten und die Franzosen haben ebensoviel wie wir, wenn nicht mehr, auf dem Spiele stehen, und ich möchte ihnen nicht die Möglichkeit geben, später eine Entscheidung mit der Berufung darauf zu rechtfertigen, daß wir sie veranlaßt hätten."[13] Nun war die Sache wieder bei Dodd gelandet, und er entschloß sich, die Einladung mit der Begründung abzulehnen, daß er sich „nicht lange genug von Berlin freimachen" könne und sich daher „das Vergnügen, die Einladung anzunehmen, versagen" müsse.[14]

Amerikanische Bürger werden von SA-Leuten mißhandelt

Die in ihrer Begründung wenig überzeugende Ablehnung Botschafter Dodds, dem Nürnberger Parteitag beizuwohnen, wurde als ein deutliches Zeichen seiner Gefühle gegen die Regierung Hitlers aufgefaßt. Einige nationalsozialistische Funktionäre waren nun erst recht entschlossen, ihre Feindseligkeit gegen die Regierung Roosevelts zu bekunden. Gelegentlich wurden amerikanische Bürger ohne den geringsten Grund mißhandelt. Trotz den Protesten des Botschafters wiederholten sich solche Vorfälle. Schon vor der Ablehnung der Nürnberger Einladung hatten SA-Leute den Amerikaner Dr. Daniel Mulvihill angefallen. Mulvihill sah Unter den Linden bei einer Parade von SA-Leuten zu. Als er es unterließ, einer Fahne den Hitlergruß zu erweisen, wurde er angegriffen und geschlagen. Dodd überreichte sofort im Auswärtigen Amt und im preußischen Innenministerium Protestnoten, und es wurde „unverzügliche Genugtuung"[15] zugesagt. Der Führer der Berliner SA, Gruppenführer Ernst, entschuldigte sich bei Dodd für die beleidigende Ausschreitung, und der betreffende SA-Mann wurde eingesperrt.[16]

Staatssekretär Bernhard v. Bülow nahm den Vorgang zum Anlaß, Botschafter Dodd zu einer „offenen und herzlichen Aussprache" aufzusuchen. Er setzte ihm auseinander, daß Bewaffnung und Exerzierausbildung der jungen Nationalsozialisten „rein defensiv seien und zum Teil der Erziehung der Jugend zu ernsterer Lebensauffassung dienten". Dodd machte ihn darauf aufmerksam, daß „die geringste Angriffshandlung Deutschlands an einer seiner Grenzen aller Wahrscheinlichkeit nach einen europäischen Konflikt hervorriefe". Darauf erwiderte nach Dodds Bericht der Staatssekretär: „Das ist ganz meine Meinung." Dann aber habe er bemerkt: „Wir werden, ob es der Versailler Vertrag verbietet oder nicht, Flieger- und Panzerabwehrgeschütze sowie Verteidigungsanlagen bauen, wenn die Genfer Konferenz nicht zu einer Herabsetzung der Lufträstung Frankreichs führt."

Abschließend habe Bülow sein tiefes Bedauern über die sensationellen Berichte amerikanischer Blätter von angeblichen deutschen „Greueltaten" ausgesprochen. „Ich erklärte ihm die Art des Verhältnisses zwischen Presse und Regierung und pflichtete ihm darin bei, daß viele Artikel, die in unseren Zeitungen erscheinen, übertrieben sind. Ich sagte ihm auch, daß ich versuchen würde, auf die Behandlung des Falles Mowrer in den ‚Chicago Daily News' Einfluß zu nehmen. Wir waren uns darin einig, daß Mowrer die Grenze des Zulässigen überschritten hat. Natürlich teilte ich ihm mit, daß Mowrer am 31. August abreist, wofür er mir seinen Dank aussprach."[17]

Professor Coar versucht die deutsch-amerikanischen Beziehungen zu verbessern

Dodd entdeckte bald, daß es in Berlin viele private Botschafter des guten Willens gab, die sich dauernd um ein besseres Verständnis zwischen dem Deutschen Reich und den Vereinigten Staaten bemühten. In den ersten Augusttagen 1933 sprach in der amerikanischen Botschaft Professor Coar zu einer Unterredung mit Mr. Dodd vor. Coar war als Kind amerikanischer Eltern in Deutschland geboren und kannte die Verhältnisse im Reich offenbar recht gut. Er war im Begriff, Hitler in Berchtesgaden aufzusuchen, und wollte vorher verschiedene Probleme mit Dodd besprechen. Der Botschafter hob hervor, daß die Verfolgung der Juden durch die Nationalsozialisten die amerikanischen Gefühle Deutschland entfremde, und Coar war derselben Ansicht. Am 16. August kam Coar von Berchtesgaden zurück. Offenbar waren seine Warnungen bei Hitler verschwendete Worte gewesen. Der Reichskanzler hatte entgegnet, die Juden seien der schlimmste Fluch der Welt, und er sei entschlossen, das deutsche Volk von ihm zu erlösen.[18]

Immerhin aber ermächtigte Hitler Professor Coar, Präsident Roosevelt von seiner Bereitwilligkeit zu unterrichten, „mit unserer Regierung in eine diplomatische Diskussion einzutreten, wenn er der Haltung unserer Regierung in bestimmten Angelegenheiten persönlich versichert sein könnte".[19] Der Präsident erklärte sich zu einer Unterredung bereit, war jedoch, als Coar in Washington eintraf, erkrankt, und Außenminister Hull war „von der kubanischen Krise so in Anspruch genommen", daß er für den eifrigen Professor keine Zeit erübrigen konnte. Schließlich hatte Coar ein langes Gespräch mit dem Leiter der Westeuropäischen Abteilung des State Department, Mr. Moffat, der Außenminister Hull über das Wesentliche der Mitteilungen und Meinungsäußerungen Coars unterrichtete.[20] Danach schrieb Hull dem Professor, es sei sehr nützlich gewesen, seine, Coars, Ansichten kennenzulernen. Da sich aber die Lage in Deutschland „täglich ändert, ist es unmöglich, Ihnen von hier die Art Information zu geben, die Sie wünschen".[21]

George Sylvester Viereck bietet sich dem Präsidenten an

Nachdem Professor Coar die Washingtoner Bühne wieder verlassen hatte, wurde sein Platz von George Sylvester Viereck eingenommen. Viereck war von 1914 bis 1917 Herausgeber der prodeutschen Zeitschrift „The Fatherland" gewesen. Nach dem Weltkrieg schrieb er für Oberst House eine Darstellung der Beziehungen zwischen House und Wilson während des Krieges und der Pariser Friedenskonferenz. Bei den Vorarbeiten zu dem Buch („The Strangest Friendship in History") stieß er auf das House-Grey-Abkommen vom 22. Februar 1916. Es war dies eine Geheimabmachung zwischen Großbritannien und den Vereinigten Staaten, wonach Amerika Großbritannien und Frankreich diplomatisch unterstützen würde, sobald sie danach verlangten. Die diplomatische Hilfe sollte im günstigsten Augenblick gradweise in militärischen Beistand umgewandelt werden. House glaubte, Präsident Wilson habe den Kongreß so fest in der Hand, daß über die Gewalt, den Krieg zu erklären, in Wirklichkeit er verfüge. Als der Präsident das House-Grey-Abkommen billigte, verpflichtete er insgeheim die amerikanische Bevölkerung, das militärische Schicksal der alliierten Mächte zu teilen, wann immer sie das Abkommen geltend machen würden.[22]

Viereck war erschüttert, als er die volle Bedeutung des House-Grey-Abkommens erkannte. Geheime diplomatische Abmachungen waren eine der Hauptursachen des Weltkrieges gewesen, und offenbar hätte Amerika vermöge dieses Geheimabkommens mit Leichtigkeit schon im Jahre 1916 in den Krieg gestoßen werden können, wenn von den Staatsmännern der Alliierten die Möglichkeiten dazu aufs beste ausgenützt worden wären. Voller düsterer Ahnungen über den künftigen Weg Amerikas, lenkte Viereck in einem Brief die Aufmerksamkeit Präsident Roosevelts auf die dunkle Seite der Wilsonschen Außenpolitik in den Jahren 1915 bis 1917. Er glaubte, dem Präsidenten in dieser vertraulichen Weise schreiben zu dürfen, weil er einmal für ihn, als „ghost writer", drei Artikel verfaßt hatte, die, unterzeichnet mit „Franklin" D. Roosevelt in der Zeitschrift ‚Liberty' erschienen.[23]

Am 11. Oktober wandte sich Viereck abermals an den Präsidenten und kam wieder auf das House-Grey-Abkommen zu sprechen: „Wie Sie sich wohl erinnern, habe ich vor einiger Zeit Ihre Aufmerksamkeit auf ein ‚gentlemen's agreement' gelenkt, das die Vereinigten Staaten an den Streitwagen der Entente band. Mein Artikel ist in der ‚Liberty' veröffentlicht und danach in mein Buch ‚The Strangest Friendship in History' aufgenommen worden, eine Untersuchung der psychischen Tischgenossenschaft zwischen Woodrow Wilson und Oberst House. Als ich Ihnen damals den ‚Liberty'-Artikel schickte, baten Sie mich, die Sache mit Ihnen durchzusprechen. Ich machte von dieser freundlichen Aufforderung keinen Gebrauch, weil ich keine Abhilfe anzuregen hatte.

Je mehr ich über das Problem nachdenke, um so unmöglicher finde ich es, ohne solche informelle Verständigungen internationale Politik zu machen. Ich habe die Angelegenheit mit Senator Gore und Senator Borah erörtert, aber keiner hatte einen konkreten Vorschlag, den ich Ihnen hätte unterbreiten können.

Ich bin soeben von Deutschland zurückgekommen, wo ich Gelegenheit hatte, mit Reichskanzler Hitler, Außenminister v. Neurath, Vizekanzler v. Papen, Wirtschaftsminister Schmitt, Propagandaminister Goebbels, Finanzminister Schacht und anderen freimütig zu sprechen. Ich hatte auch einige recht interessante Gespräche mit dem Kronprinzen, mit Kaiser Wilhelm in Doorn und mit unserm Botschafter Dodd.

Oberst House meint, daß einige der Tatsachen, die ich erfahren habe, Sie möglicherweise interessieren würden. Wenn ja, so sollte es mich freuen, sie Ihnen unterbreiten zu können ... Mir scheint, daß die Vereinigten Staaten von den Vierzehn Punkten her bei Deutschland in einer Ehrenschuld stehen. Die einzige Möglichkeit für unsere Regierung, diese Schuld zu bezahlen, liegt darin, daß sie ihr Äußerstes tut, den Frieden zu wahren und die Sieger von 1918 von weiterer Verfolgung einer unfairen Überlegenheit über Deutschland zurückzuhalten.

Ich bin hocherfreut, daß Ihre in ihren Leistungen daheim so glänzende Regierung im Ausland gleichermaßen ausgezeichnet zu wirken scheint. Jedenfalls besteht wohl kein Zweifel, daß die Vereinigten Staaten unter Ihrem Regime nicht wieder für andere Mächte in ihrem selbstsüchtigen Kampf für Vorherrschaft die Kastanien aus dem Feuer holen werden."[24]

Der Präsident nahm sich mit der Antwort auf diesen Brief Zeit. Am 3. November endlich erhielt Viereck von Louis Howe die Aufforderung, nach Washington zu kommen, um die Dinge mit Außenminister Hull oder mit Staatssekretär William Phillips durchzusprechen.[25] Darauf schrieb Viereck an Außenminister Hull und legte eine Abschrift des Briefes von Mr. Howe bei. Er bemerkte, er habe vor kurzem mit vielen nationalsozialistischen Führern gesprochen, darunter mit Hitler. Es sei möglich, daß „diese oder jene einzelne Information oder Interpretation auf die eine oder die andere Weise nützlich wäre".[26] Hull gab den Brief an Phillips weiter, und dieser vereinbarte mit Viereck eine Konferenz.[27] Was dort gesprochen wurde, verrät kein Memorandum im Archiv des Department of State. Nach seinen eigenen Angaben hatte Viereck „mit Phillips und den Leitern der verschiedenen Abteilungen [des Außenamtes] angeregte Gespräche. Ich erklärte ihnen Hitler als ,die Überkompensation des deutschen Minderwertigkeitskomplexes'. Ich sagte ihnen auch, daß der ,Anschluß unvermeidlich sei und man in Österreich danach womöglich noch mehr verlange als in Deutschland'. Übrigens erhielt ich von Hull einen Brief, der mich bei allen diplomatischen Vertretern der Vereinigten Staaten in Europa empfahl."

Allein, das Empfehlungsschreiben Außenminister Hulls führte zu keiner einzigen Unterredung im Ausland, die zu einer Besserung der deutsch-amerikanischen Beziehungen hätte beitragen können. Als Viereck kurze Zeit später ein Kritiker des New Deal wurde, stellte ihm Fulton Oursler von der „Liberty" „ein Ultimatum, daß ich [Viereck] entweder einen Artikel schreiben müsse ,Weshalb ich mich Deutschlands schäme' und einen positiven Beitrag über den New Deal, oder meine Beziehungen zur ,Liberty' zu lösen hätte. Für den Fall meiner Einwilligung sagte er zu, meinen Namen wieder auf den Umschlag zu setzen und meine Artikel groß aufzumachen. Ich lehnte ab."[28]

Mr. Viereck hat mir versichert, daß er mit Roosevelt während keiner Amtsperiode des Präsidenten gesprochen habe. Dies macht entschieden zweifelhaft, was im März 1939 Mr. Erwin H. Klaus dem Präsidenten schrieb: „Mr. Viereck nahm es auf sich, der Versammlung [der Roland German-American Democratic Society of Greater New York am 16. März 1939] zu erzählen, Sie hätten ihm vor einigen Jahren persönlich erklärt, daß Sie es als Ihr Hauptziel betrachteten, Hitler und mit ihm Deutschland zu vernichten, und sollte dies auch das letzte sein, was Sie vollbrächten."[29] Es ist nicht wahrscheinlich, daß sich der Präsident zu Mr. Viereck so unverblümt ausgedrückt hätte.

Neue Zwischenfälle

Zur Zeit dieser informellen Bemühungen von Amateurdiplomaten begab sich Botschafter Dodd zum Wohnsitz Präsident Hindenburgs, um ihm sein Beglaubigungsschreiben zu überreichen. Im Verlaufe des Gesprächs mit dem Präsidenten bot sich ihm die Gelegenheit, die Doktrin des Wirtschaftsnationalismus anzugreifen, die in Deutschland immer populärer wurde. Der große Kriegsmann pflichtete der Auffassung des Botschafters so warm bei, daß Dodd vermutete, Hindenburg habe „indirekt Kritik an den Parteiextremisten üben wollen".[30]

Diese Extremisten schmissen jedenfalls ständig jede kleine Karre mit Plänen guten Willens um, die Dodd und die deutschen Gemäßigten die unwegsamen Pfade der deutsch-amerikanischen diplomatischen Beziehungen entlangzuschieben versuchten. Am 9. September gab das Department of State die Nachricht an die Presse, daß Samuel B. Bossard und ein Sohn des bekannten Radiokommentators H.V. Kaltenborn tätlich beleidigt worden seien, weil sie als Zuschauer einer Parade den Hitlergruß verweigert hätten. Das deutsche Auswärtige Amt habe über solche Ausschreitungen sofort sein „tiefstes Bedauern" ausgesprochen und zugesagt, gegen die Täter „die energischsten Maßnahmen" zu ergreifen.[31] Am 14. September hatte Dodd über diesen Vorfall eine Unterredung mit Freiherrn v. Neurath: „Ich gab zu, daß sich die Amerikaner gleichgültig verhalten haben, sagte aber, daß dies ihr gutes Recht sei ... Er versicherte, er habe die Angelegenheit kürzlich mit Göring ... und auch mit dem Reichskanzler besprochen, und beide hätten zugesagt, daß künftig ‚dem Gesetz strenger Geltung verschafft werden würde'."[32]

Dodd war in dem Bemühen, für solche Überfälle auf amerikanische Staatsangehörige mit Worten Genugtuung zu erhalten, weit erfolgreicher als Mr. Messersmith. Im Verlaufe einer langen Unterredung des Generalkonsuls mit dem Staatssekretär im Propagandaministerium, Dr. Funk, über den Fall Kaltenborn warf der nationalsozialistische Funktionär den Kaltenborns vor, sie hätten, als die SA in Parade vorbeimarschiert sei, „der Straße den Rücken zugekehrt und sich ein Schaufenster angesehen". Zu der tätlichen Beleidigung Bossards erklärte Dr. Funk, dieser junge Mann sei mit so viel Aufmerksamkeit überschüttet worden, daß er Deutschland „mit der Überzeugung verlassen habe, es sei hier alles in Ordnung".[33]

Mr. Messersmith war von der Kaltschnäuzigkeit, mit der Dr. Funk die Zwischenfälle mit Bossard und Kaltenborn abtat, schockiert. Er wurde der deutschen Regierung zusehends feindlicher gesinnt und bemerkte in einem Brief an Mr. Phillips, das Motto der nationalsozialistischen Revolution müßte lauten: „Roheit, Lügenhaftigkeit, Geschwätzigkeit." Die Kampagne gegen die Juden sei „mit so extremer Brutalität" durchgeführt worden, daß Selbstmorde an der Tagesordnung seien. Obwohl sich in der Bevölkerung gegen diese schmähliche Behandlung der Juden einige Opposition geregt habe, sei von Goebbels die Sache doch so geschickt gehandhabt worden, „daß die Stellung Hitlers fester ist denn je. Er ist von einem gewissen Teil der Bevölkerung praktisch zu einem Gott erhoben worden und paßt sich der ungewöhnlichen psychologischen Situation, die so entstanden ist, durchaus an. Er ist der Mittelpunkt der gegenwärtigen Verrücktheit ... Göring ist noch der Exponent der physischen Stärke der Partei ... Er hat sich als das gezeigt, was einige von uns in ihm tatsächlich erblickt haben, als ein einfach denkender, begeisterter Soldat, der zu einem guten Teil noch immer ein Junge ist ... Bei allem, was recht ist, muß gesagt werden, daß Göring von den drei obersten Parteiführern der einzig vernünftige ist und der einzige, mit dem man vernünftig reden kann."[34]

Was diese freundliche Auffassung der Person Görings angeht, so wäre jeder geübte Beobachter, der einige Wochen in Deutschland in enger Berührung mit Göring verbracht hätte, wohl zu einer ganz anderen Meinung über ihn und seinen Einfluß auf die Nationalsozialisten gelangt. Dodd beurteilte Göring weit zutreffender als Messersmith und hielt ihn mit Recht dafür verantwortlich, daß es die nationalsozialistische Regierung unterließ, die Exzesse, die deutsche Raufbolde gegen amerikanische Bürger begingen, durch wirksame Maßnahmen zu unterbinden. Als preußischer Ministerpräsident und Chef der Polizei hätte Göring mit Leichtigkeit Ordnung schaffen können, wenn er dazu willens gewesen wäre. Als sich Dodd über die Gewalttaten von SA-Leuten im Auswärtigen Amt beschwerte, murmelte Neurath: „Die SA-Leute sind so unkontrollierbar, daß wir sie leider nicht stoppen können."[35] Er meinte natürlich, daß Göring nicht daran interessiert sei, Amerikaner zu schützen.

Deutschland tritt aus dem Völkerbund aus

Göring war nur ein Symbol des übersteigerten Nationalismus, den die nationalsozialistische Regierung nährte. In Deutschland äußerte sich dieser Chauvinismus oft in Angriffen auf Ausländer, die bei Paraden den Hitlergruß verweigerten. Auf dem internationalen Felde bekundete er sich immer wieder durch Forderungen auf Revision des Versailler Vertrages und Gleichberechtigung in der Rüstung. Die Genfer Abrüstungskonferenz hatte sich im Juni 1933 bis zum 16. Oktober vertagt. Den Sommer hindurch bemühte sich Norman Davis in vielen Unterredungen in London und in Paris um eine Verringerung des Ausmaßes der deutschen Forderungen und eine Erweiterung der französischen Konzession. Am 9. Oktober ließ Außenminister Hull im Gespräch mit dem deutschen Botschafter in Washington, Dr. Luther, Berlin die verhüllte Warnung zukommen, daß Amerika jede Beschleunigung des europäischen Wettrüstens mißfällig aufnähme: „Ich erklärte ihm [Luther], das primäre und beherrschende Ziel ... der Regierung der Vereinigten Staaten sei die Förderung einer allgemeinen Abrüstung. Natürlich gehe es logischerweise nicht an, daß eine zu diesem Zweck in Gang gesetzte organisierte Bewegung ein modifiziertes Programm in Betracht zieht, das einigen Regierungen ermöglichen würde, weiter aufzurüsten."[36]

Wenige Tage später, am 14. Oktober, stellte Sir John Simon einen Plan zur Diskussion, der die Umbildung der Festlandsarmeen in Milizen und ein genaues System internationaler Überwachung vorsah. Die stark gerüsteten Mächte sollten gemäß einem Schema abrüsten, wonach in acht Jahren Rüstungsgleichheit erreicht werden würde. Bis dahin sollten „die jetzt unter Einschränkungsbestimmungen der Friedensverträge stehenden Mächte" Bemühungen zur Verstärkung ihrer Rüstung unterlassen. Deutschland aber sollten im Hinblick auf die Organisation der Reichswehr einige Konzessionen gemacht werden.[37]

Hitler wollte von einem Plan nichts wissen, nach dem Deutschland auf Rüstungsgleichheit acht Jahre würde warten müssen, und das Auswärtige Amt unterrichtete unverzüglich Genf davon, daß sich Deutschland von der Abrüstungskonferenz und aus dem Völkerbund zurückziehe.[38] Zur Rechtfertigung dieses Schrittes erklärte Hitler über den Rundfunk, die ausgeklügelten Weigerungen der Großmächte, „die moralische und materielle Gleichberechtigung" Deutschlands anzuerkennen, hätten die deutsche Regierung zu dem Entschluß gezwungen, an internationalen Konferenzen nicht mehr teilzunehmen. Um Befürchtungen zu zerstreuen, daß die Deutschen Angriffspläne hegten, nahm Hitler Frankreich gegenüber einen verbindlichen Ton an und ging dabei so weit, jedem Wunsch auf eine Rückgewinnung des Elsaß und Lothringens ausdrücklich zu entsagen.[39]

In einer vertraulichen Depesche an Phillips gab Messersmith für die abrupte Art und Weise, wie Deutschland aus dem Völkerbund ausgetreten war, die folgende Erklärung: „Ich glaube, es ist kaum daran zu zweifeln, daß für die schnelle Entscheidung, aus Genf völlig auszuziehen, Goebbels mehr verantwortlich ist als sonst jemand. Ich halte es für ganz sicher ..., daß Sir John Simon in einem Gespräch mit Goebbels ihm zu gründlich zu verstehen gegeben hat, England werde Deutschland in keiner Weise helfen können, solange es hier so weitergehe. Wie ich höre, war Sir John sehr offen, sehr direkt und so energisch und entschieden wie nur möglich. Ich kenne Goebbels und weiß, wie eine solche Unterhaltung auf ihn wirken mußte. Er wurde einfach wild ... Er eilte spornstracks zu Hitler, und da Hitler über all das genauso denkt wie er und sie im Temperament einander so sehr gleichen, ist meiner Meinung nach aller Grund zu der Annahme vorhanden, daß die Entscheidung, Genf zu verlassen, auf der Stelle getroffen wurde."

Um die nationalsozialistische Sichtweise der deutschen Führung zu illustrieren, vermerkte Messersmith: „Ich wüßte nicht, wie ich die hier herrschende merkwürdige Geistesverfassung besser veranschaulichen könnte, als wenn ich Ihnen sage, daß ich zu meiner Empörung hören mußte, in der Umgebung Hitlers sei die Meinung weit verbreitet, der Präsident und Mrs. Roosevelt hätten so gut wie ausschließlich jüdische Berater ... Sie scheinen zu glauben, daß unsere Politik, weil es bei uns Juden in amtlichen Stellungen gibt, ... allein von Juden diktiert wird und daß im besonderen Präsident und Mrs. Roosevelt unter dem Einfluß jüdischer Freunde und Ratgeber antideutsche Propaganda treiben."[40]

Die Porträts, die Botschafter Dodd anfangs von Hitler malte, waren in weniger grellen Farben gehalten als die des Generalkonsuls. Am 17. Oktober wurde Dodd vom Reichskanzler empfangen, und sein Eindruck war, daß Hitler „etwas besser" aussehe „als auf den Fotos in den Zeitungen". Dodd brachte zwei wichtige Sachen zur Sprache: die tätlichen Beleidigungen amerikanischer Bürger und die Diskriminierung amerikanischer Gläubiger. Hitler sei in allem entgegengekommen. „Der Kanzler sicherte mir persönlich zu, daß künftig jeder Angriff strengstens bestraft werden würde." Als Dodd das Gespräch auf den Austritt Deutschlands aus der Liga brachte, wurde Hitler „aufgeregt" und hielt eine Anklagerede gegen die Ungerechtigkeiten des Versailler Vertrages. Darauf bemerkte Dodd: „In der französischen Haltung steckt offenbar Unrecht." Dieses freimütige Eingeständnis besänftigte Hitler sofort, und das Gespräch ging in angenehmer Atmosphäre zu Ende.[41]

So bereitwillig Dodd die anfechtbare Haltung Frankreichs gegenüber Deutschland zugab, so wenig hielt er mit Kritik an der Art zurück, wie in Deutschland die Wähler unter Druck gesetzt wurden. Gegner der nationalsozialistischen Führung würden „systematisch eingeschüchtert. Parteiredner haben öffentlich damit geprahlt, daß trotz geheimer Wahl eine Methode gefunden worden sei, alle ‚Verräter', die nicht für Hitler gestimmt haben, festzustellen."[42]

Dodd meinte damit besonders die Volksabstimmung vom 12. November über Hitlers Entscheidung, sich von der Abrüstungskonferenz zurückzuziehen und aus dem Völkerbund auszutreten. Infolge der psychologischen Beeinflussung bejahten von 43.000.000 Wählern 39.500.000 diesen Schritt.[43]

In seinen Reden vor der Volksabstimmung versicherte Hitler ständig, daß er Frieden wolle und nicht Krieg. Am 10. November sagte er: „Man soll mich doch nicht für so wahnsinnig halten, einen Krieg zu wünschen. Wenn sich jemand in der Welt bedroht fühlen kann, dann wir. Wir wollen Frieden und Verständigung, sonst nichts."[44] Messersmith freilich nahm dergleichen Beteuerungen nicht für bare Münze: „Hitler und seine Leute wünschen gegenwärtig tatsächlich aufrichtig Frieden, aber nur, um sich auf die Anwendung von Gewalt vorbereiten zu können, für die sie auf den richtigen Augenblick warten."[45]

Solche Bestrebungen wurden jedoch von Hindenburg in Schach gehalten. Er lehnte jeden hastigen Schritt auf militärischem Gebiet entschieden ab und befleißigte sich ausländischen Diplomaten gegenüber einer besonders gewinnenden Art. Am 1. Januar fuhr Dodd zum Präsidentenpalais, um sich dem betagten Kriegsmann respektvoll zu empfehlen. Hindenburg erkundigte sich freundlich nach den Fortschritten des Sohnes Dodds an der Berliner Universität und machte sogar dem Botschafter zu seinem Deutsch Komplimente. Hitler, „sehr klein", versuchte ein Gespräch mit Dodd fortzuführen, das dieser beharrlich um Collegeprofessoren und die Verhältnisse an den deutschen Universitäten kreisen ließ. Nach mehreren Anläufen, die hohe akademische Ebene zu erreichen, wandte sich Hitler von dem Kreis um Dodd ab, vermutlich mit dem Gefühl, daß der amerikanische Botschafter es einmal darauf angelegt habe, „ihn ein bißchen in Verlegenheit zu bringen".[46]

Das Schuldenproblem belastet die deutsch-amerikanischen Beziehungen

Botschafter Dodd brachte den Reichskanzler nicht nur mit Fragen des Hochschulwesens „in Verlegenheit". Das ewige Problem der Schulden an amerikanische Kreditgeber bereitete Hitler tiefe und ständige Sorgen. Das deutsche Moratorium vom 9. Juni 1933 hatte anfangs für alle öffentlichen und privaten Schulden außer den kurzfristigen Verpflichtungen der ausländischen Banken gegolten. Dann wurde der Schuldendienst an der Dawesplananleihe von 1924 und an der Youngplananleihe von 1930 aus dem Moratorium herausgenommen. Außerdem wurde der Zinsendienst an anderen Anleihen zu 75 Prozent wiederaufgenommen vermöge eines Planes, der den Gebrauch von Scrips einschloß.

Im Dezember 1933 verlängerte die Reichsbank das Moratorium für die erste Jahreshälfte 1934 und setzte die Zinszahlungen für deutsche Schuldverschreibungen von 76 auf 65 Prozent herab. Da sie aber andererseits mit den Niederlanden und der Schweiz Abmachungen getroffen hatte, wonach die dortigen Inhaber von Obligationen gegen wirtschaftliche Konzessionen an Deutschland die vollen Zinsen gezahlt erhielten, wurden die amerikanischen Geldgeber unruhig.

Am 3. Januar 1934 legte Botschafter Dodd gegen diese Diskriminierung der amerikanischen Gläubiger im Auswärtigen Amt scharfen Protest ein. Man zeigte volles Verständnis, vermochte aber zur Besserung der Lage nichts zu tun, und alles, was Dodd von der Wilhelmstraße mitbrachte, war die Erklärung, daß Deutschland nur in dem Maße zahlen könne, wie die

Gläubigerländer deutsche Waren kauften. Infolge des amerikanischen Teilboykotts deutscher Waren könnten amerikanische Gläubiger auch nur einen Teil der Zinsen erhalten.[47]

Präsident Roosevelt akzeptierte die deutsche Erklärung nicht. Am 22. Januar 1934 bat er Dr. Luther zu sich ins Weiße Haus und drängte darauf, daß die amerikanischen Gläubiger mit den Kreditgebern anderer Länder gleichgestellt würden.[48] Unter diesem Druck konferierte Dr. Schacht mit den Vertretern der Gläubigerländer und erreichte schließlich ein Kompromiß. Danach wurde ein Teil der Zinsen weiter in Scrips gezahlt, doch wurde die zu verzinsende Summe von den vorgeschlagenen 65 Prozent der Gesamtschuld auf 76,9 Prozent erhöht. Gemäß seinen Protestinstruktionen übte Dodd weiter starken Druck aus, verriet aber Verständnis für die schwierige Lage der fast bankrotten deutschen Regierung mit der in einem Bericht nach Washington enthaltenen Bemerkung: „Ich werde mein möglichstes tun, bin aber der Meinung der Deutschen, daß der Zinssatz auf 4 Prozent ermäßigt werden sollte."[49]

Indessen, das Schachtsche Kompromiß blieb nur wenige Monate in Kraft. Am 14. Juni wurden alle Gläubigerländer von der „unvermeidlichen Einstellung des Schuldendienstes an allen mittelfristigen und langfristigen Auslandsanleihen" unterrichtet. Besonders bedeutsam war, daß das neue Moratorium die Anleihen des Dawesplans und des Youngplans einschloß.

Am 16. Juni wurde Botschafter Dodd beauftragt, dem Auswärtigen Amt zu eröffnen, die amerikanische Regierung sehe sich veranlaßt, „ihr tiefstes Bedauern darüber auszusprechen, daß amerikanischen Bürgern neue Verluste auferlegt und gegen amerikanische Gläubiger neue diskriminierende Maßnahmen in Wirksamkeit gesetzt werden sollen".[50] Elf Tage später überreichte Außenminister Hull dem deutschen Geschäftsträger, Rudolf Leitner, einen eingehenden Protest gegen die jüngste Aktion der Reichsbank. In diesem Memorandum gab das Department of State seinem „ernsten Bedauern" über die Finanzpolitik des Deutschen Reiches Ausdruck.[51]

Außenminister Hull begnügte sich in keinem Fall damit, in der Sache des Schuldenproblems bei der deutschen diplomatischen Vertretung in Washington zu protestieren. Ein bis zwei Wochen später traf die Protestnote in Berlin ein und wurde im Auswärtigen Amt überreicht. Dort war man ohnmächtig, weil es der Reichsbank an einem Fonds zum Schuldendienst an den amerikanischen Anleihen fehlte. Hull wußte das durchaus, aber es hinderte ihn nicht, Dodd zu beauftragen, bei Neurath auf Zahlung zu drängen. Offenbar nutzte er die durch die Schuldenschwierigkeit gegebene Möglichkeit zum Schurigeln gründlich aus. Sein Beharren auf dieser stachelnden Politik bereitete Dodd beträchtliche Verlegenheit: „Was kann ich mehr sagen, als was ich schon x-mal gesagt habe? Deutschland ist in einer schrecklich mißlichen Lage, und diesmal sieht es ein, daß Krieg keine Abhilfe brächte."[52]

Die Zusammenhänge waren Dodd klar. Die Unterdrückungsmaßnahmen gegen die deutschen Juden hatten im Ausland einen Boykott deutscher Waren hervorgerufen. Infolgedessen war der deutsche Ausfuhrhandel stark zurückgegangen, was den Schuldendienst an Auslandsanleihen in Mitleidenschaft gezogen hatte. Der Zusammenbruch der Londoner Weltwirtschaftskonferenz hatte das Wirtschaftsgleichgewicht Europas gründlich gestört und eine Rückkehr zu normalen Verhältnissen auf ungewisse Zeit hinausgeschoben. Überdies hatte das deutsche Wiederaufbauprogramm mit seinen ausgedehnten öffentlichen Arbeiten und der Entwicklung einer Rüstungsindustrie zu einer bedeutenden Erhöhung des Imports von Rohstoffen geführt, ohne daß Güter produziert worden wären, die sich günstig auf die Handelsbilanz hätten auswirken können. Im Juni waren die Goldreserven der Reichsbank auf bloße 80 Millionen Mark zusammengeschrumpft, und Dr. Schacht fand, es sei höchste Zeit zu einer drastischen Aktion.

Viele amerikanische Zeitungen würdigten die Schwierigkeiten, die die deutsche Regierung bedrängten. Der „Cincinnati Enquirer" fürchtete, daß eine Inflationsflut Deutschland zu verschlingen drohe[53], während der „Springfield Republican"[54] und der „Democrat and Chronicle"[55] in Rochester meinten, die Aktion des Reichsbankpräsidenten sei nicht schlimmer als die Praktiken anderer Länder. Die „Seattle Daily Times"[56] und die „Atlanta Constitution"[57] neigten ebenfalls zu der Ansicht, daß Deutschland nur dem Beispiel anderer Länder gefolgt sei, die mit dem Schuldendienst an amerikanischen Anleihen in Verzug geraten waren.

Obwohl mehrere europäische Länder ihre finanziellen Verpflichtungen gegen die amerikanische Regierung nicht erfüllt hatten, ließen sie eine ähnliche Politik Deutschlands ihnen gegenüber nicht zu. Durch die Drohung, deutsche Guthaben innerhalb ihrer Grenzen zu sperren, zwangen sie die nationalsozialistische Regierung, einigen ihrer Forderungen nachzukommen. Im Juli und August unterzeichnete Deutschland mit Großbritannien, Frankreich, der Schweiz, Schweden und den Niederlanden Abkommen, durch die es sich zu Zins- und Tilgungsteilzahlungen für ausstehende Anleihen verpflichtete. Die folgende Tabelle zeigt in Millionen Reichsmark den Ausfuhrüberschuß des deutschen Handels mit diesen Ländern und damit den Grund, weshalb mit ihnen eine finanzielle Vereinbarung überhaupt möglich war:

Land	Ganzes Jahr 1933	Januar/März 1933	Januar/März 1934
Frankreich	211,0	57,5	34,4
Großbritannien	167,2	31,6	38,3
Niederlande	380,8	80,2	75,6
Schweden	88,5	16,3	23,0
Schweiz	269,9	61,9	51,0

Die Vereinigten Staaten konnten keinen solchen Wirtschaftsknüppel über Deutschlands Haupt schwingen und es so ihren Wünschen gefügig machen.[58] Die Bilanz des amerikanischen Handels mit Deutschland war aktiv, und so fehlten die deutschen Guthaben in Amerika, die hätten gesperrt werden können. Das Department of State vermochte demnach nichts anderes zu tun als eine Serie von Protesten gegen die Diskriminierung Amerikas zugunsten europäischer Gläubigerländer nach Berlin schicken.[59] Diese Beschwerden waren deutlich formuliert und zwingend begründet, machten aber auf die deutsche Regierung wenig Eindruck, und so wurde immer wieder die alte diplomatische Wunde aufgerissen.[60] Es war das ein verhängnisvoller Zirkel, der dazu beitrug, die amerikanische öffentliche Meinung gegen Hitler feindlich zu erhalten.

Die Stadt New York inszeniert einen Scheinprozeß gegen Hitler

Das Schuldenproblem war nur ein Posten auf der langen Liste aufreizender Umstände, die die Beziehungen Amerikas zum Reich beunruhigten und beeinträchtigten. Die harten Maßnahmen gegen die Juden riefen in vielen amerikanischen Kreisen Empörung hervor, und Hitlers Angriffe auf die Grundsätze der Demokratie verletzten zahllose Amerikaner, die über das Verschwinden der Weimarer Republik tief besorgt waren. Goebbels verstärkte die amerikanische Abneigung gegen Deutschland, als er am 28. Februar 1934 die Gründe darzulegen versuchte, weshalb Deutschland unter der Führung Adolf Hitlers groß geworden sei. Nachdem er sich weitschweifig über das Thema vom deutschen Genius ausgelassen hatte, erklärte er, die Hauptschwierigkeit in den Beziehungen Deutschlands zu anderen Nationen liege darin, daß diese nicht davon loskämen, die nationalsozialistische Revolution mit rationalistischen und liberalen Augen anzusehen. Der Gang der Ereignisse habe klar gezeigt, „daß die dynamischen Kräfte des Geistes und des Herzens stärker sind als die des Verstandes, daß der spontane Ausbruch der deutschen Seele mit den rationalistischen Methoden einer liberalistischen Dialektik nicht erfaßt werden kann und daß sich schließlich der unsterbliche Genius der deutschen Seele triumphierend über die Kräfte des Verfalls erhoben hat".[61]

Es zeigte sich bald, daß in Amerika nur wenige in der nationalsozialistischen Bewegung den triumphierend über die Kräfte des Verfalls sich erhebenden „unsterblichen Genius der deutschen Seele" zu erblicken vermochten. Die Amerikaner waren hoffnungslos „rationalistisch". Das wurde anschaulich illustriert, als in der „New York Times" und der „Herald-Tribune" Anzeigen erschienen über einen Scheinprozeß gegen Hitler, der am 7. März im Madison Square Garden in Szene gehen sollte. Der deutsche Botschafter, Hans Luther, eilte am 19. Februar ins Außenamt, um gegen diese Beschimpfung seiner Regierung wütende Beschwerde zu erheben. Außenminister Hull erwiderte kühl, er bedaure, „zwischen Personen in seinem Lande und in meinem diese Differenzen entstehen sehen zu müssen und würde der Sache alle gebührende Aufmerksamkeit widmen, soweit dies den Umständen nach möglich und zu rechtfertigen ist".[62]

Am 1. März hatte der deutsche Botschaftsrat, Dr. Leitner, eine eilige Konferenz mit John Hickerson von der Westeuropäischen Abteilung des Department of State. Er überbrachte einen geharnischten Protest wegen des angekündigten Scheinprozesses gegen Hitler und nannte die Namen mehrerer „dem Präsidenten nahestehender" Personen, die an dieser Demonstration gegen die Regierung Hitler teilnehmen würden. Besonders bezog er sich auf Bürgermeister Fiorello La Guardia, Alfred E. Smith, Richter Samuel Seabury und Bainbridge Colby. Mr. Hickerson betonte, daß „keine mit der Bundesregierung verknüpfte Person" an dem vorgeschlagenen Scheinprozeß mit irgendeiner Rolle beteiligt sei, und schloß die Unterredung mit der offenen Erklärung, daß er „angesichts der Freiheitsgarantien unserer Verfassung für ein Eingreifen der Bundesregierung keine Möglichkeit" sehe.[63]

Am nächsten Tag brachte Dr. Luther seinen zweiten Protest vor, wurde aber von Außenminister Hull mit der Bemerkung abgefertigt, das Außenamt habe keine gesetzliche Handhabe finden können, die es der Bundesregierung ermöglichen würde, die Teilnehmer [an dem Prozeß-Schauspiel] zu instruieren oder ihnen die Unterlassung eines solchen Scheinprozesses zu befehlen.[64]

Das deutsche Auswärtige Amt gab sich mit diesen Erklärungen Außenminister Hulls und Mr. Hickersons nicht zufrieden. Am 5. März wurde Dodd zu Neurath gebeten, der den Botschafter in großer Aufregung empfing. Auf den üblichen hitzigen Protest bemerkte Dodd nur, er habe schon mehrere Male die Ansicht geäußert, „daß die Judenpolitik Hitlers, wenn er sie nicht ändere, weiterhin Schwierigkeiten hervorrufen würde". Soweit er sehen könne, lasse sich nichts tun, „den Prozeß zu verhindern".[65]

Zurück vom Auswärtigen Amt, sandte Dodd an Außenminister Hull ein Telegramm über seine Unterredung mit Neurath und schloß mit der Anregung, ob nicht das Department of State, falls es „verletzte Empfindlichkeiten zu besänftigen" geneigt sei, über gewisse „unverantwortliche Meinungsäußerungen zu Problemen außerhalb unserer Grenzen" sein Bedauern aussprechen könne.[66]

Mittlerweile begann sich wegen des Scheinprozesses gegen Hitler in New York City einige Besorgnis im Weißen Haus zu regen. Am 5. März sandte Mr. Early Außenminister Hull ein Memorandum mit entsprechenden Fragen. James C. Dunn antwortete, die Situation sei sorgfältig geprüft worden, und „die Präzedenzfälle zeigen, daß das Außenamt niemals eine Verpflichtung anerkannt hat, öffentliche Meinungsäußerungen, die für feindselig gegen befreundete Staaten gehalten werden, zu unterdrücken".[67]

Diese Antwort befriedigte zwar Mr. Early im Weißen Haus, keineswegs aber den deutschen Botschafter, der sich am 7. März bei Mr. Phillips anmeldete. Als der Staatssekretär Dr. Luthers schließliche dringende Bitte, zu intervenieren, abschlug, bemerkte der Botschafter, er hoffe, „morgen werde eine Erklärung des Inhalts herausgegeben, daß die auf der Veranstaltung geäußerten Ansichten mit denen der Bundesregierung nicht im Einklang stünden". Phillips lehnte es ab, das Außenamt „irgendwie" festzulegen, und so blieben Dr. Luthers Proteste ohne jeden Erfolg.[68]

Am 8. März frühstückte Pierrepont Moffat von der Westeuropäischen Abteilung des Außenamtes mit Dr. Leitner. Der Botschaftsrat bemerkte wiederholt, ihm sei unfaßlich, „daß auf den Regierungschef einer befreundeten Nation ein solcher Angriff zugelassen werde. Es schaffe dies, von den politischen Rückwirkungen in Deutschland abgesehen, einen sehr gefährlichen Präzedenzfall, der uns eines Tages Kummer bereiten könnte."[69]

Während der deutsche Botschafter und sein Stab davon in Anspruch genommen waren, wegen des Scheinprozesses gegen Hitler Vorstellungen zu erheben, hatte der Kanzler selber eine lange Unterredung mit Botschafter Dodd, ohne daß er sich auch nur im geringsten mit jenem Zwischenfall abgegeben hätte. Dodd fand Hitler „sehr herzlich" und eifrig darauf bedacht, die deutsch-amerikanischen Beziehungen im allgemeinen zu besprechen. Als Dodd gewisse Propagandabroschüren scharf kritisierte, die „an die Deutschen in andern Ländern" appellierten, „sich immer als Deutsche zu fühlen, die dem Vaterland moralisch, wenn nicht politisch Treue schulden", „rügte" Hitler augenblicklich „alles von dieser Sorte und fuhr fort, das Ding sei so gut wie gewiß von Juden herausgebracht worden". Darauf kam Dodd direkt auf das jüdische Problem in andern Ländern zu sprechen, wurde aber in seinen Ausführungen von Verwünschungen des Reichskanzlers gegen die „verdammten Juden" häufig unterbrochen.

176

Dodd ging gegen diesen Antisemitismus mit Gründen an und hob hervor, daß gegenwärtig in den Vereinigten Staaten „eine Anzahl hoher Stellungen ... von Juden eingenommen werden ... Ich setzte ihm auseinander, wir hätten es so eingerichtet, daß wir überall dort, wo an Hochschulen oder in der Beamtenwelt eine übermäßige Tätigkeit von Juden Mißhelligkeiten hervorruft, Neubesetzungen vornehmen, ohne daß es zu schweren Kränkungen kommt ... Der Kanzler beharrte noch nachdrücklicher auf seinem Standpunkt: in Rußland seien 59 Prozent aller Ämter von Juden besetzt, sie hätten das Land ruiniert und beabsichtigten, Deutschland zu ruinieren, ‚und wenn sie‘, fügte er hinzu, ‚mit ihren Umtrieben fortfahren, werden wir in diesem Lande mit ihnen ein für allemal Schluß machen‘." Als Dodd erwähnte, daß bei den amerikanischen Wahlen im Jahre 1932 die Kommunisten nur einige wenige Stimmen erhalten haben, platzte Hitler heraus: „Glückliches Land! Ihre Leute scheinen in dieser Beziehung so gescheit zu sein!"

Hitler bemerkte sodann, „daß Deutschland Frieden wünsche und alles in seiner Macht Stehende tun werde, den Frieden zu erhalten". Dodd fragte, ob sich die europäischen Nationen nicht auf folgende Punkte einigen könnten: „1. Keine Nation wird die Grenze einer andern Nation überschreiten, 2. alle europäischen Nationen bilden eine gemeinsame Überwachungskommission [zur Rüstungskontrolle] und verpflichten sich, deren Entscheidungen anzuerkennen." Hitler stimmte, so berichtet Dodd weiter, diesen Punkten „von Herzen" zu und überraschte den Botschafter mit der Versicherung, daß er den Vorschlag, in beiden Ländern mehr Austauschprofessuren einzurichten, warm unterstütze.[70]

Wenn auch Hitler den New Yorker Zwischenfall nicht erwähnt hatte, so belasteten doch die dadurch hervorgerufenen Schwierigkeiten die deutsch-amerikanischen Beziehungen mehrere Wochen. Am 13. März übergab Botschafter Luther eine weitere Protestnote[71], und zehn Tage darauf dehnte er sein Trommelfeuer auf die Tätigkeit Samuel Untermyers, die Resolution Dickstein im Repräsentantenhaus und den Boykott deutscher Artikel durch große amerikanische Warenhäuser aus. Er äußerte die Befürchtung, daß „befriedigende Beziehungen" zwischen Deutschland und den Vereinigten Staaten solange nicht unterhalten werden könnten, wie sich amerikanische Bürger bei ihren Äußerungen über die nationalsozialistische Regierung solcher Beschimpfungen und Beleidigungen bedienten. Außenminister Hull entgegnete, die Hauptursache des Unwillens in Amerika über Deutschland seien die Unterdrückungsmaßnahmen gegen die Juden. Nach Bemerkungen über den Antisemitismus in Deutschland fragte Hull den Botschafter, ob er denn meine, die Juden sollten „wieder von Deutschland kaufen". Luthers Antwort war ausgesprochen naiv: „Jawohl, es trüge dazu bei, wieder gute Beziehungen herzustellen." Hull war sich sofort darüber klar, daß sich der Botschafter in dieser Sache absichtlich dumm stellte, und beendete daher schnell die Unterredung.[72]

Während Botschafter Luther mit seinen vielen Protesten die Geduld Außenminister Hulls aufs äußerste strapazierte, entschloß sich Reichskanzler Hitler, die amerikanische öffentliche Meinung durch eine etwas mildere Haltung gegenüber den Juden zu beschwichtigen. Am 12. März befahl er die Schließung des Columbiahauses, „des Gebäudes, wo Juden und andere gefoltert worden waren". Außerdem ordnete er an, daß „niemand ohne ordentlichen Haftbefehl länger als vierundzwanzig Stunden festgehalten werden darf".[73]

Diese Schritte bedeuteten aber nur eine gewisse Milderung der Kampagne gegen die Juden und nicht, daß sie eingestellt worden wäre. Die Wurzeln des Antisemitismus saßen tief und hatten sich im fruchtbaren Boden Deutschlands weit ausgebreitet. Das hatte, wie Dodd in einem Bericht darlegte, mehrere Gründe. Die Rassentheorie der Nationalsozoalisten trug zur Verbreitung des Judenhasses bei. Aber man darf nicht vergessen, daß sich seit 1918 in vielen deutschen Köpfen die Überzeugung festgesetzt hatte, der militärische und politische Zusammenbruch in den letzten Kriegsmonaten sei vor allem auf „jüdischen Verrat" zurückzuführen. Ein weiterer Grund für den Antisemitismus war der Glaube, daß „der Marxismus mit dem jüdischen Volk aufs engste verknüpft" sei. Die kommunistische Regierung in Rußland beruht auf den Prinzipien des Marxismus, und diese Prinzipien mit ihrem Nachdruck auf der Weltrevolution wurden als eine klare Bedrohung der Sicherheit des Reiches empfunden.[74] Es war für Hitler nicht schwer, einen Haßgesang zu komponieren, der von Millionen Deutschen mit großem Behagen angestimmt wurde.

Die nationalsozialistische Führung in ungewisser Defensive

Der Antisemitismus war nicht der einzige Schatten, der im Jahre 1934 über Deutschland lag. Sehr viele Deutsche waren der Weimarer Republik ergeben gewesen und hegten tiefen Groll wegen der Art, wie Hitler langsam ihre Fundamente untergraben hatte. Aus Wien traf im Department of State die Nachricht ein, daß sich „die finanzielle und wirtschaftliche Lage" in Deutschland zusehends verschlechtere und eine „Krise" heranrücke.[75] In Prag wurde die Situation ähnlich beurteilt. Benesch sei überzeugt, daß sich die nationalsozialistische Regierung „in einer unsicheren Position befinde und man sich schwerlich vorzustellen vermöge, wie das noch lange so weitergehen könne".[76]

Dodd in Berlin entdeckte, daß einige Deutsche auf wichtigen Posten der eigenen Regierung ausgesprochen feindlich gesinnt waren. Am 24. Mai war der Botschafter beim Frühstück mit Dr. Dieckhoff vom Auswärtigen Amt zusammen. Im Verlaufe einer ausgedehnten Unterhaltung „verriet Dieckhoff seine ganze Gegnerschaft gegen Goebbels und die Erwartung, daß Hitler bald stürzen werde". Er hätte sich kaum deutlicher ausdrücken können, „wenn er in England oder den Vereinigten Staaten gewesen wäre ... Ich fühlte die schweren Besorgnisse eines hohen Beamten, der mit seiner Kritik an der bestehenden Führung sein Leben riskierte."[77]

Wahrscheinlich gab Dieckhoff die Meinung vieler Beamter der Wilhelmstraße wieder. In der letzten Maiwoche hatte Dodd zwei Unterredungen mit Neurath. Der Außenminister machte sich die größten Sorgen „über den Rückgang der deutschen Goldreserven auf nur 4 Prozent des deutschen Papiergeldes". In einer Stimmung tiefer Niedergeschlagenheit sagte er: „Was sollen wir tun? Es liegt am jüdischen Boykott, an den Zollschranken aller Länder und daran, daß wir keine Baumwolle und keinen Kautschuk kaufen und nichts ans Ausland verkaufen können." Zur Frage eines Moratoriums für die Schulden an amerikanische Banken äußerte Neurath die Befürchtung, daß kein anderer Weg bleibe: „Deutschland hat keinen Export nach Amerika und für Ausfuhrgeschäfte mit Dänemark und andern Ländern nur Versprechungen." Neurath sei sichtlich „sehr unruhig" gewesen, „sagte aber nichts von einer bevorstehenden Revolution".[78]

Beim Frühstück mit dem Reichswirtschaftsminister, Kurt Schmitt, traf der Botschafter auf den gleichen Geist von Hoffnungslosigkeit und Unruhe. Der Minister nahm Dodd auf einen Ausflug zu seinen großen Gärten mit und schüttete unterwegs dem verständnisvollen Gast sein Herz aus: „Schmitt redete eine Stunde lang über Deutschlands jammervolle Lage; drohende große Dürre, kein Export, starke Feindseligkeit in den Vereinigten Staaten und England wegen der Behandlung von Juden, Protestanten und Katholiken durch Hitler ... Ich habe nie einen deutschen Staatsmann so unglücklich gesehen ... Immer wieder kam er auf das Törichte der Politik Hitlers zu sprechen."[79]

Das gleiche Klagelied über Hitlers törichte Politik hörte Dodd in vielen Häusern, die er besuchte. Selbst unter überzeugten Nationalsozialisten wurde ein Murren der Unzufriedenheit laut. Sie hatten die Rückgewinnung des polnischen Korridors erwartet und mit Bitterkeit von einem zehnjährigen Nichtangriffspakt mit Polen erfahren. Statt der Umschmelzung Deutschlands nach den vereinheitlichenden Prinzipien des Nationalsozialismus mußten sie erleben, daß Großindustrielle und Großgrundbesitzer noch immer die Positionen der Mächtigen behaupteten. Und die SA war in revolutionärer Gärung, weil Hitler mit Plänen für eine radikale Verminderung ihrer Legionen umging. Röhm widersetzte sich dem erbittert, und Gerüchte gingen um, daß er an einem Komplott zu einer gründlichen Umgestaltung der Führung schmiede und daß General v. Schleicher zu eigenen, regierungsfeindlichen Zwecken daran beteiligt sei.

Inzwischen hatte Papen eine bedeutsame Unterredung mit Hindenburg in Neudeck gehabt und sich die Zustimmung des Präsidenten zu einer Rede geholt, die hervorheben sollte, wie wichtig es sei, in Deutschland das Recht des freien Worts und konstruktiver Kritik zu bewahren. Am 17. Juni schleuderte Papen in der Marburger Universität seine Bombe Parteiextremisten wie Goebbels mitten ins Gesicht: „Es sollte eine freie Presse geben, die die Regierung offen und mannhaft davon unterrichtet, wo sich Korruption eingenistet hat, wo böse Fehler gemacht worden sind, wo der falsche Mann am falschen Platz steht und wo gegen den Geist der deutschen Revolution gesündigt worden ist ... Wenn die berufenen Organe der öffentlichen Meinung nicht genug Licht in das geheimnisvolle Dunkel werfen, das den Geist des deutschen Volkes verbirgt, dann muß ein Staatsmann auftreten und das Kind beim rechten Namen nennen."[80]

Die Rede Papens fand in den Vereinigten Staaten große Beachtung. Die „Chicago Daily News" hielt sie für einen „Boxhieb gegen Hitler", für eine „Manifestation eben des individualistischen Geistes, den der Nationalsozialismus ausgetilgt zu haben meinte".[81] Der „Springfield Republican" war scharfsichtig genug, hinter der Rede „das Signal zu einer wichtigen innenpolitischen Entwicklung in Deutschland"[82] zu vermuten, während die „New York Times" möglicherweise den Nagel auf den Kopf traf, indem sie schrieb, daß Papens alarmierende Worte „fraglos die Billigung Hitlers"[83] hätten.

Es unterliegt kaum einem Zweifel, daß Hitler über die steigende Flut der Unzufriedenheit in den Reihen der Parteigenossen völlig Bescheid wußte. Röhms entschlossener Widerstand gegen jede fühlbare Verringerung der Anzahl der Sturmtruppen war ihm bekannt, und er hatte von hintergründigen Plänen Schleichers gehört. Er wußte, daß er auf die Unterstützung Blombergs und Görings zählen konnte, und es ist sehr wohl möglich, daß er selber die Zündschnur der Bombe Papens in Brand setzte. Eine Wendung in der Marburger Rede bereitete den Auftritt Hitlers auf der deutschen Bühne in der Rolle des Diktators vor, der Donnerkeile der Macht gegen Kader der eigenen Partei schleudern würde: „Wenn die berufenen Organe der öffentlichen Meinung nicht genug Licht in das geheimnisvolle Dunkel werfen, das den Geist des deutschen Volkes verbirgt, dann muß ein Staatsmann auftreten und das Kind beim rechten Namen nennen."

Übernahm er die Rolle eines unerbittlichen, zur Säuberung seiner Partei entschlossenen Diktators, dann konnte es klug sein, sich von dem italienischen Protagonisten, Benito Mussolini, erfahrenen Rat zu holen. So traf sich Hitler am 14. und 15. Juni in Venedig zu längeren Unterredungen mit dem Duce. Nach Breckinridge Long, dem amerikanischen Botschafter in Rom, riet Mussolini Hitler zweifellos zu drastischen Schritten, um seine Autorität aufrechtzuerhalten „und die Teile seiner Kräfte, die sich seiner Politik nicht fügen wollten, seiner Regierungsgewalt zu unterwerfen. Hitler reiste aus Italien mit dem festen Entschluß zu einer Aktion ab, wie sie seinem Charakter bisher fremd gewesen war."[84]

Am 28. Juni vertraute Dodd seinem Tagebuch an, daß die Atmosphäre in Berlin „gespannter" sei „als zu irgendeiner Zeit, seit ich in Deutschland bin". Am nächsten Tag gab er ein Frühstück, zu dem auch Papen geladen war. Nachdem man die Lage in Deutschland erörtert hatte, ging Papen mit der bezeichnenden Bemerkung: „Ich jedenfalls werde nicht torpediert werden."[85]

Papen wußte, daß eine Parteisäuberung unmittelbar bevorstand, aber er war seiner persönlichen Sicherheit gewiß. Die Aktion begann am Morgen des 30. Juni. Hitler überraschte mit einer Gruppe ergebener Anhänger Röhm und Heines unter kompromittierenden Umständen in ihrem Hotel in Wiessee. Heines wurde auf der Stelle erschossen, später im Gefängnis Stadelheim Röhm, nach einer anderen Version beide sofort in Wiessee. Schleicher und seine Gattin wurden in ihrer Berliner Wohnung niedergeschossen. Die ganze Zeit, vom 30. Juni bis zum 2. Juli, dauerten die Exekutionen an, bis, nach Hitlers Worten in seiner Rede am 13. Juli, siebenundsiebzig Personen ausgelöscht waren. Alle Diplomaten in Berlin schenkten besondere Aufmerksamkeit der Tatsache, daß Papen verschont worden war. Die Bedeutung seiner Bemerkung, als er sich von Dodd verabschiedete: „Ich werde jedenfalls nicht torpediert werden", hatte an Gewicht gewonnen.

Viele amerikanische Zeitungen glaubten, Hitler werde den starken Oppositionsgeist, der sich im Reich erhob, nicht gänzlich unterdrücken können. Bald werde es zur wirklichen Kraftprobe kommen: „Deutschland und die wartende Welt werden bald sehen, ob sie es mit einem neuen Bismarck oder einem angestochenen Ballon zu tun habe."[86] Die Baltimorer „Sun" erblickte in den Ereignissen vom 30. Juni bis zum 2. Juli den „Beginn der elementaren Erhebung eines getäuschten und verratenen Volkes"[87], die Richmonder „Times-Dispatch" meinte, es werde „noch viel Blut fließen müssen, ehe der kleine österreichische Tapezierer seine Position aufgibt oder aus der Macht geworfen ist"[88], während die „Buffalo Evening News" bemerkte: „Er [Hitler] sitzt auf einem Pulverfaß, und es kann sein, daß die Zündschnur bis zu einer Explosion brennen bleibt, die die ganze nationalsozialistische Regierung in die Luft jagt."[89]

Drew Pearson und Robert Allen sahen für Hitler eine dunkle Zukunft voraus: „Das State Department hat über Hitlers ‚Säuberung' der NSDAP genaue Berichte erhalten. Sie zeigen, daß der österreichische Stubenmaler nicht mehr lange an der Macht bleiben kann."[90] Paul Mallon äußerte in den Blättern der Zeitungsgruppe, für die er schrieb, Hitler kopiere die Methoden der amerikanischen Unterwelt: „Hitler scheint die Methoden Al Capones angewendet zu haben, und zwar aus demselben Grunde wie Al. Seine eigene Bande war unruhig geworden, und die Radikalen versuchten sich an seine Stelle zu setzen."[91]

Einige Blätter glaubten, die blutige Säuberung in Deutschland sei das Vorspiel zu einer gemäßigteren Politik der nationalsozialistischen Führung. Der „Democrat and Chronicle" in Rochester erwartete „jetzt eine Mäßigung der extremen nationalsozialistischen Politik"[92], die „New Republic" meinte, Hitler habe sich der Rechten zugewendet und die radikalen Ansichten einiger seiner bisherigen Anhänger verworfen[93], und die „Literary Digest" schrieb, der Reichskanzler habe sich „offenbar für eine gemäßigtere Politik entschieden"[94].

Hitler vermochte mit der Rechtfertigungsrede, die er am 13. Juli im Reichstag hielt, in den Vereinigten Staaten nicht viele Leute zu bekehren. Zwar sprach das Louisviller „Courier-Journal" von ihm als einer „fast pathetischen Gestalt", einem Mann, der um Unterstützung „für seine wankende Regierung" werbe[95], aber der „Democrat and Chronicle" in Rochester schrieb, es sei Hitler nicht gelungen, „die Blutschuld von seinen Händen abzuwaschen"[96]. Die „New York Times" erblickte in der Rede ein Zeichen, daß sich Hitler „entschieden in der Defensive" befinde[97], und Oswald G. Villard schrieb, es sei „unmöglich, Hitlers Rede zur Verteidigung seiner abscheulichen Morde zu lesen, ohne Mut zu schöpfen ... Ich kann mich des Gefühls nicht erwehren, daß diese Aderlaßorgie den Anfang vom Ende Hitlers bezeichnet."[98]

Der „St. Louis Globe-Democrat" war ganz anderer Meinung. Er hielt die Rede Hitlers vom 13. Juli für einen seiner größten oratorischen Erfolge: „Man braucht nicht überrascht zu sein, wenn sich herausstellen sollte, daß er [Hitler] durch sie [die Rede] nicht nur das Vertrauen des deutschen Volkes wiedergewonnen, sondern dessen Glauben an ihn bestärkt hat."[99] Geteilt wurde diese Meinung von Arthur Brisbane: „Hitler hält die Macht in Deutschland und die Phantasie des deutschen Volkes noch fest umspannt."[100]

Brisbane hatte recht mit seiner Ansicht, doch schien er sich von Verbreitung und Stärke des amerikanischen Widerwillens gegen die Herrschaft Hitlers kein rechtes Bild gemacht zu haben. Die Parteisäuberung hatte aus der Umgebung Hitlers einige Personen entfernt, die los zu werden er froh war, aber sie hatte auch den meisten Amerikanern den letzten Schimmer von Respekt für die nationalsozialistische Bewegung und ihre Führer genommen. Als Botschafter Dodd zu der Verteidigungsrede Hitlers in den Reichstag eingeladen wurde, lehnte er prompt ab. Im Gespräch hierüber mit seinem britischen Kollegen, Sir Eric Phipps, bemerkte er: „Er ist mir so gräßlich, daß ich seine Gegenwart nicht ertragen kann."[101]

Schon vor dem 30. Juni hatte Dodd Hitler nicht gemocht und seine Ziele innerlich abgelehnt, doch hatte er gern mit ihm konferiert und auch dazu geholfen, daß der in New York aufgeführte Scheinprozeß gegen Hitler nicht in Chicago wiederholt wurde. Nach dem 30. Juni aber sagten sich Dodd und mit ihm ein Heer von Amerikanern, Hitler sei zu allem fähig, was seine selbstischen Interessen fördern könnte. Daß dieses Urteil vielleicht zu streng war, änderte nichts. Hitler war fortan für das deutsche Volk eine furchtbare Hypothek, eine Last, unter der es schließlich zusammenbrach und mit ihm die ganze deutsche Lebensart.

Kapitel XII

Amerikas Widerwille gegen die Herrschaft Hitlers wächst

Ähnlichkeiten zwischen nationalsozialistischer und amerikanischer Finanzpolitik

Die Säuberung der NSDAP unterbrach im Dritten Reich vorübergehend den ordentlichen Gang der Regierungsgeschäfte. Für jeden Durchschnittspolitiker lag es auf der Hand, daß wesentlichen diplomatischen Problemen solange nicht die gebührende Aufmerksamkeit gewidmet werden konnte, wie die Ordnung noch nicht völlig wiederhergestellt war. Außenminister Hull jedoch wollte die Realitäten der deutschen Situation nicht anerkennen: er war entschlossen, die deutsche Führung in der Angelegenheit seiner finanziellen Verpflichtungen unter Druck zu halten, obwohl er wußte, daß die Reichsregierung einfach nicht die Möglichkeit hatte, eine befriedigende Antwort zu geben. Vermochte er zu verhindern, daß diese Finanzwunde heilte, so würde das möglicherweise zu einer allgemeinen Entzündung führen, die den ganzen Körper der deutsch-amerikanischen Beziehungen ergriffe und für sie lebensgefährliche Folgen hätte. Es war einigermaßen überraschend, zu sehen, wie dieser gelassene Jurist so brennendes Interesse daran gewann, die Investitionen der Bankiers der Wallstreet zu schützen.

Während die Asche der deutschen Krisis noch hell glühte, wies Hull Botschafter Dodd an, gegen den von der deutschen Führung verkündeten Beschluß, die britischen Gläubiger vor den amerikanischen zu bevorzugen, scharfen Protest einzulegen. Am 6. Juli traf die Instruktion bei Dodd ein, und der Botschafter eilte mit ihr sofort zu Neurath: „Wir waren beide in Verlegenheit. Er wußte, daß es falsch gewesen war, die Bezahlung englischer Gläubiger in Aussicht zu stellen und die amerikanischen unbefriedigt zu lassen. Ich wußte dasselbe. Und wir beide wußten, daß Deutschland nicht einmal die Schulden an die englischen Gläubiger bezahlen konnte ... Er bat mich, zu antworten, daß er um Entschuldigung bitte und zahlen werde, sobald dazu Reserven vorhanden wären, daß dies aber keineswegs wahrscheinlich sei."[1]

In seinem Telegramm über die Unterredung mit Neurath an Außenminister Hull verriet Dodd für Deutschland wegen seiner verzweifelten Finanzlage eine gewisse Sympathie. Viele andere Länder hätten ähnliche Perioden durchgemacht, darunter Amerika selbst: „Washington, Jefferson und Hamilton brachten im Jahre 1790 die gleichen Rechtfertigungen dafür vor, daß sie ,unbezahlbare' Schulden der Revolutionszeit nicht bezahlen könnten. Der englische, der französische und der spanische Markt waren den Vereinigten Staaten verschlossen ... Von 1820 bis 1850 liehen sich unsere Staaten, als das Nationalvermögen zehn Milliarden betrug, 400 Millionen Dollar. Fast alle diese Staaten blieben in Verzug oder erkannten die Schuldforderungen an sie nicht an … Die Bundesregierung weigerte sich, irgend etwas zu tun … Alle diese Tatsachen sind den maßgebenden Beamten hier bekannt, wenn nicht gar einigen unserer hervorragenden Männer. Man kann nicht vor Tatsachen einfach die Augen schließen, so patriotisch man auch sein mag."[2] Trotz diesem deutlichen Telegramm Dodds vom 14. Juli, das auf das Finanzchaos in Deutschland hinwies, beauftragte Außenminister Hull Botschafter Dodd nach wie vor immer wieder, gegen die diskriminierende Finanzpolitik der Nationalsozialisten Protest zu erheben. So sprach der Botschafter am 16. Juli abermals im Auswärtigen Amt vor, und abermals versicherten er und Neurath einander, in welche „Verlegenheit" die Situation sie versetze.[3] Allein, es war keine Abhilfe in Sicht, und niemand wußte das besser als Außenminister Hull. Da sich Deutschland auf dem Punkt des finanziellen „Zusammenbruches" befand, war es sinnlos, das Protest-Trommelfeuer fortzusetzen.[4]

General Johnson brandmarkt die Säuberung der NSDAP

Während der drohende Einsturz des Finanzgebäudes des Dritten Reiches die amerikanischen Bankkreise und dadurch das Department of State beunruhigte, erweiterten gewisse prominente Amerikaner durch bittere Anklagen wegen der Vorgänge des 30. Juni den Bruch in den deutsch-amerikanischen Beziehungen. Am 12. Juli übte General Hugh S. Johnson, der leitende Beamte der National Recovery Administration, in einer Rede heftige Kritik an Hitler, weil er die Morde zugelassen habe, die die Säuberung der Parteiställe begleiteten. Diese Brutalitäten hätten ihm „nicht im übertragenen Sinne, sondern physisch und tatsächlich Übelkeit verursacht. Daß erwachsene, verantwortliche Männer aus ihrer Wohnung abgeholt, an eine Mauer gestellt … und erschossen werden können, dafür gibt es keine Worte … Daß sich so etwas in einem Land mit vermeintlicher Kultur zutragen konnte, überschreitet jede Vorstellung."

Als der deutsche Geschäftsträger eiligst das Außenamt aufsuchte, um gegen diese Rede zu protestieren, machte Außenminister Hull Dr. Leitner darauf aufmerksam, daß General Johnson „als Privatmann und nicht im Namen des State Department oder der Regierung" gesprochen habe. „Es sei bedauerlich, daß die von dem Redner in der Regierung eingenommene Stellung die Möglichkeit mit sich bringe, von ihm als Einzelperson gemachte Äußerungen als offiziell zu mißdeuten." Damit schloß Hull die Unterredung unvermittelt ab.[5]

Aber diese offizielle Erklärung für die hitzigen Worte des Generals Johnson gefiel der deutschen Presse nicht. Typisch lautete der Kommentar der „Deutschen Allgemeinen Zeitung": „Der deutsche Protest war zu erwarten, da die Äußerungen General Johnsons, des Leiters der NIRA, über die Ereignisse des 30. Juni so ungeheuerlich waren, daß ein souveräner Staat eine derartige Beschimpfung des Hauptes seiner Regierung niemals hinnehmen konnte … Die Antwort Außenminister Hulls auf den deutschen Protest … scheint uns den Fall in einer höchst unbefriedigenden Weise zu erledigen."[6]

Die Reichsregierung überlegte eine Weile, wie sie ihrem Unwillen über die Behandlung des „Falles Johnson" durch das State Department Ausdruck geben könnte, und verfiel schließlich darauf, Mrs. Sinclair Lewis (Dorothy Thompson) aus Deutschland auszuweisen. Am 24. August besuchte Mrs. Lewis zu einer Plauderstunde die amerikanische Botschaft. Danach rief sie aus ihrem Hotel die Botschaft an und teilte ihr die unerfreuliche Neuigkeit mit, daß sie soeben von der Geheimen Staatspolizei die Aufforderung erhalten habe, innerhalb von vierundzwanzig Stunden das Land zu verlassen. Ihr Verbrechen bestand in einigen Artikeln, die sie vor zwei Jahren geschrieben hatte und die einige kritische Bemerkungen über Hitler enthielten. Dodd unternahm unverzüglich alles, die Ausweisung rückgängig zu machen, aber er bemühte sich vergeblich.

Aufgebracht über dieses Vorgehen der deutschen Regierung fragte der Botschafter telegrafisch in Washington an, „wie sich die Regierung zur Frage der Ausweisung unerwünschter Ausländer aus den Vereinigten Staaten" stelle.[7] Er bekam die prompte Antwort, die amerikanische Regierung habe immer die Ansicht vertreten, daß es „das souveräne Recht unseres Landes ist, gerade darüber zu entscheiden, welche Ausländer es etwa aus den Vereinigten Staaten abzuschieben wünscht … Die amerikanische Regierung stellt das Recht jeder fremden Regierung, aus ihrem Gebiet amerikanische Bürger auszuweisen, die sie für unerwünscht hält, nicht in Frage."[8]

So konnte Dodd zwar die Ausweisung Mrs. Lewis' nicht aufhalten, doch war „die Solidarität des Korps der ausländischen Presse in Berlin, das sie geschlossen zu ihrem Zug begleitete", ein unmißverständliches Zeichen des tiefen Unwillens, den die nationalsozialistische Einflußnahme auf die Presse erweckt hatten.[9]

Die Ermordung des Bundeskanzlers Dollfuß

Im Sommer 1934 jagten einander Ereignisse, die in den Vereinigten Staaten Gefühle scharfer Abneigung gegen das Deutsche Reich hervorriefen. Eine Woche nach der Ausweisung Dorothy Thompsons bemächtigte sich eine Gruppe österreichischer Nationalsozialisten der Wiener Rundfunksender und ermordete den Bundeskanzler Engelbert Dollfuß. Mr. Messersmith, jetzt amerikanischer Generalkonsul in Wien, rief sofort seinen Kollegen Geist an, den amerikanischen Generalkonsul in Berlin, und berichtete ihm über die Einzelheiten des nationalsozialistischen Putsches. Dodd hielt diese Handlung Messersmiths für eine „Unbesonnenheit, die uns beiden und unserer Regierung Scherereien verursachen wird".[10] Dodd hatte Messersmith gewarnt, beim Telefonieren wegen der angezapften Leitungen besonders vorsichtig zu sein.

Er war sich darüber klar, daß die amerikanische Presse von scharfen Anklagen wegen der Mordtat voll sein werde, und damit hatte er völlig recht. Die „Birmingham News" waren schnell bei der Hand mit der Bemerkung, die Erfahrung deute „entschieden auf Adolf Hitler als die primäre ursächliche Kraft hinter den unsagbaren Verbrechen, die in diesem Sommer das Antlitz Europas befleckt haben".[11] Für den „Cleveland Plain Dealer" stand es fest, daß die Bewegung hinter dem Mord „von Nationalsozialisten" herrühre.[12] Professor Sidney Fay äußerte die Ansicht, zu dem Verbrechen habe ursächlich beigetragen „der vor langem bekanntgegebene Entschluß Hitlers und seiner Anhänger, Österreich unter nationalsozialistische Herrschaft zu bringen".[13] Die „Seattle Daily Times" wich von der populären Meinung ab, die die Schuld Hitler auflud: „Hitler, der einzige Regierende, gegen den sich der Verdacht richten könnte, hat den Akt ebenso schnell gerügt wie irgendeiner; und dadurch, daß er seinen konservativen Kritiker Papen nach Wien entsandte, hat er die Möglichkeit, ihn des heimlichen Einverständnisses mit der österreichisch-nationalsozialistischen Verrücktheit zu beschuldigen, verbaut."[14] Das „Albuquerque Journal" glaubte, „die Ermordung des Premiers Dollfuß" habe „die Empörung der andern Mächte hervorgerufen und die Hoffnungen der Nationalsozialisten auf die Sympathie Österreichs und seine Beherrschung zerschlagen".[15] Die „Milwaukee Sentinel" teilte diese Ansicht: „Eines ist absolut gewiß: die Vereinigung Österreichs und Deutschlands ist, seit sie vorgeschlagen wurde, weiter entfernt denn je."[16]

Der Tod Hindenburgs

Der Tod des Reichspräsidenten Hindenburg wurde von dem größten Teil der amerikanischen Presse mit tiefer Bestürzung aufgenommen, hatte man in ihm doch einen Riegel gegen die Exzesse Hitlers erblickt. Viele amerikanische Kreise brachten ihm warme Sympathie entgegen, die Regierung Hoovers hatte sich um sein Wohlwollen bemüht. All dem entsprachen jetzt die amerikanischen Pressestimmen. Die „Seattle Daily Times" erklärte ihn für „einen der größten Soldaten"[17], nach der Richmonder „Times-Dispatch" war er das „Idol des deutschen Volkes" gewesen[18] und für den „St. Louis Globe-Democrat" einer der größten Männer, die Deutschland hervorgebracht habe[19].

Allein, es gab auch Zeitungen, die in den Chor der Lobpreisungen nicht einstimmten. Die „Chicago Daily News" schrieben, Hindenburg habe zu lange gelebt. Wäre er gestorben, ehe Hitler Kanzler wurde, so würde sein Ruhm auf einem festeren Sockel ruhen.[20] Die „Milwaukee Sentinel" fand an Hindenburg vieles zu kritisieren: „Die Geschichte wird heute über Paul von Hindenburg zu Gericht sitzen, und es mag sein, daß die auf sein Gedächtnis gehäuften Anklagen das Lob überwiegen ... Ein Hitler als Beweislast ist eine schwere Bürde für jeden, der sie schleppen muß."[21]

Die schwere Last, die Deutschland mit seinem Kanzler zu schleppen hatte, vergrößerte sich noch gewaltig, als Hitler nun das Amt des Präsidenten annahm. Die neue Verantwortlichkeit schien ihn eine kleine Weile zu ernüchtern. Am 6. August fand im Reichstag eine eindrucksvolle Feier zum Gedächtnis an Hindenburgs Verdienst um das Vaterland statt, und Hitler hielt eine Rede über den „militärischen Genius" des Generalfeldmarschalls. Am folgenden Tag wurde dies Ritual in Tannenberg wiederholt, und da war es bemerkenswert, daß sich der Kanzler jeder Äußerung enthielt, die als „Herausforderung der Franzosen, Engländer oder Amerikaner" hätte aufgefaßt werden können.[22] Hitler hatte seinen Blick auf die herannahende Abstimmung im Saarland gerichtet, dessen Bevölkerung im Januar 1935 über seinen künftigen politischen Status entscheiden sollte, und so wünschte er gegenwärtig die öffentliche Meinung im Ausland eher zu beschwichtigen als zu erzürnen.

Die amerikanische Meinung über die Abstimmung im Saarland

Im Dezember 1934 gelangte die französische Regierung mit Reichskanzler Hitler zu einem Abkommen über die mit der Abstimmung im Saarland zusammenhängenden Fragen. Danach war Deutschland, falls sich die Saarbevölkerung für die Rückkehr ins Reich entschied, verpflichtet, zur Abgeltung der französischen Forderungen 900 Millionen Francs zu zahlen, und zwar zu einem Teil in Geld, zum anderen in künftigen Kohlenlieferungen.

Bei dem Volksentscheid am 13. Januar 1935 wurden 417.119 Stimmen für die Vereinigung mit dem Reich, 46.613 für die Fortdauer des bisherigen Regimes und 2.124 für die Vereinigung mit Frankreich abgegeben. Angesichts der überwältigenden Mehrheit (90 Prozent) für die Wiedervereinigung mit Deutschland wurde das Gebiet bereits am 1. März 1935 in aller Form abgetreten.[23] Überflüssig zu sagen, daß die Saarabstimmung ein widerhallender Erfolg für Hitler war.

Viele amerikanische Blätter begrüßten den Ausgang der Abstimmung; sie erblickten darin eine Form der Friedenssicherung. Besondere Genugtuung empfanden sie darüber, daß der Völkerbund die Sache sehr überlegen gehandhabt und dadurch sein Prestige gestärkt hatte. So schrieb das Louisviller „Courier-Journal": „Die Saarabstimmung fügt den Verdiensten des Völkerbundes eine neue Leistung von weittragender Bedeutung hinzu. Es war in jeder Hinsicht ein voller Erfolg."[24]

Einige Zeitungen standen unter dem Eindruck der Abstimmung als eines Zeichens der Stärke des nationalen Prinzips. Der „Boston Daily Globe" meinte, das Plebiszit sei „eine der eindringlichsten nationalistischen Barometeranzeigen der jüngsten europäischen Geschichte"[25], und der „Ohama World-Herald" bemerkte, die Deutschen an der Saar „scheinen sich wegen des Risikos keine Sorgen zu machen, sondern froh, trotzig und begeistert dem Gebot ihres Herzens zu folgen, wieder ein Teil des Vaterlandes zu werden"[26].

Der „Democrat and Chronicle" in Rochester sprach die Warnung aus, der Sieg an der Saar könnte Hitler auf mehr Gebietszuwachs Appetit machen. „Der europäische Frieden verlangt immer noch sorgfältige Pflege."[27] Die „Chicago Tribune" vertrat die Überzeugung, daß der Frieden nur bewahrt werden könne, wenn man den deutlichen Ruf des Nationalismus beachte. Die Einweltler mit ihrer Betonung des Internationalismus seien in dem heikeln europäischen Spiel des Kräfteausgleichs ein Störfaktor: „Die Saarabstimmung sollte sie daran mahnen, daß das Stammesgefühl oder der Nationalismus allgegenwärtig und in der internationalen Politik fast allmächtig sind ... Eine sehr kleine und in Europa bedeutungslose Minderheit ausgenommen, hat der Internationalismus wenig Anziehungskraft, und auf ihm beruhende Experimente ... haben keine größere Chance, es mit dem tiefen und mächtigen Gefühl des Nationalbewußtseins aufnehmen zu können, als ein Bäumchen in einem Wirbelsturm."[28]

Eine britisch-französische Erklärung für kollektive Sicherheit

Der unter Hitler schnell sich entwickelnde Geist des deutschen Nationalismus brachte für die europäischen Staatsmänner viele störende Auswirkungen mit sich. Keine allgemeine Abrüstungsvereinbarung war in Sicht, und so bemächtigte sich der französischen Regierung wachsende Besorgnis. Im Januar 1935 reiste Laval nach Rom, um die Lage mit Mussolini zu besprechen. Das Ergebnis seiner Bemühungen war ein gegenseitiges Konsultativabkommen für den Fall, daß eine dritte Macht Österreich angriffe. Es war dies der erste Schritt auf einer Jagd nach Sicherung des europäischen Friedens. Am 3. Februar folgte die nächste Anstrengung. Die Ministerpräsidenten Frankreichs und Großbritanniens gaben eine Erklärung ab, die die Grundlage bilden sollte „für eine unter den Mächten einschließlich Deutschlands frei ausgehandelte allgemeine Regelung". Die Deklaration war in Wirklichkeit eine Aufforderung an Deutschland, dem vorgeschlagenen Kollektivsystem beizutreten und dadurch seinen Wunsch nach Erhaltung des Friedens zu beweisen. Geplant war ein Abrüstungsübereinkommen, nach dem die militärischen Bestimmungen des Versailler Vertrages aufgehoben werden sollten. Außerdem waren ein Ostpakt über gegenseitige Unterstützung, ein mitteleuropäischer Pakt zur Erhaltung der Unabhängigkeit Österreichs und eine Luftkonvention vorgeschlagen, durch die sich die Westmächte verpflichten würden, jeder Signatarmacht, die Opfer eines willkürlichen Luftangriffs werden sollte, sofort zu Hilfe zu eilen.[29]

Die anglo-französische Erklärung fand in den Vereinigten Staaten starke Beachtung. Der Portlander „Morning Oregonian" war offen skeptisch: „Wir verkleinern nicht gern in so aufgeregter Atmosphäre erzielte und verkündete Abkommen, aber sie sind ganz offenbar dazu bestimmt, Deutschland durch das Angebot geringer Konzessionen festzulegen. Es ist nicht wahrscheinlich, daß sich Deutschland, nachdem es aus dem Völkerbund ausgetreten ist und einem feindlichen Westeuropa zum Trotz wiederaufgerüstet hat, in eine so schlecht getarnte Falle locken läßt."[30]

Die „Atlanta Constitution" sprach die Hoffnung aus, daß die vorgeschlagenen Verträge „den Weg zu einer Neuordnung beunruhigender Verhältnisse" öffnen würden[31]; auch der „Cleveland Plain Dealer" setzte sich für sie ein[32]. Das „Nashville Banner" meinte, die von Hitler so oft wiederholten Friedenserklärungen würden jetzt auf die Probe gestellt: „Er hat oft verkündet, daß er an keine Angriffshandlung denke, sondern nur Sicherheit und Frieden suche. Die Aufrichtigkeit dieser Versicherungen hat sich jetzt zu erweisen."[33]

Am 14. Februar gab Hitler dem französischen und dem britischen Botschafter eine konziliante Antwort. Er stimmte einem Luftvertrag im Prinzip zu, zeigte sich aber nicht geneigt, den Ostpakt und den mitteleuropäischen Pakt anzunehmen. Statt dessen schlug er vor, die davon eingeschlossenen Probleme weiter zu diskutieren. Diese Anregung ärgerte den „Cleveland Plain Dealer": „Die deutsche Antwort auf die französisch-britischen Vorschläge ist eine Aufforderung, zu schwätzen und immer mehr zu schwätzen."[34] Die „Detroit Free Press" schrieb: „Die Haltung Berlins ist nicht unbedingt friedenverheißend"[35], während die „New York Times" die Aufrichtigkeit Hitlers bezweifelte: „Das Dritte Reich sieht jetzt eine lange Periode von Verhandlungen vor sich. Jede Verzögerung ist für dieses ein Gewinn. Herr Hitler kostet die Freiheit aus, die ihm sein Rückzug aus dem Völkerbund und der Abrüstungskonferenz verschafft hat. Er hat es nicht eilig damit, ein Abkommen zu unterzeichnen, das Deutschlands gegenwärtige Grenzen besiegelt."[36]

Offenbar suchte Hitler an Stelle eines allgemeinen europäischen Vertrages ein zweiseitiges Abkommen mit Großbritannien herbeizuführen. Sein Vorschlag, einen Wortführer nach Berlin zu entsenden, wurde in London günstig aufgenommen. Am 24. Februar gab der britische Außenminister, Sir John Simon, bekannt, daß er am 7. März Berlin besuchen werde.[37] Aber diese friedfertige Geste war voreilig. Am 4. März veröffentlichte die britische Regierung plötzlich ein Weißbuch, das auf die Rüstungsausgaben anderer Länder hinwies und erklärte, die Aufrüstungspläne Hitlers hätten die unglückselige Wirkung, die „Befürchtungen in den Nachbarländern Deutschlands" zu erhöhen, und „eine den Frieden gefährdende Lage" geschaffen.[38]

Dieser Windstoß aus Britannien hatte eine ungünstige Wirkung auf die Gesundheit Hitlers. In Berlin wurde die Nachricht herausgegeben, daß sich der Führer eine ernstliche Erkältung zugezogen habe. Anscheinend konnten in Deutschland diplomatische Verhandlungen nur geführt werden, wenn sich die höchsten Beamten bester Gesundheit erfreuten. Der Besuch Sir John Simons wurde auf ungewisse Zeit verschoben.[39]

Viele amerikanische Zeitungen bedauerten die Veröffentlichung des britischen Weißbuches. Die „Indianapolis News" waren der Meinung, daß sie die Hoffnungen für den europäischen

Frieden auf eine allgemeine Verständigung mit Deutschland beträchtlich verdunkelt habe[40], während der „Springfield Republican" die Frage aufwarf, „ob die britische Regierung ein hintergründiges Spiel treibt oder sich nur in der nicht ungewöhnlichen Lage befinde, daß die rechte Hand nicht weiß, was die linke tut"[41]. Der „Christian Science Monitor" glaubte, der britische Schritt kläre „die Lage und erhöhe die Befürchtungen", trage „aber wenig dazu bei, die Gedanken von Männern und Frauen freundwilliger und verständigungsbereiter zu machen, worauf allein der Frieden sich gründen" könne.[42] Offen kritisch äußerte sich über die britische Handlung der „Philadelphia Record": „Liegt die Schuld nur bei Deutschland? Wie steht es mit den Versprechungen der früheren alliierten Mächte, abzurüsten? Und wie mit den britischen und andern Rüstungsfirmen, die Deutschland zu seiner gefährlichen Wiederbewaffnung mit verholfen haben?"[43]

Hitler zerbricht eine weitere Versailler Fessel

Sorgenvoll warteten die europäischen Regierungen, wie Hitler auf das britische Weißbuch vom 4. März reagieren werde. Die Antwort kam am 16. März mit der Aufkündigung der Entwaffnungsbestimmungen des Versailler Vertrages. Nachdem Hitler hervorgehoben hatte, daß Frankreich vor kurzem durch Verlängerung der Dienstzeit auf zwei Jahre die gleichen Bestimmungen gebrochen habe, verwies er auf die 960.000 Mann starke Armee der Sowjetunion. Wegen dieser franko-russischen Drohung gegen Deutschland müsse das Reich die Anzahl seiner Streitkräfte auf 550.000 Mann sorgfältig ausgebildeter Truppen erhöhen. Er wisse, daß eine solche Stärke die Schätzungen des europäischen Mächtekonzerts über Deutschlands militärische Notwendigkeiten um 350.000 Mann übersteige.[44]

Die amerikanische Presse geriet wegen der Herausforderung Europas, als die Hitlers Aktion erschien, nicht in Panik. Die „Detroit Free Press" machte sich über die weitverbreitete Kriegsfurcht lustig[45], die „Dallas Morning News" stimmten mit diesem beruhigenden Urteil überein[46], und das „Milwaukee Journal" meinte, die Lage habe sich „im wesentlichen kaum geändert"[47], aber man werde Deutschland, um den Frieden zu bewahren, mit einem „eisernen Ring" umgeben müssen[48].

Für die Richmonder „Times-Dispatch" war es klar, daß die Verantwortung für Hitlers Vorgehen auf den Schultern der alliierten Staatsmänner ruhe, und zwar wegen der „rachsüchtigen Politik", die sie nach dem Weltkrieg verfolgt hätten.[49] Der Portlander „Morning Oregonian" teilte diese Ansicht: „Durch ihre Sprödigkeit gegenüber dem republikanischen Nachkriegsdeutschland und ihren Mangel an Ehrlichkeit in der Sache der Abrüstung haben uns Frankreich und seine Assoziierten Hitler beschert."[50]

Der „Cincinnati Enquirer" urteilte, weder die Sache Deutschlands noch die Sache der Alliierten sei unanfechtbar, und wies darauf hin, daß das britische Weißbuch und die jüngste französische Gesetzesmaßnahme (Verlängerung der Dienstzeit) Hitlers Handeln beeinflußt hätten.[51] Das gleiche drückten die „News and Observer" in Raleigh folgendermaßen aus: „Da man selbst dem Teufel Gerechtigkeit widerfahren lassen soll, ist darauf hinzuweisen, daß die Aufkündigung der Entwaffnungsklauseln des Versailler Vertrages durch Hitler nicht die einzige Bedrohung des Friedens in dieser modernen Welt ist. Lange vor seiner Erklärung über die Wiederbewaffnung Deutschlands waren durch die zunehmenden Rüstungen der Länder rings um Deutschland Mauern von Stahl emporgewachsen ... Deutschland hat sicherlich allen Grund, einen so schwerbewaffneten und alten Feind wie Frankreich zu fürchten."[52]

Die Hearst-Presse drückte ihre Genugtuung darüber aus, daß Amerika frei sei von europäischen Bindungen „und sich ohne Verpflichtung gegen ein fremdes Land um seine eigenen Angelegenheiten kümmern kann".[53] Den gleichen isolationistischen Ton schlug der „Philadelphia Record" an.[54]

Prophetisch und mit scharfem Blick für die europäische Problematik schrieb William Allen White: „Die brutale Ankündigung letzte Woche [Hitlers Erklärung] war nicht der Beginn eines neuen Kurses, sondern nur ein weiterer Meilenstein auf dem Weg ins Verderben, den Europa seit mehreren Jahren geht ... In wenigen Wochen ... sicherlich in noch nicht einem Jahr wird

Deutschland bekanntgeben, daß es das linke Rheinufer befestigt ... Selbst dies wird das Pulverfaß nicht zur Explosion bringen. Aber die Zündschnur sprüht, die zischenden Flämmchen kriechen an ihr weiter, von Knick zu Knick."[55]

Das Abkommen von Stresa

Am 11. April war Mussolini in Stresa Gastgeber der Vertreter Großbritanniens und Frankreichs. Die drei Westmächte hatten sich zu einer wichtigen Konferenz getroffen. Nach kurzer Diskussion veröffentlichten sie am 14. April ein Kommuniqué, das eine gemeinsame Front gegen die deutschen Aufrüstungspläne anzeigte.[56]

Das Konferenzergebnis wurde von der amerikanischen Öffentlichkeit sehr verschieden beurteilt. Die „Pittsburgh Post-Gazette" nahm die Erklärung durchaus ernst: „Das gestrige Kommuniqué über die anglo-französisch-italienische Konferenz in Stresa besagt, daß... gegen den Hitlerismus eine gemeinsame Front aufrechterhalten werden soll... Die Lage verlangte gegen die Hitlersche Herausforderung eine feste Haltung; sie ist die beste Hoffnung auf Frieden."[57] Die „Detroit Free Press" war ähnlich optimistisch[58], aber das „Milwaukee Journal" fand die Erklärung von Stresa sichtlich ungenügend[59], und viele andere Blätter teilten seine Skepsis. So meinte die „Times-Picayune" in New Orleans, die Konferenz habe „die meisten zur Erörterung gestellten Fragen in der Schwebe gelassen"[60], die „Los Angeles Times" schrieb, die Zusammenkunft von Stresa „scheint die Lage in keinem wesentlichen Punkt geändert zu haben"[61], und die „Dallas Morning News" äußerten die Befürchtung, daß Hitler in Stresa einen diplomatischen Sieg davongetragen habe[62].

Frankreich schließt einen Beistandspakt mit Rußland

Frankreich war mit dem Ergebnis der Konferenz von Stresa nicht zufrieden, und die Regierung Lavals schloß unter der erschreckenden Wirkung des deutschen Schattens, der die französische Grenze verdunkelte, eiligst, am 2. Mai 1935, einen Beistandspakt mit der Sowjetregierung. Der Vertrag sah zwar für den Fall eines Angriffs gegenseitige Hilfe vor, doch konnte der Beistand erst gewährt werden nach Konsultation mit den westlichen Locarnomächten und mit Vertretern des Völkerbundes.[63]

Hitler erkannte die Schwäche des französisch-sowjetischen Paktes und griff ihn am 21. Mai als ausgesprochen gefährlich an, da die Ideologie der russischen Führer der Auffassung des Kapitalismus fundamental entgegengesetzt sei und es für Kommunismus und Kapitalismus keine gemeinsame Grundlage gebe, auf der ihre Vertreter einander mit Vertrauen begegnen könnten. Sodann gab Hitler zu erkennen, daß er bereit sei, mit den Nachbarmächten über Nichtangriffs- und Konsultationsverträge zu verhandeln, ebenso über Abkommen zur Lokalisierung bewaffneter Konflikte und zur Isolierung von Angreifern. Nachdem er angedeutet hatte, daß er gegen eine Rückkehr Deutschlands in den Völkerbund auf der Grundlage der Gleichberechtigung nichts einzuwenden hätte, forderte er für das Reich Luftparität mit der stärksten Westmacht und eine Flottenstärke von 35 Prozent der britischen.[64]

Die Rede des deutschen Reichskanzlers schien zahlreichen amerikanischen Blättern so vernünftig, daß sie einen günstigen Widerhall fand. Der „Christian Science Monitor" begrüßte die Vorschläge als „Versuch, über die Kluft in Europa, die sich in den letzten Monaten so alarmierend vertieft hat, mehrere Brücken zu schlagen".[65] Die „Chicago Tribune" sah in der Rede einen „in ruhigem Ton gehaltenen Diskussionsbeitrag" mit klaren Absichten, über die sich „sehr wenig streiten läßt".[66] Bis zum Widerlichen überschlug sich im Lob der Hitlerschen Geste das Louisviller „Courier Journal": „Hitlers Rede ... war ein volles, freimütiges Bekenntnis der deutschen Außenpolitik... Als einer aufrichtigen Erklärung über die Ziele und Bestrebungen des Dritten Reiches mangelt es ihr an nichts. Als solche bietet sie eine Grundlage zur Versöhnung und Verständigung, vorausgesetzt, daß die andern Mächte das Vaterland als Gleichberechtigten und nicht als Minderrangigen akzeptieren ... Sie bietet den Weg zu einem gerechten und dauernden Frieden."[67]

Die „New York Times" freilich schrieb, man müsse Versprechungen Hitlers immer skeptisch aufnehmen[68], und die „Washington News" wandten sich mit aller Schärfe gegen den Kanzler und seine abseitigen Pläne: „Wie üblich haben alle unrecht, nur Adolf nicht ... Er schlägt einen systematischen Feldzug ‚gegen die Vergiftung der öffentlichen Meinung' durch die Presse vor. Dies von dem größten Pressevergifter aller Zeiten!"[69]

Die Aufnahme des deutsch-britischen Flottenabkommens in den Vereinigten Staaten

Hitlers Rede vom 21. Mai mit ihrem Angebot an England erbrachte als Frucht das britisch-deutsche Flottenabkommen vom 18. Juni 1935. Es begrenzte die Stärke der deutschen Flotte auf 35 Prozent der Seestreitkräfte des britischen Commonwealth of Nations. Natürlich ergaben sich aus dem Vertrag weitreichende Folgerungen für die andern Marinemächte. Frankreich und Italien kritisierten die britische Regierung mit Schärfe, weil sie durch ihr Abkommen mit dem Reich stillschweigend einen Bruch des Versailler Vertrages zugelassen habe.[70] In Deutschland rief der Flottenvertrag große Genugtuung hervor; er räumte ja dem Reich nicht nur die dreifache Stärke der Seerüstung ein, die durch die Friedensregelung von 1919 erlaubt worden war, sondern sicherte ihm auch schließliche Parität der U-Boot-Waffe mit der britischen Tauchbootflotte zu.[71]

In den Vereinigten Staaten wurde das Flottenabkommen im allgemeinen zustimmend aufgenommen. Der „Cincinnati Enquirer" gab ihm ohne weiteres seinen Segen: „Die Briten sind, klüger als ihre Freunde in Paris, mit Deutschland einen gesunden Kompromiß eingegangen und haben eine befriedigende Vereinbarung über die Flottenstärken erreicht, ohne ihre freundschaftlichen Beziehungen zu beeinträchtigen."[72] Das „Des Moines Register" begrüßte den Vertrag wie jedes Abkommen, „das die nationalsozialistische Manie nach einem Maximum an Rüstung zügelt"[73], und das „Albuquerque Journal" erblickte in ihm einen „wichtigen Grundstein" zum Wiederaufbau „der Ruine, die das politische Europa heute ist"[74].

Es erhoben sich jedoch auch Stimmen scharfer Mißbilligung gegen das britische Bestreben, Hitler zu besänftigen. Die „Washington News" sprachen die Hoffnung aus, daß Britanniens „augenblicklicher donquichotischer Kurs nicht mehr Schaden als Nutzen stiften werde",[75] die „New York Times" bedauerte, daß sich „die Briten erlauben, was sie bei andern als Bruch internationaler Verträge verurteilen"[76], und die „Chicago Daily News" sah in dem Abkommen einen wesentlichen deutschen diplomatischen Erfolg: „Dieses Abkommen ist seit der Aufkündigung der Entwaffnungsbestimmungen des Versailler Vertrages im vergangenen März der größte Triumph der deutschen Diplomatie."[77]

Außenminister Hull scheut vor der Rolle moralischer Führung zurück

Die Spannung in der europäischen Diplomatie im Frühjahr 1935 wurde von den amerikanischen Beobachtern keineswegs leicht genommen. Aber die Auffassung war allgemein, daß Amerika, so verzweifelt auch immer die europäische Lage werden mochte, nicht mit einer Anstrengung zur Besserung der Verhältnisse aktiv hervortreten sollte. Botschafter Bingham in London war entschieden dieser Ansicht. In einem Telegramm an Außenminister Hull bemerkte er: „Falls... eine europäische Konferenz einberufen wird, an der möglicherweise Deutschland teilnimmt, so ist jetzt meine Meinung die, daß ihr die Vereinigten Staaten nicht beiwohnen und auch keinen Beobachter zu ihr entsenden sollten ... Meiner Ansicht nach müßten wir, wenn wir uns in die europäischen Verhältnisse einmischen, auch bereit sein, die Verantwortlichkeiten zu übernehmen, die das mit sich brächte; wir könnten nicht bloß in jener gefälligen Form moralischer Führerschaft teilnehmen, deren sich die gegenwärtige Regierung bisher klugerweise enthalten hat."[78]

Hull wollte damals auch keine solche Rolle übernehmen. Er wußte nur zu gut, wie sehr Europa moralischer Führung bedurfte; es bestand jedoch keine Aussicht, daß die europäischen Staatsmänner auf einen derartigen Ruf hören würden. Um aber für jede Krise gerüstet zu sein, studierte er genau die Berichte der amerikanischen Missionen in Europa. Im Laufe des März stiegen seine Besorgnisse wegen der Gefahr eines Ausbruchs von Feindseligkeiten. Am 4. April erhielt Botschafter Dodd von Hull ein Telegramm mit der Frage, ob „in Europa unmittelbar Krieg drohe". Dodd sandte am folgenden Tag eine beruhigende Antwort, vertraute aber seinem Tagebuch an: „Das unverantwortliche Trio Hitler, Göring und Goebbels könnte leicht irgend etwas Abenteuerliches anstellen; sie wissen ja so wenig von Geschichte."[79]

Der Abschluß des britisch-deutschen Flottenvertrages erschien Dodd als der erste Schritt einer deutschen Bewegung zur „Einkreisung" Rußlands. „Absolute Herrschaft über die Ostsee war der Hauptgrund... des Flottenabkommens. Das andere Mittel zur Einkreisung Rußlands ist die Entente mit Japan, die diesem Land in Asien so gut wie freie Hand gibt." Deutschland müsse jedoch vorsichtig sein, weil die französisch-italienische Verständigung und der französisch-russische Pakt auf dem zum Konflikt führenden Wege schwere Hindernisse seien. „So haben wir es mit einer europäischen Konstellation zu tun, die für ein paar Jahre eine leidliche Friedensgarantie bietet."[80]

Der „Bremen"-Zwischenfall

Den deutsch-amerikanischen Beziehungen war nie auch nur für eine kurze Periode Reibungslosigkeit vergönnt. Immer wieder sorgte irgendein Zwischenfall dafür, daß Übelwollen provoziert wurde. In diesem Zusammenhang ist daran zu erinnern, daß die Kommunistische Partei im Jahre 1934 in den Vereinigten Staaten aktiv daranging, die Glut des amerikanischen Mißvergnügens über Deutschland und Japan zu schüren. Beide Mächte waren Dämme gegen die rote Flut, die Europa und Asien bedrohte. Gelang es Amerika in einen Krieg mit den beiden Rivalen Rußlands hineinzustacheln, so war das für die Sowjetdiplomatie ein großer Sieg. Nichts konnte dem Kreml lieber sein, als wenn die Vereinigten Staaten für russische Ziele kämpften. Liest man den diplomatischen Schriftwechsel der dreißiger Jahre, so läßt sich leicht erkennen, wie unermüdlich kommunistische Agenten am Werke waren, in die deutsch-amerikanischen Beziehungen das Gift des Hasses zu träufeln. Ein gutes Beispiel für ihre Taktik war der „Bremen"-Zwischenfall.

Am 25. Juli erhielt die Dritte Abteilung des New Yorker Polizeipräsidiums die Kopie eines Rundschreibens, durch das die Kommunistische Partei für die Mitternachtsstunde des 26. Juli zu einer „Demonstration" am Pier 86 „gelegentlich der Abfahrt des S.S. ‚Bremen'" aufrief. Der Text des Zirkulars ist sehr interessant. Er geht aus von einer Vereinigung der Kommunisten, Katholiken, Juden und Antifaschisten gegen das Deutsche Reich: „Alle Katholiken müssen sofort ihren katholischen Glaubensbrüdern in Deutschland zu Hilfe eilen. Während Du heute der Messe beiwohnst, richtet die Hitler-faschistische Regierung den brutalsten Angriff der neueren Geschichte gegen die Religionsfreiheit ... Die Kommunistische Partei ruft alle antifaschistischen Persönlichkeiten und Organisationen auf, sich zur Verteidigung der katholischen Bevölkerung Deutschlands zusammenzuschließen ... Wer gegen den Kommunismus redet, will den Faschismus! Lernt an Deutschland. Wir fordern Euch dringend auf, den Pier mit antifaschistischen Arbeitern zu überfluten."[61]

Am Abend des 26. Juli gelang es ein paar Kommunisten, an Bord der „Bremen" zu schlüpfen. Um 11.45 Uhr überfielen sie die deutsche Schiffsbesatzung. Die herbeieilende New Yorker Polizei wurde von den kriegerischen Kommunisten sofort angegriffen. Schüsse wurden gewechselt, und es kam zu einem regelrechten Gefecht. Währenddessen konnten ein paar Kommunisten „den Flaggenstock des S.S. ‚Bremen' erreichen, holten die deutsche Hakenkreuzflagge herunter und warfen sie ins Wasser". Nach längerem lebhaftem Kampf wurden die Kommunisten schließlich überwältigt und viele von ihnen verhaftet.[82]

Drei Tage nach diesem Zwischenfall sprach der deutsche Geschäftsträger, Dr. Rudolf Leitner, förmlich im State Department vor, um „gegen die schwere Beleidigung des deutschen Nationalsymbols nachdrücklichst Protest zu erheben". In seiner Note an den amtierenden Außenminister, Mr. Phillips, sprach Dr. Leitner die Erwartung aus, daß „die schuldigen Personen gebührend bestraft werden".[83]

Der Botschaftsrat konnte Mr. Phillips nicht erreichen, und so hatte er eine lange Unterredung mit James C. Dunn: „Er (Leitner) sagte, das Zusammentreffen der Weigerung der Verwaltung

La Guardias, einem deutschen Bürger die Lizenz als Masseur zu erteilen, mit dem ‚Bremen'-Flaggenzwischenfall habe in Deutschland viel böses Blut gemacht. Soweit er sehen könne, wettere die amerikanische Presse bei jeder sich bietenden Gelegenheit gegen die deutsche Regierung, wie wenn sie dazu von einer hohen Behörde angewiesen würde ... Er übergab mir ein Blatt des illustrierten Teils der ‚Sunday Tribune' in Minneapolis vom 7. Juli 1935, das zweifellos einen Angriff auf Hitler enthält mit der Behauptung, sein Vater sei ein Trunkenbold gewesen und habe seine Frau und seinen Sohn häufig mißhandelt.

Ich erklärte Dr. Leitner, daß wir den Flaggenzwischenfall auf der ‚Bremen' für höchst bedauerlich hielten. Ich sagte jedoch, daß... die New Yorker Polizei sofort und wirksam eingegriffen habe ... Was den Artikel in der Minneapolis ‚Sunday Tribune' angehe, so könne unsere Regierung nichts dagegen tun ... da die Presse in den Vereinigten Staaten volle Freiheit habe, sich zu allem so zu äußern, wie sie es für richtig hält."[84]

Am 1. August sandte Mr. Phillips dem deutschen Geschäftsträger eine förmliche Note, die nur erklärte, es sei „bedauerlich", daß „dem deutschen Nationalsymbol nicht die schuldige Achtung erwiesen" worden sei.[85] Darüber, daß man eine Wiederholung des kommunistischen Schaustücks vom 26. Juli verhindern werde, enthielt die Note kein Wort. Für das Department of State war der Zwischenfall erledigt, das deutsche Auswärtige Amt jedoch war weit davon entfernt, sich mit dieser kühlen Behandlung der Affäre zufriedenzugeben, und behielt sie als einen wichtigen Punkt auf der Liste offener Angelegenheiten im Gedächtnis.

Zunehmende amerikanische Feindseligkeit gegen die deutsche Führung

Einige Beamte des Department of State waren geneigt, über den „Bremen"-Zwischenfall deshalb leicht hinwegzugehen, weil sie einen baldigen Zusammenbruch der Hitlerschen Regierung erwarten zu können glaubten. Allein, Botschafter Dodd vernichtete diese Hoffnungen mit ein paar Telegrammen. Am 9. August erörterte er die Stärke der nationalsozialistischen Organisation und gelangte zu dem Schluß, daß „nichts die Vorhersage eines baldigen Zusammenbruchs des wirtschaftlichen oder des politischen Regimes rechtfertigt".[86]

Diese Ansicht wurde teilweise durch Clifton M. Utley bestätigt, den Leiter des Chicagoer Council on Foreign Relations. Im Verlauf einer Unterredung mit Mr. R.E. Schoenfeld von der Westeuropäischen Abteilung des Außenamtes äußerte er die Überzeugung, das deutsche Volk stehe fest hinter der Regierung Hitlers. „Was Hitler persönlich angeht, so meinte Mr. Utley, daß das Ergebnis der letzten beiden Volksabstimmungen genau die Gefühle des Volkes spiegele." Utley machte dann einige interessante Bemerkungen über Himmler: „Himmler sei persönlich ein völlig aufrichtiger, biederer Mann." Das Konzentrationslager in Dachau sei „trefflich organisiert". Die Disziplin „der Insassen sei ausgezeichnet und ihr Gesundheitszustand anscheinend befriedigend". Es seien zum großen Teil Kommunisten, und da das amtliche Deutschland den Kommunismus als jüdisch inspiriert betrachte, ergäben sich aus dem Antikommunismus für den großen jüdischen Bevölkerungsteil düstere Folgen.[87]

Im Sommer 1936 wurde in den führenden nationalsozialistischen Kreisen viel darüber hin und her diskutiert, ob es ratsam sei, die Nürnberger Gesetze durch weitere antisemitische Dekrete zu ergänzen. Nach einem Bericht der amerikanischen Botschaft in Berlin war Hitler damals gegen eine Verschärfung der antisemitischen Maßregeln: „Es ist ziemlich sicher, daß in Partei und Regierung über das Ausmaß der Anwendung der [antisemitischen] Gesetze ein heftiger Konflikt ausgebrochen ist. Nach einer Information aus zuverlässiger Quelle schärften Herr Hitler und Dr. Schacht auf einer Versammlung von Reichs- und Gauleitern, die anschließend an den [Nürnberger] Parteitag stattfand, ihren Hörern die Notwendigkeit ein, Disziplin zu halten und Ausschreitungen gegen Juden zu unterlassen ... Andererseits scheint den Radikalen die Konzession gemacht worden zu sein, daß die sogenannten ‚Volljuden' härteren Beschränkungen unterworfen werden sollen."[88]

Schon die bloße Tatsache, daß in Deutschland ergänzende antisemitische Erlasse geplant wurden, trug zur Steigerung der feindlichen Stimmung in den Vereinigten Staaten bei, die so tief wurzelte, daß es schwierig war, den diplomatischen Verkehr mit dem Reich aufrechtzuerhalten. Antisemitische Ausschreitungen in gewissen deutschen Städten verrieten deutlich die Unsicherheit des Status der Juden. Überdies wurden die geplanten ergänzenden Maßnahmen bereits „von der Partei gegen Juden und jüdische Geschäftsgruppen gewaltsam durchgeführt".[89] Die Entrüstung der Amerikaner hierüber verdroß Goebbels, der am 17. Januar 1936 in Berlin in einer Rede bemerkte, die amerikanische öffentliche Meinung hintertreibe jede Verständigung. Lindbergh, einst ein Nationalheld, werde jetzt von vielen Amerikanern geschmäht, weil er es ablehne, sich von der deutschfeindlichen Woge tragen zu lassen, die über Amerika hinweggehe. „Ich möchte nicht pharisäisch sein, aber ein Land, das so etwas zuläßt, hat allen Grund, sich um seine eigenen Angelegenheiten zu kümmern. Und was die übrige Welt betrifft: wenn sie die Juden so liebt, so kann sie sie haben!"[90] Diese die Weltmeinung herausfordernde Haltung kündigte irgendeinen neuen Machtvorstoß der Nationalsozialisten an. Es währte denn auch nicht lange, und Hitler überraschte Europa mit der Aufkündigung weiterer Vertragsverpflichtungen.

Kapitel XIII

Europa ohne Locarno

Hitler liquidiert den Locarno-Pakt

A ls infolge des italienisch-abessinischen Streits die Spannung in Europa zunahm, erhob sich hier und da die Befürchtung, daß Hitler die Lage ausnutzen könnte, sich einige wesentliche Konzessionen zu sichern. Der amerikanische Bevollmächtigte in Genf, Hugh Wilson, berichtete Außenminister Hull: „Die Besorgnisse wegen Deutschland sind es, was heute das Handeln aller europäischer Staaten entscheidend beeinflußt.".... Italien werde „in Wirklichkeit nicht gefürchtet", aber viele Staatsmänner hegten „tiefe Furcht vor Deutschland".[1]

Eine der Konzessionen, die Hitler aus England und Frankreich herausholen wollte, war die Rückgabe der ehemaligen deutschen Schutzgebiete. Im Juni 1935 schrieb Bullitt Außenminister Hull, ein britischer Diplomat habe ihm soeben mitgeteilt, daß seine Regierung bereit sei, dem Anspruch Deutschlands auf Kolonialgebiet „als gerecht und vernünftig stattzugebe".[2] Im Januar des folgenden Jahres aber mußte er etwas ganz anderes berichten. Der britische Botschafter in Paris hatte ihn rundheraus davon unterrichtet, daß das Foreign Office es „mit Mißfallen sähe, wenn die Frage der Kolonien aufgeworfen würde".[3] Just in demselben Monat teilte Dr. Schacht Botschafter Davies im Verlaufe einer Unterredung vertraulich mit, daß seine Regierung ihn ermächtigt habe, England und Frankreich Vorschläge zu unterbreiten, die den europäischen Frieden garantieren, die Rüstungen verringern und die Grenzfragen beilegen würden, wenn die Angelegenheit der Kolonien eine befriedigende Regelung fände.[4]

Schacht machte auf die britische Regierung wenig Eindruck. Sie war in der Stimmung, eher Konzessionen zu fordern als zu gewähren. Im Dezember 1935 beauftragte das britische Außenamt seinen Botschafter in Berlin, Sir Eric Phipps, Hitler zu fragen, ob er gegen die Errichtung „britischer Luftbasen in Nordfrankreich und in Belgien" Einwendungen zu erheben hätte.[5] Diese unverhohlene Frage überraschte den Reichskanzler völlig. Sie deutete darauf, daß das Foreign Office entweder alles Zutrauen zum Vertrag von Locarno verloren hatte, oder aber Hitler sehr leicht nahm. Der Kanzler gab Phipps mit beträchtlichem Nachdruck zur Antwort, daß er sich jeder indirekten Aufkündigung des Locarno-Vertrages durchaus widersetze.[6]

Das deutsche Auswärtige Amt war auch wegen der französisch-britischen Generalstabsbesprechung besorgt, die militärische Vorbereitungen gegen Deutschland anzuzeigen schien. Im Verlauf eines langen Gesprächs Dieckhoffs im Auswärtigen Amt mit dem amerikanischen Geschäftsträger in Berlin, Ferdinand L. Mayer, sprach Dieckhoff über die französisch-britische Haltung gegenüber Locarno offen Zweifel aus: „Dieckhoff sagte, von den Briten und den

Franzosen sei zwar feierlichst versichert worden, daß ihre kürzlichen Generalstabsbesprechungen sich nur auf das Mittelmeer bezogen hätten, aber er müsse dazu offen sagen, der Wert dieser Versicherungen werde einigermaßen verringert durch die Tatsache, daß sich in den Jahren 1913 und 1914 ähnliche Versicherungen über Generalstabsbesprechungen als wertlos erwiesen hätten. Überdies würden diese Versicherungen durch die ziemlich naive und erstaunliche Frage beeinträchtigt, die Phipps im Dezember an Hitler gerichtet habe, wie sich Deutschland verhielte, wenn England in Nordfrankreich und Belgien Luftbasen errichtete."[7]

Öffentlich erklärten die britischen Staatsmänner immer noch, entschlossen an Locarno festzuhalten. Am 12. Februar 1936 versicherte Anthony Eden im Unterhaus, die britische Regierung werde „zu diesen Verpflichtungen stehen und ... sie getreulich erfüllen".[8] Es hatte das die Bedeutung, daß die Briten eine Besetzung der entmilitarisierten Rheinzone durch Deutschland mit sofortigem Handeln gemäß den Bestimmungen des Vertrages von Locarno beantworten würden.

In Frankreich komplizierte sich die Lage durch Schwierigkeiten, die sich aus der Debatte über den französisch-sowjetischen Pakt ergaben. Der Vertrag war am 11. Februar der Kammer zur Ratifikation zugeleitet worden. Außenminister Flandin wies darauf hin, daß Deutschland wegen dieses Paktes mit Rußland den Vertrag von Locarno aufkündigen könnte, schien aber über eine solche Möglichkeit nicht ernstlich besorgt zu sein. Die Kammer nahm den Vertrag am 27. Februar mit großer Mehrheit an, und am 3. März ging er dem Senat zu.[9]

Die Staatsmänner Englands und Frankreichs beobachteten den diplomatischen Himmel über Deutschland sorgfältig auf Sturmwolken. Am 21. Mai 1935 hatte Hitler in einer Rede erklärt, Deutschland werde gewissenhaft jeden freiwillig unterzeichneten Vertrag einhalten. Aber er hatte hinzugefügt, daß Deutschland nur so lange am Vertrag von Locarno festhalten werde, wie sich die anderen Partner dazu bereit zeigten. Man wußte, daß Hitler den französisch-russischen Pakt als eine Verletzung des Vertrages von Locarno betrachtete; im Februar 1936 hatte sich die deutsche Presse über die mögliche Ratifizierung des franko-sowjetischen Paktes entsprechend geäußert.

So kann es für den britischen und den französischen Botschafter keine große Überraschung gewesen sein, als sie – zusammen mit den Botschaftern Belgiens und Italiens – am 7. März in die Wilhelmstraße gebeten wurden und Neurath ihnen eröffnete, daß die Wiederbesetzung der entmilitarisierten Zone im Gange sei. Der Außenminister übergab dann den Botschaftern ein Memorandum, das die Gründe dieser Handlung darlegte. In der Mittagsstunde sprach Hitler im Reichstag und gab nach seiner Rede die den Botschaftern der Locarno-Mächte ausgehändigte Denkschrift bekannt. Hervorgehoben wurde darin die Notwendigkeit eines neuen politischen Systems, das die von Rußland drohende rote Flut eindämme. Dazu würde am besten die baldige Ratifikation von vier Verträgen dienen: 1. eines mehrseitigen Vertrages über eine neue entmilitarisierte Zone entlang den Grenzen Belgiens, Frankreichs und Deutschlands, 2. eines auf fünfundzwanzig Jahre abzuschließenden Nichtangriffspaktes zwischen Belgien, Frankreich, Deutschland und den Niederlanden, 3. eines Luftpaktes, der Westeuropa gegen einen Überraschungsangriff sichern würde, und 4. einer Reihe zweiseitiger Nichtangriffsverträge mit den Ländern an der deutschen Ostgrenze.[10]

Die amerikanische Presse über die Wiederbesetzung des Rheinlands

Die Nachricht über die Besetzung der entmilitarisierten Zone rief in den Vereinigten Staaten überall das größte Interesse hervor. Die „Sun"[11] in Baltimore und das Louisviller „Courier-Journal"[12] nahmen Hitlers Vorschläge mißtrauisch auf, und die „San Francisco-Chronicle"[13] war überzeugt, daß alles, was von Hitler komme, Heuchelei sei: „Die Welt vertraut ihm nicht im geringsten."

Der „Daily Oklahoman" äußerte die Befürchtung, daß ein allgemeiner europäischer Krieg vor der Türe stehe. Nach diesem Coup Hitlers sei „Krieg unvermeidlich".[14] Die „Emporia Gazette" war ähnlich pessimistisch: „Die Gefahr eines europäischen Krieges rückt näher."[15] Der Portlander „Morning Oregonian" ließ sich durch das Kriegsgespenst nicht schrecken[16], und die Hearst-Presse verhielt sich ebenso besonnen[17].

Die „St. Louis-Dispatch" sah Hitlers Friedenssicherungsvorschläge günstig an: Es sei höchste Zeit für ein New-Deal in Europa.[18] Der „Omaha World-Herold" war ähnlicher Meinung: „Man kann nur warten – und hoffen. Hitler bietet die Möglichkeit, zum Nachkriegs-Friedensstifter zu werden ... Einem solchen Gewinn dürfte ruhig der Versailler Vertrag geopfert werden."[19]

Der „Cincinnati-Enquirer" ging so weit, Hitlers kühnen Schritt in das Rheinland zu verteidigen: „Großbritannien und Frankreich, von Rußland gar nicht zu sprechen, Japan und die Vereinigten Staaten sind dabei, Militärmaschinen von noch nicht dagewesener Größe aufzubauen ... Die Mächte können daher gegen Reichskanzler Hitlers Bewegung in das Rheinland keine logischen Einwände erheben."[20]

Europa ist beunruhigt

Unmittelbar nach der Bekanntgabe der Besetzung des Rheinlandes forderte die französische Regierung die anderen Locarno-Mächte zur Erfüllung ihrer Verpflichtungen auf. Nach einer Sitzung am Abend des 7. März aber entschied sich das Kabinett für eine vorsichtigere Politik. Es beschloß, den Völkerbundsrat anzurufen. Erkannte der Rat Deutschland einer Verletzung des Locarno-Vertrages für schuldig, so war es an den Signatarmächten, sich sofort an die Seite Frankreichs zu stellen.[21]

Inzwischen versicherten Rußland und die Tschechoslowakei Frankreich ihrer Unterstützung. Litwinows Aufregung spricht deutlich aus der Depesche, die Botschafter Bullitt über eine Unterredung mit dem Außenkommissar nach Washington sandte: „Litwinow verriet in seinen Bemerkungen über Hitler eine fast hemmungslose Wut. Ich fragte ihn, ob er nicht den von Hitler vorgeschlagenen deutsch-litauischen Nichtangriffspakt begrüße ... Er antwortete, daß das Versprechen eines Hundes, Lügners und Schurken wie Hitler für Litauen ebenso wertlos sei wie für jedes andere Land... Ich fragte Litwinow, ob er hoffe, daß Frankreich Truppen ins Rheinland einmarschieren lasse. Er antwortete, er hoffe das nicht, weil dies sofortigen Krieg bedeuten würde ... Er sagte, er sei von dem Vorschlag Hitlers, in den Völkerbund zurückzukehren, angewidert, aber womöglich noch mehr angewidert durch die Tatsache, daß die Briten die Rückkehr Deutschlands begrüßen würden."[22]

Botschafter Dodd in Berlin beurteilte Hitlers Rede im Reichstag als „eindrucksvoll" und vermerkte den „starken spontanen Beifall" auf die Erklärung über Deutschlands Bereitwilligkeit, in den Völkerbund zurückzukehren. Einige amerikanische Journalisten in Berlin waren, so berichtet Dodd weiter, der Meinung, daß „Hitlers Schritt den Briten möglicherweise nicht unerwünscht gekommen sei, zumal da er im Hinblick auf eine internationale Kooperation mit dem Völkerbund solche auffallende Konzessionen mache".[23]

Es zeigte sich bald, daß Belgien und Italien nichts unternehmen würden, was Hitler aufbringen könnte. Auch Polen hielt sich zurück.[24] Den Schlüssel zur Zukunft hatte die britische Regierung in der Hand. Eden gab schnell zu erkennen, daß er gegen „übereiltes Handeln" sei, und ein großer Teil der britischen Presse unterstützte ihn darin. Der „Observer" gab der britischen Öffentlichkeit den Rat, „einen kühlen Kopf und ein festes Herz zu bewahren". Was Großbritannien vor allem brauche, sei „die Wiederherstellung seiner Verteidigungskraft. Das nächste ist, Herrn Hitlers Vorschläge im Geiste des Verständnisses und guten Willens in Erwägung zu ziehen." Der Kommentar der „Sunday Despatch" drückte die Auffassung weiter britischer Kreise aus: „Der Locarno-Pakt ist tot. Er war eine Verpflichtung, die die Briten niemals gutgeheißen haben."[25]

Das britische Außenamt hielt an der Ansicht fest, daß man mit Hitler zu einer Übereinkunft gelangen könne, die die Lage wenigstens vorübergehend beruhigen würde. Dem amerikanischen Geschäftsträger in London war klar, daß Eden sich mit dem Durcheinander wegen des Rheinlands „in realistischer Weise" befassen werde. Schließlich könne das Foreign Office eine befriedigende Formel finden, in die Frankreich werde einwilligen müssen.[26]

In Frankreich hatte man, „selbst in amtlichen Kreisen", das Gefühl, daß sich der Premier gegen Hitler zu abrupt verhalten habe. Man war, was eine schnelle britische Hilfe gemäß dem Locarno-Pakt anging, ausgesprochen skeptisch. Aus Edens Rede im Unterhaus hatte sich klar ergeben, daß Großbritannien Frankreich „nur im Falle einer Invasion oder eines Angriffes auf französisches Gebiet" zu Hilfe eilen würde.[27]

Die vorsichtige Haltung des britischen Außenamtes blieb auf Frankreich nicht ohne Wirkung. Am 10. März erhielt Eden von Flandin die Zusicherung, daß „die französische Politik hundertprozentig friedlich sei und nicht die Absicht bestehe, einen Konflikt herbeizuführen".[28] Aber Frankreich war auf die britische Unterstützung bei wirtschaftlichen und finanziellen Sanktionen gegen Deutschland versessen, und Rußland drängte darauf, „die weitere Einkreisung Deutschlands durch ‚entschlossenstes Handeln' des Völkerbundsrates zu fördern".[29] Als das Kabinett Baldwins darauf beharrte, einen konservativen Kurs zu verfolgen, spiegelte die französische Presse zunehmende Bitterkeit „gegen Hitler und Baldwin". Im „Oeuvre" behauptete Madame Tabouis, daß „zwischen London und Berlin eine feste Bindung hergestellt worden sei. Aus maßgebender Quelle habe sie erfahren, Lord Londonderry sei bei dessen Besuch in Berlin nach der Beisetzung König Georgs von Hitler mitgeteilt worden, die entmilitarisierte Zone werde anfangs März militärisch besetzt werden." Vertraulich fügte Botschafter Straus seinem Bericht hinzu: „Die Botschaft hat Grund zu der Annahme, daß die Information von Madame Tabouis in der Hauptsache zutrifft."[30]

Während sich Belgien und Frankreich wegen der schließlichen Folgen der deutschen Besetzung des Rheinlandes tief besorgt zeigten, war man in anderen Ländern nicht minder beunruhigt über den Wiedereintritt Rußlands in die europäische Politik. In Budapest hegte man besondere Befürchtungen wegen „der Errichtung von Luftstützpunkten in der Tschechoslowakei, vor allem wegen einer solchen Basis nahe der ungarischen Grenze". Der ungarische Außenminister Eckhardt sagte dem amerikanischen Gesandten, er werde über diese Sache demnächst im Parlament sprechen, und fügte hinzu: „Wenn Deutschland Ungarn anbieten sollte, es im Kampf gegen diese Gefahr zu unterstützen, könnte dann ein Ministerpräsident die Ablehnung eines solchen Angebots verantworten?" In Ungarn werde „die Rückkehr Rußlands nach Europa im allgemeinen als eine neue kommunistische Drohung betrachtet".[31]

Angesichts dieser bedrohlichen internationalen Lage suchte Eden eifrig nach einer zufriedenstellenden Lösung. Am 11. März bat er den deutschen Botschafter in London, bei seiner Regierung anzufragen, ob sie bereit sei, aus der entmilitarisierten Zone bis auf eine symbolische Truppe alle Streitkräfte abzuziehen und die Zusicherung zu geben, während der gegenwärtigen Krise keine Befestigungsanlagen zu errichten. Berlin antwortete mit dem Versprechen, die Anzahl der deutschen Truppen in der Zone nicht zu erhöhen und sie nicht nahe der Grenze zu stationieren.[32] Diese geringe Konzession veranlaßte am 14. März den Völkerbund, die deutsche Regierung aufzufordern, zu der Ratssitzung über die Rheinlandfrage einen Vertreter zu entsenden. Berlin nahm die Einladung an, und am 19. März legte in Genf Ribbentrop den Standpunkt Deutschlands dar. Es war das für einen Mann, der gewöhnlich jeden Gedanken auf der Zunge trug, eine zu schwere Aufgabe. Der Rat stimmte dem französisch-belgischen Entschließungsantrag zu, durch den Deutschland eines Bruches der Verträge von Versailles und von Locarno für schuldig erklärt wurde.[33] Da der Rat keine Empfehlung für die Anwendung von Sanktionen aussprach, hatte dieser französische Sieg wenig praktische Bedeutung.

Der britische Vertreter im Völkerbundsrat hatte zwar für den französisch-belgischen Antrag gestimmt, doch hielt die französische öffentliche Meinung den Akkord für sehr schwach und die Bedeutung der „von der französischen Delegation so mühselig erzielten Ergebnisse" nur für relativ.[34] Um die französischen Befürchtungen zu zerstreuen, erklärte Eden am 26. März in einer Rede, daß Großbritannien zu seinen Verpflichtungen aus dem Locarno-Vertrag stehe. Diese Zusicherung mißfiel einigen britischen Zeitungen wie der „Daily Mail". Sie schrieb, Edens Versprechungen „können dieses Land nicht befriedigen, das die Möglichkeit eines Krieges fürchtet".[35] In Frankreich wurde Edens Sprache als „zu gemäßigt und offenherzig" kritisiert. Der allgemeine Schluß „des überwiegenden Teils der Presse ist der, daß sich Frankreich fortan nur auf sich selbst verlassen darf und seine Kräfte stärken muß".[36]

Während sich der Völkerbundsrat mit der Verletzung des Locarno-Paktes durch Deutschland befaßte, beraumte Hitler auf den 29. März eine Volksabstimmung über die Besetzung des Rheinlandes an. Die obersten nationalsozialistischen Führer waren fieberhaft tätig, ein überwältigendes positives Ergebnis zu erzielen: „Goebbels sprach siebenmal in Berlin und Umgebung, Göring im Rheinland und Heß in Stuttgart, während Hitler eine leidenschaftliche Rede in Frankfurt hielt ... Hitlers Ton wird immer messianischer, das deutsche Volk ist ,sein Volk', er ruft Gott zum Zeugen an und will von ihm zerschmettert werden, falls er unrecht tue."[37]

Nicht zuletzt dank diesen Anstrengungen wurde das Plebiszit zu einem klaren Sieg für Hitler. Fast 99 Prozent der abgegebenen Stimmen billigten die Wiederbesetzung des Rheinlandes. Dies gab Hitler „mindestens den Anschein völliger Unterstützung seiner gegenwärtigen Politik", und die „Rekordabstimmung für ihn" bot ihm „ein entsprechend gutes Sprungbrett für seinen nächsten internationalen Vorstoß".[38]

Hitler schlägt eine neue Friedensformel vor

Am 31. März unterbreitete Hitler Großbritannien einen weitgreifenden Friedenssicherungsplan.[39] Das Angebot wurde von der Mehrheit der amerikanischen Presse ungünstig aufgenommen. Die „Los Angeles Times" glaubte, Hitler versuche „zwischen Frankreich und seine Verbündeten einen Keil zu treiben. Es kann diese Bedingungen nicht annehmen, ohne seine Alliierten im Osten aufzugeben."[40] Der „Democrat and Chronicle" schrieb, Hitler maße sich „die Gewalt an, dem übrigen Europa Friedensbedingungen zu diktieren, und er scheint damit Erfolg zu haben".[41] Für die „Desert News" in Salt-Lake City gab es nur eine düstere Alternative: „Wenn Europa versucht, Hitler Halt zu gebieten, so bedeutet das Krieg. Wenn Europa dies nicht tut, so bedeutet das unbeschränkte Diktatur."[42]

Der Kommentar der „New York Times" spiegelte Optimismus: „Europa ist eine Atempause gewährt worden, in der die Friedenskräfte mit größerer Erfolgsaussicht ins Spiel gebracht werden können, als es monatelang möglich geschienen hatte."[43] Noch hoffnungsvoller äußerte sich der „Springfield Republican": „Die neuen Vorschläge, die weitgehend auf den Prinzipien Woodrow Wilsons beruhen, bieten eine glänzende Gelegenheit, Deutschland zu zwingen, daß es sich zu einem beständigen Frieden an allen Fronten bekennt." Nun die unmittelbare Krise vorüber sei, liege es „an den anderen Mächten, besonders der Locarno-Gruppe, sich zu entscheiden, ob sie Hitler auf halbem Wege entgegenkommen und versuchen wollen, Europa mehr Sicherheit und Gutwilligkeit zu geben, als die gegenwärtige Generation gekannt hat".[44]

Die religiöse Presse betrachtete die Rheinlandkrise mit Weitblick. „America" schrieb, man könne „schwerlich den Wunsch des deutschen Volkes verurteilen, das Rheinland auch wirklich zu besitzen".[45] Ähnlich das „Christian Century": Versailles sei ein fundamentales Unrecht. Dauernder Friede könne nicht errichtet werden „auf der Theorie, daß von den europäischen Nationen einer ein niedrigerer Status und ein geringerer Grad von Unabhängigkeit zukomme als den anderen".[46] Die „Catholic World" übte ausführlich Kritik an Versailles, richtete dann aber ihre Geschütze gegen Hitler und nannte ihn einen „kaltblütigen, berechnenden Mörder".[47]

Eden dreht sich mit jeder neuen diplomatischen Brise

Die französische Regierung war überzeugt, daß es zu nichts Gutem führen würde, wenn man Hitlers Vorschläge ernstlich in Betracht zöge. Am 6. April billigte das französische Kabinett zwei vom Außenministerium verfaßte Dokumente, die das Hitlersche Programm eingehend kritisierten. Auf diese lange Anklageschrift folgte der Entwurf eines Planes, den Völkerbund zu einem wirksameren Friedensinstrument zu machen.[48]

Am 8. April trat in Genf das zur Behandlung des italienisch-abessinischen Streits gebildete Dreizehnerkomitee des Völkerbunds zusammen. Die französischen Ausschußmitglieder ergriffen die Gelegenheit, die Ansichten Frankreichs über das Rheinlandproblem darzulegen, und drangen darauf, alle Bemühungen zur Beschwichtigung Deutschlands einzustellen. Eden lehnte die These ab, daß die Verhandlungen mit Hitler zusammengebrochen seien, und sicherte sich die Zustimmung zu einer britischen Anfrage, „was die deutsche Regierung unter den von ihr vorgeschlagenen zweiseitigen Verträgen verstehe und in welcher Weise sich diese Verträge in den Rahmen kollektiver Sicherheit einfügen würden".[49]

Am 15. April teilte Botschafter Straus Außenminister Hull mit, die französische Regierung wisse nicht genau, in welcher Form die Briten ihre Fragen der deutschen Regierung vorlegen würden; er hoffe aber, daß er bald den Text des Dokumentes erhalten werde. Im übrigen habe er erfahren, daß das britische Außenamt von Deutschland über die „Nichtbefestigung des Rheinlandes während der vorgeschlagenen viermonatigen Verhandlungsperiode prinzipielle" Zusicherungen erhalten habe.[50]

Aus London traf von Botschafter Bingham ein kurzer Bericht über die Unentschlossenheit ein, die die Bemühungen um Überwindung des toten Punktes in der rheinländischen Frage kennzeichnete: „Im Verlaufe meiner Unterredung mit dem Unterstaatssekretär heute Nachmittag... sagte er, daß es angesichts der hartnäckigen Forderung der Franzosen auf Zurückziehung der deutschen Streitkräfte aus der bisher entmilitarisierten Rheinlandzone notwendig gewesen sei, der französischen Regierung solche Konzessionen zu machen, die sie in eine für Verhandlungen geeignete Position bringen würden. Dies sei die Basis, auf der die britische Regierung Generalstabsbesprechungen zugestimmt habe. Infolgedessen hätten sich die Franzosen von einer extremen Stellung auf eine mittlere Position zubewegt, wo Verhandlungen möglich seien ... Die deutsche Regierung sage sich offenbar, daß sie einen großen Erfolg davongetragen habe, und habe eine völlig widerspenstige ... Haltung angenommen. Wenn sich das nicht ändere, hätten die Verhandlungen keine Aussicht auf Erfolg."[51]

Der französische Botschafter in Berlin war, wie der dortige amerikanische Geschäftsträger, Ferdinand L. Mayer, im Gespräch mit ihm fand, im Hinblick auf eine befriedigende Regelung der Rheinlandfrage „recht pessimistisch".[52] Der Pessimismus des Franzosen hatte seine guten Gründe. Am 7. Mai unterbreitete der britische Botschafter in Berlin dem Auswärtigen Amt eine Note mit eingehenden Fragen, die eine starke Annäherung an die in der französischen Denkschrift vom 6. April geäußerte Auffassung spiegelte.[53] Eden wußte sehr gut, daß Hitler sich nicht verpflichten würde, alle noch in Kraft befindlichen Klauseln des Versailler Vertrages zu respektieren. Auch war ihm bekannt, daß Deutschland keiner tatsächlichen Begrenzung der Luftstreitkräfte zustimmen und Verhandlungen über einen Nichtangriffspakt mit Rußland ablehnen würde. Die britische Politik hatte sich plötzlich von der Verständigung zur Drohung gewendet. Eine baldige Antwort auf diese Herausforderung wurde nicht erwartet.

Die Haltung des deutschen Auswärtigen Amtes gegenüber Edens Schwankungen zeigte sich deutlich in einem Gespräch zwischen Botschafter Bullitt und Neurath. Der Außenminister versicherte Bullitt, es sei „der tiefste Wunsch Hitlers, mit Frankreich zu einer wirklichen Verständigung zu gelangen", aber auf jeden Versuch, den er oder Hitler unternommen habe, Frankreich näherzukommen, habe „Frankreich entweder gar nicht oder abweisend geantwortet". Was England betreffe, so habe Neurath sein tiefes Bedauern darüber ausgesprochen, „daß zwischen der deutschen und der britischen Regierung kein wirklicher freundschaftlicher Kontakt hergestellt worden sei. Ich fragte ihn, ob er meine, daß er mit Eden oder dem britischen Botschafter in Berlin nicht in so einfacher und direkter Weise spreche und sprechen könne wie mit mir. Er antwortete, daß er das absolut nicht könne und daß es völlig unmöglich sei ... Er fuhr fort, die ganze Angelegenheit der britischen Fragennote sei vom britischen Außenamt gröblich leichtfertig behandelt worden. Er sagte, Sir Eric Phipps habe ihn beim Überbringen der Note gebeten, ihren Inhalt unbedingt geheimzuhalten ... Zu seinem [Neuraths] äußersten Befremden habe ihn dann Sir Eric angerufen und erklärt, er müsse ihn zu seinem größten Bedauern davon unterrichten, daß der Inhalt der Note durchgesickert sei und daß es [daher] für die britische Regierung wichtig sei, die Note am nächsten Morgen zu veröffentlichen."

Eden vollzog die politische Wendung gegen Deutschland trotz der wohlbekannten Tatsache, daß deutsche militärische Stärke das Hauptbollwerk gegen den Bolschewismus war, der dauernd Europa zu überfluten drohte. Im Hinblick darauf verdient die Unterredung zwischen Bullitt und Neurath besonderes Interesse: „Wir besprachen die Beziehungen zwischen Deutschland und der Sowjetregierung. Neurath sagte, er halte die Feindlichkeit zwischen Deutschland und der Sowjetunion für absolut unverrückbar. Er versicherte, die Sowjetunion glaube, daß das Deutsche Reich für die Eroberung Europas durch den Kommunismus das einzige Hindernis sei. Dies ist, nebenbei bemerkt, tatsächlich die Ansicht der Sowjetregierung."[54]

Das deutsche Auswärtige Amt machte sich nicht die Mühe, das britische Memorandum förmlich zu beantworten. Die Situation veranlaßte den belgischen Premierminister van Zeeland im Gespräch mit Botschafter Bullitt zu der Äußerung, daß er „äußerst pessimistisch in die Zukunft blicke".[55] Um diesen Zustand der Lethargie zu überwinden, kamen am 23. Juli Vertreter Belgiens, Frankreichs und Großbritanniens in London zusammen und gaben ihre Ansichten durch ein Kommuniqué bekannt. Danach waren die drei Mächte jetzt bereit, sich sobald wie möglich mit Deutschland zu einer Konferenz zu treffen, um für Locarno eine Ersatzformel zu finden. Als Deutschland auf diesen Schritt nicht reagierte, klärte der König der Belgier am 14. Oktober in einer Kabinettssitzung die Lage, soweit sein Land in Betracht kam. Er legte das größte Gewicht darauf, daß Belgien zu seinem Vorkriegsstatus garantierter Neutralität zurückkehre. Die belgische Politik „sollte entschlossen darauf gerichtet sein, uns aus den Konflikten unserer Nachbarn herauszuhalten".[56] Locarno war über jede Hoffnung auf Wiederbelebung hinaus tot.

Über die Asche von Locarno zuckte der Schatten des Bolschewismus. Er beunruhigte die europäischen Gemüter um so mehr, als die kollektive Sicherheit zusammengebrochen war. Daß die Dinge diese Entwicklung genommen hatten, war nach Botschafter Dodds Ansicht in beträchtlichem Maße die Schuld Frankreichs: „Der Völkerbund wurde unter der französischen Führung Partei, legte Gewicht nur auf die Fortdauer des diktierten Friedens von Versailles und teilte Europa in gegnerische Lager. Die Weigerung Deutschlands im März 1935, diese Lage länger hinzunehmen, erschütterte das künstliche Gebäude, und dadurch... wurde ganz Europa in einen Zustand der Gärung und eine allgemeine Balgerei um Ausgleich geworfen ...

Bisher wurde die bolschewistische Drohung in Europa mehr durch die unterirdische Tätigkeit der Dritten Internationale als durch russischen nationalistischen Militarismus gekennzeichnet. In letzter Zeit jedoch... scheint sich die russische Auffassung von der Förderung der Weltrevolution zum Aggressiven gewendet zu haben. Ich neige zu der Annahme, daß sich Stalin und seinen Beratern, soweit die Revolutionierung Europas in Betracht kommt, nach ihrer Meinung Aussichten eröffnet haben, die es ihnen als angebracht erscheinen lassen, offen hervorzutreten und den russischen militanten Militarismus mit dem russischen Kommunismus aggressiv zu kombinieren ... Durch die französisch-sowjetische Allianz, dank den über die deutsche Wiedergeburt vielerorts in Europa gehegten Befürchtungen, und durch gewandte diplomatische Manöver haben es die Sowjets fertiggebracht, den europäischen Staaten, die die Wiedererstehung eines mächtigen Deutschlands am meisten fürchten, als Retter zu erscheinen."[57]

Hitler und Mussolini verständigen sich

Um der wachsenden kommunistischen Drohung zu begegnen und gleichzeitig ihre eigene europäische Stellung zu festigen, bewegten sich Hitler und Mussolini den Sommer 1936 hindurch mit dem Ziele einer Übereinkunft aufeinander zu. Die Revolution in Spanien und das gleichzeitige schicksalhafte deutsch-österreichische Abkommen beschleunigten diese Entwicklung. Am 25. Juli schloß Hitler die deutsche Gesandtschaft in Addis Abeba und zeigte dadurch seine Bereitwilligkeit, die Eroberung Abessiniens durch Italien anzuerkennen.[58]

Der Besuch Lloyd Georges in Berchtesgaden im Sommer 1936 verzögerte ein wenig die Drift Deutschlands nach Italien hin. Für eine kurze Zeit lebte Hitlers Interesse an einer wirklichen Annäherung an Großbritannien wieder auf. Gespräche mit Lloyd George bestätigten ihn in seinem Glauben an die zunehmende Macht Deutschlands und ließen ihn die Möglichkeit einer Intervention Amerikas in einem zweiten Weltkrieg unterschätzen.[59] Aber das deutsche Auswärtige Amt hatte kein Vertrauen zu Eden, der nie genau zu wissen schien, wie er sich dem Deutschen Reich gegenüber verhalten solle.

Während London zögerte, die Beziehungen zu Hitler zu verbessern, zeigte sich Rom freundschaftlich. Dies veranlaßte das Auswärtige Amt, sich durch Hans Frank einen Überblick über die Lage zu verschaffen. Franks römischem Besuch folgte eine Reise Cianos nach Berlin. Er brachte zwei Dokumente mit, die Mussolini in die Hände gefallen waren. Als Ciano Hitler ein Telegramm des britischen Botschafters Sir Eric Phipps an das Foreign Office zeigte, worin die deutsche Regierung als ein Kabinett „gefährlicher Abenteurer" bezeichnet wurde, geriet Hitler in die erwartete Wut. Jetzt war er versessen auf einen Pakt mit Italien gegen die „unfähigen Kreaturen", die die britische Außenpolitik machten.[60]

Die zwischen Hitler und Mussolini getroffene Übereinkunft, das sogenannte „Oktober-Protokoll", wurde in Amerika wenig kommentiert. Die Baltimorer „Sun" sprach ihr „weitreichende Bedeutung" zu, „denn sie enthüllt, daß sich die beiden faschistischen Diktatoren für ihre künftigen diplomatischen Beziehungen mit den anderen westeuropäischen Mächten auf einen gemeinsamen Aktionsplan geeinigt haben".[61] Die Richmonder „Times-Despatch" erblickte in dem Pakt ein „äußerst unheilvolles" Zeichen für die Zukunft[62], wohingegen der „Christian Science Monitor" meinte, „die vernünftigen wirtschaftlichen Regelungen zwischen diesen beiden Ländern könnten den europäischen Frieden eher festigen als gefährden"[63].

Versailles erhält einen neuen Stoß

Kurz nach der Bekanntgabe des deutsch-italienischen Abkommens versetzte Hitler Europa einen neuen Schock, indem er die Klauseln des Versailler Vertrages aufkündigte, durch die wichtige deutsche Wasserstraßen der Kontrolle einer internationalen Kommission unterstellt worden waren.[64] Für die Amerikaner war jetzt die quälende Hauptfrage, ob Hitler bald die territorialen Klauseln des diktierten Vertrages von Versailles angreifen werde. Die „Los Angeles Times" befürchtete, daß „ein Revanchekrieg bei der nächsten sich Deutschland bietenden Gelegenheit jetzt fast unvermeidlich ist"[65], und die „Chicago Daily News" waren besorgt über die Wirkungen der einseitigen Kündigung wichtiger Verträge[66]. Eine ganz andere Meinung vertrat der „Springfield Republican". Die Signatarmächte des Versailler Vertrages hätten die Lage längst gründlich ändern und dadurch die Entwicklung des wilden Nationalismus verhindern müssen, der „Europa in schwer verletzte Fragmente" spalte.[67] Ähnlich schrieb das „Providence-Journal", die ganze Schwierigkeit gehe zurück auf die „kurzsichtigen Staatsmänner", die den „unausführbaren" Vertrag von Versailles hervorgebracht hätten.[68]

Die amerikanische Presse über die Anerkennung Francos durch Deutschland und Italien und den deutsch-japanischen Antikominternpakt

Am 18. November erkannten Hitler und Mussolini die Regierung Francos an. Auch jetzt bewegte sich die amerikanische öffentliche Meinung zwischen Befürchtungen und Hoffnungen. Der „Portlander Morning Oregonian" bemerkte, die „Lage in Europa werde täglich gefährlicher".[69] Die „Birmingham News" befürchteten, daß sehr bald Rußland eine Aktion unternehmen könnte, die zu einem „allgemeinen Krieg" führen würde.[70] Umgekehrt meinte die „Atlanta Constitution": „Wahrscheinlicher ist, daß die gekräftigte Front gegen den Kommunismus auf Rußland abschreckend wirken wird."[71]

Der „Democrat and Chronicle" in Rochester brachte es fertig, aus den trüben europäischen Nachrichten einigen Sonnenschein herauszulesen: „Es gibt zwischen Italien und Deutschland zu viele Punkte der Rivalität, als daß zwischen ihnen ein wirkliches Militärbündnis möglich wäre. Keiner von beiden vermag ohne Mitwirkung Frankreichs und Großbritanniens weiterzukommen. Zusammen jedoch könnten sie zu einem Viermächtepakt gelangen, der den Interessen aller dienen würde."[72]

Größere Beunruhigung rief der deutsch-japanische Antikominternpakt vom 25. November 1936 hervor. Die „Sun" in Baltimore war über die Tragweite dieses Paktes schwer besorgt: „Es hat keinen Zweck zu leugnen, daß die Mehrzahl der Weltmächte sich Hals über Kopf auf einen Weltkrieg zubewegt."[73] Der „Cleveland Plain Dealer" befürchtete von dem Pakt, daß er dem nächsten Krieg das Tor öffnen werde.[74]

Das „Des Moines Register" erblickte in dem Vertrag eine ausgesprochene Bedrohung der geschichtlichen amerikanischen Position im Fernen Osten: „Sollen wir alles aufgeben, unsere ganze grundlegende fernöstliche pazifische Politik, oder sollen wir... nach wie vor im fernen Pazifik das Spiel des Gleichgewichts der Kräfte spielen?"[75]

Von der Geschäftspresse hielt „Barron's" den Zweck des deutsch-japanischen Paktes für offenkundig: „Das deutsch-japanische Abkommen ist zwar gegen den Kommunismus gerichtet und hat angeblich mit Sowjetrußland als Staat nichts zu tun, aber die Maske ist so dünn, daß man annehmen möchte, sie sei bewußt durchsichtig gehalten. In Wirklichkeit sagen diese Länder den spanischen Linksradikalen und der Welt: ‚Wir zeigen jetzt unsere Stärke. Wenn ein Land unseren Plänen in die Quere kommen will, dann muß es die Folgen tragen!'"[76]

Europa sucht Locarno zu ersetzen

Die Zunahme der deutschen militärischen Stärke durch die Verträge mit Italien und Japan beunruhigte viele europäische Politiker aufs tiefste. In einer Unterredung mit Botschafter Bullitt unterstrich George Bonnet die Wichtigkeit „einer Aussöhnung zwischen Frankreich und Deutschland". Eine Anstrengung, dieses Ziel zu erreichen, sei notwendig, aber es bedürfe dazu „des Segens der Vereinigten Staaten". Bullitt beeilte sich zu versichern, daß jede Bemühung, „einen solchen Ausgleich zu erreichen, von den Vereinigten Staaten mit den besten Wünschen begleitet werden würde".

Später, an demselben Nachmittag, sprach der deutsche Botschafter in Paris bei seinem amerikanischen Kollegen vor und vertraute ihm an, daß er von Ribbentrop beauftragt sei, die Angelegenheit einer „vollen Verständigung" zwischen Frankreich und Deutschland zu erörtern. Seine Regierung wünsche eine solche Verständigung „glühend" und möchte gern wissen, ob Bullitt dazu Schritte vorschlagen könnte. Bullitt versicherte dem Botschafter, die französische Regierung „wünsche dringend eine Verständigung mit Deutschland". Am besten würden diesem Zweck wohl „diskrete Besprechungen" zwischen Vertretern der beiden Länder dienen. Darauf sagte der deutsche Botschafter, daß er „durch Schacht in Paris solche Gespräche eingeleitet habe, daß Schachts Unterredung mit Blum äußerst erfolgversprechend verlaufen sei, daß dann aber die Franzosen mit den Briten konferiert und infolge der britischen Opposition die Initiative Schachts leider nicht weiter verfolgt hätten. Er legte dar, England, die Sowjetunion und Italien seien sämtlich gegen eine französisch-deutsche Aussöhnung, und als einzige westliche Großmacht nähmen die Vereinigten Staaten einen solchen Ausgleich günstig auf. Ich versicherte ihm, daß unsere Regierung eine derartige Aussöhnung sicherlich fördern würde ... Ich fragte ihn, wie sich die deutsche Regierung verhielte, wenn Delbos ihm mitteilte, daß Frankreich in eine solche umfassende Verhandlung eintreten möchte. Er antwortete, die deutsche Regierung würde dies mit Begeisterung akzeptieren."[77]

Ebenfalls an diesem Nachmittag erörterte Bonnet mit Bullitt die Möglichkeit, „zwischen Frankreich, England und den Vereinigten Staaten eine enge Zusammenarbeit herbeizuführen". Die drei großen Demokratien sollten sich erst auf einen Weltfriedensplan einigen und ihn dann Deutschland zum Beitritt anbieten. Könne Deutschland überzeugt werden, daß die großen Demokratien Schulter an Schulter stünden, so würde es in den nächsten achtzehn Monaten nicht anzugreifen wagen. Bullitt erklärte Bonnet rundheraus, nach seiner Meinung bestehe „nicht die geringste Aussicht, daß die Vereinigten Staaten sich daran beteiligen würden. Ich setzte ihm auseinander, wir seien zwar an der Erhaltung des Friedens nicht nur in der westlichen Hemisphäre, sondern auch in Europa und im Fernen Osten tief und ernstlich interessiert, es gebe aber bestimmte Grenzen, über die wir nicht hinausgehen könnten. Er und die anderen französischen Staatsmänner müßten sich darüber klar sein, daß die Vereinigten Staaten nicht wieder Truppen, Kriegsschiffe und Geld nach Europa schicken würden, um Frankreich und England zu unterstützen. Er müsse sich auch darüber klar sein, daß wir in die politischen Schwierigkeiten Europas nicht verwickelt zu werden wünschten."[78]

Allein, die französischen Politiker fuhren trotz Bullitts ungeschminkten Worten fort, ihm „verschiedene Variationen eines Planes zur Regelung der europäischen Schwierigkeiten" vorzulegen. Danach sollten große internationale Gesellschaften gegründet werden „mit Kapital hauptsächlich aus England, Frankreich und den Vereinigten Staaten, aber mit einer Vertretung aller führenden Nationen der Welt in der Leitung". Die Gesellschaften sollten Clearing-Häuser sein für den Austausch von Rohstoffen und Fertigwaren. Mit diesem Vorschlag, der „wesentlich dazu bestimmt sei, Deutschland aus seinen gegenwärtigen wirtschaftlichen Schwierigkeiten herauszuhelfen, würde ein Vorschlag zur Rüstungsbeschränkung verbunden werden". Die französischen Staatsmänner hofften, daß Präsident Roosevelt „bei einem Vorschlag solcher Art die Führung übernehmen werde".[79]

Obwohl Bullitt den Quai d'Orsay gewarnt hatte, daß der Präsident bei der Suche nach einer Formel zur Sicherung des europäischen Friedens in keinem Fall die Initiative ergreifen werde, hoffte man in Paris immer noch, Amerika werde seine isolationistische Politik aufgeben und die Last der Führung auf sich nehmen. Um diese Zeit hatte Botschafter Davies auf der Durchreise nach Moskau in Berlin mit Dr. Schacht eine wichtige Unterredung. Schacht erklärte, wie Davies berichtet hat, daß „die gegenwärtige Lage des deutschen Volkes unerträglich" und er ermächtigt worden sei, England und Frankreich bedeutsame Vorschläge zu unterbreiten, die die Situation retten könnten.[80] Er habe Premierminister Blum „überraschend zugänglich" gefunden, aber England habe die Vorschläge „glatt abgelehnt" und sich geweigert, die Sache auch nur informell zu erörtern. Nach Schachts Meinung sei der einzige Ausweg aus der Sackgasse die Einberufung einer internationalen Konferenz durch Präsident Roosevelt, die sich mit der Beseitigung der vielen Welthandelsschranken zu befassen hätte.[81]

Davies äußerte sich etwas ermutigender als Bullitt. Er sagte Schacht, der Präsident sei nicht geneigt, sich „in diese Angelegenheiten verwickeln zu lassen, wenn nicht eine gewisse Sicherheit für den Erfolg bestehe". Unterdessen empfehle es sich für die deutschen Führer, den aggressiven Geist, der in den letzten Reden in Nürnberg so stark hervorgetreten sei, zu dämpfen.

Wie Schacht in Berlin, so streckte Blum in Paris Friedensfühler aus. Er erzählte Bullitt, daß der französische Botschafter in Berlin soeben über eine „außerordentlich freundschaftliche Unterredung" mit dem deutschen Außenminister berichtet habe. Neurath habe ein über das andere Mal „versichert, daß Deutschland nichts wünsche als Frieden". Blum teilte die Ansicht Neuraths, daß „eine wirkliche Aussöhnung zwischen Frankreich und Deutschland die Beilegung des spanischen Konflikts zur Voraussetzung habe". Sei dies erreicht, dann könnten Gespräche „zur Erkundung der Möglichkeiten" wirtschaftlicher Zusammenarbeit in weitem Rahmen stattfinden.[82]

Offenbar war Blum für bestimmte Konzessionen an Deutschland in der Hoffnung, zwischen Frankreich und der deutschen Regierung eine Brücke der Verständigung schlagen zu können. Diese Neigung zur Beschwichtigung wurde unvermittelt erstickt, als Anthony Eden Paris aufsuchte, um Blum unverhohlene Ratschläge zu geben.[83]

Am 19. Januar sprach Eden im Unterhaus und hob hervor, daß „wirtschaftliche Zusammenarbeit und politische Beruhigung Hand in Hand gehen" müßten. Er äußerte sich dann über Deutschland als eine Nation, die „Rasse und Nationalismus zu einem Glauben erhoben hat, der mit demselben Eifer betätigt wird, wie er gepredigt wird. Die ganze Welt fragt sich... wohin diese Doktrinen Deutschland führen werden, wohin sie uns alle führen werden."[84]

Am 24. Januar unterstrich Premierminister Blum in einer Rede in Lyon die britische These, daß der europäische Friede unteilbar sei. Er könne nicht durch eine Reihe zweiseitiger Verträge bewahrt werden. Keine „auf Frankreich beschränkten Verpflichtungen" würden die Sicherheit Frankreichs garantieren".[85]

Hitler erregt in Europa neue Hoffnungen

Am 30. Januar 1937 antwortete Reichskanzler Hitler auf die Reden Edens und Blums. Zuerst kündigte er die „Kriegsschuldklauseln" des Versailler Vertrages auf. Darauf drückte er den Wunsch nach Zusammenarbeit mit den anderen Ländern aus und führte als Beweis für die Aufrichtigkeit dieser Erklärung die deutschen Verträge mit Österreich, Italien, Japan und Polen an. Nach der Versicherung, daß Deutschland geneigt sei, die Neutralität Belgiens und Hollands zu garantieren, beteuerte er abermals, daß die Reichsregierung mit Frankreich keinen Streit habe. Seine scharfen Pfeile waren nur einem Land zugedacht: Sowjetrußland. Im Zusammenhang hiermit bezeichnete er die britische These von der Unteilbarkeit des europäischen Friedens als unhaltbar. Tatsächlich sei Europa in zwei Lager gespalten, und diese Spaltung sei herbeigeführt worden durch die Verkündung der bolschewistischen Doktrin, deren Hauptmerkmal sei, daß sie allen Völkern aufgezwungen werden solle.[86] Der Friede könne nur erhalten werden, indem man sich gegen die rote Gefahr rüste.

Die öffentliche Meinung über Hitlers Rede war in Amerika wieder einmal scharf geteilt. Die Presse nahm sie ungefähr zur Hälfte im Hinblick auf die Motive mit Argwohn auf. Der „Omaha World-Herold" erblickte in der Rede kein Friedenszeichen: „Europa muß friedlichere Versicherungen aus dem Munde des deutschen Führers abwarten."[87] Der „Democrat and Chronicle" in Rochester schrieb: „Die Bedingungen, unter denen Hitler sich mit anderen Nationen verständigen möchte, sind unannehmbar, es sei denn, die Welt wollte die Zivilisation um tausend Jahre zurückschrauben."[88] Der „Memphis Commercial Appeal" war überzeugt, daß Hitler Rußland angegriffen habe, „um die Opposition der Konservativen und der Bauern gegen die rosarote Regierung Blums zu entflammen".[89] Die „San Francisco-Chronicle" schrieb: „Hitler hat angeboten, jeder europäischen Friedensorganisation beizutreten, die Rußland ausschließt. So weit, so schlecht. Es kann in Europa keinen Frieden geben, solange er nicht alle umfaßt."[90]

Andere amerikanische Blätter aber sahen in Hitler einen Friedensherold. Der „Boston Evening Transcript" fand die Rede vom 30. Januar „beruhigend". Was „der Führer sagte, war versöhnlich im Ton".[91] Die „St. Louis Post-Despatch" meinte, es sei ein „friedlicher Hitler" gewesen, „dem der Reichstag gelauscht hat".[92] Auch andere Zeitungen, wie der „Des Moines Register"[93] und der „Brooklyn Daily Eagle"[94], hoben den versöhnlichen Ton der Rede hervor.

Louis Einstein in London glaubte, daß die Rede Hitlers „hauptsächlich dazu bestimmt" gewesen sei, „die britische Meinung im Hinblick auf eine künftige ostwärtige deutsche Expansion nachgiebiger zu stimmen".[95] Bullitt in Paris hörte von Premierminister Blum, der französische Botschafter in Berlin habe ihm berichtet, daß Hitler seine Rede unter dem Einfluß von Neurath und Schacht ausgearbeitet habe, daß aber Göring nach seiner Rückkehr aus Italien den Führer überredet habe, „sie weniger positiv und versöhnlich zu halten als den ersten Entwurf".[96] Vom Berner Schauplatz aus glaubte Hugh Wilson in Hitlers Rede ein Zeichen „für eine langsame Entwicklung zu einem besseren Einvernehmen mit seinen Nachbarn" zu erblicken. „Das könnte schließlich zu einer Verhandlungsbasis führen, wenn ich auch nicht der Meinung bin, daß dieser Punkt schon jetzt erreicht ist, sei es in der Angelegenheit der Rüstungsbeschränkung, der wirtschaftlichen Zusammenarbeit oder der kolonialen Bestrebungen."[97]

Für Botschafter Davies in Moskau war es offenkundig, daß sich die Sowjetregierung über die Wirkung der Rede Hitlers auf die britische und französische Regierung Sorgen machte. Litwinow bemerkte zu Davies, „er begreife nicht, weshalb England und Frankreich dauernd an Hitler mit Vorschlägen heranträten ... Hitlers Politik sei immer noch die in seinem Buch ‚Mein Kampf' dargelegte, und er werde nach wie vor von Eroberungsgier beherrscht." Davies gewann aus diesen Äußerungen den Eindruck, daß man im russischen Außenministerium „fürchtet, es würde zwischen Frankreich, Großbritannien und Deutschland zu einem gewissen Ausgleich der Differenzen kommen".[98]

Frankreich hofft auf amerikanische Unterstützung

Im französischen Außenamt sagte man sich, daß die russische Befürchtung, England, Frankreich und Deutschland könnten die zwischen ihnen bestehenden Schwierigkeiten ausräumen, nicht unbegründet sei. Seit Januar habe die Reichsregierung, so heißt es in einem Bericht Botschafter Bullitts, „entschieden eine gemäßigtere Politik eingeschlagen". Der französische Botschafter in Berlin habe soeben berichtet, daß „Schacht und die deutschen Geschäftsleute abermals mehr Einfluß auf Hitler ausübten als die Parteiführer". Der französische Außenminister, Delbos, halte diese Information für so wichtig, daß er „morgen die Sachverständigen des Handelsministeriums nach Berlin schickt, um die Verhandlungen über die Erneuerung des deutsch-französischen Handelsvertrages aufzunehmen. Er hat sie angewiesen, großzügig zu verfahren."

Ein wesentliches Hindernis für einen deutsch-französischen Ausgleich war die Opposition des britischen Außenamtes. Nach Bullitt zweifelte Delbos nicht daran, daß Eden „ein guter Europäer" sei „und es wirklich gern sähe, wenn sich Frankreich und Deutschland zusammenfänden. Unglücklicherweise jedoch habe Eden die britische Außenpolitik oft nicht in der Hand. Andere Mitglieder des britischen Kabinetts, ja selbst die ständigen Beamten des Foreign Office, zögen ihm den Boden unter den Füßen weg. Er glaubt, die Briten gäben vor, eine französisch-deutsche Aussöhnung zu wünschen, verfolgten aber weiter ihre alte Politik, Frankreich und Deutschland, wenn auch nicht im Kriege, so doch in gegenseitiger Feindschaft zu erhalten."[99]

Das französische Mißtrauen gegen England erstreckte sich nicht auf die Vereinigten Staaten. In Amerika wurde das Wirken des radikalen Sauerteiges in Frankreich mit Sympathie beobachtet. Premierminister Blum vertraute Bullitt an, er möchte Präsident Roosevelt für die Unterstützung, die er „den Kräften der Demokratie in Frankreich" gewähre, „seinen tiefsten Dank" aussprechen. Amerika sei als einzige der Großmächte „wahrhaft an der gleichen Politik interessiert", die Blum „durchzusetzen versucht". Die britische Regierung sei konservativ, und ihr „mißfalle" Blums radikale „Innenpolitik aufs äußerste". Überdies „sperre sich" das Foreign Office „jedesmal, wenn Frankreich und Deutschland sich einander zu nähern beginnen". Es sei klar, sagte Blum, daß Frankreich „im Interesse der Erhaltung des europäischen Friedens sehr auf das Wohlwollen Amerikas" zähle.[100]

Wie eindringlich Bullitt auch die französischen Politiker wiederholt darauf hinwies, daß sie im Falle eines europäischen Krieges keine amerikanische Unterstützung zu erwarten hätten – Blum und der Quai d'Orsay ließen nicht davon ab, die Hoffnung zu nähren, daß Präsident Roosevelt in der internationalen Politik bald eine aktive Rolle übernehmen werde. Der Präsident enttäuschte diese Hoffnungen nur ungern.

Kapitel XIV

Der Schatten der Diktatur beginnt die amerikanische Landschaft zu verdunkeln

Die europäischen Staatsmänner tasten nach einer Friedensformel

Als es den britischen und französischen Politikern klar geworden war, daß Präsident Roosevelt nichts unternehmen werde, ihnen einen Weg zum Frieden zu weisen, setzten sie einfach ihre bisherige Politik fort, die darin bestand, sich immer näher an den Rand des Abgrunds treiben zu lassen. Eden gestand Botschafter Bingham melancholisch, er glaube, es bestehe „in der nahen Zukunft wenig Aussicht auf einen westlichen Locarno-Pakt. Dabei erachte er einen solchen Pakt als ersten Schritt zur Wiederherstellung des Vertrauens in Europa für notwendig." Das Kreuz der ganzen europäischen Lage sei „Deutschland". Das Auswärtige Amt in Berlin halte, bemerkte hierzu Bingham, die alte Angelegenheit der Kolonien offen, die in den Klauseln des Versailler Vertrages sicher begraben zu haben England und Frankreich gewähnt hätten. Ribbentrop habe kürzlich die Bedeutung von Konzessionen in dieser Sache unterstrichen, aber Eden habe ihm abrupt bedeutet, daß „die britische Haltung unverändert" sei. Diese barsche Antwort habe Ribbentrop zu der Erwiderung veranlaßt, daß eine solche Nachricht „in seinem Lande schlecht aufgenommen werden würde und sich stark gegen eine Beteiligung Deutschlands an einer Zusammenarbeit zur Friedenssicherung auswirken müßte."[1]

Die französischen Staatsmänner bewahrten bei dieser Politik des Treibenlassens nicht die gekünstelte Ruhe Anthony Edens, sondern suchten nach wie vor aus dem State Department irgendeine Zusicherung amerikanischer Unterstützung herauszuholen. Am 18. März hatte der französische Botschafter in Washington, Georges Bonnet, eine lange Unterredung mit Außenminister Hull. Im Verlaufe dieses Gesprächs bemerkte er, daß er gern von Plänen der amerikanischen Regierung über eine friedliche Regelung „der internationalen Hauptprobleme" hören würde, die nach schneller Lösung verlangten. Hull nahm auf diese Anzapfung seine Zuflucht zu den üblichen Plattheiten. Die amerikanische Regierung „kenne durchaus die zahlreichen internationalen Probleme, die in vieler Hinsicht jetzt aktueller und gefährlicher werden". Man dürfe jedoch nicht vergessen, daß „bestimmte, konkrete Schritte", die der Präsident zu ihrer Lösung etwa beabsichtige, allein Sache des Präsidenten seien und daß der Außenminister hierüber nicht die geringste Information geben könne. Damit war dem Botschafter jedes weitere Wort zu seinem Thema abgeschnitten. So murmelte er nur, daß er weiter „nach Gelegenheiten zur Zusammenarbeit" mit dem Department of State Ausschau halten werde, und die Unterredung schloß mit den üblichen diplomatischen Höflichkeiten.[2]

Unverändert aber blieben hinter allen schönen Redensarten in England wie in Frankreich die Befürchtungen wegen der steigenden Macht Deutschlands. In London hielt man nach wie vor die nationalsozialistische Regierung für die „schwerste Bedrohung des europäischen Friedens". Dies war auch der Grund, weshalb Großbritannien nun Italien zu beschwichtigen suchte und sich weigerte, irgend etwas zu unternehmen, was der italienischen Intervention in dem spanischen Bürgerkrieg wirklich hätte Halt gebieten können.[3]

Der spanische Faktor im internationalen Kräftespiel schien Anthony Eden besonders wichtig. Er erklärte plötzlich Norman Davis, der beste Weg zu einer befriedigenden Lösung sei für die Vereinigten Staaten, „die Führung zu übernehmen oder als Vermittler aufzutreten". Davis antwortete umgehend, Präsident Roosevelt „habe nicht den Wunsch oder die Absicht, sich in die europäische politische Lage einzuschalten". Es wäre vergeblich, „irgend etwas zu versuchen, solange Europa nicht entschlossen den Frieden will und solange es die Briten ... an der Bereitwilligkeit fehlen lassen, nicht hinter den Anstrengungen zurückzubleiben, die andere machen, um dieses Ziel zu erreichen". Die britische Regierung sollte sofort Schritte in der Richtung auf eine enge „wirtschaftliche Zusammenarbeit" mit den Vereinigten Staaten unternehmen. Auf die Antwort Edens, daß Chamberlain dies anstrebe, bemerkte Davis trocken, er hoffe, die britischen Staatsmänner würden nicht so lange warten, „bis sie den Anschluß verpassen".[4]

Die Unruhe bei Briten und Franzosen wegen des spanischen Bürgerkrieges wurde vermehrt durch die weittragende Bedeutung der belgischen Lage. Die belgischen Botschafter in London und in Paris hatten kristallklar festgestellt, daß ihre Regierung entschlossen sei, „belgischen Boden nicht zum Schlachtfeld des nächsten Krieges werden zu lassen und nicht zu erlauben, daß ihn der Fuß eines deutschen, britischen oder französischen Soldaten betritt". Diese neutrale Haltung hatte Warschau tief beunruhigt, und es ließ Frankreich wissen, daß die französisch-polnische Allianz von nun an „praktisch wertlos" sei.

Auch die Lage der Tschechoslowakei wurde von diesem plötzlichen Wechsel in der diplomatischen Landschaft Europas schwer betroffen. Als Bullitt am Quai d'Orsay Léger fragte, wie die Franzosen notfalls den Tschechen zu Hilfe eilen könnten, erhielt er die phantastische Antwort, daß die französischen Truppen „durch Rumänien und Jugoslawien" marschieren würden. Gleichzeitig erfuhr Bullitt aus einer anderen Quelle, daß Rußland „im Falle eines deutschen Angriffs die Tschechoslowakei nicht unterstützen" würde.[5]

Bullitt schloß seinen Bericht mit einer zusammenfassenden Beurteilung der europäischen Gesamtlage: Man sage sich allgemein, „daß es vor dem Frühjahr nächsten Jahres wahrscheinlich nicht zum Kriege kommen, bis dahin aber in ganz Mittel- und Osteuropa der französische Einfluß sich verringern und der deutsche zunehmen werde".[6]

Einen Widerpart zu dem wachsenden deutschen Einfluß auf dem Kontinent erblickten einige Politiker, so der belgische Premierminister van Zeeland, in der britischen Macht, die ständig wachse und in wenigen Jahren einen Punkt erreicht haben werde, wo Großbritannien „den Gang der internationalen Ereignisse nahezu kontrolliere". Leider aber zögen sich die Briten, so bemerkte van Zeeland weiter zu Bullitt, jetzt in die Wirtschaftsmauern ihres Empire zurück und erlegten den anderen Ländern steigende Zölle auf. Deshalb habe er, van Zeeland, beschlossen, sich nach den Vereinigten Staaten zu begeben, um Präsident Roosevelt für eine wirksame Aktion zur Niederlegung der Welthandelsschranken zu gewinnen. Wenn Amerika darin führend voranginge, wäre Großbritannien gezwungen, ihm zu folgen.

Bullitt wies van Zeeland darauf hin, daß die Vereinigten Staaten „keine politischen Verpflichtungen übernehmen würden, und es sei so gut wie unvorstellbar, daß europäische Länder in den Vereinigten Staaten Anleihen würden auflegen können". Trotz den ausdrücklichen Warnungen Bullitts hielt van Zeeland an der Hoffnung fest, daß durch eine „äußerst freimütige Aussprache" mit Präsident Roosevelt und Außenminister Hull ein neuer Weg zu unbehindertem Welthandel geöffnet werden könnte.[7]

Belgien löst seine Bindungen mit Großbritannien und Frankreich

Die Bekanntgabe der belgischen Regierung, daß es im Falle eines neuen europäischen Krieges neutral bliebe, schlug in manchem Auswärtigen Amt wie eine Bombe ein. Die Tschechoslowakei, Frankreich und Polen überprüften sofort die Lage. Am 30. April frühstückte Bullitt mit Delbos und Sir Eric Phipps, der vor kurzem von Berlin nach Paris versetzt worden war. Delbos gab offen zu, daß sich für Frankreich die Möglichkeit, „der Tschechoslowakei Hilfe zu bringen ... durch die neue belgische Politik außerordentlich verringert habe". Um die Tschechen genügend zu unterstützen, sei es jetzt für die britische Regierung notwendig, keinen Zweifel darüber zu lassen, „daß England im Falle eines deutschen Angriffs auf die Tschechoslowakei" ihr sofort zu Hilfe eilen würde. Das tschechische Außenministerium erinnere sich dankbar der Erklärung Großbritanniens, „am Schicksal der Tschechoslowakei nicht uninteressiert" zu sein. Diese Erklärung jedoch, so meinte Delbos, sei „ungenügend", und er drängte Phipps, von seiner Regierung „ein bestimmtes Versprechen zur Unterstützung der Tschechoslowakei" zu erlangen. Der britische Botschafter beeilte sich zu erwidern, daß seine Regierung „im voraus eine solche Zusage nicht zu machen vermöge". Die einzige Formel, auf die Großbritannien und Frankreich sich verlassen könnten, sei, daß jede der beiden Mächte „Deutschland die Zähne zeige und hinter sich die wohlwollende Neutralität der Vereinigten Staaten wisse".[8]

Am Nachmittag desselben Tages hatte Bullitt eine vertrauliche Unterredung mit Sir Eric Phipps allein. Der britische Botschafter verriet tiefwurzelnde Feindseligkeit gegen Deutschland. Er war besonders verärgert darüber, daß in Paris einige Politiker noch immer glaubten, „Frankreich könnte sich mit Deutschland einigen". Eine solche Annäherung sei „völlig unmöglich". Bullitt schloß aus den Bemerkungen Sir Erics, daß der britische Botschafter angewiesen worden sei, „die Franzosen an jedem unmittelbaren Gespräch mit Deutschland zu hindern, daß die Politik Großbritanniens noch immer darauf abziele, den europäischen Kontinent geteilt zu erhalten, und daß von Großbritannien an Unterstützung einer Politik des Abbaus der internationalen Handelsschranken und der Wiederherstellung des Welthandels wenig oder nichts erwartet werden" dürfe.[9]

Die Weigerung Großbritanniens, zur Bewahrung der politischen Struktur Europas wirksame Schritte zu tun, war für den französischen Außenminister tief entmutigend. Delbos hatte den Regierungen Österreichs, der Tschechoslowakei, Rumäniens und Jugoslawiens nahegelegt, „gegen Deutschland eine entschiedenere Oppositionsstellung einzunehmen", aber sie hatten geantwortet, daß es notwendig sei, sich vorher eines bestimmten britischen Hilfeversprechens zu versichern. Sir Eric Phipps hatte, als er daraufhin sondiert wurde, nach einem Bericht Botschafter Bullitts keinen Zweifel daran gelassen, „daß Großbritannien weder die Tschechoslowakei noch Österreich garantieren werde, von Rumänien ganz zu schweigen". Phipps hatte auch zu erkennen gegeben, daß England nichts unternehmen werde, van Zeelands Mission in den Vereinigten Staaten zu einem Erfolg zu verhelfen.

Auf die Frage Delbos', „ob Großbritannien so wie Frankreich bereit sei, Deutschland auf kolonialem Gebiet Konzessionen zu machen", hatte Sir Eric kurz und bündig geantwortet, „Frankreich könne tun was ihm beliebe, aber Großbritannien werde Deutschland vom Gebiet des britischen Empire einschließlich der Mandatsgebiete nicht einen Zoll abtreten".

Im Hinblick auf Österreich vertraute Delbos dem amerikanischen Botschafter an, daß Frankreich für den Fall einer Invasion in das Land keine Hilfe versprechen könne. Mussolini habe „Schuschnigg klargemacht, daß er nichts unternehmen werde, um Österreich davor zu bewahren, in die Hände Deutschlands zu fallen". Delbos meinte, Schuschnigg werde wohl „bis zu Ende" aushalten, weil er wisse, daß der Papst alles in seiner Macht Stehende tue, nicht nur Schuschnigg „gegen die Nationalsozialisten" zu unterstützen, sondern ihn auch zur Aufrechterhaltung der österreichischen Unabhängigkeit zu ermutigen.

Der französische Außenminister schloß die Unterredung, indem er dem amerikanischen Botschafter versicherte, „daß Frankreich, sollte Deutschland die Tschechoslowakei angreifen, ihm sofort den Krieg erklären würde", aber er sagte das in einem Ton solcher Unentschlossenheit, daß Bullitt damit rechnete, „die Entscheidung der französischen Regierung, wegen der Tschechoslowakei zum Kriege zu schreiten", werde „möglicherweise ins Wanken kommen". Es sollte für jeden Politiker auf der Hand liegen, daß Frankreich „nur dann eine starke Stellung einnehmen kann, wenn es der absoluten Unterstützung Englands sicher ist".[10]

Mitte Mai war es offenbar, daß die Suche nach einer neuen Übereinkunft an Stelle des Locarno-Paktes zu keinerlei Ergebnis geführt hatte. Premierminister Blum gab im Gespräch mit Bullitt bekümmert zu, „daß das Reinergebnis aller bisherigen politischen Gespräche in London und in Paris sehr gering sein werde". Litwinow habe zwar zugesichert, die Sowjetunion würde, wenn Deutschland die Tschechoslowakei angreifen sollte und wenn Frankreich zur Verteidigung der Tschechoslowakei gegen Deutschland zum Kriege schritte, „Deutschland sofort mit Krieg überziehen". Indessen wäre die russische Hilfe, so setzte Bullitt in seinem Bericht hinzu, nicht sehr wirksam, weil „die sowjetischen Flugzeuge und Armeen Polen und Rumänien nicht überfliegen und durchqueren könnten".

Blum räumte ein, „daß Hitler auf dem europäischen Kontinent im Augenblick die politische Initiative in der Hand habe, und er sah kein Mittel, sie Deutschland wieder zu nehmen". Die „einzige Möglichkeit, den Frieden in Europa zu bewahren", liege in der Schaffung einer engen Entente zwischen Großbritannien, Frankreich und Rußland. Als Bullitt einwandte, es werde nicht leicht sein, die britische Regierung zu engen Beziehungen mit Sowjetrußland zu bewegen, „besonders angesichts der kürzlichen Massenverschickungen und -erschießungen", meinte Blum kläglich, es gebe keine andere Wahl. Litwinow habe ihn gebeten, „sein Äußerstes zu tun, zwischen England und der Sowjetunion eine Annäherung herbeizuführen", und er werde unter den gegebenen Umständen darauf hinarbeiten.[11]

Eine neue Bombe des New Yorker Bürgermeisters La Guardia

Während sich die europäischen Staatsmänner durch den Nebel tasteten, der über dem Kontinent lag, wurden die amerikanischen Beziehungen zu Deutschland wieder einmal durch eine Schmähung gestört, die der New Yorker Bürgermeister La Guardia gegen Hitler schleuderte. La Guardia machte in einer Ansprache, die er am 3. März an die Frauengruppe des American Jewish Congress richtete, den Vorschlag, auf der New Yorker Weltausstellung im Jahre 1939 einen der Religionsfreiheit gewidmeten Tempel zu errichten: „Aber in diesem Tempel müßte es eine Schreckenskammer geben und als Höhepunkt darin ein Abbild jenes braunhemdigen Fanatikers, der jetzt den Weltfrieden bedroht."[12]

Josef Goebbels entgegnete mit einer Schimpfkanonade im Gossenton, den er so sehr beherrschte. Nachdem er La Guardia einen Raufbold und Gangster genannt hatte, eröffnete er gegen die Regierung Roosevelts ein Trommelfeuer des gleichen Kalibers.

Die Mehrzahl der amerikanischen Blätter kritisierten den Angriff La Guardias auf Hitler als ein Beispiel unwürdiger Haltung. Das „Milwaukee-Journal" schrieb, daß „sich jedes anständige Gefühl in der Nation" gegen die Worte des Bürgermeisters kehre.[13] Der „Brooklyn Daily Eagle" verurteilte den Wutausbruch La Guardias als eine Zurschaustellung „erschreckend schlechten Geschmacks",[14] die „Detroit Free-Press" bezeichnete ihn als „verächtliches Beispiel wenig guter Manieren",[15] und der „Democrat and Chronicle" in Rochester bedauerte den Erguß als „töricht und schlecht beraten".[16]

Es gab aber auch einige Zeitungen und Zeitschriften, die sich auf die Seite La Guardias stellten. Für die „New Republic" waren seine Worte „Ausdruck ehrlicher Entrüstung".[17] Die „New York Daily News" erklärte ihre Übereinstimmung mit der „allgemeinen Kritik des Bürgermeisters an Hitler"[18], und der „Idaho Daily Statesman" hatte auch an der Art seiner Stellungnahme nichts auszusetzen[19]. Die scharfe Feder Westbrook Peglers beeilte sich, dem New Yorker Bürgermeister Beifall zu zollen: „Die kleine Unannehmlichkeit, die dem State Department aus der Bemerkung La Guardias erwachsen ist, daß Hitler in eine Schreckenskammer gehört, hat sich alles in allem gelohnt."[20]

Außenminister Hull bedauert

Am 4. März überreichte der Botschaftsrat der deutschen Botschaft in Washington, Thomsen, im Department of State gegen die Beleidigung Hitlers durch Bürgermeister La Guardia einen Protest. Der Leiter der Westeuropäischen Abteilung, Mr. Dunn, versicherte dem Botschaftsrat, „Außenminister Hull halte es zweifellos für höchst bedauerlich, daß ein städtischer Beamter sich in Worten ausgedrückt hat, die für eine fremde Regierung beleidigend sein könnten". Der Außenminister werde auch „die Angelegenheit in jeder Weise verfolgen, soweit dies in Anbetracht der Tatsache möglich ist, daß es hier keine Handhabe gibt, die freie Meinungs-äußerung zu unterdrücken oder zu kontrollieren".[21]

Am 5. März gab Außenminister Hull über die Äußerung La Guardias eine Erklärung ab. Er wies auf das Recht der freien Rede hin, bemerkte dann aber, daß dadurch „das Bedauern der Regierung nicht verringert werde, wenn Privatleute oder in privater Eigenschaft sprechende Beamte eine Regierung beleidigen, zu der wir offizielle Beziehungen unterhalten. Ich beklage die Äußerungen, die bei der deutschen Regierung Anstoß erregt haben, aufs ernstlichste."[22]

In Deutschland entfesselten die bissigen Bemerkungen des New Yorker Bürgermeisters ei-ne Flut von Beschimpfungen nicht nur La Guardias, sondern Amerikas überhaupt. Botschaf-ter Dodd war „von der Sprache, in der die Polemik geführt wurde", äußerst betroffen, aber er berichtete auch, daß das Auswärtige Amt mit dem Propagandaministerium konferiert habe, „um dem ‚Angriff' in seinen Auslassungen über Amerika einen Maulkorb anzulegen".[23]

Außenminister Hull beantwortete den Bericht Dodds mit der Anweisung, gegen „die rohe und völlig unanständige Art" der deutschen Presseangriffe „auf die amerikanischen Frauen und die amerikanischen Einrichtungen" förmlich zu protestieren. „Keine Provokation kann ei-ne solche Sprache rechtfertigen."[24] Dodd suchte sofort Neurath auf. Der Außenminister unter-richtete ihn davon, daß er die Sache bereits mit Goebbels erörtert und daß Goebbels den Chef-redakteur des „Angriff" zurechtgewiesen habe. Als Dodd nicht locker ließ, sagte Neurath, er könne „nicht erklären, daß eine andere Zeitung gerügt oder daß ein Widerruf veröffentlicht worden sei". Neurath sprach zwar kein förmliches Bedauern aus, „verhielt sich aber durch-aus verständnisvoll".[25]

Indessen, mit der verständnisvollen Haltung des Auswärtigen Amtes war es vorbei, als am Abend des 15. März Bürgermeister La Guardia einen neuen Angriff gegen Hitler richtete. Zwei Tage darauf sprach der deutsche Botschafter im State Department vor und verlangte von Außenminister Hull eine „ausdrückliche Entschuldigung" und „eine neue, besondere Erklä-rung des Bedauerns". Hull bemerkte, der New Yorker Bürgermeister greife Hitler an, um für seine Wiederwahl politisches Kapital anzusammeln. Dieses Kapital würde nur um so mehr an-wachsen, je länger die deutsche Regierung dabei beharre, von den Beleidigungen des Bür-germeisters förmlich Kenntnis zu nehmen. Er versicherte dann dem Botschafter, es liege dem Präsidenten „sehr daran, zwischen unseren Ländern und unseren Regierungen angemessene Beziehungen zu unterhalten, doch ergebe sich eine unmögliche Lage, wenn die deutsche Re-gierung jede zu beanstandende Äußerung von Politikern oder anderen ernst nehme, die nicht der Kontrolle der Bundesregierung unterstehen". Der Botschafter schien von dieser Darle-gung des Außenministers befriedigt und sagte, er wolle sein „Bestes" tun, daß seine Regierung die Sache mit ruhiger Einsicht auffasse.[26] Anscheinend gelang es Botschafter Luther auch, das Auswärtige Amt davon zu überzeugen, daß es am ratsamsten sei, die Beschimpfungen des Bürgermeisters La Guardia zu ignorieren, wenn auch am 18. März Dieckhoff Botschafter Dodd fragte, ob er nicht „dem Präsidenten oder dem Außenminister empfehlen könne, dem Gere-de des New Yorker Bürgermeisters über Deutschland und den Reichskanzler ein Ende zu ma-chen".[27] Die deutsche Regierung konnte sich nur schwer mit der Tatsache abfinden, daß die amerikanische Bundesregierung eine Regierung mit klar begrenzten Gewalten ist.

Kardinal Mundelein ruft zwischen dem Vatikan und Deutschland Spannungen hervor

Kaum war das letzte Echo des Zwischenfalls mit La Guardia endlich verhallt, da erregten kritische Bemerkungen des Kardinals Mundelein über Hitler in Deutschland einen solchen Sturm der Entrüstung, daß die Beziehungen zwischen dem Vatikan und der Reichsregierung ernstlich gefährdet wurden. Am 18. Mai 1937 gab Kardinal-Erzbischof Mundelein in einer Ver-sammlung der katholischen Geistlichkeit des Erzbistums Chicago einen Überblick über die La-ge in Deutschland und äußerte sich dann über Hitler folgendermaßen: „Vielleicht werden Sie fragen, wie es kommt, daß eine Nation von sechzig Millionen intelligenten Menschen sich in Furcht und Knechtschaft vor einem Ausländer, einem österreichischen Tapezierer und dazu einem schlechten, sowie ein paar Helfershelfern wie Goebbels und Göring beugt, die jeden Schritt im Leben des Volkes bestimmen."[28]

Dieckhoff, jetzt Botschafter in Washington, sah von einem förmlichen Protest gegen diese Bemerkungen ab, weil der Kardinal „nach der hier obwaltenden Auffassung ein Amt bekleidet, das in keiner Weise mit der amerikanischen Regierung verknüpft oder von ihr abhängig ist", und weil der Kardinal daher „von ihr lediglich als Privatperson angesehen wird". Aber Dieckhoff schickte seinen Botschaftsrat, Herrn Thomsen, in das Außenamt, um wegen der kritischen Äußerungen des Kardinals informell Vorstellungen zu erheben. Thomsen besprach die Sache mit dem Leiter der Westeuropäischen Abteilung des State Department, Mr. Dunn, und suchte ihm die störende Wirkung „solcher beleidigender Äußerungen einer prominenten amerikanischen Persönlichkeit" auf die deutsch-amerikanischen Beziehungen klarzumachen.[29]

Die Reichsregierung sah zwar davon ab, in Washington förmlich zu protestieren, richtete dafür aber den Angriff gegen ein anderes Ziel. Der deutsche Botschafter beim Heiligen Stuhl wurde beauftragt, die Angelegenheit mit dem Kardinalstaatssekretär zu besprechen. Der Vatikan sollte statt Washingtons für die beleidigenden Worte des Kardinals Mundelein verantwortlich gemacht werden.

Der Kardinalstaatssekretär ließ sich durch den deutschen Feuerüberfall nicht ernstlich stören. Er antwortete mit geflissentlicher Kühle, daß er „nicht gewohnt" sei, sich „über Reden auszusprechen, deren einwandfrei bestätigter Text ... noch nicht vorliegt". Nach dieser Abfertigung stellte Pacelli seinerseits einige sehr treffende Fragen: „Was hat die deutsche Regierung getan, was gedenkt sie in Zukunft zu tun gegen die niederträchtigen Beschimpfungen und Verächtlichmachungen, gegen die schmachvollen Verleumdungen, die Tag für Tag in den deutschen Zeitungen und Zeitschriften, wie in Reden auch prominenter Persönlichkeiten erfolgen gegen Kirchen, kirchliche Einrichtungen, Papst, Kardinäle, Bischöfe, Priester usw.?"[30]

Nachdem sich der deutsche Außenminister von seinem Erstaunen über eine so scharfe Antwort erholt hatte, ließ er durch die Botschaft beim Heiligen Stuhl dem Kardinalstaatssekretär eine Note zustellen, worin es hieß: „Der Heilige Stuhl wird sich darüber im klaren sein, daß sein unerwartetes und unverständliches Verhalten in dieser Sache, solange keine Remedur erfolgt, die Voraussetzungen für eine normale Gestaltung der Beziehungen zwischen der deutschen Regierung und der Kurie beseitigt hat." Die volle Verantwortung für diese Entwicklung trage allein die Kurie.[31]

In der Wilhelmstraße wartete man nun ab, ob sich die Haltung der Kurie ändere. Am 9. Juni berichtete der deutsche Geschäftsträger beim Heiligen Stuhl, im Vatikan sei „eine gewisse Neigung zum Einlenken bemerkbar". Als bezeichnend dafür wurde aufgefaßt, daß im „Avvenire d'Italia" ein bekannter Jesuitenpater, Yves de la Brière, einen Artikel veröffentlicht hatte, worin es hieß, daß die Worte Mundeleins „etwas heftig waren und diplomatischer Feinheit ermangelten".[32]

Am 24. Juni richtete der Kardinalstaatssekretär an die deutsche Botschaft eine lange Note. Der Heilige Stuhl habe jetzt den „vollständigen Wortlaut" der Ausführungen Mundeleins erhalten und könne daher nun die deutsche Note vom 24. Mai beantworten. Vor dem Schritt beim Heiligen Stuhl habe sich die deutsche Regierung an die Regierung der Vereinigten Staaten gewandt und „die Nichtbeantwortung ihres Schrittes... stillschweigend hingenommen". Während das offizielle Schweigen des Department of State die deutsch-amerikanischen Beziehungen nicht beeinträchtigt habe, erkläre man im Falle des Heiligen Stuhles, „daß er durch das Unbeantwortetlassen der Vorstellungen des Botschafters die Voraussetzungen für eine normale Gestaltung der Beziehungen zwischen der deutschen Regierung und der Kurie beseitigt habe". Die „Anwendung eines solchen doppelten Maßstabes" sei „mehr als ungewöhnlich". Dies gelte um so mehr, als Kardinal Mundelein amerikanischer Bürger sei, „der von dem durch die Verfassung seines Staates ihm zugesicherten Rechte der freien Meinungsäußerung im Bereich öffentlich bekannter Tatsachen Gebrauch machte". Auch seien die Ausführungen des Kardinals „nicht für die Öffentlichkeit bestimmt" gewesen, und „das unvollständige Bekanntwerden seiner Rede habe nicht in seiner Absicht gelegen". Zwar stehe der Kardinal von Chicago als Bischof „unter der Autorität des Heiligen Stuhles", doch sei er „kein Funktionär des Heiligen Stuhles wie ein Nuntius oder Apostolischer Delegat". Der „Heilige Stuhl selbst und seine amtlichen Vertreter" seien stets sorgfältig darauf bedacht, „die Grenze zwischen sachlichen und persönlich nuancierten Auseinandersetzungen zu wahren".[33]

Diese Note des Kardinals Pacelli befriedigte den deutschen Botschafter beim Heiligen Stuhl wenig. Vier Tage danach vermerkte er, daß „die Stimmung im Vatikan" insbesondere beim Kardinalstaatssekretär „gereizter denn je" sei.[34] Bald sollte auch der Botschafter gereizt werden, als nämlich am 17. Juli Papst Pius XI. eine Gruppe amerikanischer Katholiken aus Chicago empfing und für Kardinal Mundelein, „der so fürsorglich und eifrig auf die Verteidigung der Rechte Gottes und der Kirche und auf das Heil der Seelen bedacht ist"[35], Worte hohen Lobes fand.

Kardinal Pacelli versuchte den deutschen Botschafter davon zu überzeugen, daß die anerkennenden Worte des Papstes über Kardinal Mundelein keine Zustimmung zu den kritischen Bemerkungen des Chicagoer Erzbischofs über Hitler bedeuteten.[36] Auf den Reichsminister und preußischen Minister für kirchliche Angelegenheiten machte diese Erklärung keinen Eindruck. Er schlug dem Auswärtigen Amt vor, den „diplomatischen Geschäftsverkehr" mit der Kurie zu unterbrechen. Neurath lehnte dies ab[37], ebenso aber hielt er „eine Fühlungnahme, wie sie der Kardinalstaatssekretär im Gespräch mit Botschafter von Bergen angeregt hat [Aussprache mit leitenden Persönlichkeiten der deutschen Regierung], zum mindesten insolange für abwegig, als nicht seitens des Heiligen Stuhles eine uns befriedigende Regelung des Falls Mundelein erfolgt ist"[38].

Es war dem Vatikan unmöglich, den Fall Mundelein in einer Weise in Ordnung zu bringen, die die deutsche Regierung zufriedengestellt hätte, und so erweiterte sich der Riß zwischen Rom und Berlin. Die Wirkung dieses gespannten Verhältnisses auf die amerikanischen Katholiken ist von Botschafter Dieckhoff in einem Bericht an das Auswärtige Amt deutlich geschildert worden. Nachdem er auf die engen Bande zwischen dem Vatikan und den amerikanischen Katholiken hingewiesen hatte, stellte er fest: „Es ist eine bedauerliche Tatsache, der wir uns aber nicht verschließen dürfen, daß die amerikanischen Katholiken, die früher zu denjenigen Amerikanern gehörten, die Deutschland am verständnisvollsten gegenüberstanden, und von denen viele noch vor vier Jahren mit Deutschland, dem Vorkämpfer gegen den Kommunismus, sympathisierten, in den letzten Jahren mehr und mehr ins feindliche Lager übergegangen sind."[39]

Die Beschießung Almerias und die amerikanische Presse

Die amerikanische Presse zeigte sich an der Sache des Kardinals Mundelein nicht sonderlich interessiert, geriet aber in lodernde Entrüstung, als bekannt wurde, daß Almeria zur Vergeltung für Bombenwürfe eines Flugzeuges der Loyalisten auf das Panzerschiff „Deutschland" beschossen worden war. Die teilweise Zerstörung der kleinen spanischen Stadt durch ein Geschwader deutscher Kriegsschiffe rief in den amerikanischen Tageszeitungen und Zeitschriften zahllose bittere Kommentare hervor.

Das „Providence Journal" war überzeugt, daß die Beschießung Almerias „ganz Europa, ja die Welt, einer der schwersten Krisen seit vielen Jahren gegenübergestellt" habe.[40] Die „Spokesman-Review" meinte, das Vorgehen gegen Almeria werde „Erinnerungen an Greuel deutscher U-Boote im Weltkrieg wachrufen".[41] Die „Atlanta Constitution" fürchtete, der Zwischenfall von Almeria habe „die ernsteste Krise in Europa seit Ende des Weltkrieges herbeigeführt"[42], und die „Seattle Daily Times" meinte, daß „nur noch ein diplomatisches Wunder einen offenen Angriff Deutschlands und Italiens auf Spanien abwenden" könne[43].

Viele Blätter freilich glaubten, daß die Gefährlichkeit des Zwischenfalles von Almeria übertrieben werde. Die Richmonder „Times-Dispatch" äußerte die Ansicht, daß die Krise bald vorübergehen werde: „Keine europäische Regierung wünscht jetzt Krieg."[44] Ähnlich schrieb der „Springfield Republican": „Es scheint, daß auch jetzt noch nicht der Rand des Abgrunds erreicht ist"[45], und die „Kansas-City-Journal-Post" meinte, daß Hitler, wenn England und Frankreich eine Parallelpolitik verfolgten, genötigt werden könnte, „sich Spanien gegenüber ‚artig' zu verhalten"[46].

Für die deutsch-amerikanischen Beziehungen war die Beschießung Almerias ein Unglück, weil viele Amerikaner davon überzeugt waren, daß Hitlers Deutschland die brutalen Praktiken früherer Jahre wiederaufnehme. Die „Los Angeles Times" verurteilte die Beschießung der kleinen spanischen Stadt als „offene Barbarei"[47], und der „Portland Morning Oregonian" schrieb: „Möge Gott sich einer Generation erbarmen, die sich damit belastet hat, in der Kriegführung Terror anzuwenden! Es ist offenbar die Absicht der Militärs und ihrer Flottenkollegen, im nächsten allgemeinen Krieg die Zivilbevölkerung zu den Hauptopfern zu machen."[48]

Reibungen an der Wirtschaftsfront

Die steigende Flut der amerikanischen Abneigung gegen das nationalsozialistische Deutschland wurde durch keine Deiche gegenseitiger Wirtschaftsinteressen eingedämmt. Verschiedene Theorien über den internationalen Warenaustausch beeinträchtigten den Außenhandel zwischen Deutschland und den Vereinigten Staaten. Mit dem Handelsvertragsgesetz von 1934 verfolgte Außenminister Hull eine Politik, die auf das Prinzip gleicher Bedingungen drängte. Er bestand darauf, daß andere Länder den Gleichheitsgrundsatz nicht durch Währungskontrollen, Regierungsmonopole und Quoten durchbrächen. Besonders widersetzte er sich Warentauschabmachungen.

Ebenfalls im Jahre 1934 ernannte Präsident Roosevelt George N. Peek zum Außenhandelsberater der Regierung. Peek handelte unverzüglich mit Deutschland ein Warentauschabkommen aus, wonach die Reichsregierung 800.000 Ballen amerikanischer Baumwolle durch die Export-Import-Bank kamen würde. Ein Viertel des Preises war in amerikanischen Dollars zu zahlen, drei Viertel in deutscher Währung mit einem Aufgeld von 22 1/2 Prozent. Die Banken sollten das deutsche Geld amerikanischen Importeuren deutscher Waren zu deren Bezahlung verkaufen.

Außenminister Hull wandte sich energisch gegen dieses Abkommen und vermochte nicht nur die Ablehnung des Vertrages, sondern auch die Aufhebung des Amtes Peeks zu erreichen.[49] Natürlich war dieses Vorgehen ein schwerer Schlag für jeden, der gehofft hatte, daß die Entwicklung gegenseitiger Wirtschaftsinteressen die politischen Beziehungen zwischen den beiden Ländern verbessern werde.

Die Schwierigkeiten von 1934 führten im Jahre 1936 zu weiteren Spannungen. Laut einer Entscheidung des obersten Bundesgerichts fiel der deutsche Plan, den Export durch Prämien zu fördern, unter die diskriminierenden Handelspraktiken. Daher wandte das Finanzministerium die Antiprämienbestimmungen des Zollgesetzes von 1930 an und erhob auf ungefähr ein Dutzend deutscher Waren Ausgleichszölle von 22 bis 56 Prozent. Die deutsche Regierung entsandte sofort eine Gruppe Sachverständiger nach Washington, die über eine Beseitigung dieser hohen Zollsätze verhandeln sollten.[50] Als diese Bemühung scheiterte, versuchte Berlin das amerikanische Finanzministerium durch einen Erlaß umzustimmen, der die Verwendung von Aski-Mark und Tauschabkommen im deutsch-amerikanischen Handel verbot.[51]

Das amerikanische Finanzministerium beachtete diese entgegenkommenden Gesten nicht. Statt dessen versetzte es dem deutsch-amerikanischen Handel einen neuen Schlag durch die Weisung an die amerikanischen Konsulatsbeamten in Deutschland, zu verlangen, daß jeder Faktura über deutsche Ausfuhrwaren eine vollständige Erklärung über „Vergütungen oder Vorrechte einschließlich von Markbeträgen zu einem Sonderwechselkurs" beigefügt werde, die von der deutschen Regierung dem Exporteur gewährt worden waren. Da nach deutschem Gesetz Geschäftsgeheimnisse Ausländern nicht enthüllt werden durften, ging das Handelsvolumen zwischen dem Reich und den Vereinigten Staaten infolge dieser Anordnung des amerikanischen Finanzministeriums stark zurück.[52]

Am 13. August gab die deutsche Regierung bekannt, daß für die Ausfuhr nach den Vereinigten Staaten keine öffentlichen Gelder mehr gezahlt würden. Das amerikanische Finanzministerium antwortete vorsichtig, es werde die Antiprämienzölle aufheben, wenn es die befriedigende Zusicherung erhalten habe, daß der deutsche Export tatsächlich keine künstliche Förderung mehr erfahre.[53] Um den geringen Handel zu erhalten, der trotz allen diesen Schwierigkeiten noch fortdauerte, wurde als Clearinghaus für den deutsch-amerikanischen Handel die Kontinentale Export – und Importgesellschaft gegründet. Durch sie wurden Exporteure amerikanischer Rohstoffe mit amerikanischen Importeuren deutscher Waren in Verbindung gebracht und ein Zahlungsausgleich herbeigeführt. Es war dies ein Handel auf schwachen Krücken, die jeden Augenblick brechen oder wegrutschen konnten.[54]

Botschafter Dodd wohnt dem Nürnberger Parteitag bei

Botschafter Dodd war auch im Jahre 1937 entschlossen, dem Parteitag in Nürnberg fernzubleiben. Deshalb unternahm er zu mehrmonatigem Aufenthalt eine Reise nach den Vereinigten Staaten. Er hatte kaum Berlin verlassen, da sprach der französische Botschafter bei dem amerikanischen Geschäftsträger, Mr. Mayer, vor und unterrichtete ihn offen davon, daß es seiner Regierung „nicht mehr als wünschenswert erscheine, den Nürnberger Parteitag zu boykottieren". An der „bisherigen Praxis festhalten wäre auffallend, wenn nicht gar feindselig". Die NSDAP sei nun „der Staat geworden, und die Einladung abzulehnen würde bedeuten, daß man ohne Einklang mit der Wirklichkeit handele". Der französische und der britische Botschafter seien übereingekommen, den Veranstaltungen am 10. September und am Vormittag des folgenden Tages beizuwohnen. Wenn sich dem Amerika anschlösse, so würde dies als „Fortdauer der übereinstimmenden Haltung der drei Regierungen" begrüßt werden.[55]

Mayer unterrichtete Außenminister Hull telegrafisch von dem Gespräch mit dem französischen Botschafter und bat um Weisung. Hull antwortete, die Botschaft solle nach eigenem Ermessen handeln.[56] Schließlich nahm der amerikanische Geschäftsträger die Einladung der Reichsregierung an und wohnte dem Parteitag in Nürnberg bei. Dies forderte den Abgeordneten Emmanuel Celler zu einem scharfen Protest heraus: Die Anwesenheit des Geschäftsträgers in Nürnberg würde das Außenamt „ernster Kritik" aussetzen.[57] Aber Außenminister Hull blieb fest und ließ Mr. Celler wissen, daß die amerikanische Regierung nur der Praxis anderer Regierungen folge, die, wie die amerikanische, mit der deutschen Regierung Beziehungen unterhielten.[58]

Am 4. September las Botschafter Dodd zu seiner Überraschung in der „New York Herald-Tribune" einen Abschnitt aus seinem vertraulichen Brief an Außenminister Hull, worin er seinerzeit von der Anwesenheit eines amerikanischen Vertreters beim Nürnberger Parteitag abgeraten hatte. Das Blatt bezog sich außerdem auf ein Telegramm, das er diesmal mit dem gleichen Rat an das Außenamt geschickt hatte. Die Tatsache, daß das Department of State diese Veröffentlichung zugelassen hatte, war ein Zeichen, daß man die Meinung Botschafter Dodds in Regierungskreisen nicht eben hoch einschätzte.[59]

Außenminister Hull hat Bedenken gegen Botschafter Dodd

Als Botschafter Dodd am 4. August zu längerem Urlaub in Norfolk, Virginia, eintraf, erklärte er in einem Presse-Interview, es sei „das Hauptziel einiger europäischer Mächte, allenthalben die Demokratien einzuschüchtern, ja sogar zu zerstören". Bei einem aus anderem Anlaß im State Department gemachten Besuch sprach Botschafter Dieckhoff Außenminister Hull auf diese Äußerung Dodds an. Hull meinte, „daß das Hauptsteckenpferd von Dodd bekanntlich die Jeffersonsche Idealdemokratie und der Friede in der Welt sei; Dodd sei in dieser Beziehung ,somewhat insane' [etwas verrückt]. Im übrigen habe Dodd sicher kein bestimmtes Land im Auge gehabt."[60]

Am 31. August schrieb Dodd dem deutschen Außenminister, daß sich seine Äußerungen am 4. August „in keiner Weise auf Deutschland bezogen" hätten. Wenn er sich „überhaupt kritisch geäußert" habe, „dann über bestimmte in meinem eigenen Land geschehene Dinge".[61] Einige Wochen danach traf Botschafter Dieckhoff auf der „Europa" Sumner Welles, der sich von einer kurzen europäischen Reise auf der Rückfahrt befand. Im Gespräch kam die Rede auch auf Dodds Norfolker Interview, und Welles gab „unumwunden zu", ihm sei „Dodd ebenso unverständlich wie uns".[62] Am 1. Oktober unterrichtete Welles Botschafter Dieckhoff davon, daß der Präsident beschlossen habe, „Botschafter Dodd zum 1. Januar von seinem Posten abzuberufen". Er „werde demnächst noch einmal nach Berlin zurückkehren, aber nur um seine dortigen Angelegenheiten zu regeln".[63] Dodd selber drängte den Präsidenten, zu seinem Nachfolger Professor James T. Shotwell zu ernennen, „sowohl wegen seiner akademischen

Verbindungen, als auch wegen seines nationalen Rufes als Gelehrter".[64] Offenbar konnten nach Dodds Überzeugung nur Professoren den Posten eines Botschafters in Deutschland wirklich ausfüllen.

Der Präsident für eine Quarantäne der Angreifer

Es ist eine jahrhundertealte Erfahrung, daß Regierende in Zeiten großer wirtschaftlicher Schwierigkeiten durch eine gewagte Außenpolitik die Aufmerksamkeit von der Heimatfront auf ferne sturmbewölkte Horizonte abzulenken suchen. Nach der Meinung einiger Historiker hat Präsident Roosevelt, als er am 5. Oktober 1937 seine berühmte Quarantäne-Rede hielt, diesen Grundsatz befolgt. Daß er über den Wirtschaftsrückgang in den Vereinigten Staaten, der sich im Spätsommer 1937 deutlich zeigte, tief besorgt war, steht außer Zweifel. Nach einer Unterredung mit dem Präsidenten am 11. August vermerkte Botschafter Dodd in seinem Tagebuch, der Regierungschef sei „wegen der Kriegsgefahr und der andauernden Depression in den Vereinigten Staaten sehr beunruhigt".[65]

Von August bis Dezember 1937 sanken die Industrieproduktion um 27 Prozent und die Effektenkurse durchschnittlich um 37 Prozent. In den letzten zwei Monaten des Jahres wurden über 850.000 Industriearbeiter erwerbslos. Der Übergang von Prosperität zu Depression war „der härteste, den das Land in so kurzer Zeit jemals erlebt hatte".[66] Nach Professor Beard „überraschte und erschreckte der wirtschaftliche Niederbruch Präsident Roosevelt und seine Berater".[67]

Aber nicht nur die Wirtschaftskrise störte das innere Gleichgewicht. Die heftige Opposition, die sich gegen die Berufung Hugo L. Blacks in den obersten Gerichtshof erhob, als bekannt wurde, daß er einmal unter der Kutte des Ku-Klux-Klan gesteckt hatte, fügte den offenbaren Gefahren, die zur tiefen Beunruhigung vieler Ratgeber des Präsidenten an der inneren Front lauerten, eine weitere hinzu.

Dies alles jedoch beweist nicht, daß Roosevelt darauf verfallen sei, gegen die Aggressoren aufzutreten, weil er die Aufmerksamkeit der amerikanischen Öffentlichkeit vom Heimatschauplatz habe ablenken wollen. Schon im Januar 1933 war er der gegen die japanische Expansion in Nordchina angewandten Nichtanerkennungstheorie Stimsons zugeneigt gewesen. Im Oktober 1937 hatte sich Japan in der Mandschurei abermals weiter ausgebreitet, und Mussolinis Legionen hatten mit Abessinien ein Imperium erobert. Das Stimsonsche „Haltzeichen" war auf beide Bewegungen anwendbar, und es gab in Amerika viele Moralisten, die wünschten, daß der Präsident dieses Signal an jenen weiten Horizonten aufrichte und die Welt auffordere, sich dahinterzustellen. Es ist also durchaus vorstellbar, daß der Präsident gegen die „Aggressor-Nationen" auch dann Anklage erhoben hätte, wenn die inneramerikanische Situation normal gewesen wäre.

Wie dem auch sei – am 5. Oktober hielt der Präsident eine hochtönende Rede gegen all die bösen Nationen, die den Weltfrieden störten. Nachdem er darauf hingewiesen hatte, welche Verluste an Menschenleben und Eigentum jenseits der Meere ausbrechende Kriege zur Folge hätten, suchte er darzulegen, daß die Funken solcher Konflikte, wenn sie fortdauerten, auf Amerika übersprängen und hier die gleichen Verheerungen anrichten würden: „Möge sich niemand einbilden, daß Amerika davonkäme, daß die westliche Halbkugel nicht angegriffen werden würde!" Die Welt könne solange nicht gegen Angriffe gesichert werden, wie nicht „moralische Regeln von allen befolgt" würden. Diese Regeln würden offenbar weithin akzeptiert werden, wenn eine Organisation kollektiver Sicherheit geschaffen werden könnte, um sie durchzusetzen. Die einfachste und leichteste Maßnahme zu diesem Zweck wäre eine internationale Quarantäne für Aggressoren.[68]

Die amerikanische Meinung über die Quarantäne-Rede

Raymond Leslie Buell, der Vorsitzende der Foreign Policy Association in New York City, war gleich bei der Hand, die Rede des Präsidenten als Verwerfung der isolationistischen Anschauung zu loben, der Roosevelt seit 1933 gefolgt sei. Es sei zu hoffen, daß das Department of State eine „positive Außenpolitik" einschlagen werde.[69] Oswald Garrison Villard meinte, der Präsident habe „der Welt einen ungeheuren Dienst erwiesen". Die Zeit sei gekommen, wo er „die moralische Führung der Welt wieder übernehmen" sollte, „die Wilson preisgab, als er vor den ‚Peacemakers' (Friedensmachern) in Paris kapitulierte".[70] Nicholas Murray Butler rühmte die starken Worte Roosevelts und sprach die Hoffnung aus, daß ihnen die Aufstellung einer internationalen Polizeimacht folgen werde, die die Ordnung in der Welt aufrechterhalten könnte. Die „Narrheit" isolationistischer Politik werde nur von ihrer „Immoralität" übertroffen.[71]

Von der amerikanischen Tagespresse stimmten viele Blätter mit Villard und Butler überein. Das New Yorker „World-Telegram" erblickte in den Worten des Präsidenten „eine Mahnung und eine Warnung": die Mahnung, „daß wir nicht für uns allein leben können", und die Warnung, „daß der bloße Wunsch zur Erhaltung unserer Sicherheit nicht genügt".[72] Die „New York Daily News" hatten schon am 3. Oktober einer Flotten-Fernblockade Japans für den Fall das Wort geredet, daß es die Stellung der Westmächte in China bedrohen sollte. Jetzt bekräftigten sie die Quarantäne-Rede und gaben dem Leitartikel die bezeichnende Überschrift: „Sollen wir sie jetzt anpacken oder es später versuchen?"[73]

Die „Washington Post" stimmte in den Beifallchor ein. Der Präsident habe „seinen Ruf als einer der großen Führer der Menschheit ungeheuer gefestigt".[74] Ähnlich schrieb der „Washington Evening Star": „Seit Woodrow Wilsons Kongreßbotschaft im April 1917 sind keine vorausblickenderen Worte über die Lippen eines Präsidenten der Vereinigten Staaten gekommen ... Es sind die Worte, die in dieser kritischen Stunde von solcher Stelle gesprochen werden mußten."[75]

Im Mittelwesten hatten die „Chicago Daily News" „für die umfassende Allgemeingültigkeit" der Rede „nichts als Lob"[76], und der „St. Louis Globe-Democrat" pries die warnenden Worte des Präsidenten und meinte, man könne sich gewiß darauf verlassen, daß Außenminister Hull „einen sicheren Kurs steuere"[77]. Der „Cincinnati Enquirer" unterstützte den Gedanken, auf Aggressoren durch Sanktionen einen gemeinschaftlichen Druck auszuüben, wandte sich aber gegen einseitiges amerikanisches Handeln.[78]

An der pazifischen Küste fand die „San Francisco Chronicle" starke Worte des Lobes für die „gesunden" außenpolitischen Ansichten des Regierungschefs.[79] In ähnlichem Sinne schrieb die „Los Angeles Times": „Diese Chicagoer Rede sagt eindrucksvoll, was gesagt werden mußte, und spricht Warnungen aus, die ausgesprochen werden mußten."[80] Der „Portland Morning Oregonian" meinte, die Vereinigten Staaten dürften „ihrer Verantwortung nicht ausweichen", wenn sich die Großmächte, um die Aggressoren im Zaum zu halten, für Sanktionen entscheiden sollten.[81]

In allen diesen Landesteilen aber waren die ablehnenden Stimmen in der Mehrheit.

Die „New York Herald-Tribune" wandte sich scharf gegen jeden Gedanken, Sanktionen anzuwenden in dem Bemühen, den sogenannten Aggressor-Nationen Halt zu gebieten: „Vermutlich werden wir bald wissen, was der Präsident beabsichtigt. Man kann nur hoffen, daß sich gleichzeitig die Öffentlichkeit über die volle Bedeutung des Kurses klar werden wird, den einzuschlagen seine ruhelose und abenteuerliche Natur ihn nun treiben mag."[82]

Die New Yorker „Sun" fuhr schwerstes Geschütz auf: „Wenn Mr. Roosevelt nichts weiter gewollt hat, als seiner moralischen Entrüstung Ausdruck verleihen, so hat er eine unglückliche Art und eine unglückliche Zeit gewählt. Der Ton, den er anschlug, war großsprecherisch und anmaßend... Sicherlich nimmt er nicht an, daß die Vereinigten Staaten ihre eigenen Regeln politischer Moral anderen Nationen einfach auferlegen können, indem er ihnen rhetorisch einen Klaps auf die Hand gibt."[83]

Die kritischen Bemerkungen des „Boston Herald" über die Rede des Präsidenten hatten einen isolationistischen Einschlag: „Die Amerikaner sollten sich nicht – willentlich oder unwillentlich, gemeinsam mit anderen oder allein – auf einen neuen kostspieligen Versuch einlassen, die Welt zu reformieren."[84] Die „Boston Post" äußerte die Befürchtung, daß die Straße kollektiver Sicherheit „für uns gefährlich" sei[85], der „Philadelphia Inquirer" schrieb warnend, der Weg „eines aggressiven Friedensmachers" sei „mit Fallgruben versehen"[86], und das „Philadelphia Evening Bulletin" meinte, daß jeder Boykott Japans unklug und erfolglos wäre[87].

Im Mittelwesten führte den Sturm gegen die Quarantäne-Rede die „Chicago Tribune" an:

„Lockt die Politik Mr. Roosevelts nicht den Tag herbei, wo auch er keine andere Wahl haben könnte, als zu den Waffen zu greifen?"[88] Die „Detroit Free Press" bemerkte kritisch: „Bestenfalls wird wohl mit den Worten des Präsidenten nichts Gutes erreicht, was nicht durch ruhigere Methoden ebenso und auf weit weniger gefährliche Weise erreicht werden könnte."[89] Die „Minneapolis Tribune" fürchtete, die Quarantäne-Rede könnte zum Krieg führen: „Wenn wir nicht die Absicht haben, für den Benachteiligten zu kämpfen ... täten wir gut daran, die Gefahren zu vermeiden, die in der ständigen Dramatisierung der Lage des Benachteiligten ruhen."[90] Die Spokaner „Spokesman-Review" bemerkte ominös: „Diese beunruhigende Verkündigung kommt einer Kriegserklärung nahe"[91], und der „San Francisco Examiner" von der Hearst-Presse warnte vor kriegerischen Gesten mit den Worten: „Steck deinen Kopf nicht heraus, Uncle Sam."[92]

Die kirchliche Presse vermochte für die Vereinigten Staaten kein moralisches Gebot zu sehen, gegen die Angreifer-Nationen aufzutreten. So schrieb „America": „Die Bevölkerung der Vereinigten Staaten ist entschieden gegen Verwicklungen im Ausland."[93] Die „Catholic World" meinte, der Präsident mache sich lächerlich, wenn er sich einbilde „mit ein paar explosiven Phrasen" Deutschland, Italien und Japan einschüchtern zu können. Seine Sprache habe kriegerische Obertöne hören lassen, aber man möge bedenken, daß Uncle Sam in internationalen Beziehungen kein Narr mehr sei. Die alliierten Mächte hätten ihn „in einen Krieg gelockt, um die Welt für die Demokratie sicherzumachen", doch werde Sam auf diesen vertrockneten Köder nicht noch einmal anbeißen."[94] Auch „Ave Maria" lehnte entschieden jede Strömung auf einen Krieg hin ab und erinnerte daran, daß Amerika durch den Weltkrieg nichts gewonnen habe: „Wir haben nur unbezahlte Auslandsschulden zu unseren eigenen als Lohn für die Opfer vorzuweisen, die wir in Frankreich gebracht haben, um den Alliierten zum Siege zu verhelfen."[95] Das einflußreiche Organ der amerikanischen Protestanten, das „Christian Century", äußerte über die Politik des Präsidenten tiefes Mißtrauen und sprach die bemerkenswerte Prophezeiung aus, daß im Falle eines Krieges ein Sieg Chinas einen Sieg Rußlands bedeuten würde.[96]

Zwei wichtige die Geschäftswelt vertretende Blätter nahmen gegen die Teilnahme Amerikas an einem Krieg unumwunden Stellung. Das „Wall Street Journal" gab einem Leitartikel die auffallende Überschrift: „Schluß mit der Einmischung in fremde Angelegenheiten: Amerika braucht Frieden"[97], und die „Commercial and Financial Chronicle" schlug den gleichen Ton an: „Jeder Schritt, der uns in einen neuen Konflikt führen könnte, sollte unnachgiebig zurückgewiesen werden."[98]

Die Quarantäne-Rede und die deutsche Reichsregierung

Am 11. Oktober suchte der deutsche Botschafter in Washington, Dieckhoff, den amtierenden Außenminister, Sumner Welles, auf und bat ihn, nachdem beide einige Ansichten über den spanischen Bürgerkrieg ausgetauscht hatten, um eine „genaue Interpretierung" der Quarantäne-Rede. Als seine Antwort hat Welles aufgezeichnet, „es scheine mir kaum nötig, die Rede des Präsidenten zu interpretieren, da sie meiner Meinung nach für sich selbst spreche ... Ich sagte, der Präsident glaube ernstlich, daß alle die schwierigen Probleme, denen sich heute die Länder der Welt gegenübersähen, im Geiste freundschaftlichen Zusammenwirkens und durch gegenseitiges Verständnis für die Schwierigkeiten gelöst werden könnten und daß eine Dauerlösung niemals durch Gewalt zu erreichen sei."

Der Botschafter bemerkte nach Welles ‚Aufzeichnung' „dies sei genau die Auffassung, die er von der Rede gewonnen habe", und er „müsse sein Bedauern darüber aussprechen, daß die Presse in Deutschland wie auch ein Teil der Presse in den Vereinigten Staaten durch eine irrige und übertreibende Auslegung der Erklärung des Präsidenten zwischen den beiden Völkern noch mehr Übelwollen hervorzurufen suche".[99]

In seinen Berichten an das Auswärtige Amt hob Dieckhoff hervor, „daß der Ausbruch des Präsidenten in Chicago überwiegend, wenn nicht ausschließlich, gegen Japan gerichtet war, daß also an ein etwaiges Aktivwerden in europäischen Fragen nicht gedacht worden ist".[100]

Eine Woche später berichtete Dieckhoff, „die scharfe Pointierung" der Quarantäne-Rede habe „wahrscheinlich niemanden mehr überrascht als Herrn Hull" selbst. Der Entwurf habe nichts über eine „Quarantäne"-Androhung enthalten. „Diese Formulierungen stammten vom Präsidenten selbst" und seien „erst unmittelbar vor der Ankunft in Chicago" in den Text der Rede aufgenommen worden. Der Grund für den scharfen Ton und die Einfügung der Quarantäne-Drohung liege offenbar in der „Verschärfung des ostasiatischen Konflikts... Es steht fest, daß die Rede in Chicago ganz überwiegend gegen Japan gerichtet war... Die Aufnahme im Lande war vorherrschend ablehnend, das Kriegsgeschrei, das sofort von einigen Seiten angestimmt worden war, rief erhebliche Gegenwirkungen hervor, und es ist inzwischen recht still geworden."[101]

Die Washingtoner Berichte Dieckhoffs über die ungünstige Reaktion der amerikanischen Presse auf die Rede des Präsidenten erweckten in Hitler so starkes Interesse, daß er sich plötzlich entschloß, einen seiner persönlichen Freunde, Fritz Wiedemann, auf eine kurze amerikanische Reise zu schicken. Nach Botschafter Dieckhoff schaute sich Wiedemann „sehr gründlich um" und fuhr „mit sehr tiefen Eindrücken von Amerika" nach Deutschland zurück.[102] In Berlin sprach Prentiss Gilbert mit ihm. Er berichtete, Hitlers Sonderagent sei „über die deutschfeindlichen Gefühle erschrocken, die er überall in den Vereinigten Staaten bemerkt" habe, und er „wisse nicht, was er dem Reichskanzler", dem er direkt berichten werde, „an Schritten vorschlagen solle, die Deutschland zur Besserung der Lage tun könnte".[103]

Mussolinis Berliner Besuch und die amerikanische öffentliche Meinung

Einer der Gründe für die „deutschfeindlichen Gefühle" in den Vereinigten Staaten war die Furcht vor einem Komplott Hitlers und Mussolinis gegen den Weltfrieden. Brach ein zweiter Weltkrieg aus, so war die Möglichkeit, daß Amerika in ihn mit allen seinen Folgen an schweren Menschenverlusten und steigender Nationalschuld verwickelt werden würde, immer sehr groß. Deshalb waren die meisten Amerikaner von Herzen pazifistisch und beobachteten ängstlich die Bewegungen der ruhelosen europäischen Diktatoren.

Am 4. September wurde in Rom bekanntgegeben, daß Mussolini demnächst Berlin besuchen werde. Am 23. September begab sich der Duce, begleitet von drei Ministern und mit einem Gefolge von hundert Personen, auf die erste Etappe seiner Reise. Am 28. September in Berlin strömten dann auf dem Maifeld achthunderttausend Menschen zusammen und waren Zeuge des Schauspiels, wie Hitler und Mussolini Höflichkeiten austauschten. Mitten in der Rede Mussolinis brach ein schweres Gewitter los, und der Duce mußte fast ohne Begleitung, durchweicht vom Regen und erschöpft, den Weg zu seinem Wagen suchen.[104] Das Berliner Abenteuer zeigte schon jetzt seine ominöse Seite.

Die gesellschaftlichen Veranstaltungen während des Besuchs ließen Hitler und Mussolini wenig Zeit, sich politischen Angelegenheiten zu widmen. Aber wenn sie auch keine Verträge oder Abkommen schlossen, so wurde doch die Annäherung zwischen beiden Diktatoren bekräftigt und mit ihr alle gefährlichen Folgerungen, die sie in sich barg. Vermutlich war es dies, was Präsident Roosevelt beunruhigte und weshalb er seiner Chicagoer Rede vom 5. Oktober einen schärferen Ton gab.

Die amerikanische Presse nahm die Zusammenkunft der beiden Diktatoren sehr ernst. Das „Albuquerque Journal" meinte, „es könnte sein, daß die Welt mit der Begegnung dieser beiden starken Männer Zeuge einer der entscheidenden Ereignisse der Zeitgeschichte ist".[105] Die „Los Angeles Times" fürchtete, der Begegnung der Diktatoren könnte die Katastrophe folgen: „Niemand weiß, was in Berlin hinter den Kulissen vor sich gegangen ist. Es kann sich um einen neuen Krieg, einen neuen Eroberungszug, eine neue Machtzusammenballung handeln."[106] Die „Birmingham News" äußerten offen die Besorgnis, es sei möglich, daß es plötzlich Krieg gebe: „Diese beiden lauten Herren sind heute die größten individuellen Feinde des Friedens. Sie sind heute die schwerste Bedrohung des Friedens und der Sicherheit Europas und der Welt."[107] Die „Daily Times" in Chattanooga bemerkte: „Wenn auch Hitler und Mussolini kein Militärbündnis geschlossen haben, so hat doch Mussolini eine für jedes kritische Ereignis hinreichend wirksame Übereinstimmung erzielt."[108] Im Mittelwesten ging die „St. Louis Post-Dispatch" in einem Leitartikel „Die Götter lachen" mit der Schmähung Hitlers bis zum äußersten: „Die Götter müssen sich vor ironischem Gelächter gebogen haben, als sie Mussolini von Hitler als dem ‚Herold und Verteidiger der europäischen Kulturen gegen die zerstörenden Kräfte' reden hörten. Hitler verteidigt sein Land gegen die Poesie Heines und die Musik Mendelssohns... Im Namen der europäischen Kultur hat er die doppelte Ketzerei der Demokratie und der Freiheit zerschmettert ... Er hat die Universitäten zertrümmert und ihre größten Männer in das Elend der Verbannung geschickt ... Ja, Hitler ist der Verteidiger der europäischen Kulturen, der Kultur der Daumenschrauben und des Streckbetts, der Kultur ... der Dummheit und der Bestialität."[109]

Kein Wunder, daß Fritz Wiedemann über diesen extremen Ausdruck der amerikanischen Meinung über das Dritte Reich „erschrocken" war. Die amerikanische Öffentlichkeit war zum großen Teil vor Hitler und allem seinem Tun mit tiefem Argwohn und Abscheu erfüllt – eine Feindlichkeit, die nach München ihren Gipfel erreichte und der Politik Roosevelts, laut von der Bedeutung des Friedens zu reden und dabei den Weg zum Kriege zu gehen, breite Unterstützung lieh.

Kapitel XV

Neue Spannungen, neue Friedensbemühungen

W ährend Botschafter Dieckhoff das Auswärtige Amt zu überzeugen suchte, daß Roosevelt mit seiner Quarantäne-Rede vom 5. Oktober 1937 auf Japan und nicht auf Deutschland gezielt habe, tat der amerikanische Innenminister Ickes alles, den kritischen Nationalsozialisten zu beweisen, daß die Vereinigten Staaten der Hitlerschen Regierung ein für allemal und unter allen Umständen feindlich gesinnt seien.

Kein Heliumgas für die Zeppelinluftschiffe

Anfang 1937 begann sich das amerikanische Handelsministerium sehr für die Förderung des Luftschiffverkehrs zu interessieren. Deutsche Forscher und Techniker hatten ihn mit dem lenkbaren Luftschiff „Hindenburg" als Versuchsfahrzeug zu einem hohen Grade praktischer Verwirklichung entwickelt. Am 3. Februar schrieb der Gehilfe des Handelsministers, Oberst Johnson, dem Gehilfen des Außenministers, Walton Moore, daß im Weißen Haus die Frage vermehrter Flüge der „Hindenburg" nach und von den Vereinigten Staaten erörtert worden sei: „Die Reaktion dort ist günstig." In Anbetracht dessen sei das Handelsministerium bereit, einem deutschen Ersuchen „um Genehmigung einer vernünftigen Anzahl Flüge, etwa von zehn bis zwölf", zu entsprechen. Am 17. Februar erteilte das Ministerium „die Erlaubnis, mit der ‚Hindenburg' zwischen Frankfurt a. M., Deutschland, und Lakehurst, New Jersey, bis zu achtzehn Hin- und Rückflüge zu unternehmen". Als die „Hindenburg" am 6. Mai bei der Landung in Lakehurst explodierte und verbrannte, hatte sie den ersten der genehmigten Flüge zurückgelegt.[1]

Handelsminister Roper war von dem Unglück tief erschüttert. Er gab am 12. Mai an die Presse die Mitteilung, daß man „einen Plan ausarbeiten" werde, „wodurch von unsern Vorräten für den Welthandelsbedarf Heliumgas verfügbar gemacht werden kann,... ohne daß wir irgendwie unsere Friedenspolitik preisgeben".[2] Am folgenden Tag erklärte Oberst Johnson, es sei „hinsichtlich der Freigabe von Helium zur Verwendung außerhalb unserer Grenzen eine Modifikation unserer nationalen Politik" zu erwarten.[3]

Präsident Roosevelt handelte in dieser Angelegenheit unverzüglich und ernannte einen fünfköpfigen Kabinettsausschuß mit der Aufgabe, „für den Verkauf und die Ausfuhr von Heliumgas eine entsprechende Politik zu formulieren und zu empfehlen". Am 25. Mai richtete dieses Komitee, das sich aus den Ministern für Auswärtiges, Krieg, Marine, Handel und

Inneres zusammensetzte, an den Präsidenten einen Brief, worin es feststellte, daß die Heliumvorräte der Vereinigten Staaten „für viele Jahre ausreichen". Es empfehle daher, die Regierung zu ermächtigen, „zum Betrieb von Handelsfahrzeugen leichter als Luft zwischen den Vereinigten Staaten und ändern Ländern Heliumgas sowohl im Inland zu verkaufen als auch zu exportieren". Man glaube, daß bei diesen Verkäufen Vorkehrungen getroffen werden könnten, „durch die sich verhindern ließe, daß fremde Länder Helium für militärische Zwecke verwenden".[4]

Am 1. September 1937 nahm der Kongreß das entsprechende Heliumgesetz an. Es erlaubte die Ausfuhr von Heliumgas zum Gebrauch „in Handelsluftschiffen, die zwischen den Vereinigten Staaten und einem fremden Land verkehren". Der Verkauf bedurfte der Genehmigung des National Munitions Control Board. Diese Aufsichtsbehörde wurde gebildet von den Ministern für Äußeres, Finanzen, Krieg, Flotte und Handel. Außerdem schrieb das Gesetz als besondere Sicherung gegen jede nicht ratsame Abgabe von Heliumgas die Zustimmung des Innenministers vor. Am 3. September traten für den Export von Heliumgas Ausführungsbestimmungen in Kraft.

Gemäß dieser Verordnung beantragte die Zeppelin-Gesellschaft durch ihren Vertreter, die American Zeppelin Transport, Inc., beim Außenminister eine Zuteilung von 17.900.000 Kubikfuß Heliumgas. Am 23. November 1937 genehmigte der Außenminister „mit einhelliger Billigung aller Mitglieder des National Munitions Control Board und des Innenministers" diesen Antrag. Am 31. Januar 1938 erhielt die American Zeppelin Transport, Inc., die Lizenz zur Ausfuhr von 2.600.000 Kubikfuß Heliumgas. Darauf unterbreitete die Gesellschaft dem Innenminister einen Vertrag über den Einkauf von 10.000.000 Kubikfuß Heliumgas und hinterlegte gleichzeitig einen Scheck über die zur Regelung der Verkäufe erforderlichen 76.850 Dollar. Damit waren alle Förmlichkeiten erfüllt, und die Gesellschaft wurde „von Beamten des Innenministeriums unterrichtet, daß der Kontrakt binnen weniger Tage zur Unterzeichnung fertig sein werde".[5]

Nach Empfang dieser Zusicherung schickte die American Zeppelin Transport, Inc., ein Schiff mit leeren Gasbehältern nach Houston in Texas, um die versprochene Menge Helium abzuholen. Indessen, eben damals zeigte sich, daß Deutschland gegen Österreich Angriffsabsichten hegte, und damit nahm die ganze Angelegenheit des Heliumgasverkaufs ein politisches Aussehen an. Die Abgeordneten Bruce Barton, John M. O'Connell, Donald L. O'Toole, Alfred N. Phillips, James G. Polk und Mark Wilcox erhoben gegen den Verkauf von Helium an irgendeine deutsche Agentur Einspruch mit der Begründung, daß dadurch „der verfügbare Heliumvorrat für ein Jahr erschöpft und infolgedessen die nationale Verteidigung gefährdet werden würde".

Der Kriegsminister, Admiral Leahy, und eine Reihe von Sachverständigen des Kriegs- und des Marineministeriums äußerten gutachtlich, es sei „undenkbar, daß die deutsche Regierung die Verwendung von Heliumgas zu Bombenangriffen in Betracht ziehe oder daß sie eine solche Absicht ausführen könnte". Mit dem Hinweis hierauf erklärte der Sekretär des National Munitions Control Board, „die jüngste Entwicklung der europäischen Lage" berühre „nicht die fundamentalen Fragen, um die es sich in dem vorliegenden Fall handelt ... Wir würden uns der Beschuldigung eines Verstoßes gegen Treu und Glauben aussetzen, wenn wir uns jetzt weigerten, den beantragten Export zu genehmigen, oder wenn wir indirekte Mittel anwendeten, den beantragten Export unmöglich zu machen, und beispielsweise von dem Käufer eine unmäßige Bürgschaft verlangten."[6]

Dem Vorwurf „eines Verstoßes gegen Treu und Glauben" wurde aller Grund gegeben durch eben die „indirekten Mittel", die Mr. Green befürchtet hatte. Am 31. März erschienen ergänzende Ausführungsbestimmungen, die „sowohl die Ausstellung einer Schuldverschreibung zur Garantie dafür" vorschrieben, „daß das Helium nicht für Kriegszwecke benutzt werde, als auch eine von amerikanischen Offizieren in Deutschland auszuübende Kontrolle der Verwendung des Heliums". Das deutsche Auswärtige Amt beklagte sich bei Botschafter Hugh Wilson, „daß beide Bedingungen unannehmbar seien, weil sie die Aufrichtigkeit der deutschen Regierung in Zweifel zögen". Wilson fügte seinem Bericht hierüber hinzu, die deutsche Regierung sei „ehrlich davon überzeugt, daß die neuen Bestimmungen eine unfaire Abkehr von der ursprünglichen Vereinbarung darstellten". Er fürchte, die neue Regelung werde „so tiefe Verbitterung" hervorrufen, daß es künftig schwierig sein werde, „amerikanischen Personen und Interessen in Deutschland wirksamen Schutz und faire Behandlung zu sichern".[7]

Sobald Hugo Eckener, der Genius der Deutschen Zeppelingesellschaft, von den Bestimmungen vom 31. März erfahren hatte, schickte er Präsident Roosevelt ein Telegramm, worin er hervorhob, daß es nach der übereinstimmenden Meinung aller deutschen Sachverständigen für ein von Helium getragenes Luftschiff „absolut unmöglich" sei, militärische Operationen auszuführen. Er bitte deshalb den Präsidenten, in die schwebende Exportangelegenheit sofort entsprechend einzugreifen.[8]

Eine Krise in den deutsch-amerikanischen Beziehungen schien unvermeidlich, und viele führende Deutsche fragten sich mit Sorge, was wohl geschehen werde. Nach dem Bericht eines maßgebenden amerikanischen Beobachters, der kurz vorher Deutschland besucht hatte, war Hitler „über die Beziehungen zwischen Deutschland und den Vereinigten Staaten und die Verbreitung der in Amerika gegen ihn im besonderen und die Reichsregierung im allgemeinen gerichteten Gefühle äußerst beunruhigt".[9]

Innenminister Ickes teilte die in Amerika um sich greifende heftige Abneigung gegen Hitler, und es war seine Weigerung, irgendeinen Vertrag über den Verkauf von Heliumgas nach Deutschland zu genehmigen, was die Hoffnungen Hugo Eckeners erschütterte. Die Zeitschrift „American Aviation" befaßte sich in einem Leitartikel mit den neuen Bestimmungen, die die Hinterlegung einer Bürgschaft für den nichtmilitärischen Gebrauch gekauften Heliums verlangten, und schrieb: „Wie eine heimische Agentur dafür bürgen kann, daß eine ausländische Regierung in Kriegszeiten kein Helium beschlagnahmen würde, das zu begreifen gehört zu den Dingen, die über menschlichen Verstand hinausgehen. Die Ironie in der ganzen Heliumsache ist, daß Innenminister Ickes von der Annahme ausgeht, Helium für Fahrzeuge leichter als Luft habe militärischen Wert, während andererseits das Marineministerium dem lenkbaren Luftschiff jede militärische Bedeutung abspricht."[10]

Am 27. April stellte das Büro des National Munitions Control Board in einer Denkschrift unumwunden fest, alle dem Amt zugänglichen Unterlagen sprächen dafür, daß weder die Deutsche Zeppelingesellschaft noch die deutsche Regierung „irgendeine Absicht hat, von der oben erwähnten Zuteilung zu exportierenden Heliums etwas zu anderen Zwecken zu gebrauchen als zur Füllung des Luftschiffes LZ 130 für den Handelsverkehr zwischen Deutschland und den Vereinigten Staaten".[11]

Während eines Gesprächs mit Botschafter Wilson am 28. April äußerte sich General Göring „tief erregt und unverblümt" über die Heliumsache. Die Änderung der amerikanischen Haltung in der Angelegenheit des Verkaufs von Heliumgas an die Deutsche Zeppelingesellschaft „könne nur als absichtliche Unfreundlichkeit der amerikanischen Regierung" ausgelegt werden. Die Beziehungen zwischen Deutschland und den Vereinigten Staaten seien „auf den niedrigstmöglichen Stand heruntergedrückt worden, und das über eine Sache, die für beide Nationen von geringer Bedeutung sei. Er sagte: ‚Ich vermag nicht zu begreifen, was eine Nation dazu veranlassen kann, sich wegen einer solchen Kleinigkeit die Feindschaft einer anderen zuzuziehen.'... Wenn man kein Helium bekommen könne, werde das deutsche Volk diese Haltung Amerikas nicht vergessen."[12]

Im Mai unternahm die deutsche Regierung eine letzte Anstrengung, die Lieferung von Heliumgas zu sichern, und sandte Dr. Eckener zu Verhandlungen mit den Behörden nach Amerika. Am 21. Mai wurden Botschafter Dieckhoff und Dr. Eckener von Roosevelt empfangen. Der Präsident war nach dem Bericht Dieckhoffs „sichtlich verlegen", begrüßte die Besucher „überfreundlich" und sagte, „er stehe durchaus auf dem Standpunkt, daß uns Helium geliefert werden sollte". Leider könne er sich über die Gesetzesvorschriften, die die Zustimmung des Innenministers verlangten, nicht hinwegsetzen, doch werde die Frage des Verkaufs von Helium an Deutschland „weiter erwogen, und es bestehe Hoffnung, daß sie für uns befriedigend geregelt werde".[13]

Diese „Hoffnung" erfüllte sich nie, nie wurde das Heliumgas nach Deutschland verschifft. Am 14. Mai hatte Botschafter Wilson berichtet, daß sich „in den deutschen Kreisen, wo man über unsere Entscheidung in der Heliumsache Bescheid weiß", eine „sehr starke" Amerikafeindlichkeit bemerkbar mache. Offenbar jedoch sei „der deutschen Presse Zurückhaltung auferlegt" worden, und das Auswärtige Amt sei anscheinend um Amerikas Wohlwollen bemüht.[14] Eine Woche danach berichtete Wilson Außenminister Hull, daß Hitler persönlich „die ständige Spannung in den deutsch-amerikanischen Beziehungen" untersuche, um eine Grundlage für eine „Annäherung" zu finden. Es verlaute, daß der Reichskanzler erwäge, sich unmittelbar an den Präsidenten zu wenden und eine gemeinschaftliche Anstrengung zur Ausräumung der schwebenden „Streitfragen" vorzuschlagen.[15] Dem mußten Schritte zur Zügelung gewisser deutscher Organisationen in den Vereinigten Staaten vorausgehen. Hitler war bereit, sie zu tun.

Hitler rückt offiziell vom Amerikadeutschen Volksbund ab

Im Verlauf des Jahres 1937 rief die Tätigkeit des Deutschamerikanischen Bundes bei der Regierung Roosevelts wachsende Besorgnis hervor. Am 2. Oktober suchte der amerikanische Geschäftsträger in Berlin, Prentiss Gilbert, Ministerialdirektor Weizsäcker auf, den Leiter der Politischen Abteilung des Auswärtigen Amtes, „um sich über die empfindlichen und störenden Rückwirkungen auf die deutsch-amerikanischen Beziehungen auszusprechen, welche von dem Verhalten der Deutschen in den Vereinigten Staaten ausgehe ... Deutsche in braunen Uniformen und ‚antidemokratische Äußerungen' deutscher Staatsangehöriger riefen unter den Amerikanern Nervosität und Unruhe hervor." Man sei weiterhin besorgt wegen der Möglichkeit „deutschen Dreinredens in die innere amerikanische Politik".[16]

Es war das nicht der erste Protest gegen die Tätigkeit deutscher Staatsangehöriger in den Vereinigten Staaten. Schon im Jahre 1935 hatten die „Freunde des Neuen Deutschlands" an der Förderung engeren Einvernehmens zwischen den Deutschamerikanern und dem „Neuen Deutschland" Hitlers hervorragenden Anteil genommen. Ihre Aktivität hatte zu einem Protest des State Department geführt mit dem Ergebnis, daß die deutschen Staatsangehörigen in Amerika angewiesen wurden, auf die Mitgliedschaft in dieser Organisation zu verzichten, damit sie als eine rein amerikanische Organisation erscheine. Daraufhin lösten die „Freunde des Neuen Deutschlands" ihre Organisation auf und bildeten eine neue unter dem Titel „Amerikadeutscher Volksbund".

Damit stand die Wilhelmstraße vor der Frage, ob nun die deutschen Staatsangehörigen in Amerika aufgefordert werden sollten, aus diesem „Bund" auszutreten. Die Nordamerikanische Abteilung des Auswärtigen Amtes sprach sich in einer am 11. Oktober verfaßten Denkschrift dafür aus und empfahl „die Gründung einer rein auf kulturelle Ziele abgestellten Organisation", etwa nach dem Muster der italienischen Dante-Alighieri-Association.[17]

Der Rat, alle Verbindungen zwischen deutschen Staatsangehörigen und dem amerikadeutschen Bund zu lösen, wurde von dem früheren amerikanischen Botschafter in Berlin, Jacob G. Schurman, unterstützt. Er hatte im November 1937 eine lange Unterredung mit Botschafter Dieckhoff, in deren Verlauf er die Befürchtung äußerte, daß die Tätigkeit gewisser deutscher Staatsangehöriger in den Vereinigten Staaten zu beträchtlichen Spannungen führen könnte. Dieckhoff versicherte ihm, „wir [die deutsche Regierung]... vermieden es aufs peinlichste, uns irgendwie in die politischen Angelegenheiten amerikanischer Bürger, auch amerikanischer Bürger deutschen Blutes, einzumischen. Das einzige, was wir von den amerikanischen Bürgern deutschen Blutes erwarteten, sei ein Interesse an ihrem kulturellen deutschen Erbgut, insbesondere an ihrer deutschen Sprache." Schurman erwiderte, er glaube nicht, daß sich „gewisse deutschamerikanische Gruppen" „auf rein kulturelle Dinge" beschränkten. In einigen Fällen hätten sie sich „zum Vorkämpfer deutscher politischer Weltanschauung auf amerikanischem Boden aufgeworfen" und den Eindruck erweckt, daß sie in deutschem Auftrag handelten. „Jeder Amerikaner, gleichviel wo er politisch stehe, müsse sich gegen eine solche Ingerenz zur Wehr setzen."

In seinem Bericht über dieses Gespräch an das Auswärtige Amt kritisierte Dieckhoff scharf die „törichten und geräuschvollen Versuche einer Handvoll Deutschamerikaner, nämlich des Amerikadeutschen Volksbundes,... hier deutschen Nationalsozialismus zu predigen". Wenn die deutsche Regierung nicht klar zum Ausdruck bringe, daß sie „dieses Treiben" nicht unterstütze, würden die Beziehungen Deutschlands zu den Vereinigten Staaten „aufs ernsteste belastet" werden.[18]

Am 20. Dezember schrieb Dieckhoff abermals über die deutsch-amerikanischen Beziehungen an das Auswärtige Amt. Sie hätten sich „während der letzten sieben Monate" nicht gebessert. Einer der Hauptgründe für das kühle Verhältnis sei die „zunehmende Tätigkeit ... des Amerikadeutschen Volksbundes in den Vereinigten Staaten". Es könne „nicht bestritten werden, daß unsere [die deutsche] Position in den Vereinigten Staaten hierdurch schwieriger geworden ist".[19]

Staatssekretär Mackensen versicherte Botschafter Dieckhoff, das Auswärtige Amt verfolge „mit besorgter Aufmerksamkeit die Angriffe der Presse und offiziellen Stellen ... gegen eine angebliche Einmischung des Reichs in inneramerikanische Verhältnisse". „Jeder Schriftverkehr zwischen deutschen Amts- und Parteistellen und dem... Amerikadeutschen Volksbund" sei „abgestoppt" worden.[20]

Anfang Januar 1938 warnte Botschafter Dieckhoff wieder vor der unglückseligen Wirkung des Amerikadeutschen Volksbundes auf die diplomatischen Beziehungen. Der Bund habe „durch sein Programm, durch seine Umzüge in Uniform, durch seine Flagge, die identisch ist mit der Flagge des Deutschen Reiches, durch seine Sommerlager" und durch vieles andere „im ganzen Lande" den Eindruck hervorgerufen, daß er „auf eine Einführung einer autoritären Regierungsform in Amerika bedacht sei". „Jede politische Verbindung zwischen irgendwelchen Stellen in Deutschland und dem Deutschamerikanertum" müsse, „falls sie bestehen sollte, abgebrochen werden". Die Methoden des Bundes seien geeignet, „in die Beziehungen zwischen den Vereinigten Staaten und Deutschland Schwierigkeiten und Mißstimmung hineinzutragen". Man sollte im Auswärtigen Amt alle durch den Amerikadeutschen Volksbund entstandenen Fragen sorgfältig prüfen.[21]

Auf diese Berichte Dieckhoffs hin führte das Auswärtige Amt mit der Auslandsorganisation eine Vereinbarung herbei, auf Grund deren der Leiter der Auslandsorganisation neuerlich darauf hinweisen würde, „daß Reichsdeutsche dem Amerikadeutschen Volksbund nicht angehören dürfen". Mit dieser, durch eine halbamtliche Erklärung des DNB bekanntzugebenden Maßnahme sollte „der amerikanischen Regierung und der nordamerikanischen Öffentlichkeit gezeigt" werden, „daß deutscherseits in keiner Weise beabsichtigt sei, sich in die innerpolitischen Verhältnisse Amerikas einzumischen".[22] Am 10. Februar wurde Botschafter Dieckhoff entsprechend unterrichtet und gebeten, die amerikanische Regierung von der Maßnahme in Kenntnis zu setzen „und dabei darauf hinzuweisen, daß wir auch hiermit den in der amerikanischen Öffentlichkeit bestehenden Eindruck zu beseitigen suchen, uns in amerikanische Verhältnisse einmischen zu wollen".[23]

Unterdessen war es zu einer ziemlich langen Unterredung zwischen dem amerikanischen Geschäftsträger in Berlin, Prentiss Gilbert, und Dr. Schacht gekommen. Schacht leitete seine Ausführungen mit einigen Worten hohen Lobes für Hitler ein. Er stellte ihn als „einen Mann mit gesunden Grundsätzen" dar, „auf den das deutsche Volk sein ganzes Vertrauen setze". Darauf sagte er, so berichtet Gilbert weiter, es habe ihn sehr überrascht, daß die Tätigkeit von Mitgliedern des Amerikadeutschen Volksbundes in den Vereinigten Staaten solche Besorgnisse errege. Neurath habe doch in Stuttgart mit aller Entschiedenheit erklärt, daß „die deutsche Regierung nur an deutschen Staatsbürgern im Ausland interessiert sei". Gilbert erwiderte, „die amerikanische Bevölkerung sei nicht überzeugt", daß sich die Tätigkeit der Auslandsorganisation „auf deutsche Bürger beschränke". Es sei für die deutsche Regierung ratsam, die Lage zu klären.[24]

Kurz nach dieser Unterredung mit Dr. Schacht nahm Gilbert an einem vom Auswärtigen Amt gegebenen Essen teil und wurde zu seiner Überraschung von dem Leiter der Auslandsorganisation, Dr. E.W. Bohle, ins Gespräch gezogen. Bohle drückte seine Besorgnis aus „über die Feindlichkeit der amerikanischen öffentlichen Meinung gegenüber Deutschland und erklärte, er bestehe aus diesem Grunde darauf, daß sich deutsche Bürger in den Vereinigten Staaten jeder nationalsozialistischen Agitation enthielten". Gilbert meinte hierzu in seinem Bericht, dieser Vorgang scheine zu verraten, daß man auf der Seite der deutschen Regierung um bessere Beziehungen zu den Vereinigten Staaten „ängstlich bemüht" sei. Der neue Vierjahresplan Hitlers zur Stärkung der inneren deutschen Wirtschaft hänge teilweise von einer Erweiterung des Handels mit den Vereinigten Staaten ab, einem nur auf der Grundlage freundschaftlichen Einvernehmens zwischen beiden Ländern erreichbaren Ziel.[25]

Indessen, ein solches Einvernehmen war nur möglich, wenn sich die amerikanische Meinung über Deutschland tief wandelte. Am 14. April schrieb Botschafter Dieckhoff Außenminister Ribbentrop persönlich, „die Stimmung in den Vereinigten Staaten gegenüber Deutschland" sei „schlecht". Die deutsche Regierung müsse sich „noch mehr als bisher bemühen ... sie günstiger zu gestalten".[26] Als sich Ribbentrop in einem Gespräch mit Botschafter Wilson am 29. April über die Feindlichkeit der amerikanischen Presse beklagte, meinte Wilson nach der Aufzeichnung Ribbentrops, daß „vor allem die Presse an der Ostküste, die von den Banken und Konzernen abhänge, Deutschland feindlich gestimmt" sei. Im übrigen herrsche unter der amerikanischen Bevölkerung „ebensoviel Sympathie für Deutschland". Worauf Ribbentrop bemerkte, auch die Deutschen hegten für die Amerikaner „Hochachtung und Sympathie".[27]

Botschafter Dieckhoff aber entdeckte in Amerika wenig Sympathie für Deutschland. Im Juli 1938, wenige Monate vor seiner Rückkehr[28], bemerkte er zu Außenminister Hull mit Bitterkeit, daß die Beziehungen zwischen den Vereinigten Staaten und dem Reich seit seiner Ankunft in Washington nur schlechter geworden seien. Hull erwiderte spitz, das Verhältnis zwischen den beiden Ländern wäre besser, wenn Deutschland das von den Vereinigten Staaten verfolgte Programm übernähme: gleiche Möglichkeiten für alle Nationen, gerechter Umgang miteinander und Nichteinmischung in die inneren Angelegenheiten anderer Länder. Im Gegensatz zur amerikanischen Praxis des gerechten Umganges miteinander habe die deutsche Regierung vor kurzem bekanntgegeben, daß sie die Auslandsschulden Österreichs nicht anerkenne. Es bedeute dies doch wohl, daß Deutschland, nachdem es sich Österreich einverleibt habe, die Schulden Österreichs eher für gelöscht erklären als bezahlen werde. Dieses Beispiel von Mißachtung fundamentaler Grundsätze zusammen mit anderen Verstößen gegen Treu und Glauben hätte in den Vereinigten Staaten eine so starke Strömung der Abneigung hervorgerufen, daß es für ihn und den Präsidenten schwierig sei, sie in der Hoffnung auf freundschaftliche Beziehungen zwischen den beiden Nationen zurückzudämmen.[29]

Es war Dieckhoff klar, daß die deutsche versöhnliche Geste in der Angelegenheit des Amerikadeutschen Volksbundes im Department of State keine günstigere Atmosphäre erzeugt hatte. Wollte Deutschland die amerikanische Freundschaft gewinnen, so mußte es jede Hoffnung auf Expansion durch Militärgewalt oder durch „Einmischung in die inneren Angelegenheiten anderer Länder" aufgeben. Der Versailler Vertrag hatte die politische Struktur Europas „eingefroren". Jeder Versuch, sie durch die Reibung bewaffneten Drucks aufzutauen, mußte die starke Mißbilligung Amerikas hervorrufen. Frieden war die Leidenschaft des Präsidenten, und er erwartete von anderen Nationen, daß sie etwas von dem gleichen Eifer bekundeten. Jeder Gedanke an Angriff mußte ihm tief zuwider sein. Im November 1937 hatte Hitler den Plan für die Wiedervereinigung mit Österreich fertig. Die erfolgreiche Ausführung traf die deutsch-amerikanischen Beziehungen aufs tiefste.

Die österreichische Unabhängigkeit in der Schwebe

Hitler enthüllte seine Absicht, Österreich mit dem Reich wieder zu vereinigen, als Teil eines weitgreifenden Expansionsplanes am 5. November 1937 in einer Geheimsitzung in der Reichskanzlei, zu der er Kriegsminister Generalfeldmarschall Werner v. Blomberg, die Oberbefehlshaber der drei Wehrmachtteile, Generaloberst Freiherrn Werner v. Fritsch, Admiral Erich Raeder und Generaloberst Hermann Göring sowie Außenminister Konstantin Freiherrn v. Neurath zusammengerufen hatte. Anwesend war noch Hitlers Wehrmachtadjutant, Oberst Hoßbach, als Protokollführer. Hitler legte die Probleme dar, denen sich Deutschland gegenübersehe. Die Zukunft des Reichs könne weder durch Autarkie noch durch Erweiterung des Außenhandels gesichert werden. Das deutsche Volk brauchte „Lebensraum", und den müsse es durch Eroberung geeigneter Gebiete erlangen. „Zur Lösung der deutschen Frage gebe es nur den Weg der Gewalt." Dieser Angriffskrieg müsse spätestens in der Zeit zwischen 1943 und 1945 geführt werden. Der Augenblick zum Handeln gegen die Tschechoslowakei sei schon eher gekommen, wenn die „sozialen Spannungen in Frankreich" zu einer Krise führen sollten, die die Schlagkraft der französischen Armee ernstlich verringern würde, oder wenn Frankreich durch einen Krieg mit einem anderen Staat Deutschland gegenüber „gefesselt" wäre.

In jedem Fall einer kriegerischen Verwicklung müsse das „erste Ziel sein, die Tschechei und gleichzeitig Österreich niederzuwerfen". Dieser allgemeine Plan war modifizierbar. Als Hitler die Zeit zum Handeln gekommen glaubte, gab er der Vereinigung mit Österreich den Vorrang, obwohl die Tschechoslowakei als die reichere Beute galt.

Schließlich könnte sich eine frühere Gelegenheit zum Losschlagen, vielleicht schon im Sommer 1938, aus einem englisch-französischen Angriff auf Italien wegen dessen Intervention im spanischen Bürgerkrieg ergeben.[30]

Botschafter Bullitt hat einige wichtige Unterredungen

Einige Tage nach dieser Geheimbesprechung in der Reichskanzlei unternahm Botschafter Bullitt eine Informationsreise nach Polen und Deutschland, um herauszufinden, ob das Schiff des europäischen Friedens etwa auf die verborgenen Klippen von Mißverständnissen aufzulaufen drohe.

In Warschau hielt er sich vom 14. bis zum 17. November 1937 auf und führte Gespräche mit einer Reihe maßgebender polnischer Politiker. Ministerpräsident Oberst Beck vertraute ihm an, er glaube, daß Deutschland „in nächster Zukunft etwas gegen die Tschechoslowakei unternehmen werde … Er wie auch Marschall Rydz-Smigly meinte, daß Frankreich nicht eingreifen werde, um die Tschechoslowakei zu retten … Ich [Bullitt] pflichtete dieser Ansicht nicht bei, denn ich glaube, daß Frankreich im gegenwärtigen Augenblick sofort mobilmachen würde, wenn Deutschland, direkt oder durch die Deutschen Böhmens, die Tschechoslowakei angriffe. Wie lange dieser Geist im französischen Kabinett vorherrschen mag, weiß ich nicht … Ich fragte Beck, wie sich Polen verhielte, falls Frankreich wegen eines deutschen Angriffs auf die Tschechoslowakei mit Deutschland in einen Krieg verwickelt werden sollte. Beck antwortete, daß Polen in diesem von mir hypothetisch angenommenen Fall… bestimmt nicht marschieren würde … Polen ließe sich unter keinen Umständen in die Verteidigung französischer Satelliten hineinziehen, am wenigsten wegen der Tschechoslowakei … Bei Besprechung der Danziger Frage sagte Beck, Hitler persönlich habe dem polnischen Botschafter in Berlin, Lipski, aufs bestimmteste versichert, es liege ihm zu sehr an guten Beziehungen Deutschlands zu Polen, als daß er den Deutschen in Danzig Dinge erlauben würde, die Polen unmöglich hinnehmen könnte."

Von Warschau begab sich Bullitt nach Berlin. Auch hier hatte er eine Reihe von Unterredungen mit Regierungsvertretern. Neurath versicherte ihm, „daß Deutschland sicherlich Frieden wünsche. Was Frankreich angehe, so gebe es zwischen Deutschland und Frankreich nicht die geringste offene Frage … Wirtschaftlich ergänzten beide Länder einander vollkommen, und es sei kein Grund zu sehen, weshalb es zwischen ihnen zu einem Handelskonflikt kommen sollte … Überdies hätten die Franzosen klargemacht, daß sie bereit seien, die ihnen durch den Versailler Vertrag zugewiesenen Schutzgebiete zurückzugeben, vorausgesetzt, daß England den gleichen Kurs einschlüge … Er fürchte, daß sich die Briten in der Sache der deutschen Schutzgebiete äußerst halsstarrig zeigen würden. Zusammenfassend sagte Neurath zu mir: „Sagen Sie Ihren französischen Freunden, daß wir durchaus bereit sind, zu ihnen die bestmöglichen Beziehungen herzustellen."

Dr. Schacht fand der Botschafter skeptischer. Er habe sich gedrängt gefühlt, von der „unbedingten Notwendigkeit" zu sprechen, „etwas für die Sicherung des europäischen Friedens zu unternehmen, ehe der Krieg ausbreche, auf den der Kontinent zutreibe". Hitler sei „entschlossen, schließlich Österreich zu bekommen und für die Deutschen in Böhmen mindestens Autonomie zu erhalten". Der einzige Weg, „auf dem er Frieden zu sehen vermöge, seien direkte Verhandlungen zwischen Frankreich und Deutschland".

General Göring war sehr mitteilsam. Wie Neurath und Schacht meinte auch er, daß es zwischen Frankreich und Deutschland keinen wirklichen Streit gebe. Dann verbreitete er sich ausführlich über viele der deutschen Probleme: „Ich fragte Göring, ob… Deutschland absolut entschlossen sei, Österreich dem Reich anzugliedern. Er antwortete, es sei das eine absolute Entscheidung der deutschen Regierung… Deutschland würde keine andere Lösung dulden als die Vereinigung Österreichs mit dem Reich… Ich fragte Göring, ob sich die deutsche Regierung

Franklin D. Roosevelt (US-Präsident 1933–1945) mit seiner Frau

*Bernard M. Baruch (US-Finanzier und Berater Roosevelts, l.)
und Winston Churchill (britischer Premierminister 1940–1945)*

Adolf Hitler (deutscher Reichskanzler)

Josef Beck,
polnischer Außenminister 1932–1939

Eduard Benesch, Präsident
der Tschechoslowakischen Republik 1935–1938

Georges Bonnet,
französischer Außenminister 1938–1939

Wiliam C. Bullitt,
amerikanischer Botschafter in Paris 1936–1940

*Alexander Cadogan,
britischer Unterstaatssekretär*

*Graf Galeazzo Ciano di Cortellazzo,
italienischer Außenminister 1936–1943*

*Edouard Daladier,
französischer Ministerpräsident 1938–1940*

*Joseph E. Davies,
amerikanischer Botschafter in Moskau*

Norman Davis,
amerikanischer Diplomat

Hans Heinrich Dieckhoff, deutscher Botschafter
in Washington 1937–1941

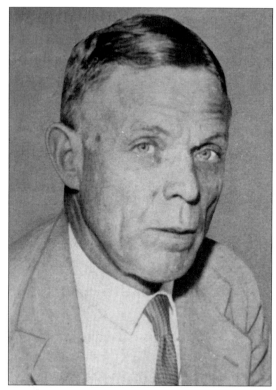

William E. Dodd,
amerikanischer Botschafter in Berlin 1933–1937

André François-Poncet,
französischer Botschafter in Berlin 1931–1938

Die Sitzung der Reichsregierung am 16. März 1935, in der die Wiedereinführung der allgemeinen Wehrpflicht beschlossen wurde. Von links nach rechts: Frank, Goebbels, Meißner, Frick, Hugenberg, Rust, Göring, Sauckel, Neurath, Hitler, Lammers, Blomberg, Schacht, Gürtner, Schwerin-Krosigk, Darré, Eltz von Rübenach, Seldte, Funck

Joseph C. Grew,
amerikanischer Botschafter in Japan

Joseph Goebbels,
Reichsminister für Volksaufklärung und Propaganda

Hermann Göring,
Oberbefehlshaber der Luftwaffe

Viscount Edward Halifax,
britischer Außenminister 1938–1940

Sir Nevile Henderson,
britischer Botschafter in Berlin 1937–1939

Koki Hirohita,
japanischer Außenminister 1933–1936 und 1937–1938

Harry L. Hopkins,
amerikanischer Handelsminister

Sir Samuel Hoare,
britischer Außenminister 1935

Edward M. House,
Berater Wilsons und Roosevelts

Cordell Hull,
amerikanischer Außenminister 1933–1944

Harold Ickes,
amerikanischer Innenminister

Joseph P. Kennedy,
amerikanischer Botschafter in London 1938–1940

Henry Morgenthau Jr., amerikanischer Finanzminister 1934–1945, enger Freund und Berater Roosevelts. Er wollte Deutschland in ein Weideland verwandeln

Frank Knox,
amerikanischer Marineminister

Pierre Laval, französischer Ministerpräsident
und Außenminister 1931–1932 und 1934–1936

Josef Lipski,
polnischer Botschafter in Berlin 1934–1939

George S. Messersmith, amerikanischer Generalkonsul
und Deutschlandberater Roosevelts

Benito Mussolini und Adolf Hitler

Konstantin von Neurath,
Reichsaußenminister 1932–1938

Kitschisaburo Nomura, japanischer Botschafter
in Washington Februar – Dezember 1941

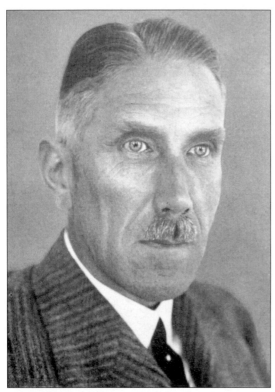

Franz von Papen, Reichskanzler 1932,
deutscher Botschafter in Wien 1934–1938

William Phillips, US-Unterstaatssekretär,
danach amerikanischer Botschafter in Rom

Die Unterzeichnung des deutsch-sowjetischen Grenz- und Freundschaftsvertrags am 28. September 1939. Von links nach rechts: Wjatscheslaw Molotow, Joachim von Ribbentrop, Josef Stalin

Joachim von Ribbentrop,
Reichsaußenminister 1938–1945

Kurt von Schuschnigg, österreichischer Bundeskanzler
und Außenminister 1934–1938

Sumner Welles, Unterstaatssekretär
im amerikanischen Außenamt 1937–1943

Hugh R. Wilson,
amerikanischer Botschafter in Berlin 1938–1940

in Hinsicht auf die Deutschen in Böhmen eine ebenso entschiedene Ansicht gebildet habe wie über Österreich. Er antwortete, es könne für diese Frage nur eine endgültige Lösung geben: die Sudetendeutschen müßten wie alle anderen in Nachbarländern lebenden Deutschen in das Reich aufgenommen werden.

Im weiteren Verlauf des Gesprächs sagte Göring, er beklage den gegenwärtigen Stand der Handelsbeziehungen zwischen Deutschland und den Vereinigten Staaten sehr. Der Handel zwischen den beiden Ländern verliere jede Bedeutung, was aller Vernunft widerspreche ... Er fragte mich dann, weshalb meiner Meinung nach in den Vereinigten Staaten gegen Deutschland eine solche Feindseligkeit herrsche. Ich antwortete, sie habe viele Gründe. Alle Amerikaner seien dem Ideal der Demokratie ergeben. Deutschland habe eine demokratische Regierung gehabt ... und die sei abgeschafft und durch die nationalsozialistische Herrschaft ersetzt worden ... Außerdem habe die deutsche Regierung gleichzeitig mit äußerster Heftigkeit die Juden und die katholische wie die protestantische Kirche angegriffen ...

Er meinte, die Heftigkeit der Reaktion in den Vereinigten Staaten gehe wahrscheinlich auf die Juden zurück. Ich antwortete, daß sie in gewissem Maße auf die Juden zurückgehe, wie das nur natürlich sei ... Ich fügte hinzu ... die Reichsregierung habe sich anscheinend darauf eingelassen, in den Vereinigten Staaten nationalsozialistische Organisationen zu bilden. Weder die amerikanische Regierung noch die amerikanische Bevölkerung könnten auf ihrem Boden die Bildung irgendeiner von einem fremden Land geleiteten nationalen Gruppe dulden ... Göring sagte, er halte das für völlig vernünftig und verständlich ... Die deutsche Regierung habe deutschen Bürgern verboten, sich irgendwie an der Bildung solcher Gruppen zu beteiligen ... Göring sagte dann, er hoffe, ich sei mir darüber klar, daß es der sehnlichste Wunsch der deutschen Regierung sei, zu den Vereinigten Staaten bessere Beziehungen herzustellen."[31]

Lord Halifax als Gast Hitlers und Görings

Deutschland wünschte „bessere Beziehungen" nicht nur mit den Vereinigten Staaten, sondern auch mit Großbritannien. Göring hatte sich zu Bullitt unverhohlen über Österreich geäußert. Vielleicht würde sich die gleiche Offenheit im Gespräch mit einem bedeutenden britischen Politiker gut bezahlt machen. Göring sagte sich, daß ihn ein gemeinsames Interesse mit Lord Halifax verbinde: sie waren beide große Jagdliebhaber. So lud denn Göring im Herbst 1937 Halifax zur Internationalen Jagdausstellung nach Berlin ein. Als wohlbekannter Jägermeister von Fuchsjagden hatte der Lord niemals Oscar Wildes Definition dieses Jagdsports akzeptiert: „Die Verfolgung des Ungenießbaren durch den Unausstehlichen."

Vor der Ankunft Halifax' in Berlin unterzog die deutsche Regierung die Lage einer raschen Prüfung. Franz v. Papen reiste von Wien nach Paris, um mit französischen Politikern einige der dringendsten Probleme zu besprechen. Papen war ein gewundenerer Mensch als Göring und äußerte sich über Hitlers letzte Ziele nicht so offenherzig. Im Gespräch mit dem französischen Finanzminister, Georges Bonnet, betonte er, daß Frankreich, „wenn es eine volle Sicherheit für seine Ostgrenze erhalten habe, konsequenterweise aufhören müsse, jede Erweiterung des deutschen Einflusses im Donauraum als eine Bedrohung französischer Interessen anzusprechen". Als sich darauf Bonnet nach den endgültigen Zielen Deutschlands in diesem Gebiet erkundigte, antwortete Papen mit der glatten Lüge, Deutschland wünsche nichts als „engste wirtschaftliche und geistige Interessengemeinschaft unter Aufrechterhaltung der österreichischen Selbständigkeit". Im Gespräch dann mit Premierminister Chautemps wiederholte er diese Übung in Verlogenheit. Von Hitlers Entschluß, Österreich anzuschließen, ließ er nichts durchblicken. Der Führer wünsche „auf dem Wege der Evolution" eine „starke Erweiterung des deutschen Einflusses in Österreich". Auf diese Versicherung Papens, daß Hitler im Donauraum eher eine evolutionäre als eine revolutionäre Politik verfolge, wurde Chautemps so von Gefühlen überwältigt, daß er den deutschen Diplomaten umarmte und entzückt ausrief: „Sagen Sie dem Führer, es würde eine weltgeschichtliche Tat sein, wenn wir beide die europäische Politik auf eine neue und gesündere Basis stellten."[32]

In London hatte Halifax über den bevorstehenden Besuch in Berchtesgaden ein kurzes Gespräch mit Botschafter Ribbentrop. Es war klar, daß seine Unterredung mit dem Führer hauptsächlich die österreichische und die tschechische Frage und die wichtige Angelegenheit einer Rückgabe der deutschen Schutzgebiete zum Gegenstand haben würde. Am Schluß des Gesprächs betonte Halifax, „ein Konflikt zwischen beiden Ländern würde, gleich wie er ausgehe, das Ende der Zivilisation bedeuten". Ribbentrop pflichtete dem bei und bemerkte, „daß es bestimmt keinen Deutschen gebe, der einen solchen Konflikt wünsche".[33]

Am 10. November traf Halifax in Berlin ein und hatte bald darauf eine Unterredung mit Göring, und der vertraute ihm an, daß die deutsche Regierung unbedingt Österreich und das Sudetenland wieder mit Deutschland vereinen werde. Außerdem eröffnete er ihm, daß Hitler auch die Rückkehr Danzigs in das Reich und eine vernünftige Lösung des Korridorproblems wünsche.

Nachdem sich Halifax diese unverblümten Erklärungen über die Ziele der deutschen Regierung angehört hatte, begab er sich nach Berchtesgaden, um sich mit Hitler zu messen. Die bedeutungsvolle Unterredung fand am 19. November statt. Es gibt über sie vier Versionen; drei stammen aus dem deutschen Auswärtigen Amt,[34] die vierte ist der unveröffentlichte Bericht Lord Halifax' an das Foreign Office. Eine Abschrift davon wurde dem Department of State zugesandt, damit Präsident Roosevelt von der europäischen diplomatischen Krisis ein „inneres Bild" gewinne.

Nachdem Lord Halifax die Unterredung förmlich eröffnet hatte, bemerkte Hitler, daß eine Übereinkunft zwischen Deutschland, Frankreich, Großbritannien und Italien nicht viel Wert hätte, „wenn sie nicht den Realitäten Rechnung trage, so unangenehm diese auch sein mögen". Der Status quo „könne nicht ewig fortdauern. Eine Wandlung könne herbeigeführt werden: 1. durch das Spiel der Kräfte – und das bedeute Krieg; 2. durch eine Regelung durch Vernunft. Wir hätten Erfahrung im ersten, und es sei daher zwingendes Gebot, uns dem zweiten zuzuwenden, dem Weg einer vernünftigen Lösung."

Hitler klagte dann darüber, „daß es wegen des Parteiensystems und der Pressefreiheit schwierig sei, mit Demokratien zu politischen Vereinbarungen zu gelangen". Lord Halifax entgegnete trocken, „wenn man mit einem Abkommen warten wollte, bis Großbritannien die Demokratie aufgegeben habe, so würde mit einem weiteren Gespräch nur Zeit vergeudet werden". Worauf sich Hitler zu erklären beeilte, er habe „hauptsächlich die französische Demokratie" gemeint.[35]

Einleitend hatte Halifax erklärt, man halte es in England durchaus für möglich, für die gegenwärtig zwischen Deutschland und Großbritannien vorhandenen Mißverständnisse „durch offenen Meinungsaustausch Lösungen zu finden". Wenn es beiden Ländern gelungen sei, eine Verständigung zu erreichen „oder ihr auch nur näherzukommen, wäre es ... notwendig", die Deutschland und England politisch nahestehenden Länder „an der Debatte zu beteiligen". Er denke dabei „an Italien und Frankreich".

Hitler meinte, daß gegenseitige höfliche Beziehungen leicht herzustellen seien, aber nicht genügten. Die Voraussetzung „zur Behebung von sachlich begründeten Problemen" sei, daß Deutschland als Staat behandelt werde, „der nicht mehr das moralische oder materielle Stigma des Versailler Vertrages an sich trage ... denn man könne nicht von einem Staat eine aktive Mitarbeit an der europäischen Politik verlangen, dem man die Aktivlegitimation einer Großmacht verweigere ... Der Kern des ... Problems wäre daher die Frage, was soll ein Land an aktiver politischer Mitarbeit liefern können, dem man in anderer Hinsicht nicht einmal die dringendsten Lebensnotwendigkeiten zugestehe."

Halifax versicherte, „daß in England jeder Deutschland als ein großes und souveränes Land achte und auch nur auf dieser Grundlage mit ihm verhandelt werden solle". Die britische Regierung glaube nicht, „daß der Status quo unter allen Umständen aufrechterhalten werden müsse", er habe aber nochmals die Auffassung der britischen Regierung zu unterstreichen, daß „Änderungen nur auf Grund einer vernünftigen Regelung erfolgen dürften".

Allein, Hitler äußerte die Befürchtung, es werde infolge des von demagogischen Parteien ausgeübten Druckes für die Demokratien schwierig sein, „vernünftige Lösungen" zu erzielen. So wisse er, daß sich die britischen Konservativen einer Rückgabe der Deutschland weggenommenen Schutzgebiete heftig widersetzen würden. Das gleiche sei der Fall in Frankreich.

Lord Halifax erklärte mit Nachdruck, daß die britische Regierung „durchaus nicht der Sklave der demagogischen Machenschaften der Parteien" sei. „Nach englischer Auffassung dürfe sich keine Regierung, die dieses Namens würdig sei, ins Schlepptau der Parteien begeben."[36] Auch stehe die englische Regierung „nicht etwa auf dem Standpunkt, unter keinen Umständen die Kolonialfrage mit Deutschland zu besprechen. Es sei jedoch klar, daß keine englische Regierung die Kolonialfrage isoliert mit Deutschland behandeln könne", sondern „nur als Teil einer Gesamtregelung".

Das Gespräch wandte sich nun dem Völkerbund zu, und Halifax fragte Hitler, „ob er ... die Möglichkeit sehe, Deutschland zu einer engeren Zusammenarbeit mit den anderen Völkern in den Völkerbund zurückzuführen, und in welcher Hinsicht das Völkerbundsstatut nach seiner Ansicht abgeändert werden müsse, ehe Deutschland dem Völkerbund wieder beitreten könne". Hitler wandte ein, infolge der Abwesenheit Japans und der Inaktivität Italiens sei ja die Liga „kein wirklicher Völkerbund mehr. Ob Deutschland jemals wieder nach Genf zurückkehren würde, ließe sich im Augenblick überhaupt nicht sagen."

Zur Abrüstungsfrage gestand Hitler, „er wisse tatsächlich nicht, wie das Abrüstungsproblem in Gang gebracht werden könne ... Auf jeden Fall sei er ein fanatischer Feind von Konferenzen, deren Mißerfolg von vornherein feststehe."

In der österreichischen Frage berief sich Hitler auf das österreichisch-deutsche Abkommen vom 11. Juli 1936, „das hoffentlich zur Behebung aller Schwierigkeiten führen würde". Was die Tschechoslowakei angehe, so habe sie „es selbst in der Hand, die bestehenden Schwierigkeiten aus dem Wege zu räumen. Deutschland läge sehr viel an guten Beziehungen mit allen seinen Nachbarn."[37]

In seinem Bericht an das Foreign Office bemerkte Lord Halifax, daß die Atmosphäre in Berchtesgaden und „das ganze Gespräch ruhig und freundlich" gewesen sei, „obwohl der Reichskanzler eine gewisse Zurückhaltung zeigte, vielleicht infolge von Ermüdung, vielleicht auch in dem Gefühl, daß seine Art, die Dinge zu sehen, so wenig gemein hat mit der demokratischer Regierungen. Herr Hitler sagte, er hoffe, daß wir aus der Katastrophenstimmung herauskämen. Die europäische Lage sei nicht gefährlich, und von allen Nationen denke heute möglicherweise nur Rußland an Krieg.

Der deutsche Kanzler und andere machten den Eindruck, daß sie sich wahrscheinlich nicht auf Abenteuer einlassen werden, die Gewaltanwendung oder gar Krieg einschließen ... Lord Halifax kam zu der Ansicht, daß Deutschland seine Ziele in Mittel- oder Osteuropa in einer Weise verfolgen werde, von der man wohl als wahrscheinlich annehmen dürfe, daß sie anderen Nationen weder Grund noch Gelegenheit zur Intervention geben werde."[38]

Am 29. November trafen sich Premierminister Chamberlain und Lord Halifax in London mit dem Premier und dem Außenminister Frankreichs zu einer Konferenz. Lord Halifax gab einen kritischen Überblick über sein Gespräch mit Hitler und zog den „allgemeinen Schluß", Deutschland meine, daß es nun Sache Großbritanniens und Frankreichs sei, „eine Lösung der Kolonialfrage vorzuschlagen, wenn sie überhaupt eine wollten". Deutschland sei der Ansicht, „daß alle seine früheren afrikanischen Schutzgebiete zurückgegeben werden müßten".

Sodann äußerte sich Halifax über die persönlichen Eindrücke, die er von Hitler und der europäischen Lage gewonnen hatte: „Die Deutschen beabsichtigten, ihren Kolonialanspruch vorwärtszutreiben, nicht aber bis zum Kriege. Wenn dieser Anspruch nicht in irgendeiner Form befriedigt werden könne, werde es unmöglich sein, die Beziehungen so zu verbessern, daß man in der Richtung auf das von uns allen verfolgte Ziel weiterkomme. Die Frage, vor der wir stünden, sei daher, ob es möglich sei, dieses Problem als Hebel zu benutzen, um etwas von den Dingen zu erreichen, die sowohl die französische als auch die britische Regierung wünschten, wie zum Beispiel einen Beitrag Deutschlands zur Sicherung des europäischen Friedens ...

Sein (Lord Halifax') allgemeiner Eindruck war, daß Deutschland an freundschaftlichen Beziehungen mit uns außerordentlich viel liege. Ebenso seien die Deutschen, mit denen er gesprochen habe, bestrebt gewesen, ihn davon zu überzeugen, daß Deutschland keinen unmittelbaren Grund zu Schwierigkeiten mit Frankreich sehe ... Während er (Hitler) Freundschaft mit uns wünsche, sei er doch nicht bereit, uns nachzulaufen, und sich seiner Stärke bewußt. Er beabsichtige keine baldigen Abenteuer, zum Teil, weil sie sich nicht lohnen könnten, und zum Teil, weil er vollauf damit beschäftigt sei, Deutschland innerlich aufzubauen ... General Göring habe ihm (Lord Halifax) versichert, daß nicht ein Tropfen deutschen Bluts vergossen werden würde, wenn sich Deutschland nicht unbedingt dazu gezwungen sehen sollte.

Er (Lord Halifax) hat von den Deutschen den Eindruck gewonnen, sie glaubten die Zeit auf ihrer Seite zu haben und beabsichtigten, ihre Ziele auf normalem Wege zu erreichen."

Hier unterbrach Premierminister Chautemps den Bericht Halifax' und fragte, wieweit Hitlers „beruhigende Worte über die Tschechoslowakei" ernst zu nehmen seien. Halifax antwortete, „ihn habe die Mäßigung, mit der sich Herr Hitler zu diesem Punkt geäußert habe, überrascht. Er könne nur annehmen, daß Fortdauer und Grad dieser Haltung zum Teil von Deutschlands internationaler Stellung und dem Einfluß abhingen, den wir auf die weitere Entwicklung der deutschen Politik auszuüben vermöchten." Offenbar warte Hitler, ehe er sich auf eine Erörterung anderer Fragen einlasse, auf einen konkreten Vorschlag in der Kolonialangelegenheit.[39]

Kurz nach der Rückkehr Chautemps' nach Paris hatte Botschafter Bullitt mit ihm ein langes Gespräch über die europäische Lage. Der Premierminister erklärte, „er halte wegen der Abgeneigtheit der Briten, Deutschland auf kolonialem Gebiet Konzessionen zu machen, sofortige praktische Entwicklungen für unmöglich. Während der Unterredungen in London habe seine [Chamberlains] Regierung vorsichtig die Frage angerührt, ob Frankreich geneigt sei, Deutschland sofort ohne quid pro quo Kamerun zu übergeben. Chamberlain habe sich hierüber nicht direkt geäußert, aber er, Chautemps, habe gemerkt, worauf Chamberlain eigentlich hinauswollte, und daher sofort erklärt, daß sich Frankreich nicht in die Lage bringen könne, als einziges Land auf dem Kolonialgebiet Deutschland Konzessionen zu machen, und daß es dies nur täte, wenn England bereit wäre, ähnliche Konzessionen zu machen, und wenn solche Konzessionen Teil einer allgemeinen Regelung wären ... Chautemps sagte, diese seine Erklärung habe alle zu erwarten gewesenen britischen Vorschläge gestoppt, Deutschlands Kolonialforderungen durch Hingabe portugiesischer oder belgischer oder französischer Kolonien zu befriedigen ...

Chautemps sagte dann, Halifax habe in seiner Unterredung mit Hitler einen Schnitzer reinsten Wassers gemacht. Er habe zu Hitler gesagt, daß er nicht gekommen sei, um mitteleuropäische Angelegenheiten zu erörtern, und ohne Widerspruch Hitlers Antwort hingenommen, daß Großbritannien in der Tat wenig an dem interessiert sein könne, was sich in Mitteleuropa ereignen mag ...

Ich fragte Chautemps, ob er eine Möglichkeit sehe, die Londoner Gespräche als Grundlage für eine Verbesserung der französisch-deutschen Beziehungen zu benutzen ... Chautemps sagte, er glaube, daß Deutschland gegenwärtig den aufrichtigen Wunsch habe, zu Frankreich engere Beziehungen herzustellen. Es sei natürlich für Frankreich unmöglich, sich Deutschland in die Arme zu stürzen und mit ihm von heute auf morgen ein Offensiv- und Defensivbündnis zu schließen; wohl aber könnte es möglich sein, eine Periode aufrichtiger Bemühungen um ein freundschaftliches Verhältnis zu eröffnen ...

Chautemps sagte weiter, nach seiner und Chamberlains Meinung hätten die Deutschen völlig recht mit ihrer Ansicht, daß der Artikel XVI der Völkerbundssatzung [über die Verhängung von Sanktionen] aufgehoben werden sollte. Er wage kaum, das laut zu sagen, weil Delbos darin nicht mit ihm übereinstimme; und Herriot und Paul Boncour hätten immer noch nicht gemerkt, daß ihr Gott gestorben sei. Sie knieten vor dem Altar des Völkerbundes, aus dem die Gottheit längst beseitigt sei ...

Chautemps sagte, er wolle mir auch noch etwas höchst Gewagtes anvertrauen. Was ihn persönlich betreffe, so betrachte er die Möglichkeit, daß Deutschland Österreich annektiere, mit großem Gleichmut, weil dies seiner Meinung nach eine unmittelbare Reaktion Italiens gegen Deutschland hervorriefe."[40]

Im Dezember 1937 suchte der französische Außenminister, Delbos, auf einer eiligen Rundreise Polen und die Länder der sogenannten Kleinen Entente auf. Er war mit ihrem Ergebnis, wie er Botschafter Bullitt versicherte, „sehr zufrieden". Er habe sich „durch persönlichen Kontakt vergewissern können, daß die Kleine Entente und Polen entschlossen seien, ihre Positionen innerhalb des Kreises der französischen Politik weiterhin zu behaupten". Allerdings war er besorgt wegen „einer etwaigen deutschen Bewegung gegen Österreich; sie stieße weder in Österreich noch bei einer der anderen Mächte auf ernstlichen Widerstand". „Konstruktive Pläne für die Zukunft" habe er nicht, „sondern er sehe sich genötigt, eine Politik des Abwartens zu verfolgen".[41]

Großbritannien blockiert ein Friedensprogramm Roosevelts

Präsident Roosevelt begnügte sich nicht mit einer Politik des Abwartens. Kurze Zeit nach seiner Quarantäne-Rede beschloß er, eine wirkliche Friedensoffensive zu eröffnen. Er wollte in seiner Eigenschaft als Präsident der Vereinigten Staaten an die Völker der Welt appellieren, einen Weg zum Frieden zu suchen, und die Notwendigkeit hervorheben, sich eng an die Grundprinzipien internationalen Verkehrs zu halten. Ferner wollte er zum Problem der Abrüstung einen Vorschlag machen und die Aufmerksamkeit auf die Bedeutung lenken, die einer Niederlegung der hauptsächlichen Welthandelsschranken zukomme. In Anbetracht der Schrecken moderner Kriegführung gedachte er die Nationen der Welt aufzufordern, zur Bewahrung der Sicherheit und der Wohlfahrt der Zivilbevölkerung weitgreifende geregelte Vorkehrungen zu treffen. Die Ausarbeitung des genauen Planes zur Ausführung der Vorschläge sollte einem alle Teile der Welt vertretenden Ausschuß von zehn Nationen anvertraut werden.[42]

Der Präsident hatte geplant, diesen Friedensappell am Waffenstillstandstage bei einem Empfang des gesamten diplomatischen Korps im Weißen Haus ergehen zu lassen, aber er stieß auf die „fast hysterische Opposition" gewisser „engster Berater". Schließlich entschied er sich, festzustellen, wie das britische Außenamt die Sache aufnehmen würde. Als seine Anregungen am 12. Januar 1938 in London eintrafen, befand sich Eden auf einem kurzen Urlaub in Frankreich. Premierminister Chamberlain war von dem Vorschlag höchlichst überrascht und sandte unverzüglich eine entschieden ablehnende Antwort. Die britische Regierung sei im Begriff, Deutschland und Italien einen Ausgleichsplan vorzulegen, und dieser Schritt könnte durch eine amerikanische diplomatische Intervention beeinträchtigt werden. In seinem Brief an Präsident Roosevelt bemerkte Chamberlain einleitend, der amerikanischen Regierung seien ja die Anstrengungen durchaus bekannt, „die die Regierung Seiner Majestät ihrerseits macht, ein gewisses Maß von Beruhigung [im Hinblick auf Deutschland und Italien] herbeizuführen. Es wird ihn [den Präsidenten] interessieren zu erfahren, daß die Regierung Seiner Majestät vor kurzem von der italienischen Regierung eine Anfrage erhalten hat, wann die Gespräche mit Seiner Majestät Regierung wiederaufgenommen werden könnten, und daß ich in den letzten Tagen mit dem Außenminister vereinbart habe, dieser solle am 16. Januar in Genf mit dem französischen Außenminister die Möglichkeit eines neuen Schrittes in der Richtung auf eine Aussöhnung mit Italien besprechen, die jedenfalls dem Mittelmeergebiet Befriedung brächte ...

Unser Plan beruht, im Hinblick auf Deutschland wie auf Italien, auf dem Standpunkt, daß wir wie sie in der Lage sind, zu dem Ziel beitragen zu können, das zu erreichen wir beide dringend wünschen. Dabei wäre es nicht nötig, zu erörtern, ob unser Beitrag größer oder kleiner sei als ihrer ...

Ich erwähne diese Tatsachen, damit der Präsident erwägen möge ... ob nicht die Gefahr bestehe, daß sein Vorschlag unsere Anstrengungen hier durchkreuzen würde. Wahrscheinlich werden die italienische und die deutsche Regierung, von denen wir einen Beitrag fordern müssen, ... zum Geben nicht allzu bereit sein ... aus dem Grunde, weil die zur Erörterung stehenden Themen, die größtenteils spezifischen und konkreten Charakters sein werden, alle mit den umfassenderen Problemen verschmolzen zu sein scheinen, die der Präsident als Ganzes in Angriff zu nehmen beabsichtigt ...

Es wäre, meine ich, bedauerlich, wenn eine vom Präsidenten entsprechend seiner Absicht ... unternommene Handlung, die mit unseren Anstrengungen parallelliefe, sich als geeignet erwiese, zur Blockierung eines Fortschritts in den Richtungen ausgenutzt zu werden, in denen wir uns die letzten Monate hindurch so mühsam vorgearbeitet haben und für den, wie wir glauben, schließlich nicht gar so ungünstige Voraussetzungen geschaffen worden sind. Dies veranlaßt mich zu der Bitte an den Präsidenten, zu erwägen, ob es nicht klüger wäre, sich eine kurze Zeit zurückzuhalten und abzuwarten, welchen Fortschritt wir erzielen können, wenn wir jetzt einige der Probleme anpacken – siehe meinen Brief vom 23. Mai."[43]

Auf diesen Appell des britischen Premierministers hin gab der Präsident jeden Gedanken daran auf, die Initiative zu ergreifen und den Nationen der Welt einen Plan zur Sicherung des Friedens vorzuschlagen. In seiner Antwort an Chamberlain führte er aus: „Angesichts der vom Premierminister geäußerten Meinungen und Überlegungen erkläre ich mich seiner Anregung entsprechend gern bereit, die Unterbreitung des Vorschlages aufzuschieben, den zu machen ich kurze Zeit beabsichtigt hatte, damit die Regierung Seiner Majestät erfahren kann, welchen Fortschritt sie zu erzielen vermag, wenn sie die von ihr ins Auge gefaßten Verhandlungen beginnt …

Ich möchte die Hoffnung aussprechen, daß er die Freundlichkeit haben wird, mich im Hinblick auf einige Aspekte der direkten Verhandlungen mit Deutschland und Italien über die Entwicklung auf dem laufenden zu halten … Was den politischen Charakter dieser Verhandlungen angeht, so ist unsere Regierung davon selbstverständlich nicht unmittelbar berührt. Ich glaube jedoch, daß es für unsere Regierung äußerst nützlich wäre, wenn sie über die Phasen der Verhandlungen unterrichtet werden würde, die auf die Aufrechterhaltung jener internationalen Prinzipien und die Politik der Weltbefriedung, um deren Förderung unsere Regierung sich bemüht, eine wesentliche Wirkung hätten."[44]

Anthony Eden war eifriger Fürsprecher einer engen Zusammenarbeit mit den Vereinigten Staaten. Als er erfuhr, daß Premierminister Chamberlain den Vorschlag des Präsidenten vom 12. Januar abgelehnt hatte, kehrte er sofort nach England zurück und drückte seine starke Mißbilligung über diesen Schritt aus. Infolgedessen sandte der Premierminister bald darauf an den Präsidenten einen zweiten Brief, worin er erklärte, daß er „eine Initiative des Präsidenten begrüßen würde und die britische Regierung ihr Äußerstes täte, zu einem Erfolg des Planes beizutragen, wann immer der Präsident ihn zu verkünden gedenke".[45]

Allein, Präsident Roosevelt glaubte, es sei nun zu spät, sich zu einem großen Abenteuer auf die hohe See der Diplomatie hinauszuwagen, die mit dem Herannahen der Iden des März immer stürmischer wurde. Er hielt jetzt eine Politik aufmerksamen Abwartens für angebracht. So ist sein Vorschlag vom 12. Januar eines der großen „Wenns" der Weltgeschichte geblieben. Hierüber bemerkt Sumner Welles: „Im November 1937 war die europäische Lage noch im Fluß. Hatte Hitler auch zweifellos im Zusammenwirken mit dem deutschen Generalstab seine Pläne entworfen, so war doch die Politik Italiens bei weitem noch nicht kristallisiert. Die volle Teilnahme der Vereinigten Staaten an einer solchen weltweiten Anstrengung zur Erhaltung des Friedens, wie der Präsident sie ins Auge gefaßt hatte, hätte Italien ein Innehalten ermöglichen und zu einer radikalen Änderung der japanischen Politik führen können …

Nach der Annexion Österreichs und angesichts des drohenden Angriffs auf die Tschechoslowakei im Frühjahr 1938 hatte der Präsident keine wirkliche Möglichkeit mehr, das drohende Unheil aufzuhalten."[46]

Die Schwankungen Chamberlains wurden von Anthony Eden als so verwirrend empfunden, daß er am 20. Februar von seinem Amt als Außenminister zurücktrat. Nun konnten Lord Halifax und Chamberlain ihre Beschwichtigungspolitik fortführen, bis sie ihr plötzliches Ende fand, als Hitlers Legionen ihren lange befürchteten Einzug in Prag hielten.

Kapitel XVI

Der „Anschluß"

Die Pläne Präsident Roosevelts und Premierminister Chamberlains, die mit Reichs-kanzler Hitler irgendeine Art von Übereinkunft zustande bringen sollten, waren nichts als Äußerungen von Wunschvorstellungen. Hitler hatte seine eigenen Pläne, und denen konnte eine Teilbeschwichtigung nicht genügen.

Verdüsterung über Österreich

Die österreichisch-deutschen Beziehungen von 1936 bis 1938 sind ein treffliches Beispiel für die hintergründigen Methoden der Diplomatie des Dritten Reiches. Das Abkommen vom 11. Juli 1936 war der Keil, mit dem Österreich der Zersetzung geöffnet wurde. Hinter der Fassade freundschaftlicher Phrasen wurde die deutsche Propagandamaschine angeworfen und, mit Hilfe zahlreicher Zellen, das Evangelium des Nationalsozialismus überall im Lande verbreitet. In dem Abkommen war ausdrücklich festgestellt, „daß beide Länder zum deutschen Kulturkreis" gehörten und „alle Behinderungen im Austauschverkehr" abzubauen seien. Beide Regierungen sollten die Presse ihres Landes dazu anhalten, „ihre sachliche Kritik an den Verhältnissen im andern Lande auf ein Maß zu beschränken, das auf dessen Öffentlichkeit nicht verletzend wirkt". Die österreichische Regierung verpflichtete sich, ihre Außenpolitik „unter Bedachtnahme auf die friedlichen Bestrebungen der Außenpolitik der deutschen Reichsregierung zu führen". Auch erklärte sie sich bereit, in naher Zukunft „Vertreter der bis-herigen sogenannten ‚Nationalen Opposition in Österreich' zur Mitwirkung an der politi-schen Verantwortung heranzuziehen".[1]

Zwischen allen Zeilen dieses Abkommens stolzierte die einschüchternde Tatsache der schließlichen Wiedervereinigung mit Österreich einher, mochten sich auch Franz v. Papen und andere Diplomaten noch sosehr in Zweideutigkeiten ergehen und jedem klaren Wort aus-weichen. Anders verhielt sich Göring. Im Oktober 1936 begegnete er dem österreichischen Bundeskanzler, Kurt v. Schuschnigg, und es kam zwischen beiden zu einem längeren Ge-spräch. Danach äußerte Göring, der Eindruck, den er von Schuschnigg gewonnen habe, „wei-che von dem Bilde ab, das er sich bis dahin von ihm gemacht habe, und sei jedenfalls günsti-ger als dieses Bild ... Schuschnigg ... habe Gedankengänge entwickelt, die doch ein gewisses Vertrauen in seine Fähigkeiten und sein Wollen rechtfertigen dürften."[2]

Allein, Schuschnigg versetzte Görings „Vertrauen" sehr bald einen beträchtlichen Stoß, als

231

er sich am 26. November in einer Rede in Klagenfurt gegen jedes weitere Vordringen des Nationalsozialismus in Österreich wandte. Neurath beauftragte die deutsche Gesandtschaft in Wien, Schuschnigg sein „Erstaunen" über diese Rede auszudrücken und daran die Frage zu knüpfen, ob der Bundeskanzler wirklich glaube, „weiterhin rücksichtslos gegen den Nationalsozialismus in Österreich vorgehen zu können".[3] Im Januar 1937 beauftragte Hitler Botschafter Papen, Schuschnigg darauf aufmerksam zu machen, daß sich immer noch österreichische Nationalsozialisten im Konzentrationslager befänden.[4] Die Antwort des Bundeskanzlers fiel für die deutsche Regierung nicht völlig befriedigend aus.[5]

Es war Hitler jetzt völlig klar, daß er auf eine Unterstützung seiner Expansionspläne durch Schuschnigg nicht zählen konnte. Der Bundeskanzler mußte beseitigt werden, doch war es ratsam, vorher festzustellen, wie eng die Bande zwischen Mussolini und den österreichischen Führern waren. So wurde Göring noch im Januar 1937 nach Rom entsandt, um die Lage zu erkunden. In seiner üblichen direkten Art fragte er den Duce, ob er es zuließe, daß Österreich in die „deutsche Interessensphäre" einbezogen würde, auch wenn es darüber, sollte Hitler es wünschen, zur Vereinigung mit dem Reich käme.[6] Mussolini biß nicht sofort an. Schließlich aber sicherte er Göring zu, er werde „darauf hinwirken, daß die österreichische Regierung das Abkommen vom 11. Juli wirklich loyal ausführe". Und endlich versprach er, „daß im Falle eines ‚Konflikts in Österreich' Italien nicht wieder in Gemeinschaft mit anderen Staaten die ‚Wacht am Brenner' mit der Spitze gegen Deutschland beziehen werde".[7]

Göring hatte begriffen, daß Mussolini zu umsichtig war, als daß er politische Pläne der Nationalsozialisten ohne fette Gegengabe unterschreiben würde. Sie konnte in der Form einer wirksamen Unterstützung der italienischen Bestrebungen in Abessinien geboten werden. Angesichts der starken Opposition des Völkerbundes würde eine solche Hilfe den Duce bald davon überzeugen, daß die deutsche Freundschaft viel mehr wert war als die österreichische Unabhängigkeit.

Die deutsche Regierung achtete sorgfältig darauf, dies Mussolini nicht allzu schnell nahezulegen. Im Mai 1937 besuchte Neurath Rom und erklärte dem Duce beruhigend, daß sich Deutschland nach wie vor an das österreichisch-deutsche Abkommen vom 11. Juli 1936 halte und „keinerlei Überraschungen oder Überstürzungen" beabsichtige.[8] Schuschnigg jedoch wurde zunehmend schwieriger, und bald vertraute Papen dem italienischen Botschafter in Wien an, wenn die Spannung nicht nachlasse, könnte Deutschland „leicht in eine Lage geraten ... die dem Interesse der Achse Berlin-Rom in hohem Maße abträglich sei".[9]

Im Auswärtigen Amt erkannte man bald, daß Zeit und britische Kurzsichtigkeit für Hitler arbeiteten. Das äthiopische Abenteuer und der Bürgerkrieg in Spanien hatten Mussolini immer mehr in Hitlers Arme getrieben, während ihm Eden über die Sünde der Aggression Moralpredigten hielt. Als nun Deutschland hervortrat, die italienische Eroberung Abessiniens anerkannte und überdies Franco Waffenhilfe schickte, da vergaß der Duce sein früheres Interesse an der Unabhängigkeit Österreichs vollends. „Realpolitik" wurde in der Wilhelmstraße das Losungswort der Stunde.

In London beobachtete man die italienisch-deutsche Annäherung mit tiefer Besorgnis. Einige englische Diplomaten glaubten, daß eine Einwilligung Großbritanniens in Hitlers mitteleuropäische Expansionsforderungen die neuen Bande zwischen den beiden Diktatoren wieder lockern könnte. Zu den Aposteln einer solchen Politik gehörte der Botschafter in Berlin, Sir Nevile Henderson. Bald nach seiner Ankunft in Berlin lud ihn Papen gelegentlich eines Wiener gesellschaftlichen Ereignisses zu Tisch, und sehr bald tauschten der britische Botschafter und sein deutscher Kollege politische Bekenntnisse aus. „Er stimme", so erklärte Henderson seinem Gastgeber, „mit dem Führer vollkommen darin überein, daß die erste und größte Gefahr für den Bestand Europas der Bolschewismus sei und daß man diesem Standpunkt alle andern unterzuordnen habe." Nachdem Papen dem Botschafter die nationalsozialistische Auffassung des österreichischen Problems dargelegt hatte, meinte Henderson, „er sei überzeugt, daß England die historische Notwendigkeit einer Lösung dieser Frage im reichsdeutschen Sinne schon aus der geschichtlichen Perspektive vollkommen begreife". Er stehe den Bemühungen des britischen Gesandten in Wien, die These von der österreichischen Unabhängigkeit in London zu stützen, durchaus entgegen, und er sei überzeugt, daß er mit seiner Ansicht „in London durchdringen werde". Nur dürfe Deutschland „die Lösung dieser Frage nicht übereilen".[10]

Hitler hatte diese Absicht nicht. In einem „Sondergespräch" mit Göring und Neurath erklärte er, „daß von deutscher Seite das österreichische Problem keineswegs in absehbarer Zeit zum Platzen gebracht werden solle, sondern daß man eine evolutionäre Lösung weiter verfolgen solle".[11] Indessen, die „Evolution" erwies sich bald für das deutsche Wiedervereinigungsprogramm als zu langsam. Im Dezember 1937 machte Papen den Bundeskanzler darauf aufmerksam, „daß das deutsch-österreichische Verhältnis sich nicht nur nicht günstig weiterentwickle, sondern erhebliche Spannungsmomente aufweise ... Das Deutsche Reich stände in einem Prozeß von größter geschichtlicher Tragweite", und da müsse Deutschland verlangen, „daß Österreich diesen Kampf des gesamten Deutschtums um seine Existenz aus innerster Anteilnahme überall dort unterstütze, wo es nach Lage der Dinge möglich sei".[12]

Inzwischen bereitete sich Hitler auf seine Expansionsunternehmen auch dadurch vor, daß er die Macht noch fester in seiner Hand vereinigte. In der historischen Geheimkonferenz in der Reichskanzlei am 5. November 1937, in der Hitler seine zentraleuropäischen Wiedervereinigungspläne zum erstenmal zur Sprache brachte, hatten Reichskriegsminister Generalfeldmarschall v. Blomberg, der Oberbefehlshaber des Heeres, Generaloberst Freiherr v. Fritsch, und Außenminister Freiherr v. Neurath Opposition laut werden lassen. Am 4. Februar 1938 erfuhren plötzlich Deutschland und die Welt, daß diese drei in Schlüsselpositionen sitzenden Persönlichkeiten aus ihren Ämtern entfernt worden waren. Hitler selber übernahm die oberste Wehrmachtsführung, Ribbentrop ersetzte Neurath, und an die Spitze des Heeres trat Generaloberst Walther v. Brauchitsch; gleichzeitig wurde Göring zum Generalfeldmarschall befördert.

Der amerikanische Geschäftsträger in Berlin bemerkte zu diesem Personenwechsel, die Gründe lägen „viel tiefer" als in der vielberedeten Mesalliance Feldmarschall Blombergs mit Erna Gruhn. Das plötzliche Revirement könnte sehr wohl den Beginn einer „radikaleren Tendenz der deutschen Außenpolitik" bedeuten. In einigen Kreisen hege man, besonders im Hinblick auf Österreich, „starke Besorgnisse, daß irgendeine Aktion unmittelbar bevorstehe".[13]

Der deutsche Botschafter in Washington versicherte dem Staatssekretär im Außenamt, Sumner Welles, daß die Ersetzung Neuraths durch Ribbentrop „keinerlei Änderung der deutschen Außenpolitik" bedeute. Er gab zu, daß Ribbentrop „jung und impulsiv" sei, aber er werde bei schwierigen Problemen, die sorgfältige Überlegungen verlangten, den erfahrenen Neurath als Berater zur Verfügung haben.[14]

Prentiss Gilbert in Berlin aber war der Meinung, daß „der Einfluß Ribbentrops in der außenpolitischen Beratung des Kanzlers stark vorherrschen" werde. Ribbentrops Charakter und „die bisherigen Äußerungen seiner Politik" legten den Schluß nahe, daß sich Deutschland „einer radikaleren, aktiveren und daher ‚gefährlicheren' Politik" zugewendet habe.[15]

Botschafter Wilsons erstes Gespräch mit Ribbentrop war kurz und nicht sehr ergiebig. Der neue Außenminister klagte darüber, daß die Feindlichkeit der britischen und der französischen Presse die Aufrechterhaltung befriedigender Beziehungen mit diesen Ländern erschwere.[16] Zwei Tage darauf suchte der Botschafter Neurath auf. Das Gespräch mit ihm war ganz anderer Art. Der ehemalige Chef des Auswärtigen Amtes zeigte sich freundlich und redselig. Er erzählte von Rücktrittswünschen und Hitlers Weigerung, ihn gehen zu lassen. Durch Blombergs Heirat mit Erna Gruhn habe sich die Lage völlig geändert. Als Hitler von der Vergangenheit Erna Gruhns erfahren habe, sei er, Neurath, von ihm in die Reichskanzlei gerufen worden. Er habe den Führer „in Tränen angetroffen und ganz niedergeschlagen von der Tatsache, daß Blomberg ihn mit der Heirat irregeführt und in eine schmähliche Lage gebracht habe. Neurath sagte, Hitler sei außerordentlich empfindlich, besonders allem gegenüber, was er als Verrat an seiner Freundschaft ansehe. Er habe Blomberg sehr gern gehabt und fühle sich nun von ihm erniedrigt. Dann sagte Hitler zu Neurath, er brauche seinen Posten. Neurath sagte: ‚Er steht Ihnen selbstverständlich zur Verfügung.' Hitler fuhr fort, daß er Neurath in seiner Nähe zu behalten wünsche, näher als es bisher möglich gewesen sei, wo Neurath die Last des Amtes getragen habe; daß er, Hitler, aber glaube, es müsse etwas geschehen, um die öffentliche Meinung, besonders im Ausland, von der ‚schmachvollen Lage' abzulenken, in die ihn Blombergs Heirat gebracht habe."[17]

Schuschniggs Reise nach Berchtesgaden

Sir Nevile Henderson mißt der Affäre Blombergs große Bedeutung zu; sie habe in Hitler einen „Anfall hemmungsloser Wut" hervorgerufen, der die Berliner Atmosphäre längere Zeit verdüstert habe. Es schien am bequemsten, einen Sündenbock zu finden, an dem der Führer seinen Zorn austoben konnte. Der sinistre Papen fand, daß dazu das geeignetste Opfer Schuschnigg wäre. So arrangierte er einen Besuch des österreichischen Bundeskanzlers in Berchtesgaden bei dem sich in der übelsten Laune befindenden Hitler. Schuschnigg traf am 12. Februar ein und sah sich sofort einem wahren Ritual von Beleidigungen ausgesetzt. Angeredet wurde er nur mit „Herr" oder „Herr Doktor", nicht mit seinem offiziellen Titel. Obwohl er ein leidenschaftlicher Raucher war, wurde ihm in Gegenwart des Führers nicht eine Zigarette gestattet.

Es begann mit Vorwürfen, weil Österreich nicht aus dem Völkerbund ausgetreten war. Schuschniggs Politik wurde als dauernder Verrat der Interessen Deutschlands verurteilt. Der Bundeskanzler tue gut daran, sich klarzumachen, daß die winzigen Streitkräfte Österreichs die deutsche Armee, wenn ihr zu marschieren befohlen würde, nicht aufzuhalten vermöchten: „Es könnte sein, daß ich wie ein Frühlingssturm über Nacht in Wien bin! Dann könnten Sie etwas erleben!" Nach dem Einzug deutscher Truppen in Wien, fügte Hitler warnend hinzu, würden die SA und die österreichische Legion die Macht übernehmen, und niemand wäre imstande, „ihre Rache zu verhindern". Den Österreichern sollte klar sein, daß ihn keine Macht der Welt auf seinem Wege aufhalten werde.[18]

Nachdem elf Stunden lang so auf ihn eingehämmert worden war, brach Schuschniggs Widerstand zusammen, und er unterzeichnete ein Abkommen, das das Vorspiel zum Anschluß Österreichs an das Dritte Reich war.

Der Hauptpunkt war die Zusage Schuschniggs, Dr. Arthur Seyß-Inquart zum Innenminister zu ernennen „und ihm das Sicherheitswesen zu übertragen". Unter der ständigen Kontrolle dieses Hitlerschen Statthalters würde es möglich sein, ein nationalsozialistisches Programm auszuführen, durch das Österreich schließlich unter reichsdeutsche Herrschaft gebracht werden konnte. Die übrigen Bestimmungen des Abkommens hatten ähnliche Bedeutung.[19]

Von nun an war die österreichische Hauptstadt in Zwielicht getaucht. Mussolini bemerkte es mit Unwillen. Er mißbilligte die Schroffheit, mit der Hitler Schuschnigg behandelt hatte, und grollte, weil Italien in der ganzen Affäre nicht konsultiert worden war. Ciano hielt Philipp von Hessen eine Strafpredigt über die deutsche Nichtbeachtung der einfachsten diplomatischen Höflichkeit, und Mussolini ließ Schuschnigg einige allgemeine Versicherungen zukommen. Indessen, den meisten österreichischen Regierungsbeamten hätte klar sein müssen, daß der letzte Stand der Unabhängigkeit ihres Landes durch das Stundenglas rann. Präsident Miklas leistete einigen Widerstand, sah sich aber bald gezwungen, seine Einwilligung zu einem neuen Kabinett zu geben, dem außer Seyß-Inquart noch drei großdeutsch gesinnte Minister angehörten.[20]

Am 20. Februar hielt Hitler im Reichstag eine Rede, die wie ein Requiem für Österreich klang. Kein Wort von österreichischer Unabhängigkeit kam darin vor. Hitler sprach Schuschnigg nur seinen „aufrichtigen Dank" aus für das „große Verständnis und die warmherzige Bereitwilligkeit", mit der er die Einladung nach Berchtesgaden angenommen und mit ihm gemeinsam einen Weg gesucht habe, der „den besten Interessen beider Länder" dienen würde. Die wirkliche Bedeutung der Rede lag in der leidenschaftlichen Erklärung, es sei für eine Weltmacht mit Selbstachtung unerträglich, auf die Dauer ihrer Einheit beraubt zu sein und zu wissen, daß jenseits der Grenze Volksangehörige lebten, die unter schwerer Verfolgung zu leiden hätten, nur weil sie deutsch fühlten.[21]

Lord Halifax erfährt den Beschwichtigungspreis

Inzwischen hatte man sich in London darüber klarzuwerden gesucht, wie Hitler am besten anzufassen sei. Im Dezember 1937 teilte Chamberlain Botschafter Ribbentrop mit, daß Großbritannien bereit sei, im Februar oder März nächsten Jahres Deutschland Vorschläge zu machen, besonders in der Kolonialfrage. Ribbentrop erklärte, daß „nur eine ganz großzügige Einstellung zu deutschen Belangen schließlich zu einer Einigung führen könne". Chamberlain versicherte, daß er einer deutsch-britischen Verständigung weiterhin seine volle Unterstützung leihen werde.[22]

Auf Grund der konzilianten Haltung Chamberlains urteilte das Auswärtige Amt in einer Denkschrift über die britische Politik, sie gehe „heute von der These aus, daß es möglich sei, den deutschen Beschwerden mit friedlichen Mitteln voll gerecht zu werden".[23] Allein, Ribbentrop war mit dieser Deutung keineswegs einverstanden. Er verfertigte im Januar 1938 ein eigenes Memorandum für Hitler persönlich, worin er offen erklärte, er glaube nicht mehr an den Willen Englands zu einer wirklichen Verständigung mit Deutschland. Die Briten wollten nur hinter einer freundschaftlichen Maske Zeit zu einer umfassenden Aufrüstung gewinnen. Es wäre unklug, sich auf eine Verständigung mit England zu verlassen. In Wirklichkeit sei Großbritannien Deutschlands „gefährlichster Gegner".[24]

Wahrscheinlich dachte Hitler an dieses Memorandum, als er am 3. März 1938 mit Henderson ein Gespräch hatte, das ergebnislos endete. Sir Nevile schlug Töne an, die Hitler ein wenig lächerlich angemutet haben müssen. Die britische Regierung, so sagte der Botschafter, glaube, daß mit Deutschland eine Verständigung erreicht werden könne, wenn man „nach dem Prinzip höherer Vernunft zum Unterschied vom Gebrauch nackter Gewalt" verhandele. Hitler hörte sich dieses Gerede „mit grimmigem Gesichtsausdruck" an und ließ dann eine leidenschaftlich-bombastische Rede über das „traurige Schicksal der pronationalsozialistischen Deutschen in Österreich" los. Nach zweistündiger Diskussion über eine Menge Themen verließ Henderson die Reichskanzlei, ohne irgend etwas erreicht zu haben.[25]

Eine Woche darauf, am 9. März, wurde der Lösungsprozeß im österreichischen Reagenzglas durch die Bekanntmachung Schuschniggs beschleunigt, daß am kommenden Sonntag, dem 13. März, eine Volksabstimmung über die Unabhängigkeit Österreichs stattfinden werde. Diese Ankündigung war das Totengeläut für die österreichische Souveränität.

Der bloße Gedanke an eine Volksabstimmung in Österreich machte Hitler wild, und er begann sofort, zur Verhinderung des Plebiszits ultimativen Druck auszuüben. Das rief die Mißbilligung Lord Halifax' hervor. Beim Abschiedsbesuch Ribbentrops am 10. März sagte er dem deutschen Außenminister, daß die Regierung Seiner Majestät in hohem Grade enttäuscht sei über die Haltung „Herrn Hitlers gegenüber der versöhnlichen und konstruktiven Form, in der sie an ihn herangetreten sei, daß aber diese Enttäuschung nichts an unserm tief wurzelnden Wunsch nach einer besseren Verständigung mit Deutschland ändere. Doch ein Erfolg könne nicht durch England allein herbeigeführt werden; alle müßten ihren Beitrag leisten ... Was Mitteleuropa betreffe, so hätten wir nicht versucht, Österreich zu blockieren; England trachte vielmehr danach, die durch die Berchtesgadener Zusammenkunft [vom 12. Februar] beunruhigte öffentliche europäische Meinung zu beruhigen ... Aber wir wären nicht aufrichtig, wenn wir der deutschen Regierung nicht die Gefahren klarmachten, die die britische Regierung in der Art und Weise erblicke, wie verantwortliche Persönlichkeiten in Deutschland die deutsche Politik und den sie beseelenden Geist öffentlich darlegten ... Das letzte, was wir wünschten, sei Krieg in Europa. Sollte jedoch einmal in Mitteleuropa Krieg ausbrechen, so wäre es ganz unmöglich, vorherzusagen, wo er enden werde und wer schließlich in ihn hineingezogen werden würde."

Lord Halifax kam dann auf die für den 13. März geplante österreichische Volksabstimmung zu sprechen und sagte, er lege Wert darauf, daß sie „ohne Einmischung oder Einschüchterung durchgeführt werde. Herr von Ribbentrop ... antwortete, ... daß die britische Regierung den zweckvollsten Beitrag leisten würde, wenn sie ihren Einfluß bei dem österreichischen Bundeskanzler geltend machte, von dieser Volksabstimmung abzusehen. Ich erwiderte, mir scheine die Unterstellung erstaunlich, daß ein Staatsoberhaupt gehindert werden solle, ein Plebiszit abzuhalten, wenn und wann es das wünsche ...

Später, um 17.15 Uhr, empfing ich Herrn von Ribbentrop nochmals und äußerte mich nachdrücklicher ... Unser Herantreten an Deutschland verlief nicht ermutigend ... Ihre [der verantwortlichen Deutschen] brutale Mißachtung jedes Arguments außer dem der Gewalt zeigt, wie schwierig es ist, mit ihnen zu sprechen, und muß den Wert mit ihnen getroffener Abkommen als zweifelhaft erscheinen lassen ... Die Welt ist vor ein Fait accompli gestellt worden; es ist äußerst fraglich, ob eine Drohung das hätte abwenden können."[26]

An demselben Tage, dem 10. März, sandte Lord Halifax an Sir Nevile Henderson in Berlin zwei Telegramme, worin er sich großenteils so äußerte wie in seinem Schreiben an Präsident Roosevelt.[27] Henderson antwortete, er halte die deutschen Methoden für „nicht vertretbar", doch habe Schuschnigg mit der Ankündigung einer Volksabstimmung „vorschnell und unklug gehandelt".[28]

In der Sache der Volksabstimmung weigerte sich Schuschnigg zunächst, sich dem nationalsozialistischen Druck zu beugen. Er wandte sich an Großbritannien und fragte an, „wie er sich verhalten solle".[29] Halifax antwortete, die britische Regierung könne es „nicht verantworten", dem Bundeskanzler zu Handlungen zu raten, die möglicherweise zum Kriege führen würden.[30] Großbritannien könne in dieser Sache nichts anderes tun, als in Berlin gegen den Druck des Deutschen Reiches zu protestieren.

An einen papierenen britischen Protest in Berlin konnte sich Schuschnigg nicht lehnen, und so trat er zurück. Als die Nachricht hiervon in London eintraf, bemerkte Ribbentrop seelenruhig zu Halifax, dieser Schritt sei „wirklich bei weitem das beste, was geschehen konnte". Sicherlich vertrete auch das Foreign Office die Meinung, „daß wir alle das Ziel gehabt hätten, eine friedliche Lösung herbeizuführen". Schuschnigg habe gegen Treu und Glauben verstoßen und sein Wort von Berchtesgaden gebrochen. Das habe die Lage in Österreich „ganz unmöglich" gemacht.

Lord Halifax fand sich nicht bereit, die Dinge mit reichsdeutschen Augen zu betrachten. Was die Welt in Wien erlebt habe, sei „eine Äußerung nackter Gewalt". Es sollte klarsein, daß ein so zweifelhaftes Vorgehen „den britisch-deutschen Beziehungen ernstlich Abbruch tun" müsse. Ribbentrop hielt diese Erklärung seines britischen Kollegen für verfehlt. Er vertraue darauf, sagte er, daß die britische Meinung „dazu gebracht werden könne, das Geschehene realistisch zu betrachten und es schließlich nicht ungern zu akzeptieren".[31]

Vorher war Ribbentrop von Chamberlain zu einem Frühstück eingeladen gewesen. Nach dem Lunch bat der britische Premier Ribbentrop „in sehr nachdrücklicher Form, ... dem Führer mitzuteilen, daß er in aufrichtiger Weise eine Verständigung mit Deutschland wolle". In diesem Augenblick legte Halifax dem Premierminister zwei Telegramme vor, die wachsende Spannung in Wien meldeten. Halifax äußerte, nach Ribbentrops Aufzeichnung, „etwas erregt", daß „dieses Drohen mit der Gewalt eine ‚unerträgliche' Methode sei". Dann fragte er, ob nicht zu einem späteren Zeitpunkt in Österreich eine Volksabstimmung nach dem Muster des Plebiszits im Saarland stattfinden könne. Hier griff Chamberlain ein „und sagte, ihm scheine das nicht der Lage zu entsprechen". Danach erklärte Halifax, daß er seine Anregung nicht aufrechterhalte. Nach Ribbentrop war der „sonst so ruhige Lord Halifax erregter ... als Chamberlain, der jedenfalls nach außen Ruhe und Besonnenheit zeigte". Als man sich verabschiedete, sei „auch Halifax wieder ruhig" gewesen.[32]

Die britische Beschwichtigung Italiens bietet zu wenig und kommt zu spät

Premierminister Chamberlain lag das Beschwichtigungsrezept, das er in den ersten Monaten des Jahres 1938 zusammenstellte, so sehr am Herzen, daß er daran noch zähe festhielt, als die übrige Welt sah, es würden sich damit die Probleme, die den europäischen Frieden bedrohten, nicht lösen lassen. Anthony Eden teilte Chamberlains Begeisterung für Versöhnungsformeln nicht. Aus diesem Gegensatz entstanden in ihrem persönlichen Verhältnis Spannungen. Die Krise trat am 18. Februar ein, als Chamberlain und Eden mit dem italienischen Botschafter, Dino Grandi, getrennte Unterredungen hatten. Wie Grandi behauptet, hatte Chamberlain bereits eine Intrige angesponnen, um Eden aus dem Amt zu entfernen. In jedem dieser beiden Gespräche stellte der italienische Botschafter in Abrede, daß mit Deutschland eine Verständigung erzielt worden sei, wonach Hitler gegen das Versprechen, Italien im Mittelmeergebiet und in Europa zu unterstützen, von Mussolini freie Hand in Österreich erhalten habe. Er gab allerdings zu, daß die italienische Regierung „ein freundschaftliches, vertrauensvolles Verhältnis und enge Zusammenarbeit" zwischen Deutschland und Österreich „für den Frieden und die Ruhe Mitteleuropas für wesentlich" halte. Auch bestand Grandi darauf, daß einer englisch-italienischen Annäherung die Anerkennung der italienischen Eroberung Äthiopiens durch Großbritannien als einleitender Schritt vorangehen müsse.[33]

Die Londoner „Times" zeigte sich mit der italienischen These, daß eine enge Zusammenarbeit zwischen Österreich und Deutschland für den Frieden Mitteleuropas wesentlich sei, in voller Übereinstimmung. Am 17. Februar vertrat sie in einem Leitartikel die Meinung, daß Großbritannien eine deutsche Expansion nach Osten nicht zu blockieren versuchen sollte, und vier Tage später erklärte sie, daß es an den Ereignissen in Mittel- und Osteuropa kein wirkliches Interesse habe, es sei denn, sie entwickelten sich zu einem „katastrophalen Konflikt".[34]

Die eine Politik der Beschwichtigung predigende „Times" hinter sich, griff Hitler am 20. Februar Anthony Eden mit der vollen Wut lange zurückgedrängten Hasses an. Da Chamberlain, von der Beschwichtigungspolitik als einzigem Mittel gegen die Unruhe in Europa überzeugt, nicht gesonnen war, der Rede Hitlers entgegenzutreten, war für Eden im britischen Kabinett kein Platz mehr. Am 20. Februar sah er sich genötigt, sein Amt niederzulegen. Neuer Außenminister wurde Viscount Halifax, der bereit war, der Führung Chamberlains zu folgen.[35]

Nach Edens Ausscheiden aus dem Kabinett waren Chamberlains Hoffnungen auf eine britisch-italienische Verständigung noch gewachsen. Natürlich war er bereit, dafür einen Preis zu zahlen. In einem Schreiben an Grandi erklärte er: „Wir wissen durchaus, wie fest das Band der Solidarität zwischen Italien und Deutschland ist. Wie ich Ihnen schon im vergangenen Monat Juli sagte und später öffentlich im November in meiner Rede in der Guildhall bestätigte, habe ich nie die geringste Absicht oder den Wunsch gehabt, irgend etwas zu tun, das die italienisch-deutsche Solidarität schwächen könnte. Im Gegenteil, ich betrachte die Achse Rom–Berlin als eine Realität, die den vielleicht kostbarsten Pfeiler des europäischen Friedens darstellen kann. Ich wünsche, daß der Duce genau wisse, daß ich heute mehr denn je davon überzeugt bin. Diese meine Überzeugung wird – ich freue mich, es bestätigen zu können – von meinem Freunde Lord Halifax geteilt. Ich wünsche andererseits, daß der Duce heute selbst wisse, daß ich, während ich als erstes Ziel einen festen und dauerhaften Vertrag mit dem Duce und dem faschistischen Italien habe, als weites Ziel, das nicht weniger wichtig ist, einen dauerhaften und möglichst festen Vertrag mit dem Führer und dem nationalsozialistischen Deutschland habe. Ich betrachte den Vertrag mit Italien als einen unentbehrlichen Schritt, um nachher zu einem Vertrag mit der zweiten Macht der Achse Rom–Berlin, und zwar mit Deutschland zu gelangen."[36]

Allein, diese versöhnlichen Worte machten auf Mussolini keinen tiefen Eindruck. Er war jetzt im Begriff, behende auf Hitlers Wagen zu klettern. Es würde keine anglo-italienische Verständigung geben, die dazu dienen sollte, Hitlers Marsch nach Österreich hinein aufzuhalten. Der Duce hatte sich entschieden, Österreich als Preis für die deutsche Anerkennung seiner Eroberungen in Afrika Hitlers begierigen Armen auszuliefern. Schuschnigg begriff diese Tatsache nur langsam. Um die italienische Abneigung gegen eine Ausdehnung Deutschlands auf Österreich lebendig zu erhalten, sandte er seinen Adjutanten, Oberst Libitzky, nach Rom, damit er Mussolini all die verächtlichen Äußerungen hinterbringe, die Hitler während der berühmten Berchtesgadener Gespräche herausgesprudelt hatte. Doch der Duce tat das mit einem Achselzucken ab und bereitete sich auf den Empfang Hitlers in Rom vor.[37] Die österreichische Frucht war reif, gepflückt zu werden, und Mussolini war sich darüber klar, daß keine europäische Macht Hitlers Hand zurückzuhalten vermochte.

Hitler marschiert in Wien ein

Bevor Hitler die österreichische Grenze überschritt, holte er sich vorsichtigerweise die ausdrücklich volle Billigung Mussolinis. Am 11. März entsandte er Prinz Philipp von Hessen mit einem dringenden Schreiben über die österreichische Lage zu Mussolini. In dem Brief stand, er, Hitler, habe „mit wachsender Besorgnis gesehen, wie sich allmählich eine Beziehung zwischen Österreich und der Tschechoslowakei entwickelt" habe, „die ... im Falle eines Deutschland aufgezwungenen Krieges ... die Ursache einer äußerst ernsten Bedrohung der Sicherheit des Reiches werden würde". Der österreichische Staat habe allmählich begonnen, „alle Grenzen mit Sperren und Befestigungen zu versehen", offenbar „um die Restauration zur gegebenen Zeit durchzuführen" und notfalls „das Gewicht einer Masse von 20 Millionen Menschen auch gegen das Deutsche Reich in die Waagschale zu werfen". Er sei entschlossen, in seiner „Heimat Ordnung und Ruhe wiederherzustellen". Es sei ein „Akt nationaler Notwehr".[38]

Nachdem sich der Prinz seiner Mission entledigt hatte, rief er aus Rom Hitler an mit der frohen Botschaft, daß Mussolini die ganze Sache sehr freundlich aufgenommen habe. Die Wirkung dieser beruhigenden Worte auf Hitler war so stark, daß er vor Freude emotional wurde. Er bat den Prinzen telefonisch, Mussolini die Versicherung zu übermitteln, daß er ihm diesen Beistand in der Stunde der Not niemals vergessen werde. Wenn er jemals seine Hilfe brauchen oder in Gefahr sein sollte, so könne er überzeugt sein, daß er zu ihm stehen werde, und wäre die ganze Welt gegen ihn.

Gleichzeitig wies Göring von Berlin telefonisch Seyß-Inquart und andere Parteigenossen an, Präsident Miklas unter Druck zu setzen. Als Miklas schließlich dem Drängen erlag und Seyß-Inquart zum Bundeskanzler ernannte, hatte die letzte Stunde der österreichischen Unabhängigkeit geschlagen.[39] Am 12. März überschritten reichsdeutsche Truppen die österreichische Grenze, und zwei Tage später hielt Hitler in Wien triumphierend Einzug.

Die amerikanische Reaktion auf den „Anschluß"

Über die Wirkung der Vereinigung Österreichs mit dem nationalsozialistischen Deutschland auf Regierung und öffentliche Meinung der Vereinigten Staaten hat Botschafter Dieckhoff dem Auswärtigen Amt ausführlich berichtet. Am 12. März sprach Dieckhoff im State Department vor, um Hull die deutsche Auffassung der letzten Entwicklung in Österreich darzulegen. Der Außenminister, so berichtete Dieckhoff, habe ihm zwar „eine Reihe von Fragen" gestellt, aber weder „Besorgnis" gezeigt, noch „irgendwie eine kritische oder gar ablehnende Haltung" erkennen lassen. Dem habe bis zum 13. März die Haltung des größten Teils der amerikanischen Presse entsprochen. Am folgenden Tag jedoch sei ein „ganz scharfer Umschwung" eingetreten. Die Eingliederung Österreichs sei nun „als Vertragsbruch, als Militarismus, als Vergewaltigung des wehrlosen kleinen Österreichs durch den in Waffen starrenden Nachbarn und als Ausfluß der Politik des ‚Macht geht vor Recht' gebrandmarkt" worden. „Was die Meinungsbildung der amerikanischen Regierung selbst anlangt", so habe wahrscheinlich „der Präsident persönlich eingegriffen und sowohl dem State Department wie der Presse eine entsprechende Sprachregelung gegeben". Im Außenamt habe man „wohl von Anfang an weniger an Österreich als an die Tschechoslowakei mit all den möglichen Komplikationen gedacht". Als Dieckhoff am 14. März dem State Department die Eingliederung Österreichs notifizierte, verhielt sich Außenminister Hull „reserviert", wenn auch „höflich wie immer", aber Staatssekretär Sumner Welles empfing ihn „geradezu verbissen".[40] Ja, in seinem früheren Bericht unmittelbar nach der Notifikation hatte Dieckhoff berichtet, bei Sumner Welles sei „eine Art von haßerfüllter Verbissenheit zum Ausdruck" gekommen.[41]

Eine im State Department befindliche Aufzeichnung über das Gespräch zwischen Dieckhof und Sumner Welles besagt folgendes: Nachdem der Botschafter Sumner Welles den Text der Erlasse übergeben hatte, durch die Österreich dem Reich angegliedert worden war, habe er, Dieckhoff, offenbar erwartet, daß sich Welles hierüber äußern werde. Welles sei jedoch stumm geblieben, worauf Dieckhoff, „einen beträchtlichen Grad nervöser Aufgeregtheit" verratend, ausgerufen habe: „Das ist ein großer, ein herrlicher Tag für Deutschland!" Noch immer habe Welles geschwiegen, und nun habe Dieckhoff einen „Wortschwall" gegen die Kritik an der Vereinigung losgelassen. Besonders erregt war er nach der Aufzeichnung des State Department über die Kommentare der amerikanischen Presse, die er rundheraus als „Lügen" bezeichnete. Dann griff er scharf die Juden an und fragte Welles, weshalb ihnen erlaubt werde, „die Presse und die öffentliche Meinung zu beherrschen". Der Staatssekretär erwiderte, dies sei nicht wahr, und bemerkte, „das jüdische Element in der Bevölkerung der Vereinigten Staaten mache nur einen kleinen Prozentsatz unserer Gesamtbevölkerung aus, gleichwohl aber sei dieses Element für die Amerikaner genauso ein Teil der Vereinigten Staaten wie jedes andere Element der Bevölkerung". Die meisten Amerikaner hätten jüdische Freunde, „die sie hoch achteten und als Mitbürger verehrten". Die ihnen in Deutschland zugemessene ungerechte Behandlung habe gegen die nationalsozialistische Führung starke Empörung hervorgerufen. Nachdem Sumner Welles geendet hatte, schloß Botschafter Dieckhoff hastig die Unterredung mit einem nochmaligen kurzen Ausfall gegen die „bewußten, böswilligen Unwahrheiten" der amerikanischen Presse.[42]

Auch Dr. Goebbels in Berlin war über die feindselige Haltung der amerikanischen Presse höchlichst beunruhigt. Im Gespräch mit dem amerikanischen Botschafter, Hugh Wilson, nannte er es „beklagenswert, daß dieser Haßfeldzug andauere. Er habe keineswegs erwartet, daß Deutschland von Kritik verschont bleibe, aber ... was er nicht erwartet habe und was er tief bedaure, seien absichtliche Tatsachenentstellungen und Verleumdungen und Verunglimpfungen der Person des Reichskanzlers und seiner unmittelbaren Umgebung. Er sagte, daß die Person des Führers von jedem Deutschen verehrt werde ... Infolgedessen nähmen die Deutschen die Angriffe gegen ihn sehr übel auf ... Er sei sicher, daß ich in den kommenden Monaten oft Gelegenheit haben würde, mit dem Führer zu sprechen und ihn kennenzulernen, und daß ich mich dem Eindruck der Redlichkeit seiner Ziele und der unbeirrbaren Aufrichtigkeit seines Charakters nicht würde entziehen können ...

In Deutschland sagten sich viele Leute, die Beziehungen zu Amerika seien durch die Schuld der Presse dermaßen schlecht, daß der Versuch, dagegen etwas zu tun, zwecklos wäre ... Er gehöre jedoch nicht zu diesen Leuten. Er glaube, daß wir eine Besserung der Beziehungen zustande bringen könnten, wenn ein gewisses Maß von Vertrauen vorhanden wäre."

Botschafter Wilson meinte darauf, „die kritischste Sache, die einer Verbesserung unserer Pressebeziehungen entgegenstehe, sei die jüdische Frage ... So tiefe Haßgefühle wie sie nach dieser Richtung in meinem Lande herrschten, ließen sich nicht in Wochen, ja nicht in Monaten beschwichtigen. Es werde Jahre dauern, ehe ein solcher Haß nachlasse oder schwinde, und das auch nur dann, wenn nicht neue Zwischenfälle neues Öl ins Feuer gössen."

Damit wandte sich Wilson von dem unmittelbaren Problem ab und bemerkte, von der amerikanischen Feindlichkeit entstamme vieles einem Freudschen Komplex, nämlich der Tatsache, „daß sich eine erschütterte tiefe Zuneigung unvermeidlich in Haß verwandle ... Die Amerikaner meines Alters und meiner Generation seien es gewohnt gewesen, daß die besten Intellektuellen unseres Landes nach Deutschland gingen, um sich in Medizin, Technik, Kunst und so weiter auszubilden; ... daß Zehntausende von Familien deutsche Verwandte hätten. So seien die beiden Länder zu tief miteinander verbunden, als daß sie, was in Deutschland geschehe, mit Gleichgültigkeit betrachten könnten."

Goebbels gestand, es sei dies „ein völlig neuer und interessanter Gesichtspunkt", und sprach die Hoffnung aus, daß der amerikanische Botschafter ihn noch oft aufsuchen werde, um mit ihm Angelegenheiten gemeinsamen Interesses zu besprechen.[43]

Zweifellos lag Goebbels sehr daran, die Gründe hinter der deutsch-amerikanischen Feindlichkeit zu erforschen. Eine der wichtigsten Reibungsursachen hatte er selber aufgedeckt, als er von der Verehrung der Deutschen für Hitler und den unaufhörlichen Angriffen der amerikanischen Presse auf ihn sprach. Vielen nahen Beobachtern des deutschen Schauplatzes war völlig klar, daß Goebbels selber unermüdlich daran gearbeitet hatte, diese Verehrung im deutschen Volk hervorzurufen. Bezeichnend dafür ist die Rhetorik, die er zu Hitlers Geburtstag am 20. April entfaltete. Für ihn umgab ein Hauch von Göttlichkeit den Führer. Als Hitler nach Österreich hineinfuhr, so erzählte Goebbels, sei ein Mann, „die Hände wie zum Gebet erhoben, auf den Wagen zugeeilt, und wir hatten das Gefühl, daß hier die Erregung einer menschlichen Seele ihren vollendeten Ausdruck gefunden hatte".[44] Da große Mengen Deutscher ebenso dachten und fühlten, wurde es immer schwieriger, zwischen den beiden Ländern freundschaftliche Beziehungen zu unterhalten, wenn die amerikanische Presse ihren Feldzug der Kritik und des Spottes fortführte.

Die Feindseligkeit der amerikanischen Presse drängte sich dauernd in das diplomatische Berliner Bild. Auch bei einer langen Aussprache, die Botschafter Wilson Ende April mit Außenminister Ribbentrop hatte, kam die Rede unvermeidlicherweise auf dieses vertraute Thema. Ribbentrop sagte, er habe soeben eine Menge Ausschnitte aus amerikanischen Zeitungen durchgesehen, und sie verrieten „eine Feindseligkeit, die ihn überrascht und erschreckt habe. Es zeige sich da ein Mangel an Verständnis für alles, was Deutschland getan habe, und ein ungeheures Maß falscher Darstellung von Tatsachen ... Diese Berichte könnten nur auf Klatsch und Gerüchten beruhen und stammten gewöhnlich von Leuten, die wegen ihrer Rasse oder ihrer politischen Anschauungen der Regierung feindlich gesinnt und daher geneigt seien, die Tatsachen zu verdrehen ... Er habe als Junge in den Vereinigten Staaten und in Kanada eine lange und glückliche Zeit verlebt; er habe viele amerikanische Freunde und schreibe sich mit einigen noch heute; niemand könne einen Teil seiner Jugend in einem Land verbringen, ohne ein Stück seines Herzens dort zu lassen; ... so seien für ihn diese Wutergüsse gegen sein Land doppelt niederdrückend."

Hier erlaubte sich Wilson, den Minister zu unterbrechen und einzuwerfen, daß die amerikanische Feindlichkeit gegen Deutschland viele Gründe habe. Die Verfolgung von Protestanten und Katholiken, die engen Beziehungen zwischen Deutschland und Japan, die jüdische Frage und die Art, wie die Regierung Österreich dem Reich angeschlossen habe: dies alles habe wesentlich dazu beigetragen, in Amerika gegen die nationalsozialistische Führung weithin Abneigung hervorzurufen.

Ribbentrop bemerkte, daß Großbritannien und Frankreich von der österreichischen Frage sehr viel stärker berührt würden als die Vereinigten Staaten, daß aber die Presse dieser beiden Länder objektiver Stellung genommen habe als die amerikanische. Die deutschen Schriftleiter hätten sich angesichts der heftigen Kritik in der amerikanischen Presse „dafür verwendet, daß man ihnen das Recht gebe, auf die Angriffe in ihren Blättern zu antworten. Bisher habe ihnen die deutsche Regierung die Erlaubnis dazu versagt. Er forderte mich [Wilson] auf, mir beispielsweise eine Kritik an der Person des Präsidenten Roosevelt zu zeigen." Wilson versuchte nicht, dieses Argument zu widerlegen, sondern äußerte nur die Befürchtung, daß die Feindlichkeit aus der amerikanischen Presse „einige Jahre lang nicht verschwinden" werde. Inzwischen sei es selbstverständlich „die Rolle derer, die sich mit außenpolitischen Angelegenheiten zu befassen haben", sich um die Aufrechterhaltung „normaler und freundschaftlicher Beziehungen zwischen ihren Ländern zu bemühen".[45]

Botschafter Wilson hatte mit seiner Ansicht, daß die Kritik an dem Deutschen Reich „einige Jahre lang" nicht aus der amerikanischen Presse verschwinden werde, völlig recht. Die Angriffe dauerten fort, und die Reaktion in Deutschland wurde schärfer. Auf einem Empfang, den die italienische Botschaft am Abend des 10. August zu Ehren Marschall Balbos gab, kam Mr. Riddleberger von der amerikanischen Botschaft mit Göring ins Gespräch. Auch bei dieser Gelegenheit wieder war das Thema sofort die deutschfeindliche Stimmung in Amerika, und auch Göring schrieb sie jüdischen Umtrieben zu und stürzte sich sofort in eine „Diskussion des Judenproblems. Er prophezeite, daß ,innerhalb von zehn Jahren von diesem Abend an' die Vereinigten Staaten das antisemitischste Land der Welt sein würden ... Ich antwortete General Göring, ich fände diese seine Behauptung interessant, obwohl ich seiner Vorhersage natürlich nicht beipflichten könne. Ich sagte, er werde, ohne daß ich auf eine Erörterung der deutschen Politik gegenüber den Juden einzugehen brauchte, sicherlich begreifen, welche schweren Sorgen diese Politik unserer und anderen Regierungen bereitet, in deren Rechtssphäre die deutschen Juden Zuflucht suchen ...

General Göring gab darauf keine Antwort, sondern fuhr fort, zu erklären, daß die Juden aus dem deutschen Wirtschaftsleben entfernt werden müßten ... General Göring kam dann auf das Problem der deutsch-amerikanischen Beziehungen zurück und sagte, sie seien zwar nicht sehr harmonisch, aber man dürfe nicht verzweifeln und müsse auf bessere Tage hoffen ... Er schloß seine Ausführungen mit der Bemerkung, daß der Zusammenschluß von Negern und Juden in den Vereinigten Staaten unter jüdischer Führung eine Angelegenheit sei, die uns im Hinblick auf unsere Zukunft beträchtlich zu denken geben sollte."[46]

Es war für Botschafter Wilson klar erkennbar, daß die deutsche Regierung zwar die amerikanische Presse von Herzen verabscheute, aber gleichwohl bemüht war, mit dem Department of State auf freundschaftlichem Fuß zu bleiben. Aus diesem Grund nahm Wilson die Einladung zum Nürnberger Parteitag im September an. Er beabsichtigte, „ungefähr ebenso lange zu bleiben wie der französische und der britische Botschafter".[47] Seine Entscheidung rief einen lebhaften Protest des B'nai Israel Jewish Centre aus dem New Yorker Brooklyn hervor. Die Anwesenheit des Botschafters in Nürnberg wäre „eine stillschweigend verzeihende Duldung des nationalsozialistischen Programms der Rassen- und Minderheitenverfolgung".[48] Das Außenamt lehnte es ab, diesen Standpunkt einzunehmen[49], und Botschafter Wilson fuhr mit seinem englischen und seinem französischen Kollegen nach Nürnberg.

Es war der letzte Nürnberger Parteitag, dem ein amerikanischer Botschafter beiwohnte. Unter der Oberfläche der deutsch-amerikanischen Beziehungen gab es viele Differenzen, die dauernd das dünne Gewebe politischen Einvernehmens zu durchstoßen drohten. Die amerikanische Presse setzte ihre Angriffe auf das nationalsozialistische Deutschland unaufhörlich fort, und in vielen Teilen der Vereinigten Staaten kam es zu Schmähungen, die die Reichsführung in Wut versetzt haben müssen. Im Vergnügungsviertel von Venice in Kalifornien gab es einen Bogenschießstand mit einem lebensgroßen Bildnis Hitlers als Scheibe für eine Kundschaft, „die überwiegend aus Juden, Italienern und Deutschen bestand".[50]

In andern Städten war Hitler auf Toilettenpapier und sonstigen Artikeln für das WC abgebildet. Solche pöbelhaften Äußerungen der Verhöhnung machten viele Deutsche wütend und wirkten mit am Hintergrund für den schließlichen Krieg. Zu seinen Herolden gehört der Haß, und seine Trompeten ertönten schon im Sommer entlang der deutsch-amerikanischen Front. Nach München sollten die Trompetenstöße lauter und heftiger werden, aber die meisten Amerikaner verschlossen dem Geschmetter ihre Ohren und nährten nach wie vor die Hoffnung, daß Präsident Roosevelt sie aus einem Krieg heraushalten werde. Sie erkannten nicht, daß Roosevelt wie Lincoln den Frieden so sehr liebte, daß er bereit war, Krieg für ihn zu führen.

Kapitel XVII

Benesch sieht den Abgrund nicht

Letzte Versuche, den europäischen Status quo zu erhalten

Die Wiedervereinigung mit Österreich warf die britischen und französischen Pläne um, Deutschland durch die Rückgabe einiger der Schutzgebiete zu beschwichtigen, die ihm der Versailler Vertrag genommen hatte. Frankreich war lange Zeit dazu geneigt gewesen. Im September 1937 hatte Ministerpräsident Chautemps zu Botschafter Bullitt geäußert, für Frankreich sei die Kolonialfrage „kein unübersteigbares Hindernis", aber er glaube, daß sich Großbritannien jeder Deutschland zufriedenstellenden Kolonialregelung „bis zum äußersten widersetzen" würde.[1] Der britischen Opposition gegen jeden „Handel" mit Deutschland über seine ehemaligen Schutzgebiete gab Anthony Eden leidenschaftlich Ausdruck: „Die britische Antwort an Deutschland in re der Kolonien sollte eine mächtige Verstärkung des britischen Rüstungsprogramms sein."[2] Frankreich hielt diesen Standpunkt für übertrieben; Außenminister Delbos hatte versucht, die Frage mit Eden realistisch zu erörtern, mußte jedoch entdecken, daß der britische Außenminister in seinem Widerstand „unerbittlich" war. Die britische Regierung sei „fest entschlossen, eine Änderung der Bestimmungen [des Versailler Vertrages] über die Kolonien nicht zuzulassen".[3]

Einige Wochen später sagte Delbos zu Botschafter Bullitt, er glaube, „die beste Möglichkeit zur Eröffnung von Verhandlungen, die zu einer friedlichen Regelung der europäischen Verhältnisse oder doch wenigstens Hinausschiebung eines Krieges führen könnten, biete sich im kolonialen Bereich. Frankreich und England könnten Deutschland nicht in Österreich oder der Tschechoslowakei ‚Konzessionen' anbieten ... im Kolonialbereich aber hätten Frankreich und England etwas zu geben und dürften dann also auch etwas im Austausch verlangen. Er sage sich daher, daß man möglicherweise durch die Tür kolonialer Zugeständnisse zu fruchtbaren Verhandlungen gelangen würde. Er glaube, daß es nicht ausgeschlossen wäre, Gespräche über ein neues Locarno einzuleiten, wenn sich auf kolonialem Gebiet irgendein Fortschritt erzielen ließe ...

Er (Delbos) sagte, er persönlich sei dafür, Deutschland nach und nach Konzessionen zu machen, um einen Krieg abzuwehren, aber es sei für eine Demokratie außerordentlich schwierig, Einzelzugeständnisse zu machen. Die öffentliche Meinung lasse sich viel lieber vor ein Fait accompli stellen, als daß sie einer Konzession zustimmte."[4]

Diese entgegenkommende Haltung Frankreichs dauerte das ganze Frühjahr 1938 hindurch an. Im März bemerkte der frühere Außenminister Flandin zu dem deutschen Botschafter in

Paris, Graf Welczek, „die Lösung der Kolonialfrage stelle vom französischen Standpunkt aus betrachtet kein ernstes Problem dar; viele Franzosen hätten Kamerun stillschweigend bereits abgeschrieben".[5] Eine Zeitlang schienen auch die Briten in Konzessionsstimmung. Nun, da Eden nicht mehr dem Kabinett angehörte, war Chamberlain willens, die Kolonialfrage zu erörtern. In seiner Besprechung mit Hitler am 3. März hatte Sir Nevile Henderson mitgeteilt, „daß Chamberlain eventuell bereit sei, in Afrika ein gewisses Kolonialgebiet Deutschland zu übertragen", auf welchen vorsichtigen Hinweis Hitler geantwortet hatte, indem er „den deutschen Standpunkt, daß alle deutschen Schutzgebiete zurückgegeben werden müßten, noch einmal" auseinandersetzte.[6] Darauf hatte Henderson „keine klare Antwort" geben können, und das Thema wurde für eine spätere Diskussion zurückgestellt.

Lord Halifax hielt die Angelegenheit offen, indem er in seinem Gespräch mit Ribbentrop am 10. März eine Frage des deutschen Außenministers, „ob England denn an die Rückgabe eines Kolonialgebietes an die deutsche Souveränität dächte, ... bejahend" beantwortete. Freilich „dürfe nicht das Mißverständnis entstehen, als ob die Kolonialfrage für sich allein gelöst werden könne; es müßten gleichzeitig auch andere Fragen gelöst werden".[7] Hitlers plötzlicher Einmarsch in Österreich dann brachte Halifax einigermaßen durcheinander. Das Kolonialgespräch versiegte, und das britische Interesse wandte sich Italien zu und Plänen, Mussolini in die Arme der britischen und französischen Staatsmänner zurückzulocken.

Um Italien zu sondieren, wurde zunächst zur Prüfung der Lage Churchill nach Frankreich entsandt. Er war überrascht, daß die französische Regierung „zu einer anglo-französischen Verknüpfung mit den Sowjets kein Vertrauen hätte, weil sie an dem Wert Sowjetrußlands als eines Bundesgenossen zweifelt". Schließlich legte Churchill Ministerpräsident Blum freimütig eine Reihe von Fragen vor, die darin gipfelten, ob die französische Regierung bereit wäre, mit Großbritannien und Italien zu Verhandlungen über ein „Mittelmeer-Locarno" in enge Beziehungen zu treten. Ein wesentlicher Punkt in dem vorgeschlagenen Dreimächteabkommen war die Anerkennung der Regierung Franco in Spanien.[8]

Blum soll, nach einem Bericht Botschafter Biddles, nach sorgfältiger Prüfung aller der hinter diesen Fragen liegenden stillschweigenden Folgerungen Churchill mitgeteilt haben, er sei dafür, daß Frankreich die einleitenden Gespräche über einen neuen Locarnopakt eröffne und gleichzeitig Großbritannien mit Deutschland über einen Pakt Verhandlungen aufnehme, durch den nicht nur die Kolonialfrage geregelt werden würde, sondern auch von Hitler allgemeine „Sicherheitsgarantien" für den europäischen Status quo zu erlangen wären. Darauf soll Chamberlain zugesagt haben, „Daladier und Bonnet davon zu unterrichten, daß Großbritannien zum Abschluß eines Defensivbündnisses mit Frankreich bereit sei, wenn die Franzosen einwilligten, direkten zweiseitigen britischen Gesprächen mit Deutschland keine Hindernisse in den Weg zu legen, und wenn sie bei ihren Verhandlungen mit Mussolini zu einem Abschluß kämen".[9]

Die Sudetendeutschen stellen Forderungen, von denen sie wissen, daß sie nicht erfüllt werden können

Es war für Chamberlain und Halifax schwer, die Unmöglichkeit zu erkennen, mit Deutschland oder mit Italien ein befriedigendes Abkommen auszuhandeln. Das auf dem Vertrag von Versailles errichtete europäische Gebäude wankte bereits, und Hitler war entschlossen, nicht zuzulassen, daß es durch irgendwelchen Beschwichtigungsmörtel gefestigt wurde. Sein Ziel war, es zu zerstören und aus den Ruinen ein neues, mit Deutschland als Schlußstein, zu errichten. Eine solche Aufgabe erforderte eine Diplomatie mit einer genau bemessenen Dosis Gewalt. Überflüssig zu sagen, daß dazu auch die richtige Menge von Undurchsichtigkeit gehörte, die der Diplomatie schon vor Jahrhunderten die Kennzeichnung als „dunkles Gewerbe" eingetragen hat.

Die Versicherungen freilich, die Göring in der Nacht zum 12. März 1938 dem tschechoslowakischen Gesandten in Berlin, Mastny, abgab, waren zu durchsichtig, als daß sie hätten täuschen können.[10] Der Plan der nationalsozialistischen Führung sah die Auflösung der Tschechoslowakei ebenso vor wie die Wiedervereinigung des Deutschen Reiches mit Österreich.

Erst sollte das Sudetenland abgespalten werden, und dann würde der Rumpfstaat unvermeidlich in deutsche Hände fallen. Der Forderung auf Autonomie des Sudetenlandes konnte leicht ein vernünftiges Aussehen gegeben werden; in Wahrheit hatte sie als Schirm zu dienen, hinter dem sich die Bewegung für den Anschluß des Sudetengebietes ohne Mühe organisieren ließ. Das wurde während der Besprechung Hitlers mit den sudetendeutschen Führern, Konrad Henlein und Karl Hermann Frank, am 28. März mit aller Klarheit ausgesprochen. „Der Führer erklärte, daß er beabsichtige, das tschechoslowakische Problem in nicht allzu langer Zeit zu lösen. Er könne nicht mehr dulden, daß Deutsche drangsaliert würden oder auf Deutsche geschossen würde." Und dann zu Henlein: „Ich stehe zu Ihnen, Sie sind auch morgen mein Statthalter." Die Tendenz der Instruktionen, die Henlein von Hitler erhielt, deutete darauf, daß jeder Kompromiß mit den Tschechen ausgeschlossen war; sie ging dahin, „daß von seiten der Sudetendeutschen Partei Forderungen gestellt werden" sollten, „die für die tschechische Regierung unannehmbar" waren, und Henlein zeigte, daß er seinen Führer verstanden hatte: „Wir müssen also immer so viel fordern, daß wir nicht zufriedengestellt werden können."[11]

Dem entsprach das von Henlein am 24. April verkündete „Karlsbader Programm". Inzwischen beriet Hitler mit Keitel die Grundlagen zum Entwurf des Angriffs auf die Tschechoslowakei, zur „Studie Grün".[12] Während Großbritannien und Frankreich die Hoffnung hegten, eine Ausgleichsformel zu finden, die zu einem neuen Locarno führen könnte, dachte Hitler an einen Frieden zu seinen Bedingungen, und diese Bedingungen bedeuteten die deutsche Führungsrolle in Europa.

Chamberlain: Großbritannien wird für die Tschechoslowakei nicht kämpfen

Es war Frankreich klar, daß die deutsche Vorherrschaft in Europa bald Gewißheit werden würde, wenn man nicht Mittel und Wege fand, die Pläne der Reichsregierung zu vereiteln. Jeder Plan aber, der wirklichen Erfolg versprach, setzte eine enge Verbindung zwischen Großbritannien und Frankreich voraus und die sichtliche Bereitschaft, eine Drohung Hitlers mit sofortiger Mobilmachung zu beantworten. Indessen, Chamberlain befürchtete, daß eine solche Reaktion zum Ausbruch von Feindseligkeiten führen könnte. Am 14. März schob er diese Besorgnisse einen Augenblick beiseite, verurteilte kühn die Anwendung von „Gewaltmethoden" bei der Lösung der europäischen Probleme und setzte hinzu, daß weitere Aggressionen von der Regierung Seiner Majestät „nicht mit Teilnahmslosigkeit oder Gleichmut" angesehen werden würden.[13] Aber er behielt diese demonstrativ mutige Haltung nicht lange bei. Schon am 24. März äußerte er sich sehr viel vorsichtiger. Jetzt ließ er durchblicken, daß Großbritannien nicht bereit sei, die Tschechoslowakei gegen einen unprovozierten Angriff zu verteidigen.[14]

Zwei Tage vorher hatte Viscount Halifax Sir Eric Phipps in Paris angewiesen, die französische Regierung davon zu unterrichten, daß Großbritannien seine in der Völkerbundsatzung und im Locarno-Vertrag enthaltenen Verpflichtungen anerkenne, jedoch nicht die Absicht habe, darüber hinausgehende Verpflichtungen zu übernehmen. Ein deutscher Angriff auf die Tschechoslowakei brächte also keine britische Armee ins Feld, wenn es auch immer möglich bleibe, daß die britische Regierung unter politischem Zwang an einem Kreuzzug gegen Unterdrückung teilnähme.[15]

Halifax wußte, daß diese Erklärung für die französische Regierung ein schwacher Trost war, aber er scheute sich, genauer zu sein. Sein Widerstand gegen die Anwendung von Drohungen entsprang seinen Zweifeln an der Fähigkeit Englands, „oder an der Fähigkeit Frankreichs und Großbritanniens zusammen, sie effektiv wahrzumachen".[16]

Henderson in Berlin stimmte mit der Überzeugung des britischen Außenministers von der „Sinnlosigkeit geharnischter Proteste" überein, „die nicht von Stärke oder der Furcht vor Stärke auf der anderen Seite gestützt sind". Überdies dürfe man Hitler nicht unterschätzen. Er mag „eine pathologische Person, ein nach innen Gekehrter, ein Mystiker sein, oder als was immer man ihn bezeichnen will, aber bei all dem besteht kein Zweifel darüber, daß er ein konstruktives Genie ist".[17]

Angesichts des großen Fragezeichens Hitler und seiner den Frieden Europas bedrohenden Politik trafen sich die Staatsmänner Großbritanniens und Frankreichs am 28. und 29. April in London zu einer Konferenz. Im Verlaufe der Beratungen wiederholte Halifax die Warnung, daß sich die britischen Hilfsverpflichtungen auf die betreffenden Bestimmungen der Völkerbundssatzung und des Vertrages von Locarno beschränkten. Die britische Regierung sei nicht bereit, „neue militärische Verpflichtungen zu übernehmen". Es sei daher für die tschechoslowakische Regierung höchst wichtig, sich den Ernst der Lage zu vergegenwärtigen und „eine äußerste Anstrengung zu machen", um mit Deutschland über die Autonomie des Sudetenlandes zu einer Regelung zu gelangen.[18]

Um Deutschland zu besänftigen, wies Halifax Botschafter Henderson an, die deutsche Regierung wissen zu lassen, daß Großbritannien „nicht den Wunsch habe, sich in Dinge einzumischen, die sie [die Deutschen] als Angelegenheit ihrer eigenen Sphäre betrachten ... Wir sind durchaus bereit, anzuerkennen, daß sie" an dem sudetendeutschen Problem „ein besonderes Interesse haben". Aber es dürfe nicht vergessen werden, daß die britische Regierung „an einer Frage nicht uninteressiert ist, die den Ausbruch eines Krieges in sich schließen kann".[19]

Anscheinend kamen Chamberlain wegen dieser Warnung an Deutschland Bedenken. Um also einen überzeugenderen Befriedungsgeist zu zeigen, wurde er bei einem von Lady Astor amerikanischen und kanadischen Zeitungskorrespondenten gegebenen zwanglosen Frühstück deutlicher. Er soll dort geäußert haben, daß „weder Frankreich noch Rußland und sicherlich nicht Großbritannien im Falle eines deutschen Angriffs für die Tschechoslowakei kämpfen würden und daß der tschechoslowakische Staat in seiner gegenwärtigen Gestalt nicht fortbestehen könne".[20]

Spannung in der Tschechoslowakei

Trotz der übermäßig entgegenkommenden Haltung Chamberlains fuhr Halifax fort, auf Deutschland zugunsten eines vernünftigen Kompromisses in der sudetendeutschen Frage einen gewissen Druck auszuüben. Er wies Henderson an, der deutschen Regierung eine indirekte Warnung zukommen zu lassen, sich gegenüber der Tschechoslowakei nicht „starr" zu verhalten. Es sei für Großbritannien unmöglich, „an irgendeiner Angelegenheit desinteressiert zu sein, von der sich eines Tages herausstellen könnte, daß der künftige Frieden Europas davon abhängt".[21] Diese Warnung scheint auf Ribbentrop einigen Eindruck gemacht zu haben. Er besprach mit Henderson die europäischen Probleme „in ungewöhnlich gemäßigter Art". Die Vorstellungen, „welche Gefahren darin lägen, wenn man die Dinge sich hinschleppen ließe, und daß es notwendig sei, bei dieser letzten Gelegenheit zu einer Zusammenarbeit mit Großbritannien eine friedliche Lösung zu finden, machten auf ihn sichtlich Eindruck".[22]

Als sich die Spannungsperiode in der Tschechoslowakei weiter „hinschleppte", ohne daß eine wirkliche Lösung in Sicht war, berichtete Botschafter Henderson Außenminister Halifax, Deutschland würde sicherlich intervenieren, falls es bei Zusammenstößen zwischen Deutschen und Tschechen zu „ernstem Blutvergießen" kommen sollte. Man dürfe nicht vergessen, daß die Reichsregierung Henleins Forderung auf Autonomie des Sudetenlandes für recht und billig halte. Es wäre daher „ein schwerer Irrtum", wollte man in der Downing Street darauf zählen, daß sich die „mäßigenden Ratschläge in Berlin, selbst mit der Kriegsdrohung dahinter, als erfolgreich erweisen würden, wenn wir tschechische Vorschläge unterstützen, die auch nur etwas hinter den Forderungen Henleins zurückbleiben".[23]

Als sich die Krise zuspitzte, verbreiteten sich am 20. Mai Gerüchte von einer deutschen Mobilmachung. Obwohl sie sofort dementiert wurden, wuchsen die Besorgnisse, daß unmittelbar Krieg drohe. Die Furcht davor vertiefte sich, als noch an demselben Tage die tschechoslowakische Regierung unvermittelt eine Teilmobilisierung beschloß.[24] Die Lage verschlimmerte sich weiter durch einen ernsten Zwischenfall; ein tschechischer Polizist gab auf zwei sudetendeutsche Motorradfahrer, die auf Anruf nicht gehalten hatten, tödliche Schüsse ab. Bei einer Aussprache aus diesem Anlaß zwischen Ministerpräsident Hodža und dem Abgeordneten Frank, einem der sudetendeutschen Führer, fragte Hodža Frank „vertraulich, welche dauerhafte Lösung [des sudetendeutschen Problems] dieser für möglich" halte. „Frank erwiderte, völlige Föderalisierung und falls sie mißlinge, Volksabstimmung. Hodža stimmte rückhaltlos zu, erklärte abdanken zu wollen, wenn sich Benesch nicht auf seine Seite stellt."[25]

Unterdessen war auch in Berlin die Spannung gestiegen. Sir Nevile Henderson traf den Reichsaußenminister „in einer höchst erregbaren und streitsüchtigen Geistesverfassung" an. „Deutschland werde nicht länger warten, und wenn die Provokation weiterginge, dann würden Deutschlands 75 Millionen wie ein Mann handeln."[26]

Halifax beantwortete diese Drohung mit dem Rat, Geduld zu bewahren. Großbritannien übe auf die tschechoslowakische Regierung den maximal möglichen Druck aus, um „eine friedliche Lösung" der sudetendeutschen Frage „zu fördern". Aber die deutsche Regierung sollte daran denken, daß im Falle eines Angriffs auf die Tschechoslowakei Frankreich gezwungen wäre, sofort zu intervenieren. „Unter solchen Umständen könnte die Regierung Seiner Majestät nicht garantieren, daß nicht auch sie gezwungenermaßen in den Konflikt verwickelt werden würde."[27] Am folgenden Tag wurde Halifax deutlicher und seine Sprache drohender. Er erklärte dem deutschen Botschafter, Herbert v. Dirksen, „daß im Falle eines deutschen Einmarsches in die Tschechoslowakei, ganz gleich unter welchen Umständen, auch im Falle schwerer tschechischer Provokationen, die Franzosen gegen uns [Deutschland] marschieren würden ... Im Falle eines europäischen Konflikts sei es unmöglich vorauszusehen, ob nicht England in ihn mit hineingezogen würde."[28]

Nach diesen klaren Warnungen an Berlin suchte Halifax die französische Regierung zu dämpfen. Er versicherte ihr, daß die Regierung Seiner Majestät „immer ihre Verpflichtung einhalten" werde, Frankreich zu Hilfe zueilen, „wenn es das Opfer eines unprovozierten Angriffs durch Deutschland werden sollte". Die französische Regierung dürfe jedoch nicht annehmen, daß die britische Regierung „mit ihr sofort eine gemeinsame militärische Aktion unternähme, um die Tschechoslowakei gegen einen deutschen Angriff zu verteidigen".[29]

Die britischen Warnungen an Deutschland blieben auf Hitler nicht ohne Einfluß; er war immer bereit, seine Zeittafel zu ändern, wenn eine zwingende Notwendigkeit es ihm diktierte. Die Haltung des Foreign Office, die offenbare Bereitschaft Frankreichs, der Tschechoslowakei bewaffnete Unterstützung zu leihen, und die tschechische Teilmobilmachung, dies alles zusammen bestimmte ihn, den Gedanken, seine Armeen über die tschechische Grenze zu schicken, fürs erste aufzugeben. So wurde denn Henlein in die Tschechoslowakei zurückbeordert mit der Weisung, die Verhandlungen über eine friedliche Lösung des sudetendeutschen Problems wiederaufzunehmen.

Die Tschechoslowakei hatte einen diplomatischen Sieg davongetragen, aber er sollte nur von kurzer Dauer sein. Jetzt zielte Hitler auf ihre „Zerschlagung". Besonders die tschechischen Gerüchte über eine deutsche Mobilmachung erfüllten ihn mit Groll. Der britische Militärattaché in Berlin, Oberst Mason-MacFarlane, hatte die Genehmigung erhalten, 1100 Kilometer Grenzstraßen abzufahren, und hatte nichts von deutschen Truppenbewegungen gesehen.[30] Konsularbeamte hatten seine Beobachtungen bestätigt.[31] (In Nürnberg bezeugten Jodl und Keitel vor dem internationalen Militärgericht, daß sie „nicht einen einzigen Soldaten" in Richtung auf die tschechische Grenze in Marsch gesetzt hätten.) Von tschechischen Regierungsbeamten fälschlich beschuldigt zu werden, war für Hitler der Gipfel der Beleidigung.

Bezeichnend ist, daß sich Staatspräsident Benesch zur Mobilmachung entschlossen hatte, ohne Frankreich vorher davon zu unterrichten.[32] Dann hatte er sich plötzlich auf seinen Landsitz begeben und sich so von den Ereignissen in Prag abgeschlossen. Hohe Armeeoffiziere hatten den Wink verstanden und die Dinge in die Hand genommen.[33] Dies hatte das tschechische Kabinett in eine so schwierige Lage versetzt, daß es Benesch aufforderte, nach Prag zurückzukehren und zwischen der Zivilregierung und dem Generalstab zu wählen.

Es war Hitler klar, daß Benesch eine Krise hervorgerufen hatte, um Deutschland zu demütigen. Eine solche Taktik konnte niemals vergeben und vergessen werden. Am 30. Mai unterzeichnete er die Weisung zur „Operation Grün". Die Ausführung sollte spätestens vom 1. Oktober 1938 an gesichert sein. Die ersten beiden Abschnitte enthüllten die Verachtung Hitlers für die Tschechen und seine Entschlossenheit, ihren Staat aufzulösen: „Es ist mein unabänderlicher Entschluß, die Tschechoslowakei in absehbarer Zeit durch eine militärische Aktion zu zerschlagen. Eine unabwendbare Entwicklung der Zustände innerhalb der Tschechoslowakei oder sonstige politische Ereignisse in Europa, die eine überraschend günstige, vielleicht nie wiederkehrende Gelegenheit schaffen, können mich zu frühzeitigem Handeln veranlassen."[34] Dieses Handeln war nun unvermeidlich.

Warnung aus Amerika

Von einem französischen Staatsmann wie Bonnet wurde die herannahende Krise, die dann in München gipfelte, erwartet und begrüßt. Er atmete beständig einen Geist des Defaitismus und war durchaus bereit, sich mit einer deutschen Vorherrschaft auf dem europäischen Festland abzufinden. Dem Premierminister, Daladier, war er von Herzen zuwider, doch fehlte es dem Kabinettschef an dem nötigen Mut, ihn zu verabschieden. Seine Erfahrungen im Weltkrieg hatten ihn zu einem glühenden Pazifisten gemacht. Diese große Katastrophe hatte ihn aber eher zu Boden gedrückt als zurechtgeschliffen. Der „Stier der Auvergne" war des Kampfes müde und sehnte sich nach friedvollem Weideland. In einem Gespräch mit dem deutschen Botschafter, Graf Welzcek, erinnerte er ihn als Kameraden an „die Schrecken des letzten Krieges". Ein neuer Krieg würde mit einem Triumph der Russen enden. „Kosaken- und Mongolenhorden" würden dann „Europa eine neue ‚Kultur' bringen. Dies müsse verhütet werden, auch wenn es große Opfer kostete."[35]

Angesichts eines resignierenden Frankreichs und eines auf Beschwichtigung ausgehenden Großbritanniens malte sich für Hitler die Zukunft in leuchtenden Farben. Besonders erfreut war er über den Spalt zwischen Polen und der Tschechoslowakei. Als sich der amerikanische Botschafter in Warschau, Biddle, in Paris mit dem tschechischen Gesandten, Oszuki, unterhielt, erschrak er über die Bitterkeit, mit der sich sein Kollege über Polen äußerte. Es sei „wenig Hoffnung, die polnisch-tschechischen Beziehungen auf einer dauerhaften Grundlage zu verbessern".[36] Für Hitler war das sehr nützlich.

Inzwischen aber nahm in den Vereinigten Staaten das Mißtrauen gegen die Motive der Deutschen rasch zu. Ende Mai schilderte Botschafter Dieckhoff in einem Bericht an das Auswärtige Amt die amerikanische öffentliche Meinung über Deutschland mit deutlich warnenden Worten: „Aber ich wiederhole auch diesmal, daß, wenn es aus Anlaß der tschechischen Sache zu einem großen Konflikt kommen sollte, in den England hineingezogen wird, die Vereinigten Staaten auf die Dauer nicht beiseitestehen, sondern gegen uns in den Konflikt eingreifen werden. Die Stimmung ist hier in den letzten Monaten noch sehr viel schärfer und bitterer geworden, und die wenigen Freunde, die wir vielleicht noch hatten, sind so ängstlich und stumm, daß nicht mehr viel da ist, was den Eintritt der Vereinigten Staaten in einen Krieg gegen uns aufhalten würde. Die Hetznachrichten aus Österreich haben hier in den weitesten Kreisen, keineswegs nur in jüdischen, einen üblen Eindruck gemacht."[37]

Dieckhoffs Bericht machte auf Weizsäcker offenbar einen tiefen Eindruck. Er verfaßte eine Denkschrift, worin er politische Gebote skizzierte, die Deutschland befolgen sollte. „Auf dem Wege weiterer Ausdehnung und Festigung des Dritten Reiches", beginnt das Memorandum, „ist Frankreich unser sicherster Widersacher, England unser gefährlichster Feind. Keine der beiden Mächte aber griffe ohne die andere gegen Deutschland zum Schwert. Im Ernstfall wären diesen gegen Deutschland also faktisch alliierten ... Mächten von vornherein als Assoziierte beizuzählen die Vereinigten Staaten von Amerika und Sowjetrußland. Den Widerstand dieser Entente" müsse Deutschland „auf seinem weiteren Wege diplomatisch oder kriegerisch beiseite schieben. Der kriegerische Einsatz des Dritten Reiches gegen die Entente kommt nur in Betracht, wenn diese uns angreift. Unsere wesentlichen Ziele liegen nicht auf ihrem Boden." Für das Niederringen Frankreichs und Englands fehle aber Deutschland „das militärische Rezept". Selbst wenn man die italienische und die japanische Hilfe einrechne, würde der Krieg mit Deutschlands „Erschöpfung und Niederlage enden". Aufgabe der deutschen Diplomatie sei es daher, diejenige Grenze klar zu erkennen, bis zu welcher die deutsche Politik jeweils vorgetrieben werden könne, ohne die Entente zum Einschreiten zu veranlassen. Das aktuellste Problem der deutschen Politik, das tschechische, könne leicht, müsse aber nicht zum Konflikt mit der Entente führen. Der tschechische Staat sei durch „innere ... Auflösungserscheinungen" zu zerstören. Dieser Prozeß müsse „allerdings ein schrittweiser sein und über Volksabstimmung und Gebietsabtrennung zum Kräfteverfall des Restgebietes führen". Deutschland könne „den Zeitpunkt nicht frei bestimmen, wo diese Frucht ohne zu großes Risiko zu pflücken wäre". „Wichtig" sei es, „die deutsche Politik bis auf weiteres unter landläufigen und bewährten Maximen wie ‚Selbstbestimmungsrecht' und ‚völkische Gemeinschaft' fortzuführen."[38]

Wiederauftreten Henleins nach der „Maikrise"

In diesem nationalsozialistischen Programm der allmählichen Auflösung der Tschechoslowakei war eine wichtige Rolle Konrad Henlein zugedacht. Auf der Liste seiner Forderungen standen Punkte, von denen er wußte, daß die tschechoslowakische Regierung sie nicht annehmen werde. Aber das Auswärtige Amt „hatte nicht die Absicht", sich „von Henlein das Gesetz oder gar den Zeitpunkt des Handelns vorschreiben zu lassen" und wünschte „eine neue Krise oder gar einen völligen Abbruch zwischen Henlein und Prag ... nicht", also keine Überspitzung der Forderungen, die dazu führen könnte.[39] Nach einigem entsprechenden Druck auf den sudetendeutschen Führer überreichte Henlein am 8. Juni Ministerpräsident Dr. Hodža sein neues Programm. Es enthielt eine Reihe von Forderungen aus dem Karlsbader Programm. Die Hauptforderung war die nach einer klaren Trennung von Deutschen und Tschechen innerhalb des Staates. Jedes dieser Gebiete sollte einen solchen Grad von Selbstverwaltung erhalten, daß es praktisch unabhängig wäre, aber doch in der Zentralregierung in Prag eine gewichtige Stimme hätte. Hodža nahm das sudetendeutsche Memorandum zusammen mit dem Karlsbader Programm als Grundlage für Verhandlungen an, die mit dem 23. Juni am Runden Tisch beginnen sollten.

Dem deutschen Gesandten in Prag versicherte Hodža, daß er „bereit" sei, „in [der] Selbstverwaltung an [die] äußerste Grenze zu gehen". Der ernste Wille Hodžas sei „unzweifelhaft".[40] Indessen, die Verhandlungen schleppten sich ohne irgendeinen Erfolg hin, und der britischen Regierung bemächtigte sich tiefe Besorgnis über die Lage. Ihre Befürchtungen wuchsen, als der nach der Situation sich erkundigende britische Botschafter im Auswärtigen Amt die Auskunft erhielt, der Stand der Verhandlungen sei „äußerst unbefriedigend".[41] Die deutsche Regierung bemängelte die hinhaltende Art, in der Prag die Verhandlungen führe. Als der britische Gesandte in Prag den tschechoslowakischen Staatspräsidenten darauf nachdrücklich hinwies, protestierte Benesch: er sei eifrig bemüht, alles „sobald wie möglich" zu regeln.[42] Besonders beunruhigt über die Verzögerungen war Henderson in Berlin. Er beklagte sich scharf bei Lord Halifax darüber, daß seine Friedensbemühungen „solange keine Erfolgsaussichten" hätten, „wie unsere Aktion in Prag keine praktischen Ergebnisse aufzuweisen hat".[43]

Daß Prag auf die britische Demarche nicht reagierte, machte das Auswärtige Amt den Londoner Absichten gegenüber skeptisch. Im Gespräch mit dem amerikanischen Botschafter, Hugh Wilson, äußerte Weizsäcker mit müder Enttäuschung, „nie sei in England oder gar in Frankreich öffentlich ausgesprochen worden, daß die Tschechen eine gewisse Geduldsgrenze nicht überschreiten dürften, ohne die Unterstützung der Westmächte im Konfliktsfalle definitiv zu verspielen". Wilson zeigte Verständnis für die Lage Weizsäckers und kritisierte Beneschs „Verzögerungstaktik" und „Vertuschungsmethoden". Zur britischen Politik bemerkte er zustimmend, sie sei so „schon seit zehn Jahren. Sie wünsche zwar keinen Krieg, tue aber auch nicht das wirklich Nötige, um ihn zu vermeiden."[44]

Lord Runcimans undankbare Mission

Die britische Regierung war in Verlegenheit, was zu tun wäre, um zu verhüten, daß an der tschechischen Grenze Feindseligkeiten ausbrachen. Der kleinste Zwischenfall konnte zur Lawine werden. Der britische Gesandte in Prag verfolgte ängstlich die Gespräche zwischen Henlein und tschechischen Beamten und war beunruhigt, als Hitler am 9. Juli die sudetendeutschen Führer zur Berichterstattung über den Gang der Verhandlungen nach Berchtesgaden kommen ließ. Es konnte das der erste Schritt eines neuen Planes sein, die Tschechoslowakei durch einen Überraschungsangriff zu zerschlagen. Die britischen Befürchtungen wurden erhöht durch die überraschend steife Haltung Präsident Beneschs, der entschlossen schien, „den Sudetendeutschen zur Äußerung über den fix und fertigen unteilbaren Plan [den er dem tschechischen Parlament vorlegen wollte] nur eine sehr kurze Frist einzuräumen". Lord Halifax hielt es für „sichtlich unfair" von der tschechoslowakischen Regierung, „sich mehrere Wochen Zeit zu nehmen, um zu einem Entschluß zu kommen", und dann von den Sudetendeutschen zu verlangen, „sich in wenigen Tagen zu entscheiden". Um einen möglichen Krieg hintanzuhalten, beschloß das britische Außenamt, die tschechische Regierung zu bitten, als unparteiischen Schiedsrichter Lord Runciman anzunehmen.[45]

Während die tschechische Regierung dies erwog, hatte Lord Halifax ein langes Gespräch mit Hauptmann Wiedemann, der als Sonderbotschafter Hitlers nach London entsandt worden war. Wiedemann zögerte nicht, Halifax von Hitlers „Bewunderung und Freundschaft" für Großbritannien zu erzählen. Der Führer sei äußerst darauf bedacht, mit England freundschaftliche Beziehungen aufrechtzuerhalten; dies zu versichern, sei der Hauptgrund seiner, Wiedemanns, Mission. Besonders beunruhigt sei Hitler über die Verzögerungen in der Regelung des sudetendeutschen Problems. Jeden Augenblick seien Zwischenfälle möglich, die „eine Großmacht wie Deutschland nicht ignorieren könne".[46]

Nach diesen warnenden Worten lag Lord Halifax doppelt daran, daß die Mission Runcimans Erfolg habe. Allein, die tschechische Regierung bestand darauf, daß das sudetendeutsche Problem nicht Gegenstand eines Schiedsspruches von draußen sein könne, und so wurde Lord Runciman schließlich nur als „Vermittler und Berater" nach Prag entsandt.[47] Bei einer Erörterung der Lage mit Präsident Benesch stellte sich heraus, daß die Tschechen gegen ein autonomes Sudetenland ernste Einwendungen hatten: ein Sudetenland mit Selbstverwaltung würde, wenn es sich auch nicht loslöste, so doch mindestens in dem unruhigen Teig des tschechoslowakischen Staates ein gefährliches Ferment der Unzufriedenheit bilden. Runciman traf zwar einige Zeit nach seiner Ankunft in Prag nicht mit Henlein zusammen, hatte aber mehrere Besprechungen mit andern Sudetendeutschen und nahm von ihren Argumenten sorgfältig Kenntnis.[48]

Er wurde sich bald darüber klar, daß die Situation in der Tschechoslowakei voller politischen Dynamits war. Das vom tschechischen Parlament verabschiedete Statut für die nationalen Minderheiten erfüllte die Forderungen Hitlers nicht, und der zur Entkräftung aller sudetendeutschen Einwände entworfene sogenannte „Plan Nr. 2" wurde am 17. August von den sudetendeutschen Führern zurückgewiesen. Als dem große deutsche Manöver in Sachsen und Schlesien folgten, geriet man im Foreign Office in Alarm. Allein, die britischen Diplomaten in Mitteleuropa sympathisierten offenbar mit den deutschen Druckmethoden. Sir Nevile Henderson in Berlin hatte längst erkannt, daß die Überlassung des Sudetenlandes an die Deutschen nur dann verhütet werden konnte, wenn man den Führern der Sudetendeutschen eine Kompromißlösung vorschlug, die so vernünftig war, daß die europäische öffentliche Meinung ihre Annahme fordern würde. Jede Verzögerung einer solchen Lösung würde Deutschland einladen, sein eigenes Programm vollkommener Autonomie für das Sudetenland durchzusetzen. Doch Präsident Benesch konnte sich zu keiner Zeit schlüssig werden, wie weit er auf dem Wege zu Konzessionen gehen solle, und diese seine Unentschlossenheit kam seinem Land teuer zu stehen.

Angesichts der mitteleuropäischen Lage achtete Sir Nevile Henderson ängstlich darauf, daß das Foreign Office keinen falschen Schritt tue und sich vor allem von der Tradition hartnäckiger Feindschaft gegen Deutschland löse. Ein solcher Standpunkt könnte, so mahnte Henderson, verheerende Folgen haben. Man dürfe auch nicht vergessen, daß die Sudetendeutschen vor der Weltöffentlichkeit eine gute Sache zu vertreten hätten. Ihre Rechte seien von der tschechischen Regierung nicht sorgfältig geschützt worden. Die Position „Beneschs und seiner militärischen Enthusiasten" sei in der Tat „völlig unhaltbar". Überdies sei Benesch „ein kleiner Mann. Das ist eine Tatsache. Und jetzt hängt alles von Lord Runciman ab."[49]

Chamberlain glaubte, zu einem Erfolg der Mission Runcimans beitragen zu können, wenn er auf Hitler einen Druck ausübte. Auf seine Veranlassung erinnerte Lordkanzler Sir John Simon am 27. August in Lanark an die Warnung, die er, Chamberlain, am 24. März im Unterhaus ausgesprochen hatte: daß, wenn wegen der Tschechoslowakei ein Krieg ausbräche, es unmöglich wäre, „zu sagen, wo er enden werde und welche Regierungen in ihn verwickelt werden würden".[50] Die französische Regierung schloß sich der Warnung an, indem sie die Besetzung der Maginotlinie befahl.

Hitlers Antwort auf diesen Druck war eine Botschaft an die britische Gesandtschaft in Prag. Er würde „eine friedliche Lösung der sudetendeutschen Frage begrüßen, wenn sie schnell kommt". Er sei auch an einem allgemeinen „anglo-deutschen Ausgleich" interessiert, dessen Bedingungen Henlein bei seinem nächsten Berliner Besuch überbringen könnte.[51] Lord Halifax erhob sofort Einspruch dagegen, sich bei einer allgemeinen Regelung britisch-deutscher Probleme Henleins als eines Agenten zu bedienen. Solche Verhandlungen würden am besten auf dem normalen diplomatischen Wege geführt. Was die sudetendeutsche Frage angehe, so sei es für Benesch ratsam, sein letztes Angebot an Hitler unverzüglich zu veröffentlichen, so daß die Welt die Billigkeit des Vorschlages würdigen könne.[52]

Als nun Benesch Mr. Newton seinen „Plan Nr. 3" übergab, war der Gesandte von dem Inhalt „sehr enttäuscht" und beklagte es, daß Benesch, statt seine früheren Vorschläge zu erweitern, sie „verwässert" habe.[53] Lord Runciman war über den Gang der Dinge dermaßen aufgebracht, daß er die Tschechoslowakei ein „verfluchtes Land" nannte. Von Tag zu Tag mehrten sich in der Tschechoslowakei die Anzeichen „schlechten Regierens". „Hitler kann jeden Augenblick einen Vorwand finden, die Grenze zu überschreiten, um Ruhe und Ordnung aufrechtzuerhalten." Der neue Plan Beneschs sei entschieden unbefriedigend. Er sei „eine neun Seiten lange Denkschrift voller Schlupflöcher und Einschränkungen".[54]

Lord Halifax war über diesen Bericht Lord Runcimans sehr bestürzt. Wenn Benesch „ein unredliches Spiel spiele", sei es dann nicht an der Zeit, „einen drastischen Schritt zu tun?" Sein Verhalten werde „unermeßlichen Schaden" anrichten, wenn man ihm nicht entgegentrete. Man müsse ihm sofort raten, seinen Plan zur Beilegung der sudetendeutschen Schwierigkeiten zu veröffentlichen. Es sollte klar sein, daß die deutsche Regierung „nicht länger untätig abwarten wird, ob die gegenwärtigen Verhandlungen eine befriedigende Lösung der tschechoslowakischen Frage bringen werden.[55]

Lord Runciman war jetzt entschlossen, Benesch zu sagen, daß sein „letztes Memorandum einen schlechten Eindruck" gemacht habe. Es war ihm auch recht, daß Henlein Hitler aufsuchte und ihm die Lage unterbreitete. Den Führer der Sudetendeutschen selbst beschrieb Runciman dem Premierminister als „höflich, freundlich und (wie ich glaube) ehrlich". Es könnte für Großbritannien richtig sein, sich für die acht Punkte des Karlsbader Programms als des einzigen Weges zum Frieden einzusetzen.[56]

Während Henlein in Berchtesgaden den Vorschlag Beneschs mit Hitler besprach, hatte Premierminister Chamberlain eine Unterredung mit dem amerikanischen Botschafter, Joseph P. Kennedy. Chamberlain räumte ein, daß England über keine genügend starke Armee verfüge, um Hitler Halt zu gebieten, wenn er in die Tschechoslowakei einfiele. Er glaube aber nicht an den Nutzen leerer Phrasen. Kennedy wurde im weiteren Verlauf des Gesprächs etwas aufgeregt und rief aus, bemächtigte sich Hitler der Tschechoslowakei, so wäre „die Hölle los". Er glaube, daß, wenn Frankreich den Tschechen zu Hilfe eilte und auch Großbritannien in den Krieg eintreten müßte, „die Vereinigten Staaten binnen kurzem folgen würden". Auf die Frage Kennedys, ob Präsident Roosevelt einen Schritt unternehmen könnte, der in dieser Krise nützlich wäre, riet Chamberlain von einer neuerlichen Rede wie der Chicagoer vom 5. Oktober 1937 ab. Eine Wiederholung der Drohungen in jener Ansprache wäre „jetzt schädlich". Hier unterbrach Kennedy den Premier: er glaube, daß Präsident Roosevelt sich entschieden habe, „mit Chamberlain zu gehen; welchen Kurs immer Chamberlain einzuschlagen wünsche, er hielte ihn für richtig".[57]

Mehrere Tage nachdem Botschafter Kennedy Premierminister Chamberlain für den Fall, daß Großbritannien in einen zweiten Weltkrieg hineingezogen werden sollte, so großzügig bewaffnete amerikanische Hilfe versprochen hatte, äußerte sich in Paris Botschafter Bullitt ganz anders. Im Gespräch mit seinem britischen Kollegen, Sir Eric Phipps, meinte er, Frankreich würde, wenn deutsche Truppen die tschechische Grenze überschritten, „zweifellos für die Tschechoslowakei kämpfen". Frankreich habe „heute in der Welt" die beste Armee. Bullitt wies dann auf die starke deutschfeindliche Stimmung in den Vereinigten Staaten hin. Als ihn Phipps fragte, ob dies bedeute, „daß sich die Vereinigten Staaten im Falle von Feindseligkeiten in einem frühen Stadium beteiligen würden", antwortete Bullitt verneinend. Man dürfe nicht vergessen, daß die amerikanische Bevölkerung eine sehr entschiedene Abneigung dagegen habe, „nur zwanzig Jahre nach dem letzten Krieg wieder in europäische Feindseligkeiten verwickelt zu werden mit der Aussicht, abermals für seine Hilfe mehr Fußtritte als Groschen zu bekommen". Er habe das der französischen Regierung klargemacht und sei daher sicher, daß sie sich „in dieser Beziehung keinen Illusionen hingebe".[58]

Am Tage dieser Unterhaltung zwischen den beiden Botschaftern kehrte Henlein nach Prag zurück. Er hatte, nach Newton, dem Führer in Berchtesgaden berichtet, das Ziel der Sudetendeutschen sei „entweder Autonomie innerhalb der Tschechoslowakei" oder „eine Volksabstimmung, die den Anschluß an das Reich bedeuten würde". Er habe Hitler erklärt, daß er das eine wie das andere Ziel „auf friedlichem Wege" zu erreichen wünsche, und der Führer habe dem „voll beigepflichtet".[59]

Alsbald nach den Mitteilungen Henleins riet der britische Gesandte in Prag Präsident Benesch, „mit Konzessionen bis zur äußersten Grenze" zu gehen, „und diese Grenze sollte nicht kurz vor den acht Karlsbader Punkten Halt machen, wenn anders eine Regelung nicht erreicht werden könne". Nachdem Newton dies Benesch nahegelegt hatte, äußerte er sich im Hinblick auf frühere, unerfüllt gebliebene Zusagen kritisch über die Aufrichtigkeit der tschechischen Regierung. Der Präsident sollte begreifen, daß die Nichteinlösung ihres Wortes „einen sehr schlechten Eindruck" gemacht habe.[60]

Sir Nevile Henderson verliert die Geduld mit Benesch

Der britische Botschafter in Berlin stand der Politik Beneschs nicht minder kritisch gegenüber als der Gesandte in Prag. Es sollte doch klar sein, so beschwor er Außenminister Halifax, daß Hitler Henlein nicht erlauben werde, weniger anzunehmen als das Karlsbader Programm, und daß das Sichsträuben Beneschs, die acht Punkte als Diskussionsgrundlage zu akzeptieren, eine gefährliche Verzögerung verursacht habe. Der Präsident könne sich nur schwer entschließen, „der Wirklichkeit" ins Gesicht zu blicken. Wahrscheinlich werde er am Ende „die gleiche Rolle wie Schuschnigg spielen und seinem Land und möglicherweise uns allen unermeßlichen Schaden zufügen".[61]

Zu diesem Zeitpunkt entschloß sich – wenn wir der von John Wheeler-Bennett erzählten dramatischen Geschichte folgen wollen – Benesch plötzlich, die sudetendeutschen Führer zu sich zu rufen und sie aufzufordern, ihre Hauptforderungen schriftlich niederzulegen. Als sie das ablehnten, bat er sie, ihm ihr Programm zu diktieren. Er schrieb es nieder und unterzeichnete es. Dieses Dokument wurde später als der „Plan Nr. 4" bekannt. Es enthielt die meisten Punkte des Karlsbader Programms und zeigte die Grenze der Konzessionen an, die zu machen Benesch sich genötigt fühlte.[62]

Es ist bezeichnend, daß der Text dieses „Plans Nr. 4" im Jahre 1942 von der tschechischen Exilregierung dem Royal Institute of International Affairs übergeben wurde.[63] Er kann in allen Einzelheiten authentisch sein oder aber auch nicht. Zu bedenken ist ferner die Tatsache, daß der Bericht über die Zusammenkunft zwischen Benesch und den sudetendeutschen Führern in der Monographie Wheeler-Bennetts einzig und allein auf dem am 8. Oktober 1945 im Londoner „Daily Herald" veröffentlichten Interview zwischen Benesch und G.E.R. Geyde beruht. Es ist sehr wahrscheinlich, daß Benesch seine Geschichte so dramatisch wie nur möglich ausgestaltet hat, aber die Bewunderer Beneschs werden wohl noch immer seine Version über die Begegnung mit den sudetendeutschen Führern anerkennen wollen.

Bis auf weiteres wird man jedenfalls gut daran tun, festzuhalten, daß sich damals Gesandter Newton, Lord Runciman und Botschafter Henderson gegen Benesch scharf kritisch verhielten und seinem Programm mißtrauten. In den Meldungen Lord Runcimans ist von einer Zusammenkunft am 4. September nichts erwähnt; sie vermitteln vielmehr den Eindruck, daß Benesch mit den sudetendeutschen Führern noch verhandelte. Mr. Newton suchte Benesch am 4. September auf und sprach mit ihm anscheinend „sehr offen" darüber, daß er es immer wieder „hinausschiebe", Henlein einen Vorschlag zu machen. Runciman hielt diese Verschleppungen für unverzeihlich: „Nichts kann seine zögernden Schritte und hinhaltenden Verhandlungen der vergangenen fünf Monate entschuldigen."[64]

Ende der ersten Septemberwoche hatte Henderson mit Beneschs endlosen Verschleppungen die Geduld verloren. Am 6. September schrieb er Halifax, daß für Großbritannien und Frankreich „der Augenblick gekommen" sei, Benesch den „kategorischen Rat zu geben", auch das anzunehmen, „was er Hitlers Ultimatum nennt".[65]

Ministerpräsident Hodža schien bis zu gewissem Grade Hendersons Standpunkt zu teilen, denn er nahm am 6. September Benesch die Verhandlungen mit den Führern der Sudetendeutschen wieder aus der Hand und erklärte ihnen, er verstehe, daß die Durchsetzung der acht Karlsbader Forderungen „für Henlein [eine] Prestigefrage" sei. Die „Textierung betreffend Selbstverwaltung" sei „noch nicht vollkommen und vollständig"; es müsse noch die „geeignete Form für [die] zentrale Verwaltung der Deutschen in [der] Republik gefunden werden". Die sudetendeutsche Abordnung hatte den Eindruck, daß es Hodža ernst sei und „vertrat die einhellige Ansicht, daß [die] Vorschläge nicht abgelehnt werden könnten", weil sie „theoretisch" die Annahme des Karlsbader Programms enthielten. Infolge gewisser Vorfälle in Mährisch-Ostrau aber müsse sie die „Verhandlungen bis zur Bereinigung [der] Angelegenheit unterbrechen".[66] Sie wurden nie ernstlich wieder aufgenommen.

Die Unterbrechung der Verhandlungen durch die Sudetendeutschen schien für Lord Halifax die Möglichkeit so gefährlicher Komplikationen in sich zu bergen, daß er Botschafter Henderson beauftragte, Hitler davon zu unterrichten, daß die britische Regierung über die Lage in Prag „äußerst beunruhigt" sei und sich daher gedrängt fühle, zur Verhütung eines „unheilvollen Ausgangs" der tschechisch-sudetendeutschen Verhandlungen um die Mitarbeit der deutschen Regierung zu bitten.[67] Henderson, der gerade dem Nürnberger Parteitag beiwohnte, war sehr gegen eine Politik auch nur indirekter Drohungen zu dem Zweck, eine deutsche Aktion gegen die Tschechoslowakei aufzuhalten. Es werde keinen Angriff auf die Tschechoslowakei geben. Wenn die Tschechen aber mit ihren „Nadelstichen" fortführen, könne „alles geschehen, und keine Drohung würde dann den Reichskanzler abschrecken, hätte er einmal entschieden, daß die deutsche Ehre ... ihn zum Handeln zwinge. Es ist wesentlich, kaltes Blut zu bewahren."[68]

Kennedy sagt die amerikanische Intervention in einem zweiten Weltkrieg voraus

In London beobachtete der amerikanische Botschafter Kennedy die Lage in Prag und den Nürnberger Parteitag mit offenbaren Befürchtungen. Während einer Unterhaltung mit Außenminister Halifax meinte er, es sei „wichtig, jeden nur möglichen Schritt zu unternehmen, um zu verhüten, daß sich Hitler einem Irrtum hingebe". Die britische Regierung sollte auf unerwartete Ereignisse gefaßt sein, und er frage sich, ob nicht die Sowjetregierung etwas unternehmen könnte, was zu vorsichtigem Aufmerken zwänge, wie beispielsweise eine Zusammenziehung von Flugzeugen in Grenznähe.

Was die Vereinigten Staaten betreffe, so habe er mit Interesse davon Kenntnis genommen, „daß die amerikanische öffentliche Meinung jetzt gegen Deutschland sehr viel aufgebrachter sei, als man es je erlebt habe". Sollte Großbritannien in den Krieg, der Europa drohe, hineingezogen und London bombardiert werden, „dann würde sich die Geschichte des letzten Krieges wiederholen, Amerika aber beträchtlich schneller intervenieren als im vorigen Krieg".[69]

Auch der deutsche Geschäftsträger in Washington sah in einem zweiten Weltkrieg Amerika als Verbündeten Großbritanniens. Zwar sei Präsident Roosevelt „an der Erhaltung des Friedens ... gelegen", doch habe sich die Grundeinstellung „der amerikanischen Außenpolitik nicht geändert. Wenn England und Frankreich im Falle einer deutschen Intervention in der Tschechoslowakei zum Angriff auf Deutschland schreiten, so wird Amerika auf ihrer Seite zu finden sein."[70]

Um den weitverbreiteten Gerüchten über eine wahrscheinliche Intervention Amerikas in einem neuen Krieg entgegenzuwirken, griff Präsident Roosevelt am 9. September auf einer Pressekonferenz amerikanische Zeitungen an, weil sie eine Kriegspsychose hervorgerufen hätten. Keine seiner offiziellen und inoffiziellen außenpolitischen Bemerkungen berechtigten zu der Auslegung, daß er bereit sei, im Falle eines Krieges die Demokratien gegen den totalitären Block zu unterstützen. Wenn die Journalisten genau auf seine Worte achteten, dann würden sie merken, daß sie sich „hundertprozentig" geirrt hätten.[71]

Chamberlain entschließt sich, nach Berchtesgaden zu fliegen

Drei Tage nach dieser Erklärung Roosevelts, am 12. September, hielt Hitler auf dem Reichsparteitag die überall mit angehaltenem Atem erwartete Rede. Nachdem er gegen Bolschewiken und Juden gewettert hatte, griff er die Tschechen an, die „dreieinhalb Millionen Deutsche unterdrücken". Aber er schlug keine bestimmte Lösung des sudetendeutschen Problems vor, sondern beschränkte sich darauf, für die Deutschen in der Tschechoslowakei das Selbstbestimmungsrecht zu fordern.[72]

Hitlers Rede war das Signal zu ernsten Unruhen im Sudetenland. Die tschechische Regierung verhängte deswegen sofort, am 13. September, den Belagerungszustand. Botschafter Henderson meinte, „nur unverzügliches Handeln" Prags könne verhüten, „daß Deutschland seine Zuflucht zur Gewalt nimmt". Die deutsche Regierung werde „niemals an die Aufrichtigkeit Beneschs glauben, solange nicht etwas geschehen ist". Bloße Worte könnten nicht mehr überzeugen. Es sei offenbar, daß Benesch, selbst wo das Schicksal schon an die Tür poche, „weiterfeilsche und sich nicht werde aufraffen können, umfassende, großzügige und sofortige Konzessionen zu machen, die für den Frieden so wichtig wären", wenn nicht der „härteste Druck" auf ihn ausgeübt werde.[73] In Paris verriet nach Phipps Daladier seine Kriegsfurcht so deutlich, daß der britische Botschafter meinte, die kürzlichen kühnen Worte des Premiers seien möglicherweise nur „Bluff" gewesen. Daladier wie Bonnet hätten im Gespräch mit ihm, Sir Eric, nach einem Sündenbock gesucht und sich schließlich auf Benesch geeinigt.[74]

Als Chamberlain diese drängenden Telegramme las, entschloß er sich zu einer persönlichen Botschaft an Hitler mit dem Anerbieten, ihn „sofort in Deutschland zu besuchen, um eine friedliche Lösung zu finden".[75] Mit der Antwort des Führers, daß er dem Premierminister „völlig zur Verfügung" stehe, bereitete sich die Szene zu einer abermaligen schicksalsschweren Begegnung auf dem Berghof vor.[76]

Ja, diese Berchtesgadener Begegnung am 15. September 1938 war doppelt verhängnisvoll. Sie rettete nicht den Frieden, aber höchstwahrscheinlich Hitler und die deutsche Führungsspitze mit ihrer unweigerlich zum Konflikt treibenden Politik. Denn Chamberlains Telegramm und die ihm folgenden Verhandlungen bis München vereitelten von vornherein den am besten vorbereiteten und erfolgversprechendsten Staatsstreich, der von deutschen Verschwörern – führenden oder wichtigen Persönlichkeiten des Oberkommandos, mit Brauchitsch und Halder an der Spitze, und der Verwaltung, auch des Auswärtigen Amtes – in der Zeit vor dem Kriege gegen Hitler geplant worden ist. Die britische Regierung war durch Emissäre, die ihr Leben wagten, von dem ganzen Vorhaben unterrichtet worden. Die Abgesandten hatten sie beschworen, gegen Hitler fest zu bleiben und ihn nicht im Zweifel darüber zu lassen, daß Krieg mit Krieg beantwortet werden würde. Die Folge wäre aller Voraussicht nach entweder, bei einem Zurückweichen Hitlers, ein verheerender Prestigeverlust der deutschen Regierung oder aber, falls Hitler auf den Mobilmachungsknopf gedrückt hätte, die Herbeiführung der zu seinem Sturz denkbar günstigsten Situation gewesen, war doch das deutsche Volk, dem Hitler Großartiges versprochen hatte, aber jedenfalls nicht Krieg, angesichts der gespannten internationalen Lage tief niedergedrückt. Der Hitler Münchens dann machte jeden Skeptiker zu einem Nörgler, jede Warnung zu einem Kassandraruf.

Kapitel XVIII

München, Vorspiel zu Prag

Präsident Roosevelt erweitert die Monroedoktrin

Mit dem Steigen der europäischen Spannung infolge der Zuspitzung des sudetendeutschen Problems wuchsen Präsident Roosevelts Besorgnisse wegen eines möglichen Kriegsausbruchs. Im Januar 1938 hatte er zu einem Weltfriedensplan vergeblich die Unterstützung Großbritanniens zu erlangen gesucht; Premierminister Chamberlain hatte diesen Appell mit der Begründung abgelehnt, daß er die britischen Anstregungen durchkreuzen könnte, mit Italien einen Ausgleich herbeizuführen und so den unsteten Duce aus den Armen Hitlers zu lösen. Im Hochsommer 1938 nun entschloß sich der Präsident zu einem selbständigen außenpolitischen Schritt, der auf einem den Amerikanern seit 1823 vertrauten Weg weiterzuführen schien. Seine Landsleute sollten ihren Blick über den gewohnten amerikanischen Gesichtskreis hinaus auf einen fernen Horizont richten, wo sich im Dämmer der Zukunft die Vision von einer unteilbaren Welt schwach abzeichnete. Seit 1932 hatte Roosevelt kräftig im Chor der Isolationisten mitgesungen, dabei aber nach dem fremdartigen Frauenzimmer der kollektiven Sicherheit geschielt, das in der Kulisse auf das Stichwort wartete.

Damit der Wink zum Auftritt nicht übersehen werde, wählte er dazu eine kanadische Universität. Angeblich zu dem alleinigen Zweck, seinen zahllosen Ehrendoktorhüten einen weiteren hinzuzufügen, besuchte er am 18. August die Queens University in Kingston, Ontario. In seiner Ansprache dann, wie sie üblicherweise zu der Feier gehörte, stellte er Kanada unter den Schutz der Monroedoktrin: „Ich versichere Ihnen, daß die Bevölkerung der Vereinigten Staaten nicht untätig beiseite stehen wird, wenn die Herrschaft über kanadischen Boden von irgendeiner anderen Gewalt bedroht wird."

Nach diesem bedingungslosen umfassenden Schutzversprechen machte er Ausführungen, als ob die Monroedoktrin irgendwelche weitreichenden Folgerungen einschlösse. Das Dominion Kanada, so stellte er dann fest, sei „ein Teil der geschwisterlichen Gemeinschaft des britischen Empire". Da nun erhebe sich die Frage: wenn Amerika einem der Geschwister, eben Kanada, in der Not hülfe, könnte es dann untätig abseits bleiben, wenn andere Geschwister in schreckliche Bedrängnis kämen? Er beantwortete die Frage zum Teil, in dem er eines der von Hull gebrauchten Klischees wiederholte: „Wir in den beiden Amerikas leben nicht mehr auf einem so weit entlegenen Kontinent, daß uns die Strudel der Auseinandersetzungen jenseits der Ozeane nichts angehen oder uns kein Leid bringen könnten ... Der ungeheure Reichtum unserer Hilfsquellen, die kräftige Regsamkeit unseres Handels und die Stärke unserer Bevölkerung haben uns, ob wir es wollen oder nicht, zu entscheidenden Faktoren des Weltfriedens gemacht."[1]

Einige amerikanische Zeitungen hielten die Kingstoner Rede des Präsidenten für „eine einigermaßen überraschende Darstellung einer bekannten Tatsache"[2], doch wurde nicht verschwiegen, daß Roosevelt ihr durch den von ihm gewählten „Augenblick internationaler Spannungen" „eine berechnete düstere Vorbedeutung" gegeben habe[3]. In London interpretierte der bekannte Chefredakteur des „Observer", J.L. Garvin, die Worte des Präsidenten als „eine abschreckende Warnung an die Diktaturen, daß sich die Vereinigten Staaten im Falle der Not nicht heraushalten könnten"[4], und der „Manchester Guardian" war sicher, daß die Rede „praktisch eine Hilfsgarantie gegen einen Angriff" bedeute[5].

In Frankreich wurde die Kingstoner Rede als bestimmte Zusicherung an die Demokratien aufgefaßt, sie im Falle einer ernsten Krise zu unterstützen. Außenminister Bonnet fühlte sich durch sie ermutigt, Botschafter Bullitt einige Anregungen zu geben. Er meinte, es könnte nützlich sein, wenn der amerikanische Botschafter in Berlin angewiesen würde, dem Auswärtigen Amt mitzuteilen, daß die Prager Verhandlungen nach der Meinung des Department of State „wesentliche Erfolgsmöglichkeiten böten" und daß daher „die Anwendung von Gewalt" zu dem Zweck, die Verhandlungen zu beeinflussen, in Washington mißfällig aufgenommen werden würde. „Im äußersten Notfall", so schlug Bonnet weiter vor, könnte der Präsident seine Dienste als Vermittler zwischen Tschechen und Sudetendeutschen anbieten und so die Lage retten.[6]

Einige Tage danach drängte der frühere Premierminister Léon Blum den Präsidenten, „sich mit dem ganzen Ansehen seiner Person und der ganzen Autorität des Staates, dessen moralische und materielle Hilfe schließlich in jedem allgemeinen Krieg entscheidend wäre, an Europa zu wenden".[7] Offenbar blickte ein großer Teil der Welt auf die Vereinigten Staaten, in der Hoffnung, daß sie in einer bedrohlichen Krise, hinter der Krieg lauerte, die Führung übernähmen. Der Präsident war in großer Versuchung, diesem Drängen zu entsprechen. Indessen, Premierminister Chamberlain plante neue Schritte zu einer Regelung durch Befriedung, und Roosevelt mußte seine Zeit abwarten.

Chamberlain in Berchtesgaden

Als sich Chamberlain entschloß, Hitler aufzusuchen, hatte er von dem sudetendeutschen Problem ganz bestimmte Vorstellungen. Er wußte, daß der tschechoslowakische Staat auf der „schwachen Grundlage" verschiedener Voksgruppen ruhte, die gegeneinander eine tiefe Abneigung hatten. Große Klugheit, Glück und viel Zeit seien nötig gewesen, solche Schwierigkeiten zu überwinden, „und selbst vor dem Tode des weisen Masaryk war von all dem zu wenig gewährt worden". Das liberale Regime, das Benesch in Versailles mit so viel Beredsamkeit spiegelblank poliert hatte, zerfiel langsam. Das Land „wurde zu einem zentralistischen Staat gemacht und später, unter Druck und Zwang, zum Teil in einen Polizeistaat verwandelt, und so verschlimmerten sich die Zustände überall dort, wo in einem Land mit einander widerstreitenden Volksgruppen immer Konflikte ausbrechen: im Verhältnis der Ämterbesetzungen, in der Zuteilung von Schulen und bei Volkszählungen. Diese Streitigkeiten schleppten sich noch hin, als die große Wirtschaftsdepression die deutschen Gebiete ... in plötzliche Armut sinken ließ ...

Erwerbslosigkeit wurde im deutschen Gebiet chronisch ... aber die Erwerbslosenunterstützung für die Deutschen war völlig ungenügend und viel niedriger als die für die Tschechen. Kraft der drastischen Gesetze von 1935/36 schloß sich der tschechische Griff um die Verwaltungsposten noch fester, wurde eine breite Grenzzone gebildet, wo willkürlich Verhaftungen vorgenommen werden konnten, und wurde tschechische Polizei in die deutsche Zone gebracht ... Zwar machten sich Benesch und sein slowakischer Ministerpräsident, Hodža, im Jahre 1937 langsam daran, den Deutschen an Ämtern und Anstellungen ein Quentchen mehr zu gewähren, von ‚Schweiz' oder örtlicher Autonomie jedoch wollten sie unter gar keinen Umständen etwas hören ...

Nach sechs Jahren der Warnungen drängte die britische Regierung im Spätjahr 1937 Benesch, ernsthafte Konzessionen zu machen ... Die zwölfte Stunde war nahe."[8]

Chamberlain glaubte, die einzige Chance, die Stunde zwölf mit einiger Aussicht auf eine friedliche Regelung erwarten zu können, liege in der Anwendung des Selbstbestimmungsprinzips. Während seines Berchtesgadener Gesprächs mit Hitler jedoch wurde er sich bald darüber klar, daß die praktische Anwendung dieses Grundsatzes gewaltige Schwierigkeiten hervorriefe. Der Führer schien erst „sehr befangen" zu sein, und Chamberlain hatte einige Mühe, „einen leichten Unterhaltungston" zu finden. Man entschloß sich, das Gespräch unter vier Augen zu führen, und Hitler zog sich mit seinem Gast in sein einfaches Arbeitszimmer zurück. Dadurch war Ribbentrop ausgeschlossen, was ihn sichtlich sehr ärgerte. Zugegen bei der Unterredung war nur Legationsrat Dr. Schmidt als Dolmetscher.

Hitler sprach „meistens ruhig und leise", gelegentlich aber „wurde er sehr aufgeregt, und sein Zorn auf die Tschechen entlud sich in einem Sturzbach von Worten".[9]

Chamberlain „hörte aufmerksam zu ... und betonte dann, indem er Hitler fest ansah, daß er zur Erörterung jeder Lösungsmöglichkeit für die deutschen Beschwerdepunkte bereit sei, daß aber Gewaltanwendung unter allen Umständen ausgeschlossen bleiben müsse. ,Gewalt', fuhr Hitler auf, ,wer spricht von Gewalt? Herr Benesch wendet diese Gewalt gegen meine Landsleute im Sudetenland an, Herr Benesch hat im Mai mobilisiert und nicht ich ... Ich lasse mir das nicht länger bieten', rief Hitler in großer Erregung. ,Ich werde in kürzester Frist diese Frage – so oder so – aus eigener Initiative regeln'." Nun wurde auch Chamberlain erregt: „,Wenn ich Sie richtig verstanden habe', sagte er, ,dann sind Sie entschlossen, auf jeden Fall gegen die Tschechoslowakei vorzugehen ... Wenn das Ihre Absicht ist, warum haben Sie mich denn überhaupt erst nach Berchtesgaden kommen lassen? Unter diesen Umständen ist es das beste, wenn ich gleich wieder abreise'."

Jetzt beeilte sich Hitler, Chamberlain zu besänftigen. Er kam zur Sache und sagte ruhig: „Wenn Sie für die Behandlung der Sudetenfrage den Grundsatz des Selbstbestimmungsrechtes der Völker anerkennen können ... dann können wir uns anschließend darüber unterhalten, wie dieser Grundsatz in die Praxis umgesetzt werden kann." Aber nun wurde Chamberlain auf einmal äußerst vorsichtig. Eine Volksbefragung im Sudetenland brächte ungeheure praktische Schwierigkeiten mit sich. Ehe er dazu Stellung nehmen könne, müsse er sich mit seinen Kabinettskollegen beraten. Nachdem er sich von Hitler hatte zusichern lassen, „daß in der Zwischenzeit keine Gewaltmaßnahmen gegen die Tschechoslowakei ergriffen würden", fuhr er wieder zu seinem Hotel in Berchtesgaden. Am nächsten Tag brachte ihn das Flugzeug von München nach London zurück.[10]

In der Downing Street 10 las er am Tag nach seiner Rückkehr ein Telegramm Hendersons mit der Warnung, daß „eine Erörterung halber Maßnahmen in diesem Stadium keinen Sinn" habe, „sondern nur Herrn Hitler ermuntern würde, jeden Rat zur Besonnenheit ... in den Wind zu schlagen ... Wenn die britische und die französische Regierung nicht dem Prinzip der Vereinigung der deutschen Gebiete mit dem Reich zustimmen, wird mit absoluter Gewißheit Deutschland selbständig vorgehen."[11]

Auch Chamberlain schien es, daß dies nicht die Zeit für halbe Maßnahmen sei, sondern sofort Durchgreifendes geschehen müsse. Er bat Premierminister Daladier und Außenminister Bonnet nach London und berichtete ihnen über sein Gespräch mit dem Führer. Die Sache liege „sehr einfach": man stehe vor der Alternative, „das Prinzip der Selbstbestimmung anzunehmen oder nicht". Werde es auf das sudetendeutsche Problem angewendet, „so sehe er auf der deutschen Seite keine großen Schwierigkeiten mehr". Allein, Daladier war wegen der Folgen eines Plebiszits im Sudetenland voller Befürchtungen. Lord Halifax, teilte sie, bat aber Daladier, „auf die Realitäten der Lage zu blicken". Weder Frankreich noch Rußland und gewiß nicht England vermöge die Tschechoslowakei im Falle eines Krieges mit Deutschland „wirksam zu schützen". Also müßten Großbritannien und Frankreich ein Mittel finden, Europa „vor der Zerstörung" zu bewahren. Es müsse, wenn es vielleicht auch unangenehm schmecke, jedenfalls versucht werden.

Nach drei Konferenzen endlich einigten sich die Premiers Chamberlain und Daladier sowie die Außenminister Halifax und Bonnet darauf, Staatspräsident Benesch die Abtretung der überwiegend von Deutschen bewohnten Gebiete zu empfehlen. Die britische und die französische Regierung seien „davon überzeugt, daß jetzt ein Punkt erreicht ist, wo das weitere Verbleiben der hauptsächlich von Sudetendeutschen bewohnten Bezirke" im tschechoslowakischen Staat nicht mehr möglich sei und daß „diese Gebiete jetzt an das Reich abgetreten werden" müßten. Als die dem Reich zu übertragenden Gebiete kämen die „mit über 60 Prozent deutschen Einwohnern" in Betracht. Die Einzelheiten könnten „durch irgendeine internationale Körperschaft, zu der ein tschechischer Vertreter gehören würde", geregelt werden. Wenn die tschechoslowakische Regierung den anglo-französischen Vorschlag annehme, sei Großbritannien bereit, „einer internationalen Garantierung der neuen Grenzen des tschechoslowakischen Staates gegen einen nicht provozierten Angriff" beizutreten.[12] Es war nun an Präsident Benesch und dem tschechoslowakischen Kabinett, entsprechend zu handeln.

Benesch nimmt den englisch-französischen Vorschlag an

Am 19. September wurde die englisch-französische Botschaft Benesch überreicht. Die Probleme, vor die er sich gestellt sah, waren so verwickelt, daß sie einer erträglichen Lösung trotzten. Nahm Benesch den Vorschlag an, so mußte er die Verkleinerung des tschechoslowakischen Staates und die Übergabe der strategischen Grenze dulden. Lehnte er es ab, sich dem Druck zu fügen, so mußte er damit rechnen, daß Großbritannien und Frankreich erklärten, am Schicksal der Tschechoslowakei nicht mehr wesentlich interessiert zu sein, was eine Einladung an Hitler bedeuten würde, das ganze Land zu übernehmen. Am 20. September wurde den Gesandten Englands und Frankreichs die Antwortnote Prags auf den Londoner Plan überreicht. Sie war ein Appell an die Westmächte, ihren Standpunkt zu revidieren. Es gehe „nicht nur um das Schicksal der Tschechoslowakei, sondern auch um das anderer Länder".[13]

Dieser „letzte Appell" traf in London und in Paris nicht nur auf taube Ohren, sondern rief ein gereiztes Echo hervor. Wünsche Präsident Benesch einen zweiten Weltkrieg? Sir Nevile Henderson in Berlin würdigte es, daß sich Benesch „mit schrecklich schwierigen Umständen auseinanderzusetzen" hatte, doch habe er „vier Monate lang seine Chancen weggeworfen, bis es zu spät war". Als einziges sei Benesch geblieben, „sich der Force majeure zu beugen und den französisch-britischen Plan anzunehmen".[14]

Noch in der Nacht zum 21. September wurde die „Force majeure" auf Benesch angewandt. In früher Morgenstunde eröffneten ihm die Westmächte durch ihre Gesandten, wenn er den Vorschlag vom 18. September nicht annehme, könne die Tschechoslowakei im Falle eines Krieges mit Deutschland auf britische und französische Hilfe nicht rechnen.[15] Bis in den Nachmittag des 21. September hinein beriet das tschechische Kabinett über diese Noten der Westmächte. Um 17 Uhr teilte die tschechoslowakische Regierung der britischen und der französischen Regierung mit, daß sie deren Vorschläge „mit Bitterkeit" annehme. Der zweite Akt des Münchener Dramas konnte beginnen.

Hitler stellt neue Forderungen

Die Szene, vor der sich der Vorhang nun öffnete, war bar jener kleinen Höflichkeitstupfen, die das Berchtesgadener Bild ausgezeichnet hatten. Godesberg war wegen seiner günstigen Lage gewählt worden. Das war aber auch alles, was sich zugunsten des neuen Konferenzortes sagen ließ. Die Besprechung zwischen Chamberlain und Hitler fand im Hotel Dreesen mit seiner ominösen Vergangenheit statt; hier war der Ursprung des Blutbades vom Juni 1934. Dazu paßte, daß Hitler jetzt auf Verbindlichkeiten verzichtete und die Haltung eines bösen Straßenräubers annahm, der auf sein Opfer einschlägt, während er es beraubt.

Zu Beginn der Besprechungen am 22. September wiederholte Chamberlain, worin man in Berchtesgaden übereingestimmt hatte, und berichtete, was von den Westmächten unternommen worden war, um das Ergebnis jener Unterredung zu verwirklichen. Eine Volksabstimmung sei nicht nötig. Es genüge eine einfache Gebietsabtretung, wobei in gemischtsprachigen Gegenden die Grenze gemäß einem „Grundprinzip" von einer Kommission zu ziehen wäre, die sich aus einem Deutschen, einem Tschechen und einem neutralen Vorsitzenden zusammensetzen würde.

Als Chamberlain geendet hatte, fragte Hitler, ob dieser Plan auch der tschechoslowakischen Regierung übermittelt worden sei und ob sie ihn angenommen habe. Chamberlain bejahte dies. Darauf schwieg Hitler einen Augenblick, dann sagte er langsam: „Ich bedaure außerordentlich, aber das hat keinen Wert mehr." Die Krise habe sichtlich „ihr gefährliches Stadium" erreicht, und zu den üblichen diplomatischen Aufschüben bleibe keine Zeit.[16]

Auf diese bündige Ablehnung hielt Chamberlain Hitler eindringlich vor, daß doch die britisch-französischen Vorschläge tatsächlich alle billigen Forderungen auf Anwendung des Selbstbestimmungsprinzips erfüllten, ja, daß die tschechoslowakische Regierung sie angenommen habe. Die britische und die französische Regierung hätten „genau das erhalten, was der Führer gewünscht habe, und ohne daß es einen Tropfen deutsches Blut gekostet hätte". Hitler erwiderte, er könne internationale Kommissionen mit ihren üblichen endlosen Verschleppungen nicht gebrauchen. Die Grenze müsse „sofort" gezogen werden, aber eine Sprachgrenze auf Grund „vorhandener zuverlässiger Karten".

Bis zu dieser Grenze hätten die Tschechen Truppen und Regierungsorgane sofort zurückzuziehen; deutsche Truppen würden die so entstandene Zone sichern. Die Tschechen würden vermutlich geltend machen, daß diese Grenze „nicht genau mit der Nationalitätengrenze übereinstimme". In dem Falle sei er „für eine Volksabstimmung in allen strittigen Gebieten". Er erkläre sich „durchaus bereit, Gebiete, wo sich eine tschechische Mehrheit ergäbe, wieder abzutreten". Obwohl er von internationalen Kommissionen keine hohe Meinung habe, sei er bereit, „für die Abstimmung eine solche Kommission zuzulassen". Einen Nichtangriffspakt mit der Tschechoslowakei könne er erst dann abschließen, wenn die Tschechen ihre Beziehungen zu Polen und Ungarn in Ordnung gebracht hätten.[17]

Chamberlain war von Hitlers neuen Forderungen aufs tiefste betroffen. Er protestierte gegen sie, die in scharfem Widerspruch zu dem stünden, worüber man sich in Berchtesgaden geeinigt habe. Vielleicht könne man sich morgen besser verständigen! Damit beendete Chamberlain das Gespräch und ging langsam zur Hotelterrasse. Plötzlich stand Hitler neben ihm und sagte im liebenswürdigsten Ton: „Ach, Herr Premierminister, es tut mir ja so leid: ich hatte mir vorgenommen, Ihnen den schönen Blick auf den Rhein zu zeigen ... und nun verdeckt ihn der Nebel."[18]

Chamberlain war über diese unvermittelte Wendung von kalt vorgetragenen radikalen politischen Forderungen zu Ausdrücken geradezu zerknirschten Bedauerns über die schlechte Aussicht auf eine schöne Landschaft fast „erschrocken". Dann telegrafierte er Halifax, daß die erste Unterredung mit Hitler „unbefriedigend" verlaufen sei und er möglicherweise bald nach London zurückkehren werde.[19]

Am nächsten Vormittag erschien Chamberlain nicht, sondern sandte Hitler einen Brief, worin er hervorhob, daß die Hauptschwierigkeit des deutschen Vorschlages in der Anregung liege, die strittigen Gebiete „sofort" von deutschen Truppen besetzen zu lassen. Es bliebe dann „der tschechischen Regierung zweifellos nichts anderes übrig, als ihren Streitkräften den Befehl zum Widerstand zu geben", was gleichbedeutend mit Krieg und allen seinen schrecklichen Folgen wäre. Andererseits aber bestehe immerhin die Möglichkeit, daß sich mit der tschechoslowakischen Regierung eine Vereinbarung treffen ließe, auf Grund deren die Aufrechterhaltung von Ruhe und Ordnung in diesen Gebieten „den Sudetendeutschen selbst" anvertraut werden würde.[20]

Hitler antwortete auf Chamberlains Brief schriftlich mit der geringen Konzession, daß die deutschen Truppen „aus den strittigen Gebieten während der Abstimmung" zurückgezogen werden könnten.[21] Aber Chamberlain wußte, daß dieser Köder für die tschechoslowakische Regierung zu mager war. Er mußte die Sache noch einmal mit Hitler durchsprechen und versuchen, ihn zu einer etwas schmiegsameren Haltung zu bringen. So trafen sich Chamberlain und Hitler am späten Abend des 23. September zu einer zweiten Aussprache. Diesmal waren noch drei britische und zwei deutsche Beamte zugegen. Ribbentrop eröffnete die Verhandlungen, indem er ein Memorandum bekanntgab, das die „deutschen Desiderata" zu einem Abkommen feststellte und für die Räumung der überwiegend von Deutschen bewohnten Gebiete durch die tschechischen Truppen Termine setzte: sie habe am 26. September zu beginnen und müsse am 28. September beendet sein, an welchem Tage diese Gebiete dem Reich zu übergeben seien.[22]

Als Chamberlain das – vorerst nur in deutscher Fassung vorliegende – Memorandum verdolmetscht worden war, rief er erregt aus: „Aber das ist ja nichts Geringeres als ein Ultimatum!" „Nein, nein", erwiderte Hitler, „es ist nichts dergleichen! Es ist keineswegs ein Diktat! Bitte, sehen Sie hier, es steht ‚Memorandum' darüber!" Nun aber verlor Chamberlain die Geduld, und er machte Hitler über die Art und Weise, wie man mit ihm umgegangen sei, heftige Vorwürfe. Es habe an jeder ernstlichen Bemühung, ausgleichende Vorschläge zu erörtern, gefehlt.[23] Hitler war von diesem Ausbruch überrascht und lenkte ein, indem er in dem Memorandum einige leichte Milderungen vornahm, unter anderem den 1. Oktober als Tag des Einmarsches in das Sudetenland festsetzte.[24]

Dann suchte er den Premierminister, dessen Nerven er durch ebenso bombastisches wie hartnäckiges Herumpauken auf seinen neuen Forderungen das äußerste zugemutet hatte, mit Schmeicheleien zu besänftigen. Chamberlain sei einer der wenigen Männer, denen er jemals Konzessionen gemacht habe. Mit dem Sudetenland würden seine territorialen Ansprüche in Europa befriedigt sein. Er beabsichtige nicht, die Tschechoslowakei zu zerstückeln; er wolle keine Tschechen oder andere Fremde im Reich haben, nur Deutsche. Mit solchen Beteuerungen und Versprechungen Hitlers schloß die Godesberger Konferenz, und Chamberlain trat die Rückreise an. Er hatte mit seinen Anstrengungen, den Frieden zu bewahren, Hitler so wenig Konzessionen abringen können, daß sehr bald die Wirbel der Kriegstrommeln wieder dumpf erdröhnten.

Chamberlain richtet an Hitler einen neuen Appell

In der Downing Street 10 wartete auf Chamberlain ein Stoß wichtiger Telegramme. Sir Eric Phipps berichtete aus Paris, „ein Krieg wäre jetzt in Frankreich höchst unpopulär, es sei denn, der deutsche Angriff wäre so brutal und blutig und zöge sich (infolge der Tapferkeit des tschechoslowakischen Widerstandes) so lange hin, daß er die französische öffentliche Meinung über alle Vernunft hinaus in Wut versetzte ... Wer in Frankreich zählt, ist gegen den Krieg, fast um jeden Preis."[25]

Von Sir Nevile Henderson kam aus Berlin die warnende Mitteilung, daß die Deutschen jetzt auf tatsächlichen tschechischen Konzessionen bestünden und sich mit bloßen Worten nicht zufrieden gäben. „Jeder Schritt, der die Tschechen zu Verzögerungen oder Ausflüchten ermutigen könnte, müßte verheerende Folgen haben, und nur die sofortige Übergabe der Gebiete, in deren Abtretung sie zuletzt eingewilligt haben, kann sie vor dem vollkommenen Desaster retten."[26]

Und in einem weiteren Telegramm: Die Regierung Seiner Majestät könnte den Krieg verhüten, „wenn sie in Prag absolut klarmachte, daß die tschechoslowakische Regierung den deutschen Plan annehmen müsse, andernfalls sie jeden Anspruch auf die Unterstützung der Westmächte verwirken würde".[27]

Von den beschwörenden Telegrammen Hendersons wandte sich Chamberlain einer Note zu, die soeben aus Prag übermittelt worden war. Die tschechoslowakische Regierung habe die deutschen Forderungen[28] nach sorgfältiger Prüfung abgelehnt. Sie seien „absolut und unter allen Umständen unannehmbar".[29]

Noch an demselben Tage trafen sich in der Downing Street 10 die Premierminister und Außenminister Englands und Frankreichs abermals zur Besprechung der Lage. Nachdem Chamberlain über die Godesberger Konferenz berichtet hatte, nahm sein Kollege Daladier das Wort zu einer kühnen Erklärung. Der französische Ministerrat habe „jeden Gedanken daran zurückgewiesen, die internationale Kommission fallen zu lassen, über die sich die französischen und britischen Minister grundsätzlich entschieden hatten". Er sei sich auch darüber „einig geworden, daß die französische Regierung ein Recht Herrn Hitlers", von tschechischem Gebiet „mit Gewalt Besitz zu ergreifen, nicht anzuerkennen vermöge". Offenbar betrachte der Führer das gesamte auf der Karte[30] rot schraffierte Gebiet „in Anbetracht der Tatsache, daß diese Gebiete über 50 Prozent [deutsch] seien, als ihm ohne Volksbefragung bereits zugefallen". In diesem Bereich sei „eine Volksabstimmung nicht erforderlich". Doch da gebe es die andern Gebiete, wo eine Volksbefragung abgehalten werden müsse, „weil es fraglich sei, ob dort die Deutschen oder die Tschechen die Mehrheit hätten". Wären diese Gebiete bis zur Abhaltung des Plebiszits von deutschen Truppen besetzt, so würde das bedeuten, „daß das übrige tschechische Gebiet von der Slowakei abgeschnitten ... und in der Gewalt Deutschlands wäre". Man sollte Herrn Hitler mitteilen, daß er „die anglo-französischen Vorschläge, auf die man sich am vorigen Sonntag geeinigt habe[31], annehmen müsse".

Auf die Frage Chamberlains, was denn geschehen solle, wenn Hitler ablehne, meinte Daladier großartig, dann müsse „jeder von uns seine Pflicht tun". Bei diesen herausfordernden Worten mochte sich Chamberlain der Telegramme von Sir Eric Phipps über das leidenschaftliche Verlangen der Franzosen nach Frieden fast um jeden Preis erinnern. Er erklärte, es sei an der Zeit, „zu den harten Tatsachen" hinabzusteigen. Wenn Deutschland in die Tschechoslowakei einfiele, werde ihm dann Frankreich den Krieg erklären? Daladier antwortete, daß Frankreich im Falle eines „unprovozierten Angriffs" zweifellos „seine Verpflichtungen gegenüber der Tschechoslowakei erfüllen würde". Es würde „Offensivoperationen" gegen die Siegfriedlinie unternehmen und aus der Luft „wichtige deutsche militärische und Industriezentren" angreifen. Chamberlain wies sofort darauf hin, daß die französische Luftwaffe durchaus schwach sei. Es könnte geschehen, daß deutsche Flugzeuge die Lage beherrschten und „auf Paris ein Bombenregen" niederginge. Er berief sich auch auf die französische Presse, die nicht gerade einen „kriegerischen Geist" gegenüber einem unbeugsamen Deutschland verrate. Abschließend versicherte er Daladier, daß er „keinen Druck auf die tschechische Regierung ausüben" werde, Hitlers Godesberger Forderungen anzunehmen. Auch sei es nicht Sache der britischen Regierung, sich darüber zu äußern, welchen Kurs Frankreich einschlagen solle. Die französische Regierung habe selbst zu entscheiden.[32]

Am folgenden Tag hatte Chamberlain ein „persönliches Gespräch" mit Daladier und General Gamelin. Der französische Stabschef atmete Zuversicht: brächen Feindseligkeiten aus, würden die demokratischen Nationen „den Frieden diktieren".[33] Dieser ungehemmte Optimismus ermutigte Chamberlain zu einigen eigenen Versicherungen. Die britische Regierung habe „mehrmals öffentlich" erklärt, Großbritannien könne es „sich nicht leisten, zuzulassen, daß Frankreich von Deutschland überrannt und geschlagen wird, und würde Frankreich zu Hilfe eilen, wenn es in Gefahr wäre". Man sollte sich völlig klar darüber sein, daß „die Regierung Seiner Majestät nicht die Absicht" habe, „das, was sie erklärt hat, zurückzunehmen".[34]

Das war eine wichtige Zusicherung, und Chamberlain machte sie nicht ohne Besorgnisse. Die kühnen Worte General Gamelins änderten nichts an der Tatsache, daß der defaitistische Geist in vielen französischen Kreisen offenkundig war, ja, Sir Eric Phipps hatte warnend berichtet, daß „jeder, der in Frankreich zähle", gegen einen Krieg sei. Dafür sei nur eine „kleine und korrupte" Clique von Kommunisten, die „von Moskau bezahlt" werde und „seit Monaten auf Krieg" hinarbeite.[35]

Dies alles vor dem inneren Auge, entschloß sich Chamberlain, ein letztes Mal an Hitler zu schreiben in der Hoffnung, dadurch den Konflikt, der jeden Augenblick auszubrechen drohte, vielleicht doch noch hintanzuhalten. So schickte er Sir Horace Wilson mit einem Handschreiben zu Hitler. Er erinnerte darin an die Tatsache, daß die tschechoslowakische Regierung die Forderung, einen großen Teil des Sudetenlandes abzutreten, angenommen hatte. Er bat, einer Zusammenkunft von Vertretern Deutschlands und der Tschechoslowakei zuzustimmen, deren Aufgabe es wäre, „durch Vereinbarung die Art und Weise festzulegen, wie das Gebiet zu übergeben ist". Man sollte doch nicht die furchtbaren Folgen eines Konflikts „wegen einer bloßen Meinungsverschiedenheit über die Methoden heraufbeschwören".[36]

Roosevelt unterstützt Chamberlains Friedensbemühungen

Während Premierminister Chamberlain in Berchtesgaden und Godesberg mit Hitler rang, wurde Präsident Roosevelt durch die Botschafter Kennedy in London und Bullitt in Paris über die Ereignisse in Europa telefonisch genau auf dem laufenden gehalten. Am 24. September stellte ihm Bullitt dringend vor, daß die amerikanische Regierung „eine Anstrengung" machen müsse, „um den Frieden zu erhalten". Er regte an, daß der Präsident einen direkten Appell an die Regierungen Deutschlands, Frankreichs, Großbritanniens und Italiens richte, Vertreter nach Den Haag zu entsenden, um eine Friedensformel zu suchen. Die Vereinigten Staaten sollten an der Konferenz ebenfalls teilnehmen.[37]

Am nächsten Tag übermittelte der amerikanische Gesandte in Prag nach Washington eine Botschaft Beneschs an Roosevelt, worin dieser den Präsidenten aufforderte, in Großbritannien und Frankreich zu dringen, nicht die Tschechoslowakei im Stich zu lassen und dadurch der Vernichtung durch Hitler preiszugeben. Von diesem Hilferuf bewegt, entschloß sich der Präsident, zur Bewahrung des europäischen Friedens mit einer Erklärung hervorzutreten. Er schob den Rat Außenminister Hulls, sich zurückzuhalten, beiseite und wies Sumner Welles und Adolf Berle an, einen Appell an Hitler und Benesch zu entwerfen. Am 26. September um 12.15 Uhr unterzeichnete er die Botschaft und ließ sie sofort nach Berlin und Prag kabeln.[38]

Roosevelt wies auf die furchtbaren Zerstörungen hin, die ein zweiter Weltkrieg mit sich brächte. „Das Wirtschaftssystem jedes betroffenen Landes würde mit absoluter Gewißheit zertrümmert, sein soziales Gefüge möglicherweise völlig zerschlagen werden." Es sei daher „gebieterische Pflicht", sich „die feierliche Verpflichtung" aus dem Kellogg-Briand-Pakt ins Bewußtsein zu rufen, „Streitfragen nur durch friedliche Mittel zu lösen". Er sei „überzeugt, daß kein Problem so schwierig" sei „und keines eine so dringliche Lösung verlange, daß man nicht für seine Lösung zur Vernunft statt zur Gewalt seine Zuflucht nehmen könnte ... Im Namen der 130 Millionen der amerikanischen Bevölkerung und im Namen der ganzen Menschheit appelliere ich auf das ernsthafteste an Sie, die Verhandlungen nicht abzubrechen, die eine friedliche, gerechte und konstruktive Lösung der gegenwärtigen Probleme zum Ziel haben."[39]

Staatspräsident Benesch gab sofort, am 26. September, eine zustimmende Antwort, aber Hitler war mit anderem beschäftigt, das er für wichtiger hielt, und ließ Roosevelts Botschaft zunächst einmal liegen. Er wollte an demselben Abend im Berliner Sportpalast sprechen. Präsident Roosevelt würde auf die Antwort einen Tag warten müssen.

Großbritannien setzt seine Friedensbemühungen fort

Obwohl Hitler noch über seiner Rede saß, um ihr den letzten Schliff zu geben, fand er doch Zeit, Sir Horace Wilson zu empfangen, der mit Chamberlains Handschreiben nach Berlin geschickt worden war. Botschafter Henderson begleitete ihn. Er hatte von Halifax eine wichtige Weisung erhalten: „Nach Ihrer Abreise erklärten [die] Franzosen entschieden ihre Absicht, [die] Tschechoslowakei mit Offensivmaßnahmen zu unterstützen, wenn diese angegriffen wird. Das zöge uns herein, und es sollte [dem] Reichskanzler klargemacht werden, daß dies eine unausweichliche Alternative zu einer friedlichen Lösung ist."[40]

Bewaffnet mit dieser starken Warnung traten sie um 17 Uhr Hitler gegenüber. Er war äußerst störrisch und konnte nur mit Mühe überredet werden, sich das Schreiben Chamberlains anzuhören. Bei einer Briefstelle schrie er: „Es hat keinen Zweck, noch weiterzuverhandeln", sprang auf und ging zur Tür, als wollte er das Zimmer verlassen. Schließlich willigte er ein, daß deutsche und tschechische Vertreter zusammenkämen, um die Übergabefragen zu regeln, „aber nur unter der Voraussetzung, daß die tschechoslowakische Regierung die Denkschrift einschließlich des Termins vom 1. Oktober annehme". Angesichts seiner „starken Erregung" hielten es Sir Horace und Sir Nevile für geraten, ihn nicht von der scharfen Weisung zu unterrichten, die Henderson von Halifax bekommen hatte.[41]

Während dieses hitzigen Gesprächs rief Hitler mehrmals aus, Deutschland werde „behandelt wie Nigger; man würde nicht einmal die Türken so zu behandeln wagen!" Schließlich schrie er: „Am 1. Oktober werde ich die Tschechoslowakei dort haben, wo ich sie haben will. Wenn Frankreich und England losschlagen wollen, sollen sie losschlagen. Ich kümmere mich nicht einen Pfifferling darum!" Er werde sich „von Benesch nicht länger an der Nase herumführen lassen". Ob durch Verhandlungen oder durch Anwendung von Gewalt, jedenfalls werde das Sudetenland „am 1. Oktober frei" sein. Er müsse auf seine Forderungen „innerhalb von zwei Tagen, also bis Mittwoch", eine zustimmende Antwort haben.[42]

Im Sportpalast dann lud Hitler die Verantwortung für Feindseligkeiten, die ausbrechen könnten, auf Beneschs Schultern: „Herr Benesch mag jetzt wählen!" Seine Hinweise auf Chamberlain waren freundlich, und er sprach abermals den Wunsch nach guten Beziehungen mit England aus. Er wiederhole, daß es, wenn das sudetendeutsche Problem gelöst sei, „für Deutschland in Europa kein territoriales Problem mehr gibt". Das Reich wolle „gar keine Tschechen". Wenn aber Benesch das deutsche Angebot nicht akzeptiere und jetzt den Deutschen nicht „endlich die Freiheit" gebe, dann würden sie sich diese Freiheit selbst holen, mit ihm, Hitler, als erstem Soldaten an der Spitze.

Chamberlain las diese scharfe Rede mit wachsender Unruhe und wies unverzüglich Sir Horace Wilson an, Hitler zu versichern, daß die tschechoslowakische Regierung ihre Zusagen nicht Deutschland, sondern Frankreich und England gemacht habe. Dementsprechend halte sich die britische Regierung dafür verantwortlich, „daß die Zusagen lückenlos und fair ... und mit angemessener Promptheit ausgeführt werden, vorausgesetzt, daß die deutsche Regierung nicht Gewalt anwendet, sondern einer Festlegung der Bestimmungen und Voraussetzungen für die Übergabe durch Besprechung zustimmt".[43]

Am Nachmittag des 27. September hatte Sir Horace Wilson eine neuerliche Unterredung mit dem Führer. Hitler wiederholte, die Tschechen hätten nur die Wahl, entweder die Godesberger Bedingungen anzunehmen oder sie abzulehnen. Lehnten sie sie ab, dann werde er „dieses Land zerschmettern". Hier übermittelte Sir Horace dem Führer die Warnung, die er schon am Vortag hatte anbringen sollen: „Wenn Frankreich in Erfüllung seiner vertraglichen Verpflichtungen aktiv in Feindseligkeiten mit Deutschland verwickelt werden würde, dann würde sich das Vereinigte Königreich verpflichtet fühlen, ihm Hilfe zu leisten." Diese Drohung brachte Hitler dermaßen auf, daß er schrie: „Wenn England und Frankreich losschlagen wollen, dann sollen sie es tun. Das ist mir völlig gleichgültig. Ich bin auf alle Eventualitäten vorbereitet ... Heute ist Dienstag, dann werden wir uns also am nächsten Montag alle miteinander im Krieg befinden."[44]

Nachdem Sir Horace gegangen war, kamen Hitler über die abrupte Art, wie er das Gespräch mit dem britischen Vertreter geführt hatte, einige Bedenken. Vielleicht ließe sich durch eine verbindlichere Form mehr erreichen. Und er verfaßte sofort ein im Ton gemäßigtes Antwortschreiben an Chamberlain, worin er ihm mitteilte, daß er, wenn das sudetendeutsche Problem nach seinen Vorschlägen gelöst werde, „sogar bereit" sei, „für den Restbestand der Tschechoslowakei eine förmliche Garantie zu übernehmen". Die tschechische Regierung aber erhoffe anscheinend „die Möglichkeit einer allgemeinen kriegerischen Konflagration". Er müsse es dem Ermessen Chamberlains überlassen, ob er es bei dieser Sachlage für angebracht halte, seine Bemühungen fortzusetzen, „die Regierung in Prag noch rechtzeitig zur Vernunft zu bringen".[45]

Nun hatte Hitler Zeit, die Botschaft Präsident Roosevelts vom 26. September zu beantworten. Er hob in seinem Telegramm an den Präsidenten die Bedeutung des Prinzips der Selbstbestimmung hervor und wies auf den Verrat an diesem Grundsatz durch Präsident Wilson besonders mit der Einbeziehung der Sudetendeutschen in den künstlichen tschechoslowakischen Staat hin. Wenn sich der Präsident „die ganze Entwicklung des sudetendeutschen Problems" vergegenwärtige, dann werde er erkennen, „daß die deutsche Regierung es wahrlich weder an Geduld noch am aufrichtigen Willen zur friedlichen Verständigung hat fehlen lassen".[46]

Roosevelt setzt die Diktatoren weiter unter Druck

Das Telegramm Hitlers schien dem Präsidenten in so unbestimmt schillerndem Ton gehalten, daß er einen weiteren Friedensappell für notwendig erachtete. In dieser seiner telegrafischen Erwiderung auf Hitlers Antwort erklärte er, „die Frage, vor der die Welt heute steht ... ist nicht ein Streit um Fehlurteile oder Ungerechtigkeiten der Vergangenheit. Es ist die Frage nach dem Schicksal der Welt von heute und von morgen." Die Zuflucht zur Gewalt im Weltkrieg habe den in den Kampf verwickelten Völkern kein ruhiges Leben bringen können. Sieg und Niederlage seien „gleichermaßen unfruchtbar". Ein zweiter Weltkrieg wäre „ebenso unnötig wie unverantwortlich". Die Verhandlungen über eine friedliche Beendigung des gegenwärtigen Streits über das Sudetenland seien „noch offen". Sie könnten fortgesetzt werden, wenn Hitler „das Stichwort gebe". Mit der Annahme einer friedlichen Lösung des Streits um das Sudetenland erwürbe sich der Reichskanzler die Dankbarkeit „Hunderter von Millionen in der ganzen Welt".[47]

An demselben Tage, dem 27. September, wandte sich der Präsident mit einem starken Appell auch an Mussolini. Ein zweiter Weltkrieg würde „die Vernichtung von Millionen Männern, Frauen und Kindern in Europa" bedeuten. Der Duce solle dazu helfen, „daß die Bemühungen um eine Regelung der gegenwärtigen Fragen durch Verhandlungen oder auf einem anderen friedlichen Wege statt durch Zuflucht zur Gewalt nicht abreißen".[48] Damit wurden die Augen der Welt auf Mussolini gerichtet, und er kostete die Gelegenheit gründlich aus, als der eine Mann, der ungezählten Millionen Krieg oder Frieden bringen konnte, über die europäische Bühne zu spazieren.

Chamberlain gibt nach

Gleichzeitig mit Präsident Roosevelts Botschaften an Hitler und Mussolini für eine friedliche Lösung des sudetendeutschen Problems hatte Premierminister Chamberlain seine Bemühungen um das gleiche Ziel fortgesetzt. In der Nacht zum 28. September erschien Henderson im Auswärtigen Amt und übergab dem Staatssekretär einen neuen, von Frankreich gebilligten Räumungsvorschlag, der „die sofortige Übergabe des Sudetengebietes auf Grund eines von der Regierung Seiner Majestät garantierten Terminkalenders" vorsah. Es war das eine klare Konzession an Hitler. Sie bildete „die Hauptgrundlage für die endgültige Regelung in München".[49]

Am nächsten Morgen erhielt Henderson vom Premierminister einen letzten Brief für Hitler. Er begann mit der Versicherung, daß Hitler alle wesentlichen Dinge „ohne Krieg und ohne Verzögerung" erhalten könne. Um eine Friedensgrundlage zu finden, könnte es ratsam sein, zur Erörterung des Sudetenproblems nach Berlin eine Konferenz von Vertretern Deutschlands, Frankreichs, Großbritanniens, Italiens und der Tschechoslowakei einzuberufen. Er, Chamberlain, sei bereit, sofort nach Berlin zu kommen, um bei der Vorbereitung der Konferenz zu helfen. Frankreich und Großbritannien würden, dessen könne der Kanzler sicher sein, dafür sorgen, daß alle tschechischen Zusagen „fair, vollständig und sogleich ausgeführt werden würden".[50] An demselben Tage, dem 28. September, sandte Chamberlain eine persönliche Botschaft an Mussolini, worin er seinen Appell an Hitler mitteilte und den Duce um Unterstützung der britischen Bemühungen bat, den Ausbruch eines Krieges zu verhüten.

Ehe diese Botschaften ein Echo hervorrufen konnten, ebenfalls am 28. September, bat François-Poncet Staatssekretär Weizsäcker um eine Audienz bei Hitler. Ribbentrop, der Krieg für die beste Lösung des sudetendeutschen Problems hielt, war gegen jedes Gespräch zwischen dem Botschafter und dem Führer. So kam es, nach Weizsäcker, zwischen Ribbentrop und dem Staatssekretär zu einem heftigen Zusammenstoß, und sie begaben sich in der entsprechenden Stimmung zusammen in die Reichskanzlei.[51]

Der französische Botschafter argumentierte gegen ein überstürztes Handeln im Sudetenland klar und stichhaltig: „Sie täuschen sich, Herr Reichskanzler, wenn Sie etwa glauben, den Konflikt auf die Tschechoslowakei lokalisieren zu können. Wenn Sie dieses Land angreifen, stecken Sie damit ganz Europa in Brand ... Warum wollen Sie ... dieses Risiko eingehen, wo Sie doch ohne Krieg die wesentlichsten Forderungen erfüllt erhalten können?" Dann legte der Botschafter dem Kanzler eine Karte vor, auf der die einzelnen Phasen der Räumung eingezeichnet waren. Das machte auf Hitler, der schon nachdenklich geworden war, besonderen Eindruck. „François-Poncet war der einzige, der einen vernünftigen Vorschlag machte", sagte Hitler später. Bei der Kartenszene wurde das Gespräch plötzlich unterbrochen. Ein Adjutant trat ins Zimmer. Der italienische Botschafter, Attolico, wollte Hitler „in einer dringenden Angelegenheit" sofort sprechen. Hitler ging hinaus, und Attolico kam ihm aufgeregt entgegen: „Ich habe eine dringende Botschaft vom Duce an Sie zu überbringen, Führer!" Mussolini hatte Chamberlains Appell entsprochen und ließ Hitler wissen, er sei der Ansicht, „daß die Annahme dieses englischen Vorschlages günstig wäre", und er bitte ihn, „von einer Mobilisierung abzusehen".[52]

Unmittelbar nach dem Besuch François-Poncets sprach Henderson in der Reichskanzlei vor, um das letzte Schreiben Chamberlains zu überbringen. Hitler empfing ihn mit der Bemerkung: „Auf Wunsch meines großen Freundes und Bundesgenossen Mussolini habe ich die Mobilmachung meiner Truppen um vierundzwanzig Stunden verschoben." Die Atmosphäre in Berlin, berichtete dann Henderson, war merklich entspannt. Hitler sei, „wenn auch ein wenig zerstreut, nicht unvernünftig" gewesen. Zu dem Vorschlag Chamberlains, eine Fünfmächtekonferenz einzuberufen, meinte er, daß er sich hierüber erst mit Mussolini in Verbindung setzen müsse. In diesem Augenblick meldete sich Attolico ein zweites Mal atemlos: Der Duce habe mitgeteilt, daß er einer Fünfmächtekonferenz über die Regelung der sudetendeutschen Frage zustimme.[53]

Der von François-Poncet überbrachte französische Vorschlag war bereits über den englischen hinausgegangen. Hitler beantwortete diese beschwichtigenden Gesten mit der Einladung Mussolinis, Chamberlains und Daladiers für den folgenden Tag, den 29. September, zu einer Konferenz nach München.

Die Kapitulation von München

Die Münchener Konferenz war im Grunde nur die Bestätigung des Beschwichtigungsprogramms, auf das sich Großbritannien und Frankreich bereits geeinigt hatten. Zwar zeigte sich Daladier zunächst kampflustig, aber er wurde von Göring in die Hand genommen und gab bald jeden Widerstand auf. Der Feldmarschall war von diesem schnellen Umschwung entzückt: „M. Daladier ist ein sehr angenehmer Mann – er ist so schmiegsam."[54] Dank der „schmiegsamen" Haltung Chamberlains und Daladiers wurde das Münchener Abkommen – nach längerer Debatte, bei der keine scharfen Meinungsverschiedenheiten hervortraten – am frühen Morgen des 30. September unterzeichnet. Das Sudetenland wurde dem Deutschen Reich übergeben. Um die Prozedur zu vereinfachen, wurde es in vier Zonen eingeteilt, deren Besetzung durch deutsche Truppen am 1. Oktober beginnen und am 7. Oktober beendet sein sollte. Die Räumung der Zonen durch die Tschechen wurde von Frankreich, Großbritannien und Italien garantiert; die Einzelheiten hatte eine internationale Kommission zu regeln, die sich aus dem Staatssekretär im Auswärtigen Amt, den Botschaftern Frankreichs, Großbritanniens und Italiens und einem Vertreter der Tschechoslowakei zusammensetzen sollte.[55] So hatte sich „das Reich ohne Blutvergießen und ohne einen Schuß abzufeuern mit dem Sudetenland vereinigt".[56]

Es war klar ersichtlich, daß in der ganzen Münchener Angelegenheit Präsident Roosevelt nur eine sehr geringe Rolle gespielt hatte. Seine Appelle an Hitler hatten keinen merklichen Einfluß ausgeübt, und die Botschaft an Mussolini als solche hatte den Duce gleichgültig gelassen. Die amerikanischen Beziehungen zu Italien hatten sich seit 1935 ständig verschlechtert, und Mussolini sah keinen Grund, auf einen amerikanischen Präsidenten zu hören, der sich beharrlich weigerte, die italienische Eroberung Abessiniens anzuerkennen. Chamberlain hingegen hatte alles getan, mit dem Duce eine Verständigung herbeizuführen, und der britische Botschafter in Rom hatte mit seiner Auffassung recht, daß es die Botschaft des Premierministers gewesen sei, die Mussolini zu der Bitte an Hitler bewogen habe, den Kriegshunden den Maulkorb anzulegen.[57] Möglich, daß Chamberlain bei seinen Anstrengungen, eine friedliche Lösung der sich zuspitzenden Krise zu suchen, durch die Versicherung beeinflußt war, die ihm Botschafter Kennedy einige Wochen vorher gegeben hatte: „Welchen Kurs Chamberlain auch einzuschlagen wünsche, er [Roosevelt] werde ihn für richtig halten." Das war ein weitreichender Blankoscheck, und Chamberlain hatte ihn während der Münchener Krise zweifellos im Gedächtnis. Ich habe jedoch im Archiv des State Department keinen Beweis dafür finden können, daß auf den Premierminister zugunsten eines Friedens um jeden Preis eingewirkt worden wäre.

In der amerikanischen Regierung gab es einige Personen, die mit dem Münchener Abkommen sehr zufrieden waren. Sumner Welles pries es als einen Pakt, der die Möglichkeit einer neuen, „auf Recht und Gesetz gegründeten" Weltordnung eröffne.[58] Außenminister Hull war vorsichtiger, obwohl er zugab, daß die Münchener Übereinkunft „ein allgemeines Gefühl der Erleichterung" hervorgerufen habe.[59] In einem Brief an Mackenzie King bemerkte Roosevelt: „Wie ich Ihnen versichern kann, freuen wir uns in den Vereinigten Staaten mit Ihnen und der ganzen Welt, daß der Ausbruch eines Krieges abgewendet worden ist."[60] Eine Woche später schrieb er Botschafter Phillips in Rom: „Ich möchte Sie wissen lassen, daß ich über das Endergebnis [das Münchener Abkommen] nicht im geringsten bestürzt bin."[61]

Die amerikanische öffentliche Meinung über die Septemberkrise und München

Die Gleichmütigkeit des Präsidenten gegenüber der Tragweite des Münchener Abkommens wurde von der amerikanischen Presse nicht geteilt. Dem „Miami Herald" schien es am Vorabend von München, daß Europa im Begriff sei, „durch den Willen eines einzigen Mannes in den Massenmord des modernen Krieges gestürzt zu werden".[62] Die Richmonder „Times-Dispatch" war sicher, daß „die Verantwortung für den Krieg, wenn er ausbrechen sollte, auf den Schultern des nationalsozialistischen Deutschlands, wo sie hingehört, lasten" werde.[63] Ähnlich äußerte sich der „Times-Picayune" in New Orleans: „Sollte die Welt abermals ins Chaos gestürzt werden, so wird die Schuld so gut wie unweigerlich an Hitlers Nacken gekettet sein."[64]

Als der Text des Münchener Abkommens veröffentlicht worden war, fanden viele Blätter für Chamberlain Worte des Lobes. Die „New York Herald-Tribune" schrieb, man könne „ihm (Chamberlain) für die gewissenhafte Redlichkeit und die aufopfernde Hingabe, mit der er um den Frieden gerungen hat, nur herzlichen Beifall zollen".[65] Die „Washington Post" erblickte in dem Abkommen einen Schritt auf dem Wege zum Frieden. Das Opfer der Tschechen scheine „ein geringer Preis für den Frieden, besonders wenn der dadurch erreichte Frieden gefestigt wird".[66] Nach der Meinung des „Washington Evening Star" hatte Hitler zweifellos „einen beträchtlichen Sieg" davongetragen, doch sei „von überragender Bedeutung die Tatsache, daß die schwerste Bedrohung der internationalen Ruhe des letzten Vierteljahrhunderts durch eine unblutige Lösung" gebannt worden sei.[67] Die „Atlanta Constitution" fand, daß die Münchener Übereinkunft manche Unvollkommenheiten zeige, aber es sei „Hoffnung eingezogen, wo gestern Verzweiflung geherrscht" habe, „und die Völker der Welt" könnten „neuen Mut schöpfen".[68]

Die „New York Times" schrieb zum Lobe Münchens: „Niemand sage, daß für den europäischen Frieden ein zu hoher Preis gezahlt worden sei, solange er nicht sein Gewissen geprüft und sich bereit gefunden hat, das Leben derer, die ihm am nächsten stehen und am teuersten sind, in einem Krieg aufs Spiel zu setzen."[69] Die „Chicago Tribune" wies auf das Übergewicht der Kriegsgegner hin: „Zweifellos gab es in allen betroffenen Ländern Neurotiker und Hitzköpfe, die auf Krieg versessen waren, allein, sie wurden mit tausend zu eins an Zahl übertroffen von denen, die willens waren, dem Frieden wesentliche Opfer zu bringen."[70] Die „Los Angeles Times" gehörte zu den Zeitungen, die das diplomatische Ergebnis der Münchener Konferenz anerkennend hervorhoben: „Ohne Zweifel wurde in München der Krieg gerade noch abgewendet." Infolgedessen sei die Konferenz, gemessen „an der unmittelbaren Alternative, unter die hervorragendsten diplomatischen Leistungen der Geschichte einzureihen".[71]

In der „Cleveland Press" hieß es, die Kritiker, die Chamberlain und Daladier mit Vorwürfen überhäuft hätten, sollten einen Augenblick innehalten und an die Schrecken des Krieges denken. Dann würden sie „für den so zustande gebrachten Waffenstillstand Gott danken".[72] Die „Boston Evening Transcript" unterstrich, es sei „im Augenblick die Hauptsache, daß in der Welt noch Friede" herrsche. „Die Vernunft hat nicht abgedankt, es ist nur ein bißchen auf ihr herumgetrampelt worden."[73] Den gleichen Gedanken äußerte der „Christian Science Monitor": „Bei dem vorliegenden Abkommen hat die Vernunft eine Rolle gespielt ... Es ist ein Friedensschluß ohne Krieg – womöglich der denkwürdigste der Geschichte."[74]

Diesen günstigen Kommentaren hielten die ablehnend kritischen Bemerkungen anderer Zeitungen die Waage. Der „Philadelphia Inquirer" meinte, „diese sogenannte Schlichtung" habe „Seiten …, die nachdenkliche Menschen in der ganzen Welt nur mit einem tiefen Gefühl von Vergeblichkeit und mit düstern Ahnungen betrachten können".[75] Der „Virginian Pilot" in Norfolk vermochte an den Münchener Verhandlungen nichts Lobenswertes zu entdecken. Ihr Ergebnis sei „ein übelriechender Frieden".[76] Die „Emporia Gazette" sah in dem Münchener Abkommen nur einen Notbehelf. Ein wirklicher Friede sei nicht erreicht worden: „Amerika mag im Augenblick tief aufatmen, doch sollte es für morgen das Koppel fester schnallen, seine Lenden für den unausweichlichen Kampf gürten."[77] Dem „Portland Oregonian" erschien jeder Frieden mit Hitler als ein Hohn: „Welchen Wert hat ein Friedenspakt mit dem Verflucher der Demokratie, dem Peiniger der Juden, dem Unterdrücker der Minderheiten und dem Maestro unmenschlicher Gefangenenlager?"[78]

Die „Atlanta Constitution" war der Meinung, das Münchener Abkommen beweise, daß die Vereinigten Staaten „Großbritannien nicht länger vertrauen" könnten. „Die Politik des Empire ist opportunistisch, und die Amerikaner können sich unter diesen Umständen auf Englands Wort nicht verlassen."[79] Die „Constitution" hingegen pries die Politik Roosevelts. Er sei es gewesen, der „fast ganz allein die Welt vom Abgrund zurückgezogen" habe. „Zu seiner ewigen Ehre schwankte Franklin Roosevelt nie in seinem Vorhaben, das jetzt so dramatisch zu einem fruchtbaren Abschluß gebracht worden ist."[80] Die gleiche überraschende Auffassung vertrat die Hearst-Presse: „Es kann kein Zweifel darüber bestehen, daß, wenn nun als Ergebnis des Münchener Viermächteabkommens eine friedliche Beilegung der europäischen Krise erreicht worden ist, Präsident Roosevelt dazu ungeheuer viel beigetragen hat ... Mr. Roosevelts zweite Botschaft an Reichskanzler Hitler gehört zu den bedeutendsten Staatsdokumenten aller Zeiten ... Von Wunschvorstellungen bestimmte ausländische Kommentatoren haben in die erste Botschaft einen Wink hineingelesen, daß die Vereinigten Staaten ihren Sympathien in einen neuen europäischen Krieg folgen könnten, wie sie es 1917 taten. Präsident Roosevelt ließ in seiner zweiten Botschaft für diese falsche Deutung keinen Raum."[81]

Nicht zu übertreffen im Lob für diejenigen, die vermeintlich für den europäischen Frieden gearbeitet hatten, fanden die „New York Daily News" einige freundliche Worte auch für Adolf Hitler: „Jetzt ist für die Hasser Hitlers die Zeit gekommen, ihre harten Worte zurückzuhalten. Er hat eine bedeutsame Friedensgeste gemacht; eine, die außer ihm zu dieser Zeit niemand hätte machen können."[82]

Diplomatisches Stroh im Wind

Der deutsche Botschafter in Washington verfolgte im Spätsommer 1938 eine Politik der Versöhnung. Am Tag vor der Münchener Konferenz hatte er mit Außenminister Hull eine lange Unterredung über eine Reihe von Themen. Als der Außenminister gewisse Gerüchte erwähnte, daß Hitler „eine allgemeine Herrschaft durch Gewalt" anstrebe, beeilte sich Botschafter Dieckhoff, zu versichern, daß der Führer keinerlei „Welt-Ambitionen" habe. Er glaube aber, daß Deutschland „auf dem Balkan und in den Donauländern berechtigte Interessen" habe, und sehe keinen Grund, sie zu „unterdrücken". Hull wies auf die Tragweite dieses deutschen Dranges nach dem Osten hin mit der Bemerkung, ihm sei unbegreiflich, weshalb Europa „Selbstmord zu begehen wünschen sollte". Dieckhoff wechselte schnell das Thema und kam auf die deutsch-amerikanischen Beziehungen zu sprechen. Er habe kürzlich mit Hitler gesprochen und feststellen können, daß der Führer an den Vereinigten Staaten „aufrichtiges Interesse" nehme. Er beginne sich darüber klar zu werden, „daß eine anpassende Änderung gewisser Verfahren und politischer Maßnahmen seiner Regierung in Hinsicht auf den Handel und auch auf die Judenfrage für die Wiederherstellung völlig zufriedenstellender Beziehungen zwischen unsern beiden Ländern wichtig, wenn nicht entscheidend wäre".[83]

Aus Berlin kam von der amerikanischen Botschaft die Nachricht, daß dort während der Septemberkrise zwischen der deutschen und der polnischen Armee enges Einvernehmen bestanden habe. Der amerikanische Militärattaché, Oberstleutnant Truman Smith, hatte Botschafter Wilson einen Bericht übergeben, der „an einer weitgehenden militärischen Abrede zwischen Polen und Deutschland keinen Zweifel" lasse. „Vielleicht galt die Verständigung nur dieser Episode, aber es steigt die Möglichkeit einer engeren Zusammenarbeit empor, als sie bisher zwischen zweien der drei Punkte der Achse demonstriert worden ist."

In seinem Bericht an Botschafter Wilson hatte Oberstleutnant Smith ausgeführt: „Ich glaube, daß während der letzten Krise zwischen der polnischen und der deutschen Regierung genaue und weitreichende militärische Abmachungen bestanden. Die Deutschen verrieten vom Anfang bis zum Ende der Krise nicht die geringste Besorgnis wegen einer russischen Intervention. Es ist undenkbar, daß sich diese Gleichgültigkeit in Berlin so offen gezeigt hätte, wenn sie nicht geglaubt hätten, sich auf Polen verlassen zu können, nämlich darauf, daß es sich einem russischen Angriff militärisch widersetzen würde ...

Es scheint kaum möglich, daß die oben beschriebenen deutschen und polnischen Bewegungen bei einer bloßen lockeren mündlichen Abrede zwischen den beiden Staatsoberhäuptern hätten stattfinden können."[84]

Botschafter Biddle in Warschau berichtete dem Department of State, daß er über den Inhalt der Denkschrift Oberstleutnant Smiths mit polnischen Beamten gesprochen habe und diese ihm versichert hätten, die Information Smiths sei unrichtig.[85] In den Akten zur deutschen auswärtigen Politik jedoch findet sich das Zeugnis, daß der polnische Außenminister Beck dem deutschen Botschafter in Warschau, Moltke, „ungefragt sehr vertrauliche Mitteilungen über polnische Truppenzusammenziehungen gemacht" habe, „worin doch wohl die Konstatierung einer praktischen Zusammenarbeit zum Ausdruck kommen sollte".[86] An demselben Tage, dem 27. September, zeigte der Staatssekretär im Auswärtigen Amt dem polnischen Botschafter in Berlin „in einer vom Oberkommando der Wehrmacht stammenden Karte diejenige Demarkationslinie ... welche nach Ansicht unserer Wehrmacht zwischen deutschen und polnischen Truppen innegehalten werden sollte, wenn es zu einem Vormarsch nach der Tschechoslowakei komme ... es wäre wohl praktisch, wenn morgen der polnische Militärattaché mit unseren Militärstellen das Nähere vereinbarte." Der Botschafter hielt es „für zweckmäßig, wenn" er und der Staatssekretär „morgen zunächst noch einmal über diese Sphärenabgrenzung sprächen und erst dann die militärischen Instanzen miteinander in Berührung träten".[87] Demnach hat es im Hinblick auf einen möglichen Konflikt mit der Tschechoslowakei zwischen den Generalstäben der deutschen und der polnischen Armee ein bestimmtes Zusammenwirken gegeben. Wie weit es ging, muß Mutmaßungen überlassen bleiben.

Eines stand unumstritten fest: Hitler hatte in München einen überwältigenden diplomatischen Sieg errungen. Aber der deutsche Ausdehnungsplan war damit noch nicht ganz enthüllt, und so nahmen realistische Staatsmänner eine Stellung wachsamen Abwartens ein. Sogar Premierminister Chamberlain äußerte zuweilen düstere Ahnungen. Sicher ist, daß er Hitler persönlich entschieden mißtraute. Im Gespräch mit Lord Halifax meinte er einmal, Hitler sei „ungeschlacht und gewiß nicht der Kamerad, mit dem man gern eine Radtour um die Welt machen möchte".[88] Es dauerte nicht lange, und Hitler nötigte Chamberlain und Millionen seiner Landsleute, eiligst die Kriegsmaschine zu Fahrten zu besteigen, die einen großen Teil der Erde umspannten – eine Anstrengung, der der Staatsmann Chamberlain erlag.

Kapitel XIX

Prag

Die Arbeit der gemäß dem Münchner Abkommen zur Festlegung der endgültigen deutsch-tschechoslowakischen Grenze eingesetzten internationalen Kommission[1] wurde durch Hitlers Entschlossenheit, den tschechischen Reststaat zu annektieren, bald zu einer traurigen Farce gemacht. Dieser flagrante Bruch einer feierlichen Verpflichtung und der fortdauernde Druck der nationalsozialistischen Regierung auf die Juden im Reich verwandelte die ablehnende amerikanische öffentliche Meinung über Hitler in offene Feindschaft.

Internationale Wirkungen des Antisemitismus in Deutschland

Eine der unseligsten Hinterlassenschaften des Weltkrieges war das Flüchtlingsproblem. Nach dem Februar 1920 wandte sich ihm der Völkerbund zu, und im folgenden Jahr wurde Dr. Fridtjof Nansen beauftragt, die Hilfsmaßnahmen für die russischen Flüchtlinge zu überwachen, später auch die für Armenier, Griechen und Türken. Unmittelbar trug der Völkerbund zur Flüchtlingsfürsorge nicht bei; er unterstützte die Sammlungen in verschiedenen europäischen Ländern und diente bei der Verteilung von Lebensmitteln und Kleidung als Vermittler.

Als nach dem Januar 1933 mit der Verfolgung der Juden und Gesinnungsgegner des Dritten Reiches ein Flüchtlingsstrom Deutschland verließ, schuf der Völkerbund zur Linderung der Emigrantennot das Amt eines Oberkommissars. Mit ihm wurde James G. McDonald betraut. Zwei Jahre lang versuchte er tapfer, ein wirksames Hilfswerk zustande zu bringen. Im Jahre 1935 trat er zurück. Man sollte, so erklärte er, lieber die Ursachen des Flüchtlingsproblems beseitigen, als an einen wachsenden Strom hilfloser Menschen Unterstützungen verteilen.[2]

Bis 1937 hatten 130.000 Juden Deutschland verlassen. Die im Reich blieben, waren derartigen Einschränkungen unterworfen, daß es für sie schwierig war, sich einen ausreichenden Erwerb zu sichern. Mit dem „Anschluß" von 1938 erweiterte sich der Bereich des Antisemitismus beträchtlich, und das Flüchtlingsproblem wurde ernster. Um dem zu begegnen, forderte Außenminister Hull am 24. März 1938 eine große Anzahl von Ländern auf, zusammen mit den Vereinigten Staaten einen Ausschuß zu bilden „zu dem Zweck, die Auswanderung politischer Flüchtlinge aus Österreich und voraussichtlich aus Deutschland zu erleichtern". Die Mitglieder des Komitees wären von den teilnehmenden Regierungen zu ernennen, die Kosten des Unternehmens aber von Privatorganisationen aufzubringen. Von keinem Land würde gefordert werden, seine geltende Einwanderungsquote zu ändern, und es würde Vorsorge getroffen werden, daß die bereits vom Völkerbund getroffenen Hilfsmaßnahmen nicht gestört werden würden.[3]

In den Vereinigten Staaten selbst war eine Erhöhung der Quoten für Einwanderer aus Österreich und Deutschland offenbar auch gar nicht nötig. In dem am 30. Juni 1938 endenden Haushaltjahr blieb die Einwanderung aus dem nationalsozialistischen Machtbereich beträchtlich unter den gesetzlich festgelegten Zahlen.[4] Diese verhältnismäßig geringe Emigration war eine Folge der fortschreitenden Kürzungen des Teils von Vermögen und Vermögenswerten, den die Auswanderer mitnehmen durften. Im Jahre 1933 betrug er 75 Prozent, danach wurde er auf 15 Prozent herabgesetzt, und im Jahre 1938 blieben den Emigranten nur noch 5 Prozent ihres Eigentums. Die Kürzungen machten die Finanzierung der Auswanderung von Minderheitengruppen wie der Juden durch Privatorganisationen notwendig.[5]

Das von Außenminister Hull vorgeschlagene Komitee trat das erstemal am 6. Juli 1938 in Frankreich zusammen und stellte eine vorläufige Organisation auf. Später tagte es in London; zum ständigen Vorsitzenden wurde Lord Winterton ernannt, zum Direktor Mr. Rublee, ein Amerikaner. Der Ausschuß stellte fest, daß nach eingegangenen Schätzungen für die Emigration aus dem Reich mindestens 660.000 Personen in Betracht kämen. Auf die breiten Schultern Mr. Rublees wurde nun die schwere Aufgabe gelegt, die Reichsbeamten zu überreden, die einschränkenden Bestimmungen über die Mitnahme von Eigentum zu lockern und dadurch einer großen Anzahl von Flüchtlingen die Auswanderung in Länder zu ermöglichen, die sich bereit erklärt hatten, sie aufzunehmen.[6]

Während Mr. Rublee auf eine Einladung der Reichsregierung wartete, zur Besprechung des Flüchtlingsproblems nach Berlin zu kommen, hatte der deutsche Botschafter in Washington, Dieckhoff, mit dem amtierenden Außenminister, Sumner Welles, eine lange Unterredung über die deutsche Außenpolitik im allgemeinen und das jüdische Problem im besonderen. Der Botschafter, „in einer ausgesprochen erregten und nervösen Verfassung", beklagte sich, daß es „für einen deutschen diplomatischen Vertreter" äußerst schwierig sei, in den Vereinigten Staaten seine Pflicht zu erfüllen, „ohne daß seine Nerven aufs ernstlichste mitgenommen würden". Nach dieser Einleitung stürzte er sich in eine ausführliche Verteidigung der Expansion Deutschlands auf Kosten der Tschechoslowakei. Die Reichsregierung führe nur die in den bekannten vierzehn Punkten Wilsons verkündete Politik durch. Deutschland habe nun „alle Deutschen Mitteleuropas in sein Gebiet einbezogen, und das gegenwärtige Deutsche Reich habe nicht die geringste Absicht, seine Souveränität, sei es durch Gewalt oder durch andere Methoden, weiter auszudehnen. Deutschland habe seinen Wunsch, mit seinen Nachbarn, vor allem mit Frankreich und Großbritannien, im Frieden zu leben, nicht nur bekannt gegeben, sondern wiederholt ausgesprochen. Das Münchner Abkommen habe ein solches friedliches Verhältnis ermöglicht."

Dann kam Dieckhoff auf die Behandlung der Juden und anderer Minderheiten im Reich zu sprechen und erklärte, daß kein anderes Land berechtigt sei, die „Innenpolitik" Deutschlands zu kritisieren. Hier unterbrach ihn Welles mit dem Einwand, es sei „der amerikanischen öffentlichen Meinung völlig unmöglich, die Politik, die Deutschland in den letzten Jahren gegenüber den innerhalb seiner Grenzen lebenden Juden verfolgt habe ... als eine reine innere Angelegenheit zu betrachten. Ich [Welles] sagte, ein Land, das Hunderttausende zur Auswanderung nötige, denen andere Länder aus Menschlichkeitsgründen Zuflucht zu gewähren sich verpflichtet fühlten, ... könne kaum erwarten, daß die übrige Welt eine solche Politik als reine Innenpolitik ansehe ... Die Bevölkerung der Vereinigten Staaten ... sei eine tief religiöse und eine äußerst idealistische, und gegen die Quälerei von Menschenwesen, wie sie in Deutschland vor sich gehe, empörten sich die besten Instinkte eines jeden Amerikaners.

Ich brachte dann das Unrecht zur Sprache, das unseren Staatsangehörigen, Juden wie Nichtjuden, in Deutschland dadurch zugefügt worden ist, daß man ihnen nicht erlaubt hat, die ihnen gehörenden Gelder aus dem Lande zu bringen, und sagte, ich hielte es für notwendig, mit aller Offenheit auszusprechen, die Reaktion der öffentlichen Meinung in den Vereinigten Staaten hierauf habe einen solchen Grad erreicht, daß unvermeidlicherweise in allernächster Zeit von der Regierung der Vereinigten Staaten allgemein gefordert werden würde, gegen in den Vereinigten Staaten lebende deutsche Staatsangehörige Vergeltungsmaßnahmen zu ergreifen."

Abschließend bemerkte Welles, daß nichts so sehr zu einer „Besserung der empörten öffentlichen Meinung" in den Vereinigten Staaten beizutragen vermöchte, als wenn sich die deutsche Regierung bereit erklärte, Mr. Rublee zu empfangen und mit ihm ein befriedigendes Abkommen auszuhandeln. Auf den Botschafter machte dieser Rat anscheinend „einen sehr tiefen Eindruck", und er versprach, „alles in seiner Macht stehende" zu tun, seine Regierung zu einer Einladung Mr. Rublees zu bewegen.[7]

Ein Zwischenspiel

Während die deutsche Regierung die Frage einer Einladung Mr. Rublees erwog, nahm der deutsche Botschafter in London, Dirksen, mit dem Staatssekretär des Auswärtigen Amtes, Weizsäcker, einen Briefwechsel wieder auf, der den Wunsch des amerikanischen Botschafters in London, Kennedy, betraf, Berlin zu besuchen und mit den dortigen maßgebenden Persönlichkeiten Fühlung aufzunehmen. Kennedy sei darauf zurückgekommen, und zwar liege ihm an einer Unterredung mit dem Führer. Er wolle mit Hitler offen sprechen „und überhaupt versuchen, eine bessere Verständigung zwischen den Vereinigten Staaten und Deutschland herbeizuführen". Kennedy habe angedeutet, „daß Personen, die Deutschland Sympathien entgegenbrächten, nicht an den Präsidenten herangelassen würden ... Gerade aus dem Grunde glaubt ... Kennedy, daß er von allgemeinerem Nutzen für die Entwicklung der deutsch-amerikanischen Beziehungen sein könne, da er das Ohr des Präsidenten habe und dem heutigen Deutschland Verständnis und Sympathie entgegenbringe ... Wiederholt betonte er die Sympathie, die der Durchschnittsamerikaner für den Deutschen habe, und die größer sei als seine Freundschaft für den Durchschnittsengländer ... Wie bei früheren Unterhaltungen, so erwähnte Kennedy auch heute, daß in den Vereinigten Staaten sehr starke antisemitische Tendenzen bestünden und daß weite Teile der Bevölkerung für die deutsche Haltung gegenüber den Juden Verständnis hätten."[8]

Botschafter Dieckhoff in Washington war von dem Vorschlag eines Besuches Kennedys in Berlin nicht begeistert. Er hielt das Argument, es sei notwendig, den Präsidenten über Deutschland besser zu informieren, für recht schwach. Roosevelt wisse „sicher aus der Berichterstattung seines Berliner Botschafters ... genau, wie es in Deutschland aussieht und was Deutschland will; wenn er trotzdem eine so unfreundliche Haltung einnimmt, ... so liegt das ... daran, daß er es so will". Er, Kennedy, beurteile „die Situation in seinem eigenen Lande ... falsch". Die öffentliche Meinung Amerikas könne „nicht durch kleine Mittelchen in Ordnung kommen, sondern nur dadurch, daß die großen europäischen Mächte gemeinsam und erfolgreich Europa neu aufbauen".[9]

Botschafter Wilson wird aus Berlin abberufen

Jede Möglichkeit eines Besuches Kennedys in Berlin wurde durch neue Ausbrüche des Antisemitismus in Deutschland zerstört. Am 7. November schoß in Paris ein siebzehnjähriger polnischer Jude, Herschel Grynszpan, den Dritten Sekretär der deutschen Botschaft, Ernst vom Rath, in dessen Amtsraum nieder und verletzte ihn tödlich. Darauf kam es überall im Reich zu schweren Pogromen; Juden wurden mißhandelt und beraubt, ihre Läden geplündert und zerschlagen, ihre Synagogen eingeäschert. Am 13. November erlegte ihnen die Reichsregierung eine Kollektivbuße von einer Milliarde Mark auf. Es folgte eine ganze Reihe von Verordnungen, durch die die Juden von höheren Schulen und Universitäten und von vielen Geschäftszweigen ausgeschlossen wurden. Ferner durften sie keine Kinos, Theater, Museen, öffentliche Konzerte und Vorträge mehr besuchen; die Führerscheine für Kraftfahrzeuge wurden ihnen weggenommen. Schließlich wurden sofort weitgehende Absonderungsvorschriften in Kraft gesetzt.[10]

Diese antisemitische Politik rief in den Vereinigten Staaten tiefen Groll hervor. Die Empörung fand unter anderem ihren Ausdruck in einer über das ganze Land ausgestrahlten Rundfunksendung, die kritische Äußerungen von führenden Persönlichkeiten aller politischen Anschauungen und religiösen Bekenntnisse wiedergab. Zu den Sprechern gehörten der ehemalige Präsident Hoover, der Innenminister Harold L. Ickes, der Präsident der Fordham-Universität, Rev. Robert I. Gannon, S. J., und Bischof Edwin Hughes von der methodistischen Episkopalkirche. Auf einer Pressekonferenz klagte Präsident Roosevelt die Maßnahmen der deutschen Regierung scharf an: „Ich selber wollte kaum glauben, daß sich so etwas in einem kultivierten Land des zwanzigsten Jahrhunderts zugetragen haben könnte."[11] Dann gab er bekannt, daß er Botschafter Wilson aus Berlin abberufen habe, „um sich über die Lage in Deutschland ein unmittelbares Bild zu verschaffen". Die deutsche Regierung antwortete mit der Abberufung Dieckhoffs aus Washington. Die amerikanisch-deutschen Beziehungen waren aufs ernsteste gespannt.

Bevor Botschafter Wilson das Abberufungsschreiben erhalten hatte, telegrafierte er Außenminister Hull, daß Senator Reynolds von North Carolina den dringenden Wunsch nach einer Unterredung mit Hitler geäußert habe.[12] Hull antwortete dem Botschafter: „Wir sind der Ansicht, daß es unter den gegenwärtig herrschenden Umständen für die Botschaft nicht ratsam wäre, offiziell oder auf andere Weise für einen Amerikaner ein Gespräch mit Hitler zu arrangieren oder darum zu ersuchen."[13] Offenbar meinte er, daß jeder Amerikaner vor jeder Berührung mit dem Führer geschützt werden müsse.[14]

Schacht bietet eine Lösung des Flüchtlingsproblems an

Für jeden weiterdenkenden Deutschen war es klar, daß die Spannungen zwischen Deutschland und den Vereinigten Staaten schließlich zum Kriege führen könnten. Vielleicht ließ sich das Verhältnis verbessern, wenn der Wirtschaftskonflikt zwischen den beiden Ländern beendet und dadurch eine Periode milderer Behandlung der Juden in Deutschland herbeigeführt werden könnte.

Der deutsch-amerikanische Wirtschaftskonflikt war durch die Weigerung der Reichsregierung im Frühjahr, die österreichischen ausländischen Schulden zu übernehmen, verschärft worden. Der amerikanische Kongreß hatte nach dem Weltkrieg der österreichischen Regierung für den Kauf von Mehl zur Verteilung an Hilfsbedürftige einen Kredit von 26 Millionen Dollar bewilligt. Danach hatten Amerikaner, die nach Kapitalanlage suchten, ihr Geld in mehrere Arten österreichischer Auslandsobligationen gesteckt. Diese Privatinvestitionen hatten zuzeiten die stattliche Summe von 38 Millionen Dollar betragen. Im April 1938, nach dem „Anschluß", hatte sich die amerikanische Regierung der Sache des Schuldendienstes an diesen österreichischen Obligationen angenommen und das Auswärtige Amt unumwunden wissen lassen, daß „das Wohlergehen zahlreicher amerikanischer Bürger [von der Angliederung Österreichs] unmittelbar betroffen" werde und daß die amerikanische Regierung „unverzügliche Zusicherungen in dieser Angelegenheit begrüßen" würde.[15]

Das Reich versagte sich dieser Aufforderung, traf aber mit der britischen Regierung eine Abmachung über einen begrenzten Schuldendienst an österreichischen Verbindlichkeiten in London. Dies ließ sich ermöglichen, weil die deutsche Handelsbilanz mit Großbritannien aktiv war und es somit die britischen Behörden in der Hand hatten, deutsche Guthaben zu sperren und für die Bezahlung der österreichischen Schulden zu verwenden. Der Regierung Chamberlains lag aber nicht an solchen rigorosen Gegenmaßnahmen, und so kam eine Abmachung zustande, wonach sie Zahlungen für diese Anleihen in Waren annahm. Diese Übereinkunft verleitete deutsche Zeitungen dazu, damit zu prahlen, daß die britische Regierung die herkömmliche anglo-amerikanische Parallelpolitik aufgegeben habe.[16]

Ende 1938 hatte Deutschland über die Zahlungen an Inhaber österreichischer Schuldverpflichtungen mit den meisten Gläubigerländern Abkommen getroffen. Die glänzende Ausnahme waren die Vereinigten Staaten. In der letzten Novemberwoche bemühte sich Dr. Schacht, mit dem Department of State irgendeine Abmachung zuwege zu bringen, die die amerikanischen Forderungen teilweise befriedigen würde. In einer Unterredung mit dem Ersten Sekretär der amerikanischen Botschaft in Berlin, Donald R. Heath, äußerte er den dringenden Wunsch „nach einer Beilegung des Wirtschaftskonflikts und der Schwierigkeiten in den deutsch-amerikanischen Beziehungen, nicht wegen der beiderseitigen wirtschaftlichen Vorteile, die sich daraus ergäben, sondern weil eine solche Regelung weiterer Maßnahmen gegen die deutschen Juden vorbeugen würde ... Er spielte verschleiert, aber unmißverständlich auf die antisemitischen Maßregeln und Demonstrationen an und sagte aus tiefer Überzeugung, sie seien skandalös. Auf die Schwierigkeiten in den gegenwärtigen deutsch-amerikanischen Handelsbeziehungen zurückkommend, erklärte er: ‚Wenn ich mich nur mit Außenminister Hull zusammensetzen könnte – ich weiß, daß wir schnell einen Weg aus unseren Schwierigkeiten fänden'".[17]

Im Dezember 1938 reiste Schacht nach London, um Montagu Norman zu besuchen, den Leiter der Bank von England. Ein Hauptpunkt seines Londoner Programms war eine Besprechung mit Mr. Rublee über die Auswanderung von Juden aus dem Reich. Er schlug vor, die von den Flüchtlingen in Deutschland zurückgelassenen Kapitalien zusammenzulegen und als Sicherheit für eine große internationale Anleihe zu verwenden, die dazu zu dienen hätte, die Beförderung der Flüchtlinge aus Deutschland in ihre neue Heimat zu beschleunigen. Getilgt werden würde die neue Anleihe aus dem Erlös, den ein zusätzlicher deutscher Export nach neuen oder nach bisher teilweise verschlossenen alten Märkten einbrächte.[18]

Am 20. Dezember wurde Mr. Rublee zur weiteren Erörterung dieses Schachtschen Planes nach Berlin eingeladen. Im folgenden Monat kam es zwischen dem Department of State und dem Auswärtigen Amt zu einem Notenwechsel über die österreichischen Schulden. Die deutsche Regierung lehnte es ab, die Mehlanleihe von 26 Millionen Dollar als rechtsverbindlich anzuerkennen, und machte geltend, daß Zahlungen für die übrigen österreichischen Obligationen in amerikanischem Besitz der passiven deutschen Handelsbilanz mit den Vereinigten Staaten angepaßt werden müßten. Das amerikanische Außenamt wies diese Argumentation zurück, regte aber Besprechungen deutscher Beamter mit Vertretern der amerikanischen Inhaber österreichischer Schuldverschreibungen an.[19] Dieser Vorschlag führte zu keinen nennenswerten Ergebnissen, und so blieb die Frage der österreichischen Schulden in den deutsch-amerikanischen Beziehungen ein dauernder Reibungspunkt.

Innenminister Ickes verschärft die deutsch-amerikanische Spannung

Eine weitere starke Belastung des deutsch-amerikanischen Verhältnisses war Innenminister Ickes, waren seine verächtlichen Äußerungen über die Regierung Deutschlands. Am 18. Dezember griff er in einer Rede in Cleveland Henry Ford und Oberst Lindbergh scharf an, weil sie von Reichskanzler Hitler die Auszeichnung des Deutschen Adlers angenommen hatten: „Wie kann ein Amerikaner aus der Hand eines brutalen Diktators, der mit derselben Hand Tausende von Mitmenschen beraubt und quält, eine Auszeichnung annehmen?"[20]

Ehe der deutsche Geschäftsträger, Dr. Thomsen, einen Protest anzubringen vermochte, schickte der Unterstaatssekretär des State Department, George S. Messersmith, dem amtierenden Außenminister, Sumner Welles, über die Clevelander Rede des Innenministers ein Memorandum, worin es hieß, daß „ein Protest der deutschen Regierung wegen der verhältnismäßig harmlosen Bemerkungen des Ministers Ickes zu besonders unpassender Zeit käme. Die deutschen Zeitungen haben erst kürzlich heimtückische Angriffe auf Präsident und Mrs. Roosevelt gebracht ... Da die vollständige ... Kontrolle der deutschen Presse erklärtermaßen zu dem Programm der nationalsozialistischen Regierung gehört, kann sich die deutsche Regierung der Verantwortung für solche Angriffe nicht entziehen".[21]

Mr. Welles befolgte den Rat Mr. Messersmiths. Nachdem Dr. Thomsen die Protestnote der Reichsregierung vorgetragen hatte, bemerkte Sumner Welles kalt, daß die Kritik, die Minister Ickes an Henry Ford und Oberst Lindbergh geübt habe, primär gegen amerikanische Bürger gerichtet sei und daß sich also das Auswärtige Amt in eine inneramerikanische Angelegenheit einmische. Selbstverständlich werde das Department of State eine solche Angelegenheit „nicht mit dem Vertreter einer ausländischen Regierung" diskutieren. Zu der von Minister Ickes an der Reichsregierung geübten Kritik sagte der Staatssekretär: „Die deutsche Regierung ist sicherlich mit der Tatsache vertraut, daß die jüngsten politischen Maßnahmen in Deutschland die öffentliche Meinung in den Vereinigten Staaten tiefer entsetzt und bestürzt haben als irgendein Vorkommnis seit Jahrzehnten und daß Hinweise auf diesen Zustand öffentlicher Entrüstung, wie sie gemacht worden sein mögen, ganz gewiß die Gefühle der überwältigenden Mehrheit der amerikanischen Bevölkerung wiedergäben ... Ihm scheine das Verlangen der deutschen Regierung nach einem Protest dieser Art zu besonders unpassender Zeit zu kommen. Er sagte, er habe in den letzten Monaten die deutsche Presse, die völlig unter dem Einfluß und dem Diktat der deutschen Regierung stehe, sorgfältig verfolgt und selten mehr ungerechtfertigte kritische Äußerungen oder offene Angriffe ... gegen den Präsidenten oder die Vereinigten Staaten und gegen Mitglieder des Kabinetts zu Gesicht bekommen.“[22]

Die Wirtschaftsoffensive gegen Deutschland wird beschleunigt

Während die politischen Beziehungen der Vereinigten Staaten mit Deutschland von Tag zu Tag gespannter wurden, erweiterte Außenminister Hull den Riß zwischen Department of State und Auswärtigem Amt, indem er seine Wirtschaftsoffensive gegen das Reich mit wachsendem Elan vortrug. Um seine Handelspolitik wirksam zu machen, brauchte er die Unterstützung Englands. Anfang 1936 erklärte er dem britischen Botschafter in Washington rund heraus, daß „die Verrechnungsabkommen Großbritanniens mit Argentinien, Deutschland, Italien und andern Ländern die Anstrengungen der amerikanischen Regierung behinderten, ihre auf dem Prinzip der Meistbegünstigung beruhende Politik vorwärtszutreiben“. Die meisten jener Clearingvereinbarungen hätten die Tendenz, „geradeswegs zum zweiseitigen Handel zu führen und den gesamten Welthandel einzuschränken und zu hemmen“. Diese Einschränkungen und Hemmungen seien Meilensteine auf dem Weg zum Kriege.[23]

Im Oktober 1936 gab Hull dem Leiter der Westeuropäischen Abteilung des State Department, James C. Dunn, die Weisung, für Botschafter Bingham in London ein Memorandum zu verfassen, worin die Lage der britischen Regierung offen unterbreitet wurde. Es sei keine Zeit zu verlieren zur Entwicklung eines „gesunden und reichen Handels auf der festen Basis gleicher Behandlung und gleicher Möglichkeiten bis zu dem größten Umfang, den jedes Land beizutragen vermag“. Erweiterte Handelsmöglichkeiten würden eine Grundlage für den Weltfrieden schaffen.[24]

Am 17. November 1938 schließlich unterzeichneten im Weißen Haus in feierlichem Rahmen Außenminister Hull, der kanadische Premierminister, Mackenzie King, und der britische Botschafter in Washington, Sir Ronald Lindsay, im Namen ihrer Regierungen entscheidend wichtige Handelsverträge, die in das von Außenminister Hull entworfene und geförderte große Wirtschaftsgebäude den Schlußstein fügten. Die bedeutendsten Handelsnationen bauten nun die Schranken ab, während viele andere Länder sie erhöhten. Die in den Verträgen festgelegten Zugeständnisse wurden „verallgemeinert“, so daß eine beträchtliche Anzahl von Ländern daraus Nutzen ziehen konnten, wenn sie die betreffenden Erzeugnisse zu liefern vermochten. Besonders den amerikanischen Farmern erwuchsen aus der Herabsetzung von Zöllen auf wichtige landwirtschaftliche Ausfuhrprodukte große Vorteile. Die Zölle auf Weizen und Schweinefett wurden völlig beseitigt. Zu den kanadischen Konzessionen an die Vereinigten Staaten gehörten die Herabsetzung der Zölle auf Früchte, Gemüse und Maschinen solcher Art, wie sie in dem Dominion nicht hergestellt wurden. Dafür wurden von den wichtigen kanadischen Ausfuhrwaren drei auf die Freiliste gesetzt: Holzschliff, Holzbrei und Zeitungspapier.[25] Amerikas Antwort auf München wurde in kräftigen wirtschaftlichen Tönen erteilt. Für deutsche Ohren, gewöhnt an die zweifelhaften Harmonien zweiseitiger Verträge, waren es peinigende Mißklänge.

Deutschland bemüht sich um eine Übereinkunft mit den Vereinigten Staaten

Die Handlungen Außenminister Hulls und die bissigen Äußerungen seines Stellvertreters Sumner Welles schienen auf den Weg zum endgültigen Verfall der deutsch-amerikanischen Beziehungen zu weisen. Der amerikanische Geschäftsträger in Berlin, Prentiss Gilbert, hielt es für möglich, daß Hitler sich entschlossen habe, „unmittelbar nach Weihnachten“ die diplomatischen Beziehungen mit den Vereinigten Staaten abzubrechen.[26] Der Führer sei über die Antwort Sumner Welles' auf den Protest Dr. Thomsens „äußerst erzürnt“, und man glaube, daß Ribbentrop auf die Bemerkungen des Innenministers Ickes einen Gegenschlag vorbereite.[27]

Aber Ribbentrop unternahm keinen Angriff auf amerikanische Regierungsbeamte. Zwar hörte Mr. Gilbert, daß „gewisse Extremisten“ in der nächsten Umgebung Hitlers „auf einen

Bruch mit den Vereinigten Staaten drängten", doch wäre ein solcher Schritt „in Deutschland nicht populär", und er, Gilbert, habe in seinen Gesprächen mit deutschen Regierungsbeamten „auch nicht eine Andeutung" von Feindlichkeit entdecken können.[28]

Aus Paris berichtete Hugh Wilson, Dr. Goebbels habe kürzlich den Berliner Havas-Korrespondenten gebeten, „die Zukunft der deutsch-amerikanischen Beziehungen nicht zu düster zu malen". Die deutsche Regierung habe „nicht die Absicht, den gegenwärtigen Konflikt zu vertiefen, und wünsche ernstlich die Wiederherstellung normaler Beziehungen zwischen beiden Ländern".[29]

Offenbar sahen Goebbels und andere Reichsbeamte mit großem Interesse der Kongreßbotschaft des Präsidenten im Januar 1939 entgegen. Sie enthielt die erwartete Warnung, daß neue Angriffshandlungen „ringsumher" lauerten und daß „die gottesfürchtigen Demokratien der Welt" diese Bedrohung ihrer Lebensweise „nicht ewig ohne wirksamen Protest hinnehmen" könnten. Aber er fügte hinzu, daß sich demokratische Proteste „auf friedlichen Wegen" halten müßten. Es gebe „außer dem Krieg" viele Methoden, mit denen man den Aggressor-Nationen „die gemeinsamen Gefühle unserer Bevölkerung" deutlich machen könne.[30]

Die gemäßigte Sprache der Kongreßbotschaft beruhigte die deutsche Regierung und ermutigte sie zu neuerlichen Versöhnungsgesten. Prentiss Gilbert zählte sie folgendermaßen auf:
„1. Aufhören der ungehemmt heftigen Sprache der Presse.
2. Einladung des Evian-Komitees nach Berlin.
3. Verbindlichere Antworten auf unsere Noten über die Diskriminierung bestimmter Klassen amerikanischer Bürger zusammen mit der den letzten Notenwechseln gegebenen Publizität."

Ob es sich hier um „Gesten zu augenblicklichen Zwecken" oder um eine „durchdachte Änderung der Politik" handele, bleibe abzuwarten. Den deutschen Führern scheine klar zu sein, „daß das eigene Interesse bessere Beziehungen mit den Vereinigten Staaten wünschenswert macht".[31]

Es war dieses Selbstinteresse, das Göring bestimmte, mit Mr. Rublee das Flüchtlingsproblem zu besprechen und eine Reihe von Unterredungen zwischen Rublee und Ministerialdirektor Wohltat herbeizuführen. Danach lud Göring Mr. Rublee auf seinen Privatwohnsitz ein, um mit ihm die deutsch-amerikanischen Beziehungen zu erörtern. Die Atmosphäre war „äußerst herzlich und freundlich, und Göring unterstrich wiederholt, daß ihm sehr daran liege, eine Lösung des jüdischen Problems zu finden. Er schien sich der Bedeutung einer Regelung des Problems für gute Beziehungen mit andern Ländern, vor allem mit den Vereinigten Staaten, durchaus bewußt zu sein ... Er erörterte die Frage der jüdischen Emigration im allgemeinen und hob besonders die Notwendigkeit hervor, daß sie schnell vor sich gehe ... Abschließend wies er mit ausführlichen Worten darauf hin, wie wünschenswert gute Beziehungen zwischen Deutschland und den Vereinigten Staaten seien. Außer dem jüdischen Problem sehe er keine konkreten Fragen, die das Verhältnis zwischen den beiden Ländern stören könnten."[32]

Bald darauf sprach Dr. Schacht über das gleiche Thema mit Donald Heath, dem Dritten Sekretär der amerikanischen Botschaft. Einleitend vertraute er ihm an, er würde „jeden lohnenden Posten übernehmen, der ihm etwa in Deutschland oder draußen angeboten werden könnte". Nach dieser Andeutung, daß er möglicherweise bereit wäre, eine Stellung bei einem großen amerikanischen Bankinstitut anzunehmen, erklärte er, daß die Einladung Mr. Rublees nach Berlin zur Besprechung des Flüchtlingsproblems großenteils von ihm veranlaßt worden sei. Die letzten Unterredungen zwischen Mr. Rublee und deutschen Beamten gingen „auf seine Initiative" zurück. Er habe die Sache persönlich „bei Hitler angeregt und die Gespräche mit seiner Billigung aufgenommen". Ebenso habe er „für jedes Stadium der Unterredungen Hitlers Zustimmung erhalten".[33]

Vergebliches Werben Chamberlains um Mussolini

Die grundsätzliche Reichspolitik der Expansion entwertete die versöhnlichen Gesten Görings, Goebbels' und Schachts so sehr, daß schwer zu begreifen ist, wie man sie für lohnend hat halten können. Hitlers ruhelose Gedanken waren, entgegen allen öffentlichen Versprechungen, auf die Annexion der Tschechoslowakei gerichtet. Bevor er dazu schritt, wollte er die Achse Rom-Berlin zu einem deutsch-italienisch-japanischen Militärbündnis erweitert haben. Am 28. Oktober 1938 suchte Ribbentrop dieses Bündnis als notwendige Waffe in dem unvermeidlichen Krieg gegen die Demokratien Mussolini aufzudrängen.[34]

Der Duce wartete einige Monate. Dann, am 1. Januar 1939, instruierte er Ciano, „den Vorschlag Ribbentrops, den Antikominternpakt in ein Bündnis zu verwandeln, anzunehmen". Auch er halte einen Zusammenstoß mit den Demokratien für „unvermeidlich" und wünsche, „im voraus militärisch Klarheit zu schaffen". Am 2. Januar unterrichtete Ciano seinen deutschen Kollegen telefonisch von der Entscheidung Mussolinis, und am folgenden Tag kehrte Botschafter Attolico mit genauen Weisungen über den abzuschließenden Vertrag nach Berlin zurück. Nach einer Unterredung mit Ribbentrop schlug er als Tag der Unterzeichnung den 28. Januar vor. Das Auswärtige Amt verfaßte unverzüglich einen Entwurf der neuen Tripleallianz und sandte ihn nach Rom, wo er die Billigung Mussolinis fand.[35]

Zu der Zeit, da Mussolini und Hitler für einen unvermeidlichen Krieg mit den Demokratien einen Dreibund vorbereiteten, reiste Chamberlain nach Rom, um sich bestimmter Garantien für den Weltfrieden zu versichern. Es war ein hoffnungsloses Beginnen; die faschistischen Führer waren entschlossen, die Verhandlungen in nichts als leere Versprechungen ausgehen zu lassen. Ciano suchte nach Möglichkeit dafür zu sorgen, daß Chamberlain in Rom „kein begeisterter Empfang" bereitet werde, und sah sich enttäuscht, als die Menge „den alten Mann mit dem Regenschirm" hochleben ließ.

Nach einer Besprechung mit Chamberlain und Lord Halifax im Palazzo Venezia bemerkte Mussolini verächtlich zu Ciano: „Diese Männer sind nicht aus dem gleichen Holz geschnitzt wie Francis Drake und die anderen prachtvollen Abenteurer, die das Empire geschaffen haben. Diese ... sind die müden Söhne einer langen Reihe von reichen Geschlechtern; sie werden das Empire verlieren." Während der Gespräche am 12. Januar drückte sich Lord Halifax so vorsichtig aus, daß Ciano die Überzeugung gewann, „die Briten wollten nicht kämpfen". Die Verachtung des Duce für diese pazifistischen Briten wuchs zusehends, und Ciano berichtete Ribbentrop telefonisch, der Besuch Chamberlains sei „eine einzige Limonade" gewesen, „absolut harmlos". Indessen, Chamberlain nährte noch immer die Hoffnung, daß der europäische Friede fortdauern werde, und Ciano vermerkte in seinem Tagebuch: „Chamberlains Augen füllten sich mit Tränen, als der Zug abfuhr und seine Landsleute zu singen anhuben: ‚For He's a Jolly Good Fellow'."[36]

Das über die römischen Gespräche herausgegebene Kommuniqué versicherte, es sei „der Wille Italiens und Großbritanniens, eine wirksam auf die Erhaltung des Friedens gerichtete Politik zu verfolgen".[37] Zu derselben Zeit, zu der für die begierigen Ohren der Öffentlichkeit diese optimistischen Töne angeschlagen wurden, vertraute Ciano seinem Tagebuch an, das italienische Außenamt plane einen Feldzug „ständig zunehmender Propaganda gegen Frankreich". War die erwartete Wirkung erzielt, dann konnte die Bildung des neuen Dreibundes bekanntgegeben und die Bevölkerung nach und nach auf den Krieg mit den Demokratien vorbereitet werden. Wegen England machte sich Ciano wenig Sorgen. Ende Januar legte der britische Botschafter in Rom, Lord Perth, der italienischen Regierung den Entwurf einer Rede zur Billigung vor, die Chamberlain demnächst im Unterhaus halten werde. Die Bemerkung des Duce über diese versöhnliche Geste verriet steigende Verachtung für das britische Kabinett: „Ich glaube, es ist das erstemal, daß das Oberhaupt einer britischen Regierung einer fremden Regierung den Entwurf einer seiner Reden unterbreitet. Es ist das ein schlechtes Zeichen für sie."[38]

Frankreich ist geneigt, Hitler in Osteuropa freie Hand zu lassen

Während Chamberlain Mussolini umwarb, entwarf der französische Außenminister, Georges Bonnet, ein neues Programm für eine Verständigung mit Hitler. Sein erster Schritt war die Bemühung, mit Deutschland zu einer ähnlichen Übereinkunft zu gelangen, wie sie zur Zeit des Münchener Abkommens Chamberlain mit dem Führer getroffen hatte. Am 19. Oktober brachte Botschafter François-Poncet während seiner Abschiedsaudienz bei Hitler die Angelegenheit sorgsam zur Sprache.[39] Der Führer war über diese Bekundung französischer Naivität erfreut und gab dem Projekt seinen Segen. Am 6. Dezember 1938 setzten in dem berühmten Uhrensaal des Quai d'Orsay, wo der Kellogg-Briand-Pakt unterzeichnet worden war, Bonnet und Ribbentrop ihre Namen unter eine deutsch-französische Erklärung. Darin stellten beide Regierungen fest, „daß zwischen ihren Ländern keine Fragen territorialer Art mehr schweben", und erkannten „feierlich die Grenze zwischen ihren Ländern, wie sie gegenwärtig verläuft, als endgültig an". Schließlich sah die Erklärung vor, daß beide Regierungen „vorbehaltlich ihrer besonderen Beziehungen zu dritten Mächten, in allen ihre beiden Länder angehenden Fragen" in eine Beratung eintreten würden, „wenn die künftige Entwicklung dieser Fragen zu internationalen Schwierigkeiten führen sollte".[40]

Wie Ribbentrop einige Monate später in einem Brief an Bonnet behauptete, versicherte ihm Bonnet während der persönlichen Aussprache bei Gelegenheit der Unterzeichnung der Freundschaftserklärung, der Viermächte-Garantie für die Tschechoslowakei sei keine besondere Bedeutung beizumessen. Bonnet bestritt dies in seinem Antwortschreiben an Ribbentrop entschieden. Gleichwohl muß angenommen werden, daß Bonnet am 6. Dezember 1938 Ribbentrop im Hinblick auf eine deutsche Ausdehnung in Osteuropa weitgehende Zusicherungen gemacht hat.[41]

Nun wandte sich Bonnet mit seinem Beschwichtigungsprogramm Italien zu und schickte Paul Baudouin nach Rom mit dem Angebot eines Sitzes im Suezkanal-Direktorium, bestimmter Sonderrechte für die Italiener in Tunesien und bedeutender Konzessionen im Zusammenhang mit Dschibuti und der Bahn nach Addis Abeba. Um hierzu die Unterstützung der deutschen Regierung zu erlangen, entsandte er Graf Ferdinand de Brinon nach Berlin. Allein, Ribbentrop hatte nicht das Bedürfnis, die Schwierigkeiten zwischen Frankreich und Italien zu glätten, und so „torpedierte" er die Mission Baudouins, indem er ihre Geheimnisse der Presse preisgab.[42] Die Achse Rom-Berlin behandelte jetzt die Demokratien mit offener Verachtung.

Das Foreign Office wird nervös

Chamberlain schmeckten die wiederholten Dosen Beschwichtigungspolitik, die zu schlucken er sich zwang, immer bitterer, aber er schluckte sie als Tribut an den Frieden. Wenigstens hatte er der Tschechoslowakei die Unabhängigkeit bewahren können. Im Parlament meinte Sir Samuel Hoare, die Tschechoslowakei sei jetzt „so sicher wie die Schweiz", und Sir Thomas Inskip erklärte feierlich, daß im Falle eines unprovozierten Angriffs auf die Tschechoslowakei die Regierung Seiner Majestät „sich verpflichtet fühlen würde, alle in ihrer Macht stehenden Schritte zu tun, um dafür zu sorgen, daß die Integrität der Tschechoslowakei geschützt werde".[43]

Am 1. November 1938 begann Chamberlain unter dem Eindruck der düsteren europäischen Lage im Hinblick auf das Maß der für die Integrität der Tschechoslowakei ausgesprochenen Garantie nach einem Ausweg zu suchen. Er unterstützte zwar noch Inskips Erklärung über die britische Politik, gestand aber offen, daß er dem Unterhaus keine Aufklärung darüber geben könne, „welches die Bedingungen der Garantie sein würden und wer daran teilnehmen werde". Jedenfalls aber könne er sagen, daß Großbritannien niemals „die gegenwärtigen Grenzen" garantiert habe. Die Verpflichtung erstrecke sich nur auf den Fall „eines unprovozierten Angriffs, nicht aber auf die Kristallisation der Grenzen".[44]

Er verhehlte nicht, daß sich ein solcher Angriff jederzeit ereignen könne. In der Tat, in ganz Europa wuchs die Furcht vor dem Ausbruch eines Krieges. Im Foreign Office wußte man nun: Hitler „grollt wegen des Münchener Abkommens, das ihm zu einem lokalisierten Krieg gegen die Tschechoslowakei den Weg versperrt und den Friedenswillen der deutschen Massen demonstriert hat, die zu der kriegstreiberischen NSDAP in Opposition stehen. Er fühlt sich durch diese Demonstration persönlich gedemütigt. Er sieht in Großbritannien den für diese Demütigung primär Verantwortlichen, und seine Wut richtet sich daher vor allem gegen England, in dem er jetzt das Haupthindernis für die Erreichung seiner weiteren ehrgeizigen Ziele erblickt."

Für den Fall, daß Deutschland einen Streit mit Holland vom Zaun bräche, erwäge die Regierung Seiner Majestät, ob es nicht wünschenswert sei, „aus Gründen der Taktik und vorbeugend sofort für beide Regierungen den Vorschlag eines von einer neutralen Regierung zu benennenden dreiköpfigen Schiedsgerichts bereitzuhalten. Ein solcher Vorschlag könnte sich als wirkungslos erweisen, aber wenn sich Deutschland über ein Schiedsverfahren hinwegsetzte, dann wäre der Fall klar, und die Regierung Seiner Majestät hätte einen Ausgangspunkt zu angemessenem Handeln."[45]

Wenige Tage später war die britische Regierung zu der Entscheidung gekommen, „die strategische Bedeutung Hollands und seiner Kolonien" sei so groß, „daß ein deutscher Angriff auf Holland als eine unmittelbare Bedrohung der Sicherheit der Westmächte angesehen werden müßte. Unterließe man es, eine solche Herausforderung anzunehmen, so brächte man Deutschland in eine Position überwältigender Vorherrschaft in Europa. Unter solchen Umständen neigt die Regierung Seiner Majestät zu der Ansicht, daß ihr keine andere Wahl bliebe, als in einem deutschen Einfall in Holland einen Casus belli zu erblicken".[46]

Am 7. Februar erhielt Roosevelt von Lord Halifax ein Schreiben, wonach die britische Regierung nun so weit gelangt war, daß sie „jeden Versuch Deutschlands, Holland durch Gewalt oder durch Drohung mit Gewalt zu beherrschen, ebenfalls als eine Bedrohung der Sicherheit des Vereinigten Königreichs betrachten müßte". Ein deutscher „Angriff auf Holland oder auf die Schweiz fiele unter dieselbe Kategorie". Die Antworten des französischen Außenministeriums auf britische Erkundigungen nach der französischen Politik besagten deutlich, „daß die französische Regierung mit der Ansicht der Regierung Seiner Majestät, einen Einfall in Holland als einen Casus belli ansehen zu müssen, übereinstimmt".[47]

In einer Unterredung Botschafter Kennedys mit Chamberlain am 17. Februar meinte der Premierminister, der allgemeine Ausblick sei jetzt „viel besser". Er sehe „keine bestimmten Anzeichen einer Bewegung gegen Holland, die Schweiz oder sonst ein Land im Westen oder gegen die Ukraine. Er sage sich immer noch, daß die einzige Hoffnung, mit Hitler Politik zu machen, darin liege, daß man ihn beim Wort nimmt." Er glaube, daß es „eine sehr deutliche Möglichkeit gebe, auf wirtschaftlichem Wege zu einer Lösung zu gelangen".

Chamberlain erzählte dann ausführlich von seinem Besuch in Rom. Er stellte den Duce „als einen Mann, der das ganze Bild sehen möchte ... in Gegensatz zu Hitler, der zu seinem Fenster in Berchtesgaden hinausblicke und, ohne sehr praktisch zu sein, träumerisch über die Zukunftsaussichten Deutschlands nachdenke". Aber Chamberlain glaube noch immer, „mit Hitler übereinkommen" und seine Beschwichtigungspolitik „noch ausbauen zu können". Er sei nach wie vor „sehr optimistisch".[48]

Drei Tage später besprach Kennedy die Lage mit Viscount Halifax. Der Außenminister war von dem Optimismus Chamberlains offenbar ein wenig angesteckt worden. In seinem Bericht an das State Department faßte der Botschafter seine Eindrücke von der Lage in England folgendermaßen zusammen: „Nach meinen Beobachtungen – ich habe mich außer mit vielen andern Leuten mit Chatfield, Simon, Hoare, Halifax und Chamberlain unterhalten – glauben sie durchaus, daß England auf dem richtigen Wege sei; daß Deutschland nicht angreifen werde; daß das Problem vom letzten Herbst, als sie zu Dingen genötigt waren, die sie andernfalls kaum getan hätten, erledigt sei, und daß England zwar nicht zum Kriege schritte, wenn Deutschland Rumänien oder die Ukraine angreifen sollte, jedoch sofort den Krieg erklären würde, wenn sich Deutschland gegen die Schweiz oder gegen Holland wendete."[49]

Die nervöse Atmosphäre im Foreign Office schilderte der britische Botschafter in Washington, Sir Ronald Lindsay, in einer Unterhaltung mit Sumner Welles: „Der Botschafter sagte, daß sich am 24. und 26. Januar die öffentliche Meinung Londons und das Foreign Office infolge von Berichten, daß Deutschland eine Bewegung im Westen plane, die einen Überfall auf Holland einschließe, in einem fast unglaublichen Zustand der Aufregung befunden hätten. Bis zum 11. Februar, dem Tag seiner Abreise von London nach den Vereinigten Staaten, sei die Stimmung im allgemeinen und im Foreign Office in einen nahezu unfaßlichen Optimismus umgeschlagen. Der Botschafter sagte, daß er den einen Geisteszustand für so gefährlich halte wie den andern und daß die Nervenanspannung, unter der in England alle lebten, erschreckend sei. Er sagte, Lord Halifax sei ein wirklich fähiger Mann und ‚ein ausgezeichneter christlicher Gentleman', aber er habe in die europäische Lage keinen wirklichen Einblick ... Er sagte, er bezweifle, daß Mr. Chamberlains Kabinettskollegen sein Gefühl der Beruhigung teilten; er wisse positiv, daß man im Foreign Office äußerst besorgt sei."[50]

Deutschland befürchtet, daß in einem zweiten Weltkrieg Amerika intervenieren würde

Von Kennedy aus London kamen weitere Nachrichten über die bedrohliche europäische Lage. Halifax hatte dem deutschen Botschafter, Herbert von Dirksen, die Frage vorgelegt, weshalb Hitler, wenn er wirklich den Frieden wolle, mit seinem „furchterregenden Rüstungsprogramm" fortfahre. Dirksen habe geantwortet, „man sei in Deutschland über die beinahe wöchentlichen Äußerungen des Präsidenten der Vereinigten Staaten in hohem Grade beunruhigt und habe die Überzeugung gewonnen, daß die Vereinigten Staaten England und Frankreich nicht nach zwei Jahren, sondern wahrscheinlich nach zwei Tagen zu Hilfe eilen würden, und man sage sich, daß es dagegen kein anderes Mittel gebe, als selber stark zu sein". Kennedy selber war der Meinung, daß sich die Männer an der Spitze der britischen Regierung jede Nacht fragen müßten, wie Hitler angesichts der ungeheuern deutschen Aufrüstung zu einer friedensmäßigen Basis hinübergelangen könne. Zweifellos sei der Ausblick für England auf weitere Entfernung „äußerst düster".[51]

Daß die Deutschen Grund zu der Befürchtung hatten, Amerika würde im Falle eines zweiten Weltkrieges eingreifen, zeigen Äußerungen amerikanischer Diplomaten wie Kennedys und Bullitts. Vor der Münchener Krise erklärte Kennedy dem Premierminister wiederholt, daß Amerika im Falle eines unprovozierten Angriffs auf Großbritannien und Frankreich ihnen zu Hilfe eilen würde. Bullitt war etwas vorsichtiger gewesen, gelegentlich jedoch machte er ähnliche Zusicherungen, so – nach dem deutschen Weißbuch – während seines Aufenthaltes in Washington im November 1938 bis zum Januar 1939 in mehreren Gesprächen mit dem dortigen polnischen Botschafter, Jerzy Potocky, und im Februar 1939 in einer Unterredung mit dem polnischen Botschafter in Paris, Jules Lukasiewicz.

Hitler annektiert die Rest-Tschechoslowakei

Die indirekten Versicherungen Kennedys und Bullitts, daß Amerika im Falle eines Krieges an der Seite der Demokratien eingriffe, mögen Chamberlain in seiner optimistischen Betrachtung der europäischen Lage bestärkt haben. Jedenfalls klammerte er sich weiter an die Hoffnung, daß sich der Krieg durch eine Politik der Beschwichtigung abwenden lasse, und schloß die Augen vor den deutlichen Zeichen, die ankündigten, daß Hitler bald die Tschechoslowakei liquidieren werde.

Unterdessen ging Hitler schnell auf sein Ziel los. Er eröffnete dem tschechischen Ministerpräsidenten, Chvalkovsky, in Besprechungen, zu denen er ihn im Oktober 1938 und im Januar darauf empfing, daß die Tschechoslowakei sofort aus dem Völkerbund austreten, ihre Außenpolitik der des Reiches unterordnen und ihre Armee drastisch verkleinern müsse. Paris und London erfuhren von diesen harten Bedingungen durch einen Bericht des französischen Gesandten in Prag.[52] Allein, solche unheilverkündenden Symptome, zu denen gehörte, daß das Reich der Frage der Garantie für die Rest-Tschechoslowakei ständig auswich, vermochten den britischen Optimismus nicht zu zerstören. Am 1. März übermittelte der britische Botschafter in Washington eine Nachricht Lord Halifax' an Roosevelt, worin es hieß, nach den letzten englischen Informationen habe „Herr Hitler für die gegenwärtige Zeit den Gedanken aufgegeben, eine unmittelbare Krise herbeizuführen, wie er das zu Jahresbeginn ins Auge gefaßt zu haben schien". Es deute nichts „auf eine nahe bevorstehende Mobilmachung in Deutschland". Botschafter Henderson habe den Eindruck gewonnen, „daß Hitler zur Zeit kein sofortiges Abenteuer plane".[53] Chamberlain hüllte sich noch immer in den Mantel der Zuversicht; am 9. März versicherte er in einer Pressekonferenz, „Europa richte sich auf eine Periode der Ruhe ein".[54]

In Prag jedoch gab man sich keinen trügerischen Hoffnungen hin. Aus der Slowakei und der Karpato-Ukraine kamen unmißverständliche Zeichen des Bestrebens, sich von den Tschechen zu trennen. Am 6. März setzte Präsident Hácha die ruthenische Regierung ab, vier Tage darauf Jozef Tiso, den Premier der autonomen slowakischen Regierung. Tiso wurde für den 13. März zu Hitler nach Berlin befohlen. Der Führer verlangte von ihm, sich über die Sache der slowakischen Unabhängigkeit sofort zu entscheiden. Tiso eilte mit diesem Auftrag nach Preßburg zurück, und am 14. März proklamierte der slowakische Landtag den souveränen slowakischen Staat und erbat vom Reich den Schutz seiner Grenzen. Unaufgefordert von Hitler, folgte die Karpato-Ukraine sofort diesem Beispiel. Die tschechoslowakische Rumpfrepublik war in ihre Bestandteile zerfallen.[55]

Während deutsche Truppen an der tschechischen Grenze aufmarschierten, nötigte Hitler Staatspräsident Hácha, ihn unverzüglich in Berlin aufzusuchen. Hácha wurde bei seiner Ankunft am 14. März mit allen einem Staatsoberhaupt zustehenden Ehren empfangen; ja, Hitler gab dem anhebenden Drama noch einen absurden Akzent, indem er der Tochter Háchas eine Schachtel Konfekt ins Hotel schickte. Dem Präsidenten selbst wurde, bevor man ihn in die Reichskanzlei geleitete, nur eine kurze Rast gegönnt. Völlig entnervt suchte er durch dicke Schmeicheleien und durch heftige Anklagen gegen die Politik Beneschs die Gunst des Führers zu gewinnen, um dem letzten tschechischen Rest des einstigen Gebildes die Eigenstaatlichkeit und seinem Volk das Recht auf ein nationales Leben zu retten. Er wußte, „daß das Schicksal der Tschechoslowakei in den Händen des Führers läge" und daß es dort „gut aufgehoben sei", aber noch hoffte er die Unabhängigkeit gesichert.

Diese kriecherische Art hatte nur die Wirkung, es Hitler besonders leicht zu machen, Hácha zu eröffnen, daß er sich unwiderruflich entschlossen habe, die Tschechei als Protektorat Böhmen und Mähren dem Reich anzugliedern. Die Tschechen stünden vor der Wahl, den deutschen Truppen, die in wenigen Stunden von allen Seiten in die Tschechei einmarschieren würden, Widerstand zu leisten und alle Folgen eines nutzlosen Kampfes zu tragen, oder sich zu unterwerfen und dafür „ein großzügiges Eigenleben, eine Autonomie und eine gewisse nationale Freiheit" zu erhalten. Dann wurde Hácha der fertige „Vertrag", die „Erklärung der deutschen Regierung und der tschechoslowakischen Regierung über die Übernahme des Schutzes des tschechischen Volkes durch das Deutsche Reich", zur Unterzeichnung vorgelegt. Hácha, nun mit seinem Begleiter, Chvalkovsky, den Brutalitäten Görings und Ribbentrops überlassen, erlitt einen Ohnmachtsanfall. Durch eine Injektion wieder ins Bewußtsein gerufen, setzte er seinen Namen unter das Dokument. Als er mit Chvalkovsky um halb fünf in der Frühe die Reichskanzlei verließ, sagte er tief erschüttert zu ihm: „Unser Volk wird uns verdammen, und doch haben wir sein Leben gerettet. Wir haben es vor einem entsetzlichen Blutbad bewahrt."[56]

Am 15. März zogen Hitler und seine Legionen im Triumph in Prag ein. An demselben Tage erklärte Chamberlain vor dem Unterhaus, daß sich seit der Proklamierung der Unabhängigkeit der Slowakei „die Lage von Grund auf geändert" habe. „Diese Entscheidung hatte die Wirkung, daß der Staat, dessen Grenze zu garantieren wir beabsichtigt hatten, von innen her zerbrach und so sein Ende fand. Die Regierung Seiner Majestät kann sich infolgedessen nicht mehr länger an diese Verpflichtung gebunden halten."[57] Am nächsten Tag wandte Sir John Simon die Argumentation des Premierministers auf die Verpflichtung zur Verteidigung der Tschechoslowakei an. Es sei schwer, etwas zu garantieren, was nicht mehr bestehe, und es sei in der Tat ein Unding, „anzunehmen, daß unter diesen Umständen die Garantie, den tschechoslowakischen Staat zu erhalten, noch irgendwelche Bedeutung haben kann".[58]

Indessen, plötzlich warf Chamberlain diese Politik der Beschwichtigung über Bord. Bei einem Besuch des amerikanischen Geschäftsträgers im Foreign Office am Morgen des 17. März unterrichtete ihn Lord Halifax davon, daß Chamberlain am Abend eine „ziemlich steife" Rede halten werde. Er war nicht bereit, sich darüber zu äußern, „ob England gegenwärtig Rumänien oder Polen zu Hilfe oder nicht zu Hilfe eilen würde. Die Regierung wird jetzt damit beginnen, die öffentliche Meinung nach Kräften auf den Fall nötigen Handelns vorzubereiten. Man argwöhnt, daß Hitler weitermarschiert, und das sehr bald."[59]

Am Abend sprach der Premierminister in Birmingham, und seine Rede war in der Tat eine scharfe Kritik an der Protektierung Böhmens und Mährens. Chamberlain schloß: „Ich fühle mich verpflichtet, zu wiederholen, daß ich zwar nicht bereit bin, unser Land durch neue, nicht spezifizierte und unter nicht voraussehbaren Bedingungen wirkende Verpflichtungen zu binden, daß aber kein größerer Fehler begangen werden könnte als der, zu glauben, unsere Nation habe, weil sie den Krieg für eine sinnlose und grausame Sache hält, so sehr ihr Mark verloren, daß sie nicht bis zur Erschöpfung ihrer Kraft einer solchen Herausforderung, sollte sie erfolgen, entgegenträte."[60]

Am Tag darauf äußerte Lord Halifax im Gespräch mit Kennedy die Meinung, daß England, falls Hitler in Rumänien einrücke, „nicht länger stillhalten könnte. Halifax sagte, die britische Regierung müsse sich unverzüglich über zweierlei entscheiden: ob Hitler bluffe, und daß, wenn es so ist, er gezwungen werden müsse, seine Karte anzusagen; daß andererseits, wenn er nicht blufft, je eher je besser seine Herausforderung angenommen werden sollte. Nach seiner Ansicht hat die gestrige Rede des Premierministers die Regierung ganz deutlich verpflichtet, zu handeln, wenn Hitler auf Rumänien marschieren sollte. Mein Gefühl ist, daß es, wenn sich Chamberlain diesem Gedanken sehr stark widersetzt, zwischen dem Premierminister und Halifax zum Bruch kommen kann."[61]

Die Reaktion in den Vereinigten Staaten auf die Annexion Böhmens und Mährens

Die Meldungen über die Annexion Böhmens und Mährens erreichten Außenminister Hull während eines Urlaubs in Florida. Er rief sofort seinen Stellvertreter, Sumner Welles, an und diktierte ihm eine Erklärung für die Presse. Sie wurde, nachdem der Präsident einige Verbesserungen vorgenommen hatte, am 17. März herausgegeben. Die Erklärung hob hervor, die auf den Prinzipien der menschlichen Freiheit und der Demokratie sich gründende amerikanische Regierung könne nicht umhin, auszusprechen, „daß sie die Handlungen verurteilt, die zu der zeitweiligen Auslöschung der Freiheiten eines freien und unabhängigen Volkes geführt haben, mit dem die Bevölkerung der Vereinigten Staaten ... besonders enge und freundschaftliche Beziehungen unterhalten hat".[62]

Das Wort „zeitweilig" bedeutete, wie das State Department später erklärte, daß die amerikanische Regierung die Errichtung des deutschen Protektorats über Böhmen und Mähren nicht als legal anerkenne und daß sie den bisherigen tschechischen Gesandten, Wladimir Hurban, nach wie vor als den rechtmäßigen diplomatischen Vertreter der Tschechoslowakei betrachte. Die Ausfuhrerzeugnisse aus Böhmen, Mähren und der Slowakei würden jedoch von den amerikanischen Zollbehörden als deutsche Produkte behandelt werden und den gleichen Ausgleichszöllen unterliegen wie diese. Am 23. März erklärte der Präsident den Handelsvertrag mit der Tschechoslowakei für vorläufig aufgehoben.[63]

Sechs Wochen nach der Auslöschung der Tschechoslowakischen Republik wurde in New York eine Weltausstellung eröffnet. Die Tschechen hatten ihrem vor dem 15. März errichteten Pavillon mit den Worten des großen Tschechen Comenius über dem Eingang die Inschrift gegeben:

„Wenn der Gewittersturm des Grimms vorübergezogen ist
Wird die Herrschaft über Dein Land Dir zufallen
O Tschechisches Volk."

Unter dem erbarmungslosen Regime Rußlands können Jahrzehnte vergehen, ehe diese Prophezeiung sich bewahrheitet.

Kapitel XX

Die Hand Moskaus
im Fernen Osten

Während in Europa Hitler die Grenzen zurücktrassiert, bereitet Stalin die Änderung der fernöstlichen Landkarte vor. Tschiang Kai-schek, sein Hauptkartograph wider Wissen und Willen, wird sie von der Äußeren Mongolei bis Mukden ahnungslos rot übertupfen und sich dann, in plötzlicher Erkenntnis der eigentlichen Bedeutung seines Tuns, erschrocken zurückziehen. Am besten ließ sich die ihm zugedachte Aufgabe in der Atmosphäre bewaffneten Konflikts erfüllen. Den riefen russische Agenten hervor; sie sorgten für die Reibungsfunken, die jene Brände verursachten, aus denen schließlich die wild lodernden Flammen eines unerklärten chinesisch-japanischen Krieges emporloderten.

Die Kommunisten treiben zum Krieg

Auf die kommunistische Rolle beim Ausbruch des unerklärten fernöstlichen Krieges am 7. Juli 1937 deuten Äußerungen, die der chinesische Botschafter in Moskau im Gespräch mit dem amerikanischen diplomatischen Vertreter tat. Er sagte offen, daß er im November 1936 „als entschiedener Förderer der chinesisch-sowjetischen Freundschaft" in Moskau eingetroffen sei. Einer der Hauptzwecke seiner Mission sei, „von der Sowjetregierung die Zusicherung zu erhalten, daß Rußland, wenn China Japan so weit triebe, daß sich ein Krieg nicht mehr vermeiden ließe, China mit Vorräten und Streitkräften unterstützen würde". Er habe kurz nach seiner Ankunft hierüber Litwinow befragt, jedoch die Antwort erhalten, die Sowjetregierung zöge es vor, wenn diese Sache in Nanking verhandelt würde. Im Zusammenhang hiermit ist bezeichnend, daß im Frühjahr und im Sommer 1937 der russische Botschafter in Nanking sich bemühte, „die chinesische Regierung in den Glauben zu versetzen, sie könne, wenn sie Japan bewaffneten Widerstand leiste, zuversichtlich von der Sowjetunion bewaffnete Hilfe erwarten".[1]

Daß die Kommunisten den Konflikt zwischen chinesischen und japanischen Streitkräften im Juli 1937 schürten, ergibt sich auch aus dem deutlichen Zögern der Kuomintang, einem Vergleich mit Tokio zuzustimmen. Es hätte dies einen offenen Bruch mit den Kommunisten bedeutet, die seit der Vereinbarung von Sian auf eine gemeinsame Front von Kommunisten und Nationalisten gegen Japan hingearbeitet hatten. Eine Nankinger Depesche schildert diese Situation treffend: „Kompetente hiesige Beobachter sind der Ansicht, daß sich die Lage in der Richtung auf Krieg entwickelt; sie weisen daraufhin, daß die Nationalregierung, wenn sie an ihrem früheren Plan festhielte, eher Nordchina zu übergeben als dem dortigen japanischen Angriff Widerstand zu leisten, ihre Existenz ernstlich gefährden würde, weil sie sich, wie man glaubt, in dem Vergleich, durch den die Revolte von Sian beigelegt worden ist, zum Widerstand gegen Japan verpflichtet hat und eine Nichteinhaltung dieser Zusage ihr die kommunistischen Streitkräfte im Nordwesten entfremden würde, die jetzt in die Regierungsarmeen eingegliedert werden."[2]

Die japanischen Militärs scheinen sich anfänglich über die Stärke dieses Bandes zwischen Nationalchinesen und Kommunisten nicht im klaren gewesen zu sein; sie hofften auf eine baldige Beilegung des Zusammenstoßes vom 7. Juli. Einige von ihnen neigten zu der Annahme, daß „die Schüsse der chinesischen Truppen, die den Zwischenfall verursachten, nicht vorbedacht" gewesen seien.[3] So kam es zu der Abmachung vom 11. Juli, die General Tschang am 11. Juli förmlich unterzeichnete. Die Bedingungen waren milde. Sie verlangten eine Entschuldigung und die Bestrafung des für den Ausbruch der Feindseligkeiten verantwortlichen Hauptmanns. Ferner enthielten sie die Zusicherung, daß künftig nordchinesische Beamte, die die chinesisch-japanische Zusammenarbeit behinderten, entlassen und die kommunistischen Elemente aus dem Peipinger Bezirk ausgewiesen werden würden.[4]

Am 12. Juli hatte der japanische Botschafter in Washington, Saito, eine lange Unterredung mit Außenminister Hull, in deren Verlauf er die Politik Tokios auseinandersetzte. Hull drückte seine Zustimmung zu den japanischen Bemühungen aus, „eine friedliche Beilegung des Zwischenfalls zustande zu bringen".[5] Am nächsten Tag berichtete Botschafter Grew, „die japanische Regierung wäre, wenn sich ein Weg finden ließe, allgemeine Feindseligkeiten zu vermeiden ohne daß sie das Gesicht verlöre, möglicherweise darüber heute noch glücklich".[6]

Nach der Auffassung Mr. Hornbecks, des Leiters der Fernöstlichen Abteilung des State Department, nahm die japanische Regierung den Standpunkt ein, daß die Gespräche nicht zwischen Tokio und Nanking, „sondern zwischen japanischen Beamten in Nordchina und den örtlichen chinesischen Beamten zu führen wären, und zwar auf Grund der Theorie, daß Nordchina ein Gebilde außerhalb der Autorität und der Kontrolle der chinesischen Nationalregierung sei". Die amerikanische Regierung sollte, so meinte er, „sich weder an chinesische noch an japanische Autoritäten wenden und sich öffentlich nicht äußern".[7]

Außenminister Hull befolgte diesen Rat. Er bat am Abend des 13. Juli Botschafter Saito zu sich ins Carlton-Hotel und erklärte ihm offen, daß die amerikanische Regierung „an der Erhaltung des Friedens äußerst interessiert" sei. Deshalb werde sie ihre Äußerungen „auf das beschränken, was völlig im Bereich ihrer unparteiischen, freundschaftlichen Haltung gegenüber beiden Teilen" liege, und vor allem, was eine „Vermittlung" bedeuten würde, „unbedingt haltmachen".[8]

Man konnte erwarten, daß das State Department diese Politik des „Laß die Hände davon" weiter verfolgen werde, solange aus dem Zusammenstoß in Peiping kein allgemeiner Krieg entstand, daß aber im Falle lange andauernder Feindseligkeiten Außenminister Hull unter stärksten Druck gesetzt werden würde, irgendwie einzugreifen. Anfang 1937 schien noch Hoffnung auf Frieden zu sein. In Wahrheit jedoch rief die Nichtanerkennung des Abkommens vom 11. Juli durch die chinesische Nationalregierung in vielen Beobachtern schwere Besorgnisse hervor. Als der Erklärung Nankings über die Nichtanerkennung die Entsendung „eines großen Truppenkörpers" nach dem Peipinger Gebiet folgte, da stand außer Zweifel, daß eine Krise eingetreten war.[9]

Noch am 15. Juli hoffte Grew, daß der Peipinger Zwischenfall friedlich beigelegt werden könne. Japan hatte nur eine kleine Armee zur Verstärkung seiner Garnisonen nach China geschickt, und dem Botschafter war versichert worden, daß nicht beabsichtigt sei, „in Nordchina ein unabhängiges Land" zu gründen. Die strittige Hauptfrage sei die der Gültigkeit des am 11. Juli zwischen den chinesischen und den japanischen Militärbehörden getroffenen Abkommens. Aber kommunistische Agitatoren streuten „emsig falsche Nachrichten über die Versammlung chinesischer und japanischer Truppen" aus.[10] Der Kreml suchte erbittert jede friedliche Regelung des chinesisch-japanischen Streits zu durchkreuzen.

Amerika soll eingespannt werden

Im britischen Außenamt war man über das Herannahen eines allgemeinen chinesisch-japanischen Krieges bestürzt. Schon im Mai 1937 hatte sich Premierminister Chamberlain über die Lage im Fernen Osten sehr besorgt geäußert und zwischen dem Foreign Office und dem Department of State einen Gedankenaustausch über die Möglichkeiten einer Verbesserung der angloamerikanisch-japanischen Beziehungen vorgeschlagen. Am 1. Juni übergab Außenminister Hull dem britischen Botschafter, Sir Ronald Lindsay, die Antwort auf diese Anregung. Dem State Department sei angedeutet worden, Japan könnte bereit sein, eine Politik „des Zusammenwirkens mit seinen Nachbarn im Fernen Osten und den Mächten einzuschlagen, die dort bedeutende Interessen haben". Außenminister Hull habe diesem Wink lebhafte Aufmerksamkeit entgegengebracht; er glaube, daß es in Japan und in China und zwischen beiden Ländern Kräfte gebe, „die auf Frieden hinarbeiten". Sollte jedoch im Fernen Osten Krieg ausbrechen, so schlüge die amerikanische Regierung das der Lage entsprechende traditionelle Verfahren ein. Sie schließe, um den Frieden zu erhalten, kein Bündnis, hoffe aber, durch häufige gegenseitige Beratung eine Parallelpolitik mit Großbritannien und anderen Partnern des Viermächte- und des Neunmächtevertrages ausarbeiten und verfolgen zu können.[11]

Diese Erklärung ermutigte offenbar die französische Regierung, durch Botschafter Bullitt in Washington die Anrufung des Artikels 7 des Neunmächtevertrages anzuregen, der eine Beratung unter den Signatarmächten für den Fall vorsah, daß eine Lage entstünde, „die nach Ansicht einer der Unterzeichnermächte die Anwendung der betreffenden Abmachungen des Vertrages erfordern würde". Am Quai d'Orsay hob man hervor, „daß eine Beteiligung der Vereinigten Staaten an den Erörterungen unbedingt notwendig" sei.[12]

Das Foreign Office war für eine „kombinierte angloamerikanische Démarche" in Tokio und Nanking statt einer Anrufung des Neunmächtevertrages, und Außenminister Eden schlug dies denn auch Botschafter Bingham vor. Botschafter Grew in Tokio dachte darüber anders. Er sah „keinen Grund, weshalb wir handeln sollten".[13] Er wies auch darauf hin, daß die Geschlossenheit der Meinung in Japan über die Lage in Nordchina „verblüffend" sei. Es handle sich hier „nicht um einen Fall widerwilligen Nachgebens der Regierung gegenüber militärischer Initiative. Das Kabinett genießt hohes Ansehen, hat die Zügel fest in der Hand und gewährt den von der japanischen Armee in Nordchina jüngst unternommenen Schritten seine volle Unterstützung ... Ich habe, seit ich auf diesem Posten stehe, nie zuvor Zeichen einer so starken und einmütigen Entschlossenheit der japanischen Regierung beobachtet, selbst um den Preis ausgedehnter Feindseligkeiten jeder Bewegung Widerstand entgegenzusetzen, die darauf zielen könnte, die Stellung Japans in Nordchina zu schwächen." Übrigens liege kein hinreichendes Beweismaterial für die Richtigkeit der Hypothese vor, „daß die japanische Regierung oder die Armee den Zwischenfall inszeniert habe, um eine ‚Kraftprobe' zu erzwingen".[14]

Am Tag darauf schickte Botschafter Grew Außenminister Hull einen langen Bericht, worin er darauf hinwies, daß sich die britische Botschaft in Tokio einem übereilten Handeln Edens entgegenstelle. Man habe London ein entsprechendes Verhalten nachdrücklich angeraten. Seiner Regierung empfahl Grew, „von einem Angebot ihrer guten Dienste für eine Beilegung des nordchinesischen Zwischenfalls abzusehen". Eines der Hauptziele der japanischen Außenpolitik sei „die Ausschaltung des Einflusses der Westmächte als eines Faktors der fernöstlichen Politik". Daher liege kein Grund für die Annahme vor, daß Japan einen amerikanischen Vermittlungsversuch günstig aufnähme. Abschließend unterstrich Grew, die in den japanisch-amerikanischen Beziehungen während der letzten Zeit eingetretene Besserung sei eine Folge der Tatsache, daß die amerikanische Regierung das Gewicht ihrer Vorstellungen „von dem Versuch, Japan an der Anwendung von Gewalt zu hindern, auf den Vorbehalt amerikanischer Rechte in China verlegt" habe.[15]

Unter dem Eindruck dieses Rates teilte Außenminister Hull dem Foreign Office mit, man glaube in Washington, daß „ein Zusammenwirken auf parallelen, aber voneinander unabhängigen Linien" für die Vereinigten Staaten die beste Politik sei.[16] Die Note war dem britischen Botschafter erst nach langen Beratungen zwischen Außenminister Hull, Sumner Welles, Mr. Hornbeck, Norman Davis und dem Präsidenten übergeben worden. Die Reaktion Sir Ronald Lindsays auf die Note hat Mr. Hornbeck festgehalten: „Der britische Botschafter las die Denkschrift sehr sorgfältig. Dann bemerkte er: ‚Das heißt also doch wohl, daß die amerikanische Regierung nicht bereit ist, sich Vorstellungen in Tokio und Nanking anzuschließen.' Mr. Hornbeck setzte gemäß der ihm gegebenen Weisung dem britischen Botschafter auseinander, daß es durchaus der Wunsch der amerikanischen Regierung sei, mit der britischen Regierung in dem Bemühen zusammenzuarbeiten, die Japaner und die Chinesen von ernstlichen Feindseligkeiten abzuschrecken; ... daß die amerikanische Regierung bereits Japaner wie Chinesen darauf hingewiesen habe, wie wichtig die Erhaltung des Friedens sei; daß wir hofften, die britische Regierung werde desgleichen tun; daß wir beabsichtigen, unsere Anstrengungen fortzusetzen; und daß wir glaubten, eine Zusammenarbeit auf parallelen, aber unabhängigen Linien wäre wirkungsvoller und würde sich weniger der Gefahr aussetzen, das Gegenteil des Gewünschten hervorzurufen, als gemeinschaftliche oder gleichlautende Vorstellungen ... Der Botschafter las die Denkschrift noch einmal und sagte dann mit einem Lächeln, er habe verstanden."[17]

Am 16. Juli ließ der Außenminister über das Verhalten der amerikanischen Regierung zur Lage im Fernen Osten eine öffentliche Erklärung folgen. Sie begann mit der Umschreibung eines schon sehr vertraut gewordenen Standpunktes: „Es kann keine ernstlichen Feindseligkeiten irgendwo in der Welt geben, die nicht auf die eine oder die andere Weise Interessen oder Rechte oder Verpflichtungen dieses Landes berühren würden." Daher lege die amerikanische Politik den größten Nachdruck auf die Schlichtung internationaler Streitigkeiten durch friedliche Mittel. Weitere Artikel des amerikanischen Glaubensbekenntnisses folgten: „Wir treten für nationale und internationale Selbstbeschränkung ein. Wir treten dafür ein, daß sich alle Nationen der Anwendung von Gewalt als eines Mittels ihrer Politik und der Einmischung in die innern Angelegenheiten anderer Nationen enthalten."[18]

Es war bedeutsam, daß sich diese Erklärung in allgemeinen Wendungen hielt und auf keine bestimmte Weltgegend hinwies. Sie erwähnte keinen der Grundsätze, die die amerikanische Fernostpolitik bestimmt hatten: nicht die Offene Tür und nicht die Bewahrung der territorialen Integrität Chinas. Es war offenbar, daß Außenminister Hull mit größter Sorgfalt vorging und noch auf eine friedliche Beilegung des Peipinger Zwischenfalls hoffte. Am 21. Juli wies er Botschafter Saito neuerlich darauf hin, welch große Bedeutung die amerikanische Regierung der Erhaltung des Friedens im Fernen Osten beimesse, und versicherte ihn abermals seiner „unparteiischen" Haltung beiden Nationen gegenüber.[19] Als Botschafter Grew diese Stellungnahme Hulls dem japanischen Außenminister übermittelte, erwiderte Hirota, er hoffe noch, daß der Frieden bewahrt werde. Alles hänge von der Ausführung „der am 11. Juli entworfenen und am 19. Juli von General Tschang unterzeichneten Übereinkunft" ab. Japan fordere von der Regierung in Nanking nicht die Anerkennung des Abkommens, „sondern nur, daß sie keine Obstruktion treibt".[20]

Die Lage in Nordchina verdüstert sich

Auch Mr. Hornbeck war hoffnungsvoll. Freilich lag die Schießerei bei der Marco-Polo-Brücke erst eine Woche zurück, als er notierte: „Wenn die chinesische Presse Nanking in diplomatischer und in militärischer Hinsicht nicht allzu hart zusetzt, dann kann man mit großer Wahrscheinlichkeit damit rechnen, daß ein Ausgleich erreicht wird, ohne daß die Sache bis zu militärischen Operationen treibt."[21] Ein Strohhalm, woran solche Hoffnungen sich klammerten, war die Tatsache, daß sich General Tschang Tsutschung, der Unterzeichner des Abkommens vom 11. Juli, der zugleich Bürgermeister von Tientsin war, plötzlich in einen glühenden Freund Japans verwandelt und sich bereit erklärt hatte, die Japaner „bei der Verwirklichung der Autonomie der Provinz Hopeh" zu unterstützen.[22]

Auch andere wichtige Personen im Fernen Osten neigten dazu, projapanisch zu werden. Der französische Botschafter in Tokio war entschieden gegen jedes Vorgehen, das nach Druck auf Japan aussähe. „Überzeugt, daß die Japaner den Zwischenfall nicht angezettelt oder begonnen hätten, glaubt er, daß ihnen sehr daran liege, einen Krieg zu vermeiden."[23] Japanische Erklärungen über den Ursprung des Peipinger Zusammenstoßes wirkten überzeugend. Der japanische Botschaftsrat in Nanking setzte dem amerikanischen Geschäftsträger, Mr. Peck, des langen und breiten auseinander, weshalb es gewiß sei, daß die Chinesen zuerst geschossen hätten. „Die einzige Munition, mit der die [japanischen] Truppen im Manöver ausgerüstet seien, bestehe in einer Patrone für jeden Soldaten, und diese Munition werde von dem kommandierenden Offizier verwahrt. Die Schießerei habe von neuem begonnen, als sich zwei japanische Offiziere in Wanping befunden hätten; das Feuer sei sicherlich von den Chinesen eröffnet worden, denn die Japaner hätten das Leben dieser Emissäre gewiß nicht bewußt gefährdet."[24]

Am 16. Juli berichtete Botschafter Grew aus Tokio, „der Hauptgrund für den gestrigen Beschluß der japanischen Regierung, von Japan nach Nordchina Verstärkungen zu schicken", sei „die stetige Entwicklung von Plänen der chinesischen Regierung, ihre Streitkräfte zu mobilisieren und in Nordchina zu versammeln". Im Zusammenhang hiermit komme hervorragende Bedeutung dem Ho-Umedzu-Abkommen vom 6. Juli 1935 zu, auf Grund dessen die chinesischen Truppen aus der Provinz Hopeh zurückgezogen worden waren. Wenn sie während der gegenwärtigen Schwierigkeiten wieder in die Provinz einmarschierten, könnte es schnell dazu kommen, daß zum Krieg gedrängt wird.[25] Am 19. Juli bot das chinesische Außenamt Japan einen Waffenstillstand und die Fortführung der diplomatischen Verhandlungen über eine friedliche Regelung an. Dieser Vorschlag konnte die japanische Regierung nicht befriedigen. Sie verharrte auf dem Standpunkt, daß der Peipinger Zwischenfall durch das Abkommen vom 11. Juli bereits beigelegt worden sei. Es handle sich um eine Angelegenheit allein der örtlichen Behörden. Entscheidend sei daher, daß das Abkommen vom 11. Juli ohne Obstruktion Nankings ausgeführt werde. Die Tatsache, daß der chinesische Befehlshaber in Nordchina seine Truppen die Demarkationslinie des Ho-Umedzu-Abkommens habe überschreiten lassen, deute darauf, daß er Wirren suche.[26]

Zur Erschwerung der Lage trug ein weiteres Element bei: es war offenbar, daß die Kommunisten auf einen Zusammenstoß zwischen den Armeen der Nankinger Nationalregierung und den Japanern hinarbeiteten. Am 16. Juli beklagte sich der japanische Botschaftsrat in Nanking, Hidaka, im chinesischen Außenministerium darüber, „daß in die Lage ein weiteres wesentliches Gefahrenelement durch die Kommunisten (er meinte die Komintern und die Sowjetregierung) hineingetragen worden sei, die den Streit zwischen China und Japan zu vertiefen suchten". Hidaka ließ auch wissen, daß ihm „ein hoher chinesischer Beamter mitgeteilt habe, die chinesische Regierung habe Moskauer Telegramme an Agenten in China abgefangen, die diese Umtriebe enthüllten".[27]

Das Department of State beharrt auf einer unabhängigen Politik

Anthony Eden in London verfolgte die Entwicklung im Fernen Osten mit wachsender Sorge. Am 20. Juli äußerte er zu Botschafter Bingham, die Lage in Nordchina habe „eine ernste Wendung zum Schlimmen" genommen. Ihm selbst falle nichts ein, was zu tun wäre, aber „er würde jeden Vorschlag der amerikanischen Regierung über irgendeine Aktion, die zur Befriedung führen könnte, begrüßen ... Er begreife den Standpunkt des Außenministers [Hulls] und stimme mit ihm überein, daß Amerikaner und Briten parallel handeln sollten, und er sei überzeugt, daß ein getrenntes Vorgehen der beiden Regierungen mit dem gleichen Ziel ... größeres Gewicht hätte, als wenn seine Regierung allein etwas unternähme".[28]

Am Abend desselben Tages kehrte Eden unvermittelt zu seiner früheren Ansicht zurück, daß eine gemeinsame anglo-amerikanische Aktion am wirksamsten wäre, und fragte an, ob das State Department mit einem solchen Vorgehen einverstanden wäre.[29] Außenminister Hull antwortete sofort, er glaube, daß der von beiden Regierungen „bisher verfolgte Kurs eine tatsächliche Zusammenarbeit gewesen" sei und daß sie „noch einmal, jede auf ihre Weise, der japanischen und der chinesischen Regierung die Wichtigkeit der Bewahrung des Friedens dringend vor Augen halten sollten".[30]

Zwei Tage darauf kam aus China die Nachricht, Tschiang Kai-schek habe dem britischen Botschafter in Nanking zu verstehen gegeben, daß er zu weiteren Verhandlungen mit der japanischen Regierung bereit sei, daß es aber am besten wäre, wenn Tokio hiervon durch eine neutrale Regierung mit bedeutenden Interessen im Fernen Osten unterrichtet werden würde. Großbritannien habe Tschiang wissen lassen, daß ein britischer Diplomat diese Aufgabe nicht übernehmen könne.[31] Danach teilte Tschiang Botschafter Johnson mit, „daß die chinesische Zentralregierung in dem ernsten Wunsch nach Frieden in die japanischen Forderungen eingewilligt und ihren Widerstand gegen eine örtliche Beilegung des Zwischenfalls an der Marco-Polo-Brücke ... gemäß den in dem Abkommen vom 11. Juli enthaltenen drei Punkten aufgegeben habe".[32]

Diese offenbar friedliche Haltung Tschiang Kai-scheks beruhigte viele, und ihr Optimismus nahm noch zu, als sie im Pariser „Soir" die folgende Erklärung des japanischen Botschafters in Paris lasen: „Ich erwarte nichts Ernstes. Den Leuten, die fragen, ob Japan Krieg mit China will, antwortete ich einfach: ‚Wir sind wirklich nicht so dumm'."[33]

Indessen, Japan konnte durch chinesische Unversöhnlichkeit in den Krieg gestoßen werden. Am 27. Juli trat in der fernöstlichen Lage eine deutliche Verschlimmerung ein. An diesem Tage griffen nach japanischen Berichten chinesische Truppen bei Lanfang an und nahmen dann „eine japanische Truppe am Nordwesttor Peipings" gefangen.[34] Auf diese Nachricht hin kabelte Außenminister Hull an die amerikanischen Botschafter in Peiping und Tokio die Weisung, „sich unverzüglich mit den britischen Botschaften zu besprechen und nach eigenem Ermessen parallel mit dem britischen Vorgehen Schritte zu unternehmen, um den japanischen Autoritäten davon abzuraten, militärische Operationen zu beginnen, die wahrscheinlich das Leben amerikanischer Staatsbürger gefährden würden".[35]

Mr. Hornbeck glaubte nicht, daß sich ein solches Vorgehen als nützlich erweisen werde: „Nichts außer einem entschiedenen Hinweis einer oder mehrerer der fremden Großmächte, daß sie bereit sei, in irgendeiner Form Gewalt in die Waage zu werfen, würde das Kräftespiel merklich beeinflussen, das jetzt auf dem chinesisch-japanischen diplomatischen und militärischen Schlachtfeld vor sich geht ... Wir haben im Namen des Friedens gesprochen, und wahrscheinlich sollten wir das weiter so halten ... Wir sollten bei allem, was wir auch sagen, sorgfältig darauf achten, daß wir nur das sagen, was zur Befriedung beitragen könnte, und vermeiden, etwas auszusprechen, was die Parteien dazu entflammen könnte, sich unvermittelt in den Konflikt zu stürzen."[36]

Botschafter Grew unterstützte die vorsichtige Politik Hornbecks. Er bezweifelte, „daß eine gemeinschaftliche Aktion der Vereinigten Staaten und Großbritanniens nachdrücklicherer Art als bisher, ja jede diplomatische Vorstellung einer ausländischen Macht, die Entwicklung günstig beeinflussen würde".[37]

Der britische Geschäftsträger in Tokio stimmte in dieser Hinsicht mit Botschafter Grew überein, aber Anthony Eden in London war anderer Meinung. Während einer Unterredung mit Botschafter Bingham regte er an, daß „die Vereinigten Staaten und wir [England] mit Vorschlägen hervortreten sollten, um zu versuchen, den gegenwärtigen toten Punkt zu überwinden".[38] An demselben Tage, dem 28. Juli, hatten Botschafter Grew und der britische Geschäftsträger getrennt das japanische Außenministerium aufgesucht und entschieden gefaßte Noten übergeben, die nachdrücklich darauf hinwiesen, wie wichtig es sei, bei militärischen Operationen für hinreichenden Schutz von Leben und Eigentum amerikanischer und britischer Bürger zu sorgen.[39] Hirota hatte Grew „ausdrücklich zugesichert", daß alles geschehen werde, die amerikanischen Interessen im Kampfgebiet zu schützen. Einige Tage später erklärte er abermals: „Japan wünscht keinen Krieg mit China. Wenn die chinesischen Zentraltruppen, die in die Provinz Hopeh heraufgekommen sind, zurückgezogen werden, wird es keinen Kampf mehr geben."[40]

Außenminister Hull interessierte sich dafür, welcher Art die Vorschläge seien, die Japan zu machen Eden angeregt hatte, und richtete am 29. Juli an ihn eine entsprechende Anfrage. Der britische Außenminister hatte aber keine Antwort bereit. Das französische Außenministerium war gleichfalls jeder Idee bar. Als Bullitt am Quai d'Orsay vorsprach, lehnte es Delbos ab, „die Lage im Fernen Osten zu erörtern. Er sagte, China sei tatsächlich isoliert. Gleichwohl war er gegen eine Anrufung des Völkerbundes durch China. Die Liga ... sei heute nur noch ein Nichts, und das einzige Ergebnis eines chinesischen Appells wäre, daß sie zum Schatten eines Nichts werden würde ... Er äußerte sich für ... eine Anrufung der Unterzeichner des Neunmächtepaktes durch China ... Er war überzeugt, daß die Sowjetunion gegenwärtig nichts tun werde, China zu helfen. In der Tat hatte er soeben von dem französischen Botschafter in Nanking die telegraphische Nachricht erhalten, daß Tschiang Kai-schek wütend auf die Russen sei. Sie hätten ihn in den Glauben versetzt, daß sie ihn unterstützen würden, und ihm jetzt eröffnet, daß sie nicht bereit seien, etwas zu unternehmen."[41]

Nachdem Rußland Tschiang Kai-schek zu einer Politik verleitet hatte, die zum Krieg mit Japan führen würde, verriet es ihn jetzt prompt. Am 30. Juli sprach Botschafter Bullitt mit dem russischen Vertreter in Paris, und der „äußerte die Meinung, daß seine Regierung im gegenwärtigen Augenblick nichts in aller Welt zur Unterstützung Chinas unternehmen werde".[42] Tschiang wandte sich nun an die Vereinigten Staaten. Der chinesische Botschafter in London drängte energisch auf eine Anrufung des Neunmächtepaktes, merkte jedoch bald, daß die amerikanische Regierung Großbritannien bremste. Als der chinesische Botschafter in Washington, T.T. Wang, dies Mr. Hornbeck vorhielt, wurde ihm versichert, daß das State Department mit dem Foreign Office „in dauernder Beratung" stehe und nichts außer acht lasse, was dazu beitragen könnte, die Lage im Fernen Osten zu beruhigen.[43]

Im Einklang mit dieser Zusicherung rechnete das Department of State nach wie vor auf Anregungen aus London. Am 3. August empfing Vansittart Botschafter Bingham und unterstrich, wie wichtig es wäre, wenn die angelsächsischen Mächte ihre guten Dienste anböten.[44] Außenminister Hull antwortete, die britische und die amerikanische Regierung hätten bereits Schritte getan, die auf einen Vermittlungsvorschlag hinausliefen, die japanische Regierung habe jedoch „deutlich zu erkennen gegeben, daß sie nicht geneigt sei, darauf einzugehen, ... und eine Einmischung anderer Länder nicht dulden würde". Trotz dieser unempfänglichen Haltung habe das Außenamt im Hinblick auf ein neues Vermittlungsangebot Botschafter Grew mit klärenden Erkundigungen beauftragt.[45] Grew berichtete, er könne in Anbetracht dessen, daß es „äußerst wichtig" sei, nichts unversucht zu lassen, was den Krieg zu verhüten vermöchte, „gewissenhafterweise nicht davon abraten, daß die amerikanische und die britische Regierung eine letzte Anstrengung machen und ihre guten Dienste anbieten".[46]

Am 6. August besprachen der britische Geschäftsträger in Tokio, J.L. Dodds, und Botschafter Grew die Lage in Japan und gelangten zu dem Schluß, daß an die chinesische und die japanische Regierung ein Vermittlungsangebot gerichtet werden sollte. Die Chancen, daß es angenommen werden würde, seien „gering, aber nicht unbedingt hoffnungslos".[47] Grew meinte, daß das Angebot an die japanische Regierung in der Form „einer mündlichen, vertraulichen, halb inoffiziellen und vorfühlenden Unterredung mit dem Außenminister" erfolgen sollte. Washington stimmte dem zu und ermächtigte Grew, wenn der britische Geschäftsträger zu seinem Schritt bereit stehe, „auf der angegebenen Linie an den japanischen Außenminister heranzutreten".[48]

Während diese Weisung nach Tokio unterwegs war, hatte Botschafter Bullitt in Paris mit H.H. Kung, dem chinesischen Finanzminister, ein Gespräch über die fernöstliche Krise. Auf die Frage, ob es zu einem Krieg großen Ausmaßes kommen könnte, meinte Kung, „daß General Tschiang persönlich kämpfen wolle, in den einflußreichsten Kreisen Nankings aber dagegen stark Opposition gemacht werde". Und ernst setzte er hinzu: „Ich fürchte, er [Tschiang] wird kämpfen." Kung kam dann auf die Finanzlage Chinas zu sprechen und sagte, „er halte es für äußerst wichtig, daß die Anleihe von 50 Millionen Dollar, über die er mit dem Präsidenten, Jesse Jones und Pierson gesprochen habe, beschlossen werde". Im weiteren Verlauf des Gesprächs berichtete Kung, in London habe ihm der Sowjetbotschafter, Maisky, „versichert, daß die Vereinigten Staaten, England und Frankreich gegen das Vorgehen Japans gemeinschaftlich Protest erheben und ihre Vermittlung anbieten würden und daß die Sowjetunion, wenn Japan das Angebot zurückweise, an der Seite Chinas zum Kriege schreiten werde".[49]

Offenbar war Tschiang Kai-schek persönlich für Kampf, weil die Russen ihm neuerlich Waffenhilfe versprachen, und so bestand wenig Aussicht, daß irgendein Vermittlungsangebot akzeptiert werden würde. Allein, im Department of State wußte man wenig von der wirklichen Situation in Nanking; man glaubte den Frieden hinter einer freundschaftlichen Konferenz nahe. Am 10. August unterrichtete Grew Außenminister Hirota davon, daß er beauftragt sei, „auf eine unförmliche, vertrauliche und klärende Art" die „guten Dienste seiner Regierung anzubieten". Wenn sich eine Zusammenkunft zwischen „japanischen und chinesischen Bevollmächtigten" an einem geeigneten neutralen Platz herbeiführen ließe, so könnte vielleicht eine Friedensformel gefunden werden. Hirota erwiderte, daß er dies Angebot zu würdigen wisse, daß aber bereits zwischen Botschafter Kawagoe und Mr. Kao vom chinesischen Außenministerium Verhandlungen im Gange seien. Ein Krieg wäre möglicherweise „noch vermeidbar, wenn Tschiang Kai-schek mit irgendeinem ‚Vorschlag' reagierte, der als Grundlage für Verhandlungen dienen könnte."[50]

Es war wenig Hoffnung, daß Tschiang einen solchen Vorschlag machen würde. Am 12. August berichtete Botschafter Johnson, er habe „aus zuverlässiger Quelle erfahren, daß Tschu Teh und Mao Tse-tung, die militärischen Führer der kommunistischen Kräfte in der Provinz Schensi, vor wenigen Tagen Nanking besucht hätten, und zwar im Zusammenhang mit einem früheren Besuch Tschou En-lais, des Generalsekretärs des kommunistischen Regimes in Yen-nan in der Provinz Schensi, und daß ein Abkommen über das Zusammenwirken der kommunistischen Kräfte mit den Regierungstruppen gegen die Japaner erzielt worden sei".[51]

Szenenwechsel von Nordchina nach Schanghai

Während die Diplomaten redeten, setzten die japanischen Armeen ihren Vormarsch in der Mandschurei fort. Tientsin war gefallen, und chinesische Truppenansammlungen im Peipinger Bezirk waren von der japanischen Luftwaffe mit Bomben angegriffen worden. Bald besetzten japanische Truppen die ganze Provinz Hopeh, und die amerikanische Öffentlichkeit wurde von Geschichten über Plünderungen und Vergewaltigungen schockiert. Als der Schauplatz nach Schanghai verlegt worden war, trafen ins einzelne gehende Berichte über japanische Grausamkeiten ein, die auf Außenminister Hull einen unauslöschlichen Eindruck machten. Erst am 9. November fiel die Stadt den Japanern in die Hände, und in der langen Kampfperiode bis dahin trugen sich viele Zwischenfälle zu, die das Department of State aufrührten.

Vor dem Beginn der schweren Kämpfe um Schanghai unterbreitete Sumner Welles Außenminister Hull eine Denkschrift, die hervorhob, daß seiner Meinung nach „Japan sich weder vom Kampf gegen China durch finanzielle Erwägungen abschrecken" lasse, „noch sich, wenn beide Länder kämpfen, wegen finanzieller Erschöpfung gelähmt oder gezwungen fühlen würde, seine Ziele aufzugeben".[52]

Zwei Tage darauf stellte Mr. Hornbeck dem Außenminister eine Denkschrift zur Verfügung, die sich besonders mit Schanghai befaßte. Er hielte es für richtig, wenn Hull „der chinesischen Regierung nahelegte, ja bei ihr darauf dränge, die Truppen zurückzuziehen, die sie offenbar ... in das Gebiet um Schanghai hineingezogen hat, das gemäß dem japanisch-chinesischen Abkommen von 1932 zu der sogenannten ‚entmilitarisierten Zone' gehört ... Abgesehen von Gründen oder Rechten, sind diese Truppen dort zur Aufrechterhaltung von Ruhe und Ordnung nicht nötig; ... sie dienen nur dazu, die Japaner zu reizen."[53]

Die Frage der „entmilitarisierten Zone" war mit der Landung japanischer Marinetruppen in Schanghai am 11. August akut geworden. Aber der chinesische Bürgermeister erklärte, daß er und der Garnisonkommandant „über die in den Bezirk einmarschierenden Truppen der 88. Division keine Befehlsgewalt" hätten. Ihr Kommandeur befinde sich „irgendwo im rückwärtigen Gebiet".[54] Am 13. August trafen in Schanghai große japanische Verstärkungen ein. Zehn Tage lang tobten schwere und sehr verlustreiche Kämpfe. Nun trug sich auch der unvermeidliche „Zwischenfall" zu. Am 14. August verlangte der Oberbefehlshaber der amerikanischen asiatischen Flotte telegrafisch von der Botschaft in Nanking „nachdrücklichen Protest bei chinesischer Regierung wegen Bombardierung amerikanischen Schiffs durch chinesische Flugzeuge. Zwei Bomben fielen 20 Yards von ‚Augusta' ... Im Falle weiterer Bombardierung amerikanischer Schiffe werde in Selbstverteidigung Fliegerabwehr-Batterie einsetzen".[55] An demselben Tage telegraphierte Generalkonsul Gauss an Außenminister Hull: „Wiederholte und zunehmend heftige Bombardierung durch chinesische Flugzeuge dauert an. Mehrere Bomben sind im Ausländerschutzbezirk nahe dem Ufer gefallen ... Chinesische Flugzeuge achten nicht Niederlassung und Schutzgebiet Fremder. Ich dringe auf energischste Vorstellungen beim Generalissimus."[56] Am 15. August wandte sich der Vorsitzende des Schanghaier Stadtrates an den Senior der Konsuln, den norwegischen Generalkonsul, mit dem dringenden Ersuchen, „bei den chinesischen Behörden feierlichsten Protest einzulegen gegen die unglückliche und unverzeihliche gestrige Bombardierung eines Teils der Internationalen Niederlassung, die, wie bekannt, von Truppen der Kombattanten völlig frei war".[57] Drei Tage später berichtete Generalkonsul Gauss nach Washington: „Obwohl die Chinesen offiziell davon unterrichtet worden sind, daß amerikanische Tender mit Frauen und Kindern an Bord gestern zu bestimmter Stunde von Schanghai abfahren würden, erschienen genau zur Stunde der Ausreise chinesische Flugzeuge über dem betreffenden Gebiet, was japanisches Flakfeuer zur Folge hatte, bis sie vertrieben waren."[58]

Um dieser Gesetzlosigkeit ein Ende zu machen und einen Weg zum Frieden zu ebnen, unterbreitete der britische Geschäftsträger in Tokio am 18. August dem japanischen Außenministerium den folgenden Vorschlag: Wenn die japanische und die chinesische Regierung sich bereit finden, ihre Streitkräfte aus dem Gebiet von Schanghai zurückzuziehen, und darein einwilligen, daß der Schutz der japanischen Staatsangehörigen in der Internationalen Niederlassung ausländischen Behörden anvertraut wird, dann wäre die Regierung Seiner Majestät „bereit, die Verantwortung hierfür zu übernehmen, vorausgesetzt, daß die andern Mächte sich dem anschließen".[59] Die japanische Regierung nahm den Vorschlag nicht an. Als Außenminister Hull dies von Botschafter Grew erfahren hatte, ließ er das Foreign Office wissen, daß es unnütz wäre, den britischen Vorschlag von den Vereinigten Staaten unterstützen zu lassen.[60]

Während der fortdauernden chinesisch-japanischen Kämpfe um Schanghai zeigte sich, daß die chinesischen Flugzeuge offenbar unfähig waren, Bombenwürfe auf amerikanische Schiffe zu vermeiden. Selbst die chinesischen Küstenbatterien feuerten unbekümmert um genaues Richten. Am Abend des 20. August krepierte eine Granate auf dem Deck des amerikanischen Kreuzers „Augusta", tötete einen Matrosen und verwundete achtzehn.[61] Drei Tage darauf gingen in der Internationalen Niederlassung zwei Bomben nieder, vermutlich „chinesischen Ursprungs", und ein Amerikaner wurde schwer verletzt.[62] Aber Außenminister Hull interessierte sich weit mehr für die Berichte über japanische Luftangriffe auf Nanking als für die Bombenwürfe auf die Internationale Niederlassung in Schanghai. Am 1. September sprach Botschafter Grew im japanischen Außenamt vor und überreichte eine Protestnote gegen Bombardements „in mehreren Gegenden Chinas". Hirota antwortete, „es sei die Absicht der japanischen Streitkräfte, nur militärische Einrichtungen anzugreifen, doch seien Irrtümer leider unvermeidlich". Er berichtete dann Mr. Grew über die gesetzlosen Zustände, die in Tsingtau herrschten, seit die japanischen Bürger aus der Stadt weggebracht worden seien. Es könnte sich für die Mächte empfehlen, wegen dieser Lage „in Nanking Vorstellungen zu erheben". Er kam dann auf die chinesisch-sowjetischen Beziehungen zu sprechen. Der vor kurzem zwischen China und Rußland geschlossene Pakt könnte schlimme Folgen haben. Es bestehe „die große Gefahr, daß die Kommunisten in China die Kontrolle gewinnen". Die kommunistische Drohung sei „sehr wirklich", denn das tatsächliche Ziel der Kommunisten sei, „schließlich die Regierung und das Land völlig in die Hand zu bekommen". Was den Frieden im Fernen Osten angehe, so könnte ihn China unter drei Bedingungen haben: 1. gute Beziehungen mit der Mandschurei; 2. Zurückziehung der chinesischen Truppen aus Nordchina; 3. Einstellung der antijapanischen Tätigkeit und Propaganda in China.[63]

Die kommunistische Bedrohung Chinas machte Außenminister Hull wenig Sorgen. Berichte über unterschiedslose japanische Bombenangriffe in China hatten ihn völlig aufgebracht. In einer langen Weisung an Botschafter Grew äußerte sich seine Geistes- und Gemütsverfassung ganz offen. Die japanische Unempfänglichkeit für die amerikanischen Proteste gegen die Luftangriffe scheine zu zeigen, daß die japanische Regierung den amerikanischen Anstrengungen, „guten Willen, Vertrauen und allgemeine Beständigkeit zu pflegen", keinen großen Wert beimesse. Wenn die japanische Regierung den am 16. Juli von der amerikanischen Regierung verkündeten hohen Prinzipien getreulich folgte, dann würde sich die Lage im Fernen Osten vermutlich bessern. Während sich die amerikanische Regierung bemüht habe, in der gegenwärtigen Krise in China „einen absolut unparteiischen Kurs" einzuhalten, hätten die Aktionen der japanischen Streitkräfte die amerikanische Meinung schockiert. Es wäre für die japanische Regierung ratsam, sich zu vergegenwärtigen, daß ihr Vorgehen in China von den Amerikanern ebenso mißbilligt werde wie von den Briten. Die amerikanische öffentliche Meinung sei „empört über die Methoden und die Strategie, die die Kombattanten, besonders die japanischen Streitkräfte, anwenden, und" sei „Japan gegenüber immer kritischer geworden". Es sei höchste Zeit, daß die japanische Regierung den vom Department of State so oft geäußerten Grundsätzen Beachtung schenke.[64]

Es liegt auf der Hand, daß die Erklärung Hulls über die amerikanischen Prinzipien am 16. Juli 1937 eine gegen Japan geschleuderte Bombe gewesen war. Alles Gerede von einem „absolut unparteiischen Kurs" gegenüber China und Japan während der Julikrise war bloßes diplomatisches Blendwerk gewesen, das kein realistischer Staatsmann ernst genommen hatte. Hull war entschieden gegen Japan, und seine Erklärung vom 16. Juli war nur ein Vorspiel zu der „Quarantäne-Rede", die Präsident Roosevelt am 5. Oktober hielt.

China ruft den Völkerbund an

An eben jenem 16. Juli hatte die chinesische Regierung gegen die „Aggression" in Nordchina an die Unterzeichnerstaaten des Sechsmächtepaktes appelliert.[65] Die amerikanische und die britische Regierung hatten sich bemüht, zwischen Japan und China zu vermitteln, aber Tokio hatte ihre guten Dienste nicht angenommen. Nach dem Ausbruch der Kämpfe um Schanghai war eine Vermittlung dringender geworden, und am 12. August machte Mr. Hornbeck dem chinesischen Botschafter in einer Unterredung über eine Dazwischenkunft der Signatarstaaten des Neunmächtepaktes klar, daß Artikel 7 des Vertrages keine Richtlinien darüber enthalte, „welche Aktion, wenn überhaupt eine, in dem Fall unternommen werden solle, daß eine oder mehrere der Signatarmächte die Verpflichtungen mißachten, die sie durch den Vertrag übernommen haben". Darauf bemerkte der Botschafter sanft, er wünsche nur zu erfahren, welche Art von Schritten im Verlauf der Beratungen zwischen den Regierungen Amerikas, Großbritanniens und Frankreichs erörtert würden. Darüber konnte ihn Mr. Hornbeck nicht aufklären, und damit war die Unterredung beendet.[66]

Am 20. August sprach C.T. Wang abermals im State Department vor. Diesmal war auch der Außenminister zugegen. Als sich der Botschafter nach einer Anrufung des Neunmächtepaktes erkundigte, brummelte Hull etwas Allgemeines und verwies ihn an Mr. Hornbeck. Der war nicht deutlicher. Er frage sich, „was die chinesische Regierung als wahrscheinliche konkrete Wirkung einer Aktion, wie sie sie wünsche, wohl erwarte". Der Botschafter antwortete, „die Anfangswirkung könnte eine moralische sein". Weiter kam die Unterredung nicht, und sie schloß bald „mit beiderseitigen Äußerungen ernster Besorgnis über die Lage".[67] Am Tag darauf übersandte Hornbeck Außenminister Hull eine Denkschrift, worin er ihm davon abriet, sich in Hinsicht auf eine Initiative zur Anrufung des Neunmächtepaktes „irgendwie zu binden".[68]

Das Foreign Office war dem Verlangen nach einer positiven Politik im Fernen Osten zugänglicher. Am 26. August schrieb die „Times", die Lage sei schwierig, doch könnte dem durch ein engeres anglo-amerikanisches Zusammenwirken abgeholfen werden. Diese Äußerung beunruhigte die amerikanische Botschaft in London. Eine Bemerkung des Foreign Office, es handle sich bei dem betreffenden Artikel um ein Beispiel von „unverantwortlichem Journalismus", besänftigte die empfindlichen amerikanischen Nerven wieder.[69]

Das Foreign Office zeigte jetzt einen Geist sanfter Verständigkeit. Während einer Unterredung mit einem der chinesischen Vertreter in London bemerkte Mr. Eden, „die britische Regierung sei bereit, jedes Vorgehen zu unterstützen, für das sich die amerikanische Regierung entscheiden könnte." Als diese Äußerung durch den chinesischen Botschafter in Washington Außenminister Hull übermittelt wurde, rief sie die unvermeidliche Frage hervor, ob Mr. Wang glaube, „daß irgendein aktiver Kurs außer Gewalt wirksam wäre". Der Botschafter gab zu, „daß seiner Ansicht nach für eine Wirksamkeit Gewalt wesentlich wäre".[70] Diese freimütige Antwort enthüllte die entscheidende Schwierigkeit, die einer Anrufung des Neunmächtepaktes im Wege stand. Die Unterzeichnerstaaten waren nicht bereit, die Gewaltanwendung beizusteuern, die zu einer erfolgreichen Aktion gegen Japan erforderlich war.

So wandte sich denn die chinesische Regierung an den Völkerbund. Am 30. August richtete sie an den Generalsekretär der Liga, M. Joseph Avenol, eine Note, die einen Überblick über die Zwischenfälle seit dem Zusammenstoß an der Marco-Polo-Brücke gab und Avenol ersuchte, diese Darlegung den Mitgliedern des Völkerbundes und dem gemäß der Entschließung vom 24. Februar 1933 eingesetzten Beratenden Ausschuß mitzuteilen.[71]

Dieser Schritt der chinesischen Regierung veranlaßte das Foreign Office, in Washington anzufragen, ob die Vereinigten Staaten erwögen, sich gegebenenfalls „irgendwie in Genf vertreten zu lassen".[72] Hull antwortete, Amerika würde möglicherweise im Beratenden Ausschuß vertreten sein, wenn dieses Komitee nach Ansicht des Völkerbundes noch bestehe.[73]

Während das chinesische Außenministerium die förmliche Anrufung des Völkerbundes vorbereitete, hatte Tschiang Kai-schek eine lange Unterredung mit Botschafter Johnson. Er könne sich, sagte der Marschall, „die amerikanische Politik in der gegenwärtigen fernöstlichen Lage nicht erklären, vor allem nicht unsere [die amerikanische] Abgeneigtheit, uns mit Großbritannien zu einem Versuch zusammenzutun, Japan zurückzuhalten". Er zog das Wort „parallel" in Zweifel „und fragte, weshalb wir uns nicht zu einer vereinten Aktion mit den Briten bereit gefunden hätten". Johnson erklärte, das Department of State „ziehe es vor, in Konsultation" mit Großbritannien zu handeln und „bei Übereinstimmung unabhängig". Er habe „zwischen den beiden Regierungen noch keine Verschiedenheit der Ansichten oder der Ziele" bemerkt.[74]

Die nächste Beschwerde über die scheinbare amerikanische Gleichgültigkeit gegenüber der chinesischen Sache kam von der Gattin Tschiang Kai-scheks.[75] Sie äußerte ihre Entrüstung darüber, daß die amerikanische Regierung „amerikanischen Fluglehrern, die von der chinesischen Regierung sogar noch vor Ausbruch des gegenwärtigen Konflikts nach China eingeladen worden seien, die Pässe verweigert" habe. Sie hoffe, daß sich Amerika „wirklich neutral verhalten und China keine Hindernisse in den Weg legen werde, wenn es buchstäblich um sein Leben kämpfe".[76] Hull antwortete unverzüglich. In Amerika herrsche das starke Gefühl, daß amerikanische Bürger „nicht an Kämpfen teilnehmen oder sich in sie hineinziehen lassen sollten, die irgendwo im Ausland stattfinden könnten". Diese allgemeine Auffassung sei „unabhängig davon, in welchem Land es zu Kämpfen kommt". Die Haltung der Regierung „müsse aber den Anschauungen der amerikanischen Bevölkerung entgegenkommen".[77]

Einer Mitwirkung geneigter war das Department of State in Hinsicht auf eine Aktion des Völkerbundes. Am 12. September rief China auf Grund der Artikel 10, 11 und 17 der Völkerbundssatzung die Genfer Liga an. Der Appell wurde an den Beratenden Ausschuß für fernöstliche Angelegenheiten überwiesen. Die amerikanische Regierung wurde eingeladen, sich in dem Komitee vertreten zu lassen. Sie nahm diese Aufforderung am 20. September an und beauftragte Leland Harrison, ihren Gesandten in Bern, an den Arbeiten des Komitees, nicht aber an Abstimmungen teilzunehmen. In der betreffenden Mitteilung an den Generalsekretär des Völkerbundes hob das State Department hervor, daß die amerikanische Regierung damit „nicht die Verantwortlichkeiten auf sich nehme, die sich durch die Mitgliedschaft im Ausschuß für Mitglieder der Liga ergeben". Sie sei jedoch bereit, „konkrete Vorschläge, die die Liga möglicherweise an sie richten werde, sorgfältig in Betracht zu ziehen".[78]

Am 5. Oktober nahm der Ausschuß zwei Berichte an und legte sie der Vollversammlung vor. Der erste Bericht gab einen Überblick über die Lage im Fernen Osten und kam zu dem Ergebnis, daß „die von den Japanern zu Lande, zur See und in der Luft gegen China fortgeführten Operationen weder auf Grund bestehender Rechtsinstrumente noch auf Grund des Rechts der Selbstverteidigung" gerechtfertigt werden könnten. Es sei klar, daß die Operationen „eine Verletzung der japanischen Verpflichtungen" aus dem Neunmächtepakt und dem Pariser Pakt seien.[79]

Roosevelts „Quarantäne-Rede"

Es kann keinem Zweifel unterliegen, daß der Beratende Ausschuß für fernöstliche Angelegenheiten so schnell handelte, weil er glaubte, daß die amerikanische Regierung eine scharfe Verurteilung der japanischen militärischen Operationen in China unterstützen werde.

Man hatte in Genf seit langem bemerkt, daß sich Amerika gegen Japan zunehmend kühl verhielt. Hulls Erklärung über die Prinzipien internationalen Betragens vom 16. Juli hatte binnen einem Monat bei mehr als fünfzig Nationen ein günstiges Echo hervorgerufen. Rings um Japan bildete sich ein moralisch-hygienischer Kordon. Überdies entstanden infolge des fernöstlichen Konflikts zwischen Japan und den Vereinigten Staaten bestimmte Reibungspunkte. Am 25. August gab die japanische Regierung die Blockade der chinesischen Küste von Schanghai südwärts bekannt, und zehn Tage später dehnte Tokio sie auf die ganze Küste Chinas aus. Zwar war die Blockade auf den chinesischen Schiffsverkehr beschränkt, doch hatte sich Japan das Recht vorbehalten, Handelsschiffe auch anderer Nationalität anzuhalten, um sich ihrer Identität zu vergewissern.[80] Diese Blockademaßnahme war insofern nicht legal, als Japan China nicht den Krieg erklärt hatte, und Außenminister Hull erteilte denn auch dem amerikanischen Generalkonsul in Schanghai die Weisung, es sei nicht nötig, „in Maßnahmen, die die japanische Marine zur Durchsetzung ihrer Blockade ergreifen mag, in bestätigendem Sinne einzuwilligen". Amerikanische Schiffe sollten „den japanischen Marine-Autoritäten Beweise für ihre Nationalität vorlegen, aber eine weitere Untersuchung nur unter ausdrücklichem Protest zulassen".[81]

Die gefährliche Lage im Fernen Osten erfüllte Botschafter Grew mit tiefer Besorgnis. Ihm lag vor allem daran, einen Bruch zwischen Amerika und Japan zu vermeiden. In einem langen Bericht an Außenminister Hull legte er offen dar, welche Politik seiner Ansicht nach Amerika verfolgen sollte. Bis jetzt habe das Department of State in seinen Beziehungen zu Japan und China eine unparteiische Haltung gezeigt. Er hoffe sehr, daß es dabei bleibe. Wenn er es auch für wichtig halte, weiter in Übereinstimmung mit Großbritannien zu handeln, so gebe es doch für eine solche Politik bestimmte Grenzen. Die britischen Methoden seien „nicht immer bestens darauf abgestimmt, die gewünschten Ergebnisse zu erzielen". Sie und „besonders der Ton und die Sprache der offiziellen britischen Mitteilungen und die Wahl des Zeitpunktes für sie" hätten „zuweilen etwas von Ungereimtheit". Das State Department sollte es sich zur Richtschnur machen, „eine unnötige Aufopferung unserer gegenwärtigen Beziehungen mit Japan zu vermeiden". Es sei nichts gewonnen, „wenn wir unsere künftigen Interessen und vielleicht sogar unsere künftige Nützlichkeit im Dienste des Friedens dadurch verspielen, daß wir im japanischen Volk eine neuerliche Feindschaft gegen die Vereinigten Staaten erwecken".[82]

Auf die Unparteilichkeit, die gegenüber den fernöstlichen Kombattanten zu bewahren Botschafter Grew das State Department beschwor, stieß der sowjetische Geschäftsträger M. Oumansky in einem Gespräch mit Sumner Welles. Oumansky gab sehr schnell zu erkennen, daß ihm die Zurückhaltung Washingtons nicht gefiel. Er wollte wissen, ob die amerikanische Regierung beabsichtige, in Hinsicht auf eine etwaige Anwendung „militärischer oder wirtschaftlicher Sanktionen" gegen Japan mit anderen Regierungen zusammenzuarbeiten, worauf Welles frostig erwiderte, Herr Oumansky scheine sich „über die ganze Grundlage der amerikanischen Politik, ... in dem gegenwärtigen Konflikt nicht Partei zu nehmen, völlig im Irrtum zu befinden". Oumansky murmelte, daß eine solche Politik „sehr entmutigend" sei, und verabschiedete sich schleunigst.[83]

Indessen, am 5. Oktober gab Präsident Roosevelt mit seiner Chicagoer Rede, in der er nachdrücklich dafür eintrat, die Aggressor-Nationen unter Quarantäne zu stellen[84], die Politik der Unparteilichkeit gegenüber Japan und China gänzlich auf. Seine kritischen und warnenden Worte waren hauptsächlich gegen Japan gerichtet, und ihre unheilvolle Wirkung entsprach den schlimmsten Befürchtungen Botschafter Grews. In Wirklichkeit war die Rede hochtönende Prahlerei. Roosevelt war weit mehr über Parteischlappen daheim als über japanische Bewegungen in der Mandschurei beunruhigt. Wirtschaftliche Rückschläge waren für die Politiker des New Deal bei den erwerbslosen Arbeitern keine Empfehlung. Das Tagebuch Morgenthaus enthält unstreitige Beweise dafür, welche schweren Sorgen sich die Regierung über den breiten Einbruch in die nationale Wirtschaftsstruktur machte.[85]

Zu den schlechten Nachrichten von der Wirtschaftsfront kam die feindliche Reaktion der Presse auf die Ernennung des Senators Hugo L. Black aus Alabama zum Richter am Obersten Gerichtshof. Im September wurde bekannt, daß Mr. Black einstmals sein Antlitz unter der Kapuze des Ku Klux Klan verborgen hatte. In Panik floh er nach Europa, und Präsident Roosevelt fand es am bequemsten, schleunigst eine Spritztour nach dem äußersten Westen zu machen. Es war für ihn sehr zweckdienlich, eine Rede zu halten, die die öffentliche Aufmerksamkeit von den weitverbreiteten Wirkungen des Wirtschaftsrückganges ablenken und die Flucht des hurtigen Richters Black zudecken würde. Eine scharfe Verurteilung des japanischen Vormarsches in Nordchina würde quer über eine übelduftende Spur eine neue starke Fährte ziehen.

In der Quarantäne-Rede schwangen makabre Obertöne mit, dazu bestimmt, die amerikanische Bevölkerung in Furcht zu versetzen. In weiten Teilen der Welt herrsche „ein

Schreckensregime", und „die Landmarken und Traditionen, die den Fortschritt der Zivilisation zu einem Leben unter Gesetz, Ordnung und Gerechtigkeit bezeichnen", würden „hinweggefegt". „Unschuldige Völker und Nationen" würden „der Gier nach Macht und Vorherrschaft grausam geopfert, die bar sind jedes Sinnes für Gerechtigkeit und menschenfreundliche Auffassung". Wenn in andern Weltgegenden solche traurigen Verhältnisse herrschten, wäre es eitle Hoffnung, wollte irgend jemand „sich einbilden, daß Amerika dem entrinnen werde, daß es Gnade erwarten dürfe, daß diese westliche Hemisphäre nicht angegriffen werden würde und daß sie in Ruhe und Frieden Sittlichkeit und Künste der Kultur weiter werde entwickeln können".

Die Zeitungen, die die Überzeugung von der Einen Welt verfochten, eilten an die Seite des Präsidenten. Die „New York Times" und das „World Telegram" schrieben prompt von der „Unwirklichkeit der Isolation".[86] Die „New York Daily News" schlugen eine weitreichende Seeblockade Japans für den Fall vor, daß es China überrennen und die Interessen der Westmächte bedrohen sollte.[87]

Einige Blätter traten für den Wirtschaftsboykott Japans ein. Die „Washington Post" drängte, „unverzüglich den Kauf japanischer Waren einzustellen".[88] Der „Washington Evening Star"[89] und der „Democrat and Chronicle" in Rochester[90] hieben in dieselbe Kerbe. Die „Atlanta Constitution" meinte emphatisch: „Kriegskranke Nationen müssen in Quarantäne gelegt werden."[91] Die „Birmingham News"[92] und die „News and Observer" in Raleigh[93] stimmten ein. Von der Presse des Mittelwestens erklärten sich die „Chicago Daily News"[94], der „St. Louis Globe-Democrat"[95] und der „Cincinnati Enquirer"[96] mit den „allgemeinen Grundsätzen" der Rede einverstanden. An der pazifischen Küste billigten die „San Francisco Chronicle"[97], die „Los Angeles Times"[98] und der Portlander „Morning Oregonian"[99] die Rede.

Eine große Anzahl Blätter jedoch verwarf jeden Gedanken an Wirtschaftssanktionen gegen Japan; sie würden zum Kriege führen. Die „New York Herald-Tribune" schrieb, die Rede des Präsidenten ruhe „auf dem gleichen Sand von Verwirrung, Erregung und Wunschdenken, der in so tragischer Weise die großartige Vision Wilsons verschlungen hat".[100] Die New Yorker „Sun" hielt dem Präsidenten warnend vor, daß die amerikanische öffentliche Meinung keine Politik billigen würde, die darin bestünde, „für irgendeine Gesellschaft fremder Nationen die Kastanien aus dem Feuer zu holen".[101] Der „Boston Herald" schrieb kühn: „Amerika darf sich nicht auf einen neuen kostspieligen Versuch einlassen, die Welt zu reformieren"[102], und sogar die standhaft demokratische „Boston Post" protestierte: „Er [der Präsident] muß wissen, daß die Amerikaner keine Lust zu einem Kreuzzug haben."[103]

Die „Chicago Tribune" verwarf jede Boykottdrohung gegen Japan. Wirtschaftliche Sanktionen würden zum Krieg führen.[104] Die „Detroit Free Press" war der Ansicht, es gebe „keinen hinreichenden Grund für Äußerungen, die eher evangelistisch als staatsmännisch sind und offenbar dazu bestimmt waren, Gefühle aufzurühren, statt zu sorgfältigem Nachdenken anzuregen".[105] Das „Milwaukee Journal" bemerkte, der Boykott sei „der leibliche Vetter des offenen Krieges"[106], und die „Spokesman-Review" in Spokane traf die ominöse Feststellung, daß die Chicagoer Rede des Präsidenten „einer Kriegserklärung nahekam"[107].

Die Leitartikelschreiber waren geteilter Meinung. Boake Carter sprach die Befürchtung aus, der Präsident leide unter der „Krankheit moralischen Reformeifers".[108] Paul Mallon hielt die Rede für ein geschicktes Manöver, von der unglückseligen Berufung Hugo Blacks an den Obersten Gerichtshof abzulenken[109], während sich General Hugh S. Johnson darüber beunruhigte, daß Amerika die gleiche Rolle wie 1917 spielen könnte[110].

Auf der andern Seite pries David Lawrence die Chicagoer Ansprache als „die Rede, auf die die ganze Welt seit Monaten gewartet hat"[111]; Dorothy Thompson war entzückt darüber, daß sie nun das Ende der amerikanischen „Neutralität" vorhersehen konnte[112]; und Walter Lippmann lobte den Präsidenten für den so dringend notwendig gewesenen Trompetenruf an alle Demokratien zum Widerstand gegen Aggressor-Nationen[113].

Die katholische Presse hatte für die Chicagoer Herausforderung nur wenig Anerkennung übrig. „America" erklärte rundheraus, „das Volk der Vereinigten Staaten ist eindeutig gegen Verwicklungen im Ausland"[114], „Ave Maria" war voller Befürchtungen[115], und Pater Gilles in der „Catholic World" wandte sich scharf gegen jedes Drängen auf eine amerikanische Intervention im Fernen Osten[116].

293

Interessant ist, daß das „Christian Century", das die protestantische Auffassung spiegelte, der Chicagoer Rede entschieden mißtraute. Die Zukunft vorhersagend, sprach das Blatt die Warnung aus, daß, wenn Amerika Chinas wegen zum Kriege schritte, das Ergebnis ein Sieg Rußlands wäre.[117]

Die russische Angel der fernöstlichen Lage wurde von vielen Beobachtern bemerkt. Am 12. Oktober verfaßte die Fernostabteilung des State Department für Außenminister Hull eine Denkschrift, die im Hinblick auf etwaige Wirtschaftssanktionen gegen Japan die Frage aufwarf, ob die Vereinigten Staaten dabei die Führung übernehmen sollten, und sich hierzu folgendermaßen äußerte: „Wir glauben, daß jede Regierung, die sich in eine solche Position begibt, ihr Land einer sehr konkreten Gefahr gegenüberstellt ... Mir [Mr. Hamilton, dem Leiter der Abteilung] scheint die öffentliche Meinung in den Vereinigten Staaten entschieden dagegen zu sein, daß die Vereinigten Staaten bei der Verhängung gegen Japan gerichteter einschränkender Maßnahmen eine Führerstellung übernehmen. Überdies muß man sich vergegenwärtigen, daß die Vereinigten Staaten, wenn die Einschränkungsmaßnahmen die Form wirtschaftlicher ‚Sanktionen' annehmen sollten, genötigt wären, die schwerste Last zu tragen[118] ... Wenn ein Programm ausgearbeitet werden könnte, das Japan begründete Aussicht auf wirtschaftliche Sicherheit böte und ihm die Furcht vor dem Kommunismus und einem Angriff der Sowjetunion nähme, so würden einige Hauptelemente der Lage, die für das gegenwärtige imperialistische Programm Japans verantwortlich sind, beseitigt werden."[119]

Ein Bericht aus Teheran bestätigte die Furcht Japans vor der steigenden bolschewistischen Flut in China. Am 14. Oktober hatte der amerikanische Gesandte in Teheran mit dem neu eingetroffenen japanischen Gesandten eine Unterredung, in deren Verlauf der Japaner „voraussagte, daß die nächste Erhebung in China auf kommunistischer Linie vor sich gehen werde. Er hält es für das große Desaster der gegenwärtigen Lage, daß England und Amerika durch ihr Verhalten China unbewußt dem Abgrund zutreiben."[120]

An den immer enger werdenden Beziehungen zwischen den chinesischen Nationalisten und den Kommunisten unter Mao Tse-tung war nicht zu zweifeln. Im Jahre 1937 hatte Rußland die Äußere Mongolei praktisch von China losgelöst, aber Nanking suchte diese Tatsache zu verbergen, während es gegen Japan nach Nordchina drängte. In einem Gespräch mit dem chinesischen Botschafter, Dr. C.T. Wang, erkundigte sich Außenminister Hull „streng vertraulich nach der Haltung Rußlands gegenüber der Äußern Mongolei und danach, ob Rußland im allgemeinen die Integrität Chinas achte". Der Botschafter vermied es vorsichtig, „eine Meinung zu äußern, außer daß er in Hinsicht auf die Äußere Mongolei Einfluß und Verhalten Rußlands zur gegenwärtigen Zeit auf das kleinste Maß zurückführte, wobei er hinzufügte, daß die Äußere Mongolei nach wie vor ihre Zugehörigkeit zu China und die chinesische Souveränität geltend mache".[121]

Angesichts der dem State Department zur Verfügung stehenden reichen Informationen, aus denen hervorging, daß die Kommunisten die Äußere Mongolei kontrollierten, ist es kaum wahrscheinlich, daß Hull in diesem Falle den Darlegungen Mr. Wangs viel Glauben schenkte. Sicher aber ist, daß der Außenminister vor dem raschen Vordringen der Kommunisten in manchen Gegenden Chinas die Augen schloß und das Dynamische der engen Verbindung zwischen Tschiang Kai-schek und den kommunistischen Armeen nicht erkannte. Die Worte des japanischen Gesandten in Teheran, die nächste Erhebung in China werde auf kommunistischer Linie vor sich gehen, enthielten eine Welt von Wahrheit. Nur wenige Leute im Department of State waren sich des begründeten Ernstes dieser Prophezeiung bewußt oder beachteten sie überhaupt. Seit der Anerkennung Sowjetrußlands im Jahre 1933 erschien der Bolschewismus vielen Amerikanern mehr als eine Herausforderung unserer sozialen Ordnung denn als eine militärische Drohung.

Kapitel XXI

Ein Vorschlag Japans an Amerika, gemeinsam in Europa zu vermitteln, scheitert

Deutschland sieht den Ausbruch des chinesisch-japanischen Krieges mit Unbehagen

Der Ausbruch des Krieges zwischen China und Japan rief bei allen Westmächten, die im Fernen Osten finanzielle Interessen hatten, schwere Besorgnisse hervor. Selbst Deutschland, das durch den Weltkrieg seiner Einflußsphäre in der Provinz Schantung verlustig gegangen war, wandte dem Konflikt lebhafte Aufmerksamkeit zu. Im Juli 1937 telegrafierte das Auswärtige Amt an die wichtigsten diplomatischen Vertretungen des Reichs „zur vertraulichen Information und Regelung der Sprache" eine Weisung, die hervorhob, daß die deutsche Regierung „im Fernostkonflikt strikte Unparteilichkeit wahren" werde. Eine „baldige friedliche Beilegung [des] Zwischenfalls" sei „im Interesse" der „wirtschaftlichen Belange" Deutschlands „in Ostasien und (dies nicht zur Verwertung:) mit Rücksicht auf unsere Antikominternpolitik" dringend erwünscht. „Kriegerische Auseinandersetzung zwischen Japan und China würde Sowjetregierung zugute kommen, welche ein Interesse daran hat, Japan anderweitig zu binden und durch militärische Aktionen zu schwächen."[1]

Der deutsche Botschafter in Rom berichtete, der offizielle italienische Standpunkt zum Fernostkonflikt stimme mit der deutschen Haltung überein. Das Hauptproblem war in Rom die Frage des Verbleibens der italienischen Militärmission in China.[2] Auch Deutschland hatte in Nanking eine Militärmission; überdies war es in China zunehmend wirtschaftlich interessiert. Der ausgesprochen chinafreundliche deutsche Botschafter in Nanking, Oskar Trautmann, beklagte die Beeinträchtigung der deutschen Wirtschaftsbestrebungen durch den Konflikt. Er glaubte, daß Tschiang Kai-schek „zu gewaltsamer Auseinandersetzung entschlossen" sei, und hielt die militärischen Aussichten Chinas „für durchaus nicht ungünstig ... Als wesentlich erklärte F., Generalfeldmarschall Blomberg möge nicht etwa an einen sicheren Sieg [der] Japaner glauben".[3]

Auf Drängen Japans unterband Deutschland Waffentransporte nach China, zögerte aber, die Militärmission von Nanking abzuberufen.[4] Das Auswärtige Amt gab auch den Japanern „deutlich zu verstehen, daß sie sich bei ihrem Vorgehen gegen China nicht auf [den] Antikominternpakt berufen dürfen, da dieser nicht [die] Bekämpfung [des] Bolschewismus auf [dem] Territorium [eines] dritten Staates zum Gegenstand habe".[5] Gleichzeitig ging an die deutsche Botschaft eine ausführliche Instruktion, worin darauf hingewiesen wurde, daß das japanische Vorgehen eine „Konsolidierung Chinas verhindert, damit [die] Ausbreitung [des] Kommunismus in China fördert und letzten Endes [die] Chinesen in [die] Arme Ruß-

295

lands treibt". Eine Abberufung der Militärberater wäre nicht nur „im gegenwärtigen Zeitpunkt [eine] Parteinahme gegen Nanking", sondern auch unklug, weil dann ihre Plätze möglicherweise von Russen eingenommen werden würden, „eine auch den Japanern unerwünschte Folge".[6]

Am 28. Juli sprach der japanische Botschafter in Berlin, Muschakoji, im Auswärtigen Amt vor und erklärte, „man vermisse in Japan das volle Verständnis für die antikommunistische Leistung, welche in der japanischen Aktion gegen China liege. Er suchte hartnäckig zu beweisen, daß Japan auch für uns antikommunistische Arbeit in China verrichte ... Abschließend machte Muschakoji wieder einige teils elegische, teils drohende Redensarten über den Mißerfolg seiner Mission in Berlin. Ich habe ihn damit ausgelacht."[7] Indessen, Tokio ließ nicht locker und blieb dabei: „Hinter der Nanking-Regierung steht ... der Kommunismus"; es „läge daher im Interesse des allgemeinen Friedens, die Nanking-Regierung nicht zu ermutigen". Immerhin war die japanische Regierung „von der Erneuerung der Weisung, die [militärischen] Berater hätten sich an Kampfhandlungen nicht zu beteiligen, ... befriedigt".[8]

Am 31. Juli bat das Auswärtige Amt die Botschafter in Nanking und Tokio um Beurteilung der sich vermehrenden japanischen Nachrichten „über angebliche kommunistische antijapanische Umtriebe in Nordchina" und um Nachricht, „ob oder inwiefern eine verstärkte Sowjeteinflußnahme im Fernostkonflikt tatsächlich bemerkbar" sei.[9] Trautmann in Nanking antwortete, er halte „die Nachrichten für japanische Propaganda, ... ein altes japanisches Klischee, das im Fernen Osten niemand glaubt". Dagegen halte er es „für sehr wohl möglich, daß China durch das japanische Vorgehen in die Hände von Sowjetrußland getrieben wird".[10]

Anders berichtete Botschafter Dirksen aus Tokio: den dortigen Stellen liege „über verstärkte kommunistische Tätigkeit in China, sowohl durch chinesische Kommunisten, wie durch Komintern und Sowjetregierung ... angeblich einwandfreies Material" vor, „das von Hirota bestätigt wurde".[11] Drei Wochen später wies Dirksen in einem Telegramm an das Auswärtige Amt darauf hin, daß „mit zunehmender Schwere der Kämpfe und Verluste" bei den Japanern die „Neigung steigen" werde, falschen Nachrichten „über unmittelbares Eingreifen deutscher Berater Glauben zu schenken bzw. vor [der] Öffentlichkeit einen Blitzableiter zu suchen". Die Japaner würden bald die „These vertreten, daß infolge tatsächlicher Lage deutsche Neutralität zuungunsten Japans verschoben werde". Derartige Konflikte ließen sich am besten durch Rückberufung der Militärberater aus Nanking vermeiden, was aber ohne schwere Gefährdung der deutschen Beziehungen zu China kaum möglich wäre. Er, der Botschafter, empfehle daher „Überprüfung Frage Militärberater in dem Sinne", daß ihnen „weitgehendste Zurückhaltung" vorgeschrieben und dies den Japanern „zur Beruhigung" mitgeteilt werde.[12]

Diese besondere deutsche Situation legte der Leiter der Fernostabteilung des Auswärtigen Amtes, Legationsrat v. Schmieden, in einem Gespräch mit dem amerikanischen Geschäftsträger in Berlin, Prentiss Gilbert, offen dar. Der Geschäftsträger berichtete hierüber: „Es scheint ziemlich klar zu sein, daß sich Deutschland zwischen seinen besonderen Beziehungen zu Japan auf Grund des Antikominternpaktes und seinen Interessen in China eingeklemmt sieht ... Von Schmieden sagte, die Japaner machten aus russischer Hilfe für China eine große Propaganda, aber diese ihre Anstrengungen zielten hauptsächlich darauf, Deutschland zu beeinflussen, während die materielle russische Unterstützung, soweit er die Dinge überblicken könne, wenn sie überhaupt existiere, äußerst gering sei ... Er sagte, die am wenigsten erwünschte Möglichkeit sei ein entscheidender japanischer oder chinesischer Sieg. Von diesen beiden Eventualitäten sei ein japanischer Sieg mehr zu fürchten, weil er glaube, daß Japan in einem solchen Falle sich anschicken würde, die westlichen Interessen von China und dem Fernen Osten überhaupt auszuschließen ...

Der amerikanische Militärattaché hat mich über die von Deutschland in Nanking unterhaltene ‚Dienststelle des Militärattachés' dahin unterrichtet, daß über hundert Offiziere zu ihr gehörten, die Tschiang Kai-schek beraten hätten ... Der hiesige japanische Militärattaché hat kürzlich im Kriegsministerium die Frage einer Abberufung dieser Offiziere oder wenigstens einer Verringerung ihrer Anzahl aufgeworfen ... Das Kriegsministerium hat mit der Begründung abgelehnt, daß eine solche Maßnahme in Anbetracht der langen freundschaftlichen Beziehungen zwischen der Nankinger Dienststelle und Tschiang Kai-schek ehrlos wäre."[13]

Am 28. August berichtete Prentiss Gilbert, er habe erfahren, daß sich der Staatssekretär des Auswärtigen Amtes „über das Vorgehen Japans und die japanische Politik mit lebhafter Besorgnis" geäußert habe. Er befürchte, „daß die Verwicklung Japans in China ... unbestimmt lange andauern" und infolgedessen „den Wert des deutsch-japanischen Einvernehmens in Hinsicht auf Rußland, das im Antikominternpakt seinen sichtbaren Ausdruck gefunden habe, aufheben könnte".[14]

Allein, die deutsche Politik blieb ungeachtet der ablehnenden Haltung bestimmter Kreise im Auswärtigen Amt gegenüber der Ausdehnung Japans in Nordchina japanfreundlich. Tokio machte sich dies zunutze und regte am 22. September die Rückberufung Trautmanns aus Nanking an. Reichsaußenminister von Neurath erwiderte „Herrn Muschakoji in scharfer Form, der Botschafter Trautmann bleibe in Nanking".[15] Tokio nahm die Zurückweisung stillschweigend hin. Man war sich dort Deutschlands als eines Hebels zur Förderung japanischer Interessen sicher und glaubte es sich leisten zu können, eine gelegentliche Nichtbeachtung zu übersehen. Im November 1937 wandte sich Tokio abermals an Berlin, diesmal, um sich Deutschlands für eine Friedensoffensive zu bedienen. Botschafter Dirksen hielt die China angebotenen Bedingungen für „sehr gemäßigt". Ihre Annahme sei „für Nanking ohne Gesichtsverlust möglich".[16] Tschiang Kai-schek lehnte, als Botschafter Trautmann ihm die Bedingungen mitteilte, das Angebot ab. Man könnte „über einzelne der Bedingungen ... natürlich sprechen und darüber eine freundschaftliche Verständigung suchen", Voraussetzung sei aber die Bereitschaft Japans, den Status quo wiederherzustellen. „Ganz vertraulich" fügte der Marschall hinzu, „daß die chinesische Regierung von der öffentlichen Meinung [des] Landes hinweggefegt werden würde, wenn er diese Forderungen annehmen würde." Er bat Trautmann auch, den „heutigen Schritt ganz geheim zu halten".[17]

Etwaige Hoffnungen auf solche Verhandlungen verblaßten nach japanischen Erfolgen in Nordchina. Überdies schien es jetzt Hitler, Japan werde aus dem Kampf siegreich hervorgehen. Er wünschte zudem ein derartiges Ergebnis, weil er glaubte, „daß der Kommunismus in China in bedrohlichem Ausmaß verbreitet sei". In vielen deutschen Kreisen jedoch neigte man deutlich der chinesischen Seite zu. Das Auswärtige Amt, das Wirtschaftsministerium und das Kriegsministerium seien, so berichtete Prentiss Gilbert, „zusammen mit einer Mehrheit deutscher Schriftleiter prochinesisch". Aber Ribbentrop war entschieden projapanisch, und eine Reihe anderer maßgebender Parteifunktionäre teilten seinen Standpunkt.[18]

Einen Monat danach kam Tschiang Kai-schek auf das japanische Angebot zurück. Er erklärte sich jetzt bereit, die deutsche Vermittlung und die Bedingungen des Angebots als Verhandlungsgrundlage zu akzeptieren; nicht annehmen könne er jedoch ein Ultimatum und den Standpunkt, daß China besiegt sei. Voraussetzung sei, daß Bedingungen und Vorverhandlungen geheimgehalten würden.[19]

Ribbentrop und sein Kreis zählten auf eine Kette japanischer Siege in Nordchina. Sie hatten sich nicht verrechnet. Die japanischen Armeen setzten ihren Vormarsch stetig fort, und im gleichen Maße wurden ihre Friedensbedingungen härter. Als Botschafter Trautmann Madame Tschiang Kai-schek und Minister Kung – der Marschall war erkrankt – die neuen japanischen Bedingungen vorlas, waren beide „aufs tiefste konsterniert".[20] Die Forderungen Tokios könnten nicht einen Augenblick in Betracht gezogen werden. Am 16. Januar 1938 schließlich erklärte das japanische Außenamt seine Friedensoffensive für gescheitert und alle Verhandlungen für beendet.[21] Die deutsche Vermittlung zwischen China und Japan war völlig fehlgeschlagen.

Die deutsche Regierung war nun entschlossen, einen mehr projapanischen Standpunkt einzunehmen. Die wichtigsten Punkte ihrer neuen fernöstlichen Politik waren: 1. Anerkennung Mandschukuos; 2. Abberufung der Militärberater aus China; 3. Einstellung der Ausfuhr von Kriegsmaterial nach China.[22] Die ausführlichen, glühenden Plädoyers Botschafter Trautmanns waren angesichts des Bestrebens Hitlers, die Achse Rom–Berlin–Tokio zu einer beherrschenden Kraft der Weltpolitik zu machen, zur Erfolglosigkeit verurteilt gewesen.

Zur Zeit der deutschen Versuche, zwischen China und Japan zu vermitteln, waren vom 3. bis zum 24. November 1937 in Brüssel die Unterzeichnerstaaten des Neunmächteabkommens versammelt, um zu der fernöstlichen Lage Stellung zu nehmen. Japan hatte eine Teilnahme abgelehnt mit der Begründung, die Konferenz könnte nur eine Ermutigung Chinas und dadurch eher eine Verlängerung als eine Abkürzung des Konflikts bewirken. Die amerikanische Regierung, deren Abordnung Norman H. Davis führte, achtete mit ungewöhnlicher Sorgfalt darauf, nicht japanische Empfindlichkeiten zu verletzen. Die von der Konferenz schließlich angenommene Erklärung ließ dies erkennen. Sie hob einleitend bestimmte Prinzipien hervor: Achtung vor der Souveränität anderer Nationen und Verzicht auf Bestrebungen, sie politisch oder wirtschaftlich zu beherrschen. Danach drückte sie die Ansicht aus, daß, „wenn in Mißachtung dieser Prinzipien bewaffnete Kräfte eingesetzt werden, die ganze Struktur der internationalen Beziehungen ... in Unordnung gerät". Durch Gewalt könne „eine gerechte und dauernde Lösung" von Streitigkeiten zwischen Nationen nicht herbeigeführt werden. Eine befriedigende Beilegung des fernöstlichen Konflikts lasse sich, so schloß die Erklärung, nur durch freundschaftliche Beratung unter den Signatarstaaten des Neunmächteabkommens erreichen.[23]

Diese ruhige und undramatische Erklärung zeigte, daß die Mächte nicht bereit waren, gegen Japan Sanktionen anzuwenden. Sie war nichts als eine fromme Ermahnung, die die Hoffnung aussprach, daß sich Japan zurückhalten werde. Von der Absicht, dies notfalls durch eine gemeinschaftliche Aktion zu erzwingen, war mit keinem Wort die Rede.

Der „Panay"-Zwischenfall

Im Dezember 1937 ereignete sich auf dem Jangtsekiang durch den Angriff japanischer Flieger auf das amerikanische Kanonenboot „Panay" ein dramatischer Zwischenfall. Er war eine unmittelbare Folge der japanischen Offensive gegen Nanking. Ende November 1937 verlegte das chinesische Außenministerium seinen Sitz nach Hankau. Infolgedessen mußten auch die fremden diplomatischen Vertretungen dorthin übersiedeln. Einige Amerikaner weigerten sich, Nanking zu verlassen. Mit ihrem Schutz wurde das Kanonenboot „Panay" beauftragt, das dementsprechend nahe der Stadt vor Anker ging. Am 8. Dezember ersuchte der japanische Generalkonsul in Schanghai die übrigen ausländischen Konsuln, die Angehörigen ihrer Staaten zu unverzüglicher Räumung Nankings aufzufordern. Daraufhin teilte am folgenden Morgen der betreffende diensttuende Beamte der amerikanischen Botschaft von Bord der „Panay" den japanischen Stellen über Funk die Namen der achtzehn Amerikaner mit, die in Nanking bleiben wollten.

Am 10. Dezember eröffneten die Japaner eine heftige Offensive gegen Nanking, worauf der Ankerplatz der „Panay" dem japanischen Generalkonsul in Schanghai mit dem Ersuchen gemeldet wurde, „ihn den japanischen Streitkräften bekannt zu geben, damit das Schiff durch ihre Kampfhandlungen nicht gefährdet werde".[24] Als am 11. Dezember die Japaner ihre Offensive verschärften, „begannen am nahen Ufer nicht weit stromaufwärts von der ‚Panay' Granaten einzuschlagen". Die „Panay" fuhr erst weiter stromaufwärts, „als vor ihr und am gegenüberliegenden Ufer Granaten krepierten". Das Boot ging zwölf Meilen stromaufwärts von Nanking wieder vor Anker, und die nicht mit nach Hankau übergesiedelten und an Bord der „Panay" befindlichen Mitglieder der amerikanischen Botschaft forderten funktelegrafisch das Department of State auf, die Position des Bootes den Japanern bekannt zu geben, da über ihr ständig japanische Bombenflugzeuge kreisten.[25]

Am 12. Dezember wurden auf die „Panay" obwohl sie eine große amerikanische Flagge gehißt hatte und auf ihrem Oberdeck zwei amerikanische Fahnen neu aufgemalt waren, von japanischen Kampfflugzeugen wiederholt Bomben geworfen. Nach schwerer Beschädigung des Kanonenbootes griffen die Bomber drei Schiffe der Standard Oil Company an; zwei gerieten in Brand, das dritte mußte auf den Strand gesetzt werden. Zwei Mann der Besatzung der „Panay" erlagen ihren Verletzungen, der Kommandant des Schiffes, Korvettenkapitän Hughes, sowie zehn Offiziere und Matrosen wurden schwer verwundet.[26]

Am folgenden Morgen sprach Außenminister Hirota, bevor ihn eine Protestnote hätte erreichen können, in der amerikanischen Botschaft vor, erklärte, daß der Flottenbefehlshaber in Schanghai für den Zwischenfall die volle Verantwortung auf sich genommen habe, und sprach das tiefste Bedauern seiner Regierung aus.[27] An demselben Tag, dem 13. Dezember, um 12.30 Uhr, übergab der Präsident Außenminister Hull ein Memorandum mit der Weisung, den japanischen Botschafter, wenn er im Außenamt vorspräche, davon zu unterrichten, daß der amerikanische Regierungschef durch die Nachrichten über die unterschiedslose Bombardierung amerikanischer und anderer nichtchinesischer Schiffe auf dem Jangtsekiang in tiefe Empörung und große Besorgnis versetzt" worden sei und daß er „den Ausdruck vorbehaltlosen Bedauerns und des Anerbietens einer vollen Entschädigung" erwarte.[28]

Am Abend desselben Tages sandte Außenminister Hull Botschafter Grew eine Instruktion, die die Punkte der Weisung des Präsidenten enthielt und als wichtig die Forderung nach Zusicherungen hervorhob, „daß amerikanische Bürger, Interessen und Eigentum in China künftig nicht mehr Angriffen japanischer Streitkräfte ausgesetzt sein würden".[29]

Grew befürchtete zunächst, daß der Luftangriff auf die „Panay" „zum Abbruch der diplomatischen Beziehungen führen würde, daß Saito seine Pässe ausgehändigt bekäme und ich abberufen werden würde". Aber seine Besorgnisse wurden zerstreut durch Hirotas Erklärung des Bedauerns, die Zusage einer Entschädigung und die verbindliche Haltung der japanischen Marinestellen.[30] Offenbar war man in ganz Japan wegen des „Panay"-Zwischenfalls tief besorgt. Am 16. Dezember berichtete Grew Außenminister Hull, daß in der Botschaft und bei Zeitungen zur Weiterleitung an die Botschaft dauernd Geldspenden eingingen.[31]

Am 18. Dezember verfaßte die Fernostabteilung des State Department eine Denkschrift, worin die Tatsache verzeichnet war, daß der „Panay"-Zwischenfall „die öffentliche Meinung in den Vereinigten Staaten nicht erhitzt" hatte und daß „die feste Haltung der amerikanischen Regierung die öffentliche Meinung zufriedengestellt zu haben" scheine.[32] Einer Beilegung des Zwischenfalls stand nichts mehr im Wege. Am 24. Dezember übergab Außenminister Hirota Botschafter Grew die erwartete Note, worin er sich auf die am 14. Dezember ausgesprochene Entschuldigung bezog und dann versicherte, daß an die Land- und Seestreitkräfte strengste Befehle ergangen seien, künftig solchen Zwischenfällen vorzubeugen.[33] Am folgenden Tag wies Außenminister Hull Botschafter Grew an, die Erklärung Hirotas zu akzeptieren. Als Grew die entsprechende Note überreichte, sagte Hirota spontan: „Ich danke Ihrer Regierung und Ihnen für diese Entscheidung herzlich. Ich bin sehr, sehr glücklich."[34]

Mit der Entgegennahme einer Entschädigung von 2.214.007,36 Dollar war der „Panay"-Zwischenfall förmlich erledigt. Beide Regierungen hatten die Sache mit bewunderungswürdiger Zurückhaltung behandelt. Unglücklicherweise schwand dieser friedliche Geist bald dahin.

Die Londoner Mission Admiral Ingersolls

Tatsächlich war der „Panay"-Zwischenfall durch die konziliante Note Außenminister Hirotas vom 24. Dezember nicht beigelegt worden. Der Angriff auf das amerikanische Kanonenboot hatte das Mißtrauen Roosevelts, wie es sich in der Quarantäne-Rede vom 5. Oktober explosiv Ausdruck verschafft hatte, weiter vertieft. Im Dezember begann er engere Abmachungen mit Großbritannien über die fernöstliche Politik ernstlich in Betracht zu ziehen. Er wußte, daß die zunehmende europäische Spannung das Foreign Office davon abhielt, auf Japan einen starken Druck auszuüben. Diese Situation wurde am 15. Dezember von Pertinax im „Echo de Paris" prägnant beschrieben: „Das schlimmste wäre, wenn sich Großbritannien unter dem Vorwand, die Vereinigten Staaten zu unterstützen und zu dauerndem Zusammenwirken gewinnen zu wollen, zu einem gefährlichen Gegenschlag im Chinesischen Meer hinreißen ließe. Unter den gegenwärtigen europäischen Verhältnissen sollten britische Streitkräfte nicht von der Hauptaufgabe abgezogen werden, die beiden uns benachbarten totalitären Staaten in Schach zu halten. Nicht durch Handeln im Fernen Osten, sondern durch Handeln in Europa könnte das britische Prestige wiederhergestellt werden."

Den meisten Staatsmännern war klar, daß Großbritannien nur in engem Einvernehmen mit den Vereinigten Staaten auf Japan zu drücken vermochte. Um den Weg zu einer solchen Verständigung zu öffnen, paukte der britische Botschafter in Tokio, Sir Robert Craigie, in seinen Gesprächen mit Grew immer wieder auf diesem Thema herum. Die Vereinigten Staaten, so wiederholte er hartnäckig, „sollten den japanischen Räubereien Schulter an Schulter mit Großbritannien Widerstand leisten, weil eine Schädigung britischer Interessen im Fernen Osten automatisch den Interessen der Vereinigten Staaten schaden werde". Grew war sich der Gefahren bewußt, die das gewünschte enge Einvernehmen mit Großbritannien zur Folge haben würde; er fürchtete, Amerika hätte den Preis zu zahlen „für die britischen Ungeschicktheiten im Handeln wie in Erklärungen, die zu der jetzt zwischen Großbritannien und Japan herrschenden erbitterten Stimmung ihr gerüttelt Maß beigetragen haben". Im übrigen „teilte" er „keineswegs" Craigies Ansicht, „daß ein Sinken des britischen Prestiges und Einflusses im Fernen Osten notwendigerweise amerikanische Interessen beeinträchtigen würde". Er meinte, daß sich die parallel zur britischen Politik statt auf einer gemeinsamen Linie mit ihr sich bewegende amerikanische Politik als „gesund und vernünftig" erwiesen habe.[35]

Allein, Präsident Roosevelt war jetzt überzeugt, daß Amerika näher an Großbritannien heranrücken müsse. Dies im Auge, entschloß er sich, zur Erkundung der Lage Admiral R.E. Ingersoll nach London zu entsenden. Ingersoll traf dort im Januar 1938 ein. Der „Hauptzweck" seiner Mission war: „zu untersuchen und sich mit Beamten der britischen Admiralität darüber auszusprechen, was wir tun könnten, falls sich die Vereinigten Staaten und England im Pazifik mit Japan im Krieg befinden sollten, zu erforschen, welche Mittel angewendet werden könnten und welche Übereinkünfte in Hinsicht auf die gegenseitigen Beziehungen und Nachrichtenverbindungen sowie über Verbindungsoffiziere, die Vorbereitung bestimmter Codes, Chiffren usw. notwendig wären".

Nach eingehenden Besprechungen in der Kriegsplanungsabteilung der britischen Admiralität wurde für den gegebenen Fall die „Ausgabe von Codes und Chiffren" vereinbart. Ein bestimmtes Abkommen wurde auf Grund der Unterredungen nicht geschlossen, aber die Untersuchung der Möglichkeit vereinten anglo-amerikanischen Handelns war bezeichnend. Admiral Ingersoll erklärte freimütig: „Jedermann wußte, daß wir alle miteinander – worauf diese meine Spritztour nach London im Jahre 1938 deutete – über kurz oder lang in einen Krieg im Pazifik verwickelt werden würden: die Holländer, möglicherweise die Chinesen, die Russen, die Briten und wir selber, und so mußten wir vorbereitend besprechen, was zu tun sei, um den Nachrichtenverkehr unter uns zu sichern."[36]

Wenn „jedermann" aus dem Kreis um Roosevelt wußte, daß die Amerikaner „über kurz oder lang" in einen zweiten Weltkrieg eingreifen würden, dann zeugen die gegenteiligen feierlichen Versicherungen Roosevelts im Jahre 1940 davon, welch ein Meister der Lüge er geworden war.

Japan setzt in China Marionettenregierungen ein

Nachdem der unerklärte fernöstliche Krieg mehrere Monate gedauert hatte, wurde den Japanern klar, daß die Nationalregierung unter Tschiang Kai-schek entschlossen war, auf unbestimmte Zeit weiterzukämpfen. So griffen sie denn zu dem strategischen Mittel, eine Reihe ihnen gefügiger Marionettenregierungen einzusetzen. Am 14. Dezember 1937 wurde in Peiping die „Vorläufige Regierung der Chinesischen Republik" proklamiert und drei Monate später, am 28. März 1938, in Nanking die „Reformierte Regierung der Chinesischen Republik". Die beiden konkurrierenden Puppenregierungen blieben bis zum 30. März 1940. An diesem Tage verschwand die „Vorläufige Regierung" in Peiping, während die „Reformierte Regierung" in Nanking durch die „Reorganisierte Nationalregierung" abgelöst wurde.[37]

Um sich von diesen Marionettenregierungen wirtschaftliche Konzessionen zu sichern, gründeten die Japaner die „Nordchinesische Aufbaugesellschaft" und die „Mittelchinesische Aufbaugesellschaft". In den von den japanischen Truppen beherrschten Gebieten wurde das Währungssystem geändert und der Zolltarif für japanische Waren herabgesetzt. Eine Bundesbank wurde errichtet, und das von ihr herausgegebene Geld von der Peipinger Puppenregierung für die in ihrem Rechtsbereich allein gültige Währung erklärt.[38] Der Begriff „Offene Tür" verblaßte schnell zu einer bloßen Phrase.

Das Foreign Office beobachtete diese japanischen Manöver wegen ihrer Wirkungen auf den britischen Handel in China mit rasch zunehmender Sorge. Am 14. Februar übersandte Sir Alexander Cadogan Mr. Hornbeck den Entwurf einer Regelung der fernöstlichen Lage, wie das Foreign Office sie für „vernünftig" hielt. Sie Japan aufzuerlegen, bedürfe es engen anglo-amerikanischen Einvernehmens. Beide Regierungen sollten Japan mitteilen, daß den fernöstlichen Interessen ihrer Länder „aus der Nichtbeachtung des Artikels 1 des Neunmächtevertrages" durch Japan schwerer Schaden erwachse, und Tokio eröffnen, daß sie „nicht gesonnen" seien, „noch einen Bruch des Vertrages oder die Fortdauer seiner Nichtbeachtung hinzunehmen". Zur Frage Schanghais sollte die vom Foreign Office vorgeschlagene Note der beiden Regierungen erklären, daß sich in China natürlich keine Verwaltung entwickeln könne, wie der Neunmächtevertrag sie vorsehe, solange die chinesische Autorität in irgendeinem Maße von Schanghai ausgeschlossen sei. „Das traditionelle Ziel der amerikanischen und der britischen Politik ... war, China zu ermutigen, daß es sich zu einem modernen Staat entwickelte. Aber dies ist zu einem großen Teil durch das Unvermögen vereitelt worden, sich von der älteren Tradition der Bevormundung und des Schutzes ausländischer Interessen durch bewaffnete Macht loszureißen." Es sei zweifelhaft, „ob für die fremden Interessen durch die alten Methoden ausländischer Verwaltungen und Garnisonen in bestimmten Bezirken" Sicherheit erlangt werden könne. Überdies weigere sich China immer entschiedener, „einen Zustand hinzunehmen, unter dem die Hälfte der Bevölkerung seiner größten Stadt der chinesischen Kontrolle entzogen ist". Die beste Lösung sei wahrscheinlich, Japan aufzufordern, daß es China übergebe, was ihm zu übergeben andere Mächte bereit seien. „Die einzige Alternativmöglichkeit zur Aufrechterhaltung der Internationalen Niederlassung ist der Verzicht auf jede ausländische Kontrolle und die Wiedereinsetzung der vollständigen chinesischen Kontrolle." Die bestehende Kommunalverwaltung der Niederlassung „sollte mit einer größeren Körperschaft verschmolzen werden, in der – wobei sie eine chinesische Behörde bliebe – durch ausländische Mitgliedschaft die japanischen, britischen und andere fremde Interessen voll vertreten wären".[39]

Nachdem Hornbeck diesen weitgehenden Vorschlag Cadogans zwei Monate lang studiert und überdacht hatte, beantwortete er ihn mit einem Brief, der auf eine glatte Ablehnung hinauslief. Er glaube, daß Japan unter dem Druck „der moralischen Entrüstung anderer Nationen und seiner eigenen wirtschaftlichen Schwierigkeiten" rechtzeitig dazu gebracht werden würde, das Verfehlte seiner Politik einzusehen. Auch könnte die amerikanische Regierung unter Umständen gegen Japan wirtschaftliche Repressalien anwenden, um es zu einer Änderung seiner Politik zu bringen.[40]

Ehe das State Department Wirtschaftsrepressalien gegen Japan ernstlich in Betracht zog, hielt es Außenminister Hull für angebracht, wieder auf die Grundsätze zu verweisen, die seine Politik leiteten. Am 17. März 1938 schleuderte er in einer Rede im National Press Club Japan eine direkte Herausforderung ins Gesicht. Amerika werde sich aus dem Fernen Osten des japanischen Druckes wegen nicht zurückziehen: „In irgendeinem Gebiet der Welt auf Rechte verzichten und angesichts tatsächlicher oder angedrohter Gewalt Interessen verkümmern lassen – und dadurch Verpflichtungen preisgeben –, kann nur dazu führen, daß die Mißachtung des Rechts und der grundlegenden Prinzipien der internationalen Ordnung ermutigt werden, und trüge somit unvermeidlicherweise überall in der Welt zur Ausbreitung der internationalen Anarchie bei. Sich irgendwo so verhalten, würde für Amerika wie für jedes andere Land bedeuten, daß es zur Mißachtung und Verletzung seiner Rechte und Interessen durch jedes dazu neigende Land, ob klein oder groß, überall einlüde."[41]

Zweieinhalb Monate danach, am 31. Mai, schickte das State Department gegen die fortdauernde Ausschließung amerikanischer Kaufleute und Missionare von ihrer Tätigkeit in Gebieten, wo die Feindseligkeiten eingestellt waren und japanische Bürger eifrig ihren Handelsgeschäften nachgingen, einen scharfen Protest nach Tokio.[42] Als es die japanische Regierung unterließ, irgend etwas zu unternehmen, um diesem Zustand abzuhelfen, drängten die amerikanische Handelskammer und der Ausschuß amerikanischer Bürger Außenminister Hull telegrafisch, gegen die japanischen Praktiken eine feste Haltung anzunehmen.[43] Außenminister Hull entsprach dem mit einem neuerlichen heftigen Protest in Tokio. Die Note führte die diskriminierenden japanischen Maßnahmen auf, wie Währungsmanipulationen, Handelskontrolle, Vorzugszölle und Monopole, die auf die Ausschließung des fremden Handels hinwirkten, und bemerkte, diese Politik verrate den Zweck, „in Gebieten, die von Japan militärisch besetzt worden sind, den japanischen Interessen allgemeine Vorzüge und das Übergewicht zu sichern, was die Wirkung haben muß, die praktische Anwendung des Prinzips der Offenen Tür zu vereiteln".[44]

Der Ferne Osten nach München

Die britisch-französische Kapitulation von München war für die japanische Regierung das Signal, daß sie im Fernen Osten vorwärtsschreiten könne, ohne eine ernstliche Einmischung Englands oder Frankreichs befürchten zu müssen. Sogar schon vor München hatte die britische Regierung, soweit es um China ging, resigniert. In der ersten Septemberwoche 1938 teilte der britische Botschafter in Tokio, Sir Robert Craigie, seinem Kollegen Grew mit, „er sei infolge der europäischen Krise von seiner Regierung angewiesen worden, gegenwärtig eine Kraftprobe mit der japanischen Regierung zu vermeiden und weiterzumachen, so gut er könne".[45]

Der britischen Hilflosigkeit im Fernen Osten sich bewußt, führte Japan einen weiteren Stoß zur Eroberung Chinas. Am 12. Oktober landete bei Hongkong eine Streitmacht von 30.000 Mann und marschierte auf Kanton los. In noch nicht zehn Tagen, am 21. Oktober, fiel Kanton, und am 26. Oktober rückten japanische Truppen in Hankau ein. Die Regierung Tschiang Kaischeks hatte die Stadt in Eile geräumt und verlegte ihren Sitz 800 Meilen stromaufwärts nach Tschungking. Nach diesem eindrucksvollen militärischen Erfolg proklamierte die japanische Regierung für Ostasien eine neue Ordnung: die völlige politische, wirtschaftliche und kulturelle Gleichschaltung Chinas und Mandschukuos mit dem japanischen System. Als Ziel der neuen Ordnung wurden verkündet: „Sicherung internationaler Gerechtigkeit, gemeinschaftliche Verteidigung gegen den Kommunismus, Schaffung einer neuen Kultur und enge wirtschaftliche Zueinanderordnung in ganz Ostasien." Japan vertraue darauf, „daß die andern Mächte seine Ziele und seine Politik richtig würdigen und ihre Haltung den neuen Verhältnissen in Ostasien anpassen" würden.[46]

Am nächsten Tag zeigte Außenminister Hull, daß er die Ziele Japans in Ostasien durchaus nicht „richtig würdigte". In einer Erklärung vor der Presse äußerte er, der Standpunkt der amerikanischen Regierung zur Lage in Asien werde immer noch bestimmt „durch die allgemein angenommenen Prinzipien internationalen Rechts, durch die Verträge, deren Partner die Vereinigten Staaten und zahlreiche andere Länder sind, darunter China und Japan, und durch den Grundsatz des gerechten Umganges zwischen und unter den Nationen".[47] Die japanische Antwort kam, mit deutlichen Obertönen trotziger Herausforderung, am 18. November. Die Japaner leugneten, daß es in dem von ihnen kontrollierten China eine wirkliche Diskrimination gegen die Geschäftsinteressen Fremder gebe. Die ihnen auferlegten Beschränkungen dienten allein der Bewahrung von Frieden und Ordnung. Sobald die Umstände es erlaubten, würden wieder normale Verhältnisse geschaffen werden. Doch sollte man sich im klaren darüber sein, „daß jeder Versuch, auf die Bedingungen von heute und morgen nicht mehr passende Ideen und Prinzipien der Vergangenheit anzuwenden, weder zur Herstellung eines wirklichen Friedens im Fernen Osten beitrüge, noch das unmittelbare Problem lösen würde".[48]

Am 19. Dezember wies Außenminister Arita abermals auf die neue Ordnung im Fernen Osten hin. Vor den ausländischen Pressevertretern in Tokio erklärte er, daß die Bildung eines japanisch-mandschurisch-chinesischen Blocks als Verteidigungsmaßnahme gegen den Kommunismus politisch notwendig sei und wirtschaftlich erforderlich, weil die übrige Welt immer höhere Zollschranken errichte und andere Maßnahmen in der Richtung auf wirtschaftliche Autarkie treffe. Innerhalb der neuen Ordnung würden die drei Länder ihre Unabhängigkeit und Eigenständigkeit behalten. Auch ziele das neue Regime nicht darauf, „Europa und Amerika von wirtschaftlicher Betätigung im Fernen Osten auszuschließen", wenn auch „die Erfordernisse der nationalen Verteidigung und der wirtschaftlichen Sicherheit es notwendig machen könnten, der Tätigkeit dritter Mächte gewisse Beschränkungen aufzuerlegen".[49]

Diese mittelbare Aufkündigung des Neunmächtevertrages mißfiel Außenminister Hull. Er antwortete, „Bevölkerung und Regierung der Vereinigten Staaten" könnten „der von irgendeiner dritten Macht ausgehenden und ihren besonderen Zwecken dienenden Errichtung eines Regimes nicht zustimmen, das Amerika zusammen mit anderen Nationen willkürlich der seit langem festgelegten Rechte auf gleiche Möglichkeiten und gleiche Behandlung berauben würde".[50]

Tschiang Kai-schek regt eine neue Washingtoner Konferenz an

Es war den meisten Beobachtern im Fernen Osten klar, daß sich die japanisch-amerikanischen Beziehungen im Herbst 1938 festgefahren hatten und es schwierig sein werde, über den toten Punkt hinwegzukommen. Für Tschiang Kai-schek war das eine großartige Gelegenheit zum Eingreifen. Am 8. Oktober richtete er an Präsident Roosevelt ein leidenschaftliches Schreiben, das auf eine neue Washingtoner Konferenz zielte: Während die Noten des Präsidenten an die europäischen Nationen sehr zur Beruhigung der dortigen Lage beigetragen hätten, „herrschen im Osten immer noch brutale Gewalt und Gemetzel und ist der Frieden noch weit. Ich glaube zuversichtlich, daß Sie, Herr Präsident, der Sie schon in der Vergangenheit so viel für den Frieden getan haben, das Problem des Friedens im Fernen Osten nicht unbeachtet lassen werden. ... Man sagt, Japan beginne infolge schwerer Menschen Verluste und wirtschaftlicher Schwierigkeiten zu erkennen, daß Gewalt kein Problem löst. Es habe mehr als einmal eine Friedensvermittlung durch Deutschland und Italien gesucht. Indessen, Herr Präsident, mein Volk glaubt, daß es bei einer aktiven Bemühung um Frieden als Führung nur auf Sie rechnen kann, denn wir sind überzeugt, daß der Frieden, für den einzutreten die amerikanische Regierung inspiriert ist, ein gerechter Frieden sein wird.

Wäre es der amerikanischen Regierung jetzt, wo sich die europäische Lage beruhigt, nicht möglich, eine Bewegung für den Frieden des Fernen Ostens dadurch einzuleiten, daß Sie alle interessierten Regierungen zu einer Konferenz einladen, die eine allgemeine Einstellung der Feindseligkeiten als Vorbedingung zu stipulieren und durch ruhige und aufrichtige Beratung eine dauerhafte Regelung zu suchen hätte?"[51]

Als das Schreiben des chinesischen Marschalls Hornbeck, dem Leiter der politischen Abteilung des State Department, vorgelegt wurde, verfaßte er für Außenminister Hull als Richtschnur eine Denkschrift, worin er empfahl, daß die Antwort des Präsidenten „über eine höfliche Empfangsbestätigung verbunden mit der Versicherung aufmerksamen Interesses nicht hinausgehen" sollte. Ein Schritt zur Einberufung einer Konferenz über den Fernen Osten würde gegenwärtig weit mehr Schaden anrichten als vielleicht „Gutes wirken. Das gleiche gilt von jedem Versuch, den die amerikanische Regierung unternehmen wollte, sich zum gegenwärtigen Zeitpunkt zur Frage einer Vermittlung zu äußern. Es wäre jedoch nicht angezeigt, hierüber zu Tschiang Kai-schek etwas verlauten zu lassen." Die Antwort sollte „unverbindlich" sein.

Die entsprechend Hornbecks Richtlinie entworfene Antwort war so kühl und farblos, daß der Präsident sie Sumner Welles mit dem Vermerk zurückschickte: „Können Sie diese Botschaft an Tschiang Kai-schek nicht ein wenig persönlicher und ein bißchen wärmer fassen?" So wurde eine neue Note entworfen. Am 19. Oktober übergab Hornbeck sie dem chinesischen Botschafter. Der Präsident, so hieß es darin, schenke „der Lage alle sorgsame und mitfühlende Aufmerksamkeit ... und beobachte jede Wendung mit dem Verlangen, ... zu einer Linderung des Elends, der Verwüstung und des Leidens, die den chinesisch-japanischen Feindseligkeiten anhaften und von ihnen hervorgerufen werden, tätig beizutragen".[52] Der chinesische Botschafter nahm diese Abfuhr mit orientalischer Ruhe hin, und die Episode war abgeschlossen. Später holten die Chinesen durch ihr Drängen aus dem Präsidenten eine schnellere und befriedigendere Antwort heraus.

Wirtschaftsbande versagen politisch

Die amerikanisch-chinesischen Beziehungen haben die Theorie des Wirtschafts-Determinismus schlagend widerlegt. Obwohl die amerikanischen Kapitalanlagen in Japan und der amerikanische Handel mit Japan vielfach umfangreicher waren als der Handelsverkehr der Vereinigten Staaten mit China und ihre dortigen Wirtschaftsinteressen, war die amerikanische Fernostpolitik China gegenüber entschieden freundlicher als gegenüber Japan. Im Jahre 1938 wurden die amerikanischen Investitionen in China (außer dem Missionseigentum) auf 132 Millionen Dollar geschätzt, während die Geldanlagen in Japan 387 Millionen Dollar betrugen.[53] Der amerikanische Handel mit Japan übertraf beträchtlich den mit China:

	Amerikan. Ausfuhr nach China	Amerikan. Ausfuhr nach Japan	Amerikan. Ausfuhr nach Rußland	Amerikan. Ausfuhr nach ganz Südamerika
		in Dollar		
1928:	137.661.000	288.158.000	–	–
1930:	89.600.000	164.700.000	–	–
1932:	56.200.000	134.500.000	–	–
1934:	68.667.000	210.000.000	15.011.000	–
1936:	46.819.000	204.348.000	33.427.000	204.222.000
1937:	49.697.000	288.378.000	42.903.000	318.384.000

Diese Statistik spiegelt den schnell zunehmenden Handel Amerikas mit Japan und den verhältnismäßig geringen amerikanischen Handel mit China.[54] Der chinesische Markt hatte immer enttäuscht, und so blieb es bis zum Ausbruch des zweiten Weltkrieges. Aber der Traum von 450 Millionen nach amerikanischen Waren schreienden Chinesen hielt Millionen Amerikaner, die darüber vergaßen, daß China zum Austausch wenig zu bieten hatte, in seinem Bann.

Die Bedeutung Japans als des drittbesten Kunden der Vereinigten Staaten hat John W. Masland treffend dargestellt: „In der Zeit von 1931 bis 1941 ist die hervorstechende Tatsache die Hauptposition, die Japan als Käufer wie als Lieferant einnahm. Die amerikanische Ausfuhr nach Japan betrug in der Periode von 1931 bis 1940 durchschnittlich 48 Prozent des Gesamtexports nach dem Fernen Osten und die Einfuhr aus Japan in derselben Zeit durchschnittlich 21 Prozent des amerikanischen Gesamtimports. Japan war in dieser Periode der drittbeste Kunde Amerikas, übertroffen nur von Großbritannien und Kanada, und wir waren sein bester Kunde ... Der amerikanisch-japanische Handel war überdies beiderseitig vorteilhaft und befriedigend, weil er auf dem Austausch von Gütern und Bedarfsartikeln beruhte, die jeder brauchte und die im eigenen Land nicht zu haben waren ... Für einen großen Teil der Export- und Importfirmen, die mit allen oder mehreren Ländern des Fernen Ostens Handel trieben, war Japan der beste Kunde und die Hauptversorgungsquelle ... Gewöhnlich waren die amerikanischen Geschäftsleute mit ihren Verbindungen in Japan sehr zufrieden. Sie fanden, daß die Japaner ihre Verpflichtungen prompt erfüllten und daß die japanischen Erzeugnisse den Qualitätsstandard behaupteten."[55]

Man muß sich auch vergegenwärtigen, daß die Beherrschung eines großen Teils Chinas durch die Japaner und ihre Währungskontrolle wie die andern Maßnahmen ähnlicher Art, die Außenminister Hull so beunruhigten, den amerikanischen Handel mit China nicht ernstlich berührten. Ganz im Gegenteil: Die amerikanische Ausfuhr nach China belief sich im Jahre 1939 auf 55.614.000 Dollar gegenüber einem Export im Werte von 46.819.000 Dollar im Jahre 1936 und im Jahre 1940 auf 77.590.000 Dollar im Vergleich mit 49.697.000 Dollar im Jahre 1937. Wegen dieser willkommenen Umsätze blickten die Handelsleute „mit beträchtlichem Mißfallen auf die Anwendung von Embargos und anderer starker Maßregeln gegen Japan ... Erst im Jahre 1941, als die Kriegskrise herannahte, akzeptierten die Kaufmannsgruppen drastische wirtschaftliche Druckmaßnahmen."[56]

Aber die Handelsinteressenten hatten auf die Gestaltung der amerikanischen Fernostpolitik wenig Einfluß. Eine weit lautstärkere und einflußreichere Gruppe waren die Missionare in China und ihre eifrigen Verfechter in den Staaten. Im Jahre 1937 waren in Amerika fünfzig Gesellschaften und Ämter an Missionen in China interessiert. In diesen Missionen waren 50 Millionen Dollar investiert, die Unterhaltungskosten betrugen jährlich 4 Millionen Dollar. Es gab in China 2.500 protestantische Missionare. Ihrer Sache nahmen sich mit glühendem Eifer Organisationen an wie die Rockefeller-Stiftung, der Christliche Verein Junger Männer, der Christliche Verein Junger Mädchen, das Associated Board of Christian Colleges in China (deren 13) und Gruppen, die siebenundzwanzig Colleges und Universitäten in den Vereinigten Staaten vertraten.

Die prochinesische Propaganda wurde durch die zahlreichen Kontakte der Verwaltungsbeamten der Missionsämter und Missionsgesellschaften mit Beamten der Bundesregierung verbreitet, ebenso durch Briefe von Missionaren in China und von Missionsämtern an Kirchen und Stiftungen. Einige dieser Briefe, die sich über die Japaner scharf kritisch äußerten, wurden in zahllosen Exemplaren gedruckt über ganz Amerika verbreitet.

Diese amerikanische Missionspropaganda für China trug sehr wesentlich dazu bei, die amerikanischen Gemüter gegen Japan zu stimmen. Auch erzeugte sie ein der Verhängung von Embargos und Handelsbeschränkungen günstiges Klima der öffentlichen Meinung. Eine der hervorragenden Gruppen, die auf Wirtschaftsrepressalien gegen Japan drangen, war bezeichnenderweise der „Ausschuß für Nichtbeteiligung an der japanischen Aggression" mit Henry L. Stimson als Vorsitzendem.[57] Stimson hatte im Jahre 1933 in Genf Japan an die Wand gedrückt, und als Mitglied des Rooseveltschen Kabinetts von 1940 bis 1941 neigte er stark zum Krieg mit Japan. Er begrüßte die gebieterischen moralischen Forderungen der Missionare und ihre Kritik an Japan. Diese ahnten kaum, daß er in Wirklichkeit ein Jagdfalke war, dessen kampflustige Schreie nach Wirtschaftsrestriktionen eine Aufforderung zum Kriege werden sollten.

Hull lehnt einen britischen Vorschlag
für wirtschaftliche Druckmaßnahmen gegen Japan ab

In den ersten Monaten des Jahres 1939 wurde auf Außenminister Hull wachsender Druck ausgeübt, Wirtschaftsrepressalien gegen Japan zu ergreifen. Am 31. Dezember 1938 unterbreitete der britische Botschafter in Tokio seinem amerikanischen Kollegen Grew eine ausführliche Denkschrift über eine Wirtschaftsoffensive. Das Memorandum hob den Bedarf Japans an bestimmten wesentlichen Rohstoffen hervor: an Erdöl, Erzen und Metallen, Baumwolle, Wolle, Kautschuk, Holzschliff und schweren Chemikalien. Die Hauptquellen hierfür, so führte die Denkschrift weiter aus, seien die Vereinigten Staaten und das britische Empire. Die Devisen zum Kauf dieser dringend benötigten Produkte könne sich Japan durch Warenlieferungen an Ausländer, Schiffsdienste für sie und Goldverkäufe beschaffen. Aber „der Verkauf von allen dreien ... brachte nicht genügend Kapitalreserven zur Bezahlung dessen ein, was es in den Jahren vor 1937 zur Industrialisierung und zur Aufrüstung auf dem Lande und zur See vom Ausland gekauft hat ... Seit Anfang 1937 ... haben die Schwierigkeiten für Japan, sich zur Bezahlung der notwendigen Einfuhren Mittel zu beschaffen, stark zugenommen. Seit 1932 hat es im Ausland keinen Kredit zu erlangen vermocht ... und es ist nicht wahrscheinlich, daß es in naher Zukunft draußen Kredit auftreiben kann." Seine Einnahmen aus Schiffsdiensten seien seit Juli 1937 sehr zurückgegangen, und die Warenverkäufe hätten die erhofften Einkünfte nicht gebracht. In der Zeit von Januar bis November 1938 habe Japan allein für Waren 2.058 Millionen Yen in ausländischer Währung gezahlt, aber „aus seinen Warenverkäufen an Devisen nur 1.636 Millionen Yen erlöst, so daß seine Devisenschuld 422 Millionen Yen betrug". Um den Passivsaldo in fremder Währung von 961 Millionen Yen im Jahre 1937 und von 422 Millionen Yen von Januar bis November 1938 auszugleichen, habe Japan an die Vereinigten Staaten Gold exportiert, 1937 im Wert von 876 Millionen und 1938 im Wert von 670 Millionen Yen.

Angesichts dieser Tatsachen scheine es offenbar, „daß die Wirtschaftslage Japans, wenn seine Ausfuhr von Waren und Gold auch nur relativ gering eingeschränkt wird und wenn ihm gleichzeitig Kredite und Anleihen vorenthalten bleiben, sofort kritisch werden muß. Würde über den japanischen Export nach dem Britischen Empire, den Vereinigten Staaten und Frankreich (was 70 Prozent seines gesamten devisenbringenden Handels beträfe) ein Embargo verhängt, so würde das einen Prozeß bewirken, der sich für die japanische Wirtschaft sehr bald als verheerend erwiese."[58]

Grew schickte diese Denkschrift am 7. Januar 1939 mit einigen Bemerkungen Außenminister Hull. Er überging die Wirkung eines Embargos auf die japanische Ausfuhr nicht, von dem er als sicher annahm, daß es mindestens den Lebensstandard in Japan herabdrücken würde, aber er hob bestimmte psychologische Faktoren hervor, die zu einem Ausgleich beitrügen: „Die Japaner sind eine harte Rasse, vertraut mit persönlichen und nationalen Opfern; sie sind ihre ganze Geschichte hindurch daran gewöhnt worden, Katastrophen und Unheil die Stirn zu bieten; in ihnen ist der Geist des ‚Handle oder stirb' tiefer verwurzelt als fast in jedem anderen Volk ... Ein Japan, das eine Niederlage in den gegenwärtigen Feindseligkeiten zugibt, nachdem es in China so viel Blut und Vermögen hingegeben hat ... ist eine Hypothese, die in Betracht zu ziehen uns hier in der Botschaft schwer fällt. Diese These zu stützen oder gar zu beweisen, indem man Zahlen und Statistiken zitiert, ist einfach genug; auf der Grundlage von Zahlen und Statistiken aber beruhen die Ansichten meiner [britischen] Kollegen über die Wirksamkeit wirtschaftlicher Sanktionen. Ich möchte beiläufig hinzufügen, daß diese Kollegen schon seit zwei Jahren zuversichtlich vorausgesagt haben, der wirtschaftliche Zusammenbruch Japans stehe unmittelbar bevor."[59]

Am 3. Februar hatte der britische Geschäftsträger in Washington, V.A.L. Mallet, über die Ansichten Botschafter Craigies eine Unterredung mit Mr. Welles. Nach einem kurzen Meinungsaustausch erklärte Welles rundheraus, die amerikanische Regierung ziehe „gegenwärtig Vergeltungsmaßnahmen gegen Japan nicht in Betracht". Sollte das Department of State „die Angelegenheit weiter erwägen wollen", würde es „die britische Regierung dementsprechend davon in Kenntnis setzen und mit ihr einige der in Frage stehenden Punkte weiter erörtern".[60]

Innerhalb des amerikanischen Außenamtes aber wurde die Diskussion einer Wirtschaftsoffensive gegen Japan immer lebhafter. Am 11. Februar äußerte sich über dieses Thema Mr. Hornbeck in einer Denkschrift folgendermaßen: Bis zur Jahrhundertwende seien die Japaner „als ein vergleichsweise freundliches, künstlerisches wie kunstliebendes und friedliches Volk angesehen worden, das der Belehrung bedürfe und gefördert werden könne". Aber Japan habe „einen andern Charakter, als man bis 1895 geglaubt hat", und „seine Stärke liegt nicht darin, worin man sie seit 1905 erblickte". Seit 1905 habe sich die Welt immer wieder „aus Furcht vor Japan in seine aggressiven räuberischen Unternehmungen gefügt ... Schritt um Schritt ist Japan vorgedrungen ... Es gibt drei Wege, auf denen ... die Nationen Widerstand leisten könnten: durch moralische Opposition, durch wirtschaftliche Opposition und/oder durch militärische Opposition." Jahrelang hätten die Vereinigten Staaten gegen Japans rechtswidriges Vordringen die moralische Opposition probiert, damit aber die amerikanischen Rechte wirksam nicht schützen können. Es sei vorgeschlagen worden, es mit der wirtschaftlichen Opposition zu versuchen, aber es sei dagegen sofort der Einwand erhoben worden, die Japaner seien „ein kriegerisches und mächtiges Volk", das „mit dem Ruf zu den Waffen" zurückschlagen könnte. So müsse sich, „nachdem sich die moralische Opposition als unzulänglich erwiesen hat und die wirtschaftliche Opposition nicht einmal versucht worden ist ... auf weite Sicht die Lage so entwickeln, daß Amerika militärischen Widerstand wird bieten müssen".[61]

Nicht so militaristisch wie Mr. Hornbeck dachte Herbert Feis, der Berater des State Department in Angelegenheit des internationalen Wirtschaftsverkehrs. Auf ihn hatten einige Argumente Sir Robert Craigies für einen zunehmenden wirtschaftlichen Druck Großbritanniens, Frankreichs und der Vereinigten Staaten Eindruck gemacht. Er war überzeugt, daß eine solche Maßnahme weit mehr bewirken würde als ein Sinken des Lebensstandards in Japan. Aber er wollte „die obige Kritik an der wirtschaftlichen Analyse des amerikanischen Botschafters nicht als Argument für Sanktionen gegen Japan aufgefaßt wissen". Nach einer gewissen Kritik an den Ausführungen in der Denkschrift Craigies über die Erschöpfung der japanischen Goldreserven untersuchte Herbert Feis in seinem Memorandum die Frage der Wirksamkeit eines Embargos auf die Goldverkäufe der japanischen Regierung: „Ich bin mir im Zweifel über den Schluß, ,der einfachste und wirksamste erste Schritt für Großbritannien, die Vereinigten Staaten von Amerika und Frankreich wäre die Weigerung, von Japan weiter Gold zu kaufen'. Da die Vereinigten Staaten einen so großen Teil des Goldvorrats der Welt besitzen, läge es nicht in ihrem Interesse, eine Handlung zu unternehmen, die es anderen Nationen als weniger wünschenswert erscheinen ließe, für den Fall eines Notstandes Gold zu besitzen. Daher bin ich der Meinung, daß ein Embargo über die japanischen Goldexporte nur dann verhängt werden sollte, wenn äußerst drastische Maßnahmen in Betracht gezogen werden und das Embargo auf Gold gleichzeitig mit einer Handelssperre gegen den Güterexport aus Japan verhängt wird. Solange man eine solche drastische Aktion nicht unternimmt, scheint es mir logischer zu sein, es mit weniger drastischen Maßnahmen zu versuchen, zum Beispiel mit der Kündigung unseres Handelsvertrages mit Japan."[62]

Die Fernostabteilung des Department of State stimmte in einer Denkschrift über die Ausführbarkeit starker wirtschaftlicher Druckmaßnahmen gegen Japan mit Herbert Feis in der

Ablehnung eines bloßen Embargos auf die japanischen Goldverkäufe überein, ebenso darin, daß eine amerikanisch-britisch-französische Handelssperre „die japanische Wirtschaft in ein Chaos stürzen und die Leistungsfähigkeit der Streitkräfte Japans binnen kurzem drastisch verringern würde".[63]

Auf Botschafter Grew machten diese Denkschriften wenig Eindruck. Am wenigsten war er mit dem Memorandum Herbert Feis' einverstanden. Er meinte, es sei durchaus möglich, daß wirtschaftliche Sanktionen das gegenwärtige kapitalistische System Japans zum Einsturz brächten, doch übersehe Mr. Feis, „daß Japan, um den Verhältnissen eines außerordentlichen Notstandes zu begegnen, ein neues Wirtschaftssystem entwickeln könnte". Auch gehe Mr. Feis nicht auf die Frage ein, „welchen Bedürfnissen Japan die in den besetzten Gebieten Chinas neu verfügbaren Hilfsquellen dienstbar zu machen vermöchte". Ferner sollte man alle Aufmerksamkeit der Tatsache schenken, daß Japan „in der Versorgung mit Nahrungsmitteln autark" sei. Schließlich dürfe man nicht außer acht lassen, daß die japanische Regierung mehrere Jahre hindurch umfangreiche Reserven „militärischer Rohstoffe" angelegt habe. In Anbetracht dessen könne man nicht überzeugend behaupten, daß eine Aussperrung des japanischen Handels auf die militärischen Operationen oder das politische Programm Japans ernstliche Rückwirkungen ausüben würde. Die Machthaber Japans hätten „wiederholt die Absicht erklärt, notfalls ein neues Wirtschaftssystem zu entwickeln, das Japan befähigen würde, trotz ihm als Sanktionen auferlegten Beschränkungen sein gegenwärtiges Programm in China weiterzuverfolgen". Die Frage, ob das japanische Volk ein solches neues System annähme und unterstützen würde, „ist eine politische und keine wirtschaftliche".[64]

Das letzte Wort in dieser Debatte hatte Mr. Feis. Er entgegnete, ihm leuchte keineswegs ein, „daß irgendeine Art Sozialismus oder Faschismus es den Japanern ermöglichen würde, die notwendigen Rohstoffe zu beschaffen oder die drastische physische Überholung und den Neuaufbau ihrer Wirtschaft zu vermeiden, wozu die Anwendung von Sanktionen zwänge ... Keinerlei bloße Änderung des sozialen oder des politischen Rahmens, innerhalb dessen die japanische Wirtschaft funktioniert, vermöchte die wirtschaftlichen Grundprobleme zu lösen, die durch wirksame Sanktionen entstünden."[65]

China sieht den europäischen Krieg kommen und lädt England und Frankreich zu einer gemeinsamen Front gegen Japan ein

Am 4. April übergab der chinesische Botschafter in Paris, Wellington Koo, dem Generalsekretär des Quai d'Orsay, Léger, eine Denkschrift, worin im Hinblick auf die unmittelbare Kriegsgefahr in Europa „eine sofortige praktische Beratung zwischen den Regierungen Frankreichs, Großbritanniens und Chinas über ein gemeinschaftliches Handeln im Fernen Osten gegen die japanische Aggression" vorgeschlagen und „volle Mitarbeit bei der Ausarbeitung eines Planes für militärische und wirtschaftliche Maßnahmen angeboten" wurde. Später „sollte die Sowjetunion zum Beitritt aufgefordert und den Vereinigten Staaten die Bitte um eine Parallelaktion unterbreitet werden". China wäre bereit, „alle ihm zur Verfügung stehenden Menschenkräfte einschließlich der effektiven militärischen Kräfte und alles Material beizusteuern, während die französische und die britische Regierung alle verfügbaren Luft- und Seestreitkräfte zur gemeinsamen Kriegführung nach dem Fernen Osten schicken sollten ... China, England und Frankreich sollten ... gemeinsam gegen Japan wirtschaftliche und finanzielle Sanktionen anwenden."[66]

Die britische Regierung antwortete, „sie wolle jetzt nicht mit der chinesischen Regierung irgendein Abkommen auf Grund der Hypothese schließen, daß Japan, falls Großbritannien in einen europäischen Krieg verwickelt werden sollte, sich britischer fernöstlicher Besitzungen zu bemächtigen versuchen würde. Die britische Regierung hat ferner erklärt, sie hoffe, daß die Anwesenheit der amerikanischen Flotte im Pazifik einen japanischen Angriff auf britische Besitzungen im Fernen Osten verhüten könnte. Für den Fall, daß Japan britische Besitzungen im Fernen Osten angriffe und Hilfe der Vereinigten Staaten ausbliebe, habe sich die britische Regierung dahin entschieden, daß sie ihren fernöstlichen Besitzungen keine Hilfe zu bringen vermöchte, bis der Krieg in Europa erfolgreich abgeschlossen wäre."[67]

Die französische Regierung reagierte nicht so schnell und rückhaltlos. Nachdem sie beträchtliche Zeit hatte verstreichen lassen, antwortete sie, der chinesische Vorschlag sei „äußerst interessant, doch scheine es verfrüht, zu diesem Zeitpunkt die Teilnahme an einer solchen Übereinkunft zu erwägen". Der Leiter der Fernostabteilung des Quai d'Orsay sagte zu Bullitt, er halte es für „unklug, den chinesischen Vorschlag mit einer kategorischen Ablehnung zu beantworten" und dadurch Tschiang Kai-schek in die Arme der Japaner zu treiben. Es sei ratsam, „die Chinesen ‚zappeln' zu lassen".[68]

Japan lädt Außenminister Hull zu einer vereinten japanisch-amerikanischen Anstrengung für den europäischen Frieden ein

Während die Chinesen für den Fall, daß in Europa ein zweiter Weltkrieg ausbräche, eine Dreimächtefront gegen japanische Angriffe zu errichten trachteten, suchte Japan fieberhaft nach einer Formel, durch die der Frieden Europas bewahrt werden könnte. Tokio fand an seiner Verbindung mit dem Deutschen Reich keinen Gefallen; Fingerzeige, daß Hitler mit Stalin in ein Einvernehmen zu kommen suche, beunruhigten die japanische Regierung tief. Der Kommunismus war seit langem als eine furchtbare Bedrohung der japanischen Stellung im Fernen Osten erkannt worden, und eine Verständigung zwischen Hitler und Stalin konnte zur Untergrabung der japanischen Sicherheit beitragen.

Das Auswärtige Amt bemühte sich, das Mißtrauen Tokios von den einleitenden Gesprächen mit Moskau abzulenken, indem es die japanischen Diplomaten auf düster verdächtigte Schritte Großbritanniens in Richtung Moskaus warnend hinwies. Am 27. April teilte Lord Halifax Botschafter Kennedy mit, er habe soeben dem japanischen Botschafter versichert, „daß Gespräche, die sie mit Rußland führten, in keiner Weise irgendwelche Verwicklung mit japanischen Handlungen zur Voraussetzung hätten und daß die Briten geneigt seien, sich völlig auf die Lage in Europa zu beschränken, falls sich die Japaner vernünftig aufführten".[69]

Angesichts dieser einander kreuzenden diplomatischen Strömungen entschloß sich die japanische Regierung, eine enge Verbindung mit den Vereinigten Staaten zu suchen, um mit ihnen zusammen eine Formel zu finden, die die am europäischen Horizont heraufziehenden Wolken zerstreuen würde. Es lag auf der Hand, daß Japan keinem europäischen Assoziierten mehr trauen konnte.

Der erste Schritt in dieser Richtung geschah am 16. Mai bei einem Frühstück, zu dem Botschafter Grew „von einem zwar keinen offiziellen Posten bekleidenden, aber mit hohen Beamten des Hofes eng befreundeten und dort die Stellung einer Vertrauensperson einnehmenden Japaner" gebeten worden war. Nach dem Essen zog dieser die Gunst des Hofes genießende Japaner seinen Gast in ein vertrauliches Gespräch. Er wies Grew darauf hin, daß Deutschland, Italien „und reaktionäre Gruppen in Japan" einen starken Druck dahin ausübten, „eine Abmachung einzugehen ... die die Solidarität unter denjenigen Nationen bekräftigen würde, deren Politik der von den demokratischen Nationen verfolgten zuwiderlaufe". Der Gruppe, der der Gastgeber angehörte, „sei es gelungen, den Vorschlag, ein solches Bündnis zu schließen, zu durchkreuzen, und sie tue jetzt alles, ‚die Verstärkung des Antikominternpaktes' zu vereiteln". Dieselbe Gruppe begünstige ganz offenbar eine engere Verbindung mit den Vereinigten Staaten. Der Botschafter reagierte auf diese Ouvertüre mit der Bemerkung, „es sollte klar sein, daß der Wiederherstellung guter Beziehungen zwischen Japan und den Vereinigten Staaten die Wiederherstellung des Friedens und guter Beziehungen zwischen Japan und China vorausgehen müsse".

Am folgenden Tag, dem 17. Mai, war Grew Gast des Außenministers Arita. Der Botschafter hatte den Geschäftsträger der amerikanischen Mission, Eugene H. Dooman, angewiesen, bei diesem Frühstück Arita über die Unterhaltung des Vortages auszuhorchen. Dooman konnte herausfinden, daß Arita über das Gespräch zwischen Grew und dem prominenten Japaner völlig unterrichtet war. Die Unterhaltung wandte sich dann der Frage des Eingehens Japans auf einen umfassenderen Antikominternpakt mit Deutschland und Italien zu. Arita sagte, Japan sei „zwar sehr darauf bedacht, eine Verwicklung in die europäischen Angelegenheiten zu vermeiden", könne jedoch nicht an der Tatsache vorbeigehen, „daß Rußland mit einem Bein in Europa und mit dem andern in Asien stehe und daß seine Politik und seine Handlungen, ob Japan das nun gerne sehe oder nicht, eine Brücke bildeten, durch die die Ereignisse im Fernen Osten und die Geschehnisse in Europa aufeinander einwirkten". Aber er freue sich, versichern zu können, daß der vorgeschlagene neue Antikominternpakt „keine militärischen, politischen oder wirtschaftlichen Klauseln enthalten werde".

Diese diplomatischen Tischgespräche wurden am 23. Mai wieder aufgenommen, als Mr. Dooman bei Baron Hiranuma, dem Premierminister, zu Abend speiste. Hiranuma gestand seinem Gast, daß ihm vor der Möglichkeit eines zweiten Weltkrieges „graue"; ein solcher Kampf müsse „zur völligen Vernichtung der Zivilisation führen". Er glaube, die Katastrophe ließe sich am besten verhüten, wenn Japan zwischen den Diktaturen und den demokratischen Nationen vermittelte. Er habe im Fernen Osten die Lage durch „moralische Diplomatie" zu festigen gesucht. Die Sphäre einer solchen Politik könnte erweitert werden. Japan sei wie die Vereinigten Staaten in die europäischen Wirren nicht unmittelbar hineingezogen, und so befänden sich beide Nationen ... in einer Lage, die ihnen erlauben würde, auf Europa einen mäßigenden Einfluß auszuüben. Dooman beantwortete diesen Wink mit der Bemerkung, das Haupthindernis „auf dem Weg zu einer Zusammenarbeit liege ... in der Politik und den Handlungen Japans in China". Der Premierminister erwiderte, er wisse sehr wohl, daß die Amerikaner annähmen, „Japan habe den Konflikt in China bewußt hervorgerufen mit der Absicht, sich der bevölkertsten und ertragreichsten Teile des Landes zu bemächtigen, aber die amerikanische Regierung werde, wie er zuversichtlich glaube, wohl erkannt haben, daß Japan ursprünglich weder mehr gewollt noch nach mehr verlangt habe als danach, seine Rechte in Nordchina zu schützen". Sollte Außenminister Hull darauf beharren, „daß gemeinsamen amerikanisch-japanischen Anstrengungen zur Beruhigung der Lage in Europa eine Beilegung des Konfliktes mit China vorauszugehen habe, dann müßte der Kurs, an den er denke, aufgegeben werden".[70]

Die Antwort Hulls auf diese japanischen „Friedensfühler" war kühl und entmutigend. Japan würde für den europäischen Frieden am besten wirken, wenn es auf die europäischen Nationen, zu denen es „besondere Beziehungen" unterhalte, einen entsprechenden Druck ausübte. Wenn den japanischen Staatsmännern so sehr „an der Begründung und Erhaltung eines wahren Weltfriedens" liege, dann wäre es für sie angezeigt, wirksame Schritte zu einer Beendigung der Feindseligkeiten im Fernen Osten zu tun. Unterdessen bleibe das Department of State an dem Vorschlag für japanisch-amerikanische Bemühungen um eine Formel für die Bewahrung des europäischen Friedens „ernsthaft interessiert" und würde sich freuen, hierüber weitere Nachrichten zu erhalten.[71]

Dooman fand diese Antwort ein wenig unkonziliant und zögerte, sie zu übergeben. Inzwischen entschloß sich der Präsident zu einem entscheidenden Schritt gegen Japan, zum Teil unter dem Einfluß Stanley K. Hornbecks, der dem State Department nachdrücklich zu einer aktiveren Politik riet.[72] Hinzu kam, daß am 18. Juli Senator Vandenberg einen Entschließungsantrag eingebracht hatte, der den Präsidenten ersuchte, Japan davon zu unterrichten, daß der Handelsvertrag vom 21. Februar 1911 in sechs Monaten ablaufe.[73] Am 26. Juli teilte Außenminister Hull dem japanischen Botschafter Horinutschi durch eine Note mit, daß der Vertrag vom 21. Februar 1911 Bestimmungen enthalte, die „neuer Erwägungen" bedürften. Um solchen Überlegungen den Weg zu öffnen und im Hinblick auf „einen bessern Schutz und bessere Förderung der amerikanischen Interessen" habe die amerikanische Regierung beschlossen, der japanischen Regierung in aller Form mitzuteilen, daß der Vertrag von 1911 am 26. Januar 1940 ablaufe.[74]

Diese Note vom 26. Juli war, wie Frederick Moore treffend bemerkt, deutlich kasuistisch. Bisher war die amerikanische Regierung „im Geschäftsverkehr mit Japan recht offen gewesen. Diese Note jedoch schien mir der Offenheit zu ermangeln. Der Vertrag wurde wegen der japanischen Handlungen in China aufgehoben, gegen die die amerikanische Regierung keine Abhilfe finden konnte, und wegen des weitverbreiteten Verlangens, daß die Regierung die Versorgung Japans mit Kriegsmaterial einstelle. Die Note aber gab als Grund an, ‚daß Änderungen nötig sein könnten, die den Zwecken besser dienen würden, für die solche Verträge geschlossen werden'. Als mich die Japaner darauf hinwiesen, konnte ich nur antworten, dies sei meiner Ansicht nach Kasuisterei; das Department müsse wissen, daß, wenn der Vertrag mit

Japan erst einmal abgelaufen ist, der Senat bei seiner augenblicklichen Stimmung gegen Japan einen neuen kaum ratifizieren wird. Es bedrückt mich, daß das Department seine Zuflucht zu offenbarem diplomatischem Ausweichen nahm. Hätten die Japaner das getan, so hätten wir das als einen weiteren Akt der Falschheit vermerkt."[75]

Die Beendigung des Vertragsverhältnisses von 1911 zusammen mit der Weigerung Außenminister Hulls, den japanischen Vorschlag für gemeinsame Bemühungen um eine Formel zur Beruhigung der europäischen Lage ernstlich in Erwägung zu ziehen, war für das japanische Außenamt ein klares Zeichen in der Richtung, daß Amerika zu einer neuen Fernostpolitik überging. Es würde eine entschiedenere Politik sein, deren Druck Japan zuerst zu spüren bekäme. Dooman in Tokio fühlte das sofort, und er berichtete Hull, er stehe „unter dem starken Eindruck der großen Bedeutung, die in Japan allgemein der Tatsache beigemessen wird, daß die Vereinigten Staaten den Ablauf des Handelsvertrages ohne vorherigen Wink mitgeteilt haben, wie man es gehalten hätte, wäre der Schritt großenteils durch wirtschaftliche Erwägungen bestimmt worden. Die Folgerung, daß die motivierenden Überlegungen politischer Art seien, wird durch die Erwähnung der Reaktion bei der amerikanischen Presse und in der amerikanischen Bevölkerung sonst auf die Notifizierung der Beendigung des Vertragsverhältnisses unterstrichen."[76]

Nur wenigen Amerikanern kam zum Bewußtsein, daß die feindlichen Pressekommentare das Klima für eine Meinung erzeugten, die dermaßen antijapanisch war, daß sich schließlich eine Kriegspsychose entwickeln mußte. Hulls Kasuisterei in der Note vom 26. Juli trug dazu bei, in Japan das Gefühl hervorzurufen, Amerika habe unter dem Banner der Unaufrichtigkeit den Weg zum Krieg beschritten – unter einem Banner, das immer sichtbarer wurde, je mehr sich die Regierung Roosevelts auf das Desaster von Pearl Harbour zubewegte.

Kapitel XXII

Europa bewegt sich auf den Krieg zu

Angesichts der Tatsache, daß hinter China als treibende Kraft zum Kriege Rußland stand, wurden sich einige Beobachter bald klar darüber, daß im Fernen Osten kein Waffenstillstand in Sicht war. Sollte es Tschiang Kai-schek müde werden, für die Sowjets die Kastanien aus dem Feuer zu holen, würde man ihn sofort als Verräter an der Einheit Chinas brandmarken, und kommunistische Agenten würden in ganz Ostasien nach seiner Verbannung oder seiner Hinrichtung schreien. Wenn es Frieden geben durfte, dann nur unter kommunistischem Vorzeichen.

Chamberlain gibt Polen ein folgenschweres Hilfsversprechen

Während Stalin im Fernen Osten in die Kriegsglut blies, begann Hitler Ausdehnungspläne ins Werk zu setzen, die bald zum Konflikt in Europa führen sollten. Schon am 24. Oktober 1938 machte Ribbentrop dem polnischen Botschafter in Berlin, Josef Lipski, zur Besprechung mit Außenminister Beck den Vorschlag, daß die polnische Regierung in die „Wiedervereinigung Danzigs mit dem Reich" und den Bau „einer exterritorialen Autostraße und Bahnlinie durch Pommerellen" einwillige, wofür Polen „wirtschaftliche und bahntechnische Vergünstigungen" im Danziger Gebiet behalten sollte und Deutschland die polnischen Grenzen garantieren würde. Lipski war von diesen Anregungen nicht begeistert[1], und die polnische Regierung antwortete mit einem höflichen, aber deutlichen Nein[2].

Das Gespräch wurde fortgesetzt am 19. November, als Lipski mit beunruhigender Offenheit Ribbentrop davon unterrichtete, daß „jede Tendenz zur Vereinigung der Freien Stadt [Danzigs] mit dem Reich unweigerlich zu einem Konflikt in den deutsch-polnischen Beziehungen führen würde". Ribbentrop „schlug einen ausgesprochen freundlichen Ton an" und sagte, er fühle sich Polen so nahe, daß er sich mit Lipski „nicht in diplomatischer Form, sondern auf freundschaftlicher Ebene offen und aufrichtig zu besprechen wünsche". Es liege ihm nur daran, für das Danziger Problem eine beiderseitig befriedigende Lösung zu finden. Zum Vorschlag der Autostraße meinte Lipski „rein persönlich", es werde sich da „vielleicht" eine Verständigung finden lassen.[3]

Die nächste Szene dieses Dramas um Danzig spielte wieder, wie die erste, in Berchtesgaden. Hitler war nicht geneigt, das Nein Becks anzunehmen. Als Realist in der Weltpolitik wußte er sehr gut, daß Polen nicht über die militärische Stärke verfügte, den deutschen Forderungen Widerstand entgegenzusetzen, und er war sicher, daß keine Macht oder Machtkombination Polen den Beistand leisten könnte, der nötig wäre, einen deutschen Angriff auf Warschau abzuschlagen. Indessen, Hitler wollte keinen Krieg mit Polen. Es konnte ihm als Bollwerk dienen, das jede russische Drohung gegen ein weit ausgedehntes Drittes Reich neutralisieren würde, oder vielleicht als Verbündeter für künftige Angriffshandlungen gegen die Sowjetunion. Nahm Polen die Rolle des Hauptsatelliten im nationalsozialsitischen System an, so war auch seine Expansion verbürgt. Deutschland und Polen konnten zusammen Europa beherrschen, und Hitlers Wort würde von Warschau bis Lissabon Gesetz sein.

Beck jedoch war von den politischen Möglichkeiten, die auf dem Wege deutsch-polnischen Zusammenwirkens lagen, nicht sonderlich angetan. Er zog es vor, der überwältigenden deutschen Stärke zum Trotz die Hoffnung auf die Fortdauer polnischer Unabhängigkeit zu nähren. Am entscheidendsten Kreuzweg der Weltgeschichte wies er es zurück, in der deutschen Kriegsmaschine eine Fahrt mitzumachen, die Polen als Satellitenstaat Macht und Beute versprach. Statt dessen folgten er und das polnische Kabinett dem Rat Chamberlains und wählten die Straße, die zum Krieg mit Deutschland und in der Folge zur Vernichtung des polnischen Staates führte. Das britisch-polnische Einvernehmen im Frühjahr 1939 bestimmte Hitler, sich Stalin zuzuwenden um jenes Bündnisses willen, dem der zündende Funke zu einem Konflikt entsprang, der schließlich über ein geschlagenes und verstümmeltes Polen die rote Herrschaft brachte. Die polnische Diplomatie von 1938 bis 1939 war ein Musterplan des Unheils.

Noch Anfang 1939 nahm Hitler an, Beck kenne sich in den Prinzipien der „Realpolitik" so gut aus, daß er froh wäre, gemeinsam mit den deutschen Führern nach einer Beute auszuziehen, die von den schwachen Staaten Europas nur schlecht gehütet war. Für die Möglichkeit, zusammen mit Hitler zu jagen, würde er einen bestimmten Preis zu zahlen haben. Am 5. Januar legte Hitler diese Überlegungen unverblümt Außenminister Beck vor. Was Danzig und den Korridor angehe, so „könne man vielleicht beiden Interessen durch Verwendung völlig neuer Lösungsmethoden gerecht werden". Er, Hitler, denke „an eine Formel, nach der Danzig politisch zur deutschen Gemeinschaft gelange, wirtschaftlich aber bei Polen bliebe ... Bezüglich des Korridors wies der Führer darauf hin, daß für das Reich die Verbindung mit Ostpreußen, ebenso wie für Polen die Verbindung mit dem Meer, lebenswichtig sei. Als Gegenleistung erhielte Polen „eine klare, vertraglich festgelegte Grenzgarantie ... einschließlich des Korridors". Beck fand auf diese Vorschläge keine klare Antwort. Die Danziger Frage sei „außerordentlich schwierig ... Er wolle jedoch das Problem gern einmal in Ruhe überlegen."[4]

Am 6. Januar besprachen in München Ribbentrop und Beck die Danziger Frage und das Korridorproblem. Er denke sich, so sagte Ribbentrop, „folgende Lösung: Rückgliederung Danzigs an Deutschland. Dagegen Sicherstellung aller wirtschaftlichen Interessen Polens in dieser Gegend, und zwar in großzügigster Weise. Verbindung Deutschlands zu seiner Provinz Ostpreußen durch eine exterritoriale Auto- und Eisenbahn. Hierfür als Gegenleistung seitens Deutschlands Garantierung des Korridors und des gesamten polnischen Besitzstandes, also endgültige und dauernde Anerkennung der gegenseitigen Grenzen."[5] Beck nahm die Vorschläge wieder kühl auf und bemerkte düster, er sei „zum erstenmal von Pessimismus befallen". Besonders in der Danziger Frage sehe er „keine Möglichkeit einer Verständigung".[6]

Weitere Unterredungen zwischen Beck und Ribbentrop vom 25. bis zum 27. Januar in Warschau führten zu keinem wesentlichen Ergebnis.[7] Im März 1939 begann Ribbentrop mit Polen die Geduld zu verlieren. Am 21. März nahm er in einem Gespräch mit Botschafter Lipski die Danziger Frage und das Korridorproblem wieder auf und bemerkte, Hitler sei „bisher über die merkwürdige Haltung Polens in einer Reihe von Fragen nur verwundert". Es erscheine ihm „erforderlich, daß man einen neuen Versuch unternehme, die deutsch-polnische Politik in das richtige Geleise zu bringen", und er „würde sich freuen, wenn Außenminister Beck demnächst einen Besuch in Berlin abstatten würde". Der Führer „erkenne die Berechtigung des polnischen Anspruchs auf einen freien Zugang zum Meer an", und er sei „der einzige deutsche Staatsmann, der einen endgültigen Verzicht auf den Korridor aussprechen könne".[8]

Es ist klar ersichtlich, daß Hitler meinte, er gehe mit seinen Angeboten an Polen sehr weit. Von dem rüden Ton, der seine Auseinandersetzungen mit Österreich und der Tschechoslowakei gekennzeichnet hatte, war bei seinen Vorschlägen an das polnische Außenamt nichts zu bemerken. Aber Beck war schnell geneigt, diese vermittelnden Gesten zurückzuweisen. Polen könne keiner exterritorialen Straße durch den Korridor zustimmen. Was Danzig betreffe, so halte die polnische Regierung eine Lösung dieser Frage durch eine „gemeinsame polnisch-deutsche Garantie für die Freie Stadt Danzig" für möglich.[9]

Indem sich Beck mit solcher Entschiedenheit gegen Konzessionen an Deutschland stellte, ließ er sich auf ein verzweifeltes Spiel ein, das er schließlich verlor. Er hatte sich für den Versuch entschieden, Großbritannien gegen Deutschland in die Waagschale zu werfen, obwohl er nicht sicher war, welchen Kurs die britische Regierung einschlagen werde. Er beabsichtigte eigentlich, Ende April nach London zu fahren, fürchtete jedoch, England könnte eher versuchen, „seine Visite zu Verhandlungen mit Berlin auszumünzen", als sich bemühen, eine Grundlage „für eine konstruktive Zusammenarbeit" mit Polen auszuarbeiten.[10]

Allein, Chamberlain beabsichtigte nicht, sich an Hitler zu wenden. Er wartete plötzlich mit einer Formel auf, wonach vier Großmächte – Britannien, Frankreich, Polen und Rußland – eine Erklärung unterzeichnen sollten, daß sie „im Falle weiterer Anzeichen deutscher aggressiver Bestrebungen gemeinschaftlich handeln würden".[11] Das Schicksal dieses Vorschlags hat Bullitt in einem Bericht an Außenminister Hull beschrieben: „Ich besprach heute vormittag die Lage mit Léger. Was den britischen Vorschlag angeht, so haben ihn Frankreich und die Sowjetunion natürlich bedingungslos angenommen. Der Schlüssel zur Lage ist jedoch Polen. Gestern Morgen war Chamberlain der Meinung gewesen, daß die Polen nicht annehmen würden. Die Polen hätten der britischen Regierung eine große Anzahl Fragen über die konkrete Hilfe vorgelegt, die Großbritannien im Falle eines deutschen Angriffs Polen brächte ... Léger fuhr fort, seiner Meinung nach werde es Polen nicht wagen, den britischen Vorschlag ohne weiteres abzulehnen, weil die Verantwortung dafür schrecklich wäre, wenn ... Deutschland später Polen angreifen sollte."[12]

Beck lehnte den britischen Vorschlag ab, fügte aber vorsorglich als Begründung hinzu, er fürchte, daß er nicht „ausreiche", dem gegenwärtigen Notstand zu genügen. Er gebe einem zweiseitigen Abkommen zwischen Großbritannien und Polen weitaus den Vorzug.[13] Chamberlain schenkte dieser Anregung sofort Beachtung, und am 27. März teilte das Foreign Office Beck mit, England werde sich für den Fall, „daß sich die Polen gegen einen Angriff verteidigen", durch eine Erklärung verpflichten, ihnen „mit allen seinen Streitkräften und Mitteln" zu Hilfe zu kommen. Trotz dieser großen Worten war England aller Wahrscheinlichkeit nach gar nicht imstande, bei einem deutschen Angriff auf Polen wirksame Kräfte dorthin zu schicken. Am 27. März vertraute Lord Halifax Botschafter Kennedy an, daß man selbst angesichts eines möglichen Konflikts mit Deutschland keinen Schritt zur Einführung der Dienstpflicht tun werde. Die Regierung Chamberlains sei sich darüber klar, daß es ihr an Ausrüstung fehle, die Einberufenen zu bewaffnen, auch fürchte sie, daß die Gewerkschaften „bereit seien, das industrielle Programm über den Haufen zu werfen", wenn ernstlich versucht werden würde, „die Wehrpflicht durchzusetzen".[14]

Diese Sackgasse auf der Seite militärischer Bereitschaft hinderte Chamberlain nicht, auf seinem politischen Wege weiterzuschreiten. Am 31. März gab er im Unterhaus die Erklärung ab, „für den Fall irgendeiner Aktion, die klarerweise die polnische Unabhängigkeit bedroht und von der polnischen Regierung daher für so lebenswichtig angesehen wird, daß sie ihr mit ihren nationalen Streitkräften Widerstand leistet, würde Seiner Majestät Regierung sich verpflichtet fühlen, der polnischen Regierung alle in ihrer Macht stehende Hilfe sofort zu gewähren".[15]

Wenn man sich vergegenwärtigt, daß die britische Regierung bei einem polnisch-deutschen Kriege nicht einen einzigen Soldaten in den Korridor stellen konnte, dann wird einem die zweifelhafte Art dieser Zusicherung Chamberlains offenbar, und es erhebt sich unvermeidlich die Frage: Weshalb war Beck so sehr auf ein Hilfsversprechen versessen, das keinerlei praktische Bedeutung hatte? Dadurch, daß er Hitler den Rücken kehrte, forderte er eine schnelle Vernichtung heraus, die keine europäische Macht abzuwenden vermochte. Möglicherweise glaubte er, daß Hitler nur bluffe und es deshalb für ihn nicht gefährlich sei, den polnischen Ajax zu spielen, der kühn dem braunen Blitz trotze.

Daladier schien eine solche Meinung zu teilen, vertraute er doch Botschafter Bullitt an, er sei „besonders über die starke und mutige Haltung der Polen hocherfreut".[16] Tief besorgt war er jedoch darüber, daß England nicht die Einführung der Wehrdienstpflicht betrieb. Breche ein europäischer Krieg aus, so wäre Großbritannien zu einer unbedeutenden Rolle verurteilt, „außer zur See". Infolgedessen hätte dann Frankreich eine Last zu tragen, „die fürchterlich wäre". Hinter Daladiers Worten lauerte der Verdacht, daß sich Polen als ein schwacher Alliierter erwiese. Wenn auch Beck während seines Besuches in London wahrscheinlich mit England irgendeine Art Bündnis schließen werde, so bleibe doch immer die Möglichkeit bestehen, „daß die Polen die eine oder die andere Entschuldigung dafür fänden, sich um ihre Verpflichtung, an der Seite Frankreichs und Englands zu kämpfen, zu drücken".[17]

Chamberlain hegte solchen Argwohn gegen Polen nicht, auch hielt er an der Hoffnung fest, der Krieg sei noch so weit entfernt, daß er sich wegen der Dienstpflicht lange Zeit nicht zu beunruhigen brauche. Er stand irgendwie unter dem Eindruck der Erklärung Hitlers in Godesberg: „Ich habe mit Worten mehr gewonnen als mit Bajonetten." Für Botschafter Kennedy war das ein Zeichen dafür, daß sich Chamberlain und die britische Bevölkerung Wunschvorstellungen hingäben. Immerhin war Chamberlain Realist genug, einzuräumen, Hitler „wisse genau, daß für ihn die Wahrscheinlichkeit, mit einem Schlage zu siegen, um so geringer werde, je länger er England und Frankreich Zeit zum Rüsten lasse".[18]

Daß es darauf ankäme, beizeiten einen Schlag gegen England zu führen, wurde auch in der deutschen Presse hervorgehoben. Die britische Botschaft in Berlin wies Lord Halifax warnend daraufhin, daß diese Zeitungskommentare genau die zunehmende Feindlichkeit Hitlers wegen der „Einkreisungs"-Politik spiegelten. Halifax wiederum ließ Präsident Roosevelt wissen, daß die britische Flotte jeden Augenblick das Ziel eines deutschen „Blitzangriffs" sein könnte.[19]

Trotz Hitlers steigendem Haß wegen der britischen Einkreisungspolitik ging Chamberlain einen Schritt weiter und veranlaßte am 6. April das Foreign Office zu der Erklärung, Großbritannien und Polen seien bereit, „ein Abkommen zu schließen, das bleibend und gegenseitig sein ... soll". Die polnische Regierung halte sich „bis zur Unterzeichnung des dauernden Abkommens für verpflichtet, der britischen Regierung unter denselben Bedingungen Beistand zu leisten", die in der britischen Zusicherung vom 31. März enthalten seien.[20] Beck hatte nun Polen auf der Straße zum Krieg und zur nationalen Vernichtung weit hinausgetrieben. Eine solche Politik steuerte direkt auf das Verhängnis los.

Lord Halifax versucht, mit dem Duce „irgend etwas zustande zu bringen"

Gleichzeitig mit der Knüpfung engerer Beziehungen zu Polen bemühte sich Chamberlain, zwischen Hitler und Mussolini einen Keil zu treiben. Am 20. März richtete er ein persönliches Schreiben an Mussolini, worin er auf die Gefahren hinwies, die mit Hitlers Expansionsplänen verknüpft seien. Wenn sich Italien mit den westlichen Demokratien verbündete, wäre der europäische Friede gerettet, und bestimmte Vorteile wären gesichert. Botschafter Kennedy erfuhr von diesem Brief durch Lord Halifax, der sich bemühte, ihn im wesentlichen über die britische Politik auf dem laufenden zu halten. Auf die Frage Kennedys, ob Britannien geneigt wäre, für die italienische Mitwirkung einen „hohen Preis" zu zahlen, meinte Halifax, „er glaube schon, aber er wolle damit lieber nicht herausrücken, bevor er gesehen hätte, daß Mussolini seinen Teil erfülle".[21]

Wie Chamberlain, so glaubte auch der amerikanische Botschafter in Brüssel den Augenblick für einen Handel mit Mussolini gekommen. Er fürchtete sehr, daß der europäische Frieden „im Wanken" sei. Es sei daher wichtig, daß der Präsident etwas unternehme, den Krieg hintanzuhalten. Seiner Meinung nach war die europäische Schlüsselfigur Mussolini. Es komme darauf an, den Duce davon zu überzeugen, daß „die gegenwärtigen und künftigen Interessen" Italiens eng mit den Westmächten verknüpft seien. Sollte Europa in einen großen Konflikt verwickelt werden, so müßten die Diktaturen verlieren. Der Duce solle „verhalten und jetzt nicht durch Forderungen, die anzunehmen den Franzosen der Stolz verbiete, eine Krise herbeiführen".[22]

Während Präsident Roosevelt die Anregungen Davies' sorgfältig erwog, setzte Lord Halifax immer noch seine Hoffnung darauf, daß er mit Mussolini „irgend etwas zustande bringen" werde.[23] Chamberlain jedoch bezweifelte allmählich, daß sein Außenminister mit dem Duce viel werde anfangen können. Er bemerkte zu Kennedy, daß Mussolini als ein Diktator gezwungen sei, „vorwärtszuschreiten". Sein nächstes Abenteuer könnte Albanien sein. Als Kennedy fragte, welche Aktion die britische Regierung unternähme, wenn der Duce in dieser Richtung vorgehen sollte, murmelte Chamberlain säuerlich, es wäre das „für England eine schreckliche Kalamität, weil er Albaniens wegen nicht in einen Krieg geraten möchte".[24]

Mussolini besetzt Albanien

Die von Chamberlain befürchtete „schreckliche Kalamität" wurde sehr bald von Mussolini herbeigeführt. Italienische Truppen rückten in Albanien ein und besetzten ohne Schwierigkeiten das ganze Land. Das Unternehmen war seit vielen Monaten geplant; das Tagebuch Cianos wimmelt von Hinweisen auf einen wahrscheinlichen Einfall in Albanien. Durch das Aufnehmen der Tschechoslowakei unter deutsche Herrschaft wurde das Verlangen des Duce nach der Erwerbung Albaniens beträchtlich gesteigert. Die von Deutschland für die Annexion Böhmens und Mährens angeführten Gründe waren so durchsichtig, daß Ciano angewidert vermerkte: „Solche Vorwände mögen für Goebbels' Propaganda gut sein, man sollte sie aber nicht im Gespräch mit uns gebrauchen." Mussolini schien die Einnahme Albaniens geboten, um die deutschen Erwerbungen auszugleichen.[25]

Ciano war über die Kavaliers-Attitüde, mit der Hitler dem Duce die Nachricht von der Annexion der Tschechoslowakei übermittelt hatte, äußerst verärgert. Er vertraute seinem Tagebuch an, daß er Hitler für „treulos und verräterisch" halte. Der König habe die Deutschen „Schurken und Bettler" genannt, und Balbo habe seinem Unwillen über die nachgiebige Haltung Mussolinis in heftiger Weise Luft gemacht: „Sie putzen Deutschlands Stiefel." Allein, der Duce hielt an Hitler fest und wandte gegen seine Kritiker mürrisch ein: „Wir können nicht die Rolle politischer Huren spielen."[26]

Am 7. April griffen die Italiener Durazzo an. Als dies König Zogu gemeldet wurde, hielt er es für eine ungeheure Übertreibung. Am nächsten Tag wurde Tirana besetzt, und am 16. April bot eine albanische Abordnung dem König von Italien die Krone Albaniens an. Ciano notierte in sein Tagebuch, der Führer der Delegation, Verlaci, habe „sehr niedergedrückt" geschienen und seine Rede mit „müder Miene" gehalten, in der keine Begeisterung zu lesen gewesen sei.[27] Die Ansprüche, die ein römischer Festtag stellte, waren sehr erschöpfend.

Die amerikanische Reaktion auf die Besitzergreifung Albaniens

Die Amerikaner reagierten auf die Annexion Albaniens sofort und feindselig. Die Freundschaft, die die italienisch-amerikanischen Beziehungen in der ersten Zeit des Regimes Mussolinis gekennzeichnet hatte, war durch das Einschwenken Mussolinis in die Hitlersche Linie erschüttert worden. Im Jahre 1937 war die italienische Regierung durch das Zaudern, mit dem Amerika die Verhandlungen über ein neues Freundschafts-, Handels- und Schiffahrtsabkommen mit ihr führte, sehr enttäuscht worden und hatte alle Anstrengungen gemacht, das Department of State zu einem baldigen Vertragsabschluß zu bewegen.[28] Botschafter Phillips fürchtete, daß eine weitere Verschleppung durch Amerika Italien ein für allemal in die begierigen Arme Hitlers treiben werde, aber Außenminister Hull hielt es für „unklug", durch den Abschluß eines Meistbegünstigungsvertrages mit Italien, „jedenfalls in diesem Augenblick, uns die Hände zu binden". Das beste sei, die Sache in der Schwebe zu lassen und eine Klärung der internationalen Lage abzuwarten. Die Verzögerungspolitik sollte fortgesetzt werden, und die amerikanischen Antworten auf italienische Noten „bedächtiger sein als üblich".[29]

Die Abkühlung in den Beziehungen zwischen Italien und den Vereinigten Staaten veranlaßte Botschafter Kennedy zu einem kurzen Besuch in Rom. Er fand, daß die Gräfin Ciano das Schwinden der Herzlichkeit bedauerte, die in dem Verhältnis zwischen beiden Ländern in den Anfängen des Regimes Mussolinis geherrscht hatte; sie meinte, die Politik der Demokratien habe ihren Vater genötigt, „zu seinem eigenen Schutz mit Hitler zu gehen".

Kennedy verriet verstohlen, daß er für die Gräfin einige Bewunderung übrig hatte, was aber ihren leichtsinnigen Gatten anging, so drücken seine Berichte nur Verachtung aus. Nach einem Tee mit Ciano schickte er Außenminister Hull eine seiner beißendsten Depeschen: „Ich traf auch mit Ciano zusammen ... Von seinen Fähigkeiten im Amt habe ich keine Ahnung, aber in meinem ganzen Leben ist mir noch kein solch prahlerischer Esel begegnet. Er verbrachte die meiste Zeit damit, Mädchen in eine Ecke zu bugsieren, um mit ihnen zu plaudern, und bei Tisch blieb er keine fünf Minuten bei einem ernsthaften Gespräch, aus Angst, daß er die zwei oder drei Mädel, die eingeladen waren, damit er überhaupt komme, aus den Augen verlieren könnte ... Ich begab mich weg mit der Überzeugung, daß wir viel mehr erreichen würden, wenn wir statt einer Herde von Diplomaten und einer Flotte von Flugzeugen ein Dutzend hübscher Chormädchen nach Rom schickten ... Die Reden des Präsidenten machen sie [die Italiener] absolut verrückt ... Jedesmal, wenn der Präsident irgend etwas sagt, ist in Rom für den Rest des Tages niemand vom Kabinett oder von der Regierung zu einem Gespräch fähig.“[30]

Nach Empfang dieser Depesche schienen sich Präsident Roosevelt und Außenminister Hull ein besonderes Vergnügen daraus zu machen, Reden zu halten oder Erklärungen zu veröffentlichen, die Mussolini und sein Kabinett in einem Zustand starker nervöser Aufregung erhalten würden. Am 8. April prangerte Hull den italienischen Einfall in Albanien als eine „weitere Bedrohung des Weltfriedens“ an[31], und am selben Tage äußerte Roosevelt in Warm Springs, daß die Fortdauer der Unabhängigkeit kleiner Nationen überall in der Welt eine nicht zu übersehende Wirkung auf die amerikanische Unabhängigkeit und Prosperität ausübe[32].

Als der Präsident am Ostersonntag, dem 9. April, von Warm Springs nach Washington abfuhr, wandte er sich an die kleine Menge, die sich um seinen Privatwagen drängte, mit den bedeutungsvollen Worten: „Ich werde im Herbst zurück sein, wenn wir nicht Krieg haben.“[33] Walter Lippmann faßte diese Erklärung als einen offenen Wink an Hitler und Mussolini auf, daß die Vereinigten Staaten nicht gleichgültig bleiben würden, wenn die Diktatoren weiter die Unabhängigkeit kleiner Nationen untergrüben.[34]

Bei seinem Wiedereintreffen in Washington am 10. April wartete auf den Präsidenten eine Depesche von Botschafter Bullitt, die starke Hinweise darauf enthielt, daß unmittelbar Krieg drohe: „Ich sprach heute nacht kurz mit Bonnet. Er bat mich, meine Regierung darüber zu informieren, daß es ‚fünf Minuten vor zwölf‘ sei. Jeden Augenblick könne der Krieg ausbrechen.“[35] Daladier, mit dem Bullitt zwei Tage darauf sprach, glaubte, daß Hitler und Mussolini „wahrscheinlich in ein bis zwei Wochen zum Kriege schreiten würden. Er war völlig außerstande, sich zu erklären, aus welchen Gründen Chamberlain in diesem Augenblick so optimistisch sei. Er meinte, Chamberlain sei entweder irregeführt oder sträflich schwach.“[36]

Während Daladier zu Bullitt von Krieg sprach, redete Lord Halifax zu Kennedy von Frieden. In einer langen Unterredung am 11. April schien er dem Botschafter „seltsam optimistisch“. Er „erwarte keinen Krieg. Er habe immer Bedenken, mir das zu sagen, weil er glaube, ich dächte, daß er ‚den Kopf in den Sand stecke‘, und er gebe auch zu, daß er bis heute ein kleines bißchen geirrt habe“. Kennedy führte diesen Optimismus zum Teil auf Versicherungen des Duce zurück: „Die Haltung, die Mussolini der Regierung gegenüber in der albanischen Sache zum Ausdruck gebracht hat, hat ihre Sorgen nicht erhöht. Sie hat sie eher glauben machen, daß die Lage nicht so hoffnungslos sei, wie sonst jedermann meint.“[37] Es war Bullitt klar, daß sich das Foreign Office von rosig gefärbten Berichten des britischen Botschafters in Rom, Lord Perth, verführen ließ. Bonnet erzählte Bullitt, er habe von François-Poncet, dem französischen Botschafter in Rom, erfahren, daß Mussolini kürzlich „eine warme persönliche Botschaft an Chamberlain mit der Versicherung gesandt habe, er wünsche mit England die freundschaftlichsten Beziehungen und gedenke den anglo-italienischen Pakt über das Mittelmeer völlig zu respektieren“. Lord Perth habe François-Poncet auch davon unterrichtet, „daß Ciano ihm versprochen habe, Italien werde bestimmt nicht Griechenland angreifen“. Auch habe Ciano Lord Perth versichert, daß die italienischen Truppen sofort nach der auf den 2. Mai anberaumten Madrider Siegesparade aus Spanien zurückgezogen werden würden“. Bullitt bewiesen diese Mitteilungen Perths, daß der Lord „der große Esel geblieben ist, der er sein ganzes Leben war, und daß Mussolini die Briten als ‚Säuglinge‘“ nehme. Der britische Botschafter in Paris stimmte dieser Charakterisierung Lord Perths durchaus zu.[38]

Von der trügerischen Hoffnung ausgehend, daß Mussolini tatsächlich auf der Seite der Demokratien stehe, fühlte sich Chamberlain stark genug, seine Politik der Zusicherungen an Nationen fortzuführen, die von einem deutschen Angriff bedroht seien. Am 13. April gab er eine weitere folgenschwere Erklärung ab: er verkündete im Unterhaus, daß jede die Unabhängigkeit Griechenlands oder Rumäniens bedrohende Handlung die britische Regierung veranlassen würde, auch diesen Ländern alle in ihrer Macht stehende Unterstützung zu leihen.[39]

Unterdessen bereitete sich Hitler auf den Krieg vor. Am 12. April hatte der Chef des deutschen Generalstabes ein Gespräch mit dem amerikanischen Geschäftsträger in Berlin. Er zögerte nicht, zu verstehen zu geben, „daß Hitler, wenn Deutschland bei der Ausdehnung nach Osten weiter Hindernisse in den Weg gelegt würden, sich gezwungen sähe, der Opposition ... im Westen ein Ende zu machen."[40]

Angesichts dieser kriegdrohenden europäischen Atmosphäre hielt am 14. April Präsident Roosevelt vor dem leitenden Ausschuß der Panamerikanischen Union eine Rede, von der jedermann wußte, daß sie in Wirklichkeit auf die europäischen Diktatoren gemünzt war. Er trat Hitlers Anschuldigungen, daß Deutschland eingekreist werde, mit der Erklärung entgegen, es gebe „so etwas nicht wie die Einkreisung ... irgendeiner friedlichen Nation durch andere friedliche Nationen". Und dann schoß er gegen die Expansionsmethoden der Nationalsozialisten und der Faschisten einen Pfeil mit scharfen Widerhaken ab: „Müssen wir wirklich als wahr annehmen, daß die Nationen keine besseren Methoden finden können, ihre Bestimmung zu erfüllen, als wie sie vor 1.500 Jahren von den Hunnen und Vandalen angewendet wurden?"[41]

Dieser kritischen und herausfordernden Rede ließ er ein Kabeltelegramm an Hitler und Mussolini folgen mit dem Appell, keine weiteren Schritte zu unternehmen, die zu einem europäischen Krieg führen könnten. Überdies forderte er Hitler und Mussolini zu der Zusicherung auf, daß ihre Streitkräfte mindestens zehn Jahre hindurch „weder das Gebiet noch die Besitzungen folgender Nationen angreifen werden ...", worauf er eine lange Reihe von Ländern nannte. Es sollte auch Diktatoren klar sein, daß „internationale Probleme" am besten „am Konferenztisch" gelöst werden könnten.[42] An dieser Stelle muß es ihm nicht leichtgefallen sein, eine aufrichtige Miene zu bewahren, denn er wußte sehr wohl, daß keine der europäischen Nationen, die durch den Vertrag von Versailles profitiert hatten, willens war, von ihrer Kriegsbeute auch nur einen Brosam herauszugeben. Bei so bestellten Dingen waren die Ungerechtigkeiten dieses Vertrages nur mit Waffengewalt zu beseitigen.

Die britische und die französische Regierung jedenfalls wußten es, und ihre Furcht vor einem schließlichen Konflikt ließ sie das Eingreifen des Präsidenten in die europäischen Angelegenheiten begrüßen. Botschafter Kennedy berichtete, daß Chamberlain die Botschaft des Weißen Hauses „sehr zu würdigen" wisse, vermerkte aber, daß der Premierminister „in der vergangenen Woche mehr zusammengefallen sei als im ganzen letzten Jahr. Er bewegt sich wie ein alter Mann, und gestern redete er auch so."[43] Chamberlain begann den völligen Fehlschlag seiner Politik zu erkennen.

In Frankreich konnten Daladier und Bonnet den Präsidenten wegen seiner Herausforderung der Diktatoren nicht genug loben. Daladier erklärte Botschafter Bullitt, er sehe in der Botschaft „einen historischen Akt allererster Bedeutung". Dann bemerkte er im Hinblick auf den Präsidenten: „Er ist der letzte Mohikaner."[44]

Die Antwort der Diktatoren

Die Brandmarkung der Diktatoren als moderner „Hunnen und Vandalen" war bestimmt, ein bitteres Echo hervorzurufen. Um ihren Zorn aufs höchste zu erregen und sie in ihren Antworten zur heftigsten Sprache zu reizen, was die amerikanische Öffentlichkeit zunehmend kriegerisch stimmen würde, hielt der Präsident am 15. April eine Pressekonferenz ab und bediente sich seines Schaustellertalents, um auf seine Zuhörer mit der Art, wie er Hitler und Mussolini mit Worten geohrfeigt hatte, einen besonders starken Eindruck zu machen.[45]

Mussolini antwortete am 20. April indirekt bei Gelegenheit eines Treffens maßgebender Faschisten, die zusammengekommen waren, um den Plan einer für das Jahr 1942 ins Auge gefaßten Weltausstellung in Rom zu besprechen. Dieser Plan sei, so sagte der Duce, eine klare Demonstration seiner friedlichen Absichten. Zu dem Telegramm des Präsidenten bemerkte er verächtlich, daß messiashafte Botschaften auf ihn keinen besonderen Eindruck machten.[46]

Hitlers Erwiderung war eine formidablere Angelegenheit. Er benutzte am 28. April dazu die Bühne des Reichstages und spielte mit seiner Rede die Doppelrolle des Führers und des Hofnarren. Die an die europäischen Hörer gerichteten Worte trugen eine versteckte Drohung mit sich. Der Nichtangriffspakt mit Polen sei wegen dessen Beteiligung an der Einkreisungspolitik Frankreichs und Großbritanniens erloschen, ebenso seien durch diese Politik die Voraussetzungen für den Flottenvertrag von 1935 und das mit Chamberlain in München geschlossene Konsultativabkommen beseitigt.

Nach dieser trotzenden Einleitung erwiderte Hitler mit einer Reihe von Fragen und Antworten auf die Botschaft Roosevelts. Die Antworten waren in tragikomischem Stil gehalten, der die helle Zornesglut unter der dünnen Decke gezwungenen Humors verriet.[47] Er wies jeden Gedanken daran zurück, die Vorschläge des Präsidenten anzunehmen, und in Washington begannen die Herolde des Krieges gedämpft ein Signal zu blasen, das Millionen ängstlich lauschender Amerikaner beunruhigte. Senator Borah meinte, Hitler habe die Tür vor einer weiteren Erörterung von Friedensvorschlägen zugeschlagen, Senator Nye aber äußerte die Ansicht, daß der Präsident die scharfen Worte des Führers „wenigstens zum Teil" herausgefordert habe.[48] Es war kaum daran zu zweifeln, daß die Botschaft Roosevelts zu dem Zunder, der auf den Kriegsfunken wartete, weiteren Zündstoff hinzugetan hatte.

Die Rolle Rußlands wird zunehmend wichtig

Als Chamberlains Träume von einem Zusammenwirken mit Hitler und Mussolini zu verblassen begannen, wandte er sich einem andern Diktator zu, Joseph Stalin. In der dritten Märzwoche hatte er eine Viermächte-Formel entworfen, die Hitler stoppen könnte, aber die polnische Regierung hatte sich jeder Verbindung mit Rußland widersetzt. Chamberlain tadelte die Polen deshalb nicht; er selber hatte lange Zeit „gegen Rußland das tiefste Mißtrauen" gehegt.[49] Das britische Außenamt teilte diese Auffassung und war entschlossen, „Rußland in die zweite Verteidigungslinie zu verweisen, nicht nur wegen der praktischen Schwierigkeiten, es in ein Abkommen mit Polen einzuschließen, sondern auch deshalb, weil es zu Rußlands Zuverlässigkeit wenig Vertrauen hat".[50]

Lord Halifax hielt jedoch die Linie nach Moskau vorsichtig offen. Am 11. April hatte er eine Unterredung mit dem Sowjetbotschafter in London, Maisky. Der äußerte sich, wie Halifax fand, „über die ganze Lage zynisch und war eher der Meinung, daß insofern alles verpfuscht sei, als sich jedermann für das unbeteiligt zuschauende Rußland interessiere". Angesichts dieses offenen Zynismus unterließ es Halifax, der jetzt Maisky „völlig mißtraute", dem Botschafter irgend etwas von Bedeutung mitzuteilen, aus Furcht, es könnte an mögliche Feinde weitergegeben werden.[51]

Die Franzosen urteilten ebenso. Bonnet teilte Bullitt mit, daß die Sowjetregierung auf französische Vorschläge zu Besprechungen zwischen französischen und russischen Generalstabsoffizieren „ausweichend geantwortet" habe. Er fand, daß die Russen „in ihren Reden und Erklärungen weit stärker seien, als wenn es zu Verhandlungen komme".[52] Gleichwohl war Bonnet wegen einer „einseitigen Garantierung" Rumäniens für den Fall eines deutschen Angriffes in die Russen gedrungen, auch hatte er angeregt, den Abschluß „eines Abkommens mit Frankreich über sofortige Hilfeleistung im Kriegsfall ähnlich dem anglo-polnischen Abkommen" zu erwägen.[53]

Es ist augenscheinlich, daß England wie Frankreich trotz ihres Mißtrauens gegen Rußland ihre Versuche fortsetzten, aus dem Kreml für den Fall, daß Hitler auf dem Wege der deutschen Expansion einen weiteren Schritt täte, irgendein Hilfsversprechen herauszuholen. Am 15. April unterbreitete in Moskau Sir William Seeds Litwinow den Vorschlag, wie Großbritannien und Frankreich aus eigener Initiative öffentlich zu erklären, „daß die Sowjetunion im Falle eines Angriffs auf einen Nachbarstaat, der dagegen Widerstand leistet, diesem Staat sofort zu Hilfe eilen wird, wenn er den Wunsch danach äußert".[54]

Bonnet teilte Bullitt mit, die Sowjetregierung habe diese Anregung abgelehnt und statt dessen vorgeschlagen, „daß Großbritannien, die Sowjetunion und Frankreich ein Abkommen ähnlich dem britisch-polnischen Pakt schließen sollten, durch das sie sich im Falle eines Angriffs zu unmittelbarer militärischer Hilfeleistung verpflichten".[55] Die Russen wollten ferner den Beistand, den Großbritannien den Polen zu leisten hätte, auf einen deutschen Angriff beschränkt wissen und den Bündnisvertrag zwischen Rumänien und Polen für jede Aggression auf diese Länder für wirksam oder in seiner Anwendung auf Rußland für aufgelöst erklärt haben. Nach dem polnischen Botschafter in Moskau, Grzbowski, gehörte zu den russischen Bedingungen das Recht für russische Truppen, von Norden und Süden her polnisches Gebiet zu betreten, und die Erklärung der britischen Regierung, daß ihre Garantie nur für die polnische Westgrenze gelte.[56] Der polnische Botschafter in Paris, Jules Lukasiewicz, fügte hinzu, daß Rußland außerdem in den baltischen Staaten freie Hand und einen polnisch-russischen Vertrag mit weitreichenden Folgerungen gewünscht habe.[57]

Aber selbst jetzt, wo die Warschauer Staatsmänner wußten, daß die Russen die Zukunft Polens unter ihre Kontrolle zu bekommen hofften, fuhren sie fort, jeden deutschen Verständigungsvorschlag zurückzuweisen. Am 26. März legte Ribbentrop dem polnischen Botschafter, Lipski, noch einmal den deutschen Vorschlag – „Rückgliederung Danzigs, eine exterritoriale Verbindung mit Ostpreußen, ein 25jähriger Nichtangriffsvertrag mit Grenzgarantien und eine Zusammenarbeit in der slowakischen Frage" – dringend nahe, doch Lipski wich aus[58], und zwei Tage später eröffnete Außenminister Beck dem deutschen Botschafter in Warschau, v. Moltke, die Erklärung Ribbentrops Botschafter Lipski gegenüber, daß die Reichsregierung einen polnischen Angriff auf die Freie Stadt Danzig als einen Angriff gegen Deutschland betrachten würde, „zwinge ihn, seinerseits die Erklärung abzugeben, daß, falls deutscherseits ein Versuch unternommen werden sollte, das Statut der Freien Stadt einseitig abzuändern, Polen hierin den Casus belli sehen würde. Das gleiche gelte auch, wenn etwa der Danziger Senat einen solchen Versuch unternehmen würde."[59] Am 2. Mai war die polnische Presse bis zu dem Punkt gelangt, daß sie forderte: „Danzig wird polnisch." Bei der steigenden nationalistischen Leidenschaft, die aus Warschau sprach, waren die Aussichten für eine deutsch-polnische Übereinkunft gering.

Papst Pius XII. unternimmt einen Versuch, den Frieden zu retten

Während sich über der deutsch-polnischen Grenze die Wolken des Mißverstehens zusammenballten, tat Papst Pius XII. einen bedeutenden Schritt zur Bewahrung des Friedens. Am 5. Mai sprach der päpstliche Nuntius in Paris bei Außenminister Bonnet vor und unterrichtete ihn davon, daß sich der Papst entschlossen habe, „sofort zu einer Friedenskonferenz Frankreichs, Italiens, Deutschlands, Großbritanniens und Polens aufzufordern". Daladier, über den päpstlichen Schritt von Bonnet unterrichtet, eröffnete dem Nuntius, Frankreich „werde an keiner Konferenz teilnehmen, die unter der Drohung deutscher Kanonen stattfände". Eine solche Konferenz wäre von vornherein „zum Scheitern verurteilt". Auf die Bemerkung des Nuntius, daß es „zu spät sei, das Vorhaben zu ändern", erwiderte Daladier, er bedaure dies, „weil Seine Heiligkeit durch eine solche Aktion den ungeheuren Einfluß vernichten würde, den der letzte Papst in der ganzen Welt für die Kirche gewonnen habe". Es stünde „dann für jedermann fest, daß der Papst nur dazu in Anspruch genommen werde, die italienischen Kastanien aus dem Feuer zu holen und ein neues München vorzubereiten".

Diese warnenden Worte machten auf den Nuntius tiefen Eindruck. Er suchte Daladier noch einmal auf und versicherte ihm, daß der Entschluß des Papstes „nicht unwiderruflich sei und daß die Ansicht der französischen Regierung bei der päpstlichen Entscheidung von großem Gewicht sein werde".[60]

Am 8. Mai berichtete Bonnet Botschafter Bullitt, der Papst habe die von ihm als zuverlässig angesehene Information erhalten, „daß Hitler in naher Zukunft Polen angreifen werde. Dies sei der Grund, weshalb er eine Konferenz der führenden europäischen Mächte zur Erarbeitung einer Friedensformel gewünscht habe." Der Nuntius habe dem die Versicherung hinzugefügt, „daß Seine Heiligkeit weder Mussolini konsultiert habe, noch von ihm angeregt worden sei".[61]

Am nächsten Tag sprach Bullitt mit Alexis Léger, dem Generalsekretär des Quai d'Orsay. Léger teilte ihm mit, daß er den päpstlichen Vorschlag mit Daladier und Bonnet erörtert habe und daß man dabei zu der Entscheidung gelangt sei, ihn abzulehnen. Käme es zu einer solchen Konferenz, „so würde man sowohl von Frankreich als auch von Polen erwarten, daß sie, den Papst als Schiedsrichter und Großbritannien als Oberschiedsrichter über sich, Deutschland und Italien Konzessionen machten". Die Herstellung „guter Beziehungen zwischen Frankreich und Italien sei nur durch direkte Verhandlungen möglich". Was Polen betreffe, so sei man am Quai d'Orsay überzeugt, daß es „in der Angelegenheit der deutschen Forderungen den Schiedsspruch einer fremden Macht nicht annähme". Hier äußerte Léger Mißtrauen gegen England, einen Argwohn, der, wie Bullitt in seinem Bericht bemerkt, stets hinter dem französischen Denken wirksam zu sein scheine. Léger glaube, die britische Regierung habe gewittert, „daß auf einer solchen Konferenz deutsche Forderungen nach britischen Kolonien zur Sprache kommen könnten. Deshalb habe Halifax dem päpstlichen Nuntius in London geantwortet, er glaube, die französische Regierung werde einer derartigen Konferenz nicht zustimmen; infolgedessen werde Großbritannien nicht dafür eintreten." Halifax habe dann „einen Gegenvorschlag gemacht, der klar zeige, daß Großbritannien, wäre erst einmal jede Diskussion über britische Kolonien ausgeschlossen, die Besitzungen und Interessen seiner Assoziierten, Frankreichs und Polens, mit Freuden wegschiedsrichtern würde". Léger hatte denn auch, wie er Bullitt weiter mitteilte, an Großbritannien eine Note des Inhalts entworfen, daß der Vorschlag Halifax' „für die französische Regierung ebenso unannehmbar sei wie der des Papstes".[62]

Aus Warschau berichtete Botschafter Biddle, daß der dortige päpstliche Nuntius die Angelegenheit einer Fünfmächtekonferenz im polnischen Außenministerium zur Sprache gebracht und daß Beck die Befürchtung ausgesprochen habe, eine solche Konferenz würde sich mit französischen Konzessionen an Italien als dem Hauptthema beschäftigen und sich dann der Frage polnischer Konzessionen an Deutschland zuwenden. Polen wünsche aber nicht, an einer zweiten Münchener Konferenz teilzunehmen, bei der es eines der Hauptopfer wäre.[63] Nach Warschauer Auffassung ging der päpstliche Vorschlag „indirekt auf Mussolini" zurück.[64]

Am 9. Mai vertraute der Kardinalstaatssekretär, Maglione, dem französischen Botschafter im Vatikan an, daß sich „der Papst in Anbetracht der Antworten, die darauf zu deuten schienen, daß keine unmittelbare Kriegsgefahr bestehe, entschlossen habe, seinen Vorschlag zurückzuziehen". Bonnet drückte im Gespräch mit Bullitt „über diesen Abschluß der Affäre" große Erleichterung aus; „er halte es für äußerst wichtig, den Papst nicht zu kränken, und er sehe nun, daß der Papst in seinen Gefühlen in keiner Weise verletzt worden sei".[65] Für Bonnet waren die Zeremonien der Diplomatie offenbar wichtiger als die Substanz.

Kapitel XXIII

Stalin setzt die Zündschnur zum Zweiten Weltkrieg in Brand

Großbritannien nähert sich widerwillig Rußland als einem Verbündeten

D as päpstliche Zwischenspiel für den Weltfrieden war noch nicht in Szene gegangen, da hatte Rußland bereits die ersten einleitenden Schritte zu einer Verständigung mit Deutschland getan. Am 17. April 1939 suchte der Sowjetbotschafter in Berlin, Mere- kalow, das Auswärtige Amt auf und erklärte unverblümt Staatssekretär v. Weizsäcker, „es be- stehe für Rußland kein Grund, weshalb es nicht mit uns [Deutschland] auf einem normalen Fuße leben sollte. Aus normalen Beziehungen könnten auch wachsend bessere werden."[1]

An demselben Tag, als Deutsche und Russen vorsichtig gegenseitig Verständigungsfühler ausstreckten, bemerkte Premierminister Chamberlain im Gespräch mit Botschafter Kennedy einigermaßen zuversichtlich im Ton, er glaube, „er könnte jetzt jederzeit mit Rußland einen politischen Handel abschließen". Er werde sich jedoch zurückhalten, „bis er die Lage auf dem Balkan geklärt habe".[2]

Offenbar befürchtete Chamberlain, daß ein enges Einvernehmen zwischen England und Rußland „den Widerstand des Balkans gegen Deutschland spalten würde und daß wir, wenn es Spanien hinüber in das Lager der Achse triebe, im Westen mehr verlören, als wir im Osten gewönnen". Hinzu kam als ständiges Motiv Chamberlains tiefwurzelnder Argwohn gegen Rußland und die russischen Ziele: „Ich kann nicht glauben, daß es die gleichen Bestrebungen und Ziele hat wie wir oder irgendwelche Sympathie mit der Demokratie als solcher. Es fürch- tet sich vor Deutschland und Japan und wäre hocherfreut, wenn andere die beiden be- kämpften." Er werde Verhandlungen mit Rußland in der Richtung auf eine enge politische Ver- bindung solange wie möglich hinausschieben.[3]

Der amerikanische Botschafter in Brüssel hielt diese Verzögerungspolitik gegenüber Ruß- land für falsch und appellierte an Außenminister Hull, sofort zu handeln: „Für Hitlers Ent- schluß wird entscheidend sein, ob Rußland Großbritannien und Frankreich rückhaltlos unter- stützen wird oder nicht. Aus persönlicher Kenntnis weiß ich, daß die Sowjets England und Frankreich mißtrauen, ihren Zielen wie ihren Taten. Ihnen [Hull] vertrauen sie. Sie glauben auch an mich. Ich fühle mich daher zu der Anregung gedrängt, daß ich, wenn Sie dies für rat- sam halten, unter dem Vorwand der Regelung persönlicher Angelegenheiten für einige Tage nach Moskau fahre ... wo ich persönlich, wenn nötig inoffiziell, mit Litwinow, Kalinin und Mo- lotow und – ich bin dessen völlig sicher – auch mit Stalin sprechen könnte zu dem Zweck, den schnellen Abschluß eines eiligen Abkommens mit Großbritannien gegen einen Angriff sichern zu helfen. Meiner Ansicht nach vermögen dort weder die Franzosen noch die Briten zu den höchsten Autoritäten persönlich vorzudringen ... Ich bin überzeugt, daß ich nicht nur die sonst unerreichbaren richtigen Leute sprechen werde, sondern daß diese sich auch auf mein Urteilsvermögen und meine Aufrichtigkeit verlassen ... Eile tut not."[4]

Das Department of State war nicht bereit, seinen Brüsseler Botschafter zu einer solchen Sondermission zu ermächtigen, und so blieb es bei den verworrenen Versuchen der britischen und der französischen Regierung, für ein Abkommen mit Moskau irgendeine Grundlage zu finden. Die Sowjetregierung erleichterte diese Aufgabe nicht. Am 20. April erhielten London und Paris von Moskau den Vorschlag, die drei Länder sollten sich „nicht nur dazu verpflichten, im Falle eines unmittelbaren Angriffs auf eines von ihnen sofort zu den Waffen zu greifen, sondern auch dazu, im Falle eines Angriffs auf irgendein anderes Land in Europa zum Kriege zu schreiten". Bonnet wandte sofort ein, daß Garantien dieser Art „nicht überzeugen" würden. Es wäre „völlig unmöglich", zu erreichen, „daß französische Soldaten im Falle eines deutschen Angriffs auf Estland marschieren würden, wenn durch einen solchen Angriff nicht vorher Polen hineingezogen worden wäre".[5]

Inzwischen bekundeten die baltischen Länder gegen das russische Angebot, ihre Integrität zu verteidigen, ausgesprochenes Mißtrauen. In der dritten Aprilwoche notifizierten Estland und Lettland dem Moskauer Außenministerium nachdrücklich, daß sie nicht bedroht seien und daher keiner russischen Hilfe bedürften. Zwei Wochen darauf gaben sie ihre Bereitschaft bekannt, „einen Nichtangriffspakt mit Deutschland zu unterzeichnen".[6]

Auch Rumänien hegte gegen Rußland tiefen Argwohn. Am 25. April hatte der rumänische Außenminister, Gafencu, eine Unterredung mit Botschafter Kennedy und vertraute ihm im Lauf des Gesprächs an, daß er das Foreign Office dringend ersucht habe, „sich nicht mit Rußland einzulassen ... weil Rußland nicht die gleichen Auffassungen hat und an einem Frieden, wie die übrige Welt ihn versteht, nicht wirklich interessiert ist". Er sei überzeugt, daß Hitler keinen Krieg wolle, sondern „mit einer Wortschlacht Danzig und die Kolonien zu gewinnen suchen werde". Gleichwohl habe er, als früherer Soldat, Chamberlain auf die Wichtigkeit sofortiger Einberufungen hingewiesen für den Fall, daß sich seine Prophezeiung als falsch erweisen sollte.[7] Seiner Meinung nach unterliege es keinem Zweifel, daß die Politik der Sowjetunion darauf gerichtet sei, in einem europäischen Krieg möglichst wenig verwickelt zu werden in der Hoffnung, daß am Ende des Krieges ... die Rote Armee im Interesse des Bolschewismus den Kontinent überrennen könnte".[8]

Das britische Außenamt teilte Gafencus Mißtrauen gegen Rußland in gewissem Maße und ließ sich nicht in ein enges Verhältnis zur Sowjetregierung überstürzt hineintreiben. Am 24. April wies Halifax den britischen Botschafter in Moskau an, die Sowjetregierung aufzufordern, „unverzüglich gleich den britischen Garantien eine [einseitige] Garantie für Rumänien und Polen bekanntzugeben ... Die französische Regierung hält diesen neuen britischen Schritt für äußerst stupid und hat es abgelehnt, den französischen Botschafter in Moskau zu beauftragen, sich der Demarche seines britischen Kollegen anzuschließen." Gäbe die Sowjetregierung eine derartige Erklärung heraus, dann wäre das einzige Ergebnis, „Polen und Rumänien wütend zu machen". Die französische Regierung habe statt dessen vorgeschlagen, die Sowjetregierung solle sich verpflichten, „Frankreich und England in dem Falle zu unterstützen, daß eines der beiden Länder wegen der Erfüllung von Schutzversprechen, die sie osteuropäischen Staaten gegeben haben, in einen Krieg verwickelt werden sollte. In gleicher Weise würden Frankreich und England die Sowjetunion in dem Falle unterstützen, daß die Sowjetunion infolge ihres Frankreich oder England geliehenen Beistandes in einen Krieg hineingezogen werden würde."[9]

Während der Erörterung dieser Angelegenheit steigerte Daladier „die französischen militärischen Vorbereitungen auf das äußerst Mögliche". Eine achtunggebietende Rüstung werde, so sagte er zu Bullitt, auf Hitler mehr Eindruck machen als leere Worte. Der britische Botschafter in Paris habe die Meinung geäußert, daß Hitlers Rede vom 28. April „den Weg zu fruchtbaren Verhandlungen offen gelassen habe". Daladier halte das für „gefährlichen Unsinn". Man sollte auf Polen keinen Druck ausüben, die deutschen Verständigungsvorschläge anzunehmen.[10]

Die britische Haltung beunruhigte Daladier in manch anderer Hinsicht. Lord Halifax zögerte entschieden, den letzten französischen, Rußland zu unterbreitenden Vorschlag anzunehmen.[11] Das Foreign Office achtete jetzt ängstlich darauf, „nicht die Empfindlichkeit Polens und Rumäniens in Hinsicht auf Rußland zu reizen". Überdies wollte es sich „nicht die Sympathien der Weltöffentlichkeit dadurch verscherzen, daß man der deutschen Antikomintern-propaganda eine Handhabe bietet", und schließlich wollte man „nicht die Sache des Friedens dadurch aufs Spiel setzen, daß man eine unbedachte Aktion Deutschlands provoziert".

Nach reiflicher Prüfung der Lage übersandte Lord Halifax Paris den folgenden Gegenvorschlag: Die Sowjetregierung sollte aus eigener Initiative eine Erklärung veröffentlichen, die irgendwie auf die von Großbritannien und Frankreich gegenüber gewissen osteuropäischen Ländern übernommenen neuen Verpflichtungen hinweise und die dann feststellen sollte, daß, falls Großbritannien oder Frankreich durch die Erfüllung dieser ihrer Verpflichtungen in Feindseligkeiten verwickelt würden, die Unterstützung der Sowjetunion, wenn gewünscht, zu erhalten wäre und daß sie auf eine Weise, die am zweckdienlichsten scheinen mag, geleistet werden würde. Diese vorsichtige Formulierung könne, so glaubte man, weder die polnische noch die rumänische Empfindlichkeit kränken.[12]

Die bedachtsame Haltung des britischen Außenamtes erregte bei Stalin Anstoß. Der französische Geschäftsträger in Moskau, Payart, berichtete, der Vorschlag Halifax' habe Stalin in Wut versetzt; er erblicke darin einen Versuch, Rußland auf den Platz einer drittrangigen Macht zu verweisen. Jedenfalls trat am 3. Mai plötzlich Litwinow als Volkskommissar des Auswärtigen zurück, und Molotow nahm seinen Platz ein. In London äußerte Sir Robert Vansittart, der erste diplomatische Berater der Regierung, zu Bullitt die Befürchtung, die Verabschiedung Litwinows bedeute den Entschluß der Sowjetregierung, zu einer Isolationspolitik überzugehen. Wenn dem so sei, dann müsse das bald zum „Zusammenbruch des Widerstandes gegen Hitler in Westeuropa und auf dem Balkan" führen. Auf die Frage Bullitts, ob der Rücktritt Litwinows nicht durch „die hinhaltende und fast beleidigende Politik verursacht worden sei, die die britische Regierung seit Hitlers Einfall in die Tschechoslowakei gegenüber der Sowjetunion" verfolgt habe, meinte Vansittart, „er fürchte, die britische Politik könnte zu Stalins Haltung beigetragen haben".

Bullitt spann das Gespräch mit Vansittart fort, und da erlebte er unvermittelt die große Überraschung seiner diplomatischen Laufbahn. Auf seine Frage, weshalb die britische Regierung die französischen Vorschläge über eine gemeinschaftliche Aktion mit Rußland abgelehnt habe, antwortete Vansittart freimütig, „daß bisher bei der britischen Regierung keine französischen Vorschläge eingegangen seien". Offenbar hatte sie Sir Eric Phipps in Paris zur eiligen Übermittlung nach London nicht für wichtig genug gehalten. Nachdem sich Bullitt von seinem Erstaunen erholt hatte, gab er Vansittart die französischen Vorschläge im wesentlichen wieder, worauf dieser spontan erklärte, sie seien denen von Lord Halifax „weit überlegen". Ohne Zeit zu verlieren, eilte Bullitt nach Paris und überredete Daladier, Botschafter Corbin in London telefonisch anzuweisen, die französischen Vorschläge dem Foreign Office zu unterbreiten.[13]

Indessen, im Foreign Office beachtete man dieses Drängen kaum. Am 8. Mai übergab der britische Botschafter in Moskau Molotow die britische Antwort auf die russischen Vorschläge vom 17. April. Die neue britische Formel enthielt im wesentlichen folgendes: 1. Die Sowjetregierung gibt ihre Bereitwilligkeit bekannt, Polen und Rumänien beizustehen, wenn diese Länder Opfer eines Angriffs werden sollten; 2. dieser Beistand soll in geeigneter Form *nur* geleistet werden, *wenn gefordert und wenn sich Großbritannien und Frankreich entsprechend der Garantie, die von ihnen Polen und Rumänien gegeben wurde, bereits angeschickt haben, diese Garantien zu verwirklichen.*[14]

Am 11. Mai gab die Sowjetregierung in den Spalten der „Iswestija" ihre Haltung zu diesem Vorschlag klar zu erkennen: „Der Vorschlag Großbritanniens vermeidet das Thema eines gegenseitigen Beistandspaktes zwischen Frankreich, Großbritannien und der UdSSR und sieht vor, daß die Sowjetregierung Großbritannien und Frankreich unmittelbar zu Hilfe eilen soll, falls diese infolge der Verpflichtungen, die sie durch die Garantierung Polens und Rumäniens übernommen haben, in Feindseligkeiten verwickelt werden.

Großbritannien sagt nichts über die Hilfe, die die UdSSR nach dem Prinzip der Gegenseitigkeit von Frankreich und Großbritannien erhielte, wenn sie infolge der Erfüllung von Verpflichtungen, die sie mit der Garantierung von Staaten Osteuropas übernehmen könnte, in Feindseligkeiten verwickelt werden würde.

Daraus folgt, daß sich die UdSSR nach dieser Vereinbarung in eine Position der Ungleichheit verwiesen sähe."[15]

Daladier hatte für die russische Kritik Verständnis und tadelte die Sowjetregierung wegen der Zurückweisung des britischen Vorschlags nicht. In einem Gespräch mit Bullitt über die Sackgasse, in die die westliche Diplomatie geraten war, vertraute er dem Botschafter an, er werde darauf bestehen, daß die französischen Vorschläge zur Grundlage weiterer Verhandlungen mit Rußland gemacht würden. Die Briten hätten mit ihren „zögernden und halbherzigen Vorschlägen nur erreicht, daß die russischen Bedingungen starrer geworden seien". Er mache sich über die Sowjetunion „wenig Illusionen", glaube aber, daß es „wesentlich" sei, Rußland in das Mächtekonzert gegen Hitler hineinzubekommen.[16]

Unter dem starken Druck Frankreichs gab das Foreign Office seine kompromißlose Haltung gegenüber Rußland auf. Am 24. Mai teilte Lord Halifax dem britischen Botschafter in Washington, Sir Ronald Lindsay, mit, die Sowjetregierung sei davon unterrichtet worden, daß England „jetzt bereit" sei, „darein einzuwilligen, eine wirksame Kooperation zwischen den Regierungen der Sowjetunion, Frankreichs und Großbritanniens gegen eine Aggression in Europa auf einem System gegenseitiger Garantien in allgemeiner Übereinstimmung mit den Prinzipien des Völkerbundes beruhen zu lassen". Diese Kooperation würde sich erstrecken auf einen direkten Angriff gegen eine der drei Mächte durch einen europäischen Staat und auf Fälle, wo eine von ihnen in Feindseligkeiten mit einem solchen Staat verwickelt werden würde „infolge eines Angriffs dieses Staates auf ein anderes europäisches Land".[17]

Allein, dieser britische Vorschlag erwähnte nicht eine etwaige Unterstützung Estlands, Lettlands und Finnlands für den Fall, daß diese Länder Opfer eines Angriffs werden sollten. Am 31. Mai lenkte Molotow in einer Rede die Aufmerksamkeit auf die Gefahren einer deutschen Infiltration in die Grenzstaaten Sowjetrußlands und erklärte, daß die britische Regierung in ihrem Vorschlag eines Konzerts der Mächte ein System wahrer Gegenseitigkeit noch nicht ins Auge gefaßt habe. Am 3. Juni traf die russische Antwort auf den letzten britischen Vorschlag in London ein. Sie unterstrich, obwohl sich diese Staaten einer solchen Abmachung widersetzten, die Notwendigkeit einer klaren Garantie für Estland und Lettland. Am 7. Juni unterrichtete Premierminister Chamberlain das Unterhaus von dem starken Widerwillen der baltischen Länder gegen jede Garantierung ihres Status. An eben demselben Tage gaben Estland und Lettland ihrem Argwohn gegen Rußland Ausdruck, indem sie Nichtangriffsverträge mit Deutschland unterzeichneten.[18]

In der „Morning Post" vom 8. Juni griff Churchill die Haltung der Regierung Chamberlains gegenüber Rußland an und suchte die Forderungen der Sowjetregierung, die baltischen Staaten in das vorgeschlagene Garantiesystem einzuschließen, zu rechtfertigen. Um dieser Kritik entgegenzutreten und die öffentliche Meinung hierüber zu beruhigen, gab Chamberlain bekannt, daß der Leiter der Europäischen Abteilung des Foreign Office, William Strang, in besonderer Mission nach Moskau entsandt werden würde. Aber er fühlte sich in der ganzen russischen Angelegenheit genötigt und schüttete in einer Unterredung mit Botschafter Kennedy sein Herz aus: „Er [Chamberlain] sagte, daß er die Lage keineswegs in günstigem Licht sehe ... Das Wichtigste, was geschehen müßte, wäre seiner Meinung nach, daß die Franzosen zu den Italienern in der Sache ihrer Forderungen eine Geste machen ... Das Verhältnis zu Rußland ist für ihn äußerst beunruhigend. Er ist sich alles andere als gewiß, daß die Russen auch nur im geringsten daran denken, den Pakt abzuschließen, und er ist keineswegs sicher, ob er nicht, wenn sie den letzten Vorschlag nicht annehmen, die ganze Sache abblasen wird."[19]

Es springt in die Augen, daß sich Chamberlain auf dem Weg zu einem möglichen Einvernehmen mit den Russen widerwillig hinschleppte. Unter dem Druck der öffentlichen Meinung hatte er Strangs Moskauer Mission arrangiert, aber es würde nichts dabei herauskommen, denn Strangs Weisungen ließen für ein Entgegenkommen so wenig Raum, daß in ihrem Rahmen eine Übereinkunft mit der Sowjetregierung nicht zu erreichen war. Was die baltischen Staaten sowie Belgien, Holland, Polen, Rumänien und die Schweiz betraf, so hielten sie an der Ablehnung einer „Erteilung von Garantien an Länder, die sie nicht wünschen", unbedingt fest. Da Seiner Majestät Regierung nicht die Absicht habe, eine Garantierung Polens gegen Rußland vorzuschlagen, „ist sie der Meinung, daß Großbritannien keine Garantie gegen einen polnischen Angriff übernehmen oder sich von Rußland gegen einen polnischen Angriff eine Garantie geben lassen sollte". Schließlich sei die Regierung Seiner Majestät nicht bereit, „eine dreiseitige Vereinbarung gegen den Abschluß eines Sonderfriedens zu treffen ... solange man sich nicht über die Friedensziele entschieden" habe.[20]

Ausgerüstet mit diesen Instruktionen, begann Strang am 15. Juni seine diplomatischen Gespräche mit Molotow. Der Außenkommissar war anscheinend bereit, Vorschläge über eine Garantie für die baltischen Staaten, falls der britische Widerstand dagegen „unüberwindlich" wäre, „vorläufig zurückzustellen". Gemäß der Molotow gegebenen Marschroute sollte der vorgeschlagene Dreimächtepakt „eine Garantie gegen einen direkten Angriff" sein und den Fall „eines Angriffs auf eine der Signatarmächte infolge der von ihr einer dritten Macht geliehenen Unterstützung" ausschließen. Diese Anregung gefiel Mr. Strang natürlich wenig. Er wies darauf hin, daß Großbritannien daran liege, russische Hilfe zu erhalten, wenn es wegen Hilfeleistung für Polen in Feindseligkeiten hineingezogen würde. Molotow jedoch beharrte in seiner Position und bestand auch auf einer Klausel gegen einen Separatfrieden.[21]

Molotow schien sich besondere Sorgen über die Möglichkeit einer deutschen Infiltration in die baltischen Staaten und eines darauf folgenden Staatsstreiches zu machen, durch den deutschfreundliche Regierungen eingesetzt werden würden. Mit dieser Begründung jedenfalls unterstrich er die Wichtigkeit einer „Hilfsgarantie für den Fall eines indirekten wie eines direkten Angriffs". Er verlangte auch die Verbindung des vorgeschlagenen politischen Abkommens mit einer ins einzelne gehenden Militärkonvention. Seine Forderungen wurden von der britischen und der französischen Delegation mit Entschiedenheit bekämpft.[22]

Chamberlain beginnt hinter dem russischen Phantom herzulaufen

Je gespannter die europäische Lage wurde, desto schwächer wurde der britische Widerstand gegen die russischen Forderungen. Ende Juni war das Foreign Office bereit, sehr weit zu gehen, um Rußland zu beschwichtigen. Daladier erzählte das recht ungeschminkt Botschafter Bullitt: „Daladier sagte, die Briten überstürzten sich jetzt, die russischen Forderungen zu erfüllen. Heute seien für die Unterwerfung unter die Sowjetregierung zwei Texte ausgearbeitet worden. In dem ersten seien die baltischen Staaten, die Niederlande, Belgien und die Schweiz zwar nicht besonders erwähnt, doch schließe sie eine dazugehörige geheime Denkschrift ein. Der zweite Entwurf sei eine völlige Annahme der russischen Forderungen. Strang in Moskau habe die Anweisung erhalten, der Sowjetregierung beide Texte vorzulegen und zu erklären, daß die Briten und die Franzosen den ersten Text vorzögen, jedoch bereit seien, den zweiten zu akzeptieren, wenn die Russen darauf bestehen sollten.

Ich fragte Daladier, ob er glaube, daß damit die Verhandlungen abgeschlossen wären, oder daß die Russen diese politische Vereinbarung vom Abschluß eines künftigen Militärabkommens abhängig machen würden. Er sagte, er habe die Briten gedrängt, die Frage eines Militärabkommens mit den Russen aufzuwerfen, bevor sie die Sache der politischen Abmachung erörtern würden, aber die Briten hätten das abgelehnt. Er sei keineswegs sicher, daß die Russen diese Forderung fallen ließen, und er fürchte, daß sich die Verhandlungen endlos hinschleppen würden ... Er fügte hinzu, die Sowjetregierung habe der französischen und der britischen Regierung wiederholt versichert, daß sie in keiner Weise mit der deutschen Regierung verhandele."[23]

Deutschland sucht mit Rußland ins Einvernehmen zu kommen

Diese Versicherungen entsprachen nicht ganz der Wahrheit. Schon war die Basis zu einer deutsch-russischen Verständigung gelegt. Am 30. Mai unterrichtete der Staatssekretär im Auswärtigen Amt, Ernst Freiherr von Weizsäcker, den deutschen Botschafter in Moskau, Friedrich Werner Grafen von der Schulenburg, über ein Gespräch mit dem sowjetischen. Geschäftsträger in Berlin, Astachoff, und teilte ihm mit, daß sich das Auswärtige Amt im Gegensatz zu der bisher von ihm verfolgten Politik entschieden habe, mit der Sowjetunion konkrete Verhandlungen aufzunehmen. Der Geschäftsträger hatte den Staatssekretär auf dessen Wunsch besucht; den Anlaß hatte die Frage der russischen Handelsvertretung in Prag gegeben. Im Laufe der Unterredung erinnerte v. Weizsäcker an Äußerungen des russischen Botschafters, der „Mitte April" ihm gegenüber von der „Möglichkeit [einer] Normalisierung und noch weiterer Verbesserung deutsch-russischer politischer Beziehungen" gesprochen habe. „Ob für [eine] schrittweise Normalisierung [der Beziehungen zwischen Deutschland und Sowjetrußland] überhaupt noch Raum sei, nachdem Moskau [den] Londoner Lockungen vielleicht schon Gehör geschenkt habe, wisse ich [Schulenburg] nicht, wir möchten uns aber, nachdem Geschäftsführer und Botschafter im Auswärtigen Amt [eine] offene Sprache gesprochen hätten, [den] Vorwurf ersparen, als hätten wir unsere Einstellung verschwiegen."[24]

Den nächsten, indirekten Schritt unternahm Moskau durch den bulgarischen Gesandten in Berlin, der am 15. Juni den Leiter der Politischen Abteilung des Auswärtigen Amtes, Unterstaatssekretär Dr. Woermann, aufsuchte und die Äußerung des russischen Geschäftsträgers mitteilte, daß die Sowjetunion, wenn Deutschland erklärte, es werde sie nicht angreifen, oder wenn es mit ihr einen Nichtangriffspakt schlösse, „wohl von dem Vertragsabschluß mit England absehen" würde.[25]

Am 28. Juni sprach Schulenburg im russischen Außenamt vor und hatte eine längere Unterredung mit Molotow. Er habe, so eröffnete er das Gespräch, auf Grund der Berliner Besprechungen „den Eindruck" gewonnen, „daß man bei uns eine Normalisierung der Beziehungen zur Sowjetunion begrüßen würde ... Kennzeichnend für diese Einstellung seien: korrekter Ton der deutschen Presse gegenüber der Sowjetunion, Abschluß von Nichtangriffspakten mit den baltischen Staaten und unser Wunsch nach Wiederaufnahme von Wirtschaftsverhandlungen". Molotow erwiderte, „daß die Sowjetregierung ... gute Beziehungen zu allen Staaten wünsche und daher – unter der Voraussetzung der Gegenseitigkeit – auch eine Normalisierung der Beziehungen zu Deutschland begrüßen würde".[26]

England und Frankreich machen Rußland neue Vorschläge

Die Demokratien des Westens waren über die geheimen Verhandlungen die sich zwischen dem Deutschen Reich und Sowjetrußland fortspannen, völlig in Unkenntnis. Daladier hegte zwar über die russischen Versicherungen einige Zweifel, hatte aber keine Ahnung, daß sich die Gespräche zwischen Moskau und Berlin einem positiven Abschluß näherten. Léger meinte zu Bullitt, „die Aussichten", daß die anglo-französischen Moskauer Gespräche „in naher Zukunft erfolgreich abgeschlossen werden würden, stünden achtzig zu hundert". Aber: „Die Beziehungen zwischen Polen und Frankreich seien wieder äußerst unerfreulich geworden. In einem Augenblick, wo es für die französische Regierung unbedingt wichtig wäre, genau zu wissen, wie die polnische Regierung über Danzig denke, sei der polnische Botschafter in Paris so nervös und reizbar, daß ein wirklich intimes Gespräch mit ihm unmöglich sei. Er habe sowohl Daladier als auch Bonnet grob beleidigt, so daß Daladier ihn nicht mehr empfangen wolle und Bonnet nichts aus ihm herausbekommen könne. Ebenso habe Beck in Warschau keine engeren Beziehungen zu dem französischen Botschafter. Infolgedessen hätten alle französischen Minister mit Daladier an der Spitze keine Lust, etwas Konkretes für Polen zu tun. Er, Léger, meint, England und Frankreich sollten Polen Anleihen geben und sofort Flugzeuge nach Polen schicken, um Deutschland davon zu überzeugen, daß Frankreich und England entschlossen seien, Polen zu unterstützen, falls es mit Deutschland in Krieg geraten sollte. Der polnische Botschafter fordere eine solche Unterstützung mit vollem Recht, aber die Art, wie er sie vortrage, ... sei so, daß er seine eigene Sache kaputt mache."[27]

Légers Optimismus über den Fortgang der anglo-französischen Verhandlungen mit der Sowjetregierung war entschieden voreilig. Die Garantiefrage verursachte schwere Sorgen, weil einige der Staaten, die in das Garantiesystem einbezogen werden sollten, offen dagegen auftraten. Finnland, die Niederlande und die Schweiz gaben in der ersten Juliwoche ihren Einwänden starken Ausdruck[28], und so suchten Großbritannien und Frankreich verzweifelt nach einer Formel, die allgemein befriedigend wäre. Am 30. Juni wurde der britische Botschafter in Moskau angewiesen, der Sowjetregierung einen Vorschlag zu unterbreiten, „der alle Staaten, die Beistand erhalten würden, auf gleichen Fuß stellte" und der Sowjetregierung das Recht einräumte, darüber zu entscheiden, ob es nötig sei, daß sie einem der garantierten Staaten Hilfe leiste. Ferner enthielt der Vorschlag die Zusicherung „anglo-französischen Beistandes nach Ausbruch von Feindseligkeiten". Auch wurde der britische Botschafter in Moskau instruiert, „auf die nachteilige Wirkung (in Anbetracht des öffentlichen oder nichtöffentlichen Einspruchs der baltischen Staaten und Rumäniens gegen eine dreiseitige oder eine sowjetische Garantie und des unbekannten Standpunktes Hollands hierzu) hinzuweisen, die die russische Forderung nach Bekanntgabe der mit einer Garantie gegen einen Angriff versehenen Staaten im Vertrag auf die Friedensfront haben müßte". Großbritannien ziehe, so sollte der Botschafter erklären, die Aufführung dieser Staaten in einem geheimen Zusatzabkommen vor. Auch sei es wesentlich, die Niederlande, die Schweiz und vielleicht Luxemburg in die Liste aufzunehmen.[29]

Molotow willigte ein, daß die Garantie Belgien, Estland, Finnland, Griechenland, Lettland, Polen, Rumänien und die Türkei umfasse, widersetzte sich aber nachdrücklich der Einbeziehung der Niederlande und der Schweiz, wenn nicht unmittelbar zwischen der UdSSR, Polen und der Türkei gegenseitige Beistandspakte geschlossen würden. Außerdem wollte er die Formel „Indirekte Aggression" als „inneren Staatsstreich oder eine Umkehrung der Politik im Interesse des Aggressors" definiert haben.[30] Es standen mehrere Auslegungen zur Wahl, aber keine befriedigte. Auch in der Sache einer Militärkonvention erwies sich eine Verständigung als äußerst schwierig. Am 7. Juli war Halifax zu weiteren Konzessionen in der Angelegenheit der „Indirekten Aggression" bereit; er nähme folgende Definition an: „Aufgabe der Unabhängigkeit oder der Neutralität des betreffenden Staates unter der Androhung von Gewalt durch eine dritte Macht." Der britische Botschafter sollte versuchen, „Konsultation im Falle eines Angriffs auf Holland, die Schweiz oder Luxemburg" durchzusetzen. War eine Einigung hierüber unmöglich, dann sollte er sich bemühen, „ein begrenztes dreiseitiges Abkommen" zu sichern, „das einer Erweiterung offenstünde und für den Fall eines Angriffes auf eine andere Macht Konsultation vorsähe". Das Foreign Office werde aber „nicht darein einwilligen, das Inkrafttreten des Abkommens vom Abschluß militärischer Besprechungen abhängig zu machen".[31]

An demselben Tage hatte Botschafter Bullitt eine Unterredung mit dem französischen Außenminister, und wieder traten die Schwierigkeiten hervor, die „indirekte Aggression" annehmbar zu definieren: „Heute nachmittag sagte mir Bonnet, der britische und der französische Botschafter in Moskau seien angewiesen worden, der Sowjetregierung mitzuteilen, daß die sowjetische Definition des Begriffs der ‚Indirekten Aggression' für die französische und die britische Regierung völlig unannehmbar sei. Er sagte, was die Franzosen und die Briten an der Sowjetnote besonders schockiert habe, sei die Wendung, daß ‚jede Veränderung in der Gestalt der Regierung eines baltischen Staates, die dazu angetan sei, einen Angreifer zu begünstigen, zu unmittelbarem militärischem Einschreiten der Sowjetunion, Frankreichs und Englands führen müßte'. Eine Annahme dieses Satzes würde, so fügte Bonnet hinzu, es der Sowjetunion ermöglichen, jederzeit unter irgendeinem nichtigen Vorwand mit bewaffneter Unterstützung Frankreichs und Englands in einen der baltischen Staaten einzufallen. Es liege auf der Hand, daß weder Frankreich noch England einen solchen Vorschlag akzeptieren könne.

Bonnet fügte hinzu, daß dem französischen und dem britischen Botschafter eine ganze Reihe von Alternativdefinitionen des Begriffs der Aggression an die Hand gegeben worden seien, damit sie sie Molotow vorschlügen ... Sie hätten auch die Weisung erhalten, die Sowjetunion davon zu unterrichten, daß Frankreich und England bereit seien, die sofortige Unterzeichnung eines Abkommens über die Schweiz und Holland zu vertagen, vorausgesetzt, daß die Russen zustimmen würden, diese Angelegenheit später zu erörtern.

Ich [Bullitt] fragte Bonnet, ob er noch an einen erfolgreichen Abschluß der Verhandlungen mit der Sowjetunion glaube. Er antwortete, er habe wirklich keine Ahnung. Die bisherigen russischen Forderungen seien so ungewöhnlich, daß er sich nicht mehr sicher sei, ob die Sowjetunion das Zustandekommen einer Vereinbarung überhaupt wolle."[32]

Einige Wochen später, am 19. Juli, machte das britische Außenamt eine weitere Konzession, lehnte es aber ab, das ganze russische Programm anzunehmen. Lord Halifax beschrieb Botschafter Kennedy die Situation kurz folgendermaßen: „Halifax sagte, das letzte Wort der britischen Regierung an die Russen sei, daß sie den Militärpakt, aber nicht die russische Definition der ‚Indirekten Aggression' annehmen wolle und daß die Engländer, wenn die Russen auf ihrer Definition bestünden, den ganzen Handel abzublasen gedächten.“[33]

Am folgenden Tag sprach Kennedy mit Premierminister Chamberlain. Er war zwar über die allgemeinen Aussichten für den nächsten Monat optimistisch, aber „müde und von den Russen angeekelt; er glaubt, daß die Russen bereit seien, die Gespräche fortzusetzen, daß aber nichts dabei herauskommen werde, und so ist seine Geduld erschöpft. Er erzählte mir, daß er eine Unterredung mit Prinz Paul von Jugoslawien gehabt habe und daß Prinz Paul der festen Meinung sei, wenn England mit den Russen keinen Handel abschlösse, dann täten es die Deutschen. Der Premierminister sagte, er glaube nicht, daß eine solche Gefahr bestehe.“[34]

Am 5. August sandte Lord Halifax Sir Ronald Lindsay diese Notiz: „In einer Unterredung am 2. August lehnte es Molotow wieder ab, unsere Definition ‚Indirekter Aggression' anzunehmen.“[35] Das Spiel näherte sich dem Ende, und Molotow war beinahe soweit, seine Karten aufzudecken. Die Posse der Verhandlungen ging aber am 12. August weiter, als die britische und die französische Militärmission in Moskau eintrafen. Woroschilow stellte sofort die heikle Frage, ob Polen und Rumänien im Falle eines deutschen Angriffs den Durchmarsch russischer Truppen durch ihr Gebiet gestatten würden. General Doumenc telegrafierte nach Paris und drang in die Regierung Daladiers, den sowjetischen Standpunkt anzunehmen und auf Polen zu Konzessionen an Rußland einen Druck auszuüben.[36]

Dämmerung über Europa

Während London und Paris ängstlich besorgt nach einer Verständigungsformel mit Rußland suchten, machte die deutsche Regierung erfolgreiche Anstrengungen, sich dem östlichen Nachbarn zu nähern. Am 26. Juli waren der sowjetische Geschäftsträger, Astachoff, und der Führer der sowjetrussischen Handelsdelegation, Barbarin, Tischgäste Dr. Carl Schnurres von der Wirtschaftspolitischen Abteilung des Auswärtigen Amtes. Astachoff erinnerte an die enge außenpolitische Interessengemeinschaft, die früher Deutschland und Rußland verbunden habe. Schnurre, der die Russen auf Weisung eingeladen hatte, griff dieses Thema sofort auf und setzte seinen Gästen auseinander, daß die alten freundschaftlichen Beziehungen nach dem folgenden Programm erneuert werden könnten: „Wiederherstellung der Zusammenarbeit auf wirtschaftlichem Gebiet …, Normalisierung und Besserung der politischen Beziehungen …, Wiederherstellung guter politischer Beziehungen … entweder in Anlehnung an das, was früher gewesen wäre (Berliner Vertrag), oder eine Neuordnung unter Berücksichtigung der beiderseitigen lebenswichtigen Interessen.“ Astachoff äußerte seine Übereinstimmung mit dieser Auffassung, „hob jedoch hervor, daß das Tempo wohl nur ein langsames und allmähliches sein könne“.[37]

Aber Deutschland hatte es eilig, die Verständigung mit Sowjetrußland zum Abschluß zu bringen. Am 2. August hatte Ribbentrop eine wichtige Unterredung mit Astachoff. Er erklärte dem Geschäftsträger, daß auf deutscher Seite „Bereitschaft gegenüber Moskau … vorhanden“ sei. Bei entsprechender Neigung Sowjetrußlands gäbe es „kein Problem von der Ostsee bis zum Schwarzen Meer, was [sic] zwischen uns nicht zu lösen sei“.[38]

Gleichzeitig erörterte in Moskau Schulenburg mit Molotow die Lage. Der Außenminister räumte, „ungewöhnlich aufgeschlossen“, ein, daß seine Regierung „eine Normalisierung und Besserung“ der Beziehungen mit Deutschland wünsche. Aber er umgab diese seine Versicherung mit so viel Vorsicht, daß der Botschafter meinte, es werde noch „erheblicher Anstrengungen unsererseits bedürfen, um [einen] Umschwung bei [der] Sowjetregierung herbeizuführen“.[39] Bald zeigte sich, daß Ribbentrop dazu entschlossen war. Am 14. August wies er Schulenburg an, Molotow aufzusuchen und als Ansicht der deutschen Regierung hervorzuheben, daß die „Periode der außenpolitischen Gegnerschaft“ zwischen Sowjetrußland und dem Deutschen Reich durch freimütige Anerkennung der beiderseitigen Interessen „ein für allemal abgeschlossen“ werden könne. „Reale Interessengegensätze“ bestünden nicht. Tatsächlich gebe es für eine aggressive Haltung des einen Landes gegen das andere keinen Grund. Die deutsch-sowjetische Politik sei offenbar „an einem geschichtlichen Wendepunkt angelangt". Es sei „das zwingende Interesse beider Länder, daß ein Zerfleischen Deutschlands und Rußlands zugunsten der westlichen Demokratien für alle Zukunft vermieden" werde. Er, Ribbentrop, sei „bereit, zu einem kurzen Besuch nach Moskau zu kommen, um namens [des] Führers Herrn Stalin die Auffassung des Führers auseinanderzusetzen".[40]

Molotow nahm die Schulenburg aufgetragene Mitteilung „mit größtem Interesse" entgegen. Er werde seiner Regierung sogleich berichten. „Schon jetzt könne er erklären, daß [die] Sowjetregierung die deutschen Absichten lebhaft begrüße und ... nunmehr an [die] Aufrichtigkeit dieser Absichten glaube." Er anerkannte zwar, daß Eile geboten [sei], betonte jedoch, daß die „Verwirklichung einer Reise" Ribbentrops „nach Moskau ... eine eingehende Vorbereitung" erfordere, „damit der beabsichtigte Meinungsaustausch ein Ergebnis zeitige".[41] Molotow war während des Gesprächs „ganz außerordentlich entgegenkommend und aufgeschlossen", und der deutsche Botschafter hatte „den Eindruck, daß der Vorschlag des Besuches" Ribbentrops „Herrn Molotow persönlich erheblich schmeichelte und daß er ihn als einen wirklichen Beweis für unsere guten Absichten betrachtet."[42]

Angesichts dieser günstigen Entwicklung beschleunigte Ribbentrop seine Anstrengungen. Er gab Schulenburg die Weisung, Molotow zu sagen, daß Deutschland zum Abschluß eines Nichtangriffspaktes mit Sowjetrußland und dazu bereit sei, „die baltischen Staaten gemeinsam mit der Sowjetunion zu garantieren" und „seinen Einfluß für eine Besserung und Konsolidierung der russisch-japanischen Beziehungen einzusetzen". Um in Anbetracht ... der Möglichkeit des jederzeitigen Eintretens ernster Ereignisse den Abschluß eines entsprechenden Vertrages zu beschleunigen, erkläre er, Ribbentrop, sich bereit, vom 18. August an jederzeit nach Moskau zu fliegen.[43]

Die Sowjetregierung begrüßte den Vorschlag eines Besuches Ribbentrops in Moskau, weil er „die Ernsthaftigkeit der Absichten der deutschen Regierung unterstreiche. Dies stehe in einem beachtlichen Gegensatz zu England, das in der Person Strangs einen zweitrangigen Beamten nach Moskau entsandt" habe. Vor der vertraglichen Formulierung politischen Einvernehmens müsse jedoch „ein Wirtschaftsabkommen geschlossen" werden.[44] Dieser Wunsch wurde durch die Unterzeichnung eines deutsch-russischen Handelsvertrages in Berlin rasch erfüllt. Am 20. August nahm Hitler durch ein Telegramm an Stalin den von Molotow vorbereiteten Entwurf eines Nichtangriffspaktes ausdrücklich an und schlug vor, Außenminister Ribbentrop am 22. August, spätestens am 23. August, zu empfangen.[45] Stalin stimmte zu[46], und die Bühne war fertig zu einer deutsch-russischen Übereinkunft, die den Zweiten Weltkrieg ankündigte.

Inzwischen gingen die Besprechungen zwischen Woroschilow und der britisch-französischen Militärmission weiter. Die Forderungen Woroschilows waren absichtlich unannehmbar gehalten. Rußland bestand nicht nur auf dem Recht zum Durchmarsch russischer Truppen durch polnisches und rumänisches Gebiet, sondern auch auf dem Recht, die Haupthäfen der baltischen Staaten und die wichtigsten Inseln vor ihrer Küste zu besetzen, falls dies notwendig sei, um einem deutschen Angriff den Weg zu verlegen. Aber die Polen trauten den Russen nicht. Als der französische Botschafter die Zustimmung Warschaus zu der russischen Forderung auf das Recht des Durchmarschs durch polnisches Gebiet verlangte, erwiderte Außenminister Beck: „Wir räumen niemandem, in welcher Form immer, das Recht ein, die Benutzung irgendeines Teiles unseres Territoriums durch fremde Truppen zu diskutieren."[47] Am 21. August überwand Daladier – nach seinem eigenen Bericht – den polnischen Widerstand und ermächtigte General Doumenc, die von Moskau vorgeschlagene Militärkonvention zu unterzeichnen. Außenminister Bonnet und der polnische Botschafter in Paris, Lukasiewicz, geben eine abweichende Darstellung[48], doch ist das ohne Bedeutung, denn die Ankündigung der Reise Ribbentrops nach Moskau war das Grabgeläute für jede Annäherung zwischen Rußland und dem Westen.

In der Mittagsstunde des 23. August traf Ribbentrop in Moskau ein. Noch an demselben Nachmittag hatte er eine „dreistündige" Unterredung mit Stalin. Sie verlief, wie er nach Berlin meldete, „durchaus positiv".[49] Bei der Abendtafel schloß sich ein langes Gespräch an, das bis tief in die Nacht währte, Japan, Italien, die Türkei, Großbritannien und Frankreich berührte und in dessen Verlauf sich Stalin und Molotow absprechend über England äußerten, besonders über die britische Militärmission, „die der Sowjetregierung niemals gesagt habe, was sie eigentlich wolle". Ribbentrop schlug den gleichen Ton an. England habe stets den Versuch gemacht und mache ihn noch, „die Entwicklung guter Beziehungen zwischen Deutschland und der Sowjetunion zu stören. England sei schwach, und für seinen anmaßenden Anspruch auf die Weltherrschaft wolle es andere kämpfen lassen". Stalin stimmte zu: „Wenn England trotzdem die Welt beherrsche, so läge das an der Dummheit der andern Länder, die sich immer wieder bluffen ließen."[50] Mit passenden Trinksprüchen wurde der deutsch-sowjetische Nichtangriffspakt als Morgenröte einer neuen Ära begrüßt. Für Millionen furchterfüllter Menschen von der Ostsee bis zum Mittelmeer war sie der Hereinbruch der Nacht über Europa.

Der Duce versucht, auf einem schlüpfrigen diplomatischen Zaun zu sitzen

Während der schicksalhaften Augustmonate versuchte Mussolini verzweifelt, sich würdevoll auf einem sehr schlüpfrigen diplomatischen Zaun zu halten. Schon am 7. Juli hatte er dem britischen Botschafter, Lorraine, erklärt, „daß Italien, wenn England zur Verteidigung Polens zu kämpfen entschlossen sei, mit seinem Verbündeten Deutschland zu den Waffen greifen werde". Als sich aber die Krise zuspitzte, wurde er äußerst wankelmütig. Am 10. August beauftragte er Ciano, „die Deutschen davon zu unterrichten, daß wir einen Konflikt mit Polen vermeiden müssen, weil es unmöglich wäre, ihn zu lokalisieren, und ein allgemeiner Krieg für jeden verheerende Folgen hätte".[51] Ribbentrop nahm diese vorsichtige Politik übel auf: „Der Entschluß, zu kämpfen, ist unerbittlich." Nachdem Ciano mit Hitler gesprochen hatte, war ihm klar, „daß sich nichts mehr ändern ließ. Er [Hitler] hat beschlossen, loszuschlagen, und er wird losschlagen."[52]

Ciano fuhr nach Rom zurück, „durch und durch angewidert von den Deutschen, ihrem Führer, ihrer Art, die Dinge zu betreiben. Sie haben uns verraten und belogen." Nachdem sich Mussolini mit den Berichten Cianos befaßt hatte, entschied er am 15. August, daß Italien „nicht blindlings mit Deutschland marschieren wird ... Er sucht Zeit zu gewinnen, um den Bruch mit Deutschland vorzubereiten."[53] Indessen, am 18. August kamen dem Duce wieder Zweifel, und er bemerkte zu Ciano, „Deutschland könnte billig zu einem glänzenden Geschäft kommen." Überdies fürchtete er „Hitlers Zorn". Am 21. August eröffnete der Duce Ciano, er habe sich entschlossen, mit den Deutschen zusammenzugehen, doch stimmte er nach langem Disput einer Konferenz zwischen Ciano und Ribbentrop zu und willigte in den Vorschlag seines Außenministers ein, Ribbentrop davon zu unterrichten, daß Italien „nicht intervenieren werde, wenn der Konflikt durch einen Angriff auf Polen provoziert wird".[54] Allein, das deutsch-sowjetische Abkommen vom 23. August warf Cianos Kalkulation über den Haufen, und die Zusammenkunft mit dem deutschen Außenminister unterblieb.

Chamberlain erweitert seine Verpflichtungen gegen Polen

Während der Duce sich wand, um auf einem hohen unsicheren Sitz ins Gleichgewicht und in eine günstige Position zu kommen, versuchte Chamberlain immer noch, mit Hitler vernünftig zu reden. Am 22. August schickte er nach Berlin die Warnung, daß Großbritannien trotz des deutsch-sowjetischen Paktes seine Verpflichtung zur Verteidigung der Unabhängigkeit Polens nach wie vor erfüllen werde.[55] Nevile Henderson fand Hitler, als er ihm in Berchtesgaden die Botschaft des Premierministers überbrachte, „in äußerst reizbarer Stimmung". Während eines zweiten Gesprächs war er zwar ruhiger, kritisierte aber scharf die britische Politik. Er „traue Mr. Chamberlain nicht mehr", nachdem er „Polen einen Blankoscheck" gegeben habe.[56] In einem Brief an den Premierminister versicherte er nachdrücklich seinen unveränderten Wunsch nach Frieden mit Großbritannien und beklagte sich darüber, daß seine Schritte in dieser Richtung ständig abgewiesen worden seien. In Hinsicht auf Danzig und den Korridor bemerkte er, daß er bereit gewesen sei, diese Probleme „auf der Grundlage einer wirklich beispiellosen Großherzigkeit" zu regeln. Polen jedoch habe es, gestützt auf die Zusicherung bewaffneten Beistandes im Falle eines Konfliktes mit Deutschland, abgelehnt, der deutschen Forderung nach der Rückkehr Danzigs zum Reich und einer Eisenbahnlinie und einer Autobahn durch den Korridor näherzutreten. Auch mobilisierten England und Frankreich ihre Streitkräfte, um durch diese Drohung Deutschland zu zwingen, daß es seinen festen Stand gegenüber Polen aufgebe. Ihr Vorgehen werde Deutschland nötigen, Mobilmachung mit Mobilmachung zu beantworten.[57]

Diese diplomatische Sackgasse brachte die europäischen Staatsmänner zu der Erkenntnis, daß ein zweiter Weltkrieg unmittelbar drohte. Um das Schreckliche abzuwenden, richtete König Leopold von Belgien im Namen der „Oslo-Mächte" (Belgiens, Dänemarks, Finnlands, Luxemburgs, der Niederlande, Norwegens und Schwedens) über den Rundfunk einen Appell „an diejenigen, in deren Händen das Schicksal der Welt liegt, die Katastrophe zu vermeiden, die die Menschheit bedroht". Mit prophetischem Blick hob er hervor, daß die Wucht eines zweiten Weltkrieges „die in Jahrhunderten geschaffenen geistigen und materiellen Werte der Zivilisation" vernichten würde; keine Nation würde aus ihm als Sieger hervorgehen.[58]

Dem Aufruf König Leopolds folgte am 24. August ein Appell Papst Pius' XII. Er mahnte die Regierungen Europas: „Solange Frieden ist, ist nichts verloren; mit dem Krieg kann alles verloren sein."[59] Am Tag vorher hatte Präsident Roosevelt eine dringende Botschaft an Victor Emanuel von Italien gesandt, worin er den König beschwor, „für eine friedliche Lösung der gegenwärtigen Krise Vorschläge zu machen".[60] Ciano meinte, der Appell Roosevelts habe „nicht viel Sinn"[61], und der König antwortete, nachdem er einige Tage hatte verstreichen lassen: „Was immer möglich ist, einen gerechten Frieden herbeizuführen, ist von uns geschehen und geschieht noch."[62] Ohne diese Antwort abzuwarten, hatte der Präsident am 24. August auch Appelle an den polnischen Präsidenten Moscicki und Reichskanzler Hitler gerichtet; sie sollten versuchen, ihre Streitigkeiten durch direkte Verhandlungen oder durch ein Schiedsverfahren zu schlichten.[63]

Moscicki antwortete am 25. August unverzüglich, daß er für direkte Verhandlungen eintrete. Da Hitler noch nicht reagiert hatte, sandte ihm Präsident Roosevelt eine zweite Botschaft, worin er auf die Bereitwilligkeit der polnischen Regierung hinwies, durch unmittelbare Verhandlungen einen Weg zum Frieden zu suchen.[64] Die Antwort Hitlers auf diesen Druck war, er habe nichts unversucht gelassen, den Streit zwischen Deutschland und Polen auf friedliche Weise beizulegen. Noch in letzter Stunde habe er ein Vermittlungsangebot der britischen Regierung akzeptiert. Infolge der Haltung der polnischen Regierung jedoch seien alle diese Anstrengungen erfolglos geblieben.[65]

Während die zweite Botschaft Roosevelts unterwegs war, richtete Hitler ein Schreiben an Mussolini, worin er mitteilte, daß die Aktion gegen Polen bevorstehe, und um Verständnis für seine Lage bat. Der Duce antwortete, Italien sei zum Krieg nicht fertig. Ciano bekräftigte das praktisch, indem er, auf Hitlers Angebot, das Fehlende zu liefern, eine lange Liste von Waffen und Kriegsmaterial aufstellte („genug, einen Stier umzulegen – wenn ein Stier lesen könnte"), dessen Italien bedürfe, um überhaupt irgendeine militärische Aktion unternehmen zu können.[66]

Zu derselben Zeit, am 25. August, bat Hitler Sir Nevile Henderson zu sich in die Reichskanzlei. Er hob die Wichtigkeit einer baldigen Regelung des deutsch-polnischen Streits hervor und machte dann dem Botschafter das Angebot eines Freundschaftspaktes und eines möglichen Bündnisses mit England. „Ruhig und offenbar ernsthaft" sprach er von einer „letzten Anstrengung um des Gewissens willen, mit Großbritannien gute Beziehungen herzustellen".[67] Er hätte sich seine Worte sparen können, denn an eben diesem Tage hatte Chamberlain einen weitgehenden Vertrag mit Polen geschlossen. Das Abkommen sah vor, daß, wenn „eine der vertragschließenden Parteien mit einer europäischen Macht infolge eines Angriffs dieser Macht auf die betreffende Partei in Feindseligkeiten verwickelt werden sollte, die andere vertragschließende Partei der in Feindseligkeiten verwickelten vertragschließenden Partei unverzüglich jede Unterstützung und jeden Beistand leisten wird, die in ihrer Macht stehen". Außerdem verpflichteten sich Großbritannien und Polen durch den Vertrag, in weiten Gebieten Osteuropas den Status quo aufrechtzuerhalten.[68]

Diese Handlung Chamberlains ist ebenso schwer begreiflich wie die Verpflichtungen, die er im März und April gegen Polen übernommen hatte. Hätte er sich entschließen können, „Osteuropa, weil es geographisch nicht zu verteidigen war, abzuschreiben und Hitler ostwärts vorrücken zu lassen, mit der großen Wahrscheinlichkeit, daß er mit Stalin in Konflikt geraten werde, so wäre das der gesündeste und meistversprechende Kurs gewesen, den die westliche Diplomatie hätte verfolgen können".[69] Statt dessen nahm der britische Premierminister eine Reihe von Verpflichtungen auf sich, die er aller Wahrscheinlichkeit nach nicht erfüllen konnte, was er dadurch auch noch zur Gewißheit machte, daß er den Aufbau der britischen Armee nicht beschleunigte. Obwohl das Unterhaus am 27. April ein Gesetz über die Einführung der Wehrpflicht angenommen hatte, wurden die ersten britischen Rekruten nicht eher als im Juli eingezogen. Keine Truppen konnten nach Polen geworfen werden, und zum Einsatz in Frankreich stand nur eine jämmerlich kleine Streitmacht bereit. Es ist einleuchtend, wenn André Géraud (Pertinax) später ein Buch schrieb mit dem Titel „Die Totengräber Britanniens".

Hitler warnt Frankreich

Während Henderson mit Hitlers Angebot nach London unterwegs war, wandte sich der Führer Frankreich zu. Am 25. August bat er den französischen Botschafter, Coulondre, in die Reichskanzlei und übergab ihm einen Brief für Daladier. Darin wies er es von sich, Krieg mit Frankreich zu wünschen, noch dazu Polens wegen. Dann erinnerte er an die Vorschläge, die er Polen im Frühjahr gemacht hatte. Polen habe sie nicht nur zurückgewiesen, sondern sei dazu übergegangen, die deutsche Minderheit in denkbar schlimmer Weise zu mißhandeln. Zu alledem habe die polnische Regierung auch noch die allgemeine Mobilmachung angeordnet und lasse auf deutsche Flugzeuge schießen, die den Korridor überquerten. Eine solche Handlungsweise sei unerträglich. Wenn Frankreich im Falle, daß Deutschland dagegen entsprechend vorgehe, Polen unterstützen sollte, so wäre ein Krieg zwischen Deutschland und Frankreich unvermeidlich.[70]

Daladier antwortete würdig und geschickt: „Wenn Sie dem französischen Volk nicht eine geringere Auffassung nationaler Ehre zubilligen, als ich selber sie dem deutschen Volk zuerkenne, dann können Sie nicht daran zweifeln, daß Frankreich treu zu den Zusicherungen steht, die es andern Nationen gegeben hat wie Polen, das, ich bin dessen völlig sicher, mit Deutschland ebenfalls in Frieden zu leben wünscht." Er sei überzeugt, daß einer friedlichen Lösung der gegenwärtigen Krise kein wirkliches Hindernis im Wege stehe, wenn der Wille zum Frieden „auf allen Seiten der gleiche" sei. Was ihn persönlich angehe, so sollte niemand darüber im Zweifel sein, daß er zu allen „einem ehrenhaften Manne" möglichen Anstrengungen bereit sei, den Erfolg jedes wirklichen Schrittes zu einer gerechten Regelung der Streitigkeiten zu sichern.[71]

Als Coulondre die Note Daladiers Hitler übergab, bat er ihn „im Namen der Geschichte und um der Menschheit willen, diese letzte Chance nicht von sich zu stoßen". Das Prestige des Führers sei „außerhalb Deutschlands" groß genug, „auch nach einer Geste der Befriedung unvermindert zu bleiben". Hitler erwiderte, die Entscheidung liege in Wahrheit bei Polen; mache es Konzessionen, dann werde Friede sein. Aber Polen sei in einen krankhaften Widerstandsgeist versetzt worden, und wenn es eine scheinbare Bereitwilligkeit an den Tag gelegt habe, über die Sache zu sprechen, dann zweifellos nur, um Zeit zur Mobilmachung zu gewinnen.[72]

Am 27. August gab Hitler auf Daladiers Botschaft die förmliche Antwort. Nachdem er seinen Wunsch wiederholt hatte, mit Frankreich in Frieden zu leben, wies er auf zunehmende polnische Provokationen und auf angebliche Grausamkeiten gegen die deutsche Minderheit in Polen hin. „Diese mazedonischen Zustände an unserer Ostgrenze müssen beseitigt werden. Danzig und der Korridor müssen zu Deutschland zurückkehren."[73] Solche Bedingungen waren gleichbedeutend mit Krieg.

Hitler wendet sich noch einmal an England

Trotz seinen Forderungen, die einer Kriegserklärung gleichkamen, hegte Hitler immer noch einige Hoffnung, daß Chamberlain im letzten Augenblick schwenken und den Weg zu einem neuen München öffnen werde. Aus den Nürnberger Protokollen geht hervor, daß Hitler, nach

Görings Zeugenaussage, einige Zeit nach der Unterzeichnung des Paktes mit Rußland den Einmarsch in Polen für den 25. August befahl, ihn jedoch am Nachmittag des 24. August auf den 1. September verschob, um das Ergebnis der neuen, über Botschafter Henderson unternommenen diplomatischen Versuche einer Annäherung an England abzuwarten. Ribbentrop bestätigte diese Angaben Görings.[74]

Am 26. August traf Henderson mit dem letzten Vorschlag Hitlers in London ein. Nach zwei Tagen sorgfältiger Erwägung sandte das britische Kabinett Henderson mit einer ziemlich weitschweifigen Antwort zurück nach Berlin. Die britische Regierung teile den Standpunkt, daß die Differenzen zwischen Deutschland und Polen unverzüglich geregelt werden müßten, doch müsse sich die deutsche Regierung darüber klar sein, „daß die Regierung Seiner Majestät Polen gegenüber Verpflichtungen hat, an die sie gebunden und die zu erfüllen sie gewillt ist". Es sollte aber durchaus möglich sein, „durch ein Abkommen …, zu dem der Schutz der wesentlichen Interessen Polens gehören würde, eine vernünftige Lösung der Differenzen zwischen Deutschland und Polen herbeizuführen". Dieses Abkommen wäre „von andern Mächten zu garantieren". Die Regierung Seiner Majestät wäre auf Wunsch „bereit, zu der Wirksamkeit einer solchen Garantie beizutragen". Um zu diesem Ziel zu gelangen, sollten unverzüglich direkte Gespräche zwischen Deutschland und Polen aufgenommen werden. Schlüge „eine gerechte Regelung" der bestehenden Schwierigkeiten fehl, so würde das „die Hoffnung auf ein besseres Einvernehmen zwischen Deutschland und Großbritannien vernichten" und „die beiden Länder miteinander in Konflikt bringen".[75]

Dieser letzte Satz hatte einen unheilverkündenden Klang; er verriet, daß das britische Kabinett in dem Maße, wie sich Hitler nach dem 25. August versöhnlicher zeigte, in seiner Entschlossenheit, hinter Polen zu stehen, fester wurde. Über die Gründe der konzilianteren Haltung Hitlers in den letzten Augusttagen bemerkt Henderson, daß Hitler mit dem Einmarsch in Polen, der, wie aus den nachfolgenden Befehlen und Anordnungen zu schließen sei, ursprünglich für die Nacht zum 26. August befohlen gewesen sei, wegen einer letzten Anstrengung, England von Polen zu trennen, gezögert habe.[76] Die Nürnberger Dokumente zeigen, daß Henderson – seine Erinnerungen erschienen 1940 – bemerkenswert richtig kombiniert hat. Nachdem Hitler den Marschbefehl gegeben hatte, verlor er die Nerven und unternahm einen letzten Versuch, die britische Regierung dahin zu bringen, daß sie ein weiteres Kapitel ihrer früheren Beschwichtigungspolitik schreibe. Er wußte, daß es für die deutsche und die russische Armee eine Sache von ein paar Wochen sein würde, Polen zu zerschmettern, und daß Großbritannien ihrem Vormarsch nichts entgegenzustellen vermochte. Aber dieser polnische Feldzug erweckte in ihm mancherlei Befürchtungen. Welchen Preis würde er schließlich Stalin zu zahlen haben? Wäre es nicht möglich, mit dem leichtgläubigen Chamberlain einen besseren Handel abzuschließen?

Jedenfalls versuchte es Hitler noch einmal mit Versöhnlichkeit. Als Henderson am Abend des 28. August mit der Antwort Chamberlains in Berlin eingetroffen war, begab er sich sofort in die Reichskanzlei. Er fand den Führer „abermals freundlich und vernünftig und mit der Antwort, die ich ihm überbracht hatte, nicht unzufrieden. Er bemerkte, daß … er sie sorgfältig studieren müsse und mir am nächsten Tag Bescheid geben werde … Wenn auch unverbindlich, so war er doch ruhig und sogar versöhnlich."[77]

Indessen, am 29. August wendete sich die Lage zum Schlimmen. Die polnische Regierung ordnete die allgemeine Mobilmachung an, und in wenigen Stunden erreichte die Nachricht davon Berlin. Die britische Regierung hatte an Warschau die Warnung ergehen lassen, ein solcher Schritt müßte „in der ganzen Welt den Eindruck hervorrufen, daß sich Polen auf Krieg einlasse". Deshalb verschob die polnische Regierung die öffentliche Bekanntgabe der Mobilisation „um mehrere Stunden".[78] Aber die Meldungen hierüber befanden sich bald in der Hand Hitlers und warfen ihn aus seinem labilen, nervösen Gleichgewicht.

Henderson bekam das sofort zu spüren, als er auf 19.15 Uhr in die Reichskanzlei bestellt wurde. Hitler erging sich in erregten Anklagen über Greueltaten, die in Polen an Deutschen begangen würden. Dieser entsetzliche Zustand sei für eine Großmacht unerträglich. Er müsse jetzt auf die Rückkehr Danzigs und des Korridors nach Deutschland bestehen und auf den Schutz der in Polen zurückbleibenden deutschen Minderheit. Die deutsche Regierung, so hieß es in der Henderson überreichten Antwortnote, teile die Ansicht der britischen Regierung nicht, daß die schweren Differenzen zwischen Deutschland und Polen durch „direkte Verhandlungen" beigelegt werden könnten. Zum Beweise der Ernsthaftigkeit ihrer Absicht, mit Großbritannien ein dauerndes Freundschaftsverhältnis herzustellen, sei sie jedoch bereit, die britische Vermittlung zur Entsendung einer mit allen Vollmachten versehenen polnischen Persönlichkeit nach Berlin anzunehmen. Sie rechne mit dem Eintreffen dieses Abgesandten für Mittwoch, den 30. August.[79]

Der für die Ankunft des polnischen Bevollmächtigten festgesetzte Termin schien Henderson nach einem Ultimatum zu klingen. Hitler stellte das leidenschaftlich in Abrede; er wolle nur die Dringlichkeit der Situation unterstreichen. Darauf beendete er das Gespräch mit der kurzen, aber „durchaus ehrlichen" Versicherung seiner „Zuneigung für die Engländer im allgemeinen und seines unveränderten Bestrebens, die Freundschaft Großbritanniens zu gewinnen".[80]

Zwölfte Stunde in Europa

Henderson übermittelte die Note Hitlers unverzüglich dem Foreign Office. Wenige Stunden später erhielt er die Antwort: Es sei unvernünftig, von der Regierung Seiner Majestät zu erwarten, daß sie innerhalb von vierundzwanzig Stunden einen polnischen Bevollmächtigten herbeischaffen könne. Außerdem entspräche es mehr der diplomatischen Übung, wenn die deutsche Regierung durch ihren Botschafter der Regierung in Warschau einen Entwurf der Vorschläge zuleitete, die von dem Bevollmächtigten und dem Auswärtigen Amt zu erörtern wären.[81]

Es ist bezeichnend, daß der französische Botschafter in Berlin ganz anderer Ansicht war als das britische Außenamt. Er meinte, „die polnische Regierung sollte der Ernennung eines Bevollmächtigten zustimmen, weil bei alledem der deutsche Kanzler in den ihm von Großbritannien und Frankreich gemachten Vorschlag eines direkten Kontaktes zwischen Berlin und Warschau einwilligt". Der Bevollmächtigte sollte M. Lipski sein, der polnische Botschafter in Berlin.[82]

In dem am 29. August dem britischen Botschafter übergebenen Memorandum hatte es geheißen, das Auswärtige Amt werde sofort einen Lösungsvorschlag ausarbeiten, der, wenn möglich, vor der Ankunft des polnischen Unterhändlers der britischen Regierung zur Verfügung gestellt werden würde. Henderson hatte noch am Abend des 29. August den polnischen Botschafter über die deutsche Antwort unterrichtet und ihn beschworen, „seine Regierung zu drängen, daß sie unverzüglich irgendeinen Vertreter für die vorgeschlagenen Verhandlungen ernenne".[83] Als in später Abendstunde die britische Antwort einging, hatte Henderson vom Auswärtigen Amt noch nichts gehört; Ribbentrop hatte es also nicht für „möglich" gehalten, die deutschen Vorschläge in die britische Botschaft zu schicken. Auch Warschau schwieg. So machte Henderson, als er die britische Antwort sofort nach deren Eintreffen dem Reichsaußenminister um Mitternacht überbrachte, den Vorschlag, den polnischen Botschafter in die Wilhelmstraße zu bitten. Ribbentrop erwiderte entrüstet, dies sei „völlig undenkbar und wäre unerträglich". Nach Hendersons Aufzeichnung war Ribbentrop „äußerst erregt, sprang immer wieder von seinem Stuhl auf und fragte, ... ob ich sonst noch etwas zu sagen hätte". Der Botschafter ließ sich nicht beirren und brachte Ribbentrop die ganze Note zur Kenntnis.

Nun las ihm Ribbentrop den versprochenen deutschen Entwurf für eine Lösung des Konflikts vor, das heißt, „er schnatterte ihn ... so schnell er konnte mit einem Ton äußerster Verdrossenheit herunter ... Als er zu Ende war, bat ich ihn, mich das Papier lesen zu lassen". Aber Ribbentrop „lehnte das kategorisch ab, warf das Dokument verächtlich auf den Tisch und sagte, es sei überholt, da bis Mitternacht kein polnischer Abgesandter erschienen sei".[84]

Der deutsche Vorschlag war überraschend gemäßigt, und es wäre vielleicht doch noch möglich gewesen, den Frieden zu retten oder dazu einen Aufschub zu erreichen, wenn sich am 30. August ein polnischer Bevollmächtigter eingefunden hätte. Der Vorschlag besagte: Rückkehr Danzigs zum Reich, aber Entscheidung über die Zukunft des Korridors durch eine Volksabstimmung. Festlegung der genauen Grenze Gdingens durch unmittelbare deutsch-polnische Verhandlungen, notfalls durch ein internationales Schiedsgericht.[85] Auch wenn der

Vorschlag überhaupt oder vorsorglich als „ein Alibi, vor allem dem deutschen Volk gegenüber", gedacht war, wie Hitler später einmal in Gegenwart des Chefdolmetschers Schmidt äußerte[86], so wären doch jedenfalls solche Absichten durch rechtzeitiges Eintreffen eines polnischen Unterhändlers durchkreuzt worden.

Henderson kehrte mit der Gewißheit in die Botschaft zurück, daß die deutsche Armee jeden Augenblick in Polen einmarschieren werde. Da intervenierte Mussolini. Am 31. August rief Graf Ciano Halifax an, „um ihm mitzuteilen, daß der Duce mit Aussicht auf Erfolg nur vermitteln könne, wenn er Hitler einen ansehnlichen Preis biete: Danzig. Mit leeren Händen vermöge er nichts auszurichten ... Nach einer Weile antwortete Halifax, man könne sich unseren Vorschlag hinsichtlich Danzigs nicht zu eigen machen." Nun unterbreitete Ciano in eiliger Besprechung dem Duce einen neuen Vorschlag: Einberufung einer Fünfmächtekonferenz „mit dem Ziel, die Bestimmungen des Versailler Vertrages zu revidieren, die die Ursache der gegenwärtigen Unruhe in Europa sind". Mussolini billigte den Vorschlag seines Außenministers, die Botschafter Englands und Frankreichs begrüßten ihn begeistert. Wieder rief Ciano Halifax an und drängte auf schnelle Antwort. Indessen, der Tag verstrich, ohne daß der britische Außenminister von sich hören ließ, und um 20.20 Uhr meldete die Telefonzentrale, daß „London seine Verbindung mit Italien getrennt" habe.[87]

Während so der Versuch Mussolinis, den Frieden zu retten, scheiterte, begab sich in Berlin der französische Botschafter zu seinem polnischen Kollegen und drängte ihn, mit Ribbentrop Fühlung zu nehmen. Lipski entzog sich dem Rat Coulondres nicht und rief Warschau an, um sich entsprechende Instruktionen geben zu lassen. Um 14 Uhr erhielt er von seinem Außenamt die Weisung, die polnische Regierung erwäge die Aufnahme direkter Gespräche mit der Reichsregierung in günstigem Sinne.[88] Lipski vereinbarte unverzüglich mit Staatssekretär Weizsäcker telefonisch für 18.15 Uhr eine Unterredung mit dem Reichsaußenminister. Ribbentrop fragte Lipski sofort, ob er „mit besonderen Vollmachten zu Verhandlungen" versehen sei. Als der Botschafter das verneinen mußte, schien Ribbentrop überrascht und beendete das Gespräch mit der Bemerkung, daß er dem Führer über die Lage berichten werde.[89]

Nach der von Warschau erhaltenen Weisung sollte Lipski in der Wilhelmstraße nur „Kontakt herstellen und anfragen, wo und auf welche Weise Verhandlungen aufgenommen werden könnten".[90] Indessen, die Kriegsflut stieg zu rasch, als daß eine bloße Fühlungnahme zum Zweck einer Besprechung über künftige Verhandlungen sie hätte aufhalten können. Das war mit Händen zu greifen, und der polnische Außenminister hätte es sehen müssen. Aber während er immer noch eine Erörterung von Vorschlägen zur Beilegung des deutsch-polnischen Streits erwartete, betrieb das polnische Kriegsministerium die allgemeine Mobilmachung. Dies bestärkte Hitler in dem Entschluß, loszuschlagen.[91] Oberst Beck verpaßte den Anschluß nach Berlin, und Polen bezahlte das mit seiner vierten Teilung.

In der Morgenfrühe des 1. September überschritten deutsche Truppen an mehreren Stellen die Grenze, und deutsche Flugzeuge begannen die polnischen Fliegerhorste und Verkehrseinrichtungen zu bombardieren. Über die Verantwortung am Kriegsausbruch vermerkte Ulrich von Hassell am 10. September 1939 in seinem Tagebuch: „Mein abschließender Eindruck über die Ereignisse der Woche bis zum 1. September ist folgender: Hitler und Ribbentrop wollten den Krieg gegen Polen und haben das Risiko des Krieges gegen die Westmächte bewußt übernommen, verbunden bis in die letzten Tage hinein mit einer in der Temperatur schwankenden Illusion, sie würden doch neutral bleiben. Die Polen haben ihrerseits in polnischem Dünkel und slawischem Treibenlassen, auf England und Frankreich vertrauend, jede etwa noch vorhandene Chance, den Krieg zu vermeiden, versäumt. Die Londoner Regierung, deren Botschafter alles getan hat, um den Frieden zu erhalten, hat in den allerletzten Tagen das Rennen aufgegeben und eine Art ‚vogue la galère' gemacht. Frankreich ist viel zögernder den gleichen Weg gegangen. Mussolini hat sich alle Mühe gegeben, den Krieg zu vermeiden. Sein Vermittlungsvorschlag vom 2. September mußte erfolglos bleiben, weil England nicht mehr zurück konnte oder wollte. Die Haltung Frankreichs an diesem Tage war undurchsichtig."[92]

Als Hitler den schicksalschweren Schritt vom 1. September tat, war er offenbar von einem Erfolg seiner militärischen Vorbereitungen überzeugt. Er hatte über die Waffen hinaus, die ihm in Österreich und in der Tschechoslowakei in die Hände gefallen waren, für die deutsche Aufrüstung schätzungsweise vierzig Milliarden Dollar ausgegeben. Das deutsche Heer verfügte mindestens über 160 Divisionen, von denen mindestens hundert mit modernen Waffen ausgerüstet waren. Außerdem konnte Hitler mit tausend Flugzeugen der taktischen Luftwaffe rechnen. Indessen, diese Luftflotte war nicht stark genug, Britannien zur Unterwerfung zu zwingen, und die deutsche Flotte zu schwach, die Streitmacht zu landen, die erforderlich war, die, wenn auch schlecht gewappnete britische Insel zu erobern. Ohne eine Chance, England zu schlagen, „vom britischen Empire ganz zu schweigen, konnte Deutschland den Krieg nicht gewinnen; günstigenfalls ergab sich ein Patt, aber ein Unentschieden hätte es Hitler unmöglich gemacht, seine weitergesteckten, eigentlichen großen Ziele zu erreichen".[93]

Roosevelt appelliert an die kriegführenden Mächte für die Zivilbevölkerung

Am 1. September richtete Präsident Roosevelt an Deutschland, Frankreich, Großbritannien und Polen einen Appell, keine unbefestigten Städte zu bombardieren. Andernfalls verlören Tausende unschuldiger Menschen, „die für die ausgebrochenen Feindseligkeiten nicht verantwortlich sind, ihr Leben".[94] Hitler antwortete sofort, daß er dieser Aufforderung „bedingungslos beipflichte". Polen folgte dem am selben Tage.[95] Am 2. September erklärten die britische und die französische Regierung, daß sie „mit der menschenfreundlichen Gesinnung", die den Appell des Präsidenten inspiriert habe, „völlig übereinstimmten".[96]

Letzte Vermittlungsversuche

Am 31. August ließ Papst Pius XII. der deutschen und der polnischen Regierung den dringenden Appell zugehen, „alles in ihrer Macht Stehende zu tun, jeden Zwischenfall zu vermeiden und sich jeder Maßnahme zu enthalten, die die gegenwärtige Spannung erhöhen könnte".[97]

Die Mächte schenkten dem wenig Beachtung. Eine Anregung Graf Cianos jedoch weckte stärkere Aufmerksamkeit. Nachdem Hitler ihn hatte wissen lassen, „er würde den Vorschlag nicht völlig ablehnen", rief Ciano Bonnet und Halifax an und schlug ihnen abermals eine Konferenz vor, die die Grundlagen einer möglichen Beilegung der gegenwärtigen Krise zu diskutieren hätte. Bonnet begrüßte den Vorschlag, aber Halifax machte nach einer Kabinettssitzung seine Annahme von der Einwilligung Deutschlands abhängig, vorher die polnischen Gebiete, in die die deutschen Truppen schon einmarschiert waren, wieder zu räumen. Das war eine unmögliche Bedingung. Zum zweitenmal vereitelte England eine italienische Anstrengung, irgendeine Friedensformel zu finden.[98]

Nevile Henderson in Berlin war tief niedergedrückt. Während eines Gesprächs mit dem amerikanischen Geschäftsträger bemerkte er, „wenn die polnische Regierung direkten Verhandlungen zugestimmt und einen Bevollmächtigten ernannt hätte, dann hätte man ein überstürztes Handeln Deutschlands möglicherweise verhindern oder wenigstens hintanhalten können. Die von dem polnischen Botschafter an Ribbentrop übermittelte Erklärung sei nicht ... umfassend genug gewesen."[99]

In Paris suchte am 2. September der polnische Botschafter Außenminister Bonnet auf und machte geltend, daß „das französische Bündnis mit Polen Frankreich verpflichte, Polen sofort automatisch Beistand zu leisten". Bonnet erwiderte, daß Deutschland erst nach der Kammersitzung am Nachmittag ein Ultimatum gestellt werden könne, und danach habe die deutsche Regierung für ihre Antwort achtundvierzig Stunden Frist. Hierüber wurde der polnische Botschafter so erregt, daß er zu Daladier eilte, um sich über die anscheinende Gleichgültigkeit des Außenministeriums gegenüber den vertraglichen Verpflichtungen Frankreichs zu beschweren. Die britische Regierung, so erklärte er dem Premierminister, sei „von dem Zögern der französischen Regierung aufs tiefste beunruhigt". Daladier wurde von der Aufgeregtheit des Botschafters dermaßen angesteckt, daß er losbrach: „Offenbar hat dieser Laden [der Quai d'Orsay] trotz allen Ermahnungen noch nicht begriffen, was seine Pflicht ist!" Er sicherte dem polnischen Botschafter zu, „daß er Bonnet sofort kommen lassen und die Leitung der Außenpolitik in die eigene Hand nehmen werde".[100]

Doch das war leichter gesagt als getan. Bonnet blieb Außenminister und fuhr fort, den polnischen Botschafter zu peinigen. Am Nachmittag des 2. September, nach der Kammersitzung, erschien Lukasiewicz abermals am Quai d'Orsay und erkundigte sich, „ob denn die französische Regierung nicht beabsichtige, den französischen Botschafter in Berlin anzuweisen, daß er auf seine gestrige Demarche eine unverzügliche Antwort verlange". Bonnet antwortete freundlich, die Frage werde in einer Kabinettssitzung erörtert werden, die am Abend oder am 3. September stattfinden werde. Nach dieser Kabinettssitzung „werde der deutschen Regierung vermutlich ein auf achtundvierzig Stunden befristetes Ultimatum zugestellt werden". Angesichts der Gelassenheit Bonnets verlor der Botschafter abermals seine Selbstbeherrschung und verlangte „die sofortige Herausgabe eines Ultimatums an Deutschland". Die Folge seines Drängens war der Beschluß, „der britischen Regierung vorzuschlagen, daß der britische und der französische Botschafter in Berlin heute abend angewiesen würden, morgen vormittag im Auswärtigen Amt vorzusprechen und zu erklären, daß sie auf die Antwort auf ihre gestrigen Demarchen nicht länger als bis morgen abend 7 Uhr warten könnten".[101]

Am 3. September, vormittags um 9 Uhr, suchte Henderson das Auswärtige Amt auf und übergab ein Ultimatum des Inhalts, daß sich Großbritannien, wenn es nicht bis 11 Uhr die Zusicherung der Einstellung der Feindseligkeiten und der Zurückziehung der deutschen Truppen aus Polen erhielte, von dieser Stunde an als mit Deutschland im Krieg befindlich betrachten würde.[102] Als Chefdolmetscher Schmidt das Ultimatum Hitler und Ribbentrop übersetzt hatte, herrschte „völlige Stille. Wie versteinert saß Hitler da und blickte vor sich hin. Er war nicht fassungslos, wie es später behauptet wurde, er tobte auch nicht, wie es wieder andere wissen wollten. Er saß völlig still und regungslos an seinem Platz. Nach einer Weile ... wandte er sich Ribbentrop zu, der wie erstarrt am Fenster stehengeblieben war: ‚Was nun?' fragte Hitler seinen Außenminister mit einem wütenden Blick in den Augen, als wolle er zum Ausdruck bringen, daß ihn Ribbentrop über die Reaktion der Engländer falsch informiert habe. Ribbentrop erwiderte mit leiser Stimme: ‚Ich nehme an, daß die Franzosen uns in der nächsten Stunde ein gleichlautendes Ultimatum überreichen werden.' ... Auch ... im Vorzimmer herrschte ... Totenstille. Göring drehte sich zu mir um und sagte: ‚Wenn wir diesen Krieg verlieren, dann möge uns der Himmel gnädig sein.' Goebbels stand in einer Ecke, niedergeschlagen und in sich gekehrt, und sah buchstäblich aus wie der bewußte begossene Pudel. Überall sah ich betretene Gesichter, auch bei den kleineren Parteileuten, die sich im Raum befanden."[103]

Um 12 Uhr überreichte der französische Botschafter das erwartete Ultimatum seiner Regierung. Es war auf 17 Uhr befristet. Ein zweites Mal im zwanzigsten Jahrhundert hatte die Diplomatie einen Weltkrieg nicht zu verhüten vermocht. Die alte Mär von den unfehlbaren anglo-französischen diplomatischen Formeln schwand vor der düsteren Wirklichkeit eines Weltkonfliktes dahin, der sowohl Großbritannien als auch Frankreich in Mächte zweiten Ranges verwandeln sollte.

In London vertraute Lord Halifax Botschafter Kennedy an, daß ihn der Ausbruch des Krieges „an einen Traum erinnere, in dem er wegen Mordes vor Gericht stand. Als er schließlich überführt und verurteilt war, habe ihn zu seiner Überraschung ein Gefühl der Erleichterung überkommen. So ähnlich sei ihm jetzt zumute; er habe auf alle erdenkliche Weise geplant, einen Weltkrieg fernzuhalten, und sich in einen schlimmen Gesundheitszustand hineingearbeitet. Nun aber, wo seine Anstrengungen fehlgeschlagen seien, fühle er sich zu dem neuen Kampf frisch und gesund ...

Während Halifax sprach, wurde einem mehr und mehr klar, ... daß sich Britannien bei seiner Hoffnung, den Krieg beenden zu können, ehe eine Weltkatastrophe eintrat, mehr als auf alles andere auf einen innern Zusammenbruch Deutschlands verläßt. Sie haben entschiedenes Vertrauen zu den Berichten ihres Geheimdienstes, daß die [deutschen] Öl- und Benzinvorräte keinesfalls länger als vier Monate reichen würden, daß in Deutschland eine entschiedene Stimmung gegen den Krieg herrsche und daß es, wenn es wirtschaftlich gar zu schwierig werde, mit Hitler vorbei sei."[104]

Die Berichte des britischen Geheimdienstes waren im Militärischen genau so irrig wie in ihren Vorhersagen über die Versorgung Deutschlands mit Öl und Benzin. General Ironside berichtete auf Grund einer Reihe von Informationen: Die deutsche Strategie beruhe auf der Führung eines schnellen Feldzuges. Das Gelände sei aber im polnischen Grenzgebiet zum Teil völlig unwegsam. Wenn es die Polen noch befestigten, „so daß es ein paar Monate erfordern würde, überhaupt vorwärts zu kommen", dann würde es für Hitlers „Horden sehr schwierig werden, zurückzugehen oder vorzudringen".[105]

Der amerikanische Militärattaché in Berlin war ebenso optimistisch. Die Polen folgten, so meinte er, einem vorgefaßten Plan, der darin bestehe, „den deutschen Vormarsch durch Deckungskräfte und hartnäckig widerstehende befestigte Abschnitte zu verzögern ... Sie zwingen die Deutschen, jeden gewonnenen Kilometer teuer zu bezahlen, und erschöpfen die besten deutschen Divisionen." Die Polen verteidigten sich so, „wie es von den Polen und der französischen und der britischen Militärmission geplant sei, und seien dabei anscheinend erfolgreich".[106]

Diese Berliner Berichte lesen sich wie Kapitel aus „Alice im Wunderland", und im Jahre 1939 schien Neville Chamberlain die Rolle des Verrückten Hutmachers zu übernehmen, als er den hartbedrängten Polen nicht einmal symbolische Hilfe zu schicken vermochte. Heute ist es wohl klar, daß der eigentliche Verrückte Hutmacher Franklin D. Roosevelt war, der Chamberlain drängte, den Polen Versprechungen zu machen, als keine Möglichkeit bestand, sie zu erfüllen. Nach einigen Berichten war es William C. Bullitt, der Roosevelt in dieser grotesken Rolle einführte.

Ich erhielt während der Arbeit an diesem Buch einen Brief von Mr. Verne Marshall, dem früheren Schriftleiter der „Cedar Rapids Gazette". Darin steht: „Präsident Roosevelt wies [im Sommer 1939] William Bullitt, den damaligen Botschafter in Paris, schriftlich an, der französischen Regierung mitzuteilen, daß, wenn im Falle eines deutschen Angriffs auf Polen Frankreich und England ihm nicht zu Hilfe kämen, diese Länder von Amerika keinen Beistand zu erwarten hätten, sollte sich ein allgemeiner Krieg entwickeln. Hingegen könnten Frankreich und England, wenn sie [im Falle eines deutschen Angriffs auf Polen] sofort dem Reich den Krieg erklärten, von den Vereinigten Staaten ‚jede Unterstützung' erwarten.

Nach F.D.R.'s [Franklin Delano Roosevelts] Instruktion sollte Bullitt dies an ‚Joe' und ‚Tony', das heißt an die Botschafter Kennedy in London und Biddle in Warschau, weitergeben. F.D.R. wünschte, daß Daladier, Chamberlain und Josef Beck von dieser Weisung an Bullitt Kenntnis erhielten. Bullitt schickte das Schreiben von F.D.R. einfach im Pariser Kurierbrief an Kennedy. Kennedy folgte Bullitts Beispiel und sandte es weiter an Biddle. Als die Deutschen Warschau nahmen und Beck verschwand, muß ihnen die Note F.D.R.'s in die Hände gefallen sein. Der Mann, von dem dieser Bericht stammt, hat sie im Oktober 1939 in Berlin gesehen."[107]

Nachdem ich diesen Brief erhalten hatte, schrieb ich sofort an Mr. Bullitt und erkundigte mich bei ihm nach der angeblichen Weisung des Präsidenten an ihn. Er antwortete: „Ich kann mich auf keine Instruktion Präsident Roosevelts von der in Ihrem Brief angeführten Art entsinnen und glaube völlig sicher zu sein, daß mir der Präsident niemals eine solche Weisung erteilt hat."[108]

Von Mr. Joseph Kennedy erhielt ich eine ähnliche negative Antwort, aber die „Forrestal Diaries" bekunden, daß Bullitt Präsident Roosevelt stark zusetzte, auf Premierminister Chamberlain einen Druck auszuüben, und daß Roosevelt dem entsprach. Der folgende Auszug läßt sehr weitreichende Folgerungen zu: „27. Dezember 1945: Spielte heute Golf mit Joe Kennedy (Joseph P. Kennedy, der in den Jahren unmittelbar vor dem Krieg Roosevelts Botschafter in London war). Ich erkundigte mich nach den Unterredungen, die er von 1938 an mit Roosevelt und Neville Chamberlain gehabt hat. Er sagte, Chamberlains Standpunkt im Jahre 1938 war der, daß England nichts habe, womit es kämpfen könnte, und daß es nicht riskieren dürfe, gegen Hitler Krieg zu führen. Kennedys Ansicht: Hitler hätte ohne späteren Konflikt mit England gegen Rußland losgeschlagen, wenn nicht Bullitt (William C. Bullitt, damals Botschafter in Paris) Roosevelt dahin bearbeitet hätte, daß man den Deutschen in der polnischen Angelegenheit kühn entgegentreten müsse; weder die Franzosen noch die Briten hätten Polen zu einem Kriegsgrund gemacht, wenn nicht dauernd Washington gebohrt hätte. Bullitt, sagte er, habe immer wieder Roosevelt erklärt, daß die Deutschen nicht kämpfen würden, Kennedy, daß sie kämpfen und Europa überrennen würden. Chamberlain, sagt er, habe erklärt, daß Amerika ... England in den Krieg getrieben habe. In den Telefongesprächen mit Roosevelt im Sommer 1939 habe ihm (Kennedy) der Präsident dauernd gesagt, er solle Chamberlain ein heißes

Eisen auf die Kehrseite drücken. Kennedy will darauf immer erwidert haben, daß es zu nichts Gutem führe, ihm ein heißes Eisen auf die Rückseite zu drücken, solange die Briten kein Eisen hätten, womit zu kämpfen …

Was Kennedy mir während dieses Gesprächs erzählte, deckt sich im wesentlichen mit dem, was mir schon Clarence Dillon mitgeteilt hat, daß ihn nämlich Roosevelt gebeten habe, irgendwie privat mit den Briten in Verbindung zu treten zu dem Zweck, daß Chamberlain den Deutschen gegenüber fester auftrete. Dillon erzählte mir, er habe auf Roosevelts Ersuchen mit Lord Lothian in dem gleichen allgemeinen Sinne gesprochen wie Kennedy nach seinem Bericht auf Roosevelts Drängen mit Chamberlain. Vermutlich sollte Lothian das Wesentliche seiner Unterhaltung mit Dillon Chamberlain mitteilen.

Blickt man zurück, so erscheint Kennedys Meinung, daß Hitlers Angriff auf Rußland hätte abgebogen werden können, zweifellos als begründet."[109]

Mr. Kennedy ist für sein gutes Gedächtnis bekannt, und es ist höchst unwahrscheinlich, daß seine Mitteilungen an Marineminister Forrestal[110] völlig vertrauensunwürdig seien. Botschafter Bullitt hat im Jahre 1939 eine Menge zusammengeredet, und er galt als das Sprachrohr des Präsidenten. Im Januar 1939 hatte er eine lange Unterredung mit Graf Jerzy Potocki, dem polnischen Botschafter in Washington, der den Eindruck mitnahm, „daß er [Bullitt] von Präsident Roosevelt eine sehr genaue Definition des von den Vereinigten Staaten zu der gegenwärtigen Krise eingenommenen Standpunktes erhalten hat. Er will in dieses Material den Quai d'Orsay Einblick nehmen lassen … Diese Richtlinien besagten: 1. Die Außenpolitik unter der Führung Präsident Roosevelts beruht im wesentlichen in der schweren, unzweideutigen Verurteilung aller totalitären Länder … 2. Es ist die entschiedene Ansicht des Präsidenten, daß Frankreich und Britannien mit jeder Art von Kompromißpolitik mit den totalitären Ländern Schluß machen müssen."[111]

Im Februar 1939 hatte Bullitt eine Unterredung mit seinem polnischen Kollegen in Paris. Jules Lukasiewicz, und schien abermals autorisiert zu sprechen. Man sei in den amtlichen Kreisen in Washington wegen der Möglichkeit eines Kriegsausbruches in Europa höchst besorgt. Würden Großbritannien und Frankreich geschlagen, würde „Deutschland für die realistischen Interessen der Vereinigten Staaten auf dem amerikanischen Kontinent gefährlich werden. Deshalb lasse sich vorhersehen, daß die Vereinigten Staaten von Beginn an an der Seite Frankreichs und Britanniens am Kriege teilnehmen würden. Eines … scheint mir sicher, daß nämlich die Politik Präsident Roosevelts darauf gerichtet sein wird, den Widerstand Frankreichs zu unterstützen … und die britischen Kompromißneigungen zu schwächen."[112]

Diese Auszüge aus den Depeschen der polnischen Botschafter in Washington und in Paris besagen klar, daß Präsident Roosevelt durch Bullitt auf Großbritannien und Frankreich einen ständigen Druck ausübte, sich kühn dem Deutschen Reich entgegenzustellen. In Anbetracht dessen ist es völlig begreiflich, daß Premierminister Reynaud, als diese Politik zu einem Krieg führte, in dem die Streitkräfte Deutschlands den französischen Widerstand zerschmetterten, Präsident Roosevelt um sofortigen Beistand bedrängte. Er und Daladier hatten Bullitts Versicherungen ernst genommen, und der hysterische Ton der wiederholten Telegramme Reynauds an das Weiße Haus deutet darauf, daß er sich verraten fühlte. Von den zerschlagenen Wällen und Mauern Warschaus erhob sich vernehmliches Grollen über gebrochene britische Versprechungen. Sein stummes Echo in London muß Neville Chamberlain an das „dauernde Anstacheln aus Washington" erinnert haben und Joseph Kennedy an die vielen Male, da der Präsident ihm sagte, „er solle Chamberlain ein heißes Eisen auf die Kehrseite drücken". Deutschland war in einen Krieg mit Großbritannien und Frankreich hineingehetzt worden, als es einen Konflikt mit Rußland über die Ukraine vorgezogen hätte. Chamberlain bekam eine Menge heißes Eisen auf die Kehrseite gedrückt, aber deutsches Eisen. Es war Eisen, das dazu beitrug, ein stolzes Imperium in Stücke zu zerbrechen, die alle Rosse und Reisige des gekrönten Hauptes niemals wieder zusammenfügen können.

Kapitel XXIV

Roosevelts Politik wendet sich dem europäischen Krieg zu

Der Präsident verspricht Frieden für die Vereinigten Staaten

Unmittelbar nach Ausbruch des Zweiten Weltkrieges ermahnte Präsident Roosevelt in einer Rundfunkansprache die amerikanische Bevölkerung, sich „von Beginn an einer einfachen, doch unabänderlichen Tatsache moderner internationaler Beziehungen jederzeit bewußt zu sein. Wenn irgendwo der Frieden gebrochen worden ist, dann ist der Frieden jedes andern Landes, wo es auch liegt, in Gefahr." Dieses Thema von der Einen Welt nahm er immer wieder auf: „So leidenschaftlich wir auch wünschen mögen, uns abseits zu halten, müssen wir uns doch vergegenwärtigen, daß jedes Wort, das durch den Äther herüberdringt, jedes Schiff, das die See befährt, und jede Schlacht, die geschlagen wird, die amerikanische Zukunft berührt." Um die Befürchtungen zu beschwichtigen, die Millionen von Amerikanern bei dieser Hervorhebung des Einwelt-Konzepts überkommen mußten, fügte er mit geläufiger Zunge die folgende Versicherung hinzu: „Möge kein Mann und keine Frau gedankenlos oder böswillig davon reden, daß Amerika seine Armeen auf die europäischen Schlachtfelder schicken werde. In diesem Augenblick wird eine Erklärung verfaßt, die die amerikanische Neutralität verkündet." Hieran anknüpfend, verwies er „auf das historische Beispiel, das zurückgeht bis in die Tage der Regierung des Präsidenten George Washingtons". Amerika werde „eine neutrale Nation bleiben". Allein, er schloß seine Rede mit einer ominösen Einschränkung: „Solange es in meiner Macht liegt, dies zu verhüten, wird in den Vereinigten Staaten der Frieden nicht ausgelöscht werden."[1]

Die Berliner Mission William Rhodes Davis'

Anfang September 1939 entschloß sich William Rhodes Davis, ein unabhängiger, sehr reicher Erdölhändler, Präsident Roosevelt um Billigung einer Reise nach Berlin und Rom zu ersuchen, die zum Ziele haben sollte, eine amerikanische Vermittlung in die Wege zu leiten. Davis war eng befreundet mit John L. Lewis, der sich Roosevelt 1936 durch einen Beitrag zum Wahlfonds in Höhe von einer halben Million Dollar verpflichtet hatte. Davis selber hatte nur die bescheidene Summe von 300.000 Dollar gespendet.

Vermöge seiner engen Beziehungen zu Dr. Hertslet, der deutsche Bank- und Industrieinteressen vertrat, hatte Davis große Ölverkäufe nach Deutschland in die Wege geleitet. Da ein europäischer Krieg diesem Geschäft ein Ende machen würde, suchte Davis mit allen Kräften dem Frieden zu dienen. Nach Kriegsausbruch eilte er nach Washington und erwirkte mit Hilfe von John L. Lewis einen Empfang im Weißen Haus. Dort trafen am 15. September „Steve" Early, John L. Lewis, Adolf Berle, Cordell Hull und Mr. Davis zusammen. Man beschloß, Mr. Davis nach Rom und Berlin zu entsenden, um zu erkunden, ob sich eine Grundlage finden lasse, auf der eine amerikanische Vermittlung in dem soeben ausgebrochenen Krieg ermöglicht werden könnte.

Nach einigen Schwierigkeiten auf Bermuda, die eine Intervention des State Department notwendig machten, traf Davis zu mehreren wichtigen Unterredungen mit Göring endlich in Berlin ein. Bei seiner ersten Begegnung erklärte er: „Es ist meine Ansicht, daß Deutschland im Falle einer sofortigen Regelung ... Danzig, den Korridor und die früheren Provinzen in Polen, die Deutschland durch den Versailler Vertrag genommen worden sind, zurückerhielte und daß die Frage der Schutzgebiete, die vor 1914 Deutschland gehört haben ... durch ein Kompromiß gelöst worden könnte. Wenn Herr Hitler eine vernünftige Grundlage für eine Regelung böte und um die Unterstützung Mr. Roosevelts als Vermittlers ersuchte, dann zöge dies der Präsident ernstlich in Betracht. Der Präsident ist, dessen bin ich sicher, der Meinung, daß die streitenden Nationen zu einer neuen wirtschaftlichen Regelung gelangen sollten, durch die jede Nation mit den Rohstoffen, Gütern und Waren versorgt werden würde, die sie zur Aufrechterhaltung ihrer wirtschaftlichen Integrität und ihres Wohlergehens wesentlich braucht.

Der Feldmarschall antwortete: ,Diese Erklärung ist sehr überraschend, weil in Deutschland der Eindruck herrscht, daß die Gefühle Mr. Roosevelts jetzt gegen Deutschland gerichtet sind und er mit England und Frankreich sympathisiert.' ... Zur Friedensfrage erklärte der Feldmarschall: ,Deutschland ist bereit und war es immer, auf gesunder, gerechter Grundlage für den Frieden zu arbeiten. Die Ansichten, ... die Sie mir übermittelt haben, entsprechen im wesentlichen den Ansichten Herrn Hitlers und seiner Regierung. Unter den gegebenen Umständen erscheint eine Weltkonferenz als das einzige praktische Mittel, durch das diese beiderseitigen Friedenshoffnungen verwirklicht werden könnten. Deutschland wird die Hilfe Mr. Roosevelts, eine solche Konferenz zustandezubringen, willkommen heißen ... Der grundlegende und bestimmende Zweck einer solchen Konferenz müßte die Errichtung einer neuen Weltordnung zur Sicherung eines dauerhaften Friedens sein. Eine Voraussetzung zur Erreichung dieses Ziels ist die völlige Beseitigung des Versailler Systems ... Deutschland ist bereit, jede Methode und jeden Vorschlag zu begrüßen, der vereinbar ist mit seinem unveräußerlichen Recht, auf der Grundlage der Gleichberechtigung mit andern Nationen als Nation zu leben, auf einer Basis, die ihm und den kleinen Nationen dauernden Frieden verbürgen würde."

Am 3. Oktober hatte Davis mit Göring eine weitere Unterredung. Göring sagte: „Sie können Mr. Roosevelt versichern, daß Deutschland, wenn er vermitteln will, einer Regelung zustimmen wird, durch die ein neuer polnischer Staat und eine unabhängige tschechoslowakische Regierung ins Leben träten. Diese Information ist jedoch für ihn allein bestimmt, und er soll von ihr nur Gebrauch machen, wenn das notwendig ist, um eine Friedenskonferenz herbeizuführen ... Was mich selbst und meine Regierung betrifft, so wäre ich glücklich, an ihr teilnehmen zu können, und sollte ich im Falle des Zustandekommens einer solchen Konferenz Deutschland vertreten, so würde ich Washington als Konferenzort zustimmen."

Abschließend teilte Göring Mr. Davis mit, Hitler werde am 6. Oktober sprechen und seine Rede nach Geist und Inhalt „von einer Art" sein, „daß in ihr jede unparteiische Analyse eine Verhandlungsgrundlage erblicken müßte".[2]

Nach dieser zweiten Konferenz mit Mr. Davis sprach Göring über den Vorschlag einer amerikanischen Vermittlung mit Hitler. Der Reichskanzler nahm die Sache anscheinend sehr ernsthaft auf und hielt am 6. Oktober eine Rede, von der er glaubte, daß sie die Basis zu einer Weltkonferenz legen würde. Er unterstrich die Bedeutung einer baldigen Konferenz der führenden Staaten Europas, wenn man an die Lösung der Probleme herangehen wolle, „ehe erst noch Millionen von Menschen zwecklos verbluten ... Die Aufrechterhaltung des jetzigen Zustandes im Westen ist undenkbar. Jeder Tag wird steigende Opfer fordern."

Darauf umriß Hitler die Grundlage für einen dauerhaften Frieden, wie er sie sich vorstellte: 1. Die Außenpolitik der fremden Mächte sollte die Liquidation des Versailler Vertrages offen anerkennen; Deutschland sollte seine früheren Schutzgebiete zurückerhalten. 2. Das internationale Wirtschaftssystem sollte durch Neuordnung der Märkte, endgültige Regelung der Währungsverhältnisse und allmählichen Abbau der Hindernisse für einen freien Handel reorganisiert werden. 3. Die wichtigste Voraussetzung zur Vermeidung künftiger Kriege sei die „Herstellung eines unbedingt garantierten Friedens und eines Gefühls der Sicherheit der einzelnen Völker." Dazu seien vor allem notwendig die „Zurückführung der Rüstungen auf ein erträgliches Ausmaß" und eine „Klärung der Anwendbarkeit und des Verwendungsbereichs gewisser moderner Waffen, die in ihrer Wirkung geeignet sind, jederzeit in das Herz eines jeden einzelnen Volkes vorzustoßen und damit ein dauerndes Gefühl der Unsicherheit zurücklassen würden."[3]

Während Hitler der Welt dieses vernünftige und gemäßigte Programm anbot, flog Davis mit einem Bericht über die versöhnlichen Unterredungen mit Göring zurück nach Washington. Zu derselben Zeit begann Roosevelt seinen folgenschweren Briefwechsel mit Winston Churchill.[4] Der Einfluß dieser Korrespondenz läßt sich nicht beurteilen, ehe sie nicht sorgfältig gelesen und auf die von ihr eingeschlossenen stillschweigenden Folgerungen hin eingehend betrachtet worden ist. Jedenfalls änderte im Oktober 1939 irgend etwas Roosevelts Sinn. Wieder in Washington, meldete sich Mr. Davis telefonisch bei Miß LeHand: Er stehe zur Verfügung, um dem Präsidenten über seine Berliner Reise zu berichten. Nach kurzer Pause teilte ihm Miß LeHand mit, „der Chef" habe „eine Konferenz" und dürfe nicht gestört werden. Als diese Konferenz bis in alle Ewigkeit zu dauern schien, richtete Davis am 11. Oktober an den Präsidenten einen langen Brief, worin er ihm ausführlich alle Einzelheiten über seine Gespräche mit Göring mitteilte und schrieb, Hitlers Rede am 6. Oktober sei in entgegenkommenden Ton gehalten gewesen und bedeute die indirekte Versicherung, daß er den Gedanken einer amerikanischen Vermittlung unterstütze. Er erhielt auf diesen Brief keine Antwort und keine Aufforderung, ins Weiße Haus zu kommen. Eine Mission, die so sehr erfolgversprechend geschienen hatte, endete unvermittelt als niederschmetternder Fehlschlag. War einer der berühmten „versiegelten Briefe" Winston Churchills an Franklin Roosevelt die Ursache, daß dieser nach amerikanischer Vermittlung ausgestreckte „Fühler" Hitlers unbeachtet blieb? Folgte die amerikanische Außenpolitik von nun an britischen Eingebungen?

Die Dämme der Neutralität brechen zusammen

Zwei Tage nach der Kriegserklärung Großbritanniens und Frankreichs an Deutschland, am 5. September, erließ Präsident Roosevelt zwei Proklamationen. Die eine hielt sich eng an die Ausdrucksweise der Neutralitätserklärung, die Präsident Wilson nach dem Ausbruch des ersten Weltkrieges hatte ergehen lassen. Sie hob die Rolle hervor, die Amerika als neutrales Land spielen werde, erinnerte die amerikanischen Bürger an ihre Pflichten gemäß dem internationalen Recht und warnte die Kriegführenden vor der Verletzung amerikanischer Rechte. Die zweite Proklamation verwies auf das Neutralitätsgesetz von 1937 und verhängte über die Ausfuhr von Waffen, Munition und Kriegsgerät nach kriegführenden Ländern die Handelssperre.[5]

Dieses Embargo hielt die Verschiffung von Kriegsmaterial nach England und Frankreich im Werte von 79 Millionen Dollar auf, für die bereits die Ausfuhrgenehmigungen erteilt worden waren. Der Sieg der Alliierten hing, wie im ersten Weltkrieg, von einem ununterbrochenen Strom von Kriegsmaterial in die britischen und französischen Häfen ab. Würde der Präsident imstande sein, Zusatzanträge zum Neutralitätsgesetz durchzubringen, die diese Verschiffungen ermöglichen würden?

Der erste Schritt in dieser Richtung war am 13. September die Einberufung des Kongresses zu einer außerordentlichen Sitzung auf den 21. September. Der Präsident richtete an ihn eine Botschaft voller Ungenauigkeiten und Unrichtigkeiten, die dazu bestimmt war, einige radikale Neuerungen der Neutralitätsgesetzgebung zu rechtfertigen. Er führte ins Feld, das geltende Gesetz verändere die Außenpolitik der Nation dermaßen, daß es die friedlichen Beziehungen mit anderen Nationen beeinträchtige. Die amerikanische Politik habe in Hinsicht auf kriegführende Länder mit einer bemerkenswerten Ausnahme „auf dem internationalen Recht" beruht. Die Ausnahme seien die Nichtverkehrs- und Embargogesetze der napoleonischen Zeit gewesen, sie aber hätten für die nationale Wirtschaft verheerende Folgen gehabt. Die wirtschaftliche Abkapselung durch sie sei das Vorspiel zum Kriege gewesen. Das Neutralitätsgesetz von 1935 sei die zweite beklagenswerte Ausnahme, weil einige seiner Bestimmungen

„völlig unvereinbar" seien „mit alten Regeln des Völkerrechts". Er halte das Verbot von Waffenverschiffungen für „höchst gefährlich für die amerikanische Neutralität, die amerikanische Sicherheit und den amerikanischen Frieden". In dem vorgeschlagenen neuen Gesetz wünsche er 1. ein Verbot von Kriegskrediten an Kriegführende, 2. ein Verbot von Reisen amerikanischer Bürger auf Schiffen Kriegführender, 3. ein Lizenzsystem für Einfuhr und Ausfuhr von Kriegsmaterial, 4. die Wiederherstellung der am 1. Mai erloschenen Cash-and-Carry-Verordnung, 5. die Ausschließung amerikanischer Schiffahrt von Kampfgebieten.[6]

Die Botschaft des Präsidenten rief eine riesige Debatte in der Presse, über den Rundfunk und im Kongreß hervor. Das Ergebnis einer vom „Christian Science Monitor" unter den Redakteuren des Landes veranstalteten Abstimmung fiel mit großer Mehrheit für die Abschaffung des bestehenden Neutralitätsgesetzes aus.[7] Bald aber ergoß sich in die Büros der Senatoren und der Repräsentanten eine wahre Sintflut von Briefen und Telegrammen, und hier war das Verhältnis gegen die Abschaffung des Neutralitätsgesetzes fünf zu eins.[8] Unter der Wirkung dieses Drucks wurde am 30. September über einen Entwurf des Senatsausschusses für auswärtige Angelegenheiten referiert. Die vorgeschlagene Novelle trug noch manche isolationistischen Züge. Sie sah vor: 1. Wenn der Präsident oder der Kongreß fremde Länder als im Kriegszustand befindlich erkennt, hat der Präsident die Kriegführenden zu nennen und das Gesetz anzuwenden; 2. kein Schiff der Vereinigten Staaten darf Passagiere oder Güter in einen Hafen der Kriegführenden bringen; 3. das Cash-and-Carry-System ist wiederherzustellen und soll für sämtliche Güter gelten. Diese können erst nach Erlöschen aller Rechte und Ansprüche amerikanischer Bürger verschifft werden; 4. die Bewaffnung von Handelsschiffen der Vereinigten Staaten ist zu verbieten; 5. das Verbot von Reisen amerikanischer Bürger auf Schiffen Kriegführender soll bestehen bleiben; 6. der Präsident soll ermächtigt werden, amerikanischen Schiffen die Einfahrt in Kampfzonen zu verbieten; 7. der Präsident soll berechtigt sein, für ausländische Unterseeboote und bewaffnete Handelsschiffe die Einfahrt in amerikanische Häfen zu sperren; 8. Kredittransaktionen Kriegführender im Zusammenhang mit Käufen amerikanischer Güter sind auf neunzig Tage zu begrenzen.[9]

Bevor über den Entwurf die Senatsdebatte begann, studierte Borah sorgfältig jeden Aspekt der Neutralitätsgesetzgebung. Seine Meinung war als die des maßgebenden Mitgliedes des Senatsausschusses für auswärtige Angelegenheiten von großer Bedeutung. Seit 1933 hatte er besonders den europäischen Schauplatz beobachtet und sich da wieder vor allem für Deutschland interessiert. Im Jahre 1938 äußerte er den starken Wunsch, Deutschland zu besuchen und über die traurige Lage der Juden und viele andere den Weltfrieden berührende Probleme mit Hitler zu sprechen. Durch William K. Hutchinson, einen hervorragenden Journalisten, erfuhr die deutsche Regierung von dem Wunsche Borahs, und am 28. November ließ das Auswärtige Amt dem Senator die Einladung zugehen, einige Zeit in Deutschland zu verbringen, wo er Gelegenheit zu eingehenden Gesprächen mit Ribbentrop und Hitler hätte. Borah war begierig, die Einladung anzunehmen, entschied sich aber, die Angelegenheit erst Außenminister Hull vorzulegen. Als Hull von der panamerikanischen Konferenz in Lima zurückkam, hatten die Spannungen in den deutsch-amerikanischen Beziehungen zugenommen, und Borah war sich klar darüber, daß sich Hull einem Besuch Deutschlands lebhaft widersetzen würde. Auch der Präsident war gegen jeden derartigen Schritt, und so vertagte Borah schließlich seine Reise auf irgendeinen späteren Zeitpunkt. Der Ausbruch des Krieges im September 1939 machte solchen Träumen ein Ende, für den Historiker aber hat dieses Zwischenspiel eine ganz bestimmte Bedeutung. In seinen Unterredungen mit William Rhodes Davis zeigte sich Göring ausgesprochen versöhnlich. Die gleiche versöhnliche Haltung gegenüber Borah hätte weittragende Folgen haben können.[10]

Beim Studium der am 3. September eingetretenen Lage begann Borah einen Briefwechsel mit Professor Edwin M. Borchard von der Yale-Universität, einem ausgezeichneten Lehrer des internationalen Rechts und berufenen Kritiker der Rooseveltschen Außenpolitik. Borah hatte sich nach Kriegsausbruch gegen jede Lockerung des Waffenembargos gewandt, weil sie ihm eine Verletzung des internationalen Rechts schien. Um seinen Standpunkt zu stützen, schrieb Borchard am 20. September an Borah. Er sei überzeugt, „daß die Änderung eines Neutralitätsgesetzes zu dem Zweck, die Neutralität eines Landes zu lockern mit der Absicht oder auch nur mit der Wirkung, daß einem der Kriegführenden geholfen werde, eine klare Verletzung internationalen Rechts" sei. Die Neutralität eines Landes kann während eines Krieges geändert werden, jedoch nur zur Straffung oder zur Verteidigung der Neutralität, nicht aber zu ihrer Lockerung ... Ich vermag mich leider der Überzeugung nicht zu erwehren, daß der Antrag, was immer wir in der Sache des Neutralitätsgesetzes unternehmen oder nicht unternehmen, die Stimmung der Exekutive verrät ... Ich fürchte, daß sie für eine Intervention mit einem Vorwand schnell bei der Hand sein wird."[11] Am Tag darauf bekräftigten die Professoren Philip C. Jessup und Charles C. Hyde von der Columbia-Universität in einem Brief an die „New York Times" die Auffassung Borchards.[12]

Am 23. September übersandte Professor Thomas H. Healy von der Georgetown-Universität als Antwort auf eine Reihe Fragen Senator Borah ein ausführliches Memorandum. Darin erklärte er, daß der Standpunkt des Präsidenten, ein Waffenembargo verstoße gegen die Prinzipien internationalen Rechts, durchaus unrichtig sei. Solche Embargos gehörten seit langem zur internationalen Praxis. Die Embargos und Nichtverkehrsgesetze vor 1812 hätten den Krieg von 1812 keineswegs verursacht. Das Waffenembargo könne nur aufgegeben werden, wenn ein solcher Schritt erwiesenermaßen für die amerikanischen Interessen notwendig sei und nicht einer Seite der Kriegführenden dienen solle.[13]

Gestützt auf diese Gutachten führte Borah im Senat den Kampf gegen eine Aufhebung des Waffenembargos an; er war überzeugt, daß eine solche Maßnahme bestimmt sei, Großbritannien und Frankreich zu helfen. Waffenverschiffungen würden Truppentransporte folgen. Nachdem man Engländer und Franzosen mit Waffen und Munition versorgt habe, „könnten wir uns dann, sollte die Stunde größerer Not kommen, weigern, ihnen unsere Armeen zu schicken? ... Ich sehe nur noch eine Möglichkeit, daß wir aus diesem Krieg herausbleiben, wenn wir den ersten Schritt aus den Gründen getan haben, weshalb ihn zu tun wir aufgefordert werden: die nämlich, daß der Krieg endet, ehe wir in ihn eintreten." Die populäre These, daß die Alliierten einen Kreuzzug für die Demokratie führten, mache auf ihn keinen Eindruck. Für ihn sei dieser Krieg „nichts anderes als ein weiteres Kapitel der blutigen Geschichte europäischer Machtpolitik."[14]

Professor Borchard stimmte der Rede Borahs lobend zu. Er habe „den Finger auf die Kernfrage gelegt", und sie sollte „nicht aus dem Auge gelassen werden". Es möge sein, „daß dies bei der gegenwärtigen Stimmung auf viele keinen Eindruck machen wird, sondern daß sie nur deshalb aufgebracht sein werden, weil die beantragte Änderung das internationale Recht verletzt. Mir könnte, Motiv und Wirkung vorausgesetzt, nichts klarer sein."[15]

Während der Senatsdebatte trat Mr. Lundeen aus Minnesota dafür ein, von den Alliierten sofort die Zahlung ihrer Kriegsschulden zu fordern. Wenn sie sich nicht darein schickten, so sollte man „in Übereinstimmung mit der in den Tagen guter, starker, vollblütiger, positiver Demokratie ausgelegten Jacksonschen Lehre" die britischen und die französischen westindischen Inseln wegnehmen ... Zeigen wir, daß noch rotes Blut in unsern Adern fließt ... Jetzt ist die Zeit, sie zu erwerben."[16]

In der Debatte außerhalb des Senats stießen völlig verschiedene Ansichten aufeinander. Der frühere Präsident Hoover meinte, die Alliierten bedürften der Unterstützung der Vereinigten Staaten nicht, um den Krieg zu gewinnen. Ihre riesigen wirtschaftlichen Hilfsquellen, verbunden mit dem Druck einer scharfen Blockade, würden Deutschland einen Sieg unmöglich machen. Er war gegen eine völlige Aufhebung des Waffenembargos, das auf die Erlaubnis des Verkaufs von „Defensivwaffen" beschränkt werden sollte. Oberst Lindbergh stimmte Hoovers Auffassung zu. Im übrigen bekannte er sich als Anhänger des Isolationismus, was ihn dazu hinriß, sich gegen Kanadas Zugehörigkeit zum Britischen Commonwealth of Nations zu wenden: „Früher oder später müssen wir die Freiheit dieses Kontinents und der ihn umgebenden Inseln von den Diktaten europäischer Mächte fordern."[17]

Dorothy Thompson wurde über diesen Äußerungen Lindberghs so hysterisch, daß sie ihre Entrüstung in drei lange Fortsetzungsartikel in der „New York Herald-Tribune" ergoß.[18] Ihre Polemik öffnete Mrs. Franklin D. Roosevelt die Augen; sie „witterte" in der Rede Lindberghs etwas von nationalsozialistischen Idealen, die, was sie selber nicht habe glauben wollen, „tatsächlich darin stäken".[19]

Nun stürzte sich Oberst Stimson in das Getümmel, um mit Oberst Lindbergh zu turnieren, und aus der Front der Colleges eilten die Präsidenten von Columbia und Harvard, Butler und

Conant, herbei und liehen der Bewegung für Aufhebung des Neutralitätsgesetzes ihre Unterstützung. Das Ergebnis all des lärmenden Getobes und des unablässigen Drängens der Regierung war, daß am 3. November ein neues Neutralitätsgesetz von beiden Häusern des Kongresses angenommen wurde.[20] Am folgenden Tag unterzeichnete der Präsident die Novelle und erließ zu ihrer Ausführung unverzüglich zwei Proklamationen. Die eine grenzte die Gewässer um Großbritannien und vor der europäischen Westküste als Kampfgebiete ab, in die kein amerikanisches Schiff einfahren durfte, „außer nach den etwa erlassenen Regeln und Vorschriften". Ferner durften amerikanische Schiffe weder Fracht noch Passagiere südwärts bis zu den Kanarischen Inseln in einen europäischen oder afrikanischen Hafen eines Kriegführenden bringen; auch war ihnen untersagt, die neutralen Häfen Irlands, Dänemarks, Schwedens, Belgiens, der Niederlande und Norwegens südlich von Bergen anzulaufen.[21]

Am 5. November wurde über die Verfrachtung von Kriegsmaterial und militärischen Ausrüstungsgegenständen an Kriegführende außer Verkäufen auf Cash-and-Carry-Basis die Handelssperre verhängt. Dieses bedingte Embargo traf die Ausfuhr von Kriegsmaterial an die Alliierten nicht ernstlich. Im September 1939 beliefen sich die Sendungen von Waffen, Kriegsmaterial und Kriegsgerät nach Frankreich auf 4.429.323 Dollar, im Dezember auf 17.857.281 Dollar. Der Wert der Kriegsfrachten an Großbritannien stieg nicht so sprunghaft: im September betrug er 1.422.800 Dollar, im Dezember 4.184.377 Dollar.[22] Dabei ist zu bedenken, daß alle amerikanischen Rechte und Ansprüche erloschen sein mußten, bevor das Material ausgeführt werden durfte. In der Zeit von 1914 bis 1917 war die Kreditgewährung an Kriegführende nicht beschränkt. Die Alliierten finanzierten damals durch Anleihen gewaltige Sendungen von Kriegsmaterial in ihre Häfen. Nach dem Neutralitätsgesetz vom 4. November 1939 war es verboten, Kriegführenden Kredit zu geben.

Ein Sicherheitsgürtel für die westliche Halbkugel

Im September 1939 versammelten sich in Panama die Außenminister der amerikanischen Republiken und faßten eine lange Reihe von Entschließungen. Die wichtigste war die „Deklaration von Panama" vom 3. Oktober 1939.[23] Durch sie wurde um Amerika südlich von Kanada ein zwischen 300 und 1.000 Meilen breiter „Sicherheitsgürtel" gelegt. Die Kriegführenden wurden gewarnt, innerhalb dieser Zone zu Lande, zur See oder in der Luft irgendwelche feindselige Handlungen zu unternehmen. Die Erklärung war eine interessante panamerikanische Demonstration, hatte aber nur geringen Rechtswert, weil die lateinamerikanischen Republiken zur Sicherung der neutralen Zone keine Streitkräfte zur Verfügung stellten.

Im Dezember 1939 geriet das „Taschenschlachtschiff" „Admiral Graf Spee" in ein laufendes Gefecht mit drei englischen Kreuzern und wurde schließlich, am 17. Dezember, auf Befehl seines Kommandanten nahe dem Hafen von Montevideo in Uruguay gesprengt. Die einundzwanzig amerikanischen Republiken erhoben gegen diese Verletzung der Sicherheitszone sofort bei den Regierungen Deutschlands, Frankreichs und Großbritanniens Protest.[24] England und Frankreich wiesen jeden Gedanken daran zurück, sich den Bestimmungen der Deklaration von Panama zu fügen, solange nicht ausreichende Seestreitkräfte der amerikanischen Republiken die Neutralität der Zone sicherten.[25] Die deutsche Regierung stellte ausdrücklich fest, daß sich für sie in Hinsicht auf die Sicherheitszone jeder positive Schritt erübrige, weil die britische und die französische Regierung bereits entgegengesetzt gehandelt hätten.[26] Da die amerikanische Regierung nichts tat, der Deklaration durch Schiffspatrouillen in der Sicherheitszone Zähne einzusetzen, blieb die Erklärung von Panama ein frommer Wunsch. Ohne bewaffnete amerikanische Unterstützung war sie ein Messer ohne Heft und Klinge.

Außenminister Hull schlägt eine Papierschlacht

Unmittelbar nach Kriegsausbruch, am 3. September, sah sich Amerika durch die Versenkung der „Athenia" zehn Meilen vor der Nordküste Irlands genötigt, sich mit den Verwicklungen des Unterwasserkrieges zu befassen. Bei dem Untergang der „Athenia" hatten fast hundert

Menschen, darunter dreißig Amerikaner, ihr Leben eingebüßt. Die deutsche Regierung stellte in Abrede, daß die „Athenia" einem deutschen U-Boot zum Opfer gefallen sei; sie sei wahrscheinlich auf eine Mine gelaufen. Die amerikanische Presse war in ihren Kommentaren über den Zwischenfall bemerkenswert zurückhaltend; kein Ruf nach sofortigen Gegenmaßregeln wurde laut.

Wohl aber trafen die britische und die französische Regierung Gegenmaßnahmen, indem sie am 8. September eine umfassende Blockade Deutschlands verkündeten. Deutschland antwortete am 11. September mit der Erklärung einer Gegenblockade beider Länder. In England wurde eiligst ein Ministerium für wirtschaftliche Kriegführung gebildet, das mit dem französischen Blockadeministerium zusammenarbeitete. Lange Konterbandelisten wurden veröffentlicht und in der Nordsee vor dem Skagerrak Einheiten der britischen Kriegsmarine stationiert, um Schiffe, die nach der Ostsee unterwegs waren, abzufangen. Ebenso wurden die Durchfahrten von Gibraltar und Suez überwacht. Konterbande-Kontrollstützpunkte wurden errichtet in den Häfen von Kirkwall, Weymouth und auf der Reede von Kent; in Dünkirchen, Le Havre und Marseille; in Gibraltar, Malta, Oran, Port Said und Haifa. Schiffen, die nach Deutschland oder solchen neutralen Häfen bestimmt waren, von denen Güter leicht nach Deutschland transportiert werden konnten, wurde dringend „geraten", eine dieser Kontrollbasen zur Untersuchung anzulaufen, andernfalls sie auf hoher See angerufen und dazu gezwungen werden könnten.[27] Schiffseignern war es möglich, diese empörende Prozedur zu vermeiden, wenn sie sich in ihrem Heimathafen beim britischen Konsul „Navicerts" beschafften, das heißt Bescheinigungen über die harmlose Art ihrer Fracht.

Damit wiederholte sich nur die Geschichte. Die Engländer verfuhren nach dem Muster der Jahre 1914 bis 1917.[28] Das gilt auch von der Behandlung der neutralen Post durch sie. In den britischen Kontrollhäfen wurden neutrale Postsäcke sorgfältig nach Konterbande durchsucht, zu der auch Geld und Wertpapiere gehörten; Briefe wurden, wenn es angebracht schien, zensiert. Bis Mitte November 1939 hatten die Engländer dreiunddreißig amerikanische Schiffe angehalten und aus sieben von ihnen ganz oder zum Teil die Fracht entfernt.[29] Nach dem Inkrafttreten des Neutralitätsgesetzes vom 4. November war es amerikanischen Schiffen verboten, Fracht in die Kampfgebiete der europäischen Gewässer zu transportieren, und man erwartete in Washington, daß damit die Fälle britischen Eingreifens stark zurückgehen würden. Allein, England fuhr mit der gleichen empörenden Unbekümmertheit wie in den Jahren 1914 bis 1917 fort, Schiffe anzuhalten, und zwang sogar amerikanische Schiffe, Kontrollhäfen anzulaufen, die in der ihnen durch die Bestimmungen des Neutralitätsgesetzes ausdrücklich verschlossenen Kampfzone lagen.

Nachdem die britische Regierung gegen die Güterverfrachtung über neutrale Häfen nach Deutschland die Doktrin von der nicht zu unterbrechenden Fahrt geltend gemacht hatte, wandte sie ein weiteres Verfahren aus ihrer Praxis von 1915 an. Am 27. November erließ sie den Befehl, daß vom 4. Dezember an jedes neutrale Schiff, das aus einem neutralen Hafen auslaufe, aber an Bord „Güter habe, die feindlicher Herkunft oder feindliches Eigentum seien", aufgefordert werden könnte, einen interalliierten Hafen anzulaufen, und dort diesen Teil ihrer Ladung zu löschen.[30] Um eine wirksame Durchführung dieses Befehls zu sichern, wurde in London eine gemeinschaftliche britisch-französische Organisation aufgetan. Britische Verbindungsoffiziere wurden nach Paris entsandt, um mit dem französischen Blockadeministerium und dem Marineministerium zusammenzuarbeiten.[31] Schließlich erhielten die Schiffe der alliierten Kriegsflotten Anweisung, auf allen sieben Meeren Schiffe mit deutschen Exportgütern abzufangen, damit Güter, die durch den Flottengürtel im Kampfgebiet geschmuggelt worden waren, weggenommen werden könnten, bevor sie ihren Bestimmungshafen erreicht hätten.

Diese Maßnahmen, die handgreifliche Verletzungen internationaler Gesetze waren, wurden damit gerechtfertigt, daß sie notwendige Repressalien gegen Verletzungen des Völkerrechts durch Deutschland seien. Das Foreign Office staubte die alten Argumente aus der Zeit von 1914 bis 1917 ab und gebrauchte sie mit der gewohnten kalten Unverschämtheit. Mit todernster Miene schickte Außenminister Hull die üblichen Proteste nach London. Am 8. Dezember 1939 wandte er sich besonders gegen den Regierungsbefehl vom 27. November, weil er rechtswidrig in den „legitimen Handel" amerikanischer Bürger eingreife. Es gebe keine Rechtfertigung dafür, „sich mit amerikanischen Schiffen oder ihrer Ladung wegen Durchbrechung der Blockade zu befassen". Ebensowenig könne sich „die Frage der Konterbande erheben, wenn Güter von Deutschland nach den Vereinigten Staaten unterwegs seien".[32] Am 14. Dezember folgte eine weitere scharfe Protestnote gegen die britische Praxis, amerikanische Schiffe zur genauen Untersuchung ihrer Ladung zum Anlaufen von Häfen in der Kampfzone zu zwingen. Solche Aktionen seien „eine Nichtachtung des Landesgesetzes der Vereinigten Staaten und der Rechte, Verpflichtungen und Verantwortlichkeiten amerikanischer Schiffe gemäß dieses Gesetzes".[33] Ein paar Wochen darauf protestierte Washington gegen die Behandlung amerikanischer Post durch die Briten. Das State Department teilte dem Foreign Office warnend mit, daß die amerikanische Regierung den britischen Behörden nicht das Recht zubilligen könne, „sich mit amerikanischen Postsendungen auf amerikanischen oder andern neutralen Schiffen auf hoher See zu befassen. Ebenso unmöglich ist es ihr, anzuerkennen, daß die britische Regierung das Recht habe, Post auf Schiffen, die unfreiwillig in britische Häfen eingelaufen sind, zu zensieren." Sie sehe sich daher gezwungen, „gegen die oben skizzierten Praktiken nachdrücklich zu protestieren".[34]

Erweiterungen der Konterbandelisten und schwarze Listen riefen neue amerikanische Proteste hervor, aber in London wurden die Noten Außenminister Hulls als bloße Übungen in diplomatischer Doppelzüngigkeit angesehen. Im Foreign Office erinnerte man sich sehr gut der Praktiken, die Amerika nach dem April 1917 angewandt hatte. Von der Intervention im Jahre 1917 bis zum Ende des Weltkrieges im November 1918 hatte das State Department einige der Verletzungen internationalen Rechts gutgeheißen, gegen die es vorher protestiert hatte. Es war für Außenminister Hull schwierig, den Alliierten wegen Praktiken die Hölle heiß zu machen, die die amerikanische Regierung, als sie in den Weltkrieg gegen Deutschland eintrat, selber übernommen hatte.[35] Wie ein vorbildlicher Wachhund bellte Außenminister Hull nur Fremde an.

Hitler verfolgt gegenüber den Vereinigten Staaten eine versöhnliche Politik

Der Ausbruch des Zweiten Weltkrieges war für die deutsche Admiralität eine unangenehme Überraschung. Das Oberkommando der Marine hatte gehofft, der Konflikt lasse sich bis 1944 hinausschieben. Admiral Raeder riet auf der Stelle, den Krieg in der Form des uneingeschränkten U-Boot-Krieges mit aller Wucht gegen England zu führen, aber Hitler verwarf diesen Rat ebenso nachdrücklich. Er war über die Versenkung der „Athenia" zutiefst betroffen und stellte auf den Rat des Marinestabes die deutsche Verantwortung dafür in Abrede. Als er später erfuhr, daß das U-Boot 30 das Schiff torpediert hatte, erhielt der Kommandant, Leutnant zur See Lemp, einen strengen Verweis.[36]

Während einer Besprechung mit Admiral Raeder am 7. September bestand Hitler darauf: „Um neutrale Länder, vor allem die Vereinigten Staaten, nicht zu provozieren, ist es verboten, Passagierschiffe zu torpedieren, auch wenn sie im Geleitzug fahren. Kriegshandlungen gegen französische Handelsschiffe, Angriffe auf französische Kriegsschiffe und Minenlegen vor französischen Häfen ist verboten."[37] Dieser Befehl wurde am 10. September dahin modifiziert, daß britisch-französische Geleitzüge, wenn sie von französischen oder von britischen und französischen Streitkräften eskortiert waren, nördlich von Brest angegriffen werden durften. Am 16. Oktober folgte eine weitere Änderung: „Alle Handelsschiffe, die mit Sicherheit als feindliche (englische oder französische) Schiffe erkannt sind, können ohne Warnung torpediert werden. Passagierschiffe im Geleitzug dürfen kurze Zeit nach Ankündigung der Absicht, sie zu versenken, torpediert werden." Passagierschiffe wurden bereits torpediert, „wenn sie ohne Licht fahren".[38]

Jetzt machte Hitler eine versöhnliche Geste zu den Vereinigten Staaten hinüber. Am 9. Oktober wurde der nach einem britischen Hafen bestimmte amerikanische Frachtdampfer „City of Flint" von einem deutschen „Taschenschlachtschiff", der „Deutschland", aufgebracht. Nach kurzem Aufenthalt in dem norwegischen Hafen Troms... und dem russischen Hafen Murmansk lief die „City of Flint" mit einer deutschen Prisenmannschaft wieder in einen norwegischen Hafen ein, dessen Behörde die deutsche Mannschaft internierte und das Schiff dem amerikanischen Kapitän zurückgab. Am 10. November berichtete Admiral Raeder hierüber dem Führer, und Hitler entschied: „Die Angelegenheit der ‚City of Flint' ist falsch behandelt worden ... Es erscheint ratsam, die ‚City of Flint' unbehelligt in die Vereinigten Staaten zurückkehren zu lassen ... Der Führer stimmt dem Oberbefehlshaber der Marine zu; gegen die ‚City of Flint' ist keine weitere Aktion zu unternehmen."[39]

Ende Dezember 1939 wurden die Richtlinien für den U-Boot-Krieg neu gefaßt: „Die folgenden Schiffe können ohne Warnung angegriffen werden: 1. Alle als feindlich erkannten Handelsschiffe (ausgenommen allein fahrende Passagierschiffe, die sichtlich unbewaffnet sind); 2. alle in einem feindlichen Geleitzug fahrenden neutralen Schiffe; 3. alle mit gelöschten Lichtern fahrenden Schiffe; 4. alle Schiffe, die trotz Aufforderung nicht stoppen oder von der Funkanlage Gebrauch machen; 5. amerikanische Mannschaften sind mit der größten Rücksicht zu behandeln."[40]

So hatte nach vier Monaten Kriegführung auf hoher See das eifrige deutsche Bestreben, Amerika zu beschwichtigen, zu einer Vorzugsbehandlung amerikanischer Schiffe geführt. Neunzig Schiffe unter neutraler Flagge waren versenkt worden, aber nicht eines von ihnen hatte die amerikanische Flagge geführt. Nur vier amerikanische Schiffe waren auf See von Schiffen der deutschen Marine angehalten worden, nicht eines war gezwungen worden, zur Untersuchung einen deutschen Hafen anzulaufen, und keines war von einem Handelsjäger angegriffen worden. Unter dem Druck des Führers benahm sich die deutsche Flotte vorzüglich.

Finnland wehrt sich gegen die Aggression der Sowjets

Während Hitler zu Frankreich und den Vereinigten Staaten versöhnliche Gesten machte, zeigte Sowjetrußland der ganzen Welt, wie wohlbegründet die Furcht der kleinen baltischen Staaten vor einem russischen Angriff war. Nachdem Rußland gemäß der Übereinkunft mit Deutschland ein großes Stück Polens erworben hatte, war sein Appetit auf weitere Besitzergreifungen gewachsen. Am 29. September wurde Estland gezwungen, einen gegenseitigen Beistandspakt zu unterzeichnen, der der Sowjetunion gestattete, auf estnischem Gebiet Flotten- und Luftstützpunkte zu errichten und zu deren Schutz Garnisonen zu unterhalten. Am 5. Oktober wurde Lettland zu einem ähnlichen Pakt genötigt, und am 16. Oktober traf Litauen das gleiche Schicksal. Die „Iswestija" bezeichnete dieses willkürliche Vorgehen delikat als Demonstration dafür, „wie die Sowjetunion die Rechte der kleinen Nationen achtet".[41] Es währte nicht lange, und Rußland erwies Finnland das gleiche Zartgefühl.

Die finno-russischen Beziehungen hatten lange auf dem Vertrag von Tartu vom 14. Oktober 1920 beruht, durch den die Grenzen zwischen den beiden Ländern festgelegt worden waren. Der Vertrag von Tartu wurde bekräftigt durch den Nichtangriffspakt vom 21. Januar 1932.[42] Ihm folgte am 22. April 1932 ein Vertrag, durch den die Parteien übereinkamen, alle Streitigkeiten, die sich diplomatisch befriedigend nicht beilegen ließen, zu freundschaftlicher Regelung einer Schlichtungskommission zu unterbreiten.[43] Am 7. April 1934 wurde der Nichtangriffspakt bis zum 31. Dezember 1945 verlängert.[44]

Während der Verhandlungen im Sommer 1939, durch die England und Frankreich vergeblich ein Abkommen mit Sowjetrußland gegen eine deutsche Aggression zu erreichen suchten, beharrte der Kreml darauf, daß der angestrebte Vertrag eine Garantie für die finnische Unabhängigkeit enthalten müsse. Helsinki erhob gegen jede derartige Konstruktion nachdrücklich Einwendungen, weil sie Rußland einen Vorwand liefern würde, in Finnland Truppen zu stationieren. Der Sowjetpakt mit Deutschland machte diesen Verhandlungen ein Ende und wurde der Anstoß dazu, daß Europa in den Krieg stürzte. Kurz nach Kriegsausbruch, am 17. September 1939, versicherte die Sowjetregierung der finnischen Regierung, daß sie in ihren Beziehungen zu Finnland „eine Politik der Neutralität verfolgen" werde. Allein, durch diese Neutralitätspolitik drehte sich ein russischer roter Faden, der im Verhalten des Kremls zu den drei baltischen Staaten unheilverkündend zum Vorschein kam. Um Finnland vor einem ähnlichen Schicksal zu bewahren, richtete Präsident Roosevelt am 11. Oktober an den Präsidenten der Sowjetunion, Kalinin, eine Botschaft, worin er auf „die alte und tiefe Freundschaft zwischen den Vereinigten Staaten und Finnland" hinwies und die Hoffnung ausdrückte, daß an

Finnland keine Forderungen gestellt werden würden, die mit seiner Unabhängigkeit nicht vereinbar wären. Kalinins Antwort war die gewohnte Übung im Lügen. Rußlands „einziges Ziel" sei, die „freundschaftliche Zusammenarbeit zwischen beiden Ländern" zu stärken und „die Sicherheit der Sowjetunion und Finnlands" wirksam zu verbürgen.[45]

Die sowjetische „freundschaftliche Zusammenarbeit" nahm nun eine seltsame Wendung. Am 14. Oktober forderte der Kreml die Überlassung eines Gebietes um Hangö, einer großen Anzahl von Inseln im Finnischen Meerbusen und einen Teil Kareliens. Anschließend, am 31. Oktober, hielt Molotow eine Rede, worin er Helsinki den Fingerzeig gab, daß es gut daran tä-te, von fremden Ländern, wie den Vereinigten Staaten, keine Hilfe zu erwarten.[46] Dieser Dro-hung folgte am 26. November die Beschuldigung, daß finnische Truppen im Grenzgebiet rus-sische Kräfte angegriffen hätten. Am 28. November kündigte Moskau den Nichtangriffsver-trag mit Finnland auf, und am folgenden Tag brach es die diplomatischen Beziehungen mit Helsinki ab. Das Department of State war sich klar darüber, daß sich das finno-russische Ver-hältnis zur Krise zugespitzt hatte, und so bot Außenminister Hull seine Vermittlung an.[47] Sie wurde vom Kreml brüsk zurückgewiesen, und am 30. November eröffneten sowjetische Streitkräfte zu Lande, zur See und in der Luft den Krieg gegen Finnland. Auf diesen brutalen Angriff hin beschloß am 14. Dezember der Völkerbundsrat: „Die Union der Sozialistischen So-wjetrepubliken ist nicht mehr Mitglied des Völkerbundes."[48]

In den Vereinigten Staaten rief das Vorgehen Sowjetrußlands heftige Empörung hervor. Auf einer Pressekonferenz am 1. Dezember klagte Präsident Roosevelt den Einfall in Finnland als „bewußte Mißachtung des Rechts" an.[49] Die amerikanische Presse hallte von Entrüstung wi-der. Die „New York Times" nannte den russischen Überfall auf Finnland „das bisher schla-gendste Beispiel eines durch nichts zu rechtfertigenden Angriffs[50], die „Atlanta Constitution" einen Beweis „erbarmungsloser Barbarei"[51]. Die „Dallas Morning News" äußerten Entsetzen über den „mörderischen unprovozierten Angriff"[52]; der „Cleveland Plain Dealer" sprach sei-nen Abscheu aus über die „nackte Brutalität der Sowjet-Aktion"[53], und der „Washington Eve-ning Star" schrieb von der „empörenden Gier Stalins"[54].

Ermutigt durch diese starken Sympathieäußerungen für Finnland, wies Präsident Roose-velt am 6. Dezember den Finanzminister an, die jährlichen Schuldentilgungsraten Finnlands (234.693 Dollar) zu stunden. Am 10. Dezember wurde bekanntgegeben, daß die Agenturen der Reconstruction Finance Corporation und der Export-Import-Bank der finnischen Regierung einen Kredit von 10 Millionen Dollar eröffnet hätten, um ihr zu ermöglichen, in den Vereinig-ten Staaten landwirtschaftliche Überschußprodukte und Proviant zu kaufen.[55] Indessen, Finn-land brauchte Waffen und Kriegsmaterial statt Pflüge und fromme platte Redensarten. Es dau-erte nicht lange, und die russische Dampfwalze erdrückte die letzten Regungen finnischen Widerstands. Als die Finnen im Jahre 1941 mit Hitlers Hilfe noch einmal gegen die bewaffne-ten Sowjethorden kämpften, schlug die amerikanische öffentliche Meinung urplötzlich in war-me Sympathie für Stalin um. Zwischen dem deutschen und dem russischen Diktator war es zum Bruch gekommen. Statt den Krieg zwischen diesen beiden Feinden der Demokratie zu begrüßen und ihrer gegenseitigen Vernichtung mit Genugtuung zuzusehen, nahm sich Ame-rika unter der Führung der Regierung Roosevelts eifrig der Sache Rußlands an und lenkte ei-ne Flut von Leih- und Pachtgütern dorthin, die das Reich Stalins schließlich zu einer Bedro-hung der Welt machten. Vom Juni 1941 an wurde das „tapfere kleine Finnland" aus manchen amerikanischen Kreisen als Verbündeter der verhaßten Deutschen angegriffen, und viele blickten nach Helsinki durch die Brillen der „New Masses" und des „Daily Worker".

Die Mission Sumner Welles'

Der heldenhafte Kampf Finnlands gegen die Aggression der Sowjets erregte in Italien tiefe Bewunderung. Es war das eines der vielen Anzeichen, die auf die Möglichkeit zu deuten schienen, daß sich zwischen Deutschland und Italien ein Keil treiben ließe. Seit dem Abschluß des deutsch-sowjetischen Paktes vom August 1939 nahm in Italien das Gefühl zu, daß die Achse Berlin-Rom überholt sei. Graf Ciano träufelte diese Ansicht dauernd dem Duce ein, und am 16. Dezember sprach er sie in einer Rede im Großen Rat vor den führenden Faschisten kühn aus. Er gab bekannt, daß der deutsch-sowjetische Vertrag ohne vorherige Verständigung mit Italien ausgehandelt worden war, und ging noch einmal eindringlich die Versuche durch, die der Duce im August und September zur Erhaltung des Friedens vergeblich unternommen hatte, wobei er die Haltung Deutschlands in nicht zu freundlichem Licht erscheinen ließ. Ciano selber sagte von seiner Ansprache, daß sie in Italien weithin als Grabrede auf die Achse aufgefaßt worden sei.[56]

Cianos Rede folgte ein bedeutungsvoller Brief Mussolinis an Hitler. Er hob die starke Sympathie hervor, die in Italien den Finnen entgegengebracht werde, und wies Hitler darauf hin, wie erfolgreich die britische Propaganda die düsteren Seiten des Zusammenwirkens zwischen dem Deutschen Reich und Sowjetrußland in den Vordergrund rücke. Im Namen der Freundschaft, die zwischen Italien und Polen geherrscht hatte, drängte er den Führer, einen polnischen Nationalstaat unter deutscher Ägide zu schaffen. In Hinsicht auf eine Frühjahrsoffensive gegen England und Frankreich warf er die Frage auf, ob es klug wäre, auf Kosten „der Blüte der deutschen Jugend" die Alliierten in die Knie zu zwingen. Die Demokratien trügen „den Keim zu ihrem unvermeidlichen Niedergang in sich selbst". Man sollte der Zeit ihren unausweichlichen Lauf lassen. Der wahre Feind, vor dem man sich hüten müsse, sei Sowjetrußland. „Die Lösung der Frage Ihres Lebensraums liegt allein in Rußland."[57]

Der italienische Botschafter in Berlin, Attolico, überbrachte den Brief Mussolinis am 8. Januar 1940 dem Führer. Hitler las ihn sorgfältig und begriff alle Folgerungen, die das Schreiben in sich schloß, ohne weiteres. Er besprach mit Ribbentrop und Göring jede Seite der deutsch-italienischen Beziehungen und entschied sich, die Antwort zu vertagen, bis die Lage ein besseres Aussehen bekommen hätte. Außerdem würde sein Schweigen den Duce beunruhigen und ihn fühlen machen, daß er den Führer versöhnen müsse.

In dieser Zeit der Unschlüssigkeit Mussolinis schien der Augenblick günstig zu einem Versuch, Italien von Deutschland abzuspalten. Anfang Januar 1940 ließ Präsident Roosevelt Sumner Welles kommen und erörterte mit ihm die Frage, ob es ratsam sei, einen Vertreter nach Europa zu entsenden, um „die Möglichkeiten der Herbeiführung eines gerechten und dauerhaften Friedens" zu erkunden. An einem „zeitweiligen Waffenstillstand" war der Präsident nicht interessiert; es müßte etwas Grundlegendes erzielt werden. Vielleicht sei Welles selber der Mann der Stunde, das Tor zum Frieden aufzustoßen. Jedenfalls entschloß sich der Präsident im Februar 1940, ihn nach Rom und Berlin und von dort nach Paris und London zu schicken. Unterredungen mit Mussolini und Hitler könnten vielleicht Hinweise ergeben, wie sich durch eine friedliche Prozedur die gefürchtete Frühjahrsoffensive verhüten lasse. Aus Deutschland drang das Geflüster von Friedenswünschen herüber. Würden sie ermutigt werden, so könnten sie ein bedeutendes Ausmaß annehmen.

Welles traf am 25. Februar in Rom ein und hatte am nächsten Tag eine Unterredung mit Ciano. Er fand ihn „immer herzlich und völlig ungezwungen", offenbar bestrebt, zu helfen.[58] In seinen Tagebüchern beschreibt Ciano den Staatssekretär als „vornehm von Erscheinung und im Gebaren" und den Ton des Gesprächs als „sehr herzlich".[59] Ciano versuchte nicht, seinen Abscheu vor Ribbentrop und sein „tiefinneres Widerstreben gegen Hitler" zu verbergen. Als Welles die Sache eines „gerechten und dauerhaften Friedens" zur Sprache brachte, umriß Ciano die Bedingungen, die Hitler im Oktober 1939 angenommen hätte, doch wisse er nicht, wie der Führer jetzt denke.[60]

Die Unterredung mit Mussolini verlief völlig anders. Ciano bedauerte ihre „eisige Atmosphäre". Der Duce erschien Welles als ein Mann, der „unter einer furchtbaren Spannung" leide. Er wirkte auf ihn eher „schwerfällig und unbeweglich als vital"; während des Gesprächs habe er meist mit geschlossenen Augen dagesessen. Sofort nach den einleitenden Formalitäten übergab Welles dem Duce einen Brief Roosevelts. Es war das ein interessantes Sendschreiben, worin die Rede war von der „Befriedigung", die der Regierung der Vereinigten Staaten aus einer Fortdauer der italienischen Neutralität erwüchse, und der starke Wunsch des Präsidenten ausgesprochen wurde, „mit dem Chef der italienischen Regierung persönlich zusammenzutreffen". Er, der Präsident, glaube, er vermöchte im Falle einer solchen Begegnung „Mussolini davon zu überzeugen, daß Italien seinen wohlverstandenen Interessen nur dann am besten dienen könne, wenn er sich weigere, das italienische Volk zum höheren Ruhm Hitlers herzugeben".

Der Duce schien über den Vorschlag einer Zusammenkunft mit Roosevelt erfreut zu sein. Er habe lange gehofft, „daß es wirklich einmal ... zu einer solchen Begegnung kommen werde". Auf die Bemerkung, daß zwischen Italien und Amerika so viele Meilen Ozean lägen, fiel ihm Sumner Welles eifrig ins Wort: „Es gibt Punkte in der Mitte, bis zu denen es nur halb so weit ist." Der Duce antwortete: „Ja, und es gibt Schiffe, die uns beide dorthin brächten."[61] Indessen, es wurden keine festen Abmachungen getroffen, und die Zusammenkunft, die den Lauf der Geschichte hätte ändern können, unterblieb. Statt Näheres zu vereinbaren, sprachen Welles und Mussolini nur darüber, wie wichtig es wäre, die Handelsschranken zwischen den Ländern niederzulegen, und wie notwendig, eine wirkliche Abrüstung in die Wege zu leiten. Sodann wandte sich das Gespräch der Frage zu, welche Friedensbedingungen Deutschland möglicherweise annähme, worauf Welles die Unterredung mit der direkten Frage beendete: „Halten Sie in diesem Augenblick erfolgversprechende Verhandlungen zwischen Deutschland und den Alliierten über einen dauerhaften Frieden für möglich?" „Ja", antwortete der Duce mit Nachdruck, und Welles war nun gerüstet zu seiner Reise nach Berlin.[62]

Die Unterredung mit Ribbentrop stand in scharfem Kontrast zu den ermutigenden Gesprächen mit Ciano und Mussolini. Der Reichsaußenminister empfing Welles „ohne auch nur die Andeutung eines Lächelns, ja, ohne ein Wort der Begrüßung". Nach einer kurzen Pause sagte Welles ein paar englische Worte, weil er wußte, daß Ribbentrop längere Zeit in Amerika gelebt hatte und fließend englisch sprach. Statt nun, darauf eingehend, das Gespräch in Fluß zu bringen, bellte Ribbentrop Dr. Paul Schmidt an: „Dolmetschen!" Und so nahm die Unterredung ihren unbehaglichen Verlauf. Nachdem Welles erklärt hatte, daß er nach Europa gesandt worden sei, um die Möglichkeiten zur Begründung eines dauerhaften Friedens zu erkunden, war die Reihe an Ribbentrop zu einer aufgeblasenen Rede, die über zwei Stunden dauerte. Abschließend versicherte er, Deutschland wünsche Frieden, aber nur unter der Voraussetzung, „daß der Wille Englands, Deutschland zu vernichten, ein für allemal ausgetilgt sei". Erreicht werden könne dieses Ziel nur „durch einen vollständigen und totalen deutschen Sieg".

Die Unterredung mit Hitler am 2. März war eine geringere Zumutung. Er begrüßte Welles freundlich und gab sich „in Sprache und Geste würdig". Auf die Bemerkung Welles', seine Unterredung mit Mussolini habe ihm die Hoffnung eingeflößt, daß sich noch immer die Basis zu einem dauerhaften Frieden legen ließe, kam Hitler auf die grundlegende Bedeutung einer allgemeinen Abrüstungsvereinbarung zu sprechen. Er sei lange dafür eingetreten, habe aber von Frankreich und Großbritannien keine Ermutigung erfahren. Im Wirtschaftlichen sei auch er der Meinung, „daß ein liberaler Handel bei allseitiger bedingungsloser Meistbegünstigung" ein Ideal bedeute, „dem die Nationen der Welt zustreben sollten". Unter „normaleren Verhältnissen wäre Deutschland zur Zusammenarbeit zu diesem Zweck mit Freuden bereit". Darauf umriß Hitler Deutschlands Ziele. Es seien historische, politische und wirtschaftliche. Deutschland wolle nichts, als die Rückkehr des deutschen Volkes in die territoriale Stellung, die ihm historisch von Rechts wegen zukomme. Deutschlands politisches Ziel sei nationale Sicherheit. Es wolle keine nichtdeutschen Völker beherrschen und beabsichtige nicht, die Unabhängigkeit solcher Nachbarvölker zu beeinträchtigen, wenn sie die Sicherheit der eigenen Nation nicht bedrohten. Wirtschaftlich beanspruche Deutschland das Recht, aus dem Handel mit den nahen Nationen Mittel- und Südosteuropas Nutzen zu ziehen. Er werde den europäischen Westmächten nicht länger erlauben, Deutschland diese Vorzugsposition streitig zu machen. Auch bestehe Deutschland auf der „Rückgabe der ihm in Versailles gestohlenen Schutzgebiete". Schließlich wiederholte er, was Ribbentrop gesagt hatte: „Ich sehe keine Hoffnung für die Begründung eines dauerhaften Friedens, solange nicht der Wille Englands und Frankreichs, Deutschland zu vernichten, selbst vernichtet ist. Ich glaube, daß es dazu keinen andern Weg gibt als einen vollständigen deutschen Sieg."[63]

Welles wußte nun, daß seine Mission nach Deutschland ergebnislos verlaufen war, fühlte sich aber noch zu einer freimütigen Aussprache mit Göring in Karinhall verpflichtet. Göring gab sich „einfach, ungezwungen und außerordentlich herzlich". Er versicherte Welles sofort, daß Deutschland „keinerlei Ambitionen" habe, „die die westliche Hemisphäre berühren könnten", und trat der These entgegen, daß ein europäischer Krieg auf Amerika tiefe Wirkungen ausüben würde. Welles lenkte hier das Gespräch auf das Thema der Diskriminierung der Juden in Deutschland. Die Antwort war, daß es eine Rassendiskriminierung praktisch in einem großen Teil Amerikas gegenüber den Negern gebe. Göring schloß ähnlich wie Ribbentrop und Hitler: England und Frankreich wollten Deutschland vernichten. Gelänge ihnen das, so wäre eine Gemeinschaft von „Bolschewiken und Kommunisten" die Folge.[64]

Von Berlin begab sich Welles unverzüglich zu Besprechungen mit maßgebenden französischen Politikern nach Paris. Er stellte mit Bedauern fest, daß dem Präsidenten Lebrun nicht die treibende Kraft innewohne, mit der im Ersten Weltkrieg Poincaré das französische Schicksal gelenkt hatte. Im Gespräch mit dem Senatspräsidenten, Jeanneney, erinnerte er sich an einen Ausspruch Clemenceaus über die Deutschen: „Es gibt nur zwei Möglichkeiten, mit einem tollen Hund umzugehen. Entweder muß man ihn töten oder an eine unzerbrechliche Stahlkette fesseln." Frankreich fehle der Wille und die Fähigkeit, eine solche Kette zu schmieden.

In England traf er auf diesen Willen, Deutschland für lange Zeit niederzuhalten. Winston Churchill äußerte ihn mit Nachdruck. Es gebe keine andere Lösung der europäischen Krise „als die radikale, vollständige Niederlage Deutschlands, die Vernichtung des Nationalsozialismus und Vorkehrungen im neuen Friedensvertrag, durch die Deutschlands künftiger politischer Kurs so kontrolliert werden könne, daß Europa und der Weltfrieden mindestens für hundert Jahre gesichert seien".[65] Er hielt es immer noch mit dem Muster von Versailles.

Es ist bezeichnend, daß Churchill kein kritisches Wort über Rußland fand, obwohl doch Hitler zweifellos ohne eine Zusicherung sowjetischer Hilfe nicht hätte zum Kriege schreiten können. Die bolschewistische Drohung machte Churchill im Jahre 1940 wenig Sorgen. Als Hitler im nächsten Jahr gegen Rußland zog, arbeitete Churchill fieberhaft dafür, den Sowjets bewaffnete Hilfe zu schicken. Ein wirklicher Staatsmann würde die doppelte Drohung des Nationalsozialismus und des Bolschewismus erkannt und beide in Gräbern bewillkommnet haben, die sie mit blutigen Händen einander selbst gegraben hätten.

Offenbar stimmte Sumner Welles mit der britischen Auffassung überein. Der „Bleistift mit zwei Ohren", wie er sich, nach dem deutschen Chefdolmetscher Paul Schmidt, selbst nannte, um anzudeuten, daß er keinen eigenen politischen Willen habe, wandte sich jedenfalls nicht gegen eine solche gefährliche Blindheit. Wie für Churchill, so war auch für ihn das Reich der einzige wirkliche Feind. Dies ließ es ihm als doppelt notwendig erscheinen, zurück nach Rom zu eilen und zu versuchen, Mussolini von Hitler zu trennen. Indessen, Ribbentrop war ihm mit einem langen Brief Hitlers zuvorgekommen. Nur in engem Zusammenwirken mit Deutschland, so schrieb ihm der Führer, könne Italien eine ruhmreiche Zukunft erwarten: „Ich ... bin überzeugt, daß die Geschichte unserer beiden Staaten, unserer beiden Völker, unserer beiden Revolutionen und unserer beiden Regierungsformen unlöslich miteinander verbunden ist."[66]

Ribbentrop erreichte in seinen Unterredungen mit Mussolini nicht alles, was er erhofft hatte. Noch immer war er nicht für eine Frühjahrsoffensive gegen England und Frankreich. So wurde eine persönliche Begegnung beider Diktatoren notwendig, wenn Mussolini umgestimmt werden sollte, und Ribbentrop lud den Duce zu einer Zusammenkunft mit Hitler am Brenner ein. Sie wurde auf Drängen Ribbentrops auf den 18. März festgelegt.

Zwei Tage vor diesem Termin traf Sumner Welles wieder mit Ciano und Mussolini zusammen. Ciano berichtete ihm offen, er habe von Ribbentrop erfahren, „daß Deutschland entschlossen sei, demnächst eine allgemeine militärische Offensive zu unternehmen. Es ziehe keine andere Lösung in Betracht als einen militärischen Sieg, den man innerhalb von fünf Monaten erzwingen zu können glaube ... Zuerst werde Frankreich zusammenbrechen und bald danach England." Ciano selber war keineswegs davon überzeugt, daß Deutschland siegen werde: Konnten die Alliierten einen Durchbruch durch ihre Verteidigungsstellungen verhüten, so war es durchaus möglich, daß der Sieg ihnen zufiel.

Am Abend des 16. März suchte Welles Mussolini auf und bemerkte sofort, daß der Duce nicht mehr unter der Qual der Entschlußlosigkeit litt, die wenige Wochen vorher an ihm gezerrt hatte. Als Welles wieder das Thema der Begründung eines dauerhaften Friedens zur Sprache brachte, äußerte der Duce ohne Zögern, Ribbentrop halte „an der Auffassung fest, daß für Deutschland außer einem militärischen Sieg keine Lösung in Betracht komme und daß keinerlei Friedensverhandlungen möglich seien". Auch er unterrichtete Welles davon, daß Deutschland „zu einer sofortigen Offensive" bereit stehe. Man rechne in Deutschland damit, daß Frankreich „innerhalb von drei bis vier Monaten" fallen werde. Angesichts dieser deutschen Erwartungen müßten eventuelle Friedensvorschläge mit einem fetten Köder versehen werden. Deutschland brauche angemessenen „Lebensraum". Was die Unabhängigkeit des polnischen Volkes angehe, so glaube er, „daß im Falle einer Entscheidung über neue polnische Grenzen die vor kurzem von den Deutschen durchgeführten Umsiedlungen als endgültig angesehen werden müßten". Außerdem seien die berechtigten Ansprüche Ungarns zu berücksichtigen, und was Italien betreffe, so müßten „alle seine Forderungen eine befriedigende Lösung finden".

Welles bemerkte, diese Bedingungen gingen so weit, daß er von Roosevelt telefonisch besondere Weisungen einholen müsse. Er werde am Abend Graf Ciano über die Entscheidung des Präsidenten unterrichten. Der Präsident aber scheute, als Welles ihn endlich am Telefon hatte, vor jeder Erörterung der politischen Voraussetzungen einer Wiederherstellung des Friedens zurück. Er sagte, „die grundlegende Frage sei das Sicherheitsproblem", bot aber keine Lösung dafür an, wie er überhaupt äußerst vorsichtig war, nur daß er bemerkte, weder Großbritannien noch Frankreich wollten „Deutschland oder das deutsche Volk vernichten".[67] Eine solche Versicherung wäre Hitler unaufrichtig oder naiv vorgekommen.

Mussolini war sich darüber klar, daß Präsident Roosevelt keinen Friedensplan zu bieten hatte, der Hitler hätte locken können. Er würde zu der Konferenz am Brenner fahren müssen, ohne etwas in der Hand zu haben, wodurch er Hitler dazu bringen könnte, zugunsten von Friedensvorschlägen auf die Frühjahrsoffensive zu verzichten. So blieb ihm denn nichts übrig, als sich am 18. März Hitlers „Brenner-Monolog" anzuhören über die These, daß die Geschicke Deutschlands und Italiens unlöslich miteinander verknüpft seien. Über Einzelheiten seiner geplanten Frühjahrsoffensive oder gar der bevorstehenden dänisch-norwegischen Expedition verriet der Führer bezeichnenderweise nichts. Er traute Italien noch immer nicht ganz. Jedenfalls aber hatte der „Brenner-Monolog" die Wirkung, daß der Duce schließlich alle Befürchtungen abschüttelte und erklärte, es sei seine feste Absicht, an der Seite Deutschlands in den Krieg einzutreten.[68]

Am 19. März war Ciano, vom Brenner zurück, wieder in Rom und versicherte Sumner Welles, „daß ein militärischer Zusammenstoß nicht unmittelbar drohe". Der Präsident werde Zeit haben, „die Berichte Welles' zu studieren und vielleicht irgendwelche Friedensschritte zu unternehmen". Welles war über diese Aussicht so erfreut, daß er von einer möglichen Begegnung zwischen Mussolini und dem Präsidenten auf den Azoren sprach und zu Blasco d'Aieta äußerte, „Deutschland werde, auch wenn es keine Offensive unternehme, innerhalb eines Jahres erschöpft sein". Seiner Meinung nach sei „der Krieg von den Franzosen und Engländern bereits gewonnen".[69] Nach einigen weiteren, nicht minder törichten Gesprächen kehrte Welles mit einem Sack voll falscher Informationen nach Washington heim.[70]

England und Deutschland spotten der norwegischen Neutralität

Während sich Sumner Welles im Februar 1940 auf die Reise nach Rom und Berlin vorbereitete, machten sich die ersten Anzeichen der militärischen Frühjahrsunternehmungen bemerkbar. Das deutsche Hilfsschiff „Altmark" hatte in einem norwegischen Fjord Zuflucht gesucht, und zwar mit mehreren hundert gefangenen britischen Seeleuten an Bord. Einer Nachforschung durch norwegische Kanonenboote war dieser Umstand entgangen, aber die britische Admiralität hatte hierüber Nachricht erhalten. Am 16. Februar befahl Winston Churchill als Erster Lord der Admiralität dem Kapitän zur See, Vian, mit dem Zerstörer „Cossack" die Gefangenen zu befreien. Dazu mußte Kapitän Vian in die norwegischen Hoheitsgewässer einfahren. Es war das eine bewußte Verletzung der norwegischen Neutralität, und die norwegische Regierung erhob denn auch prompt in London telegrafisch Protest. Der Premierminister entschuldigte sich mit dem Argument, diese Neutralitätsverletzung sei die Folge vorhergegangener Brüche des internationalen Rechts durch Deutschland, die Großbritannien zu einer ähnlichen Aktion gezwungen hätten.[71]

Der Zwischenfall mit der „Altmark" war nur eine der Äußerungen der britischen Absicht, die Neutralität der norwegischen Hoheitsgewässer wiederholt zu verletzen, um die deutschen

Kriegsanstrengungen zu treffen. Schon im September 1939 wies Winston Churchill nach Konsultierung des Kriegskabinetts den Ersten Seelord und andere maßgebende Personen auf die Bedeutung hin, die einer Abschnürung der schwedischen Erztransporte von Narvik nach Deutschland zukomme. Da sich die deutschen Erzschiffe innerhalb der norwegischen Dreimeilenzone hielten, konnten sie nur durch Verminung der Küstengewässer gestoppt werden. Das war im Jahre 1918 geschehen, und Churchill schlug vor, „diese Prozedur binnen kürzestem zu wiederholen".[72] Das erste deutsche Memorandum über eine Aktion in den norwegischen Gewässern wurde am 3. Oktober 1939 geschrieben. „So begann", wie Lord Hankey unwiderleglich dartut, „die britische Regierung mit der Planung ihrer Offensive in Norwegen vierzehn Tage vor den Deutschen." Es sei bezeichnend, daß der Nürnberger Internationale Militärgerichtshof das Memorandum Winston Churchills absichtlich übersehen und behauptet habe, der Gedanke eines Angriffs auf Norwegen „habe seinen Ursprung bei Raeder und Rosenberg ... Die Nichterwähnung dieses Teils der Geschichte im Urteil ist um so unerklärlicher, als sie im April 1940 von Mr. Churchill dem Unterhaus mitgeteilt wurde, also eine öffentlich bekannte Tatsache war."[73]

Am 16. Dezember 1939 verfaßte Churchill eine weitere Denkschrift über die Abschnürung Deutschlands vom nordschwedischen Erz und unterbreitete sie sechs Tage später dem Kabinett. Er erblickte in einem solchen Unternehmen „eine große offensive Kriegsoperation". Sie lasse sich durchführen durch Legung „einer Reihe kleiner Minenfelder in norwegischen Hoheitsgewässern an zwei oder drei geeigneten Stellen der Küste. Dies zwänge die nach Deutschland bestimmten Eisenerzschiffe, die Hoheitsgewässer zu verlassen und auf die hohe See hinauszufahren." Eine solche Aktion würde Deutschland einen schweren Verlust zufügen, der noch vor dem Sommer zu einer Krise beitragen könnte. Eine Verminung der norwegischen Gewässer wäre eine rein technische Verletzung internationalen Rechts. Sie riefe in den Vereinigten Staaten, wo sie in der Weise beurteilt werden würde, daß uns so am besten geholfen wäre, keine nachteilige Wirkung hervor.[74]

Das Urteil im Nürnberger Prozeß machte, wie Lord Hankey ausführt, von den deutschen Plänen gegen Norwegen Mitte Dezember 1939 viel Aufhebens, „enthielt aber nicht ein Wort über das von Mr. Churchill an das Kriegskabinett gerichtete Memorandum vom 16. Dezember ... Jeder Unvoreingenommene sollte meinen, daß dies für das Tribunal ein höchst wichtiges Beweisstück sei, denn es stellt den britischen Plan an Bedeutung auf dieselbe Ebene neben den deutschen Plan, der in dem Urteil so hart als Verbrechen verdammt wird." Obwohl das Kriegskabinett die Begründung dieses Churchillschen Memorandums nicht akzeptiert habe, habe es doch „die Ausarbeitung von Plänen zugelassen, um Finnlands willen eine Streitmacht in Norwegen zu landen ... Dieser Vorgang verrät auch den Druck, unter dem das Kriegskabinett durch einen seiner mächtigsten Kollegen stand ... wenn er sie zu einem technischen Angriffspakt überreden konnte, durch den ganz Skandinavien in Brand gesetzt worden wäre – ein ,Verbrechen', um die extravagante Sprache Nürnbergs zu gebrauchen, wegen dessen von dem Tribunal so hart verurteilt zu werden den Deutschen bestimmt war. Nicht ein einziges Wort davon steht in dem Nürnberger Urteil."[75]

Das Urteil schweige auch völlig darüber, daß der Oberste Kriegsrat der Alliierten am 5. Februar 1940 „Plänen zustimmte, zum Einsatz in Finnland drei bis vier Divisionen aufzustellen, an Norwegen und Schweden das Ersuchen zu richten, sie möchten den Durchtransport von Nachschub und Verstärkungen für die Finnen gestatten, und ,sich dabei auf dem Erzfeld von Gellivara festzusetzen'. Von da an wurden die Vorbereitungen zur Entsendung alliierter Truppen nach Norwegen verstärkt." Anfang April 1940 waren die Vorbereitungen „für die große Offensive in Norwegen in beiden Lagern abgeschlossen ... Die Landung selbst, das heißt die große deutsche Offensive, erfolgte erst am 9. April. Vierundzwanzig Stunden früher, nämlich am 8. April, zwischen 4.30 und 5.00 Uhr, waren im Westfjord bei Narvik die britischen Minenfelder gelegt worden."[76] Überflüssig zu sagen, daß auch diesen Tatsachen in dem Nürnberger Urteil keine Zeile eingeräumt wurde.

Während das norwegische Außenamt eine für London bestimmte Protestnote verfaßte, lief die Meldung ein, daß sich deutsche Kriegsschiffe Oslo näherten. Am folgenden Tag versenkten norwegische Batterien den schweren Kreuzer „Blücher" und beschädigten den Kreuzer „Emden" schwer. Diese mutige Abwehr konnte den Fall Oslos nur verzögern.

Ein deutscher Angriff auf den Eisenerzhafen von Narvik führte trotz dem heldenhaften Widerstand norwegischer Kriegsschiffe zum Erfolg, und die Besetzung ganz Norwegens ging planmäßig vor sich. Die britische Absicht, die Eisenerzverschiffungen nach Deutschland zu unterbinden, war völlig vereitelt. Gleichzeitig, am 9. April, überschritten deutsche Truppen die dänische Grenze, und so kam ein weiterer neutraler Staat Nordeuropas unter die Kontrolle des Reiches.

Grönland wird in die Monroedoktrin einbezogen

Als die Nachrichten über die Besetzung Dänemarks und Norwegens durch deutsche Truppen Washington erreichten, erließ Präsident Roosevelt am 10. April eine Proklamation, mit der die für amerikanische Schiffe verschlossene Kampfzone nordwärts auf die ganze norwegische Küste und ostwärts auf die russische arktische Küste bis zu einem Punkt 200 Meilen östlich Murmansk ausgedehnt wurde.[77] Ferner wurde verordnet, die in norwegischem und dänischem Besitz befindlichen Wertpapiere und anderes Eigentum „einfrieren" zu lassen, um sie der Nutzung durch die Deutschen zu entziehen. Infolge des deutschen Einfalls in Dänemark beschloß das isländische Parlament, daß „die isländische Regierung einstweilen nicht mehr an den König [von Dänemark] gebunden" sei. Darauf übernahm das Parlament die Leitung der auswärtigen Angelegenheiten, und Ministerpräsident Jonasson leitete Verhandlungen mit Außenminister Hull über die Errichtung einer isländischen Gesandtschaft in Washington und eines Generalkonsulats in New York ein. Entsprechend sollte die amerikanische Regierung ein Konsulat in Reykjavík auftun.[78]

Am 12. April erklärte Außenminister Hull in einem Gespräch mit dem britischen Botschafter, Lord Lothian, die Monroedoktrin decke „ohne Unterschied" die ganze westliche Halbkugel. Es war klar, daß dadurch Grönland einbegriffen wurde. Nach Erörterung der Lage mit kanadischen Beamten wurde in Godthaab ein amerikanisches Konsulat eingerichtet, und Küstenwachschiffe patrouillierten von nun an rings um Grönland. Bald sollte die amerikanische Regierung zu entscheidenderem Handeln übergehen.

Kapitel XXV

Roosevelt sucht einen Vorwand zum Krieg mit Deutschland

Hitler führt einen Blitzkrieg an der Westfront

Noch bevor die Streitkräfte des Deutschen Reiches im norwegischen Feldzug einen wesentlichen Erfolg hatten erringen können, unternahm Präsident Roosevelt eine Reihe von Versuchen, Italien aus dem Krieg herauszuhalten. Am 9. April sandte er Mussolini ein Telegramm, worin er seine tiefe Befriedigung darüber ausdrückte, daß „die Politik der italienischen Regierung alle Anstrengungen mache, eine Ausbreitung des Krieges auf Süd- und Südosteuropa zu verhüten". Eine weitere Ausdehnung des Kriegsgebietes „zöge noch mehr Nationen, die ihre Neutralität zu bewahren gesucht haben, in die Feindseligkeiten hinein". Er sehe „keinen Grund, im voraus anzunehmen, daß eine Nation oder irgendeine Kombination von Staaten erfolgreich entweder den europäischen Kontinent ... oder einen großen Teil der Welt zu beherrschen vermöchte", und er hoffe ernstlich, daß der mächtige Einfluß Italiens auch künftig „zugunsten von Verhandlungen über einen gerechten und dauerhaften Frieden ausgeübt werde".[1]

Als Botschafter Phillips dem Duce diese Botschaft überbrachte, wurde ihm erklärt, „daß Deutschland, Italien und Rußland eine Ausbreitung des Krieges nicht wünschten". Daran schloß Mussolini die Bemerkung, seiner Meinung nach sei „Deutschland nicht zu schlagen", und eine interalliierte Seeblockade wäre „völlig unwirksam". Der Präsident sollte sich darüber klar sein, daß das System von Versailles liquidiert sei. Innerhalb des neuen Systems werde Deutschland „aus freien Stücken die Bildung eines neuen unabhängigen polnischen Staates zulassen", jedoch „nicht in den alten Grenzen, die völlig ungerechtfertigt gewesen seien". Deutschland sei „auch bereit zur Errichtung eines neuen tschechoslowakischen Staates". Schließlich und nicht zuletzt müßten Italien bestimmte wesentliche Konzessionen gemacht werden.

Während dieses ganzen Gesprächs war Mussolini „über die Maßen freundlich". Er bat Botschafter Phillips, „Präsident Roosevelt" für seine Botschaft „herzlich zu danken", und schien „für sie außerordentliches Verständnis aufzubringen".[2]

Was Graf Ciano seinem Tagebuch anvertraute, sieht ganz anders aus. Er vermerkte, der Duce habe die Botschaft „widerwillig" entgegengenommen und „zu dem amerikanischen Botschafter wenig oder nichts" gesagt.[3] Jedenfalls antwortete Mussolini dem Präsidenten kurz, daß für den Krieg „nicht Deutschland, sondern die Initiative der Alliierten verantwortlich" sei. Soviel er wisse, sei Deutschland „gegen eine weitere Ausbreitung des Konflikts, und Italien ebenso". Gegenüber der Ansicht des Präsidenten, „daß eine Ausdehnung der Kriegsfronten" ernste Wirkungen für die westliche Hemisphäre haben könnte, lenkte er die Aufmerksamkeit Roosevelts „auf die Tatsache, daß sich Italien um die Beziehungen der amerikanischen Republiken untereinander und zu den Vereinigten Staaten (so die Monroedoktrin respektierend) niemals gekümmert habe und daher in Hinsicht auf die europäischen Angelegenheiten um ,Gegenseitigkeit' bitten möchte".[4]

Ciano hielt diese Note für „schneidend und feindselig".[5] Sicherlich war sie nicht beschwichtigend. Der Duce war über die Nachrichten von Hitlers Siegen in Norwegen „buchstäblich begeistert". In einem Brief über seine Erfolge beklagte der Führer, daß „die außerordentliche Schnelligkeit" des Vormarsches seiner Truppen ihm „nicht gestattet" habe, „die englischen Streitkräfte wirksamer in den Kampf zu verwickeln", um sie „völlig zu vernichten". Daran schloß er die Mitteilung, daß er „wegen versteckter Drohungen mit einer amerikanischen Intervention so bald wie möglich im Westen einen Sieg haben" müsse.[6]

An demselben Tage, dem 4. Mai, beschuldigte Berlin Belgien und die Niederlande, daß sie sich nicht unparteiisch neutral verhielten. Am 12. Januar 1940 hätten in Breda zwischen holländischen, belgischen, französischen und britischen Generalstabsoffizieren Besprechungen stattgefunden zu dem offenbaren Zweck, einem britisch-französischen Angriff auf das rheinisch-westfälische Industriegebiet niederländisch-belgische Unterstützung zu sichern. Sechs Tage später brach die deutsche Westoffensive los. Die erste in Washington eingehende Nachricht hierüber war ein Telefonanruf Botschafter Cudahys mit der Mitteilung, daß starke deutsche Luftstreitkräfte in der Richtung auf Belgien und die Niederlande Luxemburg überflögen. Während des Vormittags „riefen Präsident Roosevelt und Außenminister Hull von Zeit zu Zeit in Brüssel an, um sich nach der neuesten Entwicklung zu erkundigen". Cudahy gab die Auskunft, die vorliegenden Meldungen seien „völlig beruhigend".[7] Aber der König der Belgier, Leopold, war nicht so zuversichtlich. In einem Telegramm an Präsident Roosevelt sprach er die Hoffnung aus, daß er „mit dem ganzen Gewicht seiner moralischen Autorität die Anstrengungen unterstützen" werde, „die zu machen wir jetzt fest entschlossen sind, um unsere Unabhängigkeit zu bewahren". Der Präsident konnte nur antworten, er und die amerikanische Bevölkerung hegten den innigen Wunsch, „daß einer Politik Einhalt getan werde, die friedliche und unabhängige Völker durch Gewalt und militärische Aggression zu beherrschen suche, und daß die belgische Regierung und die belgische Bevölkerung ihre Unabhängigkeit und Freiheit bewahrten".[8]

In Rom teilte Botschafter Phillips Außenminister Ciano mit, daß der deutsche Blitzkrieg „Amerika tief aufwühlen werde". Inzwischen hatte schon der Papst „an die Regierenden der drei betroffenen Staaten" Telegramme gesandt. Dieser Schritt hatte Mussolini so wütend gemacht, daß er Ciano gegenüber herausgeplatzt war, das Papsttum sei „ein Krebsgeschwür, das an unserem nationalen Leben nagt". Notfalls würde er „dieses Problem ein für allemal lösen". Der Papst nahm das mit „deutlichem Gleichmut" auf und bemerkte, er sei „sogar bereit, sich in ein Konzentrationslager bringen zu lassen".[9]

In die gespannte und unheilschwangere römische Atmosphäre griff nun noch einmal Roosevelt mit einer Note an Mussolini ein. Er sei aufs tiefste beunruhigt durch Gerüchte, daß der Duce „einen baldigen Eintritt in den Krieg ins Auge gefaßt" habe. Die meisten Amerikaner glaubten, daß die ganze Welt einer Drohung gegenüberstehe, „die sich gegen jede Lehre Christi und jede Weisheit der großen Philosophen der Menschheit kehrt". Deshalb bitte er als der Präsident der Vereinigten Staaten, „daß Sie, verantwortlich für Italien, Ihre Hand zurückhalten, aus jedem Krieg herausbleiben und von jeder Angriffsdrohung Abstand nehmen".[10]

Ciano vermerkte, die neue Botschaft des Präsidenten habe „nicht den Stil einer versteckten Drohung". Sie sei „eher müde und versöhnlich". Der Hinweis auf das „christliche Evangelium" werde freilich „auf Mussolini wenig Eindruck" machen; der Duce sei überzeugt, daß Deutschland den Krieg gewinnen werde, und daß sich also Italien als Verbündeter Hitlers reiche Kriegsbeute sichern könne.[11]

Roosevelt hält Neutralität für einen veralteten Begriff

Während der Präsident an Mussolini appellierte, in dem großen europäischen Konflikt neutral zu bleiben, stieß er selber Amerika auf dem Weg zum Krieg weiter. Am 16. April wurde berichtet, daß die anglo-französische Einkaufskommission Flugzeuge jedes damals für die amerikanische Armee gebauten Typs haben könne.[12] Diese Nachricht ermutigte den französischen Premier, Paul Reynaud, zu der überraschenden Bitte an die amerikanische Regierung (14. Mai), „den Verkauf oder die Verpachtung alter Zerstörer" in die Wege zu leiten.[13] Am folgenden Tag sandte Winston Churchill, der am 10. Mai Chamberlain als Premierminister abgelöst hatte, ein in seinen Wünschen viel höher greifendes Telegramm nach Washington, das einem den Atem versetzen konnte: „Alles, worum ich Sie (den Präsidenten) bitte, ist, daß Sie die Nichtkriegführung verkünden, was bedeuten würde, daß Sie uns mit allem außer dem tatsächlichen Einsatz von Streitkräften helfen. Sofort benötigt werden: Erstens vierzig bis fünfzig uns zu leihende ältere Zerstörer; ... zweitens brauchen wir mehrere hundert Flugzeuge neuester Bauart; ... drittens Fliegerabwehr-Ausrüstung und Munition dazu ... viertens müssen wir infolge der Tatsache, daß unsere Versorgung aus Schweden, Nordafrika und möglicherweise aus Spanien in Frage gestellt ist, in den Vereinigten Staaten Stahl kaufen ... Es wäre mir lieb, wenn ich einigermaßen sicher sein könnte, daß Sie uns, wenn wir nicht mehr zahlen können, das Material gleichwohl geben. Fünftens ... der Besuch eines amerikanischen Geschwaders der Vereinigten Staaten in irischen Häfen ... wäre unschätzbar."[14]

Der Präsident antwortete, daß er in der Angelegenheit der Zerstörer ohne Ermächtigung durch den Kongreß nichts unternehmen könne. Überdies brauche Amerika die Zerstörer „zu seiner eigenen Verteidigung".[15] Churchill äußerte über diesen abschlägigen Bescheid sein „größtes Bedauern", doch hoffe er immer noch, „zum frühestmöglichen Zeitpunkt die größtmögliche Anzahl von Curtiss-P-40-Jagdflugzeugen" zu bekommen. Abschließend schlug er einen alarmierenden Ton an, von dem er wußte, daß er beim Präsidenten bis in die Tiefe wirken werde: „Wenn die Vereinigten Staaten Großbritannien seinem Schicksal überlassen", dann bestehe die Gefahr, daß die britische Flotte den Deutschen als Lösegeld übergeben werden könnte.[16]

Wie schon bemerkt, begann Churchill seine folgenschwere persönliche Korrespondenz mit Roosevelt, als Chamberlain noch Premierminister war. Über eines seiner ersten Kabeltelegramme an den Präsidenten wird berichtet, daß es schwülstig abgefaßt gewesen sei. Es habe im wesentlichen gelautet: „Ich bin Halbamerikaner und von Natur die gegebene Person, mit Ihnen zusammenzuarbeiten. Es ist offenbar, daß wir die Dinge in demselben Lichte sehen. Würde ich Premierminister Britanniens werden, könnten wir die Welt kontrollieren."[17]

Churchill schreibt, daß er Roosevelt „neunhundertfünfzig" solcher Kabeltelegramme geschickt und „ungefähr hundert Antworttelegramme" erhalten habe. Seine Beziehungen zum Präsidenten seien „nach und nach so eng geworden, daß die Hauptangelegenheiten zwischen unsern beiden Ländern praktisch durch diesen persönlichen Meinungsaustausch zwischen ihm und mir erledigt wurden ... Als Staatsoberhaupt und zugleich Regierungschef sprach und handelte Roosevelt auf jedem Gebiet mit Autorität."[18]

Es liegt auf der Hand, daß Churchill in Roosevelt einen amerikanischen Diktator erblickte, den die Meinung des Kongresses und der amerikanischen Bevölkerung wenig kümmerte. Was den Krieg angeht, so verraten die Churchillschen Kabeltelegramme, daß er glaubte, Roosevelt könne Amerika zu jeder gewünschten Zeit in den europäischen Konflikt stürzen. Das französische Kabinett war allem Anschein nach derselben Meinung.

Das Drängen Churchills überspitzte sich bei Reynaud zur Hysterie. Am 18. Mai unterrichtete der Generalsekretär des Quai d'Orsay Botschafter Bullitt darüber, daß Reynaud drauf und dran sei, an Präsident Roosevelt die Bitte zu richten, sich vom Kongreß zur Kriegserklärung an Deutschland ermächtigen zu lassen. Bullitt eröffnete Léger freimütig, ein solcher Antrag wäre schlimmer als nutzlos: Der Kongreß würde ihn so gut wie einstimmig ablehnen. Darauf besprach der Präsident die Sache mit Bullitt telefonisch und wies ihn an, zu erklären, „daß nichts dieser Art in Frage komme". Indessen, Reynaud drängte weiter auf das Unmögliche. Am 22. Mai setzte er Bullitt davon in Kenntnis, daß die deutsche Flut mit jeder Minute bedrohlicher steige. Die Gefahr, daß die französische Bevölkerung den Abschluß eines Sonderfriedens mit Deutschland fordere, sei groß. In einem solchen Falle würde ein deutscher Sieg über England „in wenigen Wochen folgen". Darauf würde durch Luftangriffe der Panamakanal zerstört werden, und „die amerikanische Armee könnte nur geringen Widerstand leisten". Schnelles Handeln der amerikanischen Regierung sei „die einzige wirkliche Garantie, daß Hitler nicht eines Tages im Weißen Haus sitze".[19]

Reynauds Appelle wurden immer verrückter. Am 28. Mai eröffnete er Bullitt, er habe überzeugende Beweise dafür, „daß sich Hitler nach der Eroberung Frankreichs und Englands unverzüglich gegen die Vereinigten Staaten wenden" werde. Die amerikanische Flotte sollte sofort ins Mittelmeer geschickt werden, um auf Mussolini einen Druck auszuüben, daß er aus dem Krieg herausbleibe.[20]

Der Präsident schickte zwar nicht die amerikanische Flotte ins Mittelmeer, genehmigte aber, daß amerikanische Piloten von den Alliierten bestellte Flugzeuge nach Halifax und andern kanadischen Häfen flogen. Vor dieser Entscheidung war das Dominion zum Kampfgebiet erklärt worden, und es war amerikanischen Bürgern nicht erlaubt gewesen, mit Maschinen, die einem Kriegführenden gehörten, dort einzufliegen. Außerdem drängte der Präsident Premierminister Churchill, weitere Flugzeuge nach Frankreich zu schicken, erhielt aber zur Antwort, daß England alle verfügbaren Maschinen zur Abwehr des erwarteten deutschen Angriffs brauche. Botschafter Bullitt war wütend über diesen Bescheid und vertraute Außenminister Hull an, er hege den Verdacht, daß die britische Regierung „ihre Luftwaffe und ihre Flotte sparen könnte, um sie Hitler gegenüber als Verhandlungsobjekt zu benutzen".[21]

Der Präsident wie Außenminister Hull nahmen Bullitts Berichte nicht für voll. Sie waren sicher, daß Großbritannien, wenn auch Frankreich „fertig" sei, mit Hilfe amerikanischer Zufuhren einem deutschen Sturmlauf zu widerstehen vermöchte. Also mußten diese Verstärkungen schleunigst in britische Häfen gebracht werden. Der Leiter der Kontrollabteilung, Joseph C. Green, erinnerte Hull an eine alte Verordnung vom 12. Mai 1917, die sich so deuten ließ, daß Heeres- und Marineflugzeuge gegen neue Modelle einer fortgeschritteneren Bauart ausgetauscht werden konnten. So wurden denn nach entsprechender Vereinbarung einem Konzern in Buffalo fünfzig Flugzeuge der Reservegeschwader der Marine gegen Maschinen „eines überlegenen Typs" übergeben. Diese Flugzeuge wurden dann eiligst nach Großbritannien befördert. Aber Churchill wollte mehr als Flugzeuge. Um den nötigenden Bitten des Premiers gerecht werden zu können, wandte sich der Präsident an den amtierenden Attorney General, Francis Biddle, der prompt entschied, daß der Kriegsminister das Recht habe, überschüssige Vorräte von Kriegsmaterial „zu den für am günstigsten gehaltenen Bedingungen an jede Körperschaft oder Einzelperson zu verkaufen".[22]

Nun trat der Chef des Generalstabes, George C. Marshall, in den Vordergrund und beauftragte seinen Generalfeldzeugmeister und den Stellvertretenden Generalstabschef, von der gesamten amerikanischen Reserve-Artillerie und allen Vorräten an Kriegsmaterial eine Aufstellung zu machen. Die erste Liste war sehr lang: „Sie umfaßte von zwei Millionen 1917 und 1918 hergestellten Gewehren eine halbe Million ... Für jedes Gewehr waren ungefähr 250 Patronen vorhanden. Ferner gab es 900 fünfundsiebziger Feldkanonen mit einer Million Schuß Munition, 80.000 Maschinengewehre und verschiedene andere Waffen ... Am 3. Juni begann in allen Depots und Arsenalen der amerikanischen Armee die Verpackung des Materials zur Verfrachtung ... Am 11. Juni fuhren ein Dutzend britische Handelsschiffe in die Bay [Mündung des Raritan in New Jersey] ein und gingen vor Anker, und die Verladung von Leichtern aus begann."[23]

Allein, dieser Strom von Material erreichte die Alliierten zu spät; der schnelle Vormarsch der Deutschen war nicht mehr aufzuhalten. Am 15. Mai kapitulierte der holländische Oberbefehlshaber, General Winkelman. Der deutsche Druck auf Belgien verstärkte sich zusehends. Mit der Zerschlagung der Armee Girauds in Holland und dem Zusammenbruch der französischen 9. Armee an der Front Mézières-Dinant war sichtlich die Krise eingetreten. Als König Leopold die Meldung von dem britischen Rückzug nach Dünkirchen erhielt, erkannte er die Ausweglosigkeit der Lage. Am 27. Mai war die Demoralisierung der französischen Streitkräfte so weit vorgeschritten, daß er das deutsche Oberkommando ersuchte, die Bedingungen einer Einstellung der Feindseligkeiten mitzuteilen. Die Antwort war die Forderung auf bedingungslose Kapitulation. Der König sah sich gezwungen, sich dem zu beugen, und am nächsten Tag stellte die belgische Armee auf Befehl des Hauptquartiers das Feuer ein.[24]

Der Präsident richtet einen dritten und vierten Appell
an Mussolini, neutral zu bleiben

Bevor die schlimme Entwicklung auf dem belgischen Schauplatz in Washington bekannt wurde, wandte sich Präsident Roosevelt abermals mit der Aufforderung an Mussolini, aus dem Krieg herauszubleiben. In dieser seiner dritten Botschaft an den Duce bot Roosevelt seine Vermittlung zwischen Hitler und den Alliierten an. Phillips wurde angewiesen, das Dokument dem Duce persönlich zu übergeben, aber Graf Ciano erklärte dem Botschafter kurz und bündig, daß dies nicht möglich sei. Als er das Sendschreiben gelesen hatte, fragte ihn Phillips, wie wohl die Antwort ausfallen werde. Ciano „sagte mit Überzeugung, sie werde ein Nein sein. Dann setzte er auseinander, daß Mussolinis Standpunkt nicht nur von der Sicherung der legitimen Ansprüche Italiens bestimmt werde, sondern daß der Duce auch entschlossen sei, seine Bündnispflichten gegen Deutschland zu erfüllen." Zu späterer Tagesstunde ließ Ciano Botschafter Phillips zu sich bitten und bestätigte, was er ihm am Morgen erklärt hatte. Mussolini wünsche seine „Handlungsfreiheit" zu behalten und sei nicht geneigt, „irgendwelche Verhandlungen aufzunehmen, die ... nicht dem Geist des Faschismus entsprächen".[25]

Obwohl Sumner Welles fand, daß „der Horizont sehr finster"[26] aussehe, hielt Roosevelt daran fest, daß auf Regen auch wieder Sonnenschein folgen könnte, wenn er Mussolini zu überreden vermöchte, nicht in den Krieg einzutreten. So richtete er denn am 30. Mai seinen vierten Appell an den Duce. Botschafter Phillips wurde beauftragt, Graf Ciano aufzusuchen und abermals zu unterstreichen, daß der Eintritt Italiens in den Krieg die Interessen der Vereinigten Staaten „unmittelbar nachteilig berühren" würde. Während von der amerikanischen Regierung niemals behauptet worden sei, „in Europa politische Interessen" zu haben, habe sie „klar definierte Interessen wirtschaftlicher Art und in Hinsicht auf Eigentum geltend gemacht. Durch eine Ausdehnung des Krieges auf das Mittelmeergebiet und infolge der unvermeidlichen Vernichtung von Leben und Eigentum ... würden die legitimen Interessen der amerikanischen Bevölkerung schwer in Mitleidenschaft gezogen werden." Da die Beziehungen zwischen dem italienischen Volk und der amerikanischen Bevölkerung immer besonders eng gewesen seien, stehe zu hoffen, daß nichts geschehe, was sie ungünstig beeinflussen müßte.[27]

Am 1. Juni teilte Ciano Botschafter Phillips mit, der Duce stimme „mit der von dem Präsidenten im Hinblick auf die Interessen der Vereinigten Staaten im Mittelmeergebiet" vertretenen Auffassung nicht überein und behaupte, daß die Vereinigten Staaten dort die gleichen Interessen hätten wie Italien beispielsweise „im Karibischen Meer". Die Entscheidung, „in den Krieg einzutreten, sei bereits gefallen".[28]

Reynaud richtet an den Präsidenten einen letzten Appel
um sofortige militärische Hilfe

In Paris war man sich seit langem klar darüber, daß Italien wahrscheinlich in den Krieg eintreten werde, sobald Hitlers Armeen wesentliche Erfolge errungen hätten. Der schnelle Zusammenbruch der Niederlande und Belgiens hatte auf Mussolini, der auf dem Sprung stand, sich seinen Anteil an der Kriegsbeute zu sichern, tiefen Eindruck gemacht. Botschafter Bullitt in Paris wußte das nur zu gut, und er bat deshalb den Präsidenten, der Lieferung einiger alter Zerstörer zur Verstärkung der französischen Seestreitkräfte im Mittelmeer zuzustimmen. Der Präsident blieb ablehnend: „Jeder Tausch gegen amerikanische Zerstörer wahrscheinlich unannehmbar wegen riesigen Seegebietes, das von uns abpatrouilliert werden muß und Kongreßbeschluß erfordern würde, der möglicherweise sehr schwer erhältlich. Unsere alten Zerstörer können nicht als veraltet verkauft werden wie durch Tatsache bewiesen. Alle von ihnen sind jetzt eingesetzt oder im Begriff, eingesetzt zu werden."[29]

Churchill sah die ständige Weigerung des Präsidenten, den Verbündeten alte Zerstörer zu schicken, mit kritischen Augen an. Am 5. Juni bemerkte er zu Mackenzie King, der amerikanische Regierungschef sei zwar ein ausgezeichneter Freund, habe jedoch Großbritannien „keine praktische Hilfe" zukommen lassen. Er habe keinen militärischen Beistand von den Amerikanern erwartet, „aber sie haben noch nicht einmal einen angemessenen Beitrag an Zerstörern oder Flugzeugen geleistet". Es wäre ratsam, dafür zu sorgen, daß die Amerikaner nicht allzu selbstzufrieden einem britischen Zusammenbruch entgegensähen, aus dem ihnen die britische Flotte und die Schutzherrschaft über das britische Empire zufiele.[30]

An demselben Tag, da Churchill dies Mackenzie King schrieb, eröffneten die Deutschen die Schlußphase der Schlacht von Frankreich. In fünf Tagen schlugen sie sich eine Bresche nach Paris. Angesichts der ihm in die Augen starrenden vernichtenden Niederlage wandte sich Reynaud neuerlich mit einem Appell an Präsident Roosevelt, diesmal in heroischem Stil, bei dem man sich jedoch nicht des starken Gefühls erwehren kann, daß der Premier einem Buben gleicht, der in einem sehr dunklen Wald von Schrecken heimgesucht laut pfeift: „Sechs Tage und sechs Nächte haben unsere Divisionen ohne eine Stunde Ruhe gegen eine Armee gekämpft, die ihnen an Zahl und Material erdrückend überlegen ist. Heute steht der Feind fast vor den Toren von Paris. Wir werden vor Paris kämpfen; wir werden hinter Paris kämpfen; wir werden uns in einer unserer Provinzen zusammenscharen, um zu kämpfen, und sollten wir dort vertrieben werden, werden wir uns in Nordafrika festsetzen und weiterkämpfen, wenn nötig, in unseren amerikanischen Besitzungen." Um die Lage noch mehr zu verschlimmern, habe Italien in dieser tragischen Stunde „Frankreich einen Dolch in den Rücken gestoßen". Die Alliierten seien in verzweifelter Not und brauchten von den Vereinigten Staaten sofort jede materielle Hilfe „bis heran an eine Expeditions-Streitmacht".[31]

Roosevelt benutzte Reynauds Hinweis auf Italiens Eintritt in den Krieg zu einem scharfen Angriff gegen Mussolini. An demselben Abend sprach er in einer Rede in Charlottesville in Virginia von der den europäischen Kontinent überschwemmenden Kriegsflut und der daraus folgenden Bedrohung Amerikas und sagte unvermittelt, Reynauds Wendung von dem Dolchstoß aufgreifend, mit dramatisch erhobener Stimme: „An diesem Junitage des Jahres 1940 hat die Hand, die den Dolch hielt, ihn dem Nachbarn in den Rücken gestoßen."[32] Dieses Extempore verriet die Verbitterung des Präsidenten über einen Diktator, an den er viermal vergeblich appelliert hatte, neutral zu bleiben.

Damit war aber Reynaud nicht gedient. Churchill eilte nach Frankreich und versuchte, in der Erinnerung Marschall Pétains die ruhmreiche Standhaftigkeit der alliierten Armeen im Frühjahr 1918 lebendig werden zu lassen. Der Marschall erwiderte sehr ruhig, „daß er in jenen Tagen mehr als sechzig Divisionen zum Manövrieren zur Verfügung gehabt habe, jetzt keine". Damals hätten „sechzig britische Divisionen an der Front" gestanden. Und im Jahre 1940? Diesmal wurde Pétain „heimgesucht" von dem Gram darüber, „daß Großbritannien mit seinen achtundvierzig Millionen Menschen nicht imstande gewesen sei, zum Landkrieg gegen Deutschland einen größeren Beitrag zu leisten".[33]

Die Bemerkungen Pétains ärgerten Churchill offenbar sehr. Am 18. Juni unterrichtete er Präsident Roosevelt über die letzten Ereignisse an der französischen Front und ließ dabei seinen Groll gegen den Marschall einfließen: „Der betagte Marschall Pétain, der im April und Juli 1918 keineswegs allzu tüchtig war, ist, so fürchte ich, bereit, seinen Namen und sein Ansehen zu einem Friedensvertrag für Frankreich herzuleihen." Dies sei für den Präsidenten der Augenblick, „zu dem stärkstmöglichen und längstmöglichen französischen Widerstand den Ausschlag zu geben".[34] Im Weißen Haus schien man zu glauben, daß große Worte und glänzende Versprechungen den Arm Reynauds starkmachen könnten. Dem Premier wurde versichert, daß die amerikanische Regierung „alles in ihrer Macht Stehende tut", den alliierten Mächten das von ihnen so dringend benötigte Kriegsmaterial zur Verfügung zu stellen. Der „großartige Widerstand der französischen und der britischen Armee" habe auf die amerikanische Bevölkerung tiefen Eindruck gemacht.[35]

Als Botschafter Kennedy Churchill eine Abschrift dieses Ehrengrußes an die Tapferkeit der Alliierten gab, drängte der Premierminister auf sofortige Veröffentlichung des Dokuments. Es könnte „entscheidend dazu beitragen, den Lauf der Weltgeschichte zu ändern". Mindestens würde es „die Franzosen bestimmen, Hitler einen schnell aufgepflasterten Frieden zu verweigern".[36] In einer eiligen Mitteilung an Reynaud wies Churchill auf das Verpflichtende der Rooseveltschen Botschaft hin. Wenn Frankreich auf Grund dieser Zusicherung des amerikanischen Regierungschefs den Krieg weiterführte, dann wären die Vereinigten Staaten offenbar „unwiderruflich daran gebunden, auch noch den letzten Schritt zu tun, nämlich in aller Form Kriegführender zu werden, zu dem sie sich tatsächlich schon gemacht haben".[37]

Der Präsident wußte das. Er hatte die Vereinigten Staaten schon jetzt unwiderruflich darauf festgelegt, an dem in Europa tobenden Krieg teilzunehmen. Im Sommer 1940 jedoch konnte er es sich nicht leisten, das bekannt werden zu lassen. Sein Feldzug für die Wiederwahl zum Präsidenten stand nahe bevor, aber er konnte auf Erfolg nicht hoffen, wenn sich die Wähler sagen mußten, daß er Amerika in einen zweiten Weltkrieg treibe. So setzte er Churchill schleunigst auseinander, daß er in eine Veröffentlichung seiner Botschaft an Reynaud nicht einwilligen könne. Das Department of State erblicke in einer solchen Publikation „die schwersten Gefahren". Churchill nahm dieses „enttäuschende Telegramm" nicht als endgültige Antwort des Weißen Hauses hin. Am 15. Juni kabelte er dem Präsidenten, daß sich die Ereignisse in Europa „auf einen Frieden zu bewegen, durch den sie der Kontrolle durch die amerikanische öffentliche Meinung entrückt sein werden". Schließlich werde Amerika ja doch in den Kampf eintreten. Warum nicht jetzt? Es sei ratsam, daran zu denken, daß, wenn seine, Churchills, Regierung stürze, ein neues Kabinett Hitler die britische Flotte ausliefern könnte. Was wollten die Vereinigten Staaten dann tun? Fünfunddreißig Zerstörer würden sofort dringendst gebraucht. Diese Angelegenheit sollte nicht verzögert werden.[38]

Reynaud war sich klar darüber, daß er nicht Monate auf die amerikanische Hilfe warten konnte. Jetzt oder nie, lautete das Gebot der Stunde. Am 14. Juni wandte er sich mit einem Telegramm an Roosevelt, das in die Tiefe seiner Verzweiflung blicken ließ. Deutsche Truppen waren soeben in Paris eingedrungen. Würde es sich für Frankreich lohnen, „seine Jugend in einem hoffnungslosen Kampf weiter zu opfern?" Wenn Amerika nicht sofort bewaffneten Beistand leiste, werde Frankreich „untergehen wie ein Ertrinkender und mit einem letzten Blick nach dem Lande der Freiheit, von wo es Rettung erhofft hatte, versinken".[39] Roosevelt antwortete mit einem abermaligen Preislied auf die „glänzende Tapferkeit der französischen Armeen", ließ von militärischer Hilfe aber nichts verlauten. Darauf bat Reynaud Churchill, die französische Regierung aus ihrer Verpflichtung, keinen Sonderfrieden zu schließen, zu entlassen. Wieder eilte Churchill nach Frankreich, um die Lage zu retten. Aber es war zu spät. Als er in Bordeaux eintraf, war Reynaud zurückgetreten. Marschall Pétain nahm die Bürde der Verantwortung auf seine Schultern und sandte nach Berlin die Bitte um Waffenstillstand.[40]

Am 18. Juni erhielt Botschafter Biddle die Versicherung, daß die französische Flotte „niemals dem Feind ausgeliefert" werden würde.[41] Im Besitz dieser tröstlichen Nachricht wies Außenminister Hull die amerikanischen Vertreter in Berlin und Rom an, dort zu erklären, daß die Vereinigten Staaten „keine Besitzübertragung irgendeines geographischen Gebietes der westlichen Hemisphäre von einer nichtamerikanischen Macht auf eine andere nichtamerikanische Macht anerkennen, noch den Versuch dazu dulden würden".[42] Man würde also die Besetzung einer der französischen Inseln im Karibischen Meer durch Deutschland nicht zulassen.

Der Handel mit den Zerstörern

Der Fall Frankreichs verlieh dem Regierungsprogramm über den Verkauf oder die Verpachtung von Kriegsmaterial an Großbritannien die Bedeutung einer dringlichen Angelegenheit. Unter dem Trommelfeuer der Bitten und Forderungen Churchills verblaßten allmählich die Gewissensskrupel, die den Präsidenten wegen der von der Verfassung gezogenen Grenzen immer noch gehemmt hatten. Ja, er holte jetzt zwei Männer in sein Kabinett, die einer Hinwendung zum Krieg nicht abgeneigt waren. Das galt besonders von dem neuen Kriegsminister, Henry L. Stimson, der ein notorischer Kriegstreiber war. Es ist deutlich erkennbar, daß die Regierung nach dem Juni 1940 zu einer Politik der Parteinahme überging, die direkt auf ein Eingreifen in den europäischen Konflikt deutete.

Dieser Politik wurde das Signal zu freier Fahrt gegeben, als am 10. Juni Senator Sheppard zu einem in der Vorbereitung befindlichen Verteidigungsgesetz einen Ergänzungsantrag stellte, der das Kriegsministerium ermächtigen sollte, unbrauchbares oder überschüssiges Material gegen anderes auszutauschen, das knapp war. Senator Clark von Missouri erklärte, der Zweck dieser Ergänzung sei „eine Umgehung des internationalen Rechts und des Neutralitätsgesetzes"[43], aber der Antrag wurde mit großer Mehrheit angenommen und erlangte am 2. Juli 1940 Gesetzeskraft.

Inzwischen hatte Senator David I. Walsh einen Gesetzentwurf eingebracht, der Vorkehrungen „gegen jede Begrenzung oder Herabsetzung der Flottenstärke" verlangte.[44] Die Gedanken des Senators Walsh nahmen Gestalt an in dem Gesetz vom 28. Juni 1940, aber es dauerte nicht lange, und der fruchtbare Geist Benjamin Cohens, des Gehilfen des Attorney General, entdeckte darin ein paar Lücken. Der Präsident verfüge noch immer über weite Vollmachten, von denen er ohne Befragung des Kongresses Gebrauch machen könne, wies Mr. Cohen scharfsinnig nach. Indessen, Roosevelt „bezweifelte offen", daß Mr. Cohens Argumente durchschlügen. Auch fürchtete er, daß der Kongreß „augenblicklich nicht in der Stimmung" sei, „Verkäufen in irgendeiner Form zuzustimmen".[45]

Roosevelts Bedenken schwanden unter der Wirkung des Druckes, den Churchill weiter ausübte. Am 24. Juni schrieb er an Mackenzie King und hob abermals die Gefahr hervor, daß Hitler, wenn England falle, in den Besitz der britischen Flotte gelangen könnte.[46] Vier Tage darauf malte er in einem Brief an Lord Lothian dieselbe beunruhigende Möglichkeit an die Wand, damit der Botschafter das Schreckbild Roosevelt vor Augen halte. Auch beklagte er sich darüber, daß Britannien „von den Vereinigten Staaten nennenswerte Hilfe bisher nicht erhalten" habe.[47] Nach einem Monat Schweigen schrieb er am 31. Juli wieder an den Präsidenten: die Zerstörer würden jetzt „dringendst" gebraucht; der ganze Verlauf des Krieges könnte davon abhängen, wann sie geliefert würden. Er vertraue darauf, daß der Präsident eine „Wendung zum Schlimmen" infolge des Mangels an den dringend benötigten Kriegsschiffen „nicht zulassen" werde.[48] Als Lord Lothian von einem Tausch gegen Flottenstützpunkte sprach, deutete Churchill an, er ziehe eine Verpachtung auf unbestimmte Zeit einem direkten Verkauf vor.[49]

Churchills Kabeltelegramm an Roosevelt vom 31. Juli bewirkte, daß am 2. August im Weißen Haus zur Beratung über seine Forderungen das Kabinett zusammentrat. Es wurde sofort Einigkeit darüber erzielt, „daß möglicherweise sehr wohl von diesen Zerstörern abhängen könne, ob die britischen Inseln einen deutschen Angriff überstünden"; ebenso aber erkannte man an, daß zur Ermächtigung für eine Transaktion mit den Zerstörern eine gesetzliche Grundlage geschaffen werden müsse. Wenn die britische Regierung versichern könne, daß die britische Flotte „unter keinen erdenklichen Umständen den Deutschen in die Hände fallen werde", dann würde das die Opposition im Kongreß „ganz erheblich" verringern. Vielleicht würde William Allen White, der berühmte Zeitungsmann, Wendell Willkie, Joseph Martin und Charles McNary bearbeiten und so die republikanischen Reihen spalten! In einem Telefongespräch holte der Präsident aus White das Versprechen heraus, daß er sich sofort mit Willkie in Verbindung setzen werde.[50]

Churchill war sich nicht im Zweifel darüber, daß jede Überführung amerikanischer Kreuzer nach Großbritannien „ein entschieden unneutraler Akt der Vereinigten Staaten" wäre, der eine Kriegserklärung Hitlers rechtfertigen würde.[51] Das wäre Churchill höchst willkommen gewesen, aber die Angelegenheit erforderte größte Behutsamkeit. Als am 6. August Lord Lothian kabelte, daß dem Präsidenten außerordentlich viel an einer Verpflichtung Londons liege, im Falle einer britischen Niederlage die Flotte keinesfalls den Deutschen zu übergeben, verweigerte Churchill eine solche Zusicherung. Die britische Nation werde „keine Diskussion darüber dulden, was wir zu tun haben, falls unsere Insel überrannt wird". Am besten wäre es, die Übertragung der Zerstörer mit der Verpachtung von Flotten- und Luftstützpunkten in Neufundland und auf einigen britischen Inseln im Karibischen Meer zu koppeln.

Am 13. August wurden in einer Konferenz zwischen dem Präsidenten, den Ministern Knox, Morgenthau und Stimson und Staatssekretär Sumner Welles die wesentlichen Bestimmungen dieses Übereinkommens ausgearbeitet.[52] Inzwischen hatte William Allen White von Wendell Willkie die Zusicherung erhalten, daß er „die Abtretung nicht zum Gegenstand einer Kampagne machen werde". Nun wurde General Pershing eingespannt. Der alte Soldat kündigte der amerikanischen Öffentlichkeit über den Rundfunk an, daß Großbritannien sofortige Hilfe brauche und daß man sie am besten bringen könne, wenn man der britischen und der kanadischen Regierung „mindestens fünfzig veraltete Zerstörer aus den Tagen des Weltkrieges" zur Verfügung stelle.[53] Die Admirale Yarnell, Standley und Stirling unterstützten Pershing.

Am 16. August gab Präsident Roosevelt öffentlich bekannt, daß er mit der britischen Regierung über die Erwerbung von Flotten- und Luftstützpunkten verhandle.[54] Über das Zerstörer-Tauschgeschäft aber ließ er nichts verlauten. Senator David I. Walsh widersetzte sich noch immer nachdrücklich einer solchen Transaktion. In der Hoffnung, ihn umstimmen zu können, schrieb ihm Präsident Roosevelt einen Brief mit der vertraulichen Anrede „Lieber Dave". Die britischen Inseln seien „für unsere nationale Verteidigung als Flotten- und Operationsbasen von größter Bedeutung". Jefferson habe im Jahre 1803 Louisiana gekauft, „ohne den Kongreß auch nur zu fragen", und es sei zu hoffen, daß gegen das Geschäft mit Britannien, „das beste, das zu Ihren und meinen Lebzeiten für die Nation abgeschlossen werden würde", keine Opposition mehr gemacht werde.⁵⁵

Der „liebe Dave" biß nicht an, und so wurde er später als ein liederlicher Mensch verleumdet. Aber selbst ein so zuverlässiger Anhänger des New Deal wie Außenminister Hull hegte über die rechtliche Zulässigkeit des Zerstörer-Tauschgeschäftes Zweifel und eröffnete Lord Lothian mit dem Ausdruck des Bedauerns, „daß diese Gesetzesbestimmungen [die amerikanische Gesetzsammlung und das Gesetz vom 28. Juni 1940], um mit den Wünschen Ihrer Regierung in Einklang gebracht zu werden, möglicherweise einer Ergänzung bedürften".⁵⁶ Indessen, dazu brauchte es Zeit, und Britannien mußte die Zerstörer sofort haben. Inzwischen hatte Churchill am 20. August dem Parlament bekanntgegeben, daß über die Verpachtung von Luft- und Flottenstützpunkten in Neufundland und auf britischen Inseln im Karibischen Meer an die Vereinigten Staaten Verhandlungen im Gange seien. Zwei Tage später setzte er Präsident Roosevelt auseinander, welche Schwierigkeiten es mit sich brächte, wenn aus einem Briefwechsel hervorginge, „daß das Material, das Sie uns schicken, eine Bezahlung für die Gefälligkeit ist". Die Verschickung von Kriegsmaterial nach Britannien sollte als „eine unabhängige spontane Handlung der Vereinigten Staaten erscheinen, diktiert von ihrem Standpunkt zum Weltkampf".⁵⁷ Sumner Welles jedoch erklärte Lord Lothian, daß es dem Präsidenten nach dem geltenden Recht „gänzlich unmöglich" sei, nach Großbritannien Zerstörer als spontanes Geschenk zu schicken; sie könnten nur als Quid pro quo geschickt werden.

Am 23. August vertraute der Präsident seinem Außenminister an, daß die Verhandlungen mit Großbritannien „über die Stützpunkte und die Zerstörer steckengeblieben" seien. „Bitte, sehen Sie zu, was sich machen läßt."⁵⁸ In einer langen Besprechung zwischen dem Präsidenten, dem Außenminister und Lord Lothian setzte Hull dem Botschafter auseinander, der Präsident sei „in keiner Weise autorisiert, einer Regierung oder einer Person öffentliches Eigentum zu schenken". Aber Attorney General Jackson fiel es nicht schwer, in dem betreffenden geltenden Gesetz ein paar passende Löcher zum Durchschlüpfen zu finden. Sein Gehilfe, Ben Cohen, hatte einige Monate vorher auch schon welche entdeckt. Das Gesetz vom 15. Juni 1917 verbot, aus dem Rechtsbereich der Vereinigten Staaten ein Schiff herauszulassen, „das als Kriegsschiff gebaut oder bewaffnet oder ausgerüstet wurde mit der Absicht oder auf Grund eines Abkommens oder Vertrages, ... es einer kriegführenden Macht zu liefern". Dies betreffe „nicht Schiffe, die, wie die veralteten Zerstörer, nicht als Kriegsschiffe gebaut oder bewaffnet oder ausgerüstet oder in solche umgebaut worden sind mit der Absicht, sie in den Dienst einer kriegführenden Macht zu stellen".⁵⁹

Mr. Jackson schob die Bestimmungen des Washingtoner Vertrages vom 8. Mai 1871 und des Artikels 8 der Haager Konvention XIII vom Jahre 1907 lächelnd beiseite – Vorkehrungen des internationalen Rechts, die neutrale Regierungen verpflichteten, dafür zu sorgen, daß kein zur Teilnahme an Operationen eines Kriegführenden bestimmtes Schiff aus dem Bereich ihrer Rechtspflege hinausgelassen werde, wenn dieses Schiff im Rechtsbereich der neutralen Macht zum Kriegsgebrauch eingerichtet worden war. Der einzige Präzedenzfall, den Mr. Jackson heranzog, um seine Behauptung zu stützen, war höchst zweifelhaft. Tatsächlich handelte es sich bei dem Gutachten Mr. Jacksons nur um leeren Schall, getreu dem wohlbekannten Ausspruch: „Was ist schon die Verfassung unter Freunden!"

Der Weg zum Abschluß des Zerstörergeschäftes war nun geebnet. Am 2. September tauschten Außenminister Hull und Lord Lothian die Noten hierüber aus. Danach gewährte die britische Regierung den Vereinigten Staaten ohne Entgelt auf der Halbinsel Avalon, an der Südküste und der Ostküste Neufundlands und an der großen Bucht der Bermudas eine Pachtung „zu sofortiger Errichtung von Flotten- und Luftstützpunkten sowie ihrer Benutzung". Der zweite Punkt befaßte sich mit der Errichtung amerikanischer Flotten- und Luftbasen auf britischem Gebiet im Karibischen Meer (Bahamas, Jamaica, Santa Lucia, Trinidad, Antigua und Britisch-Guayana) „im Austausch gegen Ausrüstung und Material für Militär und Marine,

das die Vereinigten Staaten der Regierung Seiner Majestät übereignen werden". Die Pacht-
dauer war auf 99 Jahre festgesetzt.[60] Gleichzeitig gab Premierminister Churchill die Versicherung ab, daß die britische Flotte nicht versenkt oder ausgeliefert werden würde. Diese Erklärung wurde nicht veröffentlicht.

Nach internationalem Recht war das Zerstörergeschäft ausgesprochen ungesetzlich, und
Professor Herbert Briggs bemerkte richtig: „Die Versorgung einer kriegführenden Macht mit
diesen Schiffen durch die Vereinigten Staaten ist eine Verletzung unseres neutralen Status, eine Verletzung unseres Landesgesetzes und eine Verletzung des internationalen Rechts."[61] Professor Edwin Borchard äußerte sich ähnlich: „Der Verfasser kann das Zerstörergeschäft unmöglich in Einklang bringen mit Neutralität, mit den Statuten der Vereinigten Staaten und
mit dem internationalen Recht."[62] Die ganze Angelegenheit kennzeichnete die „St. Louis-
Dispatch" treffend mit der Überschrift: „Diktator Roosevelt begeht eine Kriegshandlung."[63]

Propaganda treibt Amerika auf die Intervention zu

In den Jahren 1914 bis 1917 spielte bei der Vorbereitung des amerikanischen Denkens zum
Eintritt in den Krieg die britische Propaganda eine bedeutende Rolle. Im Zweiten Weltkrieg
hatten das die Engländer nicht nötig: Tausende von Amerikanern sorgten eifrig selber dafür.
Die Geschichte von diesen Todeshändlern ist schon so ausführlich erzählt worden, daß sie
hier nur kurz gestreift werden soll.[64]

Ehrwürden Harry Emerson Fosdick gab Roosevelt ein ausgezeichnetes Stichwort mit seiner Bemerkung, „die einfachste Art für einen Christen, einen Krieg als heilig erscheinen zu lassen, ist, Jesus in ihn hineinzubringen".[65] Der Präsident befolgte diesen Fingerzeig, als er am 4.
Januar 1939 in einer Rede vor dem Kongreß sagte: Stürme von draußen bedrohten drei „den
Amerikanern jetzt wie immer unentbehrliche" Güter. „Das erste ist das Christentum. Sie ist
die Quelle der beiden andern, von Demokratie und von Treu und Glauben im internationalen
Leben ... Wir haben die Erfahrung gemacht, daß die gottesfürchtigen Demokratien der Welt,
die die Heiligkeit der Verträge und Treu und Glauben im Verkehr mit andern Nationen achten, gegenüber internationaler Gesetzlosigkeit irgendwo in der Welt ohne Gefahr nicht gleichgültig bleiben können. Sie dürfen Aggressionshandlungen gegen Schwesternationen nicht
ewig ohne wirksamen Protest hingehen lassen."[66]

Die Bedeutung dieser Worte entging Kongreßmitgliedern nicht, die sich über die Gefahren
und die Nichtigkeit eines „heiligen Krieges" völlig klar waren. Ihre Befürchtungen stiegen, als
sich der Präsident unter den Auspizien der Versammlung des Christian Foreign Service in einer internationalen Rundfunkrede über dasselbe Thema verbreitete: „Wir suchen heute eine
moralische Friedensgrundlage ... Es kann keinen moralischen Frieden geben, wenn die Ver-
schonung mit Invasion gegen Tribut verkauft wird ... Das tätige Suchen nach Frieden, das die
frühen Christen predigten, bedeutete, daß man den Kräften in der Welt entgegentrete und sie
überwinde, die sich gegen die Brüderschaft der Menschen gestellt hatten und die Gleichheit
der Seelen vor dem Thron Gottes leugneten."[67]

Die katholischen Führer entsprachen diesen Aufforderungen, in eine auf Intervention hin-
drängende Bewegung die Kirchen einzureihen, nicht. Kardinäle wie O'Connell und
Dougherty widersetzten sich kräftig einem Eintritt Amerikas in den Zweiten Weltkrieg, und
die katholische Presse kritisierte offen die Tragweite der Rooseveltschen Politik. Die „Catholic
World" schrieb, die Amerikaner seien „nicht in der Lage, irgend jemanden retten zu können.
Wir dürfen von Glück sagen, wenn wir uns selbst retten ... Welche Art von Verrücktheit hat
sich derer bemächtigt, die dafür eintreten, daß wir den Hader der Welt beilegen und die Gewohnheiten von Nationen ändern, die in den letzten tausend Jahren immer wieder gekämpft
haben? Wer sind wir denn?"[68] Ähnlich das „Ave Maria": „Die Bevölkerung dieses Landes will
jetzt keinen Krieg; es vermag keinen Verstoß gegen unsere Sicherheit oder unsere Ehre zu sehen, der einen Krieg rechtfertigen könnte ... Es hat keinen menschlichen oder göttlichen Auftrag, einem Angriff, der nicht gegen es selbst gerichtet ist, entgegenzutreten."[69]

Besonders scharf kritisierte das „Ave Maria" William Allen White, den berühmten Zeitungsmann aus Kansas, der „alles Menschenmögliche tut, uns in den europäischen Konflikt

hineinzuziehen". Dies war nichts als die Wahrheit. White hatte geschäftig gegen den Faschismus gekämpft. Er war Mitglied der „Union for Concerted Peace Efforts", des „American Committee for Non-participation in Japanese Aggression", des „National Refugee Service", des „Council Against Intolerance" und des „Non-partisan Committee for Peace through the Revision of the Neutrality Law". Die letztgenannte Organisation war eine aktive Gruppe zur Sabotage des geltenden Neutralitätsgesetzes.

Nach erfolgreicher Beendigung dieser Arbeit half White das „Committee to Defend America by Aiding the Allies" gründen. Was dieses „Komitee zur Verteidigung Amerikas durch Hilfeleistung für die Alliierten" eigentlich bedeutete, hätte ihm in die Augen springen müssen. Im Dezember 1939 schrieb Robert Sherwood an White, es sei „notwendig, daß die Vereinigten Staaten militärisch eingreifen, um der Aggression der Diktatoren Halt zu gebieten". White antwortete, er stehe „im Geiste" immer neben ihm, Sherwood, sei aber gehemmt „durch Furcht und Zweifel eines alten Mannes, wenn es sich darum handelt, die Stimme für den Krieg zu erheben".[70]

Nachdem diese neue Organisation im Frühjahr 1940 ihre Tätigkeit aufgenommen hatte, ging White fieberhaft darauf aus, die Versorgung der hartbedrängten Alliierten mit Kriegsmaterial zu beschleunigen. Im Juli taten er und das Komitee alles, „die Überlassung von fünfzig bis sechzig veralteten, aber kürzlich wieder instandgesetzten amerikanischen Zerstörern an England" zu sichern. Als sich der Präsident nicht besonders begeistert dafür zeigte, das Zerstörergeschäft durchzudrücken, nahm White mit einer großen Anzahl einflußreicher Personen überall in den Vereinigten Staaten Fühlung und drängte sie, auf den Präsidenten einen Druck auszuüben. Das Komitee vermochte mit seinen sechshundert örtlichen Stützpunkten und Tausenden freiwilliger Helfer das Kapitol in Washington mit einer Flut von Briefen und Telegrammen zu überschwemmen, die das Zerstörergeschäft forderten. Der Präsident war White viel Dank schuldig, der so naiv war, zu glauben, daß Amerika den halben Weg zum Kriege zurücklegen und dann haltmachen könne.

Am 20. Dezember 1940 nämlich schrieb er an Roy Howard von der Scripps-Howard-Presse, „der einzige Grund in Gottes Welt", weshalb er dem „Committee to Defend America by Aiding the Allies" angehört habe, sei gewesen, Amerika „aus dem Krieg herauszuhalten".[71] Einige von den Kriegslustigen des Komitees nahmen White den an Howard gerichteten Brief sehr übel. Als Frederick McKee nach Emporia flog, um White zu überreden, eine Erklärung zu veröffentlichen, daß er „nicht für einen Frieden um jeden Preis" sei, stieß er auf glatte Ablehnung. Dann aber verriet White seine geistige Verwirrung, als er ein Rundschreiben an den Präsidenten unterzeichnete, das dringend dazu aufforderte, „alles Notwendige zu tun, um die Niederlage der Achsenmächte zu sichern". Dieser Brief hatte, wie das Komitee erkannte, „mehr von Krieg in sich als die Aufhebung des Neutralitätsgesetzes oder die Geleitzugsache".[72] Aber Clark Eichelberger beschlichen immer noch einige Zweifel, und er drahtete am 26. Dezember White über die „bedauerlichen Rückschläge" auf die Veröffentlichung des Briefes in den Blättern des Scripps-Howard-Konzerns. Schließlich wurde es White klar, daß er die wahren Absichten des „Komitees zur Verteidigung Amerikas durch Hilfeleistung an die Alliierten" nicht erkannt hatte. Wohin dieses wirklich trieb, war Krieg, nicht Frieden. Er werde keinen Schritt weiter gehen, schrieb er in seinem Austrittsbrief.[73] Er war von einer Organisation, die von Frieden redete, während sie den Weg zum Krieg hinuntereilte, als bequeme Fassade benutzt worden. Er war das Symbol von Millionen Amerikanern.

Das Leih- und Pachtgesetz, die Hintertür zur Intervention

Es entsprach durchaus der Übung, daß die Gesetzgebung über das Leih- und Pachtsystem durch ein Vorspiel von Versprechungen des Präsidenten eingeleitet wurde, die amerikanischen Jungen würden nicht ins Ausland geschickt, um an fernen, weithin sich erstreckenden Fronten zu sterben. Im Sommer 1940 hatte Roosevelt damit gerechnet, daß Amerika im nächsten Jahr in den Krieg hineingezogen werden könnte. Senator Wheeler hatte das zwischen den Zeilen der Erklärungen des Weißen Hauses gelesen und versucht, im demokratischen Programm gegen eine solche Entwicklung einen wortstarken Damm zu errichten. Indessen, das Gelübde, sich aus „fremden Kriegen" herauszuhalten, wurde aufgehoben durch den inhaltschweren Satz: „außer im Fall eines Angriffs".[74] Es würde einer Regierung, die Krieg suchte, nicht schwerfallen, eine der Achsenmächte bis zu dem Punkt zu treiben, wo ein Angriff unvermeidlich war.

Aber die amerikanische Bevölkerung mußte, wie Allen White, durch friedliche Phrasen an der Nase herumgeführt werden. Als im Herbst 1940 die Strömungen der Wahlstimmung sich Wendell Willkie zuzuwenden schienen, gab der Präsident am 23. Oktober ein paar neue Versicherungen von sich: „Euer Präsident und euer Außenminister verfolgen den Weg des Friedens ... Wir bewaffnen uns nicht zum Zweck eines Eroberungsfeldzuges oder eines Eingreifens in ausländische Streitigkeiten."[75] Eine Woche später faßte er sein Gelübde konkreter: „Während ich zu euch, ihr Mütter und Väter, spreche, mache ich euch eine weitere Zusicherung. Ich habe bisher gesagt und werde es wieder und wieder und immer wieder sagen: Eure Jungen werden in keine fremden Kriege geschickt werden."[76]

Robert Sherwood, der an dieser Bostoner Rede mitgearbeitet hatte, kamen in späteren Jahren einige Gewissensbisse: „Ich persönlich glaube, daß es ein Fehler von ihm [dem Präsidenten] war, den hysterischen Forderungen nach beruhigenden unbedingten Zusicherungen so weit nachzugeben, aber zum Unglück für mein Gewissen gehörte ich damals zu denen, die ihn drängten, über die Grenze hinauszugehen ... Ich brenne innerlich, wenn ich an diese Worte denke: ‚wieder – und wieder – und immer wieder'."[77]

Im Frühjahr 1941 brannte in der Umgebung des Präsidenten das Feuer des Gewissens mit sehr kleiner Flamme. Unter der Wirkung der Appelle Churchills wurde das Gebäude der amerikanischen Neutralität schließlich durch die Bombe des Leih- und Pachtgesetzes zerstört. Monatelang war an ihrer Herstellung gearbeitet worden. Am 6. November 1940 äußerte Churchill in einem Brief an Roosevelt seine große Erleichterung über den Ausgang der Präsidentenwahl: „Ich glaube, Sie werden nichts dagegen einzuwenden haben, wenn ich Ihnen sage, daß ich für Ihren Erfolg gebetet habe und wahrhaft dankbar dafür bin ... Es drängt mich, mein festes Vertrauen zu bekennen, daß die Lichter, nach denen wir steuern, uns alle sicher in den Hafen bringen werden."[78] Diese Lichter brachten Amerika sicher in den Krieg.

Am 8. Dezember 1940 sandte Churchill dem Präsidenten einen weiteren langen Brief, in dem er bis ins einzelne die dringenden Bedürfnisse Großbritanniens darlegte. In Churchills Augen waren sie ebenso Amerikas Bedürfnisse, weil er den Krieg Englands zugleich als den Krieg Amerikas ansah. Die Sicherheit der Vereinigten Staaten sei „verknüpft mit dem Bestand und der Unabhängigkeit des britischen Commonwealth of Nations". Deshalb sollte Amerika Kriegsmaterial verschiedener Art zusammen mit „einer großen Anzahl" geschenkter oder geliehener „amerikanischer Kriegsschiffe" eiligst nach Britannien schicken. Es war zwecklos, zu erwarten, daß England dafür bezahlen werde. Der Augenblick war nahe, wo die britische Regierung „nicht mehr imstande" sein werde, „für Schiffe und anderen Nachschub zu zahlen". Die paar Dollars, die England noch geblieben seien, brauche es dringend für die heimische Versorgung. Es wäre für Großbritannien „grundsätzlich" falsch, sich „aller verkäuflichen Aktiven zu entblößen, so daß wir, wenn der Krieg mit unserem Blut errungen, die Kultur gerettet und für die Vereinigten Staaten Zeit gewonnen ist, gegen alle Möglichkeiten völlig gerüstet zu sein, bis aufs Hemd ausgezogen dastünden". Amerika sollte einen großen Teil der finanziellen Lasten für einen neuen Kreuzzug nach Europa übernehmen.[79]

Roosevelt erhielt diese Botschaft während einer Kreuzfahrt im Karibischen Meer. Am 16. Dezember wieder in Washington, gab er sofort seine glühende Zustimmung zur Hilfe für Großbritannien auf Kosten Amerikas zu erkennen. Am nächsten Tag erzählte er auf einer Pressekonferenz eine interessante Fabel: „Angenommen, das Haus meines Nachbarn fängt Feuer, und ich habe vier- bis fünfhundert Fuß entfernt einen Gartenschlauch liegen. Wenn er den Schlauch kriegen und an seinen Hydranten schrauben kann, dann helfe ich ihm damit wahrscheinlich das Feuer löschen. Was also tue ich nun? Ich sage vorher nicht zu ihm: ‚Nachbar, mein Gartenschlauch kostet mich fünfzehn Dollar; Ihr müßt mir fünfzehn Dollar dafür zahlen.' Nein! Welche Transaktion geht jetzt vor sich? Ich will keine fünfzehn Dollar – ich will meinen Gartenschlauch zurückhaben, wenn der Brand vorbei ist ... Was ich versuche, ist, die Dollars beiseite zu lassen."[80]

Womit er sagen wollte, daß er versuchte, die Dollars beiseite zu lassen, soweit Großbritannien in Betracht kam. Die amerikanischen Steuerzahler sollten es für die nächste Generation erfahren. Jetzt aber wurde ihnen keine Zeit zu solchen Überlegungen gelassen. Der Entwurf eines Leih- und Pachtgesetzes wurde alsbald dem Repräsentantenhaus vorgelegt. Es trug das vielsagende Zeichen H.R. 1776. In diesem Jahre erklärte Amerika seine Unabhängigkeit von England; im Jahre 1941 brachten wir sie in schwere Gefahr, indem wir Britannien einen Blankoscheck gaben, den Churchill mit großem Behagen ausfüllte und zur Honorierung durch Roosevelt nach Washington sandte. Der Verbindungsmann war Harry Hopkins. Noch in England, hörte er Churchills berühmte Rundfunkansprache, mit der zur Freude der amerikanischen Hörer der folgende gefährliche Unsinn ausgestrahlt wurde: „Es scheint jetzt sicher zu sein, daß die Regierung und die Bevölkerung der Vereinigten Staaten beabsichtigen, uns mit allem zu versorgen, was zum Siege notwendig ist. Im letzten Krieg schickten die Vereinigten Staaten zwei Millionen Männer über den Atlantik. Aber dies ist kein Krieg riesiger Armeen, die ungeheure Massen von Granaten aufeinander abfeuern. Wir brauchen die tapferen Armeen nicht, die überall in der amerikanischen Union Gestalt gewinnen. Wir brauchen sie dieses Jahr nicht, noch nächstes Jahr, noch überhaupt in den Jahren, die ich voraussehen kann."[81]

Die Versicherungen Churchills waren der gleichen Art wie die Roosevelts in den letzten Tagen seines Wahlfeldzuges. Wahrscheinlich erinnerte er sich der Äußerung, die Lord Northcliffe während des Weltkrieges über die amerikanischen Massen getan hatte: „Was für Schafe!" Durch dauernde Wiederholung der alten Propaganda, daß Großbritannien Amerikas Kampf kämpfe, konnten sie noch einmal geschoren werden. Roosevelt hielt diese Propagandalinie am 29. Dezember bei einer „Plauderei am Kamin" ein. Hilfe für Britannien war jetzt eine Frage „nationaler Sicherheit". Würde die britische Insel erobert werden, „so würden wir Amerikaner alle unter einem auf uns gerichteten Revolver leben".[82]

Am nächsten Tag berief der Präsident Finanzminister Morgenthau und Arthur Purvis, den Leiter der anglo-französischen Einkaufskommission, zu sich ins Weiße Haus, um mit ihnen die Einzelheiten über den Entwurf zum Leih- und Pachtgesetz zu besprechen. Am 2. Januar 1941 machten sich Morgenthaus allgemeiner Berater, Edward Foley, und sein Gehilfe, Oscar Cox, an die schwierige Aufgabe, das Gesetz zu entwerfen. Aber nun eröffnete Senator Wheeler eine Reihe scharfer Vorstöße gegen die in Vorbereitung befindliche Gesetzgebung zum Leih- und Pachtsystem. Am 4. Januar 1941 stellte er ein paar sehr treffende Fragen; „Wenn es unser Krieg ist, wie können wir es denn rechtfertigen, ihnen Material zu leihen und zu verlangen, es uns zurückzugeben? Wenn es unser Krieg ist, dann sollten wir auch den Mut haben, hinüberzugehen und ihn auszufechten. Aber es ist nicht unser Krieg."[83] Eine Woche darauf schoß er in einer Rundfunkrede einen Pfeil ab, der dem empfindlichen Präsidenten einen Schmerzensschrei entlockte. Er betrachte das Leih- und Pachtprogramm „als die außenpolitische Variante der Agrarpolitik des New Deal: nämlich jeden vierten amerikanischen Jungen zu unterpflügen".[84] Der Präsident war über diese prophetischen Worte wütend und erklärte die Äußerung Wheelers für „das Verderbteste, was in meiner Zeit im öffentlichen Leben gesagt worden ist".[85]

Obwohl Admiral Stark am 13. Januar die Ansicht äußerte, Amerika steuere „geradeswegs auf den Krieg los"[86], wurde das Leih- und Pachtprogramm der amerikanischen Bevölkerung als eine Art Friedensversicherung verkauft.[87] Am 11. März 1941 wurde es vom Präsidenten unterzeichnet, und nicht lange danach erwies sich eine Vorhersage des Senators Taft als richtig: „Ich sehe nicht, wie wir einen solchen [unerklärten] Krieg lange führen können, ohne am Ende tatsächlich in den Schießkrieg zu geraten."[88]

Hitler ist ängstlich darauf bedacht, einen Konflikt mit Amerika zu vermeiden

Niemand fürchtete den „Schießkrieg" mit Amerika so sehr wie Hitler. Er strengte sich auf jede Weise an, einen Zwischenfall mit den Vereinigten Staaten zu vermeiden. Um die öffentliche Meinung in den neutralen Ländern zu beruhigen, hatten die U-Boot-Kommandanten vom ersten Tage an Befehl, „sich an die Haager Konvention zu halten". Regelmäßig verkehrende Passagierschiffe durften selbst dann nicht torpediert werden, wenn sie unter Geleitschutz fuhren.

Im September und Oktober 1939 hoffte Hitler stark, daß Amerika dahin gebracht werden könnte, die Rolle des Vermittlers zu übernehmen und so einen Krieg zu einem baldigen Ende zu bringen, in den er mit vielen Befürchtungen und düsteren Ahnungen hineingegangen war. Mit der Berliner Mission William Rhodes Davis' haben wir uns schon in einem früheren Kapitel befaßt. Berlin nahm diese zu dem Zweck unternommene Reise, eine Vermittlung in die Wege zu leiten, offenbar durchaus ernst. Die Rede Hitlers vom 6. Oktober 1939 enthielt unverkennbare Anzeichen seiner Bereitwilligkeit, Roosevelt als Vermittler zu akzeptieren, und am nächsten Tag kabelte der amerikanische Geschäftsträger in Berlin, Mr. Kirk, an Außenminister Hull, daß „eine Hitler nahestehende Person an ihn den Gedanken herangebracht" habe, „der Präsident möge Hitlers Rede als Anlaß zu einer vertraulichen Botschaft an ihn benutzen, die ,seine Bemühungen um Frieden' bekräftigen würde".[89] Am 9. Oktober kabelte Kirk, ein Sprecher der deutschen Presse habe ihn informiert, daß Deutschland „einen Vorschlag zu einem Waffenstillstand und zu Verhandlungen über die Herbeiführung eines Friedens sicherlich akzeptieren würde; er habe zu verstehen gegeben, daß Deutschland möglicherweise an einer Konferenz teilnähme, die fern dem Kriegsschauplatz stattfände – was einige dahin deuteten, daß Washington gemeint sei".[90]

Die Friedensbedingungen, die Deutschland einer solchen Konferenz vorlegen würde, kannten der Präsident und Außenminister Hull aus dem langen Brief, den William Rhodes Davis dem Präsidenten gesandt hatte. Göring hatte sich hierüber am 3. Oktober zu Davis folgendermaßen geäußert: „Sie dürfen Mr. Roosevelt versichern, daß Deutschland, wenn er vermitteln will, einer Regelung zustimmen wird, durch die ein neuer polnischer Staat und eine neue unabhängige tschechoslowakische Regierung ins Leben träten ... Was mich und meine Regierung betrifft, so nähme ich gern an einer solchen Konferenz teil, und ich würde im Falle einer solchen Konferenz Deutschland vertreten. Ich stimme zu, daß die Konferenz in Washington stattfinden sollte."

Damals war Deutschland durch die Art des russischen Vorgehens in Polen bereits tief beunruhigt. Während der Sitzungen einer Friedenskonferenz würde sich Gelegenheit bieten, die Augen der Welt auf die Übel Europas zu konzentrieren und sich um Abhilfe zu bemühen. Hätte der Präsident wirklichen Mut und Phantasie besessen, so würde er diese einleitenden deutschen Schritte begrüßt und eine Friedenskonferenz inszeniert haben, die sowohl Polen als auch die Tschechoslowakei gerettet hätte. Allein, ihm und Außenminister Hull war bange davor, daß ein Schritt in der Richtung auf Frieden Hitler zugute kommen und die Alliierten entmutigen könnte. Und so wiesen sie die deutschen Friedensfühler zurück[91] und bereiteten den Weg zur schließlichen roten Herrschaft über Polen und die Tschechoslowakei. In dem langen Kapitel der historischen „Es hätte sein können" spielt Roosevelt eine hervorragende und düstere Rolle.

Daß Roosevelt den Gedanken einer Friedenskonferenz in Washington verwarf, setzte den Bemühungen der Deutschen, die Vereinigten Staaten zu versöhnen, kein Ende. Hitler war äußerst darauf bedacht, mit Amerika nicht in Krieg zu geraten. Die Zeugenaussagen in den Nürnberger Prozessen erhärten das. Ribbentrop bestätigte es, und Weizsäcker sagte: „Kein Deutscher wollte Krieg mit den Vereinigten Staaten oder suchte dort Streit ... Wir haben uns nicht dazu provozieren lassen, diejenigen zu sein, die den Konflikt ans offene Tageslicht bringen würden. Wo auch immer unfreundliche Handlungen vorkämen, ... wir wollten nicht diejenigen sein, die anfangen."[92]

Die deutsche Presse stellte auf strenge Anweisungen hin ihre scharfen kritischen Ausfälle gegen die Vereinigten Staaten und prominente amerikanische Beamte ein. Die Beamten des Reiches achteten mit zunehmender Sorgfältigkeit darauf, ob nicht irgendwelche Erklärungen amerikanische Gefühle verletzen könnten, und der deutsche Geschäftsträger in Washington, Dr. Hans Thomsen, ging so weit, daß er in einer Auslassung für die Presse Präsident Roosevelt „hochherzig" nannte und seine „Ermahnungen zur Neutralität" pries.[93] Im April 1940 versicherte General v. Brauchitsch Pressevertretern, daß er immer die Jugendkraft der Vereinigten Staaten und der Amerikaner bewundert habe, der er die „ungeheuren erfolgreichen Leistungen des neuen Kontinents" zuschrieb.[94]

Das neue amerikanische Neutralitätsgesetz vom 4. November 1939 befriedigte Hitler einigermaßen; es werde, sagte er zu führenden Parteigenossen, die Vereinigten Staaten harmlos machen.[95] Nach diesem Gesetz waren die Gewässer rund um Großbritannien und die ganze europäische Küste von Bergen bis zur spanischen Grenze amerikanischen Schiffen verschlossen.[96] Daraufhin ordnete der Führer am 30. Dezember 1939 an, daß amerikanische Schiffe „mit der größten Rücksicht" zu behandeln seien.[97] In dem gleichen Geist erließ Admiral Raeder die Weisung, daß amerikanische Schiffe nicht verfolgt oder versenkt werden dürften, „damit alle Schwierigkeiten, die sich aus einem Handelskrieg zwischen den Vereinigten Staaten und Deutschland ergeben könnten, von vornherein vermieden werden".[98] Aber diese deutsche Beschwichtigungspolitik wurde schmerzlich auf die Probe gestellt durch Zwischenfälle, die aus der Errichtung der am 3. Oktober 1939 von der Panama-Konferenz bekanntgegebenen Neutralitätszone hervorgingen. Die Breite dieses südlich von Kanada um Amerika gelegten Sicherheitsgürtels schwankte, wie hier schon an anderer Stelle erwähnt, zwischen 300 und 1.000 Meilen. Die Kriegführenden wurden vor Aktionen in diesem Gebiet gewarnt, doch waren entlang der Sicherheitszone keine Streitkräfte stationiert, um ihre Beachtung zu erzwingen.

Das deutsche Oberkommando der Marine erließ nun Befehle, die Seetreffen innerhalb der Sicherheitszone vorbeugen sollten.[99] Als das Oberkommando der Marine Einwendungen erhob, verweigerte Hitler jede Änderung der betreffenden Befehle[100], ja, er blieb bei seiner Beschwichtigungspolitik, als amerikanische Schiffe ein Verhalten annahmen, das ihn wütend gemacht haben muß. Im Dezember 1939 lief das deutsche Passagierschiff „Columbus" aus dem Hafen von Veracruz aus, und es folgte ihm dauernd dichtauf die amerikanische „Tuscaloosa", die ständig ihre Position funkte. Dies zwang den deutschen Kapitän, sein Schiff 450 Meilen östlich von Kap May zu versenken.[101] Dieselbe Taktik wandte die amerikanische „Broome" an; sie verfolgte das deutsche Schiff „Rhein", das schließlich ebenfalls von seinem Kapitän versenkt wurde.[102] Dem Frachter „Idarwild" folgte die „Broome" so lange, bis im November 1940 die britische „Diomede" das deutsche Schiff vernichtete, während die „Broome" beigedreht hatte, um den Erfolg ihrer Jagd zu beobachten.[103] Die deutsche Regierung aber enthielt sich jeden Protests gegen diese Aktionen.

In einer Führerbesprechung am 18. März vermochte Admiral Raeder endlich von Hitler eine wesentliche Konzession zu erhalten. Sie nahm am 25. März 1941 die Form eines neuen Blockadebefehls an, der nicht nur Island einschloß, sondern das Blockadegebiet bis zu den Gewässern Grönlands ausdehnte.[104] Der erste Zwischenfall im Nordatlantik ließ nicht lange auf sich warten.

Die Voraussetzungen dazu hatte Präsident Roosevelt sorgfältig vorbereitet. Im August 1940 entsandte er Admiral Robert L. Ghormley, Generalmajor D.C. Emmons und Generalmajor George V. Strong zu Informationsgesprächen über ein eventuelles „bewaffnetes Zusammenwirken mit dem britischen Commonwealth" nach London. Nach gründlichen, über mehrere Monate sich erstreckenden Besprechungen mit den führenden Offizieren der drei Waffen schickte im Oktober 1940 Admiral Ghormley Admiral Stark einen erschöpfenden Bericht über seine Mission. Stark wiederum legte am 12. November Marineminister Knox eine Denkschrift über nationale Notwendigkeiten vor, die die „Verhütung eines Zerfalls des britischen Empire" als eine der wichtigsten Aufgaben behandelte. Über sie begannen im Januar 1941 in Washington eine Reihe geheimer Stabsbesprechungen. Zwei Monate später, am 27. März 1941, war das „ABC-I Staff Agreement" fertig. Das Abkommen sah für den Fall, daß „eine Aggression der Achse die Vereinigten Staaten zum Kriege zwingt, sofortiges völliges Zusammenwirken" vor.[105]

Ein Abschnitt dieser Vereinbarung zielte darauf, einen Zwischenfall herbeizuführen, der „die Vereinigten Staaten zum Kriege zwingen" würde. Es standen da folgende explosive Sätze: „Wegen der Bedrohung der Seeverbindungen des Vereinigten Königreichs wird die Hauptaufgabe der Seestreitkräfte der Vereinigten Staaten im Atlantik der Schutz der Schiffahrt der assoziierten Mächte sein." Zu diesem Zweck werde die britische Flotte der Flotte der Vereinigten Staaten sofort „den Nutzen ihrer Erfahrungen und der neuen bereits entwickelten Erfindungen und Methoden zur U-Boot-Bekämpfung zur Verfügung stellen". Die „nun von der Flotte der Vereinigten Staaten übernommene Aufgabe bedeutete die Aufstellung einer Streitmacht zum Geleitschutz". Am 1. Februar erhielten diese Patrouillenstreitkräfte „die neue passende Bezeichnung einer Atlantischen Flotte", und ihr Befehlshaber,

Konteradmiral Ernest J. King, wurde als „Oberbefehlshaber der Atlantischen Flotte" zum Admiral befördert.[106] Der erste Zwischenfall war so gut wie zur Hand.

Am 10. April 1941 nahm der Zerstörer „Niblack" (Korvettenkapitän E.R. Durgin) in den isländischen Gewässern aus drei Rettungsbooten Überlebende eines torpedierten norwegischen Frachtschiffes auf. Als der letzte Mann an Bord geholt war, wurde akustisch ein U-Boot geortet. Der Führer der Gruppe, D.L. Ryan, nahm ohne weiteres an, daß sich das U-Boot zu einem Angriff nähere und befahl Durgin, Unterwasserbomben zu werfen. Nach den Explosionen entfernte sich das U-Boot. Es war dies das erste Treffen zwischen amerikanischen und deutschen Streitkräften.[107]

In dem Maße, wie sich das Geleitzugsystem entsprechend den britisch-amerikanischen Plänen entwickelte, mußte es zu weiteren, immer häufigeren Zwischenfällen kommen. Am 17. April teilte John O'Donnell, ein bekannter Zeitungskommentator, in der Presse mit, daß „Streitkräfte" der amerikanischen Flotte und des Küstenschutzes aus amerikanischen Häfen auslaufenden, „mit Kriegsmaterial beladenen britischen Handelsschiffen bewaffnetes Geleit" gäben. Der Präsident ließ durch seinen Sekretär, Mr. Early, antworten, daß sich amerikanische Marinestreitkräfte nur auf „Neutralitätsstreife" im Atlantik befänden. Mr. O'Donnell bezichtigte er der „bewußten Lüge".[108] Auf einer Pressekonferenz am 25. April stellte der Präsident ausdrücklich in Abrede, daß die Kriegsflotte Anstalten treffe, für Schiffszüge mit Leih- und Pachtgütern den Geleitschutz zu stellen, und verbreitete sich dann über den Unterschied zwischen Streifenfahrten und Geleit.[109] Einen Monat später, am 27. Mai, erklärte er über den Rundfunk, daß die Lieferung von Kriegsmaterial an Großbritannien „dringend geboten" sei und daß er „unsere Patrouillen im Nord- und Südatlantik" ausgedehnt habe.[110]

Für Senator Taft war es klar, daß die Rundfunkrede des Präsidenten „die Absicht" enthüllte, „immer weiter auf den Krieg hinzutreiben, ohne das Volk zu befragen ... Seine Rede enthält unbestimmte Drohungen mit aggressivem, kriegerischem Handeln all ein nach seinem eigenen Ermessen."[111] Zwei Wochen darauf veröffentlichten in der „Washington Post" zwei Leitartikelschreiber, Alsop und Kintner, eine Geschichte des Inhalts, daß es vor mehr als einem Monat zwischen amerikanischen und deutschen Kriegsschiffen zu einem Treffen gekommen sei und daß danach ein amerikanischer Zerstörer Offensivoperationen unternommen habe.[112] Die beiden Journalisten verwiesen auf den Zwischenfall mit der „Niblack", über den sich die Marinebehörden auch sehr schweigsam verhalten hätten. Minister Knox wandte sich prompt gegen diese Geschichte, ohne sie freilich ausdrücklich zu dementieren.[113] Auch in weiteren Erklärungen äußerte er sich geflissentlich unbestimmt.[114]

Während solcher Übungen in Doppelzüngigkeit ergriff der Präsident aktive Maßregeln, damit nicht Grönland in deutsche Hände falle. Am 9. Januar gab das State Department bekannt, daß in Godthaab ein amerikanisches Konsulat errichtet und der Kauf von Kleinwaffen in den Vereinigten Staaten für die grönländische Polizei in die Wege geleitet worden sei.[115] Diesen Schritten folgte am 9. April 1941 die Unterzeichnung eines Abkommens, durch das die Vereinigten Staaten ermächtigt wurden, Grönland zum Zwecke der Verteidigung zu besetzen. Da der dänische Gesandte in Washington, Henrik Kauffmann, zum Abschluß eines solchen Vertrages nicht autorisiert war, wurde er vom dänischen Außenministerium, das unter deutscher Kontrolle stand, abberufen. Er zog es vor, in Washington zu bleiben und wurde von Außenminister Hull als akkreditierter Gesandter anerkannt.[116] Überflüssig, hinzuzufügen, daß diese ganze Transaktion vom Standpunkt internationalen Rechts unhaltbar war.[117]

Unterdessen bekundete Hitler seine Entschlossenheit, an der Politik, es nicht zum Kriege mit Amerika kommen zu lassen, festzuhalten. Im Mai 1941 war die deutsche Haltung in der zusammenfassenden Aufzeichnung über eine Führerbesprechung diese: „Während bisher die Lage in Hinsicht auf operierende U-Boote und Seestreitkräfte völlig klar war, wird die Seekriegführung im Nordatlantik infolge der von den USA ergriffenen Maßnahmen immer komplizierter. Um Britannien zu helfen, sind die amerikanischen Neutralitätspatrouillen, die bisher auf das Gebiet innerhalb der amerikanischen Neutralitätszone beschränkt waren, verstärkt und ostwärts ungefähr bis zum 38. Längengrad ausgedehnt worden, d.h. bis zur Mitte des Atlantik. Der wahre Charakter der amerikanischen Neutralitätspatrouillen erweist sich durch die Tatsache, daß patrouillierende Schiffe auch angewiesen worden sind, jedes Schlachtschiff, das sie sichten, durch Funk zu melden ...

Wir haben für die Seekriegführung, um sie mit den deutschen politischen Zielen in Hinsicht auf die USA in Einklang zu bringen, die folgenden Richtlinien festgelegt:

US-Seestreitkräfte und -Handelsschiffe sollen nicht angegriffen werden.

Die Prisenvorschriften sind nicht auf US-Handelsschiffe anzuwenden.

Von Waffen darf nicht Gebrauch gemacht werden, selbst wenn amerikanische Schiffe in deutlich unneutraler Weise solche führen.

Von Waffen ist nur Gebrauch zu machen, wenn US-Schiffe den ersten Schuß abgeben.

Infolge dieser Weisungen und der ständigen Bemühungen auf seiten Deutschlands, auf Provokationen nicht zu reagieren, sind Zwischenfälle mit den USA bis zum gegenwärtigen Zeitpunkt vermieden worden.

Es ist unverkennbar, daß die US-Regierung über diese vorsichtige Haltung auf seiten Deutschlands enttäuscht ist, weil so einer der wesentlichsten Faktoren bei der Vorbereitung der amerikanischen Bevölkerung auf den Eintritt in den Krieg beseitigt ist. Die USA setzten daher ihre Versuche fort, die Grenzlinie zwischen Neutralität und Kriegführung mehr und mehr zu verwischen und durch ständige Einführung neuer, dem internationalen Recht widersprechender Maßnahmen die Politik des ‚bis hart an den Krieg heran‘ auszudehnen."[118]

Der nächste das deutsch-amerikanische Verhältnis in Mitleidenschaft ziehende Zwischenfall war am 21. Mai 1941 die Versenkung des amerikanischen Kauffahrteischiffes „Robin Moor", das von New York nach Cape Town unterwegs war, durch ein deutsches Unterseeboot. Die „Robin Moor" wurde nicht kontrolliert, doch durften Mannschaft und Passagiere in die Rettungsboote gehen.[119] Da das Schiff außerhalb der Blockadezone versenkt wurde, ist klar, daß der U-Boot-Kommandant die Befehle über die Behandlung amerikanischer Schiffe mißachtet hatte. Admiral Raeder erließ sofort weitere Befehle, um künftig Zwischenfälle dieser Art zu verhüten, und Hitler bestätigte sie und unterstrich, daß er „jeden Zwischenfall mit den USA zu vermeiden" wünsche.[120]

Am 20. Juni richtete der Präsident an den Kongreß eine Botschaft, worin er Deutschland als internationalen Rechtsbrecher scharf kritisierte.[121] Dem folgte ein weiterer Schritt in der Richtung zum Krieg: am 7. Juli befahl er die Besetzung Islands. Zwei Tage später gab Minister Knox eine Presseerklärung des Inhalts ab, daß amerikanische Patrouillenstreitkräfte im Nordatlantik berechtigt seien, von der Waffe Gebrauch zu machen, wenn dazu Anlaß gegeben sei.[122]

Ein solcher Anlaß bot sich am 4. September 1941, als dem nach Island bestimmten Zerstörer „Greer" von einem britischen Flugzeug gemeldet wurde, daß ungefähr zehn Meilen vor ihm quer zu seinem Kurs ein getauchtes U-Boot liege. Die „Greer" nahm sofort entsprechenden Kurs und folgte dem Boot, nachdem sie es durch das Horchgerät geortet hatte, stundenlang dichtauf. Nach mehr als drei Stunden wurde der Kommandant des U-Bootes dieses Katz-und-Maus-Spiels müde, und er lancierte einen Torpedo. Die „Greer" konnte ausweichen und griff das U-Boot mit Unterwasserbomben an, worauf das U-Boot einen zweiten Torpedo abschoß. Abermals vermochte die „Greer" auszuweichen. Als sie die Horchfühlung mit dem U-Boot verloren hatte, nahm sie ihren Kurs nach Island wieder auf.[123]

Am 11. September gab der Präsident über den Rundfunk eine entstellende Schilderung des „Greer"-Zwischenfalls. Bequemerweise vergaß er zu erzählen, daß die „Greer" die Initiative ergriffen hatte: „Sie führte die amerikanische Flagge. Sie war als amerikanisches Schiff unverkennbar. Sie wurde auf der Stelle von einem U-Boot angegriffen. Deutschland gibt zu, daß es ein deutsches U-Boot war ... Wir haben keinen Schießkrieg mit Hitler gesucht ... Wir sind keine Angreifer. Wir verteidigen uns nur."[124] Amerikanische Schiffe würden von nun an sofort schießen.

Diesem ernsten Zwischenfall zum Trotz hielt Hitler an seiner Politik, Schwierigkeiten mit den Vereinigten Staaten zu vermeiden, fest. Am 17. September ergingen neuerlich Befehle, die amerikanischen Handelsschiffen eine Vorzugsbehandlung sicherten. Sie durften selbst im Geleitzug in keiner Zone angegriffen werden, außer in den Gewässern unmittelbar um Großbritannien. In der panamerikanischen Sicherheitszone wurden Kriegshandlungen aus eigener Initiative verboten.[125]

Die Antwort Washingtons auf diese friedlichen Gesten war die offizielle Billigung und Organisation des Geleitschutzdienstes amerikanischer Zerstörer. Eine auf Argentia gestützte Gruppe übernahm an einem bestimmten Punkt auf der Höhe von Neufundland von einer kanadischen Eskorte den Geleitschutz und übergab den Konvoi an einer vereinbarten Stelle mitten im Atlantik einer britischen Eskorte. Geleitschutz war jetzt eine feste Praxis. Minister Knox aber hatte, wohlgemerkt, während der Verhöre über das Leih- und Pachtsystem vor dem Senatsausschuß für auswärtige Angelegenheiten offen zugegeben, daß er Geleitschutz als einen „Kriegsakt" ansehe.[126]

Dieser de-facto-Krieg im Atlantik gebar bald einen neuen Zwischenfall. Am 16. Oktober eilten fünf amerikanische Zerstörer von Reykjavík einem Geleitzug zu Hilfe, der von U-Booten angegriffen wurde. Am nächsten Tag wurde mitten im Kampf der Zerstörer „Kearny" von einem Torpedo getroffen und konnte mit langsamer Fahrt Island wieder erreichen.[127] Die „Kearny" hatte sich absichtlich mitten in eine zwischen deutschen Unterseebooten und britischen und kanadischen Kriegsschiffen tobende Schlacht begeben und mußte die Folgen tragen. Am 27. Oktober gab Präsident Roosevelt der amerikanischen Bevölkerung über die Ereignisse des 16. und 17. Oktober einen gewundenen Bericht: Er „hätte gewünscht, daß sich das Schießen vermeiden ließ". Aber Amerika „ist angegriffen worden. Das US-S. Kearny ist nicht bloß ein Schiff der Flotte. Es gehört jedem Mann, jeder Frau und jedem Kind dieser Nation ... Hitlers Torpedo war auf jeden Amerikaner gerichtet." Um die Bösartigkeit des Deutschen Reiches noch schurkischer erscheinen zu lassen, fügte er hinzu, er sei im Besitz einer in Deutschland hergestellten geheimen Landkarte, die Hitlers Pläne enthülle, den ganzen südamerikanischen Kontinent unter seine Herrschaft zu bringen. Aber das sei noch nicht alles. Er besitze noch ein anderes deutsches Dokument, das Hitlers Absicht verrate, im Falle seines Sieges „alle bestehenden Religionen abzuschaffen". Damit sei wohl klar, daß der „Vormarsch des Hitlerismus" gestoppt werden müsse. „Wir sind verpflichtet, für unser Teil zur Vernichtung des Hitlerismus beizutragen." Die amerikanische Flotte habe Befehl erhalten, „sofort zu schießen". Die „Klapperschlangen der See" müßten vernichtet werden.[128]

Diese Kriegserklärung wurde durch den „Reuben-James"-Zwischenfall bekräftigt. Am 31. Oktober stieß die „Reuben James" als Eskorte eines Konvois nach Island 600 Meilen westlich von Island auf einige deutsche U-Boote. Der amerikanische Zerstörer wurde von einem Torpedo getroffen und sank sofort. Von der 160 Mann starken Besatzung konnten nur 45 Männer gerettet werden. Als die Nachricht von der Versenkung der „Reuben James" in Deutschland eintraf, bemerkte Hitler: „Präsident Roosevelt hat seinen Schiffen befohlen, in dem Augenblick, wo sie ein deutsches Schiff sichten, zu schießen. Ich habe den deutschen Schiffen befohlen, nicht zu schießen, wenn sie ein amerikanisches Schiff sichten, sondern sich zu verteidigen, wenn sie angegriffen werden."[129] Neue Weisungen über das Verhalten deutscher Kriegsschiffe bei Begegnungen mit Schiffen der amerikanischen Flotte blieben friedlich: „Gefechte mit amerikanischen See- und Luftstreitkräften dürfen nicht vorsätzlich gesucht werden; sie sind nach Möglichkeit zu vermeiden ... Wird vor dem Angriff auf einen Geleitzug beobachtet, daß er von amerikanischen Streitkräften eskortiert ist, darf der Angriff nicht durchgeführt werden."[130]

Deutschland suchte verzweifelt einem Krieg mit den Vereinigten Staaten auszuweichen. Die Haltung Amerikas wurde am 11. November von Sumner Welles in Arlington mit aller Klarheit dargelegt: „Jenseits des Atlantik hat ein finsterer und erbarmungsloser Eroberer mehr als halb Europa zu kriecherischer Leibeigenschaft herabgewürdigt. Er prahlt damit, daß sein System sogar auf der ganzen Erde vorherrschen werde ... Die amerikanische Bevölkerung hat nach erschöpfender Debatte ... über ihre Politik entschieden. Sie ist verpflichtet ... keine Mühe und kein Opfer zu scheuen, um die endgültige Niederlage des Hitlerismus und alles dessen, was dieser böse Begriff einschließt, zuwege zu bringen ... Wir können nicht wissen, wir können jetzt nicht voraussehen, wie lang und wie steinig der Weg sein mag, der zu dem neuen Tag führt, da ein zweiter Waffenstillstand unterzeichnet wird."[131]

Welles und anderen der Gruppe um Roosevelt war es innerlich klar, daß sich Amerika in Wirklichkeit im Kriege befand. Die amerikanische Bevölkerung aber vergegenwärtigte sich diese folgenschwere Tatsache nicht, auch wußte sie nicht, daß sie verpflichtet sei, „keine Mühe und kein Opfer zu scheuen, um die endgültige Niederlage des Hitlerismus herbeizuführen". Für Mr. Welles war es leicht, ohne Stocken von Opfern zu reden. Er war seit langem im Genuß von Reichtum und hoher gesellschaftlicher Stellung. Das Wort „Opfer" hatte in seinem Wörterbuch nie gestanden. Als Sprecher des Präsidenten eröffnete er plötzlich der amerikanischen Öffentlichkeit, daß sie in einen Krieg hineingezogen war, den zu vermeiden man glühend gewünscht hatte. Die Kriegslustigen von 1941 sind niemals müde geworden, über die Mehrheit der Amerikaner als blinde Isolationisten zu hohnlächeln, die versucht hätten, die Vereinigten Staaten mit einer chinesischen Mauer zu umgeben und sie von jeder Berührung mit dem Ausland abzuschneiden. Sie wußten, daß sie logen. Amerika war niemals von den sozialen, wirtschaftlichen, religiösen und kulturellen Kräften isoliert, die die moderne Welt geformt haben. Dank seiner geographischen Lage war es der immer wiederkehrenden Flut von Konflikten entgangen, die die Mauern der alten Kulturen zerbröckelte und das Erbe wegspülte, das unerschrockener Mut und hohes Streben angesammelt hatten. Die Amerikaner waren Isolationisten gewesen nur gegen den Krieg und seine offenbaren Übel, und so ist ihr Land zu einer Blüte gediehen, die sich die Pilgerväter nicht im entferntesten erträumt hatten. Allein, im Jahre 1915 begann Präsident Wilson den Gedanken zu nähren, die Ideale und den Reichtum Amerikas mit der übrigen Welt zu teilen, und führte uns zwei Jahre später in einen fremden Krieg, von dem er hoffte, daß er die Welt sicher für die Demokratie machen werde. Aber dieses Leitmotiv klang amerikanischen Ohren mißtönig, als es zu der großen Parade von 1917 führte, die für viele Männer auf einem der weiten Friedhöfe Frankreichs endete. Es wurde wieder volkstümlich nach 1933, und mit Roosevelt als Maestro begannen die alten makabren Rhythmen in jedes Heim zu dringen. Im Jahre 1941 wartete sein Todesorchester mit gespanntem Eifer auf das Zeichen, mit der neuen Sinfonie anzuheben. Er hatte gehofft, daß Deutschland ihm das Motiv liefern werde, aber Hitler hatte sich geweigert, ihm mit ein paar einleitenden kriegerischen Takten zu helfen. Vielleicht würden sich ein paar japanische Staatsmänner als gefälliger erweisen? Jedenfalls horchte er, nachdem der „Reuben-James"-Zwischenfall „flachgefallen" war, nach dem Orient hinüber und suchte neue Eingebungen von dem unergründlichen Fernen Osten. Er fand sie in Pearl Harbour, als japanische Bomber die ersten schrecklichen Klänge einer Kriegssinfonie erdröhnen ließen, die noch heute durch eine veränderte und keineswegs befriedete Welt nachhallt.

Kapitel XXVI

Der Weg
nach Pearl Harbour

Es ist an die Denkschrift des politischen Beraters des Department of State, Stanley K. Hornbeck, vom 11. Februar 1939 über die amerikanisch-japanischen Beziehungen zu erinnern, in der es hieß, die Lage werde sich, nachdem moralischer und wirtschaftlicher Widerstand das Vordringen Japans in Nordchina nicht habe aufhalten können, mit der Zeit dahin entwickeln, „daß Amerika militärischen Widerstand wird bieten müssen". Damit war auf den Weg gewiesen, der schließlich nach Pearl Harbour führte.

Einstweilen aber hatte sich die Regierung Roosevelt auf Empfehlung ihres Beraters in internationalen Wirtschaftsangelegenheiten, Herbert Feis, durch Kündigung des amerikanisch-japanischen Handelsvertrages auf eine allgemeine Wirtschaftsoffensive gegen Japan vorbereitet. Bald danach kam es zu einer Reihe von Zwischenfällen, die das Verhältnis zwischen beiden den Ländern weiter beeinträchtigte.

Die japanischen Luftangriffe auf Tschungking

Am 10. Juli suchte der amerikanische Geschäftsträger in Tokio, Eugene Dooman, Außenminister Arita auf, um „die nachdrücklichsten Vorstellungen wegen der letzten Bombenangriffe auf Tschungking" zu erheben. Der Minister antwortete, er sei „unglücklich", zu erfahren, daß Botschafter Johnson und sein Personal in Gefahr geraten seien, aber er könne „unmöglich versprechen, daß die Luftangriffe auf Tschungking aufhören würden". Sie seien eine wichtige Phase der militärischen Operationen in diesem Raum.[1] An demselben Tage teilte Präsident Roosevelt Außenminister Hull mit, er wünsche „unverzüglich über diese Angelegenheit eine Erklärung der japanischen Regierung zu erhalten".[2]

Am 20. Juli erschien der japanische Botschafter bei Hull und legte ihm die militärischen Notwendigkeiten dar, die die Luftangriffe gefordert hätten. Hull erwiderte scharf, wenn die Bombardements fortdauerten, „dann bestehe die Gefahr, daß etwas sehr Ernstes geschehe". Als der Botschafter entgegnete, er hoffe, daß die amerikanische Regierung ihren Staatsangehörigen nahelegen werde, „gefährliche Orte zu meiden", gab Hull beißend zurück, die Vereinigten Staaten räumten „keiner außenstehenden Regierung das Recht auf ein Monopol über die Straßen oder andere Örtlichkeiten Chinas ein".[3]

Die Tientsiner Affäre

Daß die amerikanische Regierung gegen Japan eine weit aggressivere Haltung annahm als die britische, zeigte die Tientsiner Affäre. Während des Weltkrieges wurden die deutsche und die österreichische Konzession in Tientsin von den Chinesen übernommen, im Jahre 1922 die russische. Die britischen Investierungen in ihrer Tientsiner Konzession wurden auf 46 Millionen Dollar geschätzt; die Franzosen hatten in ihrer Konzession beträchtlich weniger angelegt. In der britischen Konzession hielten die Banken im Auftrage der chinesischen Nationalregierung Silber im Werte von 50 Millionen Dollar. Als sie sich weigerten, es den Japanern auszuliefern, wurden gegen die britische und die französische Konzession Repressalien ergriffen. Die Japaner schlossen sie durch Barrikaden und Drahtverhaue von der Außenwelt ab und unterwarfen sie einer rigorosen Blockade. Infolge dieses Drucks fand sich Sir Robert Craigie, der britische Botschafter in Tokio, bereit, ein weitgehendes Abkommen zu unterzeichnen (das „Craigie-Arita-Abkommen" vom 21. Juli 1939), durch das die britische Regierung vorbehaltlos anerkannte, daß die japanischen Streitkräfte, solange in China große militärische Operationen vor sich gingen, auf „besonderen Ansprüchen für ihre eigene Sicherheit und zur Aufrechterhaltung von Ruhe und Ordnung in den unter ihrer Kontrolle befindlichen Gebieten bestehen und alle solche Handlungen unterdrücken oder deren Ursache beseitigen müßten, die gegen sie gerichtet sind oder ihren Feind begünstigen".[4]

Das Department of State hatte nicht die Absicht, der britischen Verständigungspolitik zu folgen. Obwohl sich die Japaner gegen die Amerikaner ungewöhnlich versöhnlich gezeigt und ihnen zugesichert hatten, daß sie ihre Güter durch die Sperren rings um die französische und die britische Konzession hindurchbefördern könnten, neigte das State Department dazu, den japanischen Tientsiner Plänen entgegenzutreten. Diese Haltung spiegelte sich in einer Denkschrift der Fernöstlichen Abteilung des Außenamtes: „Sollte Großbritannien in Tientsin nachgeben und den dortigen japanischen Forderungen im wesentlichen entsprechen, so wäre diese Kapitulation für die Japaner ein Zeichen britischer Verwundbarkeit für weitere Forderungen und der Anfang davon, daß die Mächte die chinesische Nationalregierung fallen lassen. Wenn Großbritannien und Frankreich durch Druck dazu gebracht werden würden, ... die Routen durch Französisch-Indochina und Burma zu schließen, dann wären die Vereinigten Staaten nicht imstande, in Verteidigung ihrer eigenen Interessen China bei seinem Widerstand gegen die japanische Aggression weiter materiellen Beistand zu leisten ... Machen die Vereinigten Staaten in diesem Punkte keine Anstrengung, dann kann die Unterstützung Großbritanniens und Frankreichs für spätere Anstrengungen, zu denen die Entwicklung die Vereinigten Staaten zwingen könnte, verlorengehen."[5]

Mit dem Ausbruch der Feindseligkeiten in Europa schwand jede Möglichkeit einer Unterstützung der Vereinigten Staaten im Fernen Osten durch Großbritannien oder Frankreich. Der Krieg veranlaßte auch die Japaner zu einer sorgfältigen Untersuchung seiner Wirkung auf ihr Programm. Der deutsch-sowjetische Pakt hatte die japanischen Staatsmänner, von denen die Verbindung mit Deutschland als ein hemmendes Mittel gegen russische Vorstöße im Fernen Osten begrüßt worden war, tief beunruhigt. Die internationale Lage mußte neu überprüft werden, und eine vorsichtige Politik war geboten. Die amerikanische Botschaft in Tokio berichtete, „die unmittelbaren Wirkungen des europäischen Krieges würden ein starkes Ansteigen der Nachfrage nach amerikanischen Gütern, vor allem nach Baumwolle, Holzschliff, Maschinen und andern industriellen Ausrüstungen, Nichteisenmetallen, Eisen, Stahl und Chemikalien hervorrufen". Ohne diese Einfuhren aus Amerika „bräche das industrielle Expansionsprogramm Japans völlig zusammen".[6] Amerika mußte versöhnt werden.

Tschiang Kai-schek bittet Roosevelt um Vermittlung im chinesisch-japanischen Krieg

Während in Europa die Kriegsnervosität aufs höchste stieg, bat Tschiang Kai-schek plötzlich Roosevelt um Vermittlung im chinesisch-japanischen Konflikt. Am 1. September suchte der chinesische Botschafter in Paris seinen amerikanischen Kollegen Bullitt auf und brachte ihm den wesentlichen Inhalt mehrerer langer Telegramme Tschiang Kai-scheks zur Kenntnis. Der Generalissimus hoffe, daß Präsident Roosevelt „sofort Schritte tun könne, um dem Krieg zwischen China und Japan ein Ende zu machen". Er wünsche nicht, daß die Öffentlichkeit von seiner Initiative erfahre; ein solcher Schritt sollte „als rein amerikanischen Ursprungs" erscheinen. Was die Sowjetunion angehe, so möge sich der Präsident vergegenwärtigen, daß er, Tschiang, „absolute Handlungsfreiheit behalten" habe. Er habe „keine Verträge mit der Sowjetunion, die ihn irgendwie bänden". Es sei dringend notwendig, zu handeln, ehe Japan „eine sogenannte Chinesische Regierung unter Wang Tsching-wei" bilde. Das beste wäre, wenn man Großbritannien und Frankreich dafür gewinnen könnte, sich diesem vermittelnden Schritt anzuschließen.[7]

Der Präsident war sich der Schwierigkeiten einer Vermittlung zum damaligen Zeitpunkt bewußt, und etwaige Neigungen, sie dennoch auf sich zu nehmen, wären infolge der neuesten Nachrichten aus China sicherlich geschwunden. Nach dem Ausbruch des europäischen Krieges hatte es Großbritannien eilig, seine Truppen aus dem Fernen Osten zurückzuholen. Um das noch zu beschleunigen, richtete Japan an England und Frankreich eine Note des Inhalts, daß Japan dem Abmarsch der britischen und französischen Truppen große Bedeutung beimesse. Dieser Schritt wurde von Außenminister Hull übel vermerkt, und er erklärte dem japanischen Botschafter frank und frei, er erblicke darin ein Zeichen, daß Japan darauf versessen sei, die Westmächte aus China zu verdrängen.[8] Das Foreign Office begrüßte diese unnachgiebigen Worte an Japans Adresse, äußerte aber Zweifel darüber, ob die britischen Interessen in der Tientsiner Konzession, wo sie einer Unterstützung am dringendsten bedürften, wirkliche Hilfe erwarten könnten. Es sei vermutlich ratsam, die britischen Truppen abzuziehen, um einen Zusammenstoß mit japanischen Streitkräften zu vermeiden.[9] Am Quai d'Orsay befürchtete man, „die Sowjetunion könnte Bombenflugzeuge schicken, um die Wehrmacht bei einem Angriff auf Frankreich zu unterstützen". Daher wünsche Frankreich, „Japan zu beschwichtigen", selbst auf die Gefahr hin, dadurch China zu schaden.[10] Binnen kurzem wandte Frankreich diese Besänftigungspolitik gegenüber Japan auch praktisch an.

Roosevelts Haltung gegen Japan wird zunehmend kriegerisch

Während Britannien und Frankreich Japan zu beruhigen suchten, erwog Roosevelt eine Politik des Drucks auf Tokio. Er wußte aus den Berichten der dortigen Botschaft, daß Japan von Einfuhren bestimmter Grundartikel aus den Vereinigten Staaten immer abhängiger wurde. Die Zeit, den wirtschaftlichen Knüttel zu gebrauchen, war gekommen. In seinen Gesprächen mit dem Präsidenten im September 1939 hatte Botschafter Grew unterstrichen, daß Sanktionen gegen Japan möglicherweise zum Krieg führen würden. Eine Handelssperre für amerikanische Erdölexporte nach Japan könnte durchaus zur Folge haben, daß die Japaner in der Richtung auf Niederländisch-Indien vorzudringen suchten, um sich der dortigen reichen Petroleum vorkommen zu bemächtigen. Die Antwort des Präsidenten auf diese Warnungen Grews zeigte, daß er in Hinsicht auf Japan in Begriffen des Krieges dachte: „Es wäre uns ein leichtes, die japanische Flotte abzufangen."[11]

Aber Grew wollte einen Krieg mit Japan verhüten, nicht provozieren. Während der Präsident diesen kriegerischen Bombast von sich gab, vertraute Grew seinem Tagebuch an, Außenminister Hull „sollte den Japanern einen Modus vivendi anbieten" und dann mit ihnen Verhandlungen über ein neues Wirtschaftsabkommen beginnen. Die Verständigungspolitik Schideharas „hat es gegeben. Es kann sie wieder geben."[12] Grew schien die Beharrlichkeit, mit der Japan auf einer „strategischen Schutzstellung gegen einen künftigen Angriff Sowjetrußlands" bestand, gar keine so unvernünftige Politik zu sein. Wenn Amerika sie ändern wolle, dann sollte es das nicht durch die Anwendung von Sanktionen versuchen: „In unserer Haltung darf nichts von Drohung mitklingen."[13]

Grew nahm offenbar die Tatsache nicht wahr, daß die Abneigung des Präsidenten gegen Japan schon sehr tief saß und sich sehr weit auswirkte. Roosevelt hatte den Hang, jede japanische Verständigungsgeste zu übersehen. In Japan führte Grew mehrere freundschaftliche Gespräche mit dem Außenminister, während deren dieser wiederholt versicherte, „daß die japanischen Streitkräfte in China nicht die geringste Absicht hätten, die amerikanischen Interessen zu verdrängen, sondern daß sie die striktesten gegenteiligen Befehle hätten". Es würden Maßnahmen getroffen, „um den amerikanischen Handel zu erleichtern". Ja, es würden bestimmte „positive Maßregeln entsprechend den wertvollen Anregungen" ergriffen, die Grew vor kurzem selber gegeben habe.[14]

Das Weiße Haus antwortete auf diese versöhnlichen japanischen Gesten mit einer Erklärung durch die Presse, die ein moralisches Embargo auf die Verschiffung von „Flugzeugen, Fliegerei-Ausrüstung und für den Flugzeugbau wesentlichem Material" forderte.[15] Japan wurde für die Luftoperationen seiner Bomber bestraft. Um diese Maßnahmen noch wirksamer zu machen, übergab das Department of State am 20. Dezember der Presse eine weitere Erklärung, worin es bezeichnenderweise hieß, „das nationale Interesse" lege nahe, „gegenwärtig gewissen Ländern keine Pläne, Anlagen, Fabrikationsrechte oder zur Herstellung hochwertigen Fliegerbenzins notwendige Informationen mehr zu liefern".[16]

Es war das aber nur ein Vorspiel zu dem nachfolgenden Programm wirtschaftlicher Druckmaßnahmen gegen Japan. Senator Pittman hatte eine Vorlage eingebracht, durch die der Präsident ermächtigt werden sollte, den Export besonders bezeichneten Kriegsmaterials zu verbieten, wenn er erfuhr, daß ein Signatarstaat des Neunmächtevertrages das Leben amerikanischer Bürger gefährde oder sie ihrer legitimen Rechte beraube. Aber das State Department war nicht bereit, diese Gesetzgebung zu beschleunigen. In Japan war eine neue Regierung in der Bildung begriffen, und man wollte ihr Gelegenheit geben, die Karten aufzudecken. Am 17. Januar gab der neu ernannte Außenminister, Arita, eine Erklärung ab, die von den Anstrengungen sprach, mit denen er die Beziehungen zu den Vereinigten Staaten zu „normalisieren" beabsichtige. Er wies dabei besonders auf die Tatsache hin, daß am 26. Januar die vertraglichen Beziehungen zu den Vereinigten Staaten aufhören würden. In der Tat, nach diesem Termin waren einer Gesetzgebung oder Proklamationen des Präsidenten, die dem Export nach Japan schwere Einschränkungen auferlegen würden, keine rechtlichen Schranken mehr gesetzt.

Japan bildet eine neue zentralchinesische Regierung

Die japanische Politik der Expansion in China machte eine „Normalisierung" der Beziehungen zwischen Tokio und Washington unmöglich. Am 15. März 1940 forderte der japanische Premierminister „ein neues internationales Verhältnis zwischen Japan, Mandschukuo und China". Das mache die Errichtung „einer neuen chinesischen Zentralregierung" (unter Wang Tsching-wei) notwendig.[17] Am 30. März wurde diese Marionettenregierung förmlich proklamiert, doch folgte dem sofort die Feststellung, daß die drei wichtigen Nordprovinzen Hopeh, Schansi und Schantung mit Schlüsselstädten wie Peiping, Tientsin und Tsingtau der Kontrolle des Regimes Wangs nicht unterstellt worden waren.

Außenminister Hull antwortete auf die japanische Aktion unverzüglich und kräftig: „Die Regierung der Vereinigten Staaten hat reichlich Grund zu glauben, daß die Regierung [Tschiang Kai-scheks], deren Hauptstadt jetzt Tschungking ist, über die Treue und die Unterstützung der großen Mehrheit des chinesischen Volkes verfügt hat und noch verfügt. Selbstverständlich wird die Regierung der Vereinigten Staaten diese Regierung nach wie vor als die Regierung Chinas anerkennen."[18]

Die Sprache des britischen Botschafters in Tokio, Sir Robert Craigie, wich bedeutend von der des State Department ab. Craigie hielt am 28. März in der Japanisch-Britischen Gesellschaft eine Rede, in der die versöhnliche Note stark betont war. Er glaube, daß Britannien und Japan „dem gleichen Ziel" zustrebten, „nämlich einem dauerhaften Frieden und der Bewahrung unserer Institutionen vor fremden, umstürzlerischen Einflüssen".[19] Diese freundschaftliche Geste gegen Japan wurde von der Londoner „Times", die von der Bildung der Regierung Wangs als einem „Friedensangebot an das chinesische Volk" schrieb, sehr günstig aufgenommen.[20]

Japan zwingt England und Frankreich zu einer Beruhigungspolitik

Das Foreign Office schlug schnell eine andere Tonart an, als Außenminister Arita am 15. April verkündete, daß die wirtschaftlichen Bande, die Japan mit Niederländisch-Indien verknüpften, besonders wichtig seien. Deshalb könne die japanische Regierung nur „tief besorgt sein über jede die Verschärfung des Krieges in Europa begleitende Entwicklung, die möglicherweise den Status quo in Niederländisch-Indien berühren würde".[21] Der niederländische Gesandte in Washington, Dr. Loudon, gab sofort die Erklärung heraus, daß sich seine Regierung jedem „vorsorglichen Schutz" seiner kolonialen Besitzungen widersetzen werde.[22] Ebenso schnell gab Außenminister Hull bekannt: „Eine Intervention in die inneren Angelegenheiten Niederländisch-Indiens oder eine Änderung seines Status quo durch andere als friedliche Vorgänge würden der Sache der Stabilität, des Friedens und der Sicherheit nicht nur im Gebiet Niederländisch-Indiens, sondern im ganzen pazifischen Raum schaden." Dann verwies er auf die Vorkehrungen im Root-Takahira-Abkommen von 1908 und den Viermächtevertrag von 1921 in Hinsicht auf „die Aufrechterhaltung des gegenwärtigen Status quo im Raum des Pazifischen Ozeans".[23] Präsident Roosevelt war im Begriff, nach Warm Springs in Urlaub zu reisen, als Hull vor der Presse seine Erklärung abgab. Er bemerkte, der Außenminister habe „den Kern der Sache getroffen", und fügte bedeutungsvoll hinzu: „Ich werde pünktlich zurück sein, wenn wieder ein Land überfallen worden ist."[24]

Japan nahm diese Drohung nicht sehr ernst und begann sofort eine Politik des Druckes auf Frankreich. Am 17. Juni legte die japanische Regierung der Regierung Pétains eine Reihe Forderungen vor, die darauf zielten, jeden Nachschub für Tschungking durch Indochina zu stoppen. Drei Tage später fügte sich Vichy, und die Regierung Tschiang Kai-scheks erlitt einen schweren Rückschlag.

Am 19. Juni konnten die Japaner einen neuen Sieg verzeichnen. Ein Jahr lang hatten die japanischen Behörden auf die Banken in Tientsin gedrückt, um sie zur Auslieferung des großen Silbervorrats zu zwingen, der der chinesischen Nationalregierung gehörte. Die Banken gaben schließlich dem japanischen Drängen nach und willigten ein, daß die von den Japanern begünstigte Papierwährung in der britischen und der französischen Konzession in Umlauf gesetzt werde.

Das britische Außenamt vermerkte den japanischen Druck übel und ließ am 10. Juni durch Lord Lothian über die Möglichkeit anglo-amerikanischer Flottenbewegungen im Atlantik und im Pazifik in Washington Erkundigungen einziehen. Als Hull ablehnte, fragte Lothian, der am 27. Juni in Begleitung des australischen Gesandten im State Department erschienen war, Hull sarkastisch, „ob man denn Japan entgegentreten oder es beschwichtigen wolle". Man könnte über Japan ein strenges Embargo verhängen und als Demonstration der Einigkeit beider Flotten Kriegsschiffe nach Singapore schicken. Diese Maßnahmen zwängen die japanische Regierung, zu einer weniger aggressiven Politik überzugehen. Sollte sich aber das State Department von einer Politik der Beschwichtigung angezogen fühlen, so wäre Großbritannien zu weiteren Konzessionen bereit. Am 28. Juni erklärte sich Hull gegen den Gedanken eines Embargos und lehnte es ab, die Entsendung amerikanischer Kriegsschiffe nach Singapore in Betracht zu ziehen. Ebenso aber war er gegen eine Politik der Verständigung. Er hielt es für das beste, die Dinge treiben zu lassen und den Japanern die Initiative zuzuschieben.[25]

Japan ließ nicht auf sich warten. Nachdem es sich das Abkommen mit Frankreich gesichert hatte, das den Nachschubtransporten für Tschiang Kai-schek durch Indochina ein Ende bereitete, überredete es am 17. Juli Britannien, auf drei Monate die Burmastraße zu schließen. Kriegsmaterial, Benzin, Lastkraftwagen und Eisenbahnmaterial konnten China auf diesem Wege nicht mehr erreichen.[26] Obwohl sich Außenminister Hull geweigert hatte, Großbritannien irgendwelche Hilfsversprechungen zu machen, gab er jetzt bekannt, daß die Vereinigten Staaten „ein legitimes Interesse daran hätten, die Verkehrsadern in jedem Teil der Welt offen zu halten". Die Schließung der Straßen nach China durch Burma und Indochina sei „ein nicht zu rechtfertigendes Einschieben von Hindernissen für den Welthandel".[27]

Der Präsident befiehlt eine vorsichtige Wirtschaftsoffensive gegen Japan

Während Außenminister Hull eine Politik wachsamen Abwartens verfolgte, trat der Präsident für kräftigere Maßnahmen ein. Nach dem unlängst beschlossenen Verteidigungsgesetz war er zu einer strengen Kontrolle des amerikanischen Ausfuhrhandels ermächtigt. Morgenthau wollte mit ihr das Finanzministerium beauftragt haben, aber Hull war ängstlich darauf bedacht, sie nicht aus der Hand zu geben. Er fürchtete, daß Morgenthaus Kreuzzugseifer zu einem Zusammenstoß im Pazifik führen könnte. Schließlich machte der Präsident diesem Rivalitätsstreit ärgerlich ein Ende, indem er für die Exportkontrolle einen besonderen Vertreter ernannte. Tatsächlich aber blieb die politische Handhabung der Ausfuhrkontrolle einschließlich der Erteilung der Ausfuhrgenehmigungen beim Department of State.

Die tiefen Meinungsverschiedenheiten zwischen Außenamt und Finanzministerium wurden durch die Ereignisse der letzten Juliwoche 1940 grell beleuchtet. Am Abend des 18. Juli speisten die Minister Stimson, Knox und Morgenthau gemeinsam mit Lord Lothian und dem australischen Gesandten. Als sich das Gespräch um die möglichen Wirkungen einer Sperrung des Erdölexports nach Japan bewegte, meinte Lord Lothian plötzlich, England vermöchte unter Umständen die Zerstörung der Petroleumfelder Niederländisch-Indiens herbeizuführen. Verlöre Japan diese beiden Ölzufuhrquellen, so bliebe seine Kriegsmaschine von heute auf morgen stehen.[28]

Bei einer Besprechung der Anregung des britischen Gesandten im Weißen Haus schien der Präsident davon sehr angetan zu sein, aber Sumner Welles wandte sofort ein, daß ein Embargo gegen Japan einen japanischen Angriff auf britische oder holländische Kolonialbesitzungen zur Folge hätte. Dem traten Knox, Morgenthau und Stimson scharf entgegen; sie rieten, Japan durch kühne Maßnahmen an die Kandare zu nehmen. Morgenthau, der wußte, daß er damit „Natur und Neigung des Präsidenten ansprach", entwarf eine Proklamation über die Kontrolle der Ausfuhr aller Arten von Brennstoff und aller Schrottsorten. Der Präsident unterzeichnete sie und sandte sie Welles zur Gegenzeichnung. Welles jedoch widersprach der Proklamation so erregt und hartnäckig, daß Roosevelt die von ihm bereits unterschriebene Erklärung beiseite legte und durch eine andere ersetzte, die nur Benzin und Schmieröl für Flugzeugmotoren, schweres Schmelzeisen und Stahlschrott betraf.[29]

Als die japanische Botschaft die Zeitungsberichte über ein totales Embargo auf Öl und Schrott zu Gesicht bekam, fragte sie sofort im State Department an, was es damit auf sich habe. Welles verwies mit beruhigenden Versicherungen auf die wirkliche Proklamation des Präsidenten und fügte hinzu, daß mit ihr kein bestimmtes Land ins Auge gefaßt sei. Die japanische Botschaft lief gegen diesen Standpunkt in drei langen Noten Sturm, aber Welles behauptete ihn mit eherner Stirn.[30] Lord Lothian, der fürchtete, Roosevelt habe sich in die Karten gucken lassen, riet, darin von dem niederländischen Gesandten unterstützt, für die Zukunft zu größerer Vorsicht.

Diese Politik kluger Vorsicht wurde jedoch unerwartet von Botschafter Grew scharf angegriffen. Er hatte sich lange Sanktionen gegen Japan widersetzt, weil er glaubte, sie wären das Vorspiel zum Krieg. Allein, am 12. September 1940 revidierte er in einer langen Depesche seine Ansichten: „Wenn wir der Auffassung sind, daß es in unserm Interesse liegt, dem britischen Empire in dieser seiner schweren Stunde beizustehen, und ich bin ganz entschieden dieser Auffassung, dann müssen wir mit allen Mitteln danach streben, mindestens so lange, bis der europäische Krieg gewonnen oder verloren ist, den Status quo im Pazifik zu bewahren. Meiner Meinung nach genügt dazu nicht, daß wir unsere Mißbilligung aussprechen und darüber sorgfältig Protokoll führen ... Solange man in diesem Lande [Japan] nicht völlig neu denken lernt, kann nur eine Zurschaustellung von Stärke, zusammen mit der Entschlossenheit, sie notfalls zu gebrauchen, zur Erzielung eines solchen Ergebnisses und zu unserer eigenen künftigen Sicherheit beitragen."[31]

Dieses Telegramm Grews bekräftigte den Präsidenten in seinem Verlangen, den Wirtschaftsdruck auf Japan zu verstärken. Der japanische Stoß nach Süden bereitete ihm zunehmende Sorgen. Am 23. September drangen japanische Truppen in Indochina ein und übernahmen bald die Provinz Tonking. Als die Nachricht hiervon zusammen mit Berichten, daß Japan im Begriff sei, ein Bündnis mit Deutschland zu schließen, im Weißen Haus eintraf, beschloß der Präsident, die Verfrachtung aller Eisenarten und Stahlschrotte nach Japan zu sperren.[32] Aber die japanischen Staatsmänner waren dem durch Anlegung großer Vorräte für den unmittelbaren Bedarf zuvorgekommen. So wirkte die Aktion des Präsidenten als Herausforderung und nicht als Bombe.

Japan verbündet sich mit der Achse Rom-Berlin

Das Bündnis Japans mit der Achse Rom-Berlin war seit langem in Vorbereitung. Der stärkste japanische Befürworter dieser Allianz war der japanische Militärattaché und spätere Botschafter in Berlin, General Oshima. Er und Ribbentrop standen miteinander in einem besonders vertraulichen Verhältnis. Während der Sudetenkrise im Sommer 1938 fragte Ribbentrop an, ob Japan bereit wäre, einen Vertrag Rom-Berlin-Tokio zu schließen, der gegen alle potentiellen Gegner dieses Dreiecks gerichtet wäre.[33] Tokio verwarf den Vorschlag,[34] und im Februar 1939 wurde Fürst Ito nach Berlin entsandt, um Ribbentrop mit der Entscheidung bekannt zu machen, daß Japan den vorgeschlagenen Vertrag auf eventuelles Handeln gegen Rußland beschränkt zu haben wünsche.[35] Im April 1939 verdoppelte Ribbentrop seine Anstrengungen für ein enges Vertragsverhältnis mit Japan. Er behauptete, daß ein solches Abkommen Washington davor warnen werde, im Falle des Ausbruchs eines europäischen Krieges aus der Neutralität herauszutreten. Aber Japan blieb gegenüber diesen Anregungen kühl[36], und nach der Unterzeichnung des deutsch-sowjetischen Paktes wurde es eisig.

Indessen, Ribbentrop verlor keinen Augenblick die Hoffnung, daß er Japan dazu bringen könne, zu Deutschland in engere politische Beziehungen zu treten, und er ließ durch die Vertretung der IG Farben in Japan große Summen Propagandagelder verteilen.[37] Am 12. Juni 1940 berichtete Botschafter Ott, daß er immer noch versuche, durch Beeinflussung der Presse und führender politischer Persönlichkeiten den Groll der Japaner gegen die Vereinigten Staaten aufzustacheln.[38] Am 8. Juli traf Naotake Sato zu Besprechungen mit Ribbentrop in Berlin ein. Er bemerkte, Japan habe „seit dem Ausbruch des chinesischen Krieges" die Aufmerksamkeit der Vereinigten Staaten „auf sich gezogen und die amerikanische Flotte im Pazifischen Ozean gefesselt". Als Ribbentrop den Abgesandten über die fundamentalen Streitigkeiten zwischen Japan und den Vereinigten Staaten ausfragte, wies Sato auf den Neunmächtepakt hin. Ribbentrop gewann den bestimmten Eindruck, daß Japan bald in ein enges Verhältnis zur Achse gebracht werden könne.[39]

Am 12. Juli berieten in Tokio Vertreter der Ministerien für Krieg, Marine und auswärtige Angelegenheiten über den eventuellen Abschluß eines Dreierpaktes.[40] Um die Entscheidung zu beschleunigen, eilte Heinrich Stahmer nach Tokio, wo er am 9. September mit Matsuoka Besprechungen aufnahm. Stahmer betonte immer wieder, Deutschland habe mit dem vorgeschlagenen Bündnis in erster Linie das Ziel im Auge, Amerika aus dem Krieg herauszuhalten.[41] Am 16. September war die Opposition in Japan im wesentlichen zum Schweigen gebracht, und am 27. September wurde der Pakt in Berlin mit großem Pomp unterzeichnet.[42] Die Formulierung des Artikels 3 richtete sich direkt gegen die Vereinigten Staaten: „Japan, Deutschland und Italien ... verpflichten sich, einander mit allen politischen, wirtschaftlichen und militärischen Mitteln beizustehen, wenn eine der drei vertragschließenden Parteien von einer Macht angegriffen wird, die gegenwärtig in den europäischen Krieg oder in den chinesisch-japanischen Konflikt nicht verwickelt ist."[43]

Es liegen Beweise dafür vor, daß Matsuoka von Stahmer die geheime mündliche Zustimmung zu dem Rechtsvorbehalt Japans erlangt hat, selber zu entscheiden, ob in irgendeiner möglichen Situation der Bündnisfall gegeben sei.[44] Ferner ist die Annahme hinreichend begründet, daß Japan den Dreierpakt vor allem zu dem Zweck unterzeichnet hat, die Vereinigten Staaten von einem Eintritt in den Krieg abzuschrecken. Der japanische Außenminister hat in seiner Weisung an Admiral Nomura vom 8. Oktober 1941 wiederholt erklärt, daß einer der Gründe, weshalb Japan das Bündnis mit Deutschland und Italien eingehe, der Wunsch nach „freundschaftlichen Beziehungen mit Amerika" sei.[45] Im Jahre 1941 äußerte sich Matsuoka zu Masuo Kato ganz ähnlich.[46] Im September 1940 war es für das Department of State schwierig, diesen Standpunkt zu begreifen.

Amerika rückt näher an Großbritannien heran

Für die Regierung Roosevelts schien es auf der Hand zu liegen, daß die neue Achse Rom-Berlin-Tokio einen Kriegsplan bedeute. Um diesem bedrohlichen politischen Aufmarsch mit

Festigkeit zu begegnen, erklärte der Präsident am 12. Oktober kühn: „Die beiden Amerikas werden sich nicht auf den Weg schrecken oder drohen lassen, auf den uns die Diktatoren haben möchten ... Keine Kombination von Diktaturländern Europas und Asiens wird uns davon abhalten, der beinahe letzten freien Bevölkerung zu helfen, damit es sie abwehren kann."[47] Diese kühnen Worte wahrzumachen, hatte der Präsident bereits das Landwirtschaftsministerium angewiesen, die Weizenausfuhren nach dem Fernen Osten nicht mehr zu subventionieren, weil ein großer Teil dieses Getreides von Japan gekauft wurde. Um dieselbe Zeit gab Premierminister Churchill im Unterhaus bekannt, daß die Burmastraße am 8. Oktober wieder geöffnet werde.

Den November und Dezember 1940 hindurch drängte Lord Lothian auf gemeinsame Gespräche und gemeinsames Handeln im Fernen Osten. Typisch war die Unterredung zwischen Außenminister Hull und dem britischen Botschafter am 25. November: „Der britische Botschafter, soeben aus London zurückgekehrt, kam auf eigenes Ersuchen. Er sprach besorgt über die fernöstliche Lage; er glaube, die Japaner würden wahrscheinlich bald Singapore angreifen ... Das Hauptanliegen, das der Botschafter vorbrachte, war, daß zwischen den Marinesachverständigen unserer beiden Regierungen Besprechungen darüber abgehalten werden sollten, was jeder im Falle militärischer Ausbrüche Japans täte oder tun könnte. Ich [Hull] sagte, daß hierüber natürlich kein Abkommen getroffen werden könne, daß wir aber zweifellos zu dem Zweck zusammenarbeiten sollten, alle brauchbaren Informationen darüber auszutauschen, was der eine und der andere im Falle einer militärischen Bewegung Japans im Süden oder in anderer Richtung zu unternehmen beabsichtige und wann und wo.

Der Botschafter erklärte, die Information, die er in London erhalten habe, gehe dahin, daß unser Marineattaché, Admiral Ghormley, zwar ein tüchtiger Mann sei, mögliche zukünftige Pläne zu erörtern jedoch ständig mit der Begründung ablehne, daß er keinerlei Vollmachten habe ... Er sagte, er hoffe, daß zwischen seinen und unseren hohen Marinebeamten über alle Phasen der pazifischen Lage Besprechungen stattfinden würden."[48]

Diese Unterredungen zwischen Hull und Lord Lothian führten, wie hier schon vermerkt, zu den gemeinsamen Generalstabsbesprechungen, die in der letzten Januarwoche 1941 in Washington begannen und dem Hindrängen zur Verhängung eines Embargos auf den Export nach Japan entsprachen. Am 10. Dezember gab das Weiße Haus bekannt, daß nach dem 30. Dezember neue Einschränkungen in der Erteilung von Ausfuhrgenehmigungen in Kraft treten würden, und zwar für Eisenerz, Roheisen, Eisenlegierungen und „bestimmte Eisen- und Stahlwaren und Halbfabrikate".[49] Am 20. Dezember wurde die Ausfuhr von weiteren Produkten eingeschränkt: von Brom, Äthyl, hydraulischen Pumpen und Ausrüstungen zur Herstellung von Schmieröl für Flugzeugmotoren.[50] Drei Wochen später, am 10. Januar 1941, dehnte diese Wirtschaftsoffensive die Restriktionen aus auf den Export von Kupfer, Messing, Zink, Nickel und Pottasche.[51] Andere Ausfuhreinschränkungen folgten bald. Sie schienen, vom Radium bis zu Rohhäuten, einfach alles einzuschließen – außer Erdöl.

Matsuoka und Prinz Konoye sind bereit, für die Sache des Friedens Japans chinesische Position zu opfern

Während der Präsident diese neue Wirtschaftsoffensive gegen Japan vorbereitete, zeigte sich Matsuoka willens, die Stellung Japans in China aufzugeben, um den Frieden zu sichern. Im November 1940 bat Matsuoka Bischof James E. Walsh, den Generalsuperior der katholischen auswärtigen Missionsgesellschaft von Maryknoll in New York und Pater J.M. Drought von demselben Orden, eine Sondermission nach Washington auf sich zu nehmen, um dem Präsidenten vor Augen zu führen, daß die japanische Regierung „ein Friedensabkommen zu schließen wünsche; 1. ein Abkommen über eine Nichtigkeitserklärung ihrer Beteiligung am Pakt der Achse ... 2. eine Garantie für die Abberufung aller ihrer militärischen Kräfte aus China und die Wiederherstellung der geographischen und politischen Integrität Chinas." Über weitere Fragen, die das japanisch-amerikanische Verhältnis belasteten, sollte „in den Besprechungen, von denen gehofft werde, daß sie nachfolgen würden", eine Klärung und Einigung erfolgen.

Bischof Walsh und Pater Drought hatten dann eine Unterredung mit General Muto, dem Leiter des Zentralbüros für militärische Angelegenheiten, der ihnen versicherte, daß „er und seine Kameraden in der japanischen Armee mit den Anstrengungen, ein Friedensabkommen zu erreichen, übereinstimmten".

Die beiden eilten nun nach Washington und trugen am 23. Januar 1941 in einer Konferenz, die über zwei Stunden dauerte, die ganze Sache Präsident Roosevelt und Außenminister Hull vor. Man erklärte ihnen, die Angelegenheit werde „in Beratung genommen werden".[52] Und damit endete die eifrige Bemühung der japanischen Regierung, einen Weg zum Frieden zu finden, obwohl dieser Weg zugleich zu einem Verzicht auf die Ziele Japans in China und einem furchtbaren Prestigeverlust führen mußte. Es scheint durchaus möglich, daß der Fernöstliche Militärgerichtshof die falschen Personen zur Verantwortung gezogen hat, und es wäre vielleicht besser gewesen, wenn das Tribunal seine Sitzungen in Washington abgehalten hätte.

Vergebliche Bemühung einer inoffiziellen japanischen Abordnung um Verbesserung des Verhältnisses zwischen Tokio und Washington

Kurz bevor Bischof Walsh und Pater Drought dem Präsidenten Friedensvorschläge aus Japan überbrachten, hatte eine inoffizielle japanische Delegation mit Beamten des State Department Gespräche über eine amerikanisch-japanische Verständigung begonnen. Geführt wurde die Abordnung von S. Hashimoto, einem ehemaligen Mitglied der Amur-Gesellschaft, der neuerdings mit der Schi-Un-So, der Purpurwolken-Gesellschaft, verbunden war.[53] Hashimoto hatte sich der Sache eines friedlichen Verhältnisses zwischen den Vereinigten Staaten und Japan gewidmet und unterhielt gute Beziehungen zu Angehörigen der japanischen Regierung.

Hashimoto legte in langwierigen Unterredungen mit Mr. Hornbeck, Mr. Hamilton und Mr. Ballantine[54] die Ursachen der Schwierigkeiten zwischen Japan und den Vereinigten Staaten bloß. Er war sicher, daß sich eine Entspannung zwischen beiden Ländern am besten erreichen ließe, wenn das Department of State den Prinzen Konoye davon überzeugte, daß es „wünschenswert" sei, „einen neuen Kurs einzuschlagen". Wäre Amerika Japan behilflich, ihm „eine offene Tür zum Handel in den Kolonien der verschiedenen Länder überall in der Welt" zu sichern, dann könnte Konoye daraus den Mut zur eigenen Überzeugung gewinnen. Eine solche freundliche Geste wäre von ungeheurem Wert.

Mr. Hornbeck hatte für freundliche Gesten keine Verwendung. Japan sollte zurechtgewiesen, nicht versöhnt werden, und so war denn seine Antwort auf Hashimotos Eintreten für neue Bemühungen um eine freundschaftliche Verständigung ein barsches Nein: „Japan, nicht die Vereinigten Staaten, war der Angreifer: Japan, und nicht die Vereinigten Staaten, hat das Recht mißachtet, Verträge verletzt, Menschen verwundet und getötet, Eigentum zerstört, diskriminiert, Räumungen erzwungen, Kriegsmaterial aufgestapelt, sich fremder Gebiete bemächtigt und gedroht, sich noch mehr zu nehmen, et cetera ... Es ist Japan, nicht die Vereinigten Staaten, das gedroht und von Krieg geredet hat."[55]

Ein Plan für anglo-amerikanisches Zusammenwirken

Während jene Bemühungen um eine Verbesserung der japanisch-amerikanischen Beziehungen in einer Sackgasse endeten, führten die förmlichen gemeinsamen Generalstabsbesprechungen zwischen der amerikanischen Abordnung und Vertretern Großbritanniens, Kanadas, Australiens und Neuseelands zu einer Vereinbarung der Stäbe, dem Abkommen ABC-1. Die Briten hatten nachdrücklich geltend gemacht, Singapore sei so wichtig, daß die Vereinigten Staaten bereit sein sollten, zur Verteidigung dieser Schlüsselposition ihre pazifische Flotte zu teilen. Die amerikanische Delegation lehnte das ab. Der Plan der Generalstäbe wies dann für den Fall eines Eintritts Amerikas in den Krieg der amerikanischen Flotte hauptsächlich eine defensive Aufgabe zu (den Schutz der amerikanischen Inselbesitzungen). Aber sie sollte auch Ablenkungsoperationen in der Richtung der Marschallinseln und der Karolinen ausführen sowie Verbindungswege und Schiffsverkehr Japans angreifen. Der Plan sah also verbundene, aber keine gemeinsamen Flottenoperationen vor.

Nach langer Prüfung der Bedeutung aller Einzelheiten wurde der Plan vom Marineminister und vom Kriegsminister gebilligt. Der Präsident bestätigte ihn nicht ausdrücklich.[56] Bald jedoch zeigte sich, daß die amerikanischen militärischen Pläne stark durch das Beratungsergebnis beeinflußt wurden.[57] Die an ihnen entsprechend vorgenommenen Änderungen betrafen weit mehr als technische Einzelheiten: sie verrieten nah verwandte Auffassungen der maßgebenden britischen und amerikanischen Vertreter. So knüpften neue Bande die beiden Länder enger zusammen, und die gefährliche Tragweite der Veränderung blieb dem Präsidenten nicht verborgen. Ein Plan für anglo-amerikanische Kooperation war entworfen. Er würde angewendet werden, sobald der Regierungschef einen Vorwand dafür fände.

Japan sucht Frieden und nicht Krieg mit den Vereinigten Staaten

Als Hitler sich auf den Krieg mit Rußland zu bewegte, dachte er mehr und mehr an japanische Unterstützung in dem geplanten Kampf mit den Sowjets. Am 8. Januar 1941 äußerte er zu Raeder: „Stalin muß als eiskalter Erpresser angesehen werden und wird von allen schriftlichen Verträgen, wenn nötig, sofort zurücktreten." In einem Kampf mit Rußland könnte Deutschland von Japan entscheidende Hilfe erlangen.[58] Japanische Unterstützung gegen Britannien war ebenso wichtig. Als General Oshima nach Berlin zurückkehrte, eilte er sofort nach Fuschl zu seinem alten Freund Ribbentrop. Der hatte viel auf dem Herzen. Japan sollte in seinem eigenen Interesse „sobald wie möglich" in den Krieg eingreifen. Eine solche Intervention würde Englands Schlüsselstellung im Fernen Osten beseitigen und außerdem Amerika nötigen, sich dem Krieg fern zu halten.[59]

Am 3. März drängte Ribbentrop den japanischen Botschafter wieder, bald zum Kriege zu schreiten, und erneut riet er, keine Aktion gegen die Vereinigten Staaten zu unternehmen. Zwei Tage später erließ Hitler an die Wehrmacht eine Weisung, die die Ribbentropschen Ansichten zusammenfaßte: „Es muß das Ziel der auf den Dreimächtepakt beruhenden Zusammenarbeit sein, Japan sobald wie möglich dahin zu bringen, daß es im Fernen Osten aktive Maßregeln ergreift. Dadurch werden starke britische Kräfte gebunden und der Schwerpunkt der Interessen der Vereinigten Staaten von Amerika auf den Pazifik abgelenkt werden ... Das gemeinsame Ziel der Kriegführung hat zu sein, England schnell niederzuringen und dadurch die Vereinigten Staaten aus dem Krieg herauszuhalten."[60]

Am 26. März traf Matsuoka, jetzt japanischer Außenminister, in Berlin ein. Ribbentrop setzte ihm am nächsten Tag mit den üblichen Argumenten zu. Es wäre „sehr vorteilhaft, wenn Japan möglichst bald den Entschluß fassen würde, aktiv am Krieg gegen England teilzunehmen ... Er glaube ..., daß die Einnahme Singapores ... am ehesten geeignet sei, Amerika aus dem Krieg herauszuhalten."[61] Von Hitler empfangen, hörte Matsuoka das gleiche, lehnte es aber ab, sich zu binden. Am 28. März setzte Ribbentrop seine Gespräche mit Matsuoka fort, und ein möglicher Krieg im Pazifik wurde nach jeder Seite erörtert. Schließlich erkundigte sich Matsuoka unverblümt, welches die Haltung Deutschlands nach der Niederlage Großbritanniens Amerika gegenüber wäre. Ribbentrop antwortete sofort, daß „Deutschland nicht das geringste Interesse an einem Krieg gegen die Vereinigten Staaten habe". Der Japaner schloß die Unterredung, indem er den Wunsch aussprach, daß es gelingen möge, Amerika „zu unserer Auffassung zu bekehren".[62]

Auf dem Rückweg nach Japan unterbrach Matsuoka seine Reise in Moskau und unterzeichnete am 13. April mit Molotow einen Neutralitätspakt. Es ist möglich, daß Hitler diesen Pakt als zu seiner Absicht passend begrüßte, das russische Mißtrauen einzuschläfern[63], sicherlich aber erweckte das Abkommen in Berlin bei vielen Befürchtungen.

Admiral Nomura bemüht sich um eine Verbesserung der japanisch-amerikanischen Beziehungen

Die Ernennung Admiral Nomuras zum Botschafter in den Vereinigten Staaten bedeutete eine weitere freundliche Geste der japanischen Regierung. Nomura war während des Weltkrieges Marineattaché in Washington gewesen und mit Roosevelt, dem damaligen Gehilfen des Marineministers, freundschaftlich bekannt geworden. Auch hatte er der japanischen Delegation zur Washingtoner Abrüstungskonferenz 1921–1922 angehört. Der neue Botschafter wurde am 14. Februar im Weißen Haus herzlich empfangen, doch wies der Präsident offen auf die „sich ständig verschlechternden" Beziehungen zwischen Japan und den Vereinigten Staaten hin.[64] Im State Department stellte Nomura eine durchdachte „Politik der Kühle gegen die Japaner" fest.[65]

Am 8. März hatten Hull und Nomura ihre erste Unterredung über die japanisch-amerikanischen Beziehungen. In der folgenden Zeit trafen sie sich mehr als vierzigmal zu vergeblichen Versuchen, eine feste Grundlage zu finden, auf der sich eine neue Freundschaft errichten ließe. Hitler verfolgte diese Verhandlungen mit unverhüllter Besorgnis. Der Führer, so bekundete Ribbentrop in Nürnberg, sei über die Haltung Amerikas „bis hart an den Krieg" und über gewisse Gruppen in Japan, die mit Amerika zu einem Ausgleich zu kommen gesucht hätten, beunruhigt gewesen. Er habe befürchtet, daß Amerika, wenn zwischen den Vereinigten Staaten und Japan ein Vergleich geschlossen würde, den Rücken frei hätte und der erwartete Eintritt der Vereinigten Staaten in den Krieg schneller käme.[66]

Im Frühjahr 1941 übte Ribbentrop auf den deutschen Botschafter in Tokio wegen der Gespräche zwischen Hull und Nomura starken Druck aus: Japan solle darauf bestehen, daß Amerika seine unneutrale Politik aufgebe. Der Botschafter hob dementsprechend im japanischen Außenamt hervor, wie wichtig es sei, den Vereinigten Staaten gegenüber fest aufzutreten; dies sei das einzige Mittel, die Vereinigten Staaten neutral zu erhalten.[67]

Matsuoka rät zu einer hinhaltenden Politik

Im Frühjahr 1941, vor seiner Reise nach Berlin, richtete Matsuoka brieflich an Thomas Lamont einen „leidenschaftlichen Appell" für die Förderung eines besseren Einvernehmens zwischen Japan und den Vereinigten Staaten. Als er auf dem Wege nach Berlin in Rom eintraf, erreichte ihn von der japanischen Botschaft in Washington die Nachricht, daß auf ihn „in Lissabon ein eigens gechartertes Flugzeug warte, um ihn zu einer vertraulichen Zusammenkunft mit dem Präsidenten nach Amerika zu bringen. Dies war von Roy Howard, Matsuokas intimem Freund, arrangiert worden." Aber Matsuoka mußte erst, um die wichtigen Punkte seines Programms zu erledigen, nach Berlin und Moskau. In Moskau sprach er freimütig mit dem amerikanischen Botschafter Steinhardt, um für Unterredungen in Washington einen Weg zu bereiten.[68] Als er am 21. April in Dairen ankam, erhielt er einen Anruf von Konoye, der ihn aufforderte, sofort nach Tokio zu fliegen. Dort wartete ein amerikanischer Vorschlag auf ihn, den Nomura soeben von Washington gekabelt hatte.[69]

Jetzt nun erfuhr – nach der von Toshikazu Kase gegebenen Version der Begebenheiten – Matsuoka, daß in Washington in der Form „zwangloser" Gespräche Verhandlungen geführt würden zwischen zwei amerikanischen katholischen Priestern „und einem früheren Beamten des japanischen Finanzministeriums, dessen Integrität einigermaßen zweifelhaft war".[70] Deshalb habe Matsuoka ersucht, die Verhandlungen zu stoppen. Tatsächlich geht es bei Mr. Kase im Ablauf der Verhandlungen böse durcheinander. Wie die beglaubigte schriftliche Aussage Bischof Walshs beweist, hat Matsuoka selber Bischof Walsh und Pater Drought gebeten, sich in einer Sondermission nach Washington zu begeben, und ist ihr Programm in einer Reihe von Besprechungen zwischen Beamten des japanischen Außenministeriums, General Muto und Prinz Konoye ausgearbeitet worden. Die Behauptung, diese Mission sei „ohne Kenntnis des Außenministers inauguriert"[71] worden, trifft sicherlich nicht zu.

Vergebliche Bemühungen Hulls und Nomuras um eine Friedensformel

Die Geschichte der das Frühjahr und den Sommer 1941 hindurch in über vierzig Unterredungen zwischen Außenminister Hull und Botschafter Nomura fortgesetzten Suche nach einer amerikanisch-japanischen Friedensformel ist bis ins einzelne durch die Erinnerungen

Prinz Konoyes[72] bekanntgeworden und durch die vom Department of State veranstaltete Veröffentlichung der betreffenden Dokumente.[73]

Die japanische Regierung war zu zwei wichtigen Verpflichtungen bereit: 1. im Südwestpazifik nur friedliche Mittel anzuwenden; 2. Deutschland nur zu unterstützen, wenn es angegriffen werden sollte. Dafür wünschte Japan von Amerika: 1. die Wiederherstellung normaler Handelsbeziehungen zwischen den beiden Ländern; 2. Unterstützung Japans bei seinem Bemühen, Zugang zu den Grundrohstoffen des südwestpazifischen Raumes zu erhalten; 3. Ausübung eines Drucks auf Tschiang Kai-schek, in gewisse Friedensbedingungen einzuwilligen; 4. bei einer Weigerung Tschiangs, dem Druck nachzugeben, Entziehung der amerikanischen Unterstützung seines Regimes; 5. wohlwollenden diplomatischen Beistand mit dem Ziel, der Rolle Hongkongs und Singapores als Pforten „zu weiteren politischen Einmischungen der Briten im Fernen Osten" ein Ende zu machen.

Außenminister Hull stellte diesen Forderungen eine Denkschrift entgegen, die folgende Punkte hervorhob: 1. Achtung vor der territorialen Integrität und der Souveränität jeder Nation; 2. Unterstützung des Prinzips der Nichteinmischung in die inneren Angelegenheiten anderer Länder; 3. Unterstützung des Prinzips der Gleichberechtigung einschließlich der Gleichheit der wirtschaftlichen Möglichkeiten; 4. keine Störung des Status quo im Pazifik, ausgenommen eine mögliche Änderung des Status quo durch friedliche Mittel.[74]

Die Erörterung dieser Voraussetzungen für ein freundschaftliches Einvernehmen wurde durch ein gelegentliches Wortfeuerwerk Matsuokas nicht gerade gefördert. Am 14. Mai kritisierte er in einem Gespräch mit Botschafter Grew scharf die Haltung der Vereinigten Staaten gegen Deutschland. Amerikanische Angriffe auf deutsche U-Boote könnten Artikel 3 des Dreierpaktes vom 27. September 1940 in Funktion setzen.[75]

Diese Unterredung war Gegenstand von Bemerkungen Sumner Welles' während einer Besprechung mit dem britischen Botschafter. Halifax erkundigte sich nach dem Fortgang der Gespräche zwischen Hull und Nomura. Ob es eine Chance gebe, daß sie erfolgreich ausgehen würden? Welles meinte, „die Aussichten stünden möglicherweise nicht besser als eins zu zehn". Darauf übergab er Halifax die Abschrift eines Briefes, den Matsuoka unmittelbar nach seinem Gespräch am 14. Mai an Grew gerichtet hatte. Das Schreiben war so ausschweifend, daß Halifax meinte, „es trage Zeichen von Geisteskrankheit". Welles hatte denselben Eindruck, kam aber dann zu dem Schluß, der exzentrische Brief „könnte darauf zurückzuführen sein, daß Mr. Matsuoka gegenwärtig äußerst heftig trinke, und so sei der in dem Schreiben sich spiegelnde Geisteszustand möglicherweise eher ein augenblicklicher als ein dauernder".[76]

Es liegt auf der Hand, daß Matsuokas kriegerischer Geisteszustand die Folge des Druckes aus Berlin war. Hitler wollte bald seinen Angriff gegen Rußland führen, und es lag ihm jetzt ganz besonders daran, daß Amerika neutral blieb. Aber die japanische Drohung hatte diese Wirkung auf Roosevelt nicht. Am 20. Juni wurde in Washington bekannt gegeben, daß von den amerikanischen Osthäfen (einschließlich des Golfs von Mexiko) außer nach dem britischen Empire und der westlichen Hemisphäre kein Erdöl mehr ausgeführt werde. Zwei Tage später überschritten Hitlers Armeen die russische Grenze, und die deutsche Offensive kam ins Rollen. Als die Nachricht hiervon in Tokio eintraf, begab sich Matsuoka eiligst zum Kaiser und trat lebhaft dafür ein, Deutschland durch sofortigen Angriff auf Rußland zu unterstützen. Er gab bereitwillig zu, daß diese Politik die Möglichkeit eines Krieges mit Amerika einschließe.[77]

Konoye wollte zwar die vorwärtsdrängende Taktik Matsuokas bremsen, aber die japanischen Armeeführer waren störrisch, und aus Besprechungen am 25. Juni und 2. Juli ging ein neues, gefährliches Programm hervor: 1. Japan sollte sich nicht in einen Konflikt mit den Sowjets stürzen; 2. der Dreierpakt sollte nicht aufgegeben werden; 3. Japan sollte südwärts vorgehen und in Indochina einrücken.[78]

In der ersten Juliwoche war man in Washington über diese Entscheidung unterrichtet. Es war gelungen, in den japanischen diplomatischen Code einzubrechen, und von Juli bis Dezember 1941 konnten der Präsident und der Außenminister die Weisungen des japanischen Außenamtes an Botschafter Nomura lesen.[79] Der geplante japanische Vorstoß nach dem Süden war bald in allen Einzelheiten bekannt.

Matsuoka wird fallengelassen, aber Roosevelt wird kriegslustiger

Prinz Konoye akzeptierte widerwillig die Entscheidung der Besprechungen von Ende Juni und Anfang Juli, war jedoch entschlossen, Matsuokas ständiges Eintreten für eine kühnere Politik gegenüber den Vereinigten Staaten nicht hinzunehmen. Während neuer Konferenzen am 10. und 12. Juli richtete Matsuoka heftige Angriffe gegen die Vereinigten Staaten und forderte sogar eine Beendigung des Gespräches zwischen Hull und Nomura. Aber die Vertreter des Heeres und der Flotte setzten sich nachdrücklich für die Fortführung der Gespräche ein, und so wurde Matsuoka überstimmt. Der Außenminister war, wie sich gezeigt hatte, bei seinen Kollegen durchaus unbeliebt, und sie suchten sich seiner auf Umwegen zu entledigen. Am 16. Juli trat das ganze Kabinett zurück. In dem neuen Kabinett, das zu bilden Konoye beauftragt wurde, erhielt den Posten des Außenministers Admiral Toyoda.

Dieser bedeutsame Kabinettswechsel machte auf Präsident Roosevelt und mehrere seiner Ratgeber, die auf Sanktionen gegen Japan gedrängt hatten, wenig Eindruck. Einer der aktivsten unter ihnen war der Kriegsminister, Henry L. Stimson. Schon am 16. Dezember 1940 vertraute er seinem Tagebuch an, daß Amerika schließlich in den Krieg hineingezogen werden würde[80], und im Frühjahr und Sommer 1941 bearbeitete er ständig den Präsidenten, gegen die Deutschen stärkere Maßregeln zu ergreifen[81].

Einige der Weisungen Tokios an Nomura bekräftigten indirekt den Rat Stimsons. Diese abgefangenen Funksprüche wurden dem Präsidenten vorgelegt und beeinflußten seine Entscheidungen. Am 14. Juli wurde eine besonders wichtige Instruktion entziffert. Sie umriß klar die japanischen Absichten: „Das unmittelbare Ziel der Besetzung Französisch-Indochinas durch uns wird sein, unsere dortigen Vorhaben durchzuführen. Zweitens ist ihr Zweck, von dort, wenn die internationale Lage dazu günstig ist, einen schnellen Angriff zu führen ... Hauptsächlich wollen wir durch unsere Luftwaffe ... ein und für allemal die anglo-amerikanische Militärmacht und ihre Fähigkeit zerschlagen, bei irgendwelchen Plänen gegen uns mitzuwirken."[82] Eine Woche später erhielt Botschafter Nomura vom japanischen Außenamt eine unheilverkündende Instruktion: „Sollten die U.S. ... jetzt Schritte unternehmen, die Japan unverhältnismäßig in Erregung versetzen würden (wie ... die Einfrierung von Guthaben), dann könnte eine außerordentlich kritische Situation entstehen. Bitte unterrichtet die Vereinigten Staaten hierüber und versucht eine Besserung der Lage herbeizuführen."[83]

Genau das, was das japanische Außenministerium in hohem Grade befürchtete, wurde eben zu dieser Zeit von Beamten des amerikanischen Kabinetts ernstlich diskutiert. Das Marineministerium riet zur Vorsicht, das Finanzministerium war auf eine sofortige Aktion gegen Japan versessen, während das Außenministerium von einem Tag zum andern hin und her schwankte. Am 24. Juli hatte der Präsident mit Botschafter Nomura eine Unterredung und äußerte sich mit brutaler Offenheit. Er sagte ihm ins Gesicht, daß er Japan von der Erdölversorgung deshalb nicht abgeschnitten habe, weil er ihm damit einen Vorwand geliefert hätte, „sich hinunter nach Niederländisch-Indien in Bewegung zu setzen". Aber angesichts der Ölknappheit im Osten der Vereinigten Staaten fragten viele, weshalb weiter Ölverschiffungen nach Japan erlaubt würden, während es eine Angriffspolitik verfolge. Sollte Japan auf Niederländisch-Indien vorrücken, könnte es sicher sein, daß Großbritannien den Holländern zu Hilfe eilen würde, und dies wieder könnte die Vereinigten Staaten in Feindseligkeiten verwickeln. Er habe, so erklärte der Präsident anschließend, dem Botschafter einen Vorschlag zu machen: „Wenn die japanische Regierung davon Abstand nähme, Indochina mit seinen militärischen und maritimen Streitkräften zu besetzen, oder wenn die japanische Regierung, sollte sie solche Schritte tatsächlich schon begonnen haben, ihre Streitkräfte wieder zurückzöge, dann könnte der Präsident der japanischen Regierung versichern, daß er alles in seiner Macht Stehende täte, von den Regierungen Chinas, Großbritanniens, der Niederlande und natürlich der Vereinigten Staaten selbst die feierliche bindende Erklärung zu erlangen, ... daß sie Indochina als ein neutralisiertes Land betrachten würden."[84]

Am nächsten Tag, dem 25. Juli, hatte Oberst Iwakuro ein langes Gespräch mit Mr. Ballantine, in dessen Verlauf er die Hoffnung ausdrückte, daß mit den Vereinigten Staaten eine Verständigung herbeigeführt werden könne. Was Japan angehe, so ließe sie sich in befriedigender Weise erzielen, wenn die amerikanische Regierung gegen Japan „keine Maßnahmen ergriffe wie Handelssperren oder Einfrierung von Guthaben".[85] Diese Geste des guten Willens machte auf den Präsidenten keinen Eindruck. Am folgenden Tag, dem 26. Juli, wurde die Einfrierung japanischer Vermögen in den Vereinigten Staaten verfügt. Als Botschafter Nomura im Department of State vorsprach, um über diese Verordnung nähere Erkundigungen einzuziehen, wurde er von Sumner Welles ausgesprochen kühl empfangen. Nomura gab der Hoffnung Ausdruck, daß die Maßnahme nicht „eine weitere Verschlechterung der Beziehungen zwischen unsern beiden Ländern" bedeute, aber Welles parierte diese indirekte Anfrage in Hinsicht auf die Durchführung der Verordnung mit einer Bemerkung über „die außerordentliche Geduld, die die Vereinigten Staaten die letzten Jahre in ihren Beziehungen zu Japan an den Tag gelegt" hätten. Nomura erwiderte ruhig, er glaube, das beste, was man unter diesen Umständen tun könnte, wäre „eine Kompromißlösung, die sich für beide Teile als annehmbar erweise". Worauf Welles forsch entgegnete, „für eine Kompromißlösung sei nicht die geringste Grundlage vorhanden".[86] Es war klar, daß Welles an Krieg dachte.

Das Gefühl, daß man in einer Sackgasse stecke, vertiefte sich während einer Unterredung zwischen Welles und dem Gesandten Wakasugi. Mr. Wakasugi war im Begriff, nach Tokio zurückzukehren, um seiner Regierung über den tatsächlichen Stand der japanisch-amerikanischen Beziehungen zu berichten, und wünschte von Mr. Welles hierüber eine freimütige Äußerung. Der amtierende Außenminister war glücklich, wieder eine Gelegenheit zu haben, in seiner üblichen kalten, gleichgültigen Art zu antworten. Japan sollte sich stets die Grundprinzipien der amerikanischen Außenpolitik gegenwärtig halten: „Aufrechterhaltung des Friedens im Pazifik; Verzicht aller im pazifischen Raum interessierten Mächte auf Gewalt und Eroberung als nationale Politik; Anerkennung der Rechte unabhängiger und autonomer Völker des pazifischen Raums auf Unabhängigkeit und Integrität; und gleiche Chancen und faire Behandlung für alle ... Wenn Japan seine aggressive Gewaltpolitik fortsetze und Expansionsbewegungen unternehme ..., dann hielte ich es in diesem Stadium für notwendig, zu sagen, daß nach meiner Beurteilung eine solche Situation für die Vereinigten Staaten unerträglich wäre und ... unvermeidlich zu bewaffneten Feindseligkeiten im Pazifik führen müßte."[87]

Diese Kriegsdrohung war für Wakasugi äußerst entmutigend. Er war sich darüber klar, daß die japanisch-amerikanischen Beziehungen auf einem toten Punkt angelangt waren und welche Gefahren darin lagen. Am nächsten Tag, dem 5. August, erhielt er aus Tokio eine Weisung, die die tiefen Besorgnisse des japanischen Außenamtes über die Lage aussprach: „Wir sind überzeugt, daß wir den wichtigsten und zugleich den kritischsten Augenblick der japanisch-amerikanischen Beziehungen erreicht haben."[88] Um das gespannte Verhältnis zu bessern, war die japanische Regierung zu der Verpflichtung bereit, „fortan ihre Truppen nicht mehr im Südwestpazifik zu stationieren, ausgenommen Französisch-Indochina, und die in Französisch-Indochina jetzt stationierten Truppen sofort nach der Regelung des Zwischenfalls mit China zurückzuziehen". Japan wäre glücklich, die Neutralität der Philippinen zu garantieren, wenn die Vereinigten Staaten ihrerseits ihre militärischen Maßnahmen im Südwestpazifik aufhöben und Japan hülfen, sich zu den wichtigen natürlichen Hilfsquellen dieser Gebiete einen Zugang zu sichern, und wenn sie zwischen Japan und den Vereinigten Staaten wieder normale Handelsbeziehungen herstellten. Hull antwortete dem japanischen Botschafter, der ihm diese Erklärung mündlich vorgetragen hatte, er sei, was die künftigen Beziehungen zwischen den beiden Ländern angehe, „in der Tat sehr entmutigt".[89]

In Tokio war man nicht minder entmutigt, und so beauftragte das Kabinett Konoyes Botschafter Nomura, bei Außenminister Hull wegen einer Begegnung zwischen dem Premierminister und Präsident Roosevelt anzufragen.[90] Die Antwort auf diesen Vorschlag war eine schriftliche Mitteilung, die ihn zurückwies, weil es in ihm „an Entgegenkommen fehle".[91] Es war klar, daß Hull eine Begegnung zwischen Konoye und Roosevelt für zwecklos hielt. Dementsprechend kabelte Nomura nach Tokio, er fürchte sehr, „daß selbst das Angebot des Premierministers, persönlich hierher zu kommen, die Vereinigten Staaten in keinem merklichen Grade von der Stelle zu bewegen vermag". So konnte er nur berichten, daß er „dunkle Wolken über der Welt" sehe.[92]

Die Atlantikkonferenz stößt Amerika näher an einen Bruch mit Japan heran

Für Japan zog über Neufundland in der Tat sehr dunkles Gewölk herauf. Am Abend des 9. August trafen sich im neufundländischen Hafen Argentia Roosevelt und Churchill zu ihrer ersten Konferenz. Die Briten waren besonders wegen der Gefahr eines japanischen Stoßes in den südwestpazifischen Raum besorgt, und Sir Alexander Cadogan hatte anglo-amerikanische Parallelerklärungen entworfen, durch die eine solche Bewegung aufgehalten werden sollte. Danach würde Amerika ganz offen erklären, „daß jeder weitere Eingriff Japans im Südwestpazifik" die Vereinigten Staaten zu Maßnahmen zwänge, die zum Kriege führen könnten. Der Präsident sollte „vom Kongreß die Ermächtigung zu erlangen suchen", nach Gutdünken amerikanische Streitkräfte einzusetzen. Roosevelt lehnte sofort jeden Gedanken an eine Konsultierung des Kongresses ab. Er werde der japanischen Regierung aus eigener Initiative und auf eigene Verantwortung zu verstehen geben, „daß die Vereinigten Staaten", wenn Japan seine Streitkräfte weiter südwärts marschieren lasse, „verschiedene Schritte unternehmen müßten, obwohl sich der Präsident darüber klar ist, daß die Ergreifung solcher weiterer Maßnahmen zum Kriege zwischen den Vereinigten Staaten und Japan führen könnte". Aber Sumner Welles meinte, daß die Vereinigten Staaten die Rolle eines Schutzmannes in einem viel weiteren Gebiet als dem pazifischen zu spielen hätten. Amerika sollte bereit sein, jeden japanischen Vorstoß zurückzuweisen, ob er nun „gegen China, gegen die Sowjetunion, gegen die britischen Dominions oder die britischen Kolonien oder gegen die niederländischen Kolonien im südwestpazifischen Raum gerichtet wäre". Churchill und Roosevelt waren in ihrer Zustimmung zu dieser umfassenderen Formel ein Herz und eine Seele[93], doch war der Präsident zu vorsichtig, als daß er sie der amerikanischen Öffentlichkeit über den Rundfunk bekanntgegeben hätte. Sie blieb besser geheimes Einvernehmen.

Es war Churchill nicht gelungen, eine Parallelerklärung durchzusetzen, die unmittelbar auf Krieg gedeutet hätte, aber die Unterstützungszusagen Roosevelts zerstreuten die meisten seiner Befürchtungen. Er verriet das in seiner Parlamentsrede am 27. Januar 1942: „Die Wahrscheinlichkeit seit der Atlantikkonferenz …, daß die Vereinigten Staaten, auch wenn selber nicht angegriffen, in einen Krieg im Fernen Osten eintreten und so den Endsieg sichern würden, schien einige dieser Besorgnisse zu beschwichtigen … Im Laufe der Zeit verstärkte sich die Gewißheit, daß wir, wenn Japan im Pazifik Amok liefe, nicht allein kämpfen würden."[94]

Roosevelt lehnt eine Begegnung mit Prinz Konoye ab

Der Präsident löste die Zusage, die er Churchill gemacht hatte, mit einer Note ein, die er am 17. August dem japanischen Botschafter übergab. Die Erklärung war nicht unverhältnismäßig provokativ gefaßt, ließ an ihrer Bedeutung aber keinen Zweifel: „Wenn die japanische Regierung in Verfolgung einer Politik oder eines Programms, Nachbarländer durch Gewalt oder durch Drohung mit Gewalt militärisch zu beherrschen, weitere Schritte unternimmt, wird sich die Regierung der Vereinigten Staaten gezwungen sehen, unverzüglich jeden Schritt zu unternehmen, der ihr zum Schutz der legitimen Rechte und Interessen der Vereinigten Staaten und amerikanischer Bürger sowie zur Erhaltung der Ruhe und Sicherheit der Vereinigten Staaten als notwendig erscheinen mag."

Was den Vorschlag einer Zusammenkunft zwischen Prinz Konoye und Präsident Roosevelt anging, so wurde der Botschafter dahin beschieden, daß die Regierung der Vereinigten Staaten, wenn die japanische Regierung bereit wäre, „ihre expansionistische Tätigkeit aufzugeben" und „ein friedliches Programm für den Pazifik" zu entwickeln, „sich gern bemühen würde, eine passende Zeit und einen geeigneten Ort zu einem Meinungsaustausch zu vereinbaren".[95]

Noch ehe diese Erklärung in Tokio eingetroffen war, setzte sich Außenminister Toyoda in einer Besprechung mit Botschafter Grew abermals nachdrücklich für eine Begegnung zwischen Konoye und Roosevelt in Honolulu ein. Es war seine starke Hoffnung, daß sich in einer solchen Aussprache „eine Übereinkunft nach Gerechtigkeit und Billigkeit erreichen ließe".[96] Auf Grew machte die Aufrichtigkeit der dringenden Vorstellungen Toyodas so tiefen Eindruck, daß er in einer sofortigen Depesche an das State Department „mit aller" ihm „zur Verfügung stehenden Überzeugungskraft" in Außenminister Hull drang, „zur Vermeidung der offenbar zunehmenden Möglichkeit eines völlig sinnlosen Krieges zwischen Japan und den Vereinigten Staaten diesen japanischen Vorschlag nicht ohne wahrhaft andächtige Erwägung beiseitezuschieben ... Hier bietet sich die Gelegenheit ... zu einem Akt höchster Staatskunst ... und die Möglichkeit, dadurch scheinbar unübersteigbare Friedenshindernisse im Pazifik zu überwinden."[97]

Am 28. August übergab Botschafter Nomura Präsident Roosevelt eine persönliche Botschaft Konoyes, worin der Premier dringend eine Zusammenkunft vorschlug, deren Aufgabe es wäre, „die Möglichkeiten zur Rettung der Lage zu erforschen".[98] Nach seinen Bemerkungen zu Nomura über eine mögliche Begegnung mit Konoye schien der Präsident zu glauben, daß es für ihn schwierig wäre, sich so weit wie nach Honolulu zu begeben. Vielleicht wäre Juneau in Alaska geeigneter.[99]

Während der Präsident schwankte, wie er sich zu dem Vorschlag einer Begegnung mit Konoye stellen solle, wurde am 6. September in einer Besprechung beim Kaiser beschlossen, die japanischen Kriegsvorbereitungen so fortzusetzen, „daß sie ungefähr Ende Oktober abgeschlossen" wären. Gleichzeitig sollte das Außenamt „durch alle nur möglichen diplomatischen Mittel die Zustimmung Amerikas und Englands zu unseren Forderungen zu erreichen suchen". Führten diese Verhandlungen bis Anfang Oktober zu keinem günstigen Ergebnis, dann sollte sich die Regierung „auf Krieg gegen Amerika vorbereiten".[100]

Der Standpunkt Japans war sehr klar. Es bestand auf der Anerkennung der japanischen Vorherrschaft im Fernen Osten. Durch das Root-Takahira-Abkommen vom 30. November 1908 hatte Amerika Japan freie Hand gegeben, in der Mandschurei vorzurücken. Japan hatte die freundschaftlichen Anregungen Präsident Theodore Roosevelts wahrgenommen und sich in weiten Gebieten Nordchinas festgesetzt. Angesichts der im Fernen Osten rasch sich ausbreitenden russischen Macht war das als gebieterische nationale Notwendigkeit angesehen worden. Im Fernen Osten gehörte die Zukunft entweder Japan oder Rußland, nicht China, das durch endlose innere Kämpfe, Revolution und Krieg erschöpft war. Die Politik Präsident Franklin D. Roosevelts und Außenminister Hulls, ein ernstlich geschwächtes China kräftig zu unterstützen, war höchst unrealistisch, und der spätere Zusammenbruch der amerikanischen Position in China geht direkt auf die im September und Oktober 1941 getroffenen Entscheidungen zurück.

In den ereignisreichen Septemberwochen schien Präsident Roosevelt unfähig zu sein, sich in der Frage einer etwaigen Begegnung mit Konoye zu entschließen. Um dieser Ungewißheit ein Ende zu machen, verfaßte die Fernöstliche Abteilung des Department of State (Mr. Ballantine) eine lange Denkschrift, die sich mit Japan höchst kritisch befaßte. Abschließend schrieb Mr. Ballantine: „Die Abhaltung einer Konferenz zwischen dem Präsidenten und dem japanischen Premierminister auf der Grundlage des gegenwärtigen Standes der Erörterungen zwischen Amerika und Japan brächte, was die Interessen und die Politik Amerikas angeht, mehr Nachteil als Vorteil."[101] Aus Tokio kamen von Botschafter Grew Meinungsäußerungen, die einen völlig andern Standpunkt vertraten. Er hielt nicht starr an bestimmten Prinzipien und der Forderung fest, daß Japan alles und jedes von ihnen akzeptiere. Politische Differenzen könnten in feinen Schattierungen ausgedrückt werden, die in ernste Streitigkeiten verwickelte Nationen nicht zu beleidigen brauchten; man müsse nicht auf dem konventionellen Schema von Schwarz und Weiß beharren. Wenn Amerika ein klein wenig Kompromißgeist zeigte, so könnte diese Konzession wieder auf der Seite Japans Konzessionen hervorrufen und ein Weg zur Verständigung gefunden werden. Es liege kein wirklicher Grund vor, darauf zu bestehen, daß Konoye von vornherein einer langen Reihe von Tagesordnungspunkten zustimme, gegen die sich in Japan sofort Opposition erhöbe. Hingegen sei es durchaus möglich, daß während der Besprechungen einer Konferenz zwischen Roosevelt und Konoye ein Geist der Gegenseitigkeit entstünde, der die Gedanken vom Krieg zum Frieden hinüberlenken würde. Die Lage verlange Staatskunst der höchsten Ordnung, und es scheine kein Grund vorhanden zu sein, zu bezweifeln, daß es sie in Washington gebe.[102]

Unglücklicherweise war in dieser Zeit nationaler Entscheidung Präsident Roosevelt der Forderung der Stunde nicht gewachsen. Statt in der Sache einer Begegnung mit Konoye den

Mut zu einer eigenen Entscheidung aufzubringen, schob er die Verantwortung auf die Schultern Außenminister Hulls. Hull zögerte nicht. Er war für solche Gelegenheiten immer „aufgezogen". Am 2. Oktober übergab er Nomura eine Note, die alle seine Klischees über hohe moralische Grundsätze als die leitende Kraft internationaler Beziehungen enthielt. Zweifelhafte amerikanische Praktiken im Karibischen Meer waren darin nicht erwähnt. Nach einer langatmigen Wiederholung der Gründe, weshalb die Gespräche zwischen ihm und Nomura als glatter Fehlschlag geendet hätten, erklärte er salbungsvoll, daß man sich, bevor eine Zusammenkunft zwischen dem Präsidenten und Konoye stattfinden könnte, auf Grundprinzipien der Politik einigen müßte.[103] Er wußte, daß eine solche Übereinkunft nicht möglich war. Er hatte die Decks des amerikanischen Staatsschiffes für jederzeitigen Krieg zum Gefecht klargemacht. Und der Krieg ließ nicht mehr lange auf sich warten.

General Marshall und Admiral Stark widersetzen sich einem Ultimatum an Japan

Die Note Hulls vom 2. Oktober vernichtete nicht alle japanischen Hoffnungen, daß sich die Schwierigkeiten mit den Vereinigten Staaten doch noch regeln lassen würden. Konoye bewahrte den schwachen Glauben, daß er auch jetzt noch durch indirekte Kanäle Präsident Roosevelt von seiner Aufrichtigkeit zu überzeugen vermöchte. Den August und September 1941 hindurch hatte er mancherlei über Bischof Walsh von der Maryknoll-Mission unternommen, der an Pater Drought in New York eine ganze Reihe von Nachrichten sandte. Diese Botschaften, die starkes Verlangen nach einem gütlichen Vergleich verrieten, waren „hinter missionarischer Ausdrucksweise verborgen". Pater Drought übermittelte die Botschaften nach Washington, jedoch umsonst. Schließlich, am 14. Oktober, wurde Walsh von Konoye damit betraut, nach Washington zu eilen und dem Präsidenten zu sagen, „der Druck der Ereignisse auf die japanische Regierung sei dermaßen stark, daß sie nicht imstande sei, noch längere Zeit zu verhandeln".[104] Ehe Walsh in Washington eintraf, stürzte Konoyes Kabinett.

Inzwischen hatte sich Außenminister Toyoda an den britischen Botschafter in Tokio gewandt und ihn in der Sache der vorgeschlagenen Begegnung zwischen Konoye und Roosevelt um Unterstützung gebeten. Craigie kabelte seine Ansicht sofort nach London. Sie war gegenüber der Politik Hulls entschieden kritisch: „Indem sie eine Politik des Abdrosselns verfolgen, streiten die Vereinigten Staaten über jedes Wort und jeden Satz mit der Begründung, daß es sich um wesentliche Voraussetzungen zu jeder Art von Übereinkunft handele. Die Vereinigten Staaten scheinen offenbar die Tatsache nicht zu begreifen, daß in Anbetracht der Natur der Japaner und auch wegen der innerjapanischen Verhältnisse Verzögerungen nicht erlaubt sind. Es wäre in der Tat sehr bedauerlich, wenn die seit meinem Antritt auf dem hiesigen Posten günstigste Gelegenheit zur Regelung der fernöstlichen Probleme auf eine solche Weise verlorenginge ... Der amerikanische Botschafter in Tokio und ich sind der festen Meinung, daß es eine törichte Politik wäre, wenn man diese großartige Gelegenheit durch eine unverhältnismäßig argwöhnische Haltung sich entschlüpfen ließe."[105]

Als Außenminister Toyoda am 7. Oktober in einer Unterredung mit Botschafter Grew ein letztes Mal um eine Verständigung mit den Vereinigten Staaten warb, äußerte er, es scheine klar, daß die Vereinigten Staaten „die japanische Regierung sofort und unbedingt auf den Status quo zurückführen wolle, der vor vier Jahren obgewaltet habe ... Die japanische Regierung sei willens und bereit, zu der vor vier Jahren herrschenden Situation zurückzukehren, doch müsse die Regierung der Vereinigten Staaten begreifen, daß es ein Unternehmen von ungeheuerlichem Ausmaß wäre, das Werk der letzten vier Jahre praktisch urplötzlich rückgängig zu machen." Dazu sei auf der Seite der japanischen Regierung Zeit und auf der Seite der amerikanischen Regierung Verständnis erforderlich.[106]

Indessen, diese versöhnlichen Gesten riefen in Washington nicht das erhoffte Echo hervor, und so trat am 16. Oktober das Kabinett Konoye zurück.[107] Premierminister des neuen Kabinetts wurde General Hideki Tojo, Außenminister Schigenori Togo. Die Geschichte der Versuche des Kabinetts Tojos, eine Formel für einen gütlichen Vergleich mit den Vereinigten Staaten zu finden, ist mehrfach erzählt worden und braucht hier nicht wiederholt zu werden.[108] Botschafter Grew sprang die Hoffnungslosigkeit der Lage in die Augen, und er wies Außenminister Hull warnend darauf hin, daß „eine Aktion Japans, die einen bewaffneten Konflikt mit den Vereinigten Staaten möglicherweise unvermeidlich machen würde, mit gefährlicher dramatischer Plötzlichkeit kommen könnte".[109]

Die Armee fürchtete diesen plötzlichen japanischen Angriff auf einen amerikanischen Außenposten und war tief beunruhigt, als während einer gemeinsamen Konferenz von Heer, Marine und Außenamt Mr. Hornbeck als Vertreter des State Department für feste Haltung gegen Japan eintrat.[110] Die amerikanische Armee war zu einem Krieg mit Japan nicht gerüstet und vermerkte den Druck Tschiang Kai-scheks zur Erlangung eines Beistandes, der zum Kriege führen konnte, mit Unwillen. Am 2. November schrieb der Generalissimus an Roosevelt, daß eine neue japanische Offensive gegen Jünnan die Moral der chinesischen Armee und des chinesischen Volkes „bis auf den Grund" erschüttern könnte. Zum erstenmal „in diesem langen Krieg wäre ein tatsächlicher Zusammenbruch möglich", wenn es den Japanern gelänge, Kunming zu nehmen.[111] General Marshall und Admiral Stark fürchteten sehr, daß diese Appelle Tschiangs den Präsidenten zu hastigem Handeln treiben könnten. Am 5. November empfahlen sie nach einem Überblick über die Lage im Fernen Osten eindringlich, „Japan kein Ultimatum zu stellen".[112]

Diese unverhohlene Empfehlung verlangsamte vorübergehend Roosevelts Weiterschreiten auf dem Weg zum Kriege. Am nächsten Tage, dem 6. November, hatte er eine Besprechung mit Kriegsminister Stimson über den zum Abschluß der amerikanischen militärischen Vorbereitungen dringend notwendigen Zeitgewinn. Es wäre vielleicht gut, wenn das Department of State einen Waffenstillstand von einem halben Jahr herbeiführte, „während dessen es keine militärische Bewegung und keine Aufrüstung gäbe". Stimson war dagegen. Es sei noch immer „sehr wichtig gewesen, die Chinesen im Kriege zu halten, und ich glaubte, daß sie eine solche Waffenruhe als Abfall von ihnen auffassen würden und daß dies eine sehr ernste Wirkung auf die chinesische Moral hätte". Am 7. November befragte der Präsident das Kabinett darüber, ob er die Unterstützung der Bevölkerung erhielte, „wenn es notwendig werden sollte, gegen Japan, falls es England in Malaia oder die Holländer in Ostindien angreifen sollte, loszuschlagen. Das Kabinett war einmütig der Ansicht, daß das Land einen solchen Schritt unterstützen würde."[113] Die Einmütigkeit war nicht ganz so über jeden Zweifel erhaben, wie Kriegsminister Stimsons Tagebuch es wahrhaben will. Hull meinte, daß zahlreiche Reden überall im Lande notwendig seien, um das Volk auf die Möglichkeit eines Krieges vorzubereiten.[114] Das Absurde der Situation lag darin, daß sich Amerika, ohne daß sich die Bevölkerung dessen klar bewußt gewesen wäre, tatsächlich im Kriege befand. Wie Admiral Stark in einem am 7. November an Admiral Hart gerichteten Brief schrieb: „Die Flotte befindet sich im Atlantik bereits im Krieg; aber das Land scheint sich darüber nicht klar zu sein. Gleichgültigkeit bis zur Opposition ist in einem beträchtlichen Teil der Presse augenscheinlich ... Ob das Land es weiß oder nicht: wir sind im Kriege."[115]

Japan wird dahin manövriert, den ersten Schuß abzufeuern

Inder zweiten Novemberwoche 1941 begann in Tokio die Spannung zu steigen. Am 10. November äußerte der japanische Außenminister zu Grew, „die einleitenden und klärenden Gespräche" in Washington hätten lange genug gedauert. Es sei für beide Länder Zeit, „in förmliche und offizielle Verhandlungen einzutreten". Die japanische Regierung habe „wiederholt Vorschläge mit dem Ziel gemacht, sich der amerikanischen Auffassung zu nähern, die amerikanische Regierung jedoch ... habe keinen Schritt in Richtung des japanischen Standpunkts getan".[116] An demselben Tage gab Botschafter Nomura Präsident Roosevelt abermals eine Erläuterung der Vorschläge seiner Regierung. Unterdessen hatte die japanische Regierung Nomura instruiert, daß der 25. November der äußerste Termin sei; bis dahin müßten alle Verhandlungen abgeschlossen sein.[117] Am 11. November wiederholte Tokio diese Weisung an seinen Botschafter.[118] Unter dem Druck seines Ministeriums war Nomura eifrigst bemüht, auf die japanischen Vorschläge vom 7. und 10. November baldige Antwort zu erhalten. Während er darauf wartete, vermerkte er die von der Regierung Roosevelts beschleunigten militärischen

Zurüstungen: „Sie tun alles Erdenkliche, sich auf tatsächliche Kriegführung vorzubereiten."[119] Tokio reagierte auf dieses Kabeltelegramm, indem es daran festhielt, daß der kritische Termin des 25. November „absolut unverrückbar festliegt".[120]

Außenminister Hull wußte von diesem Endtermin; die Weisungen an Nomura waren abgefangen worden. So gab er denn am 15. November dem japanischen Botschafter in einer langen Erklärung die Grundlagen für eine Übereinkunft bekannt, auf denen die amerikanische Regierung bestehen müsse. Es war ihm klar, daß sie für Japan unannehmbar waren. China sollte die vollständige Kontrolle über „seine wirtschaftlichen, finanziellen und monetären Angelegenheiten" zurückerhalten, und Japan sollte jeden Gedanken daran aufgeben, sich in China oder sonstwo im pazifischen Raum „eine Vorzugsstellung" zu bewahren.[121]

Der schroffe Ton dieser Note war eine Drohung, die leicht zu einem Bruch der diplomatischen Beziehungen hätte führen können. Japan hatte seit langem gefürchtet, daß er unvermeidlich sei, jedoch mit einer letzten Anstrengung, ein solches kritisches Ereignis hintanzuhalten, einen zweiten Diplomaten, Kaburo Kurusu, nach Washington gesandt, damit er Nomura bei seinen delikaten, an einem seidenen Faden hängenden Verhandlungen unterstütze. Kurusu war Konsul in Chicago und New York und zuletzt Botschafter in Berlin gewesen. Wegen seiner glücklichen Ehe mit einer Amerikanerin lag ihm an der Wiederherstellung freundschaftlicher Beziehungen zwischen Japan und den Vereinigten Staaten nicht zuletzt auch persönlich.[122]

Am 17. November hatten Nomura und Kurusu eine lange Unterredung mit Präsident Roosevelt; lange, ergebnislose Gespräche mit Außenminister Hull schlossen sich an. Kurusu schien es, daß es dem Präsidenten „sehr ernst damit sei, zwischen Japan und den Vereinigten Staaten eine Verständigung zu erzielen". Bei Hull aber kam man kaum weiter, besonders in der Frage einer Lösung der Schwierigkeiten zwischen China und Japan. Roosevelt schien an seiner alten Marinebekanntschaft Gefallen gefunden zu haben und war nicht geneigt, die Dinge zu überstürzen. Eines Tages suchten Lowell Mellett und Max Lowenthal Senator Burton K. Wheeler auf, um ihm die Information zu geben, daß „der Präsident Amerika nicht in einen Krieg stürzen wolle". Der Senator nahm diese Erklärung mit einem groben Korn Salz auf, erinnerte sich aber, daß Außenminister Hull zuzeiten kriegslustiger gewesen war als der Präsident. Das hatte sich vor allem auf dem Demokratischen Konvent im Jahre 1940 gezeigt. Als damals Wheeler dafür kämpfte, daß in das Parteiprogramm ein so deutlich formuliertes Bekenntnis gegen die Beteiligung Amerikas an einem Krieg aufgenommen werde, das der Präsident es nicht mißachten konnte, vertraute ihm „Jimmy" Byrnes an, daß Hull gegen eine solche programmatische Erklärung sei; sie könnte ihn daran hindern, auf Japan den äußersten Druck auszuüben.[123]

Im November 1941 tat er dies. Am 20. November erörterten Nomura und Kurusu mit Hull das Problem, wie den Feindseligkeiten zwischen China und Japan ein Ende gemacht werden könne. Im japanischen Außenministerium war man der Meinung, es ließe sich das erreichen, wenn die Vereinigten Staaten ihre Nachschubsendungen nach China einstellten. Nachdem Nomura diesen Punkt hervorgehoben hatte, bemerkte er: „Wenn die Spannung zwischen Japan und den Vereinigten Staaten, und sei es auch um einen noch so geringen Grad, gemildert werden könnte, vor allem im Südwestpazifik, und die Atmosphäre sich rasch klärte, dann, glaube ich, könnten wir weitergehen und alles übrige regeln." Kurusu setzte sich nach Kräften dafür ein, einen Modus vivendi zu finden[124], und Präsident Roosevelt reagierte darauf mit einem möglicherweise annehmbaren entsprechenden Entwurf. Der vierte Punkt darin lautete: „U.S. Japse bei den Chinesen einführen, um Dinge durchzusprechen, aber U.S. keine Teilnahme an ihren Gesprächen. Später Pazifik-Vereinbarungen."[125]

Japan entsprach dieser versöhnlichen Geste mit einer Konzession seinerseits: der kritische Endtermin für die Verhandlungen wurde vom 25. November auf den 29. November hinausgeschoben. Allein, es war das die letzte Konzession: „Diesmal gilt unbedingt, daß der Termin keinesfalls geändert werden kann. Danach werden sich die Dinge automatisch abspielen."[126]

An dem Tage, an dem sie die Weisung über den neuen Termin erhielten, dem 22. November, trafen Nomura und Kurusu noch einmal mit Hull zusammen. Sein Ton verriet sehr bald, daß die Chance für eine Annahme der folgenden japanischen Bedingungen für eine Ruhepause zu Verhandlungen gering war: 1. Aufhebung der amerikanischen Verordnung vom 26.

Juli über die Einfrierung japanischer Guthaben in den Vereinigten Staaten und die Einstellung aller Erdölverschiffungen von amerikanischen Häfen; 2. amerikanische Zustimmung zu einem Programm zur Erhöhung des Exports von Erdöl und anderer Güter von Niederländisch-Indien nach Japan; 3. amerikanische Vermittlung zwischen China und Japan dergestalt, daß Amerika Verhandlungen zwischen den beiden Ländern herbeiführt, und Einstellung der amerikanischen Unterstützung Tschiang Kai-scheks. Eine Einwilligung Washingtons in diese Bedingungen kam nicht in Frage, selbst wenn Japan bereit war, dafür weitgehende Konzessionen zu machen.

Während der Unterredung am 22. November beklagte sich Hull mit Schärfe über den „drohenden Ton" der japanischen Presse und fragte dann, weshalb sich kein japanischer Staatsmann anschicke, „Frieden zu predigen". Als Nomura antwortete, er habe nicht „den geringsten Zweifel, daß Japan Frieden wünsche", machte Hull über diese Erklärung spöttische Bemerkungen und sagte, es sei ein Jammer, daß Japan „ausgerechnet nicht ein paar kleine Dinge tun könne, um über die Situation hinwegzukommen". Besonders kritisch äußerte er sich über die japanische Haltung gegen Tschiang Kai-schek.[127]

Zwei Tage darauf, am 24. November, hatte Hull eine Konferenz mit den diplomatischen Vertretern Australiens, Großbritanniens, Chinas und der Niederlande. Er entdeckte bald, daß der chinesische Botschafter, Dr. Hu Schih, von dem Gedanken an einen dreimonatigen Waffenstillstand mit Japan nicht begeistert war.[128] Aber Hull ließ sich nicht aufhalten und entwarf einen Modus vivendi. Der Präsident hielt den Entwurf für „einen fairen Vorschlag", war aber „nicht sehr hoffnungsvoll" und meinte, daß es „sehr bald wirkliche Schwierigkeiten" geben könnte.[129]

Am nächsten Morgen, dem 25. November, zeigte Hull seinen Entwurf, der eine dreimonatige Waffenruhe mit Japan vorsah, den Ministern Knox und Stimson. Die Bedingungen waren so drastisch, daß Stimson nicht an eine Annahme durch Japan glaubte. Am Nachmittag begaben sich die Minister Hull, Knox und Stimson zusammen mit General Marshall und Admiral Stark zu einer Konferenz mit dem Präsidenten ins Weiße Haus. Aus abgefangenen japanischen Kabeltelegrammen an Nomura wußte der Präsident, daß der Termin für das Ende der laufenden Verhandlungen der 29. November war, und er sprach die Befürchtung aus, daß die Japaner „schon am nächsten Montag" einen Angriff führen könnten. Die Hauptfrage sei, „wie wir sie, ohne uns selbst einer zu großen Gefahr auszusetzen, in eine Position manövrieren könnten, daß sie den ersten Schuß abfeuern".[130]

Nach der Rückkehr in sein Amt hatte Hull ein langes Gespräch mit dem chinesischen Botschafter, der ihm ein Telegramm aus Tschungking übergab: „Nachdem der Generalissimus Ihr [Hu Schihs] Telegramm gelesen hatte, verriet er eine ziemlich starke Reaktion. Er hat den Eindruck gewonnen, daß die Regierung der Vereinigten Staaten in ihren Besprechungen mit Japan die chinesische Frage beiseitegesetzt habe, statt eine Lösung zu suchen, und daß sie immer noch dazu neige, Japan auf Kosten Chinas zu beschwichtigen." Dieses unverschämte Telegramm drängte Hull in die Defensive. Er gab offen zu, daß die Gespräche, die er mit den japanischen Abgesandten fortgeführt habe, nur eine Verzögerungsaktion gewesen seien: „Die verantwortlichen Militärs unserer Armee und unserer Flotte haben einige Wochen lang äußerst ernstlich darauf gedrungen, daß wir nicht zum Kriege gegen Japan schreiten, bevor sie die Möglichkeit gehabt haben, ihre Pläne, Methoden und Verteidigungsmittel für den pazifischen Raum weiter zu vervollkommnen."[131]

Am Nachmittag des 25. November trafen neue Telegramme aus China ein. T.V. Soong übergab Kriegsminister Stimson ein Kabel Tschiang Kai-scheks. Der Marschall drängte auf eine jeden Kompromiß ablehnende Haltung Amerikas.[132] Eine Mitteilung Owen Lattimores, des amerikanischen Beraters Tschiang Kai-scheks, an Lauchlin Currie, den Verwaltungsgehilfen Roosevelts, verstärkte den Druck: Jedes mit Japan erzielte Abkommen über einen Modus vivendi „wäre für den Glauben der Chinesen an Amerika verheerend".[133] Eine Woche lang war Currie „schrecklich besorgt", weil er fürchtete, daß „Hull Gefahr lief, China, Amerika und Großbritannien zu verkaufen".[134] In Tschungking kritisierte Madame Tschiang Kai-schek „hemmungslos" die amerikanische Regierung, weil sie sich nicht „in den Krieg gestürzt" und so China geholfen habe.[135]

Am Morgen des 26. November sah Hull ein Telegramm Churchills an den Präsidenten: „Nur ein Punkt beunruhigt mich. Wie steht es um Tschiang Kai-schek? Ist er nicht auf eine recht schmale Kost gesetzt?"[136] Es dauerte nicht lange, und Hull wurde nahezu hysterisch. Während eines Telefongesprächs mit Stimson erklärte er, daß er sich soeben über den Modus vivendi entschieden habe: „er werde die ganze Sache hinschmeißen".[137] Wenige Augenblicke später rief Stimson den Präsidenten an und teilte ihm mit, daß südlich von Schanghai eine japanische Expeditionsflotte auf dem Marsch sei. Der Präsident rief aus, „das ändere die ganze Lage, weil es die Unehrlichkeit auf der japanischen Seite beweise".[138] Aber die führenden Offiziere der amerikanischen Streitkräfte rieten noch zur Vorsicht. Am Morgen desselben Tages war das gemeinschaftliche Gremium von Armee, Marine und Außenamt zu einer Besprechung zusammengetreten, und Admiral Ingersoll hatte eine Reihe von Gründen vorgebracht, „weshalb wir einen Krieg nicht überstürzen sollten".[139]

Aber Hull war es müde, mit den Japanern weiterzuverhandeln. Er war kein Meister diplomatischer Doppelzüngigkeit und krümmte sich unter den Fragen der japanischen Abgesandten. Am 23. Januar hatte er die Vorschläge, die Bischof Walsh von Matsuoka überbrachte, ohne wirkliches Interesse angehört, Vorschläge, die den Austritt Japans aus dem Achsenpakt und eine Garantie dafür anboten, daß Japan alle militärischen Kräfte aus China zurückziehen und Chinas geographische und politische Integrität wiederherstellen werde. Wenn er dieses ungewöhnlich entgegenkommende Angebot verworfen hatte, weshalb sollte er sich dann mit den letzten Vorschlägen ernstlich befassen, die nicht so weit gingen?

Am Nachmittag des 26. November gab er jeden Gedanken an einen Waffenstillstand mit Japan auf und brachte einen Vorschlag von zehn Punkten in die abschließende Form. Er wie der Präsident wußten, daß Japan dieses Programm ablehnen werde. Es war darin kein Gedanke mehr an Kompromiß oder Beschwichtigung: „Die japanische Regierung wird alle militärischen, Marine-, Luft- und Polizeistreitkräfte aus China und Indochina zurückziehen." Als Kurusu den Vorschlag Hulls las, fragte er sofort, ob dies die Antwort auf den japanischen Wunsch nach einem Modus vivendi oder einem Waffenstillstand sei. Ob denn die amerikanische Regierung an einer Waffenruhe nicht interessiert sei? Hull erwiderte nur, „wir haben das untersucht", aber man sei zu keiner wirklichen Entscheidung gekommen. Kurusu erwiderte, die Haltung des Außenministers „könne als gleichbedeutend mit dem Ende" gedeutet werden.[140] Es lag auf der Hand, daß der nächste Schritt der Krieg war.

Am Morgen des 4. Dezember wurde von der Marine-Radiostation in Cheltemham in Maryland eine japanische Übersee-Nachrichtensendung der japanischen Station JAP in Tokio abgehört und aufgenommen. In die Sendung war eine falsche Wettermeldung eingeschoben: „Ostwind Regen". Am 19. November hatte die japanische Regierung ihren Botschafter in Washington davon unterrichtet, daß eine solche Wettervorhersage drohenden Krieg mit den Vereinigten Staaten bedeute.[141] Auch diese Instruktion war abgefangen und entschlüsselt worden, und von nun an waren alle Stationen der amerikanischen Armee auf die „Ostwind-Regen"-Meldung gespannt. Sobald sie übersetzt war, übergab sie Korvettenkapitän Kramer mit den Worten „Das ist es!" dem Kapitän zur See Safford. Safford übermittelte sie sofort an Konteradmiral Noyes, der sie „dem Marineadjutanten des Präsidenten" telefonisch durchsagte.[142]

Nach der Zeugenaussage Captain Saffords (der 1941 Commander war) „kamen die ‚Wind'-Meldung und der Wechsel des operativen Code der [japanischen] Marine Mitte der Woche: zwei Tage vor Sonnabend und drei Tage vor Sonntag. Es war unvorstellbar, daß die Japaner durch Hinausschiebung auf das Wochenende vom 13. zum 14. Dezember ihre Hoffnung auf Überraschung zuschanden machen würden. Es war das keine ‚Intuition', sondern einfach die Auslegung eines nach gesundem Menschenverstand für sich selbst sprechenden Satzes. Col. Sadtler sah ihn, ebenso, nach Col. Sadtlers Aussage im Jahre 1944, Joseph R. Redman, U.S.N. ... Die Japaner schickten sich an, am Sonnabend, dem 6. Dezember, oder am Sonntag, dem 7. Dezember, den Krieg zu beginnen."[143]

Die nächsten drei Tage hindurch suchten Commander Safford und Lieutenant Commander Kramer ihre vorgesetzten Offiziere vergeblich dazu zu bringen, daß sie in Hinsicht auf die „Ostwind-Regen"-Meldung irgend etwas unternahmen. Als auf ihre Veranlassung Captain Mc Collum etwas auf Admiral Stark drückte, holte er sich einen scharfen Verweis, und das empörte ihn so, daß er später die ganze Geschichte Admiral Kimmel anvertraute, der daraufhin auf eine Untersuchung der Vorgänge um Pearl Harbour drang.

Die unverantwortliche Unterlassung hoher Marineoffiziere, Honolulu zu warnen, daß unmittelbar Krieg drohe, erschien in noch grellerem Licht, als am 6. Dezember die japanische Antwort auf die amerikanische Note vom 26. November Botschafter Nomura geheim telegrafiert wurde. Auch sie wurde von Radiostationen der amerikanischen Marine abgefangen und entschlüsselt. Nachdem der Präsident den ersten, sehr deutlichen Teil der Antwortnote gelesen hatte, sagte er sofort: „Das bedeutet Krieg!" Er versuchte Admiral Stark zu erreichen, doch der Operationschef der Flotte war im Nationaltheater und erfreute sich an den entzückenden Weisen des „Student Prince". Am nächsten Tag sollte das Echo des Angriffs auf Pearl Harbour dem Admiral in die Ohren donnern.

Man sollte meinen, daß der Präsident nun eiligst eine Konferenz der maßgebenderen Heeres- und Marineoffiziere einberufen hätte, um dem vorherzusehenden Angriff mit einem koordinierten Plan zu begegnen. Nach dem Zeugnis General Marshalls und Admiral Starks nahm der Präsident die unheilvollen Nachrichten offenbar so ruhig auf, daß er nicht einmal Anstalten traf, sich mit ihnen zu besprechen.[144] Wollte er es absichtlich zum Angriff der Japaner kommen lassen, um Amerika in den Krieg hineinziehen zu können? Welches ist die wahre Antwort auf dieses Rätsel von Gemütsruhe angesichts eines drohenden Angriffs auf irgendeinen amerikanischen Außenposten im fernen Pazifik? Das Problem wird immer schwieriger, je näher die Stunde zwölf heranrückt. Am 7. Dezember, um 9 Uhr, übergab Lieutenant Commander Kramer Admiral Stark das letzte Stück der Weisung Tokios an Nomura. Ihre Bedeutung war jetzt so klar, daß Stark ausrief: „Mein Gott! Das bedeutet Krieg! Ich muß sofort Kimmel benachrichtigen!"[145] Aber er bemühte sich nicht, mit Honolulu Verbindung herzustellen. Statt dessen suchte er General Marshall zu erreichen, aber der war aus irgendeinem unbekannten Grunde auf einem langen Ausritt. Dieser Reitausflug sollte in die Geschichte eingehen. In den ersten Stunden der amerikanischen Revolution unternahm Paul Revere einen berühmten Ritt, um seine Landsleute vor dem heranrückenden Feind zu warnen und so Menschenleben zu retten. In den ersten Stunden des Zweiten Weltkrieges unternahm General Marshall einen Ritt, der dazu beitrug, daß Pearl Harbour nicht rechtzeitig alarmiert wurde, daß eine amerikanische Flotte vor einer Katastrophe und eine amerikanische Garnison vor einem Bombenangriff nicht bewahrt blieben, der über zweitausend Menschenleben forderte.[146] War der Ausflug General Marshalls nur der gewohnte Sonntagsritt? Diese Frage steigt immer höher am Horizont empor, je mehr man sich in die Vernehmungen vor den Ausschüssen zur Untersuchung der Vorgänge um Pearl Harbour vertieft.

Als Oberst Bratton am Morgen des 7. Dezember den letzten Teil der japanischen Weisung an Nomura las, war er sich ohne weiteres darüber klar: „Japan plante, die Vereinigten Staaten irgendwo um oder kurz vor 13 Uhr desselben Tages anzugreifen."[147] Für Lieutenant Commander Kramer bedeutete die Instruktion „einen Überraschungsangriff auf Pearl Harbour noch heute".[148] Diese Information war um 10 Uhr in den Händen des Marineministers, und Knox muß sie unverzüglich Roosevelt zugeleitet haben.

Es war 11.25 Uhr, als General Marshall von seinem Ritt in sein Amt zurückkehrte. Wenn er die Berichte über den drohenden japanischen Angriff auf Pearl Harbour sorgfältig las, hatte er immer noch Zeit, sich durch das Scrambler-Telefon auf seinem Schreibtisch mit Honolulu in Verbindung zu setzen, oder durch den Marinesender oder den FBI-Sender. Aber er übergab eine von ihm verfaßte Warnung an die Befehlshaber der Armee der Nachrichtenzentrale und versah sie nicht einmal mit dem Dringlichkeitsvermerk. Das Hauptquartier des Armee-Außenpostens von Pearl Harbour meinte dazu: „Wir finden keine Rechtfertigung dafür, daß es unterlassen wurde, diese Nachricht mehrfach als ‚Geheim' gesichert entweder über den Marinesender oder den FBI-Sender oder durch das Scrambler-Telefon oder durch alle drei zu senden."[149] Stand der General unter einer Anweisung des Präsidenten, daß er bei der Übermittlung wichtiger militärischer Informationen mit militärischen Regeln brach? Glaubte er, daß die politischen Ziele des Präsidenten Erwägungen der nationalen Sicherheit aufhöben? War die Bewahrung des britischen Empire das Blut, den Schweiß und die Tränen wert, nicht nur der Menschen, die im Todeskampf von Pearl Harbour untergingen, sondern auch der langen Reihe von Helden, die im Pazifik, im Mittelmeergebiet und bei der berühmten Offensive über die kampfzerwühlten Felder Frankreichs hinweg starben?

Indessen, Roosevelt und Harry Hopkins sahen diesen schrecklichen Möglichkeiten mit erstaunlichem Gleichmut entgegen. In der stillen Abgeschiedenheit seines ovalen Arbeitszimmers, getrennt und ungestört von allen eingehenden Telefonanrufen, blätterte der Präsident schweigend in seiner wohlgefüllten Briefmarkensammlung, während Hopkins Fala streichelte, den Scotch-Terrier des Weißen Hauses. Um 13.25 Uhr stand der Tod in der Tür. Die Japaner hatten Pearl Harbour bombardiert. Amerika war plötzlich in einen Krieg gestoßen worden, auf den noch kein Frieden gefolgt ist.

Anmerkungen

Vorwort

[1] Dem im September 1945 eingesetzten „Joint Congressional Committee", in dem entsprechend ihrer Stärke auch die Parlamentsminderheit vertreten war. D. Übers.

Historische Einführung

[1] John H. Ferguson, „American Diplomacy and the Boer War", Philadelphia 1939, S. 208 f.
[2] 10. Februar 1904.
[3] 10. Februar 1904.
[4] 11. Februar 1904.
[5] Tatsuji Takeutschi, „War and Diplomacy in the Japanese Empire", New York 1936, S. 155 ff.
[6] Edward H. Zabriskie, „American-Russian Rivalry in the Far East 1895–1914", Philadelphia 1946. S. 101 ff.
[7] Ernest B. Price, „The Russo-Japanese Treaties of 1907-1916 Concerning Manchuria and Mongolia", Baltimore 1933, S. 34 ff.
[8] A. Whitney Griswold, „The Far Eastern Policy of the United States", New York 1938, S. 129 f.
[9] Theodore Roosevelt an Präsident William H. Taft, 22. Dezember 1910, Manuskript Knox, Kongreßbücherei.
[10] John G. Reid, „The Manchu Abdication and the Powers, 1908–1912", Berkeley 1935, Kap. 4–10.
[11] Charles Callan Tansill, „Canadian-American Relations, 1875–1911", New York 1944, Kap. 1–4 und 10–12.
[12] Merle E. Curti, „Bryan and World Peace", „Smith College Studies in History", XVI, Northampton 1931.
[13] Charles Callan Tansill, „America Goes to War", Boston 1938, Kap. 2–6.
[14] Edwin Borchard u. William P. Lage. „Neutrality for the United States". New Haven 1937. S. 183.
[15] Tansill, a.a.O., S. 459 ff.
[16] Borchard und Lage, a.a.O., S. 88. Es ist interessant, daß in den Schicksalstagen kurz vor dem Eintritt Amerikas in den Weltkrieg Präsident Wilson vor Außenminister Lansing so wenig Achtung hatte, daß er sich bei Oberst House über Lansings Pflichtversäumnisse bitter beklagte: „Ich (House) war überrascht, als er (Wilson) sagte, Lansing sei der unzulänglichste Minister seines Kabinetts; es fehle ihm an Phantasie wie an konstruktiver Fähigkeit, ja er besitze überhaupt nur wenig wirkliche Fähigkeit. Er müsse Lansings wegen ständig besorgt sein, weil er schon oft eine Politik habe einleiten wollen, die er, der Präsident, bei verschiedenen Gelegenheiten ziemlich brüsk zurückgewiesen habe." House, „Diary", 28. März 1917, Mskr. House, Bibliothek der Yale-Universität.
[17] Präsident Wilson hatte von der wirklichen Bedeutung der Vierzehn Punkte keine klare Vorstellung. Am 20. Dezember 1918 machte Außenminister Lansing in sein Tagebuch die folgende bezeichnende Eintragung: „Die ‚Vierzehn Punkte' des Präsidenten enthalten gewisse Sätze (Freiheit der Meere und Selbstbestimmung), die in Zukunft sicherlich einige Verwirrung stiften werden, weil ihre Bedeutung und Anwendung nicht völlig durchdacht worden sind ... Diese Sätze werden gewiß immer gegenwärtig sein und viel Verdruß verursachen ... Er (der Präsident) hat offenbar vorher niemals gründlich darüber nachgedacht, wo sie hinführen und wie sie von den andern ausgelegt werden könnten. In Wahrheit ist es wohl so, daß er sich nicht darum sorgt, wenn nur seine Worte gut klingen." Akten Lansings, Kongreßbücherei.
[18] Oscar Cargill, „Intellectual America: Ideas on the March", New York 1941, S. 504.
[19] Der Notenwechsel über das Vorwaffenstillstands-Abkommen ist vollständig enthalten in „Foreign Relations, 1918, Supplement, I, The World War, I", Washington 1933, S. 337 ff., 357 f., 379 ff., 382 f., 425, 468 f.
[20] Paul Birdsall, „Versailles Twenty Years After", New York 1941, S. 35 ff.
[21] David Lloyd George, „Memoirs of the Peace Conference", New Haven 1939, I, S. 306 ff.
[22] Harold Nicolson, „Peacemaking, 1919", New York 1939, S. 18.

[23] „The Intimate Papers of Colonel House", hrsg. v. Charles Seymour, Cambridge 1928, IV, S. 343.

[24] Philip M. Burnett, „Reparation at the Paris Peace Conference", New York 1940, I. S. 63 ff.

[25] Ebendort, S. 69.

[26] Ebendort, S. 832 ff.

[27] Birdsall, a.a.O., S. 258.

[28] Thomas A. Bayley, „Woodrow Wilson and the Lost Peace", New York 1944, S. 240.

[29] Thorstein Veblen, „The Nature of Peace", New York 1917, S. 261. Außenminister Lansing teilte die Ansicht nicht, daß Deutschland seine Schutzgebiete durch schlechte Verwaltung verwirkt habe. Am 10. Januar 1918 vermerkte er in seinem Tagebuch: „Dieses Vorhaben, erobertes Gebiet zu behalten, läßt auf den ersten Blick erkennen, daß es auf Eroberung beruht und mit dem Geist eines auf Gerechtigkeit gegründeten Friedens nicht übereinstimmt ... Der Frieden verlangt eine unparteiische Regelung." Dokumente Lansings, Kongreßbücherei.

[30] Edwyn Bevan, „The Method In the Madness". London 1917, S. 305 ff.

[31] Arthur P. Scott, „George Louis Beer", in den „Marcus W. Jernegan Essays in American Historiography", herausg. v. W.T. Hutchinson, Chicago 1937, S. 315.

[32] Ebendort, S. 319.

[33] George L. Beer, „African Questions at the Paris Peace Conference", herausg. v. L.H. Gray, New York 1923, S. 58 ff.

[34] Bayley, a.a.O., S. 163.

[35] Harry R. Rudin, „Germany in the Cameroons, 1884–1914", New Haven 1938, S. 11, 414, 419.

[36] Bayley, a.a.O., S. 167.

[37] Es ist bezeichnend, daß die meisten an der Untersuchung beteiligten Kollegen Professor Lords seinen propolnischen Feuereifer als „übertrieben" ansahen. Birdsall, a.a.O., S. 178. s. a. Hunter Miller, „My Diary at the Conference of Paris", Privatdruck 1928, I, S. 289.

[38] Ray S. Baker, „Woodrow Wilson and World Settlement", Garden City 1922, III, S. 37 ff.

[39] Miller, a.a.O., IV, S. 224 ff.

[40] Seymour, a.a.O., IV, S. 334 ff.

[41] Lloyd George, a.a.O., II. S. 637 ff.

[42] René Martel, „The Eastern Frontiers of Germany", London 1930, S. 49 ff.

[43] William H. Dawson, „Germany Under the Treaty", London 1933, S. 149 ff.

[44] „Diaries, Letters and Papers", London 1936–37, II, S. 503.

[45] „Documents on International Affairs, 1934", hrsg. v. John W. Wheeler-Bennett und Stephen Heald, New York, S. 424.

[46] Miller, a.a.O., IV, S. 224 ff.; VI, S. 40 ff.

[47] E. Alexander Powell, „Thunder over Europe", New York 1931, S. 62.

[48] Dawson, a.a.O., S. 102 ff., s. a. J.F.D. Morrow u. L.M. Sieveking, „The Peace Settlement in the German Polish Borderland", London 1936.

[49] Powell, a.a.O., S. 66.

[50] Baker, a.a.O. Anscheinend trug Henry White viel dazu bei, dem Präsidenten von der Lage in Oberschlesien die richtige Anschauung zu vermitteln. s. Allan Nevins, „Henry White", New York 1930, S. 423.

[51] Georges Kaeckenbeek gibt in seinem wissenschaftlichen Bericht „The International Experiment of Upper Silesia", London 1942, S. 6, das Stimmenverhältnis mit 707.606 für Deutschland und 479.359 für Polen an.

[52] London 1930, S. 79 ff.

[53] Dawson, a.a.O., S. 206 ff.

[54] Sir Robert Donald, „The Polish Corridor and the Consequences", London 1929, S. 197 f. s. a. Sarah Wambaugh, „Plebiscites Since the World War", Washington 1933; W.J. Rose, „The Drama of Upper Silesia", Brattleboro 1936; Oberst B. S. Hutchinson, „Silesia Revisited 1929", London 1930.

[55] Seymour, a.a.O., IV, S. 347, 349, 383.

[56] Artikel 428–432 des Vertrages von Versailles, „The Treaties of Peace, 1919–1923", New York 1924. 1, S. 254 ff.

[57] General Henry T. Allen an Außenminister Hughes, 22. Dezember 1921. 862 T. 01/346, Bundesarchiv.

[58] Botschafter Wallace an Außenminister Hughes, Paris, 27. April 1920. 862.00/921, Bundesarchiv.

[59] Emil Sauer an Außenminister Hughes, Köln, 16. Februar 1923. 862.00/1215, Mskr. Bundesarchiv.

[60] Dawson, a.a.O., S. 84.

[61] Nevins, a.a.O., S. 372.

[62] G.E.R. Geyde, „The Revolver Republic", London 1930, S. 29 ff.

[63] Herbert Hoover, „Communism Erupts in Europe", „Collier's", CXXVIII, 8. September 1951, S. 26 f., 68 ff.

[64] Alma Luckau, „The German Delegation at the Paris Conference", New York 1941, S. 124.

[65] Ebendort, S. 98 ff.

I. Kapitel

[1] Die amerikanische Botschaft in Paris an den Außenminister, 24. Oktober 1919. 862.00/754, Mskr., Bundesarchiv.

[2] Dyar an den Außenminister, Berlin, 31. Dezember 1919. 862.00/776, Mskr., Bundesarchiv.

[3] R.D. Murphy an den Außenminister, 5. Januar 1924. 862.4016/12, Mskr., Bundesarchiv.

[4] Exkaiser Wilhelm II. an Präsident Wilson, 9. Februar 1920. 763.7219/9116, Mskr., Bundesarchiv.

[5] Außenminister Lansing an die amerikanische Botschaft in Paris, 6. Februar 1920. 763. 7219/89 412, Mskr., Bundesarchiv.

[6] Wadsworth an Außenminister Hughes, Paris. 16. Mai 1923. 462.00R294/210, Mskr., Bundesarchiv.

[7] George B. Lockwood an Außenminister Hughes,

24. Mai 1923. 462.008.293/232, Mskr., Bundesarchiv.

[8] „Foreign Relations, 1923", II, S. 180.

[9] Außenminister Hughes an Botschafter Herrick, 23. Februar, 25. März 1924. 462.00R29/649, Mskr., Nationalarchiv.

[10] Bevollmächtigter Dresel an Außenminister Hughes, Berlin, 20. April 1921. 462.00R29/649, Mskr., Bundesarchiv.

[11] Außenminister Hughes an die amerikanische Mission in Berlin, 22. April 1921. 462.00R29/649, Mskr., Bundesarchiv.

[12] „Foreign Relations, The Paris Peace Conference, 1919", XIII, S. 862 ff.

[13] Ebendort, S. 18 ff.

[14] Ebendort, S. 22 ff.

[15] Botschafter Child an Außenminister Hughes, Paris, 22. November 1922. 462.00R29/2187, Mskr., Bundesarchiv.

[16] Botschafter Herrick an Außenminister Hughes, Paris, 22. November 1922. 462.00R29/2184, Mskr., Bundesarchiv.

[17] Außenminister Hughes an Mr. Boyden, 24. November 1922. 462.00R29/2187, Mskr., Bundesarchiv.

[18] C.E. Herring an Außenminister Hughes, Berlin, 10. September 1923. 462.00R29/3333, Mskr., Bundesarchiv.

[19] Botschafter Houghton an Außenminister Hughes, Berlin, 27. Juli 1923. 462.00R29/2923, Mskr., Bundesarchiv.

[20] Interview zwischen W.R. Castle u. Herbert Hoover, 7. März 1923. 862T.01/687, Mskr., Bundesarchiv.

[21] Es handelt sich um die damals von den Franzosen in eigener Regie betriebene Bahn Gelsenkirchen–Essen–Düsseldorf. D. Übers.

[22] Ebendort, S. 102, 119 ff.

[23] „Foreign Relations, Paris Peace Conference", XIII, S. 899 ff. s. a. Charles G. Dawes. „A Journal of Reparations", London 1939.

[24] Zitiert von Max Sering in „Germany under the Dawes Plan", London 1929, S. 64 ff.

[25] Ebendort.

[26] Max Winkler, „Foreign Bonds, An Autopsy", Philadelphia 1933. S. 86 ff.

[27] Über das ganze Thema der Finanzlage in Deutschland während der Nachkriegsperiode vor Hitler s. C.R.S. Harris, „Germany's Foreign Indebtness", London 1935.

[28] J. W. Angell, „The Recovery of Germany", New Haven 1932, S. 170 ff.

[29] John W. Wheeler-Bennett und H. Latimer, „Information on the Reparation Settlement", London 1930.

[30] P. Einzig, „The World Economic Crisis, 1929–1931", New York 1932; F.W. Lawrence, „This World Crisis", London 1931; Völkerbund, „World Production and Prices. 1925–1933", Genf 1934.

[31] „New York Times", 21. Juni 1931.

[32] Sherwood Eddy an Außenminister Stimson, Berlin, 30. Juli 1931. GK 862.00/2616, Mskr., Außenamt.

[33] Frederick M. Sackett an Außenminister Stimson, Berlin, 1. September 1931. 033.1140 Stimson, Henry L./144, Mskr., Außenamt.

[34] Aufzeichnung über eine Unterredung zwischen Außenminister Stimson und Präsident Hindenburg, Berlin, 27. Juli 1931. 033.1140 Stimson, Henry L./144, Mskr., Außenamt.

[35] Dr. Heinrich Brüning zu Rev. Edward J. Dunne, S. J., angeführt von E.J. Dunne in „The German Center Party in the Empire and the Republic", Mskr., Dissertation zur Promotion zum Doktor der Philosophie, Bibliothek der Georgetown University.

[36] New York 1942, S. 42 ff.

[37] John W. Wheeler-Bennett, „Hindenburg: the Wooden Titan", London-New York 1936, S. 42 ff.

[38] „New York Herald Tribune", 1. Juni 1932.

[39] „The Problem of the Twentieth Century: A Study in International Relationships", London 1934, S. 227.

[40] Léon Blum, „Peace and Disarmament", London 1932, S. 88 f.

[41] Ebendort, S. 90 f.

[42] James T. Shotwell, „On the Rim of the Abyss", New York 1936, S. 269.

[43] John W. Wheeler-Bennett, „Documents on International Affairs, 1933", London 1934, S. 209.

[44] „Foreign Relations, 1933". I. S. 45.

[45] Aufzeichnung über eine Unterredung zwischen Norman H. Davis und Reichskanzler Hitler, 8. April 1933. Ebendort S. 107.

[46] Außenminister Hull an Norman H. Davis. 23. April 1933. Ebendort.

[47] Aufzeichnung über eine Unterredung zwischen Präsident Roosevelt mit Premierminister Herriot, 26. April 1933. Ebendort, S. 109 ff.

[48] Ebendort, S. 130 ff. Außenminister Hull an den Botschafter in London (Bingham) 8. Mai 1933.

[49] Präsident Roosevelt an mehrere Staatsoberhäupter, 16. Mai 1933. Ebendort, S. 143 ff.

[50] „New York Times", 18. Mai 1933.

[51] 18. Mai 1933.

[52] 18. Mai 1933.

[53] Amerikanisches Außenamt, „Press Releases", 22. Mai 1933.

[54] 31. Januar 1933.

[55] 2. Februar 1933.

[56] 6. März 1933.

[57] 6. März 1933.

[58] 7. März 1933.

[59] 7. März 1933.

[60] 7. März 1933.

[61] 7. März 1933.

[62] 7. März 1933.

[63] 7. März 1933.

[64] 6. März 1933.

[65] 15. März 1933.

[66] Wheeler-Bennett, „The Wooden Titan", S. 446 ff.

[67] 25. März 1933.

[68] George S. Messersmith an Außenminister Hull, Berlin, 12. Mai 1933. 862.00/2984, Streng vertraulich, Mskr., Außenamt.

[69] George A. Gordon an Außenminister Hull, Berlin, 12. Mai 1933. 862.00/2985–86, Mskr., Außenamt.

[70] George A. Gordon an Außenminister Hull, Berlin, 17. Juni 1933. 862.00/3010, Mskr., Außenamt.

[71] George A. Gordon an Außenminister Hull, Berlin. 23. Juni 1933. 862.00/3017, Mskr., Außenamt.

[72] George A. Gordon an Außenminister Hull, Berlin, 10. Juli 1933. 862. 1933. 862.00/3028-29, Mskr., Außenamt.

[73] George S. Messersmith an Außenminister Hull, 10. Juli 1933. 862.00/3033, Mskr., Außenamt.

[74] „The Final Act of the Lausanne Conference", 9. Juli 1932. London 1932.

[75] Vertreten waren Frankreich, Großbritannien, die Niederlande, Schweden, die Schweiz und die Vereinigten Staaten.

[76] „New York Times", 3. Juni 1933.

[77] Die Vereinigten Staaten waren über dieses Transfer-Moratorium tief besorgt, weil ungefähr 40 Prozent der deutschen Auslandsschulden, rund 1,8 Milliarden Dollar, bei amerikanischen Kreditgebern aufgenommen worden waren. Über eine abweichende Schätzung s. Cleona Lewis, „America's Stake in International Investments", Washington 1938, S. 414.

[78] „New York Times", 21. Juni 1933.

[79] Raymond Moley, „After Seven Years", New York 1939, S. 247.

[80] Ebendort, S. 261 ff.

[81] Die Dokumente über die Londoner Wirtschaftskonferenz sind ausführlich wiedergegeben. In „Foreign Relations, 1933", I, S. 452 ff.

[82] Aufzeichnung des Leiters der Westeuropäischen Abteilung des State Department (Moffat), 24. März 1933. Ebendort, S. 396 ff.

[83] Ebendort, S. 409 ff.

[84] Ebendort, S. 417 ff.

[85] Aufzeichnungen des amerikanischen Botschafters in Paris (Straus) über eine Unterredung mit dem britischen Botschafter in Paris (Tyrrell). 15. Juni 1933. Ebendort, S. 420 f.

[86] Botschafter Dodds „Diary, 1933-1938", S. 9 f. Am 4. Juli 1933 machte Dodd eine Eintragung über eine Unterredung mit Oberst House, bei der der betagte Oberst bemerkt habe: „Ich habe dem Präsidenten zwei Persönlichkeiten empfohlen, Sie und Nicholas Butler, aber ich hatte dabei die Empfindung, daß Sie vorgezogen werden sollten."

[87] Ebendort, S. 6.

[88] Cordell Hull. „Memoirs", New York 1948, I, S. 237 ff.

[89] „New York Times", 19. Januar 1933.

[90] „New York Times", 19. März 1933.

[91] „New York Times", 8. Mai 1933.

[92] Dodd, a.a.O., S. 9.

[93] Ebendort, S. 5.

[94] Ebendort, S. 6 f.

[95] Ebendort, S. 9.

[96] Ebendort, S. 10 ff.

[97] Ebendort, S. 11.

II. Kapitel

[1] Paul W. Reinsch, „An American Diplomat in China", New York 1922, Kap. 12; Thomas E. La Fargue, „China and the World War", Stanford 1937, Kap. 3.

[2] F. Seymour Cocks, „The Secret Treaties and Understandings", London 1918, S. 84 ff.; J.V.A. MacMurray, „Treaties and Agreements with and Concerning China", New York 1921. II, S. 1108 ff.

[3] Blanche E. Dugdale, „Arthur James Balfour", New York 1936, II. S. 145 f. s. a. Balfour an Präsident Wilson, 31. Januar 1918, Akten Wilsons, Kongreßbücherei, und Außenminister Lansing an Präsident Wilson, 18. November 1918, ebendort.

[4] A. Whitney Griswold, „The Far Eastern Policy of the United States", New York 1938, S. 219.

[5] Lansing, „Diary", 10. Januar 1918, Akten Lansings, Kongreßbücherei.

[6] Griswold, a.a.O., S. 218 ff.

[7] Lansing, a.a.O., Denkschrift des Außenministers Lansing, 18. März 1918.

[8] Ebendort, 10. April 1918.

[9] Ebendort, 12. Juni 1918.

[10] Lansing, a.a.O., Aufzeichnung über eine Konferenz im Weißen Haus, 6. Juli 1918.

[11] Oberst House an Präsident Wilson, 6. Juli 1918. Akten des Obersten House, Bibliothek der Yale-Universität.

[12] General William S. Graves, „America's Siberian Adventure", New York 1931; Pauline Tompkins, „American-Russian Relations in the Far East". New York 1949, S. 47 ff.; John A. White, „The Siberian Intervention", Princeton 1950. S. 270 ff.

[13] Frederick V. Field, „American Participation in the China Consortiums", Chicago 1961, S. 14 ff.; John G. Reid, „The Manchu Abdication and the Powers, 1908-1912", Berkeley 1935, S. 36 ff. u. 258 ff.

[14] MacMurray, a.a.O., S. 1024; Griswold, a.a.O., S. 172 f.

[15] „Foreign Relations 1913", S. 170 f.

[16] Ebendort, „1918", S. 167 f.

[17] Ebendort, „1917", S. 144 f. u. 154 f. Die britische Botschaft an Außenminister Lansing, 3. Oktober 1917; Botschafter Jusserand an Außenminister Lansing, 19. November 1917.

[18] Außenminister Lansing an Präsident Wilson, 20. Juni 1918. 893.51/2512, Mskr., Außenamt.

[19] Präsident Wilson an Außenminister Lansing, 21. Juni 1918. 893.51/2513, Mskr., Außenamt.

[20] Außenminister Lansing an Botschafter Jusserand, 8. Oktober 1918. 893.51/2042e, Mskr. Außenamt.

[21] Britisches Außenamt an die amerikanische Botschaft in London, 17. März 1919. „The Consortium, the Official Text of the Four-Power Agreement for a Loan to China and Relevant Documents", Washington 1921, Nr. 5. S. 16.

[22] Botschafter Morris an Außenminister Lansing, Tokio, 28. Mai 1919. 893.51/2241, Mskr., Außenamt.

[23] J.W. Davis an den stellvertretenden Außenminister

Polk. London, 18. Juni 1919. 893.51/2268, Mskr., Außenamt.

[24] J.P. Morgan and Company an das Außenamt, 25. Juni 1919. 893.51/2282, 25. Juni 1919, 893.51/2282 Mskr., Außenamt.

[25] T.W. Lamont an J.P. Morgan and Company. 893.51/2268, Mskr., Außenamt.

[26] Reinsch an Außenminister Lansing, Peking, 26. Juni 1919. 893.51/2284, Mskr., Außenamt.

[27] Botschafter Wallace an Breckinridge Long, Paris, 13. Juli 1919. 893.51/2308, Mskr., Außenamt.

[28] Botschafter Wallace an Außenminister Lansing, Paris, 16. September 1919. 893.51/2425, Mskr., Außenamt.

[29] Die japanische Botschaft in Washington an das amerikanische Außenamt, 2. März 1920. 893.51/2695, Mskr., Außenamt.

[30] Lansing, a.a.O., 30. November 1918.

[31] Ebendort, 31. Juli 1919.

[32] Botschafter Morris an den stellvertretenden Außenminister Polk, 11. März 1920. 893.51/2707, Mskr., Außenamt.

[33] Botschafter Morris an Sekretär Colby, Tokio, 8. April 1920, mit Einlagen, 893.51/2765, Mskr., Außenamt.

[34] In einem Brief vom 11. Mai an den Präsidenten der Bank von Yokohama, Nakaji Kajiwara, führte Lamont die Bedingungen auf, über die man sich geeinigt hatte: „(1) daß die Südmandschurische Eisenbahn und ihre bestehenden Nebenlinien mit den zu ihr gehörenden Gruben nicht in den Bereich des Konsortiums einbezogen werden; (2) daß die geplante Eisenbahn Taonanfu–Jehol und die geplante Eisenbahn, die einen Punkt an der Bahn Taonanfu–Jehol mit einem Seehafen verbinden soll, in die Bedingungen des Konsortiums aufzunehmen sind."

[35] S. 14 f.

[36] Lyon Sharman, „Sun Yat-sen: His Life and its Meaning", New York 1934, S. 247; M.T.Z. Tyau, „China Awakened", New York 1920, Kap. 9.

[37] Außenminister Lansing hatte für Sun Yat-sen wenig übrig. In einem Brief an Präsident Wilson vom 25. November 1918 bemerkte er: „Weiter würde ich, was diesen Mann (Sun Yat-sen) betrifft, nicht gehen, weil es über seine Empfänglichkeit für Bestechungsgelder und seine Bereitwilligkeit, dem Meistbietenden zu dienen, einige recht häßliche Geschichten gibt. Ich glaube, daß das Beweismaterial hierüber... sehr überzeugend ist." Wilson, a.a.O.

[38] „New York Times", 22./23. Juli 1923.

[39] Genau geschrieben: „Kuo-min-Tang", wörtlich „Staats-Volks-Partei", dem Sinne nach „Nationaldemokratische Partei". D. Übers.

[40] T.C. Woo, „The Kuomintang and the Future of the Chinese Revolution", London 1928, Anhang C.

[41] Harley F. MacNair, „China in Revolution", Chicago 1931, S. 77.

[42] Harriet L. Moore, „Soviet Far Eastern Policy, 1931–1945", Princeton 1945, S. 156 ff.

[43] Sharman, a.a.O., S. 308 f. Auf die enge Verbindung zwischen Sun Yat-sen und den Kommunisten wies ein Bericht des amerikanischen Konsuls in Nanking, John K. Davis, an Außenminister Kellogg vom 6. Juli 1925 hin: „Es unterliegt kaum einem Zweifel, daß Sun Yat-sen und Feng Yü-hsiang, wenn Suns Krankheit und Tod es nicht verhindert hätten, binnen kurzem in der Hauptstadt mit sowjetischer Hilfe einen Handstreich vollführt und, einmal an der Macht, alle sogenannten ‚ungleichen Verträge' einfach aufgehoben hätten, ohne eine Vertragsrevision zu fordern." 893.00/6465, Mskr., Außenamt.

[44] Tschiang hatte auch mehrere Jahre in Japan zugebracht, D. Übers.

[45] MacNair, a.a.O., S. 100 ff.

[46] Konsul John K. Davis an Außenminister Kellogg, Nanking, 6. Juli 1925. 893.00/6465, Mskr., Außenamt.

[47] E.C. Grenfell an T.W. Lamont, London. 23. Juni 1925. 893.00/6465, Mskr., Außenamt.

[48] T.W. Lamont an E.C. Grenfell, 26. Juni 1925. 893.00/6364, Mskr., Außenamt.

[49] Thomas F. Millard an W.W. Yen, Schanghai, 11. Juni 1925, Mskr., Borah, Kongreßbücherei.

[50] Thomas F. Millard an Senator Borah, Schanghai. 18. Juni 1925. Ebendort.

[51] Senator Borah an Thomas F. Millard, Boise, Idaho, 20. Juli 1925. Ebendort.

[52] „New York Times", 16. Juni 1925.

[53] Außenminister Kellogg an Senator Borah, 21. August 1925, *Streng vertraulich*, Borah, a.a.O.

[54] Senator Borah an Außenminister Kellogg, Boise, Idaho, 26. August 1925. Ebendort. In einem Brief an Bischof William F. McDowell, 18. August 1925, bemerkt Borah kritisch: „Ich meine, daß das Betragen der Westmächte in China unhaltbar ist." Ebendort.

[55] Dorothy Borg, „American Policy and the Chinese Revolution. 1925–1928, New York 1947, S. 24 f.

[56] Ferdinand L. Mayer an Außenminister Kellogg, 19. Juni 1925, „Foreign Relations, 1925", I, S. 667.

[57] Gesandter MacMurray an Außenminister Kellogg, 28. Juli 1925. Ebendort, S. 799 ff.

[58] Borah, a.a.O.

[59] Senator Borah an den Außenminister der Regierung in Kanton, 26. September 1925. Ebendort.

[60] Senator Borah an Thomas F. Millard, 15. September 1925. Ebendort.

[61] Tschungting T. Wang an Senator Borah, Peking, 28. September 1925. Ebendort.

[62] Harry Hussey an Senator Borah, Peking, 28. September 1925. Ebendort.

[63] C.F. Remer und William B. Palmer. „A Study of Chinese Boykotts with Special Reference to their Economic Effectiveness", Baltimore 1933, S. 95 ff.

[64] „China Year Book, 1926–1927", S. 982.

[65] „China Year Book, 1928", S. 4; Julean Arnold, „The Missionaries' Opportunity in China", „Chinese Recorder", Oktober 1925, S. 639; C.F. Remer, „Foreign Investments in China", New York 1933. S. 308.

[66] S. 1041 ff.

[67] Ebendort, 10. September 1925, S. 114.
[68] „American Relations with China. A Report of the Conference Held at the Johns Hopkins University, September 17–20, 1925", Baltimore 1925, S. 39.
[69] Borg, a.a.O., S. 76 ff.
[70] „Far Eastern Review", Juni 1926, S. 242 f.
[71] „North China Herald", 10. Juli 1926.
[72] Robert T. Pollard, „China's Foreign Relations, 1917–1931", New York 1933, S. 275 ff.
[73] Eugene Tsch'en an den amerikanischen Generalkonsul Jenkins, Kanton, 14. Juli 1926. „Foreign Relations, 1926", I, S. 845.
[74] Eugene Tsch'en an den amerikanischen Generalkonsul Jenkins, Kanton, 28. Juli 1926. Ebendort, S. 851 ff.
[75] Gesandter MacMurray an Außenminister Kellogg, Peking, 14. August 1926. Ebendort, S. 671 ff.
[76] Außenminister Kellogg an MacMurray. 24. August 1926. Ebendort, S. 682.
[77] McNair, a.a.O., S. 108 f.
[78] Borg, a.a.O., S. 120.
[79] Das amerikanische Außenamt an die britische Botschaft in Washington, 6. Oktober 1926. „Foreign Relations, 1926", I, S. 855.
[80] Gesandter MacMurray an Ferdinand L. Mayer, 30. September 1926. Ebendort, S. 868.
[81] Ferdinand L. Mayer an Außenminister Kellogg, 3. Oktober 1926. Ebendort, S. 869.
[82] Außenminister Kellogg an Mayer, 5. Oktober 1926. Ebendort, S. 871.
[83] Ferdinand L. Mayer an Außenminister Kellogg, 3. November 1926, Ebendort. S. 896 ff.
[84] „China Year Book, 1928", S. 782.
[85] MacMurray an Außenminister Kellogg, 16. November 1928. „Foreign Relations, 1926", I, S. 996 f.
[86] MacMurray an Außenminister Kellogg, 16. November 1926. Ebendort, S. 897 ff.
[87] MacMurray an Außenminister Kellogg, Peking, 7. Februar 1927. „Foreign Relations, 1927", II. S. 379 ff.
[88] Außenminister Kellogg an MacMurray, 15. Februar 1927. Ebendort, S. 382 f.
[89] Der britische Außenminister an den britischen Botschafter In China, 2. Dezember 1928. „Foreign Relations, 1926", I, S. 923 ff.
[90] „Times", 5. Januar 1927.
[91] MacMurray an Außenminister Kellogg, Peking, 22. Dezember 1926. „Foreign Relations, 1926", I, S. 919 ff.
[92] Außenminister Kellogg an den Gesandten MacMurray, 23. Dezember 1926. Ebendort, S. 922.
[93] MacMurray an Außenminister Kellogg, 28. Dezember 1926. Ebendort, S. 929.
[94] Außenminister Kellogg an den amerikanischen Beauftragten in China (Mayer), 25. Januar 1927. „Foreign Relations, 1927", II, S. 350 ff.
[95] „Congressional Record", 26. Januar 1927, LXVIII, II, S. 2324.
[96] Ebendort, LXVIII, II, S. 4388.
[97] Ebendort, 21. Februar 1927, LXVIII, III, S. 4389.
[98] 8./10., 23./24., 29. Januar 1927.
[99] 9. Januar 1927.
[100] 25. Januar 1927.
[101] 17. März 1927.
[102] 21., 26. Januar 1927.
[103] 23., 28., 30. Januar; 3., 5., 9. Februar 1927.
[104] 22. März 1927.
[105] 25. Januar 1927.
[106] Konsul John K. Davis an Außenminister Kellogg, Nanking, 28. März 1927. „Foreign Relations, 1927". II, S. 151 ff.
[107] MacMurray an Außenminister Kellogg, Peking, 28. März 1927. Ebendort, S. 161.
[108] Botschafter MacVeagh an Außenminister Kellogg, 6. April 1927. Ebendort, S. 164.
[109] Der britische Botschafter (Howard) an Außenminister Kellogg, 5. April 1927. Ebendort, S. 179 ff.
[110] Denkschrift des Außenministers, 6. April 1927. Ebendort, S. 182 f.
[111] Der amerikanische Generalkonsul in Hankau (Lockhart) an Eugene Tsch'en, 11. April 1927. Ebendort, S. 189 f. Diese Forderungen waren: (1) angemessene Bestrafung der für die Morde, die persönlichen Schäden und Beschimpfungen und die materiellen Schäden verantwortlichen Truppenführer wie auch aller daran beteiligten Personen; (2) schriftliche Entschuldigung durch den Oberbefehlshaber der Nationalistischen Armee mit der schriftlichen Zusage, dafür zu sorgen, daß jegliche Gewalttätigkeit und Agitation gegen Leben und Eigentum von Ausländern unterbleibt; (3) völlige Wiedergutmachung für die persönlichen und materiellen Schäden.
[112] Denkschrift des Außenministers, 20. April 1927. Ebendort, S. 204 f.
[113] MacMurray an Außenminister Kellogg, Peking, 23. April 1927. Ebendort, S. 209 f.
[114] Außenminister Kellogg an MacMurray, 25. April 1927. Ebendort, S. 210 f.
[115] Außenminister Kellogg an MacMurray, 28. April 1927. Ebendort, S. 215 f.
[116] „United States Daily", 26. April 1927.
[117] „North China Herald", 30. April 1927.
[118] Borg, a.a.O., S. 344.
[119] Ebendort, S. 351.
[120] „Bulletin" der amerikanischen Handelskammer Schanghais, August 1927.
[121] „China in Chaos", S. 2.
[122] 18. Juni 1927.
[123] MacMurray an Außenminister Kellogg, Peking, 20. Juni 1928. „Foreign Relations, 1928". II, S. 184 f.
[124] Ebendort, S. 475 ff.
[125] Außenminister Kellogg an MacMurray, 10. August 1928. Ebendort, S. 192 f.

III. Kapitel

[1] A. Whitney Griswold, „The Far Eastern Policy of the United States". New York 1938, S. 369 f.
[2] Ebendort, S. 369.
[3] Die japan. Botschaft an das amerikan. Außenamt, 15. Januar 1924. 711.945/1063, Mskr., Außenamt.
[4] Außenminister Hughes an den Vorsitzenden des

Repräsentantenhaus-Ausschusses für Einwanderungsfragen, 8. Februar 1924. 150.01/778, Mskr., Außenamt.

[5] Botschafter Hanihara an Außenminister Hughes, 10. April 1924. 711.945/1043, Mskr., Außenamt.

[6] Botschafter Hanihara an Außenminister Hughes, 17. April 1924. 711.945/1051, Mskr., Außenamt. Präsident Coolidge unterzeichnete das Gesetz am 26. Mai 1924.

[7] Außenminister Hughes an Senator Lodge, 17. April 1924, Mskr., Calvin Coolidge, Kongreßbücherei.

[8] 17. April 1924.

[9] Arthur N. Young an Außenminister Kellogg und Nelson Johnson, 1. November 1927. 894.51 So 8/1, Mskr., Außenamt.

[10] Nelson T. Johnson an Arthur N. Young, 1. November 1927. 894.51 So 8/1, Mskr., Außenamt.

[11] T.W. Lamont an B.E. Olds, Unterstaatssekretär, New York, 11. November 1927. 894.51 So 8/48, Mskr., Außenamt.

[12] Ferdinand L. Mayer an Außenminister Kellogg. Peking, 19. 11. 1927. 894.51 So 8/1, Mskr., Außenamt.

[13] Ferdinand L. Mayer an Außenminister Kellogg, Peking, 22. November 1927. 894.51 So 8/4, Mskr., Außenamt.

[14] Ferdinand L. Mayer an Außenminister Kellogg, Peking, 25. November 1927. 894.51 So 8/8, Mskr., Außenamt.

[15] Botschafter MacVeagh an Außenminister Kellogg, Tokio, 21. November 1927. 894.52 So 8/2, Mskr., Außenamt.

[16] 25. November 1927.

[17] 25. November 1927.

[18] Außenminister Kellogg an Botschafter MacVeagh, 10. Dez. 1927. 894.51 So 8/20, Mskr., Außenamt.

[19] Aufzeichnung der Fernostabteilung des Außenamtes. 894.51 So 8/612.

[20] „New York Times", 28. Oktober 1928.

[21] Botschafter MacVeagh an Außenminister Kellogg, Tokio, 4./5. Mai 1928. 893.00 Tsinan/2–7, Mskr., Außenamt.

[22] 1. Juni 1928.

[23] Botschafter MacVeagh an Außenminister Kellogg, Tokio, 6. Juni 1928. 893.00 Tsinan/127, Mskr., Außenamt.

[24] Botschafter MacMurray an Außenminister Kellogg, Tokio, 26. März 1929. 893.00 Tsinan/127, Mskr., Außenamt.

[25] 13. Mai 1928.

[26] 11. Mai 1928.

[27] 7. Mai 1928.

[28] 22. Mai 1928.

[29] Robert T. Pollard, „China's Foreign Relations, 1917–1931", New York 1933, S. 391.

[30] „China Year Book 1929–1930", S. 1217.

[31] „Prawda", 14. Juli 1929.

[32] „Prawda", 14. Juli 1929.

[33] „China Year Book, 1929–1930", S. 1217 ff.

[34] „Prawda", 18. Juli 1929.

[35] Harry L. Stimson, „The Pact of Paris", Rede vor dem Council on Foreign Relations, New York, 8. August 1932, Washington 1932.

[36] Stanley K. Hornbeck, „American Policy and the Chinese-Russian Dispute", „Chinese Social and Political Science Review", XIV, Januar 1930, S. 56 ff.

[37] Russell M. Cooper, „American Consultation in World Affairs", New York 1934, S. 91.

[38] Eugene Lyons, „Assignment in Utopia", New York 1938, Kap. 14.

[39] Außenamt, „Press Releases", 7. Dezember 1929.

[40] John Wheeler-Bennett, „Documents on International Affairs, 1929", London 1930, S. 178 ff.

[41] „Communism in China, Document A, Appendix No. 3", Tokio 1932, S. 3 ff. Dieses Dokument wurde von der japanischen Regierung als Anhang zur Sache Japans veröffentlicht. Wegen eines mit Tschiang sympathisierenden Berichts über den Kampf Tschiang Kai-scheks mit den chinesischen Kommunisten s. T'ang Leang-li, „Suppressing Communist Banditry in China", Schanghai 1934, Kap. 6.

[42] Max Beloff, „The Foreign Policy of Soviet Russia, 1929–1941", New York 1947. I, S. 71.

[43] J.V.A. MacMurray, „Treaties and Agreements with Concerning China", I, S. 654.

[44] Die Bahn Ssupingkai–Tschentschiatun–Taonan (mit der Piayantala-Nebenbahn), 264 Meilen, und die Bahn Taonan–Angantschi (Tsitsihat), 141 Meilen, s. K.K. Kawakami, „Manchurian Backgrounds", „Pacific Affairs", V, Februar 1932, S. 111 ff.

[45] Die Linien Kirin–Hailung–Mukden, 295 Meilen, die Linie Piayantala–Takuschan, 134 Meilen, und die zum Teil gebaute Linie Taonan–Piayantala.

[46] „New York Times", 10. Dezember 1930.

[47] Edith E. Ware, „Business and Politics in the Far East", New Haven 1932, S. 213, schätzt die japanischen Kapitalanlagen in der Mandschurei auf 2.147 Millionen Yen.

[48] „Leading Cases of Chinese Infringement of Treaties, Document A, Appendix, No. 6", Tokio 1932, S. 105 ff. s. a. Thomas B. LaFargue, „China and the World War", Stanford 1937, S. 112.

[49] „Anti-Foreign Education in China, Document A, Appendix No. 5", Tokio 1932, S. 28 ff. Eine andere Auffassung vertritt T'ang Leang-li, „The Puppet State of Manchukuo", Schanghai 1935, S. 263 ff.

[50] Die Verträge vom 25. Mai 1915 sicherten Japan die folgenden Vorteile: a) die Pacht der Kwantung-Halbinsel mit Port Arthur und Dairen wurde von 1923 bis 1997 verlängert; b) die Pacht der Eisenbahn Antung–Mukden wurde von 1923 bis 2007 verlängert; c) die Pacht der Bahn Dairen–Tschangtschung wurde bis zum Jahre 2002 verlängert; d) das Recht, in der Südmandschurei für industrielle und landwirtschaftliche Zwecke Land zu verpachten, wurde ausdrücklich zugestanden.

[51] Hallett Abend, „New York Times", 4. November 1951.

[52] Ferdinand L. Mayer an Außenminister Kellogg, Peking, 22. November 1027. 894.51 So 8/4, Mskr., Außenamt.

[53] Über die chinesischen Boykotts im allgemeinen

S.C.F. Remer und William B. Palmer, „A Study of Chinese Boykotts", Baltimore 1933.

[54] „Report of the Commission of Enquiry Appointed by the League of Nations on Manchuria", Washington 1932 (hier als „Lytton-Bericht" bezeichnet), S. 120.

[55] Ebendort, S. 63 f.

[56] Ebendort, S. 64.

[57] Ebendort, S. 65.

[58] Ebendort, S. 22.

[59] „Communism in China, Document A, Appendix No. 3", Tokio 1932.

[60] Lytton-Bericht, a.a.O., S. 19.

[61] George Sokolsky, „These Days", „Washington Times-Herald", 14. März 1951.

[62] Ware, a.a.O., S. 206.

[63] „New York Times", 19. September 1931.

[64] Hugh Wilson an Außenminister Stimson, Genf, 21. September 1931, „Foreign Relations, 1931", III, S. 22.

[65] Außenminister Stimson an Hugh Wilson, 22. September 1931. Ebendort, S. 26.

[66] Aufzeichnung eines transatlantischen Telefongesprächs zwischen Außenminister Stimson, Norman H. Davis und Hugh Wilson, 23. September 1931. Ebendort, S. 43 ff.

[67] Außenminister Stimson an den Gesandten Johnson und an den Geschäftsträger der Vereinigten Staaten in Tokio. 24. September 1931. Ebendort, S. 58.

[68] Außenminister Stimson an den amerikanischen Konsul in Genf, Gilbert, 5. Oktober 1931. Ebendort, S. 116 f.

[69] Henry L. Stimson, „The Far Eastern Crisis: Recollections and Observations", New York 1936. S. 61 f.

[70] Außenminister Stimson an Konsul Gilbert, 10. Okt. 1931. „Foreign Relations, 1931", III, S. 154.

[71] Aufzeichnung über ein transatlantisches Telefongespräch zwischen Außenminister Stimson und Prentiss Gilbert, 16. Oktober 1931. Ebendort, S. 203 ff.

[72] Außenminister Stimson an den amerikanischen Gesandten in China und den amerikanischen Geschäftsträger in Japan, 20. Oktober 1931. Ebendort, S. 276.

[73] „Foreign Relations, Japan: 1931–1941", I, S. 29 f.

[74] Der amerikanische Geschäftsträger in Tokio, Neville, an Außenminister Stimson, Tokio, 4. November 1951. „Foreign Relations, 1931", III, S. 366 f.

[75] Aufzeichnung über eine Unterredung zwischen dem amerikanischen Botschafter Forbes, Tokio, mit dem japanischen Außenminister. Schidehara, 6. November 1931. Ebendort, S. 375 ff.

[76] Aufzeichnung des amerikanischen Außenministers über eine Unterredung mit dem japanischen Botschafter, Debutschi, 19. November 1931. „Japan: 1931–1941", I, S. 44 ff.

[77] Ray L. Wilbur und Arthur M. Hyde, „The Hoover Policies", New York 1937, S. 603.

[78] Aufzeichnung über ein transatlantisches Telefongespräch zwischen Außenminister Stimson und Botschafter Dawes, 19. November 1931. „Foreign Relations, 1931", III, S. 488 ff.

[79] Außenminister Stimson an Elihu Root, 14. Dezember 1931, Streng persönlich und vertraulich, Akten Boots, Kongreßbücherei.

[80] Außenminister Stimson an Botschafter Forbes, 7. Januar 1932. „Japan: 1931–1941". I, S. 76.

[81] Der amerikanische Geschäftsträger in Großbritannien, Atherton, an Außenminister Stimson, London, 9. Januar 1932. „Foreign Relations, 1932", III, S. 19.

[82] 11. Januar 1932.

[83] Robert Langer, „Seizure of Territory", Princeton 1947, S. 60.

[84] Raymond Gram Swing, „How We Lost the Peace in 1937", „Atlantic Monthly", CLXXIX, Februar 1947, S. 34.

[85] Aufzeichnungen über transatlantische Gespräche zwischen Außenminister Stimson und Sir John Simon, 15. u. 24. Februar 1932. „Foreign Relations, 1932", III, S. 335 ff., 341 ff., 432 ff.

[86] Außenminister Stimson an Senator Borah, 23. Februar 1932. „Japan: 1931–1941". I, S. 83 ff.

[87] Botschafter Forbes an Außenminister Stimson, Tokio, 27. Februar 1932. „Foreign Relations, 1932", III, S. 457 f.

[88] Irving S. Friedman, „British Relations With China, 1931–1939", New York 1940, S. 33.

[89] Der amerikanische Konsul in Genf, Gilbert, an Außenminister Stimson, Genf, 15. März 1932. „Foreign Relations, 1932", S. 585 f. Westel W. Willoughby, „The Sino-Japanese Controversy and the League of Nations", Baltimore 1935, S. 299 ff.

[90] Am 4. April 1932 wurden die Gefahren der fernöstlichen Lage in einer Unterredung des britischen Premierministers, Ramsay MacDonald, mit dem amerikanischen Geschäftsträger in London, Atherton, ausführlich erörtert: „Dem Inhalt nach sagte der Premierminister, vor einiger Zeit hätten Kritiker des Völkerbundes prophezeit, es sei sehr wohl möglich, daß sich Mitglieder der Liga ohne förmliche Kriegserklärung im Kriegszustand befänden, um den von der Völkerbundsatzung gegen Kriegführung vorgesehenen Sanktionen zu entgehen. Dieser Fall sei jetzt tatsächlich eingetreten, wenn auch die Chinesen beinahe der Katze die Schelle umgehängt hätten. Während der letzten Genfer Erörterungen der fernöstlichen Lage hätten die Chinesen einen entsprechenden Entschließungsantrag entworfen, den in aller Form einzubringen ein Vertreter der Liga sich bereit erklärt habe. Diese Resolution habe festgestellt, daß sich Japan tatsächlich mit Mitgliedern des Völkerbundes im Kriegszustand befinde. Der betreffende Vertreter des Völkerbunds zeigte den Resolutionsentwurf Sir John Simon. Darauf habe Sir John gesagt, er wolle damit nichts zu tun haben und werde, sollte der Antrag gestellt werden, jede Kenntnis davon ableugnen. Schließlich wurde die Einbringung des Antrages gerade noch vermieden, aber, so sagte der Premierminister, dieser Vorgang zeige, wie nahe Japan einem offenen Konflikt mit Völkerbundsmitgliedern gewesen sei." 793.94/4965, *Vertraulicher Akt*, Mskr., Außenamt.

IV. Kapitel

[1] 9. Januar 1932.
[2] 12. Januar 1932.
[3] 18. Januar 1932.
[4] 9. Januar 1932.
[5] 9. Januar 1932.
[6] 8. Januar 1932.
[7] 9. Januar 1932.
[8] 9. Januar 1932.
[9] 8./9. Januar 1932.
[10] 9. Januar 1932.
[11] 9. Januar 1932.
[12] 9. Januar 1932.
[13] „San Francisco Examiner", 10. Januar 1932.
[14] 8. Januar 1932.
[15] 27. Januar 1932.
[16] 9. Januar, 20.–23. Februar 1932.
[17] „Christian Science Monitor", 18. Februar 1932.
[18] „New York Times", 4. Februar 1932.
[19] Ebendort, 28. Februar 1932.
[20] Ebendort, 22. Februar 1932.
[21] Ebendort, 26. Februar 1982.
[22] 21. u. 24. Februar 1932.
[23] 18., 20. u. 21. Februar 1932.
[24] „New York World-Telegram", 22. Februar 1932.
[25] 23. Februar 1932.
[26] 19. März 1932.
[27] 26. Februar 1932.
[28] 21. Februar 1932.
[29] 22. Februar 1932.
[30] 23. Februar 1932.
[31] 27. Februar 1932.
[32] 24. Februar 1932.
[33] 18. Februar 1932.
[34] 24. Februar 1932.
[35] „Democrat and Chronicle" in Rochester, 26. Februar 1932.
[36] „Washington Times", 7. März 1932.
[37] 9. März 1932.
[38] 21. Februar 1932.
[39] 21. Februar 1932.
[40] 23. Februar 1932.
[41] 25. Februar 1932.
[42] 9. März 1932.
[43] 9. März 1932.
[44] 10. Februar u. 9. März 1932.
[45] 27. Februar 1932.
[46] 5. März 1932.
[47] 24. Februar u. 9. März 1932.
[48] Robert Langer, „Seizure of Territory", Princeton 1947, S. 62 ff.
[49] Admiral Tejiro Toyada an Botschafter William Cameron Forbes, Tokio, 3. März 1932. 793.94/4877, *Vertraulicher Akt*, Mskr., Außenamt.
[50] Aufzeichnung des Außenministers, 4. April 1932. 793.94/4968, Mskr., Außenamt.
[51] Aufzeichnung des Außenministers, 10. Juni 1932. 693.002 Manchuria/77, Mskr., Außenamt.
[52] Botschafter Grew an Außenminister Stimson, Tokio, 16. Juli 1932. „Foreign Relations: Japan, 1931–1941", I, S. 93 ff. Am 21. Juni 1932 hatte Vicomte Ischii in einer Rede vor der amerikanisch-japanischen Gesellschaft in Tokio versichert, daß Japan „jeden Stein umdrehen" werde, „um alle möglichen Ursachen der Spannung mit seinem großen Nachbar zu beseitigen". Schanghaier „Evening Post and Mercury", 21. Juni 1932.
[53] Botschafter Grew an Außenminister Stimson, Tokio, 13. August 1932. „Japan: 1931–1941" I, S. 100.
[54] Botschafter Grew an Außenminister Stimson, Tokio, 3. September 1932. Ebendort, S. 102.
[55] Joseph C. Grew, „Ten Years in Japan", New York 1944, S. 40.
[56] „Lytton Report", Washington 1932. S. 20 ff.
[57] Ebendort, S. 130.
[58] Außenminister Stimson an Botschafter Grew, Washington, 21. November 1932. „Japan and the United States: 1931–1941", I. S. 104 f.
[59] Frederick Moore, „With Japan's Leaders", New York 1942, S. 130 f.
[60] Außenminister Stimson an Hugh Wilson, 21. November 1932. „Japan and the United States, 1931–1941", I, S. 105.
[61] „New York Herald-Tribune", 20. November 1932.
[62] Denkschrift der Fernostabteilung des State Department, 25. November 1932. F/G 711.94/761, Mskr., Außenamt. Die Denkschrift vertrat die Ansicht, daß eine Revision des Zolltarifs zugunsten japanischer Erzeugnisse die unglückliche Wirkung hätte, „dem japanischen Militär" dazu zu verhelfen, „sich noch länger an der Macht zu halten".
[63] Unterredung zwischen Hornbeck und dem japanischen Botschafter, 29. Dezember 1932, F/HS 711.94/758, Mskr., Außenamt.
[64] Unterredung zwischen Außenminister Stimson und Botschafter Debutschi, 5. Januar 1933. 793.94/5709. *Vertraulicher Akt*, Mskr., Außenamt.
[65] Unterredung zwischen Außenminister Stimson und Botschafter Debutschi, 12. Januar 1933. „Japan and the United States, 1931–1941", I. S. 108 f.
[66] „New York Times", 18. Januar 1933. Stimson hatte bereits dem britischen Außenminister, Sir John Simon, versichert, daß sich der designierte Präsident an seine, Stimsons, Doktrin gebunden habe. Sir John antwortete, die britische Regierung werde sich an die gleiche Doktrin halten. „Foreign Relations, 1933", III, S. 89.
[67] Unterredung zwischen William R. Castle und dem japanischen Botschafter, 18. Januar 1933. 793.94/8063, *Vertraulicher Akt*, Mskr., Außenamt.
[68] Bestätigungsvermerk Außenminister Stimsons auf der Denkschrift Hornbecks. 28. Januar 1933. 793.94/6063, *Vertraulicher Akt*, Mskr., Außenamt.
[69] Moore, a.a.O., S. 88 f.
[70] „Japan and the United States: 1931–1941", I, S. 110 ff. Am 7. Februar 1933 wies Stimson den amerikanischen Gesandten In Genf. Hugh Wilson, ironischerweise an, keinen Zweifel darüber zu lassen, daß er auf keine Weise versuche, „den Völkerbund zu lenken, ihn zu beeinflussen oder ihm vorzugreifen". „Foreign Relations 1933", III, S. 153.

[71] Russel M. Cooper, „American Consultation in World Affairs", S. 268 f.

[72] Moore, a.a.O., S. 133.

[73] Hugh R. Wilson, „Diplomat Between Wars", New York 1941, S. 279 ff.

[74] Edwin M. Borchard und Phoebe Morrison, „Legal Problems in the Far Eastern Conflict", New York 1941, S. 157 ff.

[75] Rexford G. Tugwell. „The Stricken Land", New York 1947, S. 177.

[76] Raymond Moley, „After Seven Years", New York 1939, S. 94.

[77] Mskr. James Farleys, im Besitz Walter Trohans.

[78] Außenminister Bryan an Botschafter Guthrie in Tokio, 11. Mai 1915, „Foreign Relations, 1915", S. 146.

[79] Samuel F. Bemis, „The Latin American Policy of the United States", New York 1943, vgl. Kap. 12, 13 u. 16.

[80] Grew, „Diary" 23. Februar 1933; „Ten Years in Japan", S. 78 ff.

[81] Botschafter Grew an Außenminister Stimson, 21. Februar 1933. 793.94/6026, Mskr., Außenamt.

[82] Botschafter Grew an Außenminister Stimson, Tokio, 24. Februar 1933, mit einer Einlage Nevilles, Botschaftsrats der amerikanischen Botschaft. 793.94/6031, Mskr., Außenamt.

[83] Denkschrift Mr. Hornbecks, Leiters der Fernost-Abteilung des Außenamtes, 28. Februar 1933. 811.4611 Japan/24, Mskr., Außenamt. Am 31. März hatte Matsuoka eine kurze Unterredung mit Außenminister Hull. Er war „sehr freundlich" und „bat dringend, Japan die nötige Zeit zu lassen, um sich besser verständlich machen zu können". Über sein eigenes Verhalten bei dieser Unterredung bemerkt Hull: „Ich war höflich, schwieg aber praktisch zu diesen seinen Abschiedsworten." „Foreign Relations, 1933". S. 264.

[84] Glückwunschadresse der Redaktion des „Sundai Schimpo", des Organs der Studenten der japanischen Meiji-Universität zu Tokio, an Präsident Roosevelt, 22. Februar 1933. 711.94/792, Mskr., Außenamt.

V. Kapitel

[1] „The Public Papers and Addresses of Franklin D. Roosevelt", hrsg. von Samuel I. Rosenman, New York 1938, II, S. 169 ff.

[2] „Peace and War: United States Foreign Policy, 1931–1941". Washington 1953. S. 186 ff.

[3] Sir John Simon an den amerikanischen Botschafter Mellon, London, 13. Januar 1933. „Foreign Relations, 1933", III, S. 88 ff.

[4] Botschafter Johnson an Außenminister Hull, Peiping, 13. Februar 1933. „Foreign Relations, 1933", III, S. 171 f.

[5] Hugh Wilson an Außenminister Hull, Genf, 13. Februar 1933. Ebendort, S. 174 f.

[6] Denkschrift der Fernostabteilung des Außenamtes, 16. März 1933. 793. 94/6065, Vertraulicher Akt, Mskr., Außenamt.

[7] Mr. Marriner an Außenminister Hull, Paris, 22. April 1933, „Foreign Relations, 1933", III, S. 286.

[8] Außenminister Hull an Botschafter Johnson (China). Washington, 23. April 1933. Ebendort.

[9] Denkschrift Hornbecks, Leiter der Fernostabteilung des Außenamtes, 26. April 1933. Ebendort, S. 293 f.

[10] Denkschrift S.K. Hornbecks, 16. Mai 1933. „Foreign Relations, 1933", III, 327 f.

[11] Aufzeichnung S.K. Hornbecks, 15. Juli 1937. 793. 94/9195, Mskr., Außenamt. Zu dieser Aufzeichnung bemerkt Hornbeck abschließend: „Von Zeit zu Zeit machte die japanische Armee geltend, daß der Waffenstillstandsvertrag von Tangku gewisse Geheimabmachungen enthalte oder durch sie ergänzt worden sei, so über einen durchgehenden Post-, Bahn- und Luftverkehr zwischen Nordchina und der Mandschurei. Obwohl die Chinesen die Existenz geheimer Abkommen in Abrede gestellt haben, ist zwischen der Mandschurei und Nordchina tatsächlich der Post-, Bahn- und Luftverkehr aufgenommen worden."

[12] Botschafter Grew an Außenminister Hull, Tokio, 8. Mai 1933. „Foreign Relations, 1933", III, S. 307.

[13] Monatsbericht der amerikanischen Botschaft in Tokio, Juni 1933. 894.00 P.R./67, Mskr., Außenamt.

[14] Grew. „Diary", 18. September 1933; „Ten Years in Japan", New York 1944, S. 99 f.

[15] Botschafter Grew an Außenminister Hull, 3. Oktober 1933. „Japan: 1931–1941". I, S. 123 f.

[16] Außenminister Hull an Botschafter Grew, 6. Oktober 1933. Ebendort, S. 125 f.

[17] Botschafter Grew an Außenminister Hull, Tokio, 9. März 1933. „Foreign Relations, 1933", III, S. 228 ff.

[18] Aufzeichnung des amerikanischen Botschafters in China, Johnson, Peiping, 20. Juli 1933 „Foreign Relations, 1933", III. S. 377 f.

[19] Botschafter Grew an den Staatssekretär im Außenamt, Phillips, Tokio, 6. Oktober 1933. Ebendort, S. 421 ff.

[20] Denkschrift Edwin L. Nevilles über die Lage im Fernen Osten, Tokio, 6. Oktober 1933. 793. 94/6495, Mskr., Außenamt.

[21] Grew, „Diary", 30. November 1933; „Ten Years in Japan", S. 108.

[22] Ebendort, 23. Januar 1934; ebendort, S. 115 f.

[23] Ebendort, 8. Februar 1934; ebendort, S. 117 ff.

[24] Frederick Moore, „With Japan's Leaders", New York 1942, S. 70 ff.

[25] Ebendort, S. 85 f.

[26] Hirotas Note wurde Außenminister Hull am 21. Februar 1934 übergeben, Hulls Note dem japanischen Botschafter am 3. März 1934. „Japan: 1931–1941", I, S. 127 ff.

[27] Grew, „Diary", 22. April 1934; „Ten Years in Japan", S. 125 ff.

[28] Ebendort, 28. April 1934; ebendort, S. 128 ff.

[29] Denkschrift der Fernost-Abteilung des Außenamtes, 20. April 1984, 793.94/6700, Vertraulicher Akt, Mskr., Außenamt.

[30] Botschafter Grew an Außenminister Hull, Tokio, 20. April 1934. „Japan: 1931–1941", I, S. 223 ff.

[31] „Washington Evening Star", 12. April 1934.

[32] Aufzeichnung des Staatssekretärs Im Außenamt, Phillips, 24. April 1934. „Japan: 1931–1941", I, S. 225 f.

[33] 21. April 1934.

[34] 24. April 1934.

[35] Aufzeichnung über eine Unterredung zwischen dem britischen Botschafter Sir Ronald Lindsay und Hornbeck, 24. April 1934. 793.94/6617, *Vertraulicher Akt*, Mskr., Außenamt.

[36] Botschafter Grew an Außenminister Hull, Tokio, 25. April 1934. „Japan: 1931–1941", I, S. 227 f.

[37] Grew, „Diary", 28. April 1934; „Ten Years in Japan", S. 130.

[38] Denkschrift Hornbecks, gerichtet an Staatssekretär Phillips. 25. April 1934. 793. 94/6669, *Vertraulicher Akt*, Mskr., Außenamt.

[39] Denkschrift Hornbecks über die Erklärung Amaus, 25. April 1934. 793.94/0700, *Vertraulicher Akt*, Mskr., Außenamt.

[40] Außenminister Hull an Botschafter Grew, 28. April 1934. „Japan: 1931–1941", I, S. 231 f.

[41] Grew, „Diary", 29. April 1934; „Ten Years in Japan". S. 135 f.

[42] „Lytton Report", Völkerbund, Genf, 1. Oktober 1932, S. 36 f.

[43] „Contemporary Japan", herausgegeben von der Japanischen Gesellschaft für auswärtige Angelegenheiten, Tokio, März 1933, I, Nr. 4, S. 766 f.

[44] „The United States in World Affairs, 1934–35", hrsg. von W.H. Shepardson und W.O. Scroggs, New York 1935, S. 152 f. Henry Pu-yi wurde am 9. März 1932 zum Regenten von Mandschukuo ernannt. Er wurde im Jahre 1906 geboren und von der Kaiserin von China, Dowager, zum Thronfolger mit dem Titel Kaiser Süan-t'ung bestimmt. Nach dem Sturz der Mandschu-Dynastie im Jahre 1912 blieb er eine Zeitlang in Peking, nahm aber 1924 seinen Aufenthalt in der japanischen Konzession Tientsins. In der Zeit von seiner Abdankung bis zu seiner Ernennung zum Regenten nannte er sich Henry Pu-yi. [„Dowager" ist die im Angelsächsischen übliche Bezeichnung für die Kaiserinwitwe Tz'e-hi, die zweite Frau des 1861 gestorbenen Kaisers Hienfeng. Sie behauptete sich, eine der phantastischsten Frauengestalten der Geschichte, bis zu ihrem Tode im Jahre 1908 als Regentin Chinas. P'u-i (Pu-yi) war der Sohn des Prinzen Tsch'un, des „Sühneprinzen", der nach dem Boxeraufstand dem deutschen Kaiser die Entschuldigung für die Ermordung des deutschen Gesandten In Peking, Freiherrn v. Ketteler, überbringen mußte. D. Übers.]

[45] 4. Mai 1934.

[46] 5. März 1934.

[47] T.J. League an Hornbeck, 23. März 1934. 793.94/6572, Mskr., Außenamt.

[48] „Economic Review of the Soviet Union", Januar 1934, S. 23.

[49] Harriet L. Moore, „Soviet Far Eastern Policy, 1931–1945", Princeton 1945, S. 37.

[50] Tyler Dennett, „America and Japanese Aims", „Current History", XXXIX, März 1934, S. 767.

[51] „New York Times", 28. Januar und 4. Februar 1934.

[52] H. J. Timperley, „Japan in Manchuria", „Foreign Affairs", XII, Januar 1934, S. 295 ff.

[53] Völkerbund, „Armaments Year Bock, 1934", S. 441 und 725.

[54] Botschafter Salto an Außenminister Hall, 16. Mai 1934. „Japan: 1931–1941", I, S. 232 f.

[55] Phillips, Stellvertretender Außenminister, an Botschafter Grew, 18. Juni 1934. „Japan: 1931–1941", I, S. 237 ff.

[56] Moore, a.a.O., S. 38 f.

[57] „Parliamentary Debates", Unterhaus, 7. Mai 1934, CCLXXXIX, 718.

[58] 1 Quadratyard = 9 Quadratfuß = 0,836 qm.

[59] Shepardson und Scroggs, a.a.O., S. 174 ff.

[60] Thomas A. Bailey, „The Lodge Corollary to the Monroe Doctrine", „Political Science Quarterly", XLVIII, 1933. S. 235 ff.

[61] Shepardson und Scroggs, a.a.O., S. 156 ff.

[62] Außenamt, „Press Releases", 6. April 1939; „Japan: 1931–1941", I, S. 155 f., Ralph Townsend, „The High of Hate", San Francisco 1939, S. 24 f, bringt die folgende, auf amtlichen Zahlen beruhende Tabelle:
Gesamter amerikanischer Verkauf in Mandschukuo:

1931	2.176.000	Dollar
1932	1.180.000	Dollar
1933	2.691.000	Dollar
1934	8.398.000	Dollar
1935	4.188.000	Dollar
1936	3.542.000	Dollar
1937	16.061.000	Dollar.

[63] „Japan: 1931–1941", I, S. 130 ff.

[64] Realistische Diplomaten hatten seit langem erkannt, daß der Handel zwischen den Vereinigten Staaten und China nie umfangreich sein werde. Es war so, wie Dr. Jacob Schurman zu Mr. Hamilton von der Fernostabteilung des Außenamtes bemerkte: „China war niemals ein großer Markt für amerikanische Güter, und es liegt wenig Grund zu der Vermutung vor, daß es das einmal sein wird." 793.94/6686, Mskr., Außenamt.

VI. Kapitel

[1] Grew, „Diary", 6. Juli 1934; „Ten Years in Japan", New York 1944, S. 139 f.

[2] Botschafter Grew an Außenminister Hull, 15. September 1933. „Japan: 1931–1941", I, S. 249 f.

[3] Botschafter Grew an Außenminister Hull, 18. September 1934. Ebendort, S. 253 f.

[4] Außenminister Hull an Norman Davis (in Genf), 13. November 1934. Ebendort, S. 259 f.

⁵ Außenminister Hull an Norman Davis, 22. November 1934. Ebendort. S. 262 f.

⁶ Außenminister Hull an Norman Davis, 26. November 1934. Ebendort, S. 266 f.

⁷ Cordell Hull, „Memoirs", New York 1948, I, S. 290 f.

⁸ Theodore Roosevelt an Präsident Taft, 22. Dezember 1910. Akten Knox, Kongreßbücherei.

⁹ Aufzeichnung Stanley K. Hornbecks von der Fernost-Abteilung des Außenamtes, 15. Juli 1937. 793.94/9195, Mskr., Außenamt.

¹⁰ Aufzeichnung Stanley K. Hornbecks, 15. Juli 1937. 793.94/9194, Mskr., Außenamt.

¹¹ Ebendort. Zu dieser Aufzeichnung bemerkt Dr. Hornbeck: „Obwohl die Chinesen erklären, daß kein solches Abkommen [das Abkommen zwischen Ho und Umedzu] existierte, berichtet unsere Botschaft in Peiping, zufällige Anzeichen legten die Annahme nahe, daß die das Abkommen enthaltenden Dokumente echt seien. Ob nun die Chinesen das Abkommen tatsächlich angenommen haben oder nicht, ,so sind doch jedenfalls darauf folgende Akte der chinesischen Behörden den japanischen Wünschen nicht zuwidergelaufen'."

¹² „New York Times", 1. Dezember 1935.

¹³ „Parlamentary Debates", Unterhaus, 5. Dezember 1935, CCCVII, S. 336.

¹⁴ Außenamt, „Press Releases", 5. Dezember 1935, CCCVII, S. 336.

¹⁵ „Parlamentary Debates", a.a.O., Erklärung Sir Samuel Hoares.

¹⁶ „The United States in World Affairs, 1936", S. 78.

¹⁷ Die Ausfuhr aus den Vereinigten Staaten nach China stieg im Jahre 1934 auf den Wert von 68.667.000 Dollar. Im Jahre 1935 fiel sie auf 38.156.000 Dollar.

¹⁸ Hull, a.a.O., S. 446.

¹⁹ „New York Times", 10. Dezember 1936.

²⁰ Aufzeichnung über ein Gespräch zwischen der amerikanischen und der japanischen Delegation auf der Londoner Flottenkonferenz, 17. Dezember 1935. „Japan: 1931–1941", I, S. 285 ff.

²¹ Ebendort, S. 288. f.

²² Der Vorsitzende der japanischen Delegation, Nagano, an den Vorsitzenden der Konferenz, Monsell, London, 15. Januar 1936. Ebendort, S. 297.

²³ „Peace and War, United States Foreign Policy, 1931–1941", Washington 1946 S. 304 ff.

²⁴ Grew, „Diary", 5. Januar 1936; „Ten Years in Japan", New York 1944, S. 162 f.

²⁵ „The United States in World Affairs, 1936", S. 66.

²⁶ „Congressional Record", LXXX, S. 1703.

²⁷ Grew, „Diary", 11. Februar 1936; „Ten Years in Japan", S. 164 f.

²⁸ Ebendort, 13. März 1936; Ebendort, S. 179 ff.

²⁹ Aufzeichnung Außenminister Hulls über eine Unterredung mit Botschafter Yoschida, 12. Juni 1936. „Japan: 1931–1941", I, S. 241 ff.

³⁰ Ebendort, I, S. 241 ff.

³¹ General Luschkow, der im Juni 1938 aus Rußland nach Japan entkommen konnte, schätzte die im Fernen Osten stehende Rote Armee auf 400.000 Mann Infanterie. Japanische Schätzungen liegen etwas darunter. „New York Times", 3.–14. Juli 1938, s. N. Hidaka. „Manchukuo-Soviet Border Issues", Sinkiang 1938, S. 260.

³² Alexander Barmine, „One Who Survived", New York 1946, S. 231 f. Am 1. Januar 1936 unterzeichneten russische Agenten ein Abkommen, das Rußland und Sinkiang sehr eng aneinanderband, s. a. Martin R. Norins, „Gateway to Asia: Sinkiang", New York 1944.

³³ David J. Dallin, „Soviet Russia and the Far East", New Haven 1948, S. 108 f.

³⁴ Ebendort, S. 111 f.

³⁵ Edgar Snow, „Red Star Over China", New York 1939, S. 189 ff.

³⁶ Dallin, a.a.O., S. 131.

³⁷ Ebendort, S. 67 ff. [Tschiang Kai-schek war nach Sianfu geflogen, der Hauptstadt der Provinz Schensi, um Tschang Hsueh-liang zur Raison zu bringen, dessen Truppen – eine Tschang von seinem Vater, Tschang Tso-lin, überkommene Art Privatarmee – Nanking die Gefolgschaft aufgekündigt hatten. Tschang setzte den Marschall in Ehrenhaft gefangen, um ihn auf einen unbedingt antijapanischen Kurs festzulegen. Darauf flog die Gattin Tschiangs, May-ling, nach Sianfu und brachte den Marschall zurück. Nach ihrem Bericht, der unter dem Titel „Gefangen in Sian", Berlin 1938, auch deutsch erschienen ist, hat Tschiang Kai-schek während seiner Haft in nichts eingewilligt und Tschang Hsueh-liang sich ihm gebeugt. Tatsache ist übrigens, daß Graf Ciano, der von seiner Zeit als italienischer Generalkonsul in Schanghai her mit Tschang Hsueh-liang eng befreundet und damals bereits italienischer Außenminister war, sich bei Tschang durch ein burschikos-lapidares Telegramm für die bedingungslose Freilassung Tschiang Kai-scheks einsetzte. D. Übers.]

³⁸ Der Wortlaut des Vertrages steht in „United States and Japan, 1931–1941", II, S. 153 ff.

³⁹ „Documents on German Foreign Policy, 1918–1945", I, Washington 1949, S. 754.

⁴⁰ Erklärung des japanischen Außenamtes, 25. November 1936. „Japan: 1931–1941". II, S. 155 ff.

⁴¹ Grew, „Diary", 3. Dezember 1936; „Ten Years in Japan", S. 191.

⁴² Ebendort, 1. Januar 1937; ebendort, S. 192.

⁴³ Ebendort, 12. Februar 1937; ebendort, S. 205 f.

⁴⁴ Ebendort, 19. März 1937; ebendort, S. 217.

⁴⁵ R.Y. Jarvis an Außenminister Hull, Hankau, 8. September 1936. 893.00 P. R./Hankau/112, Mskr., Außenamt.

⁴⁶ E.R. Dickover an Außenminister Hull, Tokio, 1. Oktober 1936. 793.94/8272, Mskr., Außenamt.

⁴⁷ Memorandum Maxwell M. Hamiltons, Fernostabteilung, 2. Oktober 1936. 793.94/8260, *Vertraulicher Akt*, Mskr., Außenamt.

⁴⁸ Aufzeichnung Hamiltons, Fernostabteilung, über ein Gespräch mit dem französischen Botschafter, André de Laboulaye, 2. Oktober 1936. 793.94/8266, Mskr., Außenamt.

⁴⁹ E.R. Dickover an Außenminister Hull. Tokio, 25. November 1936. 894.00 P. R./107, Mskr., Außenamt.

[50] Die japanischen „Forderungen" waren: 1. Autonomie für die fünf Nordprovinzen; 2. wirtschaftliche Zusammenarbeit mit ganz China; 3. gemeinsame Abwehrmaßnahmen gegen den Kommunismus; 4. Ernennung japanischer Berater bei der chinesischen Regierung; 5. Luftverkehr zwischen Japan und China; 6. Abkommen über einen Vorzugszolltarif; 7. völlige Unterdrückung der antijapanischen Propaganda in China, s. die Denkschrift Maxwell M. Hamiltons, Fernostabteilung des amerikanischen Außenamtes, 3. Oktober 1936. 793.94/8234, Mskr., Außenamt.

[51] Aufzeichnung über eine Unterredung zwischen dem britischen Geschäftsträger in Washington, Mallet, und Hornbeck, 6. Oktober 1936. 793.94/8254, Mskr., Außenamt.

[52] E.R. Dickover an Außenminister Hull, 30. Oktober 1936. 793.94/8218, Mskr., Außenamt.

[53] David Berger an Außenminister Hull, 30. Oktober 1936. 793.94/8451, Mskr., Außenamt.

[54] Unterredung zwischen Botschafter Johnson und Suma, Nanking, 3. Dezember 1936. 793.94/8481, Mskr., Außenamt.

[55] Botschafter Grew an Außenminister Hull, Tokio, 14. Dezember 1936. 793.94/8437, Mskr., Außenamt.

[56] Botschafter Grew an Außenminister Hull, Tokio, 31. Dezember 1936. 793.94/8501, Mskr., Außenamt.

[57] Denkschrift Stanley K. Hornbecks, 16. Januar 1937. 793.94/8505, Mskr., Außenamt.

[58] Botschafter Johnson an Außenminister Hull, Nanking. 23. Februar 1937. 793.94/8546, Mskr., Außenamt.

[59] Botschafter Grew an Außenminister Hull, Tokio, 25. Februar 1937. 793.94/8646, Mskr., Außenamt.

[60] Botschafter Grew an Außenminister Hull, Tokio, 5. März 1937. 894.00/706, Mskr., Außenamt.

[61] Botschafter Johnson an Außenminister Hull, Nanking, 18. März 1937. 793.94/8543, Mskr., Außenamt.

[62] Botschafter Johnson an Außenminister Hull, 24. März 1937. 793.94/8554, Mskr., Außenamt.

[63] Botschafter Johnson an Außenminister Hull, 12. April 1937. 893.00 P.R./135, Mskr., Außenamt.

[64] Botschafter Grew an Außenminister Hull, Tokio, 30. April 1937. 793.94/8632, Mskr., Außenamt.

[65] Botschafter Grew an Außenminister Hull, Tokio, 10. Mai 1937. 793.94/8643, Mskr., Außenamt.

[66] Botschafter Grew an Außenminister Hull, Tokio, Monatsbericht über die Lage in Japan im Mai 1937. 894.00 P.R./114, Mskr., Außenamt.

[67] Botschafter Johnson an Außenminister Hull, Tokio, 17. Juni 1937. 793.94/8721, Mskr., Außenamt.

[68] Botschafter Grew an Außenminister Hull, Tokio, 24. Juni 1937. 793.94/8725, Mskr., Außenamt.

[69] Ebendort.

[70] Ebendort.

[71] C.E. Gauss an Außenminister Hull, Schanghai, 30. Juni 1937. 793.94/8992, Mskr., Außenamt.

[72] Walter H. Mallory, „Japan Attacke, China Resists", „Foreign Affairs", XVI, Oktober 1937, S. 129; T.A. Bisson, „Origins of Sino-Japanese Hostilities", „Foreign Policy Reports", XIII, 1. März 1938, S. 291 ff.

VII. Kapitel

[1] Maxwell H.H. Macartney und Paul Cremona, „Italy's Foreign and Colonial Policy, 1914–1937", New York 1938, S. 276; Charles F. Rey, „The Real Abyssinia", Philadelphia 1935, S. 139.

[2] William L. Langer, „The Diplomacy of Imperialism", New York 1935, I, S. 109 und 272; Elizabeth P. McCallum, „Rivalries in Ethiopia", „World Affairs Pamphlets", Nr. 12, World Peace Foundation, Boston 1935, S. 28.

[3] Augustus B. Wylde, „Modern Abyssinia", London 1901, Kap. 9.

[4] Leonard Woolf, „Empire and Commerce in Africa", New York 1920, S. 211 ff.

[5] A.F. Pribram, „The Secret Treaties of Austria-Hungary", Cambridge 1920, II, S. 227 und 240 ff.

[6] Gelbbuch „Les Accords Franco-Italiens de 1900—1902", Paris 1920. S. 7 ff.

[7] Sidney B. Fay, „Origins of the World War", New York 1929, I, S. 406 ff.

[8] Macartney und Cremona, a.a.O., S. 279.

[9] Thomas A. Bayley, „Woodrow Wilson and the Lost Peace", New York 1944, S. 266. Luigi Villari behandelt in seiner „Expansion of Italy", London 1930, die Teilung der Kriegsbeute unter den Alliierten und rechnet vor, wie Großbritannien 989.000 und Frankreich 255.000 Quadratmeilen erhielt, während Italien mit einem kleinen Streifen von 23.737 Quadratmeilen abgespeist wurde.

[10] Macartney und Cremona, a.a.O., S. 289 f.

[11] Robert G. Woolbert, „Italy in Abyssinia", „Foreign Affairs", XIII, 1935, S. 499 ff.

[12] Macartney und Cremona, a.a.O., S. 293. Zu der italienisch-britischen Übereinkunft von 1925 bemerkt Gaetano Salvemini: „Zweifellos kann es der Aufmerksamkeit des britischen Außenamtes nicht entgangen sein, daß sich Abessinien sträuben werde, in den Bau einer solchen Bahn [zwischen Eritrea und Italienisch-Somaliland] einzuwilligen, der infolgedessen zu militärischer Besetzung und einer Art politischer Kontrolle führen mußte. Das Abkommen von 1925 konnte nur bedeuten, daß das Foreign Office Mussolini in einem großen Teil Abessiniens freie Hand ließ. „Mussolini, the Foreign Office and Abyssinia", „Contemporary Review", CXLVIII, September 1955, S. 271.

[13] Macartney und Cremona, a.a.O., S. 294 f.; MacCallum, a.a.O., S. 39 f.

[14] Macartney und Cremona, a.a.O., S. 285.

[15] E.W. Polson Newman, „Italys Conquest of Abyssinia", London 1937, S. 17.

[16] Veröffentlichungen des Völkerbundes, Official Document C. 49, M. 22, 1935, VII.

[17] General Emilo de Bono, „Anno XIII", London 1937, S. 1 ff. und 55 ff.

[18] Nach Artikel 11 der Völkerbundssatzung war ein Krieg oder eine Kriegsdrohung „eine Sache die den ganzen Völkerbund" anging; „die Liga soll jede Handlung unternehmen, die sie für vernünftig und wirksam erachten mag, um den Frieden der Nationen zu sichern."

[19] „Daily Mail", London, 24. August 1935.

[20] Macartney und Cremona, a.a.O., S. 299 f.

[21] C. Grove Heines und Ross J.S. Hoffmann, „The Origin and Background of the Second World War", New York 1943, S. 378 f.

[22] „Survey of International Affairs, 1933", S. 145 ff.

[23] Ebendort, S. 139.

[24] Erklärung Dino Grandis, 3. Juli 1931. 033.1140 Stimson, Henry L./137, Mskr., Außenamt.

[25] Aufzeichnung über einer Unterredung mit Signor Benito Mussolini, Chef der italienischen Regierung, in Rom, Donnerstag, 9. Juli 1931. 033.1140 Stimson, Henry L./141, Mskr., Außenamt.

[26] Henry L. Stimson und McGeorge Bundy, „On Active Service in War and Peace", New York 1948, S. 268 f.

[27] John W. Garrett an den amerikanischen Außenminister, Rom, 16. Juli 1931. 033.1140 Stimson, Henry L./137, Mskr., Außenamt.

[28] „Times", London, 5. November 1931.

[29] Alexander Kirk an Außenminister Stimson, 10. November 1931 Einlage Nr. 2. 033.6511 Grandi, Dino/87, Mskr., Außenamt.

[30] Aufzeichnung über eine Unterredung zwischen Signor Grandi und William R. Castle, 16. November 1931. 033.6511 Grandi, Dino/99, Mskr., Außenamt.

[31] Alexander Kirk an Außenminister Stimson, 19. und 24. November 1931. 033.6511 Grandi, Dino/88, Mskr., Außenamt.

[32] Dino Grandi an Außenminister Stimson, 27. November 1931. 033.6511 Grandi, Dino/88, Mskr., Außenamt.

[33] s. S. 59 u. 60

[34] Aufzeichnung über ein Gespräch zwischen Außenminister Stimson und dem italienischen Botschafter, Signor Augusto Rosso, 23. Februar 1933. 711.65/42, Mskr., Außenamt.

[35] Augusto Rosso an William Phillips, Stellvertretenden Außenminister, 8. Dezember 1933. 711.65/44, Mskr., Außenamt.

[36] William Phillips an Signor Augusto Rosso, 12. Dezember 1933. 711.65/44, Mskr., Außenamt.

[37] Breckinridge Long an Außenminister Hull, Rom, 5. Juli 1943. 862.00/3308, Mskr., Außenamt.

[38] Botschafter Hugh Wilson an Außenminister Hull, Genf, 29. Mai 1936. 862.20/1058, Mskr., Außenamt.

[39] Prentiss B. Gilbert an Außenminister Hull, Genf, 1. Juni 1935. 765.84/501, Mskr., Außenamt. Professor Pitman B. Potter hat über die schiedsrichterliche Behandlung des Zwischenfalles von Walwal eine Schrift veröffentlicht (Washington 1938), die das Beweismaterial zu dem Fall durchgeht und die wichtigeren Dokumente wiedergibt. Bezeichnend ist, daß die Schiedskommission, wie aus Potters Schrift hervorgeht, der entscheidend wichtigen Streitfrage auswich: Zu wessen Gebiet gehörte Walwal im Dezember 1934?

[40] Botschafter Long an Außenminister Hull, Rom, 10. Juni 1935. 765.84/528, Mskr., Außenamt.

[41] Alexander Kirk an Außenminister Hull, Rom, 20. Juni 1935. 765.84/434, Mskr., Außenamt.

[42] Macartney und Cremona, a.a.O., S. 303.

[43] Alexander Kirk an Außenminister Hull, Rom, 28. Juni 1935. 763.84/479, Mskr., Außenamt.

[44] Mayer an Außenminister Hull, Genf, 29. Juni 1935. 765.84/419, Mskr., Außenamt.

[45] Alexander Kirk an Außenminister Hull, Rom, 2. Juli 1935. 765.84/429, Mskr., Außenamt.

[46] Alexander Kirk an Außenminister Hull, Rom, 2. Juli 1935. 765.84/427, Mskr., Außenamt.

[47] Außenminister Hull an den amerikanischen Geschäftsträger in Addis Abeba, 5. Juli 1935. 765.84/432, Mskr., Außenamt.

[48] Quincy Wright an Außenminister Hull, 8. Juli 1935. 765.84/469, Mskr., Außenamt.

[49] Erklärung Außenminister Hulls an den italienischen Botschafter, 10. Juli 1935. 765.84/479A, Mskr., Außenamt.

[50] Niederschrift über eine Unterredung zwischen Mr. Phillips und dem britischen Botschafter, 11. Juli 1935. 765.84/611, Mskr., Außenamt.

[51] Außenamt, „Press Release", 13. Juli 1935, S. 53 f.

[52] Newton D. Baker an Außenminister Hull, 12. Juli 1935. 763.84/626, Mskr., Außenamt.

[53] Botschafter Bingham an Außenminister Hull, London, 16. Juli 1935. 765.84/541, Mskr., Außenamt.

[54] Straus an Außenminister Hull, Paris, 13. Juli 1935. *Dringend und vertraulich*, 765.84/524, Mskr., Außenamt.

[55] Alexander Kirk an Außenminister Hull, Rom, 18. Juli 1935. *Vertraulicher Akt*, 765.84/556, Mskr., Außenamt.

[56] Alexander Kirk an Außenminister Hull, Rom, 18. Juli 1935. *Vertraulicher Akt.* 765.84/567, Mskr., Außenamt.

[57] Alexander Kirk an Außenminister Hull, Rom, 18. Juli 1935, *Streng vertraulich*, 765.84/568, Mskr., Außenamt.

[58] Alexander Kirk an Außenminister Hull, Rom, 23. Juli 1935. 765.84/602, Mskr., Außenamt.

[59] Botschafter Dodd an Außenminister Hull, Berlin, 18. Juli 1935. 826.00/3539, Mskr., Außenamt.

[60] Außenamt, „Press Release", 10. August 1935, S. 119.

[61] C. van H. Engert an Außenminister Hull, Addis Abeba, 9. August 1936. 765.84/1075, Mskr., Außenamt.

[62] Cordell Hull, „Memoirs", New York 1948, I, S. 421.

[63] Außenminister Hull an Alexander Kirk, 18. August 1935; „Peace and War: United States Foreign Policy, 1931–1941", Washington 1943, S. 266.

[64] Hull, a.a.O., S. 422.

[65] „The United States in World Affaires, 1934–1935", hrsg. von W.H. Shepardson und William O. Scroggs, New York 1935, S. 245.

[66] Alexander Kirk an Außenminister Hull, Rom, 23. August 1935. 765.84/1032, Mskr., Außenamt.

[67] s. vor allem die Ausgaben vom 16.–17. August 1935.

[68] „New York Times", 1. September 1935.

[69] „Times", London, 1. September 1935.

[70] Atherton an Außenminister Hull, London, 31. August 1935. 884.6363 African Exploitation and Development Corporation/2, Mskr., Außenamt.

[71] Theodore Marriner an Außenminister Hull, Paris, 3. September 1935. 765.84/1005, Mskr., Außenamt.

[72] „New York Times", 5. September 1935.

[73] Hull, a.a.O., S., 423 ff. Es verdient vermerkt zu werden, daß die Nachricht von der Erdölkonzession an die Standard Oil Company in der italienischen Presse nicht die geringste Bitterkeit gegen die Vereinigten Staaten erregte. Am 4. September 1935 berichtete der amerikanische Botschafter in Rom, Breckinridge Long, u. a.: „Was die amerikanische Seite der Affäre angeht, so darf ich feststellen, daß selbst am Anfang von einer Verärgerung über die Vereinigten Staaten nichts zu bemerken war; man erblickte in der Beteiligung amerikanischen Kapitals einen Vorwand für britische Interessen ... Die nachfolgenden Erklärungen des Außenministers und der Verzicht der Standard Oil auf die Konzession haben hier den allerbesten Eindruck gemacht ... Man sagt sich, daß die amerikanische Regierung einen weiteren wesentlichen Beweis untadeliger neutraler Haltung gegeben habe." 765.84/1216, Mskr., Außenamt.

VIII. Kapitel

[1] Theodore Marriner an Außenminister Hull, Paris, 3. September 1935. 763.84/1013, Mskr., Außenamt.

[2] Hugh Wilson an Außenminister Hull, Genf, 4. September 1935. 765.84/1036, Mskr., Außenamt.

[3] Pitman B. Potter, „The Wal Wal Arbitration". New York 1935.

[4] Wallace Murray an Richter Walton B. Moore, 4. September 1935. 765.84/1255, *Vertraulicher Akt*, Mskr., Außenamt.

[5] Prentiss Gilbert an Außenminister Hull, Rom, 4. September 1935. 765.84/1039, Mskr., Außenamt.

[6] Breckinridge Long an Außenminister Hull, Rom, 4. September 1936. 765.84/1026, Mskr. Außenamt.

[7] Prentiss Gilbert an Außenminister Hull, Genf, 5. September 1936. 765.84/1045, Mskr., Außenamt.

[8] Prentiss Gilbert an Außenminister Hull, Genf, 7. September 1935. 765.84/1067, Mskr., Außenamt.

[9] Hugh Wilson an Außenminister Hull, Genf. 7. September 1935. 763.84/1068, *Streng vertraulich* Mskr., Außenamt.

[10] Breckinridge Long an Außenminister Hull, Rom, 7. September 1935. 765.84/1072, Mskr., Außenamt.

[11] Breckinridge Long an Außenminister Hull, Rom, 7. September 1935. 765.84/1072, Mskr., Außenamt.

[12] Theodore Marriner an Außenminister Hull, Paris, 9. September 1935. 765.84/1084, Mskr., Außenamt.

[13] Breckinridge Long an Außenminister Hull, Rom, 10. September 1935. 765.84/1101, Mskr., Außenamt.

[14] Rede Sir Samuel Hoares vor der Völkerbundsversammlung, 12. September 1935; „International Conciliation", November 1935, S. 508 ff.

[15] Cornelius Engert an Außenminister Hull, Addis Abeba, 10. September 1935. 765.84/1094, Mskr., Außenamt.

[16] Außenminister Hull an Engert, 12. September 1935. 765.84/1094, Mskr., Außenamt.

[17] Außenamt, „Press Release", 14. September 1935, S. 194 ff. Die Erklärung wurde am 12. September im Außenamt verfaßt und am nächsten Vormittag der Presse übergeben. Sie wurde weder am 12. noch am 13. September an Botschafter Long übermittelt, wohl aber am 13. September von dem italienischen Botschafter in Washington an das Außenministerium in Rom gekabelt. Am Nachmittag des 13. September suchte der Staatssekretär im italienischen Außenamt, Suvich, die amerikanische Botschaft auf, um Näheres über die Bedeutung bestimmter Stellen der Erklärung zu erfahren. An demselben Tage, dem 13. September also, brachte die italienische Presse über die Erklärung Hulls „lange Berichte". Außenminister Hull hatte seine Erklärung aus unbekannten Gründen nicht an Botschafter Long gekabelt. Infolgedessen konnte Long die Erklärung, als Suvich ihn aufsuchte, mit dem Staatssekretär nicht erörtern. Diese Übergehung des Botschafters durch das Department of State brachte Long natürlich in große Verlegenheit, und er verheimlichte dem „lieben Cordell" nicht, daß er sich verletzt fühlte: „Es ist nicht nur wegen der Verlegenheit, in die ich persönlich und dienstlich dadurch gebracht worden bin, daß mich eine andere Regierung einer Sache gegenübergestellt hat, von der sie annehmen mußte, daß ich über sie unterrichtet sei; darüber hinaus wirft der Vorgang auf ihre Vertreter im Ausland ein Licht, das die allgemeine Vermutung hervorrufen muß, sie genössen nicht das Vertrauen ihrer Regierung ... Ich verlasse mich darauf, daß künftig dafür besonders gesorgt wird, die an kritischen Schauplätzen sitzenden Missionen von jeder Erklärung des Außenamtes zu unterrichten, die die Regierung angeht, bei der die betreffende Vertretung akkreditiert ist ... Tun Sie das jedenfalls mir nicht mehr an." Botschafter Long an Außenminister Hull, Rom, 16. September 1935. 765.84/1648, *Vertraulicher Akt*, Mskr., Außenamt.

[18] Prentiss Gilbert an Außenminister Hull, Genf, 12. September 1935. 765.84/1133, Mskr., Außenamt.

[19] Hugh Wilson an Außenminister Hull, Genf, 12. September 1935. 765.84/1140, Mskr., Außenamt.

[20] Botschafter Long an Außenminister Hull, Rom, 12. September 1935. 765.84/1338, *Vertraulicher Akt*, Mskr., Außenamt.

[21] Botschafter Long an Außenminister Hull, 12. Sep-

tember 1935. 765.84/1134, Mskr., Außenamt. Botschafter Long faßte seinen Plan in folgende Punkte zusammen:

„1. Italien erhält durch Übereinkunft mit England und Frankreich territoriale Ergänzungen, und zwar das gesamte Unterland Abessiniens sowie einiges Hochlandgebiet bis Addis Abeba, nach Osten bis auf einige Meilen östlich von Mia und nach Süden bis zur britischen Grenze. Die italienischen Karten des ursprünglichen Abessiniens und seiner in letzter Zeit eroberten abhängigen Gebiete, die Italien als Teil seiner Denkschrift dem Völkerbund unterbreitet hat, böten für den Umfang des Gebietes, das Italien erwürbe, einen Anhalt.

2. Abessinien erhielte innerhalb seiner ursprünglichen Grenzen eine neue Hauptstadt und von Italien, England und Frankreich eine Garantie für seine territoriale Integrität und seine Souveränität.

3. a) Deutschland wird zur Teilnahme an der Diskussion bewogen, und es wird ein Abkommen mit ihm angestrebt, das vorsähe, ihm einige seiner früheren afrikanischen Schutzgebiete unter der Bedingung zurückzugeben, daß es die Unabhängigkeit Österreichs anerkennt und zusammen mit den andern drei Mächten garantiert; b) Deutschlands Wiederbewaffnung zu Lande, zur See und in der Luft wird von den andern drei Mächten bestätigt; c) Deutschland, Italien, Frankreich und England kommen überein, in sechzig Tagen eine Konferenz über die Verringerung der Land- und Luftstreitkräfte in Europa abzuhalten.

4. Die vier Mächte schließen gegenseitige effektive Nichtangriffspakte und machen für Land und Luft den Vertrag von Locarno geltend. Beide Vertragswerke stehen nach ihrem Abschluß allen europäischen Regierungen zum Beitritt offen.

5. Gleichzeitig mit der Abrüstungskonferenz eröffnen die vier Mächte eine Konferenz zur Herabsetzung der Zollschranken und anderer Handelsschranken sowie zur Währungsstabilisierung und stellen den Beitritt zu dem betreffenden Abkommen allen europäischen Regierungen frei."

[22] Botschafter Long an Außenminister Hull, Rom, 13. September 1935. 765.84/1341, Mskr., Außenamt.

[23] Rede des Premierministers Laval in der Vollversammlung des Völkerbundes, 13. September 1935; „International Conciliation", November 1935, S. 521 ff.

[24] Hugh Wilson an Außenminister Hull, Genf, 13. September 1935. 765.84/1139, *Streng vertraulich*, Mskr., Außenamt.

[25] Atherton an Außenminister Hull, London, 14. September 1935. 765.84/1159, Mskr., Außenamt.

[26] Marriner an Außenminister Hull, Paris, 14. September 1935. 765.84/1153, Mskr., Außenamt.

[27] Atherton an Außenminister Hull, London, 16. September 1935. 765.84/1197, *Streng vertraulich* für den Außenminister, Mskr., Außenamt.

[28] Cordell Hull, „Memoirs", New York 1948, I, S. 426.

[29] Aufzeichnung über ein Gespräch Hugh Wilson mit M. Massigli, 12. September, und über ein Gespräch mit Anthony Eden, 13. September 1935,

Genf, 765.84/1429, *Streng vertraulich*, Mskr., Außenamt.

[30] Botschafter Long an Außenminister Hull, Rom, 17. September 1935. 765.84/1205, *Streng vertraulich*, Mskr., Außenamt.

[31] Botschafter Long an Außenminister Hull, Rom, 18. September 1935. 765.84/1219, Mskr., Außenamt.

[32] Wallace Murray zu Mr. Phillips, 18. September 1935, eingeschlossen eine Denkschrift über die Frage einer Konsultation der Kelloggpakt-Mächte. 765.84/1329, Mskr., Außenamt.

[33] Prentiss Gilbert an Außenminister Hull, Genf, 19. September 1935. 765.84/1261, *Streng vertraulich*, Mskr., Außenamt.

[34] Botschafter Long an Außenminister Hull, Rom, 12. September 1935. 765.84/1503, Mskr., Außenamt.

[35] Außenminister Hull an Botschafter Long, 20. September 1935. 765.84/1265, Mskr., Außenamt.

[36] Hull, a.a.O., S. 436.

[37] Aufzeichnung über ein Gespräch zwischen Hugh Wilson und Mr. Beck, polnischem Außenminister, Genf, 20. September 1936. 765.84/1495, Mskr., Außenamt.

[38] Aufzeichnung über ein Gespräch zwischen Mr. Phillips und Signor Rosso, dem italienischen Botschafter, 20. September 1935. 765.84/1410, Mskr., Außenamt.

[39] Denkschrift Wallace Murrays, Leiters der Nahost-Abteilung, für den Außenminister, 20. September 1935. 765.84/1281, Mskr., Außenamt.

[40] Denkschrift des Amtes des Wirtschaftsberaters im Department of State, 20. September 1935. 765.84/1706, Mskr., Außenamt.

[41] Außenminister Hull an die amerikanische Botschaft in London, 20. September 1935. 765.84/1197. *Streng vertraulich*, Mskr., Außenamt.

[42] Botschafter Long an Außenminister Hull, Rom, 21. September 1935. 765.84/1287, Mskr., Außenamt.

[43] Botschafter Long an Außenminister Hull, Rom, 21. September 1935. 765.84/1288, Mskr., Außenamt.

[44] Theodore Marriner an Außenminister Hull, Paris, 21. September 1935. 765.84/1289, Mskr., Außenamt.

[45] Botschafter Bingham an Außenminister Hull, London, 21. September 1935. 765.84/1291, *Vertraulich für den Außenminister*, Mskr., Außenamt.

[46] Mr. George an Außenminister Hull, Malta, 22. September 1935. 765.84/1306, Mskr., Außenamt.

[47] Prentiss Gilbert an Außenminister Hull, Genf, 23. September 1935. 765.84/1335, Mskr., Außenamt.

[48] Hugh Wilson an Außenminister Hull, Genf, 23. September 1935. 765.84/1314, *Streng vertraulich*, Mskr., Außenamt.

[49] Botschafter Long an Außenminister Hull, Rom, 24. September 1935. 765.84/1326, Mskr., Außenamt.

[50] Prentiss Gilbert an Außenminister Hull, Genf, 24. September 1935. 765.84/1336, Mskr., Außenamt.

[51] Botschafter Long an Außenminister Hull, Rom, 24. September 1935. 765.84/1344, Mskr., Außenamt.

[52] Botschafter Long an Außenminister Hull, Rom, 24. September 1935. 765.84/1342, *Streng vertraulich*, Mskr., Außenamt.

[53] Hugh Wilson an Außenminister Hull, Genf, 25. September 1935. 765.84/1380, *Sehr vertraulich*, Mskr., Außenamt.

[54] Prentiss Gilbert an Außenminister Hull, Genf, 25. September 1935. 765.84/1378, Mskr., Außenamt.

[55] Botschafter Long an Außenminister Hull, Rom, 25. September 1935. 765.84/1377, Mskr., Außenamt.

[56] Botschafter Bingham an Außenminister Hull, London, 25. September 1935. 765.84/1374, Mskr., Außenamt.

[57] Cornelius Engert an Außenminister Hull, Addis Abeba, 26. September 1935. 765.84/1403, *Vertraulicher Akt*, Mskr., Außenamt.

[58] Botschafter Bingham an Außenminister Hull, London, 25. September 1935. 765.84/1381, *für den Außenminister*, Mskr., Außenamt.

[59] Außenminister Hull an Botschafter Bingham, 27. September 1935. 765.84/1381, Mskr., Außenamt.

[60] Prentiss Gilbert an Außenminister Hull, Genf, 26. September 1935. 765.84/1384, Mskr., Außenamt.

[61] Botschafter Long an Außenminister Hull, Rom, 27. September 1935. 765.84/1408, Mskr., Außenamt.

[62] Botschafter Long an Außenminister Hull, Rom, 27. September 1935. 765.84/1700, Mskr., Außenamt.

[63] Hugh Wilson an Außenminister Hull, Genf, 27. September 1935. 765.84/1445, *Streng vertraulich*, Mskr., Außenamt.

[64] Botschafter Long an Außenminister Hull, Rom, 28. September 1935. 765.84/1452, Mskr., Außenamt.

[65] Cornelius Engert an Außenminister Hull, Addis Abeba, 29. September 1935. 765.84/1460, Mskr., Außenamt.

[66] Außenminister Hull an Engert, 1. Oktober 1935. 765.84/1460, Mskr., Außenamt.

[67] Londoner „Times", 30. September 1935.

[68] Botschafter Bingham an Außenminister Hull, London, 30. September 1936. 765.84/1459, Mskr., Außenamt.

[69] Theodore Marriner an Außenminister Hull, Paris, 30. September 1935. 765.84/1456, Mskr., Außenamt.

[70] Botschafter Long an Außenminister Hull, Rom, 29. September u. 1. Oktober 1935. 765.84/1453, Mskr., Außenamt.

[71] Theodore Marriner an Außenminister Hull, Paris, 2. Oktober 1935. 765.84/1498, Mskr., Außenamt.

[72] Theodore Marriner an Außenminister Hull, Paris, 3. Oktober 1935. 765.84/1515, Mskr., Außenamt.

[73] Am 5. Oktober benachrichtigte Prentiss Gilbert Außenminister Hull, daß ein Mitglied des Völkerbundsrates angefragt habe, ob sich die amerikanische Regierung an Flügen „unparteiischer Beobachter" über Abessinien beteiligen würde. Dabei wurde auf die Teilnahme Amerikas an der Arbeit der Lytton-Kommission hingewiesen. Außenminister Hull antwortete sofort, daß die amerikanische Regierung nach wie vor „mit Sympathie die Anstrengungen der Liga" verfolge, „eine friedliche Lösung des italienisch-abessinischen Streits zu finden", daß sie aber nicht wünsche, „ein aktiver Teilnehmer an der administrativen Tätigkeit" des Völkerbundes zu werden. Außenminister Hull an Prentiss Gilbert, 4. Oktober 1935. 765.84/1529, Mskr., Außenamt.

IX. Kapitel

[1] IX, März 1934, S. 52 ff. u. 113 ff.

[2] „Congressional Record", 73. Kongreß, 2. Sitzungsperiode, 2192, 4323, 6688, 7154.

[3] Cordell Hull, „Memoirs", New York 1948, I, S. 398.

[4] Ebendort, S. 400.

[5] „Hearings Before the Special Senate Committee on the Investigation of the Munitions Industry", 73. Kongreß, 2. Sitzungsperiode, 1–17 s. a. William T. Stone, „The Munitions Industry", „Foreign Policy Association Reports", Nr. 20, 1935; H.C. Engelbrecht, „One Hell of a Business", New York 1934.

[6] Hull, a.a.O., S. 380.

[7] Ebendort, S. 400 ff.

[8] Nach der Statistik im „Report of the Federal Trade Commission on Wartime Profits and Costs of the Steel Industry". 25. Juni 1924, S. 29, waren die Gewinne einiger Gesellschaften phantastisch hoch:

Firma	Jahr	Gewinn
Bethlehem Steel Corporation	1917	43 Proz.
Jones and Laughlin Steel Company	1917	47 „
Colt's Patent Fire Arms Company	1917	64 „
Savage Arms Corporation	1917	65 „

In Richard Lewisohns „The Profits of War", New York 1937, S. 153 f., wird folgendes festgestellt: „Die Kennecott Company, eine der zur Guggenheim-Gruppe gehörenden Gesellschaften, machte 1917 einen Gewinn von 70 Proz. des investierten Kapitals ... Die entsprechenden Gewinne der Utah Copper Company ... beliefen sich auf 200 Proz. ... Doch selbst dies wurde übertroffen von der Calumet and Hecla Copper Mining Company, die mit 800 Proz. im Jahre 1917 den Vogel abschoß; s. a. den Washingtoner „Evening Star", 14. Dezember 1935.

[9] Über die Wirkung dieser Vorbehalte zum Kellogg-Pakt a. Edwin Borchard, „The Multilateral Treaty for the Renunciation of War", „American Journal of International Law", XXIII, 1929, S. 116 ff.; Philip M. Brown, „The Interpretation of the General Pact for the Renunciation of War", ebendort. S. 374 ff.

[10] Edwin Borchard und William P. Lage, „Neutrality for the United States", New York 1937. S. 292 f.

[11] George Wickersham, „The Pact of Paris: A Gesture or a Pledge?", „Foreign Affairs", VII, 1929, S. 356 ff.

[12] „The General Pact for the Renunciation of War", S. 37 u. 67.

[13] Frank H. Simonds, „America's Second Peace Adventure", „American Review of Reviews", LXXVI-

II, 1928, S. 267; Oscar T. Crosby, „The Paris Pact". „Advocate of Peace", XC, 1928, S. 693.

[14] „New York Times", 25. März 1928. Noch kein Jahr später nahm Senator Borah einen völlig andern Standpunkt ein. Am 3. Januar 1929 erklärte er im Senat: „Wenn eine Nation den Vertrag [von Paris] verletzt, unterliegen wir dann irgendeiner ausgesprochenen oder stillschweigenden Verpflichtung, Zwangs- oder Strafmaßnahmen anzuwenden? Ich antworte mit Nachdruck: Nein!" „Congressional Record", 70. Kongreß, 2. Sitzungsperiode, LXX, 3. Januar 1929, 1065.

[15] Außenminister Kellogg an Senator Borah, 16. Juli 1928. Persönlich und vertraulich, Akten Borah, Kongreßbücherei.

[16] Senator Borah an Außenminister Kellogg, 22. Juli 1928. Ebendort.

[17] Außenminister Kellogg an Senator Borah, 26. Juli 1928. Ebendort.

[18] Außenminister Kellogg an Senator Borah, 27. Juli 1928. Ebendort.

[19] Außenminister Kellogg an Senator Borah, 27. Juli 1928. Ebendort.

[20] Edwin M. Borchard an Senator Borah, 27. Dezember 1929. Ebendort.

[21] „Congressional Record", 11. Februar 1929, S. 3198.

[22] „Proceedings of the American Society of International Law", 1925, S. 133.

[23] „The Implication of Consultation in the Pact of Paris", „American Journal of International Law", XXVI, 1932, S. 787.

[24] David Hunter Miller, „The Peace Pact of Paris", New York 1928, S. 130 f.

[25] Henry L. Stimson, „The Pact of Paris: Three Years of Development", Außenamt, Veröffentlichung Nr. 357, Washington 1932, S. 11 f.

[26] Außenamt, „Press Release", 22. Mai 1933.

[27] „An Appeal to Reason", „Foreign Affairs", XI, 1933, S. 571 ff.

[28] Henry L. Stimson und McGeorge Bundy, „On Active Service in War and Peace", New York 1948, S. 214.

[29] „Congressional Record", 72. Kongreß, 2. Sitzungsperiode, 10. Januar 1933, S. 1448 u. 1546.

[30] „New York Times", 10. Februar 1933.

[31] Richter John Bassett Moore protestierte leidenschaftlich gegen die Annahme jeder Resolution, die dem Präsidenten so große Vollmachten gäbe: „Die fragliche Resolution widerstreitet der eingelebten Politik und den höchsten Interessen der Vereinigten Staaten ebenso wie den Vorkehrungen unserer föderativen Verfassung. Ihre Annahme würde den Präsidenten in den Stand setzen, 1. nach Gutdünken und ohne Beratung und Zustimmung durch den Senat internationale Verpflichtungen der weitestreichenden Art einzugehen, und 2. uns ohne die nach der Verfassung dem Kongreß vorbehaltene Kriegserklärung in einen Krieg zu führen." „House Report" Nr. 22, S. 5 ff.

[32] Hull, a.a.O., S. 406.

[33] Ebendort, S. 410 f.

[34] Borchard und Lage, a.a.O., S. 315.

[35] Botschafter Bingham an Außenminister Hull, London, 4. Oktober 1935. 765.84/1556, Mskr., Außenamt.

[36] Außenminister Hull an Botschafter Bingham, 4. Oktober 1935. 765.84/1556, Mskr., Außenamt.

[37] Stanley K. Hornbeck an Mr. Phillips, 4. Oktober 1935. 765.84/1960, Mskr., Außenamt.

[38] Theodore Marriner an Außenminister Hull, Paria, 4. Oktober 1935. 765.84/1557, Mskr., Außenamt.

[39] Präsident Roosevelt an Außenminister Hull, 4. Oktober 1935. 765.84/1574, Mskr., Außenamt.

[40] Außenamt, „Press Release". 5. Oktober 1935. S. 251 ff.

[41] Hull, a.a.O., S. 330 f.

[42] Botschafter Dodd an Außenminister Hull, Berlin, 5. Oktober 1935. 765.84/1587, Mskr., Außenamt.

[43] Theodore Marriner an Außenminister Hull, Paris, 5. Oktober 1935. 765.84/1591, Mskr., Außenamt.

[44] Botschafter Long an Außenminister Hull, Rom, 5. Oktober 1935. 765.84/1607, Mskr., Außenamt.

[45] Hugh Wilson an Außenminister Hull, Genf, 5. Oktober 1935. 765.84/1583, *Streng vertraulich*, Mskr., Außenamt.

[46] Prentiss Gilbert an Außenminister Hull, Genf, 5. Oktober 1935. 765.84/1595, Mskr., Außenamt.

[47] Aufzeichnung James C. Dunns, 5. Oktober 1936. 765.84/1583 1/2, Mskr., Außenamt.

[48] Prentiss Gilbert an Außenminister Hull, Genf, 6. Oktober 1935. 765.84/1681, Mskr., Außenamt.

[49] Londoner „Times", 8. Oktober 1935.

[50] Ebendort, 20. August 1935.

[51] Ebendort, 28. August 1935.

[52] Ebendort, 26. August 1935.

[53] Ebendort, 10. Oktober 1935.

[54] „Survey of International Affairs, 1935", S. 61 ff.

[55] P. Vaucher und P.H. Siriex, „L'Opinion Britannique, la Société des Nations et la Guerre Italo-Ethiopienne", Paris 1936, S. 8, 23, 91.

[56] „League of Nations Official Journal", November 1935, S. 1223.

[57] Hugh Wilson an Außenminister Hull, Genf, 8. Oktober 1935. 765.84/1680, *Streng vertraulich*. Mskr., Außenamt.

[58] Botschafter Bingham an Außenminister Hull, London, 8. Oktober 1935. 765.84/1666, *Streng vertraulich*, Mskr., Außenamt.

[59] Botschafter Long an Außenminister Hull, Rom, 8. Oktober 1935. 765.84/1653, Mskr., Außenamt.

[60] „League of Nations Official Journal", Völkerbundsversammlung, S. 255 ff.

[61] Botschafter Long an Außenminister Hull, Rom, 9. Oktober 1935. 765.84/1695, Mskr., Außenamt.

[62] Botschafter Long an Außenminister Hull, Rom, 9. Oktober 1935. 765.84/1711, *Streng vertraulich*, Mskr., Außenamt.

[63] Außenminister Hull an Botschafter Wilson, 9. Oktober 1935. 765.84/1686, Mskr., Außenamt.

[64] Botschafter Wilson an Außenminister Hull, Genf, 10. Oktober 1935. 765.84/1722, Mskr., Außenamt.

[65] Botschafter Wilson an Außenminister Hull, Genf, 10. Oktober 1935. 765.84/1729, Mskr., Außenamt.

[66] Botschafter Long an Außenminister Hull, Rom, 10. Oktober 1935. 765.84/2074, Mskr., Außenamt.

[67] Botschafter Bingham an Außenminister Hull, London, 10.–11. Oktober 1935.

[68] Botschafter Bingham an Außenminister Hull, London, 11. Oktober 1935. 765.84/1752, *Vertraulich für den Außenminister*, Mskr., Außenamt.

[69] Präsident Roosevelt an Außenminister Hull, 13. Oktober 1935. 765.84/1784, Mskr., Außenamt.

[70] Außenminister Hull an Präsident Roosevelt, 13. Oktober 1935. 765.84/1784, Mskr., Außenamt.

[71] Außenminister Hull an Botschafter Bingham, 14. Oktober 1935. 765.84/1752, Mskr. Außenamt.

[72] Außenamt, „Press Release", 12. Oktober 1936, S. 303 f.

[73] Hull, a.a.O., S. 432 f.

[74] Denkschrift von Francis Colt de Wolf über die „Censorship by British of Baron Aloisi's Speech", 12. Oktober 1935. 765.84/2026, Mskr., Außenamt.

[75] Aufzeichnungen über eine Unterredung mit Dr. Irving Stewart, 16. Oktober 1936. 766.84/2028, Mskr., Außenamt.

[76] Denkschrift über den Völkerbundsmechanismus hinsichtlich von Sanktionen, 15. Oktober 1935. 765.84/2002, Mskr., Außenamt.

[77] Botschafter Dodd an Außenminister Hull, Berlin, 14. Oktober 1935. 765.84/1819, Mskr., Außenamt.

[78] Aufzeichnung über eine Unterredung zwischen Pierre Laval und Mr. Henry Morgenthau jr., Finanzminister, 15. Oktober 1935. 765.84/2065, Mskr., Außenamt.

[79] Botschafter Long an Außenminister Hull, Rom, 17. Oktober 1935. 766.84/2241, Mskr., Außenamt.

[80] Botschafter Long an Außenminister Hull, Rom, 16. Oktober 1935. 765.84/1888, Mskr., Außenamt.

[81] Botschafter Long an Außenminister Hull, Rom, 16. Oktober 1935. 765.84/1870, Mskr., Außenamt.

[82] Denkschrift von Herbert Feis über die Finanzsanktionen des Völkerbundes gegen Italien, 16. Oktober 1935. 765.84/2027, Mskr., Außenamt.

[83] Botschafter Wilson an Außenminister Hull, Genf, 15. Oktober 1935. 765.84/1894, Mskr., Außenamt.

[84] Aufzeichnung über eine Unterredung zwischen Mr. Phillips und dem italienischen Botschafter, 16. Oktober 1935. 765.84/2176, Mskr., Außenamt.

[85] Botschafter Wilson an Außenminister Hull, Genf, 17. Oktober 1935. 765.84/1916, Mskr., Außenamt.

[86] Außenminister Hull an Prentiss Gilbert, 17. Oktober 1935. 765.84/1847, Mskr., Außenamt.

[87] Botschafter Wilson an Außenminister Hull, Genf, 18. Oktober 1935. 765.84/1952, Mskr., Außenamt.

[88] Erklärung Außenminister Hulls, 26. Oktober 1935. Außenamt, „Press Release", 2. November 1935, S. 336 f.

[89] Botschafter Straus an Außenminister Hull, Paris, 28. Oktober 1935. 765.84/2167, Mskr., Außenamt.

[90] Botschafter Straus an Außenminister Hull, Paris, 29. Oktober 1935. 765.84/2181, *Vertraulicher Akt*, Mskr., Außenamt.

[91] Botschafter Long an Außenminister Hull, Rom, 29. Oktober 1935. 765.84/2195, Mskr., Außenamt.

[92] „New York Herald-Tribune", Pariser Ausgabe, 18. Oktober 1935.

[93] Außenamt, „Press Release", 2. November 1936, S. 338 f.

[94] Botschafter Long an Außenminister Hull, Rom, 29. Oktober 1935. 765.84/2192, Mskr., Außenamt.

[95] Botschafter Long an Außenminister Hull, Rom, 30. Oktober 1935. 765.84/2205, Mskr., Außenamt.

[96] Stellvertretender Außenminister Phillips an die amerikanische Botschaft in Warschau, 2. November 1935. 765.84/1866, Mskr., Außenamt.

[97] Botschafter Long an Außenminister Hull, Rom, 12. November 1935. 765.84/2507, Mskr., Außenamt.

[98] Botschafter Long an Außenminister Hull, Rom, 12. November 1935. 765.84/2507, Mskr., Außenamt.

[99] Außenamt, „Press Release", 16. November 1935, S. 382.

X. Kapitel

[1] Cordell Hull, „Memoirs", New York 1948, I, S. 438.

[2] Aufzeichnung des Außenministers über eine Unterredung mit dem italienischen Botschafter, Rosso, 22. November 1935. 765.84/2747, Mskr., Außenamt. Am Tage vorher, dem 21. November, hatte der Botschaftsrat der italienischen Mission, Marquis Alberto Rossi Longhi, ein langes Gespräch mit dem Leiter des Amtes für Waffen- und Munitionskontrolle, Joseph C. Green. Der Botschaftsrat wies darauf hin, „daß bestimmte Eigentümlichkeiten unserer [der amerikanischen] Neutralitätspolitik gegenüber Italien unfair seien und eine feindliche Haltung anzuzeigen schienen." Mr. Green gab Signor Longhi die stereotype Antwort, „der Hauptzweck unserer Neutralitätspolitik sei, zu verhüten, daß die Vereinigten Staaten in den Krieg hineingezogen würden, und daß die zu diesem Zweck von uns ergriffenen Maßnahmen unabhängig und aus eigenem Entschluß getroffen worden und auf beide Kriegführenden gleichermaßen anzuwenden seien." Green an Außenminister Hull, 21. November 1935. 71100111 Armament Control/492, Mskr., Außenamt.

[3] Am 12. Dezember 1935 hatten 53 Länder einem Waffenembargo gegen Italien zugestimmt, 52 einem Kreditboykott, 50 einer Handelssperre für Importe aus Italien, 51 einer Handelssperre für gewisse Exporte nach Italien, und 46 Länder hatten den Entwurf eines Planes angenommen, die Nationen, die von dem Sanktionsprogramm nachteilig betroffen wurden, zu unterstützen. Nur vier Länder hatten es abgelehnt, gemäß Artikel 16 der Völkerbundssatzung zu handeln: Albanien, Österreich, Ungarn und Paraguay; s. Dwight E. Lee, „Ten Years", Boston 1942, S. 150.

[4] M. J. Bonn, „How Sanctions Failed", „Foreign Affairs", XV, 1937, S. 350 ff.

[5] Botschafter Long an Außenminister Hull, Rom, 25.

November 1935. 765.84/2742, *Streng vertraulich*, Mskr., Außenamt.

[6] Botschafter Straus an Außenminister Hull, Paris, 25. November 1935. 765.84/2740, Mskr., Außenamt.

[7] Viele britische Zeitungen riefen laut nach dem Ölembargo. In einer Zuschrift an die „Daily Mail" vom 2. Dezember 1935 erklärte Professor Gilbert Murray kategorisch: „Mussolini muß geschlagen werden. Wenn dies dadurch erreicht werden kann, daß man ihm die Ölzufuhr abschneidet, dann muß es schnell und allgemein geschehen. Es wird dem Krieg ein Ende machen." Der „Daily Telegraph", 2. Dezember 1935, war überzeugt, daß ein Ölembargo „die großartige Übersee-Expedition, mit der Mussolini das Prestige des gegenwärtigen Italiens aufs Spiel gesetzt hat, lahmlegen" werde.

[8] Hull, a.a.O., S. 442. Im Tagebuch Neville Chamberlains finden sich über die Sanktionen einige interessante Bemerkungen: „29. November 1935. Die USA sind bereits ein gutes Stück weitergegangen als gewöhnlich ... Wir sollten die Führung selbst in die Hand nehmen, statt die Sache durch Versagen fahren zu lassen ... Wenn wir jetzt vor Mussolinis Drohungen kniffen, ließen wir die Amerikaner allein." Keith Feiling, „The Life of Neville Chamberlain", New York 1946, S. 272.

[9] Leiter der Afrikanischen Abteilung des französischen Außenministeriums. D. Übers.

[10] „Daily Herald", 30. Oktober 1935.

[11] „New York Times", 5. Dezember 1935.

[12] Winston Churchill, „The Gathering Storm", Cambridge 1948, S. 181 ff.

[13] „British White Paper", Cmd. 5044, 1935; „Parliamentary Debates", Unterhaus, CCCVII, 19. Dezember 1935, 2004 ff. Über die genaue Größe des abessinischen Gebietes, das Italien nach dem Hoare-Laval-Abkommen erhalten sollte, gingen die Schätzungen auseinander. Der „Manchester Guardian" meinte im Leitartikel der Nummer vom 12. Dezember 1935, „The Peace Proposals", von dem 350.000 Quadratmeilen umfassenden Gesamtgebiet Abessiniens sollten 150.000 Quadratmeilen an Italien abgetreten werden, zehnmal soviel wie der Fünferausschuß im September vorgeschlagen hatte.

[14] Das britische Außenamt ging so weit, daß es den britischen Gesandten in Addis Abeba, Sir Sidney Barton, anwies, „seinen ganzen Einfluß" zu benutzen, „um den Kaiser zu überreden, daß er diese Vorschläge sorgfältig und wohlwollend prüfe und keinesfalls leichthin verwerfe ... Er wird einen weiteren Beweis für seine Staatskunst liefern, wenn er den Vorteil der Gelegenheit zu Verhandlungen erfaßt, den sie [die Vorschläge] bieten." „News Chronicle", London, 16. Dezember 1935.

[15] „Survey of International Affairs, 1935", II, S. 314 ff.

[16] Zitiert in der Londoner „Times", 12. Dezember 1935.

[17] 11. Dezember 1935.

[18] 11. Dezember 1935.

[19] 14. Dezember 1935.

[20] „Daily Herald", 20. Dezember 1935.

[21] 16. Dezember 1935.

[22] Botschafter Long an Außenminister Hull, Rom, 18. Dezember 1935. 765.84/3357, Mskr., Außenamt.

[23] Botschafter Long an Außenminister Hull, Rom, 31. Dezember 1935. 765.84/3485, Mskr., Außenamt.

[24] Botschafter Long an Außenminister Hull, Rom, 3. Januar 1936. 765.84/3485, Mskr., Außenamt.

[25] „Peace and War: United States Foreign Policy, 1931–1941", Washington 1943, S. 306.

[26] Botschafter Long an Außenminister Hull, Rom, 16. Januar 1936. 765.84/3380, Mskr., m. Einlagen, Außenamt.

[27] Botschafter Long an Außenminister Hull, Rom, 17. Januar 1936. 765.84/3463, Mskr., Außenamt.

[28] Botschafter Long an Außenminister Hull, Rom, 16. Januar 1936. 765.84/3354, Mskr., Außenamt.

[29] Edwin Borchard und William P. Lage, „Neutrality for the United States", New York 1937, S. 325 ff.

[30] „Pending ‚Neutrality' Proposals: Their False Conceptions and Misunderstandings", New York 1936, S. 6 f.

[31] „Il Progresso", 28. Januar 1936.

[32] John Norman, „Influence of Pro-Fascist Propaganda on American Neutrality, 1935–1936", „Essays in History and International Relations in Honor of George Hubbard Blakeslee, hrsg. v. D.E. Lee und G.E. McReynolds, Worcester 1949, S. 207 f.

[33] „The United States in World Affairs, 1936", S. 142 f.

[34] Norman, a.a.O., S. 213.

[35] Atherton an Außenminister Hull, London, 18. Januar 1936. 766.84/3470, Mskr., Außenamt.

[36] Botschafter Wilson an Außenminister Hull, Genf, 23. Januar 1936. 765.84/3521, Mskr., Außenamt.

[37] Bericht des Gehilfen des amerikanischen Marine-Attachés in Paris, Leutnant L.N. Miller, 14.–23. Januar 1936, Mskr., Außenamt.

[38] Lee, a.a.O., S. 135 ff.

[39] Botschafter Long an Außenminister Hull, 27. Februar 1936. 765.84/3915, Mskr., Außenamt.

[40] Sir Leo Chiozza Money an Präsident Roosevelt, 3. März 1936. 765.84/3939, Mskr., Außenamt.

[41] Botschafter Long an Außenminister Hull, Rom, 27. Februar 1936. 765.84/3911, Mskr., Außenamt; s. a. Virginio Gayda, „Mediterranean and International Agreements", „Giornale d'Italia" 26. Februar 1936.

[42] „Survey of International Affairs, 1935", II, S. 350 ff.

[43] s. die Bemerkungen Madame Tabouis', „L'Oeuvre", 3. März 1936.

[44] „Giornale d'Italia", 3. März 1938.

[45] Botschafter Long an Außenminister Hull. 4. März 1936. 766.84/3944, Mskr., Außenamt.

[46] Außenminister Hull an Engert in Addis Abeba, 9. März 1936. 765.84/3889, Mskr., Außenamt.

[47] Engert an Außenminister Hull, Addis Abeba, 17. März 1936. 765.84/3936, Mskr., Außenamt.

[48] Botschafter Long an Außenminister Hull, Rom. 12. März 1936. 7400011 Mutual Guarantee/418 (Locarno), Mskr., Außenamt.

[49] „Survey of International Affairs, 1935", II, S. 342.

[50] Botschafter Long an Außenminister Hull, Rom, 3. April 1936. 765.84/4104, Mskr., Außenamt.

[51] Anthony J. Biddle an Außenminister Hull, Oslo, 6. April 1936. 765.84/4042, Mskr., Außenamt.

[52] Warrington Dawson an Außenminister Hull, Paris, 7. April 1936. 765.84/4124, Mskr., Außenamt.

[53] Botschafter Dodd an Außenminister Hull, London, 7. April 1936. 765.84/4066, Mskr., Außenamt.

[54] Botschafter Bingham an Außenminister Hull, London, 7. April 1936. 765.84/4045, Mskr., Außenamt.

[55] Prentiss Gilbert an Außenminister Hull, Genf, 15. April 1936. 765.84/4159, Mskr., Außenamt.

[56] Botschafter Bingham an Außenminister Hull, London, 15. April 1936. 765.84/4115, Mskr., Außenamt.

[57] „Survey of International Affairs, 1935", II, S. 347 ff.

[58] Botschafter Wilson an Außenminister Hull, Genf, 20. April 1936. 765.84/4151, *Streng vertraulich*, Mskr., Außenamt.

[59] Botschafter Straus an Außenminister Hull, Paris, 21. April 1936. 765.84/4158, Mskr., Außenamt.

[60] Mr. Mayer an Außenminister Hull, Berlin, 12. April 1936. 765.84/4176, *Vertraulicher Akt*, Mskr., Außenamt.

[61] Anthony J. Biddle an Außenminister Hull, Oslo. 2. Mai 1936. 765.84/4228, Mskr., Außenamt.

[62] „New York Times", 6. Mai 1936.

[63] 7. Mai 1936.

[64] 7. Mai 1936.

[65] 7. Mai 1936.

[66] Botschafter Straus an Außenminister Hull, Paris, 11. Mai 1936. 765.84/4365, Mskr., Außenamt

[67] Londoner „Times", 5. Mai 1936.

[68] „League of Nations Official Journal", 1936, S. 660.

[69] Prentiss Gilbert an Außenminister Hull, Genf, 12. Mai 1936. 765.84/4388, Mskr., Außenamt.

[70] Aufzeichnung über eine Unterredung zwischen Außenminister Hull und dem italienischen Botschafter, Signor Rosso, 12. Mai 1936. 765.84/4397, Mskr., Außenamt.

[71] Aufzeichnung über eine Unterredung zwischen dem Staatssekretär im Außenamt, Mr. William Phillips, und dem italienischen Botschafter, Signor Rosso, 12. Mai 1936. 765.84/4421, Mskr., Außenamt.

[72] Engert an Außenminister Hull, Addis Abeba, 14. Mai 1936. 765.84/4421, Mskr., Außenamt.

[73] Botschafter Straus an Außenminister Stimson, Paris, 25. Mai 1936. 765.84/4490, Msk., Außenamt.

[74] Atherton an Außenminister Hull, London, 29. Mai 1936. 765.84/4532, Mskr., Außenamt. „Daily Mail", 29. Mai 1936; s.a. Kirk an Außenminister Hull, Rom, 29. Mai 1936. 765.84/4544, Mskr., Außenamt.

[75] „Times", London, 11. Juni 1936; Feiling, a.a.O., S. 296.

[76] 19. Juni 1936.

[77] 19. Juni 1936.

[78] 19. Juni 1936.

[79] 19. Juni 1936.

[80] „Parliamentary Debates", 318 Unterhaus, 2432.

[81] Robert Langer, „Seizure of Territory", Princeton 1947, S. 137.

[82] „Parliamentary Debates", 333 Unterhaus, 17. März 1936, 617.

[83] „Documents on International Affairs, 1938", I, S. 141.

[84] „League of Nations Official Journal", 1988, S. 339 ff.

[85] „Proceedings of the American Society of International Law", 13.–15. Mai 1940, S. 95.

[86] Am 5. Januar 1938 gab die italienische Regierung bekannt, daß siebzehn Staaten, die meisten von Ihnen Völkerbundsmitglieder, die Annexion Abessiniens de jure anerkannt und elf, darunter Großbritannien und Frankreich, die Anerkennung de facto ausgesprochen hatten.

[87] „Parliamentary Debates", 340 Unterhaus, 331; „Parliamentary Debates", 110 Oberhaus, 1678.

[88] Kirk an Außenminister Hull, Rom, 11. Mai 1936. 765.84/4362, Mskr., Außenamt.

[89] Signor Rosso an Außenminister Hull, 16. Juni 1936. 711.65/73, Mskr., Außenamt.

[90] Hull, a.a.O., S. 471.

[91] Ebendort, S. 470 f.

[92] Premierminister Chamberlain an Präsident Roosevelt, 14. Januar 1938. 740.00/264a, *Vertraulicher Akt*, Mskr., Außenamt.

[93] Präsident Roosevelt an Premierminister Chamberlain, 17. Januar 1938. 740.00/264b, *Vertraulicher Akt*, Mskr., Außenamt.

[94] Außenamt, „Press Release", 19. April 1938.

[95] Ebendort, 12. Mai 1938.

[96] Ebendort, 11. November 1938.

[97] Herbert Briggs, „Non-Recognition of Title by Conquest", „Proceedings of the American Society of International Law", 13.–15. Mai 1940, S. 81.

[98] Kenner der afrikanischen Probleme hatten längst bestätigt, daß in Abessinien die Sklaverei weit verbreitet war. In einem Artikel in der „Contemporary Review", CXLVIII, Dezember 1935. S. 650, schrieb Major E.W. Polson Newman unter dem Titel „Sklaverei in Abessinien": „Die Grundlage des abessinischen Wirtschaftssystems ist die Sklaverei ... Die Abschaffung der Sklaverei erfordert eine völlige Sozial- und Wirtschaftsreform und kann nur durch Druck von draußen und europäische Verwaltung erreicht werden." Ganz wie Winston Churchill treffend bemerkte: „Das Wesen der äthiopischen Regierung und die in diesem wilden Land der Tyrannei, Sklaverei und Stammeskriege herrschenden Verhältnisse waren mit der Zugehörigkeit zum Völkerbund nicht in Einklang zu bringen;" a.a.O., S. 166.

[99] Einer der wichtigsten Gründe, die die britische Haltung gegen Mussolinis Marsch nach Abessinien hinein bestimmten, war die starke Befürchtung, er könne den Oberlauf des Blauen Nils „in die dürre Ebene eines vergrößerten Eritrea" ableiten und dadurch die Speisung des Nils vor der ägyptischen Grenze beeinträchtigen. So würde er Eritrea in ein reiches, Baumwolle pflanzendes Land verwandeln, doch durch eine solche Ableitung von Wasserläufen Ägypten ernstlich in Nachteil bringen. Sir John Harris, „Italy and Abyssinia", „Contemporary Review", CXLVIII, August 1935, S. 151.

[100] Churchill, a.a.O. S. 187.

XI. Kapitel

1 Dodd, „Diary, 1933–1938", New York 1941, S. 12.
2 Ebendort, S. 14 f.
3 Ebendort, S. 14 f.
4 Dodd, „Diary, 1933–1938", New York 1941, S. 12.
5 Ebendort, S. 14 f.
6 Ebendort, S. 14 f.
7 George S. Messersmith an Außenminister Hull, 8. August 1933. 711.62/75, Mskr., Außenamt.
8 William E. Dodd an Präsident Roosevelt, 12. August 1933. 862.00/3085, Mskr., Außenamt.
9 Eine ausführliche Abhandlung über den Antisemitismus in Deutschland und seine Wirkung auf die britische Meinung findet sich in „Survey of International Affairs, 1933", hrsg. v. Arnold J. Toynbee, New York 1934, S. 167 ff.
10 Dodd an Außenminister Hull, 18. August 1933. 862.00/3056, Mskr., Außenamt.
11 William Phillips an Mr. Dodd. 19. August 1933. 862.00/3057, Mskr., Außenamt.
12 Dodd an Außenminister Hull, 20. August 1933. 862.00/3058, Mskr., Außenamt.
13 Phillips an Mr. Dodd, 20. August 1933. 862.00/3058, Mskr., Außenamt.
14 Dodd an Mr. Phillips, 23. August 1933. 862.00/3061, Mskr., Außenamt.
15 Außenamt, „Press Release", 19. August 1933.
16 Ebendort, 23. August 1933.
17 Dodd an Außenminister Hull, 26. August 1933, mit einer Aufzeichnung über seine Unterredung mit Staatssekretär v. Bülow am 26. August. 862.00/3076, Mskr., Außenamt.
18 Dodd, „Diary, 1933–1938", S. 20 ff.
19 John F. Coar an Präsident Roosevelt, 12. September 1933. 862.00/3082, Mskr., Außenamt.
20 Aufzeichnung Pierrepont Moffats, 14. September 1933. 862.00/3084, Mskr., Außenamt.
21 Außenminister Hull an John F. Coar, 22. September 1933. 862.00/3084, Mskr., Außenamt.
22 Charles Callan Tansill, „America Goes to War", Boston 1938. S. 458 ff.
23 George Sylvester Viereck am 12. Juni 1947 zu dem Verfasser. Über diese Aufsätze in der „Liberty" bemerkte Viereck: „Ich arbeitete drei Artikel um, die er für die „Liberty" verfaßt hatte und die so schlecht geschrieben waren, daß sie nicht gedruck werden konnten."
24 George Sylvester Viereck an Präsident Roosevelt, 11. Oktober 1933. 711.62/81, Mskr., Außenamt.
25 Louis Howe an George Sylvester Viereck, 3. November 1933. 711.62/83, Mskr., Außenamt.
26 George Sylvester Viereck an Außenminister Hull, 10. November 1933. 711.62/83, Mskr., Außenamt.
27 Vinton Chapin an George Sylvester Viereck, 14. November 1933. 711.62/83, Mskr., Außenamt.
28 George Sylvester Viereck zu dem Verfasser, 21. August 1948.
29 Erwin H. Klaus an Präsident Roosevelt, 17. März 1939. 711.62/236, Mskr., Außenamt.
30 Dodd, a.a.O., S. 30 f.
31 Außenamt, „Press Release", 9. September 1933, S. 149.
32 Dodd, a.a.O., S. 36.
33 Mr. Messersmith an Außenminister Hull, 16. September 1933. 862.00/3089, Mskr., Außenamt.
34 Mr. Messersmith an Außenminister Hull, 29. September u. 28. Oktober 1933. 862.00/3097 1/2 u. 862.00/3128, Mskr., Außenamt.
35 Dodd, a.a.O., S. 44 ff.
36 „Peace and War: United States Foreign Policy, 1931–1941", Washington 1943, S. 193 f.
37 Außenamt, „Press Release", 14. Oktober 1933.
38 Toynbee, a.a.O., S. 301 ff.
39 „Germany and the Crisis in Disarmament", „Foreign Affairs", XII, 1934, S. 260 ff. In einem am 22. November 1933 im „Matin" veröffentlichten Interview mit M. de Brinon unterstrich Hitler seinen Wunsch nach Frieden. Zwischen Frankreich und Deutschland stehe nur noch die Saarfrage. „Elsaß und Lothringen? Ich habe oft genug gesagt, daß wir darauf definitiv verzichtet haben, so daß nach meiner Überzeugung über meine Haltung zu diesem Punkt keine Unklarheit mehr bestehen kann."
40 Messersmith an Phillips, 28. Oktober 1933. 862.00/3128, Vertraulicher Akt, Mskr., Außenamt.
41 Dodd, a.a.O., S. 49 f.
42 Dodd an Außenminister Hull, 4. November 1933. 862.00/3131, Mskr., Außenamt.
43 Dodd an Außenminister Hull, 13. November 1933. 862.00/3127, Mskr., Außenamt.
44 J.C. White, Botschaftsrat an der amerikanischen Botschaft in Berlin, an Außenminister Hull, 16. November 1933. 862.00/3143, Mskr., Außenamt.
45 Messersmith an Phillips, 23. November 1933; „Peace and War …", S. 194.
46 Dodd, a.a.O., S. 67 f.
47 „New York Times", 25. Januar 1934; Toynbee, a.a.O., S. 93 ff.
48 Außenamt, „Press Release", 27. Januar 1934, S. 47 f.
49 Dodd, a.a.O., S. 74.
50 Außenamt, „Press Release", 23. Juni 1934, S. 418 f. s. a. „Documents on International Affairs, 1934", hrsg. v. John W. Wheeler-Bennett, S. 244 ff.
51 Außenamt, „Press Release", 30. Juni 1934, S. 444 ff.
52 Dodd, a.a.O., S. 111 f.
53 16. Juni 1934.
54 19. Juni 1934.
55 21. Juni 1934.
56 16. Juni 1934.
57 16. Juni 1934.
58 Die aktive Bilanz des amerikanischen Handels mit Deutschland geht aus den folgenden Zahlen hervor:

Ausfuhr nach Deutschland Einfuhr von Deutschland
1934   108.738.000 Dollar 68.805.000 Dollar
1935   91.981.000 Dollar 77.792.000 Dollar
1938   101.956.000 Dollar 79.679.000 Dollar
1937   126.343.000 Dollar 92.468.000 Dollar.

59 Außenamt, „Press Release", 1. Dezember 1934, S. 325 ff.

[60] Es ist wichtig, festzustellen, daß Dr. Schacht sorgfältig darauf achtete, die Verpflichtungen aus kurzfristigen Bankkrediten zu erfüllen. Am 21. Februar 1934 sprach James Gannon von der Chase National Bank in der amerikanischen Botschaft in Berlin vor, „um über eine gut verlaufene Konferenz mit der Deutschen Reichsbank zu berichten ... Er war völlig zufriedengestellt und äußerte über Schachts Klugheit und Aufrichtigkeit das Beste." Dodd, a.a.O., S. 81.

[61] Dodd an Außenminister Hull, 6. März 1934. 862.00/3208, Mskr., Außenamt.

[62] Aufzeichnung über eine Unterredung zwischen Außenminister Hull und dem deutschen Botschafter, Hans Luther, 19. Februar 1934. 862.00 Hitler, Adolf/11, Mskr., Außenamt.

[63] Aufzeichnung über eine Unterredung zwischen Dr. Leitner und Mr. John Hickerson, 1. März 1934. 862.00 Hitler, Adolf/22, Mskr., Außenamt.

[64] Aufzeichnung über eine Unterredung zwischen Außenminister Hull und dem deutschen Botschafter, Herrn Hans Luther, 2. März 1934. 862.00 Hitler, Adolf/17, Mskr., Außenamt.

[65] Dodd, a.a.O., S. 86.

[66] Dodd an Außenminister Hull, 6. März 1934. 862.00 Hitler, Adolf/18, Mskr., Außenamt.

[67] James C. Dunn an Mr. Early, 6. März 1934. 862.002 Hitler, Adolf/126, Mskr., Außenamt.

[68] Aufzeichnung über eine Unterredung mit dem deutschen Botschafter, 7. März 1934. 862.002 Hitler, Adolf/30, Mskr., Außenamt.

[69] Aufzeichnung über ein Gespräch zwischen Pierrepont Moffat und Dr. Leitner, 8. März 1934. 862.002 Hitler, Adolf/27, Mskr., Außenamt.

[70] Aufzeichnung über ein Gespräch zwischen Botschafter Dodd und Reichskanzler Hitler, 7. März 1934. 711.62/90, Mskr., Außenamt.

[71] Aufzeichnung über eine Unterredung zwischen Außenminister Hull und dem deutschen Botschafter, Hans Luther, 13. März 1934. 862.002 Hitler, Adolf/33, Mskr., Außenamt.

[72] Aufzeichnung über eine Unterredung zwischen Außenminister Hull und dem deutschen Botschafter, Hans Luther, 23. März 1934. 862.4016/1369 *Vertraulicher Akt*, Mskr., Außenamt.

[73] Dodd, a.a.O., S. 100.

[74] Dodd an Außenminister Hull, 12. März 1934. 862.00/3216, Mskr., Außenamt.

[75] Mr. Messersmith an Außenminister Hull, 14. Juni 1934. 862.00/3306, Mskr., Außenamt.

[76] Mr. J. Webb Benton an Außenminister Hull, 27. Juni 1934. 862.00/3306, Mskr., Außenamt.

[77] Dodd, a.a.O., S. 101 f.

[78] Ebendort, S. 103 f.

[79] Ebendort, S. 104 f.

[80] John W. Wheeler-Bennett, „Wooden Titan", New York 1936, S. 454 ff.

[81] 20. Juni 1934.

[82] 19. Juni 1934.

[83] 1. Juli 1934.

[84] Breckinridge Long an Außenminister Hull, 5. Juli 1934. 862.00/3308, Mskr., Außenamt. s.a. Toynbee, a.a.O., 1934, S. 468 ff.

[85] Dodd, a.a.O., S. 115 ff.

[86] „Washington News", 2. Juli 1934.

[87] 2. Juli 1934.

[88] 3. Juli 1934.

[89] 2. Juli 1934. Der gleichen Ansicht waren die „Los Angeles Times" (3. Juli), das „Evening Bulletin" in Philadelphia (2. Juli) und der „St. Louis Globe Democrat" (2. Juli).

[90] „Des Moines Register", 10. Juli 1934.

[91] „Atlanta Constitution", 3. Juli 1934.

[92] 2. Juli 1934.

[93] 18. Juli 1934.

[94] 7. Juli 1934.

[95] 15. Juli 1934.

[96] 14. Juli 1934.

[97] 14. Juli 1934.

[98] „The Nation", 1. August 1934.

[99] 16. Juli 1934.

[100] „Chicago Herald and Examiner", 15. Juli 1934.

[101] Dodd, a.a.O., S. 126. Am 25. Juli sandte Dodd an Außenminister Hull über die Ereignisse des 30. Juni einen „streng vertraulichen" Bericht. Er hatte von einer „offiziellen Persönlichkeit, die ihrer Position nach mit den Tatsachen vertraut sein müßte", Mitteilungen über die „innere Geschichte" der Parteisäuberung erhalten und gab sie sofort nach Washington weiter: „Das Weltjudentum hat große Summen gesammelt, um die traurige Lage der deutschen Juden zu erleichtern. Nach meinem Gewährsmann nun beschlossen die mit der Verwaltung dieser Fonds Beauftragten, zwölf Millionen Mark der monarchistischen Propaganda in Deutschland zur Verfügung zu stellen, da sie ihnen als einer der besten Wege zu dem ersehnten Ziel erschien. Die Geheime Staatspolizei bekam Wind davon und erfuhr, daß das Geld von Paris über Prag nach Deutschland transferiert werden sollte ... Die notwendige Überwachung erforderte große Ausgaben, die Diels ... schließlich nicht mehr bestreiten konnte, und so mißlang der deutsche Plan, ‚infolge Mangels an den letzten tausend Mark'. Unterdessen wurde der Ex-Kronprinz für eine Restauration aktiv; er besaß die Unterstützung der Freimaurerlogen und der monarchistischen Verbände und hatte auch sonst noch Gelder zu diesem Zweck gesammelt. Die Behörden erfuhren von seinen Plänen und lösten, während sie die Fonds nicht ausfindig machen und beschlagnahmen konnten, die erwähnten Organisationen auf. Um sich aus der Affäre zu ziehen, schenkte der Kronprinz der SA 12 Millionen Mark und zog mit seinen Söhnen SA-Uniform an. Röhm beschloß, sich dieses vom Himmel gefallene Geld zunutze zu machen, um seine Pläne einer Revolte zu fördern. Agenten der Geheimen Staatspolizei entdeckten das Komplott und ... wandten sich an Papen, der diese Gelegenheit, Röhms radikale Bestrebungen zu vereiteln, willkommen hieß ... Papen sammelte das gesamte Material über die Verschwörung ... und zeigte es Hindenburg. Der Präsident ... ließ Hitler zu sich kommen und stellte ihm ein Ultimatum: entweder unterdrückte Hitler sofort die ge-

plante Revolte, oder Hindenburg tat es selber ... Hitler ... erlitt einen Nervenzusammenbruch und ... befahl die Erschießungen des 30. Juni." Dodd an Außenminister Hull, 25. Juli 1934. 862.00/3344. *Streng vertraulich*, Mskr., Außenamt.

XII: Kapitel

1 Dodd, „Diary, 1933–1938", S. 119 f.
2 Dodd an Außenminister Hull, 14. Juli 1934. 862.00/3307, Mskr., Außenamt.
3 Dodd, a.a.O., S. 129 f.
4 Dodd an Außenminister Hull, 21. Juli 1934. 862.00/3320, Mskr., Außenamt.
5 Außenminister Hull an Botschafter Dodd, 13. Juli 1934. 862.00/3307A, Mskr., Außenamt.
6 15. Juli 1934.
7 Dodd an Außenminister Hull, 20. August 1934. FW 811.91262/134, Mskr., Außenamt.
8 J.F. Simmons an Pierrepont Moffat, 27. August 1934. FW 811.91262/134, Mskr., Außenamt.
9 „Daily News", Washington, 27. August 1934.
10 Dodd, a.a.O., S. 132. Ein ausführlicher Bericht über die Ermordung des Bundeskanzlers Dollfuß und ihre Folgen findet sich im „Survey of International Affairs, 1934", hrsg. v. Arnold J. Toynbee, New York 1936, S. 471 ff.
11 30. Juli 1934.
12 26. Juli 1934.
13 „Current History", September 1934.
14 28. Juli 1934.
15 28. Juli 1934. Ähnlich die „Los Angeles Times", 26. Juli, und der „Cincinnati Enquirer", 27. Juli 1934.
16 27. Juli 1934.
17 2. August 1934.
18 3. August 1934.
19 3. August 1934.
20 21. August 1934.
21 3. August 1934.
22 Dodd, a.a.O., S. 141 ff. Am 19. August 1934 wurde in Deutschland über Hitlers Präsidentschaft eine Volksabstimmung abgehalten. Das Ergebnis waren 38.279.000 Ja-Stimmen und 42.278.808 Nein-Stimmen.
23 Sarah Wambaugh, „The Saar Plebiscite", Cambridge 1940; s. a. „Documents on International Affaires, 1935", S. 50 ff.
24 17. Januar 1935.
25 17. Januar 1935.
26 16. Januar 1935.
27 16. Januar 1935.
28 17. Januar 1936.
29 „Documents on International Affairs, 1935", S. 119 ff.
30 4. Februar 1935.
31 5. Februar 1935.
32 4. Februar 1935.
33 7. Februar 1935.
34 16. Februar 1935.
35 17. Februar 1935.
36 17. Februar 1935.
37 „New York Times", 25. Februar 1935.
38 „Documents on International Affairs, 1935", S. 132 ff.
39 „New York Times", 7. März 1935.
40 7. März 1935.
41 7. März 1935.
42 6. März 1935.
43 7. März 1935.
44 „Documents on International Affairs, 1935", S. 141 ff.
45 18. März 1935.
46 19. März 1935.
47 18. März 1935.
48 19. März 1935.
49 17. März 1935.
50 18. März 1935.
51 17. März 1935.
52 27. März 1935.
53 „New York Evening Journal", 19. März 1935.
54 18. März 1935.
55 „Emporia Gazette", 21. März 1935.
56 „New York Times", 15. April; „Documents on International Affairs, 1935", S. 156 ff.
57 15. April 1935.
58 16. April 1935.
59 15. April 1935.
60 18. April 1935.
61 16. April 1935.
62 16. April 1935.
63 „Documents on International Affairs, 1935", S. 116 ff.
64 Ebendort, S. 159 ff.
65 22. Mai 1935.
66 24. Mai 1935.
67 23. Mai 1935.
68 23. Mai 1935.
69 22. Mai 1935.
70 „The United States in World Affairs, 1934–35", hrsg. v. W.H. Shepardson und William O. Scroggs, New York 1935. s. a. André Géraud („Pertinax"), „France and the Anglo-German Naval Treaty", „Foreign Affairs", XIV, Oktober 1935, S. 51 ff.
71 „Documents on International Affairs, 1935", S. 141 ff.
72 22. Juni 1935.
73 26. Juni 1935.
74 1. Juli 1935.
75 20. Juni 1935.
76 20. Juni 1935.
77 19. Juni 1935.
78 Botschafter Bingham an Außenminister Hull, London, 29. März 1935. 862.20/798, persönlich und streng vertraulich, *Vertraulicher Akt*, Mskr., Außenamt.
79 Dodd, a.a.O., S. 228 ff.
80 Dodd an Außenminister Hull, 15. Juli 1935. 862.00/3539, Mskr., Außenamt.

[81] Eine Kopie dieses Rundschreibens ist abgedruckt im „Press Release" des Außenamtes vom 3. August 1936, S. 104 f.

[82] s. die Berichte von Alexander C. Anderson und James Pyke von der Polizeiverwaltung der Stadt New York, Außenamt, „Press Release", 3. August 1935, S. 100 ff.

[83] Dr. Rudolf Leitner an Mr. William Phillips, 29. Juli 1935, ebendort, S. 100.

[84] Aufzeichnung über ein Gespräch zwischen Mr. James C. Dunn und Dr. Rudolf Leitner, 29. Juli 1935. 862.002/Hitler, Adolf, Mskr., Außenamt.

[85] Mr. Phillips an Dr. Leitner, 1. August 1935. Außenamt, „Press Release", 3. August 1935, S. 100 f.

[86] Dodd an Außenminister Hull, 9. August 1935. 862.00/3522, Streng vertraulich, Mskr., Außenamt.

[87] Aufzeichnung über ein Gespräch zwischen Mr. Clifton M. Utley und Mr. Schoenfeld, 6. September 1935. 862.00/3537, Mskr., Außenamt.

[88] John C. White, Botschaftsrat an der amerikanischen Botschaft in Berlin, an Außenminister Hull, 6. Oktober 1935. 862.00/3546, Mskr., Außenamt.

[89] Douglas Jenkins, Generalkonsul in Berlin, an Außenminister Hull, 4. November 1935. 862.3552, Mskr., Außenamt.

[90] Dodd an Außenminister Hull, 22. Januar 1936. 862.00/3569, Mskr., Außenamt.

XIII. Kapitel

[1] Wilson an Außenminister Hull, Bern, 13. November 1935. 740.00/40 1/2, Vertraulicher Akt, Mskr., Außenamt.

[2] Botschafter Bullitt an Außenminister Hull, 28. Juni 1935. 862.014/106, Mskr., Außenamt.

[3] Botschafter Bullitt an Außenminister Hull, 14. Januar 1936. 751.62/391, Mskr., Außenamt.

[4] Botschafter Davies an Außenminister Hull, 20. Januar 1936. 740.00/100, Mskr., Außenamt.

[5] Botschafter Dodd an Außenminister Hull, Berlin, 9. Januar 1936. 740.0011 Locarno Mutula Guarantee/351, Vertraulicher Akt, Mskr., Außenamt.

[6] Botschafter Dodd an Außenminister Hull, Berlin, 13. Januar 1936. 740.0011 Locarno Mutual Guarantee/352, Mskr., Außenamt. In diesem Telegramm berichtet Dodd, der Chefredakteur einer maßgebenden deutschen Zeitung habe ihn gesprächsweise „unzweideutig" darüber informiert, „daß die Begegnung zwischen Phipps und Hitler im vergangenen Monat dem Zweck gedient habe, bei der deutschen Regierung in der Frage britischer Luftstützpunkte in Nordfrankreich und Belgien zu sondieren".

[7] Botschafter Dodd an Außenminister Hull, Berlin, 6. Februar 1936. 862.20/1102, Mskr., Außenamt.

[8] „Survey of International Affairs, 1936", hrsg. v. Arnold J. Toynbee, New York 1937, S. 255.

[9] Ebendort, S. 256. Der französische Senat ratifizierte den Vertrag am 12. März 1936.

[10] „Documents on International Affairs, 1936", S. 35 ff. Man schätzte, daß Deutschland zwei Wochen nach dem 7. März in der entmilitarisierten Zone 90.000 Mann stehen haben werde.

[11] 8. März 1936.

[12] 9. März 1936.

[13] 9. März 1936.

[14] 10. März 1936.

[15] 9. März 1936.

[16] 9. März 1936.

[17] „San Francisco-Examiner", 11. März 1936.

[18] 8. März 1936.

[19] 9. März 1936.

[20] 8. März 1936.

[21] Botschafter Straus an Außenminister Hull, Paris, 7. März 1936. 740.0011 Locarno Mutual Guarantee/365, Mskr., Außenamt.

[22] Botschafter Bullitt an Außenminister Hull, Moskau, 8. März 1936. 740.0011 Locarno Mutual Guarantee/373, Mskr., Außenamt.

[23] Botschafter Dodd an Außenminister Hull, Berlin, 8. März 1986. 740.0011 Locarno Mutual Guarantee/376, Mskr., Außenamt.

[24] Botschafter Cudany an Außenminister Hull, Warschau, 8. März 1986. 740.0011 Locarno Mutual Guarantee/382, Mskr., Außenamt.

[25] Geschäftsträger Atherton an Außenminister Hull, London, 8. März 1986. 740.0011 Locarno Mutual Guarantee/370, Mskr., Außenamt.

[26] Geschäftsträger Atherton an Außenminister Hull, London, 9. März 1986. 740.0011 Locarno Mutual Guarantee/381, Vertraulicher Akt. Mskr., Außenamt.

[27] Botschafter Straus an Außenminister Hull, Paris, 9. u. 10. März 1936. 740.0011 Locarno Mutual Guarantee/388,396, Mskr., Außenamt.

[28] Botschafter Straus an Außenminister Hull, Paris, 10. März 1936. 740.0011 Locarno Mutual Guarantee/401, Mskr., Außenamt.

[29] Geschäftsträger Atherton an Außenminister Hull, London, 11. März 1936. 740.0011 Locarno Mutual Guarantee/406, Vertraulicher Akt, Mskr., Außenamt.

[30] Botschafter Straus an Außenminister Hull, Paris, 11. März 1936. 740.0011 Locarno Mutual Guarantee/412, Mskr., Außenamt.

[31] Gesandter Montgomery an Außenminister Hull, Budapest, 14. März 1936. 740.0011 Locarno Mutual Guarantee/452, Mskr., Außenamt.

[32] Toynbee, a.a.O., S. 285 ff.

[33] Ebendort, S. 304.

[34] Botschafter Straus an Außenminister Hull, Paris, 20. März 1936. 740.0011 Locarno Mutual Guarantee/489, Mskr., Außenamt.

[35] Geschäftsträger Atherton an Außenminister Hull, London, 27. März 1936. 740.0011 Locarno Mutual Guarantee/523, Mskr., Außenamt.

[36] Botschafter Straus an Außenminister Hull, Paris, 27. März 1936. 740.0011 Locarno Mutual Guarantee/631, Mskr., Außenamt.

37 Botschafter Dodd an Außenminister Hull, Berlin, 18. März 1936. 862.00/3580, Mskr., Außenamt.

38 Botschafter Dodd an Außenminister Hull, Berlin, 18. März 1936. 862.00/3580, Mskr., Außenamt.

39 Die Hauptpunkte des Planes waren:
1. Eine viermonatige Beruhigungsperiode, in der Deutschland die Anzahl seiner Streitkräfte im Rheinland nicht erhöhen würde, wenn Belgien und Frankreich sich in dem entsprechenden Grenzgebiet ebenso verhielten;
2. Ergänzung und Verstärkung der Sicherheitsabmachungen durch ein Luftabkommen;
3. Abschluß eines 25jährigen Nichtangriffspaktes zwischen Belgien, Deutschland und Frankreich;
4. Zweiseitige Nichtangriffspakte Deutschlands mit seinen östlichen Nachbarn;
5. Übernahme besonderer Verpflichtungen durch Deutschland zu militärischer Hilfeleistung, die sich aus den vorgeschlagenen Sicherheitsverträgen als notwendig ergeben könnten;
6. Bildung eines Schiedsgerichtes für Streitigkeiten, die über die Auslegung der Verpflichtungen aus den verschiedenen Abkommen entstehen könnten. „Documents on International Affairs, 1936", S. 183 ff.

40 2. April 1936.

41 3. April 1936.

42 2. April 1936.

43 2. April 1936.

44 3. April 1936.

45 4. April 1936.

46 18. März 1936.

47 Mai 1936, S. 130.

48 „Times", London, 9. April 1936.

49 Toynbee, a.a.O., S. 334.

50 Botschafter Straus an Außenminister Hull, Paris, 15. April 1936. 765.84/4101, Mskr., Außenamt.

51 Botschafter Bingham an Außenminister Hull, London, 15. April 1936. 765.84/4115, Mskr., Außenamt.

52 Geschäftsträger Mayer an Außenminister Hull, Berlin, 22. April 1936. 765.84/4176, Mskr., Außenamt.

53 „Documents on International Affairs, 1936", S. 211 u. ff.

54 Botschafter Bullitt an Außenminister Hull, 18. Mai 1936. 740.00/52, Streng vertraulich, Mskr., Außenamt.

55 Botschafter Bullitt an Außenminister Hull, Brüssel, 20. Mai 1986. 740.00/47, Vertraulicher Akt, Mskr., Außenamt.

56 Toynbee, a.a.O., S. 344 ff.

57 Botschafter Dodd an Außenminister Hull, Berlin, 3. September 1936. 740.00/59, Vertraulicher Akt, Mskr., Außenamt.

58 Elizabeth Wiskemann, „The Rome-Berlin Axis", New York 1949, S. 57 ff.

59 De Witt C. Poole, „Light On Nazi Foreign Policy", „Foreign Affairs", XXV. 1946, S. 130 ff.

60 Wiskemann, a.a.O., S. 66 f.

61 28. Oktober 1936.

62 27. Oktober 1936.

63 27. Oktober 1936.

64 „Documents on International Affairs, 1936", S. 283 f.

65 17. November 1936.

66 17. November 1936.

67 17. November 1936.

68 17. November 1936.

69 20. November 1936.

70 19. November 1936.

71 21. November 1936.

72 20. November 1936.

73 19. November 1936.

74 23. November 1936.

75 27. November 1936.

76 23. November 1936

77 Botschafter Bullitt an Außenminister Hull, Paris, 16. Dezember 1936. 751.62/380, Vertraulicher Akt, Mskr., Außenamt.

78 Botschafter Bullitt an Außenminister Hull, Paris, 16. Dezember 1936. 800.51 W89 France/1065, Vertraulicher Akt, Mskr., Außenamt.

79 Botschafter Bullitt an Außenminister Hull, Paris, 12. Januar 1937. 751.62/386, Vertraulicher Akt, Mskr., Außenamt.

80 Diese Vorschläge waren:
1. Ein Plan zur Garantierung des europäischen Friedens;
2. eine Garantierung der bestehenden europäischen internationalen Grenzen;
3. ein Plan zur Verminderung der Rüstung;
4. die Errichtung eines neuen und arbeitsfähigen Völkerbundes;
5. die Abtretung von Kolonien an Deutschland als Ventil für den Bevölkerungsüberschuß und ferner als Quelle für Nahrungsmittel, Fette und Rohstoffe.

81 Botschafter Davis an Außenminister Hull und Präsident Roosevelt, Moskau, 20. Januar 1937. 740.00/100, Vertraulicher Akt, Mskr., Außenamt.

82 Botschafter Bullitt an Außenminister Hull, Paris, 20. Januar 1937. 740.00/99, Vertraulicher Akt, Mskr., Außenamt.

83 Gesandter Wilson an Außenminister Hull, Genf, 25. Januar 1937. 740.00/104. Vertraulicher Akt, Mskr., Außenamt.

84 Toynbee, a.a.O., S. 30.

85 Ebendort, S. 31.

86 „The Speeches of Adolf Hitler", hrsg. v. Norman H. Baynes, London 1942, II, S. 1334 ff.

87 3. Februar 1937.

88 2. Februar 1937.

89 2. Februar 1937.

90 1. Februar 1937.

91 1. Februar 1937.

92 1. Februar 1937.

93 31. Januar 1937.

94 31. Januar 1937.

95 Louis Einstein an Außenminister Hull, London, 2. Februar 1937. 862.002 Hitler/88, Mskr., Außenamt.

96 Botschafter Bullitt an Außenminister Hull, Paris, 3. Februar 1937. 751/62/398, Vertraulicher Akt, Mskr., Außenamt.

97 Gesandter Wilson an Außenminister Hull, Bern, 4.

Februar 1937. 740.00/115, *Vertraulicher Akt*, Mskr., Außenamt.

[98] Botschafter Davies an Außenminister Hull, Moskau, 5. Februar 1937. 740.00/114, *Vertraulicher Akt*, Mskr., Außenamt.

[99] Botschafter Bullitt an Außenminister Hull, Paris,

20. Februar 1937. 740.00/117, *Vertraulicher Akt*, Mskr., Außenamt.

[100] Botschafter Bullitt an Außenminister Hull, Paris, 23. Februar 1937. 740.00/118, *Vertraulicher Akt*, Mskr., Außenamt.

XIV. Kapitel

[1] Botschafter Bingham an Außenminister Hull, London, 11. März 1937. 740.00/125, *Vertraulicher Akt*, Mskr., Außenamt.

[2] Aufzeichnung über ein Gespräch zwischen Außenminister Hull und dem französischen Botschafter, George Bonnet, 18. März 1937. 500.A 19/70, Mskr., Außenamt.

[3] Botschafter Bingham an Außenminister Hull, London, 21. März 1937. 740.00/134, Mskr., Außenamt.

[4] Norman H. Davis an Außenminister Hull, London, 10. April 1937. 740.00/143, *Vertraulicher Akt*, Mskr., Außenamt.

[5] Bullitt hörte, daß der französische Botschafter in Moskau, Coulondre, und ein französischer General „kürzlich mit Litwinow gesprochen und der General Litwinow rundheraus gefragt habe: ‚Wenn Deutschland die Tschechoslowakei angreift, werden Sie dann der Tschechoslowakei Hilfe schicken?' Litwinow habe geantwortet: ‚Nein'. Coulondre habe gesagt, seiner Meinung nach sei das ‚Nein' endgültig und ernst gemeint gewesen."

[6] Botschafter Bullitt an Außenminister Hull, Paris, 22. April 1937. 740.00/149, *Vertraulicher Akt*, Mskr., Außenamt.

[7] Botschafter Bullitt an Außenminister Hull, Paris, 29. April 1037. 740.00/153, Mskr., Außenamt.

[8] Botschafter Bullitt an Außenminister Hull, Paris, 30. April 1937. 740.00/156, *Vertraulicher Akt*. Mskr., Außenamt.

[9] Botschafter Bullitt an Außenminister Hull, Paris, 30. April 1937. 740.00/158, *Vertraulicher Akt*. Mskr., Außenamt.

[10] Botschafter Bullitt an Außenminister Hull, Paris, 6. Mai 1937. 740.00/164, Mskr., Außenamt.

[11] Botschafter Bullitt an Außenminister Hull, Paris, 10. Mai 1937. 740.00/178, *Vertraulicher Akt*, Mskr., Außenamt.

[12] „New York Times", 4. März 1937.

[13] 5. März 1937.

[14] 6. März 1937.

[15] 7. März 1937.

[16] 6. März 1937.

[17] 17. März 1937.

[18] 6. März 1937.

[19] 6. März 1937.

[20] „Chicago Daily News", 6. März 1937.

[21] Aufzeichnung über eine Unterredung zwischen Mr. James C. Dunn, Leiter der Westeuropäischen Abteilung, und Mr. Thomsen, Botschaftsrat der deutschen Botschaft, 4. März 1937. 862.002 Hitler/107, Mskr., Außenamt.

[22] Erklärung Außenminister Hulls, 6. März 1937. 862.002 Hitler/101, Mskr., Außenamt.

[23] Botschafter Dodd an Außenminister Hull, Berlin, 8. März 1937. 862.002 Hitler/116, Mskr., Außenamt.

[24] Außenminister Hull an Botschafter Dodd, 10. März 1937. 862.002 Hitler/102, Mskr., Außenamt.

[25] Botschafter Dodd an Außenminister Hull, Berlin, 12. März 1937. 862.002 Hitler/104, Mskr., Außenamt.

[26] Unterredung zwischen Außenminister Hull und Botschafter Luther, 17. März 1937. 862.002 Hitler/122, Mskr., Außenamt.

[27] Botschafter Dodd an Außenminister Hull, Berlin, 18. März 1937. 862.002 Hitler/113, Mskr., Außenamt.

[28] New York Times, 19. Mai 1937. [Deutscher Text hier wiedergegeben in der Übersetzung der betreffenden Meldung des Deutschen Nachrichten-Büros vom 20. Mai 1937, auf die sich die Vorstellungen der deutschen Regierung in Washington und beim Heiligen Stuhl stützten. In dem vom Verfasser herangezogenen Bericht der „New York Times", den der DNB-Vertreter offenbar übernommen hat, lautet die Stelle: „Perhaps you will ask, how it is that a nation of 60 million intelligent people will submit in fear and servitude to an alien, an Austrian paper hanger, and a poor one at that, and a few associates like Goebbels and Goering, who dictate every move of the people's lives." s. „Akten zur deutschen auswärtigen Politik 1918–1945", Serie D, Baden-Baden 1950, I, S. 787 f. D. Übers.]

[29] Botschafter Dieckhoff an das Auswärtige Amt, Washington, 21. Mai 1937. „Akten zur deutschen auswärtigen Politik 1918–1045", Serie D, Baden-Baden 1950, I, S. 788.

[30] Der deutsche Botschafter beim Heiligen Stuhl (Bergen) an das Auswärtige Amt, Rom, 25. Mai 1937. Ebendort, S. 788 ff.

[31] Der Reichsminister für Auswärtiges, von Neurath, an die Deutsche Botschaft beim Heiligen Stuhl, Berlin, 27. Mai 1937. Ebendort, S. 791 f.

[32] Der deutsche Geschäftsträger beim Heiligen Stuhl an das Auswärtige Amt, Rom, 9. Juni 1937, Ebendort, S. 792.

[33] Kardinalstaatssekretär Pacelli an den deutschen Geschäftsträger beim Heiligen Stuhl, Vatikan, 24. Juni 1937. Ebendort, S. 793 ff.

[34] Botschafter von Bergen an den Vortragenden Legationsrat Dumont im Auswärtigen Amt, Rom, 7. Juli 1937. Ebendort S. 802.

[35] Der deutsche Botschafter beim Heiligen Stuhl an das Auswärtige Amt, Rom, 20. Juli 1937. Ebendort, S. 802.

[36] Der deutsche Botschafter beim Heiligen Stuhl an das Auswärtige Amt, Rom. 23. Juli 1937. Ebendort, S. 803 ff.

[37] Das Auswärtige Amt an das Reichs- und preußische Ministerium für kirchliche Angelegenheiten, Berlin, 5. August 1937. Ebendort, S. 807 f.

[38] Der Reichsminister des Auswärtigen, von Neurath, an das Reichs- und preußische Ministerium für kirchliche Angelegenheiten, Berlin, 13. August 1937. Ebendort, S. 809.

[39] Botschafter Dieckhoff an das Auswärtige Amt, Washington, 22. November 1937. Ebendort, S. 646 ff.

[40] 1. Juni 1937.

[41] 2. Juni 1937.

[42] 1. Juni 1937.

[43] 1. Juni 1937.

[44] 1. Juni 1937.

[45] 1. Juni 1937.

[46] 1. Juni 1937.

[47] 1. Juni 1937.

[48] 2. Juni 1937.

[49] Cordell Hull, „Memoirs", New York 1948, I, S. 370 ff.

[50] „New York Times", 6., 7., 12. Juli 1936.

[51] Ebendort, 4. August 1936.

[52] „Journal of Commerce", 5. August 1936.

[53] „New York Times", 14. August 1836.

[54] Die folgende Tabelle zeigt die Schwankungen des deutsch-amerikanischen Handels von 1935 bis 1938:

Amerikanische Ausfuhr nach Deutschland:	Amerikanische Einfuhr von Deutschland:
1935 91.980.719 Dollar	1935 78.336.330 Dollar
1937 126.342.536 Dollar	1937 91.175.901 Dollar
1938 107.129.899 Dollar	1938 62.532.302 Dollar.

[55] Ferdinand L. Mayer, amerikanischer Geschäftsträger in Berlin, an Außenminister Hull, 11. August 1937. 862.00/3664, Mskr., Außenamt.

[56] Außenminister Hull an die amerikanische Botschaft in Berlin, 13. August 1937. 862.00/3664, Mskr., Außenamt.

[57] Emmanuel Celler an Außenminister Hull, 27. August 1937. 862.00/3673, Mskr., Außenamt.

[58] Außenminister Hull an Emmanuel Celler, 28. August 1937. 862.00/3673, Mskr., Außenamt.

[59] Dodd, „Diary, 1935–1938", S. 427.

[60] Der deutsche Botschafter in Washington, Dieckhoff, an das Auswärtige Amt, 5. August 1937. Vertraulich, „Akten zur deutschen auswärtigen Politik 1918–1945", a.a.O., S. 513.

[61] Botschafter Dodd an den deutschen Außenminister, 31. August 1937. Ebendort, S. 514.

[62] Der deutsche Botschafter in Washington an das Auswärtige Amt, New York, 27. September 1937. Ganz geheim. Ebendort, S. 516 f.

[63] Der deutsche Botschafter in Washington an das Auswärtige Amt, Washington, 1. Oktober 1937, Vertraulich. Ebendort, S. 517.

[64] Dodd, a.a.O., S. 428 f.

[65] Ebendort, S. 426.

[66] „The United States in World Affairs, 1937", S. 90.

[67] Charles A. Beard, „American Foreign Policy in the Making, 1932–1940", New York 1946, S. 178; s. a. „American Year Book, 1937", New York 1937, S. 366.

[68] „New York Times", 6. Oktober 1937.

[69] „Foreign Policy Bulletin", 15. Oktober 1937, S. 1.

[70] „The Nation", 16. Oktober 1937, S. 405.

[71] „New York Times", 12. November 1937.

[72] 6. Oktober 1937.

[73] 7. Oktober 1937.

[74] 7. Oktober 1937.

[75] 6. Oktober 1937.

[76] 6. Oktober 1937.

[77] 7. Oktober 1937.

[78] 6. Oktober 1937.

[79] 6. Oktober 1937.

[80] 6. Oktober 1937.

[81] 6. Oktober 1937.

[82] 8. Oktober 1937.

[83] 6. Oktober 1937.

[84] 8. Oktober 1937.

[85] 6. Oktober 1937.

[86] 6. Oktober 1937.

[87] 11. Oktober 1937.

[88] 6. Oktober 1937.

[89] 7. Oktober 1937.

[90] 11. Oktober 1937.

[91] 6. Oktober 1937.

[92] 11. Oktober 1937.

[93] 16. Oktober 1937.

[94] Dezember 1937, S. 257 ff.

[95] 23. Oktober 1937, S. 534 f.

[96] 20. Oktober 1937, S. 1287 f.

[97] 7. Oktober 1937.

[98] 9. Oktober 1937.

[99] Aufzeichnung über eine Unterredung zwischen Sumner Welles und dem deutschen Botschafter, 11. Oktober 1937. 711.00 President's Speech, 5. Oktober 1937/99, Mskr., Außenamt.

[100] Botschafter Dieckhoff an das Auswärtige Amt, Washington, 9. Oktober 1937. Ganz geheim. „Akten zur deutschen auswärtigen Politik 1918–1945", a.a.O., S. 518 f.

[101] Botschafter Dieckhoff an das Auswärtige Amt, Washington, 15. Oktober 1937. Ebendort, S. 522 ff.

[102] Der deutsche Botschafter in den Vereinigten Staaten, Dieckhoff, an den Leiter der Politischen Abteilung des deutschen Auswärtigen Amtes, Ministerialdirektor von Weizsäcker, Washington, 20. Dezember 1937. Ebendort, S. 537 ff.

[103] Prentiss Gilbert an Außenminister Hull, Berlin 29. Dezember 1937. 811.00 Nazi/330, Mskr., Außenamt.

[104] Elizabeth Wiskemann, „The Rome-Berlin Axis", New York 1949, S. 70 ff.

[105] 29. September 1937.

[106] 29. September 1937.

[107] 29. September 1937.

[108] 3. Oktober 1937.

[109] 27. September 1937.

XV. Kapitel

[1] Denkschrift von L.H. Price, Office of Arms and Munitions Control, Department of State, 13. November 1937. 811.659 Helium-American Zeppelin Transport, Inc./18, Mskr. Außenamt.

[2] Ebendort.

[3] „New York Times", 14. Mai 1937.

[4] Die Minister Hull, Woodring, Swanson, Roper und Ickes an Präsident Roosevelt, 25. Mai 1937. 811.659 Helium/13 1/2, Mskr., Außenamt.

[5] Aufzeichnung Joseph C. Greens, Sekretärs des National Munitions Control Board, am 22. März 1938, durch Außenminister Hull Präsident Roosevelt zugesandt. 811.659 Helium/96A, Mskr., Außenamt.

[6] Ebendort.

[7] Botschafter Wilson an Außenminister Hull, Berlin, 13. April 1938. 811.659 Helium/101, Mskr., Außenamt.

[8] Dr. Hugo Eckener an Präsident Roosevelt, 6. April 1938. 811.669 Helium/102, Mskr., Außenamt.

[9] Denkschrift Pierrepont Moffats, Leiters der Europäischen Abteilung im Department of State, 15. Januar 1938. 811.607 New York, 1939/437, Mskr., Außenamt.

[10] 15. April 1938, S. 13.

[11] Denkschrift L.H. Prices, National Munitions Control Board, 27. April 1938. 811.659 Helium/126, Mskr., Außenamt.

[12] Botschafter Wilson an Außenminister Hull, Berlin, 29. April 1938. 811.659 Helium/120, *Vertraulicher Akt*, Mskr., Außenamt.

[13] Botschafter Dieckhoff an das deutsche Auswärtige Amt, Washington, 21. Mai 1938. „Akten zur deutschen auswärtigen Politik 1918–1945", a.a.O., S. 575 f.

[14] Botschafter Wilson an Außenminister Hull, Berlin, 14. Mai 1938. 811.659 Helium/136, Mskr., Außenamt.

[15] Botschafter Wilson an Außenminister Hull, Berlin, 20. Mai 1938. 711.62/152, Mskr., Außenamt.

[16] Aufzeichnung des Ministerialdirektors Weizsäcker 2. Oktober 1937. „Akten zur deutschen auswärtigen Politik 1918–1945", a.a.O., I, S. 517 f.

[17] Denkschrift des Leiters der Nordamerikanischen Abteilung des Auswärtigen Amtes, Freytag, 11. Oktober 1937. Ebendort, S. 519 ff.

[18] Botschafter Dieckhoff an den Staatssekretär im Auswärtigen Amt, v. Mackensen, Washington, 24. November 1937. Ebendort, S. 529 ff.

[19] Botschafter Dieckhoff an den Leiter der Politischen Abteilung des deutschen Auswärtigen Amts, Weizsäcker, Washington, 20. Dezember 1937. Ebendort, S. 637 ff.

[20] Der Staatssekretär im Auswärtigen Amt, Mackensen, an Botschafter Dieckhoff, Berlin, 22. Dezember 1937. Ebendort, S. 540.

[21] Botschafter Dieckhoff an das Auswärtige Amt, Washington, 7. Januar 1938. Ebendort, S. 641 ff.

[22] Aufzeichnung über eine Aussprache zwischen Vortragendem Legationsrat Freytag, Auswärtiges Amt, Generalkonsul Lorenz, Auswärtiges Amt, und Gauamtsleiter Grothe, Auslandsorganisation, Berlin, 26. Januar 1938. Ebendort, S. 558 f.

[23] Staatssekretär im Auswärtigen Amt v. Mackensen an Botschafter Dieckhoff, Berlin, 10. Februar 1938. Ebendort, S. 662.

[24] Prentiss Gilbert an Außenminister Hull, Berlin, 27. Januar 1938. 862.002/320, Mskr., Außenamt.

[25] Prentiss Gilbert an Außenminister Hull. Berlin, 14. Februar 1938. 711.62/138, Mskr., Außenamt.

[26] Botschafter Dieckhoff an den deutschen Außenminister Ribbentrop, Washington, 14. April 1938. „Akten zur deutschen auswärtigen Politik 1918–1945", a.a.O., S. 572 f.

[27] Aufzeichung des Außenministers Ribbentrop, 29. April 1938. Ebendort, S. 573 f.

[28] Dieckhoff war deutscher Botschafter in Washington vom 18. Mai 1937 bis zum 11. Dezember 1941 und von November 1938 an von seinem Posten abwesend. D. Übers.

[29] Aufzeichnung Außenminister Hulls über ein Gespräch mit Botschafter Dieckhoff, 7. Juli 1938. 711.62/160, Mskr., Außenamt.

[30] Protokoll über die Sitzung in der Reichskanzlei am 5. November 1937. „Akten zur deutschen auswärtigen Politik 1918–1945", a.a.O., S. 25 ff.

[31] Botschafter Bullitt an Außenminister Hull, Paris, 23. November 1937. 123 Bullitt, William C./382–383, Mskr., Außenamt.

[32] Papens Bericht an Reichskanzler Hitler über seine Unterredungen mit Bonnet und Chautemps, 8. November 1937. „Akten zur deutschen auswärtigen Politik 1918–1945", a.a.O., I, S. 34 ff.

[33] Botschafter Ribbentrop an das Auswärtige Amt, London, 15. November 1937. Ebendort, S. 39 f.

[34] Die vollständigste Version ist abgedruckt in „Documents on German Foreign Policy, 1918–1945", Serie D, I, S. 55 ff. [Die drei Fassungen der von deutscher Seite angefertigten Niederschrift sind eine Fassung in Deutsch, die für Hitler bestimmt war, eine Fassung in Englisch, die dem britischen Botschafter in Berlin, Henderson, übersandt wurde, und eine nach den besprochenen einzelnen Fragen und ihrer sachlichen Zusammengehörigkeit gegliederte tabellarische Fassung in Deutsch. s. „Akten zur deutschen auswärtigen Politik 1918–1945", a.a.O., S. 46. D. Übers.]

[35] Unterredung zwischen Lord Halifax und Hitler in Berchtesgaden, 19. November 1937. 740.00/238 1/2, *Vertraulicher Akt*, Mskr., Außenamt.

[36] In der englischen Fassung für Botschafter Henderson: „... under the domination of outsideparties." D. Übers.

[37] Unterredung zwischen Lord Halifax und Hitler, 19. November 1937, Geheime Reichssache, „Akten zur deutschen auswärtigen Politik 1918–1945", a.a.O., I, S. 45 ff.

[38] Unterredung zwischen Lord Halifax und Hitler, 19. November 1937. 740.00/238 1/2, *Vertraulicher Akt*, Mskr., Außenamt.

[39] Besprechung zwischen Premierminister Chamber-

lain, Lord Halifax, Premier Chautemps und Außenminister Delbos in London, 29. November 1937. 740.00/241 1/2, *Vertraulicher Akt*, Mskr., Außenamt.

⁴⁰ Botschafter Bullitt an Außenminister Hull, Paris, 4. Dezember 1937. 740.00/239, *Vertraulicher Akt*, Mskr., Außenamt. Delbos äußerte sich im Gespräch mit Bullitt mit der gleichen Bestimmtheit wie Chautemps über den Wunsch Deutschlands nach einem Akkord mit Frankreich: „Delbos sagte, er sei überzeugt, daß Deutschland den aufrichtigen Wunsch habe, jetzt mit Frankreich zu einer Übereinkunft zu gelangen." „New York Times", 2. Dezember 1949.

⁴¹ Botschafter Bullitt an Außenminister Hull, Paris, 23. Dezember 1937. 740.00/251, *Vertraulicher Akt*, Mskr., Außenamt.

⁴² Sumner Welles, „The Time for Decision", New York 1944, S. 64 ff; Keith Feiling, „The Life of Neville Chamberlain", New York 1946, S. 336.

⁴³ Premierminister Chamberlain an Präsident Roosevelt, 14. Januar 1938. 740.00/264A, *Vertraulicher Akt*, Mskr., Außenamt.

⁴⁴ Präsident Roosevelt an Premierminister Chamberlain, Washington, 17. Januar 1938. 740.00/264B, *Vertraulicher Akt*, Mskr., Außenamt.

⁴⁵ Welles, a.a.O., S. 68.

⁴⁶ Ebendort, S. 69.

XVI. Kapitel

¹ „Akten zur deutschen auswärtigen Politik 1919–1945", a.a.O., S. 231 ff.

² Aufzeichnung über die Begegnung zwischen dem preußischen Ministerpräsidenten Generaloberst Göring und dem österreichischen Bundeskanzler Schuschnigg, 13. Oktober 1936. Ebendort, S. 254 ff. [Die Begegnung fand in Budapest nach der Trauerfeier für den ungarischen Ministerpräsidenten Gömbös statt. D. Übers.]

³ Reichsaußenminister v. Neurath an die deutsche Gesandtschaft in Wien, Berlin, 28. November 1936. Ebendort, S. 291.

⁴ Staatssekretär Meißner an Reichsaußenminister v. Neurath, 13. Januar 1937. Ebendort, S. 308 f.

⁵ Der deutsche Botschafter in Wien, Papen, an das Auswärtige Amt, Wien, 14. Januar 1937. Ebendort, S. 309 f.

⁶ Aufzeichnung des deutschen Botschafters in Rom, Ulrich v. Hassell, Rom, 16. Januar 1937. Ebendort, S. 310 ff.

⁷ Aufzeichnung des deutschen Botschafters in Rom, v. Hassell, Rom, 30. Januar 1937. Ebendort, S. 316 ff.

⁸ Das Auswärtige Amt an die deutsche Botschaft in Paris und die deutschen Gesandtschaften in Wien und in Prag, Berlin, 8. Mai 1937. Ebendort, S. 344.

⁹ Der deutsche Botschafter in Wien, Papen, an das Auswärtige Amt, Wien, 26. Mai 1937. Ebendort, S. 348. [Die deutsche Mission in Wien war eine Gesandtschaft. Papen führte aber den Titel „Der außerordentliche und bevollmächtigte Botschafter des Deutschen Reiches in besonderer Mission". D. Übers.]

¹⁰ Der deutsche Botschafter in Wien, Franz v. Papen, an den Führer und Reichskanzler, Wien, 1. Juni 1937. Ebendort, S. 351 f.

¹¹ Aktennotiz über eine Besprechung bei Reichsaußenminister v. Neurath, 1. Oktober 1937. Ebendort, S. 380.

¹² Der deutsche Botschafter in Wien an den Führer und Reichskanzler, Wien, 21. Dezember 1937. Ebendort, S. 396 ff. Der zunehmende Druck Hitlers auf Österreich war in Frankreich durchaus bekannt. Am 22. November 1937 sagte Außenminister Delbos zu dem amerikanischen Botschaf-

ter Bullitt, „er befürchte immer mehr, daß Deutschland in der nächsten Zeit etwas gegen Österreich unternehmen werde. Es sei klar, daß die Deutschen entschlossen seien, Österreich auf die eine oder die andere Weise mit dem Reich zu vereinigen." 740.00/226, *Vertraulicher Akt*, Außenamt.

¹³ Prentiss Gilbert, der amerikanische Geschäftsträger in Berlin, an Außenminister Hull, 5. Februar 1938. 862.00/3726, Mskr., Außenamt.

¹⁴ Aufzeichnung über eine Unterredung zwischen Botschafter Dieckhoff und Sumner Welles, 8. Februar 1938. 862.00/3742, Mskr., Außenamt.

¹⁵ Prentiss Gilbert an Außenminister Hull, Berlin, 11. Februar 1988. 862.00/3735, Mskr., Außenamt.

¹⁶ Gespräch zwischen Botschafter Wilson und Außenminister Ribbentrop, 17. Februar 1938, 762.00/185, Mskr., Außenamt.

¹⁷ Gespräch zwischen Botschafter Wilson und Freiherrn v. Neurath, 19. Februar 1938. 762.00/185, Mskr., Außenamt.

¹⁸ Kurt v. Schuschnigg, „Requiem Rot-Weiß-Rot", Zürich 1946; Guido Zernatto, „Die Wahrheit über Österreich", London 1938; M.W. Fodor, „Finis Austriae", „Foreign Anairs", XVI, 1938, S. 587 ff.; Elizabeth Wiskemann, „The Rome-Berlin-Axis", New York 1949; G.E.R. Geyde, „Betrayal in Central Europe", New York 1939; Eugen Lenhof, „The Last Five Hours of Austria", New York 1938.

¹⁹ Protokoll über die Besprechung zwischen Reichskanzler Hitler und Bundeskanzler Kurt v. Schuschnigg am 12. Februar 1938 in Berchtesgaden, „Akten zur deutschen auswärtigen Politik 1918–1945", a.a.O., S. 421 ff.

²⁰ Fodor, a.a.O., S. 394 f.

²¹ „New York Times", 21. Februar 1938.

²² Der deutsche Botschafter in London, Ribbentrop, an das Auswärtige Amt, London, 17. Dezember 1937, Ganz geheim. „Akten zur deutschen auswärtigen Politik 1918–1945", a.a.O., S. 107 ff.

²³ Denkschrift Weizsäckers über die politische Lage in Europa, Dezember 1937, *Geheim*. Ebendort, S. 120 ff.

²⁴ Denkschrift Ribbentrops für Hitler. *Ganz vertrau-*

lich! Nur persönlich!, 2. Januar 1938. Ebendort, S. 132 ff.

[25] Henderson, a.a.O., S. 113 ff. In den „Akten zur deutschen auswärtigen Politik 1918–1945" a.a.O., findet sich S. 196 ff. über diese Unterredung eine lange Aufzeichnung. Danach erklärte Hitler im Hinblick auf die Deutschen in Österreich und in der Tschechoslowakei mit erhobener Stimme, daß Deutschland intervenieren müsse und werde, wenn die Deutschen in Mitteleuropa weiter so unterdrückt würden wie bisher.

[26] Außenminister Viscount Halifax an Präsident Roosevelt, London, 11. März 1938. 740.00/324 1/2, *Vertraulicher Akt*, Mskr., Außenamt. [Ribbentrop, seit dem 4. Februar 1938 Reichsaußenminister, befand sich in London, um seine Angelegenheiten zu regeln und sich von der britischen Regierung zu verabschieden. D. Übers.]

[27] Viscount Halifax an Sir Nevile Henderson, 10. März 1938. „Documents on British Foreign Policy, 1919–1939", dritte Reihe, I, London 1949, S. 4 ff.

[28] Sir Nevile Henderson an Viscount Halifax, 11. März 1938. Ebendort, S. 8.

[29] Mr. Palairet an Viscount Halifax, Wien, 11. März 1938. Ebendort, S. 10.

[30] Viscount Halifax an Mr. Palairet, Foreign Office, 11. März 1938. Ebendort, S. 13.

[31] Viscount Halifax an Sir Nevile Henderson, Foreign Office, 11. März 1938. Ebendort, S. 21 ff.

[32] Aufzeichnungen des Reichsaußenministers von Ribbentrop, London, 11. März 1938. „Akten zur deutschen auswärtigen Politik 1918–1945", a.a.O., S. 225 ff. [Es handelt sich um das Abschiedsfrühstück für Ribbentrop in der Downing Street am 11. März 1938. Von den beiden Telegrammen des britischen Gesandten in Wien meldete das erste die deutsche Forderung auf Verschiebung der Volksabstimmung, das zweite das im Auftrag Hitlers von Seyß-Inquart an Schuschnigg gerichtete, auf Stunden befristete Ultimatum, zurückzutreten und sein Amt Seyß-Inquart zu übergeben. s. ebendort. D. Übers.]

[33] Der deutsche Geschäftsträger in London, Woermann, an das Auswärtige Amt, London, 25. Februar 1938. „Akten zur deutschen auswärtigen Politik 1918–1945", a.a.O., S. 179 ff.; Victor Gordon Lennox, „Anthony Eden", „Foreign Affairs", XVI, 1938, S. 691 ff.; „New York Times", 19. u. 20. Februar 1938. Von hervorragendem Wert für die Aufhellung dieser Episode ist Graf Ciano, „L'Europa verso la catastrofe", Mailand 1948.

[34] „Times", London, 21. Februar 1938.

[35] Es war Chamberlain schon lange klar gewesen, daß eine Annäherung an Italien solange schwierig war, wie Eden dem Kabinett angehörte. Am 25. Januar 1938 sagte der französische Außenminister Delbos zu Botschafter Bullitt, „eines wisse er ganz genau: daß Eden Mussolini mehr hasse als irgendeinen lebenden Menschen sonst". „New York Times", 2. Dezember 1949.

[36] Premierminister Chamberlain an Botschafter Dino Grandi. „Akten zur deutschen auswärtigen Politik 1918–1945", ohne Datum, a.a.O., S. 193 f. [Das bei den Akten des Auswärtigen Amtes befindliche hier zitierte Exemplar dieses Dokuments ist (recht unbeholfen) deutsch gefaßt. Es ist einer Aufzeichnung Außenminister Ribbentrops über einen Besuch des italienischen Botschaftsrats Graf Magistrati als Anlage beigefügt. Hierzu hat Ribbentrop vermerkt: „Im Auftrage des italienischen Außenministers Graf Ciano übergab er [Magistrati] mir zunächst die in Abschrift beigefügte Erklärung, die der englische Premierminister Neville Chamberlain dem italienischen Botschafter in London, Graf Grandi, anläßlich der englisch-italienischen Besprechungen abgegeben hatte." (s. „Akten zur deutschen auswärtigen Politik", a.a.O., S. 193.) Es handelt sich demnach möglicherweise nicht um ein Schreiben Chamberlains, sondern um eine von Grandi aufgezeichnete mündliche Erklärung des britischen Premiers. D. Übers.]

[37] Wiskemann, a.a.O., S. 97.

[38] Adolf Hitler an Benito Mussolini, 11. März 1938. „Akten zur deutschen auswärtigen Politik 1918–1945", a.a.O., S. 468 ff.

[39] Über das Telefongespräch Hitlers mit Philipp von Hessen und Görings Telefongespräche vom 11.–14. März s. „Der Prozeß gegen die Hauptkriegsverbrecher vor dem Internationalen Militärgerichtshof", XXXI, Nürnberg 1948, S. 354–384, Dokumente 249–PS. Über Hitlers Entschluß, den Regierungswechsel in Wien notfalls mit bewaffneter Gewalt zu erzwingen, s. a.a.O., XXXIV, S. 335–337, Dokument C–192. D. Übers.

[40] Botschafter Dieckhoff an das Auswärtige Amt, Washington, 18. April 1938. „Akten zur deutschen auswärtigen Politik 1918–1945", a.a.O., S. 601 ff.

[41] Botschafter Dieckhoff an das Auswärtige Amt, Washington, 15. März 1928. Ebendort, S. 493 ff.

[42] Aufzeichnung über ein Gespräch zwischen Sumner Welles, Staatssekretär im Außenamt, und dem deutschen Botschafter, 14. März 1938. 863.00/1691, Mskr., Außenamt.

[43] Aufzeichnung über ein Gespräch zwischen Botschafter Wilson und Dr. Goebbels, 22. März 1938. 711.62/145, Mskr., Außenamt.

[44] Botschafter Wilson an Außenminister Hull, Berlin, 22. April 1938. 862.002 Hitler/161, Mskr., Außenamt.

[45] Botschafter Wilson an Außenminister Hull, Berlin, 23. August 1938. 862.00/3781, Mskr., Außenamt.

[46] Aufzeichnung über ein Gespräch zwischen James W. Riddleberger von der amerikanischen Botschaft und General Göring, Berlin, 11. August 1936. 711.62/163, Mskr., Außenamt.

[47] Botschafter Wilson an Außenminister Hull, Berlin, 23. August 1938. 862.00/3781, Mskr., Außenamt.

[48] David Surowitz an Außenminister Hull, New York, 25. August 1938. 862.00/3783, Mskr., Außenamt.

[49] Pierrepont Moffat, Leiter der Europäischen Abtei-

lung des State Department, an David Surowitz, Washington, 8. September 1938. 862.00/3783, Mskr., Außenamt.

50 R.J. Frazer an Außenminister Hull, Santa Monica, California, 22. Mai 1938. 862.002 Hitler/162, Mskr., Außenamt.

XVII. Kapitel

1 Botschafter Bullitt an Außenminister Hull, Paris, 20. September 1937. 751.6111/196, Mskr., Außenamt.
2 Botschafter Bullitt an Außenminister Hull, Paris, 26. November 1937. 741.62/202, Mskr., Außenamt.
3 Botschafter Bullitt an Außenminister Hull, Paris, 6. November 1937. 740.00/221, Mskr., Außenamt.
4 Botschafter Bullitt an Außenminister Hull, Paria, 22. November 1987. 740.00/225, *Vertraulicher Akt*, Mskr., Außenamt. Während eines kurzen Pariser Besuchs Anfang Dezember 1937 konnte Papen die „erstaunliche Feststellung" machen, daß seine „Gesprächspartner die Kolonialfrage ... als ein wahrscheinlich leicht zu lösendes Problem hinstellten". Botschafter Papen an Ministerialdirektor Weizsäcker, Wien, 4. Dezember 1937. „Akten zur deutschen auswärtigen Politik", a.a.O., S. 83 f.
5 Der deutsche Botschafter in Paris, Welczek, an das Auswärtige Amt, Paris, 1. März 1938. Ebendort, S. 187 f.
6 Aufzeichnung des deutschen Außenministers, Ribbentrop, Berlin, 3. März 1938. Ebendort, S. 193 f. [Bei dieser vom Verfasser herangezogenen Aufzeichnung handelt es sich um die zusammenfassende Information, die Ribbentrop dem italienischen Botschaftsrat Magistrati über das Gespräch zwischen Hitler und Henderson gegeben hat. Nach der von Henderson gebilligten deutschen Aufzeichnung über die Unterhaltung zwischen Hitler und dem britischen Botschafter erklärte dieser „die ernste Bereitschaft der englischen Regierung, die Kolonialfrage nicht nur zu prüfen, sondern auch auf dem Wege zur Lösung Fortschritte zu machen ... Auch hier seien natürlich die Schwierigkeiten groß, nachdem seit der letzten Neuordnung des Kolonialbesitzes 20 Jahre vergangen seien. Außerdem sei die öffentliche Meinung in England gerade hier besonders empfindlich." Anschließend übermittelte der Botschafter die Anregung, „einen Plan auf der Grundlage einer neuen Regierungsform kolonialer Verwaltung in einem gegebenen Gebiet Afrikas auszuarbeiten". In diesem, ungefähr dem Kongobecken entsprechenden Gebiet würden die Kolonien neu verteilt werden; dabei würde Deutschland mitberücksichtigt werden. Hitler erwiderte, weshalb man nicht, statt ein kompliziertes neues System aufzustellen, einfach die deutschen Schutzgebiete zurückgebe. Im übrigen „erachte er die Kolonialfrage noch nicht für lösungsreif". Ebendort, S. 196 ff. D. Übers.]
7 Aufzeichnung über eine Besprechung zwischen dem britischen Außenminister, Viscount Halifax, und dem Reichsaußenminister, Ribbentrop, in London, 10. März 1938. Ebendort, S. 211 ff. [Der Anlaß zu Ribbentrops Frage war eine von Halifax vorgelesene schriftliche „Richtigstellung" der deutschen Aufzeichnung über das Kolonialgespräch zwischen Hitler und Henderson: Es dürfe „nicht angenommen werden, daß die Regierung Seiner Majestät in der Frage der Übertragung kolonialen Gebietes an Deutschland eine Entscheidung getroffen" habe; sie habe „im Gegenteil noch nicht abschließend erwogen, ob die sehr ernsten Schwierigkeiten, die damit verbunden sind, bewältigt werden können, und wenn das der Fall ist, auf welche Weise". Ebendort, S. 216. D. Übers.]
8 Botschafter Biddle an Außenminister Hull, Warschau, 31. März 1938. 740.00/340, Mskr., Außenamt. Die Fragen, die Churchill Blum vorlegte, waren folgendermaßen geordnet:
„1. Wäre Blum bereit, zusammen mit Chamberlain dem Völkerbund die Anerkennung der italienischen Eroberung Äthiopiens zu empfehlen?
2. Zöge Blum den Gedanken an einen Nichtangriffspakt und an ein Abkommen über wirtschaftliche Zusammenarbeit zwischen dem britischen, dem französischen und dem italienischen Kolonialreich in Erwägung, wobei Bedingung wäre, daß Italien Frankreich und Großbritannien zusichert:
a) keine Drohung mit einer Störung der französischen und der britischen Verbindungswege im Mittelmeer und
b) keine italienischen Basen und keine italienischen Territorialbestrebungen in Spanien?
3. Schlösse sich Frankreich im Falle eines Sieges Francos Großbritannien an, um eventuell die Regierung Francos, zunächst de facto, anzuerkennen, wodurch Franco der Weg geöffnet werden könnte, mit Großbritannien und Frankreich einen gegenseitigen Freundschafts- oder Nichtangriffspakt zu schließen, durch den Großbritannien und Frankreich garantiert werden würde, daß auf spanischem Gebiet keine italienischen oder deutschen Truppen oder Basen unterhalten werden?
4. Würde Frankreich mit Großbritannien und Italien ein Mittelmeer-Locarno aushandeln, das in gewisser Hinsicht von Franco zu unterstützen wäre, obwohl man nicht erwarten könnte, daß er sich an den mit dem Pakt verbundenen Garantien als Hauptpartner beteiligt?
5. Würde Frankreich, im zweiten Stadium, zusammen mit Großbritannien dem Völkerbund die Anerkennung der Regierung Francos de jure empfehlen?
6. Schlösse Frankreich alsdann zur Unterstützung der oben aufgezeichneten Politik mit Billigung Italiens ein anglo-französische Militärbündnis?"
9 Botschafter Biddle an Außenminister Hull, Warschau, 28. April 1938. 740.00/373, *Vertraulicher Akt*, Außenamt.

¹⁰ Der deutsche Gesandte in Prag, Eisenlohr, an das Auswärtige Amt, Prag, 13. März 1938. „Akten zur deutschen auswärtigen Politik 1918–1945", Serie D, II, S. 124 f. [Es handelt sich um eine Aufzeichnung der Information, die Eisenlohr über den Empfang Mastnys bei Göring erhalten hatte. Danach hatte Göring dem tschechoslowakischen Gesandten „das Ehrenwort darauf gegeben, daß es sich bei dem Einrücken reichsdeutscher Truppen in Österreich ‚um nichts als eine Familienangelegenheit' handle und daß Deutschland der Tschechoslowakei gegenüber gewillt sei, die bisherige Politik der gegenseitigen Besserung der Beziehungen fortzusetzen". Später habe Göring „in Gegenwart des ungarischen Gesandten Herrn Mastny seine Erklärung wiederholt und ... hinzugefügt: ‚Ja, ich habe Ihnen bereits das Wort gegeben; ich wiederhole es und gebe Ihnen noch das Wort des Staatsoberhauptes'." Ebendort. D. Übers.]

¹¹ Vortragsnotiz aus den Akten des Staatssekretärs im Auswärtigen Amt zu einem Bericht Konrad Henleins über seine Audienz beim Führer, o. D. Ebendort, S. 158.

¹² Aufzeichnung des Majors im Generalstab Schmundt, Berlin, 22. April 1938. Ebendort, S. 190 f.

¹³ Erklärung Premierminister Chamberlains im Unterhaus, 14. März 1938. „Parliamentary Debates", House of Commons, 5. Reihe, Bd. 333, Sp. 45–52.

¹⁴ John Wheeler-Bennett, „Munich: Prologue to Tragedy", New York 1948, S. 36 ff.

¹⁵ Viscount Halifax an Sir Eric Phipps, Foreign Office, 22. März 1938. „Documents on British Foreign Policy", 1919–1939, dritte Reihe, I, S. 82 ff.

¹⁶ Viscount Halifax an Sir Eric Phipps, Foreign Office, 23. März 1938. Ebendort, S. 86 ff.

¹⁷ Sir Nevile Henderson an Viscount Halifax, Berlin, 24. März 1938. Ebendort, S. 97 ff.

¹⁸ Protokoll über die englisch-französische Konferenz am 28. und 29. April 1938 in der Downing Street. Ebendort, S. 198 ff.

¹⁹ Viscount Halifax an Sir Nevile Henderson, Foreign Office, 5. Mai 1938. Ebendort, S. 253 ff.

²⁰ Wheeler-Bennett, a.a.O., S. 52; s. a. „Augur", „New York Times", 14. Mai 1938.

²¹ Viscount Halifax an Sir Nevile Henderson, Foreign Office, 11. Mai 1938. „Documents on British Foreign Policy, 1919–1939", dritte Reihe, I, S. 281 f.

²² Sir Nevile Henderson an Viscount Halifax, Berlin, 12. Mai 1938. Ebendort, S. 284 ff.

²³ Sir Nevile Henderson an Viscount Halifax, Berlin, 19. Mai 1938. Ebendort, S. 318.

²⁴ Wheeler-Bennett, a.a.O., S. 55.

²⁵ Der deutsche Gesandte in Prag, Eisenlohr, an das Auswärtige Amt. „Akten zur deutschen auswärtigen Politik", a.a.O., S. 240 f. [Hodža war Slowake. D. Übers.]

²⁶ Sir Nevile Henderson an Viscount Halifax, Berlin, 21. Mai 1938. „Documents on British Foreign Policy, 1919–1939", a.a.O., S. 329 f.

²⁷ Viscount Halifax an Sir Nevile Henderson, Foreign Office, 21. Mai 1938. Ebendort, S. 331 f.

²⁸ Der deutsche Botschafter in London, v. Dirksen, an das Auswärtige Amt, London, 22. Mai 1938. „Akten zur deutschen auswärtigen Politik", a.a.O., S. 254 f.

²⁹ Viscount Halifax an Sir Eric Phipps, 22. Mai 1938. „Documents on British Foreign Policy, 1919–1939", a.a.O., S. 346 f.

³⁰ Sir Nevile Henderson an Viscount Halifax, Berlin, 23. Mai 1938. Ebendort, S. 358.

³¹ Ebendort, S. 359.

³² Sir Eric Phipps an Viscount Halifax, Paris, 21. Mai 1938. „Documents on British Foreign Policy, 1919–1939", a.a.O., S. 336.

³³ Der deutsche Gesandte in Prag, Eisenlohr, an das Auswärtige Amt, „Akten zur deutschen auswärtigen Politik", a.a.O., S. 244.

³⁴ Ebendort, S. 282.

³⁵ Der deutsche Botschafter in Paris an das Auswärtige Amt. Ebendort, S. 258.

³⁶ Botschafter Biddle an Außenminister Hull, Warschau, 20. Juli 1988. 740.00/437, *Vertraulicher Akt*, Mskr., Außenamt.

³⁷ Botschafter Dieckhoff an den Staatssekretär im Auswärtigen Amt, Weizsäcker, Washington, 31. Mai 1938. „Akten zur deutschen auswärtigen Politik", a.a.O., S. 291 ff. [Weizsäcker war im April 1938 Mackensen als Staatssekretär des Auswärtigen Amtes nachgefolgt, als dieser Hassell in Rom als Botschafter ablöste. D. Übers.]

³⁸ Denkschrift des Staatssekretärs Weizsäcker, 20. Juni 1938. Ebendort, S. 334 f.

³⁹ Staatssekretär Weizsäcker an den deutschen Botschafter in London, von Dirksen, Berlin, 1. Juni 1938. Ebendort, S. 374 f.

⁴⁰ Der deutsche Gesandte in Prag, Eisenlohr, an das Auswärtige Amt, Prag, 10. Juni 1938. Ebendort, S. 320 f.

⁴¹ Aufzeichnung des Staatssekretärs v. Weizsäcker für den Außenminister, 1. Juli 1938. Ebendort, S. 357.

⁴² Der britische Gesandte in Prag, Basil Newton, an Viscount Halifax, Prag, 3. Juni 1938. „Documents on British Foreign Policy, 1919–1939", a.a.O., S. 442 f.

⁴³ Sir Nevile Henderson an Viscount Halifax, Berlin, 6. Juni 1938. Ebendort, S. 447.

⁴⁴ Aufzeichnung des Staatssekretärs im Auswärtigen Amt Weizsäcker für den Außenminister, Berlin, 8. Juli 1938. „Akten zur deutschen auswärtigen Politik", a.a.O., S. 384.

⁴⁵ Viscount Halifax an Mr. Newton, Foreign Office. 18. Juli 1938. „Documents on British Foreign Policy", I, S. 581 ff.

⁴⁶ Niederschrift über eine Unterhaltung zwischen Viscount Halifax und Hauptmann Wiedemann, 18. Juli 1938. Ebendort, S. 548 ff.

⁴⁷ Gesandter Newton an Viscount Halifax, Prag, 21. Juli 1938. Ebendort, S. 604 ff.

⁴⁸ Viscount Halifax an Viscount Runciman, Foreign Office, 18. August 1938; Viscount Runciman an Viscount Halifax, 18. August 1938. Ebendort, II, S. 111 ff.

⁴⁹ Sir Nevile Henderson an Viscount Halifax, Berlin, 22. August 1938. Ebendort, S. 131 ff.
⁵⁰ Viscount Halifax an Mr. Newton, Foreign Office, 27. August 1938. Ebendort, S. 172 ff.
⁵¹ Mr. Troutbeck an Viscount Halifax, Prag, 29. August 1938. Ebendort, S. 177.
⁵² Viscount Halifax an Mr. Newton, Foreign Office, 29. August 1938. Ebendort, S. 180 ff.
⁵³ Gesandter Newton an Viscount Halifax, Prag, 30. August 1938. Ebendort, S. 188 ff.
⁵⁴ Lord Runciman an Viscount Halifax, Prag, 30. August 1938. Ebendort, S. 192.
⁵⁵ Viscount Halifax an Mr. Newton, Foreign Office, 31. August 1938. Ebendort, S. 193.
⁵⁶ Gesandter Newton an Viscount Halifax, Prag, 1. September 1938. Ebendort, S. 199 f.
⁵⁷ Viscount Halifax an den britischen Botschafter in Washington, Sir Ronald Lindsay, Foreign Office, 2. September 1938. Ebendort, S. 212 f.
⁵⁸ Sir Eric Phipps an Viscount Halifax, Paris, 2. September 1938. Ebendort, S. 218.
⁵⁹ Mr. Newton an Viscount Halifax, Prag, 3. September 1938. Ebendort. S. 231 f.
⁶⁰ Mr. Newton an Viscount Halifax, Prag, 4. September 1938. Ebendort, S. 226 ff.
⁶¹ Sir Nevile Henderson an Viscount Halifax, Berlin, 4. September 1938. Ebendort, S. 238 f.
⁶² Wheeler-Bennett, a.a.O., S. 89 ff.
⁶³ „Documents on International Affairs, 1938", hrsg. v. Monica Courts, New York 1943, II, S. 178 ff.
⁶⁴ Viscount Runciman an Viscount Halifax, Prag, 5. September 1938. „Documents on British Foreign Policy, 1919–1939", a.a.O., S. 248 f.
⁶⁵ Sir Nevile Henderson an Viscount Halifax, Berlin, 6. September 1938. Ebendort, S. 250 f.
⁶⁶ Der deutsche Geschäftsträger in Prag, Hencke, an das Auswärtige Amt, Prag, 7. September 1938. „Akten zur deutschen auswärtigen Politik", a.a.O., S. 567 f. [Es handelt sich hier um den „Plan Nr. 4" der Prager Regierung. Von ihm heißt es in einem Memorandum des Führers der sudetendeutschen Verhandlungsabordnung, Dr. Kundt, daß er von Benesch veranlaßt und teilweise selbst mit ausgearbeitet worden sei. Die Delegation empfahl die Annahme des Planes, der (wie der Rechtsberater der Delegation, Dr. Kier, urteilte) möglicherweise ein Bluff sei, um „über die von den Tschechen als gefährlich angesehene Zeit bis Mitte Oktober hinwegzukommen", bei dessen Ablehnung jedoch „alle nicht gewaltmäßigen Lösungsmöglichkeiten verschüttet" werden würden. Ebendort, S. 570 ff. D. Übers.]
⁶⁷ Viscount Halifax an den Ersten Sekretär der britischen Botschaft in Berlin, Ivone Augustine Kirkpatrick, Foreign Office, 9. September 1938. „Documents on British Foreign Policy, 1919 to 1939", a.a.O., S. 277 f.
⁶⁸ Der britische Geschäftsträger in Berlin, Sir G. Ogilvie Forbes, an Viscount Halifax, Berlin, 10. September 1938. Ebendort. S. 280.
⁶⁹ Viscount Halifax an Sir Ronald Lindsay, Foreign Office, 10. September 1938. Ebendort, S. 284 f.
⁷⁰ Der deutsche Geschäftsträger in Washington, Thomsen, an das Auswärtige Amt, Washington, 10. September 1938. „Akten zur deutschen auswärtigen Politik", a.a.O., S. 585 f.
⁷¹ „New York Times", 10. September 1938.
⁷² „New York Times", 13. September 1938.
⁷³ Sir Nevile Henderson an Viscount Halifax, Berlin, 13. September 1938. „Documents on British Foreign Policy, 1919–1939", a.a.O., S. 306 f.
⁷⁴ Sir Eric Phipps an Viscount Halifax, Paris, 13. September 1938. Ebendort, S. 311 f.
⁷⁵ Viscount Halifax an Sir Nevile Henderson, Foreign Office, 13. September 1938, eingeschlossen ein Telegramm Chamberlains an Hitler. Ebendort, S. 314.
⁷⁶ Viscount Halifax an Sir Eric Phipps, Foreign Office, 14. September 1938. Ebendort, S. 325.

XVIII. Kapitel

¹ „New York Times", 19. August 1938.
² Ebendort.
³ „New York Herald-Tribune", 19. August 1938.
⁴ „New York Times", 21. August 1938.
⁵ „Manchester Guardian", 26. August 1938.
⁶ Cordell Hull, „Memoirs", New York 1948, I, S. 588 f.
⁷ „New York Herald-Tribune", 19. September 1938.
⁸ Keith Feiling, „The Life of Neville Chamberlain", New York 1946, S. 344 ff.
⁹ Ebendort, S. 366 f.
¹⁰ Dr. Paul Schmidt, „Statist auf diplomatischer Bühne, 1923–1945", Bonn 1951, S. 396 ff.; „Documents on British Foreign Policy, 1919–1939", a.a.O., S. 360 f.
¹¹ Sir Nevile Henderson an Viscount Halifax, Berlin, 17. September 1938. „Documents on British Foreign Policy, 1919–1939", a.a.O., S. 360 f.
¹² Protokoll über die englisch-französischen Besprechungen am 18. September 1938 in der Downing Street 10; Viscount Halifax an Mr. Newton, Foreign Office, 19. September 1938. Ebendort, S. 373 ff. u. 404 ff.
¹³ „Documents on International Affairs, 1938", New York 1943, II, S. 214 ff.
¹⁴ Sir Nevile Henderson an Viscount Halifax, Berlin, 20. September 1938. „Documents on British Foreign Policy, 1919–1939", a.a.O., S. 428 f.
¹⁵ Gesandter Newton an Viscount Halifax, Prag, 21. September 1938. Ebendort, S. 431 ff.
¹⁶ Sir Nevile Henderson, „Failure of a Mission", New York 1940, S. 158. [Hierüber wie über den folgenden Briefwechsel s. a. „Akten zur deutschen auswärtigen Politik 1918–1945", a.a.O., S. 694 ff. u. Schmidt, a.a.O., S. 400 ff. D. Übers.].
¹⁷ Aufzeichnungen über ein Gespräch zwischen Mr.

Chamberlain und Herrn Hitler am 22. September 1938 in Godesberg. „Documents on British Foreign Policy, 1919–1939", a.a.O., S. 463 ff.

[18] André Maurois, „Tragedy in France", London 1940, S. 12 f.

[19] Viscount Halifax an Sir Eric Phipps, Foreign Office, 23. September 1938. „Documents on British Foreign Policy, 1919–1939", a.a.O., S. 477.

[20] Die britische Delegation in Godesberg an Viscount Halifax, 23. September 1938. Ebendort, S. 482 f. s. a. „British White Paper, Cmd. 5847, Correspondence Respecting Czechoslowakia", September 1938, Nr. 3.

[21] Die britische Delegation in Godesberg an Mr. Newton, 23. September 1938. Ebendort, S. 484 f.

[22] Die Denkschrift, eine Präzisierung der Forderungen Hitlers, war auf Ersuchen Chamberlains verfaßt worden. Der britische Premierminister hatte nach Empfang des Antwortbriefes Hitlers diesen schriftlich gebeten, ihm „ein Memorandum zu übermitteln, worin diese Vorschläge auseinandergesetzt sind". Er werde das Memorandum sofort an die tschechoslowakische Regierung weiterleiten und sie um baldigstmögliche Antwort bitten. Da Annahme oder Ablehnung „jetzt Sache der tschechoslowakischen Regierung" sei, glaube er in Godesberg nicht mehr von Nutzen sein zu können, während es andererseits notwendig sei, seinen Kollegen und der französischen Regierung zu berichten. Er gedenke daher, nach England zurückzukehren. („Akten zur deutschen auswärtigen Politik 1918–1945", a.a.O., S. 712) Daß Chamberlain noch einmal in das Hotel Dreesen kam, um das Memorandum entgegenzunehmen und sich von Hitler erläutern zu lassen, war nach Schmidt, a.a.O., S. 404 zwischen Botschafter Henderson, dem außenpolitischen Berater Chamberlains, Sir Horace Wilson, und Ribbentrop vereinbart worden. D. Übers.

[23] Rede Premierminister Chamberlains im Unterhaus, 28. September 1938. „Parliamentary Debates", Unterhaus, CCCXXXIX, S. 21 f.

[24] Aufzeichnungen über ein Gespräch zwischen dem Premierminister und Herrn Hitler in Godesberg, 23./24. September 1938. „Documents on British Foreign Policy, 1919–1939", a.a.O., S. 499 ff.

[25] Sir Eric Phipps an Viscount Halifax, Paris, 24. September 1938. Ebendort, S. 510.

[26] Sir Nevile Henderson an Viscount Halifax, Berlin, 25. September 1938. Ebendort, S. 512 f.

[27] Sir Nevile Henderson an Viscount Halifax, Berlin, 25. September 1938.

[28] Das von Chamberlain nach Prag weitergeleitete Godesberger Memorandum. D. Übers.

[29] Note der tschechoslowakischen Gesandten in London an Viscount Halifax, 25. September 1938. Ebendort, S. 518 f.

[30] Dem deutschen Memorandum war eine Karte mit der Einzeichnung der sofort abzutretenden Gebiete und der Gebiete beigefügt, in denen abgestimmt werden sollte. D. Übers.

[31] Gemeint ist der am 21. September von der Prager Regierung angenommene britisch-französische Plan vom 18. September. D. Übers.

[32] Protokoll über eine englisch-französische Besprechung am 25. September 1938 in der Downing Street 10. Ebendort, S. 520 ff.

[33] Pertinax (André Géraud), „The Gravediggers of France", New York 1944, S. 3.

[34] Protokoll über eine englisch-französische Besprechung am 26. September 1938 in der Downing Street 10. „Documents on British Foreign Policy", 1919–1939, a.a.O., S. 537.

[35] Sir Eric Phipps an Viscount Halifax, Paris, 26. September 1938. Ebendort, S. 543.

[36] Schreiben Premierminister Chamberlains an Herrn Hitler, 26. September 1938. Ebendort, S. 541 f.

[37] Hull, a.a.O., S. 590.

[38] Ebendort, S. 591.

[39] Präsident Roosevelt an Präsident Benesch und an Reichskanzler Hitler, 26. September 1938. „Peace and War: United States Foreign Policy, 1931–1941", Washington 1943, S. 425 f.

[40] Viscount Halifax an Sir Nevile Henderson, Foreign Office, 26. September 1938. „Documents on British Foreign Policy, 1919–1939", a.a.O., S. 550.

[41] Sir Nevile Henderson an Viscount Halifax, Berlin, 26. September 1938. Ebendort, S. 552 f.; Aufzeichnungen über eine Unterredung zwischen Sir Horace Wilson und Herrn Hitler in Berlin, 26. September 1938. Ebendort. S. 554 ff.

[42] Ebendort. S. 554.

[43] Viscount Halifax an Sir Nevile Henderson, 27. September 1938. „Documents on British Foreign Policy, 1919–1939", a.a.O., S. 559.

[44] Henderson, a.a.O., S. 164 f.; Aufzeichnung über eine Unterredung zwischen Herrn Hitler und Sir Horace Wilson, Berlin, 27. September 1938. „Documents on British Foreign Policy, 1919 to 1939", a.a.O., S. 564.

[45] Sir Nevile Henderson an Viscount Halifax, eingeschlossen ein Brief Hitlers an Premierminister Chamberlain, 27. September 1938. Ebendort, S. 576 ff.

[46] Telegramm Reichskanzler Hitlers an Präsident Roosevelt, 27. September 1938. Department of State, „Press Release", 1. Oktober 1938, XIX, S. 221 ff.; „Akten zur deutschen auswärtigen Politik 1918–1945", a.a.O., Dokument Nr. 633.

[47] Präsident Roosevelt an Reichskanzler Hitler, 2. September 1938. „Peace and War", S. 428 f.

[48] Präsident Roosevelt an den amerikanischen Botschafter in Rom, Phillips, 27. September 1938. Ebendort, S. 427.

[49] Henderson, a.a.O., S. 166. [Die entscheidende Wendung lag darin, daß der Vorschlag vom 1. Oktober, dem Termin Hitlers, als dem Tag des Einmarsches reichsdeutscher Truppen in das Egerland und das Gebiet von Asch ausging. D. Übers.].

[50] Viscount Halifax an Sir Nevile Henderson, 28. September 1938. „Documents on British Foreign Policy, 1919–1939", a.a.O., S. 287.

[51] Ernst v. Weizsäcker, „Erinnerungen", München 1950.

[52] Schmidt, a.a.O., S. 410 ff.

[53] Henderson, a.a.O., S. 168 f.

54 John Wheeler-Bennett, „Munich: Prologue to Tragedy", New York 1948, S. 173.

55 Aufzeichnung Sir Horace Wilsons über die Münchener Konferenz 29./30. September 1938. „Documents on British Foreign Policy, 1919–1939", a.a.O., S. 630 ff.; Abkommen zwischen Deutschland, Großbritannien, Frankreich und Italien vom 29./30. September 1938. „Akten zur deutschen auswärtigen Politik 1918–1945", a.a.O., Dokument Nr. 670.

56 Henderson, a.a.O., S. 172.

57 Der Earl of Perth an Viscount Halifax, Rom, 30. September 1938. „Documents on British Foreign Policy, 1919–1939", a.a.O., S. 641 ff.

58 „New York Times", 4. Oktober 1938.

59 30. September 1938. „Peace and War", S. 430.

60 Präsident Roosevelt an Mackenzie King, 11. Oktober 1938. „F.D.R.: His Personal Letters", hrsg. v. Elliott Roosevelt, New York 1950, II, S. 810 f.

61 Präsident Roosevelt an Botschafter Phillips, 17. Oktober 1938. Ebendort, S. 818 f.

62 28. September 1938.

63 29. September 1938.

64 28. September 1938.

65 29. September 1938.

66 29. September 1938.

67 30. September 1938.

68 30. September 1938.

69 30. September 1938.

70 30. September 1938.

71 30. September 1938.

72 30. September 1938.

73 30. September 1938.

74 30. September 1938.

75 1. Oktober 1938.

76 30. September 1938.

77 30. September 1938.

78 1. Oktober 1938.

79 1. Oktober 1938.

80 30. September 1938.

81 „San Francisco Examiner", 30. September 1938.

82 29. September 1938.

83 Aufzeichnung über eine Unterredung zwischen Außenminister Hull und dem deutschen Botschafter in Washington, Dieckhoff, 28. September 1938. 611.6231/1055, Mskr., Außenamt.

84 Botschafter Wilson an Außenminister Hull, eingeschlossen ein Memorandum Oberstleutnant Truman Smiths, Berlin, 26. Oktober 1938. 740.00/496 1/2, Mskr., Außenamt.

85 Botschafter A.J. Drexel Biddle an Sumner Welles, Warschau, 25. November 1938. 740.00/520 1/2, Mskr., Außenamt.

86 Der deutsche Botschafter in Warschau, Hans Adolf v. Moltke, an das Auswärtige Amt, Warschau, 27. September 1938. „Akten zur deutschen auswärtigen Politik 1918–1945", a.a.O., S. 779 f.

87 Aufzeichnung des Staatssekretärs im Auswärtigen Amt, Weizsäcker, für den Reichsaußenminister, Berlin. 27. September 1938. Ebendort. S. 870 f.

88 Botschafter Kennedy an Außenminister Hull, London, 12. Oktober 1938. 741.00/202, *Vertraulicher Akt*, Mskr., Außenamt.

XIX. Kapitel

1 Die deutschen Aufzeichnungen über die Sitzungen der Kommission, die Staatssekretär Weizsäcker leitete, sind abgedruckt in den „Akten zur deutschen auswärtigen Politik 1918–1945", Serie D, IV, S. 3 ff., 10 ff., 13 ff., 22 ff., 28 ff., 34 ff., 40 ff., 60 ff. u. 144 ff. [Die erste Sitzung fand am 30. September statt, die letzte, nach längerer Pause, am 21. November 1938. In der vorletzten Sitzung, am 13. Oktober, beschloß der Ausschuß auf deutschen Vorschlag, daß die endgültige Abgrenzung auf Grund der am 5. Oktober von der Kommission festgelegten Demarkationslinie erfolgen könne und daher von einer Volksabstimmung abzusehen sei. Die Einzelheiten wurden zwischen der deutschen und der tschechischen Regierung unmittelbar geregelt. In seiner letzten Sitzung nahm der Ausschuß die Einigung hierüber zur Kenntnis, womit seine Arbeit praktisch beendet war. D. Übers.].

2 Über die Sitzungen dieser internationalen Kommission s. „Akten zur deutschen auswärtigen Politik, 1918–1945," Serie D IV; „The Aftermath of Munich, 1938–1939", Washington 1941, S. 2 ff., 9 ff., 22 ff., 27 ff., 34 ff., 41 ff., 63 ff.

3 Department of State, „Press Release", 24. März 1938.

4 In dem am 30. Juni 1938 endenden Haushaltjahr wanderten 17.868 Deutsche und Österreicher in die Vereinigten Staaten ein. Die gesetzliche Quote betrug 27.370.

5 „The United States in World Affairs, 1938", S. 94.

6 „New York Times", 16. u. 31. Juli u. 5., 8. u. 18. August 1938.

7 Aufzeichnung über ein Gespräch zwischen Sumner Welles, amtierendem Außenminister, und Botschafter Dieckhoff, 1. November 1938. 702.6211/929, Mskr., Außenamt.

8 Botschafter von Dirksen an Staatssekretär von Weizsäcker, London, 13. Oktober 1938. „Akten zur deutschen auswärtigen Politik, 1918–1945", IV, S. 557 ff.

9 Botschafter Dieckhoff an Botschafter von Dirksen, Washington, 2. November 1938. Ebendort, S. 560.

10 „Frankfurter Zeitung", 11. u. 30. November u. 5. Dezember 1938.

11 „New York Times", 15. u. 16. November 1938.

12 Botschafter Wilson an Außenminister Hull, Berlin, 15. November 1938. 862.002 Hitler 171, Mskr., Außenamt.

13 Außenminister Hull an Botschafter Wilson, 18. November 1938. 862.002 Hitler 171, Mskr., Außenamt.

14 Botschafter Dieckhoff war über die Feindlichkeit

der amerikanischen öffentlichen Meinung gegenüber Deutschland äußerst beunruhigt. Es handele sich, so telegrafierte er dem Auswärtigen Amt, bei den erregten und erbitterten Äußerungen „nicht etwa nur um Juden, sondern der Aufschrei kommt aus allen Lagern und Schichten in gleicher Stärke einschließlich dem Lager der Deutschamerikaner." Daß „Männer wie Dewey, Hoover, Hearst und viele andere, die bisher ... sogar Sympathie für Deutschland zur Schau getragen hatten, jetzt so scharf und bitter gegen Deutschland öffentlich auftreten, ist eine ernste Sache." Es herrsche „eine allgemeine Haßstimmung". „Akten zur deutschen auswärtigen Politik, 1918–1945", a.a.O., S. 561 f.

[15] Department of State, „Press Release", 9. April 1938, XVIII, S. 465 ff.

[16] „Economist", London, 9. Juli 1938, CXXXII, S. 71.

[17] Aufzeichnung über eine Unterredung zwischen Donald R. Heath und Dr. Schacht, Berlin, 30. November 1938. 711.62/175, Mskr., Außenamt.

[18] Londoner „Times", 21. u. 22. Dezember 1938; „New York Times", 13., 17., 20. u. 25. Dezember 1938.

[19] Department of State, „Press Release", 28. Januar 1939, XX, S. 53 ff.

[20] „New York Times", 19. Dezember 1938.

[21] George S. Messersmith an Sumner Welles, 21. Dezember 1938. 711.62/186, Mskr., Außenamt.

[22] Aufzeichnung über eine Unterredung zwischen Sumner Welles und Dr. Thomsen, deutschem Geschäftsträger, 21. Dezember 1938. 711.62/199, Mskr., Außenamt. Botschaftsrat Thomsen berichtete dem Auswärtigen Amt über diese Unterredung telegrafisch am 21. Dezember. Das Telegramm schließt: „Habe bei diesem Punkt Diskussion als aussichtslos abgebrochen." „Akten zur deutschen auswärtigen Politik 1919–1945", a.a.O., S. 580 f.

[23] Cordell Hull, „Memoirs", New York 1948, I, S. 520 f.

[24] Ebendort, S. 523 f.

[25] Department of State, „Press Release", XIX, Beilagen A und B.

[26] Prentiss Gilbert an Außenminister Hull, Berlin, 24. Dezember 1938. 711.62/178, Mskr., Außenamt.

[27] Prentiss Gilbert an Außenminister Hull, Berlin, 27. Dezember 1938. 711.62/182, Mskr., Außenamt.

[28] Prentiss Gilbert an Außenminister Hull, 3. Januar 1938. 711.62/191, Mskr., Außenamt.

[29] Botschafter Wilson an Außenminister Hull, Paris, 5. Januar 1938. 711.62/194, Mskr., Außenamt.

[30] „The Public Papers and Addresses of Franklin D. Roosevelt. 1939", hrsg. v. Samuel I. Roseman, New York 1939, S. 1 ff.

[31] Prentiss Gilbert an Außenminister Hull, Berlin, 14. Januar 1939. 711.62/201, Mskr., Außenamt.

[32] Prentiss Gilbert an Außenminister Hull, Berlin, 21. Januar 1939. 840.48 Refugees/1328, Mskr., Außenamt.

[33] Aufzeichnung über eine Unterredung zwischen Donald R. Heath und Dr. Schacht, 7. Februar 1939. 862.00/3835, Mskr., Außenamt.

[34] Elizabeth Wiskemann, „The Rome-Berlin Axis", New York 1949, S. 134.

[35] „The Ciano Diaries, 1939–1913", hrsg. v. Hugh Gibson, Garden City 1947, 1.–8. Januar 1939, S. 3 ff.

[36] Ebendort, 11.–14. Januar 1939, S. 9 ff.

[37] „New York Times", 13. Januar 1939.

[38] Gibson, a.a.O., 27. Januar 1939, S. 17.

[39] M. François-Poncet an Georges Bonnet, französischen Außenminister, Berlin, 20. u. 24. Oktober 1938. „French Yellow Book: Diplomatic Documents, 1938–1939". New York 1940, S. 20 ff.

[40] Ebendort, S. 35. [Hier zitiert aus „Akten zur deutschen auswärtigen Politik 1918–1945", a.a.O., S. 409 f.].

[41] Herr von Ribbentrop an M. Georges Bonnet, Fuschl, 13. Juli 1939. „French Yellow Book: Diplomatie Documents, 1938–1939", New York 1940, S. 213 ff. M. Georges Bonnet an Herrn von Ribbentrop, 21. Juli 1939. Ebendort, S. 221 ff. [Die Bedeutung der Konsultativklausel der deutsch-französischen Erklärung vom 6. Dezember 1938 war im Zusammenhang mit den Besprechungen über die Erklärung und bei deren Unterzeichnung bald heftig umstritten. Nach der von Chefdolmetscher Dr. Schmidt über die Unterredung zwischen Ribbentrop und Bonnet gemachten deutschen Aufzeichnung („Akten zur deutschen auswärtigen Politik", IV, S. 370 ff.) sagte Bonnet, Frankreich sei „eigentlich mehr durch den Zwang der Verhältnisse dazu gekommen, die Übernahme einer Garantie" für die Tschechoslowakei „in Aussicht zu nehmen". Es habe sich „die tschechoslowakische Zustimmung zu der Gebietsabtretung ... erkaufen müssen". In „Statist auf diplomatischer Bühne" versichert Dr. Schmidt auf S. 424, Bonnet habe geäußert, „Frankreich habe sich auf der Münchener Konferenz am Osten desinteressiert gezeigt." Diese Worte seien „tatsächlich gefallen". Bonnet habe sie wohl rückblickend gemeint, wohingegen Ribbentrop sie auf die Zukunft, vor allem auf Polen bezogen habe, worin ihn die Empfehlung Bonnets, eine Verständigung mit Polen über den Korridor und Danzig herbeizuführen, und die damaligen französisch-polnischen Spannungen wegen der Beteiligung Polens an der Bereicherung durch tschechoslowakisches Staatsgebiet bestärkt haben könnten. Es scheint auch, daß Ribbentrop – nach der Aufzeichnung Schmidts über die Unterredung am 6. Dezember – mit der unverhohlen ausgesprochenen Erwartung, daß Frankreich die „deutsche Interessensphäre ein für allemal respektiere", auf keinen entschiedenen Widerstand gestoßen ist. Schmidt hält als Ursache der Mißverständnisse den Umstand für möglich, daß Ribbentrop teils französisch, teils durch Schmidt verdolmetscht, deutsch gesprochen habe. – Bei dem vom Verfasser angeführten Briefwechsel geht es bereits um Polen. Zu dem Vorbehalt der Konsultativklausel der deutsch-französischen Erklärung behauptete Ribbentrop in seinem Brief, es habe volle Klarheit darüber bestanden, daß er sich nur auf das Verhältnis Deutschlands zu Italien und Frankreichs zu England beziehe. In seiner Antwort wies Bonnet Ribbentrop darauf hin, daß er ihn am 6. Dezember an

die Vertrage Frankreichs mit Polen und Rußland erinnert und am 26. Januar 1939 vor der Kammer erklärt habe, daß Frankreich zu ihnen stehe. D. Übers.]

[42] Gibson, a.a.O., 28. Januar, 2., 3. u. 6. Februar u. 18. März 1939. S. 17, 20 f., 23 u. 47. Am Quai d'Orsay hielt man die Bande zwischen Hitler und Mussolini nach wie vor für nicht sehr eng. Im Januar 1939 versicherte der Generalsekretär des französischen Außenministeriums, Leger, in einer Unterhaltung mit Hugh Wilson: „Was die deutsche Unterstützung angeht ... so wünscht sich Hitler ernstlich, daß Frankreich und Großbritannien gegen Konzessionen an Mussolini fest bleiben. Solange Großbritannien und Frankreich fest bleiben, wird Hitler Mussolini durch die Presse und diplomatisch unterstützen, aber nicht mit mehr. Hitler weiß sehr gut, daß im Falle eines Krieges, der wegen italienischer Ansprüche ausbräche, von der Wucht der ersten Kämpfe vier Fünftel Deutschland auf sich nehmen müßte." Botschafter Wilson an Außenminister Hull, Paris, 16. Januar 1939. 740.00/546, Vertraulicher Akt, Mskr., Außenamt.

[43] John Wheeler-Bennett, „Munich: Prologue to Tragedy", New York 1948, S. 314.

[44] „Parliamentary Debates", Unterhaus, 1. November 1938, Sp. 80 ff.

[45] Lord Halifax an Präsident Roosevelt, 25. Januar 1939. 740.00/555 1/2, Vertraulicher Akt, Mskr., Außenamt.

[46] Geschäftsträger Johnson an Außenminister Hull, London, 28. Januar 1939. 740.00/553, Vertraulicher Akt, Mskr., Außenamt.

[47] Lord Halifax an Präsident Roosevelt, London, 7. Februar 1939. 740.00/569 1/2, Vertraulicher Akt, Mskr., Außenamt.

[48] Botschafter Kennedy an Außenminister Hull, London, 17. Februar 1939. 740.00/568 1/2, Vertraulicher Akt. Mskr., Außenamt.

[49] Botschafter Kennedy an Außenminister Hull, London, 20. Februar 1939. 740.00/589, Vertraulicher Akt, Mskr., Außenamt.

[50] Aufzeichnung über ein Gespräch zwischen Sir Ronald Lindsay, britischem Botschafter in Washington, und Sumner Welles, Staatssekretär des Außenamts, 20. Februar 1939. 740.00/595 1/2, Vertraulicher Akt, Außenamt.

[51] Botschafter Kennedy an Außenminister Hull, London, 23. Februar 1939. 740.00/592, Vertraulicher Akt, Mskr., Außenamt.

[52] Gesandter V. de Lacroix an das französische Außenamt, Prag, 18. Februar 1939. „French Yellow Book", S. 60 f.

[53] Viscount Halifax an Präsident Roosevelt, 1. März 1939. 740.00/597 1/2, Vertraulicher Akt, Mskr., Außenamt.

[54] „The Times", 10. März 1939.

[55] Protokoll über eine Unterredung zwischen Reichskanzler Hitler und Ministerpräsident Tiso, 13. März 1939. „Akten zur deutschen auswärtigen Politik 1918–1945", a.a.O., S. 212 ff. [Hitler stellte Tiso vor die Wahl, die Slowakei als selbständigen Staat auszurufen oder Ungarn anheimfallen zu lassen. Die Proklamation bekam Tiso fix und fertig nach Preßburg mit. Den enttäuschten Ungarn übergab Hitler noch an demselben Tage als Ausgleich für die von ihnen heiß begehrte Slowakei die Karpato-Ukraine. D. Übers.].

[56] Besprechung zwischen Reichskanzler Hitler und Staatspräsident Hácha, 14. u. 15. März 1939. „Akten zur deutschen auswärtigen Politik 1918–1945", a.a.O., S. 229 ff. Botschafter Coulondre an Georges Bonnet, Berlin, 17. März 1939. „French Yellow Book", S. 96 f. Sir Nevile Henderson, „Failure of a Mission", New York 1940, S. 217 f.

[57] „Parliamentary Debates", Unterhaus, 15. März 1939, Sp. 437.

[58] Ebendort, 16. März 1939, Sp. 546 u. 554.

[59] Geschäftsträger Johnson an Außenminister Hull, London, 17. März 1939. 740.00/628, Vertraulicher Akt, Mskr., Außenamt.

[60] Londoner „Times", 18. März 1939.

[61] Botschafter Kennedy an Außenminister Hull, London, 18. März 1939. 740.00/630, Vertraulicher Akt, Mskr., Außenamt.

[62] „Peace and War: United States Foreign Policy, 1931–1941", Washington 1943, S. 454 f.

[63] Hull, a.a.O., S. 614 f.

XX. Kapitel

[1] Mr. Henderson an Außenminister Hull, 21. Dezember 1937. 793.94/11763, Moskau, Mskr., Außenamt.

[2] Mr. Peck an Außenminister Hull, Nanking, 12. Juli 1937. 793.94/8715, Mskr., Außenamt.

[3] Walter H. Mallory, „Japan Attacks, China Resists", „Foreign Affairs", XVI, S. 129 ff.

[4] Denkschrift des amerikanischen Botschafters in Tokio, Grew, Tokio, 22. Juli 1937. „United States and Japan, 1931–1941", I, S. 333 f.

[5] Aufzeichnung Außenminister Hulls, 12. Juli 1937. Ebendort, S. 316 ff.

[6] Botschafter Grew an Außenminister Hull, Tokio, 13. Juli 1937. Ebendort, S. 319 f.

[7] Denkschrift Mr. Hornbecks, 13. Juli 1937. 793.94/8737, 8922, Mskr., Außenamt.

[8] Aufzeichnung Außenminister Hulls, 13. Juli 1937. „United States and Japan, 1931–1941", I, S. 320.

[9] Botschafter Grew an Außenminister Hull, Tokio, 13. Juli 1937. 793.94/8741, Mskr., Außenamt.

[10] Botschafter Grew an Außenminister Hull, Tokio, 14./15. Juli 1937. „United States and Japan 1931–1941", I, S. 322 f.

[11] Cordell Hull, „Memoirs", New York 1948, I, S. 530 ff.

[12] Botschafter Bullitt an Außenminister Hull, Paris, 13. Juli 1937. 793.94/8748, Mskr., Außenamt.

[13] Botschafter Grew an Außenminister Hull, Tokio, 13. Juli 1937. 793.94/8742, Mskr., Außenamt.

[14] Botschafter Grew an Außenminister Hull, Tokio, 13. Juli 1937. 793.94/8745, Mskr., Außenamt.

15 Botschafter Grew an Außenminister Hull, Tokio, 14. Juli 1937. 793.94/8766, Mskr., Außenamt.

16 Außenminister Hull an die amerikanische Botschaft in London, 14. Juli 1937. 793.94/8777, Mskr., Außenamt.

17 Aufzeichnung Mr. Hornbecks, 14. Juli 1937. 793.94/8786, Mskr., Außenamt.

18 Erklärung Außenminister Hulls, 16. Juli 1937. „United States and Japan, 1931–1941", I, S. 325 f.

19 Aufzeichnung Außenminister Hulls, 21. Juli 1937. Ebendort, S. 330 ff.

20 Aufzeichnung Botschafter Grews, 22. Juli 1937. Ebendort, S. 333 f.

21 Denkschrift Mr. Hornbecks, 15. Juli 1937. 793.94/9010, Mskr., Außenamt.

22 Botschafter Johnson an Außenminister Hull, Peiping, 15. Juli 1937. 793.94/8775, Mskr., Außenamt.

23 Botschafter Grew an Außenminister Hull, Tokio, 15. Juli 1937. 793.94/8781, Mskr., Außenamt.

24 Geschäftsträger Peck an Außenminister Hull, Nanking, 15. Juli 1937. 793.94/8788, Mskr., Außenamt.

25 Botschafter Grew an Außenminister Hull, Tokio, 16. Juli 1937. 793.94/8789, Mskr., Außenamt.

26 Botschafter Grew an Außenminister Hull, Tokio, 20. Juli 1937. 793.94/8863, Mskr., Außenamt.

27 Geschäftsträger Peck an Außenminister Hull, Nanking. 17. Juli 1937. 793.94/8812, Mskr., Außenamt.

28 Botschafter Bingham an Außenminister Hull, London, 20. Juli 1937. 793.94/8875, Mskr., Außenamt.

29 Botschafter Bingham an Außenminister Hull, London. 21. Juli 1937. 793.94/8877, Mskr., Außenamt.

30 Außenminister Hull an die amerikanische Botschaft in London, 21. Juli 1937. 793.94/8920, Mskr., Außenamt.

31 Botschafter Johnson an Außenminister Hull, Peiping, 23. Juli 1937. 793.94/8936, Mskr., Außenamt.

32 Botschafter Johnson an Außenminister Hull, Nanking, 25. Juli 1937. 793.94/8980, Mskr., Außenamt.

33 „Le Soir", 26. Juli 1937.

34 Aufzeichnung über eine Unterredung zwischen Mr. Suma und Mr. Hornbeck, 27. Juli 1937. 793.94/9309, Mskr., Außenamt.

35 Außenminister Hull an Botschafter Bingham, 27. Juli 1937. 793.94/8993, Mskr., Außenamt.

36 Denkschrift Mr. Hornbecks, 27. Juli 1937. 793.94/9080, Mskr., Außenamt.

37 Botschafter Grew an Außenminister Hull, Tokio, 27. Juli 1937. 793.94/9007, Mskr., Außenamt.

38 Botschafter Bingham an Außenminister Hull, London, 28. Juli 1937. 793.94/9043, Mskr., Außenamt.

39 Botschafter Grew an Außenminister Hull, Tokio, 28. Juli 1937. „United States and Japan 1931–1941", I, S. 337 f.

40 Aufzeichnung Botschafter Grews, 6. August 1937. Ebendort, S. 338 ff.

41 Botschafter Bullitt an Außenminister Hull, Paris, 30. Juli 1937. 793.94/9097, Mskr., Außenamt.

42 Botschafter Bullitt an Außenminister Hull, Paris, 30. Juli 1937. 793.94/9098/99, Mskr., Außenamt.

43 Aufzeichnung über eine Unterredung zwischen dem chinesischen Botschafter T.T. Wang und Mr. Hornbeck, 31. Juli 1937. 793.94/9312, Mskr., Außenamt.

44 Botschafter Bingham an Außenminister Hull, London, 3. August 1937. 793.94/9151, Mskr., Außenamt.

45 Außenminister Hull an Botschafter Bingham, 5. August 1937. 793.94/9141, Mskr., Außenamt.

46 Botschafter Grew an Außenminister Hull, Tokio, 6. August 1937. 793.94/9216, Mskr., Außenamt.

47 Joseph C. Grew, „Ten Years in Japan", New York 1944, S. 214 ff.

48 Außenminister Hull an Botschafter Bingham.

49 Botschafter Bullitt an Außenminister Hull, Paris, 6. August 1937. 793.94/9220, Mskr., Außenamt.

50 Aufzeichnung Botschafter Grews, 10. August 1937. „United States and Japan, 1931–1941", I, S. 339 ff.

51 Botschafter Johnson an Außenminister Hull, Nanking, 12. August 1937. 793.94/9297, Mskr., Außenamt.

52 Denkschrift Sumner Welles' für Außenminister Hull, 10. August 1937. 793.94/9487, Mskr., Außenamt.

53 Denkschrift Mr. Hornbecks für Außenminister Hull, 12. August 1937. 793.94/9940, Mskr., Außenamt.

54 Generalkonsul Gauss an Außenminister Hull, Schanghai, 12. August 1937. 793.94/9305, Mskr., Außenamt.

55 Der Oberbefehlshaber der amerikanischen asiatischen Flotte an die amerikanische Botschaft in Nanking, 13. August 1937. FW 793.94/9351, Mskr., Außenamt.

56 Generalkonsul Gauss an Außenminister Hull, Schanghai, 14. August 1937. 793.94/9348, Mskr., Außenamt.

57 Der Vorsitzende des Schanghaier Stadtrates, C.S. Franklin, an den norwegischen Generalkonsul, 15. August 1937. 793.94/10595, Mskr., Außenamt.

58 Generalkonsul Gauss an Außenminister Hull, Schanghai, 18. August 1937. 793.94/9467, Mskr., Außenamt.

59 Botschafter Grew an Außenminister Hull, Tokio, 18. August 1937. 793.94/9470, Mskr., Außenamt.

60 Außenminister Hull an Botschafter Grew, 19. August 1937. 793.94/9470, Mskr., Außenamt.

61 Generalkonsul Gauss an Außenminister Hull, Schanghai, 21. August 1937. 793.94/9565, Mskr., Außenamt.

62 Botschafter Johnson an Außenminister Hull, Nanking, 27. August 1937. 793.94/9746, Mskr., Außenamt.

63 Botschafter Grew an Außenminister Hall, Tokio, 1. September 1937. 793.94/9835; Aufzeichnung Grews, 1. September 1937. 793.94/10157, Mskr., Außenamt.

64 Außenminister Hull an Botschafter Grew, 2. September 1937. „United States and Japan, 1931–1941", I, S. 361 ff.

65 „New York Times", 17. Juli 1937.

66 Aufzeichnung Mr. Hornbecks über eine Unterredung mit dem chinesischen Botschafter, 12. August 1937. 793.94/9752, Mskr., Außenamt.

[67] Aufzeichnung Mr. Hornbecks über eine Unterredung zwischen Außenminister Hull, dem chinesischen Botschafter und Mr. Hornbeck, 20. August 1937. 793.94/9752, Mskr., Außenamt.

[68] Denkschrift Mr. Hornbecks über die Lage im Fernen Osten, 21. August 1937. 793.94/9938, Mskr., Außenamt.

[69] Johnson an Außenminister Hull, London, 26. August 1937. 793.94/9711, Mskr., Außenamt.

[70] Aufzeichnung über eine Unterredung zwischen Außenminister Hull, dem chinesischen Botschafter und Mr. Hornbeck, 28. August 1937. 793.94/9831, Mskr., Außenamt.

[71] Hoo Tschi-tsai an M. Joseph Avenol, Genf, 30. August 1937. 793.94/9951, Mskr., Außenamt.

[72] Aide-mémoire der britischen Botschaft, 31. August 1937. 793.94/9941, Mskr., Außenamt.

[73] Außenminister Hull an den amerikanischen Konsul in Genf, 3. September 1937. 793.94/9941, Mskr., Außenamt.

[74] Botschafter Johnson an Außenminister Hull, Nanking, 1. September 1937. 793.94/9862, Mskr., Außenamt.

[75] Tschiang Soong May-ling, jüngste Tochter eines Methodistenlehrers Soong, eine sehr bedeutende Frau, nicht nur Gattin Tschiangs, sondern auch als Sekretärin, Dolmetscherin und Diplomatin Tschiangs ständige Gehilfin, außerdem Begründerin der sozialen und kulturellen Bewegung „Neues Leben", die, das Alte mit dem Neuen verbindend, in konfuzianischem Geiste positiv gegen kommunistische Ideen und Propaganda gerichtet war. Die zweite Tochter Soongs wurde die Frau des Finanzministers Kung, die älteste war die Frau Sun Yat-sens, der die Mandschu-Dynastie gestürzt hat. Sie stand im Gegensatz zu ihrem Schwager Tschiang, dem sie die seinerzeitige Ausscheidung des linksradikalen Flügels der Kuo-min-Partei nie verziehen hat. D. Übers.

[76] Botschafter Johnson an Außenminister Hull, Nanking, 1. September 1937. 793.94/9912, Mskr., Außenamt.

[77] Außenminister Hull an Botschafter Johnson, 7. September 1937. 793.94/9922, Mskr., Außenamt.

[78] Department of State, „Press Release", 21. September 1937.

[79] „League of Nations Official Journal", Beilage Nr. 177, S. 37 ff.

[80] Department of State, „Press Release", 10. September 1937.

[81] Außenminister Hull an den amerikanischen Generalkonsul in Schanghai, 22. September 1937. „United States and Japan, 1931–1941", I, S. 371 f.

[82] Botschafter Grew an Außenminister Hull, Tokio, 15. September 1937. 793.94/10697, Mskr., Außenamt.

[83] Aufzeichnung Sumner Welles' über eine Unterredung mit dem sowjetischen Geschäftsträger M. Oumansky, 2. Oktober 1937. 793.94/10630, Mskr., Außenamt.

[84] „United States and Japan, 1931–1941", I, S. 379 ff.

[85] „The Morgenthau Diaries", „Collier's", CXX, 4. Oktober 1947, S. 20, u. 25. Oktober 1947, S. 85.

[86] 6. u. 8. Oktober 1937.

[87] 3. u. 7. Oktober 1937.

[88] 8. Oktober 1937.

[89] 6. u. 7. Oktober 1937.

[90] 6. Oktober 1937.

[91] 7. Oktober 1937.

[92] 6. u. 11. Oktober 1937.

[93] 6. u. 8. Oktober 1937.

[94] 6. u. 8. Oktober 1937.

[95] 15. Oktober 1937.

[96] 7. u. 8. Oktober 1937.

[97] 6. Oktober 1937.

[98] 6. Oktober 1937.

[99] 6. Oktober 1937.

[100] 6. u. 8. Oktober 1937.

[101] 6. u. 7. Oktober 1937.

[102] 6. u. 7. Oktober 1937.

[103] 11. Oktober 1937.

[104] 6. Oktober 1937.

[105] 7. Oktober 1937.

[106] 10. Oktober 1937.

[107] 6. u. 7. Oktober 1937.

[108] „Boston Daily Globe", 8. Oktober 1937.

[109] „Boston Herald", 8. Oktober 1937.

[110] „New York World-Telegram", 6. Oktober 1937.

[111] „Chicago Daily News", 7. Oktober 1937.

[112] „New York Herald-Tribune", 10. Oktober 1937.

[113] „New York Herald-Tribune", 16. Oktober 1937.

[114] 16. Oktober 1937.

[115] 23. Oktober 1937.

[116] Dezember 1937, S. 257 ff. Am 9. Oktober 1937 schickte Senator David I. Walsh mit einigen Begleitzeilen Außenminister Hull ein Telegramm der Maryknoll Fathers in Japan. Sie sprachen ihr tiefes Bedauern über den „jüngsten Wechsel offizieller Haltung gegenüber sino-japanischen Wirren" aus und baten den Senator dringend, seinen Einfluß geltend zu machen „für Wiedereinnehmen früherer Stellung unparteiischer Toleranz als praktisch beste Politik". 793.94/10546, Mskr., Außenamt.

[117] 20. Oktober 1937, S. 1287 f.

[118] Auf die enge wirtschaftliche Verknüpfung der Vereinigten Staaten mit Japan wies Taneo Taketa, ein Vertreter der Südmandschurischen Eisenbahn, in einem Brief an Hornbeck hin. Danach hatte allein die Südmandschurische Bahn von den Vereinigten Staaten „für weit mehr als 100 Millionen Dollar Ausrüstungsmaterial gekauft".

[119] Denkschrift der Fernostabteilung des State Department, 12. Oktober 1937. 793.94/10706, Mskr., Außenamt.

[120] Mr. Engert an Außenminister Hull, Teheran, 14. Oktober 1937. 793.94/10660, Mskr., Außenamt.

[121] Aufzeichnung über eine Unterredung zwischen Außenminister Hull und dem chinesischen Botschafter, 14. Oktober 1937. 793.94/10791, Mskr., Außenamt.

XXI. Kapitel

[1] Staatssekretär von Mackensen an deutsche diplomatische Vertretungen, 20. Juli 1937. „Akten zur deutschen auswärtigen Politik 1918–1945", Serie D, I, S. 599 f.

[2] Der deutsche Botschafter in Rom, Ulrich v. Hassell, an das Auswärtige Amt, 21. Juli 1937. Ebendort, S. 601.

[3] Der deutsche Botschafter in Nanking, Oskar Trautmann, an das Auswärtige Amt, 21. Juli 1937. Ebendort, S. 601 f. [„F." ist General v. Falkenhausen, der als militärischer Berater Tschiang Kai-scheks General v. Seeckt nachgefolgt war. D. Übers.]

[4] Der deutsche Botschafter in Tokio, Dr. Herbert v. Dirksen, an das Auswärtige Amt, 27. Juli 1937. Ebendort, S. 604 f.

[5] Das Auswärtige Amt an die deutsche Botschaft in Nanking, 28. Juli 1937. Ebendort, S. 606.

[6] Das Auswärtige Amt an die deutsche Botschaft in Tokio, 28. Juli 1937. Ebendort, S. 606 f.

[7] Aufzeichnung des Ministerialdirektors v. Weizsäcker über eine Unterredung mit dem japanischen Botschafter, 28. Juli 1937. Ebendort, S. 607 f.

[8] Aufzeichnung des Legationsrates v. Schmieden über eine Unterredung mit dem japanischen Botschaftsrat Yanai, 30. Juli 1937. Ebendort, S. 608 ff.

[9] Das Auswärtige Amt an die Botschaften in Nanking und Tokio, 3. Juli 1937. Ebendort, S. 610.

[10] Der deutsche Botschafter in Nanking an das Auswärtige Amt, 1. August 1937. Ebendort, S. 611.

[11] Der deutsche Botschafter in Tokio, an das Auswärtige Amt, 3. August 1937. Ebendort, S. 611 f.

[12] Der deutsche Botschafter in Tokio an das Auswärtige Amt, 23. August 1937. Ebendort, S. 616 f.

[13] Prentiss Gilbert an Außenminister Hull, Berlin, 26. August 1937. 793.94/9753, Mskr., Außenamt.

[14] Prentiss Gilbert an Außenminister Hull, Berlin, 28. August 1937. 793.94/9755, Mskr., Außenamt.

[15] Aufzeichnung des Reichsaußenministers von Neurath, 22. September 1937. „Akten zur deutschen auswärtigen Politik 1918–1945", a.a.O., S. 620.

[16] Der deutsche Botschafter in Tokio an das Auswärtige Amt, 3. November 1937. Ebendort, S. 634 f. Die Bedingungen waren: 1. Autonome Regierung für die Innere Mongolei entsprechend dem völkerrechtlichen Status der Äußeren Mongolei; 2. in Nordchina Schaffung einer entmilitarisierten Zone entlang der Grenze von Mandschukuo bis südlich der Linie Peiping–Tientsin und Aufrechterhaltung der Ordnung in dieser Zone durch eine chinesische Polizeitruppe mit chinesischen Offizieren; 3. in Schanghai Schaffung einer demilitarisierten Zone, größer als die bisherige und kontrolliert durch eine internationale Polizei; 4. Abkehr Chinas von seiner antijapanischen Politik, d.h. Erfüllung der japanischen Forderungen von 1935 (Revision der Schulbücher usw.); 5. Gemeinsame Bekämpfung des Bolschewismus; 6. Herabsetzung der Zölle auf japanische Waren; 7. Achtung der Rechte fremder Staatsangehöriger.

[17] Der deutsche Botschafter in Nanking an das Auswärtige Amt, 5. November 1937. Ebendort, S. 635 f.

[18] Prentiss Gilbert an Außenminister Hull, Berlin, 20. Oktober 1937. 793.94/10783, Mskr., Außenamt.

[19] Der deutsche Botschafter in Nanking an das Auswärtige Amt, 3. Dezember 1937. Ebendort, S. 641 f.

[20] Der deutsche Botschafter in Hankau an das Auswärtige Amt, 26. Dezember 1937. „Akten zur deutschen Auswärtigen Politik 1918–1945," a.a.O., S. 658. [Das chinesische Außenministerium war Ende November von dem bedrohten Nanking nach Hankau übergesiedelt. D. Übers.]

[21] Der deutsche Botschafter in Tokio an das Auswärtige Amt, 16. Januar 1938. Ebendort, S. 666.

[22] Aufzeichnung über eine Unterredung zwischen dem Reichsaußenminister Ribbentrop und dem japanischen Botschafter, 30. Mai 1938. Ebendort, S. 702 ff.

[23] „Peace and War", S. 393 f., s. a. „The Conference of Brussels, November 3 – 24, 1037, Convened in Virtue of Article 7 of the Nine-Power Treaty of Washington of 1922", Washington 1938.

[24] Generalkonsul Gauss an Außenminister Hull, Schanghai, 10. Dezember 1937. 793.94/11569, Mskr., Außenamt.

[25] Atcheson an Außenminister Hull, 11. Dezember 1937. 793.94/11583, Mskr., Außenamt.

[26] Marineministerium, „Press Release", 24. u. 25. Dezember 1937.

[27] Aufzeichnung Außenminister Hulls, 13. Dezember 1937. „United States and Japan, 1931–1941" I, S. 522 f.

[28] Memorandum Präsident Roosevelts, 13. Dezember 1937. Ebendort, S. 523.

[29] Außenminister Hull an Botschafter Grew, 13. Dezember 1937. Ebendort, S. 523 f.

[30] Joseph C. Grew, „Ten Years in Japan", S. 234 f.

[31] Botschafter Grew an Außenminister Hull Tokio, 16. Dezember 1937. „United States and Japan, 1931–1941", I, S. 528.

[32] Denkschrift der Fernostabteilung des State Department, 18. Dezember 1937. 793.94/11741, Mskr., Außenamt.

[33] Botschafter Grew an Außenminister Hull, 24. Dezember 1937. 394.115 Panay/200, Mskr., Außenamt.

[34] Botschafter Grew an Außenminister Hull, Tokio, 26. Dezember 1937. 394.115 Panay/200, Mskr., Außenamt.

[35] Botschafter Grew an Außenminister Hull, Tokio, 11. Dezember 1937. 793.94/11841, *Streng vertraulich*, Mskr., Außenamt.

[36] Zeugenaussage Admiral R.E. Ingersolls, 12. Februar 1946. „Hearings Before the Joint Committees on the Investigation of the Pearl Harbour Attack", Washington 1946, IX, S. 4273 ff.

[37] „Japan Year Book, 1939–1940", S. 1085.

[38] Denkschrift Botschafter Grews, Tokio, 12. April 1938. „United States and Japan, 1931–1941", I, S. 762 f.; „Far Eastern Survey", VII, S. 55 f., 83 f., 89 f., 99, 107; „Journal of Commerce", 16. März 1938.

[39] Sir Alexander Cadogan an Stanley K. Hornbeck,

London, 14. Februar 1938. 793.94/12855|1/5, *Vertraulicher Akt*, Mskr., Außenamt.

[40] Sir Alexander Cadogan an Stanley K. Hornbeck, London, 23. Mai 1938. 793.94/12855|3/5, *Vertraulicher Akt*, Mskr., Außenamt.

[41] Rede Außenminister Hulls im National Press Club, 17. März 1938. „Documents on American Foreign Relations, January 1938–June 1939", hrsg. v. S. Shepard Jones und Denys P. Myers, Boston 1939, S. 6 ff.

[42] Botschafter Grew an den japanischen Außenminister, Tokio, 31. Mai 1938. „United States and Japan, 1931–1941", I, S. 764 ff.

[43] „New York Times", 3. September 1938.

[44] Botschafter Grew an den japanischen Ministerpräsidenten und Außenminister, Prinzen Konoye, 6. Oktober 1938. „United States and Japan, 1931–1941", I, S. 785 ff.

[45] Botschafter Grew an Außenminister Hull, Tokio, 8. September 1938. 793.94/13837, *Vertraulicher Akt*, Mskr., Außenamt.

[46] Erklärung der japanischen Regierung, 3. November 1938. „United States and Japan, 1931–1941", I, S. 477 f.

[47] Erklärung Außenminister Hulls, 4. November 1938. Ebendort, S. 481 f.

[48] Department of State, „Press Release", 19. November 1938; s. a. Außenminister Arita an Botschafter Grew, 18. November 1938, Tokio. „United States and Japan, 1931–1941", I, S. 797 ff.

[49] „New York Times", 20. Dezember 1938; s. a. Erklärung des japanischen Außenministers Arita, 19. Dezember 1938. „United States and Japan, 1931–1941", I, S. 816 ff.

[50] Department of State, „Press Release", 31. Dezember 1938.

[51] Tschiang Kai-schek an Präsident Roosevelt, 8. Oktober 1938. 793.94/14047 1/2, *Vertraulicher Akt*, Mskr., Außenamt.

[52] Denkschrift Mr. Hornbecks, 19. Oktober 1938, 793.94/14047 1/2, *Vertraulicher Akt*, Mskr., Außenamt.

[53] A. Whitney Griswold, „The Far Eastern Policy of the United States", New York 1938, S. 468 f.

[54] Ralph Townsend, „The High Cost of Hate", San Francisco 1939, S. 23, 39 u. 48; Miriam S. Farley, „America's Stake in the Far East, I: Trade", „Far Eastern Survey", V, 29. Juli 1920, S. 161 ff.; C.F. Remer, „Foreign Investments in China" New York 1933, Kap. 15: Ethel B. Dietrich, „Far Eastern Trade of the United States", New York 1940.

[55] John W. Masland, „Commercial Influence Upon American Far Eastern Policy, 1937–1941". „Pacific Historial Review", XI, 1942, S. 281 ff.

[56] Ebendort, S. 297.

[57] John W. Masland, „Missionary Influence Upon American Far Eastern Policy", „Pacific Historical Review", X, September 1941, S. 279 ff. s. a. Johnstone, a.a.O., Kap. 14–15.

[58] Botschafter B.L. Craigie an Botschafter Grew, Tokio, 31. Dezember 1938. 793.94/14671, *Streng vertraulich*, Mskr., Außenamt.

[59] Botschafter Grew an Außenminister Hull, Tokio, 7. Januar 1939. Ebendort.

[60] Aufzeichnung über eine Unterredung zwischen Sumner Welles und Mr. V.A.L. Mallet, 3. Februar 1939. 793.94/115197, Mskr., Außenamt.

[61] Denkschrift Stanley K. Hornbecks, Beraters in Angelegenheiten der politischen Beziehungen, 11. Februar 1939. 793.94/14671, *Vertraulicher Akt*, Mskr., Außenamt.

[62] Denkschrift Herbert Feis', 15. Februar 1939. 793.94/14671, *Vertraulicher Akt*, Mskr., Außenamt.

[63] Denkschrift der Fernostabteilung des State Department, 15. Februar 1939. Ebendort, Mskr., Außenamt.

[64] Denkschrift, verfaßt von Botschafter Grew, Mr. Dooman und Mr. Coville, Tokio, 13. März 1939. 793.94/14818 1/2, *Vertraulicher Akt*, Mskr., Außenamt.

[65] Denkschrift Herbert Feis', 5. April 1939. 793.94/14818 1/2, *Vertraulicher Akt*. Mskr., Außenamt.

[66] Botschafter Bullitt an Außenminister Hull, Paris, 18. April 1939. 793.94/14902, *Vertraulicher Akt*, Mskr., Außenamt.

[67] Botschafter Bullitt an Außenminister Hull, Paris, 18. April 1939. 793.94/14902, *Vertraulicher Akt*, Mskr., Außenamt.

[68] Botschafter Bullitt an Außenminister Hull, London, 17. April 1939. 740.00/1192, *Vertraulicher Akt*, Mskr., Außenamt.

[69] Botschafter Kennedy an Außenminister Hull, London, 27. April 1939. *Vertraulicher Akt*. Mskr., Außenamt.

[70] Eugene H. Dooman, amerikanischer Geschäftsträger in Tokio, an Außenminister Hull, 7. Juni 1939. 740.00/1812, *Vertraulicher Akt*, Mskr., Außenamt; s. a. Dooman an Außenminister Hull, 23. Mai 1939. 740.00/1565, *Vertraulicher Akt*. Mskr., Außenamt.

[71] Außenminister Hall an den japanischen Premierminister Hiranuma, 8. Juli 1939. „United States and Japan, 1931–1941". I. S. 5 ff.

[72] Denkschrift Stanley K. Hornbecks, 8. März 1939. 793.94/14922, Mskr., Außenamt.

[73] Senatsbeschluß 166.

[74] Außenminister Hull an den japanischen Botschafter Horinutschi, 26. Juli 1939. „United States and Japan, 1931–1941", II, S. 189.

[75] Frederick Moore, „With Japan's Leaders", New York 1942, S. 111 ff.

[76] E.H. Dooman an Außenminister Hull, Tokio, 3. August 1939. „Hearings before the Joint Committee on the Investigation of the Pearl Harbour Attack", Washington 1946, XX, S. 4196 f.

XXII. Kapitel

[1] Botschafter Lipski an Außenminister Beck, Berlin, 25. Oktober 1938. „Polish White Book", London 1939, S. 47 f.; „Dokumente zur Vorgeschichte des Krieges", herausgegeben vom Auswärtigen Amt,

Berlin 1939, Dok. Nr. 197. [Nach der Aufzeichnung des Auswärtigen Amtes waren die Vorschläge: „1. Der Freistaat Danzig kehrt zum Deutschen Reich zurück. 2. Durch den Korridor würde eine exterritoriale, Deutschland gehörige Reichsautobahn und eine ebenso exterritoriale mehrgleisige Eisenbahn gelegt. 3. Polen erhält im Danziger Gebiet ebenfalls eine exterritoriale Straße oder Autobahn und Eisenbahn und einen Freihafen. 4. Polen erhält eine Absatzgarantie für seine Waren im Danziger Gebiet. 5. Die beiden Nationen anerkennen ihre gemeinsamen Grenzen (Garantie) oder die beiderseitigen Territorien. 6. Der deutsch-polnische Vertrag wird um 10 bis 25 Jahre verlängert. 7. Die beiden Länder fügen ihrem Vertrag eine Konsultationsklausel bei." („Dokumente zur Vorgeschichte des Krieges", hrsg. v. Auswärtigen Amt, Berlin 1939, Dok. Nr. 136 a.) D. Übers.]

[2] Beck an Lipski, 31. Oktober 1938. „Polish White Book", S. 48 ff.

[3] Lipski an Beck, Berlin, 10. November 1938. Ebendort, S. 50 ff.

[4] Unterredung zwischen Hitler und Beck in Berchtesgaden, 5. Januar 1939. „Dokumente des Vorgeschichte des Krieges", Dok. Nr. 200.

[5] Unterredung zwischen Ribbentrop und Beck, München, 6. Januar 1939. „Dokumente der deutschen Politik", hrsg. v. Prof. Dr. F.A. Six, Berlin 1940, VII, S. 90.

[6] Unterredung zwischen Ribbentrop und Beck, München, 6. Januar 1939. „Polish White Book", S. 54.

[7] Unterredungen zwischen Ribbentrop und Beck, Warschau, 25. bis 27. Januar 1939. „Polish White Book", S. 56.

[8] Unterredung zwischen Ribbentrop und Botschafter Lipski, Berlin, 21. März 1939. „Dokumente der deutschen Politik", VII, S. 93.

[9] Außenminister Beck an Botschafter Lipski, Warschau, 25. März 1939. „Polish White Book", S. 64 ff.

[10] Botschafter Biddle an Außenminister Hull, Warschau, 18. März 1939. 740.00/031, *Vertraulicher Akt*, Mskr., Außenamt.

[11] Keith Feiling, „The Life of Neville Chamberlain", New York 1946, S. 402 f.

[12] Botschafter Bullitt an Außenminister Hull, Paris, 24. März 1939. 740.00/676, Mskr., Außenamt.

[13] Beck an den polnischen Botschafter in London, Grafen Raczynski, Warschau, 23. März 1939. „Polish White Book", S. 70 f.

[14] Botschafter Kennedy an Außenminister Hull, London, 27. März 1939. 740.00/690, *Vertraulicher Akt*, Mskr., Außenamt.

[15] „Dokumente zur Vorgeschichte des Krieges", Dok. Nr. 279.

[16] Botschafter Bullitt an Außenminister Hull, Paris, 31. März 1939. 740.00/715. *Vertraulicher Akt*, Mskr., Außenamt.

[17] Botschafter Bullitt an Außenminister Hull, Paris, 3. April 1939. 740.00/735, *Vertraulicher Akt*, Mskr., Außenamt.

[18] Botschafter Kennedy an Außenminister Hull, London, 4. April 1939. 740.00/736, *Vertraulicher Akt*, Mskr., Außenamt.

[19] Lord Halifax an Präsident Roosevelt, London, 5. April 1939. 740.00/887 1/2, *Vertraulicher Akt*, Mskr., Außenamt.

[20] Polnisch-britisches Kommuniqué, 6. April 1939. „Documents on British Foreign Policy", Third Series, London 1949 ff., V, S. 35 f.

[21] Botschafter Kennedy an Außenminister Hull, London, 20. März 1939. 740.00/638, *Vertraulicher Akt*, Mskr., Außenamt.

[22] Botschafter Davies an Außenminister Hull, Brüssel, 21. März 1939. 740.00/646, *Vertraulicher Akt*, Mskr., Außenamt.

[23] Botschafter Kennedy an Außenminister Hull, London, 27. März 1939. 740.00/690, *Vertraulicher Akt*, Mskr., Außenamt.

[24] Botschafter Kennedy an Außenminister Hull, London, 4. April 1939. 740.00/736, *Vertraulicher Akt*, Mskr., Außenamt.

[25] „The Ciano Diaries, 1939–1943", hrsg. v. Hugh Gibson, Garden City 1947, 15. März 1939, S. 42 f.

[26] Ebendort, 19. bis 21. März 1939, S. 48 ff.

[27] Ebendort, 16. April 1939, S. 66 f.

[28] Botschafter Phillips an Außenminister Hull, Rom, 8. Februar, 14. Mai, 8. Juni und 19. Juni 1937. 711.652/85–102, Mskr., Außenamt.

[29] Francis B. Sayre an Botschafter Phillips, 19. November 1937. 711.652/119, Mskr., Außenamt.

[30] Botschafter Kennedy an Außenminister Hull, London, 17. März 1939. 865.00/1805, *Vertraulicher Akt*, Mskr., Außenamt.

[31] „Peace and War: United States Foreign Policy, 1931–1941", Washington 1943, S. 455.

[32] „New York Times", 9. April 1939.

[33] Ebendort, 10. April 1939.

[34] „New York Herald-Tribune", 14. und 15. April 1939.

[35] Botschafter Bullitt an Außenminister Hull, Paris, 9. April 1939. 740.00/754, Vertraulicher AM, Mskr., Außenamt.

[36] Botschafter Bullitt an Außenminister Hull, Paris, 11. April 1939. 740.00/772, Vertraulicher AM, Mskr., Außenamt.

[37] Botschafter Kennedy an Außenminister Hull, London, 11. April 1039. 740.00/744, *Vertraulicher Akt*, Mskr., Außenamt.

[38] Botschafter Bullitt an Außenminister Hull, Paris, 12. April 1939. *Vertraulicher Akt*, Mskr., Außenamt.

[39] „Parliamentary Debates", Unterhaus, 13. April 1939, CCCXLVI, 13.

[40] Geschäftsträger Geist an Außenminister Hull, Berlin, 13. April 1939. 740.00/794, *Vertraulicher Akt*, Mskr., Außenamt.

[41] Department of State, „Press Release". 15. April 1939, XX, S. 294 ff.

[42] „Peace and War", S. 455 ff. [Als die Länder, die mindestens 10 Jahre hindurch nicht anzugreifen Hitler und Mussolini sich verpflichten sollten, führte Roosevelt in seiner Botschaft auf: Finnland, Estland, Lettland, Litauen, Schweden, Norwegen, Dänemark, Holland, Belgien, Großbritannien und Irland, Frankreich, Portugal, Spanien, die Schweiz, Liechtenstein, Luxemburg, Polen, Ungarn, Rumä-

nien, Jugoslawien, Rußland, Bulgarien, Griechenland, die Türkei, Irak, die arabischen Staaten, Syrien, Palästina, Ägypten und der Iran. D. Übers.]

[43] Botschafter Kennedy an Außenminister Hull, London, 17. April 1939. 740.00/908, *Vertraulicher Akt*, Mskr., Außenamt.

[44] Botschafter Bullitt an Außenminister Hull, Paris, 15. April 1939. 740.00/908, *Vertraulicher Akt*, Mskr., Außenamt.

[45] „The Public Papers and Addresses of Franklin D. Roosevelt", hrsg. v. Samuel I. Rosenman, New York 1938, S. 205 ff.

[46] „New York Times", 21. April 1939.

[47] Ebendort, 29. April 1939.

[48] Ebendort, 29. April 1939.

[49] Feiling, a.a.O., S. 403.

[50] Botschafter Kennedy an Außenminister Hull, 28. März 1939. 740.00/696, *Vertraulicher Akt*. Mskr. Außenamt.

[51] Botschafter Kennedy an Außenminister Hull, London, 11. April 1939. 740.00/774, *Vertraulicher Akt*, Mskr., Außenamt.

[52] Botschafter Bullitt an Außenminister Hull, Paris, 12. April 1939. 740.00/787, *Vertraulicher Akt*, Mskr., Außenamt.

[53] Botschafter Bullitt an Außenminister Hull, Paris, 15. April 1939. 740.00/821, *Vertraulicher Akt*. Mskr. Außenamt.

[54] G. Gafencu, „Derniers Jours de l'Europe", Paris 1946, S. 140.

[55] Botschafter Bullitt an Außenminister Hull, Paris, 15. April 1939. 740.00/821, *Vertraulicher Akt*, Mskr., Außenamt.

[56] R. Umiatowski, „Russia and the Polish Republic, 1918 bis 1941", London 1945, S. 130.

[57] Max Beloff, „The Foreign Policy of Soviet Russia, 1929 bis 1941", New York 1949, II, S. 235.

[58] Unterredung Ribbentrops mit Lipski, 20. März 1939. „Akten zur deutschen auswärtigen Politik", VI, Dok. Nr. 101.

[59] Unterredung Becks mit Moltke, 28. März 1939. Ebendort, Dok. Nr. 118.

[60] Botschafter Bullitt an Außenminister Hull, Paris, 6. Mai 1939. 740.00/1370, *Vertraulicher Akt*, Mskr., Außenamt.

[61] Botschafter Bullitt an Außenminister Hull, Paris, 8. Mai 1939. 740.00/1370, *Vertraulicher Akt*, Mskr., Außenamt.

[62] Botschafter Bullitt an Außenminister Hull, Paris, 9. Mai 1939. 740.00/1404, *Vertraulicher Akt*, Mskr., Außenamt.

[63] Botschafter Biddle an Außenminister Hull, Warschau, 10. Mai 1939. 740.00/1418, *Vertraulicher Akt*, Mskr., Außenamt.

[64] Botschafter Bullitt an Außenminister Hull, Paris, 10. Mai 1939. 740.00/1416, *Vertraulicher Akt*, Mskr., Außenamt.

[65] Botschafter Bullitt an Außenminister Hull, Paris, 10. Mai 1939. 740.00/1416, *Vertraulicher Akt*, Mskr., Außenamt.

XXIII. Kapitel

[1] Aufzeichnung des Staatssekretärs des Auswärtigen Amts, 17, April 1939. „Das nationalsozialistische Deutschland und die Sowjetunion 1939–1941, Akten aus dem Archiv des deutschen Auswärtigen Amts", deutsche Ausgabe, Department of State 1948, Dok. Nr. 1.

[2] Botschafter Kennedy an Außenminister Hull, London, 17. April 1939. 740.00/908, *Vertraulicher Akt*, Mskr., Außenamt.

[3] Keith Feeling, „The Life of Neville Chamberlain", New York 1946, S. 408 f.

[4] Botschafter Joseph Davies an Außenminister Hull, Brüssel, 18. April 1939. 740.00/954, *Vertraulicher Akt*, Mskr., Außenamt.

[5] Botschafter Bullitt an Außenminister Hull, Paris, 21. April 1939. 740.00/1068, *Vertraulicher Akt*, Mskr., Außenamt.

[6] David J. Dallin, „Sowjet Russia's Foreign Policy, 1939–1942", New Haven 1942, S. 23, Botschafter Bullitt an Außenminister Hull, Paris, 21. April 1939. 740.00/1072, *Vertraulicher Akt*, Mskr., Außenamt.

[7] Botschafter Kennedy an Außenminister Hull, Paris, 25. April 1939. 740.00/1160, *Vertraulicher Akt*, Mskr., Außenamt.

[8] Botschafter Bullitt an Außenminister Hull, Paris, 28. April 1939. 740.00/1218, *Vertraulicher Akt*, Mskr., Außenamt.

[9] Botschafter Bullitt an Außenminister Hull, Paris, 25. April 1939. 740.00/1154, *Vertraulicher Akt*. Mskr., Außenamt.

[10] Botschafter Bullitt an Außenminister Hull, Paris, 28. April 1939. 740.00/1230, *Vertraulicher Akt*. Mskr., Außenamt.

[11] Dieser Paktvorschlag sah vor: 1. Sollte Frankreich wegen der militärischen Hilfe, die es Polen oder Rumänien leiht, in einen Krieg verwickelt werden, würde die Sowjetunion Frankreich mit allen seinen Streitkräften unverzüglich unterstützen; 2. sollte die Sowjetunion wegen der Hilfe, die es Polen oder Rumänien leiht, in einen Krieg verwickelt werden, würde Frankreich die Sowjetunion mit allen seinen Streitkräften unverzüglich unterstützen; 3. es sollten sofort Besprechungen aufgenommen werden „zu dem Zweck, die Maßnahmen zu vereinbaren, die nötig wären, die ins Auge gefaßten Unterstützungen voll wirksam zu machen." Botschafter Bullitt an Außenminister Hull, Paris, 29. April 1939. 740.00/1235, *Vertraulicher Akt*, Mskr., Außenamt.

[12] Botschafter Kennedy an Außenminister Hull, London, 1. Mai 1939. 740.00/1256, *Vertraulicher Akt*, Mskr., Außenamt.

[13] Botschafter Bullitt an Außenminister Hull, Paris, 5. Mai 1939. 740.00/1351, *Vertraulicher Akt*, Mskr., Außenamt.

[14] Geschäftsträger Grummon an Außenminister Hull,

Moskau, 9. Mai 1939. 740.00/1385, *Vertraulicher Akt*, Mskr., Außenamt. (Hervorhebung vom Verfasser).

[15] Max Beloff, „The Foreign Policy of Soviet Russia, 1929–1941", New York 1947, n. S. 244 f.

[16] Botschafter Bullitt an Außenminister Hull, Paris, 16. Mai 1939. 740.00/1500, *Vertraulicher Akt*, Mskr., Außenamt.

[17] Lord Halifax an Sir Ronald Lindsay, 24. Mai 1939. 740.00/1670, *Vertraulicher Akt*, Mskr., Außenamt.

[18] Dallin, a.a.O., S. 41 f. [Die Verträge sind veröffentlicht im Reichsgesetzblatt, II, Jahrgang 1939, S. 945 f. und 947 f. D. Übers.]

[19] Botschafter Kennedy an Außenminister Hull, London, 9. Juni 1939. 740.00/1684, *Vertraulicher Akt*, Mskr., Außenamt.

[20] Lord Halifax an Sir Ronald Lindsay, 17. Juni 1939. 740.00/1797, *Vertraulicher Akt*, Mskr., Außenamt.

[21] Lord Halifax an Sir Ronald Lindsay, 17. Juni 1939. 740.00/1799, *Vertraulicher Akt*, Mskr., Außenamt.

[22] Beloff, a.a.O., II, S. 254; L.B. Namier, „Diplomatic Prelude, 1938–1939", New York 1948, S. 186 ff.

[23] Botschafter Bullitt an Außenminister Hull, Paris, 28. Juni 1939. 740.00/1822, *Vertraulicher Akt*, Mskr., Außenamt.

[24] Der Staatssekretär des Auswärtigen Amts an den deutschen Botschafter in Moskau, Berlin, 30. Mai 1939. „Das nationalsozialistische Deutschland und die Sowjetunion", Dok. Nr. 13.

[25] Ebendort, Dok. Nr. 16.

[26] Der deutsche Botschafter in Moskau an das Auswärtige Amt, 28. Juni 1939. Ebendort, Dok. Nr. 22.

[27] Botschafter Bullitt an Außenminister Hull, Paris, 30. Juni 1939. 740.00/1840, *Vertraulicher Akt*, Mskr., Außenamt.

[28] „Bulletin of International News", XVI, S. 721, 736 f., 741.

[29] Lord Halifax an Sir Ronald Lindsay, 30. Juni 1939. 740.00/1895, *Vertraulicher Akt*, Mskr., Außenamt.

[30] Lord Halifax an Sir Ronald Lindsay, 30. Juni 1939. 740.00/1895, *Vertraulicher Akt*, Mskr., Außenamt; s. a. Georges Bonnet, „Défense de la Paix: De Washington au Quai d'Orsay". Genf 1946, S. 193; G. Gafencu, „Derniers jours de l'Europe", Paris 1946, S. 217 ff.

[31] Lord Halifax an Sir Ronald Lindsay, 7. Juli 1939. 740.00/1858, *Vertraulicher Akt*, Mskr., Außenamt.

[32] Botschafter Bullitt an Außenminister Hull, Paris, 7. Juli 1939. 740.00/1887, *Vertraulicher Akt*, Mskr., Außenamt.

[33] Botschafter Kennedy an Außenminister Hull, Paris, 7. Juli 1939. 740.00/1931, *Vertraulicher Akt*, Mskr., Außenamt.

[34] Botschafter Kennedy an Außenminister Hull, London, 20. Juli 1939. 740.00/1936, *Vertraulicher Akt*, Mskr., Außenamt.

[35] Lord Halifax an Sir Ronald Lindsay, 5. August 1939. 740.00/2044, *Vertraulicher Akt*, Mskr., Außenamt. Der britische Standpunkt zur Angelegenheit der Definition des Begriffes „indirekter Aggression" wurde von Lord Halifax am 24. Juli klar bezeichnet: „Der betreffende Staat muß unter Androhung von Gewalt handeln, und zu seinem Handeln muß die Aufgabe seiner Unabhängigkeit oder seiner Neutralität gehören." 740.00/2018, *Vertraulicher Akt*, Mskr., Außenamt.

[36] Namier, a.a.O., S. 206 ff.; Georges Bonnet, „Fin d'une Europe", S. 275 ff.

[37] Aufzeichnung des VLR Dr. Schnurre, Wirtschaftspolitische Abteilung des Auswärtigen Amts, Berlin, 27. Juli 1939, Geheim. „Das nationalsozialistische Deutschland und die Sowjetunion", Dok. Nr. 25.

[38] Der Reichsaußenminister an den deutschen Botschafter in Moskau, Berlin, 3. August 1939. Ebendort, Dok. Nr. 28.

[39] Der deutsche Botschafter in Moskau an das Auswärtige Amt, Moskau, 3. August 1939. Ebendort, Dok. Nr. 29.

[40] Der Reichsaußenminister an den deutschen Botschafter in Moskau, Berlin, 14. August 1939. Ebendort, Dok. Nr. 34.

[41] Der deutsche Botschafter in Moskau an das Auswärtige Amt, Moskau, 15. August 1939, und Aufzeichnung des deutschen Botschafters in Moskau, 16. August 1939. Ebendort, Dok. 35 u. 36.

[42] Der deutsche Botschafter in Moskau an den Staatssekretär des Auswärtigen Amtes, Moskau. 16. August 1939. Ebendort, Dok. Nr. 37.

[43] Der Reichsaußenminister an den deutschen Botschafter in Moskau, Berlin, 16. August 1939. Ebendort, Dok. Nr. 38.

[44] Der deutsche Botschafter in Moskau an das Auswärtige Amt, Moskau, 16. August 1939. Ebendort, Dok. Nr. 39.

[45] Der Reichsaußenminister an den deutschen Botschafter in Moskau, Berlin, 20. August 1939. Ebendort, Dok. Nr. 44.

[46] Der deutsche Botschafter in Moskau an das Auswärtige Amt, Moskau, 21. August 1939. Ebendort, Dok. Nr. 48.

[47] Namier, a.a.O., S. 207 ff.; Léon Noël, „L'Aggression Allemande contre la Pologne", Paris 1946 S. 423.

[48] Edouard Daladier, „Le Procés de Nuremberg et le Pacte Germano-Russo", „Minverve", 5. April 1946; General Maurice Gamelin, „Servir", Paris 1956, II, S. 444, behauptet, daß Daladier zuerst General Doumenc telegrafiert und sich dann die polnische Zustimmung verschafft habe.

[49] Der Reichsaußenminister an das Auswärtige Amt, Moskau, 23. August 1939. „Das nationalsozialistische Deutschland und die Sowjetunion", Dok. Nr. 51.

[50] Aufzeichnung des VLR Hencke über die Unterredung des Reichsaußenministers mit Stalin und Molotow, 23./24. August 1939. Ebendort, Dok. Nr. 53.

[51] „The Ciano Diaries, 1939 bis 1943", hrsg. v. Hugh Gibson, Garden City 1947, S. 109 und 118.

[52] Ebendort, S. 119.

[53] Ebendort. S. 123 ff.

[54] Ebendort. S. 123 ff.

[55] „British Blue Book", S. 97.

[56] Sir Nevile Henderson, „Failure of a Mission", New York 1940, S. 269 f.

[57] Reichskanzler Hitler an Premierminister Cham-

berlain, 23. August 1939, „British White Paper", S. 10.

[58] „British Blue Book", S. 185 f.

[59] Ebendort, S. 191 f.

[60] „Peace and War: United States Foreign Policy, 1931–1941", Washington 1943, S. 475.

[61] Gibson, a.a.O., S. 127.

[62] Department of State, „Bulletin", 1, S. 159 f.

[63] Ebendort, S. 157 ff.

[64] „Peace and War", S. 479 f.

[65] Ebendort, S. 483.

[66] Gibson, a.a.O., S. 128 f.

[67] Henderson, a.a.O., S. 272.

[68] Der Wortlaut des Vertrages ist wiedergegeben im „Polish White Book", S. 100 ff.

[69] William H. Chamberlin, „America's Second Crusade", Chicago 1950, S. 51.

[70] Coulondre an Bonnet, Berlin, 25. August 1939. „French Yellow Book", S. 302 ff.

[71] Georges Bonnet an Coulondre, Paris, 26. August 1939, eingeschlossen eine Botschaft Daladiers an Hitler. Ebendort, S. 311 f.

[72] Coulondre an Georges Bonnet, Berlin, 27. August 1939. Ebendort, S. 317 f.

[73] Reichskanzler Hitler an Premierminister Daladier, 27. August 1939. Ebendort, S. 321 ff.

[74] Zeugenaussagen Görings und Ribbentrops vor dem Internationalen Militärgericht in Nürnberg am 29. August 1945, Nürnberger Dokumente TC–90 und TC–91.

[75] „British Blue Book", S. 126 ff.

[76] Henderson, a.a.O., S. 270 ff.

[77] Ebendort, S. 270 ff.

[78] Aufzeichnung über eine Unterredung Graf Szembeks mit Sir Howard Kennard und M. Noël, Warschau, 29. August 1939. „Polish White Book", S. 108.

[79] „British Blue Book", S. 135 ff.

[80] Henderson, a.a.O., S. 278 f.

[81] „British Blue Book", S. 139 ff.

[82] Coulondre an Georges Bonnet, Berlin, 30. August 1939. „French Yellow Book", S. 341 f.

[83] Henderson, a.a.O., S. 281.

[84] „British White Paper", S. 17.

[85] Deutsches Weißbuch, Dok. Nr. 468.

[86] Schmidt, a.a.O., S. 460.

[87] Gibson, a.a.O., S. 134 f.

[88] Léon Noël an Georges Bonnet, Warschau, 31. August 1939. „French Yellow Book", S. 358 f.

[89] Lipski an das polnische Außenministerium, Berlin, 31. August 1939. „Polish White Book", S. 119 f.

[90] Corbin an Georges Bonnet, London, 1. September 1939. „French Yellow Book", S. 358 f.

[91] Strategische Überlegungen und der Automatismus des Militärapparats griffen in den Ablauf der letzten Stunden wesentlich mit ein. Der Oberbefehlshaber des Heeres, Generaloberst v. Brauchitsch, hatte Hitler am Nachmittag des 28. August gemeldet, daß sich die Versammlung der eigenen Kräfte seit dem 25. August nahe der polnischen Grenze nicht länger aufrechterhalten lasse; man müsse sie entweder auflösen oder marschieren. Stehenbleiben könne man nicht mehr. Daraufhin hatte Hitler den Angriff für den 1. September vorgesehen, aber eine weitere Verschiebung oder eine Absage des Angriffs offen gelassen. Im übrigen hatte er zu Brauchitsch geäußert, er suche Polen in eine ungünstige Verhandlungsposition zu drängen und ins Unrecht zu setzen. Am Nachmittag des 30. August erging ein Vorbefehl an die Wehrmacht, sich für den 1. September, 4.30 Uhr, auf den Angriff vorzubereiten. Bei einer abermaligen Verschiebung könne es sich nur um einen Tag handeln, weil man nach diesem Termin in die ungünstige Spätherbstwitterung hineingeriete. Am Nachmittag des 31. August, um 16.00 Uhr, gab Hitler den endgültigen Angriffsbefehl für den 1. September. 4.45 Uhr, s. Helmuth Greiner, „Die Oberste Wehrmachtführung 1939–1943", Wiesbaden 1951, S. 50 D. Übers.

[92] „Vom andern Deutschland. Aus den nachgelassenen Tagebüchern 1938/1944 von Ulrich von Hassell", Zürich 1948, S. 70.

[93] Robert Strauß-Hupé und Stefan T. Possony, „International Relations", New York 1950 S. 648 ff.; N.M. Sloutski, „The World Armaments Rate, 1919–1939", Genf 1941, S. 23; Asher Lee, „The German Air Force", New York 1946, S. 274. Man muß sich auch vergegenwärtigen, daß Rußland ein höchst unsicherer Verbündeter war. Nach dem jugoslawischen Botschafter in Washington sagte der Sowjetbotschafter zu ihm, „das Ziel der Sowjetpolitik werde von dem gegenwärtigen Konflikt nicht berührt. So würden die Sowjets, wenn die Zeit zu Friedensverhandlungen gekommen sei, als die stärkste europäische Macht bei der Neuzeichnung der europäischen Karte eine entscheidende Rolle spielen." Constantin Fotitch, „The War We Lost: Yougoslavia's Tragedy and the Failure of the West", New York 1948, S. 35 ff.

[94] „French Yellow Book", S. 364.

[95] „Polish White Book", S. 129.

[96] „New York Times", 3. September 1939.

[97] Charles Roux, Botschafter beim Heiligen Stuhl, an Georges Bonnet, Rom, 31. August 1939. „French Yellow Book", S. 351.

[98] Gibson, a.a.O., S. 136 f.; s. a. Botschafter Phillips an Außenminister Hull, Rom, 2. September 1939. 740.0011 EW./1939/29, *Vertraulicher Akt*, Mskr., Außenamt.

[99] Geschäftsträger Kirk an Außenminister Hull, Berlin, 1. September 1939. 740.0011 EW./1939/29, *Vertraulicher Akt*, Mskr., Außenamt.

[100] Botschafter Bullitt an Außenminister Hull, Paris, 2. September 1939. 740.0011 EW./1939/51. *Vertraulicher Akt*, Mskr., Außenamt.

[101] Botschafter Bullitt an Außenminister Hull, Paris, 2. September 1939. 740.0011 EW./1939/63, Mskr., Außenamt.

[102] Paul Schmidt, a.a.O., S. 464.

[103] Paul Schmidt, a.a.O., S. 464.

[104] Botschafter Kennedy an Außenminister Hull, London, 4. September 1939.

[105] Ebendort.

[106] Geschäftsträger Kirk an Außenminister Hull, Berlin, 5. September 1939. 740.0011 EW./1939/150, *Vertraulicher Akt*; Mskr., Außenamt.

[107] Mr. Verne Marshall an den Verfasser, 25. September 1951; s. a. den Artikel von Arthur Sears Henning im „Washington Times-Herald" vom 12. November 1941.

[108] William C. Bullitt an den Verfasser, 10. November 1951.

[109] „The Forrestal Diaries", hrsg. v. E.S. Duffield, New York 1951, S. 121 f.

[110] James Forrestal war von August 1940 an Staatssekretär des Marineministeriums und folgte nach dem Tod Frank Knox' im Mai 1944 diesem als Marineminister nach. D. Übers.

[111] Graf Jerzy Potocki an das polnische Außenministerium, Washington, 16. Januar 1939. „German White Paper", S. 32 ff.

[112] Botschafter Jules Lukasiewicz an den polnischen Außenminister, Paris, Februar 1939. Ebendort, S. 43 ff.

XXIV. Kapitel

[1] Rundfunkansprache Präsident Roosevelts von Washington, 3. September 1939. „Peace and War: United States Foreign Policy, 1931–1941", Washington 1943, S. 483 ff.

[2] Dieser Bericht über die Berliner Mission Mr. Davis' beruht auf einem Brief Mr. Verne Marshalls, des ehemaligen Redakteurs der „Cedar Rapids (Iowa) Gazette". Er gibt die genaue Vorgeschichte der Reise Davis'; s. Verne Marshall an Charles C. Tansill, 11. April 1951. Mr. Marshall war so freundlich, mir die Briefe zur Verfügung zu stellen, die Mr. Davis am 11. und 12. Oktober 1939 an Präsident Roosevelt gerichtet hat. In diesen Briefen werden die Unterredungen zwischen Mr. Davis und General Göring vollständig geschildert, und sie zeigen, wie sehr ihm daran lag, diese Informationen dem Präsidenten zu unterbreiten. Ich habe dem früheren Senator Burton K. Wheeler über den Briefwechsel zwischen Mr. Davis und Präsident Roosevelt gründlich befragt, und er hat mir versichert, daß die Korrespondenz authentisch sei. Über weitere Daten dieser Angelegenheit s. „Des Moines Register", 31. März 1946.

[3] „Der großdeutsche Freiheitskampf", I, Reden Adolf Hitlers vom 1. September 1939 – 10. März 1940, München 1941.

[4] Winston S. Churchill, „The Gathering Storm", Cambridge 1948, S. 440 f.

[5] Department of State, Bulletin, I, 9. und 16. September 1939, S. 203 ff. und 246 f.

[6] Ebendort, 23. September 1939, S. 275 ff.

[7] 20. September 1939.

[8] „New York Times", 21. September 1939.

[9] Allen W. Dulles, „Cash and Carry Neutrality", „Foreign Affairs" XVIII, 1940, S. 179 ff.

[10] William K. Hutchinson, „William E. Borah, Late Senator from the State of Idaho", Washington 1940, S. 29 ff.

[11] Edwin M. Borchard an Senator William E. Borah, 20. September 1939. Dokumente Borahs, Kongreßbücherei.

[12] 21. September 1939.

[13] Memorandum Professor Thomas H. Healys, 23. September 1939, Dokumente Borahs, Kongreßbücherei.

[14] „Congressional Record", 2. Oktober 1939.

[15] Prof. Edwin M. Borchard an Senator Borah, 3. Oktober 1939. Dokumente Borahs, Kongreßbücherei.

[16] „Congressional Record", 14. Oktober 1939.

[17] „New York Times". 14. Oktober 1939.

[18] „New York Herald Tribune", 18., 20. und 23. Oktober 1939.

[19] „New York World-Telegram", 19. Oktober 1939.

[20] „Congressional Record", 3. November 1939.

[21] Proklamation vom 4. November 1939, Department of State, „Bulletin", I. S. 455 f. Das Neutralitätsgesetz vom 4. November 1939 und die Proklamationen hierzu sind wiedergegeben in Deny P. Myers und J. Shepard Jones, „Documents on American Foreign Relations, July 1939 – Juni 1940", Boston 1940, S. 656 ff.

[22] „The United States in World Affairs, 1939". S. 341.

[23] Samuel F. Bemis, „The Latin American Policy of the United States", New York 1943, S. 363.

[24] Jones und Myers, a.a.O., S. 121 f.

[25] Ebendort, S. 122 ff. s. a. Philip M. Brown, „Protective Jurisdiction", „American Journal of International Law", XXXVI, 1940, S. 112 ff.

[26] Bericht des amerikanischen Gesandten in Dublin, Cudahy, 5. September 1939. Ebendort, S. 698 f.

[27] C.H. McLaughlin, „Neutral Rights Under International Law in the European War, 1939–1941". „Minnesota Law Review", XXVI, 1941–1942, S. 1 ff. und 177 ff.

[28] Charles Callan Tansill, „America Goes to War", Boston 1938, S. 516 ff.

[29] Department of State, „Bulletin", I, S. 461 und 557 ff. Was diese britische Praxis betrifft, amerikanische Schiffe anzuhalten und einen Teil ihrer Fracht zu entladen, so ist bemerkenswert, daß der amerikanische Handel mit einigen an Deutschland angrenzenden neutralen Ländern nach Kriegsausbruch beachtlich zugenommen hatte. Im ganzen Jahr 1938 betrug der Wert der amerikanischen Ausfuhr nach Norwegen 22.567.000 Dollar, 1939 stieg er auf 32.100.000 Dollar. In derselben Zeit erhöhte sich die amerikanische Ausfuhr nach Schweden von 64.227.000 Dollar auf 96.661.000 Dollar.

[30] Britische Kabinettsorder, 27. November 1939. Jones und Myers, a.a.O., S. 705 ff.

[31] „New York Times", 5. Dezember 1939.

[32] Die Botschaft der Vereinigten Staaten in London an das Auswärtige Amt des Vereinigten Königsreichs, 8. Dezember 1939. Department of State, „Bulletin", I, S. 651.

[33] Außenminister Hull an den britischen Botschafter, Lord Lothian, 14. Dezember 1939. Department of State, „Bulletin", II, S. 4.

[34] Die Botschaft der Vereinigten Staaten in London an das Auswärtige Amt des Vereinigten Königsreichs, 27. Dezember 1939. Department of State, „Bulletin", II, S. 3.

[35] Thomas A. Bailey, „Policy of the United States Toward the Neutrals, 1917–1918", Baltimore 1942.

[36] Anthony Martienssen, „Hitler and His Admirals", New York 1949, S. 22 f.

[37] Besprechung des Oberbefehlshabers der Marine mit dem Führer, 7. September 1939. „Fuehrer Conferences on Matters Dealing with the German Navy", Washington 1947, S. 3 ff.

[38] Meldung des Oberbefehlshabers der Marine an den Führer, 16. Oktober 1939. Ebendort, S. 21.

[39] Ebendort, S. 36.

[40] Ebendort, S. 66 f.

[41] „New York Times", 7. Oktober 1939.

[42] „The Finnish Blue Book", herausgegeben vom finnischen Außenministerium, New York 1940, S. 23 ff.

[43] Ebendort, S. 27 ff.

[44] Ebendort, S. 36 f.

[45] Department of State, „Bulletin", I, S. 395.

[46] „The Finnish Blue Book", S. 56 ff.

[47] Department of State, „Bulletin", I, S. 609.

[48] „The Finnish Blue Book", S. 111.

[49] „New York Times", 2. Dezember 1939.

[50] Ebendort, 30. November 1939.

[51] 1. Dezember 1939.

[52] 2. Dezember 1939.

[53] 1. Dezember 1939.

[54] 1. Dezember 1939.

[55] „New York Times", 7. bis 11. Dezember 1939.

[56] „The Ciano Diaries, 1939–1943", hrsg. v. Hugh Gibson, Garden City 1947, 19. Dezember 1939, S. 180.

[57] Elizabeth Wiskemann, „The Rome-Berlin Axis", New York 1949, S. 187 f. Einen wichtigen Einblick in die Beziehungen zwischen Rom und Berlin in den Jahren 1939 bis 1943 gibt L. Simoni, „Berlino-Ambasciata d'Italia, 1939–1943", Rom 1946.

[58] Sumner Welles, „The Time for Decision", New York 1944, S. 78.

[59] Gibson, a.a.O., S. 212.

[60] Welles, a.a.O., S. 82.

[61] Ebendort, S. 85.

[62] Ebendort, S. 88.

[63] Ebendort, S. 104 ff.

[64] Ebendort, S. 113 ff.

[65] Wiskemann, a.a.O., S. 198 f.

[66] Wiskemann, a.a.O., S. 196 f.

[67] Welles, a.a.O., S. 140 f.

[68] Schmidt, a.a.O., S. 172 f.

[69] Gibson, a.a.O., 20. März 1940, S. 224 f.

[70] Über die Vorgeschichte der europäischen Mission Sumner Welles' berichtet Außenminister Hull in seinen „Memoirs", New York 1948, I, S. 737 ff.: „Einige Zeit danach erklärte mir der Präsident ausdrücklich, daß ihn Sumner Welles bei mehreren Gelegenheiten heimlich aufgesucht und sich dafür verwendet habe, ihn in Sondermission ins Ausland zu schicken ... Ich bin beruhigt, daß Welles den Präsidenten gebeten hat, ihn 1940 auf die Reise zu schicken ... Ich selber hätte nicht in Betracht gezogen, Welles oder sonst jemanden in einer offiziellen Stellung wie der seinen zu jenem Zeitpunkt des Krieges mit einer solchen Mission nach Europa zu entsenden."

[71] Churchill, a.a.O., S. 561 ff.

[72] Ebendort, S. 533 f.

[73] Lord Hankey, „Politics, Trials and Errors", Chicago 1950, S. 72 ff.

[74] Churchill, a.a.O., S. 344 ff.

[75] Hankey, a.a.O., S. 74–76.

[76] Ebendort, S. 78; s. a. „Britain's Designs on Norway", German White Book No. 4, New York 1940. S. 60 ff.

[77] Über die Dokumente des norwegischen Weißbuchs s. Jones und Myers, a.a.O., S. 398 ff., über die Reaktion Präsident Roosevelts und Außenminister Hulls ebendort, S. 408 ff.

[78] Hull, a.a.O., S. 752 ff.

XXV. Kapitel

[1] Präsident Roosevelt an den Premierminister Italiens, Mussolini, 29. April 1940. „Peace and War: United States Foreign Policy, 1931–1941", Washington 1943, S. 519 f.

[2] Botschafter Phillips an Außenminster Hull, Rom, 1. Mai 1940. Ebendort, S. 520 ff.

[3] „The Ciano Diaries, 1939–1943", hrsg. v. Hugh Gibson, Garden City 1947, 1. Mai 1940, S. 141 f.

[4] Mussolini an Präsident Roosevelt, 2. Mai 1940, „Peace and War", S. 522.

[5] Gibson, a.a.O., S. 242.

[6] Ebendort, 4. Mai 1940, S. 243.

[7] John Cudahy, „The Armies March", New York 1941, S. 80 f.

[8] Department of State, „Bulletin", II, 1940. S. 492 f.

[9] Gibson, a.a.O., 10. bis 13. Mai, S. 247 ff.

[10] Präsident Roosevelt an Premierminister Mussolini. 14. Mai 1940. „Peace and War", S. 526.

[11] Gibson, a.a.O., S. 250.

[12] „New York Times", 16. April 1940.

[13] „F.D.R.: His Personal Letters" hrsg. v. Elliott Roosevelt, New York 1960, II, S. 1036.

[14] Winston Churchill, „Their Finest Hour", Boston 1949, S. 24 f.

[15] Roosevelt, a.a.O., S. 1036.

[16] Churchill, a.a.O., S. 56 f.

[17] John H. Snow, „The Case of Tylor Kent", New York 1946, S. 6.

[18] Churchill, a.a.O., S. 23.

[19] Cordell Hull, „Memoirs", New York 1948. I, S. 766 ff.

[20] Ebendort, S. 773.

[21] Ebendort, S. 774 f.

[22] „New Herald Tribune", 8. Juni 1940.

[23] Churchill, a.a.O., S. 142.; s. a. House Document Nr. 288 des 78. Kongr., 1. Sitzungsperiode.

[24] Cudahy, a.a.O., S. 97 ff.

[25] Botschafter Phillips an Außenminister Hull, Rom, 27. Mai 1940. 740.0011 EW./1939/2691 I 3/7, Mskr., Außenamt.

[26] Unterredung zwischen Sumner Welles und dem britischen Botschafter, 27. Mai 1940. 740.0011 EW./1939/3124, Vertraulicher Akt, Mskr., Außenamt.

[27] Außenminister Hull an Botschafter Phillips, 30. Mai 1940. 740.0011 EW./1939/2691 I 3/7, Vertraulicher Akt, Mskr., Außenamt.

[28] Botschafter Phillips an Außenminister Hull, Rom, 1. Juni 1940. 740.0011 EW./1939/2691 I 4/7, Vertraulicher Akt, Mskr., Außenamt.

[29] Präsident Roosevelt an Sumner Welles, 1. Juni 1940. Roosevelt, a.a.O., S. 1036.

[30] Premierminister Churchill an Mackenzie King, 5. Juni 1940. Churchill, a.a.O., S. 145 f.

[31] Premier Reynaud an Präsident Roosevelt, 10. Juni 1940. „Peace and War", S. 649 f.

[32] Ebendort, S. 545 ff.

[33] Churchill, a.a.O., S. 155 f.

[34] Churchill an Roosevelt, 12. Juni 1940. Ebendort, S. 178.

[35] Präsident Roosevelt an Premier Reynaud, 13. Juni 1940. „Peace and War", S. 550 f.

[36] Churchill an Roosevelt, 13. Juni 1940. Churchill, a.a.O., S. 185.

[37] Churchill an Premier Reynaud, 13. Juni 1940. Ebendort, S. 185.

[38] Churchill an Roosevelt, 14. bis 15. Juni 1940. Ebendort, S. 188 f.

[39] Premier Reynaud an Präsident Roosevelt, 14. Juni 1940. „Peace and War", S. 554.

[40] Churchill, a.a.O., S. 200 ff.

[41] Botschafter Biddle an Außenminister Hull, Bordeaux, 18. Juni 1940. „Peace and War", S. 554.

[42] Department of State, „Press Release", 19. Juni 1940.

[43] „Congressional Record", 11. Juni 1940, S. 12041 f.

[44] Ebendort, 21. Juni 1940, S. 13314.

[45] Präsident Roosevelt an Minister Knox, 22. Juli 1940. Roosevelt, a.a.O., S. 1048 f.

[46] Churchill an Mackenzie King, 24. Juni 1940. Churchill, a.a.O., S. 227.

[47] Churchill an Lord Lothian, 28. Juni 1940. Ebendort, S. 228 f.

[48] Churchill an Präsident Roosevelt, 31. Juli 1940. Ebendort, S. 401 f.

[49] Churchill an Lord Lothian, 3. August 1940. Ebendort, S. 402 f.

[50] Aufzeichnung Roosevelts, 2. August 1940. Roosevelt, a.a.O., S. 1050 f.

[51] Churchill, a.a.O., S. 404.

[52] Aufzeichnung Präsident Roosevelts, 13. August 1940, Roosevelt, a.a.O., S. 1052. Das vorgeschlagene Abkommen mit Großbritannien über die Zerstörer gegen Flotten- und Luftstützpunkte auf britischem Gebiet lautet: „1. Zusicherung durch den Premierminister, daß britische Schiffe, falls sich die Gewässer um Großbritannien nicht mehr halten lassen sollten, nicht den Deutschen übergeben oder versenkt, sondern in andere Gebiete des Empire geschickt werden würden. 2. Übereinkunft darüber, daß Großbritannien für den Fall eines Angriffs im Gebiet der amerikanischen Hemisphäre durch eine nichtamerikanische Nation die Vereinigten Staaten ermächtigt, Neufundland, Bermuda, die Bahamas, Jamaica, St. Lucia, Trinidad und Britisch-Guayana als Flotten- und Luftstützpunkte zu benutzen ... Das für die obengenannten Zwecke notwendige Land wird gekauft oder auf 99 Jahre verpachtet."

[53] „New York Times", 5. August 1940.

[54] Ebendort, 17. August 1940.

[55] Präsident Roosevelt an Senator Walsh, 22. August 1940. Roosevelt, a.a.O., S. 1056 f.

[56] Churchill an Roosevelt, 22. August 1940. Churchill, a.a.O., S. 409 f.

[57] Churchill an Präsident Roosevelt, 22. August 1940. Churchill, a.a.O., S. 409 f.

[58] Hull, a.a.O., S. 834.

[59] Department of State, „Bulletin", III, 7. September 1940, S. 206 f.

[60] „Peace and War", S. 664 ff.

[61] „Neglected Aspects of the Destroyer Deal", „American Journal of International Law", XXXIV, Oktober 1940, S. 587.

[62] „The Attorney General's Opinion on the Exchange of Destroyers for Naval Bases". ebendort, S. 697.

[63] 4. September 1940.

[64] Harold Lavine und James Wechsler, „War Propaganda and the United States", New Haven 1940.

[65] Ebendort, S. 62.

[66] „Peace and War", S. 447 f.

[67] Lavine und Wechsler, a.a.O., S. 62.

[68] Juni 1940, S. 264.

[69] „Notes and Remarks", 29. Oktober 1940, S. 517.

[70] Walter Johnson, „The Battle Against Isolation". Chicago 1944, S. 60 f.

[71] Ebendort, S. 181.

[72] Ebendort, S. 189 f.

[73] Ebendort, S. 193 f.

[74] Charles A. Beard, „American Foreign Policy in the Making, 1932–1940". New Haven 1948 S. 282 ff.

[75] „New York Times", 24. Oktober 1940.

[76] Ebendort, 31. Oktober 1940.

[77] Robert E. Sherwood, „Roosevelt and Hopkins: An Intimate History", New York 1948, S. 201.

[78] Churchill, a.a.O., S. 553 f.

[79] Ebendort, S. 658 ff.

[80] „New York Times". 18. Dezember 1940.

[81] Sherwood, a.a.O., S. 261 f.

[82] „Peace and War", S. 599 f.

[83] „New York Times", 5. Januar 1941.

[84] „Congressional Record", 12. Januar 1941, 77. Kongr., 1. Sitzung, S. 178–179.

[85] „New York Times", 15. Januar 1941; „The Public Papers of Franklin D. Roosevelt: 1940" S. 712.

[86] Beard, a.a.O., S. 19.

[87] S. die ausführliche Analyse der Kongreßerklärungen in Beard. a.a.O., S. 24 ff.

[88] Congressional Record, 77. Kongr., 1. Sitzungsper.

[89] Hull, a.a.O., S. 710.

[90] Ebendort, S. 711.

[91] Hull, a.a.O., S. 710 ff.

[92] H.L. Trefousse, „Germany and American Neutrality, 1939–1941", New York 1961, S. 27.

[93] „Facts in Review", 14. September 1939.

[94] Trefousse, a.a.O., S. 34.

[95] Nürnberger Dokument 789-Ps.

[96] S. die ausgezeichnete Karte in Samuel F. Bemis, „A Diplomatic History of the United States", New York 1950, S. 840 f.

[97] „Fuehrer Conferences on Matters Dealing with the German Navy, 1939", S. 66.

[98] Nürnberger Dokument Dönitz-86, 5. März 1940.

[99] Trefousse, a.a.O., S. 41; „Fuehrer Conferences on Matters Dealing with the German Navy, 1940", I, S. 13.

[100] Ebendort, II, S. 37 ff.; ebendort 1941, I, S. 60 ff. u. 62 ff.

[101] „New Herald Tribune", 21. Dezember 1939.

[102] Trefousse, a.a.O., S. 42.

[103] „New York Times", 30. November 1940.

[104] „Fuehrer Conferences on Matters Dealing with the German Navy, 1941", I, S. 29.; s. die Karte bei Bemis, a.a.O., S. 858.

[105] Samuel E. Morison, „The Battle of the Atlantic, September 1939 bis Mai 1943". Boston 1947, S. 38 ff.

[106] Ebendort, S. 49 ff.

[107] Ebendort. S. 57.

[108] „New York Daily News", 17. April 1941; „New York Times", 18. April 1941.

[109] „New York Times", 26. April 1941.

[110] „Documents on American Foreign Relations, Juli 1940 – Juni 1941", hrsg. v. S. Shepard Jones und Denys P. Myers, Boston 1941, III, S. 48 ff.

[111] „New York Times", 28. Mai 1941.

[112] „Washington Post", 9. Juni 1941.

[113] „New York Times", 12. Juni 1941.

[114] Ebendort, 3., 11., 12. Juli 1941.

[115] Jones und Myers, a.a.O., S. 97.

[116] Ebendort, III, S. 230 ff.

[117] H. W. Briggs, „American Journal of International Law", XXXV, 1941, S. 506 ff.

[118] „Fuehrer Conferences on Matters Dealing with the German Navy, 1941", II, S. 44.

[119] „Documents on American Foreign Relations, 1940–1941", III, S. 417 ff.

[120] „Fuehrer Conferences on Matters Dealing with the German Navy, 1941", II, 21. Juni 1941, S. 1.

[121] „Documents on American Foreign Relations", a.a.O., S. 58 ff.

[122] „New York Times", 10. Juli 1941.

[123] Morison, a.a.O., S. 79 ff.; Congressional Record, 77. Kongr., 1. Sitzungsper., S. 8314.

[124] „Peace and War", S. 737 ff.

[125] „Fuehrer Conference on Matters Dealing with the German Navy, 1941", II, S. 44.

[126] „Hearings" vor dem Senatsausschuß für auswärtige Angelegenheiten, Leih- und Pachtgesetz, 1941, S. 211.

[127] Morison, a.a.O., S. 92 f.

[128] „Peace and War", S. 767 ff.

[129] Trefousse, a.a.O., S. 122.

[130] „Fuehrer Conferences on Matters Dealing with the German Navy. 1941", II, S. 66 f.

[131] „Peace and War", S. 784 ff.

XXVI. Kapitel

[1] Eugene Dooman an Außenminister Hull, Tokio, 10. Juli 1939. 793.94/15187, Mskr., Außenamt.

[2] Außenminister Hull an die amerikanische Botschaft in Tokio, 10. Juli 1939. 793.94/16201 A, Mskr., Außenamt.

[3] Aufzeichnung über eine Unterredung zwischen Außenminister Hull und dem japanischen Botschafter, 20. Juli 1939. 793.94/15253, Mskr., Außenamt.

[4] „New York Herald-Tribune", 20. Juni, 6. Juli 1939; „New York Times", 22. Juni, 15. Juli 1939; „Parliamentary Debates", Unterhaus, CCCL, 24. Juli, S. 992.

[5] Denkschrift der Fernöstlichen Abteilung des State Department, 6. Juli 1939. 793.94/15241.

[6] Eugene Dooman an Außenminister Hull, Tokio, 1. September 1939. 894.00/873, Mskr., Außenamt.

[7] Botschafter Bullitt an Außenminister Hull (Geheim für den Präsidenten), Paris, 1. September 1939. 793.94/15333, Vertraulicher Akt, Mskr., Außenamt.

[8] Aufzeichnung über eine Unterredung zwischen Außenminister Hull und dem japanischen Botschafter, 7. September 1939. „Japan: 1931–1941", II, S. 12 ff.

[9] Botschafter Bullitt an Außenminister Hull, Paris, 11. September 1939. 793.94/15369, Vertraulicher Akt, Mskr., Außenamt.

[10] Botschafter Bullitt an Außenminister Hull, Paris, 20. Oktober 1939. 793.94/15426, Streng vertraulich, Mskr., Außenamt.

[11] Herbert Feis, „The Road to Pearl Harbour", Princeton 1950, S. 41.

[12] Ebendort, S. 42.

[13] Joseph C. Grew, „Ten Years in Japan", New York 1944, S. 296 ff.

[14] Botschafter Grew an Außenminister Hull, Tokio, 4. Dezember 1939. „Japan: 1931–1941", II, S. 40 ff.

[15] Ebendort, S. 202.

[16] Ebendort, S. 203 f.

[17] „Japan: 1931–1941", II, S. 56 f.

[18] Ebendort, S. 59 f.

[19] Londoner „Times", 29. März 1940.

[20] Ebendort, 25. März 1940.

[21] „New York Times", 16. April 1940.

[22] „New York Herald-Tribune", 19. April 1940.

[23] Department of State, „Bulletin", II, 19. April 1940.

[24] „New York Times", 18. April 1940.

[25] Feis, a.a.O., S. 69 ff.

[26] „Documents on American Foreign Relations, 1940–1941", III, S. 270 f.

[27] Department of State, „Bulletin", III, 20. Juli 1940, S. 36.

[28] Feis, a.a.O., S. 89 ff.

[29] Ebendort, S. 93. Der Text der Proklamation des Präsidenten vom 26. Juli 1940 steht in „Japan 1931–1941", II, S. 216 ff.

[30] Ebendort, S. 93 f.

[31] „Pearl Harbour Attack", Teil 2, S. 637.

[32] Department of State, „Bulletin", III, 28. September 1940, S. 250.

[33] Vernehmung General Oshimas, 4. Februar 1946. „Record of Proceedings, International Military Tribunal for the Far East", Exhibit Nr. 497.

[34] Ebendort.

[35] Ebendort.

[36] Ribbentrop an General Eugen Ott, 15. März u. 26. April 1939, u. General Ott an Ribbentrop, 4. Mai 1939. Ebendort, Exhibit Nr. 486-K, Exhibit Nr. 502; Exhibit Nr. 6098; u. Exhibit Nr. 503.

[37] Botschafter Ott an das Auswärtige Amt, 19. September 1939. Amerikanischer Militärgerichtshof, Fall VI: „The United States of America Against Krauch, et al.", S. 1823.

[38] Botschafter Ott an das Auswärtige Amt, 12. Juni 1940. „Far Eastern Military Tribunal", Exhibit Nr. 516.

[39] Unterredung zwischen Ribbentrop und Sato, 8. Juli 1940. Ebendort, Exhibit Nr. 524.

[40] Ebendort, Exhibit Nr. 527.

[41] Ebendort, Exhibits Nr. 549, 550, 552, 553.

[42] William L. Shirer, „Berlin Diary" New York 1941, S. 532 ff.

[43] „Japan: 1931–1941", II, S. 165 f.

[44] H.L. Trefousse, „German and American Neutrality, 1939–1941", New York 1951, S. 71.

[45] „Pearl Harbour Attack", Teil 12, S. 56 ff.

[46] Masuo Kato, „The Lost War, A Japanese Reporter's Inside Story", New York 1946, S. 20.

[47] „New York Times", 13. Oktober 1940.

[48] Unterredung zwischen Außenminister Hull und Lord Lothian, 25. November 1940. 740.0011 P. W./40, Mskr., Außenamt.

[49] „Japan: 1931–1941", II, S. 232 ff.

[50] Ebendort, S. 236 f.

[51] Ebendort, S. 238 ff.

[52] „Far Eastern Military Tribunal", Exhibit Nr. 3441, S. 32979 ff.

[53] Der Delegation gehörten noch Mr. Sato und Mr. Toda an.

[54] Stanley K. Hornbeck war Leiter der politischen Abteilung des State Department, Maxwell M. Hamilton Leiter der Fernöstlichen Abteilung und Joseph W. Ballantine ein Beamter des auswärtigen Dienstes.

[55] Aufzeichnung Mr. Hornbecks, 15. Januar 1941. 711.94/2206, Mskr., Außenamt.

[56] Zeugenaussage Admiral Starks. „Pearl Harbour Attack", Teil 5, S. 2391.

[57] Admiral H.B. Stark an die Oberbefehlshaber der Pazifikflotte, der asiatischen Flotte und der atlantischen Flotte der Vereinigten Staaten, 3. April 1941. Ebendort, Teil 17, S. 2462 f.

[58] „Fuehrer Conferences on Matters Dealing with the German Navy, 1941", I, S. 4.

[59] „Nazi Conspiracy and Aggression", IV, 1834-PS, S. 469 ff.

[60] Weisung Hitlers vom 5. März 1941, Nürnberger Dokument 075-C.

[61] Aufzeichnung des Gesandten Schmidt über eine Unterredung zwischen Ribbentrop und Matsuoka, 27. März 1941. „Das nationalsozialistische Deutschland und die Sowjetunion 1939–1941", deutsche Ausgabe, Dok. Nr. 223.

[62] Aufzeichnung über eine Unterredung zwischen Ribbentrop und Matsuoka, 28. März 1941. Ebendort, Dok. Nr. 225.

[63] Elizabeth Wiskemann, „The Rome–Berlin Axis", New York 1949, S. 258.

[64] Aufzeichnung Außenminister Hulls, 14. Februar 1941. „Japan: 1931–1941", II, S. 387.

[65] Frederick Moore, „With Japan's Leaders", New York 1942, S. 171.

[66] Zeugenaussage Ribbentrops in Nürnberg am 10. September 1945.

[67] „Far Eastern Military Tribunal", S. 24721.

[68] Toshikazu Kase, „Journey to the Missouri", New Haven 1950, S. 44. s. a. Botschafter Steinhardt an Außenminister Hull, Moskau, 24. März 1941. „Japan: 1931–1941", II, S. 143 ff.

[69] Kase, a.a.O., S. 45

[70] Ebendort, S. 45.

[71] Ebendort, S. 45.

[72] „Pearl Harbour Attack", Teil 20, S. 3985 ff.

[73] „Japan: 1931–1941", II, S. 325 ff.

[74] Ebendort, S. 407.

[75] Botschafter Grew an Außenminister Hull, 14. Mai 1941. Ebendort, S. 145 ff.

[76] Aufzeichnung über eine Unterredung zwischen Sumner Welles und Viscount Halifax, 17. Mai 1941. 711.94/2207, Mskr., Außenamt.

[77] „Memoirs of Prince Konoye", „Pearl Harbour Attack", Teil 20, S. 3993. s. a. das Tagebuch des Marquis Koitschi Kido in „Far Eastern Military Tribunal", Exhibit Nr. 635.

[78] „Memoirs of Prince Konoye", a.a.O., S. 4018 f.

[79] Diese abgefangenen Codesprüche aus Tokio sind wiedergegeben in „Pearl Harbour Attack", Teil 12, S. 1 ff.

[80] Henry L. Stimson und McGeorge Bundy, „On Active Service in War and Peace", New York 1948, S. 366.

[81] Ebendort, S. 367 ff.

[82] Abgefangener japanischer Funkspruch von Kanton nach Tokio, 14. Juli 1941. „Pearl Harbour Attack", Teil 12, S. 2–3.

[83] Das japanische Außenamt an Botschafter Nomura, 23. Juli 1941, Ebendort, S. 4 f.

[84] Aufzeichnung über eine Unterredung zwischen Präsident Roosevelt und dem japanischen Botschafter, 24. Juli 1941. „Japan: 1931–1941". II, S. 527 ff.

[85] Aufzeichnung über eine Unterredung zwischen Oberst Iwakuro und Mr. Ballantine, 25. Juli 1941. Ebendort, S. 530 f.

[86] Aufzeichnung über eine Unterredung zwischen Sumner Welles und Botschafter Nomura, 28. Juli 1941. Ebendort, S. 537 ff. Über die Darstellung Nomuras der Verhandlungen mit den Vereinigten Staaten s. seinen Artikel „Stepping-Stones to War", „Proceedings of the United States Naval Institute", LXXVII, Nr. 9, September 1951, S. 927 ff.

[87] Aufzeichnung über eine Unterredung zwischen Sumner Welles und Mr. Wakasugi, 4. August 1941. Ebendort, S. 540 ff.

[88] Das japanische Außenamt an Botschafter Nomura, 5. August 1941. „Pearl Harbour Attack", Teil 12, S. 10 f.

[89] Aufzeichnung über eine Unterredung zwischen Außenminister Hull und Botschafter Nomura. „Japan: 1931–1941", II, S. 546 ff.

[90] Das japanische Außenamt an Botschafter Nomura, 7. August 1941. „Pearl Harbour Attack", Teil 12, S. 12 f.

[91] Aufzeichnung über eine Unterredung zwischen Außenminister Hull und Botschafter Nomura, 8. August 1941. „Japan: 1931–1941", II, S. 530 ff.

[92] Botschafter Nomura an das japanische Außenamt, 9. August 1941. „Pearl Harbour Attack", Teil 12, S. 15.

[93] Aufzeichnungen über die Unterredungen in Argentia zwischen Präsident Roosevelt, Premierminister Churchill, Sir Alexander Cadogan, Harry Hopkins und Sumner Welles. Ebendort, Teil 4, S. 1784 ff.

[94] Winston S. Churchill, „The End of the Beginning", Boston 1943, S. 33.

[95] „Japan: 1931–1941", II, S. 556 ff.

[96] Aufzeichnung Botschafter Grews, 18. August 1941. Ebendort, S. 560 ff.

[97] Botschafter Grew an Außenminister Hull, Tokio, 18. August 1941. Ebendort, S. 565.

[98] Prinz Konoye an Präsident Roosevelt, 27. August 1941. Ebendort, S. 572 f.

[99] Aufzeichnung Außenminister Hulls über eine Unterredung zwischen dem Präsidenten und Botschafter Nomura.

[100] „Memoirs of Prince Konoye", „Pearl Harbour Attack", Teil 20, S. 4004 f.

[101] Botschafter Grew an Außenminister Hull, 29. September 19-11. „Japan: 1931–1941", II, S. 645 ff.

[102] Botschafter Grew an Außenminister Hull, 29. September 1941. „Japan: 1931–1941", II, S. 645 ff.

[103] Von Außenminister Hull Botschafter Nomura übergebene, mündlich vorgetragene Erklärung, 2. Oktober 1941. Ebendort, S. 650 ff.

[104] Beeidigte Zeugenaussage Bischof Walshs, „Far Eastern Military Tribunal", Exhibit Nr. 3441, S. 32985 ff.

[105] „Pearl Harbour Attack", Teil 12, S. 51.

[106] Joseph C. Grew, „Ten Years In Japan", S. 451 f.

[107] „Memoirs of Prince Konoye", „Pearl Harbour Attack", Teil 20, S. 4007 ff. s. a. „Far Eastern Military Tribunal", Exhibit Nr. 2250.

[108] Herbert Feis, „The Road to Pearl Harbour", Princeton 1950, S. 282 ff.; Charles A. Beard, „President Roosevelt and the Coming of the War 1941", New Haven 1948, S. 498 ff.; Frederic R. Sanborn, „Design for War", New York 1951, S. 377 ff.

[109] Botschafter Grew an Außenminister Hull, 3. November 1941. Ebendort, Teil 15, S. 1476 ff.

[110] „Pearl Harbour Attack", Teil 14, S. 1062 ff.; Teil 5, S. 2085 f.

[111] Tschiang Kai-schek an Präsident Roosevelt, 2. November 1941. Ebendort, Teil 15, S. 1476 ff.

[112] Ebendort, Teil 14, S. 1061 f.; Teil 16, S. 2222 f.

[113] Henry L. Stimson, „Diary", 6.–7. November, „Pearl Harbour Attack", Teil 11, S. 5420.

[114] Außenminister Hull an Justice Roberts, 30. Dezember 1941. Ebendort, Teil 20, S. 4112.

[115] Admiral Stark an Admiral Hart, 7. November 1941. Ebendort, Teil 5, S. 2121.

[116] Aufzeichnung Botschafter Grews, 10. November 1941. „Japan: 1931–1941". II, S. 710 ff.

[117] Das japanische Außenamt an Botschafter Nomura, 6. November 1941. „Pearl Harbour Attack", Teil 12, S. 100.

[118] Das japanische Außenamt an Botschafter Nomura, 11. November 1941. Ebendort, S. 116 f.

[119] Botschafter Nomura an das japanische Außenamt, 14. November 1941. Ebendort, Teil 12. S. 127.

[120] Das japanische Außenamt an Botschafter Nomura, 15. November 1941. Ebendort, S. 130.

[121] Mündliche, von Außenminister Hull Botschafter Nomura übergebene Erklärung, 15. November 1941. „Japan: 1931–1941". II, S. 734 ff.

[122] „The Career of Saburo Kurusu", 19. November 1941. Zusammenstellung von Informationen, Fernöstliche Abteilung. 711.94/2529, Mskr., Außenamt.

[123] Gespräch des Verfassers mit Senator Burton K. Wheeler.

[124] Aufzeichnung über eine Unterredung zwischen Außenminister Hull, Botschafter Nomura und Mr. Kurusu, 20. November 1941. „Japan: 1931–1941", II, S. 753 ff.; Sanborn, a.a.O., S. 463 f.

[125] „Pearl Harbour Attack", Teil 14, S. 1108 f.

[126] Das japanische Außenamt an Nomura und Kurusu, 22. November 1941. Ebendort, Teil 12, S. 165.

[127] Aufzeichnung über eine Unterredung zwischen Außenminister Hull, Botschafter Nomura und Mr. Kurusu, 22, November 1941 „Japan: 1931–1941", II, S. 757 ff.

[128] „Pearl Harbour Attack", Teil 14, S. 1138.

[129] Ebendort, S. 1142 ff.

[130] Henry L. Stimson, „Diary", 25. November 1941. Ebendort, Teil 11, S. 5433.

[131] Aufzeichnung über eine Unterredung zwischen Außenminister Hull und dem chinesischen Botschafter, Dr. Hu Schih, 25. November 1941. 711.94/2479, Mskr., Außenamt.

[132] „Pearl Harbour Attack", Teil 14, S. 1161 ff.

[133] Ebendort, S. 1160.

[134] 82. Kongreß, 1. Sitzungsperiode, Teil 1, S. 153 ff.

[135] Botschafter Gauss an Außenminister Hull,

Tschungking, 3. Dezember 1941. 711.94/2600, Mskr., Außenamt.

[136] „Pearl Harbour Attack", Teil 14, S. 1300.

[137] Henry L. Stimson, „Diary", 26. November 1941. Ebendort, Teil 11. S. 5434.

[138] Ebendort.

[139] Ebendort, Teil 9, S. 4259.

[140] Mündliche, von Außenminister Hull Botschafter Nomura und Mr. Kurusu übergebene Erklärung, 26. November 1941. „Japan: 1931–1941", II. S. 766 ff.

[141] Das japanische Außenamt an Botschafter Nomura, Tokio, 19. November 1941. „Pearl Harbour Attack", Teil 12, S. 164.

[142] George Morgenstern, „Pearl Harbour", New York 1947, S. 206.

[143] Ebendort, S. 211. Über die vollständige Aussage Captain Saffords s. „Pearl Harbour Attack" Teil 8. S. 3555 ff.

[144] Ebendort, Teil 3, S. 1049 ff. u. Teil 5, S. 2096 ff.

[145] Morgenstern, a.a.O., S. 269.

[146] Nach dem Bericht des Kongreß-Untersuchungs-ausschusses forderte der Angriff 3435 Tote und Verwundete. Vernichtet wurden 188 Flugzeuge (am Boden), acht Schlachtschiffe, drei leichte Kreuzer, drei Zerstörer und vier kleinere Schiffe. Die japanische Expeditionsflotte war am 25. November (Honolulu-Zeit) von den Kurilen mit nördlichem Kurs in See gegangen. Sie nahm auf See Öl auf und gelangte am 6. Dezember bis auf 600 Meilen an Hawai heran. Ein letzter Nachtmarsch brachte sie zu einem Punkt 200 Meilen nördlich von Oahu. Von dort starteten die Trägerflugzeuge und griffen zwei Stunden hindurch in Wellen an. Die Japaner verloren keine hundert Mann, 29 Flugzeuge und fünf U-Boote. D. Übers.

[147] Ebendort, S. 275. s. a. das Zeugnis des Obersten Rufus S. Bratton in „Pearl Harbour Attack", Teile 9 u. 10, S. 4508 ff.

[148] Ebendort, S. 276.

[149] „Pearl Harbour Attack", Teil 39, S. 95; Robert E. Ward, „The Inside Story of the Pearl Harbour Plan", United States Naval Institute „Proceedings", LXXVII, Nr. 12, Dezember 1951, S. 1271 ff.

Quellennachweis

I. Manuskripte

Amtliche Dokumente

Kategorien der diplomatischen Korrespondenz des
Department of State

033.1140 Stimson, Henry L.
033.6511 Grandi, Dino
123 Bullitt, William C.
150.01
462.00R293
462.00R294
500.A15A5
500.A4B
611.6231
611.94231
693.002
693.002 Manchuria
701.6511
702.6211
711.00111 Armament Control
711.62
711.652
711.94
711.942
711.945
740.00
740.0011 European War–1939
740.0011 Mutual Guarantee–Locarno
740.0011 Pacific War
741.00
741.52
751.6111
751.62
751G.94
756.94
761.9411
763.7219
765.84
793.94
793.94 Commission
793.9411

800.51 W89 France
811.00 Nazi
811.20 (D) Regulations
811.34
811.4611
811.607
811.659 Helium-American Zeppelin Transport, Inc.
840.48 Refugees
862.00
862.002
862.002 Hitler, Adolf
862.014
862.20
862.4016
862.406
862T.01
863.00
865.00
884.6363 African Exploitation and Development Co.
893.00
893.00 P.R./Hankow
893.00 Tsinan
893.01 Manchuria
893.102 Tientsin
893.51
894.002
894.51
Privatdokumente
(wenn nichts anderes vermerkt, aus der Manuskriptabteilung der Kongreßbücherei)
Borah, William E.
Coolidge, Calvin
House, Edward M., Bücherei der Yale-Universität
Knox, Philander C.
Lansing, Robert
Marshall, Verne, Cedar Rapids, Iowa
Roosevelt, Theodore
Root, Elihu
Taft, William H.
Wilson, Woodrow

II. Veröffentlichungen durch Druck

Amtliche Dokumente

Vereinigte Staaten:
Kongreß:
„The Congressional Record, 1900–1941."
„Pearl Harbour Attack", Hearings before the Joint Committee on the Investigation of the Pearl Harbour Attack, 79. Kongreß, 2. Sitzungsperiode, 39 Teile. Washington, D. C., 1946.

Department of State:
„Bulletins, 1933–1941."
„Documents on German Foreign Policy, 1918–1945", Series D:
I. „From Neurath to Ribbentrop, 1937–1938", Washington, D. C., 1949.
II. „Germany and Czechoslovakia, 1937–1938", Washington, D. C., 1949.
IV. „The Aftermath of Munich, 1938–1939", Washington, D. C., 1951.
[„Akten zur deutschen Auswärtigen Politik 1918–1945. Aus dem Archiv des deutschen Auswärtigen Amtes", Baden-Baden 1950.]
„Papers Relating to the Foreign Relations of the United States, 1900–1934."
„Papers Relating to the Foreign Relations of the United States, Japan: 1931–1941", 2 Bände, Washington, D. C., 1943.
„Nazi-Soviet Relations, 1939–1941", Washington, D. C., 1948.
[„Das national-sozialistische Deutschland und die Sowjetunion 1939–1941", deutsche Ausgabe, Washington, D. C.]
„Peace and War: United States Foreign Policy, 1931–1941", Washington, D. C., 1943.
„Press Releases, 1933–1941."

International Military Tribunal: „Trial of the Major War Criminals Before the International Military Tribunal, Nuremberg, 14 November, 1945–1 Oktober, 1946", 42 Bände, Nürnberg, 1947–1949.
[„Der Prozeß gegen die Hauptkriegsverbrecher vor dem Internationalen Militärgerichtshof", Nürnberg 1947–1949.]

International Military Tribunal for the Far East: „Record of Proceedings."

Navy Department:
Office of Naval Intelligence: „Fuehrer Conferences on Matters Dealing with the German Navy, 1939–1941", 5 Bände, Washington, D. C., 1947.
Office of the United States Chief Counsel for Prosecution of Axis Criminality: „Nazi Conspiracy and Aggression", 11 Bände, Washington, D. C., 1946–1948.
[Vorpublikation des „Trial of the Major War Criminals."]

Großbritannien:

Britische Blaubücher:
„Documents Concerning German-Polish Relations and the Outbreak of Hostilities between Great Britain and Germany on September 3, 1939", Cmd. 6106, Miscellaneous No. 9, London 1939.
„Protocols Determining the Frontiers between Germany and Czechoslovakia, Berlin, November 20–21, 1938, Cmd. 5908, Miscellaneous No. 11, London 1938.

Dokumente des Foreign Office:
„Documents on British Foreign Policy, 1919–1939, Third Series", Band I-II, 1938, London 1949.

Britische Weißbücher:
„Correspondence Respecting Czechoslovakia, September, 1938", Cmd. 5847, Miscellaneous No. 8, London 1938.
„Further Documents Respecting Czechoslovakia, Including the Agreement Concluded at Munich on September 29, 1938", Cmd. 5848, Miscellaneous No. 8, London 1938.
„Agreement between the Government of the United Kingdom and the Polish Government Regarding Mutual Assistance, London, August 25, 1939", Cmd. 6616, Poland No. 1, London 1945.

Finnland:
„Finnish Blue Book: The Development of Finnish-Soviet Relations in the Light of Official Documents, Including the Peace Treaty of March 4, 1940", New York 1940.

Frankreich:
„French Yellow Book", New York 1940.

Deutschland:
„Documents on the Events Preceding the Outbreak of the War", New York, 1940.
„German White Paper of Polish Documents", New York, 1940.
[„Dokumente zur Vorgeschichte des Krieges" (Deutsches Weißbuch), hrsg. vom Auswärtigen Amt, Berlin 1939.]
„Verhandlungen zur Lösung der sudetendeutschen Frage", Berlin 1938.

Polen:
„Polish White Book: Official Documents Concerning Polish-German and Polish-Soviet Relations, 1933–1939", London 1940.

Völkerbund:
„Official Journal, 1929–1939."
„Report of the Commission of Enquiry", Dok. C. 663. M. 320, 1932, Band VII, Genf 1932.

Nichtamtliche Sammlungen von Dokumenten, Briefen, Reden

„Arms and the Covenant: Speeches by the Rt. Hon. Winston S. Churchill, 1929–1938, compiled by Randolph S. Churchill", London 1939.
„Documentary Background of World War II, 1931–1941", hrsg. von James W. Gantenbein, New York 1948.
„Documents and Materials Relating to the Eve of the Second World War", 2 Bände, New York 1948.
„Documents on American Foreign Relations, 1938–1941", hrsg. von S. Shepard Jones und Denys P. Myers und jährlich veröffentlicht durch die World Peace Foundation, Boston.
„Documents on International Affairs", hrsg. von John W. Wheeler-Bennett und veröffentlicht für das Royal Institute of International Affairs, London 1930–39. „Hitler's Speeches, 1922–1939", hrsg. von Norman H. Baynes, 2 Bände, Oxford 1942.
„My New Order: Speeches by Adolf Hitler, 1922–1941", hrsg. von Count Raoul de Roussy de Sales, New York 1941.
[„Der großdeutsche Freiheitskampf. Reden Adolf Hitlers vom 1. September 1939 bis 10. März 1940", München 1941.]
Roosevelt, Franklin D. „F.D.R., His Personal Letters, 1928–1945", hrsg. von Elliott Roosevelt, 2 Bände, New York 1950.
„Public Papers and Adresses of Franklin D. Roosevelt", hrsg. von Samuel I. Rosenman, 13 Bände, New York 1938, 1941, 1950.
„Roosevelt's Foreign Policy, 1933–1941, Franklin D. Roosevelt's Unedited Speeches and Messages", New York 1942.
„Speeches on Foreign Policy: The Rt. Hon. Viscount Halifax, 1934–1940", Oxford 1940.
„The Struggle for Peace: Speeches by the Rt. Hon. Neville Chamberlain, 1937 to 1939", London 1939.

III. Tagebücher, Memoiren, Verschiedenes

Bonnet, Georges, „La Défense de la Paix, de Washington au Quai d'Orsay", Genf 1946.
Bono, General Emilio de, „Anno XIII", London 1937.
Churchill, Winston S., „The End of the Beginning", Boston 1943.
Churchill, Winston S., „The Gathering Storm", Boston 1948.
Churchill, Winston S., „Their Finest Hour", Boston 1949.
Churchill, Winston S., „The Grand Alliance", Boston 1950.
„Ciano Diaries: Personal Diaries of Count Galeazzo Ciano, 1939–1943", hrsg. von Hugh Gibson, Garden City 1947.
Davies, Joseph E., „Mission to Moscow", New York 1941.
Dodd, William E., „Diary, 1933–1938", hrsg. von William E. Dodd jr. und Martha Dodd, New York 1941.
Farley, James A., „Jim Farley's Story: The Roosevelt Years", New York 1948.
Forrestal, James A., „Diaries", hrsg. von Walter Millis und E. S. Duffield, New York 1951.
François-Poncet, André, „The Fateful Years: Memoirs of a French Ambassador in Berlin, 1931–1938", New York 1949.
Gafencu, Grigore, „Last Days of Europe: A Diplomatic Journey in 1939", New Haven 1948.

Gamelin, General M.-G., „Servir", Paris 1946; Band I: „Les Armées françaises en 1940", Band II: „Le Prologue du Drame, 1930–1939".

Gisevius, G.B., „Bis zum bitteren Ende", Zürich 1946.

Goebbels, Joseph, „Diaries", hrsg. von Louis P. Lochner, Garden City 1948.

[„Goebbels' Tagebücher", hrsg. von Louis Lochner, Zürich 1948.]

Graves, General William S., „America's Siberian Adventure", New York 1931.

Grew, Joseph C., „Ten Years in Japan", New York 1944.

Hassell, Ulrich v., „Vom anderen Deutschland", Tagebuch Ulrich v. Hassells, Zürich 1946, 2. Auflage 1948.

Henderson, Sir Nevile, „Failure of a Mission", New York 1940.

Hitler, Adolf, „Mein Kampf", München 1926.

Hoover, Herbert, „Communism Erupts in Europe", „Collier's", CXXVIII, 8. September 1951, S. 26 f. u. 68 ff.

Hull, Cordell, „Memoirs", 2 Bände, New York 1948.

Ishii, Kikujiro, „Diplomatic Commentaries", übersetzt und hrsg. von W. R. Langdon, Baltimore 1936.

Kase, Toshikazu, „Journey to the Missouri", New Haven 1950.

Kato, Masuo, „The Lost War: A Japanese Reporter's Inside Story", New York 1946.

Konoye, Prinz, „Memoirs" in „Pearl Harbour Attack", Punkt 20, S. 3985 ff.

Lansing, Robert, „War Memoirs", Indianapolis 1935.

Lloyd George, David, „Memoirs of the Peace Conference", New Haven 1939.

Lochner, Louis P., „What About Germany?", New York 1943.

Miller, David H., „My Diary at the Conference of Paris", 21 Bände, New York 1924.

Moley, Raymond, „After Seven Years", New York 1939.

Morgenthau, Henry, „The Morgenthau Diaries" in „Collier's", CXX; 4. Oktober 1947, S. 20 f., 45, 48 f.; 18. Oktober 1947, S. 16 f., 71 ff.; 25. Oktober 1947, S. 24 f., 83 ff.

Nicolson, Harold, „Peacemaking 1919", Boston 1933.

Noël, Léon, „L'Aggression allemande contre la Pologne", Paris 1946.

Perkins, Frances, „The Roosevelt I Knew", New York 1946.

Reinsch, Paul, „An American Diplomat in China", New York 1922.

Reynaud, Paul, „La France a sauvé l'Europe", Paris 1947.

Rothermere, Viscount, „Warnings and Predictions", London 1939.

Russell, William, „Berlin Embassy", New York 1941.

Schmidt, Paul, „Hitler's Interpreter", London 1950.

[Schmidt, Paul, „Statist auf diplomatischer Bühne, 1923–1945", Bonn 1949.]

Schuschnigg, Kurt v., „Requiem in Rot-Weiß-Rot", Zürich 1946.

Seymour, Charles, (Hrsg.), „The Intimate Papers of Colonel House", 4 Bände, Boston 1926.

Shirer, William, „Berlin Diary", New York 1941.

Shotwell, James T., „At the Peace Conference", New York 1937.

Stimson, Henry L., „Diary" [November–Dezember 1941] in „Pearl Harbour Attack", Punkt 11, S. 5431 ff.

Stimson, Henry L., und McGeorge Bundy, „On Active Service in War and Peace", New York 1947.

Tolischus, Otto, „Tokyo Record", New York 1943.

Weizsäcker, Ernst v., „Memoirs", übersetzt von John Andrews, Chicago 1951.

[Weizsäcker, Ernst Freiherr v., „Erinnerungen", München 1950.]

Welles, Sumner, „Memoranda of Conservations [in Argentia, Neufundland], August 10–11, 1941" in „Pearl Harbour Attack", Punkt 4, S. 1784 ff.

Welles, Sumner, „Time for Decision", New York 1944.

Wilson, Hugh, „Diplomat between Wars", New York 1941.

IV. Biographien, Monographien, Untersuchungen, Artikel

Alsop, Joseph, und Robert Kintner, „American White Paper: The Story of American Diplomacy and the Second World War", New York 1940.

Bailey, Thomas A., „Woodrow Wilson and the Lost Peace", New York 1944.

Bailey, Thomas A., „The Man in the Street: The Impact of American Public Opinion on Foreign Policy", New York 1948.

Baker, Ray S., „Woodrow Wilson and World Settlement", 3 Bände, New York 1922.

Barmine, Alexander, „One Who Survived", New York 1945.

Beard, Charles A., „American Foreign Policy in the Making, 1932–1940", New York 1948.

Beard, Charles A., „President Roosevelt and the Coming of the War, 1941", New Haven 1948.

Beer, George L., „African Questions at the Paris Peace Conference", hrsg. von L. H. Gray, New York 1923.

Beloff, Max, „The Foreign Policy of Soviet Russia, 1929–1941", New York 1929.

Bemis, Samuel F., „The Latin American Policy of the United States", New York 1945.

Benson, Oliver E., „Through the Diplomatic Looking Glass: Immediate Origins of the War in Europe", Norman, Okla., 1939.

Birdsall, Paul, „Versailles Twenty Years After", New York 1941.

Blum, Léon, „Peace and Disarmament", London 1932.

Bonn, M.J., „How Sanctions Failed" in „Foreign Affairs", XV, 1937, S. 350 ff.

Borchard, Edwin M., „The Multilateral Treaty for the Renunciation of War" in „American Journal of International Law", XXIII, 1929, S. 116 ff.

Borchard, Edwin M., „The Arms Embargo and Neutrality" in „American Journal of International Law", XXVII, 1933, S. 293 ff.

Borchard, Edwin M., und William P. Lage, „Neutrality for the United States", New Haven 1937.

Borchard, Edwin M., und Phoebe Morrison, „Legal Problems in the Far Eastern Conflict", New York 1941.

Borg, Dorothy, „American Policy and the Chinese Revolution, 1925–1928", New York 1947.

Briggs, Herbert, „Neglected Aspects of the Destroyer Deal" in „American Journal of International Law", XXXIV. 1940, S. 569 ff.

Briggs, Herbert, „Non-Recognition of Title by Conquest" in „Proceedings of the American Society of International Law", 13.–15. Mai 1940, S. 79 ff.

Burnett, Philip M., „Reparation at the Paris Peace Conference", New York 1940.

Buss, Claude A., „War and Diplomacy in Eastern Asia", New York 1941.

Cave, Floyd A., e. a., „The Origins and Consequences of World War II", New York 1948.

Chamberlin, William H., „Japan Over Asia", Boston 1937.

Chamberlin, William H., „America's Second Crusade", Chicago 1950.

Commager, Henry S., „The Story of the Second World War", Boston 1945.

Cooper, Russell M., „American Consultation in World Affairs", New York 1934.

Dallin, David J., „Soviet Russia's Foreign Policy, 1939–1942", New Haven 1942.

Dallin, David J., „Soviet Russia and the Far East", New Haven 1948.

Davies, Lord, „The Problem of the Twentieth Century: A Study in International Relationships", London 1934.

Davis, Forrest, und Ernest K. Lindley, „How War Came", New York 1942.

Dietrich, Ethel B., „Far Eastern Trade of the United States", New York 1940.

Donald, Sir Robert, „The Polish Corridor and the Consequences", London 1929.

Dulles, Allen W., „Germany's Underground", New York 1947.

Farley, Miriam S., „America's Stake in the Far East" in „Far Eastern Survey", V, 29. Juli 1926, S. 161 ff.

Fay, Sidney B. „Origins of the World War", 2 Bände, New York 1929.

Feiling, Keith, „Life of Neville Chamberlain", London 1946.

Feis, Herbert, „The Road to Pearl Harbour", Princeton 1950.

Ferguson, John H., „American Diplomacy and the Boer War", Philadelphia 1939.

Field, Frederick V., „American Participation in the China Consortium", Chicago 1931.

Flynn, John T., „Country Squire in the White House", New York 1940.

Flynn, John T., „The Roosevelt Myth", New York 1948.

Friedman, Irving S., „British Relations with China, 1931–1939", New York 1940.

Friters, George, „The International Position of Outer Mongolia", Dijon 1939.

Geydye, George E.R., „The Revolver Republic", London 1930.

Geydye, George E.R., „Betrayal in Central Europe", New York 1939.

Géraud, André (Pertinax), „The Gravediggers of France", New York 1944.

Griswold, A. Whitney, „The Far Eastern Policy of the United States", New York 1938.

Haines, C. Grove, und Ross J.S. Hoffman, „Origins and Background of the Second World War", New York 1943.

Hall, Walter P., „Iron out of Calvary: An Interpretative History of the Second World War", New York 1946.

Hankey, Lord, „Politics, Trials and Errors", Chicago 1950.

Harris, C.R.S., „Germany's Foreign Indebtedness", London 1935.

Hart, B.H. Liddell, „The German Generals Talk", New York 1948.

Hasluck, E.L., „The Second World War", London 1948.

Hedin, Sven, „The Silk Road", New York 1938.

Heiden, Konrad, „Adolf Hitler, eine Biographie", Zürich 1944.

Hornbeck, Stanley K., „The United States and the Far East", Boston 1942.

Hutton, Graham, „Survey after Munich", Boston 1939.

Johnson, Allen C., „Viscount Halifax", London 1941.

Johnson, Walter, „The Battle Against Isolation", Chicago 1944.

Johnstone, William C., „The United States and Japan's New Order", New York 1941.

Kaeckenbeeck, Georges, „The International Experiment of Upper Silesia", London 1942.

Kawakami, Kiyoshi, „Japan in China", New York 1938.

Keith, Arthur B., „The Causes of the War", London 1940.

Koenig, Louis W., „The Presidency and the Crisis: Powers of Office from the Invasion of Poland to Pearl Harbour", New York 1944.

Langer, William L., „Our Vichy Gamble", New York 1947.

Langer, William L., und S. Everett Gleason, „The Challenge to Isolation, 1937 to 1940", New York 1952.

Lavine, Harold, und James Wechsler, „War Propaganda and the United States", New Haven 1940.

Lawrence, F.W., „This Gold Crisis", London 1931.

Lee, Dwight E., „Ten Years", Boston 1942.

Lennhoff, Eugene, „The Last Five Hours of Austria", New York 1938.

Lennox, Victor G., „Anthony Eden" in „Foreign Affairs", XVI, 1938, S. 691 ff.

Lewis, Cleona, „America's Stake in International Investments", Washington 1938.

Luckau, Alma, „The German Delegation at the Paris Peace Conference", New York 1941.

Lyons, Eugene, „Assignment in Utopia", New York 1938.

Macartney, Maxwell H. H., und Paul Cremona, „Italy's Foreign and Colonial Policy, 1914–1937", New York 1938.

Mackintosh, John, „The Paths That Led to War, Europe 1919–1939", London 1940.

McLaughlin, C.H., „Neutral Rights Under International Law in the European War, 1939–1941" in „Minnesota Law Review", XXVI, 1941–42, S. 1 ff., 177 ff.

McNair, Harley F., „China in Revolution", Chicago 1931.

Martel, René, „The Eastern Frontiers of Germany", London 1930.

Martienssen, Anthony, „Hitler and His Admirals", New York 1949.

Masland, John W., „Missionary Influence Upon American Far Eastern Policy" in „Pacific Historical Review", X, 1941, S. 279 ff.

Masland, John W., „Commercial Influence Upon American Far Eastern Policy, 1937–1941" in „Pacific Historical Review", XI, 1942, S. 281 ff.

Maugham, Viscount, „The Truth about the Munich Crisis", London 1944.

Maurois, André, „Tragedy in France", New York 1940.

Mendelssohn, Peter de, „Design for Aggression", New York 1946.

Miller, David H., „The Peace Pact of Paris", New York 1928.

Millis, Walter, „This is Pearl! The United States and Japan, 1941", New York 1947.

Moore, Frederick, „With Japan's Leaders", New York 1942.

Moore, Harriet L., „Soviet Far Eastern Policy, 1931–1945", Princeton 1945.

Moore, John Bassett, „An Appeal to Reason", in „Foreign Affairs", XI, 1933, S. 547 ff.

Moore, John Bassett, „The New Isolation" in „American Journal of International Law", XXVII, 1933, S. 607.

Morgenstern, George, „Pearl Harbour: The Story of the Secret War", New York 1947.

Morison, Samuel E., „The Battle of the Atlantic, September 1939–May 1943", Boston 1947.

Morrow, I.F.D., „The Peace Settlement in the German-Polish Borderlands", London 1936.

Namier, L.B., „Diplomatic Prelude, 1938–1939", London 1948.

Namier, L.B., „Europe in Decay, 1936–1940", London 1950.

Nevins, Allan, „Henry White: Thirty Years of American Diplomacy", New York 1930.

Nickerson, Hoffman, „The New Slavery", Garden City 1947.

Nicolson, Harold, „Why Britain is at War", London 1939.

Norins, Martin R., „Gateway to Asia: Sinkiang", New York 1944.

Perkins, Dexter, „America and Two Wars", Boston 1944.

Pollard, Robert T., „China's Foreign Relations, 1917–1931", New York 1933.

Powell, E. Alexander, „Thunder Over Europe", New York 1931.

Price, Ernest B., „The Russo-Japanese Treaties of 1907–1916 Concerning Manchuria and Mongolia", Baltimore 1933.

Rauch, Basil, „Roosevelt, From Munich to Pearl Harbour", New York 1950.

Reid, John G., „The Manchu Abdication and the Powers", Berkeley, Cal., 1935.

Remer, C.F., „Foreign Investments in China", New York 1933.

Remer, C.F., „A Study of Chinese Boycotts", Baltimore 1933.

Rey, Charles F., „The Real Abyssinia", Philadelphia 1935.

Rothfels, Hans, „The German Opposition to Hitler", Chicago 1948.

Rudin, Harry R., „Armistice 1918", New Haven 1944.

Sanborn, Frederic R., „Design for War", New York 1951.

Schwarz, Paul, „This Man Ribbentrop: His Life and Times", New York 1943.

Scott, Arthur P., „George Louis Beer" in „Marcus W. Jernegan Essays in American Historiography", hrsg. von W.T. Hutchinson, Chicago 1937.

Sering, Max, „Germany under the Dawes Plan", London 1929.

Sharman, Lyon, „Sun Yat-sen: His Life and Its Meaning", New York 1934.

Sherwood, Robert E., „Roosevelt and Hopkins", New York 1948.

Simoni, L., „Berlino-Ambasciata d'Italia, 1939–1943", Rom 1946.

Simpson, Sir John H., „Refugees", New York 1938.

Sokolsky, George, „The Tinder Box of Asia", New York 1932.

Sokolsky, George, „These Days", „Times-Herald", Washington, 14. März 1951.

Stieve, Friedrich, „What the World Rejected: Hitler's Peace Offers, 1933–1939", Berlin 1939.

Takeuchi, Tatsuji, „War and Diplomacy in the Japanese Empire", New York 1935.

T'ang Leang-li, „Suppressing Communist Banditry in China", Schanghai 1934.

T'ang Leang-li, „The Puppet State of Manchukuo", Schanghai 1935.
Tansill, Charles Callan, „America Goes to War", Boston 1938.
Tansill, Charles Callan, „Canadian-American Relations, 1875–1911", New York 1944.
Trefousse, H.L., „Germany and American Neutrality, 1939–1941", New York 1951.
Tyau, M.T.Z., „China Awakened", New York 1922.
„United States in World Affairs", Jahrbuch, hrsg. von Whitney H. Shepardson und William I. Scroggs, 1933–1941.
Veblen, Thorstein, „The Nature of Peace", New York 1917.
Ware, Edith, „Business and Politics in the Far East", New Haven 1932.
Wheeler-Bennett, John W., „Disarmament and Security since Locarno", London 1932.
Wheeler-Bennett, John W., „The Wreck of Reparations", London 1932.
Wheeler-Bennett, John W., „Hindenburg: Wooden Titan", London 1936.
Wheeler-Bennett, John W., „Munich: Prologue to Tragedy", New York 1948.
White, John A., „The Siberian Intervention", Princeton 1950.
Willoughby, Westel W., „The Sino-Japanese Controversy and the League of Nations", Baltimore 1935.
Winkler, Max, „Foreign Bonds: An Autopsy", Philadelphia 1933.
Wolfers, Arnold, „Britain and France between Two Wars", New Haven 1940.
Woolebert, Robert, „Italy in Abyssinia" in „Foreign Affairs", XIII, 1935, S. 499 ff.
Woolf, Leonard, „Empire and Commerce in Africa", New York 1920.
Woolsey, Lester H., „The Porter and Capper Resolutions against Traffic in Arms" in „American Journal of International Law", XXIII, 1929, S. 379 ff.
Zabriskie, Edward H., „American-Russian Rivalry in the Far East", Philadelphia 1946.
Zernatto, Guido, „Die Wahrheit über Oesterreich", London 1938.

Register

A

ABC-1 Staff Agreement 370, 383
Abessinien, s. Äthiopien
Abrüstung 27 ff., 33, 82, 112 f., 161, 167, 172, 184 ff., 227, 229, 351, 470
Abrüstungskonferenz 27 ff., 34, 82, 113, 125, 172 f., 185, 385, 413
Achse Berlin-Rom 114, 165, 232, 237, 275 f., 349, 381, 472, 476
Achse Rom-Berlin-Tokio 297, 381
Addis Abeba 108 f., 116, 118 f., 123, 125, 131 ff., 159, 161, 163, 198, 276, 411 ff., 417 f.
Addis, Sir Charles 44
„Admiral Graf Spee", Panzerschiff 345
Adoa 108, 116
Ägypten 92, 419, 441
Äthiopien 99, 107 ff., 115 ff., 122 ff., 127 ff., 141 ff., 147 ff., 153, 156 ff., 198, 213, 232, 237, 264, 410, 413 f., 417 f., 429
African Exploration and Development Company 119, 451
Aglen, Sir Francis 50
Albanien 147, 315 f., 417, 475
„Albuquerque Journal" 183, 188, 216
Algeciras, Konferenz von 108
Allen, Gen. Henry T. 19, 399
Allen, Robert 180
Allen, Senator 147
Allenstein 18
Almeria 210, 474
Aloisi, Baron Pompeo 122, 146, 160, 416
Alsop, Joseph 371, 454
„Altmark" 353
Amau 88 ff., 102, 408
Amba Aradam 158
„America" 196, 215, 293
„American Aviation", Zeitschrift 220
American Jewish Congress 207
American Zeppelin Transport, Inc. 219, 426, 451
Amerikadeutscher Volksbund 221 ff., 474
Amerikanische Besatzungsarmee (1923), Bezahlung der Kosten für die 23, 470
Andrews 106
Anglo-französische Einkaufskommission 356, 368
Anglo-italienisches Abkommen (Abessinien) 109, 164 f., 237, 316
„Der Angriff" 208

Anschluß, s. Österreich
Antigua 364
Antikominternpakt 102, 199, 275, 295 ff., 308 f., 473
Antisemitismus 22, 36 f., 167, 177 f., 190, 240, 268, 270, 272, 419, 475
Antung-Mukden Eisenbahn 404
Aoki, Oberstleutnant Saiitschi 91
Arbeiterpartei, englische 20, 121, 143, 154
Argentinien 273
Arita, japanischer Außenminister 103, 302, 308, 375 f., 378, 439
Aschangisee 156
Asiatische Flotte der USA 84, 288, 436, 448
Assab 107, 109, 154
Associated Board of Christian Colleges in China 304
Astachoff 325, 328
Astor, Lady 245
„Athenia" 345 ff.
Atherton 119, 126, 128, 405, 412 f., 417 f., 422 f.
„Atlanta Constitution" 31, 71, 74, 185, 199, 210, 265 f., 293, 349, 420
Atlantikkonferenz zwischen Roosevelt und Churchill 389, 477
Attolico, Botschafter 263 f., 275, 350
„Augusta" 288 f.
Auslandsorganisation 222, 426
Australien 163, 383, 394
„Ave Maria" 215, 293, 365
Avenol, Joseph 290, 437
„Avvenire d'Italia" 209
Azoren, Treffen auf den 353

B

Badoglio, Marschall Pietro 153, 158, 162 f.
Bailby (franz. Journalist) 148
Bahamas 364, 446
Baker, Newton D. 71 f., 117, 411
Balbo, Marschall Italo 240, 315
Baldwin, Stanley 153 f., 157 f., 165, 195
Balfour, Arthur James 38, 401
Ballantine, Joseph W. 383, 387, 390, 448 f.
„Baltimore Sun" 31, 46, 52, 179, 193, 199
Baltische Länder 319, 321, 324 f., 326 f., 329, 348
Bancroft, George 34
Bank für internationalen Zahlungsausgleich 26
Barbarin 328
Barmine, Alexander 100, 409, 454
„Barron's" 200

Barry, Canon F.R. 143
Barthou 24
Barton, Bruce 219
Barton, Sir Sidney *417*
Baudouin, Paul 276
Beard, Charles A. 6, 213, *425*, *446*, *448*, *454* f.
Beaverbrook, Lord 154
Beck, Oberst Josef 128 f., 156, 224, 267, 311 ff., 318, 320, 326, 329, 335, 338, *413*, *440*
Beedy, Carroll L. 52
Beer, George L. 15 f., *399*, *455*, *456*
Belgien 19, 23, 50, 192 ff., 198, 201, 205, 324 f., 327, 331, 345, 357, 359 f., 422 f., *441*
Benesch, Eduard 115, 178, 242, 246, 248 ff., 255 ff., 261 f., 279, *431* f.
Benson, Admiral 39
Berchtesgaden 168 f., 198, 225 ff., 234 ff., 248, 250 f., 253, 255 ff., 260, 277, 311, 330, *426* f., *440*
Berding, Oberst Andrew 36
Berger, David 103, *410*
Berle, Adolf A. 261, 341
„Berliner Tageblatt" 167
Bermuda 341, 364, *446*
Bernstorff, Graf Johann-Heinrich 22
Bevan, Edwyn 15, *399*
Biddle, Botschafter 243, 247, 267, 320, 338, 362, *418*, *429* f., *433*, *440* f., *446*
Biddle, Francis 359
Bingham, Robert W. 130 ff., 144 f., 160, 188, 197, 204, 273, 283, 285 ff., *400*, *411*, *413* ff., *418*, *422* ff., *436*
Bingham, Senator 140
„Birmingham News" 183, 199, 216, 293
Black, Senator Hugo L. 213, 292 ff.
Blauer Nil 157, *418*
Blomberg, Feldmarschall Werner von 179, 223, 233 f., 295
„Blücher", deutsches Kriegsschiff 354
Blücher, General Wasili 49
Blum, Léon 134, 200 ff., 206 f., 243, 255, *400*, *429*, *455*
B'nai Israel Jewish Centre 240
Böhmen 224 f., 279 f., 314
Bogomoloff, M. 85
Bohle, Dr. E.W. 222
Boise „Idaho Daily Statesman" 207, 402
Bolivien 140
Bolschewismus 22, 31, 41, 43, 54, 65, 197 f., 232, 294 f., 322, 352, *438*
Bonnet, Georges 29, 200, 204, 225, 243, 247, 253, 255 f., 275 f., 316 ff., 322, 326 f., 329, 336 f., *424*, *426*, *434* f., *442* f., *453*
Bono, General Emilio de 110, *410*, *453*
Borah, Senator William E. 44, 46 f., 69, 138 ff., 170, 318, 343 f., *402*, *405*, *415*, *444*, *451*
Borchard, Edwin M. 11, 72, 78, 138 f., 343 f., 365, *398*, *407*, *414* f., *417*, *444*, *455*
Borodin, Michail 42 f., 54
Bossard, Samuel B. 171
„Boston Daily Globe" 70, 184, *437*
„Boston Evening Transcript" 30, 72, 117, 202, 265
„Boston Herald" 71, 214, 293, *437*
„Boston Post" 214, 293
Boxeraufstand 43, *408*
„Bradstreet's" 72
Brasilien, in der Kommission für die Teilung Ober-schlesiens 19

Bratton, Oberst 396, *450*
Brauchitsch, Walther von 233, 253, 369, *443*, *459*
„Bremen", Zwischenfall mit der 189 f.
Brennerpaß, 232, 352 f.
Briand, Aristide 26, 28, 115
Briggs, Herbert 165, 365, *418*, *447*, *455*
Brinon, Graf Ferdinand de 276, *419*
Brisbane, Arthur 180
Britisch-Guayana 364, *446*
Britisch-Somaliland 116
„Brooklyn Daily Eagle" 202, 207
„Broome", amerikanisches Schiff 370
Brockman, Fletcher S. 42
Brown, Constantine 88
Brüning, Heinrich 5, 17, 27 f., 32, 113, *400*
Brüssel, Abkommen von (1919) 21
Brüssel, Konferenz von (1937) 297
Bryan, Außenminister 10, 38, 79, *398*, *407*
Bücherverbrennung in Deutschland 31
Bülow, Bernhard von 118, 168, *419*
Buell, Raymond Leslie 75 f., 213
„Buffalo Evening News" 179
Bullitt, William C. 192, 194, 197 f., 200 ff., 205 ff., 224 f., 228, 242, 250, 255, 260, 278, 283, 286 f., 308, 313, 316 ff., 322 ff., 338 f., 358 ff., 376, 422 ff., 435 f., *439* ff., *447*, *451*
Bundesrat der christlichen Kirchen in Amerika 47
Burenkrieg 8
Burma 376, 379
Burmastraße 379, 382
Butler, Nicholas Murray 214, 344, *401*
Byas, Hugh 66
Byrnes 393

C
Cadogan, Sir Alexander 300 f., 389, *438* f., *449*
Camelots du Roi 143
Capper, Senator Arthur 139, *457*
Carter, Boake 293
Castle, William R. 76, 113, *400*, *407*, *411*
„Catholic World" 196, 215, 293, 365
Cecil, Lord Hugh 163
„Cedar Rapids Gazette" 338, *444*, *451*
Celler, Emmanuel 212, 425
Chamberlain, Neville 147, 159, 163 f., 205, 227 ff., 234 ff., 243 ff., 249 f., 253 ff., 267, 271 274 ff., 282, 311 ff., 321 f., 324 f., 328, 330 ff., 338 f., 358, *417* f., *427* f., *430* ff., *440* f., *443*, *453*, *455*
Chambrun, Comte René de 116, 126, 130
Chase National Bank *420*
Chatfield 277
„Chattanooga Daily Times" 216
Chautemps, Camille 225, 228, 242, *426* f.
„Chicago Daily News" 70, 168, 179, 183, 188, 199, 214, 293, *424*, *437*
„Chicago Tribune" 52, 70, 72, 184, 187, 215, 265, 293
Child, Botschafter 24, *400*
China 10, 19, 38 ff., 46 ff., 54 f., 58 ff., 71, 73, 75 f., 79 ff., 83, 85 f., 88 ff., 214 f., 281 ff., 299 ff., 311, 375 ff., 382 f., 387 ff., 393 ff., *401* ff., *407* ff., *435*, *438* f., *454* ff.
Chinesisch-belgischer Vertrag von 1865 50
Chinesische Hukuang-Eisenbahn, Anleihe für 40
„Christian Century" 47, 196, 215, 294
„Christian Science Monitor" 30, 186 f., 199, 265, 343, *406*

Christlicher Verein Junger Mädchen 304
Christlicher Verein Junger Männer 304
Churchill, Winston 153, 165, 167, 243, 324, 342, 352 ff., 358 ff., 367 f., 382, 389, 394, 417 ff., 429, 444 ff., 449, 453
Chvalkovsky 278 f.
Ciano, Graf Galeazzo 123, 164, 198, 234, 275, 315 f., 330 f., 335 f., 349 ff., 356 ff., 409, 428, 434, 440, 442, 445, 453
„Cincinnati Enquirer" 30, 72, 174, 186, 188, 194, 214, 293, 421
„City of Flint" 347 f.
Clark, Senator Bennett Champ. 7, 140, 362
Clemenceau, Georges 12 ff., 17, 352
„Cleveland Plain Dealer" 9, 70 f., 183, 199, 349
„Cleveland Press" 265
Coar, John F. 168 f., 419
Cobb, Irving S. 78
Codes 300, 448
Cohen, Benjamin 363 f.,
Colby, Bainbrigde 176, 402
Columbia-Broadcasting-System 146
„Columbus", deutsches Passagierschiff 370
„Commerce and Finance" 72
„Commercial and Financial Chronicle" 25, 72, 215
Conally 52
Conant 345
Coolidge, Calvin 47, 54 f., 404, 451
Corbin, Botschafter 323, 443
Coulondre 144, 332, 335, 424, 435, 443
Cox, Oscar 368
Craigie, Sir Robert 299 f., 306, 376, 378, 391, 439
Cranborne, Lord 115, 125
Crane, Charles R. 37
Croix de feu 143
Cudahy, Botschafter 357, 444, 446
Curley, James M. 155
Currie, Lauchlin 394

D
Dachau 190
Dänemark, deutsche Invasion in 355
d'Aieta, Blasco 353
„Daily Herald" 153 f., 161, 163, 251, 417
„Daily Mail" 89, 161, 163, 195, 411, 417f.
„Daily Oklahoman" 193
„Daily Telegraph" 154, 417
„Daily Worker" 71, 349
Dairen 385, 404
Daladier, Edouard 29, 33 f., 243, 247, 253, 256, 259 f., 264 f., 313 f., 316 f., 319, 322 ff., 328 f., 332, 336, 338 f., 442 f.
„Dallas Morning News" 186 f., 349
Dante Alighieri Association 221
Danzig 16 f., 224, 226, 311 ff., 319, 322, 326, 330, 332 ff., 341, 434, 440
Davies, Joseph E. 192, 201 f., 314, 422, 424, 440 f., 453
Davies, Lord 28, 455
Davis, John K. 44, 53, 402 f.
Davis, Norman 15, 28, 29 f., 33, 66 f., 75, 82, 95, 98, 139 f., 172, 205, 283, 298, 400, 405, 409, 423 f.
Davis, William Rhodes, Berliner Mission von 340 ff., 369, 444
Dawes, Botschafter 68, 400, 404
Dawesplan 25 f., 33, 173 f., 400, 456

Dawson, Professor 17, 399
Deat, Marcel 134
Debutschi, japanischer Botschafter 67, 73, 76, 405 f.
Deklaration von Panama 345, 370
Delbos 200, 202, 206, 228, 242, 286, 427 f.
Delcassé, Théophile 108
Dennett, Tyler 71, 408
„Des Moines Register" 188, 199, 202, 420, 444
Dessie 109, 158
„Detroit Free Press" 72, 185 ff., 207, 214, 293
„Deutschland", Panzerschiff 210, 347
Deutsch-britisches Flottenabkommen 116, 188 f.
„Deutsche Allgemeine Zeitung" 182
Deutsche Reichsbank 32, 35, 173 f., 420
Deutsch-italienisch-japanisches Bündnis 381
Deutsche Zeppelingesellschaft 220
Dewey, Admiral George 8
de Wolf, Francis C. 146, 416
Dickover 102, 410
Dickstein, Resolution 177
Dieckhoff, Hans Heinrich 178, 192, 208 ff., 212, 215 f., 218, 220 ff., 238 f., 247, 266, 269 ff., 424 ff., 430, 433
Dillon, Clarence 339
„Diomede" 370
Dirksen, Herbert von 246, 270, 278, 296 f., 430, 433, 438
Dmowski, Roman 18
Dodd, William E. 34 ff., 118, 142, 147, 159, 166 ff., 170 ff., 176 ff., 188, 190, 194, 198, 208, 212 f., 401, 411, 415 f., 418 ff., 425, 453
Dodds, J. L. 287
„Dollardiplomatie" 9, 38, 119 f.
Dollfuß, Engelbert 183, 421
Dominikanische Republik 64
Donald, Sir Robert 19, 399, 455
Donovan, Oberst William J. 155
Dooman, Eugene H. 308 ff., 375, 439, 447
Dougherty, Kardinal Denis 365
Doumenc, Gen. 328 f., 442
Downing Street 10, 50, 245, 256, 259, 428, 430 ff.
Dreimächtevertrag von 1906 108, 110, 116, 119
Drought, Rev. J.M. 382 f., 385, 391
Drummond, Sir Eric 66 f.
Dschibuti 110, 116, 276
Dünkirchen 346, 359
Dulles, Allen W. 444, 455
Dulles, John Foster 14, 33
Dumeira 110
Dunn, James C. 142, 176, 189, 207, 209, 273, 415, 420, 422, 424
Durazzo 315
Durgin, Korvettenkapitän E.R. 371

E
Eagleton, Clyde 139
Early 176, 341, 371, 420
Eckener, Dr. Hugo 220, 426
Eckhardt, ungar. Außenminister 195
Eden, Anthony 103, 115 f., 119 ff., 125 ff., 130, 141, 143, 145, 148, 153 f., 156 ff., 160 ff., 193 ff., 201 ff., 229 f., 232, 236 f., 242 f., 283, 285 f., 290, 413, 428, 456
Eichelberger, Clark 366
Einfuhren s. u. den betr. Ländern
Einstein, Louis 202, 423

Eisenlohr *430*
Elsaß-Lothringen 172, *419*
„Emden", deutscher Kreuzer 354
Emmons, Generalmajor D.C. 370
„Emporia Gazette" 193, 266, *421*
Engert, Cornelius 133, 159, 163, *411* f., *414, 417* f., *437*
Englisch-japanisches Bündnis von 1902 8
Entente, Kleine 228
Eritrea 109 f., 131, 148, 155, *410, 418*
Ermächtigungsgesetz 31
Ernst, Karl 168
Erster Weltkrieg 12
Estland 322, 324, 327, 348, *441*
Evian-Komitee 274
Export-Import-Bank 132, 211, 349
Exterritorialität in China s. u. China

F
„Far Eastern Review" 48, *403*
„Fatherland, The" 169
Fay, Sidney 183, *410, 455*
Fehrenbach, Konstantin 21
Feis, Herbert 147, 306 f., *375, 416, 439, 447, 448* f., *455*
Feng Yü-hsiang 48 f., 53, *402*
Fenwick, Charles G. 139
Fernöstliche Handelsorganisation 61
Fernostpolitik 46 f., 284
Finnland 324, 326 f., 331, 348 f., 354, *441, 452*
Fiske, Major 157
Flandin, französischer Außenminister 158, 193, 195, 242
Flüchtlinge 5, 53, 268 f., 271 f., 274
Foley, Edward 368
Forbes, William Cameron 67, 69, 73, *405* f., *431*
Ford, Henry 272
„Forrestal Diaries" 338, *444*
Forrestal, Marineminister James 339, *444*
„Fortune" (Zeitschrift) 136
Fosdick, Rev. Harry Emerson 365
Franco, Generalissimo Francisco 199, 232, 243, *429*
François-Poncet, André 27, 263 f., 275, 316, *434, 453*
Frank, Hans 198
Frank, Karl H. 244
Französisch-belgischer Entschließungsantrag zur Rheinlandbesetzung 195
Französisch-deutscher Handelsvertrag 202
Französisch-Indochina 376, 387 f.
Französisch-italienisches Abkommen 108, 110, 157, 187, 189
Französisch-russischer Pakt 189, 193
„Freunde des neuen Deutschland" 221
Frick, Dr. Wilhelm 166
„Friedensabstimmung", von 1935 157
Fritsch, Generaloberst Freiherr Werner von 223, 233
Funk, Dr. 171

G
Gafencu, Grigore, rumänischer Außenminister 322, *441* f., *454*
Gamelin, Gen. Maurice G. 260, *442, 454*
Gannett (Frank E.)-Presse 72
Gannon, James *420*
Gannon, Rev. Robert I. 271
Garner, John Nance 136
Garvin, J.L. 97, 255

Gauss, Clarence E., amerikanischer Generalkonsul 106, 285 f., *410, 436, 438, 450*
Gayda, Virginio 113, 115 f., 119, 158, *417*
Gdingen 17, 334
Geddes, Eric 14
Geyde, George E.R. 20, 24, 251, *399, 427*
Geist, Generalkonsul 183, *440*
Genfer Abrüstungskonferenz 27 ff., 34, 82, 113, 125, 172 f., 185
Georg V., König von England 136, 370
Géraud, André (Pertinax) 332, *421, 432, 455*
Ghormley, Admiral Robert L. 370, 382
Giesberts, Johannes 21
Gilbert, Prentiss 67, 115, 124, 130, 132, 142, 148, 160, 216, 221 f., 233, 273 f., 293 f., *405, 411* ff., *425* ff., *434, 438*
Gilbert, Rodney 48, 54
Gilles, Pater 293
„Giornale d'Italia" 115, 119, 156 f., *417*
Giraud, Gen. Henri 359
Godesberg, Konferenz von 257, 259 f., 262, 314, *431* f.
Godthaab 355, 371
Goebbels, Joseph 31 f., 170 f., 175, 178, 189, 191, 195, 207 f., 239, 274, 315, 337, *424, 428, 454*
Goldreserven 152, 174, 178, 306
Gordon, George A. 31 f., *400* f.
Gore, Senator Thomas P. 170
Graham, Malbone W. 164
Graham, Sir Ronald 108
Grandi, Dino 33, 112 f., 147, 163, 236 f., *411, 428, 451*
Graves, Gen. William S. 39, *401, 454*
Green, Joseph C. 219, 359, *416, 426*
„Greer" (USS) 372
Grew, Joseph C. 73 f., 77, 79 f., 84 ff., 94 f., 99 f., 102 ff., 282 ff., 289, 292, 299, 302, 305, 307 f., *377* f., 380, 386, 389 ff., *406* ff., *435* ff., *447* ff., *454*
Grey, Sir Edward 10
Griechenland 316 f., 327, *441*
Griswold, Professor A. Whitney 38 f., *398, 401, 404, 439, 455*
Grönland 354, 370 f.
Gruhn, Erna 233
Grynszpan, Herschel 270
Grzbowski, Botschafter 319

H
Haager Konvention 364, 368
Hácha, Emil 279, *435*
Haile Selassie 109 f., 116, 118, 120, 122 ff., 130, 133, 153, 156, 158, 162, 164
Haiti 64
Halifax, Lord 164, 225 ff., 230, 234 ff., 243 ff., 248 ff., 252, 256, 258, 261, 267, 275, 277 ff., 308, 313 f., 316, 318, 320, 322 ff., 327 f., 335 ff., 359, 386, *426* ff., *435, 440, 442, 448, 453, 455*
Halder, Gen. Franz 253
Hamilton, Maxwell M. 88, 181, 294, 383, *408, 410, 448*
Handel s. u. den betr. Ländern
Handelsvertragsgesetz von 1934 211
Hangö 349
Hanihara, Botschafter 57, *404*
Hankey, Lord 354, *445, 455*
Harding, Warren G. 24
Harrison, Leland 291
Hart, Admiral *449*

Hashimoto, S. 383
Hassell, Ulrich von 335, *427, 430, 438, 443, 454*
Hay, John 8
Hayaschi, Baron 87, 104 f.
Healy, Thomas H. 344, *444*
Hearst-Presse 71 f., 186, 193, 215, 266
Heath, Donald 271, 274, *434*
Hecht, Ben 13
Heidelberg 22
Heines, SA-Führer 179
Heliumausfuhr nach Deutschland 218 ff., *426*
Heliumgesetz von 1937 219
Henderson, Sir Nevile 232, 234 f., 243 ff., 248 f., 251
    ff., 256 f., 259, 261, 263 f., 278, 330 ff., *426, 428 ff.,
    435, 443, 454*
Henlein, Konrad 244 ff., 248 ff.
Herrick, Botschafter 24, *400*
Herriot, Edouard, franz. Premier 29, 228, *400*
Hertslet, Dr. 340
Heß, Rudolf 195
Hickerson, John 176, *420*
Hidaka 285, *409*
Himmler, Heinrich 190
Hindenburg, Präsident Paul von 27 f., 30 ff., 170 f.,
    173, 178, 183 f., *400, 421, 457*
„Hindenburg", Zeppelin 218
Hippisley, Alfred E. 8
Hiranuma, Baron Kiichiro 309, *439*
Hirota, Koki, japan. Außenminister 85, 87 ff., 92, 94 f.,
    97, 99 f., 102, 104 f., 284, 286 f., 289, 296, 298 f., *408*
Hitler, Adolf 5 f., 15 ff., 27, 29 ff., 37, 113 ff., 118, 122,
    128 f., 135, 153 f., 156, 158 ff., 165 ff., 175 ff., 201 f.,
    207 f., 210, 216 ff., 220 ff., 230 ff., 241, 243 ff., 270 ff.,
    297, 308, 311 ff., 321 ff 329 ff., 341 ff., 347 ff., 358 ff.,
    368 ff., 382, 384 ff., 386, *400, 419 f., 422 ff., 426 ff., 431*
    ff., *435, 440 f., 443 f., 448, 451, 453 f.*
Hoare, Sir Samuel 97, 123 f., 126 f., 130 ff., 144 f., 152
    ff., 156, 160, 163, 165, 276 f., *409, 412*
Hoare-Laval-Abkommen 152 ff., 156, 160, *417*
Hodža, Ministerpräsident 245 f., 248, 252, 255, *430*
Hoepker-Aschoff, preuß. Finanzminister 25
Hoover, Herbert 20, 24 f., 26 f., 66, 68, 71, 75, 79, 112
    ff., 140, 183, 270, 344, *399 f., 405, 434, 454*
Hooverplan 25 ff.
Hopeh (Nordchina) 62, 84, 96 f., 105, 284 ff, 288, 378
Hopkins, Harry 368, 396 f., *446, 449, 456*
Horinutschi, Botschafter 309, *439*
Hornbeck, Stanley K. 76 f., 80, 83 f., 89 f., 104, 141, 282
    ff., 286 ff., 290, 300 f., 303, 306, 309, 375, 383, 392,
    404, 406 ff., 415, 435 ff., 439, 448, 455
Hoßbach, Oberst 223
Ho-Umedzu-Abkommen 285, *409*
House, Oberst Edward M. 10, 12 ff., 19, 34, 37, 39, 169
    f., *398, 401, 451, 454*
House-Grey-Abkommen von 1916 169
House-Report *415*
Howard, Roy 366, 385
Howe, Louis 170, *419*
Ho Ying-tschin 62, 96
Hu Schih, Botschafter Dr. 394, *450*
Hughes, Bischof Edwin 271
Hughes, Charles E. 19, 23 f., 57, *399 f., 404*
Hughes, Korvettenkapitän 298
Hull, Cordell 6, 12, 21, 28, 35 f., 82 ff., 87 ff., 91 ff., 103,
    112, 114, 117, 119 f., 122 ff., 126 ff., 136, 140 ff., 144

ff., 148 ff., 156, 160, 162, 165 ff., 169 f., 172, 174 ff.,
    181 f., 188 f., 192, 197, 204 f., 207 f., 211 f., 214, 216,
    221, 223, 238, 254, 261, 265 f., 268 f., 271 ff., 280, 282
    ff., 294, 298 f., 301 ff, 308 ff., 313, 315 f., 321, 341, 343,
    345 f., 349, 355, 357, 359, 362, 364, 368 f., 371, 375,
    377 ff., 382 f., 385 ff., 388, 390 ff., *400 f., 407 ff., 454*
Hurban, Wladimir 280
Hussey, Harry 47, *402*
Hutchinson, William K. 343, *399, 444, 456*
Hyde, Charles C. 344

I
Ickes, Harold L. 218, 220, 270, 272 f., *426*
IG Farbenindustrie AG 381
„Il Progresso" 155, *417*
„Indianapolis News" 70, 185
Ingersoll, Admiral R.E. 299 f., *395, 438*
Inskip, Sir Thomas 276
Internationale Wirtschaftskonferenz 30
„Intransigeant" 163
Irak 127, *441*
Irland 345, *441*
Ironside, General William E. 337
Ischii, Vicomte Kikujiro 39, 73, 91, *406, 454*
Island 370, 372 f.
„Iswestija" 323, 348
Ito, Fürst 381
Iwakuro, Oberst 387, *449*
Iwanoff 60

J
Jackson, Attorney General Robert 364
Jamaica 364, *446*
Jeanneney, (franzos.) Senator 352
Jehol 82 ff., *402*
Jugoslawien 205 f., 326, *441*
Jessup, Philip C. 344
Jodl, General Alfred 246
Joffe, Adolf 42
Johns-Hopkins-Universität 71, 166, *403*
Johnson, Abgeordneter Albert 57
Johnson, Botschafter 83, 85 f., 103, 105, 285, 288, 291,
    375, *407, 410, 436 f.*
Johnson, Gen. Hugh S. 114, 182, 293
Johnson-Gesetz 132
Johnson, Leiter der Fernostabteilung des Außenam-
    tes Nelson T. 57 f., *404*
Johnson, Oberst 218
Jonasson, Ministerpräsident Hermann 355
Jones, Jesse 287
„Journal of Commerce" 72, *425, 438*

K
Kalifornien, 9, 57, 72, 241
Kalinin, Präsident Michail 321, 348 f.
Kaltenborn, H.V. 118, 171
Kamerun 16, 228, 243
Kanada 163, 240, 254, 304, 344 f., 370, 383
„Kansas City Journal-Post" 210
„Kansas City Star" 52, 70
Kao 287
Karelien 349
Karibisches Meer 360, 362 ff., 367, 391
Karlsbader Programm 244, 248, 250 ff.
Kase, Toshikazu 385, *448, 454*

Kato, Masua 381, *448*, *454*
Kauffmann, Henrik 371
Kawagoe, Botschafter 103, 287
„Kearny" (USS) 373
Keitel, Gen. Wilhelm 244, 246
Kellogg, Frank Billings 43, 46, 49 ff., 57 ff., 64, 71, 137 ff., *402* ff., *415*
Kellogg-Briand-Pakt 21, 33 f., 61, 66 f., 69, 76, 79, 110, 117 f., 127, 131, 137, 139, 145, 148 ff., 261, 276, *413* f.
Kennedy, Botschafter Joseph P. 250, 252, 260, 264, 271, 277 f., 280, 308, 313 ff., 321 f., 324, 327 f., 337 f., 361, *433*, *435*, *439*, *440* ff., *444*
Khartum *407*
Kier, Dr. *431*
Kimmel, Admiral Husband E. 395 f.
King, Admiral Ernest J. 371
Kintner, Robert 371, *454*
Kirk, amerikanischer Geschäftsträger in Rom/ Berlin Alexander 116, 119, 369, *411* f., *418*, *443* f.
Klaus, Erwin H. 170, *419*
Knickerbocker, Journalist 167
Knox, Marineminister Frank 363, 370 ff., 380, 394, 396, *398*, *409*, *444*, *446*, *451*
Kodama, Kenji 104
Kolonien/Schutzgebiete 15 f., 33 f., 38, 58, 102, 106, 108 ff., 115, 118, 131, 133, 155, 157, 159, 192, 204, 224, 226 f., 235, 242 f., 277, 288, 320, 322, 341, 351, 380, 383, 389, *399*, *413*, *423*, *429*
Kommunismus 43, 54, 62, 65, 73, 83, 86, 91, 96, 100, 103, 148, 154, 187, 189 f., 197 ff., 210, 294 ff., 302, 308, *410*
Komitee zur Verteidigung Amerikas durch Hilfeleistung für die Alliierten 366
Konoye, Prinz Fumimaro 77, 105 f., 382 f., 385 ff., *439*, *448* f., *454*
Kontinentale Export- und Importgesellschaft 211
Konzentrationslager 31, 190, 232, 357
Koo, chinesischer Botschafter in Paris Wellington 307
Korea 96
Korfanty, Adelbert 18, 29
Korridor, polnischer 16 f., 29, 33 f., 113, 128, 178, 226, 312 f., 330 ff., 341, *434*, *440*
Kramer, Korvettenkapitän 395 f.
Kriegsgewinne 137, 149
Kriegsverbrecherprozesse (Erster Weltkrieg) 22 f.
Kuan Yuheng 65
Ku-Klux-Klan 213, 292
Kundt, Dr. *431*
Kung, chinesischer Finanzminister H.H. 287, 297, *437*
Kuomintang 42 f., 47, 49 f., 52 f., 54, 64 f., 103, 281, *402*
Kurusu, Saburo 393, 395, *449* f.
Kuwaschima 103
Kwantung 65, 66, 101, *404*

L
la Brière, Jesuitenpater Yves de 209
La Guardia, Bürgermeister von New York Fiorello 176, 190, 207 f.
Lamont, Thomas W. 18, 40 ff., 44, 58 f., 63, 385, *402*, *404*
Lanfang, Überfall bei 286
Lansing-Ishii-Abkommen 39, 73
Lansing, Robert 10 ff., 22 f., 38 ff., 73, 91, *398* f., *401* f., *451*, *454*

la Pradelle, M. de 115
Laski, Harold 154
Lateinamerika 79, 99, 345
Lattimore, Owen 394
Lausanne, Konferenz von 32, *401*
Laval, Pierre 110, 115, 117 ff., 121 ff., 130, 133 f., 141, 143, 145, 147 f., 152 ff., 156, 160, 185, 187, *413*, *416*
Lawrence, David 293
League, T.J. 90, *408*
Leahy, Admiral 219
Lebensraum 223, 350, 353
Lebrun, Albert, Präsident 352
„L'Echo de Paris" 118, 130, 299
Léger, Alexis 205, 307, 313, 319 f., 326, 358
Legge, Alexander 114
Leih- und Pachtgesetz 366 ff., *447*
Leitner, Dr. Rudolf 174, 176, 182, 189 f., *420*, *422*
„Le Jour" 148
„Le Matin" 133, *419*
Lemp, Leutnant zur See 347
Lenin, Wladimir Iljitsch 49
Leopold, König von Belgien 331, 357, 359
Le Rond, General 18
„Le Soir" *436*
Lettland 322, 324, 327, 348, *441*
Lewis, John L. 340 f.
„Liberty" (Zeitschrift) 169 f., *419*
Libyen 108, 110
Libitzky, Oberst 237
Lindbergh, Charles A. 155, 191, 272, 344
Lindsay, Sir Ronald 89, 152, 273, 277, 283, 324, 328, *408*, *431*, *435*, *442*
Lippmann, Walter 28, 72, 293, 316
Lipski, polnischer Botschafter 224, 311 f., 319, 334 f., *440* f., *443*
Litauen 194, 348, *441*
„Literary Digest" 180
Litwinow, Maksim 127, 164, 194, 202, 207, 281, 318, 321, 323, *424*
„Liverpool Daily Post" 154
Lloyd George, David 12 ff., 17 f., 198, 398 f., *454*
Locarno 137 f., 158, 187, 192 ff., 198, 200, 204, 206, 242 ff., *413*, *418*, *422* f., *429*, *451*, *457*
Lochner, Louis P. 27, 166, *454*
Lockwood, George B. 23, *399*
Lodge, Senator 57, *404*
Londonderry, Lord 195
London 13, 20, 25, 32 f., 44, 92, 95, 98, 100, 103, 112, 117, 119, 124, 126 ff., 131, 141 f., 144, 146 f., 156 f., 159, 161 ff., 165, 172, 174, 185, 188, 194 f., 197 f., 202, 205 ff., 225, 227 ff., 232 ff., 236, 245, 248 f., 252, 255 ff., 260, 269 ff., 277 f., 283, 285 ff., 290, 299 f., 313 f., 318, 320, 322 ff., 326, 328, 322 f., 335, 337 ff., 346 f., 350, 353 f., 363, 370, 382, 391, *399* ff., *404* f., *407*, *409* ff., *422* ff., *426* f., *432* f., *439* ff., *444* f., *448*, *452* ff.
Long, Breckinridge 115, 123 f., 127 f., 130 f., 133, 144, 147, 149, 151, 152, 154, 157, 164, 179, *402*, *411* ff., *420*
Longhi, Marquis Alberto Rossi *416*
Loraine, Botschafter 330
Lord, Robert H. 16, 18, *399*
„Los Angeles Times" 30, 70, 187, 196, 199, 210, 214, 216, 265, 293, *420* f.
„L'Osservatore Romano" 154
Lothian, Lord 161, 339, 355, 363 f., 379 f., 382, *445* f., *448*

Loudon, Dr. 379
„Louisville Courier-Journal" 52, 71, 180, 184, 187, 193
Lowell, A. Lawrence 71 f.
Lowenthal, Max 393
Lukasiewicz, Jules 278, 319, 329, 337, 339, *444*
Lundeen, Senator 344
Luther, Dr. Hans 172, 174 ff., 208, *420, 424*
Luxemburg 327, 331, 357, *441*
Lytton-Bericht 64 f., 74 ff., 83, 90, *405* f., *408, 414*

M

Mackensen, Staatssekretär 222, *426, 430, 438*
Mackenzie King 265, 273, 360 f., 363, 433, *446*
MacMurray, Gesandter in China 46, 49 ff., 53 ff., *401* ff.
MacVeagh, Botschafter 53, 59, *403* f.
Möhren 279 f., 315
Mährisch-Ostrau 252
Maffey-Bericht 156 f.
Maffey, Sir John 156
Magdalenenbucht 92
Maginotlinie 250
Magistrati, Graf 428 f.
Maglione, Kardinalstaatssekretär 320
Maisky, Botschafter 287, 318
Makino, Graf Nobuaki 87, 94
Mallet, V.A.L. 306, *410, 439*
Mallon, Paul 180, 293
„Manchester Guardian" 154, 255, *417, 431*
Mandschukuo 73 ff., 80, 82 f., 85, 88, 90 ff., 97, 100, 103, 127, 297, 302, 378, *408, 438*
Mandschurei 8 f., 38, 40 f., 48, 57 ff., 70 f., 73 ff., 79 f., 83 f., 86 f., 89 ff., 95, 100, 107, 213, 288 f., 292, 390, *404, 407*
Mandschurische Petroleumgesellschaft 93
Manilabucht 8
Mao Tse-tung 96, 101, 288, 294
Mar, Dr. 106
March, Gen. 39
Marco-Polo-Brücke 106, 284, 286, 290
Marcosson, Isaac G. 148 f.
Marienwerder 17
Marinis, Gen. De 18
Marokko 127
Marriner, Theodore 83, 119, *407, 412* ff.
Marshall, Gen. George C. 6, 359, 391 f., 394, 396
Marshall, Verne 338, *444, 451*
Martel, Professor René 18, *399, 456*
Martin, Joseph 363
Maryknoll, Fathers 382, 391, *437*
Masaryk, Tomás 255
Masland, John W. 304, *439, 456*
Mason-McFarlane, Oberst 246
Massigli, französischer Vertreter in Genf 126, 156, *413*
Mastny, tschechoslowakischer Gesandter in Berlin 243, *430*
Matsuoka, Yosuke 75, 77 f., 80 f., 83 f., 381 f., 384 ff., 395, *407, 448*
Max von Baden, Prinz 13
Mayer, Ferdinand L. 46, 48, 161, 192, 197, 212, *402* ff., *411, 418, 423, 425*
McCollum, Captain 395, *410*
McCoy, Generalmajor Frank R. 74 f.
McDonald, James G. 268
McDowell, Bischof William F. *402*

McKee, Frederick 366
McNair, Kapitän L.N. 159, *403, 456*
McNary, Charles 363
„Mein Kampf" 15, 202, *454*
Meiji Universität, Tokio 30, *407*
Mellet, Lowell 393
Meloney, Mrs. William B. 118
„Memphis Commercial Appeal" 202
Menelik, Kaiser 107 f.
Merekalow, Botschafter 321
Messersmith, George S. 31 f., 166 f., 183, 272
Mexiko 71, 386
Mezes, Sidney E. 15, 17
„Miami Herald" 265
Miklas, Wilhelm, Österreich. Präsident 234, 238
Millard, Thomas F. 44, *402*
Miller, David Hunter 139, *399, 415, 417, 454, 456*
„Milwaukee Journal" 31, 71, 186 f., 207, 293
„Milwaukee Sentinel" 183
„Minneapolis Tribune" 215
Mitteleuropäischer Pakt 185
Mittelmeer 126, 130, 133, 157, 159, 193, 229, 236, 143, 316, 330, 359 f., *396, 429*
Moffat, Pierrepont 169, 176, *401, 419* ff., *426, 429, 463*
Moley, Raymond 33, 36, 78, *401, 407, 454*
Molotow 321, 323 ff., 349, 384, *442*
Moltke, Hans Adolf von 267, 319, *433, 441*
Money, Sir Leo Chiozza 157, *417*
Mongolei 9, 40 f., 75, 85 f., 96, 99 ff., 105, 281, 294, *438*
Monroedoktrin 88, 92, 99, 254, 355, 357
Moore, Frederick 77, 87, 309, *406* ff., *439, 448, 456*
Moore, Richter John Bassett 140, 155, *415, 456*
Moore, Walton 218, *412*
Morgan 40, 44, 57 f., 136 f., *402*
Morgenthau, Henry, Jr. 98, 147, 292, 363, 368, 380, *416, 437, 454*
Morley, Felix 19
„Morning Post", London 89, 154, 161, 163, 324
Morris, amerikan. Botschafter in Tokio 41, *401* f.
Morrison, Phoebe 78, *407, 455*
Moscicki, Ignacy, poln. Präsident 331
Motta, Guiseppe 131
Moulton, Dr. Harold G. 66
Mowrer, Journalist Paul S. 167 f.
Mukden 48, 61, 64 ff., 75, 281, *404*
Mulvihill, Dr. Daniel 168
Münchener Abkommen 264 ff., 275 f.
Mundelein, George, Kardinal, Kritik an Hitler 208 ff.
Munters, Präsident des Völkerbundrates 164
Murmansk 347, 355
Murray, Gilbert 163, *417*
Murray, Wallace 120, 122, 127, 129, *412* f.
Muschakoji, Botschafter 296 f.
Mussolini, Benito 33 f., 98 f., 107 ff., 121 ff., 130 ff., 141 ff., 147 ff., 161 ff., 179, 185, 187, 198 f., 206, 213, 216 f., 232, 234, 236 ff., 243, 263 f., 274 f., 314 ff., 320, 330 f., 335, 350 ff., 356 f., 359 ff., *410* f., *417* f., *428, 435, 441, 445*
Muto, General 382, 385

N

Nagano, Admiral Osami 98, *409*
Nakamura, Hauptmann 65
Nanking 43, 52 f., 55, 58 ff., 63 ff., 80, 95 ff., 101, 103, 105 f., 281 ff., 294 ff., 300, *402* f., *409* f., *435* ff.

Nansen, Dr. Fridtjof 268
Narvik 354 f.
„Nashville Banner" 31, 185
„Nation" 72
National Association of Manufacturers 114
National Munitions Control Board 141, 219 f., *426*
Nationalismus 20, 22, 54, 60, 65, 95, 100, 105, 143, 171,
    184, 199, 201
Nationalistische Armeen (China) 59, 101, *403*
Nationalsozialismus 27, 178 f., 221, 231 f., 352
Neufundland 363 f., 372, 389, *446*, *454*
Neunmächtevertrag 66, 69, 89, 283, 286 f., 290 f., 297
    f., 301 f., 378, 381
Neurath, Konstantin Freiherr von 166, 170 f., 174, 176,
    178, 181 f., 193, 197, 201 f., 208, 210, 222 ff., 232 f.,
    297, *424* f., *427*, *438*, *452*
Neuseeland 383
Neutralität 68, 125, 132, 135, 137, 139 ff., 144, 146, 148,
    150, 151, 155 f., 198, 201, 206, 293, 296, 327, 340, 342
    ff., 348, 350, 353, 356 f., 362, 365 ff., 369 ff., 381, 384,
    388, *416*, *442*, *444*
Neutralitätsgesetz 135, 140 ff., 144, 146, 150 f., 155 f.,
    342 ff., 346, 362, 366, 369, *444*
Neville, Edwin L. 67, 80, 86, *405*, *407*
„New Republic" 71 f., 180, 207
„News Chronicle", London 154, 163, *417*
Newton, britischer Gesandte in Prag Basil 250 f., *430*
„New York Daily News" 71 f., 207, 214, 266, 293, *447*
„New Yorker Staats-Zeitung" 167
„New York Evening Journal" *421*
„New York Evening Post" 72
„New York Herald Tribune" 60, 118, 212, 214, 265,
    293, *400*, *444*, *446*
„New York Journal of Commerce" 57, 90
„New York Sun" 30, 72, 214
„New York Times" 9, 30, 52, 59, 70, 138, 153, 175, 179
    f., 185, 188, 196, 265, 293, 344, 349, *400* ff., *404* ff.,
    408 f., *412*, *415*, *417* ff., *421*, *424* ff., *430* f., *433*, *436*,
    438, *440* f., *443* ff.
„Niblack", Zerstörer 371
Nichtangriffspakt 17, 30, 95, 125, 178, 187, 193 f., 197,
    258, 318 f., 322, 324, 326, 329 f., 348 f., *413*, *423*, *429*
Niederländisch-Ostindien 392
Niederlande 173, 175, 193, 325 ff., 331, 345, 357, 360,
    387, 394, *401*
Nischihara-Anleihen (1917/18) 63
Nomura, Kitschisaburo, Botschafter 381, 384 ff., 390
    ff., 396, *449* f.
Nordatlantikfischerei 10
Norfolk „Virginian Pilot" 266
Norman, Montagu 272
Norwegen 331, 345, 354 f., 357, *441*, *444*
Noye, Konteradmiral 395
NSDAP 32, 114, 166, 180 ff., 212, 276
Nürnberger Parteitag 167 f., 190, 212, 240 f., 252 f.
Nürnberger Prozeß 354, *428*, *452*
Nye, Senator Gerald P. 135 ff., 140, 318

O
Oberschlesien 16, 18 f., *399*, *459*
„Observer" 194, 255
O'Connell, John M. 219
O'Connel, William, Kardinal 365
Odagiri, Japan. Finanzvertreter in Paris 40
O'Donnell, John O. 371

Okada, Premierminister Keisuke 94
Olds, R. E. 58, *404*
„Omaha World-Herald" 194, 202
Opium-Krieg von 1842 52
Orlando 108
Oshima, Gen. 381, 384, *448*
Oslo 321, 354, *418*
Ostchinesische Eisenbahn 60 ff., 65, 90, 95, 97
Österreich 26, 121, 147 ff., 152, 161, 170, 183, 185, 201,
    206, 219, 223 ff., 228, 230 ff., 242 f., 247, 268 f., 271,
    312, 335, *413*, *417*, *427* f., *430*, *433*
Ost-Hopeh 84, 97, 105
„Ostwind-Regen"-Meldung 395
Oszuki 247
O'Toole, Donald L. 219
Ott, Botschafter 381, *448*
Oumansky, M. 292, *437*
Oursler, Fulton 170

P
Page, Kirby 138 f.
Panama 73, 92, 345
Panamakanal 358
Panamakonferenz von 1939 345, 370
Panay 298 f., *438*
Papen, Franz von 32, 170, 178 f., 183, 225, 231 ff., *421*,
    426 f., *429*
Paraguay 140, *417*
Pariser Friedenskonferenz von 1919 14, 16, 18, 39,
    108, 169
„Paris Soir" 144
Paul-Boncour, Joseph 160, 228
Paul, Prinz von Jugoslawien 328
Payart, französ. Geschäftsträger in Moskau 323
Pearson, Drew 180
Peck 284, *435* f.
Peek, George N. 211
Pegler, Westbrook 78, 207
Peiping 74, 83 f., 106, 282, 284 ff., 288, 300, 378, 407,
    409, *436*, *438*
Percival, Oberst Sir Harold 18
Pershing, Gen. John J. 163, 363
Perth, Lord 275, 316
Pétain, Marschall Henri Philippe 361 f., 379
Peterson, Maurice 153
Pfadfinder, amerikanische 167
Philadelphia „Evening Bulletin" 72, 214, *420*
„Philadelphia Inquirer" 60, 214, 265
„Philadelphia Public Ledger" 30, 72
„Philadelphia Record" 70, 72, 186
Philippinen 9, 388, *464*
Philipp von Hessen 234, 237, *428*
Phillips, Alfred N. 219
Phillips, Außenminister William 127, 149, 164, 167,
    171, 189, *411*, *419*, 422
Phipps, Sir Eric 180, 192 f., 197 f., 206, 244, 250, 253,
    259 f., 323, *422*, *430* ff.
Pierson 287
Pilsudski, Marschall Josef 17
Pittman, Senator 99 f., 136, 140 f., 155, 378
Pittman-McReynold, Gesetzentwurf von 155
„Pittsburgh Post-Gazette" 31, 187
Pius XI (Achille Ratti), Papst 210
Pius XII (Eugenio Pacelli), Papst 319, 331, 336
Poincaré, Raymond 23 f., 352

Polen 5, 16 ff., 27 ff., 91, 128 f., 136, 156, 178, 194, 201, 206 f., 224, 228, 247, 258, 266 f., 279, 311 ff., 318 ff., 322 ff., 341, 348, 351, 369, *399*, *434*, 440 f., *443*, *453*
Polizeimacht, internationale 214
Polk, James G. 219, *402*
Pope, Generoso 155 f.
Port Arthur 9, *404*
Porter-Resolution 52, *457*
Portland „Morning Oregonian" 185 f., 193, 199, 211, 214, 266, 293
Portsmouth, Friedensvertrag von 9
„Post", Yorkshire 154
Potemkin 160
Potocki, Graf Jerzy 339, *444*
Potter, Pitman 115, *411*
Powell, Oberst 17
Pressefreiheit 226
Price, Ward 110
„Providence Journal" 199, 210
Purvis, Arthur 368
Pu-yi, Henry 75, 90, *408*

Q
Quai d'Orsay 201, 203, 205, 276, 283, 286, 307 f., 319 f., 336 f., 339, 358, 377, *435*, *442*, *453*

R
Raeder, Admiral Erich 223, 347 f., 354, 370, 372, 384
Rajchmann, Dr. Ludwig 66
Raleigh „News and Observer" 71, 186, 293
Ras Mulugeta 158
Rath, Ernst vom 270
Rea, George Bronson 48, 54
Redefreiheit 146
Reinsch, Paul 38, *401*, *454*
Redman, Joseph R. 395
Reynolds, Senator 271
Reparationen 13 ff., 23 ff.
„Reuben James" (USA) 373 f.
Reykjavík 355, 373
Reynaud, Paul 339, 358 f., 360 ff., *446*, *454*
Rheinland 19, 23 f., 156, 158 f., 193 f., *423*
„Rhein", deutsches Schiff 370
Ribbentrop, Joachim von 195, 200, 204, 223, 225 f., 233 ff., 239 f., 243, 256, 258, 263, 273, 275 f., 297, 311 f., 318, 328 ff., 333 ff., 343, 350 ff., 369, 381, 384 f., *426* ff., *432*, *434*, *438*, 440, *448*, *452*, *456*
Richmond „Times-Dispatch" 70, 179, 183, 186, 210, 265
Rickett, Francis 119
Ridder, Joseph E. 167
Riddleberger, James W. 240, *428*
„Robin Moor", amerikanisches Handelsschiff 372
Rochester „Democrat and Chronicle" 174, 180, 184, 196, 199, 202, 207, 293, *406*
Rockefeller-Stiftung 304
Röhm 178 f., *421*
Root, Elihu 68, 73, 91, *405*, *451*
Root-Takahira-Abkommen 9, 68, 379, 390
Roper, Daniel C. 34, 146, 218, *426*
Rosenberg, Alfred 354
Rosso, Botschafter Augusto 113, 117, 129, 151, 163, *411*, *413*, *416*, *418*
Rothermere, Lord 154, 166, *454*
Rubbatino-Gesellschaft, italienische 107

Rublee, George 269 f., 272, 274
Ruhrbesetzung durch Frankreich 23 ff.
Rumänien 129, 205 ff., 277, 279 f., 317 ff., 322 ff., 327 f., *441*
Runciman, Lord Walter 92, 248 ff., *430* f.
Ryan, D.L. 371
Rydz-Smigly, Marschall 224

S
SA 168, 171, 178, 234, *420* f.
Saar, Volksabstimmung an der 184, 236, *419*, *421*
Sadtler, Oberst 395
Safford, Captain L.F. 395, *450*
Saint-Quentin, M. de 153
Saionji, Prinz 87, 94
Saito, Hiroshi 87 ff., 91, 99, 282, 284, 299
Salt Lake City, „Desert News" 196
„San Francisco Chronicle" 59 f., 193, 202, 214, 293
„San Francisco Examiner" 57, 72, 215, *406*, *422*, *433*
Sanktionen 53, 67, 71 f., 79, 82, 120 ff., 138, 141 ff., 154, 156 f., 159 ff., 165, 195, 214, 228, 292 ff., 298, 306 f., 377, 380, 387, *405*, *416* f.
Sapeto, Missionar 107
Sato, Naotake 104 f., 381, *448*
Sauerwein, Jules 133
Schacht, Dr. Hjalmar 29 f., 32 f., 35 f., 170, 174, 190, 192, 200 ff., 222, 224, 271 f., 274, *420*, *434*
Schanghai 42 f., 46 f., 49, 54 f., 64, 69, 71, 73, 80, 89, 106, 288 ff., 298, 301, 395, *402* ff., *406*, *409* f., *436* ff., *457*
Schantung 38 f., 59 f., 97, 295, 378
Schidehara, Baron Kijuro 66, 68, 377, *405*
Schleicher, Gen. Kurt von 178 f.
Schleswig 18
Schmidt, Paul 256, 335, 337, 351 f., *431* f., *434*, *443* ff., *448*, *454*
Schmitt, Kurt 170, 178
Schnurre, Dr. Carl 328, *442*
Schober, Dr. Johann 26
Schoenfeld, R.E. 190, *422*
Schulenburg, F.W. Graf von der 325 f., 328 f.
Schurman, Jacob G. 221, *408*
Schuschnigg, Kurt von 206, 231 f., 234 ff., 251, *427* f., 454
Schweden 175, 331, 345, 354, 358, *401*, *441*, 445
Schweiz 131, 153, 173, 175, 255, 276 f., 324 ff., *401*, *441*
Scoppa, Bova 158
Scripps-Howard-Presse 71, 366
Seabury, Richter Samuel 176
„Seattle Daily Times" 174, 183, 210
Seeds, Sir William 318
Selbstbestimmung 74, 248, 253, 256, 258, 262, *398*
Seminoff 41
Seyß-Inquart, Dr. Arthur 234, 238, *428*
Sherwood, Robert E. 366 f., *400*, *446* f., *456*
Shotwell, James T. 28, 213, *400*, *454*
Sibirien 39 ff., 86, 90, 99
Siegfriedlinie 260
Simon, Sir John 69, 83, 89, 129, 172, 185, 249, 277, 279, *405* ff., *415*, *445*, *456*
Simonds, Frank 138
Singapore 379, 382 ff., 386
Slowakei 260, 278 ff., *435*
Smith, Alfred E. 176
Smith, Truman 266 f., *433*

Sokolsky, George 66, *405*, *456*
Solidarité Francaise 143
Somaliland 109, 116, 131, 140
Sonnino 108
Soong, T. V. 394
Sowjetische Handelsflotte 61
Spanien 9, 19, 79, 198, 210, 232, 243, 316, 321, 358, *429*, *441*
Spanischer Bürgerkrieg 205, 215, 224, 232
Spokane „Spokesman-Review" 72, 210, 215, 293
„Springfield Republican" 174, 179, 186, 196, 199, 210
Stahmer, Heinrich 381
Stalin, Joseph 81, 85, 91, 198, 281, 308, 311 f., 318, 321, 323, 329 ff., 333, 349, 384, *442*
Standard Oil Co. 53, 93, 119 f., 298, *412*
Standley, Admiral William H. 98, 363
„Star", London 154
Stark, Admiral H.R. 368, 370, 391 f., 394 ff., *448* f.
Steinhardt, Botschafter 385, *448*
Stewart, Dr. Irving 146, *416*
Stimson, Henry L. 6, 21, 27, 38, 61 f., 66 ff., 82 ff., 87 f., 91, 95 f., 99, 110, 112 ff., 117, 139 f., 145, 162, 164 f., 213, 305, 344, 362 f., 380, 387, 392, 394, *400*, *404* ff., *411*, *415*, *418*, *448* ff., *454*
Stirling, Admiral 363
„St. Louis Globe-Democrat" 9, 180, 183, 214, 293, *420*
„St. Louis Dispatch" 194, 365
St. Lucia (Insel) 364, *446*
Strang, William 324 f., 329
Straus, Jesse 34, 117 f., 148, 160, 195, 197, *401*, *411*, *416* ff., *422* f.
Stresa-Front 115, 156, 158, 162, 165
Stresa-Konferenz 111, 132, 187
Stresemann, Gustav 17
Strong, Generalmajor Georg V. 370
Stuart, Rev. John L. 47
Südafrika, Burenkrieg 8
Sudetenland 226, 244 f., 249, 253, 256, 259 ff., 263 f.
Südmandschurische Eisenbahn 57 ff., 63, 67, *402*, *405*, *437*
Suezkanal 123, 161, 276
Suma 103, *410*, *436*
„Sundai Schimpo" (Tokio) *407*
Sung Tsche-yun 97, 105
Sun K'uan-fang 48
Sun Yat-sen 42 f., 52, 95, *402*, *437*, *456*
Suvich, Fulvio 115, 130, 164, *412*
Sze, Dr. Alfred 52

T
Tabouis, Madame 195, *417*
Taft, Senator Robert A. 368, 371
Taft, Präsident William Howard 9, 38, 40, 96, *398*, *409*, *451*
Taketa, Taneo *437*
Tanasee 108, 157 f., 163
Tangku, Waffenstillstand von 1933 84, 96, 105, *407*
Tardieu, André 27 f.
Taylor, Admiral Montgomery M. 84
Teh Wang 97
Tembyen 155, 158
Texas Oil Company 93
Thompson, Dorothy 182 f., 293, 344
Thomsen, Botschaftsrat Dr. Hans 207, 209, 272 f., 369, *424*, *431*, *434*

Tientsin 59, 83 f., 384, 288, 376 ff., *408*, *438*, *451*
Tigré 108
„Times" 68 f., 90, 112, 154, 237
„Times-Picayune", News Orleans 187, 265
Tiso, Josef 279, *435*
Tirana 315
Togo, Schigenori 391
Tojo, Gen. Hideki 391
Tokugawa, Fürst 85
Toyoda, Außenminister 73, 387, 389, 391
Trautmann, Oskar 295 ff., *438*
Trinidad 364, *446*
Tripolis 108
Tschang Hsueh-liang 60 ff., 101, *409*
Tschang Huei-tsan 62
Tschang Tso-lin 48, 60 f., 63, *409*
Tschang Tsu-tschung 280, 284
Tschechoslowakei 27 f., 194 f., 205 ff., 223 f., 227 f., 230, 237 f., 242 ff., 256 ff., 267, 269, 275 f., 278 ff., 312, 315, 323, 369, *424*, *428*, *434*
Tschöen, Eugene 43, 48, 53 f., *403*, *408*
Tschengtu, Zwischenfall von 103
Tschiang Kai-schek, Madame 291, 297, 394, *437*
Tschiang Kai-schek 43, 52 ff., 58 ff., 65, 75, 94, 96, 101 ff., 281, 285 ff., 291, 294 ff., 300, 302 f., 308, 311, 376 ff., 386, 392, 394, *402*, *404*, *409*, *437* ff., *449*
Tschou En-lai 101, 288
Tschuh Teh 96, 101, 287
Tschungking 302, 375, 378 f., 394, *450*
Tsinan 58 f., 63 f., *404*, *451*
Tuan K'i-jui 48
Tugwell, Rexford G. 78, *407*
Türkei 44, 108, 327, 329, *441*
Tunesien 276
Tung, Kaiser Hsuan, s. Henry Pu-yi
„Tuscaloosa", amerikanisches Schiff 370
Tyrrell, Lord 34, *401*

U
U-Boot 11 f., 188, 346 ff., 368, 370 ff.
UdSSR 61, 323 f., 327
Ukraine 277 ff., 339, *435*
Umedzu, General 96, *409*
Ungarn 147, 149, 152, 195, 258, *417*, *435*, *441*
Untermyer, Samuel 177
USA 371 f., *417*
US Coast Guard Service 167
Utley, Clifton M. 190, *422*
Utschida, japanischer Außenminister 85, 90

V
Vandenberg, Arthur H. 309
Vansittart, Sir Robert Gilbert 122, 130, 134, 136, 287, 323
Vatikan 208 ff, 320, *424*
Veblen, Thorstein 15, *399*, *457*
Verlaci 315
Vertrag von Madrid 146
Vertrag von Tartu 348
Vertrag von Ucciali 107 f.
Vertrag von Versailles 10, 12 f., 15 f., 18 ff., 23 f., 27, 29, 34, 64, 99, 108, 111, 114, 127, 134, 137, 139, 159 f., 168, 172 f., 185 f., 188, 194 ff., 201, 204, 223 f., 226, 242 f., 255, 317, 335, 341, 351 f., 356, *398* f., *455*
Vian, Kapitän 353

Victor Emanuel III., König von Italien 165, 331
Viereck, George Sylvester 37, 169 f., *419*
Viermächtepakt von 1933 33 f.
Vierzehn Punkte (Wilson) 13, 15 f., 170, *398*
Villard, Oswald Garrison 180
Völkerbund 17, 19, 28, 34, 59 f., 65 ff., 76 ff., 80, 82 ff.,
    99, 108 ff., 115, 117 ff., 130 ff., 137 ff., 141 f., 146 ff.,
    150 ff., 154, 156 ff., 160 ff., 164 ff., 171 ff., 184 f., 187,
    194 ff., 198, 227 f., 232, 234, 244 f., 268 f., 278, 286,
    288, 290 f., 324, 349, *400, 405 ff., 411 ff., 423, 429,
    453*
Volksabstimmungen 18 f., 29, 173, 190, 195, 235 f., 246
    f., 251, 257 ff., 334, *421, 428, 433*

W
Waffenembargo 140 f., 144, 149, 152, 156, 164, 343 f.,
    416
Wakasugi, japanischer Gesandter in den USA 388,
    449
„Wall Street Journal" 215
Walsh, Bischof James E. 382 f., 385, 391, 395, *449*
Walsh, Senator David I. 363 f., *437, 446*
Walwal-Zwischenfall 109 ff., 115, 118, 122, *411*
Wang Ming 101
Wang Tsching-wie 376, 378
Wang, Tschungting T. 47, 287, *402, 436*
Warburg, Felix 36
Warmbold, Reichswirtschaftsminister 36
„Washington Evening Star" 214, 265, 293, 349, *408*
„Washington News" 31, 188, *420*
„Washington Post" 52, 60, 70, 72, 214, 265, 293, 371,
    447
Weimarer Republik 22, 27 f., 31, 175, 178
Weizsäcker, Ernst Freiherr von 221, 247 f., 263, 270,
    321, 325 f., 335, 369, *425 f., 428 ff., 432 f., 438, 454*
Welles, Sumner 130, 212, 215, 230, 233, 238 f., 261, 264,
    269 f., 272 f., 277, 280, 283, 288, 292, 303, 306, 349 ff.,
    360, 363 f., 373, 380, 386, 388 f., *425, 427 f., 433 ff.,
    439, 445 f., 448 f., 454*
Weltwirtschaftskonferenz 32 f., 174
Welzcek, Graf 247
Wemyss, Sir Rosslyn 20
Wheeler, Senator Burton K. 366, 368, 393, *444, 449*
Wheeler-Bennett, John W. 251, *399 f., 404, 419 f., 430
    f., 433, 435, 453, 456*

White, Henry 20, *399*
White, William Allen 186, 363, 365 ff.
Wiedemann, Hauptmann Fritz 216 f., 249, *430*
Wiegand, Karl von 167
Wilcox, Mark 219
Wilhelm II., Kaiser 5, 22, 170, *399*
Wilhelmstraße 173, 178, 193, 209, 221, 232, 334 f.
Williams, Dr. John E. 53
Willkie, Wendell 363, 367
Wilson, Hugh 66, 77 f., 82, 115, 121 f., 124 ff., 133, 142,
    144 f., 148, 156, 160, 192, 219, 239, 248, 274, *405 ff.,
    416, 433, 454*
Wilson, Sir Horace *432*
Wilson, Woodrow 6, 10 ff., 33, 38 ff., 56, 73 f., 108, 135,
    151, *399, 401, 451*
Winkelman, General 359
Winterton, Lord 269
Wise, Rabbi Stephen S. 36
Wladiwostok 39
Woermann, Dr. 326, *428*
Wohltat, Ministerialdirektor 274
Wood, Professor Henry 166
„World", New York 52
„World Telegram", New York 214, 293
Woroschilow 328 f.
Wright, Professor Quincy 117, *411*
Wu P'ei-fu 48

Y
Yamamoto, Jotaro 59
Yarnell, Admiral 363
Yen, W.W. 44, *402*
Yin Ju-keng 97
Yoschida, japanischer Botschafter in London 100, *409*
Young, Arthur N. 57 f., *404*
Young, Owen D. 26
Youngplan 25 ff., 33, 173 f.
Yüan Schih-k'ai 64

Z
Zeeland, Paul van 198, 205 f.
Zentrumspartei 21
Zimmern, Sir Alfred 163
Zogu, König von Albanien 315
Zollgesetz von 1930 129, 211

Inhaltsverzeichnis

Vorwort .... S.   5

Historische Einführung .... S.   8

    Die Entstehung der englisch-amerikanischen Freundschaft .... S.   8
    Japan erhält zur Expansion in der Mandschurei das Signal zu freier Fahrt .. S.   8
    Sir Edward Grey trägt einen diplomatischen Erfolg davon .... S.   10
    Das amerikanische Außenamt vergreift sich im Ton .... S.   11
    Die Alliierten brechen den Waffenstillstands-Vorvertrag .... S.   12
    Reparationen und Büberei .... S.   13
    Die Kolonialfrage .... S.   15
    Das polnische Problem: Danzig, der polnische Korridor und
        Oberschlesien .... S.   16
    Die Besetzung des Rheinlandes .... S.   19
    Die Hungerblockade .... S.   20
    Die deutsche Reaktion auf den Versailler Vertrag .... S.   21

I. Amerika und die Weimarer Republik .... S.   22

    Amerika lehnt Kriegsverbrecherprozesse ab .... S.   22
    Die Alliierten gegen Bezahlung der Kosten für die amerikanische
        Besetzungsarmee .... S.   23
    Frankreich rückt in das Ruhrgebiet ein .... S.   23
    Präsident Hoover schlägt ein Reparations-Moratorium vor .... S.   25
    Reichskanzler Brüning wird zum Rücktritt gezwungen .... S.   27
    Das Abrüstungsproblem bleibt eine Drohung .... S.   28
    Die amerikanische Presse über Hitler im Jahre 1933 .... S.   30
    Die amerikanischen Diplomaten blicken auf Deutschland mit
        schwerer Besorgnis .... S.   31

Präsident Roosevelt „torpediert" die Weltwirtschaftskonferenz .... S. 32
Der Viermächtepakt erweist sich als Fehlschlag .... S. 33
William E. Dodd geht als amerikanischer Botschafter nach Berlin .... S. 34
Der Präsident erzählt eine Phantasiegeschichte .... S. 35

II. Der Ferne Osten in Gärung .... S. 38

Dreifache Offensive gegen Japan .... S. 38
Sun Yat-sen gibt der chinesischen Revolution einen roten Einschlag .... S. 42
Senator Borah greift den fremden Imperialismus in China an .... S. 44
Ursachen der fremdenfeindlichen Bewegung in China .... S. 46
Die Kuomintang fordert Zollautonomie .... S. 47
Die Chinapolitik der Vereinigten Staaten und die amerikanischen
    Missionare .... S. 47
Entwicklung der amerikanischen Politik gegenüber dem China
    der Nationalisten .... S. 48
Rote Berater in den Armeen der Kuomintang .... S. 49
Peking und Kanton fordern Revision der bestehenden Verträge .... S. 50
Großbritannien macht Amerika die Führung in China streitig .... S. 51
Der Kongreß für eine Politik der Vertragsrevision .... S. 52
Der Zwischenfall von Nanking und seine Rückwirkungen .... S. 52
Außenminister Kellogg und die rote Gefahr in China .... S. 54

III. Fortdauernde Spannung mit Japan deutet
auf unvermeidlichen Krieg .... S. 56

Einwanderungsgesetzgebung und Japan .... S. 56
Japanische Einladung an die Vereinigten Staaten zu Kapitalanlagen
    in der Mandschurei .... S. 57
Der Zwischenfall von Tsinan .... S. 59
Russische Lektion für den Kriegsherrn der Mandschurei .... S. 60
Der Hintergrund des mandschurischen Zwischenfalls .... S. 62
    a) Beunruhigung Japans über die Ausbreitung
        des Kommunismus in China .... S. 62
    b) Schwierigkeiten um die mandschurischen Bahnen .... S. 62
    c) Reibungen wegen der Nischihara-Anleihen .... S. 63
    d) Antijapanische Erziehungspläne in China .... S. 64
    e) Die Rechtsgültigkeit der Verträge vom 25. Mai 1915 .... S. 64
    f) Die Ermordung des Hauptmanns Nakamura .... S. 65
Außenminister Stimson fährt schweres Geschütz auf .... S. 66

IV. Der Weg in die Sackgasse .... S. 70

Die amerikanische Presse über die Stimsondoktrin .... S. 70
Stimson hilft Japan aus dem Völkerbund vertreiben .... S. 73
Matsuoka verläßt den Völkerbund .... S. 77
Präsident Roosevelt und das Prinzip der kollektiven Sicherheit .... S. 79

V. Vergebliche japanische Friedensgesten .... S. 82

Amerika kommt dem Völkerbund entgegen .... S. 82
Japan sichert sich Jehol als einen Teil Mandschukuos .... S. 82
Außenminister Hull verwirft den Gedanken einer japanischen Mission
    des guten Willens.. S. 84
Zunehmende russisch-japanische Spannung im Fernen Osten .... S. 85
Japanische Freundschaftsgesten werden von den Vereinigten Staaten
    zurückgewiesen .... S. 86
Japan verkündet für den Fernen Osten eine Monroedoktrin .... S. 88
Stirnrunzeln Washingtons über das japanische Verständigungsangebot .... S. 91
Die Offene Tür und die Mandschurei .... S. 92

**VI. Moskau formt das politische Schicksal
    des Fernen Ostens** .... S. 94

Verschmähte diplomatische Gelegenheiten .... S. 94
Japan kündigt das Washingtoner Flottenabkommen .... S. 94
Japan ruft eine nordchinesische Autonomiebewegung ins Leben .... S. 96
Amerika und Großbritannien protestieren gegen die japanische Politik .... S. 97
Amerikanische Silberkäufe machen China zu schaffen .... S. 97
Japan fordert abermals Flottenparität .... S. 98
Präsident Roosevelt erteilt den bösen Diktatoren eine Lektion .... S. 99
Der chinesische Nationalismus macht gemeinsame Sache mit
    dem Kommunismus .... S. 100
Japan rückt naher an Deutschland heran......................... S. 102
Japan erstrebt einen gütlichen Vergleich mit China .... S. 102
Tschiang Kai-schek begrüßt kommunistische Hilfe gegen Japan .... S. 104
Japanische Versuche, China zu versöhnen .... S. 104
Sowjetrußland stiftet zwischen China und Japan Krieg an .... S. 106

VII. Mussolini blickt begehrlich nach Abessinien .... S. 107

Großbritannien erkennt die italienischen Bestrebungen in
    Nordostafrika an .... S. 107
Italien verläßt den Dreibund .... S. 108
Großbritannien sucht Mussolini zu beschwichtigen .... S. 108
Italiens Bevölkerungsüberschuß und Kolonialanspruch .... S. 109
Der Zwischenfall von Walwal deutet auf Krieg .... S. 109
Gute Beziehungen zwischen Außenminister Stimson und Mussolini ...... S. 112
Der neue Ton .... S. 114
Ursprünge der Achse Rom–Berlin .... S. 114
Anthony Eden eröffnet sich Hugh Wilson........................ S. 115
Verzögerung der schiedsrichterlichen Behandlung des Zwischenfalles
    von Walwal .... S. 115
Mussolini lehnt einen Vorschlag Anthony Edens ab .... S. 116
Der Kaiser von Abessinien sucht die Intervention Amerikas .... S. 116
Italien ist auf die Bürde des weißen Mannes in Afrika erpicht .... S. 117
Präsident Roosevelt drängt Mussolini, den Schiedsspruch anzunehmen ... S. 118
Das Weiße Haus rügt die Dollar-Diplomatie .... S. 119

VIII. Großbritannien und Frankreich scheuen einen Krieg wegen Abessinien .... S. 121

Vergebliche Bemühungen Frankreichs um britische Hilfsversprechungen .. S. 121
Die Walwal-Schiedskommission weicht der Sache aus .... S. 122
Laval möchte Mussolini beschwichtigen .... S. 122
Außenminister Hull lehnt die Vermittlerrolle ab .... S. 123
Großbritannien und Frankreich suchen nach einer Lösung des
   abessinischen Problems .... S. 124
Botschafter Long für Abtretung abessinischen Gebietes an Mussolini ...... S. 124
Laval macht eine Verbeugung zu Großbritannien hinüber .... S. 125
Großbritannien wünscht, daß Amerika wesentliche
   Verantwortlichkeiten übernehme .... S. 126
Anthony Eden beargwöhnt Rußland .... S. 126
Botschafter Long widerrät Sanktionen .... S. 127
Außenminister Hull definiert den amerikanischen Standpunkt .... S. 128
Der Fünferausschuß macht einen vergeblichen Vorschlag .... S. 128
Das amerikanische Außenamt befaßt sich mit dem Sanktionsproblem ..... S. 129
Italien lehnt den Vorschlag des Fünferausschusses ab .... S. 130
Mussolini bietet eine Friedensformel an .... S. 131
Großbritannien sucht amerikanische Unterstützung .... S. 131
Mussolini bewegt sich auf den Krieg zu .... S. 133
Außenminister Hull bietet Abessinien „moralische Unterstützung" an ..... S. 133
Großbritannien enttäuscht die Franzosen .... S. 133

IX. Amerika greift dem Völkerbund mit Wirtschaftsmaßnahmen gegen Italien vor .... S. 135

Senator Nye erregt einen diplomatischen Skandal .... S. 135
Die Offensive gegen die amerikanische Neutralität .... S. 137
Der Präsident nimmt ein Neutralitätsprogramm des Kongresses an .... S. 140
Amerikas Reaktion auf den italienisch-abessinischen Krieg .... S. 141
Der Völkerbund erklärt Italien für eine Angreifer-Nation .... S. 143
Außenminister Hull beharrt auf selbständiger Politik .... S. 144
Großbritannien beschränkt Italiens Redefreiheit .... S. 146
Amerika weigert sich, eine Parallelpolitik mit Großbritannien zu verfolgen S. 147
Italien hofft, sich die amerikanische Freundschaft zu erhalten .... S. 148
Das amerikanische Außenamt setzt Italien unter Druck .... S. 149

X. Mussolini macht die Politik kollektiver Sicherheit zum Gespött .... S. 151

Außenminister Hull verteidigt die amerikanische Politik .... S. 151
Das Hoare-Laval-Abkommen .... S. 152
Präsident Roosevelt weist Italien zurecht .... S. 154
Josef Beck verliert das Vertrauen zum Völkerbund .... S. 156
Wirkungen des Maffey-Berichts .... S. 156
Großbritannien will Erdöl auf die Embargoliste gesetzt haben .... S. 158
Mussolini macht eine friedfertige Geste .... S. 158
Großbritannien stellt sich freundlicher zu Hitler .... S. 159

Der Völkerbund versucht, dem italienisch-abessinischen Krieg ein Ende
    zu setzen .... S. 160
Großbritannien wirbt weiter um Hitler .... S. 160
Amerika lehnt es ab, eine realistische Politik einzuschlagen .... S. 162
Eden empfiehlt die Aufhebung der Sanktionen .... S. 163
Die Vereinigten Staaten machen das Nichtanerkennungsprinzip geltend ... S. 164

**XI. Botschafter Dodd findet Berlin für einen Wilsonschen
    Demokraten unangenehm** .... **S. 166**

Das Deutsche Reich macht Amerika eine freundliche Geste .... S. 166
Dodd lehnt es ab, dem Nürnberger Parteitag beizuwohnen .... S. 167
Amerikanische Bürger werden von SA-Leuten mißhandelt .... S. 168
Professor Coar versucht die deutsch-amerikanischen Beziehungen
    zu verbessern .... S. 168
George Sylvester Viereck bietet sich dem Präsidenten an .... S. 169
Neue Zwischenfälle .... S. 170
Deutschland tritt aus dem Völkerbund aus .... S. 171
Das Schuldenproblem belastet die deutsch-amerikanischen Beziehungen .. S. 173
Die Stadt New York inszeniert einen Scheinprozeß gegen Hitler .... S. 175
Die nationalsozialistische Führung in ungewisser Defensive .... S. 178

**XII. Amerikas Widerwille gegen die Herrschaft
    Hitlers wächst** .... **S. 181**

Ähnlichkeiten zwischen nationalsozialistischer und amerikanischer
    Finanzpolitik .... S. 181
General Johnson brandmarkt die Säuberung der NSDAP .... S. 182
Die Ermordung des Bundeskanzlers Dollfuß .... S. 183
Der Tod Hindenburgs .... S. 183
Die amerikanische Meinung über die Abstimmung im Saarland .... S. 184
Eine britisch-französische Erklärung für kollektive Sicherheit .... S. 184
Hitler zerbricht eine weitere Versailler Fessel .... S. 186
Das Abkommen von Stresa .... S. 187
Frankreich schließt einen Beistandspakt mit Rußland .... S. 187
Die Aufnahme des deutsch-britischen Flottenabkommens in
    den Vereinigten Staaten .... S. 188
Außenminister Hull scheut vor der Rolle moralischer Führung zurück .... S. 188
Der „Bremen"-Zwischenfall .... S. 189
Zunehmende amerikanische Feindseligkeit gegen die
    deutsche Führung .... S. 190

XIII. Europa ohne Locarno .... **S. 192**

Hitler liquidiert den Locarno-Pakt .... S. 192
Die amerikanische Presse über die Wiederbesetzung des Rheinlandes ..... S. 193
Europa ist beunruhigt .... S. 194
Hitler schlägt eine neue Friedensformel vor .... S. 196

Eden dreht sich mit jeder neuen diplomatischen Brise .... S. 196
Hitler und Mussolini verständigen sich .... S. 198
Versailles erhält einen neuen Stoß .... S. 199
Die amerikanische Presse über die Anerkennung Francos
    durch Deutschland und Italien und den deutsch-japanischen
    Antikominternpakt .... S. 199
Europa sucht Locarno zu ersetzen .... S. 200
Hitler erregt in Europa neue Hoffnungen .... S. 201
Frankreich hofft auf amerikanische Unterstützung .... S. 202

XIV. Der Schatten der Diktatur beginnt
    die amerikanische Landschaft zu verdunkeln .... S. 204

Die europäischen Staatsmänner tasten nach einer Friedensformel .... S. 204
Belgien löst seine Bindungen mit Großbritannien und Frankreich .... S. 205
Eine neue Bombe des New Yorker Bürgermeisters La Guardia .... S. 207
Außenminister Hull bedauert .... S. 207
Kardinal Mundelein ruft zwischen dem Vatikan und Deutschland
    Spannungen hervor .... S. 208
Die Beschießung Almerias und die amerikanische Presse .... S. 210
Reibungen an der Wirtschaftsfront .... S. 211
Botschafter Dodd wohnt dem Nürnberger Parteitag bei .... S. 212
Außenminister Hull hat Bedenken gegen Botschafter Dodd .... S. 212
Der Präsident für eine Quarantäne der Angreifer .... S. 213
Die amerikanische Meinung über die Quarantäne-Rede .... S. 213
Die Quarantäne-Rede und die deutsche Reichsregierung .... S. 215
Mussolinis Berliner Besuch und die amerikanische öffentliche Meinung ... S. 216

XV. Neue Spannungen, neue Friedensbemühungen .... S. 218

Kein Heliumgas für die Zeppelinluftschiffe .... S. 218
Hitler rückt offiziell vom Amerikadeutschen Volksbund ab .... S. 221
Die österreichische Unabhängigkeit in der Schwebe .... S. 223
Botschafter Bullitt hat einige wichtige Unterredungen .... S. 224
Lord Halifax als Gast Hitlers und Görings .... S. 225
Großbritannien blockiert ein Friedensprogramm Roosevelts .... S. 229

XVI. Der „Anschluß" .... S. 231

Verdüsterung über Österreich .... S. 231
Schuschniggs Reise nach Berchtesgaden .... S. 234
Lord Halifax erfährt den Beschwichtigungspreis .... S. 234
Die britische Beschwichtigung Italiens bietet zu wenig und kommt
    zu spät .... S. 236
Hitler marschiert in Wien ein .... S. 237
Die amerikanische Reaktion auf den „Anschluß" .... S. 238

XVII. Benesch sieht den Abgrund nicht .... S. 242

Letzte Versuche, den europäischen Status quo zu erhalten .... S. 242
Die Sudetendeutschen stellen Forderungen, von denen sie wissen,
    daß sie nicht erfüllt werden können .... S. 243
Chamberlain: Großbritannien wird für die Tschechoslowakei
    nicht kämpfen .... S. 244
Spannung in der Tschechoslowakei .... S. 245
Warnung aus Amerika .... S. 247
Wiederauftreten Henleins nach der „Maikrise" .... S. 248
Lord Runcimans undankbare Mission .... S. 248
Sir Nevile Henderson verliert die Geduld mit Benesch .... S. 251
Kennedy sagt die amerikanische Intervention in einem zweiten
    Weltkrieg voraus .... S. 252
Chamberlain entschließt sich, nach Berchtesgaden zu fliegen .... S. 253

XVIII. München, Vorspiel zu Prag .... S. 254

Präsident Roosevelt erweitert die Monroedoktrin .... S. 254
Chamberlain in Berchtesgaden .... S. 255
Benesch nimmt den englisch-französischen Vorschlag an .... S. 257
Hitler stellt neue Forderungen .... S. 257
Chamberlain richtet an Hitler einen neuen Appell .... S. 259
Roosevelt unterstützt Chamberlains Friedensbemühungen .... S. 260
Großbritannien setzt seine Friedensbemühungen fort .... S. 261
Roosevelt setzt die Diktatoren weiter unter Druck .... S. 262
Chamberlain gibt nach .... S. 263
Die Kapitulation von München .... S. 264
Die amerikanische öffentliche Meinung über die Septemberkrise
    und München .... S. 265
Diplomatisches Stroh im Wind .... S. 266

XIX. Prag .... S. 268

Internationale Wirkungen des Antisemitismus in Deutschland .... S. 268
Ein Zwischenspiel .... S. 270
Botschafter Wilson wird aus Berlin abberufen .... S. 270
Schacht bietet eine Lösung des Flüchtlingsproblems an .... S. 271
Innenminister Ickes verschärft die deutsch-amerikanische Spannung ...... S. 272
Die Wirtschaftsoffensive gegen Deutschland wird beschleunigt .... S. 273
Deutschland bemüht sich um eine Übereinkunft mit
    den Vereinigten Staaten .... S. 273
Vergebliches Werben Chamberlains um Mussolini .... S. 274
Frankreich ist geneigt, Hitler in Osteuropa freie Hand zu lassen .... S. 275
Das Foreign Office wird nervös .... S. 276
Deutschland befürchtet, daß in einem zweiten Weltkrieg
    Amerika intervenieren würde .... S. 278
Hitler annektiert die Rest-Tschechoslowakei .... S. 278
Die Reaktion in den Vereinigten Staaten auf die Annexion Böhmens
    und Mährens .... S. 280

XX. Die Hand Moskaus im Fernen Osten .... S. 281

Die Kommunisten treiben zum Krieg .... S. 281
Amerika soll eingespannt werden .... S. 282
Die Lage in Nordchina verdüstert sich .... S. 284
Das Department of State beharrt auf einer unabhängigen Politik .... S. 285
Szenenwechsel von Nordchina nach Schanghai .... S. 288
China ruft den Völkerbund an .... S. 290
Roosevelts „Quarantäne-Rede" .... S. 291

XXI. Ein Vorschlag Japans an Amerika, gemeinsam
in Europa zu vermitteln, scheitert .... S. 295

Deutschland sieht den Ausbruch des chinesisch-japanischen
Krieges mit Unbehagen .... S. 295
Der „Panay"-Zwischenfall .... S. 298
Die Londoner Mission Admiral Ingersolls .... S. 299
Japan setzt in China Marionettenregierungen ein .... S. 300
Der Ferne Osten nach München .... S. 302
Tschiang Kai-schek regt eine neue Washingtoner Konferenz an .... S. 303
Wirtschaftsbande versagen politisch .... S. 303
Hull lehnt einen britischen Vorschlag für wirtschaftliche
Druckmaßnahmen gegen Japan ab .... S. 305
China sieht den europäischen Krieg kommen und lädt England
und Frankreich zu einer gemeinsamen Front gegen Japan ein .... S. 307
Japan lädt Außenminister Hull zu einer vereinten japanisch-
amerikanischen Anstrengung für den europäischen Frieden ein .... S. 308

XXII. Europa bewegt sich auf den Krieg zu .... S. 311

Chamberlain gibt Polen ein folgenschweres Hilfsversprechen .... S. 311
Lord Halifax versucht, mit dem Duce „irgend etwas zustande
zu bringen" .... S. 314
Mussolini besetzt Albanien .... S. 315
Die amerikanische Reaktion auf die Besitzergreifung Albaniens .... S. 315
Die Antwort der Diktatoren .... S. 317
Die Rolle Rußlands wird zunehmend wichtig .... S. 318
Papst Pius XII. unternimmt einen Versuch, den Frieden zu retten .... S. 319

XXIII. Stalin setzt die Zündschnur zum Zweiten Weltkrieg
in Brand .... S. 321

Großbritannien nähert sich widerwillig Rußland als einem
Verbündeten .... S. 321
Chamberlain beginnt hinter dem russischen Phantom herzulaufen .... S. 325
Deutschland sucht mit Rußland ins Einvernehmen zu kommen .... S. 325
England und Frankreich machen Rußland neue Vorschläge .... S. 326
Dämmerung über Europa .... S. 328

Der Duce versucht, auf einem schlüpfrigen diplomatischen Zaun
    zu sitzen .... S. 330
Chamberlain erweitert seine Verpflichtungen gegen Polen .... S. 330
Hitler warnt Frankreich .... S. 332
Hitler wendet sich noch einmal an England .... S. 332
Zwölfte Stunde in Europa .... S. 334
Roosevelt appelliert an die kriegführenden Mächte
    für die Zivilbevölkerung .... S. 336
Letzte Vermittlungsversuche .... S. 336

**XXIV. Roosevelts Politik wendet sich dem europäischen
    Krieg zu** .... **S. 340**

Der Präsident verspricht Frieden für die Vereinigten Staaten .... S. 340
Die Berliner Mission William Rhodes Davis' .... S. 340
Die Dämme der Neutralität brechen zusammen .... S. 342
Ein Sicherheitsgürtel für die westliche Halbkugel .... S. 345
Außenminister Hull schlägt eine Papierschlacht .... S. 345
Hitler verfolgt gegenüber den Vereinigten Staaten eine
    versöhnliche Politik .... S. 347
Finnland wehrt sich gegen die Aggression der Sowjets .... S. 348
Die Mission Sumner Welles' .... S. 349
England und Deutschland spotten der norwegischen Neutralität .... S. 353
Grönland wird in die Monroedoktrin einbezogen .... S. 355

**XXV. Roosevelt sucht einen Vorwand zum Krieg
    mit Deutschland** .... **S. 356**

Hitler führt einen Blitzkrieg an der Westfront .... S. 356
Roosevelt hält Neutralität für einen veralteten Begriff .... S. 357
Der Präsident richtet einen dritten und vierten Appell an Mussolini,
    neutral zu bleiben .... S. 360
Reynaud richtet an den Präsidenten einen letzten Appell
    um sofortige militärische Hilfe .... S. 360
Der Handel mit den Zerstörern .... S. 362
Propaganda treibt Amerika auf die Intervention zu .... S. 365
Das Leih- und Pachtgesetz, die Hintertür zur Intervention .... S. 366
Hitler ist ängstlich darauf bedacht, einen Konflikt mit Amerika
    zu vermeiden .... S. 368

XXVI. Der Weg nach Pearl Harbour .... **S. 375**

Die japanischen Luftangriffe auf Tschungking .... S. 375
Die Tientsiner Affäre .... S. 376
Tschiang Kai-schek bittet Roosevelt um Vermittlung
    im chinesisch-japanischen Krieg .... S. 376
Roosevelts Haltung gegen Japan wird zunehmend kriegerisch .... S. 377
Japan bildet eine neue zentralchinesische Regierung .... S. 378

Japan zwingt England und Frankreich zu einer Beruhigungspolitik .... S. 378
Der Präsident befiehlt eine vorsichtige Wirtschaftsoffensive gegen Japan ... S. 379
Japan verbündet sich mit der Achse Rom-Berlin .... S. 381
Amerika rückt näher an Großbritannien heran .... S. 381
Matsuoka und Prinz Konoye sind bereit, für die Sache des Friedens
    Japans chinesische Position zu opfern .... S. 382
Vergebliche Bemühung einer inoffiziellen japanischen Abordnung
    um Verbesserung des Verhältnisses zwischen Tokio und Washington ... S. 383
Ein Plan für anglo-amerikanisches Zusammenwirken .... S. 383
Japan sucht Frieden und nicht Krieg mit den Vereinigten Staaten .... S. 384
Admiral Nomura bemüht sich um eine Verbesserung
    der japanisch-amerikanischen Beziehungen .... S. 384
Matsuoka rät zu einer hinhaltenden Politik .... S. 385
Vergebliche Bemühungen Hulls und Nomuras um eine Friedensformel .... S. 385
Matsuoka wird fallengelassen, aber Roosevelt wird kriegslustiger .... S. 387
Die Atlantikkonferenz stößt Amerika näher an einen Bruch
    mit Japan heran .... S. 389
Roosevelt lehnt eine Begegnung mit Prinz Konoye ab .... S. 389
General Marshall und Admiral Stark widersetzen sich
    einem Ultimatum an Japan .... S. 391
Japan wird dahin manövriert, den ersten Schuß abzufeuern .... S. 392

Anmerkungen .... S. 398

Quellennachweis .... S. 451

Register .... S. 458

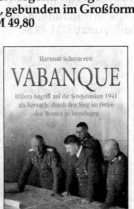